Handbuch zum Recht der Bau- und Umweltrichtlinien der EG

von

Dr. Dr. Jörg Berkemann
Richter am Bundesverwaltungsgericht a. D.
Honorarprofessor an der Universität Hamburg

Günter Halama
Richter am Bundesverwaltungsgericht a. D.

unter Mitarbeit von Dipl.-Bibl. Karin Siebert

vhw
Verlag

Impressum

vhw – Dienstleistung GmbH
Neefestraße 2 a, 53115 Bonn

1. Auflage 2008
Alle Rechte beim Verlag

Redaktionelle Bearbeitung: Dr. Diana Coulmas

Layout: PAPYRUS – Schreib- und Büroservice, Bonn
Druck: Druckerei Franz Paffenholz, Bornheim

ISBN: 978-3-87941-933-3

Vorwort

Das Umweltschutzrecht wird nach Inhalt und Verfahren immer stärker durch das Gemeinschaftsrecht der EG geprägt. Während die normativen Vorgaben von der Gemeinschaft gesetzt werden, sind der administrative Vollzug und die gerichtliche Kontrolle in erster Linie den nationalen Behörden und Gerichten zugewiesen. Diesen innerstaatlichen Stellen ist das europäische Umweltrecht in seiner Differenziertheit vielfach unbekannt, in der Handhabung auch unvertraut, unverständlich oder schlicht unbequem. So entwickelt sich leicht die Neigung, das Gemeinschaftsrecht ganz zu vernachlässigen oder doch in seiner eigentlichen Bedeutung den nationalen Vorstellungen „gängig" anzupassen und damit in seiner gerade gemeinschaftspolitischen Zielsetzung zu verwässern. Wiederholt hat der deutsche Gesetzgeber im Umweltrecht die Fristen zur Umsetzung von EG-Richtlinien nicht eingehalten oder ist der Richtliniengehalt deren Buchstaben oder Geist nicht gerecht geworden. Da mag es nicht verwundern, dass die Behörden „vor Ort" meinen, wenn selbst der Gesetzgeber die Dinge schleifen lasse, könnten sie es ebenfalls tun. Man darf es etwa durchaus als einen gesetzespolitischen Skandal betrachten, dass die Vogelschutz-Richtlinie 409/79/EWG jahrzehntelang nicht umgesetzt wurde. Ähnliches bahnte sich mit der Richtlinie Fauna-Flora-Habitat 92/43/EG an.

Es ist das bleibende Verdienst des Europäischen Gerichtshofs, die Dinge beim Namen genannt und rechtliche Konsequenzen zur Effektivität umweltbezogener Richtlinien gezogen zu haben. Seine betont integrationsfördernde Rechtsprechung hat für die deutschen Gerichte Vorbildfunktion erhalten. Trotz kaum vermeidbarer Irritationen gehört heute das EG-Umweltrecht weitgehend zur justiziellen Rechtspraxis. Gleichwohl ist der praktische Zugang zum gemeinschaftsrechtlichen Umweltrecht nicht eben einfach. Das gilt zunächst für die Frage des maßgebenden Wortlautes der Richtlinien. Durchaus renommierte Textausgaben zum Umweltrecht verzichten auch dann noch auf die Aufnahme einschlägiger Richtlinien, wenn deren erforderliche unmittelbare Anwendung außer Streit steht. Das ist etwa für die Richtlinie Fauna-Flora-Habitat 92/43/EG seit langem der Fall, gilt aber auch für andere Richtlinien. Eine hinreichend fundierte Beurteilung auch des deutschen Umweltrechts ohne begleitenden Rückgriff auf die in nationales Recht umzusetzende oder auch umgesetzte Richtlinie ist kaum noch möglich. Hier will die hier veröffentliche Textsammlung der Praxis eine Hilfe des sicheren Zugriffs eröffnen. Ausgewählt wurden EG-Richtlinien aus dem Bereich des Umweltrechts, die für das Bauplanungs- und das Fachplanungsrecht von besonderer Bedeutung sind. Zusätzlich aufgenommen wurde der Text der Århus-Konvention von 1998, der in seiner deutschen Übersetzung schwer aufzufinden ist.

Die reine Textsammlung wird in dreifacher Weise ergänzt. In einer vertiefenden Einführung kann sich der Leser mit den allgemeinen Grundstrukturen der gemeinschaftsrechtlichen Umweltpolitik, der inzwischen weit gefächerten Rechtsprechung des EuGH zum Richtlinienrecht der EG und dem zugeordneten Prozessrecht vertraut machen. Dieser Teil mag auch Einsichten vermitteln, in welch engem Zusammenspiel Gemeinschaftsrecht und innerstaatliches Recht geradezu symbiosenhaft die Rechtswirklichkeit prägen. Es mag hierzu daran erinnert werden, dass das Richtlinienrecht von den Verwaltungsbehörden und Gemeinden als unmittelbares Recht zu beachten ist und insoweit innerstaatliches Recht verdrängt. Die in die Sammlung aufgenommenen Richtlinien werden alsdann erläutert. Dazu werden jeweils die Zielsetzung und der Inhalt der Richtlinien und deren Umsetzung in das deutsche Bundes- oder Landesrecht kommentierend dargestellt. Dieser Bericht über den normativen Zustand wäre unvollständig, würde nicht auch der Blick auf die vorhandene Gerichtspraxis gelenkt werden. Hier ist es vor allem die Rechtsprechung des EuGH und des BVerwG, welche für die Praxis von leitendem Interesse ist und ohne deren Kenntnis eine rechtssichere Entscheidung kaum möglich sein dürfte. Jeweils eingearbeitet ist dazu das inzwischen breit entstandene Fachschrifttum. Gleichwohl wird in einem abschließenden Teil dieses Schrifttum nochmals gesondert zusammengefasst, um dem Leser einen möglichst aktuellen Problemzugang zu ermöglichen.

Die Autoren sind ehemalige Richter des für Bau- und Fachplanungsrecht zuständigen Senates des Bundesverwaltungsgerichts. Dass sie durch ihre berufliche Tätigkeit geprägt sind und dies an der einen oder anderen Stelle auch zum Ausdruck kommt, wird niemand verwundern. Die sorgfältige Zusammenstellung der Richtlinientexte hat Oberamtsrätin a. D. Dipl.-Bibl. Karin Siebert übernommen. Sie hat den authentischen, teilweise konsolidierten Text ermittelt und in lesbare Form gebracht, eine gewiss nicht leichte Aufgabe. Ihr ist auch die gesonderte Zusammenstellung des einschlägigen Fachschrifttums zu danken. Die Autoren haben beides, also Textaufbereitung und Zusammenstellung des Schrifttums, für ihre Arbeit als außerordentlich hilfreich empfunden.

Die Autoren danken dem vhw, dass ihr Gedanke einer Textausgabe der maßgebenden Richtlinien, ergänzt um Einführung und Erläuterung, spontan aufgegriffen wurde. Ein herzlicher Dank richtet sich darüber hinaus an Dr. Diana Coulmas, Wiss. Referentin beim vhw. Sie hat das Projekt betreut und die Autoren in jeder Hinsicht unterstützt.

Berlin/Hamburg/Leipzig, Januar 2008

Jörg Berkemann   Günter Halama

4

Inhaltsübersicht

Abkürzungsverzeichnis

a. A.	anderer Auffassung
a. E.	am Ende
a. E.	alte Fassung
AbfAblV	Verordnung über die umweltverträgliche Ablagerung von Siedlungsabfällen (Abfallablagerungsverordnung)
AbfallR	Recht der Abfallwirtschaft Zeitschrift für Recht und Praxis der Abfallentsorgung
abgedr.	abgedruckt
ABl.	Amtsblatt der Europäischen Gemeinschaften
ABl. EG	Amtsblatt der Europäischen Gemeinschaften
Abs.	Absatz
ADR	Ausschuss der Regionen
AEG	Allgemeines Eisenbahngesetz
AgrarR	Agrarrecht Zeitschrift für das gesamte Recht der Landwirtschaft, der Agrarmärkte und des ländlichen Raumes
AK	Århus-Konvention
allg.	allgemein
AnwBl	Anwaltsblatt Nachrichten für die Mitglieder des Deutschen Anwaltvereins eV
AöR	Archiv des öffentlichen Rechts
AP	Arbeitsrechtliche Praxis Nachschlagewerk des Bundesarbeitsgerichts
ArbuR	Arbeit und Recht Zeitschrift für Arbeitsrechtspraxis
Art.	Artikel
AtVfV	Verordnung über das Verfahren bei der Genehmigung von Anlagen nach § 7 des Atomgesetzes (Atomrechtliche Verfahrensverordnung)
Aufl.	Auflage
AUR	Agrar- und Umweltrecht
AuslG	Gesetz über die Einreise und den Aufenthalt von Ausländern im Bundesgebiet (Ausländergesetz)
AVR	Archiv des Völkerrechts
AWD	Außenwirtschaftsdienst

BAG	Bundesarbeitsgericht
BAGE	Entscheidungen des Bundesarbeitsgerichts
BAnZ	Bundesanzeiger
BauGB	Baugesetzbuch
BauR	Baurecht
	Zeitschrift für das gesamte öffentliche und zivile Baurecht
BayNatSchG	Gesetz über den Schutz der Natur, die Pflege der Landschaft und die Erholung in der freien Natur (Bayerisches Naturschutzgesetz)
BayVBl	Bayerische Verwaltungsblätter
	Zeitschrift für öffentliches Recht und öffentliche Verwaltung
BB	Betriebs-Berater
	Zeitschrift für Recht und Wirtschaft
BBergG	Bundesberggesetz
BbgNatSchG	Gesetz über den Naturschutz und die Landschaftspflege im Land Brandenburg
Bd.	Band
ber.	berichtigt
Bespr.	Besprechung
betr.	betrifft
BFH	Bundesfinanzhof
BFH/NV	Sammlung der Entscheidungen des Bundesfinanzhofs davor: Sammlung nicht amtlich veröffentlichter Entscheidungen
BFHE	Sammlung der Entscheidungen des Bundesfinanzhofs
BGBl.	Bundesgesetzblatt
BGH	Bundesgerichtshof
BGHReport	BGH-Report
BGHZ	Entscheidungssammlung des Bundesgerichtshofes in Zivilsachen
BImSchG	Bundesimmissionsschutzgesetz
16. BImSchV	Sechzehnte Verordnung zur Durchführung des Bundes-Immissionsschutzgesetzes (Verkehrslärmschutzverordnung)
18. BImSchV	Achtzehnte Verordnung zur Durchführung des Bundes-Immissionsschutzgesetzes (Sportanlagenlärmschutzverordnung)
22. BImSchV	Zweiundzwanzigste Verordnung zur Durchführung des Bundes-Immissionsschutzgesetzes (Verordnung über Immissionswerte für Schadstoffe in der Luft)

33. BImSchV	Dreiunddreißigste Verordnung zur Durchführung des Bundes-Immissionsschutzgesetzes (Verordnung zur Verminderung von Sommersmog, Versauerung und Nährstoffeinträgen)
34. BImSchV	Vierunddreißigste Verordnung zur Durchführung des Bundes-Immissionsschutzgesetzes (Verordnung über die Lärmkartierung)
BKR	Zeitschrift für Bank- und Kapitalmarktrecht
BMU	Bundesministerium für Umwelt, Naturschutz und Reaktorsicherheit
BMUJF	Bundesministerium für Umwelt, Jugend und Familie
BNatSchG	Gesetz über Naturschutz und Landschaftspflege (Bundesnaturschutzgesetz)
BRats-Drs.	Bundesrats-Drucksache
BremNatSchG	Bremisches Naturschutzgesetz
BremUIG	Umweltinformationsgesetz für das Land Bremen
BRS	Baurechtssammlung Rechtsprechung des Bundesverwaltungsgerichts, der Oberverwaltungsgerichte der Länder und anderer Gerichte zum Bau- und Bodenrecht
BTags-Ausschussdrs.	Bundestags-Ausschussdrucksache
BTags-Drs.	Bundestags-Drucksache
Buchholz	Sammel- und Nachschlagewerk der Rechtsprechung des Bundesverwaltungsgerichts
Buchstb.	Buchstabe
BVerfG	Bundesverfassungsgericht
BVerfGE	Entscheidungen des Bundesverfassungsgerichts
BVerfGG	Gesetz über das Bundesverfassungsgericht (Bundesverfassungsgerichtsgesetz)
BVerfGK	Kammerentscheidungen des Bundesverfassungsgerichts
BVerwG	Bundesverwaltungsgericht
ChemG	Gesetz zum Schutz vor gefährlichen Stoffen (Chemikaliengesetz)
CMLR	Common Market Law Review
CR	Computer und Recht Forum für die Praxis des Rechts der Datenverarbeitung, Information und Automation
DAR	Deutsches Autorecht

DB	Der Betrieb Wochenschrift für Betriebswirtschaft, Steuerrecht, Wirtschafts- recht, Arbeitsrecht
Der Staat	Der Staat Zeitschrift für Staatslehre, öffentliches Recht und Verfassungs- geschichte
ders.	derselbe
DiFu-Materialien	Materialien des Deutschen Instituts für Urbanistik
DÖV	Die öffentliche Verwaltung Zeitschrift für öffentliches Recht und Verwaltungswissenschaft
DRiZ	Deutscher Richterbund Bund der Richter und Staatsanwälte in der BRD. Information. Beilage zu Deutsche Richterzeitung
DStR	Deutsches Steuerrecht Wochenschrift für Steuerrecht, Wirtschaftsrecht und Betriebs- wirtschaft
DStZ	Deutsche Steuer-Zeitung
DV	Deutsche Verwaltung, Zeitschrift für Verwaltungsrecht
DVBl.	Deutsches Verwaltungsblatt
DVP	Deutsche Verwaltungspraxis Fachzeitschrift für Wissenschaft und Praxis in der öffentlichen Verwaltung
DWiR	Deutsche Zeitschrift für Wirtschaftsrecht
DZWir	Deutsche Zeitschrift für Wirtschaftsrecht
DZWIR	Deutsche Zeitschrift für Wirtschafts- und Insolvenzrecht Vereinigt mit Wirtschaftsrecht. Zeitschrift für die Theorie und Praxis
e. V.	eingetragener Verein
EAG	Europäische Atomgemeinschaft
EAG Bau	Europarechtsanpassungsgesetz Bau vom 24. Juni 2004 (BGBl. I S. 1359)
EAGV	Vertrag über die Europäische Atomgemeinschaft
ecolex	Fachzeitschrift für Wirtschaftsrecht
EEA	Einheitliche Europäische Akte
EFG	Entscheidungen der Finanzgerichte
EFTA	European Free Trade Association
EG	EG-Vertrag
EG	Europäische Gemeinschaften
EG	EG-Vertrag

EGKS	Europäische Gemeinschaft für Kohle und Stahl
EGV	Vertrag zur Gründung der Europäischen Gemeinschaft
EIB	Europäische Investitionsbank
Einl.	Einleitung
ELR	European Law Reporter
ELRev.	European Law Review
EMRK	Europäische Menschenrechtskonvention
endg.	endgültig
EP	Europäisches Parlament
EPG	Europäische Politische Gemeinschaft
EPZ	Europäische Politische Zusammenarbeit
Erg.Lfg.	Ergänzungslieferung
ESZB	Europäisches System der Zentralbanken
EU	Europäische Union
EUA	Europäische Umweltagentur
EuG	Europäisches Gericht erster Instanz
EuGH	Europäischer Gerichtshof
EuGHE	Sammlung der Rechtsprechung des Europäischen Gerichtshofes
EuGHVfO	Verfahrensordnung des Gerichtshofs der Europäischen Gemeinschaften
EuGRZ	Europäische Grundrechte-Zeitschrift
EuLF	The European Legal Forum Forum iuris communis Europae
EuR	Europarecht (Fachzeitschrift)
Euratom	Europäische Atomgemeinschaft
EurUP	Zeitschrift für Europäisches Umwelt- und Planungsrecht
EUV	Vertrag über die Europäische Union
EuZW	Europäische Zeitschrift für Wirtschaftsrecht (Fachzeitschrift)
EWA	Europäisches Wirtschaftsabkommen
EWG	Europäische Wirtschaftsgemeinschaft
EWGV	Vertrag über die Europäische Wirtschaftsgemeinschaft
EWiR	Entscheidungen zum Wirtschaftsrecht Bank- und Kreditsicherungsrecht, Handels- und Kreditsicherungsrecht, Handels- und Gesellschaftsrecht, AGB- und Vertragsrecht, Insolvenz- und Sanierungsrecht (Fachzeitschrift)
EWR	Europäischer Wirtschaftsraum

EWS	Europäisches Wirtschafts- und Steuerrecht Betriebs-Berater für Europarecht (Fachzeitschrift)
EWS	Europäisches Währungssystem
EZB	Europäisches Zentralbank
f.	folgende(r)
FamRZ	Zeitschrift für das gesamte Familienrecht mit Betreuungsrecht, Erbrecht, Verfahrensrecht, Öffentlichem Recht
ff.	folgende
FFH-Richtlinie	Richtlinie 92/43/EWG des Rates vom 21. Mai 1992 zur Erhaltung der natürlichen Lebensräume sowie der wildlebenden Tiere und Pflanzen (ABl. L 206 vom 22.7.1992, S. 7)
FG	Finanzgericht
FleischhygieneG	Fleischhygienegesetz
FlHG	Fleischhygienegesetzes) in der Fassung der Bekanntmachungen vom 24.4.1987 (BGBl I, 649)
FR	Finanz-Rundschau
FS	Festschrift
FStrG	Bundesfernstraßengesetz
Fußn.	Fußnote
GA	Goltdammer's Archiv für Strafrecht
GA	Generalanwalt
GASP	Gemeinsame Außen- und Sicherheitspolitik
GATS	General Agreement on Trade and Services
GATT	General Agreement on Tariffs and Trade
GenTG	Gesetz zur Regelung der Gentechnik (Gentechnikgesetz)
GewA	siehe GewArch
GewArch	Gewerbearchiv Zeitschrift für Verwaltungs-, Gewerbe- und Handwerksrecht, für Wirtschafts-, Arbeits- und Sozialrecht, für Wohnungs-, Boden- und Baurecht, Umweltschutz
GG	Grundgesetz für die Bundesrepublik Deutschland
GHS	Gerichtshof-Satzung
GK-BImSchG	Gemeinschaftskommentar zum Bundes-Immissionsschutzgesetz
GMBl.	Gemeinsames Ministerialblatt
GPR	Zeitschrift für Gemeinschaftsprivatrecht
GRUR	Gewerblicher Rechtsschutz und Urheberrecht
GRUR Int	Gewerblicher Rechtsschutz und Urheberrecht. Internationaler Teil

V. NRW	Gesetz- und Verordnungsblatt des Landes Nordrhein-Westfalen
GVBl.	Gesetz- und Verordnungsblatt
GZT	Gemeinsamer Zolltarif
Halbs.	Halbsatz
HandwO	Gesetz zur Ordnung des Handwerks (Handwerksordnung)
HENatG	Hessisches Gesetz über Naturschutz und Landschaftspflege (Hessisches Naturschutzgesetz)
HFR	Höchstrichterliche Finanzrechtsprechung
HGB	Handelsgesetzbuch
HmbNatSchG	Hamburgisches Gesetz über Naturschutz und Landschaftspflege (Hamburgisches Naturschutzgesetz)
HmbUIG	Gesetz über den Zugang zu Umweltinformationen in Hamburg (Hamburgisches Umweltinformationsgesetz)
Hrsg.	Herausgeber
i. d. F.	in der Fassung
i. E.	im Ergebnis
i. S.	im Sinne
i. V. m.	in Verbindung mit
IBA	Important Bird Areas
IGH	Internationaler Gerichtshof
ILM	International Legal Materials
IMPEL	European Community Network for the Implementation and Enforcement of Environmental Law
InfAuslR	Informationsbrief Ausländerrecht
InfUR	Informationsdienst Umweltrecht Das Forum für Umwelt und Recht
Integration	Integration (Zeitschrift)
IStR	Internationales Steuerrecht Zeitschrift für europäische und internationale Steuer- und Wirtschaftsberatung
IVU-Richtlinie	Richtlinie 96/61/EG des Rates vom 24. September 1996 über die integrierte Vermeidung und Verminderung der Umweltverschmutzung (ABl. L 257 vom 10.10.1996, S. 26
JA	Juristische Arbeitsblätter
Jagdrechtliche Entscheidungen	Jagdrechtliche Entscheidungen der ordentlichen Gerichte, der Arbeitsgerichte, der allgemeinen Verwaltungsgerichte sowie der Finanz- und Sozialgerichte
JBl	Juristische Blätter

JöR	Jahrbuch des Öffentlichen Rechts der Gegenwart
JöR NF	Jahrbuch des Öffentlichen Rechts der Gegenwart. Neue Folge
JR	Juristische Rundschau
Jura	Jura. Juristische Ausbildung
juris	Juristisches Informationssystem für die Bundesrepublik Deutschland
JuS	Juristische Schulung Zeitschrift für Studium und Ausbildung
JZ	Juristenzeitung
K&R	Kommunikation und Recht Betriebs-Berater für Medien, Telekommunikation, Multimedia
KOM	Kommission
KommJur	Kommunaljurist – KommJur
krit.	kritisch
KrW-/AbfG	Gesetz zur Förderung der Kreislaufwirtschaft und Sicherung der umweltverträglichen Beseitigung von Abfällen (Kreislaufwirtschafts- und Abfallgesetz)
KSZE	Konferenz für Sicherheit und Zusammenarbeit in Europa
KTS	Konkurs-, Treuhand- und Schiedsgerichtswesen
Landes-UIG BW	Landesumweltinformationsgesetz des Landes Baden-Württemberg
LAI	Bund/Länder Arbeitsgemeinschaft für Immissionsschutz
LAWA	Bundes/Länder Arbeitsgemeinschaft Wasser
LBMG	Lebensmittel- und Bedarfsgegenständegesetz
LEN Bericht	Berichte des Lenkungsausschusses Umwelt (Europa)
LG	Landgericht
LGNW	Gesetz zur Sicherung des Naturhaushalts und zur Entwicklung der Landschaft (Landschaftsgesetz) des Landes Nordrhein-Westfalen
Lit.	Literatur
LKRZ	Zeitschrift für Landes- und Kommunalrecht Hessen
LM	Lindenmaier-Möhring Nachschlagewerk des Bundesgerichtshofes
LNatG M-V	Gesetz zum Schutz der Natur und der Landschaft im Lande Mecklenburg-Vorpommern (Landesnaturschutz)
LNatG S-H	Gesetz zum Schutz der Natur (Landesnaturschutzgesetz Schleswig-Holstein)

LNatSchG R-P	Landesgesetz zur nachhaltigen Entwicklung von Natur und Landschaft (Landesnaturschutzgesetz) des Landes Rheinland-Pfalz
LNatSchG S-H	Gesetz zum Schutz der Natur (Landesnaturschutzgesetz)
Losebl.	Loseblattsammlung
LPlG LSA	Landesplanungsgesetz des Landes Sachsen-Anhalt
LPlG NRW	Landesplanungsgesetz des Landes Nordrhein-Westfalen
LRE	Sammlung Lebensmittelrechtlicher Entscheidungen
Ls.	Leitsatz
LuftVG	Luftverkehrsgesetz
LUIG M-V	Landes-Umweltinformationsgesetz des Landes Mecklenburg-Vorpommern
LUIG R-P	Landesumweltinformationsgesetz des Landes Rheinland-Pfalz
LVwVfG	Landes-Verwaltungsverfahrensgesetz
m. w. N.	mit weiteren Nachweisen
MDR	Monatsschrift für Deutsches Recht
MMR	MultiMedia und Recht
MOG	Gesetz zur Durchführung der gemeinsamen Marktorganisationen und der Direktzahlungen
n. F.	neue Fassung
n. v.	nicht veröffentlicht
Nachw.	Nachweis(e)
NatG Saarland	Gesetz zum Schutz der Natur und Heimat im Saarland (Saarländisches Naturschutzgesetz)
NatG Saarland	Gesetz zum Schutz der Natur und Heimat im Saarland (Saarländisches Naturschutzgesetz)
NatSchG Bln	Gesetz über Naturschutz und Landschaftspflege von Berlin
NatSchG B-W	Gesetz zum Schutz der Natur, zur Pflege der Landschaft und über die Erholungsvorsorge in der freien Landschaft (Naturschutzgesetz des Landes Baden-Württemberg)
NatSchG LSA	Naturschutzgesetz des Landes Sachsen-Anhalt
NatSchGBln	Gesetz über Naturschutz und Landschaftspflege von Berlin (Berliner Naturschutzgesetz)
Nds. MBL.	Niedersächsisches Ministerialblatt
NGO	Non Governmental Organisation
NJW	Neue Juristische Wochenschrift
NJWE-WettbR	NJW-Entscheidungsdienst Wettbewerbsrecht
NNatG	Niedersächsisches Naturschutzgesetz

NordÖR	Zeitschrift für öffentliches Recht in Norddeutschland
Nr.	Nummer
Nrn.	Nummern
NuR	Natur und Recht Zeitschrift für das gesamte Recht zum Schutze der natürlichen Lebensgrundlagen und der Umwelt
NVwZ	Neue Zeitschrift für Verwaltungsrecht
NVwZ-RR	Neue Zeitschrift für Verwaltungsrecht. Rechtsprechungsreport
NWVBl	Nordrhein-Westfälische Verwaltungsblätter
NZA	Neue Zeitschrift für Arbeitsrecht
NZA-RR	NZA-Rechtsprechungsreport Arbeitsrecht
NZBau	Neue Zeitschrift für Baurecht und Vergaberecht Privates Baurecht – Recht der Architekten, Ingenieure und Projektsteuerer – Vergabewesen
NZG	Neue Zeitschrift für Gesellschaftsrecht
OECD	Organization for Economic Cooperation and Development
ÖJZ	Österreichische Juristenzeitung
OVG	Oberverwaltungsgericht
OVGE MüLü	Entscheidungen der Oberverwaltungsgerichte für das Land Nordrhein-Westfalen in Münster sowie für die Länder Niedersachsen und Schleswig-Holstein in Lüneburg
Pharma Recht	Pharma Recht Fachzeitschrift für das gesamte Arzneimittelrecht
Plan-UP-Richtlinie	Richtlinie 2001/42/EG des Europäischen Parlaments und Rates vom 27. Juni 2001 über die Prüfung der Umweltauswirkungen bestimmter Pläne und Programme (ABl. L vom 21.7.2001 S. 30)
PostG	Postgesetz
RabelsZ	Rabels Zeitschrift für ausländisches und internationales Privatrecht
RdA	Recht der Arbeit Zeitschrift für die Wissenschaft und Praxis des gesamten Arbeitsrechts mit Sonderbeilage
RdL	Recht der Landwirtschaft Zeitschrift für Landwirtschaftsrecht
RIW	Recht der internationalen Wirtschaft. Betriebs-Berater International
RL	Richtlinie
Rn.	Randnummer(n)
ROG	Raumordnungsgesetz

Rs.	Rechtssache (EuGH)
S.	Seite(n)
SächsNatG	Sächsisches Gesetz über Naturschutz und Landschaftspflege (Sächsisches Naturschutzgesetz)
SächsUIG	Umweltinformationsgesetz für den Freistaat Sachsen
SächsVBl	Sächsische Verwaltungsblätter Zeitschrift für öffentliches Recht und öffentliche Verwaltung
SchlHA	Schleswig-Holsteinische Anzeigen
SGb	Die Sozialgerichtsbarkeit Zeitschrift für das aktuelle Sozialrecht
Slg.	Sammlung
sog.	sogenannt(e/r)
SprengG	Gesetz über explosionsgefährliche Stoffe (Sprengstoffgesetz)
SRU	Sachverständigenrat für Umweltfragen
StädteT	Der Städtetag Zeitschrift für kommunale Praxis und Wissenschaft
StG	Stadt und Gemeinde (Zeitschrift)
StuB	Steuern und Bilanzen
StuG	Stadt und Gemeinde (Zeitschrift)
StVG	Straßenverkehrsgesetz
StVj	Steuerliche Vierteljahresschrift
StVO	Straßenverkehrs-Ordnung
SUP	Strategische Umweltprüfung
TA Lärm	Technische Anleitung zum Schutz gegen Lärm
ThürNatG	Thüringer Gesetz für Natur und Landschaft
ThürUIG	Thüringer Umweltinformationsgesetz
ThürVBl.	Thüringer Verwaltungsblätter
ThürVGRspr	Rechtsprechung der Thüringer Verwaltungsgerichte
TierSG	Tierseuchengesetz
TRIPS	Trade Related Intellectual Property Rights
Tz.	Textziffer (Randnummer)
u. a.	und andere
UAbs.	Unterabsatz
UBA	Umweltbundesamt
UFS	Zeitschrift für Steuerrecht und Abgabenrecht (Wien)
UGB-KomE	Entwurf der Unabhängigen Sachverständigenkommission zum Umweltgesetzbuch beim Bundesministerium für Umwelt, Naturschutz und Reaktorsicherheit

UIG	Umweltinformationsgesetz
UIG LSA	Umweltinformationsgesetz des Landes Sachsen-Anhalt
UIRL	Richtlinie 2003/4/EG des Europäischen Parlaments und des Rates vom 28. Januar 2003 über den Zugang der Öffentlichkeit zu Umweltinformationen und zur Aufhebung der Richtlinie 90/313/EWG des Rates
UmwStG	Umwandlungssteuergesetz
UPR	Umwelt- und Planungsrecht Zeitschrift für Wissenschaft und Praxis
URG	Gesetz über ergänzende Vorschriften zu Rechtsbehelfen in Umweltangelegenheiten nach der EG-Richtlinie 2003/35/EG vom 7. Dezember 2006
UrhG	Gesetz über Urheberrecht und verwandte Schutzrechte (Urheberrechtsgesetz)
UTR	Umwelt- und Technikrecht (Schriftenreihe)
UVP	Umweltverträglichkeitsprüfung
UVP-ÄndRL	Richtlinie 97/11/EG des Rates vom 3. März 1997 zur Änderung der Richtlinie 85/337/EWG über die Umweltverträglichkeitsprüfung bei bestimmten öffentlichen und privaten Projekten (ABl. L 73 vom 14.3.1997 S. 5)
UVPG	Gesetz über die Umweltverträglichkeitsprüfung
uvp-report	UVP-report
UWG	Gesetz gegen den unlauteren Wettbewerb
VBlBW	Verwaltungsblätter für Baden-Württemberg
VdEW	Verband der Elektrizitätswirtschaft
VDI	Verein Deutscher Ingenieure
verb.	verbindlich(e/r)
VergabeR	Vergaberecht Zeitschrift Vergaberecht
VersR	Versicherungsrecht Zeitschrift für Versicherungsrecht, Haftungs- und Schadensrecht
Verw	Die Verwaltung Zeitschrift für Verwaltungswissenschaft
VerwArch	Verwaltungsarchiv Zeitschrift für Verwaltungslehre, Verwaltungsrecht und Verwaltungspolitik
VG	Verwaltungsgericht
VGH	Verwaltungsgerichtshof

VGHE BY	Sammlung von Entscheidungen des Bayerischen Verwaltungsgerichtshofs mit Entscheidungen des Bayerischen Verfassungsgerichtshofs
vgl.	vergleiche
VkBl	Verkehrsblatt
VLärmSchR 97	Richtlinien für den Verkehrslärmschutz an Bundesfernstraßen in der Baulast des Bundes
VO	Verordnung
VR	Verwaltungsrundschau Zeitschrift für Verwaltung in Praxis und Wissenschaft
VRL	Richtlinie 79/409/EWG des Rates vom 2. April 1979 über die Erhaltung der wildlebenden Vogelarten „Vogelschutzrichtlinie" (ABl. 1979 L 103 vom 25.4.1979 S. 1
vs.	versus (lateinisch für: gegen)
VVDStRL	Veröffentlichungen der Vereinigung der Deutschen Staatsrechtslehrer
VwGO	Verwaltungsgerichtsordnung
VwVfG	Verwaltungsverfahrensgesetz
WaffenG	Waffengesetz
WaStrG	Bundeswasserstraßengesetz
weit.	weitere
WEU	Westeuropäische Union
WHG	Wasserhaushaltsgesetz
WiB	Wirtschaftsrechtliche Beratung
WiR	Wirtschaftsrecht Zeitschrift für Theorie und Praxis
WiVerw	Wirtschaft und Verwaltung Beilage zu: Gewerbearchiv
WM	Wertpapier-Mitteilungen
WRP	Wettbewerb in Recht und Praxis
WSA	Wirtschafts- und Sozialausschuss
WTO	World Trade Organization
WuW	Wirtschaft und Wettbewerb Zeitschrift für Kartellrecht, Wettbewerbsrecht, Marktorganisation
WuW/E	WuW-Entscheidungssammlung zum Kartellrecht Beilage zu: Wirtschaft und Wettbewerb
WWU	Wirtschafts- und Währungsunion
z. B.	zum Beispiel

ZaöRV	Zeitschrift für ausländisches öffentliches Recht und Völkerrecht
Zeitschrift für Lärmbekämpfung	Lärmbekämpfung – Zeitschrift für Akustik, Schallschutz und Schwingungstechnik
ZEuP	Zeitschrift für Europäisches Privatrecht
ZEuS	Zeitschrift für europarechtliche Studien
ZfB	Zeitschrift für Bergrecht
ZfBR	Zeitschrift für deutsches und internationales Bau- und Vergaberecht
ZfRV	Zeitschrift für Rechtsvergleichung, Internationales Privatrecht und Europarecht
ZfU	Zeitschrift für Umweltpolitik und Umweltrecht Analysen und Konzepte zur sozialwissenschaftlichen Umweltforschung und Politikberatung
ZfW	Zeitschrift für Wasserrecht Deutsches und internationales Umweltschutzrecht in den Bereichen Wasser und Abfall
ZfZ	Zeitschrift für Zölle und Verbrauchsteuern Rundschau für Außenwirtschaft und Finanzpolitik
ZG	Zeitschrift für Gesetzgebung Vierteljahresschrift für staatliche und kommunale Rechtsetzung
ZGR	Zeitschrift für Unternehmens- und Gesellschaftsrecht
ZHR	Zeitschrift für das gesamte Handelsrecht und Wirtschaftsrecht
ZIP	Zeitschrift für Wirtschaftsrecht
ZLR	Zeitschrift für das gesamte Lebensmittelrecht
ZLW	Zeitschrift für Luft- und Weltraumrecht
ZNER	Zeitschrift für Neues Energierecht
ZPO	Zivilprozessordnung
ZTR	Zeitschrift für Tarifrecht
ZUR	Zeitschrift für Umweltrecht
ZVgR	Zeitschrift für deutsches und internationales Vergaberecht
ZZPInt	Zeitschrift für Zivilprozeß International

Einführung in das EG-Richtlinien-Umweltrecht und in das EG-Prozessrecht

Berkemann

Berkemann

Berkemann

Berkemann

A. Umweltpolitische Grundlagen der EG und der EU – Der europäische Integrationsprozess

Lit.: Rüdiger Breuer, Die Sackgasse des neuen Europaartikels (Art. 23 GG), in: NVwZ 1994, 417–429; Heinrich Schneider, Die Europäische Union als Staatenverbund oder als multinationale „Civitas Europa", in: Albrecht Randelzhofer/Rupert Scholz/Dieter Wilke (Hrsg.), Gedächtnisschrift für Eberhard Grabitz, München 1995, S. 676–723; Peter Häberle, Europa als werdende Verfassungsgemeinschaft, in: DVBl. 2000, 840–847; Doris König, Die Übertragung von Hoheitsrechten im Rahmen des europäischen Integrationsprozesses – Anwendungsbereich und Schranken des Art. 23 des Grundgesetzes, Berlin 2000; Paul Kirchhof, Die rechtlichen Strukturen der Europäischen Union als Staatenverbund, in: Armin von Bogdandy (Hrsg.), Europäisches Verfassungsrecht, Theoretische und dogmatische Grundzüge, Heidelberg 2003, S. 893–930; Manfred Zuleeg, Der rechtliche Zusammenhang der Europäischen Union, Baden-Baden 2004; Dieter Blumenwitz (Hrsg.), Die Europäische Union als Wertegemeinschaft, Berlin 2005.

Die Europäisierung des innerstaatlichen Verfahrensrechtes, des innerstaatlichen materiellen Rechtes und des zugeordneten Prozessrechtes ist seit Jahren offenkundig. Die grundlegende Bedeutung und die Folgen dieses Prozesses der Verzahnung verschiedener Rechtsebenen sind auch im Umweltrecht seit längerem festzustellen. Der damit verbundene Vorgang der europäischen Integration schreitet zielorientiert auch und gerade im Bereich des verfahrensrechtlichen und materiellen Umweltrechtes unaufhaltsam voran. Der Vorgang, Mitte der 80er Jahre ausgelöst, ist stetig, beharrlich, kraftvoll und breitenwirksam. Erkennbar ist dies zum einen in der immer deutlicheren Steuerungsfunktion des Gemeinschaftsrechtes, zum anderen – dies bedingend – in einem weitreichenden Angleichungs- und Vereinheitlichungsprogramm des jeweiligen nationalen Rechts.[1] **1**

Die Gemeinschaft ist gegenwärtig noch keine verfassungsrechtliche Einheit herkömmlicher Art. Sie besteht aus heterogenen Rechtsmassen und Zuständigkeiten in einem Verbund sehr unterschiedlicher Politiken. Kohärenz und Kontinuität der Maßnahmen zur Erreichung der Vertragsziele müssen immer erneut „erarbeitet" werden. Maßgebend bleibt insoweit zwar der politische Wille der Mitgliedstaaten und ihre Vorstellungen, in welcher Weise und mit welcher Dynamik die interne Vertragsarchitektur weiterhin integrierend fortzuentwickeln ist.[2] Gleichwohl ist nicht zu verkennen, dass Kommission, Parlament und Europäischer Gerichtshof ein ge- **2**

---

1 Vgl. Michael Kloepfer, Die europäische Herausforderung – Spannungslagen zwischen deutschem und europäischem Umweltrecht, in: NVwZ 2002, 645–657; Ulrich Everling, Durchführung und Umsetzung des Europäischen Gemeinschaftsrechts im Bereich des Umweltschutzes unter Berücksichtigung der Rechtsprechung des EuGH, in: NVwZ 1993, 209–216.
2 Gert Nicolaysen, Der Unionsvertrag als Integrationsverfassung, in: Claus Dieter Classen u. a. (Hrsg.), Festschrift für Thomas Oppermann, Berlin 2001, S. 187–200; ferner Manfred Zuleeg, Die Europäische Gemeinschaft als Integrationsverband, in: Bodo Börner/Hans Jahrreiß/Klaus Stern (Hrsg.), Einigkeit und Recht und Freiheit. Festschrift für Karl Carstens, Köln u. a. 1984, S. 289–303; Christian Tomuschat, Das Endziel der Europäischen Integration – Maastricht ad infinitum?, in: DVBl. 1996, 1073–1082; Paul Kirchhof, Der deutsche Staat im Prozess der europäischen Integration, in: Josef Isensee/Paul Kirchhof (Hrsg.), Handbuch des Staatsrechts, Bd. VII, 1992, § 183; Armin von Bogdandy, Die Europäische Option. Eine interdisziplinäre Analyse über Herkunft, Stand und Perspektiven der europäischen Integration, Baden-Baden 1993; ders., Supranationale Union als neuer Herrschaftsträger: Entstaatlichung und Vergemeinschaftung in staatstheoretischer Perspektive, in: Integration 1993, 210–224.

meinschaftswirksames Gegengewicht erhalten haben oder sich dieses Gewicht zuerkennen, um den Integrationsprozess unaufhaltsam fortzusetzen. Das Umweltrecht macht hiervon keine Ausnahme. Es wird vielmehr zielgerichtet eingesetzt, um integrative Wirkung auszulösen. Die Kompetenzerweiterung in Art. 174, 175 EG ist hierfür ein deutliches Zeichen.

3 Die Europäisierung des Umweltrechts der Mitgliedstaaten wird daher mutmaßlich mittelfristig dazu führen, dass wichtige Strukturen und Entscheidungen des deutschen Umweltrechts nicht erhalten bleiben. Letztlich führt das europäische Recht trotz seiner Verschränktheit mit dem mitgliedstaatlichen Recht zum Aufbau einer materiell weitgehend neuen „gemischten" Rechtsordnung. Dieser Vorgang der verzahnenden Integration auch der umweltpolitischen Rechtsordnungen ist gewollt. Das Verfahren gilt hier als prägende Ordnungsidee. Entsprechend dem angelsächsischen und französischen Recht setzt das europäische Umweltrecht stärker auf die präzise Ausdifferenzierung der umweltrechtlichen Verfahren. Als Beispiel für die Effektivität kann die Richtlinie 2001/42/EG vom 27. Juni 2001 über die Prüfung der Umweltauswirkungen bestimmter Pläne und Programme (sog. Plan-UP-RL) gelten. Gleichwohl kennt auch das europäische Umweltrecht durchaus materielle Vorgaben. Exemplarisch ist hierfür die Politik der Luftreinhalte-Richtlinien mit definierten Grenzwertangaben.

I. Politische und rechtliche Union

Lit.: Werner Schroeder, Das Gemeinschaftsrechtssystem, Tübingen, 2002; Ulrich Fastenrath, Die Struktur der erweiterten Europäischen Union, in: Von der Europäischen Gemeinschaft zur Europäischen Union, EuR (Sonderheft 1/1994), S. 101–126; Paul Kirchhof, Das Maastricht-Urteil des Bundesverfassungsgerichts, in: Peter Hommelhoff/Paul Kirchhof (Hrsg.), Der Staatenverbund der Europäischen Union, Heidelberg 1994, S. 11–24; Christian Koenig/Matthias Pechstein, Die Europäische Union. Die Verträge von Maastricht und Amsterdam, Tübingen, 3. Aufl. 2000; Peter M. Huber, Recht der Europäischen Integration, München 1996, 2. Aufl. 2002; Eckhard Pache (Hrsg.), Die Europäische Union – Ein Raum der Freiheit, der Sicherheit und des Rechts?, Baden-Baden 2005.

4 (1) Die Europäische Gemeinschaft (EG) befindet sich auch rechtlich in einem Prozess fortschreitender Integration (Art. 2 EG). Das jeweils erreichte Integrationsniveau ist allerdings in den einzelnen Politikbereichen durchaus unterschiedlich. Eine bereits geplante und als Ziel festgelegte Integrationsstufe war und ist die Wirtschafts- und Währungsunion. Eine Weiterentwicklung besteht in einem wirklich geschlossenen Binnenmarkt als einer höheren Stufe des Gemeinsamen Marktes. Das Ziel ist hier die Verschmelzung der nationalen Märkte der Mitgliedstaaten zu einem einheitlichen Markt.[3] Dabei gilt die Politische Union bereits als eine verbindliche Zielbestimmung.[4] Dieses Ziel ist grundsätzlich zulässig.[5]

---

3 So bereits EuGH, Urteil vom 5.5.1982 – Rs. 15/81 – EuGHE 1982, 1409 [1431f.] Rn. 33 – Gaston Schul vs. Inspecteur der invorechten en accijnzen.
4 EuGH, Gutachten vom 14.12.1991 – 1/91 – EuGHE 1991 I-6079 [6102] Rn. 17f. – EWR I.
5 BVerfG. Urteil vom 12.10.1993 – 2 BvR 2134/92, 2 BvR 2159/92 – BVerfGE 89, 155 = DVBl. 1993, 1254 = NJW 1993, 3047 – Maastricht.

Berkemann

(2) In diesem zunächst nur politisch ausgelösten Integrationsprozess kommt dem **5** Gemeinschaftsrecht der EG eine besondere, ja zentrale Bedeutung zu. Die EG besitzt **„normative Supranationalität"**.[6] Das Recht der EG stellt nach Auffassung des EuGH in seiner Gesamtheit eine **autonome Rechtsordnung** dar. Nicht der einzelne Mitgliedstaat ist Normgeber, sondern das jeweilige gemeinschaftliche Organ, dem der Mitgliedstaat angehört. Geltungsgrund ist damit allein die Entscheidungsgewalt der EG.[7]

(3) Daraus folgt, dass sich das EG-Recht und das nationale Recht als getrennte, **6** mithin „duale" Rechtsordnungen gegenüberstehen, wenngleich vielfältig ineinander verzahnt.[8] Die Mitgliedstaaten sind mit ihrer jeweiligen (innerstaatlichen) Rechtsordnung dem in dem supranationalen Entscheidungsverfahren erzeugten Gemeinschaftsrecht unterworfen.[9] Dieser Vorgang wird durch eine besonders integrationsfreudige **Spruchpraxis des EuGH** nachdrücklich gefördert. Der Gerichtshof hat hierzu wiederholt auf die supranationale Eigenständigkeit der Gemeinschaftsordnung verwiesen.[10] Allerdings verfügt die EG derzeit nicht über eine rechtliche **Kompetenz-Kompetenz** (vgl. Art. 5 EG). Damit ist die Befugnis gemeint, sich selbst – ohne vorherige Zustimmung aller Mitgliedstaaten – weitere Kompetenzen gegenüber den Mitgliedstaaten zu geben.[11] Daher bleiben stets die Befugnisse maßgebend, die sich ausdrücklich, zumindest interpretativ auf den EG-Vertrag zurückführen lassen. Dieser ist gleichsam die Verfassungsurkunde der Gemeinschaft.[12] Eine gewisse Notkompetenz eröffnet Art. 308 EG.[13]

---

6 Vgl. bereits Helmut Lecheler, „Supranationalität" der Europäischen Gemeinschaft – Rechtliche Beschreibung oder unverbindliche Leerformel?, in: JuS 1974, 7–11; Manfred Zuleeg, Wandlungen des Begriffs der Supranationalität, Integration 11 (1988), S. 103–111; zurückhaltend seinerzeit noch BVerfG, Beschluss vom 18.10.1967 – 1 BvR 248/63 – BVerfG 22, 293 [296] = DVBl. 1968, 466 = NJW 1968, 348 = DÖV 1967, 823 = EuR 1968, 134.

7 EuGH, Urteil vom 5.2.1963 – Rs. 26/62 – EuGHE 1963, 1 [11] Rn. 10 = NJW 1963, 1751 – N.V. Algemene Transport – en Expeditie Onderneming Van Gend en Loos vs. Niederländische Finanzverwaltung; EuGH, Urteil vom 15.7.1964 – Rs. 6/64 – EuGHE 1964, 1251 [1269] = NJW 1964, 2371 – Flaminio Costa vs. E.N.E.L.; vgl. ferner Manfred Zuleeg, Die Europäische Gemeinschaft als Rechtsgemeinschaft, in: NJW 1994, 545–549.

8 So auch bereits BVerfG, Beschluss vom 2 BvL 6/77 – BVerfGE 52, 187 [200] = DVBl. 1980, 122 = NJW 1980, 519 = DÖV 1980, 337; BVerfG, Beschluss vom 22.10.1986 – 2 BvR 197/83 – BVerfGE 73, 339 [367 f.] = DVBl. 1987, 231 = NJW 1987, 577 = EuGRZ 198; in anderer dogmatischer Sicht etwa noch Matthias Pechstein/Christian Koenig, Die Europäische Union, 3. Aufl. 2000, S. 296.

9 Vgl. bereits EuGH, Urteil vom 15.7.1964 – Rs. 6/64 – EuGHE 1964, 1251 [1269] = NJW 1964, 2371 – Flaminio Costa vs. E.N.E.L.

10 Vgl. bereits EuGH, Urteil vom 5.2.1963 – Rs. 26/62 – EuGHE 1963, 1 [24 f.] = NJW 1963, 1751 – N.V. Algemene Transport – en Expeditie Onderneming Van Gend en Loos vs. Niederländische Finanzverwaltung.

11 Martin Nettesheim, in: Eberhard Grabitz/Meinhard Hilf (Hrsg.), Das Recht der Europäischen Union [Stand: Aug. 2002], Art. 249 EG Rn. 20 ff.; ebenso BVerfG, Beschluss vom 8.4.1987 – 2 BvR 687/85 – BVerfGE 75, 233 [242 f.] = DVBl. 1988, 38 = NJW 1988, 1459 – „Kloppenburg"; erneut BVerfG, Urteil vom 12.10.1993 – 2 BvR 2134, 2159/92 – BVerfGE 89, 155 [181, 186] = DVBl. 1993, 1254 = NJW 1993, 3047 – Maastricht; Thomas Pechstein/Christian Koenig, Die Europäische Union, Tübingen 3. Aufl. 2000, Rn. 576 ff.

12 EuGH, Urteil vom 23.4.1986 – Rs. 294/83 – EuGHE 1986, 1339 [1365] Rn. 23 – Les Verts vs. Parlament; EuGH, Gutachten vom 14.12.1991 – 1/91 – EuGHE 1991 I-6079 [6102] Rn. 21 – EWR I.

13 Ulrich Everling, Von den Europäischen Gemeinschaften zur Europäischen Union, in: FS für Thomas Oppermann, Berlin 2001, S. 163–186; Siegfried Broß, Überlegungen zum gegenwärtigen Stand des Europäischen Einigungsprozesses – Probleme, Risiken und Chancen, in: EuGRZ 2002, 574–580.

II. Umweltschutzpolitik der EG

Lit.: Dieter H. Scheuing, Umweltschutz auf der Grundlage der Einheitlichen Europäischen Akte, in: EuR 1989, 152–192; Eberhard Grabitz, Handlungsspielräume der EG-Mitgliedstaaten zur Verbesserung des Umweltschutzes, in: RIW 1989, 623; Hermann Soell, Überlegungen zum europäischen Umweltrecht. Zur umweltrechtlichen Situation nach Inkrafttreten der EEA, in: NuR 1990, 155–165; Kay Hailbronner, Umweltrecht und Umweltpolitik in der Europäischen Gemeinschaft, Linz 1991; Astrid Epiney/Andrea Furrer, Umweltschutz nach Maastricht – Ein Europa der drei Geschwindigkeiten, in: EuR 27 (1992), S. 369–408; Hans-Werner Rengeling, Umweltrecht in der Europäischen Gemeinschaft, in: Schriftenreihe des Arbeitskreises für Europarecht an der Universität Osnabrück (Hrsg.), Europa auf dem Weg zur Einheit – Perspektiven und rechtliche Aspekte, 1992 S. 1–26; Clemens Stroetmann, Einführung: „Umweltschutz und andere Politiken der Europäischen Gemeinschaft, in: Hans-Werner Rengeling (Hrsg.), Umweltschutz und andere Politiken der Europäischen Gemeinschaft, Köln/Berlin/Bonn/München 1993, S. 1–13; Hans D. Jarass, Leistungen und Grenzen des EG-Umweltschutzes, Bonn 1994; Martin Nettesheim, Das Umweltrecht der Europäischen Gemeinschaften, in: Jura 1994, 337–343; Gertrude Lübbe-Wolff (Hrsg.), Der Vollzug des europäischen Umweltrechts, Berlin 1995; Joachim Hensel, Die Umweltpolitik der Europäischen Union im Wandel, Sinzheim 1996; Thomas Schweitzer, Die Entwicklung des europäischen Umweltrechts, in: Udo di Fabio/Peter Marburger/Meinhard Schröder (Hrsg.), Jahrbuch des Umwelt- und Technikrechts, Heidelberg, 39 (1996), S. 559–606; Matthias Pechstein, EG-Umweltrechtskompetenzen und nationale Alleingänge beim Umweltschutz, in: Jura 1996, 176–181; Stefan Schmitz, Die EU als Umweltunion. Entwicklung, Stand und Grenzen der Umweltkompetenzen der EU, Berlin 1996; Thomas Beyer, Gemeinschaftsrecht und Umweltschutz nach Maastricht, in: JuS 1997, 294–298; Rüdiger Breuer, Zunehmende Vielgestaltigkeit der Instrumente im deutschen und europäischen Umweltrecht – Probleme der Stimmigkeit und des Zusammenwirkens, in: NVwZ 1997, 833–845; Thomas Döring, Subsidiarität und Umweltpolitik in der Europäischen Union, Marburg 1997; Walter Frenz, Europäisches Umweltrecht, München 1997; Barbara von Horstig, Die Europäische Gemeinschaft als Partei internationaler Umweltabkommen, Diss. Bonn, 1997; Christian Calliess, Die neue Querschnittsklausel des Art. 6 ex 3 c EGV als Instrument zur Umsetzung des Grundsatzes der nachhaltigen Entwicklung, in: DVBl. 1998, 559–568; Olaf Hillenbrand, Umweltpolitik, in: Werner Weidenfeld/Wolfgang Wessels (Hrsg.), Jahrbuch der Europäischen Integration 1997/98, Bonn 1998, S. 177–184; Silke Albin, Die Vollzugskontrolle des europäischen Umweltrechts, Berlin 1999; Silke Albin/Sascha Müller-Kraenner, Deutsche Umweltpolitik in Europa – Abschied von einer Vorreiterrolle, in: ZUR 1999, 73–77; Edeltraud Böhm-Amtmann, Perspektiven des EU-Umweltrechts, in: WiVerw 1999, 135–157; Astrid Epiney, Die umweltpolitischen Handlungsprinzipien in Art 130r EGV – politische Leitlinien oder rechtsverbindliche Vorgaben?, in: NuR 1999, 181–185; Sebastian Heselhaus, Emanzipation der Umweltpolitik nach Art. 175 1 EG-Vertrag (ex-Art. 130 s 1 EGV), in: NVwZ 1999, 1190–1193; Christian Schrader, Europäischer Umweltschutz nach den Änderungen im Amsterdamer Vertrag, in: UPR 1999, 201–205; Claus Wepler, Europäische Umweltpolitik: Die Umweltunion als Chance für die materielle und institutionelle Weiterentwicklung der europäischen Integration, Marburg 1999; Jan Hendrik Jans/Ann-Katrin von der Heide, Europäisches Umweltrecht, Groningen 2000; Michael Kloepfer/Klaus T. Bröcker, Umweltaudit und Umweltrechtskonformität, in: UPR 2000, 335–339; Ludwig Krämer, Die Rechtsprechung der EG-Gerichte zum Umweltrecht 1998 und 1999, in: EuGRZ 2000, 265–281; Michael Kotulla, Die Steuerungswirkung des europäischen Umweltschutzrechts für das nationale Recht, in: EuR 2001, 522–541; Michael Kraack/Heinrich Pehle/Petra Zimmermann-Steinhart, Umweltintegration in der Europäischen Union, Baden-Baden 2001; Dieter H. Scheuing, Europäisches Umweltverfassungsrecht im Spiegel der Rechtsprechung des EuGH, in: Klaus-Peter Dolde (Hrsg.), Umweltrecht im Wandel. Bilanz und Perspektiven aus Anlass des 25-jährigen Bestehens der

Gesellschaft für Umweltrecht (GfU), Berlin 2001, S. 129–170; Gerd Winter, Neuere Entwicklungen des Umweltrechts der EU, in: AnwBl 2002, 75–86; Martin Jänicke/Philip Kunig/Michael Stitzel, Lern- und Arbeitsbuch Umweltpolitik: Politik, Recht und Management des Umweltschutzes in Staat und Unternehmen, 2. Aufl. Bonn 2003; Michael Langerfeldt, Das Sechste Umweltaktionsprogramm der Europäischen Gemeinschaft, in: NuR 2003, 339–342; Jörg-Dieter Oberrath, Umweltschutz durch sekundäres Gemeinschaftsrecht, in: JA 2003, 867–871; Hans-Werner Rengeling, Die Einbindung des Umweltrechts der Europäischen Gemeinschaften in das nationale Umweltrecht, in: Eberhard Schmidt-Aßmann/Dieter Sellner/Günter Hirsch (Hrsg.), Festgabe 50 Jahre Bundesverwaltungsgericht, Köln u. a. 2003, S. 889–911. Hans-Werner Rengeling (Hrsg.), Handbuch zum deutschen und europäischen Umweltrecht, Köln 2. Aufl. 2003; Felix Ekardt/Katharina Pöhlmann, Die Kompetenz der Europäischen Gemeinschaft für den Rechtsschutz – am Beispiel der Aarhus-Konvention, in: EurUP 2004, 128–133; Michael Bothe, Die EU in internationalen Umweltabkommen, in: Charlotte Gaitanides/Stefan Kadelbach/Carlos Gil Rodriguez Iglesias (Hg.), Europa und seine Verfassung. Festschrift für Manfred Zuleeg zum siebzigsten Geburtstag, Baden-Baden 2005, S. 668–681; Astrid Epiney, Umweltrecht in der Europäischen Union. Primärrechtliche Grundlagen – Gemeinschaftliches Sekundärrecht, Köln 2. Aufl. 2005; Hans-Joachim Koch, Das Subsidiaritätsprinzip im europäischen Umweltrecht, Stuttgart 2005; Stephan Mitschang, Restriktionen europäischer Richtlinien für die kommunale Planungshoheit, in: ZfBR 2006, 642–654; Meinhard Schröder, Postulate und Konzepte zur Durchsetzbarkeit und Durchsetzung der EG-Umweltpolitik, in: NVwZ 2006, 389–395.

Europäische Kommission (Hrsg.), Erklärung des Europäischen beratenden Forums für Umwelt und nachhaltige Entwicklung zur Einbeziehung der Erfordernisse des Umweltschutzes in alle Politikbereiche, Luxemburg 1998.

1. Umweltschutz als Zielbestimmung der EG

Lit.: Meinhard Schröder, Umweltschutz als Gemeinschaftsziel und Grundsätze des Umweltschutzes, in: Hans-Werner Rengeling (Hrsg.), Handbuch zum europäischen und deutschen Umweltrecht, Band I: Allgemeines Umweltrecht, Köln u. a., 2. Aufl. 2003, S. 199- 238.

(1) Die ursprüngliche wirtschaftspolitische Ausrichtung der „Europäischen Wirt- 7
schaftsgemeinschaft" (EWG) vom 25.3.1957 ist zunächst durch die Einheitliche Europäische Akte (EEA) vom 28.2.1986, dann durch den Vertrag von Maastricht vom 7.2.1992 (BGBl. II 1992 S. 1253), fortgeführt durch den Vertrag von Amsterdam vom 2.10.1997 (BGBl. II 1998 S. 386) und schließlich durch den Vertrag von Nizza vom 10.3.2001 zielgerichtet verändert worden. Eine wesentliche Änderung betrifft die betont ökologische Erweiterung.[14]

Der Umweltschutz und die Verbesserung der Umweltqualität werden ausdrücklich 8
als Aufgaben der Gemeinschaft bezeichnet (Art. 2 EG). Die Tätigkeit der Gemeinschaft bezieht sich gemäß Art. 3 Abs. 1 Buchst. l) EG auf eine Politik auf dem Gebiet der Umwelt. Nach Art. 6 EG muss der Umweltschutz bei der Festlegung und Durchführung jeder Tätigkeit der Gemeinschaft zur Förderung einer nachhaltigen Entwicklung einbezogen werden.[15] In Art. 174, 175 EG wurde dazu eine deut-

---

14 Dieter H. Scheuing, Umweltschutz auf der Grundlage der Einheitlichen Europäischen Akte, in: EuR 1989, 152–192; Dieter H. Scheuing, Instrumente zur Durchführung des Europäischen Umweltrechts, in: NVwZ 1999, 475–485.

15 Christian Calliess, Die neue Querschnittsklausel des Art. 6 ex 3c EGV als Instrument zur Umsetzung des Grundsatzes der nachhaltigen Entwicklung, in: DVBl. 1998, 559–568; Christian Schrader, Europäi-

liche Kompetenzzuweisung der EG geschaffen. Art. 37 der EU-Charta der Grundrechte von 2000 bekräftigt diese Zielsetzungen.[16] Die Erweiterung der EU zu einer Umweltunion hängt dabei in institutioneller Hinsicht insbesondere mit dem Problem der Kompetenzverteilung und -ausübung innerhalb mehrstufiger politischer Systeme zusammen.

9 (2) Eine ethisch gebundene Vorstellungskraft über einen effektiven Umweltschutz sollte in eine institutionelle Innovation einmünden. Zwar sind bislang etwa 350 Rechtsakte im gemeinschaftsrechtlichen Umweltbereich, mit steigender Tendenz, erlassen worden. Indes kann derzeit noch nicht von einem europäischen Umweltgrundrecht ausgegangen werden.[17] Das lässt sich auch nicht über den Umweg des Art. 6 Abs. 2 EUV begründen. Danach achtet die Europäische Union (EU) die Grundrechte, wie diese in der Europäischen Menschenrechtskonvention (EMRK) gewährleistet sind und wie sie sich aus den gemeinsamen Verfassungsüberlieferungen der Mitgliedstaaten als allgemeine Grundsätze des Gemeinschaftsrechts ergeben. Gleichwohl ergeben verschiedene Aufgabennormen und Kompetenzzuweisungen für die Gemeinschaftsorgane, einen Umweltschutz auf einem möglichst hohen Niveau als Rechtspflicht nachhaltig zu verwirklichen (vgl. Art. 174 Abs. 2 EG). Ein „absoluter" Vorrang des Grundsatzes des Umweltschutzes vor anderen gemeinschaftsrechtlichen Leitprinzipien lässt sich daraus nicht ableiten.[18] Die zum Schutz der Umwelt erlassenen Maßnahmen eines Mitgliedstaates dürfen nicht über die unvermeidlichen Beschränkungen hinausgehen, die aus Gründen des Allgemeininteresses gerechtfertigt sind.[19]

10 Kritisch bleibt die Beurteilung der Rechtslage, wenn die EG die nach Gemeinschaftsrecht gebotenen umweltrelevanten Maßnahmen unterlässt. Da ein individuelles Umweltgrundrecht derzeit nicht gegeben ist, scheidet eine Individualklage hier von vornherein aus. Denkbar ist dagegen gemäß Art. 232 EG eine Untätigkeitsklage eines Mitgliedstaates.[20] Indes ist dies eher eine theoretische Möglichkeit.

---

scher Umweltschutz nach den Änderungen im Amsterdamer Vertrag, in: UPR 1999, 201–205; Meinhard Schröder, Aktuelle Entwicklungen im europäischen Umweltrecht, in: NuR 1998, 1–6.

16 Vgl. dazu Christoph Grabenwarter, Die Charta der Grundrechte für die Europäische Union, in: DVBl. 2001, 1–13; Siegfried Magiera, Die Grundrechtscharter der Europäischen Union, in: DÖV 2000, 1017–1026.

17 Vgl. allg. Klaus Bosselmann, Ökologische Grundrechte. Zum Verhältnis zwischen individueller Freiheit und Natur, Baden-Baden 1998, S. 203 ff.

18 Vgl. auch EuGH, Urteil vom 20.9.1988 – Rs. 302/86- EuGHE 1988, 4607 = NVwZ 1989, 849 – Kommission vs. Dänemark, allerdings für die frühere Rechtslage; EuGH, Urteil vom 28.2.1991 – Rs. C-57/89 – EuGHE 1991 I-883 = NVwZ 1991, 559 = NuR 1991, 249 = EuZW 1991, 317 – Kommission vs. Deutschland (Richtlinie 409/79/EWG) – „Leybucht".

19 EuGH, Urteil vom 20.9.1988 – Rs. 302/86 – EuGHE 1988, 4607 = NVwZ 1989, 849 – Kommission vs. Dänemark, mit Bespr. Hans-Werner Rengeling, in: JuS 1990, 613–617.

20 Vgl. Astrid Epiney, Umweltrecht der Europäischen Union. Primärrechtliche Grundlagen – Gemeinschaftliches Sekundärrecht, Köln, 1. Aufl. 1997, S. 93; Martin Nettesheim, in: Eberhard Grabitz/Meinhard Hilf (Hrsg.), Das Recht der Europäischen Union [Stand: April 2007], Art. 174 Rn. 63 ff.; Art. 175 Rn. 110 ff.

2. Begriff der „Umwelt" im EG-Vertrag

(1) Das primäre Gemeinschaftsrecht des EG-Vertrages enthält keine Erläuterung **11** des Begriffs der „Umwelt". Aus einzelnen Hinweisen kann man allerdings in der Gesamtschau erkennen, was als Kernbestand des Umweltschutzes zu gelten hat.[21] Danach bezieht sich der Umweltbegriff auf die **„Umweltmedien"** Luft, Boden, Wasser, ferner auf Fauna, Flora und Klima und auf die von Menschen geschaffene und gestaltete Umwelt. Das schließt globale Effekte ein, soweit sich Auswirkungen auf das Gebiet der Gemeinschaft beziehen. Die von der EG verfolgte Tierschutzpolitik ist bislang nahezu ausschließlich als Ausdruck gemeinsamer Agrarpolitik verstanden worden.[22] Das dürfte nicht zuletzt auf der früheren engeren Kompetenzregelung der Gemeinschaft beruhen. Nunmehr erlaubt Art. 174 EG eine andere, erweiternde Sichtweise.[23]

(2) Der Umweltschutz kann entweder **sektoral** und **medial** oder sektorenüber- **12** greifend und damit **integral** ansetzen. Das EG-Umweltrecht geht verschiedene Wege. Die hier in erster Linie behandelten Richtlinien finden ihr Schwergewicht in einer sektorenübergreifenden Sicht und in ausgewählten Umweltmedien, die für eine planbezogene Bodennutzung eine herausgehobene Bedeutung besitzen. Beiden Gesichtspunkten ist die übergreifende, möglichst integrierende Betrachtung gemeinsam. Dabei liegt die Zielsetzung des EG-Umweltrechtes gegenüber dem nationalen in einer betont verfahrensbezogenen (formellen) Sichtweise. Ein materielles EG-Umweltrecht besteht sektoral, als besonderes Umweltrecht für umweltmedienbezogene oder medienübergreifende Rechtsgebiete. Als „Querschnittsrecht" weist das EG-Umweltrecht erhebliche dogmatische, aber vollzugspraktische Schwierigkeiten auf. Zusätzliche Probleme entstehen in der Transformation der gemeinschaftsrechtlichen Vorstellungen in das nationale Rechtssystem.

3. Bereiche der Umweltpolitik der EG

(1) Allgemeine Ziele der gemeinschaftlichen Umweltpolitik sind: **13**

- Erhaltung und Schutz der Umwelt und Verbesserung ihrer Qualität;
- Schutz der menschlichen Gesundheit;
- umsichtige und rationale Verwendung der natürlichen Ressourcen;
- Bewältigung regionaler und globaler Umweltprobleme.

Dazu fordert Art. 174 Abs. 2 EG ein **„hohes Schutzniveau"**. Damit wird deutlich, **14** dass die gemeinschaftliche Umweltpolitik sich derzeit in erster Linie als ein **Umweltschutzrecht** versteht.

---

21 Vgl. Ludwig Krämer, in: Hans von der Groeben/Jürgen Schwarze (Hrsg.), EU-Kommentar, 6. Aufl. 2003, EG Art. 174 Rn. 3 ff.
22 Kritisch, vgl. Ludwig Krämer, in: Hans von der Groeben/Jürgen Schwarze (Hrsg.), EU-Kommentar, 6. Aufl. 2003, EG Art. 174 Rn. 7.
23 Wie hier Meinhard Schröder, Aktuelle Entwicklungen im europäischen Umweltrecht, in: NuR 1998, 1–6 [4]; Dieter H. Scheuing, Umweltschutz auf der Grundlage der Einheitlichen Europäischen Akte, in: EuR 1989, 152–192 [177]; differenzierend Johannes Caspar, Europäisches und nationales Umweltverfassungsrecht, in: Hans-Joachim Koch (Hrsg.), Umweltrecht, 2. Aufl. 2007, § 2 Rn. 22 f.

Berkemann

15 (2) Die konkreten Gegenstände der europäischen Umweltpolitik sind inzwischen sehr vielfältig. Schwerpunkte sind gegenwärtig u. a. umweltbezogenes Gesundheitsrecht (z. B. Luftreinhaltung, Lärmbekämpfung, Nahrungsmittel); Schutz des Wassers und der Gewässer, umweltbezogenes Tierschutzrecht, umweltbezogenes Pflanzenschutzrecht, umweltbezogenes Recht der Energieherstellung, Schutzrecht hinsichtlich gefährlicher und giftiger Chemikalien, Abfallrecht (Vermeidung und Entsorgung) und der allgemeine Klimaschutz. Das 5. Aktionsprogramm der Kommission „Für eine dauerhafte und umweltgerechte Entwicklung" von 1996 enthält dazu durchaus ehrgeizige Ziele.[24]

16 (3) Das europäische Umweltrecht wird seit Beginn durch eine starke Betonung des Verfahrens gekennzeichnet. Das wurde bereits in der UVP-Richtlinie 85/337/EWG vom 27.6.1985 zur Umweltverträglichkeitsprüfung deutlich, auch wenn der Richtlinie durchaus der Gedanke der Vorsorge und inhaltlich ein medien- und fachgebietsübergreifender Ansatz zugrunde lagen. Die Änderungsrichtlinie 97/11/EG verstärkte diesen Akzent. Mit der **Konvention von Árhus (1998)** bezieht sich die Umweltpolitik der EG insoweit auf drei **Verfahrensbereiche**. In einer „ersten Säule" wird der freie Zugang zu umweltrelevanten Informationen gewährleistet und gesichert. Das Recht auf freien Zugang zu behördlichen Informationen über die Umwelt ist seit Anfang der 90er Jahre fester Bestandteil der europäischen Umweltpolitik.[25] Die „zweite Säule" bildet die Öffentlichkeitsbeteiligung in Entscheidungsverfahren (*public participation*), etwa im Rahmen von objektbezogenen Umweltverträglichkeitsprüfungen oder „strategischen" Umweltprüfungen.[26] Eine „dritte Säule" gewährleistet der Zugang zu Gerichten (*access to justice*) in umweltrelevanten Konfliktlagen, u. a. im Wege der Verbandsklage.

17 (4) In der Festlegung von Qualitätsstandards ist das derzeitige Gemeinschaftsrecht eher zurückhaltend, obwohl für die Bereiche von Luft, Lärm, Strahlungen und Wasser dies verstärkt, etwa durch verbindliche Angabe von Grenzwerten, durchaus möglich wäre. Gleichwohl sind – betrachtet man es in seiner Gesamtheit – zahlreiche Richtlinien Teil einer umfassenden Gemeinschaftsstrategie zum Schutz der Umwelt. Hierzu zählen neuerdings die Richtlinien zur Verminderung der Luftverunreinigung (Luftreinhalterichtlinien).[27]

---

24 KOM (95)-624 endg.; vgl. dazu BMU, Bericht über die Umsetzung des 5. Umweltaktionsprogramms in Deutschland, Bonn 1996.

25 Vgl. Mark Butt, Erweiterter Zugang zu behördlichen Umweltinformationen – Die neue EG-Umweltinformationsrichtlinie, in: NVwZ 2003, 1071–1075; Mark Butt, Die Ausweitung des Rechts auf Umweltinformation durch die Aarhus-Konvention, Stuttgart 2001.

26 Richtlinie 2003/4/EG vom 28.1.2003 des Europäischen Parlaments und des Rates über den Zugang der Öffentlichkeit zu Umweltinformationen und zur Aufhebung der Richtlinie 90/313/EWG des Rates (ABl. EG Nr. L 41, S. 26).

27 Vgl. etwa Richtlinien 89/369/EWG des Rates vom 8.6.1989 über die Verhütung der Luftverunreinigung durch neue Verbrennungsanlagen für Siedlungsmüll (ABl. EG L Nr. 163, S. 32); Richtlinie 89/429/EWG des Rates vom 21.6.1989 über die Verringerung der Luftverunreinigung durch bestehende Verbrennungsanlagen für Siedlungsmüll (ABl. EG Nr. L 203, S. 50); Richtlinie 84/360/EWG des Rates vom 28.6.1984 zur Bekämpfung der Luftverunreinigung durch Industrieanlagen (ABl. EG Nr. L 188, S. 20).

Berkemann

4. Rechtsgrundlagen der gemeinschaftlichen Umweltpolitik der EG

Lit.: Eberhard Grabitz/Christian Zacker, Die neuen Umweltkompetenzen der EWG, in: NVwZ 1989, 297–303; Ingolf Pernice, Kompetenzordnung und Handlungsbefugnisse der Europäischen Gemeinschaft auf dem Gebiet des Umwelt- und Technikrechts, in: DV 22 (1989), 1–54; Ulrich Everling, Durchführung und Umsetzung des Europäischen Gemeinschaftsrechts im Bereich des Umweltschutzes unter Berücksichtigung der Rechtsprechung des EuGH, in: NVwZ 1993, 209–216; Wolfgang Kahl, Umweltprinzip und Gemeinschaftsrecht: eine Untersuchung zur Rechtsidee des „bestmöglichen Umweltschutzes" im EWG-Vertrag, Heidelberg 1993; Andreas Middeke, Der Kompetenznormenkonflikt umweltrelevanter Gemeinschaftsakte im Binnenmarkt, in: DVBl. 1993, 769–777; Hans D. Jarass/Lothar F. Neumann (Hrsg.), Leistungen und Grenzen des EG-Umweltschutzes, Bonn 1994; Wolfgang Kahl, Der EuGH als „Motor des europäischen Umweltschutzes"?, in: ThürVBl 1994, 225–231; Hans-Werner Rengeling, Zum Umweltverfassungsrecht der Europäischen Union, in: Jörn Ipsen/Jörg Manfred Mössner/Hans-Werner Rengeling/Albrecht Weber (Hrsg.), Verfassungsrecht im Wandel. Sammelband anlässlich des 180jährigen Bestehens des Carl Heymanns Verlages, Köln u. a. 1995, S. 469–483; Jürgen Michael Thiel, Umweltpolitische Kompetenzen in der Europäischen Union, Bochum 1995; Rüdiger Breuer, Zunehmende Vielgestaltigkeit der Instrumente im deutschen und europäischen Umweltrecht – Probleme der Stimmigkeit und des Zusammenwirkens, in: NVwZ 1997, 833–845; Ludwig Kraemer, Grundlagen (Grundfragen) der EU-Umweltverfassung, Ziele, Kompetenzen, Durchführung, in: Norbert Reich/Renate Heine-Mernik (Hrsg.), Umweltverfassung und nachhaltige Entwicklung in der Europäischen Union, Baden-Baden 1997, S. 11–32; Josef Falcke, Entwicklungen im gemeinschaftsrechtlichen Umweltrecht, in: ZUR 1998, 127–131.

Hans-Werner Rengeling (Hrsg.), Handbuch zum europäischen und deutschen Umweltrecht, 2 Bde, Köln, 1998, 2. Aufl. 2003; Christiane Trüe, Das System der Rechtsetzungskompetenzen der Europäischen Gemeinschaft und der Europäischen Union, Baden-Baden 2002; Christian Callies, Die neue Querschnittsklausel des Art. 6 ex 3 c EGV als Instrument zur Umsetzung des Grundsatzes der nachhaltigen Entwicklung, in: DVBl. 1998, 559–568; Christian Sobczak, Normung und Umweltschutz im Europäischen Gemeinschaftsrecht, Berlin 2002; Björn Dietrich/Christian Au/Jörg Dreher, Umweltrecht der europäischen Gemeinschaften, Berlin 2003; Hans-Werner Rengeling (Hrsg.), Handbuch zum europäischen und deutschen Umweltrecht, Köln, 2. Aufl. 2003; Ingolf Pernice/Vera Rodenhoff, Die Gemeinschaftskompetenz für eine Richtlinie über den Zugang zu Gerichten in Umweltangelegenheiten, in: ZUR 2004, 149–151; Hans-Werner Rengeling, Die Kompetenzen der Europäischen Union: Inhalte, Grenzen und Neuordnung der Rechtsetzungsbefugnisse, in: Michael Brenner/Peter M. Huber/Markus Möstl (Hrsg.), Der Staat des Grundgesetzes – Kontinuität und Wandel. Festschrift für Peter Badura, München 2004, S. 1135–1166.

(1) Die Gemeinschaft bedarf gemäß Art. 5 Abs. 1 EG für jede Maßnahme einer nachweisbaren Einzelermächtigung, mag diese auch recht global erteilt sein. Dieses Prinzip der begrenzten Ermächtigung gilt auch für Maßnahmen, die umweltschutzrechtliche Fragen zum Gegenstand haben. Verordnungen oder Richtlinien dürfen daher nur „nach Maßgabe dieses Vertrages" erlassen werden, wie es Art. 249 Abs. 1 EG klarstellend nochmals betont.   **18**

(2) Eine derartige Kompetenzregelung enthält **Art. 175 EG**. Die Gemeinschaft darf zur Umsetzung der in **Art. 174 EG** genannten **umweltpolitischen Ziele** initiativ werden. Das eröffnet ihr die Möglichkeit einer primär ökologischen Zielsetzung. Der EuGH sieht die Zielvorgaben des Art. 174 Abs. 2 EG als zwingendes   **19**

Recht an, räumt indes gleichzeitig dem EG-Gesetzgeber einen recht weiten Konkretisierungsspielraum ein.[28]

20 Die Maßnahmen werden im Verfahren der Mitentscheidung zwischen Rat und Europäischem Parlament im Verfahren nach Art. 251 EG getroffen (sog. Kodezisionsverfahren). Das bedeutet zum einen, dass für eine Entscheidung des Rates eine qualifizierte Mehrheit genügend ist. Zum anderen hat das Parlament aufgrund seiner Mitentscheidungsbefugnis ein Vetorecht. Das Parlament handhabt bislang dieses Recht in einem „positiven" Sinne, um den Rat zu einer aufgeschlossenen Umweltpolitik anzuhalten. Weder Rat noch Parlament besitzen allerdings im Verfahren nach Art. 251 EG eine Initiativbefugnis. Diese liegt nur bei der Europäischen Kommission. Lediglich in bestimmten Fällen ist eine einstimmige Entscheidung des Rates erforderlich (vgl. Art. 175 Abs. 2 EG). Dies betrifft Maßnahmen im Bereich des Steuerrechts, der Raumordnung, der Bodennutzung, der Wasserwirtschaft und der Energiepolitik. In diesem Bereich kann sich im Vergleich zu Art. 95 EG weiterhin die Frage nach der zutreffenden Rechtsgrundlage für den Erlass einer Richtlinie stellen.[29]

21 Die Gemeinschaft verfügt außerdem gemäß **Art. 95 EG** über eine sog. **Harmonisierungskompetenz**. Danach kann die Gemeinschaft einzelne Maßnahmen zugunsten der Rechtsangleichung treffen. Bei ihren Vorschlägen hat die Kommission gemäß Art. 95 Abs. 3 EG in den Bereichen Gesundheit, Sicherheit, Umweltschutz und Verbraucherschutz „von einem hohen Schutzniveau" auszugehen.[30] Dies ist nicht gleichbedeutend mit einem höchsten Schutzniveau. Das gebotene Niveau ist an den aktuellen Stand der Wissenschaft gekoppelt und verlässt damit deutlich den kritischen „kleinsten gemeinsamen Nenner".[31] Für Rat und Parlament gilt dies entsprechend. Entscheidungen werden wiederum im erörterten Verfahren nach Art. 251 EG getroffen. Die Abgrenzung zwischen der Kompetenz nach Art. 175 EG und Art. 95 EG ist nicht immer ganz einfach.[32] Der EuGH dringt allerdings auf

---

28 EuGH, Urteil vom 14.7.1998 – Rs. C-284/95 – EuGHE 1998, 4301 [4335] = EuZW 1999, 252 = ZUR 1999, 47 – Safety Hi-Tech, mit Bespr. Astrid Epiney, Die umweltpolitischen Handlungsprinzipien in Art. 130r EGV – politische Leitlinien oder rechtsverbindliche Vorgaben?, in: NuR 1999, 181–185; ähnlich EuGH, Urteil vom 14.7.1994 – Rs. C-379/92 – EuGHE 1994 I-3453 [3505] Rn. 57 = EuZW 1996, 64 (L) – Strafverfahren Peralta; EuGH, Gutachten vom 6. 12. 2001 – 2/00 – EuGHE 2001, I-6193 = DVBl. 2001, 1662 = NVwZ 2002, 1221 = EuZW 2002, 52 = EuR 2001, 872 – Zuständigkeit zum Abschluss des Protokolls von Cartagena.
29 Vgl. EuGH, Urteil vom 11.6.1991 – Rs. C-300/89 – EuGHE 1991 I-2867 [2900] Rn. 16 = EuZW 1991, 473 = NVwZ 1992, 157 (L) – Kommission vs. Rat – „Titandioxid"; vgl. auch Sebastian Heselhaus, Zur Abgrenzung der Umweltkompetenz der Gemeinschaften von anderen Sachkompetenzen unter Berücksichtigung von Doppelabstützungen, in: NVwZ 1999, 1190–1193; vgl. zur teilweisen früheren Rechtslage Thomas Schröer, Die Kompetenzverteilung zwischen der EWG und ihren Mitgliedstaaten auf dem Gebiet des Umweltschutzes, Baden-Baden 1992.
30 Ludwig Krämer, Das „hohe Schutzniveau" für die Umwelt im EG-Vertrag, in: ZUR 1997, 303–308.
31 EuGH, Urteil vom 14.7.1998 – Rs. I-284/95 – EuGHE 1998, 4301 [4345, 4347] Rn. 43, 49 = EuZW 1999, 252 = ZUR 1999, 47 – Safety Hi-Tech Srl vs. S. & T. Srl.; vgl. ähnlich Wolfgang Kahl, in: Christian Callies/Matthias Ruffert (Hrsg.), Kommentar zu EUV/EGV, 3. Aufl. 2007, EG Art. 95 Rn. 25 ff., 42 ff.
32 Vgl. Ingolf Pernice, Kompetenzordnung und Handlungsbefugnisse der Europäischen Gemeinschaft auf dem Gebiet des Umwelt- und Technikrechts, in: DV 22 (1989), S. 1–54; Jürgen Michael Thiel, Umweltpolitische Kompetenzen in der Europäischen Union, Bochum 1995, S. 149 ff.

Berkemann

eine klare Abgrenzung.[33] Danach dürften besondere medienbezogene Regelungen grundsätzlich dem Regime des Art. 175 EG zuzuordnen sein. Hingegen sind produktbezogene Maßnahmen eher der Kompetenzregelung des Art. 95 EG zuzuweisen. Auf Art. 95 Abs. 1 EG beruhende Rechtsakte der Gemeinschaft können eine vollständige Harmonisierung des von ihnen erfassten Bereichs darstellen. In einem derartigen Fall gibt Art. 95 Abs. 4 EG einem Mitgliedstaat die Möglichkeit, unter bestimmten Bedingungen abweichende einzelstaatliche Bestimmungen beizubehalten.

(3) Das **Umweltschutzrecht** der EG kann als **Rechtfertigung** für eine mitglied-   **22** staatliche Handelsbeschränkung dienen, die an sich eine nach Art. 28, 29 EG verbotene mengenmäßige Einfuhrbeschränkung im Sinne eines freien Warenverkehrs darstellt. Art. 30 EG enthält hierfür Ausnahmegründe.

Der EuGH hat mit den „zwingenden Erfordernissen des Gemeinwohls" im Wege   **23** entsprechender Anwendung einen zweiten Bereich von Ausnahmen entwickelt.[34] Hierzu zählt der EuGH als Schutzgut auch die menschliche Gesundheit und mitgliedstaatliche Umweltschutzgesetze, welche dem gemeinschaftsrechtlichen Grundsatz der Verhältnismäßigkeit genügen.[35] Der **Umweltschutz** gilt dazu als „**eines der wesentlichen Ziele der Gemeinschaft**".

Die innerstaatlichen Maßnahmen müssen dazu allerdings geeignet, erforderlich   **24** und verhältnismäßig im engeren Sinne sein. Zwingende Erfordernisse des Umweltschutzes sind stets zu beachten. Ihnen kommt eine besonders herausgehobene Stellung zu, die den Mitgliedstaaten bei der Rechtfertigung von Maßnahmen einen größeren Gestaltungsspielraum ermöglicht.[36]

---

33 Vgl. EuGH, Urteil vom 26.3.1987 – Rs. 45/86 – EuGHE 1987, 1493 – Kommission vs. Rat – APS I; Urteil vom 23.2.1988 – Rs. 68/86 – EuGHE 1988, 855 – Vereinigtes Königreich vs. Rat; EuGH, Urteil vom 11.6.1991 – Rs. C-300/89 – EuGHE 1991 I-2867 [2900] Rn. 17 f., 21 = DVBl. 1993, 148 = EuZW 1991, 473 = EuR 1991, 175 – Kommission vs. Rat-„Titandioxyd"; EuGH, Urteil vom 17.3.1993 – Rs. C-155/91 – EuGHE 1993 I-939 [968] Rn. 20 = DVBl. 1993, 777 = NVwZ 1993, 872 = EuZW 1993, 290 – Kommission vs. Rat (Wahl der richtigen Rechtsgrundlage für eine Abfallrichtlinie – RL 156/91/EWG); mit Bespr. Ulrike Voß/Gregor Wenner, Der EuGH und die gemeinschaftsrechtliche Kompetenzordnung – Kontinuität oder Neuorientierung?, in: NVwZ 1994, 332–337; Matthias Ruffert, Kontinuität oder Kehrtwende im Streit um die gemeinschaftlichen Umweltschutzkompetenzen, in: Jura 1994, 635–643.
34 Bahnbrechend EuGH, Urteil vom 20.2.1979 – Rs. 120/78 – EuGHE 1979, 649 = NJW 1979, 1766 – Rewe Zentral SG vs. Bundesmonopolverwaltung – „Cassis de Dijon"; vgl. ferner EuGH, Urteil vom 20.9.1988 – Rs. 302/86 – EuGHE 1988, 4607 = NVwZ 1989, 849 – Kommission vs. Dänemark; EuGH, Urteil vom 14.7.1998 – Rs. C-389/96 – EuGHE 1998, I-4473 = NVwZ 1998, 1057 = NJW 1999, 203 (L) = EuZW 1998, 698 – Aher-Waggon, zurückhaltend EuGH, Urteil vom 15.11.2005 – Rs. C-320/03 – EuGHE 2005 I-9871 = DVBl. 2006, 103 = EuZW 2006, 50 = NuR 2006, 427 – Kommission vs. Österreich – „Inntalautobahn", mit Bespr. Sönke Gödeke, in: DVBl. 2006, 105–107.
35 EuGH, Urteil vom 20.9.1988 – Rs. 302/86 – EuGHE 1988, 4607 [4630] Rn. 9 = NVwZ 1989, 849 – Kommission vs. Dänemark – Pfandflaschen, mit Bespr. Hans-Werner Rengeling, in: JuS 1990, 613–617. Vgl. auch bereits EuGH, Urteil vom 7.2.1985 – Rs. 240/83 – EuGHE 1985, 531 – Association de défense de Brûleurs d'Huiles usagées; andeutend auch EuGH, Urteil vom 13.3.2001 – Rs. C-379/98 – EuGHE 2001 I-2099 [2184] Rn. 72 = NVwZ 2001, 665 = EuZW 242 – Preussen Elektra AG vs. Schleswag AG (Stromeinspeisungsgesetz), vgl. dazu kritisch Jochen Gebauer/Ulrich Wollenteit, Der EuGH und das Stromeinspeisungsgesetz: Ein neues Paradigma zum Verhältnis von Grundfreiheiten und Umweltschutz?, in: ZNER 2001, 12–17.
36 EuGH, Urteil vom 15.11.2005 – Rs. C-320/03 – EuGHE 2005 I-9871 = DVBl. 2006, 103 = EuZW 2006, 50 = NuR 2006, 427 – Kommission vs. Österreich – „Inntalautobahn".

Beispiel: Die Richtlinie 84/631 regelte das grenzüberschreitende Verbringen **gefährlicher Abfälle**. Die Richtlinie sah im Grundsatz vor, dass die Mitgliedstaaten die Einfuhr nicht untersagen dürfen. In der Wallonie wurde hingegen eine Verordnung erlassen, die jede Einfuhr von gefährlichen Abfällen aus Drittstaaten untersagte. Der EuGH anerkennt eine Ausnahme. Das wallonische Verbot sei durch „zwingende Erfordernisse des Umweltschutzes gerechtfertigt". Ein solches Verbot sei nicht als diskriminierend anzusehen, da der für die Umweltpolitik der Gemeinschaft in Art. 130r Abs. 2 EWG-Vertrag [nunmehr Art. 174 Abs. 2 EG] aufgestellte Grundsatz, Umweltbeeinträchtigungen nach Möglichkeit an ihrem Ursprung zu bekämpfen (sog. Näheprinzip), bedeute, dass es Sache jeder Region, Gemeinde oder anderen Gebietskörperschaft sei, die geeigneten Maßnahmen zu treffen, um Aufnahme, Behandlung und Beseitigung ihrer eigenen Abfälle sicherzustellen, damit ihre Verbringung soweit wie möglich eingeschränkt werde.[37]

25 Der Grundsatz der Gleichbehandlung muss der Berücksichtigung von Umweltschutzkriterien nicht entgegenstehen. Aus diesen Gründen billigt der EuGH die Berücksichtigung umweltschützender vergabefremder Kriterien.[38] Das gemeinschaftsrechtliche Umweltrecht bedeutet darüber hinaus eine Verstärkung des nationalen Umweltschutzes. Das gilt nicht nur politisch, sondern auch rechtlich.

5. Hauptprinzipien der gemeinschaftlichen Umweltpolitik der EG

Lit.: Peter M. Huber (Hrsg.), Das Kooperationsprinzip im Umweltrecht, Berlin 1999; Meinhard Schröder, Umweltschutz als Gemeinschaftsziel und Grundsätze des Unweltschutzes, in: Hans-Werner Rengeling (Hrsg.), Handbuch zum europäischen und deutschen Umweltrecht, Köln 1998; 2. Aufl. 2003, S. 199–238; Meinhard Schröder, Beachtung gemeinschaftlicher Grundsätze für den Umweltschutz bei nationalen Maßnahmen, in: Hans-Werner Rengeling (Hrsg.), Handbuch zum europäischen und deutschen Umweltrecht, Köln 1998; 2. Aufl. 2003, S. 1005–1020.

26 Das Gemeinschaftsrecht unterscheidet in Art. 174 EG zwischen den umweltpolitischen **Zielen** und den zur näheren Umsetzung nötigen **Grundsätzen**. Als Ziele der gemeinschaftlichen Umweltpolitik werden die Erhaltung und der Schutz der Umwelt angegeben, eingeschlossen die Verbesserung ihrer Qualität. Die gemeinschaftsrechtliche Politik muss auf den Schutz der menschlichen Gesundheit, auf eine umsichtige und rationale Verwendung der natürlichen Ressourcen, und auf die Förderung von Maßnahmen auf internationaler Ebene zur Bewältigung regio-

---

37 EuGH, Urteil vom 9.7.1992 – Rs. C-2/90 – EuGHE 1992 I-4431 = DVBl. 1992, 1427 = NVwZ 1992, 871 = EuZW 1992, 577 = EuR 1992, 409 = NuR 1993, 504 – Kommission vs. Belgien (RL 631/84/EWG), mit Bespr. Astrid Epiney, Einbeziehung gemeinschaftlicher Umweltschutzprinzipien in die Bestimmung mitgliedstaatlichen Handlungsspielraums, in: DVBl. 1993, 93–100; Martin Dieckmann, Das neue Abfallverbringrecht der Europäischen Gemeinschaft – Ende des „Abfalltourismus"?, in: ZUR 1993, 109–113.

38 EuGH, Urteil vom 17 9.2002 – Rs. C-513/99 – EuGHE 2002, 7213 = DVBl. 2002, 1542 = NVwZ 2002, 1356 = EuZW 2002, 628 = EuGRZ 2002, 528 = ZfBR 2002, 812 – Concordia Bus Finland Oy Ab vs. Helsingin kaupunki u. HKL-Bussiliikenne (zu Umweltschutzkriterien wie die Höhe der Stickoxidemissionen oder den Lärmpegel der Busse).Vgl. auch Almut Fischer/Regine Barth, Europäisches Vergaberecht und Umweltschutz – Zur Berücksichtigung von Umweltbelangen bei der Vergabe öffentlicher Aufträge, in: NVwZ 2002, 1184–1192; Tatjana Schneider, Umweltschutz und Umweltschutz. Die Berücksichtigung von Umweltaspekten im Rahmen der öffentlichen Auftragsvergabe, Berlin 2001; ferner die Interpretierende Mitteilung der Kommission über das auf das Öffentliche Auftragswesen anwendbare Gemeinschaftsrecht und die Möglichkeiten zur Berücksichtigung von Umweltbelangen bei der Vergabe öffentlicher Aufträge, Mitteilung der Kommission vom 4.7.2001, KOM (2001) 274 endg.

naler, aber auch globaler Umweltprobleme gerichtet sein (Art. 174 Abs. 1 EG). Um dieses „technisch" umzusetzen, beschreibt Art. 174 Abs. 2 EG verschiedene Handlungsprinzipien, die man auch als „Grundsätze" verstehen kann.

Die Umweltpolitik der Gemeinschaft enthält im Ergebnis also ein Bündel von Zie-   27
len, Grundsätzen und Kriterien, die der Gemeinschaftsgesetzgeber in seinen Verordnungen und Richtlinien zu beachten hat. Dazu müssen bestimmte Ziele und Grundsätze gegeneinander abgewogen werden. Einige Kriterien sind von komplexer Natur. Aus diesem Grunde wird sich die gerichtliche Nachprüfung in aller Regel auf die Frage beschränken, ob der Gesetzgeber beim Erlass einer bestimmten Regelung die Anwendungsvoraussetzungen des Art. 174 EG offensichtlich falsch beurteilt hat.[39]

5.1 Das geforderte Schutzniveau

(1) Art. 174 Abs. 2 EG fordert für die Umsetzung der Umweltpolitik ein **hohes**   28
Schutzniveau. Diese Formulierung, die auf dem Vertrag von Maastricht (1991/ 1992) beruht, wurde durch den Vertrag von Amsterdam (1997) in Art. 2 EG dadurch verschärft, dass das Ziel der **Verbesserung der Umweltqualität** zu einer zentralen Aufgabe der Gemeinschaft bestimmt wurde.

Nimmt man das Gebot der **Nachhaltigkeit** des Art. 6 EG hinzu, dann nähern sich   29
die rechtsverbindlichen Vorgaben deutlicher einer Abwägungsdirektive.[40] Für den englischen Begriff „sustainable development" gibt es in der deutschen Sprache unterschiedliche Übersetzungsvarianten.[41] Da die Umweltpolitik nachhaltig zu „entwickeln" ist, darf ein bereits erreichter Standard nicht zurückgedrängt oder gar aufgegeben werden. Vielmehr muss gefragt werden, in welcher Weise eine nachhaltige Entwicklung in der Verbesserung der Umweltqualität möglich ist und gefördert wird.[42] Ähnliches ergibt sich aus Art. 95 Abs. 3 EG im Falle einer Harmonisierungsmaßnahme. Das verbietet eine Nivellierung auf einem unteren Niveau. Es ist verständlich, wenn die Mitgliedstaaten, versammelt im Rat, diese Zielsetzung in der konkreten Handhabung nicht immer optimieren. Hier wirken Kommission und Parlament als umweltpolitisches Korrektiv.

(2) Der **Begriff der Nachhaltigkeit** (sustainable development) geht zurück auf   30
das Aktionsprogramm für eine nachhaltige Entwicklung der Konferenz der Vereinten Nationen für Umwelt und Entwicklung 1992 in Rio de Janeiro – Lokale Agenda

---

39 Vgl. EuGH, Urteil vom 14.7.1998 – Rs. C-284/95 – EuGH 1998 I-4301 = EuZW 1999, 252 – Kommission vs. Rat (Nichtigerklärung einer EG-Richtlinie über Titandioxid-Abfälle wegen Wahl der falschen Ermächtigungsbestimmung – RL 89/428/EWG), mit Bespr. Astrid Epiney, Gemeinschaftsrechtlicher Umweltschutz und Verwirklichung des Binnenmarkts – „Harmonisierung" auch der Rechtsgrundlagen?, in: JZ 1992, 564–570; Siegfried Breier, Das Schicksal der Titandioxid-Richtlinie, in: EuZW 1993, 315–319.
40 Vgl. EuGH, Urteil vom 13.3.2001 – Rs. C-379/98 – EuGHE 2001 I-2099 [2176] Rn. 38 = NVwZ 2001, 665 – Preussen Elektra AG vs. Schleswag AG (Stromeinspeisungsgesetz).
41 Nigel Haigh/R. Andreas Kraemer, „Sustainable Development" in den Verträgen der Europäischen Union, in: ZUR 1996, 239–242; Gerd Ketteler, Der Begriff der Nachhaltigkeit im Umwelt- und Planungsrecht, in: NuR 2002, 513–522.
42 Vgl. Meinhard Schröder, Aktuelle Entwicklungen im europäischen Umweltrecht, in: NuR 1998, 1–6 [2].

21 – sowie das Abschlussdokument der 2. Konferenz der Vereinten Nationen „Zukunftsfähige Entwicklung der Städte" (Habitat II) von 1996 in Istanbul.

31 Der Begriff bezeichnet eine erstrebte Entwicklung, welche den Bedürfnissen der heutigen Generation entspricht, ohne die Möglichkeiten künftiger Generationen zu gefährden, ihre eigenen Bedürfnisse zu befriedigen. Seit dem Weltgipfel zur nachhaltigen Entwicklung (Johannisburg 2002) wird ein Paradigmenwechsel zur Strategie der Nachhaltigkeit vollzogen. Der Schwerpunkt der Politik soll auf Konzepten und Methoden zum Erreichen der Nachhaltigkeitsziele liegen. Dabei wurden Millenniumsziele erörtert und zu Bestandteilen der Umsetzung der Nachhaltigkeitsziele erklärt. Seit dem 1. Januar 2005 gibt es eine „UN-Dekade Bildung für nachhaltige Entwicklung". Umweltbildung solle dazu beitragen, Gedanken und Strategien nachhaltiger Entwicklung besser als bisher in der Gesellschaft zu verankern.[43]

5.2 Das Prinzip der Vorsorge und der Vorbeugung

Lit.: Eckard Rehbinder, Das Vorsorgeprinzip im internationalen Vergleich, Düsseldorf 1991; Matthias Germann, Das Vorsorgeprinzip als vorverlagerte Gefahrenabwehr. Eine rechtsvergleichende Studie zur Reinhaltung der Luft, Wien/New York 1993; Roland Fleury, Das Vorsorgeprinzip im Umweltrecht, Köln 1995; Hans-Werner Rengeling, Umweltvorsorge und ihre Grenzen im EWG-Recht, Zu Grenzwerten für Pflanzenschutzmittel in der EWG-Richtlinie über die Qualität von Wasser für den Menschlichen Gebrauch (80/778/EWG), RTW Bd. 50, Köln u. a. 1989; Martin Burgi, Das Schutz- und Ursprungsprinzip im europäischen Umweltrecht, in: NuR 1995, 11–15; Rainer Wahl/Ivo Appel, Prävention und Vorsorge. Von der Staatsaufgabe zur rechtlichen Ausgestaltung, in: Rainer Wahl (Hrsg.), Prävention und Vorsorge, Bonn 1995, S. 1–216; Gertrude Lübbe-Wolff, IVU-Richtlinie und Europäisches Vorsorgeprinzip, in: NVwZ 1998, 777–785; Gertrude Lübbe-Wolff, Präventiver Umweltschutz – Auftrag und Grenzen des Vorsorgeprinzips im deutschen und europäischen Recht, in: Johannes Bizer/Hans-Joachim Koch (Hrsg.), Sicherheit, Vielfalt, Solidarität. Symposium zum 65. Geburtstag Erhard Denninger am 20. Juni 1997, Frankfurt/M. 1997, S. 47–74; Gertrude Lübbe-Wolff, IVU-Richtlinie und Europäisches Vorsorgeprinzip, in: NVwZ 1998, 777 – 785.

Hans-Werner Rengeling, Bedeutung und Anwendung des Vorsorgeprinzips im europäischen Umweltrecht, in: DVBl. 2000, 1473–1483; Ivo Appel, Europas Sorge um die Vorsorge – Zur Mitteilung der Europäischen Kommission über die Anwendbarkeit des Vorsorgeprinzips, in: NVwZ 2001, 395–398; Christian Callies, Zur Maßstabswirkung des Vorsorgeprinzips im Recht. Dargestellt am Beispiel der geplanten Reform des europäischen Chemikalienrechts durch das Weißbuch der EU-Kommission zur zukünftigen Chemikalienpolitik, in: VerwArch 2003 S. 389–418; Gerrit Günther, Umweltvorsorge und Umwelthaftung, Berlin 2003; Christian Calliess, Umweltvorsorge durch integrierten Umweltschutz und Verfahren – Überlegungen am Beispiel der Umsetzung von Art. 7 der IVU-Richtlinie im Bundesimmissionsschutzrecht, in: Martin Führ/Rainer Wahl/Peter vom Wilmowsky (Hrsg.), Umweltrecht und Umweltwissenschaft. Festschrift für Eckard Rehbinder, Berlin 2007, S. 143–164; ferner: Mitteilung der Kommission über die Anwendbarkeit des Vorsorgeprinzips, KOM (2000) 1 endg.

---

43 Vgl. Dietrich Murswiek, „Nachhaltigkeit" – Probleme der rechtlichen Umsetzung eines umweltpolitischen Leitbildes, in: NuR 2002, 641–648; ders., Der Nachhaltigkeitsgrundsatz im System der Prinzipien des Umweltrechts, in: Hartmut Bauer/Detlef Czybulka/Wolfgang Kahl/Andreas Voßkuhle (Hrsg.), Umwelt, Wirtschaft und Recht, Tübingen 2002, S. 111–148.

Berkemann

(1) Das **Prinzip der Vorsorge** gilt als das **zentrale materielle Leitbild** des mo- **32**
dernen Umweltschutzes.[44] Das Prinzip erinnert daran, dass sich die Umweltpolitik
nicht auf eine Abwehr konkret drohender Gefahren und der Beseitigung eingetretener Schäden beschränken darf. Vielmehr sollen bereits unterhalb einer (vermu-
teten) Gefahrenschwelle das Entstehen von Umweltbelastungen verhindert und
Risiken möglichst verringert werden.

Das Vorsorgeprinzip ist zugleich normativer Ausdruck der Erkenntnis, dass das **33**
traditionelle Recht der Gefahrenabwehr mit seinen recht hohen Anforderungen an
die Wahrscheinlichkeit, Immanenz und individuelle Zurechenbarkeit eingriffsrecht-
fertigender Gefahrenlagen den Anforderungen jedenfalls eines wirksamen Umweltschutzes nicht entspricht.[45] Ein substantieller Unterschied zur Vorbeugung besteht dabei nicht.[46] Das deutsche Recht formuliert ein entsprechendes Prinzip in
§ 5 Abs. 1 Nr. 2 BImSchG und in § 7 Abs. 2 Nr. 3 AtomG. Die Gemeinschaft ist
also durchaus verpflichtet, „vorbeugenden" Umweltschutz zu betreiben. Das gilt
gerade dann, wenn die Auswirkungen noch unerforscht sind und damit eine Gefahr für Leben und Gesundheit nicht auszuschließen ist.[47] Vorsorge verlangt zugleich ein Offenhalten von Optionen.[48]

(2) Der Handlungsbereich der Vorsorge umfasst gerade auch die gefahrenunab- **34**
hängige **Risikovorsorge** bei Ungewissheit über die Schädlichkeit von Umweltauswirkungen für die menschliche Gesundheit. Die Risikovorsorge endet erst,
wenn Gefahren und Risiken „praktisch ausgeschlossen" sind.[49] Eine konkrete Gefährdung eines bestimmten Rechtsgutes braucht also nicht gegeben zu sein. Die
Gemeinschaft kann bereits dann Schutzmaßnahmen treffen, wenn das Vorliegen
von Gefahren für die menschliche Gesundheit „nur" ungewiss ist.[50] Das Vorsorgeprinzip wird um den Gedanken des Nachweltschutzes im Sinn eines „sustainable
development" erweitert. Dieser ist unter anderem Gegenstand der „Agenda 21".[51]

(3) Eine andere, nicht minder wichtige Frage ist, ob den Organen der Gemein- **35**
schaft in der Beurteilung der Risikolage eine Beurteilungsprärogative zugestanden ist. Die Rechtsprechung des EuGH neigt dazu, dies anzunehmen.

---

44 Vgl. Europäisches Parlament, Entschließung „Die Anwendbarkeit des Vorsorgeprinzips" vom 16.12.
1999, in: BRats-Drs. 36/01.

45 Vgl. Gertrude Lübbe-Wolff, IVU-Richtlinie und Europäisches Vorsorgeprinzip, in: NVwZ 1998, 777–785
[778].

46 Differenzierend Astrid Epiney, Umweltrecht der Europäischen Union. Primärrechtliche Grundlagen –
Gemeinschaftliches Sekundärrecht, Köln, 1. Aufl. 1997, S. 98 f.

47 Zu § 5 Abs. 1 Nr. 2 BImSchG vgl. BVerwG, Urteil vom 17.2.1984 – 7 C 8.82 – BVerwGE 69, 37 =
DVBl. 1984, 476 = NVwZ 1984, 371; BVerwG, Urteil vom 15.12.1989 – 7 C 35.87 – BVerwGE 84, 220 =
DVBl. 1990, 371 = NVwZ 1990, 963.

48 So BVerwG, Urteil vom 17.2.1984 – 7 C 8.82 – BVerwGE 69, 37 [43] = DVBl. 1984, 476 = NVwZ 1984,
371 = DÖV 1984, 631 = UPR 1984, 202.

49 Vgl. zum deutschen Recht BVerwG, Urteil vom 19.12.1985 – 7 C 65.82 – BVerwGE 72, 300 = DVBl.
1986, 190 = NVwZ 1986, 208 = UPR 1986, 107 = ZfBR 1986, 82 – Whyl.

50 EuGH, Urteil vom 5.5.1998 – Rs. C-180/96 – EuGHE 1998 I-2265 [2298] Rn. 99 = EuZW 1998, 431 =
EuR 1998, 514 – Grossbritannien und Nordirland vs. Kommission – „BSE".

51 Vgl. Harald Hohmann, Ergebnisse des Erdgipfels von Rio. Weiterentwicklung des Umweltvölker-
rechts durch die UN-Umweltkonferenz von 1992, in: NVwZ 1993, 311–319.

5.3 Das Ursprungsprinzip

Lit.: Martin Burgi, Das Schutz- und Ursprungsprinzip im europäischen Umweltrecht, in: NuR 1995, 11–15.

36 Das Ursprungsprinzip meint, dass Beeinträchtigungen der Umwelt in erster Linie an der Quelle zu bekämpfen ist. Im deutschen Recht wird das Prinzip vielfach als Kriterium oder im Zusammenhang mit der Gefahrenabwehr bezeichnet. Aus dem Prinzip folgt zwangsläufig der Vorrang der Verhinderung von Emissionen gegenüber der Beseitigung von Immissionsbeeinträchtigungen.[52]

37 Der EuGH hat eine an sich nach Art. 28 EG untersagte Diskriminierung durch ein Einfuhrverbot von Abfällen unter anderem aufgrund des gemeinschaftsrechtlichen Ursprungsprinzips gerechtfertigt (vgl. Rn. 74).[53] Bei der Abwägung im Vorfeld des Handelns lässt sich eine Präferenz dahin entwickeln, dass ökologische Belange, in ihrer Allgemeinheit, einen relativen Vorrang vor nur ökonomischen Interessen besitzen.

5.4 Das Verursacherprinzip

Lit.: Walter Frenz, Das Verursacherprinzip im Öffentlichen Recht. Zur Verteilung von individueller und staatlicher Verantwortung, Berlin 1997; Thomas Bartholmes, Umweltrechtliche Verantwortlichkeit als mittelbarer Verursacher von Umwelteinwirkungen: materielle und finanzielle Verantwortlichkeit als aktiver und passiver Verursacher fremder umwelterheblicher Handlungen im deutschen Umweltrecht und nach der EG-Umwelthaftungsrichtlinie, Berlin 2006.

38 (1) Das Verursacherprinzip entscheidet darüber, wer im Grundsatz für die Umweltbeeinträchtigung die sachliche und persönliche Verantwortung trägt.[54] Das soll derjenige sein, welcher die Ursache in der Wirkungsgeschichte gesetzt hat.

39 (2) Der Grundsatz hat die Auffassung zur Voraussetzung, dass die Umwelt kein „freies Gut" ist, das gleichsam schrankenlos in Anspruch genommen werden darf. Daraus lässt sich ein **Ausgleichs- und Lastenverteilungssystem** entwickeln, das finanzielle Belastungen einschließt (Kostenverteilungsgrundsatz). Im Gegen-

---

52 Zutreffend Ludwig Krämer, in: Hans von der Groeben/Jürgen Schwarze (Hrsg.), Kommentar zum Vertrag über die Europäische Union und zur Gründung der Europäischen Gemeinschaft, 6. Aufl. 2003, EG Art. 174 Rn. 39 ff.; vgl. weiterführend Lutz Meinken, Emissions- und Immissionsorientierung, Rechts- und Effizienzfragen einer umweltpolitischen Grundsatzdebatte am Beispiel des Anlagegenehmigungsrechts, Baden-Baden 2001.

53 EuGH, Urteil vom 9.7.1992 – Rs. C-2/90 – EuGHE 1992 I-4431 = DVBl. 1992, 1427 = NVwZ 1992, 871 = EuZW 1992, 577 = EuR 1992, 409 = NuR 1993, 504 – Richtlinie des Rates 84/631 vom 6.12. 1984 über die Überwachung und Kontrolle – in der Gemeinschaft – der grenzüberschreitenden Verbringung gefährlicher Abfälle (ABl. EG Nr. L 326, S. 31).

54 Vgl. EuGH, Urteil vom 29.4.1999 – Rs. C-193/97 – EuGHE 1999 I-2603 = ZUR 1999, 319 [321] – The Queen vs. Secretary of State for the Environment und Ministry of Agriculture, Fisheries and Food, ex parte H. A. Standley u. a. und D.G.D. Metson u. a., mit Bespr. Sören Delfs, Zur Umsetzung und Rechtmäßigkeit der EWGRL 676/91, in: ZUR 1999, 322–324; Martin Burgi, Das Schutz- und Ursprungsprinzip im europäischen Umweltrecht, in: NuR 1995, 11–15; Ludwig Krämer, Das Verursacherprinzip im Gemeinschaftsrecht. Zur Auslegung von Art. 130 r EWG-Vertrag, in: EuGRZ 1989, 353–36; weiterführend Martin Wasmeier, Umweltabgaben und Europarecht. Schranken des staatlichen Handlungsspielraums bei der Erhebung öffentlicher Abgaben im Interesse des Umweltschutzes, München 1995.

Berkemann

satz zum Gemeinlastprinzip „personifiziert" das Verursacherprinzip den Lasten-
ausgleich. Im Kern ist das Verursacherprinzip ein ökonomisches, zudem nur mit-
telbares Instrument der ökologischen Kostenzuweisung. Es zielt insoweit auf eine
ökonomisch bedingte Vermeidbarkeitshaltung. In welcher Hinsicht eine hinreichende abgabenpolitische Sicherheit beim Einsatz dieses Instrumentes hergestellt
werden kann, ist im einzelnen umstritten.

5.5 Umweltschutzpolitik als Querschnittspolitik

Lit.: Siegfried Breier, Die Bedeutung der umweltrechtlichen Querschnittsklausel des Art.
130r Abs. 2 Satz 2 EWG-Vertrag für die Verwirklichung des europäischen Binnenmarktes,
in: NuR 1992, 174–181; Hans-Peter Zils, Die Wertigkeit des Umweltschutzes in Beziehung
zu anderen Aufgaben der Europäischen Gemeinschaft. Untersuchungen zur Querschnittsklausel, Heidelberg 1994; zugl. Diss. iur. Trier 1993; Astrid Epiney, Umweltrechtliche Querschnittsklausel und freier Warenverkehr: die Einbeziehung umweltpolitischer Belange über
die Beschränkung der Grundfreiheiten, in: NuR 1995, 498–507; Albert Bleckmann/Tanja
Koch, Zu den Funktionen und Wirkungen der Querschnittsklausel des Art. 130r Abs. 2 Satz 3
des EG-Vertrages, in: Jahrbuch des Umwelt- und Technikrechts 1996 (UTR 36), Heidelberg
1996, S. 33–52; Christian Calliess, Die neue Querschnittsklausel des Art. 6 ex 3c EGV als
Instrument zur Umsetzung des Grundsatzes der nachhaltigen Entwicklung, in: DVBl. 1998,
559–568; Udo di Fabio, Integriertes Umweltrecht – Bestand, Ziele, Möglichkeiten, in: NVwZ
1998, 329–337; Stephan Mitschang, Der Planungsgrundsatz der Nachhaltigkeit, in: DÖV
2000, 14–21.

Art. 6 EG fordert, dass die Erfordernisse des Umweltschutzes bei der Festlegung **40**
und der Durchführung von Gemeinschaftspolitiken einzubeziehen sind. Diese umweltrechtliche Querschnittsklausel nimmt an, dass die gemeinschaftsrechtliche
Umweltpolitik nicht nur sektoral umzusetzen ist, sondern ein umfassendes Handlungsziel der Gemeinschaft darstellt. Dieser Querschnittscharakter hat in alle Bereiche der gemeinschaftlichen Aktivitäten auszustrahlen.[55] Das verpflichtet die Gemeinschaft zu kohärenten und integrierten Gesamtkonzepten.

Ein Beispiel ist etwa die **Richtlinie 96/61/EG** des Rates der EG vom 24.9.1996 **41**
über die integrierte Vermeidung und Verminderung von Umweltverschmutzung
(IVU-Richtlinie). Die integrierte Vermeidung und Verminderung der Umweltverschmutzung betrifft neue und bestehende industrielle und landwirtschaftliche Tätigkeiten mit hohem Verschmutzungspotential.[56] Wenn dennoch vieles nur punk-
tuell und sektoral geschieht, ändert dies nichts an der in Art. 6 EG verpflichtenden
Vorgabe. Diese richtet sich im übrigen nicht nur an die Gemeinschaftsorgane. Ob

---

55 Vgl. Wolfgang Kahl, in: Rudolf Streinz (Hrsg.), EUV/EGV-Kommentar, 2003, EGV Art. 6 Rn. 9ff.; Siegfried Breier/Hendrik Vygen, in: Carl Otto Lenz/Klaus-Dieter Borchardt (Hrsg.), EU- und EG-Vertrag.
   Kommentar, 3. Aufl. 2003, EGV Art. 6 Rn. 8ff.
56 Vgl. Bernd Becker, Einführung in Inhalt, Bedeutung und Probleme der Umsetzung der Richtlinie
   96/01/EG des Rates der Europäischen Union vom 24. September 1996 über die integrierte Vermeidung und Verminderung von Umweltverschmutzung, in: DVBl. 1997, 588–595; Peter Beyer, Die Umsetzung der materiellen Anforderungen der IVU-Richtlinie im Gesetzesentwurf der Bundesregierung,
   in: UPR 2000, 434–438.

aus Art. 6 EG eine Vorrangklausel zugunsten des Umweltschutzes abzuleiten ist, erscheint allerdings fraglich.[57]

6. EG-Umweltrecht als Vorgabe der nationalen Umweltschutzpolitik

Lit.: Peter Behrens/Hans-Joachim Koch (Hrsg.), Umweltschutz in der Europäischen Gemeinschaft, Spannungsfelder zwischen nationalem Recht und europäischen Gemeinschaftsrecht, Baden-Baden 1991; Christian Callies/Bernhard W. Wegener (Hrsg.), Europäisches Umweltrecht als Chance: die Umweltpolitik der EG und die Einflußmöglichkeiten der Umweltverbände, Tübingen 1992; Christoph Demmke, Die Implementation von EG-Umweltpolitik in den Mitgliedstaaten. Umsetzung und Vollzug der Trinkwasserrichtlinie, Baden-Baden 1994; Andreas Gallas, Innerstaatliche Umsetzung der IVU- und der UVP-Änderungsrichtlinie durch ein erstes Buch zum Umweltgesetzbuch, in: Hans-Werner Rengeling (Hrsg.), Auf dem Weg zum Umweltgesetzbuch I, Sechste Osnabrücker Gespräche zum deutschen und europäischen Umweltrecht, Köln u. a. 1999, S. 17–29; Walter Frenz, Deutsche Umweltgesetzgebung und Sustainable Development, in: ZG 1999, 142–169.

Michael Kloepfer, Die europäische Herausforderung – Spannungslagen zwischen deutschem und europäischem Umweltrecht, in: NVwZ 2002, 645–656; Hans-Werner Rengeling, Die Kodifikation des Umweltrechts auf nationaler und europäischer Ebene: Chancen und Risiken für eine bessere Rechtsetzung und Umsetzung des EG-Umweltrechts, in: Eberhard Bohne (Hrsg.), Ansätze zur Kodifikation des Umweltrechts in der Europäischen Union am Beispiel der Wasserrahmenrichtlinie und ihrer Umsetzung in nationales Recht, Berlin 2005, S. 123–160; Eike Michael Frenzel, Die Umsetzung von Rechtsakten als Gesetzeszweck – Willensbekundung oder dynamische Verweisung?, in: NVwZ 2006, 1141–1143; Chris W. Backes, Umsetzung, Anwendung und Vollzug europäischer Umweltqualitätsnormen, in: Martin Führ/Rainer Wahl/Peter vom Wilmowsky (Hrsg.), Umweltrecht und Umweltwissenschaft. Festschrift für Eckard Rehbinder, Berlin 2007, S. 669–692.

42 Die Einheitliche Europäische Akte (EEA) fügte dem EWG-Vertrag mit Wirkung vom 1. Juli 1987 einen eigenen Umwelttitel ein. Dieser bildet seitdem den Kern eines gemeinschaftsrechtlichen „**Umweltverfassungsrechts**", nunmehr Art. 174, 175 EG. Das gemeinschaftsrechtliche Umweltverfassungsrecht ist teilweise wesentlich detaillierter gestaltet als die umweltbezogenen Bestimmungen der Verfassungen der einzelnen Mitgliedstaaten.

43 Art. 6 EG erfasst ausdrücklich auch die Durchführung der gemeinschaftsrechtlichen Maßnahmen. Der Vollzug liegt allerdings in aller Regel bei den Mitgliedstaaten (vgl. Rn. 68, 268 ff.). Gleichwohl treffen die Erfordernisse des Umweltschutzes primärrechtlich, also unmittelbar auf der Grundlage des EG-Vertrages, auch die Mitgliedstaaten.[58] Das zielt aber auch auf das Sekundärrecht der EG und dessen Vollzug durch die Mitgliedstaaten. Ist das innerstaatliche Recht erst im Sinne der Umsetzung einer **Richtlinie** zu schaffen, steuert das primärrechtliche Umweltrecht den Gestaltungsspielraum des jeweiligen Mitgliedstaates in vertragskonformer Weise und zwingt diesen zu einer gewissen umweltpolitischen Homogenität.

---

57 Vgl. die Diskussion bei Christian Calliess, in: ders./Matthias Ruffert (Hrsg.), Kommentar zum EUV/EGV, 3. Aufl. 2003, EG Art. 6 Rn. 20 ff.; Art. 174 Rn. 14 f.

58 Zutreffend Johannes Caspar, Europäisches und nationales Umweltverfassungsrecht, in: Hans-Joachim Koch (Hrsg.), Umweltrecht, 2. Aufl. 2007, § 2 Rn. 52.

Berkemann

7. Europäische Umweltagentur (EUA)

Die Europäische Umweltagentur – European Environment Agency (EEA) – ist eine **44** Agentur der EU. Ihre Aufgabe ist es, den politischen Entscheidungsträgern und der Öffentlichkeit sachdienliche Informationen und Daten im Bereich der Umwelt zu liefern.

Die Agentur wurde von der EG 1990 mit Sitz in Kopenhagen gegründet. Sie nahm **45** 1994 ihre Tätigkeit auf. Die Agentur hat gegenwärtig 32 Mitgliedstaaten, darunter sämtliche Staaten der EU. Ein wesentlicher Teil ihrer Tätigkeit besteht im Zusammentragen, Aufbereiten und Bereitstellen von sachdienlichen und zuverlässigen themenspezifischen Informationen über den Zustand und die Entwicklung der Umwelt auf europäischer Ebene. Das Umweltbundesamt (UBA) ist für Deutschland der „National Focus Point" der Agentur. Im Zuge der Erweiterung der EU unterstützen die EUA/EEA und das UBA die Beitrittskandidaten aus Mittel- und Osteuropa. Ziel entsprechender Projekte ist es, die beitrittswilligen Länder bei der Umsetzung der EU-Umweltpolitik zu unterstützen und ihnen die innerstaatliche Einführung des gemeinschaftsrechtlichen Umweltrechts zu erleichtern.

B. Rechtsquellen des Umwelt-Gemeinschaftsrechts

Lit.: Hans-Peter Kraußer, Das Prinzip begrenzter Ermächtigungen im Gemeinschaftsrecht als Strukturprinzip des EWG-Vertrages, Berlin 1991; Hans D. Jarass/Lothar F. Neumann (Hrsg.), Umweltschutz und Europäische Gemeinschaften. und Europäische Gemeinschaften – Rechts- und sozialwissenschaftliche Probleme der umweltpolitischen Integration, Berlin 1992; Helmut Lecheler, Der Rechtscharakter der „Europäischen Union", in: Jörn Ipsen/Hans-Werner Rengeling/Jörg Manfred Mössner/Albrecht Weber (Hrsg.), Verfassungsrecht im Wandel. Festschrift Heymanns Verlag, 1995, S. 383–393; Armin von Bogdandy/Martin Nettesheim, Die Europäische Union: Ein einheitlicher Verband mit eigener Rechtsordnung, in: EuR 1996, 1–27; Astrid Epiney/Hanspeter Pfenninger/Reto Gruber, Umweltrecht in der Europäischen Union: primärrechtliche Grundlagen, gemeinschaftsrechtliches Sekundärrecht, Köln 1997; Udo Fink, Garantiert das Grundgesetz die Staatlichkeit der Bundesrepublik?, in: DÖV 1998, 133–141; Thomas Flint, Die Übertragung von Hoheitsrechten, Berlin 1998.

Paul Kirchhof, Die rechtliche Struktur der Europäischen Union als Staatenbund, in: Arnim von Bogdandy (Hrsg.), Europäisches Verfassungsrecht -Theoretische und dogmatische Grundzüge, 2003, S. 893–929; Martin Nettesheim, Die Kompetenzordnung im Vertrag über eine Verfassung für Europa, in: EuR 2004, 511–546.

Die auf Integration gerichtete Europäische Gemeinschaft bedient sich unterschied- **46** licher Verfahren, das Ziel einer wirklichen politischen Union zu fördern. Ein zentrales Instrument ist es, die Gemeinschaft als eine **Rechtsgemeinschaft** auszugestalten. Das entspricht nicht nur einer rechtsstaatlichen Grundüberzeugung der Mitgliedstaaten. Vielmehr hat man seit jeher die politische und soziale Integrationskraft gemeinsamen Rechts erkannt. Das kommt besonders sinnfällig in Art. 94 EG zum Ausdruck. Danach erlässt der Rat der Gemeinschaft Richtlinien zur Angleichung derjenigen Rechts- und Verwaltungsvorschriften, die sich unmittelbar auf die Errichtung oder das Funktionieren des Gemeinsamen Marktes auswirken.

I. Das Steuerungssystem der EG gegenüber den Mitgliedstaaten

Lit.: Rüdiger Breuer (Hrsg.), Umwelt- und Technikrecht in den Europäischen Gemeinschaften – Antrieb oder Hemmnis?, in: UTR Bd. 7 (1998); Rudolf Mögele, Grundzüge der Rechtsordnung der Europäischen Gemeinschaften, in: BayVBl 1989, 577–587; Hans Jürgen Rabe, Europäische Gesetzgebung – Das unbekannte Wesen, in: NJW 1993, 1–5; Manfred Zuleeg, Die Europäische Gemeinschaft als Rechtsgemeinschaft, in: NJW 1994, 545–549; Wolfgang Blomeyer/Karl Albrecht Schachtschneider (Hrsg.), Die Europäische Union als Rechtsgemeinschaft, Berlin 1995; Hans D. Jarass, Kompetenzverteilung zwischen der Europäischen Gemeinschaft und den Mitgliedstaaten, in: AöR 1996, S. 173–199; Delf Buchwald, Zur Rechtsstaatlichkeit der Europäischen Union, in: Der Staat 37 (1998), S. 189–219. Armin Hatje, Europäische Rechtseinheit durch einheitliche Rechtsdurchsetzung, in: EuR Beiheft 1/1998, 7–27; Jürgen Schwarze, Das schwierige Geschäft mit Europa und seinem Recht, in: JZ 1998, 1077–1088; Ilka Boeck, Die Abgrenzung der Rechtssetzungskompetenzen von Gemeinschaft und Mitgliedstaaten in der Europäischen Union, Baden-Baden 1999; Walter Frenz/Herwig Unnerstall, Nachhaltige Entwicklung im Europarecht, Baden-Baden 1999.

Christiane Trüe, Das System der Rechtsetzungskompetenzen der Europäischen Gemeinschaft und der Europäischen Union, Baden-Baden 2002; Kurt Fassbender, Die Umsetzung von Umweltstandards der Europäischen Gemeinschaft, Köln 2001; Gertrude Lübbe-Wolff, Instrumente des Umweltrechts – Leistungsfähigkeit und Leistungsgrenzen, in: NVwZ 2001, 481–493; Christian Sobczak, Normung und Umweltschutz im Europäischen Gemeinschaftsrecht, Berlin 2002.

1. Primärrecht und Sekundärrecht

47 (1) Das Gemeinschaftsrecht der EG wird herkömmlich nach sog. Primärrecht und sog. Sekundärrecht unterschieden. Die Unterscheidung ist sehr bedeutsam, da sich die Rechtsgültigkeit des Sekundärrechtes am Primärrecht messen lassen muss. Da die EG eine Rechtsgemeinschaft ist, werden alle Handlungen ihrer Organe darauf hin kontrolliert, ob sie mit dem EG-Vertrag und den allgemeinen Rechtsgrundsätzen, zu denen auch die Grundrechte der Gemeinschaft gehören, vereinbar sind.[59]

48 (2) Unter **Primärrecht** versteht man dazu jene Rechtsvorschriften, durch die seinerzeit die Gemeinschaft geschaffen wurde und die seitdem rechtliche Grundlage der Tätigkeit der Gemeinschaftsorgane bilden.[60] Grundlegender Teil des Primärrechtes sind die **Gemeinschaftsverträge**. Als Primärrecht gelten auch die allgemeinen Rechtsgrundsätze, die den Rechtsordnungen der Mitgliedstaaten gemeinsam sind.[61] Auf sie wird in Art. 6 Abs. 2 EUV und in Art. 288 Abs. 2 EG verwie-

---

59 EuGH, Urteil vom 25.7.2002 – Rs. C-50/00 P – EuGHE 2002 I-6677 = DVBl. 2002, 1348 = NJW 2002, 2935 = EuZW 2002, 529 = EuR 2002, 699 – Unión de Pequeños Agricultores (UPA) vs. Rat; mit Bespr. Jens-Daniel Braun/Moira Kettner, Die Absage des EuGH an eine richterliche Reform des EG-Rechtsschutzsystems, in: DÖV 2003, 58–66; Volkmar Götz, Individuelle Betroffenheit als Klagevoraussetzung gegen EG-VO, in: DVBl. 2002, 1350–1351.

60 Vgl. Martin Nettesheim, in: Eberhard Grabitz/Meinhard Hilf (Hrsg.), Das Recht der Europäischen Union [Stand: Aug. 2002], EG Art. 249 Rn. 9 ff.; Hedwig Hofmann, Normenhierarchien im europäischen Gemeinschaftsrecht, Berlin 2000.

61 BVerfG, Beschluss vom 25.7.1979 – 2 BvL 6/77 – BVerfGE 52, 187 [203] = DVBl. 1980, 122 = NJW 1980, 519 = DÖV 1980, 337; vgl. ebenso Albert Bleckmann, Methoden der Bildung europäischen Verwaltungsrechts, in: DÖV 1993, 837–846; Gilbert Gornig/Christiane Tüe, Die Rechtsprechung des EuGH und des EuG zum Europäischen Verwaltungsrecht – Teil 1, in: JZ 2000, 395–406; Eberhard Grabitz,

sen. Auch die vom EuGH entwickelten gemeinschaftsrechtlichen **Grundfreihei-ten** zählen zum Primärrecht. Die EG-Grundrechtscharta ist mangels gemeinsamer mitgliedstaatlicher Umsetzung derzeit kein verbindlicher Rechtstext. Sie dient nur als hervorgehobener Interpretationshinweis. Das Primärrecht ist in Deutschland unmittelbar geltendes Bundesrecht. Es geht demgemäß nach Art. 31 GG dem Landesrecht vor. Das gilt – folgerichtig – auch für die allgemeinen Rechtsgrund-sätze des Gemeinschaftsrechts. Das wird vielfach nicht gesehen.

Das **primärrechtliche Umweltrecht** hat durch die Verträge von Maastricht und   49
Amsterdam eine ganz deutliche gemeinschaftspolitische Aufwertung erfahren, ver-gleichbar dies mit dem Inhalt der Gründungsverträge von 1957 (vgl. Rn. 7, 17). Es ist daher durchaus berechtigt, inzwischen von einem Umweltverfassungsrecht der EG (vgl. Rn. 18) zu sprechen.[62]

(3) Unter **Sekundärrecht** wird das Recht verstanden, das die Gemeinschaftsor-   50
gane auf der Grundlage und im Rahmen des Primärrechts selbst schaffen. Dieser Rechtsbereich wird sinnfällig als „abgeleitetes" Recht bezeichnet.[63] Nach dem Grundsatz der begrenzten Einzelzuständigkeiten sind die Kompetenzen der Ge-meinschaft, sekundäres Gemeinschaftsrecht zu setzen, enumerativ. Die Rechtset-zungsakte der Organe treten dabei in verschiedenen Formen auf. Art. 249 EG be-zeichnet dazu als Handlungsformen die **Verordnung, die Richtlinie, Entschei-dungen und die Empfehlung und Stellungnahme.** Es handelt sich um eine eigene Rechtsordnung, deren Normen weder Völkerrecht noch nationales Recht der Mitgliedstaaten sind.[64]

(4) Die Überordnung des Primärrechts gegenüber dem Sekundärrecht begründet   51
den **Vorrang des Primärrechts** gegenüber dem „abgeleiteten" Recht.[65] Ergänzt, zumeist zum Zwecke der erforderlichen Lückenfüllung, wird das Rechtssystem der EG durch „allgemeine Rechtsgrundsätze".[66] Das schließt nach gefestigter Rechtsprechung des EuGH die Entwicklung von **EG-Grundrechten** ein.[67] Neben dem Primär- und Sekundärrecht hat die von den Gemeinschaftsorganen Rat und

---

Europäisches Verwaltungsrecht – Gemeinschaftsrechtliche Grundsätze des Verwaltungsverfahrens, in: NJW 1989, 1776–1783; Eberhard Schmidt-Aßmann, Deutsches und Europäisches Verwaltungs-recht, in: DVBl. 1993, 924–936.

62 Hans-Werner Rengeling, Zum Umweltverfassungsrecht der Europäischen Union, in: Jörn Ipsen/Hans-Werner Rengeling/Jörg Manfred Mössner/Albrecht Weber (Hrsg.), Verfassungsrecht im Wandel. Fest-schrift Heymanns Verlag, Köln u. a. 1995, S. 469–483.

63 Vgl. Hans-Joachim Schütz/Thomas Bruha/Doris König, Casebook Europarecht, München 2004, S. 33; Martin Nettesheim, in: Eberhard Grabitz/Meinhard Hilf (Hrsg.), Das Recht der Europäischen Union [Stand: Aug. 2002], Art. 249 EG, Rn. 12 f.

64 BVerfG, Beschluss vom 18.10.1967 – 1 BvR 248/63 – BVerfGE 22, 293 [296] = DVBl. 1968, 466 = NJW 1968, 348.

65 EuGH, Urteil vom 21.10.1975 – Rs. 24/75 – EuGHE 1975, 1149 [1160] Rn. 11 ff. – Petronis vs. ONPTS; EuG, Urteil vom 10.7.1990 – Rs. T-51/89 – EuGHE 1990 II-309 [358 f.] Rn. 25 = EuZW 1990, 447 – Tetra Pak International SA vs. Kommission.

66 EuGH, Urteil vom 18.10.1989 – Rs. 374/87 – EuGHE 1989, 3283 [3350] Rn. 28 – Orkem vs. Kom-mission.

67 EuGH, Urteil vom 17.12.1970 – Rs. 11/70 – EuGHE 1970, 1125 [1135] Rn. 4 = NJW 1971, 343 = DÖV 1971, 309 = BayVBl 1971, 464 – Internationale Handelsgesellschaft vs. Einfuhr- und Vorratsstelle Getreide; vgl. auch Carsten Novak, Konkurrentenschutz in der EG, Baden-Baden, 1997, S. 416 ff.

Kommission tatsächlich geübte Auslegungs- und Anwendungspraxis zunehmend Bedeutung. Dieser Praxis wird, obwohl keine Rechtsquelle im klassischen Sinne, im gewissen Umfange eine normative Bedeutung beigemessen. Das gilt etwa für das „Verwaltungsschreiben" der Kommission (comfort letter).[68] Zumeist wird diese Praxis als „**soft law**" bezeichnet (vgl. Rn. 69 f.).[69] Dessen genaue rechtliche Relevanz ist umstritten. Eine hinreichend gesicherte Rechtsprechung des EuGH besteht jedenfalls derzeit nicht.[70] Vielfach wird „soft law", soweit es die Kommission gesetzt hat, als Interpretationshilfe benutzt.

2. Die sekundärrechtlichen Handlungsinstrumente der Gemeinschaft – Überblick

52 Nach Art. 249 Abs. 1 EG erlassen in unterschiedlicher Weise das Europäisches Parlament und der Rat gemeinsam, der Rat und die Kommission Verordnungen, Richtlinien und Entscheidungen. Sie können Empfehlungen aussprechen oder Stellungnahmen abgeben.[71]

53 Daneben haben sich in der Praxis noch andere Handlungsformen entwickelt, deren normative Verbindlichkeit allerdings unsicher ist.[72] Allerdings wird der Katalog des Art. 249 EG nicht als abschließend anzusehen sein.[73] Insbesondere die Kommission hat inzwischen ein Bündel von „kreativen" Handlungsformen herausgebildet, um die Rechtsanwendung durch „Hinweise" – nicht selten auch ermahnend – zu steuern.[74] So hat beispielsweise die Kommission zur Umsetzung etwa der FFH-

---

68 Vgl. Martin Schrödermeier/Achim Wagner, Rechtsschutz gegen Verwaltungsschreiben der EG-Kommission, in: WuW 1994, 403–415.

69 Hans-Joachim Schütz/Thomas Bruha/Doris König, Casebook Europarecht, München, 2004, S. 45 ff.; Michael Bothe, „Soft Law" in den Europäischen Gemeinschaften?, in: Ingo von Münch (Hrsg.), Staatsrecht, Völkerrecht, Europarecht. Festschrift für Hans-Jürgen Schlochauer, Berlin/New York 1981, S. 761–775; Ulrich Ehricke, „Soft law" – Aspekte einer neuen Rechtsquelle, in: NJW 1989, 1906–1908.

70 Zurückhaltend noch EuGH, Urteil vom 24.10.1973 – Rs. 9/73 – EuGHE 1973, 1135 [1160] Rn. 40 – Schlüter vs. HZA Lörrach; EuGH, Urteil vom 10.7.1980 – Rs. 99/79 – EuGHE 1980, 2511 = NJW 1981, 1151 = JuS 1981, 605- Lancome u. a. vs. Etos u. a. – „Lancome"; dagegen EuGH, Urteil vom 10.4.1984 – Rs. 108/83 – EuGHE 1984. 1945 [1957 f.] Rn. 19 ff. – Luxemburg vs. Parlament; EuGH, Urteil vom 24.2.1987 – Rs. 310/85 – EuGHE 1987, 901 [927] Rn. 22 = NJW 1987, 3072 – Deufil vs. Kommission; EuGH, Urteil vom 24.3.1993 – Rs. C-313/90 – EuGHE 1993 I-1125 [1186.] Rn. 34 ff. – CIFRES u. a. vs. Kommission; EuGH, Urteil vom 20.3.1997 – Rs. C-57/95 – EuGHE 1997 I-1627 [1647 ff.] Rn. 13 ff. = EuR 1998, 85 = RIW 1997, 431 – Frankreich vs. Kommission („Pensionsfonds"); vgl. auch Martin Schödermeier/Achim Wagner, Rechtsschutz gegen Verwaltungsschreiben der EG-Kommission, in: WuW 1994, 403–415.

71 Vgl. Jürgen Bast, Handlungsformen, in: Arnim von Bogdandy (Hrsg.), Europäisches Verfassungsrecht, Berlin 2003, S. 479 ff.; Arnim von Bogdandy/Jürgen Bast/Arndt, Handlungsformen im Unionsrecht. Empirische Analysen und dogmatische Strukturen in einem vermeintlichen Dschungel, in: ZaöRV 62 (2002) S. 77–161; Arno Scherzberg, Verordnung – Richtlinie – Entscheidung – Zum System der Handlungsformen im Gemeinschaftsrecht, in: Heinrich Siedentopf (Hrsg.), Europäische Integration und nationale Verwaltung, Stuttgart 1991, S. 17–42; Rudolf Mögele, Grundzüge der Rechtsordnung der Europäischen Gemeinschaften, in: BayVBl 1989, 577–587.

72 Vgl. Thomas Oppermann, Europarecht, München, 3. Aufl. 2005,S. 161 ff.

73 Hans-Joachim Schütz/Thomas Bruha/Doris König, Casebook Europarecht, München, 2004, S. 117 f.

74 Vgl. allg. Heike Adam, Die Mitteilungen der Kommission. Verwaltungsvorschriften des Europäischen Gemeinschaftsrechts? Eine Untersuchung zur rechtsdogmatischen Einordnung eines Instruments der

---

Berkemann

Richtlinie durch ein „Manual" den Mitgliedstaaten Auslegungs- und Anwendungsvorschläge unterbreitet und durch ihre Generaldirektion Umwelt regionale Besprechungen durchgeführt.[75] Damit sollen Schwächen des Vollzuges ausgeglichen werden.

2.1 Verordnungen der EG als „EG-Gesetzesrecht"

(1) Die Verordnung der EG besitzt nach Art. 249 Abs. 2 EG **allgemeine Rechts-** **54** **geltung.** Sie ist in allen ihren Teilen verbindlich und gilt in jedem Mitgliedstaat unmittelbar.[76] Die Verordnung ist also eine „quasi-legislatorische Maßnahme".[77] Sie verdeutlicht die supranationale Rechtsetzungsgewalt der EG. Darin unterscheidet sich die EG tiefgreifend von herkömmlichen internationalen Organisationen.[78] Die Verordnung bedarf grundsätzlich keines mitgliedstaatlichen Umsetzungsverfahrens, um innerstaatliche Rechtswirksamkeit zu erhalten. Gerade die der Verordnung gemeinschaftsrechtlich zuerkannte **unmittelbare Geltung** stellt damit gegenüber der Richtlinie das zentrale Abgrenzungskriterium dar.[79]

(2) Die Mitgliedstaaten haben keine Befugnis, normative Bestimmungen zu erlas- **55** sen, welche die Tragweite der Verordnung selbst berühren. Aus der unmittelbaren Anwendbarkeit („self-executing") folgt auch der gemeinschaftsrechtliche „Durchgriff" auch auf Privatrechtsverhältnisse. Insoweit besitzt die Verordnung von vornherein auch eine horizontale Rechtswirkung.

Trotz gelegentlicher gegenteiliger Äußerungen im deutschen Schrifttum kennt das **56** europäische Recht eine Umsetzung seiner Verordnungen in nationales Recht nicht. Aus der unmittelbaren Geltung der Verordnung hat der EuGH sogar ein mitgliedstaatliches Umsetzungsverbot entwickelt, um jegliche Rechtsunsicherheit zu vermeiden.[80] Das schließt nicht aus, dass eine sog. hinkende Verordnung ihrer-

---

Kommission zur Steuerung der Durchführung des Gemeinschaftsrechts, Baden-Baden 1999, S. 80 ff., 126 ff., 149 ff.

75 Vgl. z. B. EU-Kommission, Natura 2000 – Gebietsmanagement. Die Vorgaben des Artikels 6 der Habitat-Richtlinie 92/43/EWG, April 2000; Europäische Kommission, Interpretationsleitfaden für Artikel 6 der Habitat-Richtlinie 92/43 EWG, ausgearbeitet durch die Europäische Kommission GD XI (Entwurf), übersetzt im Auftrag des BMUJF, Sept. 1999.

76 EuGH, Urteil vom 10.10.1973 – Rs. 34/73 – EuGHE 1973, 981 [990] Rn. 10 – Ariola vs. Amministrazione italiana delle finanze.

77 So bereits EuGH, Urteil vom 29.11.1956 – Rs. 8/55 – EuGHE 1955/56, 199 – Fédération Charbonnière de Belgique vs. Höhere Behörde – „Fédéchar"; vgl. auch Thomas Oppermann, Europarecht, München, 3. Aufl. 2005, S. 164; Martin Nettesheim, in: Eberhard Grabitz/Meinhard Hilf (Hrsg.), Das Recht der Europäischen Union [Stand: Aug.] EG Art. 249 Rn. 110 ff.

78 Vgl. Matthias Pechstein/Christian Koenig, Die Europäische Union, 3. Aufl. 2000, S. 28 ff., 35 ff.; Martin Nettesheim, Eberhard Grabitz/Meinhard Hilf (Hrsg.), Das Recht der Europäischen Union [Stand: Aug. 2002], Art. 249 Rn. 3.

79 EuGH, Urteil vom 10.10.1973 – Rs. 34/73 – EuGHE 1973, 981 [990] Rn. 10 – Fratelli Variola SpA vs. Amministrazione italiana delle Finanze; EuGH, Urteil vom 30.11.1978 – Rs. 31/78 – EuGHE 1978, 2429 = RIW 1979, 770 – Francesco Bussone vs. Ministro dell'agricoltura e foreste – „Bussone".

80 EuGH, Urteil vom 10.10.1973 – Rs. 34/73 – EuGHE 1973, 981 [990] Rn. 10 – Fratelli Variola SpA vs. Amministrazione italiana delle Finanze; vgl. bereits EuGH, Urteil vom 18.2.1970 – Rs. 40/69 – EuGHE 1970, 69 [80] Rn. 4 – HZA Hamburg vs. Bollmann – „Putensterze"; vgl. auch Andreas Furrer, Die Sperrwirkung des sekundären Gemeinschaftsrechts auf die nationalen Rechtsordnungen. Die Grenzen des nationalen Gestaltungsspielraums durch sekundärrechtliche Vorgaben, Baden-Baden 1994.

Berkemann

seits zur Konkretisierung noch (weiterer) Durchführungsverordnungen oder sonstige Rechtsakte erfordert, um aus der Sicht des Gemeinschaftsrechts völlige Vollzugsfähigkeit zu erlangen.[81] Die Durchführungsverordnung hat alsdann den Anforderungen der Grundverordnung zu entsprechen, anderenfalls ist sie rechtswidrig.[82]

2.2 Richtlinie als Teil eines zweitstufigen Rechtsetzungsverfahrens

Lit.: Ralph Alexander Lorz, Autonomie und Rechtsetzung in gestuften Rechtsordnungen, in: DVBl. 2006, 1061–1060.

57 (1) Das Gemeinschaftsrecht sieht neben der Verordnung als weiteres, hoch bedeutsames normatives Steuerungselement die Richtlinie der EG vor. Diese ist ebenfalls abgeleitetes Gemeinschaftsrecht, also **Sekundärrecht**.[83] Die Richtlinie steht in der Normenhierarchie des Gemeinschaftsrechts rangtiefer als die EG-Verordnung. Sie dürfte eine der originellsten Handlungsformen der Gemeinschaft sein.[84]

58 Nach Art. 249 Abs. 3 EG ist eine Richtlinie „für jeden Mitgliedstaat, an den sie sich richtet, hinsichtlich des zu **erreichenden Ziels** verbindlich („obligation de résultat"), überlässt jedoch den innerstaatlichen Stellen die Wahl der Form und der Mittel". Die Richtlinie der EG folgt damit im Grundsatz dem Konzept eines **zweistufigen Rechtsetzungsverfahrens**.[85] In der „ersten" Stufe legen die Gemeinschaftsorgane Zielsetzungen verbindlich fest. Die konkrete, ausfüllende Umsetzung nehmen in der zweiten Stufe die mitgliedstaatlichen Rechtsetzungsorgane vor. Die Richtlinie zielt also an sich nicht darauf ab, bereits selbst in den mitgliedstaatlichen Rechtsordnungen unmittelbar geltendes Recht zu schaffen. Die Richtlinie selbst bleibt ein Akt der Gemeinschaft.

59 (2) Der **Vorteil** dieses Systems liegt in der gewünschten Flexibilität. Die Richtlinie erlaubt es dem Mitgliedstaat, das gemeinschaftsrechtliche Ziel in seine bestehende nationale Rechtsordnung vorteilhaft einzupassen. Das Verfahren schont damit die Eigenständigkeit dieser Rechtsordnung. Das entspricht auch dem Gedanken

---

81 Vgl. EuGH, Urteil vom 31.1.1978 – Rs. 94/77 – EuGHE 1978, 99 [115 f.] Rn. 22/27 = RIW 1978, 607 – Fratelli Zerbone vs. Amministrazione delle Finanze dello Stato; EuGH, Urteil vom 20.3.1986 – Rs. 72/85 – EuGHE 1986, 1219 [1219 f.] Ls. 2 – Kommission vs. Niederland; vgl. auch Martin Nettesheim, in: Eberhard Grabitz/Meinhard Hilf (Hrsg.), Das Recht der Europäischen Union [Stand: Aug. 2002], Art. 249 Rn. 114.

82 EuGH, Urteil vom 10.3.1971 – Rs. 38/70 – EuGHE 1971, 145 – Deutsche Tradax GmbH vs. Einfuhr- und Vorratsstelle für Getreide und Futtermittel; EuGH, Urteil vom 2.3.1999 – Rs. C-179/97 – EuGHE 1999 I-1251 [1274] Rn. 19 ff. – Kommission vs. Spanien.

83 Dieter Oldekop, Die Richtlinie der EWG, Göttingen, 1968; ders., Die Richtlinie der Europäischen Wirtschaftsgemeinschaft, in: JöR 21 (1972), S. 55–106; Nikolaus Weber, Die Richtlinie im EWG-Vertrag, Hamburg 1974.

84 Vgl. Rolf Wägebaur, Die Umsetzung von EG-Recht in deutsches Recht und ihre gesetzgeberische Problematik, in: ZG 1988, 303–318.

85 Vgl. Martin Nettesheim, in: Eberhard Grabitz/Meinhard Hilf (Hrsg.), Das Recht der Europäischen Union [Stand: Aug. 2002], Art. 249 EG Rn. 124 ff.; Albert Bleckmann, Europarecht, 6. Aufl. 1997, S. 163.

der Subsidiarität gemäß Art. 5 Abs. 2 EG.[86] Die gesetzgeberische Praxis der Gemeinschaft zeigt inzwischen eine Vielfalt der Richtlinieninhalte.

Diese Vielfalt zeigt zudem, dass zwischen den verschiedenen Verpflichtungen, **60** welche die Richtlinien den Mitgliedstaaten auferlegen können, und damit zwischen den zu erreichenden Zielen erhebliche Unterschiede bestehen können. Bestimmte Richtlinien verlangen, dass gesetzgeberische Maßnahmen auf nationaler Ebene getroffen werden und ihre Einhaltung damit einer gerichtlichen oder behördlichen Überprüfung unterliegt.[87] Die Richtlinie gibt lediglich einen allgemeinen Rahmen vor, der den Mitgliedstaaten einen weiten Handlungsspielraum lässt.[88] Andere Richtlinien schreiben den Mitgliedstaaten vor, die erforderlichen Maßnahmen zu erlassen, um zu gewährleisten, dass bestimmte allgemein ausgedrückte und nicht quantifizierbare Ziele erreicht werden. Dabei wird den Mitgliedstaaten ein Ermessen in der Frage belassen, welche Maßnahmen zu ergreifen sind.[89] Wiederum andere Richtlinien verlangen, dass die Mitgliedstaaten nach einer bestimmten Frist genaue und konkrete Ziele erreicht haben.[90]

(3) **Nachteile** der gemeinschaftsrechtlichen Richtlinienpolitik sind nicht zu über- **61** sehen. Die Richtlinie diente ursprünglich eher der Rechtsangleichung (Harmonisierung), nicht aber der Vereinheitlichung zu einer mitgliedstaatlichen Rechtsordnung. Das hat sich geändert. Die in der Praxis erkennbaren Nachteile sind weniger struktureller, sondern vielfach praktischer Natur. Die Richtlinie bedarf der mitgliedstaatlichen Umsetzung. Erst wenn dies geschehen ist, kann sich das gemein-

---

86 Vgl. dazu Waldemar Hummer, Subsidiarität und Föderalismus als Strukturprinzipien der Europäischen Gemeinschaften?, in: Zeitschrift für Rechtsvergleichung, 33 (1992), S. 81–91; Thomas Bruha, Das Subsidiaritätsprinzip im Rechte der Europäischen Gemeinschaft, in: Alois Riklin/Gerard Batliner (Hrsg.), Subsidiarität. Ein interdisziplinäres Symposium, Baden-Baden 1994, S. 373–410; Silke Albin, Das Subsidiaritätsprinzip in der EU. Anspruch und Rechtswirklichkeit, in: NVwZ 2006, 629–635; vgl. ferner Protokoll über die Anwendung der Grundsätze der Subsidiarität und der Verhältnismäßigkeit vom 16.12.2004 (abgedruckt Sartorius II, Nr. 147 a Nr. 43).

87 Vgl. dazu etwa EuGH, Urteil vom 16.11.1989 – Rs. C-360/88 – EuGHE 1989, 3803 – Kommission vs. Belgien, EuGH, Urteil vom 6.12.1989 – Rs. C-329/88 – EuGHE 1989, 4159 – Kommission vs. Griechenland, jeweils zur Richtlinie 84/450/EWG des Rates vom 10.9.1984 zur Angleichung der Rechts- und Verwaltungsvorschriften der Mitgliedstaaten über irreführende Werbung (ABl. EG Nr. L 250, S. 17).

88 Vgl. etwa EuGH, Urteil vom 26.9.2000 – Rs. C-443/98 – EuGHE 2000 I-7535 [7579] Rn. 29 = NJW 2001, 1847 (L) = EuZW 2001, 153 = EWS 2000, 542 = EuR 2000, 968 = LM H. 6/2001 EWG-RL 83/189 – Unilever Italia vs. Central Food; vgl. auch Rudolf Streinz, Notifizierungspflicht gem. EG-Informationsrichtlinie – Auswirkung nicht umgesetzter Richtlinien auf Privatrechtsverhältnisse, in: JuS 2001, 809– 811.

89 Vgl. etwa EuGH, Urteil vom 9.11.1999 – Rs. C-365/97 – EuGHE 1999 I-7773 [7824] Rn. 67 f. – Kommission vs. Italien – „San Rocco" – zur Richtlinie 75/442/EWG des Rates vom 15.7.1975 über Abfälle (ABl. EG Nr. L 194, S. 39) in der Fassung der Richtlinie 91/156/EWG des Rates vom 18.3.1991 (ABl. EG Nr. L 78, S. 32).

90 Vgl. etwa EuGH, Urteil vom 14.7.1993 – Rs. C-56/90 – EuGHE 1993 I-4109 [4144] Rn. 42 bis 44 – Kommission vs. Großbritannien; EuGH, Urteil vom 8.6.1999 – Rs. C-198/97 – EuGHE 1999 I-3257 [3282] Rn. 35 = NVwZ 1999, 1216 (L) – Kommission vs. Deutschland; EuGH, Urteil vom 25.5.2000 – Rs. C-307/98 – EuGHE 2000 I-3933 [3970] Rn. 51 – Kommission vs. Belgien; EuGH, Urteil vom 19.3.2002 – Rs. C-268/00 – EuGHE 2002 I-2995 [3002 f.] Rn. 12 bis 14 – Kommission vs. Niederlande zur Richtlinie 76/160/EWG des Rates vom 8.12.1975 über die Qualität der Badegewässer (ABl EG Nr. L 31, S. 1).

Berkemann

schaftsrechtliche Normenprogramm voll entfalten.[91] Das birgt die Gefahr in sich, dass die Umsetzung verzögert wird, unvollkommen ist, oder inhaltlich fehlerhaft oder gar nicht vorgenommen wird. Ein derartiger Befund, tritt er ein, steht der gebotenen gleichmäßigen Rechtsanwendung des Gemeinschaftsrechts in allen Mitgliedstaaten der EG deutlich entgegen. Ein Vertragsverletzungsverfahren kann diesen Nachteilen nur sehr eingeschränkt entgegenwirken. Für einen gewissen Zeitraum besteht mithin Rechtsunsicherheit. In keinem Falle kann der eingetretene Zeitverlust einer wirksamen Umsetzung aufgeholt werden.

62 Diese Gefahr der Mängel der Umsetzung ist nicht abstrakt, vielmehr zeigt die Praxis, dass Mitgliedstaaten immer wieder eine fristgerechte Umsetzung unterlassen oder in der zweiten Stufe ihrer nationalstaatlichen Rechtsetzung der gemeinschaftsrechtlichen Zielsetzung nicht in vollem Umfange gerecht werden. Der Verdacht ist zudem nicht fernliegend, dass man sich im Rat der EG eher auf eine Richtlinie statt auf eine unmittelbar wirksame Verordnung in der Annahme verständigt, man werde durch die Umsetzungsfrist noch Zeit gewinnen und könne zudem auch auf die eine oder andere Frage noch im innerstaatlichen Rechtsetzungsakt Einfluss nehmen. Gleichwohl hat sich die Richtlinie – nimmt man alles in allem – längst zu einer sehr gern angewandten Handlungsform der EG entwickelt. Die Rechtsprechung des EuGH hat hierzu das Ihrige beigetragen (vgl. Rn. 296 ff.).

2.3 Entscheidung als EG-Verwaltungsakt

63 Mit der Handlungsform der Entscheidung ermächtigt Art. 249 Abs. 4 GG dazu, einen Rechtsakt zur verbindlichen Regelung eines Einzelfalles zu erlassen.[92] Adressat ist der Mitgliedstaat oder private natürliche oder juristische Personen. Es handelt sich der Sache nach um ein Instrument der vollziehenden Verwaltung, das dem Verwaltungsakt des deutschen Rechts weitgehend entspricht.

64 Die Handlungsform wird in aller Regel nur von der Kommission genutzt. Mitgliedstaaten können sich gegen Entscheidungen gemäß Art. 230 EG mit einer Nichtigkeitsklage beim EuGH wehren (vgl. Rn. 387 ff.). Die Entscheidung, etwa der Kommission, ist gemäß Art. 253 EG zu begründen. Die Begründung muss die Überlegungen der Kommission so klar und eindeutig zum Ausdruck bringen, dass der Betroffene zur Wahrnehmung seiner Rechte die Gründe für die getroffene Maßnahme erfährt und die Gerichte ihre Kontrolle ausüben können.[93] Die Begründungspflicht soll die gerichtliche Überprüfung und eine gemeinschaftskonforme Auslegung erleichtern.

---

91 Hans-Joachim Schütz/Thomas Bruha/Doris König, Casebook Europarecht, München, 2004, S. 125.
92 Vgl. Ute Mager, Die staatengerichtete Entscheidung als supranationale Handlungsform, in: EuR 2001, 661–681.
93 Vgl. EuGH, Urteil vom 17.1.1984 Rs. 43/82, 63/82 – EuGHE 1984, 19 [58] Rn. 22 = NJW 1985, 546 = RIW 1985, 317 – Vlaamse Boekwezen vs. Kommission; EuGH, Urteil vom 19.9.2000 – Rs. C-156/98 – EuGHE 2000 I-6857 [6910] Rn. 18 = DVBl. 2001, 47 = EuZW 2000, 723 = EuGRZ 2000, 444 = VIZ 2000, 739 – Deutschland vs. Kommission; EuGH, Urteil vom 16.5.2002 – Rs. C-482/99 – EuGHE 2002 I-4397 [4441] Rn. 41 = DVBl. 2002, 1034 = NVwZ 2002, 461 = EuZW 2002, 468 = EWS 2002, 370 – Frankreich vs. Kommission.

Berkemann

Für den Bereich der gemeinschaftsbezogenen Umweltpolitik ist die Entscheidung **65** im Sinne des Art. 249 Abs. 4 EG bislang ohne weitere Bedeutung geblieben. In Betracht käme etwa eine Entscheidung, nach der ein einzelner Mitgliedstaat etwa zur effektiven Umsetzung der FFH-Richtlinie der Kommission bestimmte Angaben zu machen habe.

2.4 Empfehlungen und Stellungnahmen der EG

(1) Art. 249 Abs. 5 EG bezeichnet Empfehlungen und Stellungnahmen als unver- **66** bindliche Handlungsformen der Gemeinschaftsorgane. Der EuGH hat dies zunächst wörtlich genommen.[94] Der Gerichtshof hat indes alsbald gemerkt, dass die „unverbindliche" Handlungsform nicht als rechtlich bedeutungslos zu verstehen sei. Empfehlungen und Stellungnahmen der Gemeinschaftsorgane können in materieller Hinsicht Rechtswirkungen auslösen und sind insoweit durchaus „verbindlich".[95] Die Pflicht zur Berücksichtigung von Empfehlungen kann sich aus der **allgemeinen Loyalitätspflicht** des Art. 10 EG ergeben.[96]

(2) Die **Stellungnahme** ist allerdings keine normative Regelung oder Entschei- **67** dung, Mit ihr äußert sich ein Gemeinschaftsorgan zu einem bestimmten Sachverhalt in bewertender und würdigender Weise, ohne dass dadurch gegenüber dem Mitgliedstaat eine Verlagerung von vorgegebenen Entscheidungszuständigkeiten eintritt. Unter welchen Voraussetzungen eine Stellungnahme zulässig oder gar geboten ist, lässt sich nicht allgemein bestimmen. Die einheitliche Anwendung des umgesetzten Richtlinienrechts kann in Frage gestellt sein, wenn ein einheitlich konzipiertes Recht durch die nationalen Verwaltungen unterschiedlich angewandt wird. Die Gefahr ist besonders gegeben, wenn die Steuerungsintensität des Gemeinschaftsrechts eher als „schwach", weil stark interpretationsbedürftig, anzusehen ist. Insoweit ist der genannte Grundsatz ein Korrektiv gegenüber dem Grundsatz der nationalen Vollzugs- und Verfahrensautonomie.

Eine besondere Ausprägung hat die Stellungnahme der Kommission im europäi- **68** schen Habitatschutzrecht gefunden. Sie ist hier bereits in der Richtlinie als Korrektiv vorgesehen. Nach Art. 6 Abs. 3 FFH-RL führt eine bestehende Unverträglichkeit eines Vorhabens mit dem eingerichteten kohärenten System Natura 2000 zur Unzulässigkeit des Vorhabens. Die Unverträglichkeit kann nach Art. 6 Abs. 4 UAbs. 2 FFH-RL bei Vorliegen zwingender Gründe des überwiegenden öffentlichen Interesses auch bei den besonders geschützten prioritären Arten oder Biotopen überwunden werden, wenn dazu eine Stellungnahme der Kommission vorliegt.[97] Die in

---

94 EuGH, Urteil vom 10.12.1957 – verb. Rs. 1/57 und 14/57 – EuGHE 1957, 213 [236] – Société des usines à tubes.

95 EuGH, Urteil vom 13.12.1989 – Rs. C-322/88 – EuGHE 1989 I-4407 = NZA 1991, 283 – Grimaldi vs. Fonds des maladies professionnelles.

96 So Hans-Joachim Schütz/Thomas Bruha/Doris König, Casebook Europarecht, München, 2004, S. 170, 533 ff.; vgl. ferner Armin Hatje, Loyalität als Rechtsprinzip in der Europäischen Union, Baden-Baden 2001.

97 Erörtert wird, ob die Stellungnahme der Kommission für den Mitgliedstaat „bindend" ist. Das wird überwiegend verneint. Ob andererseits die Pflicht zur vorherigen Stellungnahme nur als ein „bloßes Verfahrenserfordernis" anzusehen ist, wird man ebenso zu verneinen haben. Die besondere Verfahrenskonzeption der FFH-RL im Sinne dieser Mehrebenenverwaltung spricht dagegen.

der Richtlinie bereits vorgesehene Stellungnahme der Kommission dient hier kompensatorisch der fehlenden, subsumtiven Regelungsdichte der Ausnahmeregelung, die sich funktional einer Befreiungsregelung nähert, in deren Vollzug die Kommission beteiligt ist.[98] Damit wird der Grundsatz der einheitlichen Anwendung des Gemeinschaftsrechts, wie ihn der EuGH immer wieder als zentralen Funktionswert hervorgehoben hat, bereits verfahrensmäßig umgesetzt.[99] Hier deutet sich eine mittelbare Vollzugshoheit der Gemeinschaft an.

2.5 Akte sui generis – „soft law"

69 (1) Der Katalog der Handlungsformen des Art. 249 EG ist nicht abschließend. Auf das sog. soft law wurde bereits hingewiesen (vgl. Rn. 51). In Betracht kommen „uneigentliche" Ratsbeschlüsse, Entschließungen der Kommission oder programmatische Erklärungen von Parlament, Rat oder Kommission. Das eigentliche Hauptproblem derart „ungekennzeichneter" Akte ist die Frage ihrer Verbindlichkeit und rechtlichen Beachtung.[100] Der EuGH hat vereinzelt ausgesprochen, dass die Mitgliedstaaten verpflichtet sein können, derartige Beschlüsse oder Erklärungen im Rahmen der allgemeinen Loyalitätspflicht des Art. 10 EG zu fördern.[101] Ein unmittelbarer Zusammenhang mit der Handlungsform der Richtlinie besteht nicht.

70 (2) Die Gemeinschaft besitzt als Handlungsinstrument der Umweltpolitik sog. **Umweltaktionsprogramme**. Diese legen Ziele und Prioritäten der Gemeinschaft für einen bestimmten Zeitraum fest. Man kann sie als Rahmenprogramme einer konsertierten EG-Umweltpolitik verstehen. Eine unmittelbare rechtliche Verbindlichkeit kommt ihnen nicht zu, obwohl die Aktionsprogramme gemäß Art. 175 Abs. 3 EG im Verfahren nach Art. 251 EG förmlich erlassen werden. Bisher wurden fünf Umweltaktionsprogramme verabschiedet. Das derzeit maßgebliche **6. Umweltaktionsprogramm** „Umwelt 2010: Unsere Zukunft liegt in unserer Hand" wurde 2002 veröffentlicht.[102] Inhaltlich ist ein Hauptmerkmal der **Klimaschutz** und die

---

98 Beispielhaft etwa Stellungnahme der EU-Kommission vom 27.4.1995 [ABl EG Nr. C 178/3 vom 13.7.1995] betr. Trebel/Recknitz-Tal und vom 18.12.1995 [ABl. EG Nr. L 6/14 vom 9.1.1996] betr. Querung des Peenetals.

99 Vgl. bereits EuGH, Urteil vom 15.7.1964 – Rs. 6/64 – EuGHE 1964, 1251 [1269 f.] = NJW 1964, 2371 – Flaminio Costa vs. E.N.E.L.; EuGH, Urteil vom 9.3.1978 – Rs. 106/77 – EuGHE 1978, 629 [643] Rn. 17/18 = NJW 1978, 1741 = EuGRZ 1978, 190 = EuR 1979, 277 = JZ 1978, 512 – Staatliche Finanzverwaltung vs. SpA Simmenthal – „Simmenthal II"; EuGH, Urteil vom 17.12.1980 – Rs. 149/79 – EuGHE 1980, 3881 [3900] – Kommission vs. Belgien; EuGH, Urteil vom 21.9.1983 – verb. Rs. 205 bis 215/82 – EuGHE 1983, 2633 [2666] Nr. 22 = NJW 1984, 2024 – Milchkontor; EuGH, Urteil vom 2.2. 1989 – Rs. 94/87 – EuGHE 1989, 175 [191] Rn. 9 = EuZW 1990, 387 – Kommission vs. Deutschland; EuGH, Urteil vom 21.2.1991 – verb. Rs. C-143/88 und C-92/89 – EuGHE 1991 I-415 [542] Rn. 26 = NVwZ 1991, 460 = DVBl. 1991, 480 = EuZW 1991, 313 – Zuckerfabrik Süderdithmarschen vs. Hauptzollamt Itzehoe; EuGH, Urteil vom 27.5.1993 – Rs. C-290/91 – EuGHE 1993 I-2981 = NVwZ 1993, 973 – Peter vs. HZA Regensburg; vgl. auch Ulrich Ramsauer, Die Ausnahmeregelungen des Art. 6 Abs. 4 der FFH-Richtlinie, in: NuR 2000, 601–611.

100 Albert Bleckmann, Zur Verbindlichkeit von Rechtsauskünften der EG-Kommission, in: RIW 1988, 963–967; Gert Meier, Die Mitteilung der Kommission. Ein Instrument der Normsetzung der Gemeinschaft, in: Jürgen F. Bauer/Klaus J. Hopt/Peter K. Mailänder (Hrsg.), Festschrift für Ernst Steindorff zum 70. Geburtstag am 13. März 1990, Berlin 1990, S. 1303 ff.

101 Vgl. EuGH, Urteil vom 30.5.1989 – Rs. 242/87 – EuGHE 1989, 1425 [1453 ff.] Rn. 11, 19 = NJW 1989, 3091 NVwZ 1990, 54 = EuR 1990, 55 – Kommission vs. Rat – „Erasmus".

102 Beschluss Nr. 1699/2002/EG des EP und des Rates (ABl. 2002 Nr. L 242/1).

damit verbundene Umsetzung des **Kyoto-Protokolls** und die Einbeziehung der EG-Umweltpolitik in wirtschafts- und sozialpolitische Handlungsbereiche. In verfahrensmäßiger Hinsicht soll die Effektivität der mitgliedstaatlichen Umsetzung der Richtlinien gefördert werden. Eine präventive Steuerung versucht die Kommission durch eine gezielte Informationspolitik zu erreichen.[103]

II. Leitprinzipien eines effektiven Gemeinschaftsrechts

Lit.: Winfried Veelken, Die Bedeutung des EG-Rechts für die nationale Rechtsanwendung, in: JuS 1993, 265–272; Manfred Zuleeg, Die Europäische Gemeinschaft als Rechtsgemeinschaft, in: NJW 1994, 545–549; Andrea Müller-Dobler, Richtlinienkonforme Auslegung bei einer Kollision zwischen nationalem Recht und Gemeinschaftsrecht, in: UFS 2006, 57 ff.

Art. 220 EG beauftragt die beiden europäischen Gerichte, also den Gerichtshof 71 (EuGH) und das erstinstanzliche Gericht (EuG), mit der Wahrung des Rechts bei der Auslegung und Anwendung des Vertrages. Vor allem der **integrationsbezogenen Rechtsprechung** des EuGH ist es zu verdanken, dass das Verständnis der Gemeinschaft als Rechtsgemeinschaft heute unangefochten ist.

Dabei erweist es sich unverändert als schwierig, die gemeinschaftsrechtliche und 72 die mitgliedstaatlichen Rechtsordnungen aufeinander zu beziehen und Rechtskonflikte auszugleichen. Zur Auflösung auftretender Konflikte hat die Rechtsprechung des EuGH und der nationalen Gerichte grundsätzliche **Rechts- und Funktionsregeln** entwickelt.[104]

- **Durchsetzungspflicht.** Es besteht die gemeinschaftsrechtliche Pflicht, das Gemeinschaftsrecht in allen Mitgliedstaaten der EG einheitlich und effektiv durchzusetzen.

- **Anwendungspflicht.** Es besteht die gemeinschaftsrechtliche Pflicht, das sich zur unmittelbaren Anwendung eignende Gemeinschaftsrecht in jedem Einzelfall anzuwenden.

- **Gemeinschaftskonforme Auslegung.** Es besteht die gemeinschaftsrechtliche Pflicht, das innerstaatliche Recht gemeinschaftskonform auszulegen und anzuwenden. Entsprechend der sich aus Art. 10 EG für jeden Mitgliedstaat ergebenden Pflicht, der Kommission, die für die Anwendung des Vertrages sowie der von den Organen aufgrund dieses Vertrages getroffenen Bestimmungen Sorge zu tragen hat, die Erfüllung ihrer allgemeinen Aufgabe zu erleichtern, obliegt es den nationalen Behörden, die erforderlichen Prüfungen im Geiste einer loyalen Zusammenarbeit vorzunehmen.[105]

---

103 Allgemein zu solchen informatorischen Instrumenten bereits Gerd Winter, Kompetenzen der Europäischen Gemeinschaft im Verwaltungsvollzug, in: Gertrude Lübbe-Wolff (Hrsg.), Vollzug des europäischen Umweltrechts, Berlin 1996, S. 107–130 [125], Eckhard Pache, EG-rechtliche Möglichkeiten und Grenzen einer Harmonisierung nationaler Vollzugssysteme, in: Gertrude Lübbe-Wolff (Hrsg.), Vollzug des europäischen Umweltrechts, Berlin 1996, S. 177–207 [200 f.].

104 Näher Ulrich Karpenstein, Praxis des EG-Rechts. Anwendung und Durchsetzung des Gemeinschaftsrechts in der Bundesrepublik Deutschland, 2006, S. 14.

105 Vgl. EuGH, Urteil vom 9.11.1999 – Rs. C-365/97 – EuGHE 1999 I-7773 – Kommission vs. Italien zur Richtlinie 156/91/EWG (Abfall-Richtlinie); vgl. bereits EuGH, Urteil vom 27.3.1990 – Rs. C-10/88

- **Anwendungsvorrang.** Es besteht die gemeinschaftsrechtliche Pflicht, innerstaatliches Recht, das im Widerspruch zum Gemeinschaftsrecht steht, nicht anzuwenden.

- **Auslegungsautonomie.** Es besteht die gemeinschaftsrechtliche Pflicht, das Gemeinschaftsrecht autonom im Sinne der Ziele der Gemeinschaft auszulegen.

- **Funktionsvorrang des EuGH.** Es besteht die gemeinschaftsrechtliche Pflicht, die Gerichte der Gemeinschaft in der Durchsetzung des Gemeinschaftsrechts zu unterstützen.

III. Rechtsprechung des EuGH als „Rechtsquelle" zum Umweltrecht

Lit.: Jörg Henke, EuGH und Umweltschutz. Die Auswirkungen der Rechtsprechung des Gerichtshofs der Europäischen Gemeinschaften auf das Umweltschutzrecht in Europa, München 1992; Ulrich Everling, Durchführung und Umsetzung des Europäischen Gemeinschaftsrechts im Bereich des Umweltschutzes unter Berücksichtigung der Rechtsprechung des EuGH, in: NVwZ 1993, 209–216; Manfred Zuleeg, Umweltschutz in der Rechtsprechung des Europäischen Gerichtshofs, in: NJW 1993, 31–38; Manfred Zuleeg, Die Rolle der rechtsprechenden Gewalt in der europäischen Integration, in: JZ 1994, 1–8; Ludwig Krämer, Die Rechtsprechung des Gerichtshofs der Europäischen Gemeinschaften zum Umweltrecht 1992 bis 1994, in: EuGRZ 1995, 45–52; Ludwig Krämer, Die Rechtsprechung der EG-Gerichte zum Umweltrecht 1995 bis 1997, in: EuGRZ 1998, 309–320.

Martin Burgi, Kernfragen des Europarechts in der Rechtsprechung von EuGH und EuG im Jahre 1999, in: JZ 2000, 979–990; Ludwig Krämer, Die Rechtsprechung der EG-Gerichte zum Umweltrecht 1998 und 1999, in: EuGRZ 2000, 265–281; Dieter H. Scheuing, Europäisches Umweltverfassungsrecht im Spiegel der Rechtsprechung des EuGH, in: Klaus-Peter Dolde (Hrsg.), Umweltrecht im Wandel, Berlin 2001, S. 129–170; Ludwig Krämer, Europäisches Umweltrecht in der Rechtsprechung des EuGH, Wien 2002; Ludwig Krämer, Die Rechtsprechung der EG-Gerichte zum Umweltrecht 2000 und 2001, in: EuGRZ 2002, 483–498; Dieter H. Scheuing, Das Europäische Umweltverfassungsrecht als Maßstab gerichtlicher Kontrolle – Eine Analyse der Rechtsprechung des EuGH, in: EuR 2002, 619–659; Ludwig Krämer, Daten zur Rechtsprechung des EuGH in Umweltfragen, in: EurUP 2004, 114–121.

73 Die erhöhte und zunehmende Bedeutung des gemeinschaftsrechtlichen Umweltverfassungsrechts schlägt sich zunehmend in der sich immer stärker differenzierenden Rechtsprechung des EuGH nieder. Der Gerichtshof hat sehr frühzeitig den Umweltschutz zu einem wesentlichen Ziel der Gemeinschaft erklärt.[106] Er praktiziert dazu Zielfestlegungen und Handlungsgrundsätze der EG-Richtlinien des Umweltrechts seit langem durch eine umweltbetonte Auslegung, ja mit einer umweltpolitischen Souveränität. Kritisch bleibt allerdings, ob er hierbei hinreichend vor-

---

– EuGHE 1990 I-1229 – Italien vs. Kommission; EuGH, Urteil vom 12.6.1990 – Rs. C-8/88 – EuGHE 1990 I-2321 [2359] Rn. 13 – Deutschland vs. Kommission; vgl. allg. Armin Hatje, Loyalität als Rechtsprinzip in der Europäischen Union, Baden-Baden 2001.

106 Deutlich EuGH, Urteil vom 7.2.1985 – Rs. 240/83 – EuGHE 1985, 531 [549] – Association de défense des brûleurs d'huiles usagées.

handene mitgliedstaatliche Handlungsspielräume beachtet.[107] Angesichts des durchgehend gebilligten Einflusses des EuGH auf die nationalen Gerichte kommt seiner umweltrechtlichen Rechtsprechung längst eine ganz erhebliche Bedeutung für den Stand des Umweltrechtes der Mitgliedstaaten zu. Die Rechtsprechung des EuGH gewinnt darüber hinaus zunehmend an Eigendynamik. Das gilt etwa für seine integrationsfreundliche „effet utile"-Rechtsprechung (vgl. Rn. 279, 296). Zudem ist offensichtlich, dass Umweltprobleme von den einzelnen Mitgliedstaaten nicht mehr allein gelöst werden können.

Die vom EuGH zur Begründung eingesetzten Argumentationsmuster sind vielfältig. Im einzelnen zeigt der Gerichtshof, dass er gemeinschaftsrechtliche Zielfestlegungen, **Handlungsgrundsätze** wie etwa die Verpflichtung des Umweltschutzes auf einem „hohen Schutzniveau", die Grundsätze der Vorsorge und Vorbeugung, den Ursprungsgrundsatz und das Verursacherprinzip sowie die Querschnittsklausel und schließlich die Berücksichtigungsgebote des Art. 174 EG konstruktiv einzusetzen vermag (vgl. Rn. 26 ff.). Die Bandbreite des interpretatorischen Zugriffs ist bemerkenswert. So bestätigte beispielsweise der EuGH, dass ein massiver Zufluss von Abfall in die Region Wallonien eine Gefahr für den Umweltschutz darstellen würde.[108] Er setzte sich dazu mit dem Argument auseinander, dass ein Verbot eine Diskriminierung darstelle, weil wallonischer Abfall, anders als Abfall aus anderen Mitgliedstaaten, gelagert werden dürfe. Der Gerichtshof billigte dies unter Bezugnahme auf das Art. 130 r Abs. 2 EWGV (vgl. nunmehr Art. 174 Abs. 2 EG) entnommene Prinzip, Umweltbeeinträchtigungen am Ursprung zu bekämpfen (sog. Näheprinzip). Offenbar ging er hierbei davon aus, dass die jeweilige Region die öffentliche Verantwortung für die Entsorgungseinrichtungen trage und dass dieses Beschränkungen rechtfertige. Einzelheiten zur umweltrechtlichen Judikatur des EuGH sind nachfolgend noch näher darzustellen.

74

C. Erlass einer Richtlinie im Umweltschutzrecht der EG

Lit.: Manfred Zuleeg, Vorbehaltene Kompetenzen der Mitgliedstaaten der Europäischen Gemeinschaft auf dem Gebiete des Umweltschutzes, in: NVwZ 1987, 280–286; Christoph Demmke, Die Implementation von EG-Umweltpolitik in den Mitgliedstaaten, Baden-Baden 1994; Sebastian Oehlert, Harmonisierung durch EG-Richtlinien: Kompetenzen, Legitimation, Effektivität, in: JuS 1997, 317–322; Dieter H. Scheuing, Instrumente zur Durchführung des Europäischen Umweltrechts, in: NVwZ 1999, 475–485.

---

107 Dieter H. Scheuing, Das Europäische Umweltverfassungsrecht als Maßstab gerichtlicher Kontrolle – Eine Analyse der Rechtsprechung des EuGH, in: EuR 2002, 619–659.
108 EuGH, Urteil vom 9.7.1992 – Rs. 2/90 – EuGHE 1992 I-4431 = DVBl. 1992, 1427 = NVwZ 1992, 871 = EuZW 1992, 577 = EuR 1992, 40 = BayVBl 1993, 176 = NuR 1993, 504 – Kommission vs. Belgien (Wallonien), mit Bespr. Peter von Wilmowsky, in: EuR 1992, 414; Astrid Epiney, Einbeziehung gemeinschaftlicher Umweltschutzprinzipien in die Bestimmung mitgliedstaatlichen Handlungsspielraums, in: DVBl. 1993, 93–100; Stefan Tostmann, Nur ein unbeschränktes Verbot der Ablagerung gebietsfremden Sondermülls verstößt gegen EG-Recht, in: EuZW 1992, 579–58; Martin Dieckmann, Das neue Abfallverbringungsrecht der Europäischen Gemeinschaft – Ende des „Abfalltourismus"?, in: ZUR 1993, 109–113; vgl. auch BVerwG, Urteil vom 13.4.2000 – 7 C 47.98 – DVBl. 2000, 1347 = NVwZ 2000, 1175 = UPR 2001, 25 = NuR 2000, 685; vgl. dazu den Nichtannahmebeschluss BVerfG [Kammer], Beschluss vom 13.12.2000 – 2 BvR 999/00 – NVwZ 2001, 551.

I. Ermächtigungsgrundlagen für den Erlass einer Richtlinie

75 (1) Art. 249 Abs. 3 EG bestimmt die Richtlinie als Typ gemeinschaftsrechtlichen Handelns, stellt aber selbst keine eigene Ermächtigungsgrundlage dar, hiervon auch Gebrauch zu machen. Derartige Ermächtigungen finden sich im EG-Vertrag stark verstreut. Maßgebend ist letztlich der jeweilige Bereich (Politikbereich), welcher der EG zugeordnet ist. Es gilt, wie bereits hervorgehoben, der Grundsatz der begrenzten Ermächtigung. Für den Bereich des **Umweltschutzes** bietet **Art. 174 EG** in Verb. mit **Art. 6 EG** nunmehr eine hinreichend umfassende Ermächtigung.[109] Auch Art. 95 EG als „mittelbare" Kompetenz der Rechtsangleichung kommt in Betracht (vgl. Rn. 21).

76 (2) Bis zum Inkrafttreten der Einheitlichen Europäischen Akte vom 28.2.1986 hatte die Gemeinschaft bereits mehr als 200 umweltrelevante Rechtsakte erlassen.[110] Es handelte sich zumeist um Richtlinien. Die Gemeinschaft nutzte dazu in aller Regel ihre Kompetenz zur Harmonisierung des Gemeinsamen Marktes gemäß Art. 100 EWG-Vertrag und die Regelung des Art. 235 EWG-Vertrag.[111] Art. 174 EG bietet eine durchaus „sichere" Ermächtigungsgrundlage. Durch den Vertrag von Maastricht vom 7.2.1992 wurde der Umweltschutz in den Katalog der Gemeinschaftspolitiken aufgenommen.[112] Der weitere Vertrag von Amsterdam vom 2.10.1997 fasste zahlreiche Vorschriften zum Umweltschutz neu, so Art. 2, 3 Buchst. l), 6, 95, 174 bis 176 EG.[113]

II. Zuständigkeiten und Verfahren für den Erlass einer Richtlinie

77 (1) Richtlinien können der Rat oder die Kommission, jeweils allein, oder der Rat und das Parlament gemeinsam erlassen. Das ergibt sich aus Art. 249 Abs. 1 EG. Maßgebend ist alsdann die dem jeweiligen Sachbereich zugeordnete Zuständig-

---

109 Vgl. Axel Vorwerk, Die umweltpolitischen Kompetenzen der Europäischen Gemeinschaft und ihrer Mitgliedstaaten nach Inkrafttreten der EEA, München 1990.

110 Die Zahlenangaben schwanken je nach Zählweise. Wie hier Kommission, Durchführung des Umweltrechts der Gemeinschaft. Mitteilung an den Rat der EU und das EP vom 22.10.1996, KOM(96) 500 endg., Rn. 1. Erfasst man auch Änderungsrechtsakte und umweltrelevante Gemeinschaftsrechtsakte aus anderen Politikbereichen, so ergeben sich höhere Zahlen; vgl. z. B. Kommission, 10. Jahresbericht über die Kontrolle der Anwendung des Gemeinschaftsrechts – 1992 (ABl. EG 1993 Nr. C 233, S. 1 [40]): 445 Rechtsakte, darunter 196 Richtlinien, 40 Verordnungen, 150 Entscheidungen sowie 14 Empfehlungen und Entschließungen, vgl. dazu auch Chr. Demmke, Umweltpolitik im Europa der Verwaltungen, in: DV 1994, 49–68 [50].

111 Dieter H. Scheuing, Umweltschutz auf der Grundlage der Einheitlichen Europäischen Akte, in: EuR 1989, 152–192 [157].

112 Vgl. dazu Siegfried Breier, Umweltschutz in der Europäischen Gemeinschaft. Eine Bestandsaufnahme nach Maastricht, in: NuR 1993, 457–467 [460 ff.]; Bodo Wiegand, Bestmöglicher Umweltschutz als Aufgabe der Europäischen Gemeinschaften. Zur Bedeutung des Gemeinschaftszieles Umweltschutz für die Europäische Integration, in: DVBl. 1993, 533–543 [535 f.]; Astrid Epiney/Andreas Furrer, Umweltschutz nach Maastricht. Ein Europa mit drei Geschwindigkeiten, in: EuR 1992, 369–408; Holger Matuschak, Die Bedeutung der neuen Art. 130s Abs. 2 EGV im Rahmen des EG-vertraglichen Umweltrechts, in: DVBl. 1995, 81–88; vgl. ferner Christian Schrader, Europäischer Umweltschutz nach den Änderungen im Amsterdamer Vertrag, in: UPR 1999, 201–205.

113 Meinhard Schröder, Aktuelle Entwicklungen im europäischen Umweltrecht, in: NuR 1998, 1–6; Meinhard Hilf/Eckard Pache, Der Vertrag von Amsterdam, in: NJW 1998, 705–713 [708].

Berkemann

keitsregelung. Im Ganzen überwiegt die Zuständigkeit des Rates. Dieser kann nach Maßgabe des Art. 211 EG der Kommission seine Kompetenz zum Erlass von Richtlinien übertragen.

Für die Umweltpolitik der EG ist gemäß Art. 175 Abs. 1 EG in erster Linie der Rat **78** zum Erlass der Maßnahmen zuständig. Im Rahmen des Zuständigkeitssystems der EG kann die Wahl der Rechtsgrundlage eines Rechtsakts allerdings nicht allein davon abhängen, welches nach der Überzeugung eines Organs das angestrebte Ziel ist. Die Zuständigkeit muss sich vielmehr auf objektive, gerichtlich nachprüfbare Umstände gründen. Zu diesen Umständen gehörenden insbesondere das Ziel und der Inhalt des Rechtsakts.[114]

(2) Die umweltrechtlichen Richtlinien ergehen jeweils auf Vorschlag der Kommis- **79** sion. Stellungnahmen des Europäischen Wirtschafts- und Sozialausschusses und die Stellungnahme des Ausschusses der Regionen müssen den jeweiligen Beschlussgremien vorliegen. Die Richtlinie erfordert gemäß Art. 251 die **Mitentscheidung des Europäischen Parlamentes.** Vor der endgültigen Beschlussfassung ist daher im Entwurfsstadium eine Stellungnahme des Europäischen Parlaments vorgeschaltet, alsdann folgen bei fehlender Übereinstimmung der Gemeinsame Standpunkt des Rates und Standpunkt des Europäischen Parlaments. Das Verfahren kann dann in einem Vermittlungsverfahren gemäß Art. 251 Abs. 4 und 5 EG fortgesetzt werden. Kommt es zu keiner Verständigung, ist das Verfahren gescheitert. Die von der Kommission vorgeschlagene Richtlinie kann nicht erlassen werden. Das Europäische Parlament besitzt damit für umweltrechtliche Richtlinien ein **Vetorecht.** Eine förmliche Initiativbefugnis besitzt es hingegen nicht. Die Modalitäten des komplizierten 8-stufigen Verfahrens der Beschlussfassung sind in einer Gemeinsamen Erklärung von Kommission, Rat und Parlament niedergelegt.[115]

(3) Art. 253 EG verpflichtet dazu, die Richtlinie zu **begründen.** Das geschieht üb- **80** licherweise eingangs der Richtlinie in einem der französischen Rechtstradition nachgebildeten Erwägungsstil. Die Pflicht zur Begründung von Richtlinien geht allerdings nicht so weit, dass die dort aufgenommenen Bezugnahmen auf Vorschläge und Stellungnahmen die tatsächlichen Umstände umfassen müssten, denen entnommen werden kann, dass die am Verfahren beteiligten Organe ihre eigenen Verfahrensregeln beachtet haben.[116] Dem Erlass einer Richtlinie, auch wenn sie

---

114 EuGH, Urteil vom 11.6.1991 – Rs. C-300/89 – EuGHE 1991 I-2867 = DVBl. 1993, 148 = EuZW 1991, 473 = JZ 1992, 578 – Kommission vs. Rat; vgl. auch Siegfried Breier, Das Schicksal der Titandioxid-Richtlinie, in: EuZW 1993, 315–319; Astrid Epiney, Gemeinschaftsrechtlicher Umweltschutz und Verwirklichung des Binnenmarkts – „Harmonisierung" auch der Rechtsgrundlagen?, in: JZ 1992, 564–570; Matthias Ruffert, Kontinuität oder Kehrtwende im Streit um die gemeinschaftlichen Umweltschutzkompetenzen?, in: Jura 1994, 635–643.
115 ABl. EG 1999 C 148/1.
116 EuGH, Urteil vom 9.10.2001 – Rs. C-377/98 – EuGHE 2001 I-7079 = DVBl. 2001, 1828 = EuZW 2001, 691 = EuR 2002, 67 = EuGRZ 2001, 486 – Niederlande vs. Parlament und Rat, mit Bespr. Markus Rau/Frank Schorkopf, in: NJW 2002, 2448–2449; Christian Calliess, Menschenwürde und Biotechnologie – Die EG-Biopatentrichtlinie auf dem Prüfstand des europäischen Verfassungsrechts – EuGH, EuZW 2001, 691, in: JuS 2002, 426–442; Katharina Frahm/Jochen Gebauer, Patent auf Leben? – Der Luxemburger Gerichtshof und die Biopatentrichtlinie, in: EuR 2002, 78–95.

im Einzelfall nur von der Kommission erlassen werden soll, gehen umfangreiche Konsultationen mit den Mitgliedstaaten voraus. Entwürfe der vorgesehenen Richtlinien werden zumeist veröffentlicht.

III. Wirksamwerden einer Richtlinie

81   Die Richtlinie wird im Regelfall mit ihrer Veröffentlichung im Amtsblatt der EU wirksam (vgl. Art. 254 EG). Das ist geboten, wenn sich die Richtlinie an alle Mitgliedstaaten richtet. Die Richtlinie tritt zu dem im Richtlinientext genannten Datum in Kraft. Fehlt ein derartiges Datum, tritt die Richtlinie am 20. Tag nach ihrer Veröffentlichung in Kraft (vgl. Art. 254 Abs. 2 EG). Es ist ein grundlegendes Prinzip des Gemeinschaftsrechts, dass ein hoheitlicher Akt, der Rechtsverbindlichkeiten gegenüber jedermann erzeugen soll, öffentlich bekannt zu geben ist.[117]

IV. Umsetzungsfähigkeit und Handlungsspielraum der Richtlinie

82   (1) Eine Richtlinie kann nur dann eine Umsetzungsverpflichtung erzeugen, wenn sie ihrem Inhalt nach umsetzungsfähig ist. Die Umsetzungsfähigkeit bezieht sich auf die Überführung des Umsetzungszieles in innerstaatliches Recht. Das setzt einen normativen Gehalt der Richtlinie voraus.[118] Eine Umsetzungsfähigkeit erfordert selbstverständlich die rechtliche Existenz der Richtlinie. Demgemäß endet die Umsetzungsfähigkeit der Richtlinie in aller Regel mit ihrem Außerkrafttreten. Ob damit auch eine rückwirkende Umsetzung einer außer Kraft getretenen Richtlinie ausgeschlossen ist, vielmehr sogar geboten sein kann, ist indes problematisch.

83   (2) Die Richtlinie muss rechtsgültig sein. Sie darf nicht gegen gemeinschaftsrechtliches Primärrecht verstoßen. In diesem Falle sind der Erlass der Richtlinie und die Pflicht zu ihrer Umsetzung durch das deutsche Zustimmungsgesetz nicht gedeckt. Der deutsche Normgeber ist daher an sich gehindert, die Richtlinie in innerstaatliches Recht umzusetzen.[119] Gleichwohl muss er die Richtlinie beachten, da er keine Verwerfungskompetenz besitzt.

84   Der Mitgliedstaat kann die Nichtigkeit der Richtlinie nur im Verfahren nach Art. 230 EG durch Klage vor dem EuGH geltend machen.[120] Die Klagefrist beträgt gemäß Art. 230 Abs. 5 EG zwei Monate nach Bekanntgabe der Richtlinie. Es ist nahezu immer ausgeschlossen, dass die Bundesregierung sich innerhalb dieser Frist zur Klageerhebung entschließt. Ohnedies besitzt die Klage selbst keine aufschiebende Wirkung (vgl. Art. 242 Satz 1 EG). Der innerstaatliche Normgeber hat also mit

---

117 Vgl. EuGH, Urteil vom 25.1.1979 – Rs. 98/78 – EuGHE 1979, 69 [84] Rn. 15 = NJW 1979, 1772 = DB 1979, 1924 – Racke vs. HZA Mainz.

118 Vgl. Martin Nettesheim, Die mitgliedstaatliche Durchführung von EG-Richtlinien – Überlegungen am Beispiel der Luftreinhalterichtlinie 96/62/EG, Berlin 1999, S. 65.

119 So BVerfG, Urteil vom 12.10.1993 – 2 BvR 2134/92 und 2 BvR 2159/92 – BVerfGE 89, 155 [188] = NJW 1993, 3047 – Maastricht.

120 Wie hier Hans D. Jarass, Grundfragen der innerstaatliche Bedeutung des EG-Rechts – Die Vorgaben des Rechts der Europäischen Gemeinschaft für die nationale Rechtsanwendung und die nationale Rechtsetzung nach Maastricht, Köln u. a. 1994, S. 128.

der Umsetzung zu beginnen. Soweit einer Richtlinie eine Vorwirkung zuzuerkennen ist (vgl. Rn. 138), ist auch diese zu beachten. Versäumt die Bundesregierung die Klagefrist, ist sie darauf „angewiesen", dass ein einzelner in dem innerstaatlichen Gerichtsverfahren die Nichtigkeit der Richtlinie geltend macht und dies durch den nationalen Richter zu einem Vorabentscheidungsverfahren führt (vgl. dazu Rn. 399 ff.).[121] Erst mit der gerichtlichen Feststellung der Nichtigkeit der Richtlinie durch den EuGH entfällt die innerstaatliche Pflicht zu Umsetzung. Das gilt auch dann, wenn das gerichtliche Verfahren von einem anderen Mitgliedstaat betrieben wurde.

V. Die „ausgehandelte" Richtlinie als sekundärrechtliches Umweltschutzrecht

(1) Die Richtlinie hat sich zu einem Prototyp entwickelt, die gemeinschaftsrechtli- **85** che Umweltpolitik in innerstaatliches Umweltschutzrecht zu transformieren.[122] Hiervon sind 14 Richtlinien für das „bodenbezogene" Bau- und Fachplanungsrecht von besonderer Bedeutung. Diese Umweltschutz-Richtlinien haben folgende Organe erlassen:

Gegenstand der Richtlinie		Organ
[1]	Vogelschutz-RL 79/409/EWG	Rat
[2]	UVP-Richtlinie 85/337/EWG	Rat
[3]	FFH-Richtlinie 92/43/EWG	Rat
[4]	Luftqualität-Richtlinie 96/62/EG	Rat
[5]	UVP-Änderungs-Richtlinie 97/11/EG	Rat
[6]	Schwefeldioxid-Richtlinie 1999/30/EG	Rat
[7]	Benzol-Richtlinie 2000/69/EG	Rat/Parlament
[8]	Plan-UP-Richtlinie 2001/42/EG	Rat/Parlament
[9]	Luftschadstoffe-Richtlinie 2001/81/EG	Rat/Parlament
[10]	Umgebungslärm-Richtlinie 2002/49/EG	Rat/Parlament
[11]	Ozongehalt-Richtlinie 2002/3/EG	Rat/Parlament
[12]	Arsen, Cadmium, Quecksilber-Richtlinie 2004/107	Rat/Parlament
[13]	Umweltinformations-Richtlinie 2003/4/EG	Rat/Parlament
[14]	Öffentlichkeits-Richtlinie 2003/35/EG	Rat/Parlament

Diese Richtlinien sind Instrumente einer indirekten, vor allem einer kooperativ aus- **86** gerichteten zweistufigen Rechtsetzung. Trotz ihres rahmenrechtlichen Charakters

---

121 Vgl. EuGH, Urteil vom 15.4.1997 – Rs. C-27/95 – EuGHE 1997 I-1847 [1864] Rn. 2 = RIW 1997, 522 – Bakers of Nailsea.
122 Vgl. die zahlreichen Beispiele bei Matthias Ruffert, in: Christian Calliess/Matthias Ruffert, (Hrsg.), Kommentar zum EUV/EGV, EG Art, 248 Rn. 48 ff.; Hans-Werner Rengeling, Die Ausführung von Gemeinschaftsrecht, insbesondere Umsetzung von Richtlinien, in: ders. (Hrsg.) Handbuch zum europäischen und deutschen Umweltrecht, 2. Aufl., 2003, Bd. 1, S. 956–1002.

haben zahlreiche Richtlinien im Umweltrecht inzwischen eine erhebliche normative Dichte. Häufig wird dies durch Notwendigkeiten einer eher technischen Regelungsmaterie bedingt.[123] Daher ist es verständlich, dass vor allem den umweltbezogenen EG-Richtlinien vielfältige interne Verhandlungen vorausgehen.

87 (2) Für die gemeinschaftsrechtliche Umweltpolitik ergeben sich die konkreten politischen Handlungsebenen aus den Zielsetzungen des 5. Aktionsprogramms der Kommission „Für eine dauerhafte und umweltgerechte Entwicklung" von 1996[124] und aus dem 6. Umweltaktionsprogramm „Umwelt 2010. Unsere Zukunft liegt in unserer Hand" von 2002.[125] Die Kommission besitzt für das Rechtsetzungsverfahren die **Initiativbefugnis** im Sinne einer verdrängenden **Prärogative**. Rat und Europäisches Parlament können die Kommission nur auffordern, ihnen entsprechende Rechtsetzungsvorschläge zu unterbreiten (vgl. Art. 208, Art. 192 Abs. 2 EG). Auch im Falle einer derartigen Aufforderung verbleibt der Kommission ein politischer Gestaltungsraum.

88 In aller Regel entwickelt die Kommission, genauer die jeweilige Generaldirektion, zur Umsetzung derartiger Zielvorgaben zunächst auf einer mittleren Fachebene „erste" Entwürfe. Man könnte auch von politischen „**Machbarkeitsstudien**" sprechen. Teilweise werden diese Entwürfe, sobald sie die Bestätigung der Kommissionsebene erreicht haben, auch veröffentlicht. Die Konsultierung auch nationaler Ausschüsse, Kommissionen und Arbeitsgruppen dienen zum einen dazu, **Expertenwissen** zu kumulieren, zum anderen die politische Konsensfähigkeit in den Mitgliedstaaten festzustellen oder diese überhaupt erst zu begründen. In diesen sehr unterschiedlich besetzten Gremien erörtern Beamte der Kommission das Richtlinienvorhaben. Der Vorteil dieser Vorgehensweise ist es, dass eine nach außen wirksame politische Bindung der Kommission nicht oder doch nur in einem sehr geringen Maße entstehen kann.

89 Der Vorschlag der Kommission, eine Richtlinie zu erlassen, bedarf der Zustimmung des Rates. Dieser kann sich gemäß Art. 250 Abs. 1 EG nur einstimmig über einen Vorschlag der Kommission hinwegsetzen. Findet sich im Rat eine qualifizierte Mehrheit nicht oder stößt der Vorschlag zunächst nur auf „Bedenken", kann die Kommission gemäß Art. 250 Abs. 2 EG ihren Vorschlag abändern. Über einen abändernden Vorschlag müsste eigentlich die Kommission als Kollegium entscheiden (vgl. Art. 219 Abs. 2 EG). Da dies im Verfahrensablauf aus Zeitgründen hinderlich sein kann, so hat sich die Praxis entwickelt, dass der Vorschlag der Kommission noch während einer laufenden Ratssitzung auch ohne erneute Kollegialentscheidung der Kommission verändert wird, um ihn dadurch für den versammelten Rat „mehrheitsfähig" zu machen. Das bedingt „Verhandlungen" mit

---

123 Vgl. dazu Bernd Biewert, in: Jürgen Schwarze (Hrsg.), EU-Kommentar, 2000, Art. 249 Rn. 26; Martin Nettesheim, in: Eberhard Grabitz/Meinhard Hilf (Hrsg.), Recht der Europäischen Union [Stand: Aug. 2002], EG Art. 249 Rn. 133.

124 KOM (95)–624 endg.; vgl. dazu BMU, Bericht über die Umsetzung des 5. Umweltaktionsprogramms in Deutschland, Bonn 1996.

125 Beschluss Nr. 1699/2002/EG des EP und des Rates (ABl. 2002 Nr. L 242/1).

Berkemann

dem jeweils zuständigen Mitglied der Kommission. Der EuGH hat diese Verfahrensweise gebilligt.[126]

Im Bereich der Umweltpolitik bedarf es gemäß Art. 175 EG in Verb. mit Art. 251 **90** EG ferner einer positiven Übereinstimmung von Rat und Parlament. Dazu müssen in der Begründung der Richtlinie bereits im Kommissionsvorschlag die wichtigsten rechtlichen und tatsächlichen „Erwägungen" angegeben werden.[127] Der „Erwägungsbereich" der Richtlinie ist bedeutsam für die Zielsetzung der Richtlinie. Dies kann auch der Ort sein, um politische Kompromisse zu finden. Gleiches gilt für Anhänge, die der Richtlinie beigefügt werden.

(3) **Beispiel Lärm.** Lärm gehört zu den meist beklagten Umweltbelastungen. Da- **91** bei steht der Verkehrslärm deutlich im Vordergrund. Lärmbelastungen durch Industrieanlagen rangieren nach den Belastungen durch Straßenverkehr, Flug- und Schienenverkehr auf dem vierten Rang. Etwa 25% der EU-Bevölkerung ist von Lärm betroffen; 5 bis 15% der Bevölkerung leidet unter lärmbedingten Schlafstörungen.[128] Die EG setzte sich daher in ihrem „6. Umweltaktionsprogramm 2001 bis 2010" zum Ziel, die Zahl der Personen, die regelmäßig unter anhaltend hohen Lärmpegeln leiden, von geschätzten 100 Millionen im Jahr 2000 um 10% bis zum Jahr 2010 und um weitere 10% bis zum Jahr 2020 zu verringern.

Bereits nach einem ersten Zielvorschlag von 1993 sollte ein Dauerschallpegel **92** außen von 65 dB(A) nicht überschritten werden, da ab diesem Dauerschallpegel gesundheitliche Risiken nicht mehr auszuschließen seien. Von der Erfüllung dieser politischen Forderung war und ist die Realität derzeit teilweise noch weit entfernt. In der späteren Richtlinie 2002/49 über die Bewertung und Bekämpfung von Umgebungslärm ist der Zielwert nicht einmal ausdrücklich enthalten. Hinsichtlich Industrie- und Gewerbelärm enthält die Richtlinie 96/61/EG über die Integrierte Vermeidung und Verminderung der Umweltverschmutzung nur die allgemeine Verpflichtung, bei sämtlichen Anlagen des Anhangs I alle geeigneten Vorsorgemaßnahmen gegen Umweltverschmutzungen, also auch gegen die durch Lärm verursachten, zu treffen, insbesondere durch den Einsatz der „besten verfügbaren Techniken".

Die **Richtlinie 2002/49/EG** des Europäischen Parlaments und des Rates vom 25. **93** Juni 2002 über die Bewertung und Bekämpfung von Umgebungslärm nahm beispielsweise folgenden „formalen" Verlauf:

• Vorschlag Kommission; KOM 2000/468 Endg.(ABl. C 337E/2000 S. 251)[129]

---

126 EuGH, Urteil vom 5.10.1994 – Rs. C-280/93 – EuGHE 1994 I-4973 = NJW 1995, 945 – Deutschland vs. Kommission – „Bananenmarktordnung".
127 Vgl. EuGH, Urteil vom 15.5.1997 – Rs. C-278/95 P – EuGHE 1997 I-2507 [2535] Rn. 17 = EuZW 1997, 599 – Siemens vs. Kommission.
128 Vgl. „Study related to the preparation of a communication on a future EC Noise Policy, Final Report", J. Lambert/Vallet, LEN Bericht Nr. 9420, Dez. 1994; zit. nach dem Vorschlag der EU-Kommission für eine Richtlinie des Europ. Parlaments und des Rates über die Bewertung und Bekämpfung von Umgebungslärm, KOM (2000) 468.
129 Der Richtlinienvorschlag folgte auf das im Jahr 1996 von der Kommission verbreitete Grünbuch „Künftige Lärmschutzpolitik" (KOM [96] 540 endg.), in dem die Merkmale und die Auswirkungen der

- Stellungnahme Wirtschafts- und Sozialausschuss (ABl. C 116/2001 S. 48)
- Stellungnahme Ausschuss der Regionen (ABl. C 148/2001 S. 7)
- Stellungnahme Europäisches Parlament (ABl. C 232/2001 S. 305)
- Gemeinsamer Standpunkt Rat (ABl. C 297/2001 S. 49)
- Beschluss Europäisches Parlament (ABl. C 87E/2002 S. 118)
- Entwurf Vermittlungsausschuss; ergangen am 8.4.2002
- Beschluss Europäisches Parlament; ergangen am 15.5.2002
- Beschluss Rat; ergangen am 21.5.2002
- Erklärung der Kommission im Vermittlungsausschuss zur Richtlinie über die Bewertung und Bekämpfung von Umgebungslärm

94 Die Richtlinie bestimmt zwar eine verhältnismäßig knappe Umsetzungsfrist von zwei Jahren. Die richtlinieninterne Umsetzung verweist aber auf Zeiträume bis zum Jahre 2013. Seit den ersten konkreten Zielsetzungen der Kommission im Jahre 1993 ergibt dies einen Zeitrahmen von 20 Jahren, ohne dass derzeit überhaupt gemeinschaftsrechtlich festgesetzte Grenzwerte bestehen. Ein derart langer Anpassungszeitraum ist nicht allein den Schwierigkeiten der Rechtsvereinheitlichung, sondern vor allem der politischen Konsensfindung geschuldet.

95 (4) Die Richtlinie 96/1/EG des Rates vom 24.9.1996 über die integrierte Vermeidung und Verminderung der Umweltverschmutzung (**IVU-RL**) kann in der Rückschau als ein wichtiger umweltpolitischer Zwischenschritt angesehen werden.[130] Die IVU-Richtlinie verfolgte mit ihrem zentralen Konzept eine integrierte Zulassungsentscheidung für Industrieanlagen, aber auch die Erweiterung der UVP-pflichtigen Vorhaben.[131] Sie wurde innerstaatlich durch das Gesetz zur Umsetzung der UVP-Änderungsrichtlinie, der IVU-Richtlinie und weiterer EG-Richtlinien zum Umweltschutz vom 27.7.2001 (BGBl. I S. 1950) umgesetzt. Inzwischen hat sie ihre rechtliche Aktualität weitestgehend verloren. Aus diesem Grund ist ihr Text nicht in dieses Handbuch aufgenommen worden.

Ansätze der Gemeinschaft und der Mitgliedstaaten zur Bekämpfung der Lärmbelästigung analysiert wurden. Aus der Analyse wurde seinerzeit der Schluss gezogen, dass die Wirkung insgesamt unzureichend ist. Mit der nunmehr vorgeschlagenen Richtlinie sollte nach Auffassung der Kommission ein gemeinsames Konzept festgelegt werden, um gesundheitsschädliche Umgebungslärmeinwirkungen auf den Menschen zu vermeiden, ihnen vorzubeugen oder sie zu verringern.

130 ABl. EG Nr. L 73, S. 5; abgedruckt auch in: Bunzel/Lau/Schäfer/Specovius/Tomerius, Planspiel zur Durchführung der UVP in der Bauleitplanung, Difu-Materialien 2/2001, S. 195 ff.

131 Vgl. Hans-Joachim Koch, Aktuelle Probleme des Lärmschutzes, in: NVwZ 2000, 490–501; Sandra Otto, Die UVP-Änderungsrichtlinie und IVU-Richtlinie der EU: Probleme aus der Nicht-Umsetzung nach Ablauf der Fristen, in: NVwZ 2000, 523–531; Matthias Schmidt-Preuß, Integrative Anforderungen an das Verfahren der Vorhabenzulassung – Anwendung und Umsetzung der IVU-Richtlinie, in: NVwZ 2000, 252–260.; Hans-Joachim Koch/Heiko Siebel-Huffmann, Das Artikelgesetz zur Umsetzung der UVP-Änderungsrichtlinie, der IVU-Richtlinie und weiterer Umweltschutzrichtlinien, in: NVwZ 2001, 1081–1089; Ulrich Battis/Michael Krautzberger/Rolf-Peter Löhr, Die Umsetzung des neuen UVP-Rechts in das Baugesetzbuch – Zur Novellierung des BauGB 2001, in: NVwZ 2001, 961–968; Rainer Wahl, Materiell-integrative Anforderungen an die Vorhabenzulassung – Anwendung und Umsetzung der IVU-Richtlinie, in: NVwZ 2000, 502–508; Andreas Wasielewski, Stand der Umsetzung der UVP-Änderungs- und der IVU-Richtlinie, in: NVwZ 2000, 15–21.

Berkemann

VI. Deutsches Bau- und Planungsrecht unter Einfluss des europäischen Umweltrechts

Lit.: Ludwig Krämer, Zur innerstaatlichen Wirkung von Umwelt-Richtlinien der EWG, in: AnwBl 1991, 368–378; Hans D. Jarass, Voraussetzungen der innerstaatlichen Wirkung des EG-Rechts, in: NJW 1990, 2420–2425; Frank Hennecke, Europäisches Umweltrecht in seinen Auswirkungen auf Rheinland-Pfalz, in: WiVerw 1995, 80–102; Hans D. Jarass, Voraussetzungen der innerstaatlichen Wirkung von EG-Recht im Bereich des Umweltschutzes, in: Hans D. Jarass/Lothar F. Neumann (Hrsg.), Umweltschutz und Europäische Gemeinschaften, Bonn, 2. Aufl. 1994, S. 1–17; Meinhard Schröder, Der Einfluß des Europarechts auf das deutsche Umweltrecht, in: Friedrich Schoch (Hrsg.), Das Verwaltungsrecht als Element der Europäischen Integration, Referate und Diskussionsbeiträge des Deutsch-Polnischen Verwaltungskolloquiums, Stuttgart u.a, 1995, S. 91 ff.; Hans-Werner Rengeling/Martin Gellermann, Gestaltung des europäischen Umweltrechts und seine Implementation im deutschen Rechtsraum, in: Udo di Fabio/Peter Marburger/Meinhard Schröder, Jahrbuch des Umwelt- und Technikrechts (UTR Bd. 36), 1996, S. 1–32.

Stefan E. Kadelbach, Der Einfluss des Europarechts auf das deutsche Planungsrecht, in: Wilfried Erbguth, Janberg Obbecke, Hans-Werner Rengeling, Martin Schulte (Hrsg.). Planung. Festschrift für Werner Hoppe zum 70. Geburtstag, 2000, S. 897–912; Helmut Bauer, Europäische Einwirkungen auf das öffentliche Baurecht in Deutschland, in: Wilfried Erbguth (Hrsg.), Europäisierung des nationalen Umweltrechts: Stand und Perspektiven, Baden-Baden 2001, S. 43–56; Hans-Werner Rengeling, Umweltschutz durch Gemeinschaftsrecht und durch nationales, insbesondere deutsches Recht, in: Hans-Werner Rengeling (Hrsg.), Handbuch zum europäischen und deutschen Umweltrecht, Bd. II 2. Teilband, 2. Aufl., Köln 2002, S. 11854–1872; Dietmar Hönig, Umsetzung und Vollzug von EG-Richtlinien im Straßenrecht – in: UPR 2003, 431–432; Jost Pietzcker, Die Europäisierung der Bauleitplanung – am Beispiel der Umsetzung der Plan-UP-Richtlinie, in: Hans D. Jarass (Hrsg.), Europäisierung der Raumplanung, Berlin 2005, S. 59–71; Christian Calliess, Europarechtliche Vorgaben für ein Umweltgesetzbuch, in: NuR 2006, 601 – 614; Manuela Rottmann, Europäisches Umweltrecht und Stadtentwicklung, Berlin 2006; Wolfgang Durner, Die Umsetzung der Århus-Konvention und ihre Bedeutung für die Straßenplanung, in: Klaus Grupp (Hrsg.), Europarechtliche Einflüsse auf die Straßenplanung, Berichte der Bundesanstalt für Straßenwesen, Bergisch-Gladbach 2007 (i. E.).

Man schätzt, dass etwa 4/5 des deutschen, innerstaatlich normierten Umwelt- **96** rechts auf gemeinschaftsrechtliche Initiativen zurückgehen. Auf der fachplanerischen und kommunalen Ebene sind hierfür u. a. die Umweltverträglichkeitsprüfung, das gemeinschaftsrechtliche Habitatschutzrecht, der Lärmschutz, der Wasserschutz, die Luftreinhaltung, das Abfallrecht, der gemeinschaftsrechtliche Artenschutz, das Umweltmanagement in den verfahrensbezogenen EG-Richtlinien, das Umweltinformationsrecht, das Umwelthaftungsrecht und das Umweltprozessrecht maßgebend. Die fortschreitende Entwicklung der umweltverwaltungsrechtlichen Bereiche hat zu einem umfangreichen planungsrechtlichen Instrumentarium geführt, das nationalen Gesetzgeber und Verwaltung in Stand setzen soll, komplexe Situationen mit einem Zielbündel und vielen Betroffenen rechtlich steuern zu können. Zentrale Leitidee ist dazu ein vorsorgender Umweltschutz „auf hohem Schutzniveau" (vgl. Art. 174 Abs. 2 Satz 1 EG). Dabei besteht die Besonderheit, den Umweltschutz gerade in seinen planerischen Querschnittsbereichen zu erfassen und umzusetzen.

97 Es ist daher in hohem Maße gerechtfertigt, von einer **Europäisierung des deutschen Bau- und Fachplanungsrechtes** zu sprechen. Wesentliche neue Impulse des europäischen Rechts sind unter anderem der Gedanke des integrierten Umweltschutzes, die Partizipations- und Informationsoffenheit des Verfahrens, ganz allgemein die Betonung des Verfahrensgedankens und die Stärkung der Kontrollverantwortung Privater.[132] So ist das BauGB sowohl 2001 als auch 2004 maßgeblich aufgrund erforderlicher Umsetzung novelliert worden. Das UVPG und das BImSchG haben sich zu „Trägergesetzen" der Umsetzung europäischer Richtlinienvorgaben entwickelt. Äußeres Zeichen der fortschreitenden Integration europäischer Umweltschutzpolitik in das deutsche Recht ist das von Hans-Werner Rengeling 1998 herausgegebene „Handbuch zum europäischen und deutschen Umweltrecht". Es enthält eine systematische Darstellung des europäischen Umweltrechts mit seinen Auswirkungen auf das deutsche Recht und schließt rechtspolitische Perspektiven ein. Gleichzeitig leidet das europäische Umweltrecht unter seiner eigenen Unübersichtlichkeit. Ihm fehlen Harmonie und Systematik. Daraus erwächst die politische Forderung nach Konsolidierung, Harmonisierung, Vereinfachung und Deregulierung. Dies wäre für die innerstaatliche Umsetzung von erheblichem Vorteil. Auch für das Umweltschutzrecht ist indes das Integrationsniveau der Gemeinschaft derzeit noch nicht abgeschlossen.

98 In der aktuellen Diskussion wird die gemeinschaftsrechtliche Subjektivierung des Umweltrechts mutmaßlich zu einer Abkehr von der „deutschen" Schutznormlehre führen.[133] Die subjektiv-rechtliche, klagebegründende Qualität einer innerstaatlichen Rechtsnorm des gemeinschaftsrechtlich initiierten Umweltrechts bestimmt sich im Ergebnis letztlich nach Gemeinschaftsrecht.[134] Die nationalen Gerichte haben aufgrund ihrer Mitwirkungspflicht aus Art. 10 EG den Schutz der Rechte zu gewährleisten, die den Einzelnen aus dem Gemeinschaftsrecht erwachsen. Mangels einer einschlägigen Gemeinschaftsregelung ist es Sache des innerstaatlichen Rechts der einzelnen Mitgliedstaaten, die zuständigen Gerichte zu bestimmen und die Verfahrensmodalitäten für Klagen zu regeln, die den Schutz der dem Bürger aus dem Gemeinschaftsrecht erwachsenden Rechte gewährleisten sollen.[135]

---

132 Vgl. Michael Kloepfer, Die europäische Herausforderung – Spannungslagen zwischen deutschem und europäischem Umweltrecht, in: NVwZ 2002, 645–657.

133 Vgl. Friedrich Schoch, Individualrechtsschutz im deutschen Umweltrecht unter dem Einfluß des Gemeinschaftsrechts, in NVwZ 1999, 457–467; Claus Dieter Classen, Der einzelne als Instrument zur Durchsetzung des Gemeinschaftsrechts? – Zum Problem der subjektiv-öffentlichen Rechte kraft Gemeinschaftsrechts, in: VerwArch 88 (1997), S. 645–678.

134 Bernhard Wegener, Vollzugskontrolle durch Klagerechte vor mitgliedstaatlichen Gerichten, in: Gertrude Lübbe-Wolff (Hrsg.), Der Vollzug des europäischen Umweltrechts, Berlin 1996, S. 145–175 [158]; so nunmehr auch BVerwG, Beschluss vom 29.3.2007 – 7 C 9.06 – NVwZ 2007, 695 = DVBl. 2007, 763 = UPR 2007, 306 = NuR 2007, 490 = GewArch 2007, 296, Vorinstanz: VGH München, Urteil vom 18.5.2006 – 22 BV 05.2462 – NVwZ 2007, 233 = UPR 2007, 107 = ZUR 2006, 421 = BayVBl 2006, 562 (Vorlagebeschluss). Vgl. auch weiterführend Martin Nettesheim, Die mitgliedstaatliche Durchführung von EG-Richtlinien – Überlegungen am Beispiel der Luftreinhalterichtlinie 96/62/EG, Berlin 1999.

135 EuGH, Urteil vom 13.3.2007 – Rs. C-432/05 – EuGRZ 2007, 439 = EuZW 2007, 247 = EWS 2007, 177 = EuZW 2007, 247 – Unibet (London) Ltd. und Unibet (International) Ltd. gegen Justiekanslern, mit Bespr. Josef Franz Lindner, in: BayVBl 2007, 591–593. Vgl. nunmehr BVerwG, Beschluss vom 29.3.2007 – 7 C 9.06 – NVwZ 2007, 695 = DVBl. 2007, 763 = UPR 2007, 306 = NuR 2007, 490 =

Berkemann

D. Umsetzung der Richtlinie in nationales Recht (Umweltrecht)

Lit.: Eberhard Grabitz, Fragen der Transformation von EG-Umweltrecht in nationales Recht. Dokumentation der 2. Fachtagung der Gesellschaft für Umweltrecht, Berlin 1978; Ludwig Krämer, Zur innerstaatlichen Wirkung von Umwelt-Richtlinien der EWG, in: WiVerw 1990, 138–161; Ludwig Krämer, Zur innerstaatlichen Wirkung von Umwelt-Richtlinien der EWG, in: AnwBl 1991, 368–378; Volkmar Götz, Europäische Gesetzgebung durch Richtlinien – Zusammenwirken von Gemeinschaft und Staat, in: NJW 1992, 1849–1856; Martin Gellermann/Peter Sczekalla, Gemeinschaftskonforme Umsetzung von Umweltrichtlinien der EG, in: NuR 1993, 54–62; Christoph Demmke, Die Implementation von EG-Umweltpolitik in den Mitgliedstaaten – Umsetzung und Vollzug der Trinkwasserrichtlinie, Baden-Baden 1994; Ingolf Pernice, Kriterien der normativen Umsetzung von Umweltrichtlinien der EG im Lichte der Rechtsprechung des EuGH, in: EuR 1994, 325–341; Melani H. Adamek, EG-Richtlinien im Umweltrecht mit besonderer Betrachtung der Möglichkeit der innerstaatlichen Wirkung auch in multipolaren Interessenkonflikten, Starnberg 1997; Cornelia Nicklas, Implementationsprobleme des EG-Umweltrechts: unter besonderer Berücksichtigung der Luftreinhalterichtlinien, Baden-Baden 1997; Christina Engelsberger, Der Vollzug europarechtlicher Vorschriften auf dem Gebiet des Umweltschutzes: rechtliche Vorgaben und Verwaltungspraxis anhand einer empirischen Umfrage bei Behörden und Umweltschutzverbänden in Deutschland, Berlin 1998; Kristian Fischer, Die Einwirkung des europäischen auf das nationale Umweltrecht, in: JuS 1999, 320–329; Dieter H. Scheuing, Instrumente zur Durchführung des Europäischen Umweltrechts, in: NVwZ 1999, 475–485.

Pablo Mentzinis, Die Durchführbarkeit des europäischen Umweltrechts, Berlin 2000; Martin Gellermann, Das FFH-Regime und die sich daraus ergebenden Umsetzungsverpflichtungen, in: NVwZ 2001, 500–505; Christoph Hermann, Richtlinienumsetzung durch die Rechtsprechung, Berlin 2003; Hans-Werner Rengeling, Die Ausführung von Gemeinschaftsrecht, insbesondere Umsetzung von Richtlinien, in: Hans-Werner Rengeling (Hrsg.), Handbuch zum europäischen und deutschen Umweltrecht, Bd. 1, 2. Aufl. 2003, S. 956–984; Astrid Epiney/Dominique Gross, Die verfahrensrechtlichen Implikationen der Kompetenzverteilung zwischen der EG und den Mitgliedstaaten im Bereich der Außenbeziehungen – unter besonderer Berücksichtigung des Umweltrechts, in: NuR 2005, 353–361; Georg Hünnekens/Antje Wittmann, Die Umsetzung und Anwendung des europäischen Umweltrechts in Deutschland, in: UPR 2007, 91–95.

I. Allgemeines

(1) Die Richtlinie ist neben der Verordnung das zentrale rechtliche Steuerungs- **99** element der Gemeinschaft gegenüber der mitgliedstaatlichen Rechtsordnung. Sie erfordert nach Art. 249 Abs. 3 EG eine innerstaatliche Umsetzung, und zwar in innerstaatliches Recht. Eine erfolgreiche Umsetzung verlangt einen umsetzungsfähigen Richtlinieninhalt und einen auf diesen Inhalt bezogenen Umsetzungsakt eines innerstaatlichen Normgebers. Der Umsetzungsakt muss zudem innerstaatlichen Anforderungen genügen und im Ergebnis zur Übernahme des Richtlinien-

---

GewArch 2007, 296, Vorinstanz: VGH München, Urteil vom 18.5.2006 – 22 BV 05.2462 – NVwZ 2007, 233 = UPR 2007, 107 = ZUR 2006, 421 = BayVBl 2006, 562, vgl. dazu auch Achim Willand/ Georg Buchholz, Feinstaub: Der VGH München, in: NVwZ 2007, 171–174; Reinhard Sparwasser, Rechtsschutz im Luftqualitätsrecht gegen Feinstaubbelastung, in: ZUR 2006, 424–426; Daniela Winkler, in: EurUP 2006, 152–153.

inhaltes und zu der in der Richtlinie vorgesehenen innerstaatlichen „Feinsteuerung" führen. Dabei ist die Umsetzungsfrist einzuhalten.

100 (2) Auch wenn Art. 249 Abs. 3 EG dazu nur das „Ziel" als verbindlich vorzugeben scheint, ist damit auch das „Ergebnis" der Umsetzung gemeint. Die französische Fassung des Art. 249 Abs. 3 EG bringt dies deutlicher mit der benutzten Wendung „résultat" zum Ausdruck. Der Vorgang der Umsetzung ist erst beendet, wenn das mit der Richtlinie vorgegebene Ziel im Mitgliedstaat als verbindlicher „Rechtszustand" innerstaatlich erreicht worden ist.[136]

101 Erreicht werden soll gleichsam eine **„gestufte Verbindlichkeit"**.[137] Der mit der Richtlinie an sich konstruktiv vorgesehene Umsetzungsspielraum erleichtert es den Mitgliedstaaten, dem Richtlinieninhalt im Wege des Kompromisses zuzustimmen. Zugleich eröffnet die Richtlinie damit die Möglichkeit, die innerstaatliche Rechtsordnung im Sinne weicher Lösungen an das Gemeinschaftsrecht anzupassen. Diesen integrationsfördernden Vorteilen stehen Nachteile gegenüber (vgl. Rn. 59 ff.). Sie liegen vor allem in der tatsächlichen Praxis der Mitgliedstaaten begründet, welche vielfach die Umsetzung verzögern oder sie fehlerhaft vornehmen. Die darin liegenden Defizite belasten die Gemeinschaft, die eine einheitliche Rechtsordnung gewährleisten will, in ganz erheblichem Maße.

102 (3) Nicht jeder Richtlinieninhalt ist lediglich auf eine alsbaldige innerstaatliche Umsetzung angelegt. Die Praxis kennt inzwischen Richtlinien, die nicht nur den Mitgliedstaat, sondern z. B. auch die Kommission selbst zum Adressaten haben. Derartige verfahrensbezogene Richtlinien nähern sich der Sache nach einerseits einer Verordnung, andererseits einer gemeinschaftsrechtlichen Binnenregelung, die als Adressat ein Gemeinschaftsorgan hat. Eine derartige rechtsverbindliche Bindung der Gemeinschaftsorgane selbst ist an sich dem gemeinschaftsrechtlichen Primärrecht vorbehalten. Da dieses abzuändern schwierig ist oder auch als politisch unerwünscht gilt, weicht die Praxis ersichtlich in ein Mischsystem aus.

103 Beispielhaft hierfür ist die FFH-Richtlinie. Diese kennt in ihrem Art. 4 ein phasenbezogenes Entscheidungsverfahren, das eine näher festgelegte Kooperation von Mitgliedstaat und Kommission verlangt.[138] Insoweit enthält die Richtlinie Vorgaben für das weitere Vorgehen von Kommission und Rat. Es fehlt alsdann an einer den Mitgliedstaat bindenden Umsetzungsrelevanz.[139] Das ist im Ergebnis nicht unvernünftig, zeigt aber auch das Fehlen einer gemeinschaftsrechtlich eigenen Voll-

---

136 Vgl. Volkmar Götz, Europäische Gesetzgebung durch Richtlinien – Zusammenwirken von Gemeinschaft und Staat, in: NJW 1992, 1849–1856; Eberhard Grabitz, Die Wirkungsweise von Richtlinien, in: Ulrich Everling/Karl-Heinz Narjes/Joachim Sedemund (Hrsg.), Europarecht, Kartellrecht, Wirtschaftsrecht. Festschrift für Arved Deringer, Baden-Baden 1993, S. 59–71; Martin Gellermann, Beeinflussung des bundesdeutschen Rechts durch Richtlinien der EG, dargestellt am Beispiel des europäischen Umweltrechts, Köln 1994; Martin Nettesheim, Die mitgliedstaatliche Durchführung von EG-Richtlinien. Eine Untersuchung am Beispiel der Luftqualitätsrichtlinien, Berlin 1999.
137 Treffend Rudolf Streinz, Europarecht, 7. Aufl. 2005, Rn. 433.
138 Vgl. Friedrich Wichert, Natura 2000. Kooperatives Vorgehen von Gemeinschaft und Mitgliedstaaten bei der Errichtung eines Netzes von Schutzgebieten zum Zwecke des Artenschutzes, Berlin 2001.
139 Ähnlich allg. Martin Nettesheim, Die mitgliedstaatliche Durchführung von EG-Richtlinien – Überlegungen am Beispiel der Luftreinhalterichtlinie 96/62/EG, Berlin 1999, S. 65.

Berkemann

zugsebene auf. In der Umweltinformations-Richtlinie 2003/4/EG verpflichtet deren Art. 9 Abs. 1 Satz 3 die Kommission, bis spätestens zum 14.2.2004 den Mitgliedstaaten ein Dokument zu übermitteln, in dem sie den Mitgliedstaaten klare Vorgaben für deren Berichterstattung macht. Ähnliches gilt für die Berichtspflichten, welche die Umgebungslärm-RL vorsieht. Auch hier wird die Richtlinie benutzt, um die Kommission zu einem bestimmten Handeln zu verpflichten, ohne dass insoweit ein innerstaatlicher Umsetzungsgehalt gegeben ist.

(4) **Umweltgesetzbuch.** Das Bundesministerium für Umwelt (BMU) strebte zunächst eine Umsetzung aller umweltbezogenen Richtlinien durch ein Umweltgesetzbuch I (UGB) an. Im Sommer 1997 hatte eine vom Bundesministerium für Umwelt, Naturschutz und Reaktorsicherheit (BMU) im Jahre 1992 eingesetzte Sachverständigenkommission zum Umweltgesetzbuch einen entsprechenden Entwurf erarbeitet (UGB-KomE). Zielsetzung war auch eine Harmonisierung des in zahlreichen Fachgesetzen zersplitterten innerstaatlichen Umweltrechts.[140] Das Projekt stieß auf erhebliche Widerstände. Auch innerhalb der Bundesregierung wurden verfassungsrechtliche Bedenken geäußert.[141] Das Vorhaben wurde bis auf weiteres zurückgestellt. Tatsächlich war es damit gescheitert. **104**

In jüngster Zeit (2007) wird offenbar versucht, die Bemühungen um ein „deutsches" Umweltgesetzbuch zu reaktivieren. Die Zielsetzung ist unverändert vernünftig, ihre Erfüllung wegen des verstärkten Einflusses des gemeinschaftsrechtlichen Umweltschutzrechtes aber nicht einfacher geworden. Die auf allen Rechtsebenen unverändert rasche Entwicklung auch des gemeinschaftsrechtlichen Umweltrechts hat die Transparenz dieses Rechtsgebiets nicht erhöht. Abhilfe kann gleichwohl von einem einheitlichen Umweltgesetzbuch erwartet werden, das die einzelnen Regelungsmaterien des Umweltrechts zusammenführen, systematisieren, entschlacken und zugleich um modernere, innovative Steuerungsansätze bereichern könnte. Die Realisierungschancen sind allerdings ungewiss. Die Regelungskompetenz des Bundes bleibt problematisch. **105**

II. Regelungsdichte der Richtlinie

Lit.: Steffen Himmelmann, EG-Umweltrecht und nationale Gestaltungsspielräume, Baden-Baden 1997.

(1) Zu Beginn der Gemeinschaft (EWG) war umstritten, ob sich die Richtlinie auf die **Vorgabe des Ziels** (résultat) zu beschränken habe, um dem Mitgliedstaat einen substantiellen Entscheidungsraum zu eröffnen. Das Schrifttum sprach sich **106**

---

140 Vgl. Überblick bei Michael Kloepfer/Wolfgang Durner, Der Umweltgesetzbuch-Entwurf der Sachverständigenkommission, in: DVBl. 1997, 1081–1107; Hans-Werner Rengeling (Hrsg.), Auf dem Weg zum „Umweltgesetzbuch I" – Zur Umsetzung der IVU- und UVP-Änderungsrichtlinie. Sechste Osnabrücker Gespräche zum deutschen und europäischen Umweltrecht, Köln u.a. 1999.
141 Vgl. Christof Gramm, Zur Gesetzgebungskompetenz des Bundes für ein Umweltgesetzbuch, in: DÖV 1999, 540–549.

für diese Notwendigkeit aus.[142] Die Praxis ist alsbald andere Wege gegangen. Die Regelungsdichte der Richtlinien nimmt fortlaufend zu. Vielfach bleibt den Mitgliedstaaten kaum noch ein Regelungsspielraum. Man kann insoweit durchaus einen stillen Vertragswandel feststellen.[143] Die Zunahme der Regelungsdichte führt in ihrer längerfristigen Wirkung zu einer immer stärkeren Verdrängung oder Überlagerung mitgliedstaatlichen Rechts durch das Gemeinschaftsrecht.

107 (2) Die so „perfektionierte" Richtlinie nähert sich in ihrer Regelungsdichte einer Verordnung („loi uniforme"). Sie wird der Verordnung zumindest immer ähnlicher.[144] Dass dies zugleich die Zentralisierungstendenzen innerhalb der EG fördert, liegt auf der Hand. Gemeinschaftsrechtlich steht dieser Tendenz eigentlich der Grundsatz der Subsidiarität des Art. 5 Abs. 2 EG entgegen. Dieser wird jedoch kaum noch als ein wirksames retardierendes Element verstanden, vielfach nur politisch-argumentativ abwehrend „eingesetzt".[145] Man muss daher eher annehmen, dass fast eine gewisse Scheu der Mitgliedstaaten entstanden ist, eine Richtlinie innerstaatlich und damit politisch eigenverantwortlich gestaltend umzusetzen. Ein Verdacht liegt also nicht fern: Man kann sich um so leichter innerstaatlicher Kritik entziehen, wenn sich auf verbindliche Vorgaben der Richtlinie verweisen lässt. Indiziell wird dieser Verdacht durch den Befund bestätigt, dass die Mitgliedstaaten nicht eben selten zu einem schlichten „Abschreiben" des Richtlinieninhalts übergegangen sind, wohl wissend, dass sie bestimmte Inhalte durch Verweigerung ihrer Zustimmung hätten verhindern können.

108 (3) Für die Regelungsdichte gilt der **Grundsatz der Kongruenz** von Richtlinienbestimmung und nationaler Umsetzungsbestimmung.[146] Das bedeutet auch: Je offener und unbestimmter eine Regelung der Richtlinie ist, desto offener und unbestimmter kann auch die nationale Rechtslage gestaltet sein. Der nationale Gesetzgeber ist also nicht zu einer Interpretation verpflichtet. Es kann so gar zweifelhaft sein, durch die Umsetzung eine bestimmte Interpretation des unbestimmten oder jedenfalls auslegungsbedürftigen Richtlinientextes vorzunehmen.

109 So sieht beispielsweise Art. 6 Abs. 4 UAbs. 1 FFH-RL 92/43/EWG die Möglichkeit der Ausnahme zulasten der Störung des Gebietes unter der Voraussetzung vor, dass eine Alternative nicht besteht. Die umsetzende Regelung des § 34 Abs. 3 Nr. 2 BNatSchG formuliert als „zumutbare" Alternativen, den mit dem Projekt verfolgten Zweck an anderer Stelle ohne oder mit geringeren Beeinträchtigungen zu erreichen. Man kann dazu die Frage aufwerfen, ob das hinzugefügte Adjektiv „zumutbar" eine nicht zulässige Präzisierung darstellt.[147] Die Alternativenprüfung, wel-

---

142 Vgl. Albert Bleckmann, Europarecht: das Recht der Europäischen Union und der Europäischen Gemeinschaften, Köln u. a., 6. Aufl. 1997, Rn. 425 ff. zum Streitstand, vgl. ferner Hans-Joachim Schütz/ Thomas Bruha/Doris König, Casebook Europarecht, München, 2004, S. 127.

143 So Generalanwalt Jacobs, in: Rs. C-316/93 – EuGHE 1994, I-763 [774] – Vaneetveld.

144 Thomas Oppermann, Europarecht, München, 3. Aufl. 2005, S. 167 Rn. 90.

145 Vgl. demgegenüber BVerfG, Urteil vom 18.7.2005 – 2 BvR 2236/04 – BVerfGE 113, 273 = DVBl. 2005, 1119 = NJW 2005, 2289 = EuGRZ 2005, 387 (Europäischer Haftbefehl).

146 Martin Nettesheim, in: Eberhard Grabitz/Meinhard Hilf (Hrsg.), Das Recht der Europäischen Union [Stand: Aug. 2002], EG Art. 249 Rn. 140.

147 Vgl. Martin Gellermann Natura 2000. Europäisches Habitatschutzrecht und seine Durchführung in der Bundesrepublik Deutschland, Berlin/Wien 1. Aufl. 1998, S. 141.

Berkemann

che Art. 6 Abs. 4 FFH-RL vorschreibt, erfüllt jedenfalls eine andere Funktion als die Alternativenprüfung, die sich im deutschen Planungsrecht herkömmlicherweise nach den zum Abwägungsgebot entwickelten Grundsätzen richtet.[148] Lässt sich das Planungsziel an einem nach dem Schutzkonzept der FFH-RL günstigeren Standort oder mit geringerer Eingriffsintensität verwirklichen, so muss der Vorhabenträger von dieser Möglichkeit Gebrauch machen. Ein irgendwie gearteter Gestaltungsspielraum wird ihm nicht eingeräumt. Schon aufgrund seines Ausnahmecharakters begründet Art. 6 Abs. 4 FFH-RL ein strikt beachtliches Vermeidungsgebot, das zu Lasten des Integritätsinteresses des durch Art. 4 FFH-RL festgelegten kohärenten Systems nicht bereits durchbrochen werden darf, wenn dies nach dem Muster der Abwägungsregeln des deutschen Planungsrechts vertretbar erscheint.[149] Es darf nur beiseite geschoben werden, soweit dies mit der Konzeption größtmöglicher Schonung der durch die FFH-RL geschützten Rechtsgüter vereinbar ist.[150] Will der Gesetzgeber die Gefahren einer semantisch nicht sicheren Präzisierung vermeiden, wird man sich natürlich eher für die innerstaatliche Übernahme eines bereits detaillierten Richtlinientextes entscheiden.

(4) Ferner hat sich eine Praxis herausgebildet, ein Gesamtziel in einer **Mutter-Richtlinie**, von der Kommission selbst „Rahmenrichtlinie" genannt, zu formulieren und festzulegen, welches alsdann durch die nachfolgenden **Tochter-Richtlinien** konkretisiert wird.[151]   **110**

Als Beispiel kann das Luftqualitätsrecht der EG gelten. Dieses ist zweistufig angelegt. Die **erste Stufe** bildet die sog. Mutter-Richtlinie des Rates über die Beurteilung und die Kontrolle der Luftqualität vom 27.9.1996 (96/62/EG).[152] Die Richtlinie setzt bewusst einen Rahmen für nachfolgende sog. Tochterrichtlinien. Dazu regelt die Mutter-Richtlinie u. a., für welche Schadstoffe Grenz- oder Zielwerte festzulegen sind, wie die Luftqualität durch die Mitgliedstaaten zu ermitteln ist und welche Maßnahmen zur Verbesserung der Luftqualität, ggf. unter Beteiligung der Öffentlichkeit, zu ergreifen sind. Die Richtlinie signalisiert die Absicht, durch das Aufstellen langfristiger Luftqualitätsziele ein hohes Gesundheitsschutzniveau zu erzielen. Auf der Grundlage der Mutter-Richtlinie wurden in einer **zweiten Stufe** mehrere Tochter-Richtlinien erlassen. Dies waren nämlich die Richtlinie 1999/30/EG über Grenzwerte für Schwefeldioxid, Stickstoffdioxid und Stickstoffoxide, Partikel und Blei in der Luft, die Richtlinie 2000/69/EG über Grenzwerte für Benzol und Kohlenmonoxid in der Luft, die Richtlinie 2003/3/EG über den Ozongehalt der Luft und die Richtlinie 2004/107/EG über Arsen, Cadmium, Quecksilber, Nickel   **111**

---

148 BVerwG, Urteil vom 17.5.2002 – 4 A 28.01 – BVerwGE 116, 254 = DVBl. 2002, 1486 = NVwZ 2002, 1243 = UPR 2002, 448 = NuR 2002, 739.
149 Vgl. hierzu BVerwG, Urteil vom 27.10.2000 – 4 A 18.99 – BVerwGE 112, 140 = DVBl. 2001, 386 = NVwZ 2001, 673 = DÖV 2001, 687 = UPR 2001, 144 = BauR 2001, 591 = BRS 63 Nr. 223 (2000).
150 Vgl. BVerwG, Urteil vom 27.1.2000 – 4 C 2.99 – BVerwGE 110, 302 = DVBl. 2000, 814 = NVwZ 2000, 1171 = DÖV 2000, 687 = UPR 2000, 230 = BauR 2000, 1147 = BRS 63 Nr. 222 (2000).
151 Vgl. ferner Birgit Schmidt am Busch, Die besonderen Probleme bei der Umsetzung von EG-Richtlinien mit Regel-Ausnahme-Charakter – am Beispiel der „Fleischhygienegebührenrichtlinie", in: DÖV 1999, 581–590.
152 ABl. L 296 S. 55, jetzt gültig in der Fassung der Verordnung 1882/2003 des Europäischen Parlaments und des Rates vom 29. September 2003 – ABl. L 284, S. 1.

und polyzyklische aromatische Kohlenwasserstoffe in der Luft. Diese Richtlinien weisen jeweils im Rahmen der Zielbeschreibung darauf hin, dass sie u. a. der Vermeidung, Verhütung oder Verringerung schädlicher Auswirkungen auf die menschliche Gesundheit zu dienen bestimmt sind.

III. Adressaten der Richtlinie

Lit.: Hans Eberhard Birke, Die deutschen Bundesländer in den Europäischen Gemeinschaften, Berlin 1973; Eberhard Grabitz, Die Rechtsetzungsbefugnis von Bund und Ländern bei der Durchführung von Gemeinschaftsrecht, in: AöR 111 (1986), S. 1–33; Winfried Kössinger, Die Durchführung des Europäischen Gemeinschaftsrechts im Bundesstaat, Bund-Länder-Verhältnis u. Europäischen Gemeinschaftsrecht, Berlin 1989; Dietrich Murswiek, Umweltschutz als Staatszweck: Die ökologischen Legitimitätsgrundlagen des Staates, Bonn 1995; Hans-Werner Rengeling, Gesetzgebungskompetenzen für den integrierten Umweltschutz: Die Umsetzung inter- und supranationalen Umweltrechts und die Gesetzgebungskompetenzen nach dem Grundgesetz, Köln u. a. 1999.

Christina Baier, Bundesstaat und europäische Integration – Die „Europatauglichkeit" des deutschen Föderalismus, Berlin 2006; Dennis Graf, Die Umsetzung der Plan-UP-Richtlinie im Raumordnungsrecht des Bundes und der Länder, Baden-Baden 2006.

1. Mitgliedstaat als Adressat der Richtlinie

112 Die Richtlinie richtet sich an den „**Mitgliedstaat**". Aus Art. 249 Abs. 3 EG ergibt sich, dass die Richtlinien entweder an alle Mitgliedstaaten oder auch nur an einzelne Mitgliedstaaten (sog. individuelle Richtlinie) gerichtet werden kann.[153] In der Praxis üblich ist es, die Richtlinie an alle Mitgliedstaaten zu richten.

113 Nicht abschließend ist bislang der Status der Richtlinie geklärt, soweit diese ein Verhalten eines Gemeinschaftsorgans selbst zum Inhalt hat (vgl. Rn. 102 f.).[154] Das ist etwa bei der FFH-RL der Fall. In dieser wird der Kommission auferlegt, in substantieller Weise sich an der Herstellung des kohärenten ökologischen Systems Natura 2000 zu beteiligen. Das Verfahren nähert sich funktional einer an die Kommission gerichteten Delegationsrechtsetzung (vgl. Art. 202, 3. Spiegelstrich in Verb. mit Art. 211, 4. Spiegelstrich EG). Die der Kommission übertragenen Befugnisse sind hier allerdings von exekutiver Natur. Der EuGH hat eine entsprechende Regelung gebilligt.[155]

2. Begriff des Mitgliedstaates – Innerstaatliche Entscheidungsstrukturen

114 (1) Der Begriff des Mitgliedstaates ist gemeinschaftsrechtlich **umfassend** zu verstehen, und zwar in einem funktionalen Sinne.[156] Die Pflicht der Beachtung und

---

153 EuGH, Urteil vom 16.2.1978 – Rs. 61/77 – EuGHE 1978, 417 = DVBl. 1978, 491 = NJW 1978, 1737 = EuGRZ 1978, 271 – Kommission vs. Irland; vgl. EuGH, Urteil vom 30.4.1996 – Rs. C-214/94 – EuGHE 1996 I-227 = EuZW 1996, 634 = NZA 1996, 971 – Ingrid Boukhalfa vs. Deutschland.

154 Vgl. EuGH, Urteil vom 30.1.1974 – Rs. 148/73 – EuGHE 1974, 81 [89] – Louwage vs. Kommission; vgl. ferner Martin Nettesheim, Die mitgliedstaatliche Durchführung von EG-Richtlinien, Berlin 1999.

155 Vgl. EuGH, Urteil vom 24.10.1989 – Rs. 16/88 – EuGHE 1989, 3481 [3485] Rn. 11 – Kommission vs. Rat.

156 So deutlich EuGH, Urteil vom 12.7.1990 – Rs. C-188/89 – EuGHE I-3313 [3348] Rn. 20 = NJW 1991, 3086 = NVwZ 1992, 51 = EuZW 1990, 424 = JZ 1992, 56 – A. Foster u. a. vs. British Gas PLC,

Umsetzung der Richtlinie trifft die Legislative, die Exekutive und auch die Judikative.[157] Gemeint sind alle staatlichen Stellen, in Deutschland also der Bund, die Länder, die **Gemeinden** und die sonstigen juristischen Personen des öffentlichen Rechts.[158] Demgemäß sind auch kommunale Planungs- oder überörtliche Regionalverbände Adressaten einer Richtlinie.[159]

Der Richtlinie ist es versagt, bestimmte nationale Entscheidungsorgane als Adressaten zu bestimmen. Aus der Sicht des Gemeinschaftsrechts ist die innerstaatliche, auch **bundesstaatliche Kompetenzaufteilung** gleichgültig.[160] Auch wenn jeder Mitgliedstaat die internen Gesetzgebungsbefugnisse so verteilen kann, wie **115**

---

vgl. auch Ferry Bühring/Andrej Lang, Vorwirkung von EG-Richtlinien gegenüber staatlich kontrollierten Unternehmen des Privatrechts, in: ZEuP 2005, 88–104.

157 EuGH, Urteil vom 10.4.1984 – Rs. 14/83 – EuGHE 1984, 1891 [1909] Rn. 26 = NJW 1984, 2021 = EuGRZ 1984, 217 = EuGRZ 1984, 217 = NZA 1984, 157 – von Colson und Kamann vs. Land Nordrhein-Westfalen; mit Bespr. Gert Nicolaysen, Richtlinienwirkung und Gleichbehandlung von Männern und Frauen beim Zugang zum Beruf, in: EuR 1984, 380–392; EuGH, Urteil vom 20.9.1988 – Rs. 31/87 – EuGHE 1988, 4635 [4662] Rn. 39 = NVwZ 1990, 353 = RIW 1990, 232 – Beentjes vs. Niederlande; EuGH, Urteil vom 11.7.1991 – Rs. C-87/90 – EuGHE 1991, 3757 = EuZW 1993, 60 = RIW 1991, 869 – Verholen vs. Sociale Verzekeringsbank Amsterdam; EuGH, Urteil vom 14.7.1994 – Rs. C-91/92 – EuGHE 1994 I-3325 [3357] Rn. 26 = NJW 1994, 2473 = EuZW 1994, 498 – Paola Faccini Dori vs. Recreb s.r.l.

158 EuGH, Urteil vom 13.11.1990 – Rs. C-106/89 – EuGHE 1990 I-4135 [4159] Rn. 9 – Marleasing SA vs. La Comercial Marleasing Internacional de Alimentación – Marleasing; vgl. ebenso EuGH, Urteil vom 14.7.1994 – Rs. C-91/92 – EuGHE 1994 I-3325 [3357] Rn. 26 = DVBl. 1994, 1124 = NJW 1994, 2473 = EuZW 1994, 498 = JZ 1995, 149 = ZEuP 1996, 117 – Paola Faccini Dori vs. Recreb s.r.l., vgl. dazu Andreas Raubenheimer, Zur Wirkung von nicht umgesetzten EU-Richtlinienbestimmungen zwischen Privaten, in: CR 1995, 73–78; Philipp Göz, Die horizontale Drittwirkung von Richtlinien, in: DZWir 1995, 256–260; Helmut Heinrichs, Umsetzung der EG-Richtlinie über mißbräuchliche Klauseln in Verbraucherverträgen durch Auslegung, in: NJW 1995, 153–159; Jürgen Niebling, Keine unmittelbare Geltung der AGB-Richtlinie vor Umsetzung, in: EWS 1995, 185–187; EuGH, Urteil vom 22.6.1989 – Rs. 103/88 – EuGHE 1989, 1839 [1871] Rn. 31= DVBl. 1990, 689 = NVwZ 1990, 649 = EuR 1990, 151 – Fratelli Costanzo SpA vs. Stadt Mailand – „Fratelli Costanzo" (Vergaberichtlinie 71/305/EWG).

159 EuGH, Urteil vom 22.6.1989 – Rs. 103/88 – EuGHE 1989, 1839 [1871 Rn. 31 = DVBl. 1990, 689 = NVwZ 1990, 649 EuR 1990, 151 – Fratelli Costanzo SpA vs. Stadt Mailand – „Fratelli Costanzo" (Vergaberichtlinie 71/305/EWG); EuGH, Urteil vom 24.10.1996 – Rs. C-72/95 – EuGHE 1996 I-5403 [5452] Rn. 58 = DVBl. 1997, 40 = NuR 1997, 536 = ZUR 1997, 35 – Kraaijeveld BV u.a. vs. Gedeputeerde Staten van Zuid-Holland, vgl. dazu Bernhard W. Wegener, Die UVP-Pflichtigkeit sog. Anhang II-Vorhaben, in: NVwZ 1997, 462–465; EuGH, Urteil vom 14.12.1995 – Rs. C-312/93 – EuGHE 1995 I-4599 [4623] Rn. 20 = DVBl. 1996, 249 = NVwZ 1997, 372 (L) = EuZW 1996, 636 = NuR 1997, 344 – Peterbroeck u.a. vs. Belgien; EuGH, Urteil vom 14.12.1995 – verb. Rs. C-430/93 – EuGHE 1995 I-4705 [4736] Rn. 13ff. = EuZW 1996, 542 = ZEuP 1998, 969 – Jeroen van Schijndel u.a. vs. Stichting Pensioenfonds voor Fysiotherapeuten, vgl. dazu Andreas Cahn, Zwingendes EG-Recht und Verfahrensautonomie der Mitgliedstaaten, in: ZEuP 1998, 974–980.

160 EuGH, Urteil vom 25.3.1982 – Rs. 96/81 – EuGHE 1982, 1781 – Kommission vs. Niederlande – „Vertragsverletzung – Badegewässer"; EuGH, Urteil vom 14.1.1988 – verb. Rs. 227 bis 230/85 – EuGHE 1988, 1 [11] Rn. 9. f. = LRE 22, 322 – Kommission vs. Berlin; EuGH, Urteil vom 13.12.1979 – Rs. 44/79 – EuGHE 1979, 3727 [3744] Rn. 14 = DVBl. 1981, 130 = NJW 1980, 505 = EuGRZ 1979, 659 – Liselotte Hauer vs. Land Rheinland Pfalz – „Hauer"; EuGH, vgl. dazu Guido Odendahl, in: JA 1999, 460–463; EuGH, Urteil vom 13.12.1990 – Rs. 240/89 – EuGHE 1990 I-4853 [4861] Rn. 6 – Kommission vs. Italien, ferner EuGH, Urteil vom 12.6.1990 – Rs. C-8/88 – EuGHE 1990 I-2321 – Deutschland vs. Kommission. Der EuGH geht auf „bundesstaatliche" Einwände der Bundesregierung inzwischen nicht mehr ein, vgl. etwa EuGH, Urteil vom 16.12.1997 – Rs. C-341/96 – EuGHE 1997 I-7271 [7278] Rn. 7, 11 = EWS 1998, 62 – Kommission vs. Deutschland; vgl. auch Andreas Fisahn, Probleme der Umsetzung von EU-Richtlinien im Bundesstaat, in: DÖV 2002, 239–246.

Berkemann

er es für richtig hält, so bleibt er doch der EG gegenüber für die Beachtung dieser Verpflichtungen allein verantwortlich.[161] Es obliegt also den Mitgliedstaaten, dafür innerstaatlich Sorge zu tragen, dass ihre Gemeinschaftsverpflichtungen von den zuständigen zentralen oder dezentralen Stellen wirksam erfüllt werden.[162] Schwierigkeiten interner Art, die im Zusammenhang mit den Umständen des Erlasses von Rechts- und Verwaltungsvorschriften stehen, können die Mitgliedstaaten nicht von ihren Gemeinschaftsverpflichtungen befreien.[163] Eine Erweiterung der innerstaatlichen Kompetenz des Bundes folgt daraus allerdings nicht.

116 Adressat der Richtlinie ist nach deutschem Verfassungsrecht derjenige, der die zur Umsetzung benötigte **Verbandskompetenz** besitzt.[164] Betrifft daher eine Regelungsmaterie nicht die ausschließliche Zuständigkeit des Bundes und hat der Bund von der ihm zugewiesenen konkurrierenden oder Rahmengesetzgebungskompetenz keinen Gebrauch gemacht, ist die verpflichtende Zuständigkeit der Länder gegeben.[165] Dafür spricht nunmehr auch Art. 23 Abs. 6 GG (1992). Der Bund ist auch im Hinblick auf Art. 23 GG n. F. nicht verfassungsrechtlich verpflichtet, von einer konkurrierenden Gesetzgebungskompetenz Gebrauch zu machen. Dem Gesetz über die Zusammenarbeit von Bund und Ländern in Angelegenheiten der EU vom 12.3.1993 (BGBl. I S. 313) ist insoweit nichts zur Klärung zu entnehmen.[166] Einzelheiten sind allerdings umstritten.[167] Das gilt etwa auch für den

161 EuGH, Urteil vom 13.12.1991 – Rs. C-33/90 – EuGHE 1991 I-5987 [6008] Rn. 24 = EWS 1993, 338 (L) – Kommission vs. Italien; EuGH, Urteil vom 16.1.2003 – Rs. C-388/01 – EuGHE 2003 I-721 = DVBl. 2003, 388 = NVwZ 2003, 459 = EuZW 2003, 186 = EWS 2003, 133 – Kommission vs. Italien.

162 EuGH, Urteil vom 24.11.1992 – Rs. C. 237/90 – EuGHE 1992 I-5973 [6017] Rn. 35 = NVwZ 1993, 257 = EuZW 1993, 99 = BayVBl 1993, 717 = RIW 1993, 250 – Kommission vs. Deutschland; EuGH, Urteil vom 13.6.2002 – Rs. C-474/90 – EuGHE 2002 I-5293 [5328] Rn. 28 = NVwZ 2002, 1225 – Kommission vs. Spanien.

163 EuGH, Urteil vom 13.12.1990 – Rs. C-240/89 – EuGHE 1990 I-4853 [4861] Rn. 6 – Kommission vs. Italien; EuGH, Urteil vom 8.10.1996 – verb. Rs. C-178/94, C-179/94, C-188/94, C-189/94 und C-190/94 – EuGHE 1996, I-4845 [4885] Rn. 53 = DVBl. 1997, 111 = NJW 1996, 3141 = EuGRZ 1996, 450 = EuZW 1996, 654 = JZ 1997, 198 = BayVBl 1997, 464 – Dillenkofer vs. MP Travel – „Pauschalreiserichtlinie"; EuGH, Urteil vom 16.12.1997 – Rs. C-341/96 – EuGHE 1997 I-7271 [7277] Rn. 7 = EWS 1998, 62 = ZIP 1998, 41 – Kommission vs. Deutschland; EuGH, Urteil vom 7.12.2000 – Rs. C-374/98 – EuGHE 2000 I-10799 [10846] Rn. 13 = DVBl. 2001, 369 = NVwZ 2001, 549 = ZUR 2001, 95 = NuR 2001, 210 – Kommission vs. Frankreich.

164 Vgl. Hans D. Jarass, Grundfragen der innerstaatlichen Bedeutung des EG-Rechts – Die Vorgaben des Rechts der Europäischen Gemeinschaft für die nationale Rechtsanwendung und die nationale Rechtsetzung nach Maastricht, Köln u. a. 1994, S. 60; Eberhard Grabitz, Rechtsetzungsbefugnis von Bund und Ländern bei der Durchführung von Gemeinschaftsrecht, in AöR 111 (1986), S. 1–33 [10, 13, 29 ff.]; Steffen Himmelmann, Gemeinschaftsrechtliche Vorgaben für die Umsetzung von EG-Recht – Zu den Auswirkungen der neuesten Rechtsprechung von EuGH und Bundesverwaltungsgericht auf die nationale Umsetzungspraxis, in: DÖV 1996, 145–151 [146].

165 A. A. noch Hans Eberhard Birke, Die deutschen Bundesländer in den Europäischen Gemeinschaften; Berlin 1973, S. 71, 125; wie hier wohl BVerfG, Urteil vom 22.3.1995 – 2 BvG 1/89 – BVerfGE 92, 203 [231] = DVBl. 1995, 561 = NVwZ 1996, 1093 = DÖV 1995, 552 = EuZW 1995, 277 = EuR 1995, 104 = EuGRZ 1995, 125 (Fernsehrichtlinie).

166 Vgl. auch die Vereinbarung vom 29.10.1993 zwischen der Bundesregierung und den Regierungen der Länder über die Zusammenarbeit in Angelegenheiten der EU in Ausführung von § 9 des Gesetzes vom 12.3.1993 über die Zusammenarbeit von Bund und Ländern in Angelegenheiten der EU vom 12.11.1993 (BAnZ Nr. 226 vom 2.12.1993 – S. 10425).

167 Vgl. Hans D. Jarass, Grundfragen der innerstaatlichen Bedeutung des EG-Rechts – Die Vorgaben des Rechts der Europäischen Gemeinschaft für die nationale Rechtsanwendung und die nationale Rechtssetzung nach Maastricht, Köln u. a. 1994, S. 61; Martin Gellermann, Beeinflussung des bun-

Berkemann

Fall, dass eine Änderungsrichtlinie, wie bei der UVP-RL 97/11/EG, umzusetzen ist.[168]

Der EuGH hat über die innerstaatliche Verbandskompetenz jedenfalls nicht zu **117** urteilen.[169] Allerdings hat der Gerichtshof eher beiläufig gemeint, dass bei innerstaatlichen Kompetenzzweifeln derjenige berufen sei, der mit einem „ähnlichen Gegenstand oder Rechtsgrund" wie dem des Gemeinschaftsrechts innerstaatlich befasst sei.[170] Die kritische Frage ist letztlich, ob die Loyalitätspflicht des Art. 10 EG den Bund aus gemeinschaftsrechtlichen Gründen verpflichtet, von einer konkurrierenden Kompetenz Gebrauch zu machen.[171] Das gilt insbesondere dann, wenn die Richtlinie das primäre Ziel der Rechtsangleichung hat (vgl. Art. 94, 95 EG). In der deutschen Staatspraxis ist auch die Teilumsetzung durch den Bund festzustellen. Der EuGH nimmt für diesen Fall ersichtlich an, dass der Bund gegenüber den Ländern eine Befugnis der Kontrolle in der tatsächlichen Umsetzung des Gemeinschaftsrechts haben muss, um die Beachtung der Richtlinie sicherzustellen.[172] Der Gerichtshof hat bislang nicht die Frage problematisiert, ob der gemeinschaftsrechtliche Grundsatz der Gleichbehandlung in föderativen Mitgliedstaaten einer Umsetzung entgegensteht, die inhaltlich unterschiedlich und zu verschiedenen Zeitpunkten in Kraft tritt.

Beispiel: Die Bundesländer hatten sich nach Ablauf der Umsetzungsfrist der FFH-Richtlinie (5. Juni 1994) geweigert, ihrerseits die FFH-RL in Landesrecht umzusetzen. Sie hatten sich dazu auf den Standpunkt gestellt, es sei Aufgabe des Bundes, zunächst durch ein Bundesgesetz die FFH-RL in innerstaatliches Recht umzusetzen.[173] Dies war eine verfassungsrechtlich kaum vertretbare Auffassung.[174]

---

desdeutschen Rechts durch Richtlinien der EG, dargestellt am Beispiel des europäischen Umweltrechts, Köln u.a. 1994; S. 18; Winfried Kössinger, Die Durchführung des Europäischen Gemeinschaftsrechts im Bundesstaat: Bund/Länder-Verhältnis und Europäisches Gemeinschaftsrecht, Berlin 1989, S. 49 ff.

168 Vgl. Jürgen Staupe, Anwendung der UVP-Änderungsrichtlinie nach Ablauf der Umsetzungsfrist, in: NVwZ 2000, 508–515.

169 EuGH, Urteil vom 17.9.1997 – Rs. C-54/96 – EuGHE 1997 I-4961[4996] Rn. 40 = NJW 1997, 3365 = EuZW 1997, 625 = EuGRZ 1997, 490 = EWS 1997, 385 = JZ 1998, 37 = BauR 1997, 1011 – Dorsch Consult Ingenieurgesellschaft mbH vs. Bundesbaugesellschaft Berlin mbH – „Dorsch"; EuGH, Urteil vom 22.10.1998 – verb. Rs. C-10/97 bis 22/97 – EuGHE 1998 I-6307 [6332] Rn. 21 = NJW 1999, 201 = EWS 1999, 63 = EuR 1999, 237 = EuZW 1998, 719 = JZ 1999, 196 – Ministero delle Finanze vs. IN.CO.GE., mit Bespr. Thomas von Danwitz, Zum Einfluß des Gemeinschaftsrechts auf die mitgliedstaatliche Verfahrensautonomie, in: JZ 1999, 198–200.

170 EuGH, Urteil vom 1.12.1998 – Rs. C-326/96 – EuGHE 1998 I-7835- [7870] Rn. 41 = EuZW 1999, 248 = EuGRZ 1999, 217 – Levez vs. Jennings (Harlow Pools) Ltd.

171 Bejahend Armin von Bogdandy, in: Eberhard Grabitz/Meinhard Hilf (Hrsg.), Das Recht der Europäischen Union, [Stand: Aug. 2002], EG Art. 10 Rn. 67 ff.

172 So EuGH, Urteil vom 24.11.1992 – Rs. C-237/90 – EuGHE 1992 I-5973 = NVwZ 1993, 257 = EuZW 1993, 99 = BayVBl 1993, 717 – Kommission vs. Deutschland (Trinkwasser-RL 80/778/EWG).

173 Vgl. Wolfgang Schrödter, Bauleitplanung in FFH-Gebieten und Vogelschutzgebieten, in: NuR 2001, 8–19 [9, 11].

174 Vgl. allg. Holger Spreen, Bundeskompetenzen bei fehlender Umsetzung des Europarechts durch die Bundesländer – das Beispiel der FFH-Richtlinie, Osnabrück 2004, S. 41 ff.; 63 ff.; ferner Reimer von Borries, Kompetenzverteilung und Kompetenzausübung, in: Hans-Werner Rengeling [Hrsg.], Handbuch zum europäischen und deutschen Umweltrecht. Eine systematische Darstellung des europäischen und deutschen Umweltrechts mit seinen Auswirkungen auf das deutsche Recht und mit rechtspolitischen Perspektiven, Bd. I 2. Aufl., Köln u.a. 2003, S. 853–859.

Berkemann   75

118 Erfasst werden auch juristische Personen des Privatrechts, wenn diese ausschließlich im öffentlichen Interesse tätig werden (vgl. ähnlich § 4 Abs. 3 ROG).[175]

119 (2) Jedes **Bundesland** ist nach Maßgabe ungeschriebener **Grundsätze des bundesfreundlichen Verhaltens** gehalten, für die gemeinschaftsrechtlich gebotene Umsetzung der Richtlinien in dem ihnen kraft grundgesetzlicher Kompetenzordnung zugewiesenen Sachbereich zu sorgen. Jedes Land muss mithin das Erforderliche tun, um der Bundesrepublik Deutschland – mithin dem Bund in seiner Außenvertretung – rechtliche und tatsächliche Auseinandersetzungen mit den EG-Organen zu ersparen. Aus Art. 23 Abs. 1 GG ergibt sich jedenfalls keine Verpflichtung des Bundes, zur Umsetzung des Gemeinschafsrechtes von seiner konkurrierenden oder Rahmengesetzgebungskompetenz Gebrauch zu machen. Vielmehr zeigt Art. 23 Abs. 4 bis 6 GG auf, dass das Gemeinschaftsrecht gerade nicht zu einer Änderung der innerstaatlichen Gesetzgebungskompetenzen führt. Erwägenswert ist, ob bei einer konkurrierenden Verbandskompetenz zwischen Bund und Ländern aus Gründen der Effektivität des Gemeinschaftsrechts derjenige die Umsetzung vorzunehmen hat, der diese am besten bewirken kann.

3. Der private Marktbürger als Adressat

120 (1) Der **Private**, der „Marktbürger", kann unmittelbar, zumeist aber nur mittelbar Adressat einer Richtlinie sein. Diese Auffassung entwickelt sich auf der Grundlage der Rechtsprechung des EuGH allerdings erst langsam. Der „Marktbürger" ist jedenfalls dann Adressat der Richtlinie, wenn diese ihm Rechte gegen den Staat verleihen will (vgl. dazu Rn. 316 ff.).[176] Eine solche Berechtigung kann sich mittelbar auch dadurch ergeben, dass die Richtlinie dem Mitgliedstaat bestimmte Handlungs- oder Unterlassungspflichten auferlegt.[177]

121 Der Private kann sich – im Unterschied zum deutschen Recht – auf derartige „objektive" Pflichten des Mitgliedsstaates nach Gemeinschaftsrecht berufen. Bedeutsam ist dies insbesondere für den Bereich des Umweltschutzes. Einzelheiten sind allerdings umstritten.[178] Das Gemeinschaftsrecht ist insoweit deutlich rechtsschutzfreundlicher als das deutsche Recht.[179] So sieht es auch das BVerwG jüngst in einem Vorlagebeschluss an den EuGH.[180]

---

175 EuGH, Urteil vom 5.11.2002 – Rs. C-325/00 – EuGHE 2002 I-9977 [10001] Rn. 18 = DVBl. 2003, 128 = NJW 2002, 3609 = EuZW 2003, 23 = EWS 2002, 580 = EuR 2003, 114 – Kommission vs. Deutschland.

176 Vgl. bereits EuGH, Urteil vom 5.3.1963 – Rs. 26/62 – EuGHE 1963, 1 = NJW 1963, 1751 – van Gend en Loos vs. Niederländischen Finanzverwaltung, vgl. dazu Wilhelm Wengler, Unmittelbare, individuelle Rechte begründende Wirkung des Art. 12 EWGVtr, in: NJW 1963, 1752.

177 Vgl. Ulrich Karpenstein, Praxis des EG-Rechts, 2006, S. 57.

178 Wie hier u. a. Thomas von Danwitz, Verwaltungsrechtliches System und Europäische Integration, Tübingen 1996, S. 246 ff.; Matthias Ruffert, Subjektive Rechte im Umweltrecht der Europäischen Gemeinschaft, Tübingen 1996, S. 187; Josef Ruthig, Transformiertes Gemeinschaftsrecht und die Klagebefugnis des § 42 Abs. 2 VwGO, in: BayVBl. 1997, 289–298 [295]; teilweise abweichend Martin Nettesheim, in: Eberhard Grabitz/Meinhard Hilf (Hrsg.), Das Recht der Europäischen Union [Stand: Aug. 2002], EG Art. 249 Rn. 144 f.

179 Vgl. näher Friedrich Schoch, Die Europäisierung des Verwaltungsprozessrechts, in: Eberhard Schmidt-Aßmann/Dieter Sellner/Günter Hirsch/Gerd-Heinrich Kemper/Hinrich Grube-Lehmann

Berkemann

Beispiel[181]: Die Richtlinie 80/68/EWG zum Schutz des Grundwassers soll einen vollständigen und wirksamen Schutz des Grundwassers der Gemeinschaft sicherstellen, indem sie die Mitgliedstaaten durch genaue und detaillierte Vorschriften verpflichtet, eine zusammenhängende Regelung von Verboten, Genehmigungen und Überwachungsverfahren zu erlassen, die Rechte und Pflichten des einzelnen begründet, um Abteilungen bestimmter gefährlicher Stoffe zu verhindern oder zu begrenzen. Der EuGH folgert aus der inhaltlichen Unbedingtheit und hinreichenden Bestimmtheit der festgelegten Qualitätsstandards, dass die Richtlinie einklagbare Rechte verleiht.[182]

(2) Der EuGH „benutzt" hier absichtsvoll den Privaten, um die effektive Durchsetzung des Gemeinschaftsrechtes in den Mitgliedstaaten zu fördern.[183] Der Private wird mobilisiert und instrumentalisiert, um den Integrationsprozess zu effektuieren (zur unmittelbaren Wirkung der nicht fristgerecht umgesetzten Richtlinien vgl. Rn. 296 ff.).[184] Die frühere Rechtsprechung des BVerwG ist dem nicht immer gerecht geworden.[185] Danach sollte das Unterlassen einer Umweltverträglichkeitsprüfung keine Klagebefugnis begründen können. So sollte z. B. die RL 85/337/EW keinen (subjektiven) Anspruch bestimmter einzelner auf Durchführung eines förmlichen

122

(Hrsg.), Festgabe 50 Jahre Bundesverwaltungsgericht, Köln u. a. 2003, S. 507–533; Thomas von Danwitz, Die Eigenverantwortung der Mitgliedsstaaten für die Durchführung von Gemeinschaftsrecht. Zu den europarechtlichen Vorgaben für das nationale Verwaltungs- und Gerichtsverfahrensrecht, in: DVBl. 1998, 421–432 [425 f.]; Matthias Ruffert, Dogmatik und Praxis des subjektiv-öffentlichen Rechts unter dem Einfluß des Gemeinschaftsrechts, in: DVBl. 1998, 69–75 [72]; Bernhard W. Wegener, Vollzugskontrolle durch Klagerecht vor mitgliedstaatlichen Gerichten, in: Gertrude Lübbe-Wolff (Hrsg.), Der Vollzug des europäischen Umweltrechts, Berlin 1996, S. 146 ff. [155 f.]; Gerd Winter, Individualrechtsschutz im deutschen Umweltrecht unter dem Einfluß des Gemeinschaftsrechts, in: NVwZ 1999, 467–475; zurückhaltend Claus Dieter Classen, Der Einzelne als Instrument zur Durchsetzung des Gemeinschaftsrechts. Zum Problem der subjektiv-öffentlichen Rechte kraft Gemeinschaftsrechts, in: VerwArch 88 (1997), S. 645–678 [661], Walter Frenz, Subjektiv-öffentliche Rechte aus Gemeinschaftsrecht vor deutschen Verwaltungsgerichten, in: DVBl. 1995, 408–415.

180 BVerwG, Beschluss vom 29.3.2007 – 7 C 9.06 – NVwZ 2007, 695 = DVBl. 2007, 763 = UPR 2007, 306 = NuR 2007, 490 = GewArch 2007, 296.

181 Beispiel nach Ulrich Karpenstein, Praxis des EG-Rechts, 2006, S. 58; VGH München, Urteil vom 26.1.1993 – 8 A 92.40143 – NVwZ 1993, 906 = UPR 1993, 274.

182 EuGH, Urteil vom 28.2.1991 – Rs. C-131/88 – EuGHE 1991 I-825 [867] Rn. 7 = DVBl. 1991, 863 = NVwZ 1991, 973 = UPR 1992, 22 = EuZW 1991, 405 – Kommission vs. Deutschland (Richtlinie 80/68/EWG); vgl. dazu auch Kurt Fassbender, Gemeinschaftsrechtliche Anforderungen an die normative Umsetzung der neuen EG-Wasserrahmenrichtlinie, in: NVwZ 2001, 241–249; Ulrich Everling, Umsetzung von Umweltrichtlinien durch normkonkretisierende Verwaltungsanweisungen, in: RIW 1992, 379–385; Albrecht Weber, Zur Umsetzung von EG-Richtlinien im Umweltrecht, in: UPR 1992, 5–9; Stefan Hertwig, EuGH – Übergangsvorschrift für Umweltverträglichkeitsprüfung, in: WiB 1995, 87–88.

183 Eberhard Schmidt-Aßmann, Deutsches und Europäisches Verwaltungsrecht, in: DVBl. 1993, 924–936; [934]; Thomas von Danwitz, Zur Grundlegung einer Theorie der subjektiv-öffentlichen Gemeinschaftsrechte, in: DÖV 1996, 481–490 [484].

184 Johannes Masing, Die Mobilisierung des Bürgers für die Durchsetzung des Rechts. Europäische Impulse für eine Revision der Lehre vom subjektiv-öffentlichen Recht, Berlin 1997, S. 196 ff.; Friedrich Schoch, Individualrechtsschutz im deutschen Umweltrecht unter dem Einfluß des Gemeinschaftsrechts, in: NVwZ 1999, 457–467 [461]; Thomas von Danwitz, Verwaltungsrechtliches System und Europäische Integration, Tübingen 1996, S. 236; Torsten Kingreen/Ingo Störmer, Die subjektiv-öffentlichen Rechte des primären Gemeinschaftsrechts, in: EuR 1998, 263–290 [264].

185 Vgl. etwa BVerwG, Urteil vom 21.3.1996 – 4 C 19.94 – BVerwGE 100, 370 = DVBl. 1996, 907 = NVwZ 1996, 1016 = UPR 1996, 339 = NuR 1996, 589 – Autobahnring München (West) A 99 [Eschenrieder Spange]; BVerwG, Urteil vom 25.1.1996 – 4 C 5.95 – BVerwGE 100, 238 [243] = DVBl. 1996, 677 = NVwZ 1996, 788 = DÖV 1996, 604 = UPR 1996, 228 = ZfBR 1996, 275 = BauR 1996, 511 = BRS 58 Nr. 7 (1996) – BAB 60.

Umweltverträglichkeitsverfahrens begründen.[186] Auch die RL 79/409 EWG (Vogelschutz) und RL 92/34 EWG (FFH) begründeten danach keine Verpflichtung der Mitgliedstaaten, einzelnen Marktbürgern oder Vereinigungen klagbare Rechte auf die Einhaltung der zur Umsetzung der Richtlinie erforderlichen innerstaatlichen Normen einzuräumen.[187] Unter dem Einfluss der **Århus-Konvention** scheint sich in der deutschen Rechtsprechung, wenngleich zögernd, eine Änderung anzubahnen.[188]

IV. Gemeinschaftsrechtliche und innerstaatliche Pflicht zur fristgemäßen Umsetzung

Lit.: Hans-Werner Rengeling, Europäische Normgebung und ihre Umsetzung in nationales Recht, in: DVBl. 1995, 945–954; Christian Haslach, Die Umsetzung von EG-Richtlinien durch die Länder, Münster 2001.

1. Gemeinschaftsrechtliche Pflicht zur Umsetzung

123 (1) Die Richtlinie ist hinsichtlich des festgelegten **Zieles** rechtlich verbindlich. Das ergibt sich unmittelbar aus Art. 249 Abs. 3 EG. Damit ist zugleich der Rechts- und Vollzugszustand gemeint, den der Mitgliedstaat durch seine Umsetzung zu erreichen hat.

124 (2) Art. 249 Abs. 3 EG normiert zwar nicht ausdrücklich eine Pflicht zur fristgerechten Umsetzung des Richtlinieninhaltes in nationales Recht. Es ist indes zum sachgemäßen Vollzug einer Richtlinie nicht zweifelhaft, dass der gewollte einheitliche Zustand in der EG auf einen bestimmten Zeitpunkt zu bestimmen ist. Aus diesem Grund entspricht es ständiger Praxis, dass der Richtliniengeber bereits in der Richtlinie selbst eine **Umsetzungsfrist** festlegt. Verfährt der Richtliniengeber in dieser Weise, handelt es sich um eine den Mitgliedstaat zwingende Pflicht.[189] Die gemeinschaftsrechtliche Verpflichtung zur fristgebundenen Umsetzung folgt mittelbar auch aus der allgemeinen Vertragserfüllungspflicht des Art. 10 Abs. 1 EG.[190]

---

186 Dezidiert etwa VGH München, Urteil vom 26.1.1993 – 8 A 92.40143 – NVwZ 1993, 906 = UPR 1993, 274; OVG Lüneburg, Urteil vom 9.11.1993 – 7 K 3677/91, 7 K 3678/91 – DVBl. 1994, 770; mittelbar auch BVerwG, Beschluss vom 30.8.1994 – 4 B 105.94 – NVwZ-RR 1995, 322 = UPR 1995, 227.

187 OVG Hamburg, Beschluss vom 19.2.2001 – 2 Bs 370/00 – NVwZ 2001, 1173 = NuR 2001, 592.

188 Vgl. Ulrich Karpenstein, Praxis des EG-Rechts, 2006, S. 59 unter Hinweis auf OVG Schleswig, Beschluss vom 28.7.2003 – 4 MR 18/03 – NordÖR 2004, 84 (betreffend UVP 85/337/EWG); OVG Koblenz, Beschluss vom 25.1.2005 – 7 B 12114/04 – NVwZ 2005, 1208 = DÖV 2005, 436 = ZfBR 2005, 487 = BRS 69 Nr. 160 (2005) – isolierte Anfechtung von Verfahrensmängeln.

189 Vgl. EuGH, Urteil vom 18.12.1997 – Rs. C-129/96 – EuGHE 1997 I-7411 [7488] Rn. 40 = NVwZ 1998, 385 = EuZW 1998, 167 = EWS 1998, 67 – Inter-Environment Wallonie vs. Région wallone; EuGH, Urteil vom 22.6.2000 – Rs. C-318/98 – EuGHE 2000 I-4785 [4827] Rn. 41 = NVwZ 2001, 313 = EuZW 2000, 605 = NuR 2001, 380 = ZUR 2001, 41 – Strafverfahren gegen Giancarlo Fornasar u. a., mit Bespr. Ludger-Anselm Versteyl, Der Abfallbegriff im Europäischen Recht – Eine unendliche Geschichte?, in: EuZW 2000, 585–592.

190 Vgl. EuGH, Urteil vom 13.11.1990 – Rs. C-106/89 – EuGHE 1990 I-4135 [4159] Rn. 8 – Marleasing SA vs. La Comercial Internacional de Alimentación – „Marleasing"; EuGH, Urteil vom 27.5.1993 – Rs. C-290/91 – EuGHE 1993 I-2981 [3005] Rn. 8 = NVwZ 1993, 973 = EuZW 1993,

Berkemann

Die Pflicht zur Herstellung des **richtlinienkonformen Zustandes** entsteht spä- **125** testens mit dem Ablauf der festgelegten Frist. Welche Umsetzungsfrist der Richt- liniengeber wählt, liegt weitgehend in seinem pflichtgemäßen Ermessen. Die Mit- gliedstaaten werden im konsultierenden Anhörungsverfahren vortragen, ob für sie spezifische Umsetzungsprobleme bestehen, die einen hinreichenden Zeitraum er- fordern. Ein Mitgliedstaat muss gleichwohl alle vernünftigerweise möglichen Maß- nahmen ergreifen, um das in der Richtlinie vorgegebene Ziel zu erreichen. Der Nachweis, dass es absolut unmöglich gewesen sei, die Verpflichtungen der Richt- linie zu erfüllen, dürfte dem Mitgliedstaat kaum gelingen. Will er diese Behauptung wirklich aufstellen, dann darf er die Pflicht zur Umsetzung nicht einfach auf sich beruhen lassen. Vielmehr muss er sich gemäß Art. 10 Abs. 1 EG an die Kommis- sion mit dem Ersuchen um Abhilfe wenden.[191] Es bestehen gemeinschaftsrechtli- che Informations-, Konsultations- und andere Kooperationspflichten.[192]

(3) Die Verletzung der Umsetzungsfrist hat nicht nur Bedeutung in dem Verhält- **126** nis zwischen EG und dem Mitgliedstaat. Die **Pflicht zur loyalen Zusammenar- beit** soll auch verhindern, dass ein Mitgliedstaat gegenüber einem anderen Mit- gliedstaat dadurch einen „Vorteil" erhält, dass er eine Richtlinie nicht fristgerecht umsetzt. Auch dies würde die praktische Wirksamkeit des EG-Vertrages beein- trächtigen. Wegen dieser weitreichenden Folgen einer unterlassenen fristgerech- ten Umsetzung für das innere Gefüge der EG zögert der EuGH nicht, die Verlet- zung der Umsetzungspflicht mit den ihm zu Verfügung stehenden Mitteln nach- drücklich zu sanktionieren.[193]

(4) Einer inhaltlichen Umsetzung der Richtlinie bedarf es an sich nicht, wenn das **127** innerstaatliche Recht bereits den aufgestellten Anforderungen der Richtlinie ent- spricht.[194] Dabei wird leicht übersehen, dass nahezu jede Richtlinie vom Mitglied- staat im nationalen Recht die konkrete Angabe verlangt, dass dieses die jeweilige Richtlinie „umsetze".

---

574 – Peter vs. HZA Regensburg; vgl. ferner Wolfgang Kahl, in: Christian Calliess/Matthias Ruffert (Hrsg.), Kommentar des Vertrages über die Europäische Union und des Vertrages zur Gründung der Europäischen Gemeinschaft. EUV/EGV, 3. Aufl., Neuwied 2007, Art. 10 EG Rn. 24 ff.; ebenso EuGH, Urteil vom 26.2.1976 – Rs. 52/75 – EuGHE 1976, 277 [284] Rn. 10 – Kommission vs. Italien – „Gemüse-Richtlinie".

191 Vgl. EuGH, Urteil vom 10.7.1990 – Rs. C-217/88 – EuGHE 1990 I-2879 [2880] Ls. 3 = DVBl. 1991, 37 = EuZW 1990, 384 = RIW 1990, 940 – Kommission vs. Deutschland; EuGH, Urteil vom 4.7.1996 – Rs. C-50/94 – EuGHE I-3331 [3368 f.] Rn. 39 f. – Griechenland vs. Kommission; EuGH, Urteil vom 8.3.2001 – Rs. C-316/99 – EuGHE 2001 I-2037 [2060] Rn. 9 = BayVBl 2001, 430 = LRE 40, 268 – Kommission vs. Deutschland.

192 Ausdrücklich EuGH, Urteil vom 5.5.1981 – Rs. 804/79 – EuGHE 1981, 1045 [1075] Rn. 31 = NJW 1983, 506 = RIW 1981, 622 – Kommission vs. Großbritannien (Seefischerei-Erhaltungsmaßnahmen).

193 Vgl. EuGH, Urteil vom 21.6.1973 – Rs. 79/72 – EuGHE 1973, 667 [671 f.] – Kommission vs. Italien – „Forstliches Vermehrungsgut".

194 So BGH, Urteil vom 5.2.1998 – I ZR 211/95 – BGHZ 138, 55 [61] = NJW 1998, 2208 (Tennisschlä- ger-Testpreis) zur Richtlinie 84/450/EWG des Rates vom 10. September 1984 zur Angleichung der Rechts- und Verwaltungsvorschriften der Mitgliedstaaten über irreführende Werbung (ABl. L 250 vom 19.9.1984, S. 17–20).

2. Innerstaatliche Pflicht zur Umsetzung

128 (1) Eine verfassungsrechtliche und damit innerstaatliche Pflicht zur Umsetzung von EG-Richtlinien gab es im Grundgesetz zunächst nicht. Teilweise wurde eine innerstaatliche Pflicht im Zustimmungsgesetz zum EG-Vertrag gesehen. Das Gesetz selbst enthält indes keine derartige Verpflichtung. Ein verfassungsrechtlicher Rang ist dem Gesetz trotz Art. 24 Abs. 1 GG nicht zuzuweisen.

129 Daher dürfte es mehr eine allgemeine politische Überzeugung gewesen sein, welche die Pflicht zur Umsetzung zugrunde legte. Die verfassungsrechtliche Lage hat sich seit 1992 mit Art. 23 Abs. 1 GG geändert. Nunmehr besteht für die Bundesrepublik Deutschland auch innerstaatlich eine Verpflichtung, bei der Verwirklichung eines vereinten Europas und bei der Entwicklung der Europäischen Union mitzuwirken. Die Pflicht zur Umsetzung einer Richtlinie ist damit zu einem verfassungsrechtlichen Gebot geworden.[195] Das bedeutet auch, dass das Unionsprinzip des Art. 23 Abs. 1 GG eine Entwicklung von einem ehemals dualistischen zu einem monistischen Rechtssystem fordert.[196] Eine unterlassene Umsetzung ist damit neben der Verletzung gemeinschaftsrechtlicher Bindungen gleichzeitig ein innerstaatlicher Verfassungsverstoß, der im Grundsatz justiziabel ist.

130 (2) Gerade für den Bereich des Umweltschutzschutzrechtes besitzt der Bund keine geschlossene Gesetzgebungskompetenz. Hier verlangt die gemeinschaftsrechtliche Pflicht zur loyalen Zusammenarbeit (Art. 10 Abs. 2 EG) vom Bund, rechtzeitig im Zusammenwirken mit den Ländern für eine Umsetzung der Richtlinie sowohl auf Bundes- als auch auf Landesebene zu sorgen. Das BVerfG hat bislang eine Abgrenzung der Umsetzungspflicht zwischen Bund und Ländern nicht erörtert.

131 (3) **Adressat der Umsetzungspflicht.** Adressat des Umsetzungsgebots sind in erster Linie die gesetzgebenden Körperschaften (vgl. auch Rn. 114 ff.).[197] Sie sind es indes nicht allein. Vielmehr obliegt es allen Trägern der öffentlichen Gewalt in den Mitgliedstaaten, die zur Erfüllung der Umsetzungsverpflichtung erforderlichen und möglichen Maßnahmen zu treffen (Art. 10 EG).

> **Beispiel:** Es steht jedem Mitgliedstaat frei, die Kompetenzen innerstaatlich so zu verteilen, wie er es für zweckmäßig hält, und eine Richtlinie mittels Maßnahmen durchzuführen, die von regionalen oder örtlichen Behörden getroffen werden. Diese Kompetenzverteilung entbindet den Mitgliedstaat jedoch nicht von der Verpflichtung, sicherzustellen, dass die Richtlinienbestimmungen uneingeschränkt und genau in innerstaatliches Recht umgesetzt werden.[198]

---

195 Vgl. Ingolf Pernice, in: Horst Dreier (Hrsg.), GG, 2. Aufl. 2006, Art. 23 Rn. 465; Rudolf Streinz, in: Michael Sachs (Hrsg.), GG, 4. Aufl. 2006, Art. 23 Rn. 10.

196 Ähnlich Udo di Fabio, Richtlinienkonformität als ranghöchstes Normauslegungsprinzip?, in: NJW 1990, 947–954 [949].

197 Vgl. Thomas von Danwitz, Die Nichtumsetzung von EG-Recht durch die Legislative, in: NWVBl 1997, 7–11.

198 EuGH, Urteil vom 28.2.1991 – Rs. C-131/88 – EuGHE 1991 I-825 [867] Rn. 7 = DVBl. 1991, 863 = NVwZ 1991, 973 = UPR 1992, 22 = EuZW 1991, 405 – Kommission vs. Deutschland (Richtlinie 80/68/EWG).

Berkemann

Dies gilt im Rahmen ihrer Zuständigkeit auch für die **Gerichte**. Diese haben das   **132** nationale Recht auf seine Vereinbarkeit zu prüfen und im Lichte des Wortlauts und des Zwecks der Richtlinie auszulegen.[199] Aus dieser Adressatenstellung folgt in aller Regel, dass sich der Einzelne grundsätzlich nicht auf den Regelungsgehalt einer Richtlinie berufen kann (vgl. Rn. 318 ff.). Dem Einzelnen soll damit ein klagefähiger Anspruch auf Umsetzung der Richtlinien nicht zugestanden werden. Das BVerfG hat jedenfalls eine entsprechende rügefähige Rechtsposition bislang nicht zuerkannt. Dies ist im Hinblick auf die zunehmende Bedeutung der Richtlinien einerseits und der beschränkten gemeinschaftsrechtlichen Rechtsschutzmöglichkeiten andererseits ein unbefriedigender Zustand.

3. Strikte Bindung an die Umsetzungsfrist

(1) Der innerstaatliche Rechtszustand, den die Richtlinie als Ziel vorgibt, muss mit   **133** Ablauf der Umsetzungsfrist eingetreten sein. Das Fristende bestimmt die Richtlinie selbst. Das bedeutet: Der Mitgliedstaat muss aus gemeinschaftsrechtlichen Gründen **rechtzeitig** diejenigen Maßnahmen ergreifen, um die festgelegte Frist auch einhalten zu können. Gegen dieses Gebot der auch „innerstaatlichen" Rechtzeitigkeit wird laufend verstoßen. Fehlerhaft ist jede Umsetzung, die nicht fristgemäß vorgenommen wurde. Das Fristversäumnis stellt eine Vertragsverletzung auch dann dar, wenn später die Umsetzung nachgeholt wurde.[200]

(2) Eine Missachtung der Umsetzungsfrist kann nicht damit gerechtfertigt werden,   **134** dass diese zu kurz bemessen war.[201] War die Frist tatsächlich in gemeinschaftswidriger Weise zu knapp bemessen, liegt ein Rechtsfehler vor (vgl. Rn. 84, 125). Der Mitgliedstaat kann dann im Verfahren der Nichtigkeitsklage den EuGH anrufen. Allerdings ist die Klagefrist auf zwei Monate nach Bekanntgabe der Richtlinie bemessen (vgl. Art. 230 Abs. 5 EG).

Treten erst im nach hinein Schwierigkeiten in der fristgerechten Umsetzung auf,   **135** wird der Mitgliedstaat auf eine Verlängerung der Umsetzungsfrist durch eine neue Entscheidung des Richtliniengebers hinwirken. Solange eine derartige Entscheidung nicht getroffen wurde, bindet die festgelegte Frist (vgl. Rn. 125). Ein auf Verlängerung der Frist gerichteter Antrag des Mitgliedstaates besitzt keine die Frist aufschiebende Wirkung.[202] Stellt sich heraus, dass die in der Richtlinie festgelegte

---

199 EuGH, Urteil vom 10.4.1984 – Rs. 14/83 – EuGHE 1984, 1891 = NJW 1984, 2021 [2022] = EuGRZ 1984, 217 = ZIP 1984, 1386 = NZA 1984, 157 – von Colson und Kamann vs. Land Nordrhein-Westfalen; EuGH, Urteil vom 18.12.1997 – Rs. C-129/96 – EuGHE 1997 I-7411 [7448] Rn. 40 = NVwZ 1998, 385 = EuZW 1998, 167 – Inter-Environment Wallonie vs. Région wallone.
200 Vgl. EuGH, Urteil vom 25.5.1982 – Rs. 97/81 – EuGHE 1982, 1819 [1834] Rn. 14 – Kommission vs. Niederlande; vgl. auch Schlussantrag des Generalanwalts Cosmas, in: Rs. C-94/95 und C-95/95 – EuGHE 1997 I-3969 [3983] Rn. 7 – Bonifaci u.a. und Berto u.a. vs. INPS.
201 EuGH, Urteil vom 1.10.1998 – Rs. C-71/97 – EuGHE 1998, I-5991 – Kommission vs. Spanien; ebenso zum Staatshaftungsrecht EuGH, Urteil vom 8.10.1996 – verb. Rs. C-178/94, C-179/94, C-188/94, C-189/94 und C-190/94 – EuGHE 1996, I-4845 [4886] Rn. 54 = DVBI. 1997, 111 = NJW 1996, 3141 = EuGRZ 1996, 450 = EuZW 1996, 654 = JZ 1997, 198 = BayVBl 1997, 464 – Dillenkofer vs. MP Travel – „Pauschalreiserichtlinie"; EuGH, Urteil vom 8.3.2001 – Rs. C-316/99 – EuGHE 2001 I-2037 = BayVBl 2001, 430 – Kommission vs. Deutschland, mit Bespr. Marten Breuer, Verstoß gegen Richtlinie, in: BayVBl 2001, 431–433.
202 EuGH, Urteil vom 12.2.1987 – Rs. 306/84 – EuGHE 1987, 675 – Kommission vs. Belgien.

Frist zur kurz ist, so kann der Mitgliedstaat daher nicht gleichsam zur Selbsthilfe schreiten. Er kann nur versuchen, den Richtliniengeber zu einer Änderung der Umsetzungsfrist zu veranlassen. Die zuständigen EG-Organe entsprechen in aller Regel einem „Antrag auf Verlängerung" allerdings nicht. Im Vordergrund steht für die Organe der EG der **einheitliche Vollzug** des Gemeinschaftsrechts.[203] Der EuGH betont diesen Gedanken immer erneut.[204] Dass die Gemeinschaftsorgane eine Richtlinie zu ändern beabsichtigen, befreit den Mitgliedstaat nicht von der Verpflichtung, der Richtlinie fristgerecht nachzukommen.[205] Hat der Mitgliedstaat eine Richtlinie beizeiten umgesetzt und wird alsdann deren Umsetzung durch eine abändernde Richtlinie verlängert, kann sich der einzelne grundsätzlich erst nach Ablauf der so verlängerten Frist auf den Inhalt der Richtlinie berufen.[206]

136 (3) Innerstaatliche Gründe – so verständlich sie vielleicht sein mögen – rechtfertigen grundsätzlich keine Nichterfüllung der Umsetzungspflicht. Ein Mitgliedstaat kann sich grundsätzlich nicht auf interne Umstände, wie etwa im Stadium der Durchführung auf auftretende Schwierigkeiten berufen, um daraus die Nichtbeachtung der Verpflichtungen und Fristen zu rechtfertigen, die sich aus Vorschriften der Richtlinie ergeben.[207] Er kann sich insbesondere nicht auf Bestimmungen, auf Übungen oder auf sonstige Umstände des innerstaatlichen Rechts berufen.[208]

---

203 EuGH, Urteil vom 22.9.1976 – Rs. 10/76 – EuGHE 1976, 1359 [1365] Rn. 11/12 – Kommission vs. Italien; vgl. auch Martin Nettesheim, Der Grundsatz der einheitlichen Wirksamkeit des Gemeinschaftsrechts, in: Albrecht Randelzhofer/Rupert Scholz/Dieter Wilke (Hrsg.), Gedächtnisschrift für Eberhard Grabitz, München 1995, S. 447–468.

204 Vgl. etwa EuGH, Urteil vom 21.6.1973 – Rs. 79/72 – EuGHE 1973, 667 [671 f.] Rn. 7 – Kommission vs. Italien; EuGH, Urteil vom 26.2.1976 – Rs. 52/75 – EuGHE 1976, 277 [284] Rn. 10 – Kommission vs. Italien – „Gemüse-Richtlinie".

205 EuGH, Urteil vom 15.7.2004 – Rs. C-420/03 – NuR 2004, 657 = EurUP 2004, 219 – Kommission vs. Deutschland zur Richtlinie 2001/18/EG; ähnlich bereits EuGH, Urteil vom 1.8.1995 – Rs. C-431/92 – EuGHE 1995 I-2189 = DVBl. 1996, 424 = NVwZ 1996, 369 = EuZW 1995, 743 = NuR 1996, 102 – Kommission vs. Deutschland zur Richtlinie 85/33/EWG (UVP-RL).

206 EuGH, Urteil vom 10.11.1992 – Rs. C-156/91 – EuGHE 1992 I-5567 [5595] Rn. 19 = DVBl. 1993, 307 = NJW 1993, 315 = EuZW 1993, 96 – Hansa Fleisch Ernst Mundt vs. Landrat des Kreises Schleswig-Flensburg.

207 Vgl. EuGH, Urteil vom 7.4.1992 – Rs. C-45/91 – EuGHE 1992 I-2509 – Kommission vs. Griechenland zur Richtlinie 75/442/EWG (Abfallbeseitigung).

208 EuGH, Urteil vom 26.2.1976 – Rs. 52/75 – EuGHE 1976, 277 [285] Rn. 14 – Kommission vs. Italien – „Gemüse-Richtlinie"; EuGH, Urteil vom 22.2.1979 – Rs. 163/78 – EuGHE 1979, 771 [774] – Kommission vs. Italien; EuGH, Urteil vom 14.12.1979 – Rs. 93/79 – EuGHE 1979, 3837 [3841] Rn. 5 – Kommission vs. Italien; EuGH, Urteil vom 6.5.1980 – Rs. 102/79 – EuGHE 1980, 1473 [1486] Rn. 10 f. = DVBl. 1981, 137 = RIW 1980, 646 – Kommission vs. Belgien; EuGH, Urteil vom 2.3.1982 – Rs. 94/81 – EuGHE 1982, 739 [744] – Kommission vs. Italien; EuGH, Urteil vom 25.5.1982 – Rs. 100/81 – EuGHE 1982, 1837 [1841] Rn. 3 ff. – Kommission vs. Niederlande; EuGH, Urteil vom 9.6. 1982 – Rs. 58/81 – EuGHE 1982, 2175 [2181] Rn. 4 – Kommission vs. Luxemburg; EuGH, Urteil vom 12.10.1982 – Rs.- 148/81 – EuGHE 1982, 3555 [3560] Rn. 3 – Kommission vs. Belgien; EuGH, Urteil vom 12.10.1982 – Rs. 149/81 – EuGHE 1982, 3565 [3570] Rn. 5 – Kommission vs. Luxemburg; EuGH, Urteil vom 12.10.1982 – Rs. 151/81 – EuGHE 1982, 3573 [3578] Rn. 4 – Kommission vs. Irland; EuGH, Urteil vom 15.12.1982 – 160/82 – EuGHE 1982, 4637 [4642] Rn. 4 – Kommission vs. Niederlande; EuGH, Urteil vom 1.3.1982 – Rs. 301/81 – EuGHE 1983, 467 [477] Rn. 6 – Kommission vs. Belgien; EuGH, Urteil vom 3.10.1984 – Rs. 254/83 – EuGHE 1984, 3395 [3399] Rn. 5 – Kommission vs. Italien; EuGH, Urteil vom 14.6.1990 – Rs. C-48/89 – EuGHE 1990 I-2425 – Kommission vs. Italien; EuGH, Urteil vom 7.5.1991 – Rs. C-246/88 – EuGHE 1991 I-2049 – Kommission vs. Italien; EuGH, Urteil vom 17.11.1992 – Rs. C-157/91 – EuGHE 1992 I-5899 = BB 1992, 2474 = RIW 1993, 162 – Kommission vs. Niederlande; EuGH, Urteil vom 12.12.1996 – Rs. C-297/95 –

Das gilt auch für die innerstaatlich aufgeteilten Gesetzgebungskompetenzen.[209] Eine vorzeitige Parlamentsauflösung – wie im Sommer 2005 in Deutschland hinsichtlich des Bundestages geschehen – ist daher kein gemeinschaftsrechtlich relevanter Grund, die Umsetzungsfrist verstreichen zu lassen.[210] Ist die Gesetzgebungskompetenz organschaftlich aufgeteilt, wie z. B. zwischen Bundestag und Bundesrat, hat jedes Organ sich gemeinschaftskonform in der Umsetzung der Richtlinie zu verhalten. Insoweit wird die verfassungsrechtlich vorgegebene Zustimmungsbedürftigkeit eines Bundesgesetzes durch die gemeinschaftsrechtliche Pflicht zur Umsetzung der Richtlinie europarechtlich überlagert.[211]

(4) Der Mitgliedstaat kann sich auch nicht darauf berufen, dass ein anderer Mitgliedstaat ebenfalls die Umsetzungsfrist nicht beachtet hat. Die Nichterfüllung eines anderen Mitgliedstaates rechtfertigt nicht die Nichterfüllung der eigenen Umsetzungsverpflichtung.[212] Der Mitgliedstaat kann auch nicht geltend machen, die fehlende innerstaatliche Umsetzung habe keinen nachteiligen Einfluss auf das Funktionieren des Gemeinsamen Marktes gehabt.[213] Der Einwand, sollte er berechtigt sein, richtet sich gegen die Rechtmäßigkeit der Richtlinie im Sinne der Erforderlichkeit als solche. Die Richtlinie ist auch dann zu befolgen, wenn der Erlass einer neuen, auch abändernden Richtlinie bevorsteht.[214] **137**

4. Vorwirkung der Richtlinie

Lit.: Volkmar Götz, Europäische Gesetzgebung durch Richtlinien – Zusammenwirken von Gemeinschaft und Staat, in: NJW 1992, 1849- 1856; Martin Gellermann, Beeinflussung des bundesdeutschen Rechts durch Richtlinien der EG, dargestellt am Beispiel des europäischen Umweltrechts, Köln u. a. 1994; Stefan Leible/Olaf Sosnitza, Richtlinienkonforme Auslegung

---

EuGHE 1996 I-6739 = NVwZ 1997, 370 = ZfW 1998, 291 – Kommission vs. Deutschland zur Abwasserrichtlinie 91/271/EWG; EuGH, Urteil vom 2.5.1996 – Rs. C-253/95 – EuGHE I-2423 = NVwZ 1996, 991 = EuZW 1996, 575 = NuR 1998, 87 = ZVgR 1997, 1 – Kommission vs. Deutschland; EuGH, Urteil vom 21.1.1999 – Rs. C-150/97 – EuGHE 1999 I-259 = EWS 1999, 107 – Kommission vs. Portugal zur Richtlinie 85/337EWG; EuGH, Urteil vom 18.3.1999 – Rs. C-166/97 – EuGHE 1999 I-1719 = NuR 1999, 501 = ZUR 1999, 148 – Kommission vs. Frankreich zur Vogelschutz-RL 409/79/EWG, mit Bespr. Christian A. Maaß, Zur Ausweisung von Vogelschutzgebieten und zu den Anforderungen an die Schutzmaßnahmen, in: ZUR 1999, 150–153; EuGH, Urteil vom 21.1.1999 – Rs. C-347/97 – EuGHE 1999 I-309 – Kommission vs. Belgien zur Richtlinie 91/157/EWG (Batterie-Richtlinie).

209 EuGH, Urteil vom 13.12.1991 – Rs. 33/90 – EuGHE 1991 I-5987 [6008] Rn. 24 – Kommission vs. Italien.

210 Hans- Joachim Schütz/Thomas Bruha/Doris König, Casebook Europarecht, München, 2004, S. 130.

211 Die Entstehungsgeschichte des Gesetzes zur Umsetzung der EG-Richtlinie über die Bewertung und Bekämpfung von Umgebungslärm vom 24. Juni 2005 (BGBl. I S. 1794) ist hierfür im negativen Sinne exemplarisch, zur langwierigen Entstehungsgeschichte des Gesetzes vgl. u. a. Ursula Philipp-Gerlach/Joy Hensel, Der Gesetzesentwurf der Bundesregierung zur Umsetzung der EG-Richtlinie über die Bewertung und Bekämpfung von Umgebungslärm, in: ZUR 2004, 329–334; Ulrich Repkewitz, Probleme der Umsetzung der Umgebungslärmrichtlinie, in: VBlBW 2006, 409–417. Die politisch bedingte Haltung des Bundesrates nahm Züge der Obstruktion an.

212 EuGH, Urteil vom 26.2.1976 – Rs. 52/75 – EuGHE 1976, 277 [284f.] Rn. 11ff. – Kommission vs. Italien – „Gemüse-Richtlinie".

213 EuGH, Urteil vom 11.4.1978 – Rs. 95/77 – EuGHE 1978, 863 [871] Rn. 12f. – Kommission vs. Niederlande – „Meßgeräte".

214 EuGH, Urteil vom 19.3.1991 – Rs. C-310/89 – EuGHE 1991 I-1381 = ZfRV 1992, 60 (L) – Kommission vs. Niederlande; vgl. ferner Martin Nettesheim, in: Eberhard Grabitz/Meinhard Hilf (Hrsg.), Das Recht der Europäischen Union [Stand: Aug. 2002], Art. 249 Rn. 135 a.E.

Berkemann

vor Ablauf der Umsetzungsfrist und vergleichende Werbung, in: NJW 1998, 2507–2509; Rolf Sack, Die Berücksichtigung der Richtlinie 97/55/EG über irreführende und vergleichende Werbung bei der Anwendung der §§ 1 und 3 UWG, in: WRP 1998, 241–244; Wolfgang Weiß, Zur Wirkung von Richtlinien vor Ablauf der Umsetzungsfrist, in: DVBl. 1998, 568–575; Ulrich Ehricke, Die Richtlinienkonforme Auslegung nationalen Rechts vor Ende der Umsetzungsfrist einer Richtlinie, in: EuZW 1999, 553–559.

Ulrich Ehricke, Vorwirkungen von EU-Richtlinien auf nationale Gesetzgebungsvorhaben, in: ZIP 2001, 1311–1317; Utz Schliesky, Die Vorwirkung von gemeinschaftsrechtlichen Richtlinien, in: DVBl. 2003, 631–641; Ferry Bühring/Andrej Lang, Vorwirkung von EG-Richtlinien gegenüber staatlich kontrollierten Unternehmen des Privatrechts, in: ZEuP 2005, 88–104; Andreas Fisahn/Tobias Mushoff, Vorwirkung und unmittelbare Wirkung Europäischer Richtlinien, in: EuR 2005, 222–230; Oliver Gänswein, Die richtlinienkonforme Auslegung vor Ablauf der Umsetzungsfrist (Rs. C-212/04 – Adeneler), in: ELR 2006, 438–442; Jürgen Kühling, Vorwirkungen von EG-Richtlinien bei der Anwendung nationalen Rechts – Interpretationsfreiheit für Judikative und Exekutive?, in: DVBl. 2006, 857–866; Martin Franzen, Zum maßgeblichen Zeitpunkt für den Beginn der Pflicht zur richtlinienkonformen Auslegung bei verspäteter Richtlinienumsetzung, in: JZ 2007, 191–194.

138 (1) Der Mitgliedstaat ist grundsätzlich nicht verpflichtet, Maßnahmen zur Umsetzung der Richtlinie bereits **vor Ablauf der Umsetzungsfrist** zu ergreifen.[215] Gleichwohl darf er sich nicht so verhalten, als sei die Richtlinie noch nicht vorhanden. Diese ist mit ihrem Erlass bereits Bestandteil des geltenden Gemeinschaftsrechts. Diese Pflicht zur Beachtung erstreckt sich nicht nur auf die mitgliedstaatliche Gesetzgebung, sondern ebenfalls auf den Verwaltungsvollzug.[216]

139 Aus dieser Pflichtenstellung hat der EuGH in Anwendung des gemeinschaftsrechtlichen Loyalitätsgebotes konkretisierend die mitgliedstaatliche Rechtspflicht entwickelt, dass der Mitgliedstaat **vor Ablauf** der Umsetzungsfrist den Erlass von Vorschriften zu unterlassen habe, die geeignet seien, das in der Richtlinie vorgeschriebene Ziel ernstlich in Frage zu stellen (sog. **Frustrationsverbot**).[217] Auch die Gerichte der Mitgliedstaaten müssen ab dem Zeitpunkt des Inkrafttretens einer Richtlinie es so weit wie möglich unterlassen, das innerstaatliche Recht auf eine Weise auszulegen, die die Erreichung des mit dieser Richtlinie verfolgten Zieles nach Ablauf der Umsetzungsfrist ernsthaft gefährden würde.[218]

---

215 EuGH, Urteil vom 18.12.1997 – Rs. C-129/96 – EuGHE 1997 I-7411 [7448] Rn. 45 = NVwZ 1998, 385 = EuZW 1998, 167 – Inter-Environment Wallonie vs. Région wallone.

216 Zum Verwaltungsvollzug vgl. EuGH, Urteil vom 29.4.1999 – Rs. C-224/97 – EuGHE 1999 I-2517 – NJW 1999, 2355 = EuZW 1999, 405 = EuGRZ 1999, 326 = EWS 1999, 307 = EuR 1999, 776 – Erich Ciola vs. Land Vorarlberg – „Ciola" (für Verwaltungsakte), vgl. Bespr. Jörg Gundel, in: EuR 1999, 781–788; BVerwG, Urteil vom 19.5.1998 – 4 A 9.97 – BVerwGE 107, 1 = DVBl. 1998, 900 = NVwZ 1998, 961 = UPR 1998, 384 (für Planfeststellungsbeschlüsse).

217 EuGH, Urteil vom 18.12.1997 – Rs. C-129/96 – EuGHE 1997 I-7411 [7448] Rn. 45 = NVwZ 1998, 385 = EuZW 1998, 167 – Inter-Environment Wallonie vs. Région wallone, mit Bespr. von Wolfgang Weiß, Zur Wirkung von Richtlinien vor Ablauf der Umsetzungsfrist, in: DVBl. 1998, 568–575; (krit.) Ulrich M. Gassner, Abfallbegriff und Umsetzungspflicht in: NVwZ 1998, 1148–1151; EuGH, Urteil vom 8.5.2003 – Rs. C-14/02 – EuGHE 2003 I-4431 [4478] Rn. 58 = EWS 2003, 374 = EuLF 2003, 131 – ATRAL SA vs. Belgien (zu den Richtlinien 23/73/EWG, 336/89/EWG und 5/99/EG – Inverkehrbringen von Alarmsystemen); ferner Thomas Oppermann, Europarecht, 3. Aufl. 2005, Rn. 91.

218 EuGH, Urteil vom 4.7.2006 – Rs. C-212/04 – EuGHE 2006 I-6057 = DVBl. 2006, 1234 = NJW 2006, 2465 = EuZW 2006, 730 = ZIP 2006, 2141 = JZ 2007, 187 – Konstantinos Adeneler u.a. vs. Elliniko Organismos Galaktos (ELOG) – „Adeneler".

Diese als rechtserheblich angesehene **Vorwirkung der Richtlinie im engeren** 140
Sinne soll erreichen, dass der Mitgliedstaat „vollendete Tatsachen" schafft und so
die gedachte Effektivität der Richtlinie mindert.[219] Die Vorwirkung wird hier durch
das Gebot der **gemeinschafsrechtlichen Loyalität** begründet.[220] In diesem Sinne kann den Mitgliedstaat eine „vorgezogene" Verhaltenspflicht treffen, die man
auch als Pflicht zur Vermeidung von Widersprüchen mit den Zielsetzungen der
Richtlinie oder als Pflicht zum „**Stillhalten**" als gemeinschaftsrechtliche Vorwirkung
verstehen kann.[221]

(2) Die genaue Reichweite und Intensität dieser Vorwirkung ist umstritten. Zumeist 141
wird dazu gefordert, dass das Verhalten des Mitgliedstaates die Umsetzung des
Richtlinienziels ernstlich in Frage stellt. Fraudulöses Verhalten wird dazu nicht
vorausgesetzt. Das gilt etwa für die Frage, ob bereits **vor Ablauf der Umsetzungsfrist** Anlass zu einer **richtlinienkonformen Auslegung** besteht.[222] Der **BGH**
(1998) postuliert zwar eine derartige Pflicht nicht, bejaht jedoch insoweit die (innerstaatliche) Befugnis zur richtlinienkonformen Auslegung.[223] Lasse sich Richtlinienkonformität mittels einfacher Auslegung im nationalen Recht herstellen, so sei
der Richter nach deutschem Rechtsverständnis jedenfalls befugt, sein bisheriges
Auslegungsergebnis zu korrigieren und den geänderten rechtlichen und tatsächlichen Verhältnissen Rechnung zu tragen. Daher sieht sich der BGH an einer (**an-
tizipierenden**) richtlinienkonformen Auslegung nicht dadurch gehindert, dass die
Frist für die Umsetzung der Richtlinie noch nicht abgelaufen sei.[224] Dagegen hat
der **VGH Mannheim** (2005) eine gebotene richtlinienkonforme Auslegung vor Ab-

219 Ebenso BVerwG, Urteil vom 19.5.1998 – 4 A 9.97 – BVerwGE 107, 1 = DVBl. 1998, 900 = NVwZ
    1998, 961 = UPR 1998, 384; vgl. auch Utz Schliesky, Die Vorwirkung gemeinschaftsrechtlicher Richt-
    linien. Ein Beitrag zu Geltung und Vorrang des sekundären Gemeinschaftsrechts am Beispiel des
    Wirtschafts- und Umweltrechts, in: DVBl. 2003, 631–641.
220 EuGH, Urteil vom 18.12.1997 – Rs. C-129/96 – EuGHE 1997 I-7411 [7448] Rn. 45 = NVwZ 1998,
    385 = ZUR 1998, 26 = EuZW 1998, 167 [170] = DVBl. 1998, 600 [L] – Inter-Environnement Wallonie
    vs. Région wallone; EuGH, Urteil vom 12.7.1990 – Rs. C-188/89 – EuGHE 1990 I-3313 = NJW 1991,
    3086 = EuZW 1990, 424 = JZ 1992, 56 – A. Forster u. a. vs. British Gas PLC.
221 So BVerwG, Urteil vom 19.5.1998 – 4 A 9.97 – BVerwGE 107, 1 = DVBl. 1998, 900 = NVwZ 1998,
    961 = UPR 1998, 384 = ZfBR 1998, 318 = NuR 1998, 544 – Ostsee-Autobahn I.
222 Vgl. Stefan Leible/Olaf Sosnitza, Richtlinienkonforme Auslegung vor Ablauf der Umsetzungsfrist und
    vergleichende Werbung, in: NJW 1998, 2507–2509; Ulrich Ehricke, Die richtlinienkonforme Ausle-
    gung nationalen Rechts vor Ende der Umsetzungsfrist einer Richtlinie, in: EuZW 1999, 553–559;
    Rolf Sack, Die Berücksichtigung der Richtlinie 97/55/EG über irreführende und vergleichende Wer-
    bung bei der Anwendung der §§ 1 und 3 UWG, in: WRP 1998, 241–244; Matthias Ruffert, in: Chris-
    tian Calliess/Matthias Ruffert (Hrsg.), Kommentar des Vertrages über die Europäische Union und
    Vertrages zur Gründung der Europäischen Gemeinschaft. EUV/EGV, 3. Aufl., Neuwied 2007, Art. 249
    EG Rn. 115 ff.
223 BGH, Urteil vom 5.2.1998 – I ZR 211/95 – BGHZ 138, 55 [61 f.] = NJW 1998, 2208 = EuZW 1999,
    474 zur Richtlinie 97/55/EG des Europäischen Parlaments und des Rates EG-Richtlinie zur Ände-
    rung der Richtlinie 94/450/EWG über irreführende Werbung zwecks Einbeziehung der vergleichen-
    den Werbung (ABl. Nr. L 290 vom 23.10.1997, S. 18).
224 BGH, Urteil vom 5.2.1998 – I ZR 211/95 – BGHZ 138, 55 [61 f.] = NJW 1998, 2208 unter Bezug-
    nahme auf Marcus Lutter, Die Auslegung angeglichenen Rechts, in: JZ 1992, 593- 607 [605]; vgl.
    ferner Wulf-Henning Roth, „Video"-Nachlese oder das (immer noch) vergessene Gemeinschafts-
    recht, in: ZIP 1992, 1054–1057 [1056 f.]; Rolf Sack, Die Berücksichtigung der Richtlinie 97/55/EG
    über irreführende und vergleichende Werbung bei der Anwendung der §§ 1 und 3 UWG, in: WRP
    1998, 241–244 [242 ff.]; eher verneinend Rudolf Streinz, Europarecht, 7. Aufl. 2005 Rn. 458.

lauf der Umsetzungsfrist der Asylrechts-RL 2004/83/EG, einer sog. Qualifikations-richtlinie, verneint.[225] Eine gesicherte einheitliche Auffassung der deutschen Gerichte hat sich danach offenbar noch nicht gebildet.[226] Inzwischen hat der **EuGH** die „Vorwirkungspflicht" einer Richtlinie ausdrücklich bejaht.[227]

142 (3) Das **BVerwG** hat zunächst eine Vorwirkung aus Gründen der Rechtssicherheit verneint. Der Regelungsgehalt der Richtlinie werde auch dann nicht verbindlich, wenn bereits abzusehen sei, dass der Gesetzgeber innerhalb der Frist eine Umsetzung nicht vornehmen und der Richtlinie entsprechend der Rechtsprechung des EuGH innerstaatliche Rechtsverbindlichkeit nach Ablauf der Umsetzungsfrist zukommen werde.[228] Seit 1998 betont das Gericht eine **echte Vorwirkung** für die FFH-RL 92/43/EWG.[229] Diese Vorwirkung kann hinsichtlich der Beeinträchtigung sog. potenzieller FFH-Gebiete durch Straßenbauvorhaben unterschiedliche Rechtspflichten auslösen.[230] Die Besonderheit dieser Rechtsprechung liegt allerdings in dem von der Richtlinie selbst angeordneten phasenbezogenen Ablauf der Umsetzung begründet. Tragende Erwägung ist allerdings auch hier, dass durch ein Verhalten des Mitgliedstaates die Ziele der Richtlinie nach Ablauf der Umsetzungsfrist nicht mehr erreicht werden können.[231]

Beispiel: Aus dem Gemeinschaftsrecht folgt die Pflicht eines Mitgliedstaates der EG, vor Ablauf der Umsetzungsfrist einer EG-Richtlinie die Ziele der Richtlinie nicht zu unter-

---

225 VGH Mannheim, Beschluss vom 12.5.2005 – A 3 S 358/05 – NVwZ 2005, 1098. Die Umsetzungs-frist endete am 10.10.2006.

226 Vgl. Doris Koller, Die Bedeutung von EG-Richtlinien im Zeitraum vor Ablauf der Umsetzungsfrist. Wirkungen für die nationale Rechtsordnung, Aachen 2003, S. 61 ff.; Jürgen Kühling, Vorwirkungen von EG-Richtlinien bei der Anwendung nationalen Rechts – Interpretationsfreiheit für Judikative und Exekutive?, in: DVBl. 2006, 857–866.

227 EuGH, Urteil vom 22.11.2005 – Rs. C-144/04 – EuGHE 2005 I-9981 = DVBl. 2006, 107 = NJW 2005, 3695 = EWS 2005, 571 = EuZW 2006, 17 – Werner Mangold vs. Rüdiger Helm – „Mangold", krit. Bespr. Kay Hailbronner, Hat der EuGH eine Normverwerfungskompetenz?, in: NZA 2006, 811–816.

228 BVerwG, Beschluss vom 5.6.1992 – 4 NB 21.92 – NVwZ 1992, 1093 = UPR 1992, 348 = ZfBR 1992, 235 = NuR 1992, 468 = BRS 54 Nr. 14 (zur Richtlinie 85/337/EWG).

229 BVerwG, Urteil vom 22.1.2004 – 4 A 4.03 – DVBl. 2004, 655 = NVwZ 2004, 861 = UPR 2004, 266 = BauR 2004, 964; BVerwG, Urteil vom 27.10.2000 – 4 A 18.99 – BVerwGE 112, 140 = DVBl. 2001, 386 = NVwZ 2001, 673 = DÖV 2001, 687 = UPR 2001, 144 = BauR 2001, 591 = BRS 63 Nr. 223 (2000); BVerwG, Urteil vom 27.1.2000- 4 C 2.99 – BVerwGE 110, 302 = DVBl. 2000, 814 = NVwZ 2000, 1171 = DÖV 2000, 687 = UPR 2000, 230 = BauR 2000, 1147 = BRS 63 Nr. 222 (2000); BVerwG, Urteil vom 19.5.1998 – 4 A 9.97 – BVerwGE 107, 1 = DVBl. 1998, 900 = NVwZ 1998, 961 = UPR 1998, 384 = ZfBR 1998, 318. Kritisch gegen den vom BVerwG benutzten Begriff der „Vorwirkung" Utz Schliesky, Die Vorwirkung gemeinschaftsrechtlicher Richtlinien. Ein Beitrag zur Geltung und Vorrang des sekundären Gemeinschaftsrechts am Beispiel des Wirtschafts- und Umweltrechts, in: DVBl. 2003, 631–641 [604]; ebenso Jürgen Kühling, Vorwirkungen von EG-Richtlinien bei der Anwendung nationalen Rechts – Interpretationsfreiheit für Judikative und Exekutive?, in: DVBl. 2006, 857–866 [860]. Die Kritiker übersehen die innere Mechanik des Art. 4 Abs. 5 FFH-RL 92/43/EWG. Danach ist die Schutzwirkung der Richtlinie durch ein Meldeverfahren verschoben und wird erst nach Ablauf der Umsetzungsfrist ausgelöst.

230 BVerwG, Urteil vom 17.5.2002 – 4 A 28.01 – BVerwGE 116, 254 = DVBl. 2002, 1486 = NVwZ 2002, 1243 = UPR 2002, 448 = NuR 2002, 739; BVerwG, Beschluss vom 5.3.2003 – 4 B 70.02 – NuR 2004, 520.

231 Vgl. BVerwG, Urteil vom 17.10.1996 – 5 C 9.95 – BVerwGE 102, 140 = NVwZ 1998, 287; VGH Mannheim, Beschluss vom 12.5.2005 – A 3 S 358/05 – DVBl. 2005, 1219 = NVwZ 2005, 1098 = DÖV 2005, 747; Doris Koller, Die Bedeutung von EG-Richtlinien im Zeitraum vor Ablauf der Umsetzungsfrist, Aachen 2003, S. 142 ff.

laufen und durch eigenes Verhalten keine gleichsam vollendeten Tatsachen zu schaffen, welche später die Erfüllung der aus der Beachtung der Richtlinie erwachsenen Vertragspflichten nicht mehr möglich machen würde (Pflicht zum „Stillhalten"). Danach kommt die rechtliche Möglichkeit eines sog. **potentiellen FFH-Gebietes** in Betracht, „wenn für ein Gebiet die sachlichen Kriterien nach Art. 4 Abs. 1 FFH-RL erfüllt sind, die Aufnahme in ein kohärentes Netz mit anderen Gebieten sich aufdrängt und der Mitgliedstaat der EG die FFH-RL noch nicht vollständig umgesetzt hat".[232]

Beispiel: Das Schutzregime in einem potentiellen FFH-Gebiet wird grundsätzlich nicht durch Art. 6 FFH-RL, sondern durch die gemeinschaftsrechtlichen Vorwirkungen bestimmt, durch die verhindert wird, dass Gebiete, deren Schutzwürdigkeit nach der FFH-Richtlinie auf der Hand liegt, zerstört oder so nachhaltig beeinträchtigt werden, dass sie für eine Meldung nicht mehr in Betracht kommen.[233]

(4) Der **EuGH** scheint in der Frage der richtlinienbezogenen Anwendung vor Ablauf der Umsetzungsfrist bislang noch keine wirklich klare Auffassung gewonnen zu haben.[234] Verneint wird die Möglichkeit, bereits vor Ablauf der Umsetzungsfrist nationale Vorschriften wegen inhaltlichen Widerspruchs zur Richtlinie für unanwendbar anzusehen.[235] Dem Mitgliedstaat soll gerade während der Umsetzungsfrist eine „Überlegungsfrist" eingeräumt werden.[236] **143**

Es spricht allerdings vieles dafür, jedenfalls eine **richtlinienkonforme Auslegung** bereits vor Ablauf der Umsetzungsfrist für geboten anzusehen.[237] Einige Entscheidungen des EuGH zielen deutlich in dieser Richtung, ohne dass aus ihnen **144**

---

232 BVerwG, Urteil vom 19.5.1998 – 4 A 9.97 – BVerwGE 107, 1 Ls. 7 = DVBl. 1998, 900 = NVwZ 1998, 961 = UPR 1998, 384 = ZfBR 1998, 318 = NuR 1998, 544, mit krit. Bespr. Stefan Stüber, Gibt es „potentielle Schutzgebiete" im Sinne der FFH-Richtlinie?, in: NuR 1998, 531–534; Wolfgang Zeichner, FFH und Planung von Verkehrsstrassen – Beispiel A 20 (Wakenitzniederung), in: NVwZ 1999, 32–35; Hans-Werner Rengeling, Umsetzungsdefizite der FFH-Richtlinie in Deutschland?, in: UPR 1999, 281–287; vgl. ferner Andreas Fisahn/Tobias Mushoff, Vorwirkung und unmittelbare Wirkung Europäisches Richtlinien, in: EuR 2005, 222–230 [228 f.].
233 BVerwG, Urteil vom 27.10.2000 – 4 A 18.99 – BVerwGE 112, 140 [156 f.] = DVBl. 2001, 386 = NVwZ 2001, 673 = DÖV 2001, 687 = UPR 2001, 144 = NuR 2001, 216 = BauR 2001, 591 = BRS 63 Nr. 223 (2000), mit Bespr. Florian Kirchhof, Welches Schutzregime gilt in potenziellen FFH-Gebieten?, in: NuR 2001, 666–670.
234 So Hans-Joachim Schütz/Thomas Bruha/Doris König, Casebook Europarecht, München, 2004, S. 131 f. unter Bezugnahme auf EuGH, Urteil vom 8.10.1987 – Rs. 80/86 – EuGHE 1987, 3969 [3986 f.] Rn. 11 ff. = EuR 1988, 391 – Strafverfahren gegen Kolpinguis Nijmegen, ferner mit ähnlichem Befund Jürgen Kühling, Vorwirkungen von EG-Richtlinien bei der Anwendung nationalen Rechts – Interpretationsfreiheit für Judikative und Exekutive?, in: DVBl. 2006, 857–866 [860]; vgl. allerdings mit anderer Tendenz EuGH, Urteil vom 5.4.1979 – Rs. 148/78 – EuGHE 1979, 1629 [1645] Rn. 43 f. = NJW 1979, 1764 = RIW 1979, 698 – Strafverfahren Tullio Ratti – „Ratti", mit Bespr. Gert Meier, Zur unmittelbaren Anwendbarkeit von Harmonisierungsrichtlinien der Europäischen Gemeinschaft, in: ZLR 1980, 475–481.
235 EuGH, Urteil vom 5.2.2004 – Rs. C-157/02 – EuGHE 2004 I-1477 [1538 f.] Rn. 67 = EuZW 2004, 279 – Rieser Internationale Transporte GmbH vs. Autobahnen- und Schnellstraßen-Finanzierungs-AG (Asfinag).
236 Vgl. EuGH, Urteil vom 15.7.2004 – Rs. C-443/02 – EuGHE 2004 I-7275 = EuZW 2004, 601 = EuLF 2004, 245 – Nicolas Schreiber; vgl. dazu Bernd Walter, Die Richtlinie als Baustelle – Folgen einer „unvollendeten" Richtlinie (RS C-443/02 Schreiber / RL 98/8 Biozidprodukte). in: ELR 2004, 362 ff. [365].
237 Wie hier Rolf Sack, Die Berücksichtigung der Richtlinie 97/55/EG über irreführende und vergleichende Werbung bei der Anwendung der §§ 1 und 3 UWG, in: WRP 1998, 241–244 [242 ff.].

allerdings eine gesicherte Judikatur entnommen werden kann.[238] Art. 249 Abs. 3 EG räumt zwar den Mitgliedstaaten bei der Umsetzung von Richtlinien ein Ermessen ein. Dieses muss ohne Frage in erster Linie vom Gesetzgeber ausgeübt werden. Die insoweit subsidiäre Verpflichtung der Gerichte zur richtlinienkonformen Auslegung der innerstaatlichen Gesetze müsste danach erst dann einsetzen, wenn der Gesetzgeber bis zum Ablauf der Umsetzungsfrist nicht tätig geworden ist. Indes kann sich der umsetzende Gesetzgeber ohnedies nicht dem Richtlinienziel entziehen. Auch die noch nicht umgesetzte Richtlinie ist geltendes, publiziertes Gemeinschaftsrecht. Daher sprechen die besseren Gründe dafür, dass das primärrechtliche Frustrationsverbot des Art. 10 Abs. 2 EG zur „vorwirkenden" richtlinienkonformen Auslegung zwingt.[239]

145 Die Berücksichtigung der Richtlinie vor Ablauf der Umsetzungsfrist bedingt allerdings, dass der Richtlinieninhalt hinreichend aussagefähig und bestimmt ist. Nur unter dieser Voraussetzung kann ohnehin die Richtlinie gegenüber dem nationalen Recht ihre steuernde Normativität entfalten. Dieses Kriterium ist aber nicht von der Frage abhängig, ob man diese vor oder nach Ablauf der Umsetzungsfrist stellt. Erwägenswert ist vielmehr das Bedenken, eine richtlinienkonforme Auslegung der nationalen Gesetze vor Ablauf der Umsetzungsfrist greife in die Kompetenzen des Gesetzgebers ein.[240] Ein Mitgliedstaat darf in keinem Falle die Ziele einer Richtlinie unterlaufen und durch eigenes Verhalten gleichsam vollendete Tatsachen schaffen, welche später die Erfüllung der aus der Beachtung der Richtlinie erwachsenen Verpflichtungen nicht mehr möglich machen würden.[241]

---

238 Vgl. EuGH, Urteil vom 18.12.1997 – Rs. C-129/96 – EuGHE 1997 I-7411 [7448f.] Rn. 45f. = NVwZ 1998, 385 = EuZW 1998, 167 = EWS 1998, 67 = ZUR 1998, 26 = LRE 35, 13 – Inter-Environnement Wallonie vs. Région wallone; ebenso EuGH, EuGH, Urteil vom 8.5.2003 – Rs. C-14/02 – EuGHE 2003 I-4431 [4478] Rn. 58 = EWS 2003, 374 = EuLF 2003, 131 – ATRAL SA vs. Belgien (zu den Richtlinien 23/73/EWG, 336/89/EWG und 5/99/EG (Inverkehrbringen von Alarmsystemen); deutlicher EuGH vom 22.11.2005 – Rs. C-144/04 – EuGHE 2005 I-9981 = DVBl. 2006, 107 = NJW 2005, 3695 = EWS 2005, 571 = RIW 2006, 52 = DB 2005, 2638 – Werner Mangold vs. Rüdiger Helm (zur Richtlinie 78/2000/EG zur Befristung von Arbeitsverträgen); vgl. dazu das (deutsche) Gesetz über Teilzeitarbeit und befristete Arbeitsverträge und zur Änderung und Aufhebung arbeitsrechtlicher Bestimmungen vom 21.12.2000 (BGBl. I S. 1966). Vgl. die Nachfolgeentscheidung BAG, Urteil vom 26.4.2006 – 7 AZR 500/04 – NZA 2006, 1162: „Hat der Europäische Gerichtshof in einer die Unanwendbarkeit einer nationalen Norm aussprechenden Entscheidung die zeitliche Wirkung des Unanwendbarkeitsausspruchs nicht eingeschränkt, dürfen die nationalen Gerichte die mit Gemeinschaftsrecht unvereinbare nationale Norm nicht zu Gunsten der auf ihre Gültigkeit vertrauenden Arbeitsvertragspartei anwenden."

239 Vgl. Doris Koller, Die Bedeutung von EG-Richtlinien im Zeitraum vor Ablauf der Umsetzungsfrist. Wirkungen für die nationale Rechtsordnung, Aachen 2003, S. 47f.; Jürgen Kühling, Vorwirkungen von EG-Richtlinien bei der Anwendung nationalen Rechts – Interpretationsfreiheit für Judikative und Exekutive?, in: DVBl. 2006, 857–866 [859]; Andreas Fisahn/Tobias Mushoff, Vorwirkung und unmittelbare Wirkung Europäischer Richtlinien, in: EuR 2005, 222–230 [225f.].

240 So etwa Winfried Brechmann, Die richtlinienkonforme Auslegung. Zugleich ein Beitrag zur Dogmatik der EG-Richtlinie, München 1994; S. 265; Ulrich Ehricke, Die richtlinienkonforme und die gemeinschaftsrechtskonforme Auslegung nationalen Rechts, in: RabelsZ 59 (1995), 598–644 [621]; Volkmar Götz, Europäische Gesetzgebung durch Richtlinien – Zusammenwirken von Gemeinschaft und Staat?, in: NJW 1992, 1849- 1856 [1854].

241 Vgl. EuGH, Urteil vom 18.12.1997 – Rs. C-129/96 – EuGHE 1997 I-7411 [74489] Rn. 45 = NVwZ 1998, 385 = ZUR 1998, 26 = EuZW 1998, 167 [170] = DVBl. 1998, 600 [L] – Inter-Environnement Wallonie vs. Région wallone, dort auch zum sog. Frustrationsverbot, vgl. die Anm. Wolfgang Weiß,

Berkemann

(5) Als **Vorwirkung im weiteren Sinne** wird der Zustand bezeichnet, der nach **146** erfolglosem Ablauf der Umsetzungsfrist entstehen kann. Das BVerwG hat beispielsweise im Anschluss an die Rechtsprechung des EuGH entschieden, dass die FFH-RL 92/43/EWG vor verspäteter Umsetzung für die Planfeststellung bestimmte Vorwirkungen entfaltet. Dazu gehöre insbesondere das aus dem Gemeinschaftsrecht folgende Verbot, die Ziele der FFH-Richtlinie zu unterlaufen und vollendete Tatsachen zu schaffen, die geeignet sind, die Erfüllung der vertraglichen Pflichten unmöglich zu machen (vgl. Rn. 342).[242]

V. Herzustellender innerstaatlicher Rechtszustand

Lit.: Albrecht Weber. Zur Umsetzung von EG-Richtlinien im Umweltrecht. Zugleich eine Anmerkung zu den Urteilen des EuGH vom 30.5.1991 (TA Luft) und vom 28.2.1991 (Grundwasser), in: UPR 1992, 5–9; Matthias Habersack/Christian Mayer, Die überschießende Umsetzung von Richtlinien – Normauslegung und Rechtsweg im Grenzbereich zwischen deutschem und europäischem Privatrecht, in: JZ 1999, 913–921.

1. Vollständigkeit – Bestimmtheit – Unbedingtheit der innerstaatlichen Rechtslage

Der Mitgliedstaat hat mittels innerstaatlicher Durchführungsmaßnahmen für eine **147** Umsetzung der Richtlinie zu sorgen. Diese Pflicht enthält Umsetzungspflichten im engeren Sinne, Pflichten zur Kooperation, Mitteilungspflichten und Sanktionspflichten.[243] Ob der nationale Normgeber zum Zwecke wirksamer Umsetzung einen „Umsetzungswillen" haben muss, ist bislang nicht geklärt.[244]

1.1 Grundsatz der Vollständigkeit der Umsetzung

(1) Der Inhalt der Richtlinie ist in innerstaatliches Recht vollständig umzusetzen.[245] **148** Maßgebend ist die jeweilige Zielvorgabe der Richtlinie.[246] Dabei ist der gemeinschaftsrechtliche Grundsatz des „effet utile" zugrunde zu legen (vgl. dazu Rn. 73,

---

Zur Wirkung von Richtlinien vor Ablauf der Umsetzungsfrist, in: DVBl. 1998, 568–575; Ulrich M. Gassner, Abfallbegriff und Umsetzungspflicht, in: NVwZ 1998, 1148–1151.

242 BVerwG, Urteil vom 22.1.2004 – 4 A 4.03 – DVBl. 2004, 655 = NVwZ 2004, 861 = UPR 2004, 266 = BauR 2004, 964; BVerwG, Urteil vom 17.5.2002 – 4 A 28.01 – BVerwGE 116, 254 = DVBl. 2002, 1486 = NVwZ 2002, 1243 = UPR 2002, 448.

243 Vgl. Martin Nettesheim, Die mitgliedstaatliche Durchführung von EG-Richtlinien – Untersuchungen am Beispiel der Luftreinhalterichtlinie 96/62/EG, Berlin 1999, S. 17.

244 Problematisierend etwa Schlussantrag des Generalanwaltes Jacobs, in: Rs. C-156/91 – EuGHE 1992 I-5578 [5584] Rn. 20 = NJW 1993, 315 – Hansa Fleisch Ernst Mundt vs. Landrat des Kreises Schleswig-Flensburg.

245 EuGH, Urteil vom 28.2.1991 – Rs. C-360/87 – EuGHE 1991 I-791 – Kommission vs. Italien; EuGH, Urteil vom 15.10.1998 – Rs. C-268/97 – EuGHE 1998 I-6069 – Kommission vs. Belgien zur Richtlinie 86/609/EWG; EuGH, Urteil vom 28.5.1998 – Rs. C-298/97 – EuGHE 1998 I-3301 – Kommission vs. Spanien zur Richtlinie 157/91/EWG.

246 EuGH, Urteil vom 11.11.1999 – Rs. C-184/97 – EuGHE 1999 I-7837 = DVBl. 2000, 184 = NVwZ 2000, 304 = EuZW 2000, 52 = ZfW 2000, 171 – Kommission vs. Deutschland (zur Richtlinie 76/464/EWG – Verschmutzung infolge der Ableitung bestimmter gefährlicher Stoffe in die Gewässer der Gemeinschaft), vgl. dazu Kurt Faßbender, Gemeinschaftsrechtliche Anforderungen an die normative Umsetzung der neuen EG-Wasserrahmenrichtlinie, in: NVwZ 2001, 241–249.

213). Die Vollständigkeit ist erreicht, wenn die sich aus der Richtlinie ergebenden normativen Zielzustände mit dem innerstaatlichen Recht korrespondieren. Der nationale Umsetzungsgehalt muss mithin den Vorgaben der Richtlinie entsprechen. Das erfordert in methodischer Hinsicht einen Vergleich beider Rechtsvorschriften und der Rechtslagen.[247]

149 Entspricht der innerstaatliche Rechtszustand bereits bei Erlass der Richtlinie deren Vorgaben, bedarf es keiner „erneuten" materiell-rechtlichen Umsetzung.[248] Das wird jedoch nur ein sehr seltener Fall sein. Verlangt die Richtlinie, dass das nationale Recht einen **Umsetzungshinweis** enthält und fehlt dieser, muss der Hinweis nachgeholt werden.[249] Es muss nämlich gemeinschaftsrechtlich feststehen, welchem Zeitpunkt an die Richtlinie als in nationales Recht umgesetzt anzusehen ist.[250] Der Mitgliedstaat muss mithin in dem gedachten Fall durch einen Umsetzungsakt noch tätig werden.[251] Das mag paradox klingen. Das Gebot der Rechtssicherheit verlangt indes diese innerstaatliche Maßnahme. Zudem solle der Kommission die Überwachung des Umsetzungsaktes erleichtert werden. Die Anforderungen des EuGH sind dazu streng. Nach seiner Auffassung kann nicht davon ausgegangen werden, dass eine bereits bestehende nationale Regelung die Umsetzung einer Richtlinie in das nationale Recht gewährleistet, wenn die Richtlinie die Mitgliedstaaten ausdrücklich verpflichtet, Vorschriften zu erlassen, in denen auf sie Bezug genommen wird oder bei deren amtlicher Veröffentlichung ein Hinweis vorhanden ist, der auf sie Bezug nimmt.[252] Seit 1990 enthalten die Richtlinien zudem eine Schlussklausel, die zur innerstaatlichen Aufnahme des erwähnten Umsetzungshinweises zwingen. Der Mitgliedstaat wird von dieser Verpflichtung auch nicht durch eine unmittelbare Wirkung einer Richtlinie befreit.[253]

150 Der Mitgliedstaat hat der Kommission über den oder die innerstaatlichen Umsetzungsakte konkret zu berichten. Diese Pflicht folgt aus Art. 249 Abs. 3 EG in

---

247 Beispielhaft die Prüfung in EuGH, Urteil vom 28.2.1991 – Rs. C-131/88 – EuGHE 1991 I-825 = DVBl. 1991, 863 = NVwZ 1991, 973 = EuZW 1991, 405 = UPR 1992, 22 = NuR 1992, 198 – Kommission vs. Deutschland (Grundwasser-RL 80/86/EWG); EuGH, Urteil vom 10.5.1995 – Rs. C-422/92 – EuGHE 1995 I-1097 = DVBl. 1995, 1003 = NVwZ 1995, 885 = EuZW 1995, 614 = ZUR 1995, 211 = BayVBl 1995, 653 = NuR 1995, 573 – Kommission vs. Deutschland (zur Umsetzung der Abfall-RL), mit Bespr. Stephan Krieger, Vertragsverletzungsverfahren wegen fehlerhafter Umsetzung der EG-Abfallrichtlinien, in EuZW 1995, 618–619; EuGH, Urteil vom 13.10.1987 – Rs. 236/85 – EuGHE 1987, 3989 – Kommission vs. Niederlande (zur Vogelschutz-RL).

248 EuGH, Urteil vom 22.4.1999 – Rs. C-340/96 – EuGHE 1999, I-2023 – Kommission vs. Vereinigtes Königreich zur Richtlinie 80/778/EWG; abweichend wohl Meinhard Hilf, Die Richtlinie der EG – ohne Richtung, ohne Linie?, in: EuR 1993, 1–22.

249 EuGH, Urteil vom 27.11.1997 – Rs. C-137/96 – EuGHE 1997 I-6749 – Kommission vs. Deutschland; EuGH, Urteil vom 18.12.1997 – Rs. 360/95 – EuGHE 1997 I-7337 – Kommission vs. Spanien (zur Richtlinie 91/371/EWG). Die einschlägigen deutschen Gesetzessammlungen der Verlage enthalten vielfach keine Hinweise darüber, ob Bestimmungen auf Richtlinien beruhen und deren Umsetzung dienen. Ist das ein editorischer Mangel.

250 Zutreffend Generalanwalt Jacobs, in: Rs. C-156/91 – EuGHE 1992 I-5578 [5583] Rn. 6 = NJW 1993, 315 – Hansa Fleisch Ernst Mundt vs. Landrat des Kreises Schleswig-Flensburg.

251 Wie hier Meinhard Hilf, Die Richtlinie der EG – ohne Richtung, ohne Linie?, in: EuR 1993, 1–22 [13].

252 EuGH, Urteil vom 27.11.1997 – Rs. C-137/96 – EuGHE 1997 I-6749 – Kommission vs. Deutschland (zur Richtlinie 91/414/EWG).

253 Zutreffend Schlussantrag des Generalanwalts Fenelly, in: Rs. C-341/96 – EuGHE 1997 I-7272 [7274] Rn. 6 – Kommission vs. Deutschland.

Berkemann

Verb. mit Art. 10 EG sowie aus entsprechenden Bestimmungen der Richtlinien selbst.[254]

(2) Die **innerstaatliche Zuständigkeit** zur Umsetzung bestimmt der Mitgliedstaat **151** jeweils selbst (vgl. Rn. 114 f.). In aller Regel ergibt sich die interne Aufgabenzuweisung aus dem nationalen Verfassungsrecht.[255] Es steht jedem Mitgliedstaat frei, die Kompetenzen innerstaatlich so zu verteilen, wie er es für zweckmäßig hält, und eine Richtlinie mittels Maßnahmen durchzuführen, die von regionalen oder örtlichen Behörden getroffen werden. Diese Kompetenzverteilung entbindet ihn jedoch nicht von der Verpflichtung, sicherzustellen, dass die Richtlinienbestimmungen uneingeschränkt und genau in innerstaatliches Recht umgesetzt werden.[256] So wäre mit dem Grundsatz der Rechtssicherheit unvereinbar, wenn sich ein Mitgliedstaat zur Rechtfertigung einer staatlichen Regelung, welche die in einer Richtlinie ausgesprochenen Verbote missachtet, auf die Rechtsetzungsbefugnis der Regionalbehörden berufen könnte.[257] In Deutschland können der Bund oder die Länder zur Gesetzgebung zuständig sein. Haben die Länder für ihren Zuständigkeitsbereich die Richtlinie umzusetzen, ist die Vollständigkeit erst erreicht, wenn alle Länder den richtlinienkonformen Rechtszustand hergestellt haben.[258] Delegiert beispielsweise der Bund die Umsetzung der Richtlinie auf die Länder und nehmen diese die Umsetzung in das Landesrecht nicht vor, so fehlt es gemeinschaftsrechtlich an einer (qualifizierten) Umsetzung. Entsprechendes gilt, wenn der Bundes- oder der Landesgesetzgeber den Verordnunggeber zur Umsetzung ermächtigt, dieser aber nicht tätig wird. Allerdings wird man in diesem Falle annehmen müssen, dass für den Verordnunggeber auch eine innerstaatliche Pflicht zur Wahrnehmung der Verordnungsermächtigung besteht.[259]

Beispiel: Die näheren Kriterien zur Bestimmung des Umgebungslärms (Lärmaktionsplanung) sind gesetzlich nicht bestimmt. Sie sollen innerstaatlich vielmehr gemäß der

---

254 Vgl. dazu Hans-Werner Rengeling, Die Ausführung von Gemeinschaftsrecht, insbesondere Umsetzung von Richtlinien, in: ders., Handbuch zum europäischen und deutschen Umweltrecht, Bd. I, 2. Aufl. 2003, S. 956–984 [965]; ferner Melanie H. Adamek, EG-Richtlinien im Umweltrecht, Starnberg 1997, S. 340 ff.; Cornelia Nicklas, Implementationsprobleme des EG-Umweltrechts. Unter besonderer Berücksichtigung der Luftreinhaltungsrichtlinien, Baden-Baden 1997, S. 46 ff.; Christian Engelsberger, Der Vollzug europarechtlicher Vorschriften auf dem Gebiet des Umweltschutzes – Rechtliche Vorgaben und Verwaltungspraxis anhand einer empirischen Umfrage bei Behörden und Umweltschutzverbänden in Deutschland, Berlin 1998, S. 102 ff.; Hans-Werner Rengeling/Martin Gellermann, Gestaltung des europäischen Umweltrechts und seine Implementation im deutschen. Rechtsraum, in: UTR 36 (1996), S. 1–32 [5 ff.].

255 Vgl. EuGH, Urteil vom 28.2.1991 – Rs. C-131/88 – EuGHE 1991 I-825 = DVBl. 1991, 863 = NVwZ 1991, 973 = EuZW 1991, 405 = UPR 1992, 22 = NuR 1992, 198 – Kommission vs. Deutschland (Grundwasser-RL), vgl. dazu auch Ulrich Everling, Umsetzung von Umweltrichtlinien durch normkonkretisierende Verwaltungsanweisungen, in: RIW 1992, 379–385.

256 EuGH, Urteil vom 28.2.1991 – Rs. C-131/88 – EuGHE 1991 I-825 = DVBl. 1991, 863 = NVwZ 1991, 973 = EuZW 1991, 405 = UPR 1992, 22 = NuR 1992, 198 – Kommission vs. Deutschland.

257 EuGH, Urteil vom 17.1.1991 – Rs. C-157/89 – EuGHE 1991 I-57 – Kommission vs. Italien zur Vogelschutz-RL 79/409/EWG.

258 Vgl. EuGH, Urteil vom 17.1.1991 – Rs. C-157/89 – EuGHE 1991 I-57 – Kommission vs. Italien.

259 BVerfG, Beschluss vom 8.6.1988 – 2 BvL 9/85 – BVerfGE 78, 249 [272] = DVBl. 1988, 952 = NJW 1988, 2529 = JZ 1989, 387 = BayVBl 1988, 623 – Fehlbelegungsabgabe; ebenso BVerfG, Beschluss vom 30.11.1988 – 1 BvR 1301/84 – BVerfGE 79, 174 [194] = DVBl. 1989, 352 = NJW 1989, 1271 = ZfBR 1989, 115 = BauR 1989, 160 = VBlBW 1989, 290 – Straßenverkehrslärm.

Berkemann

Ermächtigungsgrundlage des § 47f Abs. 1 S. 1 Nr. 4 BImSchG erst durch eine Verordnung normiert werden. Diese Verordnung gibt es bislang (2007) nicht. Die Bundesregierung hat unter dem 16.2.2007 auf eine Kleine Anfrage im Bundestag erklärt, dass die Umsetzung der Umgebungslärm-RL durch das Gesetz vom 24.6.2005 und die 34. BImSchV „formal abgeschlossen" sei. § 47d Abs. 2 BImSchG verweise dazu auf die Anforderungen des Anhangs V der Richtlinie. „Eine darüber hinausgehende Verordnung über die Lärmaktionsplanung ist zur Richtlinienumsetzung nicht erforderlich und von daher auch nicht geplant."[260] Diese Auffassung wird gemeinschaftsrechtlich zumindest als „kritisch" anzusehen sein.

152 Im gerichtlichen Verfahren hat das nationale Gericht insbesondere zu prüfen, ob die entscheidungserhebliche nationale Vorschrift eine vollständige Umsetzung der Richtlinie darstellt. Das Gericht hat die konkreten Folgen der Anwendung dieser mit der Richtlinie ggf. nicht übereinstimmenden Vorschriften zu untersuchen. Stellt sich die betreffende Vorschrift dabei als eine endgültige und vollständige Umsetzung der Richtlinie dar, so erlaubt der Umstand, dass sie mit dieser nicht übereinstimmen, die Vermutung, dass das in der Richtlinie vorgeschriebene Ziel nicht fristgerecht erreicht werden wird.[261]

153 (3) Gibt es keine gemeinschaftlichen Regelung, können die Mitgliedstaaten frei wählen, in welcher Form der Beweis für das Vorliegen der verschiedenen Tatbestandsmerkmale, die in den von ihnen umgesetzten Richtlinien aufgestellt werden, zu erbringen ist. Allerdings darf das nationale Recht die Wirksamkeit des Gemeinschaftsrechts nicht beeinträchtigen.[262] So darf etwa eine gesetzliche Vermutung, nicht dazu führen würden, dass der Geltungsbereich der Richtlinie substantiell eingeschränkt wird.[263]

Beispiel: Art. 6 Abs. 3 FFH-RL 92/43/EWG bestimmt für Pläne und Projekte, die ein Schutzgebiet „erheblich" beeinträchtigen könnten, eine Pflicht zur Prüfung auf Verträglichkeit mit den für dieses Gebiet festgelegten Erhaltungszielen. Mit dieser Vorgabe ist eine nationale Regelung unvereinbar, welche Bewirtschaftungsprojekte aufgrund deren geringen Umfangs der veranschlagten Kosten oder aufgrund bestimmter besonderer Tätigkeitsbereiche allgemein von der Pflicht zur Umweltverträglichkeitsprüfung ausnehmen.[264]

154 (4) Die Richtlinie kann dem Mitgliedstaat zur näheren Ausgestaltung ausdrücklich auch ein **Ermessen** einräumen. Das Ermessen wird durch die Ziele der Richtlinie

---

260 BTags-Drs. 16/4331.
261 Vgl. EuGH, Urteil vom 18.12.1997 – Rs. C-129/96 – EuGHE 1997 I-7411 = NVwZ 1998, 385 = EuZW 1998, 167 = EWS 1998, 67 = ZUR 1998, 26 – Inter-Environnement Wallonie vs. Région wallone (zur Prüfungskompetenz des nationalen Gerichts bei Infragestellung des Richtlinienziels durch den nationalen Gesetzgeber).
262 EuGH, Urteil vom 15.6.2000 – verb. Rs. C-418/97, C-419/97 – EuGHE 2000 I-4475 = NVwZ 2000, 1156 = EuZW 2000, 600 = ZUR 2001, 38 = ZfW 2001, 106 – ARCO Chemie Nederland Ltd vs. Minister van Volkshuisvesting, mit Bespr. Ludger Versteyl, Der Abfallbegriff im Europäischen Recht – Eine unendliche Geschichte? in: EuZW 2000, 585–592.
263 EuGH, Urteil vom 15.6.2000 – verb. Rs. C-418/97, C-419/97 – EuGHE 2000 I-4475 = NVwZ 2000, 1156 = EuZW 2000, 600 = ZUR 2001, 38 = ZfW 2001, 106 – ARCO Chemie Nederland Ltd vs. Minister van Volkshuisvesting (zu den Richtlinien 75/442/EWG und 91/156/EWG – Abfall).
264 EuGH, Urteil vom 6.4.2000 – Rs. C-256/98 – EuGHE 2000 I-2487 = ZUR 2000, 343 = NuR 2000, 565 – Kommission vs. Frankreich.

eingeschränkt. Diese ergeben sich u. a. aus den Erwägungen, die dem eigentlichen Richtlinieninhalt vorangestellt sind.

Beispiel: Nach Art. 4 Abs. 2 der Richtlinie 85/337/EWG werden Projekte der in Anhang II der Richtlinie aufgezählten Klassen einer Prüfung unterzogen, wenn ihre Merkmale nach Auffassung der Mitgliedstaaten dies erfordern. Die Mitgliedstaaten können zu diesem Zweck bestimmte Arten von Projekten, die einer Prüfung zu unterziehen sind, bestimmen oder Kriterien und/oder Schwellenwerte aufstellen, anhand deren bestimmt werden kann, welche von den fraglichen Projekten einer Prüfung unterzogen werden sollen. Dieses Ermessen wird begrenzt durch die sich aus Art. 2 Abs. 1 der Richtlinie ergebende Verpflichtung, Projekte, bei denen insbesondere aufgrund ihrer Art, ihrer Größe oder ihres Standorts mit erheblichen Auswirkungen auf die Umwelt zu rechnen ist, einer Untersuchung ihrer Auswirkungen zu unterziehen.[265] Deshalb überschreitet ein Mitgliedstaat, der die Kriterien und/oder Schwellenwerte so festlegt, dass nur die Größe, aber nicht die Art und der Standort von Projekten berücksichtigt werden, den ihm durch die Art. 2 Abs. 1 und Art. 4 Abs. 2 der Richtlinie eingeräumten Ermessensspielraum.

(5) Da der **Bund** für das Umweltrecht **keine vollständige Regelungskompetenz** 155 besitzt, sind zur Umsetzung sowohl der Bund als auch die Länder verpflichtet. Die Rechtslage war nach früherer Verfassungslage dann kompliziert, wenn der Bund lediglich eine Rahmenkompetenz besaß. Hier konnte der Bund Rahmenrecht setzen. Er war hierzu verfassungsrechtlich aber nicht verpflichtet. Diese Lage bestand etwa im Naturschutzrecht (vgl. Art. 75 Abs. 1 Nr. 3 GG a. E.). Nach Art. 75 Abs. 2 GG a. E. durften Rahmenvorschriften ohnehin nur in Ausnahmefällen in Einzelheiten gehende oder unmittelbar geltende Regelungen enthalten. Erließ der Bund Rahmenvorschriften, so waren die Länder verpflichtet, innerhalb einer durch das Bundesgesetz bestimmten Frist die erforderlichen Landesgesetze zu erlassen. Der Bundesgesetzgeber ist in dieser Weise bei der verspäteten Umsetzung der FFH-RL 92/43/EWG vorgegangen. Nach nunmehriger Verfassungsrechtslage im Rahmen der sog. Föderalismusreform gibt es ein bundesgesetzliches Rahmenrecht nicht mehr.[266] Eine geschlossene bundesgesetzliche Kompetenz für das Umweltrecht besteht nicht.[267]

---

265 EuGH, Urteil vom 21.9.1999 – Rs. C-392/96 – EuGHE 1999 I-5901 = ZUR 2000, 284 – Kommission vs. Irland (zur UVP-Richtlinie 85/337/EWG).
266 Gesetz zur Änderung des Grundgesetzes vom 28.8.2006 (BGBl. I S. 2034) mit Wirkung vom 1.9. 2006.
267 Die umweltrechtlichen Materien Luftreinhaltung, Lärmschutz, Naturschutz, Wasser, Abfall und Bodenschutz unterliegen nicht mehr der Erforderlichkeitsklausel. Der Bund kann jetzt ohne die Einschränkungen des bisherigen Art. 72 Abs. 2 GG a. E. Normen setzen, soweit er eine Gesetzgebungskompetenz besitzt. Die neue Rechtslage wird im umweltrechtlich ausgerichteten Schrifttum überwiegend negativ bewertet, vgl. Martin Stock, Föderalismus – Mit der Großen Koalition ins Abenteuer? – „Die Rahmengesetzgebung wird abgeschafft" – Was wird aus dem deutschen Umweltrecht?, in: ZUR 2006, 113–121; Helmuth Schulze-Fielitz, Umweltschutz im Föderalismus – Europa, Bund und Länder, in: NVwZ 2007, 249–259; Eberhard Bohne, Das Umweltgesetzbuch vor dem Hintergrund der Föderalismus, in: EurUP 2006, 276–293; Walter Frenz, Föderalismus im Umweltschutz, in: NVwZ 2006, 742–747; Alfred Scheidler, Auswirkungen der Föderalismusreform auf das Umweltrecht, in: UPR 2006, 423–429; Hans-Joachim Koch, Umweltschutz in schlechter Verfassung, Anmerkungen zur Föderalismusreform, in: EurUP 2006, 106; Astrid Epiney, Föderalismusreform und Europäisches Umweltrecht. Bemerkungen zur Kompetenzverteilung Bund – Länder vor dem Hintergrund der Herausforderungen des europäischen Gemeinschaftsrechts, in: NuR 2006, 403–412.

Berkemann 93

156 (5) Für das **Raumordnungsrecht** ist der Bundesgesetzgeber einen anderen Weg gegangen. Er hat die Vorgaben der Plan-UP-RL 2001/42/EG innerhalb des Rahmenrechtes in der Überleitungsregelung des § 22 ROG bis zum 30.12.2006 als unmittelbar wirksames Bundesrecht angeordnet.[268] Die **rahmenrechtlichen Verpflichtungen** hatten die Länder gemäß Art. 75 Abs. 3 GG a. E. zwar erst innerhalb von vier Jahren nach dem Inkrafttreten dieses Gesetzes zu erfüllen.[269] Hinsichtlich § 7 Abs. 5 bis 10 ROG [n. F.] war die Verpflichtung der Länder indes bis zum 31. Dezember 2006 zu erfüllen. Bis zu einer Umsetzung der Richtlinie 2001/42/EG durch die Länder waren gemäß § 22 Satz 3 ROG die neuen, die Richtlinie umsetzenden § 7 Abs. 5 bis 10 und § 10 Abs. 2 Nr. 1 ROG **unmittelbar anzuwenden.** Diese Vorgehensweise ist in zweifacher Hinsicht bedenklich:

157 Das Vorgehen des Bundesgesetzgebers stellte in diesem Falle nur äußerlich die Erfüllung der gemeinschaftsrechtlichen Umsetzungspflicht dar. Die vom Bundesgesetzgeber in § 22 Satz 3 ROG angeordnete unmittelbare Wirkung hat zum Gegenstand eine rahmenrechtliche Konzeption. § 7 Abs. 5 bis 10 ROG ist gerade auf eine ausgestaltende Ausfüllung durch die Länder angelegt. Es fehlt § 7 Abs. 5 bis 10 ROG mithin konzeptionell die für eine erfolgreiche Umsetzung gemeinschaftsrechtlich geforderte Konkretheit, Bestimmtheit und Klarheit der umsetzenden Regelung.[270] Dieser Mangel stellt sich dann deutlicher heraus, wenn man die einzelnen Bestimmungen des § 7 Abs. 5 bis 10 ROG subsumtiv, also sachverhaltsbezogen anwenden will. Es genügt gemeinschaftsrechtlich also nicht, wie hier geschehen, am letzten Tag der Umsetzungsfrist den Ländern durch eine rahmenrechtliche Regelung ihrerseits eine Umsetzung abzuverlangen. Das läuft letztlich auf eine innerstaatliche Verlängerung der Umsetzungsfrist durch eigenes innerstaatliches Überleitungsrecht hinaus. Die hier skizzierte Vorgehensweise des Bundesgesetzgebers ist mithin gemeinschaftsrechtlich sehr bedenklich.

158 (6) Die in der Richtlinie festgesetzte Umsetzungsfrist erlaubt es unter anderem nicht, dass ein Mitgliedstaat, der die Richtlinie erst nach Ablauf der Umsetzungsfrist in seine nationale Rechtsordnung umgesetzt hat, Vorhaben durch eigene **Übergangsvorschriften** von den in der Richtlinie vorgeschriebenen Maßnahmen auszunehmen. Das liefe auf ein Umgehen der Umsetzungsfrist hinaus.[271]

---

268 Vgl. auch Dennis Graf, Die Umsetzung der Plan-UP-Richtlinie im Raumordnungsrecht des Bundes und der Länder, Baden-Baden 2006, S. 66 ff.

269 Gemeint ist das Gesetz zur Anpassung des Baugesetzbuchs an EU-Richtlinien (Europarechtsanpassungsgesetz Bau – EAG Bau) vom 24.6.2004 (BGBl. I S. 1359).

270 Vgl. dazu EuGH, Urteil vom 30.5.1991 – Rs. C-361/99 – EuGHE 1991 I-2567 [2600 ff.] Rn. 21 = DVBl. 1991, 86 = NVwZ 1991, 866 = UPR 1992, 24 = BayVBl 1992, 207 = NuR 1992, 197 = EuZW 1991, 440 = JZ 1991, 1031 – Kommission vs. Deutschland = „TA Luft", vgl. dazu Ulrich Guttenberg, Unmittelbare Außenwirkung von Verwaltungsvorschriften? – EuGH, NVwZ 1991, 866 und 868, in: JuS 1993, 1006–1011; Jens Tiedemann, Bindungswirkung von Verwaltungsvorschriften, in: JuS 2000, 726–727; Hans Heinrich Rupp, Zur Frage der Außenwirkung von Verwaltungsvorschriften, in: JZ 1991, 1034–1035; Ronald Steiling, Mangelnde Umsetzung von EG-Richtlinien durch den Erlaß und die Anwendung der TA Luft, in: NVwZ 1992, 134–137.

271 Vgl. dazu auch EuGH, Urteil vom 18.6.1998 – Rs. C-81/86 – EuGHE 1998 I-3923 – Burgemeester en wethouders van Haarlemmerliede en Spaarnwoude u. a. vs. Gedeputeerde Staten van Noord-Holland.

Beispiel: Art. 12 Absatz 1 der Richtlinie 85/337 über die Umweltverträglichkeitsprüfung bei bestimmten öffentlichen und privaten Projekten gestattet es nicht, dass ein Mitgliedstaat, der diese Richtlinie nach dem 3. Juli 1988, dem Tag des Ablaufs der Umsetzungsfrist, in seine nationale Rechtsordnung umgesetzt hat, Projekte, für die das Genehmigungsverfahren vor Inkrafttreten des nationalen Gesetzes zur Umsetzung dieser Richtlinie, aber nach dem 3. Juli 1988 eingeleitet wurde, durch eine Übergangsvorschrift von der in der Richtlinie vorgeschriebenen Umweltverträglichkeitsprüfung ausnimmt.[272]

Zahlreiche Bundesländer haben übrigens die ihnen mit § 22 ROG gesetzte inner- **159** staatliche Umsetzungsfrist nicht eingehalten. Hier stellt sich die Frage, wie die Rechtslage insoweit seit dem 1. Januar 2007 zu beurteilen ist. Mit seiner Regelung unterstellte der Bund übrigens, dass er rahmenrechtlich befugt sei, die Länder zum Erlass eines Landesgesetzes zu verpflichten. Dazu war er gemäß Art. 75 Abs. 3 GG a. E. befugt. Ein zweites Bedenken liegt in der Gesetzestechnik der (dynamischen) **Verweisung**. Eine qualifizierte Umsetzung fehlt auch, wenn der Gesetzgeber lediglich auf den Richtlinieninhalt mehr oder minder pauschal verweist, ohne damit den Umsetzungsgehalt tatsächlich in das innerstaatliche Recht zu übernehmen (vgl. Rn. 151 zur Umgebungslärm-RL). Es fehlt dann vor allem an dem integrierenden innerstaatlichen Rechtsakt. Diese Staatspraxis ist auch deshalb problematisch, weil sie über eine Art dynamischer Verweisung auf EU-Recht hinausgeht, da die Richtlinie selbst nur rahmenartig ist.[273]

Beispiel: § 2 Abs. 2 des Ausländergesetzes vom 9.7.1990 (BGBl. I S. 1354) lautete: „Auf die Ausländer, die nach Europäischem Gemeinschaftsrecht Freizügigkeit genießen, findet dieses nur Anwendung, soweit das Europäische Gemeinschaftsrecht und das Aufenthaltsgesetz/EWG keine abweichenden Bestimmungen enthalten."

Der EuGH hat es für nicht ausreichend angesehen, dass § 2 Abs. 2 AuslG (1990) **160** seinerzeit pauschal auf das europäische Gemeinschaftsrecht verwies und damit offenbar die Richtlinien 90/364/EWG und 90/365/EWG meinte.[274] Eine allgemeine Verweisung auf das Gemeinschaftsrecht stelle keine Umsetzung dar, welche die vollständige Anwendung der Richtlinien 90/364/EWG und 90/365/EWG gewährleiste. Die vorzunehmende innerstaatliche Umsetzung solle es gerade erübrigen,

---

272 EuGH, Urteil vom 9.8.1994 – Rs. C-396/92 – EuGHE 1994 I-3717 [3750ff.] Rn. 13, 20 = DVBl. 1994, 1126 = NVwZ 1994, 1093 = UPR 1995, 24 = ZUR 1994, 262 = BayVBl 1994, 655 = EuZW 1994, 660 = NuR 1995, 53 – Bund Naturschutz in Bayern vs. Bayern (zur verspäteten Umsetzung der UVP-RL 85/337/EWG in das deutsche Recht), mit Bespr. Martin Gellermann, Auflösung von Normwidersprüchen zwischen europäischem und nationalem Recht, in: DÖV 1996, 433–443; Alexander Schink, Folgen der EG-Rechtswidrigkeit der Übergangsvorschriften zum UVP-Gesetz, in: NVwZ 1995, 953–959; Siegfried Breier, Die Übergangsregelung des § 22 UVPG, in: BayVBl 1995, 459–462; Stefan Hertwig, EuGH – Übergangsvorschrift für Umweltverträglichkeitsprüfung, in: WiB 1995, 87–88.
273 Vgl. auch Michael Kloepfer/Eckard Rehbinder/Eberhardt Schmidt-Aßmann, UGB-AT, 1991, S. 469ff.; Eckard Rehbinder, Kompetenzprobleme bei der Umsetzung von europäischen Richtlinien, in: NVwZ 2002, 21–28 mit Fußn. 49.
274 EuGH, Urteil vom 20.3.1997 – Rs. C. 96/95 – EuGHE 1997 I-1653 [1679] Rn. 36 = NVwZ 1998, 48 = EuZW 1998. 348 = RIW 1997, 432 – Kommission vs. Deutschland; ebenso Meinhard Hilf, Die Richtlinie der EG – ohne Richtung, ohne Linie?, in: EuR 1993, 1–22 [13], ähnlich Rolf Wägenbaur, Die Umsetzung von EG-Recht in deutsches Recht und ihre gesetzgeberische Problematik, in: ZG 1988, 303–318 [310]; Martin Schiffer, Die neue Freizügigkeitsverordnung/EG – Inhalt und Voraussetzungen des Aufenthaltsrechts nichterwerbstätiger Unionsbürger und ihrer Familienangehörigen im Bundesgebiet, in: NVwZ 1998, 31–34.

sich für die maßgebende Rechtslage auch über die gemeinschafsrechtlichen Bestimmungen informieren zu müssen. Eine Verweisung verletzt damit auch das Erfordernis der Rechtssicherheit.[275]

Beispiel: Die näheren Kriterien zur Bestimmung des Umgebungslärms (Lärmaktionsplanung) sind gesetzlich nicht bestimmt. Sie sollen innerstaatlich vielmehr gemäß der Ermächtigungsgrundlage des § 47f Abs. 1 S. 1 Nr. 4 BImSchG erst durch eine Verordnung normiert werden. Diese Verordnung gibt es bislang (2007) nicht. Hält man den Regelungsumfang der Verordnung für die Komplettierung des Richtlinienzieles für unabdingbar, hat Deutschland die Umgebungslärm-RL bislang nicht vollständig umgesetzt (vgl. auch oben Rn. 151, 159).

161 (7) Eine Frage der Auslegung der jeweiligen Richtlinie ist es, ob der Mitgliedstaat über das in der Richtlinie genannte **Schutzniveau** hinausgehen darf. Das ist im Bereich des Umweltschutzes zu vermuten, wenn die Richtlinie im Hinblick auf Art. 174 EG einstweilen nur ein **Mindestniveau** gewährleisten will. Die Mitgliedstaaten sind im Rahmen der ihnen durch Art. 249 Abs. 3 EG belassenen Freiheit verpflichtet, diejenigen Formen und Mittel zu wählen, die für die Gewährleistung der praktischen Wirksamkeit der Richtlinien am geeignetsten sind. Sie sind nach Art. 10 EG außerdem verpflichtet, alle geeigneten Maßnahmen zu treffen, um die Geltung und die Wirksamkeit der Richtlinie zu gewährleisten.[276] Für den Umweltschutz verstärkt Art. 6 EG diese Sicht.

Beispiel: Die Richtlinie 76/464/EWG betreffend die Verschmutzung infolge der Ableitung bestimmter gefährlicher Stoffe in Gewässer erlaubt es den Mitgliedstaaten, die Erteilung einer Ableitungsgenehmigung von zusätzlichen, in dieser Richtlinie nicht vorgesehenen Voraussetzungen abhängig zu machen, um die Gewässer der Gemeinschaft vor der Verschmutzung durch bestimmte gefährliche Stoffe zu schützen. Die Verpflichtung, alternative, weniger umweltbelastende Lösungen zu suchen oder zu wählen, stellt eine solche Voraussetzung dar, selbst wenn sie dazu führen kann, dass die Genehmigung nie oder nur in ganz wenigen Ausnahmefällen erteilt werden kann.[277]

Beispiel: Die Mitgliedstaaten sind durch die Richtlinie 91/689/EWG über gefährliche Abfälle nicht gehindert, andere Abfälle, als in dem mit der Entscheidung 94/904 EG des Rates vom 22. Dezember 1994 über ein Verzeichnis gefährlicher Abfälle im Sinne von Art. 1 Abs. 4 der Richtlinie 91/689 aufgestellten Verzeichnis aufgeführt sind, als gefährlich einzustufen und damit verstärkte Schutzmaßnahmen zu ergreifen.[278]

Beispiel: Eine nationale Vorschrift, die den Arbeitgeber dazu verpflichtet, die Exposition der Arbeitnehmer gegenüber dem Karzinogen unabhängig von der Gefahrenbewertung zu verringern, verstößt nicht gegen die Richtlinie 90/394/EWG über den Schutz der Ar-

---

275 Vgl. auch EuGH, Urteil vom 28.2.1991 – Rs. C-131/88 – EuGHE 1991 I-825 [874] Rn. 36 = DVBl. 1991, 863 = NVwZ 1991, 973 = EuZW 1991, 405 = UPR 1992, 22 = NuR 1992, 198 – Kommission vs. Deutschland.

276 EuGH, Urteil vom 12.9.1996 – verb. Rs. C-58/95, C-75/95, C-112/95, C-119/95, C-123/95, C-135/95, C-140/95, C-141/95, C-154/95, C-157/95 – EuGHE 1996 I-4345 = EuZW 1996, 659 – Strafverfahren gegen Sandro Galotti u. a. betreffend Richtlinie 91/156/EWG (Abfälle).

277 EuGH, Urteil vom 29.9.1999 – Rs. C-232/97 – EuGHE 1999 I-6395 = NVwZ 2000, 541 = EuZW 2000, 186 = ZfW 2001, 30 – L. Nederhoff vs. Dijkgraaf en ingelanden van het Hoogheemraadschap Rijnland.

278 EuGH, Urteil vom 22.6.2000 – Rs. C-318/98 – EuGHE 2000 I-4785 = NVwZ 2001, 313 = EuZW 2000, 605 = NuR 2001, 380 – Strafverfahren Giancarlo Fornasar u. a.

Berkemann

beitnehmer gegen Gefährdung durch Karzinogene bei der Arbeit. Die Richtlinie 90/394/
EWG legt nur Mindestvorschriften fest. Eine derartige Verpflichtung, die den Schutz der
Gesundheit und Sicherheit der Arbeitnehmer erhöht, beeinträchtigt nicht die Kohärenz
des Gemeinschaftsrechts im Bereich des Schutzes der Gesundheit und der Sicherheit
der Arbeitnehmer.[279]

Beispiel: Art. 28 EG steht einer nationalen Regelung, die die inländische Erstzulassung
von zuvor in einem anderen Mitgliedstaat zugelassenen Flugzeugen von der Einhaltung
von Lärmgrenzwerten abhängig macht, die strenger als die in der Richtlinie 80/51/EWG
zur Verringerung der Schallemissionen von Unterschallluftfahrzeugen in der Fassung
der Richtlinie 83/206/EWG vorgesehenen Werte sind, nicht entgegen.[280]

(8) **Aufhebungspflicht.** Eine ordnungsgemäße Umsetzung verpflichtet den Mit-   **162**
gliedstaat auch, das dem Richtlinieninhalt entgegenstehende nationale Recht bis
zum Zeitpunkt der Umsetzungsfrist ausdrücklich aufzuheben. Maßgebend sind
hierfür Gründe der Rechtssicherheit.[281] Diese Pflicht besteht auch, wenn der Mitgliedstaat die Umsetzungsfrist versäumt hat.

(9) Die **überschießende Umsetzung** von Richtlinien wird in aller Regel nicht   **163**
sanktioniert. Dem Mitgliedstaat steht es frei, mit der Richtlinie verfolgte Harmoni-
sierungsstandards auch auf andere, von dem Anwendungsbereich der Richtlinie
bislang nicht erfasste Sachverhalte auszudehnen. Ohnehin begründet nicht jedes
Abweichen von den Richtlinienvorgaben oder vom Richtlinienwortlaut automatisch
den Vorwurf fehlerhafter Umsetzung. Eine gewisse Flexibilität für den nationalen
Gesetzgeber folgt hier bereits aus dem Prinzip des „effet utile". Ein häufiger Fall
der **„überplanmäßigen" Umsetzung** ist die Erfassung der rein nationalen Sachverhalte, indes sind auch andere Konstellationen wie etwa die Erweiterung des
sachlichen Regelungsbereichs durchaus denkbar. Der EuGH sieht sich in solchen
Fällen dennoch zuständig für die Auslegung im Rahmen des Vorabentscheidungsverfahrens nach Art. 234 Abs. 1 lit. b) EG.[282] Die Annahme einer Vorlagepflicht
liegt in der Tat sehr nahe, wenn man die Zuständigkeit des Gerichtshofes im wesentlichen mit dem besonderen Interesse an einer gemeinschaftsweit einheitlichen
Auslegung sieht.[283]

---

279 EuGH, Urteil vom 17.12.1998 – Rs. C-2/97 – EuGHE 1998 I-8597 = EWS 1999, 234 = NZA 1999,
    811 – Società italiana petroli SpA (IP) vs. Borsana Srl. zu den Richtlinien 89/655/EWG und 90/394/
    EWG).
280 Vgl. EuGH, Urteil vom 14.7.1998 – Rs. C-389/96 – EuGHE 1998 I-4473 = NVwZ 1998, 1057 = EuZW
    1998, 698 – Aher Waggon GmbH vs. Bundesrepublik Deutschland zur Vorlage
    BVerwG, Beschluss vom 25.9.1996 – 11 C 11.95 – Buchholz 442.40 § 2 LuftVG Nr. 2, vgl. Bespr.
    Theodor Schilling, EuGH zu Schallemissionen bei Flugzeugen, in: EuZW 1998, 699–700.
281 EuGH, Urteil vom 15.10.1986 – Rs. 168/85 – EuGHE 1986, 2945 [2960] Rn. 11 – Kommission vs.
    Italien.
282 Vgl. Matthias Habersack/Christian Mayer, Die überschießende Umsetzung von Richtlinien, in: JZ
    1999–913–921.
283 Vgl. etwa EuGH, Urteil vom 16.7.1998 – Rs. C-264/96 – EuGHE 1998 I-4695 [4725] Rn. 34 f. = EWS
    1998, 344 = EuZW 1999, 21 = RIW 1998, 981 – Imperial Chemical Industries plc (ICI) vs. Kenneth
    Hall Colmer (HM Inspector of Taxes).

Berkemann   97

1.2 Grundsatz der Bestimmtheit der innerstaatlichen Umsetzung

164 (1) Die innerstaatliche Umsetzung der Richtlinie muss **konkret, bestimmt und klar** sein.[284] Die innerstaatliche Rechtsvorschrift muss dazu mit der Richtlinie insoweit inhaltsgleich sein. Eine wörtliche Übernahme ist nicht geboten.[285] So kann sich der Bundesgesetzgeber mithin bei der Umsetzung an einer „eingefahrenen" eigenen Begrifflichkeit ausrichten.[286] Die Umsetzung einer Richtlinie in innerstaatliches Recht erfordert nicht unbedingt eine förmliche und wörtliche Übernahme ihrer Bestimmungen in eine ausdrückliche, besondere Rechtsvorschrift.[287] Gelungen ist eine Umsetzung allerdings nur, wenn die durch die Richtlinie Begünstigten, soweit die Richtlinie Ansprüche des einzelnen begründen soll, auch in der Lage sind, ihre Rechte in zumutbarer Weise in Erfahrung bringen zu können.[288] Dazu müssen die nationalen Rechtsvorschriften den gemeinschaftsrechtlich umgesetzten Rechtszustand „so bestimmt und klar" beschreiben, dass die gebotene Rechtssicherheit auch gewährleistet wird.[289] Soweit die Richtlinie Ansprüche des einzel-

---

284 Vgl. dazu EuGH, Urteil vom 28.2.1991 – Rs. C-131/88 – EuGHE 1991 I-825 [874] Rn. 36 = DVBl. 1991, 863 = NVwZ 1991, 973 = EuZW 1991, 405 = UPR 1992, 22 = NuR 1992, 198 – Kommission vs. Deutschland; EuGH, Urteil vom 30.5.1991 – Rs. C-361/99 – EuGHE 1991 I-2567 [2600ff.] Rn. 21 = DVBl. 1991, 86 = NVwZ 1991, 866 = UPR 1992, 24 = BayVBl 1992, 207 = NuR 1992, 197 = EuZW 1991, 440 = JZ 1991, 1031 – Kommission vs. Deutschland – „TA Luft"; EuGH, Urteil vom 14.12.1995 – Rs. C-16/95 – EuGHE 1995 I-4883 = HFR 1996, 223 – Kommission vs. Spanien; EuGH, Urteil vom 15.6.1995 – Rs. C-220/94 – EuGHE 1995 I-1589 – Kommission vs. Luxemburg.
285 EuGH, Urteil vom 15.3.1990 – Rs. C-339/87 – EuGHE 1990 I-851 – Kommission vs. Niederlande; EuGH, Urteil vom 28.2.1991 – Rs. C-360/87 – EuGHE 1991 I-791 – Kommission vs. Italien; EuGH, Urteil vom 28.2.1991 – Rs. C-131/88 – EuGHE 1991 I-825 = DVBl. 1991, 863 = NVwZ 1991, 973 = EuZW 1991, 405 UPR 1992, 22 = NuR 1992, 198 – Kommission vs. Deutschland, mit Bespr. Ulrich Everling, Umsetzung von Umweltrichtlinien durch normkonkretisierende Verwaltungsanweisungen, in: RIW 1992, 379–385; Albrecht Weber, Zur Umsetzung von EG-Richtlinien im Umweltrecht, in: UPR 1992, 5–9; EuGH, Urteil vom 20.3.1997 – Rs. C-96/95 – EuGHE 1997 I-1653 = NVwZ 1998, 48 = EuZW 21997, 348 = RIW 1997, 432 – Kommission vs. Deutschland (Richtlinien 90/364/EWG und 90/365/EWG – Aufenthaltsrecht); EuGH, Urteil vom 9.9.1999 – Rs. C-217/97 – EuGHE 1999 I-5087 = DVBl. 1999, 1494 = NVwZ 1999, 1209 = EuZW 1999, 763 = EuR 2000, 218 = NuR 2000, 26 = ZUR 2000, 16 – Kommission vs. Deutschland (Richtlinie 90/313/EWG – Umweltinformationsrichtlinie), vgl. dazu Rainer Pitschas/Jan Lessner, Verankerung eines Umweltinformationsanspruchs im deutschen Verwaltungsrecht, in: DVBl. 2000, 332–335; vgl. ferner Bespr. Bernhard W. Wegener, in: EuR 2000, 227–236; Sebastian Heselhaus, in: EuZW 2000, 298–304; Florian Becker, in: NVwZ 1999, 1187–1190.
286 Vgl. EuGH, Urteil vom 23.5.1985 – Rs. 29/84 – EuGHE 1985, 1661 [1673] Rn. 23 – Kommission vs. Deutschland (Richtlinie 77/452/EWG und 77/453/EWG – Anerkennung von Diplomen); EuGH, Urteil vom 9.4.1987 – Rs. 363/85 – EuGHE 1987, 1733 = RIW 1987, 882 – Kommission vs. Italien.
287 EuGH, Urteil vom 17.10.1991 – Rs. C-58/89 – EuGHE 1991 I-4983 [5023] Rn. 23 = NVwZ 1992, 459 = BayVBl 1992, 334 = EuZW 1991, 761 – Kommission vs. Deutschland (Nichtumsetzung von EG-Richtlinien für die Trinkwassergewinnung aus Oberflächenwasser in innerstaatliches Recht), mit Bespr. Bernhard W. Wegener, Die neuere Rechtsprechung des EuGH zu Defiziten bei der Umsetzung von Umweltschutzrichtlinien der Gemeinschaft, in: InfUR 1992, 35–38; vgl. auch Kurt Faßbender, Gemeinschaftsrechtliche Anforderungen an die normative Umsetzung der neuen EG-Wasserrahmenrichtlinie, in: NVwZ 2001, 241–249; Gerd Winter, Die Dogmatik der Direktwirkung von EG-Richtlinien und ihre Bedeutung für das EG-Naturschutzrecht, in: ZfU 2002, 313–318.
288 EuGH, Urteil vom 17.10.1991 – Rs. C-58/89 – EuGHE 1991 I-4983 [5023] Rn. 13 = NVwZ 1992, 459 = BayVBl 1992, 334 = EuZW 1991, 761 – Kommission vs. Deutschland (Nichtumsetzung von EG-Richtlinien für die Trinkwassergewinnung aus Oberflächenwasser in innerstaatliches Recht); EuGH, Urteil vom 8.7.1999 – Rs. C-354/98 – EuGHE 1999 I-4927 – Kommission vs. Frankreich.
289 EuGH, Urteil vom 9.7.1981 – Rs. 169/80 – EuGHE 1981, 1931 [1942] Rn. 17 = HFR 1982, 88 = ZfZ 1982, 48 – Zollverwaltung vs. Gondrand Frères; EuGH, Urteil vom 27.3.1990 – Rs. C-10/88 – EuGHE

Berkemann

nen begründet, müssen die Begünstigten außerdem in der Lage sind, ihre Rechte vor den nationalen Gerichten geltend zu machen.[290]

Beispiel: Die Richtlinie 75/440/EWG über die Qualitätsanforderungen an Oberflächenwasser für die Trinkwassergewinnung und die Richtlinie 79/869/EWG über die Meßmethoden bezwecken den Schutz der Volksgesundheit; zu diesem Zweck sollen das zur Trinkwassergewinnung bestimmte Oberflächenwasser und dessen Aufbereitung überwacht werden. Dies bedeutet nach Ansicht des EuGH, dass immer dann, wenn die mangelnde Befolgung der durch diese Richtlinien vorgeschriebenen Maßnahmen die Gesundheit von Menschen gefährden könnte, die Betroffenen die Möglichkeit haben müssen, sich auf zwingende Vorschriften zu berufen, um ihre Rechte geltend zu machen. Eine ordnungsgemäße Umsetzung der Richtlinie verlangt damit zur Wahrung des Erfordernisses der Rechtssicherheit den Erlass hinreichend spezifischer, bestimmter und klarer Vorschriften mit unbestreitbarer Bindungswirkung.[291]

(2) Mit der Zunahme von Detailregelungen der Richtlinie steigen auch die Anforderungen an die Bestimmtheit einer mitgliedstaatlichen Norm und schmälern sich gleichzeitig die verbleibenden Umsetzungsspielräume. **165**

1.3 Grundsatz der rechtlichen Unbedingtheit – Mittel zur Umsetzung der Richtlinie

(1) Art. 249 Abs. 3 EG überlässt an sich den Mitgliedstaaten, „die Wahl der Form und der Mittel" zur Umsetzung der Richtlinie. Das wird in aller Regel erfordern, dass der Mitgliedstaat **normativ verbindliche**, d. h. **außenrechtswirksame Ausführungsvorschriften** erlässt. Eine ordnungsgemäße Umsetzung erfordert den Erlass von Bestimmungen, deren normativ zwingender Charakter außer Zweifel steht.[292] **166**

1990 I-1229 [1230] Ls. 2 – Italien vs. Kommission (zum Grundsatz der loyalen Zusammenarbeit); EuGH, Urteil vom 9.9.1999 – Rs. C-217/97 – EuGHE 1999 I-5087 = DVBl. 1999, 1494 = NVwZ 1999, 1209 = EuZW 1999, 763 = EuR 2000, 218 – Kommission vs. Deutschland (mangelhafte Umsetzung der Umweltinformationsrichtlinie 90/313/EWG); ähnlich EuGH, Urteil vom 27.10.1992 – Rs. C-74/91 – EuGHE 1992 I-5437 = EuZW 1993, 63 = HFR 1993, 99 = EWS 1993, 41 – Kommission vs. Deutschland – „Reisebüro" (zur Richtlinie 77/338/EWG); EuGH, Urteil vom 28.4.1993 – Rs. C-306/91 – EuGHE 1993 I-2133 = RIW 1993, 596 – Kommission vs. Italien (Richtlinie 72/464/EWG – Tabak); EuGH, Urteil vom 19.9.1996 – Rs. C-236/95 – EuGHE 1996 I-4459 – Kommission vs. Griechenland; EuG, Urteil vom 22.1.1997 – Rs. T-115/94 – EuGHE 1997 II-39 = EuZW 1997, 664 = ZfZ 1997, 194 – Opel Austria vs. Rat, vgl. dazu Bettina Kahil, Zum Vertrauensschutz als Bestandteil des Gemeinschaftsrechts, zur Rückdatierung eines Amtsblatts der EU und zu dem für die Prüfung der Nichtigkeit eines Gemeinschaftsrechtsakts maßgebenden Zeitpunkt, in: EuZW 1997, 671–672.

290 EuGH, Urteil vom 17.10.1991 – Rs. C-58/89 – EuGHE 1991 I-4983 = NVwZ 1992, 459 = BayVBl 1992, 334 = EuZW 1991, 761 = ZfW 1992, 351 – Kommission vs. Deutschland (Nichtumsetzung von EG-Richtlinien 75/440/EWG und 79/869/EWG für die Trinkwassergewinnung aus Oberflächenwasser in innerstaatliches Recht); mit Bespr. Bernhard W. Wegener, in: InfUR 1992, 35–38; Kurt Fassbender, Gemeinschaftsrechtliche Anforderungen an die normative Umsetzung der neuen EG-Wasserrahmenrichtlinie, in: NVwZ 2001, 241–249.

291 EuGH, Urteil vom 17.10.1991 – Rs. C-58/89 – EuGHE I-4983 [5023] Rn. 14 = NVwZ 1992, 459 = EuZW 1991, 761 = BayVBl 1992, 334 = ZfW 1992, 351 – Kommission vs. Deutschland.

292 EuGH, Urteil vom 12.12.1996 – C-298/95 – EuGHE 1996 I-6747 = NVwZ 1997, 369 = ZUR 1997, 156 – Kommission vs. Deutschland (Nichtumsetzung der Richtlinien 78/659/EWG und 79/923/EWG – Qualitätsanforderungen an Muschelgewässer).

Berkemann 99

167 Gleichwohl kann grundsätzlich nicht verlangt werden, dass die Umsetzung gerade durch ein förmliches Gesetz erfolgt.[293] Entscheidend ist die Zielsetzung der Richtlinie. Es stellt die deutliche Ausnahme dar, sollte die Richtlinie eine Umsetzung durch eine intern wirkende, insoweit gleichwohl verbindliche Verwaltungsvorschrift genügen lassen.[294] Bloße Verwaltungspraktiken, welche die Verwaltung beliebig ändern kann und die vielfach zudem nur unzureichend bekannt sind, sind jedenfalls keine wirksame Erfüllung der Umsetzungspflicht.[295] Jeder einzelne müsse wissen, welche Rechte und Pflichten er hat.[296] In Rechtsbeziehungen des Bürgers kann durch nur intern verbindliche Verwaltungsvorschriften in keinem Falle eingegriffen werden. Sog. **normkonkretisierende Verwaltungsvorschriften** erfüllen, selbst wenn man diese als gesetzlich möglich ansieht, die Umsetzungspflicht grundsätzlich nicht. Mit ihnen wird die vom EuGH geforderte Verbindlichkeit der mit der Richtlinie beanspruchten Umsetzung nicht erreicht.[297] Der EuGH kritisiert insoweit die fehlende Rechtssicherheit. In aller Regel wird auch nicht das Gebot der hinreichenden Bestimmtheit beachtet.[298] Der EuGH hat wiederholt die Umsetzungsuntauglichkeit deutscher Verwaltungsvorschriften kritisiert und hierbei die fehlende Klagbarkeit hervorgehoben.[299] Eine Umsetzung durch ein förmliches Gesetz fordert der EuGH dann, wenn der Richtlinieninhalt bereits durch ein inner-

---

293 EuGH, Urteil vom 30.5.1991 – Rs. C-361/91 – EuGHE 1991 I-2567 [2600 ff.] Rn. 20 = NVwZ 1991, 866 = EuZW 1991, 440 = UPR 1992, 5 – Kommission vs. Deutschland. – „TA Luft".
294 Martin Nettesheim, in: Eberhard Grabitz/Meinhard Hilf (Hrsg.), Das Recht der Europäischen Union [Stand: Aug. 2002], EG Art. 249 Rn. 142.
295 EuGH, Urteil vom 15.10.1986 – Rs. 168/85 – EuGHE 1986, 2945 [2961] Rn. 13 – Kommission vs. Italien; EuGH, Urteil vom 11.12.1997 – Rs. C-83/97 – NVwZ 1998, 721 = NuR 1998, 194 = BayVBl 1998, 718 – Kommission vs. Deutschland (zur Richtlinie 43/92/EWG); EuGH, Urteil vom 24.6.2004 – Rs. C-212/02 – = EuZW 2004, 606 = ZfBR 2004, 704 – Kommission vs. Österreich.
296 So EuGH, Urteil vom 30.5.1991 – Rs. C-59/89 – EuGHE 1991 I-2607 [2633] Rn. 28 = NVwZ 1991, 868 = EuZW 1991, 442 = JZ 1991, 1032 = DB 1991, 1620 – Kommission vs. Deutschland (Nichtumsetzung einer EG-Richtlinie 884/82/EWG gegen die Luftverschmutzung durch Blei in innerstaatliches Recht), vgl. dazu auch Ulrich Guttenberg, Unmittelbare Außenwirkung von Verwaltungsvorschriften? – EuGH, NVwZ 1991, 866 und 868, in: JuS 1993, 1006–1011; Ronald Steiling, Mangelnde Umsetzung von EG-Richtlinien durch den Erlaß und die Anwendung der TA Luft, in: NVwZ 1992, 134–137.
297 So auch Werner Hoppe/Olaf Otting, Verwaltungsvorschriften als ausreichende Umsetzung von rechtlichen und technischen Vorgaben der Europäischen Union?, in: NuR 1998, 61–69 [64], abweichend Barbara Remmert, Probleme von Verwaltungsvorschriften, in: Jura 2004, 728–734 [733 f.].
298 Vgl. Martin Burgi, Verwaltungsprozess und Europarecht. Eine systematische Darstellung, München 1996; S. 18 ff.; vgl. auch Thomas von Danwitz, Normkonkretisierende Verwaltungsvorschriften und Gemeinschaftsrecht, in: VerwArch 84 (1993), S. 73–96.
299 EuGH, Urteil vom 30.5.1991 – Rs. C-361/88 – EuGHE 1991 I-2567 = NVwZ 1992, 866 = NJW 1992, 1815 (L) = EuZW 1991, 440 – Kommission vs. Deutschland (Grenzwerte für Schwefeldioxid und Schwebestaub); EuGH, Urteil vom 30.5.1991 – Rs. C-59/89 – EuGHE 1991 I-2607 = NVwZ 1991, 868 = EuZW 1991, 442 = JZ 1991, 1032 – Kommission vs. Deutschland (Bleigehalt in der Luft); EuGH, Urteil vom 17.10.1991 – Rs. C-58/89 – EuGHE 1991 I-4983 = NVwZ 1992, 459 = BayVBl 1992, 334 = EuZW 1991, 761 = ZfW 1992, 351 – Kommission vs. Deutschland (Nichtumsetzung von EG-Richtlinien 75/440/EWG und 79/869/EWG für die Trinkwassergewinnung aus Oberflächenwasser in innerstaatliches Recht). Zur späteren Anerkennung der Umsetzungsuntauglichkeit deutscher Verwaltungsvorschriften durch die Bundesregierung vgl. EuGH, Urteil vom 7.11.1996 – Rs. C-262/95 – EuGHE 1996 I-5729 [5739] Rn. 15 = NVwZ 1997, 371 = ZfW 1998, 289 – Kommission vs. Deutschland (Gewässerschutz), vgl. auch Rudolf Steinberg, Probleme der Europäisierung des deutschen Umweltrechts, in: AöR 120 (1995), S. 549–594 [565 ff.].

Berkemann

staatliches Gesetz ganz oder teilweise erfasst worden war (**Grundsatz der Parallelität**).[300]

Gefordert ist daher eine umsetzende **Rechtsnorm im materiellen Sinne**.[301] Ein **168** Mitgliedstaat kann sich demgemäß nicht auf Bestimmungen, Übungen oder Umstände seiner internen Rechtsordnung berufen, um die Nichteinhaltung der in einer Richtlinie festgelegten Verpflichtungen und Fristen zu rechtfertigen.[302] Daher genügt eine richtlinienkonforme Verwaltungs- und Rechtspraxis nicht (**sog. Rechtsnormvorbehalt**).[303] Auch Verwaltungsvorschriften oder behördliche Rundschreiben erfüllen nicht die geforderte Form der Umsetzung.[304] Sie genügen insbesondere vielfach nicht dem rechtsstaatlichen Gebot der Publizität (vgl. Rn. 170).[305] So genügte nach Ansicht des EuGH auch die gemäß § 48 BImSchG erlassene **TA Luft 1986** nicht dem gemeinschaftsrechtlichen Formerfordernis.[306] Für die TA

---

300 Vgl. EuGH, Urteil vom 6.5.1980 – Rs. 102/79 – EuGHE 1980, 1473 [1486] Rn. 10 = DVBl. 1981, 137 = RIW 1980, 646 – Kommission vs. Belgien; EuGH, Urteil vom 15.10.1986 – Rs. 168/85 – EuGHE 1986, 2945 [2961] Rn. 13 – Kommission vs. Italien; dem folgend Christine Langenfeld, Zur Direktwirkung von EG-Richtlinien, in: DÖV 1992, 955–965 [955].

301 EuGH, Urteil vom 4.12.1997 – Rs. C-207/96 – EuGHE 1997 I-6869 = EWS 1998, 181 – Kommission vs. Italien; EuGH, Urteil vom 8.10.1996 – verb. Rs. C-178/94, C-179/94, C-188/94, C-189/94 und C-190/94 – EuGHE 1996, I-4845 [4884 f.] Rn. 48 f.= DVBl. 1997, 111 = NJW 1996, 3141 = BayVBl 1997, 464 = EuGRZ 1996, 450 = EuZW 1996, 654 = JZ 1997, 198 = KTS 1997, 75 – Dillenkofer vs. MP Travel – „Pauschalreiserichtlinie", vgl. dazu Hans-Jürgen Papier/Andreas Dengler, Nicht fristgerecht umgesetzte EG-Richtlinie – Staatshaftung („Dillenkofer" – „MP Travel"), in: EWiR 1996, 1027–1028.

302 EuGH, Urteil vom 12.11.1996 – Rs. C-298/95 – EuGHE 1996 I-6747 = NVwZ 1997, 369 = ZUR 1997, 156 = ZfW 1998, 292 – Kommission vs. Deutschland (zur Richtlinie 78/659/EWG – Qualität von Süßwasser und Muschelgewässer).

303 EuGH, Urteil vom 1.3.1983 – Rs. 300/81 – EuGHE 1983, 449 [456] Rn. 10 – Kommission vs. Italien; vgl. ferner Ulrich Beyerlin, Umsetzung von EG-Richtlinien durch Verwaltungsvorschriften?, in: EuR 1987, 126–148; vgl. ferner Werner Hoppe/Olaf Otting, Verwaltungsvorschriften als ausreichende Umsetzung von rechtlichen und technischen Vorgaben der Europäischen Union?, in: NuR 1998, 61–69.

304 EuGH, Urteil vom 2.12.1986 – Rs. 239/85 – EuGHE 1986, 3645 Ls. – Kommission vs. Belgien; EuGH, Urteil vom 23.5.1985 – Rs. 29/84 – EuGHE 1985, 1671 – Kommission vs. Deutschland (zu den Richtlinien 77/452/EWG und 77/453/EWG – Tätigkeiten der Krankenschwestern); EuGH, Urteil vom 28.2.1991 – Rs. C-131/88 – EuGHE 1991 I-824 = DVBl. 1991, 863 = NVwZ 1991, 973 = EuZW 1991, 405 = UPR 1992, 22 = NuR 1992, 198 – Kommission vs. Deutschland (zur Richtlinie 80/68/EWG – Schutz des Grundwassers); EuGH, Urteil vom 10.12.1991 – Rs. C-306/89 – EuGHE 1991 I-5863 = RIW 1992, 152 – Kommission vs. Griechenland; vgl. auch Heike Adam, Die Mitteilungen der Kommission: Verwaltungsvorschriften des Europäischen Gemeinschaftsrechts? – Eine Untersuchung zur rechtsdogmatischen Einordnung eines Instruments der Kommission zur Steuerung der Durchführung des Gemeinschaftsrechts, Baden-Baden 1999; Jörg Gundel, Rechtsschutz gegen Kommissions-Mitteilungen zur Auslegung des Gemeinschaftsrechts – zugleich eine Besprechung von EuGH-Urteil vom 20.3.1977 – Rs. C-57/95 – in: EuR 1998, 90–102.

305 EuGH, Urteil vom 23.5.1985 – Rs. 29/84 – EuGHE 1985, 1661 [1672[Rn. 19 – Kommission vs. Deutschland (zur Umsetzung der Richtlinien 77/452/EWG und 77/453/EWG).

306 EuGH, Urteil vom 30.5.1991 – Rs. C-361/99 – EuGHE 1991 I-2567 [2600 ff.] Rn. 20 = DVBl. 1991, 869 = NVwZ 1991, 866 = EuZW 1991, 440 = UPR 1992, 24 = BayVBl 1992, 207 = NuR 1992, 197 – Kommission vs. Deutschland. – „TA Luft"; EuGH, Urteil vom 30.5.1991 – Rs. C-59/89 – EuGHE 1991 I-2607 [2632] Rn. 23 = NVwZ 1991, 868 = EuZW 1991, 442 = Z 1991, 1032 – Kommission vs. Deutschland (Richtlinie 82/884/EWG betreffend einen Grenzwert für den Bleigehalt in der Luft); ebenso bereits EuGH, Urteil vom 14.10.1987 – Rs. 208/85 – EuGHE 1987, 4045 [4066] Rn. 30 – Kommission vs. Deutschland (unzureichende Umsetzung der Richtlinie 79/831/EWG – Einstufung, Verpackung und Kennzeichnung gefährlicher Stoffe). Die Auffassung des BVerwG, die TA Luft sei „normkonkretisierend" zu verstehen, hat den EuGH ersichtlich nicht beeindruckt. Vgl. BVerwG, Ur-

---

Luft sei nämlich nicht nachgewiesen, dass dieser eine „unbestreitbare Verbindlichkeit" zukomme, um dem Erfordernis der Rechtssicherheit zu genügen.

169 Auch eine eingeführte und kontrollierte Verwaltungspraxis erfüllt die Umsetzungspflicht nicht.[307] Ohnedies sind die Gerichte nach deutscher Rechtsauffassung bei ihrer Kontrolltätigkeit gegenüber der Verwaltung allein im Rahmen des Grundsatzes der Gleichbehandlung nicht an Verwaltungsvorschriften und damit nur mittelbar gebunden.[308] Auch amtliche Rundschreiben genügen der Umsetzungspflicht nicht.[309] Auch die Übereinstimmung einer entstandenen Praxis mit den Schutzgeboten einer Richtlinie rechtfertigt nicht, diese Richtlinie in der innerstaatlichen Rechtsordnung nicht durch Vorschriften umzusetzen. Um die volle Anwendung der Richtlinie in rechtlicher und nicht nur in tatsächlicher Hinsicht zu gewährleisten, müssen die Mitgliedstaaten zudem einen **eindeutigen gesetzlichen Rahmen** für den jeweiligen Regelungsbereich bereitstellen.[310] Nach allem muss die Umsetzung so bestimmt, klar und transparent sind, dass der einzelne wissen kann, welche Rechte und Pflichten er hat. Der EuGH hat folgerichtig den Einwand zurückgewiesen, der Richtlinieninhalt gelte nach Ablauf der Umsetzungsfrist ohnehin unmittelbar.[311]

Beispiel: Die Übereinstimmung einer Praxis mit den Schutzgeboten einer Richtlinie kann kein Grund dafür sein, diese Richtlinie in der innerstaatlichen Rechtsordnung nicht durch Bestimmungen umzusetzen, die so bestimmt, klar und transparent sind, dass der einzelne wissen kann, welche Rechte und Pflichten er hat. Um die volle Anwendung der Richtlinie in rechtlicher und nicht nur in tatsächlicher Hinsicht zu gewährleisten, müssen die Mitgliedstaaten einen eindeutigen gesetzlichen Rahmen auf dem betreffenden Gebiet bereitstellen.[312]

---

teil vom 20.12.1999 – 7 C 15.98 – BVerwGE 110, 216 = DVBl. 2000, 810 = NVwZ 2000, 440 = DÖV 2000, 596 = UPR 2000, 309.

307 EuGH, Urteil vom 6.5.1980 – Rs. 102/79 – EuGHE 1980, 1473 [1486] Rn. 11 = DVBl. 1981, 137 = RIW 1980, 646 – Kommission vs. Belgien; EuGH, Urteil vom 2.8.1993 – Rs. C-366/89 – EuGHE 1993 I-4201 – Kommission vs. Italien; EuGH, Urteil vom 7.10.1996 – Rs. C-221/94 – EuGHE 1996 I-5669 = EWS 1997, 32 = RIW 1997, 253 – Kommission vs. Luxemburg.

308 BVerfG, Beschluss vom 31.5.1988 – 1 BvR 520/83 – BVerfGE 78, 214 = DVBl. 1989, 94 = NJW 1989, 666.

309 EuGH, Urteil vom 20.3.1997 – Rs. C-96/95 – EuGHE 1997 I-1653 [1680] Rn. 38 = NVwZ 1998, 48 = EuZW 21997, 348 = RIW 1997, 432 – Kommission vs. Deutschland (zu den Richtlinien 90/364/EWG und 90/365/EWG – Aufenthaltsrecht).

310 EuGH, Urteil vom 1.10.1991 – verb. Rs. C-13/90, C-14/90, C-64/90 – EuGHE 1991 I-4327 = EWS 1993, 154 – Kommission vs. Frankreich; EuGH, Urteil vom 30.5.1991 – Rs. C-361/88 – EuGHE 1991 I-2567 = DVBl. 1991, 869 = NVwZ 1991, 866 = EuZW 1991, 440 = UPR 1992, 24 – Kommission vs. Deutschland (Nichtumsetzung einer EG-Richtlinie 80/779 gegen die Luftverschmutzung durch Schwefeldioxid und Schwebstaub in innerstaatliches Recht); EuGH, Urteil vom 10.5.2001 – Rs. C-144/99 – EuGHE 2001 I-3541 [3565] Rn. 19 = NJW 2001, 2244 = EuZW 2001, 437 = EWS 2001, 329 = ZIP 2001, 1373 – Kommission vs. Niederlande; vgl. dazu Stefan Leible, Pflicht zur klaren und eindeutigen Umsetzung der Richtlinie 93/13/EWG, in: EuZW 2001, 438–439; Norbert Reich, Zur Umsetzung der EWGRL 13/93 in nationales Recht, in: EWiR 2001, 969–970; Ansgar Staudinger, Richtlinienkonforme Auslegung kann die rechtsförmliche Transformation der Klauselrichtlinie nicht ersetzen, in: EWS 2001, 330–332; Hans-W. Micklitz, in: EWS 2001, 486–488; zum Ganzen Christoph Hermann, Richtlinienumsetzung durch die Rechtsprechung, Berlin 2003, S. 212ff.

311 EuGH, Urteil vom 11.12.1997 – Rs. C-83/97 – DVBl. 1998, 181 = NVwZ 1998, 721 = EuZW 1997, 764 = NuR 1998, 194 = BayVBl 1998, 718 – Kommission vs. Deutschland (Richtlinie 92/43/EWG).

312 EuGH, Urteil vom 30.5.1991 – Rs. C-59/89 – EuGHE 1991 I-2607 = NVwZ 1991, 868 = EuZW 1991, 442 = JZ 1991, 1032 – Kommission vs. Deutschland (zur Umsetzung der Richtlinie 82/884/EWG –

(2) Art. 249 Abs. 3 EG verlangt eine nach außen erkennbare Rechtsetzung (**Ge-** **170** **bot der Publizität**). Die umsetzende innerstaatliche Regelung muss dazu in der innerstaatlich üblichen Weise veröffentlicht sein. Der Umsetzungspflicht genügt daher die schlichte Nichtanwendung entgegenstehenden nationalen Rechtes nicht.[313] Auch eine Praxis der richtlinienkonformen Auslegung von nationalen Rechtsvorschriften ist unzureichend, wenn diese Vorschriften ihrerseits den gemeinschaftsrechtlichen Anforderungen an Bestimmtheit und Klarheit nicht entsprechen.[314] Auch eine gefestigte Rechtsprechung, die eine richtlinienkonforme Auslegung zum Inhalt hat, erfüllt die Umsetzungspflicht nicht.[315] Die Entscheidungen der nationalen Gerichte erzeugen eben keine allgemeine Verbindlichkeit.

(3) Der Mitgliedstaat ist allerdings nicht verpflichtet, die Richtlinie gerade in einem **171** besonderen Gesetz oder Rechtsverordnung im Sinne einer Spezialregelung umzusetzen. Es gilt der **Grundsatz der innerstaatlichen Verfahrensautonomie**.[316]

Die Umsetzung einer Richtlinie in innerstaatliches Recht erfordert daher nicht not- **172** wendig eine förmliche, gar wörtliche Übernahme ihrer Bestimmungen in eine ausdrückliche, besondere Rechtsvorschrift: Vielmehr kann auch ein allgemeiner rechtlicher Zusammenhang genügen, wenn dieser tatsächlich die vollständige Anwendung der Richtlinie hinreichend klar und bestimmt gewährleistet.[317] Die Anwendung der Richtlinie muss vollständig und in klarer Weise gesichert sein.[318] Das bestimmt sich auch nach dem Regelungsziel der Richtlinie. So kommt beispielsweise der Genauigkeit der Umsetzung im Fall der Richtlinie 79/409/EWG über die Erhaltung der wild lebenden Vogelarten insofern besondere Bedeutung zu, als die Verwaltung des gemeinsamen Erbes den Mitgliedstaaten für ihr jeweiliges Hoheitsgebiet anvertraut ist.[319] Der Grundsatz der Verfahrensautonomie wird ver-

---

Grenzwerte für Bleigehalt in der Luft), mit Bespr. Ronald Steiling, Mangelnde Umsetzung von EG-Richtlinien durch den Erlaß und die Anwendung der TA Luft, in: NVwZ 1992, 134–137; Ulrich Guttenberg, Unmittelbare Außenwirkung von Verwaltungsvorschriften? – EuGH, NVwZ 1991, 866 und 868, in: JuS 1993, 1006–1011; Ulrich Everling, Umsetzung von Umweltrichtlinien durch normkonkretisierende Verwaltungsanweisungen, in: RIW 1992, 379–385.

313 EuGH, Urteil vom 4.12.1997 – Rs. C-207/96 – EuGHE 1997 I-6869 = EWS 1998, 181 – Kommission vs. Italien.

314 EuGH, Urteil vom 19.9.1996 – Rs. C-236/95 – EuGHE 1996 I-4459 – Kommission vs. Griechenland.

315 EuGH, Urteil vom 4.12.1997 – Rs. C-207/96 – EuGHE 1997 I-6869 = EWS 1998, 181 – Kommission vs. Italien; wie hier Martin Nettesheim, in: Eberhard Grabitz/Meinhard Hilf (Hrsg.), Das Recht der Europäischen Union [Stand: Aug: 2002] EG Art. 249 Rn. 141; vgl. dazu Ulrich Ehricke, Die richtlinienkonforme Auslegung nationalen Rechts vor Ende der Umsetzungsfrist einer Richtlinie, in: EuZW 1999, 553–559.

316 EuGH, Urteil vom 7.1.2004 – Rs. C-201/02 – EuGHE 2004 I-723 [767] Rn. 65 = DVBl. 2004, 370 = NVwZ 2004, 593 = EWS 2004, 232 = NuR 2004, 517 – The Queen, Delena Wells vs. Secretary of State for Transport, Local Government and the Regions – „Delena Wells", vgl. dazu Jochen Kerkmann, Wiederaufnahme eines Bergbaubetriebes ohne UVP, in: DVBl. 2004, 1288–1289; Kristian Fischer/Thomas Fetzer, Unmittelbare Wirkung von Richtlinien im Dreiecksverhältnis, in: EWS 2004, 236–238; Christian Baldus, Ein weiterer Schritt zur horizontalen Direktwirkung? – Zu EuGH, C-201/02, 7.1.2004 (Delena Wells), in: UPR 2004, 124–126.

317 EuGH, Urteil vom 7.12.2000 – Rs. C-38/99 – EuGHE 2000 I-10941 = NuR 2001, 207 – Kommission vs. Frankreich.

318 EuGH, Urteil vom 9.4.1987 – Rs. 363/85 – EuGHE 1987, 1733 Ls. – Kommission vs. Italien.

319 EuGH, Urteil vom 7.12.2000 – Rs. C-38/99 – EuGHE 2000 I-10941 = NuR 2001, 207 – Kommission vs. Frankreich.

Berkemann

stärkt durch den Grundsatz der Subsidiarität (vgl. Rn. 59). Beiden Grundsätzen steht in der Praxis der **Grundsatz der Effektivität** zugunsten der Förderung der gemeinschaftsrechtlichen Integration entgegen. Dieser Grundsatz kann im Einzelfall so stark in den Vordergrund treten, dass er gegenüber dem deutschen Verfahrensrecht einen Anwendungsvorrang der allgemeinen gemeinschaftsrechtlichen Rechtsgrundsätze auslöst.[320] Eine derartige Lage kann eintreten, wenn das deutsche Verfahrensrecht die Durchsetzung des Gemeinschaftsrechts entweder praktisch unmöglich macht oder doch wesentlich erschwert.[321]

173 Die deutsche Praxis entscheidet von Fall zu Fall, ob der Inhalt der Richtlinie in ein innerstaatliches Rechtssystem integriert oder ein gesondertes Umsetzungsgesetz geschaffen wird. So ist die Plan-UP-RL 2001/42/EG für den Bereich des Bauplanungsrechts in das BauGB integriert worden.[322] Hingegen ist die frühere Richtlinie 90/313/EWG des Rates vom 7. Juni 1990 über den freien Zugang zu Informationen über die Umwelt (ABl. L 158 vom 23.6.1990, S. 56) auf Bundesebene durch ein gesondertes Gesetz, das Umweltinformationsgesetz (UIG) vom 8. Juli 1994 (BGBl. I S. 1490), umgesetzt worden.[323] Das Gesetz zur Einführung einer Strategischen Umweltprüfung und zur Umsetzung der Richtlinie 2001/42/EG – SUPG – vom 25.6.2005 (BGBl. I S. 1746) erscheint gesetzestechnisch nur als eine Novellierung des Gesetzes über die Umweltverträglichkeitsprüfung (UVPG).

174 (4) Die Richtlinie kann bewusst den Mitgliedstaaten einen Regelungsspielraum eröffnen wollen. Diese Vorgehensweise besitzt alsdann die Funktion einer Ermächtigung. In diesem Falle muss der Mitgliedstaat diesen Spielraum auch ausüben (**Gebot der Konkretisierung**). Das schließt die Verwendung von Generalklauseln nicht aus, soweit damit die Zielsetzung der Richtlinie nicht unterlaufen wird.[324] Aus rechtsstaatlichen Gründen kann sich eine überlagernde grundgesetzliche, also innerstaatliche Pflicht zur Konkretisierung ergeben.

175 (5) Die Richtlinien verpflichten den Mitgliedstaat regelmäßig, in den Vorschriften, die der Umsetzung dienen, in diesen selbst oder durch einen Hinweis bei der amtlichen Veröffentlichung auf die Richtlinie Bezug zu nehmen. Die Richtlinien überlassen es zumeist den Mitgliedstaaten, die Einzelheiten dieser **Bezugnahme** zu regeln. Mit dieser Verfahrensweise wird zum einen der Kommission die Prüfung erleichtert, ob eine innerstaatliche Umsetzung nach Ansicht des Mitgliedstaates vorgenommen wurde. Die Verletzung der Hinweispflicht berührt die Umsetzung

---

320 Vgl. EuGH, Urteil vom 22.6.1989 – Rs. 103/88 – EuGHE 1989, 1839 [1870] Rn. 30 f. = DVBl. 1990, 689 = NVwZ 1990, 649 = EuR 1990, 151 = RIW 1990, 407 – Fratelli Costanzo SpA vs. Stadt Mailand – „Fratelli Costanzo" (Vergaberichtlinie 71/305/EWG), vgl. dazu Hans-Jürgen Wolff, Pflicht der Verwaltung zur Einhaltung von Bestimmungen in EG-Richtlinien?, in: VR 1991, 77–84.
321 Vgl. EuGH, Urteil vom 9.2.1999 – Rs. C-343/96 – EuGHE 1999 I-579 [611] Rn. 25 ff. = NVwZ 1999, 634 = EuZW 1999, 313 = HFR 1999, 500 – Dilexport vs. Amministrazione delle Finanze dello Stato.
322 Europarechtsanpassungsgesetz Bau – EAG Bau – vom 24. Juni 2004 (BGBl. I S. 1359).
323 Die Richtlinie 90/313/EWG ist durch Art. 11 der Richtlinie 2003/4 des Europäischen Parlaments und des Rates vom 28. Januar 2003 über den Zugang der Öffentlichkeit zu Umweltinformationen und zur Aufhebung der Richtlinie 90/313/EWG des Rates (ABl. EG L 41 S. 32) geändert worden.
324 Vgl. Christoph Hermann, Richtlinienumsetzung durch die Rechtsprechung, Berlin 2003, S. 190 ff.

als solche nicht.[325] Zum anderen dient diese Verfahrensweise dem Normadressaten, sich Klarheit über das Ziel der innerstaatlichen Regelung zu verschaffen. Ferner muss der Mitgliedstaat im Regelfall der Kommission **mitteilen**, welche **nationalen Rechtsvorschriften zur Umsetzung der Richtlinie** erlassen wurden. Diese Pflicht erfasst alle einschlägigen Rechtsvorschriften. Es ist nicht erlaubt, dabei nach der bundes- oder einheitsstaatlichen Struktur der Mitgliedstaaten oder nach der von ihnen jeweils angewandten Gesetzestechnik zu differenzieren.[326] Das gilt auch dann, wenn das der Kommission mitgeteilte Bundesgesetz den auf einer niedrigeren Ebene erlassenen, aber nicht mitgeteilten Vorschriften im Range vorgeht. Diese Pflichten bestehen auch bei einem **Bundesstaat**.

Beispiel: Die Bundesrepublik Deutschland hat dadurch gegen ihre Verpflichtungen aus dem EWG-Vertrag verstoßen, dass sie bis zum 1. Januar 1991 die Möglichkeit von Abweichungen von der Richtlinie 80/778/EWG des Rates vom 15. Juli 1980 über die Qualität von Wasser für den menschlichen Gebrauch unter Voraussetzungen zugelassen hat, die in Art. 10 Abs. 1 dieser Richtlinie nicht vorgesehen sind, und nicht für eine Verpflichtung der Länder Sorge getragen hat, ihr zugelassene Abweichungen mitzuteilen, um die Beachtung des Art. 9 Abs. 1 und des Art. 10 Abs. 3 der Richtlinie sicherzustellen.[327]

(6) Zweifelhaft kann sein, ob es für die innerstaatliche Umsetzung einer Richtlinie **176** genügt, auf den Richtlinientext lediglich durch eine Verweisung Bezug zu nehmen.[328] So verweist beispielsweise § 7 Abs. 5 Satz 1 ROG 2004 unter Angabe der EG-amtlichen Fundstelle auf den Anhang I der Plan-UP-RL 2001/42/EG, ohne den Text im Gesetz zu wiederholen (vgl. Rn. 156 f.). Vergleichbares findet sich in den Landesplanungsgesetzen.[329] Nach Ansicht des BVerwG erstrecken sich die in einer Rechtsverordnung gemäß Art. 80 Abs. 1 Satz 1 GG anzugebenden Rechtsgrundlagen nicht auf das Gemeinschaftsrecht, das durch die Verordnung umge-

325 Wie hier Hans D. Jarass, Grundfragen der innerstaatliche Bedeutung des EG-Rechts – Die Vorgaben des Rechts der Europäischen Gemeinschaft für die nationale Rechtsanwendung und die nationale Rechtsetzung nach Maastricht, Köln u. a. 1994, S. 62, abweichend für einen Sonderfall EuGH, Urteil vom 30.4.1996 – Rs. C-194/94 – EuGHE 1996 I-2201 = NJW 1997, 1062 = EuZW 1996, 379 – CIA Security International, vgl. dazu Hans-W. Micklitz, Die horizontale Direktwirkung von Richtlinien, in: EWiR 2001, 497–498; Ulrich Everling, Zur Meldepflicht der EU-Mitgliedstaaten in bezug auf nationale Rechts- und Verwaltungsvorschriften über technische Spezifikationen oder Normen gegenüber der EU, in: ZLR 1996, 449–453.
326 EuGH, Urteil vom 22.10.1998 – Rs. C-301/95 – EuGHE 1998 I-6135 = DVBl. 1999, 232 = NVwZ 1998, 1281 = EuZW 1998, 763 = EWS 1999, 104 = NuR 1999, 95 – Kommission vs. Deutschland (Richtlinie 85/337/EWG).
327 EuGH, Urteil vom 24.11.1992 – Rs. C-237/90 – EuGHE 1992 I-5973 = NVwZ 1993, 257 = EuZW 1993, 99 = BayVBl 1993, 717 = RIW 1993, 250 – Kommission vs. Deutschland (Richtlinie 80/778/EWG – Qualität von Wasser für den menschlichen Gebrauch).
328 Andreas Haratsch, Verweisungstechnik und gemeinschaftsgerichtete EG-Richtlinien, in: EuR 2000, 42–61; Thomas Klindt, Die Zulässigkeit dynamischer Verweisungen auf das EG-Recht aus verfassungsrechtlicher und europarechtlicher Sicht, in: DVBl. 1998, 373–380. Vgl. allgemein Hans-Ulrich Karpen, Die Verweisung als Mittel der Gesetzgebungstechnik, Berlin 1970.
329 Ebenso § 47 c Abs. 2 BImSchG in Verb. mit Anhang IV der Richtlinie 2002/49/EG des Europäischen Parlaments und des Rates vom 25. Juni 2002 über die Bewertung und Bekämpfung von Umgebungslärm (ABl. EG Nr. L 189 S. 12).

setzt wird.[330] Diese Ansicht ist innerstaatlich, aber auch gemeinschaftsrechtlich bedenklich.[331]

177 (7) Mit **Umweltvereinbarungen** zur Durchführung von Richtlinien der europäischen Gemeinschaft gibt es bisher kaum belastbare Erfahrungen.[332] Als (ergänzendes) Mittel zur Durchführung von Richtlinien befürwortet die Kommission im Grundsatz Umweltvereinbarungen auf mitgliedstaatlicher Ebene.[333] Gleichwohl ist es verständlich, dass die Kommission besondere Anforderungen formuliert, die sie in einer Liste der in einer Umweltvereinbarung zu erfassenden Punkte niedergelegt hat. Sie möchte also die Absprachen formalisieren.[334]

178 Allerdings ist zweifelhaft, ob das Gemeinschaftsrecht eine entsprechende Ermächtigung enthält und ob diese erforderlich ist.[335] Zahlreiche **Absprachen**, etwa mit der Automobilindustrie, haben sich zudem hinsichtlich ihrer Substanz nicht als sehr erfolgreich erwiesen.[336] Ende 1998 war eine erste Umweltvereinbarung der Kommission mit europäischen Automobilherstellern (Europäische Automobilindustrie [ACEA]) zur Verminderung von CO_2-Emissionen bei Pkws zustande gekommen. Diese war allerdings nur als eine rechtlich unverbindliche Absprache ausgestaltet.[337] Dem Umsetzungserfolg der eingegangenen Selbstverpflichtungen scheint das Fehlen wirksamer Sanktionsmechanismen zwar nicht von vornherein entgegenzustehen. Die Zielerreichung wird vielfach als gut bis sehr gut beschrieben. Indes dürfte dies wesentlich darauf zurückzuführen sein, dass großenteils nur im Wege des *business as usual* (oder *as planned anyway*) Erreichbares versprochen wurde. Maßgebend wären also die schmerzlichen Inhalte der ökologi-

---

330 BVerwG, Urteil vom 20.3.2003 – 3 C 10.02 – BVerwGE 118, 70 = DVBl. 2003, 731 = DÖV 2003, 721, mit Bespr. Petra Kauch/Mechtild Düsing, Zur Verfassungsmäßigkeit der Zusatzabgabenverordnung, in: AUR 2003, 238–241; ebenso BFH, Beschluss vom 28.11.2006 – VII B 54/06 – BFH/NV 2007, 381 = HFR 2007, 261.

331 Vgl. etwa Thomas Schwarz, Das Zitiergebot bei Rechtsverordnungen, in: DÖV 2002, 852–857 [853]; Günter Erbel, Staatlich verordnete Tierquälerei? – Zur Hennenhaltungsverordnung (HhVO) vom 10. Dezember 1987 und ihren gemeinschaftsrechtlichen Vorgaben, in: DÖV 1989, 338–346 [341 f.].

332 Hans-Werner Rengeling, Europarechtliche Grundlagen des Kooperationsprinzips, in: Peter M. Huber (Hrsg.), Das Kooperationsprinzip im Umweltrecht, Berlin 1999, S. 53–85.

333 Frank Andreas Schendel, Selbstverpflichtungen der Industrie als Steuerungsinstrument im Umweltschutz, in: NVwZ 2001, 494–500 [499].

334 Vgl. seinerzeit Mitteilung der Kommission an den Rat und das Europäische Parlament vom 27.11. 1996, KOM (96) 561 endg.

335 Ludwig Krämer, Europäisches Umweltrecht – Chronik vom 1. April 1995 bis 31. Dezember 1997, in: ZUR 1998, 70–75 [71]; kritisch Rolf Wägenbaur, Zwölf Thesen zum Thema „Umweltvereinbarungen", in: EuZW 1997, 645–647 [647]; Wolf H. v. Bernuth, Umweltschutzfördernde Unternehmenskooperationen und das Kartellverbot des Gemeinschaftsrechts, Baden-Baden 1996.

336 Vgl. hierzu für den früheren Stand Josef Falke, EG-Umweltrecht – Programme und Maßnahmen, in: ZUR 1998, 195–198; Ludger Giesberts/Juliane Hilf, Kreislaufwirtschaft Altauto: Altautoverordnung und freiwillige Selbstverpflichtung, Berlin 1998; vgl. problemerhellend Umweltbundesamt (Hrsg.), Selbstverpflichtungen und normsetzende Umweltverträge als Instrumente des Umweltschutzes [J. Knebel/L. Wicke/G. Michael], Berlin 1999 (UBA-Berichte 5/99); Ulrich Dempfle, Normvertretende Absprachen, zugleich ein Beitrag zur Lehre vom Rechtsverhältnis, Pfaffenweiler 1994.

337 Zur Vorbereitung dieser Vereinbarung vgl. Kommission, Mitteilungen an den Rat und das EP vom 29.7.1998, KOM(1998) 495 endg. Die Vereinbarung ist noch im Jahre 1998 mit dem geplanten Inhalt abgeschlossen worden, vgl. Wirtschafts- und Sozialausschuss, Stellungnahme 1999/C 40/03 vom 3.12.1998 (ABl. EG 1999 Nr. C 40, 8 [Einl. 1.2]), ferner zustimmende Entschließung des Rates vom 6.10.1998.

Berkemann

schen Zielsetzung.[338] Davon ist man in aller Regel weit entfernt. Auch unter dem Gesichtspunkt des rechtsstaatlichen Publizitätsgebotes sind Umweltvereinbarungen kritisch.

1.4 Gemeinschaftsrechtliche Grundsätze bei der Umsetzung

(1) Der innerstaatliche Umsetzungsakt muss den allgemeinen Grundsätzen des **179** Gemeinschaftsrechts genügen. Zu diesen zählen der **Grundsatz der Gleichbehandlung** im Sinne einer Rechtsanwendungsgleichheit, ferner der **Grundsatz der Verhältnismäßigkeit.** Der letztgenannte Grundsatz gebietet, dass ein angemessenes Verhältnis zwischen den von der Gemeinschaft verfolgten Zielen, die dem Allgemeininteresse dienen, und den vom Mitgliedstaat mit der Umsetzung ergriffenen Maßnahmen besteht, welche die Rechte der Bürger berühren.[339] Die Umsetzung muss in ihrer angeordneten Rechtsverbindlichkeit effektiv sein.

(2) Nach ständiger Rechtsprechung des EuGH muss gewährleistet sein, dass **180** Maßnahmen, die mit einer im Vertrag vorgesehenen Ausnahme oder auch mit einem zwingenden Grund des Allgemeininteresses gerechtfertigt werden, nicht über das hinausgehen, was zu diesem Zweck objektiv notwendig ist, und dass dasselbe Ergebnis nicht durch weniger einschneidende Regelungen erreicht werden kann.[340] Das gilt auch für die Umsetzung einer Richtlinie. Der EuGH ist in der Kontrolle des Grundsatzes der Verhältnismäßigkeit dann streng, wenn die Entfaltungsmöglichkeiten des Marktbürgers betroffen sind.

(3) Die Umsetzung der Richtlinie erfordert, dass der Mitgliedstaat für die Kontrol- **181** lierbarkeit des Inhalts des innerstaatlichen Umsetzungsaktes sorgt. Das bedingt Regelungen, die auf einen gesicherten Vollzug des Richtlinieninhalts gerichtet

---

338 Gertrude Lübbe-Wolff, Instrumente des Umweltrechts – Leistungsfähigkeit und Leistungsgrenzen, NVwZ 2001, 481–493 [492 mit Fußn. 96], mit Verweis auf Sachverständigenrat für Umweltfragen (SRU), Umweltgutachten 1996: Zur Umsetzung einer dauerhaft-umweltgerechten Entwicklung, Stuttgart, Tz. 165.

339 Vgl. EuGH, Urteil vom 11.7.1989 – Rs. C-265/87 – EuGHE 1989, 2237 [2269] Rn. 2 = HFR 1990, 218 = ZfZ 1990, 142 – Schräder vs. HZA Gronau, EuGH, Urteil vom 13.11.1990 – Rs. 331/88 – EuGHE 1990 I-4023 [4063] Rn. 13 – The Queen vs. Ministry of Agriculture, Fisheries and Food and Secretary of State for Health.

340 EuGH, Urteil vom 4.12.1986 – Rs. 205/84 – EuGHE 1986, 3755 = NJW 1987, 572 = JZ 1986, 345 = RIW 1987, 223 = EWiR 1987, 155 – Kommission vs. Deutschland; EuGH, Urteil vom 26.2.1991 – Rs. C-180/89 – EuGHE 1991 I-709 [722f.] Rn. 17f. = EuZW 1991, 352 – Kommission vs. Italien; EuGH, Urteil vom 20.5.1992 – Rs. C-106/91 – EuGHE 1992 I-3351 [3384 f] Rn. 30f. = NJW 1992, 2407 = EuZW 1992, 511 = RIW 1992, 855 – Claus Ramrath vs. Ministre de la Justice; EuGH, Urteil vom 30.11.1995 – Rs. C-55/94 – EuGHE 1995 I-4165[4197] Rn. 37 = DVBl. 1996, 145 = NJW 1996, 579 = JZ 1996, 465 = AnwBl 1996, 103 = EuZW 1996, 92 – Reinhards Gebhardt vs. Consiglio dell´ordine degli avvocati e procuratori di Milano; EuGH, Urteil vom 9.3.1999 – Rs. C-212-/97 – EuGHE 1999 I-1459 [1495] Rn. 34 = NJW 1999, 2027 = EuZW 1999, 216 = EWS 1999, 140 = EuGRZ 1999, 469 = EuR 1999, 274 = JZ 1999, 669 = GewArch 1999, 375 – Centros vs. Erhvers og Selskabsstyrelsen; vgl. dazu Curt Christian von Halen, Das Gesellschaftsstatut nach der Centros-Entscheidung des EuGH, Diss. Münster 2001; EuGH, Urteil vom 12.7.2001 – Rs. C-157/99 – EuGHE 2001 I-5473 [5534] Rn. 75 = DVBl. 2001, 1512 = NJW 2001, 3391 = EuZW 2001, 464 = EWS 2001, 377 = EuR 2001, 724 = EuGRZ 2001, 302 – Geraets-Smits vs. Peerbooms vs. Stichting Ziekenfonds u.a.; EuGH, Urteil vom 4. 7. 2000 – Rs. C-424/97 – EuGHE 2000 I-5123 = DVBl. 2000, 1272 = NVwZ 2001, 903 – Salomone Haim vs. Kassenzahnärztliche Vereinigung Nordrhein.

sind.[341] Sie zielen auf eine Koordinierung und Überwachung der innerstaatlichen Anwendung der Richtlinien.

2. Innerstaatliche Voraussetzungen der Richtlinienumsetzung

Lit.: Eberhard Grabitz, Die Rechtsetzungsbefugnis von Bund und Ländern bei der Durchführung des Gemeinschaftsrechts, in: AöR 111 (1986), S. 1–33; Bernhard Burkholz, Zur Gesetzgebungskompetenz für ein Umweltinformationsgesetz, in: NVwZ 1994, 124–127; Udo di Fabio, Richtlinienkonformität als ranghöchstes Normauslegungsprinzip?, in: NJW 1990, 947–954.

2.1 Verfassungsrechtliche Bindungen

182 (1) Die Umsetzung der Richtlinie erfordert einen innerstaatlichen Rechtsakt (vgl. Rn. 147 ff.). Dieser muss nicht nur dem Gemeinschaftsrecht, sondern zugleich der nationalen Rechtsordnung entsprechen. Darin kommt sinnfällig das „duale" **System** der Rechtssetzung zum Ausdruck.

183 (2) Das deutsche Verfassungsrecht hat sich dem Vorgang der „dualen" Rechtssetzung zunächst durch „Übertragung" von Hoheitsrechten auf die EWG geöffnet (vgl. Art. 24 Abs. 1 GG). Der das Gemeinschaftsrecht „transformierende" innerstaatliche Rechtsanwendungsbefehl wurde durch das deutsche **Zustimmungsgesetz** zum EWG-Vertrag von 1957 ermöglicht.[342] Materiell enthielt dieses Gesetz bereits seinerzeit mittelbar eine innerstaatliche Verfassungsänderung.[343] Art. 23 GG n. F. [1992] hat diesen Vorgang auf eine neue verfassungsrechtliche Grundlage gestellt. Der verfassungsändernde Gesetzgeber ermächtigt den „einfachen" deutschen Gesetzgeber nunmehr sehr deutlich zur Erteilung eines besonderen innerstaatlichen Rechtsanwendungsbefehls. Dieser ist in der Tat auch erforderlich, um dem Gemeinschaftsrecht in seiner gesamten Breite einen unmittelbaren Durchgriff auf die nationalen Behörden und auf die Bürger zu ermöglichen.[344]

184 (3) Art. 23 Abs. 1 GG n. F. befreit den deutschen Normgeber im Umsetzungsakt allerdings nicht davon, unverändert die deutschen allgemeinen Verfassungsgrundsätze zu beachten.[345] Der **deutsche Umsetzungsakt** muss daher den allgemeinen demokratischen und rechtsstaatlichen Grundsätzen genügen. Für den innerstaatlichen Umsetzungsakt gilt insbesondere der Vorbehalt des Gesetzes. Derartigen Grundsätzen würde eine substantielle und umfassende Delegation an die

---

341 Ulrich Beyerlin, Umsetzung von EG-Richtlinien durch Verwaltungsvorschriften?, in: EuR 1987, 126–148 [132]; Meinhard Hilf, Die Richtlinie der EG – ohne Richtung, ohne Linie?, in: EuR 1993, 1–22 [17]; Hans D. Jarass, Grundfragen der innerstaatliche Bedeutung des EG-Rechts – Die Vorgaben des Rechts der Europäischen Gemeinschaft für die nationale Rechtsanwendung und die nationale Rechtsetzung nach Maastricht, Köln u. a. 1994, S. 106 ff.

342 Vgl. BVerfG, Beschluss vom 23.6.1981 – 2 BvR 1107/79 u. a. – BVerfGE 58, 1 [41] = NJW 1982, 507 – Eurocontrol I. Die Entscheidung dürfte teilweise durch BVerfG, Urteil vom 12.10.1993 – 2 BvR 2134, 2159/92 – BVerfGE 89, 155 = NJW 1993, 30 47 (Maastricht) überholt sein.

343 Vgl. BVerfG, Beschluss vom 23.6.1981 – 2 BvR 1107, 1124/77 und 195/79 – BVerfGE 58, 1 [36] = DVBl. 1982, 185 = NJW 1982, 507 – „Eurocontrol I".

344 Vgl. BVerfG, Beschluss vom 22.10.1086 – 2 BvR 197/83 – BVerfGE 73, 339 [374 f.] = DVBl. 1987, 231 = NJW 1987, 577 – „Solange II".

345 Rupert Scholz, in: Maunz/Dürig (Hrsg.), GG [Stand: Okt. 1996], Art. 23 Rn. 25.

Exekutive und eine undifferenzierte Verweisungstechnik entgegenstehen. Es bedarf also vielfach eines förmlichen Parlamentsgesetzes, wenn durch den Umsetzungsakt in Freiheit und Eigentum eingegriffen werden soll.[346] In welchem Umfang der Gesetzesvorbehalt auch für den Bereich der Leistungsverwaltung gilt, wird vom BVerfG nicht einheitlich beantwortet. Der Gegensatz von Eingriffs- und Leistungsverwaltung hat indes durch die „Wesentlichkeitstheorie" des Gerichtes in erheblichem Maße seine frühere Bedeutung eingebüßt.

Ferner gelten die rechtsstaatlichen Grundsätze der Bestimmtheit und Klarheit des **185** innerstaatlichen Rechtes. Aus Gründen der Gesetzesbindung der Exekutive, der Rechtssicherheit und eines effektiven Rechtsschutzes ist ein Minimum an Eindeutigkeit der die Richtlinie umsetzenden Rechtsnorm ein rechtsstaatliches Gebot. Das setzt voraus, dass die Richtlinie innerstaatliche Handlungsspielräume eröffnet. Soweit dies der Fall ist, kann das BVerfG insoweit seine Kontrollbefugnis gegenüber dem deutschen Normgeber ausüben (vgl. Rn. 242 ff.). Daran hat die sog. Solange-II-Entscheidung des Gerichtes (1986) nichts geändert.[347]

2.2 Verweisung des deutschen Rechts auf Richtlinienrecht

(1) Der deutschen Staatspraxis entspricht es, in den Gesetzen und Verordnun- **186** gen auf Rechtsakte der EG zu verweisen. Das gilt auch für Richtlinien. Die deutsche Rechtspraxis unterscheidet zwischen einer **statischen (starren)** und einer **dynamischen (gleitenden) Verweisung.**[348] Soll nach der Verweisungsnorm das Verweisungsobjekt in seiner jeweiligen Fassung gelten, handelt es sich um eine „dynamische" Verweisung.

Diese Verweisungsarten sind nach der Rechtsprechung des BVerfG verfassungs- **187** rechtlich grundsätzlich möglich.[349] Danach ist der Gesetzgeber grundsätzlich befugt, im Wege der Verweisung auch auf fremdes, nicht von ihm selbst formuliertes und in Kraft gesetztes Recht eines anderen Kompetenzbereiches Bezug zu

---

346 Vgl. bereits Albrecht Weber, Rechtsfragen der Durchführung des Gemeinschaftsrechts in der Bundesrepublik, Köln u. a. 1987, S. 19 ff. zum (deutschen) Vorrang des Gesetzes und zum Gesetzesvorbehalt.

347 BVerfG, Beschluss vom 22.10.1986 – 2 BvR 197/83 – BVerfGE 73, 339 = DVBl. 1987, 231 = NJW 1987, 577 – „Solange II".

348 Vgl. zur Begrifflichkeit BVerfG, Beschluss vom 23.3.1982 – 2 BvL 13/79 – BVerfGE 60, 135 [155] = NJW 1983, 2859 = BayVBl 1982, 432; ferner Hans Schneider, Gesetzgebung. Ein Lehr- und Handbuch, Heidelberg, 3. Aufl. 2002, S. 237; Heinz-Joachim Pabst, Die Problematik dynamischer Verweisungen von Landesrecht auf Bundesrecht am Beispiel der Schuldrechtsreform, in: NVwZ 2005, 1034–1035; Markus Heintzen, Zur Verfassungsmäßigkeit von § 292 a Abs. 2 Nr. 2 a) HGB, in: BB 1999, 1050–1054.

349 BVerfG, Beschluss vom 23.3.1982 – 2 BvL 13/79 – BVerfGE 60, 135 = NJW 1982, 2859; BVerfG, Urteil vom 14.6.1983 – 2 BvR 488/80 – BVerfGE 64, 208 [214] = NJW 1984, 1225; BVerfG, Beschluss vom 23.4.1986 – 2 BvR 487/80 – BVerfGE 73, 261 [272] = DVBl. 1987, 128 = NJW 1987, 827; BVerfG, Beschluss vom 25.2.1988 – 2 BvL 26/84 -BVerfGE 78, 32 [36]; umfassend Thomas Clemens, Die Verweisung von einer Rechtsnorm auf andere Vorschriften, in: AöR 111 (1986), S. 63–127 [101]; Thomas Klindt, Die Zulässigkeit dynamischer Verweisungen auf EG-Recht aus verfassungs- und europarechtlicher Sicht, in: DVBl. 1998, 373–380; a. A. Horst Dreier, in: ders. (Hrsg.), GG II, 2. Aufl. 2006, Art. 20 (Demokratie), Rn. 121; kritisch bereits Gerhard Rambow, Probleme bei der Durchführung von Richtlinien der EWG, in: DVBl. 1968, 445–454.

---

nehmen.[350] Der relevante Gesamtregelungsinhalt ergibt sich dann aus dem Zusammenwirken beider Rechtssätze. Nach der Rechtsprechung des BVerfG muss der Gesetzgeber indes die gesetzlichen Tatbestände nicht in jeder Hinsicht stets selbst umschreiben. Er darf vielmehr im Wege der Verweisung auch auf andere Vorschriften Bezug nehmen.[351] Das BVerfG hat in einer sehr frühen Entscheidung gebilligt, dass der deutsche Gesetzgeber „ergänzend" in einer Ermächtigung zum Erlass von Rechtsverordnungen auf Normen und Begriffe des Rechts der EG verweist.[352]

188 Gleichwohl wirft eine dynamische Verweisung im Grundsatz einige nicht unbeachtliche Probleme auf. Insbesondere aus dem Demokratie- und dem Rechtsstaatsprinzip lassen sich gegen eine „unbedachte" dynamische Verweisung verfassungsrechtliche Bedenken entwickeln.[353] Sie zielen im Kern auf die Frage, ob der jeweilige Gesetzgeber nicht selbst die Tragweite seiner Entscheidung bestimmen muss und ihm dies bei der Annahme einer dynamischen Verweisung nicht oder nur eingeschränkt möglich ist. Daher sind im Schrifttum immer wieder verfassungsrechtliche Bedenken gegen die verfassungsrechtliche Zulässigkeit einer dynamischen Verweisung vorgebracht worden. Unter welchen Voraussetzungen eine dynamische Verweisung verfassungsrechtlich unzulässig ist, lässt sich indes in seiner Allgemeinheit gleichwohl nicht sagen. Gründe der Praktikabilität und der Gesichtspunkt der Einheitlichkeit der Rechtsordnung können die gesetzgeberische Zielsetzung bestimmen.

189 (2) Statische Verweisungen auf Richtlinieninhalte sind in demokratierechtlicher Hinsicht nicht problematisch. Das setzt allerdings voraus, dass der deutsche Normgeber den Inhalt der Richtlinie in seinen Rechtssetzungswillen aufgenommen hat. Das lässt sich in aller Regel anhand der Gesetzesmaterialien nachweisen. Bedenken treten eher bei einer dynamischen Verweisung auf. An sich weiß hier der innerstaatliche Gesetzgeber nicht, welche künftigen Regelungen der Gemeinschaftsgesetzgeber schaffen wird. Art. 23 Abs. 1 und 2 GG n. F. hat jedoch

---

350 BVerfG, Beschluss vom 1.3.1978 – 1 BvR 786/70, 1 BvR 793/70, 1 BvR 168/71, 1 BvR 95/73 – BVerfGE 47, 285 = DVBl. 1978, 533 = NJW 1978, 1475.

351 Vgl. BVerfG, Beschluss vom 1.3.1978 – 1 BvR 786, 793/70, 168/71 und 95/73 – BVerfGE 47, 285 [311] = DVBl. 1978, 533 = NJW 1978, 1475; mit weit. Nachw.; BVerfG, Beschluss vom 23.3.1982 – 2 BvL 13/79 – BVerfGE 60, 135 [137] = NJW 1982, 2859; vgl. auch Hans-Ulrich Karpen, Die Verweisung als Mittel der Gesetzgebungstechnik, Berlin 1970, S. 115 ff.; ferner Georg Wegge, Zur verfassungsrechtlichen Abgrenzung unbestimmter Rechtsbegriffe von unzulässigen dynamischen Verweisungen am Beispiel der „betriebswirtschaftlichen Grundsätze" nach § 6 Abs. 2 S. 1 KAG NW. Zugleich ein Beitrag zu seiner Verfassungsmäßigkeit, in: DVBl. 1997, 648–652.

352 BVerfG, Beschluss vom 13.10.1970 – 2 BvR 618/68 – BVerfGE 29, 198 [210] = DVBl. 1972, 278 = NJW 1970, 2155 zu § 5 DurchfG VO Nr. 19. Die Vorschrift lautete: „Der Bundesminister bestimmt im Einvernehmen mit dem Bundesminister für Wirtschaft durch Rechtsverordnung mit Zustimmung des Bundesrates die Schwellenpreise für die einzelnen Monate des Getreidewirtschaftsjahres für die in Art. 1 Buchstaben a-c der Verordnung Nr. 19 genannten Erzeugnisse." Vgl. weiterführend Christian Calliess, Die verfassungsrechtliche Zulässigkeit von fachgesetzlichen Rechtsverordnungsermächtigungen zur Umsetzung von Rechtsakten der EG, in: NVwZ 1998, 8–13.

353 Vgl. Wilfried Erbguth, in: Michael Sachs (Hrsg.), GG, 4. Aufl. 2007, Art. 30 Rn. 12; Ingolf Pernice, in: Horst Dreier (Hrsg.), GG II, 2. Aufl. 2006, Art. 30 Rn. 18; Hans D. Jarass, in: ders./Bodo Pieroth, GG, 8. Aufl. 2000, Art. 30 Rn. 65; abschwächend seinerzeit dagegen BVerfG, Beschluss vom 15.7.1969 – 2 BvF 1/64 – BVerfGE 26, 338 [366 ff.] = DVBl. 1970, 108.

Berkemann

eine neue Verfassungsrechtslage geschaffen. Zum einen sind alle deutschen Entscheidungsorgane nunmehr ausdrücklich verfassungsrechtlich gehalten, die weitere Integration zu fördern. Dem dient – für sich genommen befürwortet – eine dynamische Verweisungstechnik. Der deutsche Bundes- oder Landesgesetzgeber ist zum anderen an der Willensbildung des Gemeinschaftsgesetzgebers beteiligt. Der zuständige innerstaatliche Gesetzgeber kann schließlich jederzeit die zunächst vorgesehene dynamische Verweisung auf einen Richtlinieninhalt aufheben oder modifizieren.

Bedenklich mag hier in rechtsstaatlicher Hinsicht eher sein, ob der in Bezug genommene Richtlinieninhalt jedermann in zumutbarer Weise überhaupt zugänglich ist.[354] Diese Bedenken verstärken sich bei einer dynamischen Verweisung auf einen Richtlinieninhalt. Es daher Gründe der Publizität und der Rechtssicherheit die zu der Frage führen, ob der Bürger klar erkennen kann, welche Rechtsvorschrift im einzelnen für ihn maßgebend sein soll. Man muss bei einer Änderungspraxis des Gemeinschaftsgesetzgebers daran zweifeln, ob der Bürger mit hinreichender Sicherheit selbst feststellen kann, welcher normativ verbindliche Regelungsgehalt jeweils innerstaatlich gegeben ist. **190**

(3) Ob eine statistische oder eine dynamische Verweisung gegeben ist, kann eine Auslegung des innerstaatlichen Rechts erfordern. Wird auf eine Richtlinie mit genauen Angaben zum Erlassdatum und zur Fundstelle verwiesen, liegt die Annahme einer nur statischen Verweisung nahe (vgl. etwa § 7 Abs. 5 Satz 1 ROG 2004). Hat der Normgeber die Wendung „in der jeweiligen Fassung" hinzugesetzt, stellt dies eine dynamische Verweisung dar. Eine Steigerung der dynamischen Verweisung ist es, wenn nicht auf eine einzelne Richtlinie, sondern auf einen ganzen Regelungskomplex des Gemeinschaftsrechts Bezug genommen wird. § 2 Abs. 2 AuslG (1990) verwies seinerzeit pauschal auf das europäische Gemeinschaftsrecht.[355] Damit war für den einzelnen nicht mehr erkennbar, welche Vorschrift gerade für ihn gelten soll. Das ist indes ein rechtsstaatliches Gebot. Wenn bereits der innerstaatliche Gesetzgeber nicht weiß, auf welchen Richtlinieninhalt er im Umsetzungsakt Bezug nimmt, dann kann eine entsprechende Kenntnis noch weniger vom Normadressaten gefordert werden. Es bleibt übrigens zweifelhaft, ob eine derartige pauschale Verweisung dem Gemeinschaftsrecht entspricht. Dieses verlangt, dass der innerstaatliche Gesetzgeber bei der Umsetzung einen eindeutigen „eigenen" gesetzlichen Rahmen schafft.[356] Der Rechtszustand, den die **191**

---

354 Vgl. Thomas Klindt, Die Zulässigkeit dynamischer Verweisungen auf EG-Recht aus verfassungs- und europarechtlicher Sicht, in: DVBl. 1998, 373–380.

355 Ähnliche Fragen warf § 24 Abs. 2 Satz 2 Fleischhygienegesetz (FlHG) in der Fassung der Bekanntmachung vom 24.4.1987 (BGBl. I, S. 649) auf; das BVerwG hat die Verweisung für verfassungsgemäß angesehen, vgl. BVerwG, Urteil vom 27. 4. 2000 – 1 C 7.99 – BVerwGE 111, 143 = DVBl. 2000, 1620 = NVwZ 2001, 330 (zur Richtlinie 85/73/EWG). Tatsächlich enthielt die Richtlinie keine abschließende Regelung, sondern erforderte eine weitere Entscheidung der EG.

356 So EuGH, Urteil vom 30.5.1991 – Rs. C-59/89 – EuGHE 1991 I-2607 [2633] Rn. 28 = NVwZ 1991, 868 = EuZW 1991, 442 = JZ 1991, 1032 = DB 1991, 1620 – Kommission vs. Deutschland (Nichtumsetzung einer EG-Richtlinie 884/82/EWG gegen die Luftverschmutzung durch Blei in innerstaatliches Recht); EuGH, Urteil vom 20.3.1997 – Rs. C-96/95 – EuGHE 1997 I-1653 [1676] Rn. 22 = NVwZ 1998, 48 = EuZW 1997, 348 = RIW 1997, 432 – Kommission vs. Deutschland (zur Richtlinie 90/364/EWG – Aufenthaltsrecht).

Gesetzespraxis hinnimmt, ist insgesamt unbefriedigend und stellt innerstaatlich eine verfassungsrechtliche Grauzone dar.

2.3 Umsetzung des Richtlinienrechts durch Rechtsverordnungen

Lit.: Christian Calliess, Die verfassungsrechtliche Zulässigkeit von fachgesetzlichen Rechtsverordnungsermächtigungen zur Umsetzung von Rechtsakten der EG, in: NVwZ 1998, 8–13.

192 (1) Zahlreiche gesetzliche Ermächtigungsregelungen eröffnen die Möglichkeit, neue oder geänderte Richtlinien durch Rechtsverordnungen in innerstaatliches Recht umzusetzen.[357] In der Regel ist die in ihnen enthaltene Ermächtigung inhaltlich sehr weit gefasst. Das wirft die Frage ihrer Vereinbarkeit mit den Vorgaben des Art. 80 Abs. 1 Satz 2 GG auf. Eine allgemeine Ermächtigung enthält Art. 3 des Zustimmungsgesetzes zum EWG-Vertrag vom 27.7.1957 (BGBl. II S. 753). Sie ist in der Staatspraxis offenbar in Vergessenheit geraten.

193 Im Schrifttum wird vielfach die Ansicht vertreten, dass das Bestimmtheitsgebot des Art. 80 Abs. 1 Satz 2 GG großzügig gehandhabt werden dürfe.[358] In der Tat ist die ursprüngliche Aufgabe der Vorschrift im Umsetzungsverfahren nicht gegeben. Verhindert werden sollte mit den Vorgaben des Art. 80 Abs. 1 Satz 2 GG eine unkontrollierte Verlagerung der parlamentarischen Rechtssetzungskompetenz auf die Exekutive. Diesen Rahmen näher zu bestimmen, dienen auch die vom BVerfG entwickelten Kriterien der Bestimmtheit und der Reichweite der Ermächtigung. Sachgerecht ist es, den Grad der erforderlichen Bestimmtheit der gesetzlichen Ermächtigungsgrundlage von der jeweiligen Regelungsmaterie abhängig zu machen.[359] So liegt es hier. Bei der Umsetzung der Richtlinie in innerstaatliches Recht ist die Ausgangslage eine andere. Hier hat der legitimierte Gemeinschaftsgesetzgeber entschieden.[360] Die innerstaatliche Rechtsverordnung ist mithin durch die Inhalte der Richtlinie vorgeprägt und kann zudem erst nach deren Erlass er-

---

357 Vgl. etwa §§ 7 Abs. 4, 37, 39, 44 und 48 a BImSchG 1990, § 26 a BNatSchG, § 25 ChemG, § 16 Abs. 6 GenTG, § 6 a WHG, § 57 KrW-/AbfG.; § 3 Abs. 3 MOG 1972; § 8 Abs. 2 SprengG, § 6 Abs. 1 Nr. 7 StVG 1952, § 6 Abs. 5 WaffenG 1976, § 8 HandwO 1965, § 83 Arzneimittelgesetz 1994, § 53 Gesetz zur Reform des Weinrechts 1994, § 19 Abs. 1 Fleischhygienegesetz 1993, § 39 Medizinproduktegesetz 1994, § 20 Geflügelhygienegesetz 1996, § 7 Abs. 2 TierSG 1995.

358 Vgl. etwa Rudolf Streinz, Der Vollzug des Europäischen Gemeinschaftsrechts durch deutsche Staatsorgane, in: Josef Isensee/Paul Kirchhof (Hrsg.), Handbuch des deutschen Staatsrechts, 1992, 817–854 [845 Rn. 54]; Dieter Scheuing, Rechtsprobleme bei der Durchsetzung des Gemeinschaftsrechts in der Bundesrepublik Deutschland, in: EuR 1985, 229–265 [253]; Bodo Pieroth, in: Jarass/Bodo Pieroth, GG 9. Aufl. 2007, Art. 80 Rn. 12 a; Christian Calliess, Die verfassungsrechtliche Zulässigkeit von fachgesetzlichen Rechtsverordnungsermächtigungen zur Umsetzung von Rechtsakten der EG, in: NVwZ 1998, 8–13.

359 So deutlich BVerfG, Beschluss vom 8.1.1981 – 2 BvL 3, 9/77 – BVerfGE 50, 1 [13]; BVerfG, Beschluss vom 8.11.1983 – 1 BvR 1249/81 – BVerfGE 65, 248 [263 f.] = NJW 1984, 861 = JZ 1984, 519; ebenso Ulrich Ramsauer, in: AK-GG, 3. Aufl. 2001, Art. 80 Rn. 69.

360 Wie hier Christian Calliess, Die verfassungsrechtliche Zulässigkeit von fachgesetzlichen Rechtsverordnungsermächtigungen zur Umsetzung von Rechtsakten der EG, in: NVwZ 1998, 8–13 [12], a. A. Rüdiger Breuer zu § 6 a WHG, Schriftliche Stellungnahme als Sachverständiger zur Anhörung des Umweltausschusses am 25.9.1995 hinsichtlich der Novellierung des WHG (BTags-Drs. 13/1207), abgedr. als BTags-Ausschuss-Drs. 13/119, Teil 4 S. 9 ff., hier zitiert nach Christian Calliess, a. a. O., S. 12 Fußn. 55.

gehen.[361] Allerdings ist die Rechtsverordnung nicht geeignet, zum Zwecke der Umsetzung entgegenstehendes Gesetzesrecht aufzuheben.[362] Neuere Entscheidungen des BVerfG zu dieser Frage liegen nicht vor.

(2) Lässt man eine großzügige Ermächtigungsregelung zu, dann verbindet sich **194** dies allerdings mit der verfassungsrechtliche Pflicht, von der Ermächtigung auch innerhalb der Umsetzungsfrist Gebrauch zu machen. Die Ermächtigung ist entsprechend auszulegen.[363] Eine derartige Verpflichtung dürfte sich zugleich gemeinschaftsrechtlich aus Art. 10 EG ergeben. Ist die Ermächtigungsgrundlage verfassungsgemäß, schließt dies nicht aus, dass von ihr bei der Umsetzung der Richtlinie fehlerhaft Gebrauch gemacht wurde.[364]

VI. Verpflichtungen nach erfolgter Umsetzung

1. Sperrwirkung

Lit.: Andreas Furrer, Die Sperrwirkung des sekundären Gemeinschaftsrechts auf die nationalen Rechtsordnungen – Die Grenzen des nationalen Gestaltungsspielraums durch sekundärrechtliche Vorgaben unter besonderer Berücksichtigung des „nationalen Alleingangs", Baden-Baden, 1994; Roman Paulus, Immissionsschutzrechtliche Öffentlichkeitsbeteiligung im Lichte aktueller gemeinschaftsrechtlicher Vorgaben, in: AUR 2006, 167–169.

Die ordnungsgemäße Umsetzung der Richtlinie entfaltet eine **Sperrwirkung**. Der **195** Mitgliedstaat darf für den Zeitraum der Gültigkeit der Richtlinie kein neues innerstaatliches Recht erlassen, das im Widerspruch mit dem Richtlinieninhalt steht. Der Mitgliedstaat verliert mithin mit der Umsetzung seine Dispositionsbefugnis.[365] Verstößt der Mitgliedstaat gegen dieses Verbot, verletzt das neue innerstaatliche Recht das Gemeinschaftsrecht. Der dadurch ausgelöste Anwendungsvorrang „verdrängt" die mitgliedstaatliche Rechtsvorschrift „automatisch" zugunsten des Gemeinschaftsrechts. Die Kommission hat die Beachtung der Sperrwirkung gemäß Art. 221 EG zu überwachen.

---

361 Ähnlich Dieter H. Scheuing, Rechtsprobleme bei der Durchsetzung des Gemeinschaftsrechts in der Bundesrepublik Deutschland in: EuR 1985, 229–265 [234 f.]; Dieter H. Scheuing, in: Hans-Joachim Koch/Dieter H. Scheuing, in: GK-BImSchG, § 48 a Rn. 20 f.; vgl. Manfred Czychowski, Verordnungsermächtigungen für die Umsetzung von EG-Richtlinien zum Wasserrecht, in: ZUR 1997, 71–75 [72 f.]; Sebastian Weihrauch, Pauschale Verordnungsermächtigungen zur Umsetzung von EG-Recht, in: NVwZ 2001, 265–270; Michael Kotulla, Die Umsetzung supra- und internationaler Verpflichtungen in das deutsche Recht mittels § 6 a WHG, in: ZfW 2000, 85–99; Fritz Ossenbühl, Der verfassungsrechtliche Rahmen offener Gesetzgebung und konkretisierender Rechtsetzung, in: DVBl. 1999, 1–7; Rüdiger Breuer, Die Umsetzung europäischer Vorgaben in deutsches Recht – § 6 a WHG, in: ZfW 1999, 220–235.
362 Wie hier Rudolf Streinz, Der Vollzug des Europäischen Gemeinschaftsrechts durch deutsche Staatsorgane, in: Josef Isensee/Paul Kirchhoff (Hrsg.), Handbuch des deutschen Staatsrechts, S. 817–854 [845 Rn. 64].
363 Vgl. allg. BVerfG, Beschluss vom 8.6.1988 – 2 BvL 9/85 und 3/86 – BVerfGE 78, 249 [272] = DVBl. 1988, 952 = NJW 1988, 2529 = JZ 1989, 387 (Fehlbelegungsabgabe).
364 Vgl. BVerwG, Urteil vom 29.8.1996 – 3 C 7.95 – BVerwGE 102, 39 = NVwZ 1998, 613 zu § 24 Abs. 2 FleischhygieneG und Richtlinie 85/73/EWG.
365 Vgl. Eberhard Grabitz, Gemeinschaftsrecht bricht nationales Recht, Hamburg 1966, S. 117 ff.

Berkemann

2. Gemeinschaftskonforme (richtlinienkonforme) Auslegung und Anwendung

Lit.: Udo di Fabio, Richtlinienkonformität als ranghöchstes Normauslegungsprinzip?, in: NJW 1990, 947–954; Wolfgang Dänzer-Vanotti, Die richtlinienkonforme Auslegung deutschen Rechts hat keinen rechtlichen Vorrang, in: RIW 1991, 754; Hans D. Jarass, Richtlinienkonforme bzw. EG-rechtskonforme Auslegung nationalen Rechts, in: EuR 1991, 211–223; Winfried Brechmann, Die richtlinienkonforme Auslegung. Zugleich ein Beitrag zur Dogmatik der EG-Richtlinien, München 1994; Wolfgang Dänzer-Vanotti, Methodenstreit um die den EG-Richtlinien konforme Auslegung, in: DB 1994, 1052–1055; Volker [Boehme-]Nessler, Europäisches Richtlinienrecht wandelt deutsches Verwaltungsrecht. Ein Beitrag zur Europäisierung des deutschen Rechts, Berlin 1994; Georg Ress, Die richtlinienkonforme „Interpretation" innerstaatlichen Rechts, in: DÖV 1994, 489–496; Ulrich Ehricke, Die richtlinienkonforme und die gemeinschaftsrechtskonforme Auslegung nationalen Rechts – Ein Beitrag zu ihren Grundlagen und zu ihrer Bedeutung für die Verwirklichung eines „europäischen Privatrechts", RabelsZ 59 (1995) S. 598–644; Gil Carlos Rodríguez Iglesias/Kurt Riechenberg, Zur richtlinienkonformen Auslegung des nationalen Rechts, in: Ole Due/Marcus Lutter/Jürgen Schwarze (Hrsg.), Festschrift für Ulrich Everling, Baden-Baden 1995, Bd. II, S. 1213–1230; Ton Heukels, Von richtlinienkonformer zur völkerrechtskonformen Auslegung im EG-Recht: Internationale Dimensionen einer normhierarchiegerechten Interpretationsmaxime, in: ZEuS 1999, 313–333; Manfred Zuleeg, Die gemeinschaftskonforme Auslegung und Fortbildung mitgliedstaatlichen Rechts, in: Reiner Schulze (Hrsg.), Auslegung europäischen Privatrechts und angeglichenen Rechts, Baden-Baden 1999, S. 163–177; Ulrich Everling, Richterliche Rechtsfortbildung in der Europäischen Gemeinschaft, in: JZ 2000, 217–227; Theodor Öhlinger/Michael Potacs, Gemeinschaftsrecht und innerstaatliches Recht, Wien 2. Aufl., 2001; Hans D. Jarass/Sasa Beljin, Unmittelbare Anwendung des EG-Rechts und EG-rechtskonforme Auslegung, in: JZ 2003, 768–777; Werner Schroeder, Die Auslegung des EU-Rechts, in: JuS 2004, 180–186; Rudolf Streinz, Die Auslegung des Gemeinschaftsrechts durch den EuGH – Eine kritische Betrachtung, in: ZEuS 2004, 387–414; Gregor Thüsing, Zu den Grenzen richtlinienkonformer Auslegung, in: ZIP 2004, 2301–2305; Matthias Herdegen, Richtlinienkonforme Auslegung im Bankrecht: Schranken nach Europa- und Verfassungsrecht. in: WM 2005, 1921–1932; Wulf-Henning Roth, Die richtlinienkonforme Auslegung, in: EWS 2005, 385–396; Karl Riesenhuber/Ronny Domröse, Richtlinienkonforme Rechtsfindung und nationale Methodenlehre, in: RIW 2005, 47–54; Sebastian Steinbarth, Unmittelbare Wirkung von EG-Richtlinien und richtlinienkonforme Auslegung des innerstaatlichen Rechts in der Rechtsprechung des EuGH, in: Jura 2005, 607–612; Matthias Thume/Herve Edelmann, Keine Pflicht zur systemwidrigen richtlinienkonformen Rechtsfortbildung, in: BKR 2005, 477–487; Marietta Auer, Neues zu Umfang und Grenzen der richtlinienkonformen Auslegung, in: NJW 2007, 1106–1109.

2.1 Zielsetzung der gemeinschaftsrechtskonformen Auslegung

196 (1) Das Gemeinschaftsrecht verpflichtet zu einer **gemeinschaftsrechtskonformen** und damit auch **richtlinienkonformen Auslegung** und Anwendung des innerstaatlichen Rechts. Die Pflicht stützt sich auf das Gebot der loyalen Zusammenarbeit gemäß Art. 10 EG.[366] Ziel ist es, eine möglichst einheitliche Rechts-

---

366 EuGH, Urteil vom 10.4.1984 – Rs. 14/83 – EuGHE 1984, 1891 Ls. 1 = NJW 1984, 2021 – von Colson und Kaman vs. Land Nordrhein-Westfalen; EuGH, Urteil vom 16.12.1993 – Rs. C-334/92 – EuGHE 1993 I-6911 = NJW 1994, 921 = EuZW 1994, 182 = ZEuP 1995, 105 – Wagner Miret vs. Fondo de garantía salarial; EuGH, Urteil vom 7.3.1996 – Rs. C-118/94 – EuGHE 1996 I-1223 [1248], Rn. 18 – Associazione Italiana per il WWF vs. Region Venetien; EuGH, Urteil vom 11.7.1996

auslegung und Rechtsanwendung in der EG zu sichern und damit den Integrationsprozess der Gemeinschaft zu fördern. Nach Art. 10 EG besteht die Pflicht des primären Gemeinschaftsrechts, alle zur Erfüllung gemeinschaftsrechtlicher Ziele geeigneten Maßnahmen allgemeiner oder besonderer Art zu treffen. Nach Ansicht des **EuGH** folgt daraus, dass auch das nationale Gericht, aber auch die Exekutive, bei der Anwendung des nationalen Rechts, insbesondere auch der Vorschriften eines besonders zur Durchführung einer Richtlinie erlassenen Gesetzes, „dieses nationale Recht im Lichte des Wortlauts und des Zwecks der Richtlinie auszulegen hat".[367]

Der EuGH hat den Grundsatz der gemeinschaftsrechtskonformen Auslegung zwar im Zusammenhang mit den Rechtswirkungen der EG-Richtlinien entwickelt.[368] Anlass dieser Rechtsprechung war vor allem das **verzögerliche Umsetzungsverhalten** einzelner Mitgliedstaaten. Der Grundsatz gilt jedoch ganz allgemein.[369]   **197**

– verb. Rs. C-71/94, C-72/94, C-73/94 – EuGHE 1996 I-3603 = EuZW 1996, 532 – Eurim-Pharm Arzneimittel GmbH vs. Beiersdorf e. a.; EuGH, Urteil vom 16.7.1998 – Rs. C-355/96 – EuGHE 1998 I-4799 = NJW 1998, 3185 = EuZW 1998, 563 = EWS 1998, 342 = RIW 1998, 798 = LRE 35, 83 – Silhouette International Schmied GmbH vs. Hartlauer Handelsgesellschaft; EuGH, Urteil vom 22.9.1998 – Rs. C-185/97 – EuGHE 1998 I-5199 = EuZW 1999, 43 = EuGRZ 1998, 660 = NZA 1998, 1223 – Belinda Jane Coote vs. Granada Hospitality Ltd.

367 EuGH, Urteil vom 10.4.1984 – Rs. 14/83 – EuGHE 1984, 1891 [1909] Rn. 26 = NJW 1984, 2021 = EuGRZ 1984, 217 = DB 1984, 1042 – von Colson und Kamann vs. Land Nordrhein-Westfalen, vgl. dazu Gert Nicolaysen, Richtlinienwirkung und Gleichbehandlung von Männern und Frauen beim Zugang zum Beruf, in: EuR 1984, 380–392; EuGH, Urteil vom 13.7.2000 – Rs. C-456/98 – EuGHE 2000 I-6007 [6028] Rn. 18 = NJW 2000, 3267 = EWS 2000, 358 = EuZW 2000, 671 – Centrolsteel vs. Adipol GmbH; vgl. dazu Simona Augi/Fabrizio Baratella, Neue Entwicklungen in der Rechtsprechung des Europäischen Gerichtshofs zur direkten Anwendbarkeit von Gemeinschaftsrichtlinien; in: EuLF 2000/01 (D), 83–88; EuGH, Urteil vom 27.6.2000 – Rs. C-240/98 – EuGHE 2000 I-4941 [4975] Rn. 30 = NJW 2000, 2571 = EuZW 2000, 506 = EWS 2000, 356 = JZ 2001, 245 RIW 2001, 224 – Océano Grupo Editorial SA u. a. vs. Roció Murciano Quintero; EuGH, Urteil vom 5.10.2004 – Rs. C-397/01 – EuGHE 2004 I-8835 = DVBl. 2005, 35 = NJW 2004, 3547 = EuZW 2004, 691 = EWS 2004, 521 ZIP 2004, 2342 – Bernhard Pfeiffer vs. DRK Kreisverband Waldshut.

368 Winfried Brechmann, Die richtlinienkonforme Auslegung. Zugleich ein Beitrag zur Dogmatik der EG-Richtlinie, München 1994; Eckart Klein, Objektive Wirkungen von Richtlinien, in: Ole Due/Marcus Lutter/Jürgen Schwarze (Hrsg.), Festschrift für Ulrich Everling, Baden-Baden 1995, S. 641–650; Marcus Lutter, Zum Umfang der Bindung durch Richtlinien, in: Ole Due/Marcus Lutter/Jürgen Schwarze (Hrsg.), Festschrift für Ulrich Everling, Baden-Baden 1995, S. 765 ff.; Georg Ress, Die richtlinienkonforme „Interpretation" innerstaatlichen Rechts, in: DÖV 1994, 489–496; Arno Scherzberg, Die innerstaatliche Wirkung von EG-Richtlinien, in: Jura 1993, 225–232; zu den Auslegungsgrundsätzen des EuGH vgl. allg. Jochen Anweiler, Die Auslegungsmethoden des Gerichtshofs der Europäischen Gemeinschaften, Frankfurt/Main 1997; Carsten Buck, Über die Auslegungsmethoden des Gerichtshofs der Europäischen Gemeinschaften, Frankfurt/Main 1998; Andrea Ott, Die anerkannte Rechtsfortbildung des EuGH als Teil des gemeinschaftsrechtlichen Besitzstandes (acquis communautaire), in: EuZW 2000, 293–298; Ulrich Everling, Richterliche Rechtsfortbildung in der Europäischen Gemeinschaft, in: JZ 2000, 217–227; Martin Nettesheim, Ausbildung und Fortbildung nationalen Rechts im Lichte des Gemeinschaftsrechts, in: AöR 119 (1994), S. 261–293; Wulf-Henning Roth, Die richtlinienkonforme Auslegung, in: EWS 2005, 385–396; Gregor Thüsing, Richtlinienkonforme Auslegung und unmittelbare Geltung von EG-Richtlinien im Anti-Diskriminierungsrecht, in: NJW 2003, 3441–3445.

369 Vgl. Jürgen Schwarze/Armin Hatje, Gemeinschaftskonforme Auslegung des nationalen Rechts – unter besonderer Berücksichtigung des Umweltrechts, in: Hans-Werner Rengeling, Handbuch des europäischen und deutschen Umweltrechts, Bd. I, Köln u. a. 1. Aufl. 1998, S. 1007–1032 ff. [2. Aufl. 2002]; Cornelia Nicklas, Implementationsprobleme des EG-Umweltrechts unter besonderer Berück-

Die richtlinienkonforme Auslegung ist nur ein Unterfall der gemeinschaftsrechtskonformen Auslegung. Dieser Grundsatz ist also nicht auf den Bereich des umgesetzten Richtlinienrechts beschränkt, auch wenn er hier in erster Linie fruchtbar zu machen ist. Vielmehr ist jede mitgliedstaatliche Rechtsvorschrift grundsätzlich gemeinschaftskonform auszulegen und anzuwenden.

198 (2) Die **deutschen Gerichte** sind dem Grundsatz der richtlinienkonformen Auslegung uneingeschränkt gefolgt.[370] Sie haben durchgehend eine gemeinschaftsfreundliche Auslegung gefördert. Der Grundsatz richtlinienkonformer Auslegung ist für das deutsche Recht unmittelbar verbindlich angesehen und damit Bestandteil der allgemeinen Gesetzesauslegung geworden.[371] Diese Verpflichtung findet allerdings dort ihre Grenze, wo das nationale Recht bei Anwendung der anerkannten Auslegungsmethoden eine richtlinienkonforme Auslegung nicht zulässt.

> **Beispiel:** Da die FFH-RL die Erhaltung des gemeinsamen Naturerbes der Mitgliedstaaten zum Ziel hat (vgl. 4. und 11. Begründungserwägung der FFH-RL), muss – trotz der nach Art. 249 Abs. 3 EG verbleibenden Spielräume der Mitgliedstaaten – verstärkt auf die Genauigkeit der Umsetzung der Habitat-Richtlinie in nationales Recht Bedacht genommen werden.[372]

199 Inzwischen deutet der EuGH eine gesteigerte Intensität der richtlinienkonformen Auslegung innerhalb des nationalen Rechtes an, um im Wege richtlinienkonformer Auslegung zu einer innerstaatlichen Rechtsfortbildung zugunsten gemeinschaftsrechtlicher Effektivität zu gelangen.[373] Für die Pflicht zur richtlinienkonformen Auslegung kommt es danach nicht unbedingt darauf an, ob die Richtlinie inhaltlich unbedingt und hinreichend bestimmt ist, sodass sich der Einzelne auf sie unmittelbar zu berufen vermag.[374] Eine richtlinienkonforme Auslegung ist auch geboten, wenn der nationale Rechtssatz älter als die Richtlinie ist.[375] Dem Grundsatz liegt mittelbar der vom EuGH postulierte Vorrang des Gemeinschaftsrechtes zugrunde. Ob bereits vor Ablauf der Umsetzungsfrist eine richtlinienkonforme Aus-

---

sichtigung der Luftreinhalterichtlinien, Baden-Baden 1997, S. 76 ff.; Christian Engelsberger, Der Vollzug europarechtlicher Vorschriften auf dem Gebiet des Umweltschutzes, Berlin 1998, S. 112 ff.

370 Vgl. etwa BVerwG, Urteil vom 17.01.2007 – 9 A 20.05 – Nur 2007, 336 = ZUR 2007, 2007 = DVBl. 2007, 706 (L); BVerwG, Urteil vom 29.1.2004 – 3 C 39.03 – Buchholz 418.01 Zahnheilkunde Nr. 27.

371 BGH, Urteil vom 23.11.2006 – X ZR 16/05 – BGHReport 2007, 337; BGH, Urteil vom 25.07.2006 – X ZR 182/05 – NJW 2006, 3137 = MDR 2007, 32.

372 EuGH, Urteil vom 20.10.2005 – Rs. C-6/04 – EuGHE 2005 I-9017 [9064] Rn. 25 = NuR 2006, 494 – Kommission vs. Großbritannien; BVerwG, Urteil vom 17.1.2007 – 9 A 20.05 – NuR 2007, 336 = ZUR 2007, 307.

373 Vgl. EuGH, Urteil vom 25.10.2005 – Rs. – C-305/03 – EuGHE 2005 I-9215 = NJW 2005, 3551 = EWS 2005, 505 = EuZW 2005, 721 = JZ 2006, 86 – Elisabeth Schulte vs. Deutsche Bausparkasse Badenia AG (zur Verbraucherschutz-Richtlinie 85/777/EWG), mit Bespr. Matthias Thume/Herve Edelmann, Keine Pflicht zur systemwidrigen richtlinienkonformen Rechtsfortbildung, in: BKR 2005, 477–487; EuGH, Urteil vom 25.10.2005 – Rs. C-229/04 – EuGHE 2005 I-9273 = NJW 2005, 3555 = EWS 2005, 51 = EuZW 2005, 726 – Crailsheimer Volksbank eG vs. Klaus Conrads u. a.

374 BVerwG, Vorlagebeschluss vom 30.4.2003 – 6 C 6.02 – BVerwGE 118, 128 = NVwZ 2003, 1508 = CR 2004, 267; BVerwG, Beschluss vom 29.3.2007 – 7 C 9.06 – NVwZ 2007, 695 = DVBl. 2007, 763 = UPR 2007, 306 = NuR 2007, 490 = GewArch 2007, 296 (Feinstaub).

375 BVerwG, Urteil vom 19.9.2001 – 6 C 13–00 – BVerwGE 115, 125 = DVBl. 2002, 479 = NVwZ 2002, 858 = DÖV 2002, 477 = GewArch 2003, 76: BAG Beschluss vom 2.4.1996 – 1 ABR 47/95 – BAGE 82, 349 [361] = BB 1996, 959 = DB 1996, 1725 = CR 1996, 604; BGH, Urteil vom 5.2.1998 – 1 ZR 211/95 – BGHZ 138, 55 [59 f.].

legung gemeinschaftsrechtlich oder auch innerstaatlich geboten ist, ist umstritten (vgl. Rn. 138 ff.).[376]

2.2 Methodik der gemeinschaftsrechtlichen Auslegung

Lit.: Manfred Zuleeg, Die Auslegung des europäischen Gemeinschaftsrechts, in: EuR 1969, 97–108; Rudolf Bernhardt, Zur Auslegung des europäischen Gemeinschaftsrechts, in: Europäische Gerichtsbarkeit und nationale Verfassungsgerichtsbarkeit, Wilhelm Georg Grewe u. a. (Hrsg.). Festschrift zum 70. Geburtstag von Hans Kutscher, Baden-Baden 1981, S. 17–24; Albert Bleckmann, Zu den Auslegungsmethoden des Europäischen Gerichtshofs, in: NJW 1982, 1177–1182; Albert Bleckmann, Die Bindungswirkung der Praxis der Organe und der Mitgliedstaaten bei der Auslegung und Lückenfüllung des Europäischen Gemeinschaftsrechts. Die Rolle des Art. 5 EWG-Vertrag, in: Roland Bieber/Georg Ress (Hrsg.), Die Dynamik des Europäischen Gemeinschaftsrechts. Die Auslegung des Europäischen Gemeinschaftsrechts im Lichte nachfolgender Praxis der Mitgliedstaaten und der EG-Organe, Baden-Baden 1987, S. 161–223; Albert Bleckmann, Probleme der Auslegung der EWG-Richtlinien, in: RIW 1987, 929–935; Frank Florian Olbertz, Auslegungsgrundsätze des Europäischen Gerichtshofs, in: StVj 1992, 37; Marcus Lutter, Die Auslegung angeglichenen Rechts, in: JZ 1992, 593–607; Jochen Anweiler, Die Auslegungsmethoden des Gerichtshofs der Europäischen Gemeinschaften, Frankfurt/M. u. a. 1997; Manfred Zuleeg, Rechtsangleichung innerhalb und außerhalb der Europäischen Gemeinschaft, in: ZEuP 1998, 506–520; Werner Schroeder, Die Auslegung des EU-Rechts, in: JuS 2004, 180–186.

2.2.1 Erforderlichkeit einer gemeinschaftsrechtlichen Auslegung

(1) Bevor das durch EG-Recht angeglichene nationale Recht richtlinienkonform **200** auszulegen oder eine Kollision anzunehmen ist, ist nicht selten zunächst eine Auslegung der Richtlinie selbst erforderlich.[377] Die Auslegung des Gemeinschaftsrechts wird naturgemäß durch die Judikatur des EuGH geprägt. Eine ausdrückliche Auslegungsmethodik hat der Gerichtshof allerdings nicht entwickelt. Darin gleicht er anderen höchsten Gerichtshöfen. Gleichwohl lassen sich aus der Rechtsprechung zahlreiche Auslegungselemente entnehmen, die allerdings in ihrer Kombination verwirrend erscheinen können.

(2) Der EuGH folgt im Grundsatz den allgemeinen Auslegungsmethoden. Das **201** Gemeinschaftsrecht ist grundsätzlich aus sich selbst heraus, also **autonom**, auszulegen.[378] Der nationale Rechtsanwender steht in der Gefahr, Methoden seiner Rechtsordnung anzuwenden. Das wäre indes verfehlt. Eine derartige Vorgehensweise würde den Grundsatz einer einheitlichen Rechtsauslegung im Gemeinschaftsgebiet missachten.[379] Die Rechtsbegriffe im Gemeinschaftsrecht müssen

---

376 Verneinend Martin Nettesheim, in: Eberhard Grabitz/Meinhard Hilf (Hrsg.), Das Recht der Europäischen Union [Stand: Aug. 2002], EG Art. 249 Rn. 153.

377 Vgl. Marcus Lutter, Die Auslegung angeglichenen Rechts, in: JZ 1992, 593–607.

378 EuGH, Urteil vom 7.1.2004 – Rs. C-201/02 – EuGHE 2004 I-723 [760] Rn. 37 = DVBl. 2004, 370 = NVwZ 2004, 593 = EWS 2004, 232 = NuR 2004, 517 – The Queen, Delena Wells vs. Secretary of State for Transport, Local Government and the Regions – „Delena Wells".

379 EuGH, Urteil vom 10.1.1980 – Rs. 69/79 – EuGHE 1980, 75 – Jordens-Vosters vs. Bedrijfsvereniging voor de Leder- en Lederverwerkende Industrie; vgl. ferner EuGH, Urteil vom 2.4.1998 – Rs. C-296/95 – EuGHE 1998 I-1605 [1643] Rn. 30 = EuZW 1998, 503 = ZfZ 1998, 30 – The Queen vs. Commissioners of Customs and Excise – „EMU Tabac".

Berkemann 117

nicht denselben Inhalt haben wie im nationalen Recht.[380] Der Richtliniengeber wird allerdings nicht selten seiner Regelung eine Begriffserklärung voranstellen, um damit eine Interpretation zumindest in eine bestimmte Richtung zu lenken (vgl. etwa Art. 1 Abs. 2 UVP-RL 85/337/EWG; Art. 2 Plan-UP-RL 2001/42/EG).

2.2.2 Wortauslegung – Textfassungen

202 (1) Der Wortlaut erlaubt stets einen ersten Zugriff auf den Regelungsgehalt. Insoweit ist der Text der Ausgangspunkt jeder Auslegung. Das ist im Gemeinschaftsrecht nicht anders als im nationalen Recht. Der Wortlaut der Bestimmung tritt zurück, wenn Sinn und Zweck einer Bestimmung ein anderes Ergebnis nahe legt.[381] Daher betont der EuGH, dass der Wortlaut in den Zusammenhang mit den Zielen der Regelung, welche etwa der Richtliniengeber verfolgt, zu stellen ist.[382] Dabei kommt es – wie zumeist auch im deutschen Recht – auf den gewöhnlichen Sprachgebrauch nicht an, wenn sich eine Fachsprache entwickelt hat.[383] Vielfach kombiniert der EuGH den Wortlaut mit anderen Auslegungsmerkmalen. Das gilt vor allem dann, wenn die Wortauslegung nicht hinreichend ergiebig ist.[384]

Beispiel: Aus dem **Wortlaut** des Art. 2 a der RL 90/313/EWG über den freien Zugang zu Informationen über die Umwelt ergibt sich, dass der Richtliniengeber dem Begriff „Informationen über die Umwelt" eine weite Bedeutung beilegen wollte, die sowohl die Angaben als auch die Tätigkeiten umfasst, die den Zustand der verschiedenen dort erwähnten Bereiche der Umwelt betreffen. Dabei wird klargestellt, dass der Begriff „verwaltungstechnische Maßnahmen", der Beispielscharakter hat, nur eine Erläuterung der „Tätigkeiten" oder „Maßnahmen" im Sinne der Richtlinie darstellt. Von einer „Information über die Umwelt" im Sinne der Richtlinie kann nach Ansicht des EuGH bereits dann gesprochen werden, wenn eine Stellungnahme der Verwaltung eine Handlung darstellt, die den Zustand eines der von der Richtlinie erfassten Umweltbereiche beeinträchtigen oder schützen kann.[385]

---

380 EuGH, Urteil vom 6.10.1982 – Rs. 283/81 – EuGHE 1982, 3415 [3430] Rn. 19 = DVBl. 1983, 267 = NJW 1983, 1257 = EuR 1983, 161 – C.I.L.F.I.T. vs. Ministero della sanitá, vgl. dazu E. Millarg, Pflicht zur Vorlage an den EuGH und deren Grenzen, acte claire-Doktrin, in: EuR 1983, 163–168; Christoph Herrmann, Die Reichweite der gemeinschaftsrechtlichen Vorlagepflicht in der neueren Rechtsprechung des EuGH, in: EuZW 2006, 231–235; Ulrich Fastenrath, Europarecht – Pflicht letztinstanzlicher nationaler Gerichte zur Einleitung eines Vorabentscheidungsverfahrens, in: JA 1986, 283–284.

381 Vgl. bereits EuGH, Urteil vom EuGH, Urteil vom 5.3.1963 – Rs. 26/62 – EuGHE 1963, 1 [24f.] = NJW 1963, 1751 = BB 1963, 362 – van Gend en Loos vs. Niederländische Finanzverwaltung; vgl. dazu Hans Peter Fischer, Rechtsprechung Klassiker – Die „van Gend & Loos"-Entscheidung, in: JA 2000, 113–116; EuGH, Urteil vom 8.4.1976 – Rs. 43/75 – EuGHE 1976, 455 [472ff.] Rn. 7ff., 27ff. = DVBl. 1976, 487 = NJW 1976, 2068 = BB 1976, 841 – Gabriele Defrenne vs. Société anonyme belge de navigation aérienne Sabena – „Defrenne II", zur Richtlinie 75/117/EWG des Rates vom 10.2.1975 zur Angleichung der Rechtsvorschriften der Mitgliedstaaten über die Anwendung des Grundsatzes des gleichen Entgelts für Männer und Frauen.

382 EuGH, Urteil vom 17.11.1983 – Rs. 292/82 – EuGHE 1983, 3781 [3792] Rn. 12 – Merck vs. HZA Hamburg-Jonas.

383 Weiterführend Tilman Kuhn, Rechtssprache Europas 2004, in: Rechtssprache Europas – Reflexion der Praxis von Sprache und Mehrsprachigkeit im supranationalen Recht, in: Schriften zur Rechtstheorie, Heft 224 (2004), S. 389–412.

384 Vgl. EuGH, Urteil vom 7.2.1979 – Rs. C-11/76 – EuGHE 1979, 245 = RIW 1980, 275 – Niederlande vs. Kommission (EAGFL).

385 EuGH, Urteil vom 17.6.1998 – Rs. C-321/96 – EuGHE 1998 I-3809 = DVBl. 1998, 1176 = NVwZ 1998, 945 = UPR 1998, 444 = EuZW 1998, 470 = EuR 1998, 669 = NuR 1998, 645 = ZUR 1998,

Berkemann

Beispiel: Aus dem **Wortlaut** des Art. 5 RL 78/659/EWG und RL 79/923/EWG sowie aus dem in diesen Richtlinien vorgesehenen detaillierten System zur Überwachung der Gewässerqualität ergibt sich eindeutig, dass die Mitgliedstaaten zur Aufstellung besonderer Programme verpflichtet sind, die darauf abzielen, die Verschmutzung von Süßwasser und Muschelgewässern innerhalb von fünf bzw. sechs Jahren zu verringern.[386]

(2) Kritisch ist es, wenn die **Sprachfassungen** voneinander abweichen. In der   **203** Gemeinschaft sind alle Sprachen gleichberechtigt.[387] Das kann bei Divergenzen gleichwohl einen „wertenden" Textvergleich erfordern.[388] Art. 33 WRKV gilt entsprechend.[389] Das Ziel ist, durch sprachlichen Vergleich Widersprüche aufzulösen.[390] Die Notwendigkeit einer einheitlichen Auslegung der Gemeinschaftsverordnungen verbieten es, im Zweifelsfalle den Wortlaut einer Bestimmung für sich allein zu betrachten; sie zwingt vielmehr dazu, ihn unter Berücksichtigung seiner Fassungen in den anderen Amtssprachen auszulegen. Bleibt dieses Bemühen erfolglos, den konkreten Regelungsgehalt zu erfassen, ist eine exegetische Auslegung gescheitert. Die Vorschrift muss nunmehr nach dem allgemeinen Aufbau und dem Zweck der Regelung verstanden werden, zu dem sie gehört.[391] Da die

---

198 – Wilhelm Mecklenburg vs. Kreis Pinneberg. (Richtlinie 90/313/EWG), mit Bespr. Armin Hatje, Umweltinformationen/freier Zugang, in: NJ 1999, 99–100; Christian Schrader, Europäische Anstöße für einen erweiterten Zugang zu (Umwelt-)Informationen, in: NVwZ 1999, 40–42.

386 EuGH, Urteil vom 12.12.1996 – Rs. C-298/95 – EuGHE 1996 I-6747 = NVwZ 1997, 369 = ZUR 1997, 156 = ZfW 1998, 292 – Kommission vs. Deutschland (Qualität von Süßwasser und Muschelgewässer – Richtlinien 78/659/EWG und 79/923/EWG).

387 EuGH, Urteil vom 26.6.1990 – Rs. C-185/89 – EuGHE 1990 I-2561 [2582] Rn. 16f. = DB 1991, 80 = RIW 1991, 784 – Staatssecretaris van Financiën vs. Velker International Oil Company Ltd. – „Velker"; EuGH, Urteil vom 6.10.1982 – Rs. 283/81 – EuGHE 1982, 3415 [3430] Rn. 18 = DVBl. 1983, 267 = NJW 1983, 1257 = EuR 1983, 161 – C.I.L.F.I.T. vs. Ministero della sanitá; EuGH, vgl. dazu Christoph Herrmann, Die Reichweite der gemeinschaftsrechtlichen Vorlagepflicht in der neueren Rechtsprechung des EuGH, in: EuZW 2006, 231–235; EuGH, Urteil vom 28.3.1985 – Rs. 100/84 – EuGHE 1985, 1169 [1182] Rn. 16 – Kommission vs. Großbritannien.

388 Die Sprachfassungen sind aus der Datenbank „EUR-Lex" abrufbar, vgl. www.europa.eu.int/eur-lex/index.html; Thomas Bruha, Rechtliche Aspekte der Vielsprachigkeit: Vertrags-, Amts-, Arbeits- und Verkehrssprachen in der Europäischen Union, in: ders./Hans-Joachim Seeler (Hrsg.), Die Europäische Union und ihre Sprachen, Baden-Baden 1998, S. 84f.; Isabell Schübel-Pfister, Sprache und Gemeinschaft. Die Auslegung der mehrsprachig verbindlichen Rechtstexte durch den EuGH, Berlin 2004; Petra Braselmann, Übernationales Recht und Mehrsprachigkeit. Linguistische Überlegungen zu Sprachproblemen in EuGH Urteilen, in: EuR 1992, 55–74; Claus Luttermann, Der Rechtssprachenvergleich in der Europäischen Union, in: EuZW 1999, 401–404; Claus Luttermann/Karin Luttermann, Ein Sprachenrecht für die Europäische Union, in: JZ 2004, 1002–1010; grundlegend Meinhard Hilf, Die Auslegung mehrsprachiger Verträge. Eine Untersuchung zum Völkerrecht und zum Recht der Bundesrepublik Deutschland, Heidelberg 1973.

389 § 33 des Gesetzes zu dem Wiener Abkommen vom 23.5.1969 über das Recht der Verträge vom 3.8.1985 (BGBl. 1985 II S. 926).

390 EuGH, Urteil vom 6.10.1982 – Rs. 283/81 – EuGHE 1982, 3415 [34330] Rn. 18 = DVBl. 1983, 267 = NJW 1983, 1257 – C.I.L.F.I.T. vs. Ministero della sanitá; EuGH, Urteil vom 11.7.1985 – Rs. 107/84 – EuGHE 1985, 2655 [2666] Rn. 10 – Kommission vs. Deutschland; vgl. auch der Judikatur des EuGH ferner EuGH, Urteil vom 12.7.1979 – Rs. 9/79 – EuGHE 1979, 2717 – Koschniske vs. Raad van Arbeid; EuGH, Urteil vom 12.11.1969 – Rs. 29/69 – EuGHE 1969, 419 = EuR 1970, 39 = JuS 1970, 245 – Stauder vs. Stadt Ulm; EuGH, Urteil vom 16.10.1980 – Rs. 816/79 – EuGHE 1980, 3029 – Klaus Mecke vs. HZA Bremen-Ost.

391 EuGH, Urteil vom 28.3.1985 – Rs. 100/84 – EuGHE 1985, 1169 – Kommission vs. Großbrannien; EuGH, Urteil vom 12.11.1998 – Rs. C-149/97 – EuGHE 1998 I-7053 7079] Rn. 16 = EuZW 1999, 55 = EWS 1998, 468 = RIW 1999, 79 – Institute of the Motor Industry vs. Commissioners of Customs and Excise, vgl. ferner EuGH, Urteil vom 12.7.1979 – Rs. 9/79 – EuGHE 1979, 2717 [2724] Rn. 6 –

Originalfassung zumeist in französischer Sprache erarbeitet wird, hat der EuGH auch gelegentlich deren Bedeutung betont.[392] Inzwischen dürfte sich die interne Arbeitssprache der Kommission zunehmend der englischen Sprache zugewandt haben.

Beispiel: Der Begriff „Flußkanalisierungs- und Stromkorrekturarbeiten" in Anhang II Nummer 10 Buchstabe e der Richtlinie 85/337 über die Umweltverträglichkeitsprüfung bei bestimmten öffentlichen und privaten Projekten ist dahin auszulegen, dass darunter auch Arbeiten zur Eindämmung von Wasser und zur Verhinderung von Überschwemmungen und somit Arbeiten an Deichen an Wasserwegen fallen. Da diese Arbeiten nämlich die Zusammensetzung des Bodens, die Fauna und Flora oder auch die Landschaft nachhaltig beeinträchtigen können, können sie erhebliche Auswirkung auf die Umwelt im Sinne der Richtlinie haben.[393] Die englische Fassung lautet: „canalization and flood-relief works", die französische „canalisation et régularisation de cours d'eau".

204 Für den nationalen Richter wird dies in aller Regel eine Vorlage an den EuGH gemäß Art. 234 EG nahe legen (vgl. Rn. 410 f.). Der Verwaltungsbehörde ist dieser Weg indes verschlossen. Sie muss sich entscheiden.

2.2.3 Historische Auslegung – Wille des EG-Normgebers

205 (1) Der EuGH misst der historischen Auslegung, also der Entstehungsgeschichte, zumeist nur eine sehr geringe Bedeutung bei. Der Gerichtshof bevorzugt ersichtlich eine „objektive" Auslegung. Das gilt auch für das Sekundärrecht, obwohl hier in aller Regel vielfältige Materialien aus der Entstehungsgeschichte vorhanden sind (vgl. 85 ff.). Nur gelegentlich verweist der EuGH bei der Auslegung von Richtlinien auf die Entstehungsgeschichte, indes zumeist nur, um ein im Wege der teleologischen Auslegung gefundenes Ergebnis zu bestätigen.[394] Insoweit besteht gegenüber der Auslegungspraxis der deutschen Gerichte ein bemerkbarer Unterschied.

Marianne Koschniske vs. Raad van Arbeid; EuGH, Urteil vom 17.12.1998 – Rs. C-236/97 – EuGHE 1998 I-8679 [8697] Rn. 26 = EuZW 1999, 154 = EWS 1999, 71 – Skatteministeriet vs. Aktieselskabet Forsikringsselskabet Codan – „Codan"; EuGH, Urteil vom 17.7.1997 – Rs. C-219/95 P – EuGHE 1997 I-4411 [4434] Rn. 12 = EuZW 1997, 632 – Ferrière Nord vs. Kommission; EuGH, Urteil vom 30.1.2001 – Rs. C-36/98 – EuGHE 2001 I-779 = DVBl. 2001, 624 = NVwZ 2001, 1389 = EuZW 2001, 208 = ZUR 2001, 271 – Spanien vs. Rat (Donauschutzübereinkommen), mit Bespr. Sebastian Heselhaus, EuGH: Kompetenz des Rates zum Abschluß des Donauschutzübereinkommens, in: EuZW 2001, 213–215; EuGH, Urteil vom 24.10.1996 – Rs. C-72/95 – EuGHE 1996 I-5403 = DVBl. 1997, 40 = NuR 1997, 536 = ZUR 1997, 35 – Kraaijveld vs. Gedeputeerde Staaten Zuid-Holland (zur Richtlinie 85/337/EWG), mit Bespr. Bernhard W. Wegener, Die UVP-Pflichtigkeit sog. Anhang II-Vorhaben, in: NVwZ 1997, 462–465; vgl. auch Johannes Christian Wichard, in: Christian Calliess/ Matthias Ruffert (Hrsg.), EUV/EGV, 3. Aufl. 2007, EG Art. 290 Rn. 12.

392 So etwa EuGH, Urteil vom 12.11.1969 – Rs. 239/69 – EuGHE 1969, 422 = EuR 1970, 39 = JuS 1970, 245 – Stauder vs. Ulm; vgl. auch Petra Braselmann, Übernationales Recht und Mehrsprachigkeit. Linguistische Überlegungen zu Sprachproblemen in EuGH Urteilen, in: EuR 1992, 55–74.

393 EuGH, Urteil vom 24.10.1996 – Rs. C-72/95 – EuGHE 1996 I-5403 = DVBl. 1997, 40 = NuR 1997, 536 = ZUR 1997, 35 – Aannemersbedrijf P. K. Kraaijeveld BV e. a. vs. Gedeputeerde Staten van Zuid-Holland (zur Richtlinie 85/337/EWG).

394 Vgl. Bernhard W. Wegener, in Christian Calliess/Matthias Ruffert (Hrsg.), Kommentar des Vertrages über die Europäische Union und des Vertrages zur Gründung der Europäischen Gemeinschaft. EUV/EGV, 3. Aufl., 2007, Art. 220 EG Rn. 12 f.

Berkemann

Eine der Gründe für diese Zurückhaltung des EuGH liegt möglicherweise in der **206** nicht seltenen mangelnden freien Zugänglichkeit aller Texte.[395] Ganz ausgeschlossen ist die Berücksichtigung der Entstehungsgeschichte vor allem dann nicht, wenn bei einer Richtlinie, wie üblich, die Kommission Entwürfe veröffentlicht hat (vgl. oben Rn. 87). In diesem Falle berücksichtigt der EuGH von Fall zu Fall immerhin „vorbereitende" Texte.[396] Eine anhand der Entstehungsgeschichte ausgerichtete Auslegung für die Frage, von welcher Ermächtigungsgrundlage der Richtliniengeber ausgegangen ist, lehnt der EuGH allerdings strikt ab. Insoweit kommt es nach seiner Ansicht allein auf objektive, gerichtlich nachprüfbare Umstände an.[397]

(2) Richtlinien sind begründungsbedürftig (vgl. Art. 253 EG). Das geschieht durch **207** die in den Richtlinientext aufgenommenen **Begründungserwägungen** („considérants"). Sie dienen dazu, dass der Betroffene die Gründe für die erlassene Richtlinie erkennen und der EuGH seine ihm aufgetragene Kontrolle ausüben kann.[398] Folgerichtig werden die Erwägungen in der Spruchpraxis des Gerichtshofes bei der Auslegung in starkem Maße berücksichtigt.[399] Das geschieht auch in Verbindung mit der teleologischen Interpretation. Die Gefahr besteht, dass die Bedeutung der „Erwägungen" überbewertet wird. Es ist nicht zu übersehen, dass die „considérants" nicht selten der rhetorische Ort sind, um einen politischen Kompromiss zu erreichen.[400] Ihnen wird man daher zumeist nur stützende Hinweise entnehmen können.[401] Gleichwohl misst der EuGH den Erwägungsgründen der

---

395 Hierauf machen aufmerksam Jochen Anweiler, Auslegungsmethoden des Gerichtshofs, Frankfurt/M. 1996, S. 246 ff.; Stephan M. Grundmann, Die Auslegung des Gemeinschaftsrechts, Frankfurt/M. 1997, S. 292; Konrad Redeker/Ulrich Karpenstein, Über Nutzen und Notwendigkeiten, Gesetze zu begründen, in: NVwZ 2001, 2825–2831 [2829]; Ulrich Karpenstein, Praxis des EG-Rechts, 2006, S. 48.
396 Vgl. z. B. EuGH, Urteil vom 25.6.1998 – Rs. C-203/96 – EuGHE 1998 I-4075 = DVBl. 1999, 228 = NVwZ 1998, 1169 = EuZW 1998, 529 = ZUR 1998, 311 – Chemische Afvalstoffen Dusseldorp BV u. a. vs. Minister van Volkshuisvesting, Ruimtelijke Ordening en Milieubeheer, mit Bespr. Thomas Graner, Zur Geltung des Autarkiegrundsatzes und des Näheprinzips bei der Abfallverwertung, in: ZUR 1998, 315–317 (Richtlinie 75/442/EWG – Verbringung von Abfällen).
397 EuGH, Urteil vom 26.3.1987 – Rs. 45/86 – EuGHE 1987, 1517 [1520] Rn. 11 = NJW 1987, 3073 – Kommission vs. Rat – „APS I".
398 Vgl. etwa EuGH, Urteil vom 29.2.1996 – Rs. C-56/93 – EuGHE 1996 I-723 [792] Rn. 86 = NVwZ 1996, 992 – Belgien vs. Kommission.
399 Vgl. etwa EuGH, Urteil vom 4.12.1997 – Rs. C-97/96 – EuGHE 1997 I-6843 [6865] Rn. 22 = NJW 1998, 129 = EuZW 1998, 45 = DB 1997, 2598 = JZ 1998, 193 – Verband deutscher Daihatsu-Händler vs. Daihatsu Deutschland, mit Bespr. Markus Lenenbach, Konsequenzen aus der Richtlinienwidrigkeit des § 335 HGB, in: DZWir 1998, 265–271; EuGH, Urteil vom 2.12.1997 – Rs. C-188/95 – EuGHE 1997 I-6783 [6831] Rn. 21 = NVwZ 1998, 833 = WM 1998, 2193 = EuZW 1998, 172 = ZIP 1998, 206 – Fantask u. a. vs. Industriministeriet (Erhvervministeriet); EuGH, Urteil vom 18.6.1996 – Rs. C-303/94 – EuGHE 1996 I-2043 [2970] Rn. 25 = DVBl. 1997, 36 = NVwZ 1996, 989 = EuZW 1996, 590 = NuR 1997, 345 = ZUR 1996, 200 – Parlament vs. Rat, mit Bespr. Johann Schoo, Vom Strahlenschutz zum Pflanzenschutz – Nichtigkeitsklagen des Europäischen Parlaments, in: EuZW 1996, 581–583; EuGH, Urteil vom 13.9.1995 verb. Rs. T-244/93 und T-486/93 – EuGHE 1995 II-2265 [2285] Rn. 46 – Textilwerke Deggendorf vs. Kommission.
400 Zurückhaltend auch Konrad Redeker/Ulrich Karpenstein, Über Nutzen und Notwendigkeiten, Gesetze zu begründen, in: NVwZ 2001, 2825–2831 [2830].
401 Vgl. EuGH, Urteil vom 13.7.1989 – Rs. 215/88 – EuGHE 1989, 2789 [2808] Rn. 31 – Casa Fleischhandel vs. Bundesanstalt für landwirtschaftliche Marktordnung.

Berkemann   121

Richtlinie in Ermangelung anderer interpretatorischer Anhaltspunkte nicht eben selten eine besondere Bedeutung bei der Auslegung zu.[402]

208 (3) Eine gewisse Sonderstellung im Bereich der historischen Auslegung nimmt die sog. **genetische oder kontinuitätswahrende Auslegung** ein. Darunter ist der textliche Vergleich zwischen einer früheren Regelung mit einer späteren zu verstehen, die sich als Nachfolgebestimmung oder als Änderungsakte verstehen.[403] Das ist gerade im Hinblick auf die fortschreitende Integration der EG und der damit verbundenen „Verdichtung" des Gemeinschaftsrechts bedeutsam. Insoweit besteht eine gewisse Vermutung für die Kontinuität der bisherigen Rechtsstrukturen.[404] Der Richtliniengeber will im Zweifel die nunmehrige Richtlinie in der Fortsetzung der früheren sehen. Ähnliches gilt für sog. **Tochterrichtlinien**, welche eine Mutterrichtlinie konkretisieren wollen.

Beispiel: Die Richtlinie 96/62/EG vom 27.9.1996 setzt keine Grenzwerte fest, sondern enthält nur ein Verfahren zur Festlegung von Grenzwerten und Alarmschwellen unter Beteiligung der Kommission. Grenzwerte und Alarmschwellen für Stickstoffdioxyd sowie Partikel in der Luft enthält erst die Tochterrichtlinie 1999/30/EG vom 22.4.1999. Der im Anhang II genannte Jahresgrenzwert für Stickstoffsdioxyd beträgt 40 µg/m³. Er ist bis zum 1.1.2010 zu erreichen. Die Mitgliedstaaten waren gemäß Art. 12 der Richtlinie gehalten, diese bis zum 19.7.2001 umzusetzen. Der Verordnunggeber hat die Richtlinie durch die 22. BImSchV vom 11.9.2002 (BGBl. I S. 3626) umgesetzt.[405] Die Verordnung trat verspätet am 18.9.2002 in Kraft.

Beispiel: Die Richtlinie 2006/118/EG vom 12.12.2006 (ABl. EG L 372/19) zum Schutz des Grundwassers vor Verschmutzung und Verschlechterung ist eine Tochterrichtlinie der Mutterrichtlinie 2000/60/EG vom 23.10.2000 (ABl. EG L 327/1) zur Schaffung eines Ordnungsrahmens für Maßnahmen der Gemeinschaft im Bereich der Wasserpolitik (sog. Wasserrahmenrichtlinie [WRRL]). Ein erster Entwurf der Tochterrichtlinie stammt vom 24.9.2003.[406]

2.2.4 Protokollerklärungen

Lit.: Meinrad Dreher, Ratsprotokollerklärungen, nationale und europäische Publizität und die Umsetzung von EG-Richtlinien, in: EuZW 1995, 743–747; Ulrich Everling, Probleme atypischer Rechts- und Handlungsformen bei der Auslegung des europäischen Gemeinschaftsrechts, in: Roland Bieber/Georg Ress (Hrsg.), Die Dynamik des europäischen Gemeinschaftsrechts, Baden-Baden 1987, S. 417–429; Matthias Herdegen, Auslegende Erklärungen von Gemeinschaftsorganen und Mitgliedstaaten zu EG-Rechtsakten, in: ZHR 156 (1991), S. 52–

---

402 Vgl. etwa EuGH, Urteil vom 13.3.1980 – Rs. 124/79 EuGHE 1980, 813 [823] Rn. 9f. – J.A. van Walsum B. V. vs. Produktschap voor Vee en Vlees; EuGH, Urteil vom 6.5.1980 – Rs. 152/79 – EuGHE 1980, 1495 [1506] Rn. 5f. – Kevin Lee vs. Landwirtschaftsminister; EuGH, Urteil vom 17.11.1983 – Rs. 292/82 – EuGHE 1983, 3781 [3791] Rn. 9ff. – Merck vs. HZA Hamburg-Jonas.
403 EuGH, Urteil vom 25.2.1969 – Rs. 23/68 – EuGHE 1969, 43 [51] Rn. 13 – Gerhardus Klomp vs. Inspektie der Belastingen.
404 Vgl. bereits EuGH, Urteil vom 25.2.1969 – Rs. 23/68 – EuGHE 1969, 43 [51] Rn. 13 – Gerhardus Klomp vs. Inspektie der Belastingen.
405 Zweiundzwanzigste Verordnung zur Durchführung des Bundes-Immissionsschutzgesetzes (Verordnung über Immissionswerte für Schadstoffe in der Luft) vom 11.9.2002, nunmehr in der Fassung der Bekanntmachung vom 4.6.2007 (BGBl. I S. 1006).
406 Vgl. Jörg Rechenberg, Die schwere Geburt einer Tochter – Entstehung und Folgen der EG-Grundwasser-Tochterrichtlinie, in: ZUR 2007, 235–241.

67; Joachim Karl, Zur Rechtswirkung von Protokollerklärungen in der Europäischen Gemeinschaft, in: JZ 1991, 593–599; Matthias Pechstein, Die Bedeutung von Protokollerklärungen zu Rechtsakten der EG, in: EuR 1990, 249–268; Martina Lewen, Die rechtliche Bedeutung von Protokollerklärungen zu ausgewählten Rechtsakten des sekundären Gemeinschaftsrechts, Diss. Hamburg, 2003.

(1) Die Praxis kennt den Vorgang, dass hinsichtlich sekundärer Rechtsakte im **209** Rat „Erklärungen zu Protokoll" gegeben werden. Das ist bei Richtlinien beliebt. Art. 249 EG kennt diese Handlungsform nicht. Der Vorgang verdankt seine Existenz einer Regelung in der Geschäftsordnung des Rates.

(2) Die Protokollerklärung des Rates ist kein Rechtsakt. Sie ist lediglich eingebunden **210** in den subjektiv-historischen Vorgang der Beschlussfassung über den Rechtsakt. Ob der Erklärung deshalb auslegungserhebliche Bedeutung beizumessen ist, wird im Schrifttum unterschiedlich beurteilt. Der EuGH bewertet derartige Protokollerklärung auch in ihrer möglichen Funktion einer Auslegungshilfe sehr zurückhaltend.[407] Der Gerichtshof will erkennbar die Auslegung möglichst auf den förmlich bekannt gegebenen Richtlinien- oder Verordnungstext begrenzen. Dem wird man folgen. Für eine nur zurückhaltende Beachtung sprechen zum einen Grundsätze der Publizität.[408] Die Protokollerklärungen werden nicht im Amtsblatt der EG veröffentlicht. Dass sie inzwischen als „Dokumente" des Rates anderweitig zugänglich sind, ändert daran nichts. Zum anderen werden zahlreiche Richtlinien inzwischen von Rat und Parlament gemäß Art. 251 EG gemeinsam beschlossen. Für den Bereich des Umweltschutzrechtes ist dies gemäß Art. 175 EG geradezu der Regelfall. Daher ist es zweifelhaft, einem der an diesem Vorgang beteiligten Organe eine interpretatorische Sonderstellung zuzuweisen, die sie durch die Erheblichkeit eigener Protokollerklärungen erlangen könnte. Auch das BVerfG will den Protokollerklärungen des Rates jedenfalls keine besondere Bedeutung zuerkennen.[409] In keinem Fall kann eine Protokollerklärung zu einer Auslegung führen, die sich nicht bereits aus dem Wortlaut der Richtlinie ergibt.[410] Die im Schrifttum teilweise vertretene Auffassung, die Protokollerklärung könne bei unbestimmten Rechtsbegriffen als authentische Auslegungshilfe angesehen werden, ist im Hinblick auf das **Interpretationsmonopol des EuGH** abzulehnen.[411]

---

407 Vgl. EuGH, Urteil vom 23.2.1988 – Rs. 429/85 – EuGHE 1988, 843 [852] Rn. 9 – Kommission vs. Italien; EuGH, Urteil vom Urteil vom 30.1.1985 – Rs. 143/83 – EuGHE 1985, 427 [435] Rn. 13 – Kommission vs. Dänemark – Kommission vs. Dänemark; EuGH, Urteil vom 26.2.1991 – Rs. C-292/89 – EuGHE 1991 I-745 [778] Rn. 17f.= EuZW 1991, 351 – The Queen vs. Immigration Appeal Tribunal, ex parte: Antonissen; ähnlich Ulrich Karpenstein, Praxis des EG-Rechts, 2006, S. 49, großzügiger wohl noch Matthias Pechstein, Die Bedeutung von Protokollerklärungen zu Rechtsakten der EG, in: EuR 1990, 249–268 [253 ff.], ebenso noch EuGH, Urteil vom 7.2.1979 – Rs. 136/78 – EuGHE 1979, 437 [450] Rn. 25 f. – Auer.

408 So auch EuGH, Urteil vom 30.4.1996 – Rs. C-58/94 – EuGHE 1996 I-2169 [2198] Rn. 37 f. – Niederlande vs. Rat.

409 BVerfG, Urteil vom 22.3.1995 – 2 BvG 1/89 – BVerfGE 92, 203 [224] = DVBl. 1995, 561 = NVwZ 1996, 1093 = DÖV 1995, 552 = EuZW 1995, 277 = EuR 1995, 104 = EuGRZ 1995, 125 (Fernsehrichtlinie).

410 EuGH, Urteil vom 23.2.1988 – Rs. 429/85 – EuGHE 1988, 843 [852] Rn. 9 – Kommission vs. Italien.

411 So aber Matthias Herdegen, Auslegende Erklärungen von Gemeinschaftsorganen und Mitgliedstaaten zu EG-Rechtsakten, in: ZHR 155 (1991), S. 52–67 [63].

Berkemann

211 (3) Soweit nur einzelne Mitgliedstaaten Erklärungen zu Protokoll gegeben haben, fehlt es ohnedies an einem berücksichtigungsfähigen Konsens.[412] Im Schrifttum wird allerdings eine Selbstbindung des erklärenden Mitgliedstaates im Sinne eines geminderten Vertrauensschutzes befürwortet.[413] In der politischen Wirklichkeit haben Protokollerklärungen einzelner Mitgliedstaaten allerdings nicht selten nur den Charakter einer innenpolitischen Vorzeigefunktion.[414] Das gilt auch für Erklärungen, die formal als Rechtswahrung zu verstehen sind. Erklärungen der Kommission „zu Protokoll" werden zwar von einem Gemeinschaftsorgan abgegeben. Auch sie sind nicht berücksichtigungsfähig. Im Zeitpunkt der endgültigen Beschlussfassung des Rates ist die Kommission nicht mehr am Verfahren der Rechtssetzung beteiligt. Sie besitzt jetzt nur die Rolle eines Zuschauers, mögen auch informelle Vermittlungen stattfinden (vgl. Rn. 86, 89 f.). Dass die Sichtweise der Kommission von hohem Interesse sein kann, ist eine andere Frage. Demgemäß hat der EuGH bislang die in das Ratsprotokoll aufgenommenen Erklärungen der Kommission nicht als auslegungsrelevant angesehen.[415] In keinem Falle kann die Kommission durch eine Protokollerklärung eine authentische Auslegung erzielen.

2.2.5 Teleologische (zweckbezogene) Auslegung – „effet utile"

212 Der EuGH betont bei der Interpretation des Gemeinschaftsrechtes den Vorrang der an den Zielen der EG ausgerichteten Auslegung. Es handelt sich im Kern um die Betonung einer **teleologischen Auslegung**.[416] Insbesondere der Gesichtspunkt der Funktionsfähigkeit der EG findet seine besondere Aufmerksamkeit. Die teleologische Auslegung kann die Wortauslegung zurückdrängen.[417]

213 Von besonderem Gewicht ist ferner das Auslegungsprinzip der **praktischen oder nützlichen Wirksamkeit** des Gemeinschaftsrechts innerhalb der nationalen Rechtsordnung („**effet utile**").[418] Es handelt sich um eine „Unterform" der teleologischen Auslegungsstrategie. Hervorgehoben werden hierbei einerseits die Ziele

---

412 Allgemeine Ansicht, wie hier etwa Meinrad Dreher, Ratsprotokollerklärungen, nationale und europäische Publizität und die Umsetzung von EG-Richtlinien, in: EuZW 1995, 743–747 [744]; Matthias Pechstein, Die Bedeutung von Protokollerklärungen zu Rechtsakten der EG, in: EuR 1990, 249–268 [253].

413 So etwa Matthias Pechstein, Die Bedeutung von Protokollerklärungen zu Rechtsakten der EG, in: EuR 1990, 249–268 [258].

414 Ähnlich Matthias Pechstein, Die Bedeutung von Protokollerklärungen zu Rechtsakten der EG, in: EuR 1990, 249–268 [258].

415 EuGH, Urteil vom 30.1.1985 – Rs. 143/83 – EuGHE 1985, 427 [435] Rn. 12 – Kommission vs. Dänemark; EuGH, Urteil vom 18.2.1970 – Rs. 38/60 – EuGHE 1970, 47 [56 ff.] – Kommission vs. Italien.

416 Vgl. EuGH, Urteil vom 19.9.2000 – Rs. C-287/98 – EuGHE 2000 I-6917 = DVBl. 2000, 1838 = NVwZ 2001, 421 – Luxemburg vs. Linster (Richtlinie 85/337/EWG – UVP).

417 Vgl. EuGH, Urteil vom 11.7.1985 – Rs. 107/84 – EuGHE 1985, 2655 – Kommission vs. Deutschland.

418 Zur Auslegungsmaxime „effet utile" u. a. Martin Nettesheim, Der Grundsatz der einheitlichen Wirksamkeit des Gemeinschaftsrechts, in: Albrecht Randelzhofer/Rupert Scholz/Dieter Wilke (Hrsg.), Gedächtnisschrift für Eberhard Grabitz, München 1995, S. 447–468; Rudolf Streinz, Der „effet utile" in der Rechtsprechung des Gerichtshofs der Europäischen Gemeinschaften, in: Ole Due/Marcus Lutter/Jürgen Schwarze (Hrsg.) Festschrift für Ulrich Everling, Baden-Baden 1995, S. 1491–1510; EuGH, Urteil vom 9.3.1978 – Rs. 106/77 – EuGHE 1978, 629 [643f.] Rn. 14 ff. = NJW 1978, 1741 – Staatliche Finanzverwaltung vs. Simmenthal – „Simmenthal II"; EuGH, Urteil vom 14.1.1981 – Rs. 819/79 – EuGHE 1981, 21 [35] Rn. 10 – Deutschland vs. Kommission.

Berkemann

der Gemeinschaft und andererseits die größtmögliche Wirksamkeit des Gemeinschaftsrechts, um die Funktionsfähigkeit der EG zu sichern und zu fördern. Die einheitliche Anwendung des Gemeinschaftsrechts und der Gleichheitsgrundsatz verlangen, dass die Begriffe einer Vorschrift des Gemeinschaftsrechts, die für die Ermittlung ihres Sinnes und ihrer Bedeutung nicht ausdrücklich auf das Recht der Mitgliedstaaten verweist, in der Regel in der gesamten Gemeinschaft autonom und einheitlich auszulegen sind. Das alles gilt gerade und besonders bei der **Umsetzung der EG-Richtlinien**.[419]

Beispiel: Der gemeinschaftsrechtliche Grundsatz der größtmöglichen Wirksamkeit („effet utile") gilt z. B. bei der Umsetzung der UI-RL 2003/4/EG vom 28.1.2003 über den Zugang der Öffentlichkeit zu Umweltinformationen und zur Aufhebung der RL 90/313/EWG. Daher können kommunale Gebietskörperschaften einen Anspruch auf Einsicht in bestimmte Datenbanken geltend machen, soweit die begehrte Umweltinformation im Zusammenhang mit der Wahrnehmung einer Aufgabe im Bereich der kommunalen Selbstverwaltung steht.[420] Der Anspruch eines Ortsverbandes einer politischen Partei auf freien Zugang zu Informationen über die Umwelt kann durch erweiternde Auslegung der RL 2003/4/EG gewonnen werden.[421]

Der EuGH benutzt die Auslegungsmaxime des „effet utile" vielfach. In methodischer Hinsicht wird sie in aller Regel als eine **Vorzugsregel** bei verschiedenen Auslegungsmöglichkeiten „eingesetzt". Danach ist bei verschiedenen vertretbaren Auslegungsergebnissen einer Gemeinschaftsvorschrift diejenige bevorzugt zu wählen, welche die praktische Wirksamkeit der Vorschrift am besten zu wahren geeignet ist.[422] Die methodische Abgrenzung zur Rechtsfortbildung ist nicht immer einfach. Den Schutzzweck einer Richtlinie entnimmt der EuGH nicht nur ihren Bestimmungen, sondern sehr häufig auch den Begründungserwägungen.[423]

214

---

419 Vgl. etwa EuGH, Urteil vom 4.12.1974 – Rs. 41/74 – EuGHE 1974, 1337 [1348] Rn. 12 – Yvonne van Duyn vs. Home Office (Aufenthalts-Richtlinie) – „van Duyn"; EuGH, Urteil vom 8.4.1976 – Rs. 48/75 – EuGHE 1976, 497 [517] Rn. 69 ff. – Royer; EuGH, Urteil vom 21.9.1983 – verb. Rs. C 205 bis 215/82 – EuGHE 1983, 2633 [2665] Rn. 17 = NJW 1984, 2024 – Deutsches Milchkontor vs. Deutschland – „Deutsches Milchkontor I"; EuGH, Urteil vom 9.3.1978 – Rs. 106/77 – EuGHE 1978, 629 [644] Rn. 17 f. = NJW 1978, 1741 – Staatliche Finanzverwaltung vs. Simmenthal; EuGH, Urteil vom 19.11.1991 – Rs. C-6/90 und C-9/90 – EuGHE 1991 I-5357 [5414] Rn. 32 ff. = DVBl. 1992, 1017 = NJW 1992, 165 = EuZW 1991, 758 – Andrea Francovich vs. Italien – „Francovich".
420 VGH Kassel, Urteil vom 20.3.2007 – 11 A 1999/06 – UPR 2007, 312 = LKRZ 2007, 322; a. A. Astrid Epiney, Umweltrecht in der Europäischen Union, Köln u. a. 2005, S. 193; vgl. auch Elke Gurlit, Das neue Umweltinformationsrecht: Grenzverschiebungen im Verhältnis von Staat und Gesellschaft, in: EurUP 2006, 224–231; Markus Schmillen, Das Umweltinformationsrecht zwischen Anspruch und Wirklichkeit, Berlin 2003; Monika Thürmer, Zur Rolle der Umweltinformationsrichtlinie im Planfeststellungsverfahren, in: EurUP 235–235.
421 Vgl. BVerwG, Urteil vom 25.3.1999 – 7 C 21.98 – BVerwGE 108, 369 = DVBl. 1999, 1134 = NVwZ 1999, 1220 = DÖV 1999, 778 = UPR 1999, 313 = NuR 1999, 511 = JZ 1999, 1166.
422 EuGH, Urteil vom 4.10.2001 – Rs. C-403/99 – EuGHE 2001 I-6883 [6909] Rn. 28, 31 f. – Italien vs. Kommission; EuGH, Urteil vom 16.5.2002 – Rs. C-63/00 – EuGHE 2002 I-4483 [4510] Rn. 24 – Baden-Württemberg vs. Günther Schilling u. a.; EuGH, Urteil vom 24.2.2000 – Rs. C-434/97 – EuGHE 2000 I-1129 [1151] Rn. 21 = EWS 2000, 175 – Frankreich vs. Kommission; EuGH, Urteil vom 22.9.1988 – Rs. 187/87 – EuGHE 1988, 5013 [5042] Rn. 19 = DVBl. 1989, 813 = NVwZ 1988, 1117 – Saarland vs. Ministerium für Industrie, Post und Fernmeldewesen und Fremdenverkehr u. a. (zu Art. 37 EAGV).
423 Vgl. etwa EuGH, Urteil vom 17.10.1991 – Rs. C-58/89 – EuGHE 1991 I-4983 [5042] Rn. 14 = NVwZ 1992, 459 = EuZW 1991, 761 – Kommission vs. Deutschland (Richtlinie 75/440/EWG – Trinkwas-

---

Berkemann

2.3.6 Systematisches Verständnis – Auslegung von „Ausnahmen"

215 In nicht wenigen Entscheidungen betont der EuGH auch den systematischen Zusammenhang, in den die auszulegende Vorschrift einzuordnen ist.[424] Neben der zweckbezogenen Auslegung bevorzugt der EuGH die systematische Interpretation. Ihr gilt das Augenmerk, um der Forderung nach Widerspruchsfreiheit gerecht zu werden.[425] Die systematische Auslegung setzt allerdings das Leitbild einer klugen und harmonischen Normgebung voraus.

216 Eine Unterfrage der systematischen Auslegung stellt das Verständnis der Reichweite einer Ausnahme dar. Der EuGH betont hier, insoweit teilweise abweichend von der deutschen Auslegungspraxis, eine restriktive Handhabung der Ausnahmeregelung.[426] Namentlich Ausnahmebestimmungen des Sekundärrechtes sind im Zweifel „eng" auszulegen.[427] Das ist beispielsweise für den Vorbehalt der Fall, dass die „öffentliche Ordnung" der Umsetzung in einem Mitgliedstaat entgegenstehen könnte.[428]

> **Beispiel:** Art. 7 Abs. 3 der Richtlinie 75/442 über Abfälle in der Fassung der Richtlinie 91/156, nach dem ein Mitgliedstaat die erforderlichen Maßnahmen erlassen darf, um die Beförderung von Abfällen zu untersagen, die nicht seinem Abfallbewirtschaftungsplan entsprechen, ist dahin auszulegen, dass er einem Mitgliedstaat erlaubt, Maßnahmen bezüglich der Beförderung von Abfällen einschließlich des Verbots der Beförderung ungefährlicher, zur Verwertung bestimmter Bauabfälle zu erlassen, wenn die Beförderung seinem Abfallbewirtschaftungsplan nicht entspricht, vorausgesetzt, dass dieser Plan mit den Bestimmungen des Vertrages und der Richtlinie 75/442 vereinbar ist.
>
> Diese Bestimmung ist ferner dahin auszulegen, dass sie kein Recht für einen einzelnen begründet, das dieser vor den nationalen Gerichten geltend machen könnte, um sich einer Maßnahme zur Unterbindung einer einem Abfallbewirtschaftungsplan nicht ent-

---

ser); EuGH, Urteil vom 8.10.1996 – verb. Rs. C-178/94 u.a. EuGHE 1996 I-4845 [4882] Rn. 37, 39 = NJW 1996, 3141 – Erich Dillenkofer u.a. vs. Deutschland.

424 Vgl. etwa EuGH, Urteil vom 31.3.1971 – Rs. 22/70 – EuGHE 1971, 263 [274 f.] Rn. 19 ff. – Kommission vs. Rat – „AETR"; EuGH, Urteil vom 6.10.1982 – Rs. 283/81 – EuGHE 1982, 3415 [3430] Rn. 20 = DVBl. 1983, 267 = NJW 1983, 1257 – C.I.F.I.T. vs. Ministero della Sanità.

425 Vgl. bereits EuGH, Urteil vom 23.2.1961 – Rs. 30/59 – EuGHE VII, 1 [45] – De Gezamenlijke Steenkolenmijnen in Limburg vs. Hohe Behörde; EuGH, Urteil vom 12.7.1962 – Rs. 9/61 – EuGHE VIII, 433 [477] – Niederländische Regierung vs. Hohe Behörde.

426 Vgl. EuGH, Urteil vom 22.9.1988 – Rs. 228/87 – EuGHE 1988, 5099 = NJW 1990, 252 = EuZW 1990, 200 (L) – Pretura unificata Turin; EuGH, Urteil vom 24.11.1992 – Rs. C-237/90 – EuGHE 1992 I-5973 [6013] Rn. 14 = NVwZ 1993, 257 = EuZW 1993, 99 – Kommission vs. Deutschland (zur Richtlinie 80/778/EWG – Wasser für den menschlichen Gebrauch); ferner Theodor Schilling, Singularia non sunt extendenda – Die Auslegung der Ausnahme in der Rechtsprechung des EuGH, in: EuR 1996, 44–57; Ulrich Karpenstein, Praxis des EG-Rechts, 2006, S. 48.

427 EuGH, Urteil vom 14.12.1962 – verb. Rs. 2/62 und 3/62 – EuGHE 1962, 869 – Kommission vs. Luxemburg und Belgien; EuGH, Urteil vom 4.12.1974 – Rs. 41/74 – EuGHE 1974, 1337 [1346] Rn. 8 – Yvonne van Duyn vs. Home Office – „van Duyn" (Aufenthalts-Richtlinie); EuGH, Urteil vom 29.6.1995 – Rs. C-135/93 – EuGHE 1995 I-1651 [1683] Rn. 37 – Spanien vs. Kommission; EuGH, Urteil vom 17.10.1995 – Rs. C-450/93 – EuGHE 1995 I-3051 [3078] Rn. 21 = NJW 1995, 3109 – Eckard Kalanke vs. Freie Hansestadt Bremen; EuGH, Urteil vom 29.4.2004 – Rs. C-476/01 – EuGHE 2004 I-5205 [5252] Rn. 72 – Strafverfahren Felix Kapper.

428 Vgl. etwa EuGH, Urteil vom 4.12.1974 – Rs. C-41/74 – EuGHE 1974, 1337 [1350] Rn. 18 f. – Yvonne van Duyn vs. Home Office – „van Duyn".

Berkemann

sprechenden Verbringung von Abfällen zu widersetzen, weil diese Maßnahme der Kommission nicht gemäß dieser Bestimmung mitgeteilt worden ist.[429]

Der EuGH hebt zugunsten einer restriktiven Auslegung immer wieder hervor, dass **217** die Umsetzung des Gemeinschaftsrechts keine Sonderentwicklungen in den einzelnen Mitgliedstaaten dulde. Der **Grundsatz der Gemeinschaftstreue** und die **gegenseitige Pflicht zur „loyalen Zusammenarbeit"** verlangten vielmehr gemäß Art. 10 EG, dass Gemeinschaft und Mitgliedstaaten zusammenwirken, um im Sinne **fortschreitender Integration** für eine effektive Durchsetzung des Gemeinschaftsrechts zu sorgen. Diese Pflichten treffen jedes mitgliedstaatliche Entscheidungsorgan, demgemäß auch die nationalen Gerichte. Die Anwendung nationalen Rechts darf daher die uneingeschränkte und einheitliche Anwendung des Gemeinschaftsrechts und die Wirksamkeit der zu seinem Vollzug im nationalen Recht ergangenen oder zu treffenden Maßnahmen nicht beeinträchtigen.[430]

2.3.7 Primärrechtskonforme Auslegung

(1) Im nationalen Recht fördert und sichert die verfassungskonforme Auslegung **218** den Vorrang des Verfassungsrechts gegenüber dem „einfachen Recht". Entsprechend besteht im Gemeinschaftsrecht das **Gebot der primärrechtskonformen Auslegung** des Sekundärrechtes, also gegenüber dem Verordnungs- und Richtlinienrecht. Eine Bestimmung des abgeleiteten Gemeinschaftsrechts ist im Fall ihrer Auslegungsbedürftigkeit möglichst so auszulegen, dass sie mit dem EG-Vertrag und den allgemeinen Grundsätzen des Gemeinschaftsrechts vereinbar ist.[431] Im strengen Sinne handelt es sich nicht um eine Methode der Auslegung, sondern um die Durchsetzung des ranghöheren Rechts, hier des unmittelbaren EG-Vertragsrechts, unter „absichtsvoller" Vermeidung der Feststellung der Rechtswidrigkeit des rangtieferen Rechts.[432] So berücksichtigt der EuGH den **Umweltschutzgedanken** des Art. 6 EG in Verb. mit Art. 174 EG bei der Auslegung des verordnungsrechtlichen Vergaberechts.[433] Dasselbe gilt für das Verständnis von Richtlinien.

---

429 Vgl. EuGH, Urteil vom 23.5.2000 – Rs. C-209 – EuGHE 2000 I-3747 = NVwZ 2000, 1151 = EuZW 2000, 594, mit Bespr. Ludger-Anselm Versteyl, EuZW 2000, 585–592; Walter Frenz, Kommunale Entsorgungsdienste und EG-Wettbewerbsrecht, in: NuR 2000, 611–617.

430 So bereits EuGH, Urteil vom 13.2.1968 – Rs. 14/68 – EuGHE 1969, 1 [14] Rn. 9 – Walt Wilhelm vs. Bundeskartellamt.

431 EuGH, Urteil vom Urteil vom 21.3.1991 – Rs.- C-314/89 – EuGHE 1991 I-1647 [1672] Rn. 17 – Siegfried Rau vs. HZA Nürnberg-Fürth; EuGH, Urteil vom Urteil vom 27.1.1994 – Rs. C-98/91 – EuGHE 1994 I-223 [252f.] Rn. 9 = HFR 1994, 287 – Herbrink vs. Minister van Landbouw, Natuurbeheer en Visserij.

432 Vgl. Theodor Schilling, Bestand und allgemeine Lehren der bürgerschützenden allgemeinen Rechtsgrundsätze des Gemeinschaftsrechts, in: EuGRZ 2000, 30–43 [30ff.]; Werner Schroeder, Die Auslegung des EU-Rechts, in: JuS 2004, 180–186 [182].

433 Vgl. EuGH, Urteil vom 17.9.2002 – Rs. C-513/99 – EuGHE 2002 I-7213 [7282f.] Rn. 81f. = DVBl. 2002, 1542 = NVwZ 2002, 1356 = EuZW 2002, 628 = EuGRZ 2002, 528 = EuGRZ 2002, 528 = ZfBR 2002, 812 = ZUR 2003, 32 – Concordia Bus Finland Oy Ab vs. Helsingin kaupunki u. HKL-Bussiliikenne, mit Bespr. Sören Rößner/Christoph Schalast, Umweltschutz und Vergabe in Deutschland nach der Entscheidung des EuGH – Concordia Bus Finland, in: NJW 2003, 2361–2364; Marc Bungenberg/Carsten Nowak, Europäische Umweltverfassung und EG-Vergaberecht – zur Berücksichtigung von Umweltschutzbelangen bei der Zuschlagserteilung, in: ZUR 2003, 10–15; Norbert Portz, in: StG 2002, 514–515.

Beispiel: Das finnische Unternehmen Palin Granit lagerte Bruchgestein, das es aus dem Felsgrund abgebaut hatte, für eine zunächst nicht bestimmte Zeit für eine spätere Verwendung. Die staatlichen Behörden machten geltend, das Bruchgestein sei als Abfall im Sinne der Richtlinie 75/442/EWG des Rates vom 15.7.1975 in der Fassung der Richtlinie 91/156/EWG des Rates vom 18.3.1991 anzusehen. Der EuGH stuft das Bruchgestein als Abfall ein. Das ergebe sich nicht nur aus der Zielsetzung der Richtlinie 75/442/EWG, sondern die in der Richtlinie benutzten Begriffe seien auch im Licht des Art. 174 Abs. 2 EG auszulegen. Danach ziele die Umweltpolitik der Gemeinschaft auf ein hohes Schutzniveau und beruhe insbesondere auf den Grundsätzen der Vorsorge und Vorbeugung. Demgemäß könne der Begriff „Abfall" nicht eng ausgelegt werden.[434] Der Begriff erfasse auch die zur wirtschaftlichen Wiederverwendung geeigneten Stoffe und Gegenstände.[435]

219 (2) Der Bereich des Primärrechts ist **umfassend** zu verstehen. Zu ihm zählen auch die allgemeinen Grundsätze des Gemeinschaftsrechts, etwa der rechtsstaatliche Grundsatz des Vertrauensschutzes und der Rechtssicherheit.[436] Zu berücksichtigen sind insbesondere die gemeinschaftsrechtlichen Grundfreiheiten, wie sie der EuGH sukzessive entwickelt hat.[437] Das gilt auch für die Grundfreiheiten der EMRK (vgl. auch Art. 6 Abs. 2 EUV). Ähnlich der deutschen verfassungskonformen Auslegung ist bei einem Auslegungszweifel diejenige mögliche Interpretation zu wählen, bei der die sekundärrechtliche Regelung mit dem Primärrecht (noch) vereinbar ist.[438] In gleicher Weise ist das Verhältnis einer Mutter-Richtlinie zu ihren Töchter-Richtlinien zu bestimmen.[439]

---

434 EuGH, Urteil vom 18.4.2002 – Rs. C-9/00 – EuGHE 2002 I-3533 = DVBl. 2002, 827 = NVwZ 2002, 1362 = EuZW 2002, 669 = NuR 2003, 741 – Palin Granit Oy (Richtlinie 75/442/EWG – Abfälle); ebenso bereits EuGH, Urteil vom 15.6.2000 – Rs. C-418/97 – EuGHE 2000 I-4475 [4529] Rn. 36 ff. = NVwZ 2000, 1156 = EuZW 2000, 600 = ZUR 2001, 38 – ARCO Chemie Nederland u. a. vs. Minister van Volkshuisvesting (Richtlinie 75/442/EWG – Abfälle).

435 EuGH, Urteil vom 28.3.1990 – verb. Rs. C-206/88 und C-207/88 – EuGHE 1990 I-1461 [1477] Rn. 9 f. = NVwZ 1991, 661 = EuZW 1991, 253 – Strafverfahren Vessoso und Zanetti (Richtlinie 75/442/EWG und 78/319/EWG – Abfälle); EuGH, Urteil vom 25.6.1997 – verb. Rs. C-304/94, C-330/94, C-342/94 und C-224/95 – EuGHE 1997 I-3561 [3600] Rn. 47 ff. = EWS 1998, 63 = BayVBl 1998, 461 = NuR 1999, 36 = ZUR 1997, 267 – Strafverfahren Euro Tombesi u. a.

436 EuGH, Urteil vom 27.1.1994 – Rs. C-98/91 – EuGHE 1994 I-223 [252] Rn. 9 = HFR 1994, 287 – Herbrink vs. Minister van Landbouw, Natuurbeheer en Visserij; EuGH, Urteil vom 29.6.1995 – Rs. C-135/93 – EuGHE 1995 I-1651 [1683] Rn. 37 = EuZW 1995, 579 – Spanien vs. Kommission, mit Bespr. Peter Schütterle, in: EuZW 1995, 581–583; EuGH, Urteil vom 21.3.1991 – Rs.- C-314/89 – EuGHE 1991 I-1647 [1672] Rn. 17 = HFR 1991, 505 – Siegfried Rau vs. HZA Nürnberg-Fürth; EuGH, Urteil vom 4.7.1990 – verb. Rs. C-354/88 u. a. – EuGHE 1990 I-2753 [2776] Rn. 18 = HFR 1991, 684 – Vleeswarenbedrijf Roermond BV und Sleegers Vleeswarenfabrik BV und Kühne en Heitz vs. Produktschap voor vee en Vlees; EuGH, Urteil vom 15.07.2004 – Rs. C-459/02 – EuGHE 2004 I-7315 [7330] Rn. 28 = HFR 2004, 1153 = ZfZ 2004, 338 – Willy Gerekens und Association agricole pour la promotion de la commercialisation laitière Procola vs. État du grand-duché de Luxembourg.

437 Vgl. EuGH, Urteil vom 13.7.1989 – Rs. 5/88 – EuGHE 1989, 2609 [2640] Rn. 22 = AgrarR 1990, 118 – Hubert Wachauf vs. Bundesamt für Ernährung und Forstwirtschaft; EuGH, Urteil vom 18.6. 1991 – Rs. C-260/89 – EuGHE 1991 I-2925 [2964] Rn. 43 f. = EuZW 1991, 507 = JZ 1992, 682 – Elliniki Radiophonia Tiléorassi AE vs. Dimotiki Etairia Pliroforisis u. a. – „ERT", mit Bespr. Christoph Degenhart, in: JZ 1992, 685–587; Jose Martin-Perez de Nanclares, in: ZUM 1992, 607–613; EuGH, Urteil vom 20.5.2003 – verb. Rs. C-465/00, C-138/01 und C-139/01 – EuGHE 2003 I-4989 [5042] Rn. 69 = EuGRZ 2003, 232 = EuR 2004, 276 – Rechnungshof vs. Österreichischer Rundfunk u. a. – „ORF".

438 EuGH, Urteil vom 4.12.1986 – Rs. 205/84 – EuGHE 1986, 3755 [3812] Rn. 62 = NJW 1987, 572 = JZ 1986, 345 = EWiR 1987, 155 – Kommission vs. Deutschland – „Versicherungen".

439 Vgl. EuGH, Urteil vom 24.6.1993 – Rs. C-90/92 – EuGHE 1993 I-3569 [3591] Rn. 11 = EuZW 1993, 575 – Dr. Tretter GmbH vs. HZA Stuttgart-Ost; EuGH, Urteil vom 13.3.1997 – Rs. C-103/96 – EuGHE

Berkemann

Zulässig und von den Auslegungsregeln für die Gemeinschaftsverträge her nach- **220** gerade geboten ist es, vorhandene Kompetenzen der Gemeinschaft im Lichte und im Einklang mit den Vertragszielen auszulegen und zu konkretisieren. Wo inso- weit generelle Grenzen der Reichweite der Gemeinschaftsgewalt verlaufen, kann hier dahinstehen. Die vorliegende Rechtsprechung des EuGH zur Möglichkeit des Marktbürgers, sich auf Richtlinien bestimmter Art unmittelbar zu berufen, bleibt weit davon entfernt, diese Grenzen zu überschreiten. Das Ergebnis dieser Recht- sprechung hält sich vielmehr im Gefüge der vertraglich begründeten Handlungs- formen der Gemeinschaftsgewalt; sie werden nicht erweitert oder durch neuartige Handlungsformen ergänzt; die Verpflichtungen der Mitgliedstaaten (zur Richtlinien- erfüllung) werden weder erhöht noch verschärft – erhöht wird die Wirkungskraft einer bestimmten Art von Richtlinien mit dem Ziel, ihre Beachtung durch die Mit- gliedstaaten besser zu gewährleisten. Nachdem der EuGH durch rechtsfortbilden- de Judikatur dem EG-Vertrag ein Grundrechtssystem zugeordnet hat, gilt ergän- zend auch der Grundsatz der **grundrechtskonformen Auslegung**.[440] Entspre- chendes gilt für das Rechtsstaatsprinzip mit einen zahlreichen „Unterprinzipien".[441]

Angesichts des nicht unerheblichen Gefälles zwischen den Mitgliedstaaten beim **221** Vollzug von Richtlinien dient dies zumal der Herstellung der Rechtsanwendungs- gleichheit zwischen den Marktbürgern und stellt keine Überschreitung der Gren- zen der Hoheitsbefugnisse dar, die für die Gemeinschaft durch den Abschluss des EWG-Vertrages begründet worden sind.

2.3.8 Rahmenbeschlusskonforme Auslegung

Art. 29 ff. EUV sehen als sog. dritte Säule der Integration eine polizeiliche und **222** justizielle Zusammenarbeit in Strafsachen vor. Zur Koordinierung kann der Rat Rahmenbeschlüsse erlassen (Art. 34 Abs. 2 Buchst. b EUV). Die nationalen Par- lamente sind nicht verpflichtet, derartige Rahmenbeschlüsse in innerstaatliches Recht umzusetzen. Der **EuGH** ist allerdings der Ansicht, dass die Behörden und Gerichte der Mitgliedstaaten zu einer „rahmenbeschlusskonformen" Auslegung

---

1997 I-1453 [1481] Rn. 20 = RIW 1997, 530 = HFR 1997, 437 – Directeur général des douanes et droits indirects vs. Eridania Beghin-Say SA.

440 Vgl. etwa EuGH, Urteil vom 21.9.1989 – verb. Rs. 46/87 und 227/88 – EuGHE 1989, 2859 [2923] Rn. 12 ff. = NJW 1989, 3080 = EuGRZ 1989, 395 = ZIP 1989, 1281 – Hoechst AG vs. Kommission (dort im Ergebnis verneinend), bejahend hingegen EuGH, Urteil vom 22.10.2002 – Rs. C/94/00 – EuGHE 2002 I-9011 [9053 ff.] Rn. 22 ff. = NVwZ 1995, 366 = EuZW 1994, 570 – Roquette Frères vs. HZA Geldern (Verordnung 2719/75/EWG – Währungsausgleichsbeträge für Maisstärke); EuGH, Urteil vom 11.7.2002 – Rs. C-60/00 – EuGHE 2002 I-6279 = DVBl. 2002, 1342 = NVwZ 2002, Bei- lage Nr. I 10, 105–107 = DÖV 2002, 1035 = EuGRZ 2002, 332 = EWS 2002, 384 = EuZW 2002, 603 = JZ 2003, 202 – Mary Carpenter vs. Secretary of State for the Home Department – „Carpenter", mit Bespr. Sebastian Puth, in: EuR 2002, 860–876; Alexander Egger, in: EuZW 2002, 606–607; Ste- phanie Reese/Gerrit Linke, in: FamRZ 2003, 431–432; Ute Mager, in: JZ 2003, 204–207.

441 Vgl. dazu Christian Calliess/Thorsten Kingreen, in: Christian Calliess/Matthias Ruffert (Hrsg.), Kom- mentar des Vertrages über die Europäische Union und des Vertrages zur Gründung der Europäi- schen Gemeinschaft. EUV/EGV, 3. Aufl. 2007, EUV Art. 6 Rn. 6 ff.; Hans-Joachim Schütz/Thomas Bruha/Doris König, Casebook Europarecht, München, 2004, S. 458 ff.; Delf Buchwald, Zur Rechts- staatlichkeit der Europäischen Union, in: Der Staat 37 (1998), S. 189–219.

Berkemann

des nationalen Rechts verpflichtet sind.[442] Das **BVerfG** vertritt offenbar eine andere Auffassung.[443]

2.3.9 Völkerrechtskonforme Auslegung

223 Das Gemeinschaftsrecht ist völkerrechtsfreundlich auszulegen.[444] Das gilt zum einen für die allgemeinen Grundsätze des Völkerrechtes. Zum anderen ist eine völkerrechtskonforme Auslegung geboten, wenn sich die EG durch Gemeinschaftsorgane vertragsvölkerrechtlich gebunden hat (vgl. Art. 300 EG). Derartige Verträge sind „integrierender Bestandteil der Gemeinschaftsrechtsordnung" und unterliegen in gemeinschaftsrechtlicher Sicht daher der Jurisdiktion des EuGH.[445] Bedeutsam kann diese unmittelbare Rechtswirkung für die Frage sein, ob sich Einzelne auf Rechtspositionen berufen können, die sich aus Verträgen der EG mit Drittstaaten ergeben.[446]

> **Beispiel:** Das am 25. Juni 1998 in Århus (Dänemark) angenommene UN ECE-Übereinkommen über den Zugang zu Informationen, die Öffentlichkeitsbeteiligung an Entscheidungsverfahren und den Zugang zu Gerichten in Umweltangelegenheiten ist neben Deutschland auch von der EG gezeichnet und ratifiziert worden. Die EG hat zur Anpassung des europäischen Rechts an das Übereinkommen die Richtlinien 2003/4/EG, 2003/35/EG und 2001/42/EG erlassen. Der Richtlinieninhalt ist völkerrechtskonform zur Århus-Konvention auszulegen.

224 Eine völkerrechtskonforme Auslegung kommt auch in Betracht, wenn die Mitgliedstaaten gemäß Art. 293 EG völkerrechtliche Abkommen „konsertiert" abschließen.

---

442 EuGH, Urteil vom 16.6.2005 – Rs. C-105/03 – EuGHE 2005 I-5285 [5325] Rn. 33 = EuZW 2005, 433 = DVBl. 2005, 1189 = NJW 2005, 2839 = JZ 2005, 838 – Strafverfahren Maria Pupino, mit Bespr. Christoph Herrmann, Gemeinschaftsrechtskonforme Auslegung nationalen Rechts in Strafverfahren, in: EuZW 2005, 436–438; Michael Adam, Die Wirkung von EU-Rahmenbeschlüssen im mitgliedstaatlichen Recht, in: EuZW 2005, 558–561; Klaus Ferdinand Gärditz/Christoph Gusy, Zur Wirkung europäischer Rahmenbeschlüsse im innerstaatlichen Recht, in: GA 2006, 225–237; Christian Hillgruber, Unmittelbare Wirkung von Rahmenbeschlüssen im Bereich polizeilicher und justizieller Zusammenarbeit in Strafsachen, in: JZ 2005, 841–844; Anne Wehnert, Rahmenbeschlusskonforme Auslegung deutschen Strafrechts, in: NJW 2005, 3760–3762; Moritz von Unger, Pupino: Der EuGH vergemeinschaftet das intergouvernementale Recht, in: NVwZ 2006, 46–49.
443 Vgl. die Mehrheitsmeinung in BVerfG, Urteil vom 18.7.2005 – 2 BvR 2236/04 – BVerfGE 112, 273 = DVBl. 2005, 1119 = NJW 2005, 2289 = EuGRZ 2005, 387 (Europäischer Haftbefehl), dagegen Sondervoten Michael Gerhardt und Gertrude Lübbe-Wolff.
444 EuGH, Urteil vom 4.12.1974 – Rs. 41/74 – EuGHE 1974, 1337 [1351] Rn. 21ff. – Yvonne van Duyn vs. Home Office – „van Duyn" (Aufenthalts-Richtlinie); EuGH, Urteil vom 10.9.1996 – Rs. C-61/94 – EuGHE 1996 I-3989 [4020] Rn. 52 = EuZW 1997, 122 = ZfZ 1997, 154 = HFR 1997, 41 – Kommission vs. Deutschland (Internationale Übereinkunft über Milcherzeugnisse).
445 EuGH, Urteil vom 30.4.1974 – Rs. 181/83 – EuGHE 1974, 449 [460] Rn. 2ff. – Haegemann vs. Belgien – „Haegemann II"; EuGH, Urteil vom 12.12.1972 – verb. Rs. 21–24/72 – EuGHE 1972, 1219 [1226] Rn. 4ff. = DÖV 1973, 411 = EuR 1973, 144 = BayVBl 1973, 181 – International Fruit Company u. a. vs. Produktschap voor groenten en fruit, mit Bespr. Eberhard Millarg, in: EuR 1973, 144–155.
446 Vgl. EuGH, Urteil vom 26.10.1982 – Rs. 104/81 – EuGHE 1982, 3641 – HZA Mainz vs. C. A. Kupferberg; vgl. ferner Rudolf Streinz, Europarecht, 7. Aufl. 2005, S. 179ff.

2.3 Zweck der richtlinienkonformen Auslegung

Lit.: Karl-Heinz Ladeur, Die Umsetzung der EG-Richtlinie zur Umweltverträglichkeitsprüfung in nationales Recht und ihre Koordination mit dem allgemeinen Verwaltungsrecht. Das Beispiel Frankreichs und Deutschlands, zugleich ein Beitrag zur Bedeutung der richtlinienkonformen Auslegung, in: UPR 1996, 419–428 [422]; Ursula Rörig, Die Direktwirkung von Richtlinien in Privatrechtsverhältnisse. Eine Abgrenzung der richtlinienkonformen Auslegung vom Phänomen der Direktwirkung, Baden-Baden, 2001; Gregor Thüsing, Richtlinienkonforme Auslegung und unmittelbare Geltung von EG-Richtlinien im Anti-Diskriminierungsrecht, in: NJW 2003, 3441–3445; Wulf-Henning Roth, Die richtlinienkonforme Auslegung, in: EWS 2005, 385–396; Andrea Müller-Dobler, Richtlinienkonforme Auslegung bei einer Kollision zwischen nationalem Recht und Gemeinschaftsrecht, in: UFS 2006, 57 ff.

(1) Alle Träger öffentlicher Gewalt haben das innerstaatliche Recht, das sie anzu- **225** wenden haben, so weit wie möglich in Übereinstimmung mit den Anforderungen des Gemeinschaftsrechts auszulegen.[447] Die Behörden und die Gerichte müssen das innerstaatliche Recht daher anhand des Zwecks der Richtlinie auslegen.[448] Diese Pflicht besteht unabhängig davon, ob die Richtlinie unmittelbar anwendbar ist oder ob für den Mitgliedstaat ein Regelungsspielraum besteht, der eine unmittelbare Wirkung der Richtlinie ausschließt oder einschränkt.[449] Eine richtlinienkon-

---

447 EuGH, Urteil vom 5.10.1994 – Rs. C-165/91 – EuGHE 1994 I-4661 [4698] Rn. 34 – Simon J. M. van Munster vs. Rijksdienst voor Pensioenen; EuGH, Urteil vom 26.9.2000 – Rs. C-262/97 – EuGHE 2000 I-7321 [7361] Rn. 39 – Rijksdienst voor Pensioenen vs. Robert Engelbrecht; EuGH, Urteil vom 27.2.2003 – Rs. C-327/00 – EuGHE 2003 I-1877 [1928] Rn. 63 = NVwZ 2003, 709 = EuZW 2003, 249 = ZfBR 2003, 499 – Santex SpA vs. Unità Socio Sanitaria Locale n. 42 di Pavia, mit Bespr. Marc Opitz, Ausnahmsweise Unanwendbarkeit der Präklusionsvorschriften beim Vergaberechtsschutz, in: VergabeR 2003, 312.
448 EuGH, Urteil vom 5.10.2004 – Rs. C-397/01 – EuGHE 2004 I-8835 = DVBl. 2005, 35 = NJW 2004, 3547 = EuZW 2004, 691 = EWS 2004, 521 – Pfeiffer vs. DRK Kreisverband Waldshut, mit Bespr. Gregor Thüsing/Benjamin Heßeler, Zur unmittelbaren horizontalen Drittwirkung von Richtlinien, in: EWiR 2004, 1147–1148; Sebastian Steinbarth, Unmittelbare Wirkung von EG-Richtlinien und richtlinienkonforme Auslegung des innerstaatlichen Rechts in der Rechtsprechung des EuGH, in: Jura 2005, 607–612; Monika Schlachter, Richtlinienkonforme Rechtsfindung – ein neues Stadium im Kooperationsverhältnis zwischen EuGH und den nationalen Gerichten in RdA 2005, 116–120; Karl Riesenhuber/Ronny Domröse, Richtlinienkonforme Rechtsfindung und nationale Methodenlehre, in: RIW 2005, 47–54; Gregor Thüsing, Zu den Grenzen richtlinienkonformer Auslegung, in: ZIP 2004, 2301–2305; Kai Litschen, Die horizontale Wirkung von Richtlinien – Auflösung des nationalen Rechts durch den EuGH?, in: ZTR 2004, 619–622; EuGH, Urteil vom 10.4.1984 – Rs. 14/83 – EuGHE 1984, 1891 = NJW 1984, 2021 [2022] = EuGRZ 1984, 217 – von Colson und Kamann vs. Land Nordrhein-Westfalen, mit Bespr. Gert Nicolaysen, Richtlinienwirkung und Gleichbehandlung von Männern und Frauen beim Zugang zum Beruf, in: EuR 1984, 380–392; EuGH, Urteil vom 23.2.1999 – Rs. C-63/97 – EuGHE 1999 I-905 [936] Rn. 22 = EWS 1999, 144 = EuZW 1999, 244 = JZ 1999, 835 – Bayerische Motorenwerke AG (BMW) und BMW Nederland BV vs. Ronald Karel Deenik – „BMW"; EuGH, Urteil vom 27.6.2000 – verb. Rs. C-240/98 und C-244/98 – EuGHE 2000 I-4941 [4975] Rn. 30 = NJW 2000, 2571 = EuZW 2000, 506 = EWS 2000, 356 = JZ 2001, 245 – Océano Grupo Editorial SA u. a. vs. Rocío Murciano Quintero, mit Bespr. Simona Augi/Fabrizio Baratella; Neue Entwicklungen in der Rechtsprechung des Europäischen Gerichtshofs zur direkten Anwendbarkeit von Gemeinschaftsrichtlinien, in: EuLF 2000/01 (D), 83–88; Robert Freitag, Zur Auslegung der Klauselrichtlinie durch den EuGH, in: EWiR 2000, 783–784; EuGH, Urteil vom 23.10.2003 – verb. Rs. – C-408/01 – EuGHE 2003 I-12537 [12567] Rn. 21 – Adidas-Salomon AG und Adidas Benelux BV vs. Fitnessworld Trading Ltd.
449 Wie hier Matthias Ruffert, in: Christian Calliess/Matthias Ruffert (Hrsg.), EUV/EGV, 3. Aufl. 2007; EG Art. 249 Rn. 113ff.; Hans D. Jarass, Richtlinienkonforme bzw. EG-rechtskonforme Auslegung nationalen Rechts, in: EuR 1991, 211–223 [222]; Ulrich Karpenstein, Praxis des EG-Rechts, 21006,

forme Auslegung bietet sich insbesondere bei unbestimmten Rechtsbegriffen an, um diese durch Inhalte und Wertungen des Gemeinschaftsrechts aufzufüllen.[450]

226 Dabei ist die Rechtsprechung des EuGH zu beachten.[451] Eine derartige Auslegungsmaxime bezweckt, eine effektive und einheitliche Durchsetzung des Gemeinschaftsrechts zu erreichen, soweit das Gemeinschaftsrecht eine derartige Zielsetzung für sich in Anspruch nimmt.[452] Ob diese Zielsetzung besteht, ist wiederum eine Frage des interpretatorischen Verständnisses des Gemeinschaftsrechts, also auch des jeweiligen Richtlinieninhalts.[453]

227 (2) Wenn eine richtlinienkonforme Anwendung lege artis nicht möglich ist, sind die Behörden und die Gerichte verpflichtet, das Gemeinschaftsrecht in vollem Umfang anzuwenden und z. B. die Rechte, welche die Richtlinie dem Einzelnen einräumt, zu schützen, indem sie notfalls jede Bestimmung unangewendet lassen, deren Anwendung im konkreten Fall zu einem gemeinschaftsrechtswidrigen Ergebnis führen würde.[454]

S. 36 f.; a. A. offenbar Udo di Fabio, Richtlinienkonformität als ranghöchstes Normauslegungsprinzip?, in: NJW 1990, 947–954; Arno Scherzberg, Die innerstaatlichen Wirkungen von EG-Richtlinien, in: Jura 1993, 225–232 [232].

450 Vgl. BGH, Urteil vom 13.11.2001 – X ZR 134/00 – BGHZ 149, 165 [174] = GRUR 2002, 238.

451 So BFH, Urteil vom 2.4.1998 – V R 34/97 – BB 1998, 1728 = EWS 1998, 354 = DStZ 1998, 808 unter Bezugnahme auf EuGH, Urteil vom 7.12.1995 – Rs. C-472/93 – EuGHE 1995 I-4321 = EuZW 1996, 185 = CR 1996, 185 – Luigi Spano und andere vs. Fiat Geotech Spa und Fiat Hitachi.

452 Zur gebotenen richtlinienkonformen Auslegung vgl. u. a. EuGH, Urteil vom 13.11.1990 – Rs. C-106/89 – EuGHE 1990 I-4135 [4159] Rn. 8 – Marleasing SA vs. La Comercial Marleasing Internacional de Alimentación – „Marleasing"; EuGH, Urteil vom 14.7.1994 – Rs. C-91/92 – EuGHE 1994 I-3325 [3357] Rn. 26 = DVBl. 1994, 1124 = NJW 1994, 2473 = EuZW 1994, 498 – Paola Faccini Dori vs. Recreb s. r. l. – „Dori"; EuGH, Urteil vom 12.12.1996 – verb. Rs. C-74/95 u. C-129/95 – EuGHE 1996 I-6609 [6636] Rn. 24 = EuZW 1997, 506 = CR 1997, 617 – Strafverfahren; EuGH, Urteil vom 18.12.1997 – Rs. C-129/96 – EuGHE 1997 I-7411 [7448] Rn. 40 = NVwZ 1998, 385 = ZUR 1998, 26 = EuZW 1998, 167 = DVBl. 1998, 660 [L] – Inter-Environnement Wallonie vs. Région wallonne (zur Richtlinie 75/442/ EWG – Abfälle), mit Bespr. Wolfgang Weiß, Zur Wirkung von Richtlinien vor Ablauf der Umsetzungsfrist, in: DVBl. 1998, 568–575, Ferry Bühring/Andrej Lang, Vorwirkung von EG-Richtlinien gegenüber staatlich kontrollierten Unternehmen des Privatrechts, in: ZEuP 2005, 88–104, Ulrich Ehricke, Vorwirkungen von EU-Richtlinien auf nationale Gesetzgebungsverfahren, in: ZIP 2001, 1311–1317; EuGH, Urteil vom 25.2.1999 – Rs. C-131/97 – EuGHE 1999 I-1103 [1134] Rn. 48 – Annalisa Carbonari u. a. vs. Università degli studi di Bologna, Ministero della Sanità, Ministero dell'Università e della Ricerca Scientifica und Ministero del Tesoro; EuGH, Urteil vom 23.2.1999 – Rs. C-63/97 – EuGHE 1999 I-905 [936] Rn. 22 = EWS 1999, 144 = EuZW 1999, 244 = JZ 1999, 835 – Bayerische Motorenwerke AG (BMW) und BMW Nederlande BV vs. Ronald Karel Deenik – „BMW"; EuGH, Urteil vom 27.6.2000 – Rs. C-240/98 – EuGHE 2000 I-4875 [4941] Rn. 30 = NJW 2000, 2571 = ZIP 2000, 1165 = EuZW 2000, 506 = EWS 2000, 356 = JZ 2001, 245 – Océano Grupo Editorial vs. Roció Murciano Quintero; EuGH, Urteil vom 23.10.2003 – Rs. C-408/01 – EuGHE 2003 I-12537 [12567] Rn. 21 – Adidas-Salomon AG und Adidas Benelux BV vs. Fitnessworld Trading Ltd.; EuGH, Urteil vom 15.3.2003 – Rs. C-160/01 – EuGHE 2003 I-4791 = NJW 2003, 2371 = EWS 2003, 292 = EuZW 2003, 434 – Karen Mau vs. Bundesanstalt für Arbeit; EuGH, Urteil vom 5.10.2004 – verb. Rs. C-397/01 u. a. EuGHE 2004 I-8835 = DVBl. 2005, 35 = EuZW 2004, 691 = NJW 2004, 3547 = EWS 2004, 521 = RIW 2005, 54 – Bernhard Pfeiffer u. a. vs. DRK Kreisverband Waldshut.

453 Vgl. EuGH, Urteil vom 17.7.1997 – Rs. C-28/95 – EuGHE 1997 I-4161 [4201] Rn. 32 = EuZW 1997, 658 = EWS 1997, 309 – A. Leur-Bloem vs. Inspecteur der Belastingdienst/Ondernemingen Amsterdam, mit Bespr. Norbert Dautzenberg, Vorabentscheidungsersuchen an den EuGH bei mittelbarer Bedeutung von EG-Recht, in: FR 1997, 690–692; Armin von Bogdandy, in: Eberhard Grabitz/Meinhard Hilf, Das Recht der Europäischen Union [Stand: Aug. 2002] EG Art. 10 Rn. 55.

454 Vgl. etwa EuGH, Urteil vom 5.3.1998 – Rs. C-347/96 – EuGHE 1998 I-937 [961] Rn. 30 = EWS 1998, 179 = NZG 1998, 277 = IStR 1998, 208 = EuZW 1998, 736 (L) – Solred SA vs. Administración

2.4 Grenzen der richtlinienkonformen Auslegung

Lit.: Marek Schmidt, Privatrechtsangleichende EU-Richtlinien und nationale Auslegungsmethoden, in: RabelsZ 59 (1995), S. 569–597; Manfred Zuleeg, Die Rechtswirkung europäischer Richtlinien, in: ZGR 1980, 466–48; Gregor Thüsing, Zu den Grenzen richtlinienkonformer Auslegung, in: ZIP 2004, 2301–2305; Volkmar Götz, Rechtsstaatliche Grundsätze des Gemeinschaftsrechts als Grund und Grenze der innerstaatlichen Anwendung von EG-Richtlinien, in: Jürgen Bröhmer u. a. (Hrsg.), Internationale Gemeinschaft und Menschenrechte. Festschrift für Georg Ress zum 70. Geburtstag am 21. Januar 2005, Köln u. a. 2005, S. 485–496.

(1) Eine richtlinienkonforme Auslegung des innerstaatlichen Rechts setzt dessen **228** (innerstaatliche) **Interpretationsfähigkeit** voraus.[455] Ob ein Auslegungsbereich des nationalen Rechts besteht, hat der nationale Rechtsanwender zu entscheiden, ggf. mithin der nationale Richter.[456] Insoweit gelten für das deutsche Recht die „deutschen" Auslegungsmethoden. Scheidet danach für einen gemeinschaftsbezogenen Sachverhalt eine Auslegung aus, ist auch eine gemeinschaftskonforme Auslegung nicht möglich und kann mithin nicht gefordert werden.[457] Führt die von den mitgliedstaatlichen Gerichten vorgenommene Auslegung einer innerstaatlichen Regelung in der Weise zu unterschiedlichen Ergebnissen, dass das Auslegungsergebnis nach einer Ansicht mit Gemeinschaftsrecht vereinbar, nach anderer Ansicht dagegen unvereinbar ist, so kann dies bedeuten, dass die innerstaatliche Regelung als solche zumindest nicht hinreichend klar ist, um eine mit dem Gemeinschaftsrecht vereinbare Anwendung zu gewährleisten.[458] Mängel der Bestimmtheit des innerstaatlichen Rechts lassen sich in einem gewissen Umfang durch eine richtlinienkonforme Reduktion des Wortlautes ausgleichen.[459] In keinem Falle kann eine richtlinienkonforme Auslegung eine unterlassene Umsetzung einer Richtlinie ersetzen. Das BVerwG will indes hier in gewissen Grenzen helfen:

Beispiel: Es ist zweifelhaft, ob der sachsen-anhaltinische Landesgesetzgeber mit § 45 Abs. 1 bis 5 NatSchG LSA den gemeinschaftsrechtlichen Vorgaben des Art. 6 Abs. 3

General del Estado – „Solred"; EuGH, Urteil vom 26.9.2000 – Rs. C-262/97 – EuGHE 2000 I-7321 [7362] Rn. 40 – Rijksdienst voor Pensioenen vs. Robert Engelbrecht.

455 Vgl. Winfried Brechmann, Die richtlinienkonforme Auslegung. Zugleich ein Beitrag zur Dogmatik der EG-Richtlinien, München 1994, S. 269 ff.; Hans D. Jarass, Die innerstaatlichen Bedeutung des EG-Rechts – die Vorgaben des Rechts der Europäischen Gemeinschaft für die nationale Rechtsanwendung und die nationale Rechtsetzung nach Maastricht, Köln u. a. 1994, S. 93 ff.; vgl. auch BAG, Urteil vom 14.3.1989 – 8 AZR 447/87 – BAGE 61, 209 = NJW 1990, 65 = JZ 1991, 43 = EuR 1990, 362.

456 Vgl. EuGH, Urteil vom 10.4.1984 – Rs. 79/83 – EuGHE 1984, 1921 [1942] Rn. 28 = EuGRZ 1984, 217 – Dorit Harz vs. Deutsche Tradax – „Harz" (Richtlinie 76/207EWG); vgl. ferner EuGH, Urteil vom 8.10.1987 – Rs. 80/86 – EuGHE 1987, 3969 [3985 f.] Rn. 9 f. = EuR 1988, 391 = HFR 1988, 594 – Strafverfahren Kolpinghuis Nijmegen, mit Bespr. Joachim Stollberg, EG-Richtlinien im innerstaatlichen Bereich, in: StädteT 1989, 515–517.

457 Vgl. EuGH, Urteil vom 5.10.2004 – Rs. C-397/01 – EuGHE 2004 I-8835 [8916] Rn. 109 = DVBl. 2005, 35 = NJW 2004, 3547 = EuZW 2004, 691 = EWS 2004, 521 – Pfeiffer vs. DRK Kreisverband Waldshut; a. A. Karl Riesenhuber/Ronny Domröse, Richtlinienkonforme Rechtsfindung und nationale Methodenlehre, in: RIW 2005, 47–54 [51 f.].

458 EuGH, Urteil vom 9.12.2003 – Rs. C-129/00 – EuGHE 2003 I-14637 = EuZW 2004, 151 = EWS 2004, 276 – Kommission vs. Italien.

459 A. A. offenbar Martin Nettesheim, Die mitgliedstaatliche Durchführung von EG-Richtlinien – Überlegungen am Beispiel der Luftreinhalterichtlinie 96/62/EG, Berlin 1999, S. 64.

und 4 FFH-RL genügt hat. Ein etwaiges Umsetzungsdefizit, das sich auf die Beurteilung der Rechtmäßigkeit einer Fachplanung auswirken könnte, kann durch eine gemeinschaftsrechtskonforme Auslegung des Landesrechts vermieden werden.[460] Die richtlinienkonforme Auslegung obliegt nach Art. 10 EG jeder Behörde eines Mitgliedstaats im Rahmen ihrer Zuständigkeiten. Da es hier um die Erhaltung des gemeinsamen Naturerbes der Mitgliedstaaten geht (4. und 11. Begründungserwägung der FFH-RL), muss – trotz der nach Art. 249 Abs. 3 EG verbleibenden Spielräume – verstärkt auf die Genauigkeit der Umsetzung der Habitat-Richtlinie in nationales Recht Bedacht genommen werden.[461]

229 (2) Auch Analogien oder eine vertretbare Rechtsfortbildung können Gegenstand einer gemeinschaftskonformen „Auslegung" sein.[462] Die Übergänge der Auslegung zur **richtlinienkonformen Rechtsfortbildung** sind fließend. Eine hierauf bezogene Entscheidung des EuGH fehlt bislang.[463] Eine gemeinschaftskonforme „Steuerung" des nationalen Rechts contra legem ist allerdings ausgeschlossen, soweit das Gemeinschaftsrecht seinerseits einen Anwendungsvorrang beansprucht (vgl. Rn. 237 ff.). Dabei muss stets das Gemeinschaftsrecht seinerseits nach den allgemeinen Rechtsgrundsätzen, etwa denen der Rechtssicherheit, verstanden werden. Die Handhandhabung einer richtlinienkonformen Auslegung darf mithin nicht dazu führen, dass hierbei Rechtsgrundsätze des EG-Primärrechts missachtet werden.[464] Diese Rechtsgrundsätze bilden mithin eine immanente Grenze für eine gemeinschaftskonforme Auslegung. Eine derartige Grenze der Auslegung des nationalen Rechts besteht auch in den Fällen, in denen die strafrechtliche Verantwortung derjenigen verschärft werden würde, die gegen den Richtlinieninhalt verstoßen.[465]

---

460 BVerwG, Urteil vom 17.1.2007 – 9 A 20.05 – NVwZ 2007, 1054.
461 EuGH, Urteil vom 20.10.2005 – Rs. C-6/04 – EuGHE 2005 I-9017 = NuR 2006, 494 – Kommission vs. Großbritannien, mit Bespr. Marius Baum, Der Gebiets- und der Artenschutz der FFH-Richtlinie im Lichte der Urteile des EuGH in den Vertragsverletzungsverfahren Rs. C-6/04 gegen das Vereinigte Königreich und Rs. C-98/03 gegen Deutschland, in: NuR 2006, 145–152; Klaus-Peter Dolde, Europarechtlicher Artenschutz in der Planung, in: NVwZ 2007, 7–11.
462 Vgl. BGH, Urteil vom 28.3.2001 – IV ZR 19/00 – NJW 2001, 1934; BGH, Urteil vom 13.11.2001 – X ZR 134/00 – BGHZ 149, 165 [174 f.] = AgrarR 2002, 21; Hans D. Jarass, Grundfragen der innerstaatlichen Bedeutung des EG-Rechts – Die Vorgaben des Rechts der Europäischen Gemeinschaft für die nationale Rechtsanwendung und die nationale Rechtsetzung nach Maastricht, Köln u. a. 1994, S. 90; Ulrich Everling, Richterliche Rechtsfortbildung in der Europäischen Gemeinschaft, in: JZ 2000, 217–227; Ulrich Karpenstein, Praxis des EG-Rechts, 2006, S. 38.
463 Vgl. Matthias Thume/Herve Edelmann, Keine Pflicht zur systemwidrigen richtlinienkonformen Rechtsfortbildung, in: BKR 2005, 477–487.
464 EuGH, Urteil vom 8.10.1987 – Rs. 80/86 – EuGHE 1987, 3969 [3985 f.] Rn. 9 f. = EuR 1988, 391 – Strafverfahren Kolpinghuis Nijmegen; EuGH, Urteil vom 18.11.2003 – Rs. C-216/01 – EuGHE 2003 I-13617 [13704] Rn. 154 ff. = LRE 47, 155 – Budějovický Budvar, národní podnik vs. Rudolf Ammersin GmbH; EuGH, Urteil vom 11.6.1987 – Rs. 14/86 – EuGHE 1987, 2565 [2570] Rn. 20 = RIW 1988, 657 – Pretore di Salò vs. X.
465 EuGH, Urteil vom 26.9.1996 – Rs. C-168/95 – EuGHE 1996 I-4705 [4731] Rn. 43 = EuZW 1997, 318 – Strafverfahren Luciano Arcaro; EuGH, Urteil vom 3.5.2005 – Rs. C-387/02 – EuGHE 2005 I-3565 = DVBl. 2005, 840 = EuGRZ 2005, 369 = EWS 2005, 270 = EuZW 2005, 369 = JZ 2005, 997 – Strafverfahren Silvio Berlusconi, mit Bespr. Ivo Gross, Zum Fall Silvio Berlusconi – Keine Strafverfolgung wegen Bilanzfälschung auf Grund einer Richtlinie, in: EuZW 2005, 371–373; Helmut Satzger, Anwendungsbereich des Vorrangprinzips, in: JZ 2005, 998–1001.

2.5 Vorrang der richtlinienkonformen Auslegung

Der Grundsatz enthält die (methodische) Pflicht, das mitgliedstaatliche Recht im **230** Falle eines **Auslegungszweifels** oder der Auslegungsvarianz im Sinne der Effektivität des Gemeinschaftsrechts („**effet utile**"), mithin zu Gunsten eines gemeinschaftsrechtsnahen Auslegungsergebnisses zu interpretieren (vgl. Rn. 212ff.).[466] Das Erfordernis einer richtlinienkonformen Auslegung verlangt insbesondere, dass derjenigen Auslegung den Vorzug gegeben wird, die das Gemeinschaftsrecht „besser" verwirklicht.[467] Erst der klare Wortlaut des mitgliedstaatlichen Gesetzes stellt eine Grenze der gemeinschaftskonformen Auslegung dar. Allerdings kann sich dann die Frage stellen, ob das nationale Recht gegen Gemeinschaftsrecht verstößt und sich dieses nunmehr im Sinne des Anwendungsvorranges unmittelbar durchsetzt.[468]

3. Gemeinschaftskonforme Auslegung kraft deutschen Rechts

Das deutsche Recht selbst kann dahin verstanden werden, dass bei Auslegungs- **231** zweifeln diejenige Auslegung zu bevorzugen ist, welche eher der effektiven Durchsetzung des Gemeinschaftsrechts entspricht. Diese Ansicht wird von allen obersten Bundesgerichten vertreten.[469] Sie beruht auf der unterstellenden Vermutung, dass sich der Gesetzgeber im Zweifel an das Recht der EG und seinem Verständnis, wie sich dieses aus der Rechtsprechung des EuGH ergibt, halten will.[470] So bejaht der **BGH** die (innerstaatliche) Auslegungsbefugnis zur richtlinienkonformen Auslegung.[471] Nach seiner Ansicht sei der Richter nach deutschem Rechtsver-

---

466 EuGH, Urteil vom 19.9.2000 – Rs. C-287/98 – EuGHE 2000 I-6917 = DVBl. 2000, 1838 = NVwZ 2001, 421 – Luxemburg vs. Berthe Linster, Aloyse Linster und Yvonne Linster (Richtlinie 85/337/EWG – UVP).

467 Vgl. EuGH, Urteil vom 27.6.2000 – verb. Rs. C-240/98 – C-244/98 – EuGHE 2000 I-4941 = NJW 2000, 2571 = EuZW 2000, 506 = EWS 2000, 356 – Océano Grupo Editorial SA u. a. vs. Rocío Murciano Quintero.

468 Vgl. EuGH, Urteil vom 14.7.1994 – Rs. C-91/92 – EuGHE 1994 I-3325 = DVBl. 1994, 1124 = NJW 1994, 2473 = EuZW 1994, 498 = ZEuP 1996, 117 = JZ 1995, 149 – Paola Faccini Dori vs. Recreb s. r. l. – „Dori"; EuGH, Urteil vom 4.2.1988 – Rs. 157/86 – EuGHE 1988, 673 [690] Rn. 11 – Mary Murphy und andere vs. An Bord Telecom Eireann -„Murphy".

469 BGH, Urteil vom 5.12.1974 – II ZB 11/73 – BGHZ 63, 261 [264 f.] = NJW 1975, 213; BFH, Urteil vom 20.01.1988 – X R 48/81 – BFHE 152, 556 [561] = HFR 1988, 411; OVG Münster, Beschluss vom 6.10.2003 – 13 A 711/02 – K&R 2004, 104 = juris (Volltext); OLG Jena, Urteil vom 3.03.1999 – 2 U 920/98 – NJW 1999, 3035 (zu § 51 PostG), mit Bespr. Thomas von Danwitz, Der Umfang der gesetzlichen Exklusivlizenz der Deutschen Post AG, in: NJW 1999, 3025–3026.

470 So etwa Hans D. Jarass, Grundfragen der innerstaatlichen Bedeutung des EG-Rechts – Die Vorgaben des Rechts der Europäischen Gemeinschaft für die nationale Rechtsanwendung und die nationale Rechtssetzung nach Maastricht, Köln u. a. 1994, S. 89 ff.; Arno Scherzberg, Die innerstaatlichen Wirkungen von EG-Richtlinien, in: Jura 1993, 225–232 [231]; Martin Schwab, Der Dialog zwischen dem EuGH und nationalen Exegeten bei der Auslegung von Gemeinschaftsrecht und angeglichenem Recht, in: ZGR 2000, 446–478 [466]; Ulrich Karpenstein, Praxis des EG-Rechts, 2006, S. 39.

471 BGH, Urteil vom 5.2.1998 – I ZR 211/95 – BGHZ 138, 55 [61 f.] = DVBl. 1998, 2161 = NJW 1998, 2208 = EuZW 1998, 474 = GRUR 1998, 824 (zu Richtlinie 97/55/EG des Europäischen Parlaments und des Rates EG-Richtlinie zur Änderung der Richtlinie 94/450/EWG über irreführende Werbung zwecks Einbeziehung der vergleichenden Werbung [ABl. Nr. L 290 vom 23.10.1997, S. 18]), mit Bespr. Frank Bayreuther, Zur Zulässigkeit vergleichender Werbung und richtlinienkonformer Auslegung vor Ablauf der Umsetzungsfrist, in: EuZW 1998, 478–479; Stefan Leible/Olaf Sosnitza, Richtli-

---

Berkemann

ständnis befugt, sein „nationales" Auslegungsergebnis im Hinblick auf das Gemeinschaftsrecht, auch bereits vor Ablauf der Umsetzungsfrist, zu korrigieren (vgl. Rn. 138 ff., 332, 342). Auch das **BVerwG** folgt dem Grundsatz der richtlinienkonformen Auslegung des deutschen Gesetzesrechtes.

> **Beispiel:** § 17 Abs. 1 Nr. 5 des Lebensmittelgesetzes (LMG) verbietet, Tabakerzeugnisse unter irreführender Bezeichnung, Angabe oder Aufmachung gewerbsmäßig in den Verkehr zu bringen oder für Tabakerzeugnisse allgemein oder im Einzelfall mit irreführenden Darstellungen oder sonstigen Aussagen zu werben. Der Begriff der Irreführung in § 17 Abs. 1 Nr. 5 Satz 1 und Satz 2 Buchst. b) LMBG ist anhand des Gemeinschaftsrechts auszulegen. Aus Art. 1, 2, 3, 5, 15 der EWG-Etikettierungsrichtlinie in der Auslegung durch den Europäischen Gerichtshof folgt, dass eine irreführende Bezeichnung im Sinne des § 17 LMBG mit der Folge eines Verkehrsverbots dann nicht vorliegt, wenn diese Bezeichnung durch Gemeinschaftsrecht zugelassen ist.[472]

232 Die richtlinienkonforme Auslegung kann alsdann auch zu einer Reduktion des innerstaatlichen Rechts führen.[473]

VII. Rückwirkende Umsetzung

Lit.: Stefan Kadelbach/Christoph Sobotta, Umsetzung von EG-Richtlinien durch rückwirkendes Gesetz? – Zum neuen § 137e Abs. 3 UrhG, in: EWS 1996, 11–14.

233 (1) Eine rückwirkende Umsetzung einer Richtlinie nach Ablauf der Umsetzungsfrist ist nicht ohne weiteres zulässig. Das an sich bestehende Verbot einer rückwirkenden Änderung der Rechtslage gilt dann nicht, wenn das angestrebte Ziel eine Rückwirkung fordert und das berechtigte Vertrauen der Betroffenen gebührend beachtet wird (sog. Racke-Formel).[474] Bei einer rückwirkenden Umsetzung lässt sich dies nach Ansicht des EuGH nicht verallgemeinerungsfähig feststellen.[475] Für eine rückwirkende Umsetzung einer Richtlinie spricht einerseits der Gedanke der praktischen gleichzeitigen Wirksamkeit des Gemeinschaftsrechts in allen Mitgliedstaaten, an die sich die Richtlinie wendet. Andererseits sind für den

---

nienkonforme Auslegung vor Ablauf der Umsetzungsfrist und vergleichende Werbung?, in: NJW 1998, 2507–2509.

472 BVerwG, Urteil vom 23.1.1992 – 3 C 33.89 – BVerwGE 89, 320 = DVBl. 1992, 1166 = NVwZ 1992, 781 = DÖV 1992, 792 = EuR 1992, 298 (Richtlinie 79/112/EWG – Etikettierungsrichtlinie), mit Bespr. Gert Meier, Zu den Auswirkungen der gemeinschaftskonformen Auslegung und Anwendung des Begriffs der Irreführung, in: WRP 1993, 21–22. Vgl. EuGH, Urteil vom 12.12.1990 – Rs. C-241/89 – EuGHE 1990 I-4695 = LRE 27, 321 – Société d'application et de recherces en pharmacologie et phytotheraie vs. Chambre syndicale des raffineurs et conditionneurs de surce de France.

473 Vgl. EuGH Urteil vom 5.10.2004 – verb. Rs. C-397/01 bis C-403/01 – EuGHE 2004 I-8835 [8916] Rn. 109 = DVBl. 2005, 35 = NJW 2004, 3547 = EWS 2004, 521 = EuZW 2004, 691 – Pfeiffer vs. DRK Kreisverband Waldshut, mit Bespr. Monika Schlachter, Richtlinienkonforme Rechtsfindung – ein neues Stadium im Kooperationsverhältnis zwischen EuGH und den nationalen Gerichten, in: RdA 2005, 116–120.

474 EuGH, Urteil vom 25.1.1979 – Rs. 98/78 – EuGHE 1979, 69 [86] Rn. 20 = NJW 1979, 1772 = DB 1979, 1924 – Racke vs. HZA Mainz, vgl. Hans-Joachim Schütz/Thomas Bruha/Doris König, Casebook Europarecht, 2004, S. 465 ff.

475 Vgl. EuGH, Urteil vom 8.3.1988 – Rs. 80/87 – EuGHE 1988, 1601 [1617] Rn. 14 f. – Dik u. a. vs. College van Burgenmeester en Wethouders.

Bürger nicht im nach hinein Belastungen zu begründen, mit denen er jedenfalls in dieser Hinsicht nicht zu rechnen brauchte.[476]

Ob sich ein innerstaatlicher Umsetzungsakt überhaupt eine Rückwirkung beilegt, **234** bedarf ggf. der Auslegung.[477] In keinem Fall ermächtigt die Richtlinie den nationalen Normgeber dazu, eine rückwirkende Regelung des Richtlinieninhalts für den Zeitraum vor Ablauf der Umsetzungsfrist zu treffen.

(2) Eine rückwirkende Umsetzung der Richtlinie ist ausgeschlossen, wenn diese **235** im Zeitpunkt des innerstaatlichen Umsetzungsaktes bereits außer Kraft getreten ist. Der Mitgliedstaat vermag sich nicht mehr eine hinreichende gemeinschafts- rechtliche Legitimationsgrundlage zu verschaffen. Ist das Außerkrafttreten der Richtlinie dahin zu verstehen, dass das Gemeinschaftsrecht nunmehr einen be- stimmten Sachverhalt ungeregelt lassen will, steht dies einer innerstaatlichen sub- stituierenden Regelung entgegen.

E. Rangverhältnis Gemeinschaftsrecht und nationales Recht

Lit.: Hans D. Jarass, Konflikte zwischen EG-Recht und nationalem Recht vor den Gerichten der Mitgliedstaaten, in: DVBl. 1995, 954–962; Martin Gellermann, Auflösung von Normwider- sprüchen zwischen europäischem und nationalem Recht, in: DÖV 1996, 433–443; Stefan Griller, Der Anwendungsvorrang des EG-Rechts, in: ecolex 1996, 639–644; Curt Wolfgang Hergenröder, Richtlinienwidrige Gesetze und richterliche Rechtsfortbildung. Aktualisierter Sonderdruck aus Festschrift für Wolfgang Zöller, Köln u. a., 1999; Jürgen Schwarze (Hrsg.), Das Entstehen einer europäischen Verfassungsordnung: Das Ineinandergreifen von natio- nalem und europäischem Verfassungsrecht, Baden-Baden 2000; Peter M. Huber, Europäi- sches und nationales Verfassungsrecht, in: VVDStRL 60 (2001), S. 194–245; Matthias Niedobitek, Kollisionen zwischen EG-Recht und nationalem Recht, in: VerwArch (2001), S. 58–80; Johannes Masing, Vorrang des Europarechts bei umsetzungsgebundenen Rechts- akten, in: NJW 2006, 264–268; Andrea Müller-Dobler, Richtlinienkonforme Auslegung bei einer Kollision zwischen nationalem Recht und Gemeinschaftsrecht, in: UFS 2006, 57 ff.; Andreas Funke, Der Anwendungsvorrang des Gemeinschaftsrechts – Einige Problemfälle und ein Präzisierungsvorschlag, in: DÖV 2007, 733–740.

Kaum eine rechtliche Frage wurde zu Beginn der EWG so intensiv erörtert wie das **236** Verhältnis von Gemeinschaftsrecht und nationalem Recht. Das Gemeinschafts- recht selbst enthält keine ausdrückliche **Kollisionsregel**. Nur einige Mitgliedstaa- ten enthalten in ihrem Verfassungsrecht eine Vorrangregel zugunsten des Ge- meinschaftsrechts. Das Grundgesetz kennt dies nicht, auch wenn es sich durch- aus europa- und völkerrechtsfreundlich versteht. Das Gemeinschaftsrecht ist in seiner Funktion indes nur gesichert, wenn es sich gegenüber dem nationalen

---

476 EuGH, Urteil vom 22.2.1984 – Rs. 70/83 – EuGHE 1984, 1075 [1086] Rn. 11 f. – Gerda Kloppen- burg vs. Finanzamt Leer (6. Umsatzsteuer-Richtlinie) – „Kloppenburg". Ähnlich Ton Heukels, Inter- temporales Gemeinschaftsrecht – Rückwirkung, Sofortwirkung und Rechtsschutz in der Rechtspre- chung des Gerichtshofs, Baden-Baden 1990, S. 311.
477 Vgl. EuGH, Urteil vom 29.1.1985 – Rs. 234/83 – EuGHE 1985, 327 [341] Rn. 20 – Gesamthoch- schule Duisburg vs. HZA München-Mitte; EuGH, Urteil vom 22.2.1984 – Rs. 70/83 – EuGHE 1984, 1075 [1086] Rn. 11 f. – Gerda Kloppenburg vs. Finanzamt Leer (6. Umsatzsteuer-Richtlinie) – „Klop- penburg".

Recht durchsetzen kann. Überlagert wird die Problemstellung durch den mitgliedstaatlich unterschiedlich geregelten Grundrechtsschutz. Eine zusätzliche Verschärfung besteht hinsichtlich der EG-Richtlinien. Dieser Bereich ist auf eine Verzahnung von Gemeinschaftsrecht und nationalem, also auch mitgliedstaatlichem Verfassungsrecht konzipiert (vgl. Art. 249 Abs. 3 EG).

I. Rechtsprechung des Europäischen Gerichtshofs

237 (1) Der EuGH hat sehr frühzeitig ausgesprochen, dass das Gemeinschaftsrecht gegenüber dem jeweiligen nationalen Recht einen unmittelbar wirksamen Vorrang beanspruche.[478] Der Vertrag der Gemeinschaften habe eine **autonome (supranationale) Rechtsquelle** geschaffen. Wegen dessen Eigenständigkeit könne dem Gemeinschaftsrecht keine wie auch immer geartete innerstaatliche Rechtsvorschrift vorgehen. Anderenfalls würde die Rechtsgrundlage der Gemeinschaft selbst in Frage gestellt werden. Der EuGH hat zudem ausdrücklich verneint, dass es von dem Grundsatz des Vorranges der Gemeinschaftsrechtes Ausnahmen geben könne.[479] Der Gerichtshof hat diese Rechtsprechung konsequent fortgesetzt.[480]

238 Das Gemeinschaftsrecht beansprucht diesen Vorrang auch gegenüber dem nationalen Verfassungsrecht. Das gilt nach Ansicht des EuGH insbesondere hinsichtlich verfassungsrechtlich gewährleisteter **Grundrechte**.[481] Aus der Sicht des Gemeinschaftsrechtes ist es nämlich gleichgültig, welche Rangstufe eine Rechtsvorschrift nach innerstaatlichem Recht hat.[482]

239 (2) Das sog. **intergouvernementale Unionsrecht** (vgl. Art. 11 bis 42 EU-Vertrag) besitzt dagegen keinen Vorrang.[483] Dieser Rechtsbereich betrifft die Außen- und Sicherheitspolitik und die Zusammenarbeit in Justiz- und Strafsachen. Hier bedarf es in jedem Einzelfall eines weiteren Zustimmungsgesetzes. Dieses kann dann

---

478 EuGH, Urteil vom 15.7.1964 – Rs. 6/64 – EuGHE 1964, 1251 [1269 ff.] Rn. 8 = NJW 1964, 2371 = DVBl. 1964, 990 – Flaminio Costa vs. E.N.E.L., mit Bespr. Dietrich Egle, Verhältnis des europäischen Gemeinschaftsrechts zum nationalen Recht, in: NJW 1964, 2331–2333; Bernhard Großfeld, Recht der Europäischen Wirtschaftsgemeinschaft und nationales Recht – EuGHE 10, 1251, in: JuS 1966, 347–354; EuGH, Urteil vom 17.12.1970 – Rs. 11/70 – EuGHE 1970, 1125 [1135] Rn. 3 = NJW 1971, 343 = DÖV 1971, 309 = BayVBl 1971, 464 – Internationale Handelsgesellschaft vs. Einfuhr- und Vorratsstelle für Getreide.

479 EuGH, Urteil vom 17.12.1970 – Rs. 11/70 – EuGHE 1970, 1125 [1135] Rn. 4 = NJW 1971, 343 = DÖV 1971, 309 = BayVBl 1971, 464 – Internationale Handelsgesellschaft vs. Einfuhr- und Vorratsstelle für Getreide.

480 Vgl. etwa EuGH, Urteil vom 2.07.1996 – Rs. C-473/93 – EuGHE 1996 I-3207 [3259] Rn. 38 f. = NJW 1996, 3199 = EuZW 1996, 539 = BayVBl 1997, 12 – Kommission vs. Luxemburg.

481 EuGH, Urteil vom 17.12.1970 – Rs. 11/70 – EuGHE 1970, 1125 [1135] Rn. 4 = NJW 1971, 343 = DÖV 1971, 309 = BayVBl 1971, 464 – Internationale Handelsgesellschaft vs. Einfuhr- und Vorratsstelle Getreide.

482 EuGH, Urteil vom 13.12.1979 – Rs. 44/79 – EuGHE 1979, 3727 [3744] Rn. 14 = DVBl. 1981, 130 = NJW 1980, 505 = EuGRZ 1979, 659 – Liselotte Hauer vs. Land Rheinland Pfalz – „Hauer".

483 BVerfG, Urteil vom 18.07.2005 – 2 BvR 2236/04 – BVerfGE 113, 273 = DVBl. 2005, 1119 = NJW 2005, 2289 = EuGRZ 2005, 387 = JR 2005, 464 – „Europäischer Haftbefehl".

seinerseits gemäß Art. 46 EUV durch den EuGH auf seine Vereinbarkeit mit dem Primärrecht überprüft werden.[484]

II. Rechtsprechung des Bundesverfassungsgerichts

Lit.: Rudolf Streinz, Bundesverfassungsgerichtlicher Grundrechtsschutz und europäisches Gemeinschaftsrecht, Heidelberg 1989; Ulrich Everling, BVerfG und EuGH nach dem Maastricht-Urteil, in: Albrecht Randelzhofer/Rupert Scholz/Dieter Wilke (Hrsg.), Gedächtnisschrift Eberhard Grabitz, 1995, S. 57–75; Elvira Pfrang, Das Verhältnis zwischen Europäischem Gemeinschaftsrecht und deutschem Recht nach der Maastricht-Entscheidung des Bundesverfassungsgerichts, Frankfurt/Main 1997; Theodor Schilling, Zu den Grenzen des Vorrangs des Gemeinschaftsrechts, in: Der Staat (33) 1998, S. 555–580; Theodor Schilling, Zum Verhältnis von Gemeinschaftsrecht und nationalem Recht, in: ZfRV (39) 1998, 149 ff.; Petra Funk-Rüffert, Kooperation von EuGH und BVerfG im Bereich des Grundrechtsschutzes, Berlin 1999.

Hartmut Bauer, Europäisierung des Verfassungsrechts, in: JBl 2000, 750–763; Franz C. Mayer, Kompetenzüberschreitung und Letztentscheidung, München 2000; Gert Nicolaysen, Der Streit zwischen dem deutschen Bundesverfassungsgericht und dem Europäischen Gerichtshof, in: EuR 2000, 495–511; Rudolf Streinz, „Gemeinschaftsrecht bricht nationales Recht", in: Gerhard Köbler/Meinhard Heinze/Wolfgang Hromadka (Hrsg.), Europas universale Rechtsordnung als politische Aufgabe im Recht des dritten Jahrtausends. Festschrift für Alfred Söllner, 2000, S. 1139–1169; Peter M. Huber, Europäisches und nationales Verfassungsrecht, in: VVDStRL 60 (2001), S. 194–245; Gertrude Lübbe-Wolff, Europäisches und nationales Verfassungsrecht, in: VVDStRL 60 (2001) S. 246–287; Martin Nettesheim, Die Bananenmarkt-Entscheidung des BVerfG – Europarecht und nationaler Mindestgrundrechtsschutz, in: Jura 2001, 686–692; Matthias Niedobitek, Kollisionen zwischen EG-Recht und nationalem Recht, in: VerwArch (92) 2001, S. 58–80; Gert Nicolaysen/Carsten Nowak, Teilrückzug des BVerfG aus der Kontrolle der Rechtmäßigkeit gemeinschaftlicher Rechtsakte – Neuere Entwicklungen und Perspektiven, in: NJW 2001, 1233–1238; Emanuel Ost, Europarecht vor dem Bundesverfassungsgericht – Verfahrensrechtliche Probleme der Befassung des Bundesverfassungsgerichtes mit dem europäischen Gemeinschaftsrecht, in: NVwZ 2001, 399–402; Ingolf Pernice, Europäisches und nationales Verfassungsrecht, in: VVDStRL 60 (2001), S. 148–193; Udo Steiner, Richterliche Grundrechtsverantwortung in Europa, in: Max-Emanuel Geis/Dieter Lorenz (Hrsg.), Festschrift für Hartmut Maurer, München 2001, S. 1005–1017; Martin Nettesheim, Die Zulässigkeit von Verfassungsbeschwerden und Richtervorlagen nach Art. 23 GG, in: NVwZ 2002, 932–935; Rudolf Streinz, Verfassungsvorbehalte gegenüber Gemeinschaftsrecht – eine deutsche Besonderheit? – die Schranken der Integrationsermächtigung und ihre Realisierung in den Verfassungen der Mitgliedstaaten, in: Tradition und Weltoffenheit des Rechts. Festschrift für Rudolf Steinberger, Berlin 2002, S. 1437–1468; Paul-Ludwig Weinacht (Hrsg.), Die Verfassungsprinzipien des Grundgesetzes im Licht der europäischen Integration, Baden-Baden 2003; Jan Bergmann, Das Bundesverfassungsgericht in Europa, in: EuGRZ 2004, 620–627; Matthias Herdegen, Grundrechtsschutz bei der Mitwirkung von EG-Rechtsakten, in: Jürgen Bröhmer u. a. (Hrsg.), Internationale Gemeinschaft und Menschenrechte. Festschrift für Georg Ress zum 70. Geburtstag, Berlin 2005, S. 1175–1182; Stefan Kadelbach, Vorrang und Verfassung: Das Recht der Europäischen Union im innerstaatlichen Bereich, in: Charlotte Gaitanides, Gil Carlos Rodríguez Iglesias, Stefan Kadelbach (Hrsg.), Europa und seine Verfassung. Festschrift für Manfred Zuleeg, Baden-

---

484 BVerfG, Urteil vom 12.10.1993 – 2 BvR 2134/92, 2 BvR 2159/92 – BVerfGE 89, 155 [178] = DVBl. 1993, 1254 = NJW 1993, 3047 = EuGRZ 1993, 429 = EuZW 1993, 667 = JZ 1993, 1100 – Maastricht.

Baden 2005, S. 219–233; Kai Möller, Verfassungsgerichtlicher Grundrechtsschutz gegen Gemeinschaftsrecht, in: Jura 2006, 91–96.

240 Die Ansicht des EuGH, das Gemeinschaftsrecht habe stets Vorrang vor jedem innerstaatlichen Recht des Mitgliedstaates, ist zunächst auf Widerspruch einiger nationaler Verfassungsgerichte gestoßen, unter anderem des BVerfG und des italienischen Corte Constituzionale. Nach deren seinerzeitiger Auffassung erfasste der Vorrang des Gemeinschaftsrechts jedenfalls nicht den Kernbestand der jeweiligen nationalen Verfassung.[485] Zu unterscheiden ist, ob die Kollision des Gemeinschaftsrechts mit „einfachem" Recht oder mit Verfassungsrecht besteht.

1. Kollision zwischen Gemeinschaftsrecht und „einfachem" Recht

241 Das **BVerfG** hat das Konzept des Vorranges des Gemeinschaftsrechts im Kern für die Kollision zwischen Gemeinschaftsrecht und **„einfachem" deutschen Recht** nach Maßgabe des deutschen Verfassungsrechts stets gebilligt.[486] Ob der Widerspruch die Ungültigkeit der innerstaatlichen Normen bewirkt oder nur zur Nichtanwendung führt, ist dabei eine Frage des nationalen Rechts und setzt eine entsprechende Regelung voraus.[487] Da eine derartige Bestimmung im deutschen Recht fehlt, bleibt es nach deutschem innerstaatlichem Recht bei einem „**Anwendungsvorrang**" (vgl. Rn. 246 ff.). Das bedeutet: Wird das Gemeinschaftsrecht, etwa die Richtlinie, rückwirkend aufgehoben, „lebt" im Zweifel die Anwendung des nationalen Rechtes wieder auf – ein gewiss seltener Vorgang.

2. Kollision zwischen Gemeinschaftsrecht und Verfassungsrecht

242 (1) Das BVerfG hielt sich zunächst (1974) für uneingeschränkt befugt, das sekundäre Gemeinschaftsrecht, also auch das Richtlinienrecht, am Maßstab der Grundrechte zu prüfen.[488] Das sollte allerdings nur **solange** gelten, als es an einem gemeinschaftsrechtlich kodifizierten Grundrechtskatalog fehlte. Die an sich grundrechtsfreundliche Rechtsprechung des EuGH könne dieses Defizit nicht hinreichend kompensieren.

---

485 Vgl. Markus Heintzen, Die „Herrschaft" über die Europäischen Gemeinschaftsverträge – Bundesverfassungsgericht und Europäischer Gerichtshof auf Konfliktkurs?, in: AöR 119 (1994), S. 564–589; Josef Isensee, Vorrang des Europarechts und deutsche Verfassungsvorbehalte – offener Dissens, in: Joachim Burmeister (Hrsg.), Festschrift für Klaus Stern zum 65. Geburtstag, München 1997, S. 1239–1268; Rudolf Streinz, Bundesverfassungsgerichtlicher Grundrechtsschutz und Europäisches Gemeinschaftsrecht, Baden-Baden 1989; S. 53 ff. zur Rechtsprechung des EuGH; Ellen Chowlik-Lanfermann, Grundrechtsschutz in der Europäischen Union, Frankfurt/M. 1994, S. 47 ff.

486 BVerfG, Beschluss vom 9.6.1971 – 2 BvR 225/69 – BVerfGE 31, 145 [174 f.] = DVBl. 1972, 271 = NJW 1971, 2122 = DÖV 1971, 777 = EuR 1972, 51, mit Bespr. Bertold Sommer, Europäisches Gemeinschaftsrecht und nationales Recht, in: DVBl. 1972, 273–274; H. P. Ipsen, Zur Rechtswirkung der Art. 95 und Art 97 EWGVtr., in: EuR 1972, 57–59.

487 Vgl. EuGH, Urteil vom 4.4.1968 – Rs. 34/67 – EuGHE 1968, 363 [374] – Lück; EuGH, Urteil vom 9.3.1978 – Rs. 106/77 – EuGHE 1978, 629 [645] Rn. 645 = NJW 1978, 1741 = EuGRZ 1978, 190 = EuR 1979, 277 = JZ 1978, 512 – Staatliche Finanzverwaltung vs. SpA Simmenthal – „Simmenthal II"; vgl. dazu Robert Koch, Einwirkungen des Gemeinschaftsrechts auf das nationale Verfahrensrecht, in: EuZW 1995, 78–85; Eugen Spetzler, Die Kollision des Europäischen Gemeinschaftsrechts mit nationalem Recht und deren Lösung, in: RIW 1990, 286–290.

488 BVerfG, Beschluss vom 29.5.1974 – 2 BvL 52/71 – BVerfGE 37, 271 [279 f.] = DVBl. 1974, 720 = NJW 1974, 2176 = DÖV 1975, 50 = EuR 1975, 150 = EuGRZ 1974, 5 = JZ 1975, 479 – „Solange I".

Berkemann

Allmählich trat beim BVerfG ein Meinungswandel ein.[489] Im Jahr 1986 erklärte das **243** Gericht, es werde seine Gerichtsbarkeit über die Anwendbarkeit von sekundärem Gemeinschaftsrecht nicht mehr ausüben, „**solange** die Europäischen Gemeinschaften, insbesondere die Rechtsprechung des Gerichtshofs der Gemeinschaften einen wirksamen Schutz der Grundrechte gegenüber der Hoheitsgewalt der Gemeinschaften generell gewährleisten, der dem vom Grundgesetz als unabdingbar gebotenen Grundrechtsschutz im wesentlichen gleich zu achten ist, zumal den Wesensgehalt der Grundrechte generell verbürgt".[490] Diese Voraussetzungen hielt das BVerfG inzwischen für gegeben. In neuerer Zeit könnten allerdings einzelne Wendungen andeuten, dass das BVerfG an eine Relativierung seines Standpunktes denkt.[491] 1993 sprach das Gericht etwas dunkel von einem „**Kooperationsverhältnis**" zum EuGH.[492] 1998 kehrte das Gericht zu seiner früheren Auffassung zurück und verschärfte diese zugleich in prozessualer in Hinsicht. Danach sind Verfassungsbeschwerden und Vorlagen von Gerichten, die eine Verletzung von Grundrechten des Grundgesetzes durch sekundäres Gemeinschaftsrecht geltend machen, „von vornherein unzulässig, wenn ihre Begründung nicht darlegt, dass die europäische Rechtsentwicklung einschließlich der Rechtsprechung des Europäischen Gerichtshofs nach Ergehen der Solange II-Entscheidung (BVerfGE 73, 339 [378 bis 381]) unter den erforderlichen Grundrechtsstandard abgesunken sei". Deshalb müsse die Begründung der Vorlage oder einer Verfassungsbeschwerde im Einzelnen darlegen, dass der jeweils als unabdingbar gebotene Grundrechtsschutz generell nicht gewährleistet sei.[493]

---

489 Gert Nicolaysen/Carsten Nowak, Teilrückzug des BVerfG aus der Kontrolle der Rechtmäßigkeit gemeinschaftlicher Akte: Neuere Entwicklungen und Perspektiven, in: NJW 2001, 1233–1238.

490 BVerfG, Beschluss vom 22.10.1986 – 2 BvR 197/83 – BVerfGE 73, 339 [376] = DVBl. 1987, 231 = NJW 1987, 577 = EuGRZ 1987, 10 = JZ 1987, 236 – „Solange II". Die Entscheidung betraf eine EG-Verordnung, also keine EG-Richtlinie, vgl. dazu Udo di Fabio, Richtlinienkonformität als ranghöchstes Normauslegungsprinzip?, in: NJW 1990, 947–954; Clemens Weidemann, Solange II hoch 3? – Inzidentkontrolle innerstaatlicher Normen, in: NVwZ 2006, 623–629; vgl. ferner Hans-Joachim Cremer, Europäische Hoheitsgewalt und deutsche Grundrechte, in: Der Staat 34 (1995), S. 268–286; ähnlich dann auch BVerfG [Kammer], Beschluss vom 10.4.1987 – 2 BvR 1236/86 – NJW 1987, 3077 = EuR 1987, 269 – Melchers; BVerfG [Kammer], Beschluss vom 12.5.1989 – 2 BvO 3/89 – NJW 1990, 974 = EuR 1989, 270 – Tabak-Etikettierungsrichtlinie; BVerfG, Urteil vom 28.1.1992 – 1 BvR 1225/82, 1 BvL 16/83 u. a. – BVerfGE 85, 191 = DVBl. 1992, 364 = NJW 1993, 3047 = DÖV 1992, 352 = EuR 1993, 183 = JZ 1992, 913 – Nachtarbeit.

491 BVerfG, Urteil vom 12.10.1993 – 2 BvR 2134/92, 2 BvR 2159/92 – BVerfGE 89, 155 [175] = DVBl. 1993, 1254 = NJW 1993, 3047 = DÖV 1994, 119 = JZ 1993, 1100 – „Maastricht". Das Gericht spricht auch hier von einem „Kooperationsverhältnis" zum EuGH; BVerfG [Kammer], Beschluss vom 17.2. 2000 – 2 BvR 1210/98 – DVBl. 2000, 900 = NJW 2000, 2015 = EuZW 2000, 445 = EuGRZ 2000, 175 – „Alcan", zu EuGH, Urteil vom 20.3.1997 – Rs. C-24/95 – EuGHE 1997 I-1591 – „Alcan II".

492 BVerfG, Urteil vom Urteil vom 12.10.1993 – 2 BvR 2134/92, 2 BvR 2159/92 – BVerfGE 89, 155 [175] = DVBl. 1993, 1254 = NJW 1993, 3047 = DÖV 1994, 119 = JZ 1993, 1100 – „Maastricht"; vgl. ferner den Vorrang des Gemeinschaftsrechts relativierend BVerfG [Kammer], Beschluss vom 17.2. 2000 – 2 BvR 1210/98 – DVBl. 2000, 900 = NJW 2000, 2015 = EuZW 2000, 445 = EuGRZ 2000, 175 – „Alcan", zu EuGH, Urteil vom 20.3.1997 – Rs. C-24/95 – EuGHE 1997 I-1591 – „Alcan II". Vgl. auch Christian Tomuschat, Die Europäische Union unter der Aufsicht des Bundesverfassungsgerichts, in: EuGRZ 1993, 489–496.

493 BVerfG, Beschluss vom 7.6.2000 – 2 BvL 1/97 – BVerfGE 102, 147 [163f.] = NJW 2000, 3124 = DÖV 2000, 957 = EuZW 2000, 702 = EuR 2000, 799 – „Bananenmarktordnung".

Berkemann

244   Das BVerfG verfolgt damit den Standpunkt einer **negativen Evidenzkontrolle**. Der geforderte Nachweis wird sich im Hinblick auf die unverändert betont grundrechtsfreundliche Rechtsprechung des EuGH gegenwärtig kaum führen lassen.[494] Inzwischen hat das Gericht allerdings auch erkannt, dass es keine pauschalen Einschätzungen vornehmen darf, sondern dass maßgebend die Einzelfallprüfung bleibt.[495] Nach Ansicht des BVerfG ist ohnedies entscheidend, ob der zu beurteilende Sachverhalt überhaupt einen Grundrechtsbezug besitzt, der im Gemeinschaftsrecht keine vergleichbare Lösung findet.[496] Fehlt es an einem Bezug, ist der Vorrang des Gemeinschaftsrechts uneingeschränkt zu billigen.[497] Anderes gilt nach Ansicht des BVerfG nur dann, wenn die Anwendung des Gemeinschaftsrechts den als unabdingbar gebotenen Grundrechtsschutz generell in Frage stellt.[498] Davon kann derzeit keine Rede sein. Das deutsche Gericht hat demgemäß prüfen, ob die EG-Norm, die das anzuwendende deutsche Recht zwingend vorgibt, mit höherrangigem europäischen Recht vereinbar ist.[499]

245   Keine praktische Bedeutung hat die im Schrifttum erörterte Frage, ob die Auffassung des BVerfG auch für den Bereich der sog. Ewigkeitsgarantie des Art. 79 Abs. 3 GG gelte.[500] Als verfassungsrechtliches Korrektiv bleibt dem betroffenen Bürger nur die auf Art. 101 Abs. 1 GG gestützte Rüge, das deutsche Gerichte ha-

---

494 Vgl. auch BVerfG, Beschluss vom 31.3.1998 – 2 BvR 1877/97, 2 BvR 50/98 – BVerfGE 97, 350 [372] = DVBl. 1998, 582 = NJW 1998, 1934 = DÖV 1998, 550 = EuZW 1998, 279 = EuGRZ 1998, 164 – „Euro".

495 BVerfG [Kammer], Beschluss vom 12.05.1989 – 2 BvQ 3/89 – NJW 1990, 974 = EuR 1989, 270 = EuGRZ 1989, 339; vgl. auch Rudolf Streinz, Europarecht, 7. Aufl. 2005 Rn. 247.

496 BVerfG, Beschluss vom 7.6.2000 – 2 BvL 1/97 – BVerfGE 102, 147 [163 f.] = NJW 2000, 3124 = DÖV 2000, 957 = EuZW 2000, 702 = EuR 2000, 799 – „Bananenmarktordnung", mit Bespr. Jutta Limbach, in: Die Kooperation der Gerichte in der zukünftigen europäischen Grundrechtsarchitektur, in: EuGRZ 2000, 417–420; Martin Nettesheim, Die Zulässigkeit von Verfassungsbeschwerden und Richtervorlagen nach Art. 23 GG, in: NVwZ 2002, 932–935; Claus Dieter Classen, Zu den Anforderungen an eine Vorlage an das BVerfG, die sich auf Sekundärrecht der Gemeinschaft bezieht, und die Defizite im europäischen Grundrechtsschutz zum Inhalt hat in: JZ 2000, 1157–1159; Franz C. Mayer, Grundrechtsschutz gegen europäische Rechtsakte durch das BVerfG: Zur Verfassungsmäßigkeit der Bananenmarktordnung, in: EuZW 2000, 685–689; Christoph Schmid, Ein enttäuschender Rückzug – Anmerkungen zum „Bananenbeschluss" des BVerfG, in: NVwZ 2001, 249–258; Paul Kirchhof, Die Gewaltenbalance zwischen staatlichen und europäischen Organen, in: JZ 1998, 965–974; vgl. ferner Stefan Kadelbach, Allgemeines Verwaltungsrecht unter europäischem Einfluß, Tübingen 2000, S. 258 ff.

497 Deutlich etwa BVerfG [Kammer], Beschluss vom 17.2.2000 – 1 BvR 1210/98 – DVBl. 2000, 900 = NJW 2000, 2015 = EuZW 2000, 445 = EuR 2000, 257 = EuGRZ 2000, 175 [176] – „Alcan", unter Verweis auf BVerfGE 31, 145 [173 ff.]; 75, 233 [244] – Lütticke.

498 BVerfG, Urteil vom 12.10.1993 – 2 BvR 2134/92, 2 BvR 2159/92 – BVerfGE 89, 155 [174 f.] = DVBl. 1993, 1254 = NJW 1993, 3047 = EuGRZ 1993, 429 = DÖV 1994, 119 = EuR 1993, 294 = JZ 1993, 1100 – Maastricht.

499 BVerfG [Kammer], Beschluss vom 9.1.2001 – 1 BvR 1036/99 – DVBl. 2001, 720 = NJW 2001, 1267 = DÖV 2001, 379; BVerwG, Urteil vom 30.6.2005 – 7 C 26.04 – DVBl. 2005, 1383 = NVwZ 2005, 1178 = DÖV 2006, 116 = UPR 2006, 29.

500 Vgl. dazu Günter Hirsch, Kompetenzverteilung zwischen EuGH und nationaler Gerichtsbarkeit, in: NVwZ 1998, 907–910; Stefan Kadelbach, Allgemeines Verwaltungsrecht unter europäischem Einfluß, Tübingen 2000, S. 222 ff., Ulrich Karpenstein, Der Vertrag von Amsterdam im Lichte der Maastricht-Entscheidung des BVerfG, in: DVBl. 1998, 942–952 [946 f.]; Hans D. Jarass, Grundfragen der innerstaatlichen Bedeutung des EG-Rechts – Die Vorgaben des Rechts der Europäischen Gemeinschaft für die nationale Rechtsanwendung und die nationale Rechtssetzung nach Maastricht, Köln u. a. 1994.

be zu Unrecht nicht den EuGH im Vorlageverfahren nach Art. 234 EG angerufen und ihm damit den „gesetzlichen Richter" entzogen (vgl. Rn. 465 ff.).

III. Prüfungsverfahren bei innerstaatlicher Umsetzung des Gemeinschaftsrechts

1. Voraussetzungen des Anwendungsvorranges des Gemeinschaftsrechts

(1) Die Vorrangfrage stellt sich nur, wenn das Gemeinschaftsrecht und das nationale Recht einander widersprechen. Dieser **Widerspruch** muss **inhaltlicher Art** sein. Hier gelten dieselben Regeln, wie bei der Feststellung einer Kollision innerstaatlicher Rechtssätze. Danach müssen bei einem gegebenen Sachverhalt zwei Rechtsvorschriften derselben Regelungsmaterie Rechtsfolgen anordnen, die unterschiedlich sind.[501] Das erfordert ggf. eine durchaus schwierige Auslegung der tatsächlich oder nur angeblich in Kollision befindlichen Vorschriften. Dabei kann der Übergang zur gemeinschaftskonformen Auslegung des innerstaatlichen Rechts fließend sein.

(2) Ein Vorrang des Gemeinschaftsrechts im Falle eines Widerspruchs setzt zunächst voraus, dass das Gemeinschaftsrecht im Mitgliedstaat unmittelbar anwendbar ist.[502] Bei einer bislang **nicht umgesetzten Richtlinie** verlangt dies, dass die besonderen Voraussetzungen ihrer unmittelbaren Anwendung gegeben sind (vgl. dazu 296 ff.). Auch zwei Generalanwälte beim EuGH haben sich für eine derartige Wirkung ausgesprochen.[503] Diese Frage ist allerdings umstritten. Im Schrifttum wird teilweise eine unmittelbare Wirkung der Richtlinie nicht als Voraussetzung für die Annahme einer Kollision angesehen.[504] Eine hierauf bezogene Entscheidung des **EuGH** liegt nicht vor. Man wird indes derzeit von einer eher ablehnenden Auffassung des Gerichtshofes auszugehen haben. Anderenfalls wäre seine detaillierte Judikatur zur unmittelbaren Wirkung einer Richtlinie kaum verständlich.[505] Der **BGH** hat eine Kollision mit nationalem Recht bei fehlender unmittelbarer Wirkung einer nicht umgesetzten Richtlinie ausdrücklich verneint.[506]

246

247

---

501 BVerfG, Beschluss vom 29.1.1974 – 2 BvN 1/69 – BVerfGE 36, 342 [363] = NJW 1974, 1181 = DÖV 1974, 480 = BayVBl 1974, 467.

502 EuGH, Urteil vom 9.3.1978 – Rs. 106/77 – EuGHE 1978, 629 [645] Rn. 26 = NJW 1978, 1741 = EuR 1979, 277 = EuGRZ 1978, 190 = JZ 1978, 512 – Staatliche Finanzverwaltung vs. SpA Simmenthal – „Simmenthal II", mit Bespr. Robert Koch, Einwirkungen des Gemeinschaftsrechts auf das nationale Verfahrensrecht, in: EuZW 1995, 78–85.

503 So GA Léger, Schlussanträge in Rs. C-287–98 – EuGHE 2000 I-6917 [6933] Rn. 50 ff. – Berthe Linster; GA Saggio, Schlussanträge in Rs. C-240, 98 – EuGHE 2000 I-4941 [4955] Rn. 30 – Océano Grupo vs. RocíMurciano Quintero.

504 So etwa Hans D. Jarass/Sasa Beljin, Die Bedeutung von Vorrang und Durchführung des EG-Rechts für die nationale Rechtsetzung und Rechtsanwendung, in: NVwZ 2004, 1–11 [5]; Albrecht Bach, Direkte Wirkungen von EG-Richtlinien, in: JZ 1990, 1108–1116 [1113].

505 Wie hier Ulrich Karpenstein, Praxis des EG-Rechts, 2006, S. 22 f. mit zutreffendem Bezug auf EuGH, Urteil vom 26.9.1996 – Rs. C-168/95 – EuGHE 1996 I-4705 [4731] Rn. 43 = EuZW 1997, 318 – Strafverfahren Luciano Arcaro.

506 BGH, Beschluss vom 18.1.2000- KVR 23/98 – DVBl. 2000, 1056 = ZIP 2000, 426 [423].= JZ 2000, 514 = DB 2000, 465 = ZfBR 2000, 316, mit krit. Bespr. Felix Weinach, in: WuW 2000, 382–388.

248 (3) Ferner müssen die in Widerspruch geratenen Vorschriften ihrerseits jeweils rechtswirksam sein. Das gilt zum einen für das nationale Recht. Dieses muss den innerstaatlichen Voraussetzungen genügen. Hierüber hat der nationale Richter zu entscheiden. Zum anderen muss die Gemeinschaftsvorschrift nach Maßgabe des Gemeinschaftsrechts rechtswirksam sein. Das gilt sowohl in formeller als auch in materieller Hinsicht. Hingegen entscheidet über die Gültigkeit der Gemeinschaftsvorschrift, also etwa der Richtlinie, ausschließlich der EuGH (vgl. Rn. 414 ff.).[507] Bestehen hier Zweifel, muss der nationale Richter diese Frage dem EuGH gemäß Art. 234 EG vorlegen.[508]

249 (4) Eine Kollision besteht trotz äußeren Normwiderspruchs dann nicht, wenn das Gemeinschaftsrecht dem Mitgliedstaat ausnahmsweise eine **Abweichung** gestattet. So kann dem Mitgliedstaat erlaubt sein, **strengere Regelungen** im Umwelt-, Gesundheits- oder Verbraucherschutzrecht zu erlassen. Ob derartige „**nationale Alleingänge**" zulässig sein, bedarf sorgfältiger Begründung.[509] Denn im Grundsatz darf es Alleingänge in einer Gemeinschaft, die diesen Namen verdient, nicht geben. Es muss im Einzelfall dargetan werden, dass das Gemeinschaftsrecht, etwa der Richtlinieninhalt, nur ein **Mindestniveau** erreichen will. So erlaubt Art. 176 EG den einzelnen Mitgliedstaaten verstärkte Schutzmaßnahmen (sog. opting up). Danach wirkt in diesem Bereich eine gemeinschaftsrechtliche Richtlinie lediglich als eine Mindestregelung, die durchaus verstärkt werden kann und sogar Wettbewerbsverzerrungen erlaubt. Insoweit bedarf es einer Interessenabwägung. Al-

---

507 EuGH, Urteil vom 22.10.1987 – Rs. 314/85 – EuGHE 1987, 4199 = NJW 1988, 1451 – Foto-Frost vs. HZA Lübeck, EuGH, Urteil vom 10.1.2006 – Rs. C-344/04 – EuGHE 2006 I-403 = NJW 2006, 351 = EuZW 2006, 112 – The Queen, auf Antrag von International Air Transport Association und European Low Fares Airline Association vs. Department for Transport, mit Bespr. Norbert Reich, Zur Frage von Ausgleichs- und Unterstützungsleistungen für Passagiere bei Störungen im Flugverkehr, in: EuZW 2006, 120–12.

508 Zur Ausnahme des sog. ausbrechenden Hoheitsaktes vgl. BVerfG [Kammer], Beschluss vom 17.2. 2000 – 2 BvR 1210/98 – DVBl. 2000, 900 = NJW 2000, 2015 [2016] = EuZW 2000, 445 = EuGRZ 2000, 175 = EuR 2000, 257 = BayVBl 2000, 655; vgl. bereits BVerfG, Beschluss vom 8.4.1987 – 2 BvR 687/85 – BVerfGE 75, 233 [242] = DVBl. 1988, 38 = NJW 1988, 1459 = EuGRZ 1988, 11 = JZ 1988, 191, mit Bespr. Hans Heinrich Rupp, in: JZ 1988, 194–196; Holger Stadie, Unmittelbare Wirkung von EG-Richtlinien und Bestandskraft von Verwaltungsakten, in: NVwZ 1994, 435–440; Erich Zimmermann, Durchsetzung der Vorlagepflicht nach Art 177 Abs. 3 EWG-Vertrag mittels deutschen Verfassungsrechts, in: Kay Hailbronner/Georg Ress/Torsten Stein (Hrsg.), Staat und Völkerrechtsordnung. Festschrift für Karl Doehring, Berlin 1989, 1033–1051.

509 EuGH, Urteil vom 14.4.2005 – Rs. C-6/03 – EuGHE 2005 I-2753 = DVBl. 2005, 697 = NVwZ 2005, 794 = EurUP 2005, 138 = NuR 2005, 582 – Deponiezweckverband Eierköpfe vs. Land Rheinland-Pfalz (Richtlinie 1999/31/EG); EuGH, Urteil vom 20.3.2003 – Rs. C-3/00 – EuGHE 2003 I-2643 [2727] Rn. 87 = NVwZ 2003, 587 = EuZW 2003, 334 = EuR 2003, 915 – Kommission vs. Dänemark; EuGH, Urteil vom 15.9.2005 – verb. Rs. C-281/03 und C-282/03 – EuGHE 2005 I-8069 [8106f.] Rn. 41, 47 ff. = EuZW 2005, 657 – Cindu Chemicals BV u. a. und Arch Timber Protection BV vs. College voor de toelating van bestrijdingsmiddelen; vgl. dazu ferner Silke Albin/Stefanie Bär, Nationale Alleingänge nach dem Vertrag von Amsterdam. Der neue Art 95 EGV – Fortschritt oder Rückschritt für den Umweltschutz, in: NuR 1999, 185–192; Jörg Gundel, Die Neuordnung der Rechtsangleichung durch den Vertrag von Amsterdam – Neue Voraussetzungen für den „nationalen Alleingang", in: JuS 1999, 1171–1177; Jörn Schnutenhaus, Das Urteil des EuGH zum deutschen PCP-Verbot – schwere Zeiten für den nationalen Alleingang im Umweltrecht, in: NVwZ 1994, 875–876; Christian Tietje, in: Eberhard Grabitz/Meinhard Hilf (Hrsg.), Das Recht der Europäischen Union [Stand: April 2003], EG Art. 95 Rn. 88 ff.; Ulrich Karpenstein, Praxis des EG-Rechts, 2006, S. 43; Wolfgang Kahl/Reiner Schmidt, Neuere höchstrichterliche Rechtsprechung zum Umweltrecht, in: JZ 2006, 125–140.

lerdings müssen die Freiheiten des Marktes entsprechend der Querschnittsklausel umweltverträglich ausgelegt werden.

Beispiel: Werden im Rahmen der gemeinschaftlichen Umweltpolitik mit einer nationalen Maßnahme dieselben Ziele wie mit einer Richtlinie verfolgt, so ist eine Verschärfung der in dieser Richtlinie festgelegten Mindestanforderungen nach Art. 176 EG und unter den dort aufgestellten Bedingungen vorgesehen und zulässig. Das gilt etwa für das Abfallrecht im Hinblick auf die Richtlinie 1999/31/EG. Der gemeinschaftsrechtliche Grundsatz der Verhältnismäßigkeit ist auf verstärkte Schutzmaßnahmen der Mitgliedstaaten, die nach Art. 176 EG ergriffen werden und über die in einer Gemeinschaftsrichtlinie im Umweltbereich vorgesehenen Mindestanforderungen hinausgehen, insoweit nicht anwendbar.[510]

Die mitgliedstaatliche **Schutzverstärkungsklausel** lässt dann innerstaatlich dezentrale Regelungen mit optimierendem Inhalt zu. Die Mitgliedstaaten dürfen allerdings grundsätzlich keine in ihrer Qualität anderen Maßnahmen treffen als die der Gemeinschaft. Die Schutzmaßnahmen müssen mithin in dieselbe Richtung abzielen und den Zielen des Art. 174 EG näher kommen als etwa eine Richtlinie der Gemeinschaftsregelung dies selbst bislang vorsieht. **250**

2. Methodisches Vorgehen der Prüfung

Nicht hinreichend geklärt ist die Frage, welche gerichtlichen Prüfungsverfahren maßgebend sind, wenn und soweit das deutsche Recht den Vorgaben einer Richtlinie durch Umsetzung folgt. Man wird indes wie folgt unterscheiden können: **251**

(1) Entspricht das innerstaatliche Gesetz in vollem Umfang und zwingend den Vorgaben der Richtlinie, soll dies nach einer sich entwickelnden verwaltungsgerichtlichen Rechtsprechung, auch des BVerwG, dazu führen, dass eine Prüfung des deutschen Rechtes am Maßstab des Grundgesetzes, insbesondere der Grundrechte, jedenfalls bei rechtsgültigem Richtlinienrecht ausscheidet.[511] Das BVerfG hat durch mehrere Kammerentscheidungen diese Auffassung als grundgesetzgemäß bestätigt.[512] Etwas anderes soll dann gelten, wenn der deutsche Gesetzgeber noch „Spielraum bei der Umsetzung von sekundärem Gemeinschaftsrecht" **252**

510 EuGH, Urteil vom 14.4.2005 – Rs. C-6/03 – EuGHE 2005 I-2753 = DVBl. 2005, 697 = NVwZ 2005, 794 = NuR 2005, 582 – Deponiezweckverband Eierköpfe vs. Land Rheinland-Pfalz (Richtlinie 1999/31/EG).

511 BVerwG, Urteil vom 18.2.1999- 3 C 10.98 – BVerwGE 108, 289 = DVBl. 1999, 1046 = NJW 1999, 2752 = EuZW 1999, 572 (zur Richtlinie 93/16/EWG vom 5.3.1993); BVerwG, Urteil vom 30.6.2005 – 7 C 26.04 – DVBl. 2005, 1383 = NVwZ 2005, 1178 = DÖV 2006, 116 = UPR 2006, 29 (Treibhausgas-Emissionszertifikate – Richtlinie 2003/87/EG); VGH München; Beschluss vom 3.9.2004 – 19 CE 04.1973 – BayVBl 2005, 280 [282] = AUR 2005, 100 (zur Richtlinie 2002/2/EG – Deklarationspflicht von Futtermitteln).

512 Vgl. BVerfG [Kammer], Beschuss vom 9.1.2001 – 1 BvR 1036/99 – DVBl. 2001, 720 = NJW 2001, 1267 = DÖV 2001, 379 = EuGRZ 2001, 150 = EuZW 2001, 255 = BayVBl 2001, 340, mit Bespr. Josef Franz Lindner, Zur Vorlagepflicht deutscher Gerichte zum Europäischen Gerichtshof, in: BayVBl 2001, 342–343; Reiner Tillmanns, Durchsetzung der Pflicht zur Vorlage an den EuGH im Wege des Art. 101 Abs. 1 Satz 2 GG, in: BayVBl 2002, 723–726; BVerfG [Kammer], Beschuss vom 27.7.2004 – 1 BvR 1270/04 – NVwZ 2004, 1346 268 = BVerfGK 3, 331; vgl. zusammenfassend Johannes Masing, Vorrang des Europarechts bei umsetzungsgebundenen Rechtsakten, in: NJW 2006, 264; kritisch Clemens Weidemann, Solange II" hoch 3? – Inzidentkontrolle innerstaatlicher Normen", in: NVwZ 2006, 623–629.

habe.[513] Insoweit ist deutsches höherrangiges Recht maßgebend. Dies muss im Einzelfall näher ermittelt werden. Das BVerfG ist allerdings in seiner Entscheidungspraxis teilweise auch anders vorgegangen, indem es die Verfassungsgemäßheit des innerstaatlichen Rechts zunächst „isoliert" geprüft hat.

> **Beispiel:** Auf Packungen von Tabakerzeugnissen ist vor den Gesundheitsgefahren des Rauchens zu warnen. Diese Pflicht beruht innerstaatlich auf der deutschen Verordnung über die Kennzeichnung von Tabakerzeugnissen und über Höchstmengen von Teer im Zigarettenrauch. Die Verordnung stützt sich auf das Lebensmittel- und Bedarfsgegenständegesetz. Sie setzt zugleich Art. 4 der Richtlinie zur Angleichung der Rechts- und Verwaltungsvorschriften der Mitgliedstaaten über die Etikettierung von Tabakerzeugnissen (89/622/EWG), geändert durch die Richtlinie 92/41/EWG, um. Die Kennzeichnungspflicht beruht auf der – vom EG-Recht unabhängigen – innerstaatlichen Ermächtigungsgrundlage des § 21 LMBG. Da sie auf dieser Geltungsgrundlage nach Ansicht des BVerfG den Anforderungen der vom Grundgesetz gewährleisteten Grundrechte genügen, komme es nicht darauf an, ob die zur Umsetzung der entsprechenden Kennzeichnungsvorschriften verpflichtenden Richtlinien gemeinschaftsrechtlich gültig sind und welche innerstaatlichen Verbindlichkeiten sie begründen.[514]

253 (2) Besteht ein „Umsetzungsspielraum" nicht, scheidet folgerichtig eine substantielle Prüfung am Maßstab des Grundgesetzes aus. Es bleibt alsdann nur ein gemeinschaftsrechtlicher Grundrechtsschutz durch den EuGH. Dasselbe gilt, wenn das innerstaatliche Recht den verfassungsrechtlichen Anforderungen – wie im Beispielsfall – genügt. Der prozessuale Zugang zum EuGH ist indes praktisch nur durch ein Vorlageverfahren nach Art. 234 EG gegeben (vgl. dazu unten Rn. 414 ff.). Prüfungsgegenstand dieses Verfahrens kann allerdings nicht die innerstaatliche Rechtsvorschrift sein, sondern nur die Richtlinie selbst. Angesichts der bereits erfolgten Umsetzung bleibt es indes problematisch, ob insoweit die Entscheidungserheblichkeit der Vorlagefrage, nämlich die Frage der Gültigkeit der Richtlinie, begründet werden kann. Denn der angegriffene innerstaatliche Akt beruht formal auf deutschem Gesetzesrecht. Es deutet sich also eine vom BVerfG offenbar hingenommene Rechtsschutzlücke an, wenn sich der Mitgliedstaat zur Umsetzung einer Richtlinie verpflichtet sah, die objektiv gemeinschaftswidrig ist

---

513 Vgl. auch BVerfG, Beschluss vom 24.11.2004 – 2 BvR 2236/04 – BVerfGE 112, 90 = NJW 2005, 2060 = EuGRZ 2004, 667, BVerfG, Urteil vom 18.7.2005 – 2 BvR 2236/04 – BVerfGE 113, 273 = DVBl. 2005, 1119 = NJW 2005, 2289 = EuGRZ 2005, 387 (zum Rahmenbeschluss über den Europäischen Haftbefehl), mit Bespr. Thomas Klink/Alexander Proeß, Zur verfassungsgerichtlichen Kontrolldichte bei Umsetzungsakten von Rahmenbeschlüssen der Europäischen Union, in: DÖV 2006, 469–474; Christian Tomuschat, Ungereimtes – Zum Urteil des Bundesverfassungsgerichts vom 18. Juli 2005 über den Europäischen Haftbefehl, in: EuGRZ 2005, 453–460; Johannes Masing, Vorrang des Europarechts bei umsetzungsgebundenen Rechtsakten, in: NJW 2006, 264–268; ebenso BVerfG [Kammer], Beschluss vom 27.7.2004 – 1 BvR 1270/04 – NVwZ 2004, 1346 = BVerfGK 3, 331; undeutlich dagegen BVerfG [Kammer], Beschluss vom 12.05.1989 – 2 BvQ 3/89 – NJW 1990, 974 =EuGRZ 1989, 339 = EuR 1989, 270, vgl. weiterführend Moritz von Unger, „So lange nicht mehr": Das BVerfG behauptet die normative Freiheit des deutschen Rechts, in: NVwZ 2005, 1266–1272.

514 BVerfG, Beschluss vom 22.1.1997 – 2 BvR 1915/91 – BVerfGE 95, 173 = DVBl. 1997, 548 = NJW 1997, 2871 = UPR 1997, 184 = EuZW 1997, 734 = EuR 1997, 162 = EuGRZ 1997, 205; mit Bespr. Udo di Fabio, Produkte als Träger fremder Meinungen, in: NJW 1997, 2863–2864; vgl. auch BVerfG [Kammer], Beschluss vom 9.2.1998 – 1 BvR 2234/97 – NJW 1998, 2961 = UPR 1998, 145 = EuGRZ 1998, 172 (gesetzlicher Nichtraucherschutz).

und die den EG-Bürger dadurch in seinen gemeinschaftsrechtlichen Rechten verletzt.

IV. Adressaten des Anwendungsvorranges des Gemeinschaftsrechts

1. Innerstaatliche Gesetzgebung als Adressat

(1) Die innerstaatlichen Normgeber besitzen sowohl eine Prüfungs- als auch „Ver- **254**
werfungskompetenz". Sie können innerstaatliches Recht unbeachtlich lassen, das
gegen Gemeinschaftsrecht verstößt. Das ist so selbstverständlich, dass darüber
kaum gesprochen wird. Die Nichtanwendungskompetenz ist indirekt. Ein gesondertes Feststellungsverfahren besteht nicht. Das abstrakte Normenkontrollverfahren gemäß Art. 93 Abs. 1 Nr. 2 GG in Verb. mit § 76 BVerfGG ist nicht anwendbar. Eine erweiternde Auslegung ist ausgeschlossen.[515]

(2) Hält das BVerfG eine innerstaatliche Norm für verfassungswidrig, ist gleich- **255**
zeitig jedoch ihr Inhalt gemeinschaftsrechtlich zwingend vorgegeben, wird es im
Verfahren der Vorabentscheidung (Art. 234 EG) den EuGH fragen müssen, ob
die gemeinschaftsrechtliche Vorgabe, etwa durch eine Richtlinie, überhaupt gültig
ist.[516] Die Entscheidung des EuGH ist bindend. Das gilt nach Ansicht des BVerfG
nur dann nicht, wenn der gemeinschaftsrechtliche Hoheitsakt grundsätzlich mit dem
GG unvereinbar ist, namentlich bei einem Absinken des grundrechtlichen Schutzes der Gemeinschaftsebene unter das durch Art. 79 GG vorgegebene Maß.[517]

2. Gerichte als Adressaten

Die **Gerichte** haben sowohl eine Prüfungs- als auch „Verwerfungskompetenz". Sie **256**
sind in erster Linie Adressat des gemeinschaftsrechtlichen Anwendungsvorranges. Eines gesonderten innerstaatlichen Verfahrens bedarf es dazu nicht.[518] Das
deutsche Prozessrecht sieht dieses auch nicht vor. Zur Entscheidung der Inzidentfrage, ob eine innerstaatliche Norm des einfachen Rechts mit einer vorrangigen

---

515 Malte Graßhof, in: Dieter Umbach/Thomas Clemens/Franz-Wilhelm Dollinger, BVerfG, 2. Aufl. 2005, § 76 Rn. 39; vgl. ferner BVerfG, Beschluss vom 24.6.1997 – 2 BvF 1/93 – BVerfGE 96, 138.
516 Malte Graßhof, in: Dieter Umbach/Thomas Clemens/Franz-Wilhelm Dollinger, BVerfG, 2. Aufl. 2005, § 76 Rn. 40.
517 Vgl. BVerfG, Urteil vom 12.10.1993 – 2 BvR 2134/92, 2 BvR 2159/92 – BVerfGE 89, 155 [188, 210] = DVBl. 1993, 1254 = NJW 1993, 3047 – Maastricht; BVerfG, Beschluss vom 7.6.2000 – 2 BvL 1/97 – BVerfGE 102, 147 [163f.] = NJW 2000, 3124 = DÖV 2000, 957 = EuZW 2000, 702 = EuR 2000, 799 – „Bananenmarktordnung"; wohl abweichend BVerfG [Kammer], Beschluss vom 27.7.2004 – 1 BvR 1270/04 – NVwZ 2004, 1346 268 = BVerfGK 3, 331; vgl. zusammenfassend Johannes Masing, Vorrang des Europarechts bei umsetzungsgebundenen Rechtsakten, in: NJW 2006, 264.
518 EuGH, Urteil vom 9.3.1978 – Rs. 106/77 – EuGHE 1978, 629 Ls. 1 = NJW 1978, 1741 = EuGRZ 1978, 190 = EuR 1979, 277 = JZ 1978, 512 – Staatliche Finanzverwaltung vs. SpA Simmenthal – „Simmenthal II"; EuGH, Urteil vom 19.6.1990 – Rs. C-213/89 – EuGHE 1990 I-2433 [2473f.] Rn. 20 f. = DVBl. 1991, 861 = NJW 1991, 2271 = EuZW 1990, 356 = BayVBl 1991, 15 – The Queen vs. Secretary of State for Transport ex parte: Factortame Ltd. – „Factortame I", im Verfahren des vorläufigen Rechtsschutzes, mit Bespr. Dirk Schroeder/Maren Toboll, Zur Durchsetzung von Gemeinschaftsrecht im Wege vorläufigen Rechtsschutzes, in: EWiR 1990, 783–784; Andreas Cahn, Zwingendes EG-Recht und Verfahrensautonomie der Mitgliedstaaten, in: ZEuP 1998, 974–980.

Bestimmung des EG unvereinbar und deshalb im Einzelfall ganz oder teilweise nicht anwendbar ist, sind die jeweils zuständigen Gerichte berufen.[519] Insbesondere steht das Verfahren der konkreten Normenkontrolle nach Art. 100 Abs. 1 GG nicht zu Verfügung.[520]

> **Beispiel:** Ist ein Gericht, das mit einer Klage gegen eine Entscheidung befasst ist, mit der ein Projekt genehmigt wurde, nach dem nationalen Recht verpflichtet oder befugt, **von Amts wegen** die sich aus einer zwingenden innerstaatlichen Vorschrift ergebenden rechtlichen Gesichtspunkte aufzugreifen, welche die Parteien nicht geltend gemacht haben, so hat das Gericht im Rahmen seiner Zuständigkeit von Amts wegen zu prüfen, ob die Gesetzgebungs- oder Verwaltungsorgane des Mitgliedstaats innerhalb des in der Richtlinie festgelegten Ermessensspielraums geblieben sind, und dies im Rahmen der Prüfung der Klage zu berücksichtigen. Ist dieser Ermessensspielraum überschritten, so haben die nationalen Bestimmungen insoweit außer Betracht zu bleiben.[521]

257 Der Anwendungsvorrang ist allerdings nur insoweit gegeben, als es zur Durchsetzung des Gemeinschaftsrechts erforderlich ist. Die prinzipielle Selbständigkeit beider in Konflikt geratenen Rechtsordnungen hat zur Folge, dass die Normsetzungsautorität des deutschen Gesetzgebers durch das Gemeinschaftsrecht nur soweit eingeschränkt ist, wie es zur unverkürzten Durchsetzung des Gemeinschaftsrechts notwendig ist.[522] Dies kann ggf. im gerichtlichen Instanzenzug überprüft werden.

3. Verwaltungsbehörden als Adressaten

Lit.: Hans-Jürgen Wolff, Pflicht der Verwaltung zur Einhaltung von Bestimmungen in EG-Richtlinien?, in: VR 1991, 77–84; Jost Pietzcker, Zur Nichtanwendung europarechtswidriger Gesetze seitens der Verwaltung, in: Ole Due/Marcus Lutter/Jürgen Schwarze (Hrsg.), Festschrift für Ulrich Everling, Baden-Baden 1995, S. 1095 ff.; Rainer Hutka, Gemeinschaftsrechtsbezogene Prüfungs- und Verwerfungskompetenz der deutschen Verwaltung gegenüber Rechtsnormen nach europäischem Gemeinschaftsrecht und nach deutschem Recht, Würzburg 1997; Thomas B. Scherer/Thomas Welte, Die Bindung der Verwaltung an das Recht der EU (§ 26 Abs. 2 Satz 1 UmwStG), in: IStR 2005, 629–631.

258 Auch die **Verwaltungsbehörden** haben den Vorrang des Gemeinschaftsrechts zu beachten.[523] Das ist auch die Auffassung des BVerwG.[524] Das folgt aus dem

---

519 BVerfG, Beschluss vom 9.6.1971 – 2 BvR 225/69 – BVerfGE 31, 145 [174f.] = DVBl. 1972, 271 = NJW 1971, 2122 = DÖV 1971, 777 = EuR 1972, 51.

520 BVerfG, Beschluss vom 9.6.1971 – 2 BvR 225/69 – BVerfGE 31, 145 [174f.] = DVBl. 1972, 271 = NJW 1971, 2122 = DÖV 1971, 777; BVerfG, Beschluss vom 31.5.1990 – 2 BvL 12/88, 2 BvL 13/88, 2 BvR 1436/87 – BVerfGE 82, 159 [191] = DVBl. 1990, 984 = NVwZ 1991, 53 = EuZW 1991, 384.

521 EuGH, Urteil vom 24.10.1996 – Rs. C-72/95 – EuGHE 1996 I-5403 = DVBl. 1997, 40 = NuR 1997, 536 = ZUR 1997, 35 – Aannemersbedrijf P. K. Kraaijeveld BV u. a. vs. Gedeputeerde Staten van Zuid-Holland (zur Richtlinie 85/337/EWG), mit Bespr. Bernhard W. Wegener, Die UVP-Pflichtigkeit sog. Anhang II-Vorhaben, in: NVwZ 1997, 462–465.

522 BVerwG, Urteil vom 29.11.1990 – 3 C 77.87 – BVerwGE 87, 154 [158] = NVwZ 1992, 783 (Richtlinie 77/99/EWG – Gesundheitskontrollen bei der Einfuhr von Fleischkonserven).

523 EuGH, Urteil vom 22.6.1989 – Rs. 103/88 – EuGHE 1989, 1839 [1871] Rn. 28 ff. = DVBl. 1990, 689 = NVwZ 1990, 649 = EuR 1990, 151 – Fratelli Costanzo SpA vs. Stadt Mailand – „Fratelli Costanzo" (Vergaberichtlinie 71/305/EWG), mit Bespr. Hans-Jürgen Wolff, Pflicht der Verwaltung zur Einhaltung von Bestimmungen in EG-Richtlinien?, in: VR 1991, 77–84; EuGH, Urteil vom 29.4.1999 – Rs. C-224/97 – EuGHE 1999 I-2517 [2538 ff.] Rn. 29 ff. = NJW 1999, 2355 = EuZW 1999, 405 = EuGRZ 1999, 326 = EWS 1999, 30 = EuR 1999, 776 – Erich Ciola vs. Land Vorarlberg – „Ciola", mit Bespr.

Berkemann

Grundsatz der Gesetzmäßigkeit der Verwaltung. Die Pflicht gilt hinsichtlich jeder innerstaatlichen Rechtsvorschrift, also auch hinsichtlich entgegenstehender förmlicher Gesetze des Bundes oder der Länder.[525] Die Auffassung des EuGH, der das BVerfG nicht entgegengetreten ist, wirft ohne Frage Akzeptanzprobleme auf.[526] Geboten sein kann eine Nichtanwendung innerstaatlichen Rechts bereits bei bloßen Verstößen der Mitgliedstaaten gegen formelle Richtlinienbestimmungen.[527]

V. Rechtsfolgen des Anwendungsvorranges

(1) Der EuGH bestimmt die Rechtsfolge des Vorranges dahin, dass zugunsten **259** des Gemeinschaftsrechts ein **Anwendungs-**, aber **kein Geltungsvorrang** besteht.[528] Der gemeinschaftsrechtliche Vorrang bewirkt mithin, dass das nationale Recht nicht nichtig, jedoch unanwendbar ist. Das nationale Recht wird „verdrängt". Dem Gemeinschaftsrecht kommt damit keine derogierende Kraft zu. Verstößt das deutsche Recht gegen Gemeinschaftsrecht, so wird es in der Rechtsanwendung außer Acht gelassen.

Jörg Gundel, in: EuR 1999, 781–788; Theodor Schilling, in: EuZW 1999, 407–408; vgl. ferner Stefan Kadelbach, Allgemeines Verwaltungsrecht unter europäischen Einfluß, Tübingen, 1999 S. 157 ff.

524 BVerwG, Urteil vom 17.1.2007 – 9 A 20.05 – NVwZ 2007, 1054.

525 Rudolf Mögele, Neuere Entwicklungen im Recht der Europäischen Gemeinschaften, in: BayVBl 1993, 129–140 [131 f.]; Ingolf Pernice, Auswirkungen des europäischen Binnenmarktes auf das Umweltrecht – Gemeinschafts(verfassungs-)rechtliche Grundlagen, in: NVwZ 1990, 201–211; zustimmend Dieter H. Scheuing, Europarechtliche Impulse für innovative Ansätze im deutschen Verwaltungsrecht, in: Wolfgang Hoffmann-Riem/Eberhard Schmidt-Aßmann (Hrsg.), Innovation und Flexibilität des Verwaltungshandelns, Baden-Baden 1994, S. 289–354 [316 ff.]; Jost Pietzcker, Zur Nichtanwendung europarechtswidriger Gesetze seitens der Verwaltung, in: Ole Due/Marcus Lutter/Jürgen Schwarze (Hrsg.), Festschrift für Ulrich Everling, Baden-Baden 1995, Bd. II, S. 1095 ff.; Rainer Hutka, Gemeinschaftsrechtsbezogene Prüfungs- und Verwerfungskompetenz der deutschen Verwaltung gegenüber Rechtsnormen nach europäischem Gemeinschaftsrecht und nach deutschem Recht, Würzburg 1997; Ulrich Karpenstein, Praxis des EG-Rechts, 2006, S. 45 f.; kritisch, indes ohne Alternative Hans-Jürgen Papier, Direkte Wirkung von Richtlinien der EG im Umwelt- und Technikrecht, in: DVBl. 1993, 809–814 [813 f.]; Martin Pagenkopf, Zum Einfluß des Gemeinschaftsrechts auf nationales Wirtschaftsverwaltungsrecht – Versuch einer praktischen Einführung, in: NVwZ 1993, 216–225 [223]; Stefan Kadelbach, Allgemeines Verwaltungsrecht unter europäischem Einfluß, Tübingen 1999, S. 157 ff.; Klaus Hansmann, Schwierigkeiten bei der Umsetzung und Durchführung des europäischen Umweltrechts, in: NVwZ 1995, 320–325 [324]; Rudolf Steinberg, Probleme der Europäisierung des deutschen. Umweltrechts, in: AöR 120 (1995), S. 549- 594 [577 f.].

526 Rudolf Streinz, Europarecht, 7. Aufl. 2005, Rn. 256.

527 Vgl. EuGH, Urteil vom 30.4.1996 – Rs. C-194/94 – EuGHE 1996 I-2201 = NJW 1997, 1062 = EuZW 1996, 379 – CIA Security International SA vs. Signalson SA und Securitel SPRL, mit Bespr. Joachim Fronia, Zu den Anforderungen an eine technische Vorschrift im Sinne der EWGRL 189/83 und deren Nichtanwendung bei unterlassener Notifizierung, in: EuZW 1996, 383–384; Ulrich Everling, Zur Meldepflicht der EU-Mitgliedstaaten in bezug auf nationale Rechts- und Verwaltungsvorschriften über technische Spezifikationen oder Normen gegenüber der EU, in: ZLR 1996, 449–453; Hans-W. Micklitz, Die horizontale Direktwirkung von Richtlinien, in: EWiR 2001, 497–498; vgl. aber auch EuGH, Urteil vom 16.6.1998 – Rs. C-226/97 – EuGHE 1998 I-3711 = EuZW 1998, 569 = EuGRZ 1998, 604 = JZ 1998, 1068 – Strafverfahren Martinus Johannes Lemmens; vgl. dazu Rudolf Streinz, Grenze der unmittelbaren Wirkung der EG-Informationsrichtlinie, in: JuS 1999, 599–600.

528 Vgl. allgemein Hans D. Jarass/Sasa Beljin, Die Bedeutung von Vorrang und Durchführung des EG-Rechts für die nationale Rechtsetzung und Rechtsanwendung, in: NVwZ 2004, 1–11. Zu den Unterschieden zwischen Anwendungsvorrang und Geltungsvorrang vgl. Manfred Zuleeg, Deutsches und europäisches Verwaltungsrecht – Wechselseitige Einwirkungen, in: VVDStRL 53 (1994), 154–201 [159 ff.].

Berkemann 149

260 Das **BVerwG** ist dieser Ansicht gefolgt.[529] Seine Auffassung wird den praktischen Bedürfnissen der Rechtsgemeinschaft besser gerecht als die Annahme der endgültigen Nichtigkeit des gemeinschaftsrechtswidrigen nationalen Rechts. Das Gemeinschaftsrecht entwickelt sich in aller Regel nicht als eine homogene Einheit, sondern kommt – sektoral unterschiedlich – oft nur in kleinen und nicht immer ausgewogenen Schritten voran. Es gibt keinen tragfähigen Grund, vom nationalen Gesetzgeber eine umfassende Anpassung seines Normwerkes an den jeweiligen Entwicklungsstand der gemeinschaftsrechtlichen Bestimmungen zu verlangen. Erlässt der Mitgliedstaat später eine innerstaatliche Rechtsvorschrift, die mit dem Gemeinschaftsrecht in Widerspruch steht, dann ist dieses innerstaatliche Recht zwar nicht anwendbar, aber auch nicht „inexistent".[530] Wird das kollidierende Gemeinschaftsrecht aufgehoben, ist das nationale Recht anzuwenden.[531]

261 (2) Die deutschen Fachgerichte oder die deutschen Behörden sind nicht befugt, Akte der Gemeinschaftsorgane auf deren Vereinbarkeit mit den deutschen Grundrechtsverbürgungen zu überprüfen.[532] Das bedeutet umgekehrt, dass das innerstaatliche deutsche Recht am Maßstab des Verfassungsrechts nur insoweit überprüft werden darf, als es durch das Gemeinschaftsrecht nicht determiniert ist.[533] Diese Trennung ist nicht immer einfach festzustellen. Sie ist seit der Neufassung des Art. 23 GG (1992) eine Folge des verfassungsrechtlichen Unionsgebotes. Das innerstaatliche grundrechtliche Defizit wird durch die vom EuGH entwickelten gemeinschaftsrechtlichen Grundrechtsverbürgungen kompensiert.[534] Zum euro-

---

529 BVerwG, Urteil vom 29.11.1990 – 3 C 77.87 – BVerwGE 87, 154 [157] = NVwZ 1992, 783 (Richtlinie 77/99/EWG – Gesundheitskontrollen bei der Einfuhr von Fleischkonserven); ebenso BVerfG, Beschluss vom 8. April 1987 – 2 BvR 687/85 – BVerfGE 75, 223 [224.] = DVBl. 1988, 38 = NJW 1988, 1459 – „Kloppenburg".

530 EuGH, Urteil vom 22.10.1998 – verb. Rs. C-10/97 bis C-22/97 – EuGHE 1998 I-6307 = NJW 1999, 201 = EuZW 1998, 719 = EWS 1999, 63 = EuR 1999, 237 = JZ 1999, 196 – Ministero delle Finanze vs. IN.CO.GE.

531 Vgl. EuGH, Urteil vom 7.2.1991 – Rs. C-184/89 – EuGHE 1991 I-297 [321] Rn. 19 = NJW 1991, 2207 = EuZW 1991, 217 – Helga Nimz vs. Hamburg; vgl. ferner Arnim von Bogdandy/Martin Nettesheim, in: Eberhard Grabitz/Meinhard Hilf (Hrsg.), Das Recht der Europäischen Union Das Recht der Europäischen Union [Stand: Sept. 1994], EG Art. 1 Rn. 41 ff.

532 BVerfG [Kammer], Beschluss vom 10.4.1987 – 2 BvR 1236/86 – NJW 1987, 3077 = EuGRZ 1987, 386.

533 BVerfG [Kammer], Beschluss vom 12.5.1989 – 2 BvQ 3/89 – NJW 1990, 974 = EuGRZ 1989, 339 = EuR 1989, 270; BVerwG, Urteil vom 30.6.2005 – 7 C 26/04 – BVerwGE 124, 47 = DVBl. 2005, 1383 = NVwZ 2005, 1178 [1181] = DÖV 2006, 116 = UPR 2006, 29 = NuR 2006, 35 zur Emissionshandelsrichtlinie 2003/87/EG; Ulrich Karpenstein, Praxis des EG-Rechts, 2006, S. 41 f; ebenso Rudolf Streinz, Der Vollzug des Europäischen Gemeinschaftsrechts durch deutsche Staatsorgane, in: Josef Isensee/Paul Kirchhof (Hrsg.), Handbuch des deutschen Staatsrechts, 1992, Bd. VII S. 817–854 [833] Rn. 33.

534 BVerfG [Kammer], Beschluss vom 9.1.2001 – 1 BvR 1036/99 – DVBl. 2001, 720 = NJW 2001, 1267 [1268] = DÖV 2001, 379 = EuZW 2001, 255, mit Bespr. Patrick Ernst Sensburg, Die Vorlagepflicht an den EuGH – Eine einheitliche Rechtsprechung des BVerfG, in: NJW 2001, 1259–1260; Hanno Kube, Verfassungsbeschwerde gegen Gemeinschaftsrecht und Vorlagepflicht des BVerwG nach Art. 234 III EGV – BVerfG, NJW 2001, 1267, in: JuS 2001, 858–861; Andreas Voßkuhle, Zur Verletzung des Rechts auf den gesetzlichen Richter bei Nichtvorlage an den EuGH, in: JZ 2001, 924–927; Jan Bergmann, Das Bundesverfassungsgericht in Europa, in: EuGRZ 2004, 620–627; vgl. auch Claus Wiedemann, Solange II hoch 3? – Inzidentkontrolle innerstaatlicher Normen, in: NVwZ 2006, 623–629; ebenso BVerwG, Urteil vom 30.6.2005 – 7 C 26.04 – BVerwGE 124, 47 = DVBl. 2005, 1383 = NVwZ 2005, 1178 [1181] = DÖV 2006, 116 (Richtlinie 2003/87/EG des Europäischen Parla-

päischen Recht zählen nicht nur materielle Rechtsnormen, sondern auch die Methodenwahl. Denn die Wahl der Methode – Spezialität oder praktische Konkordanz – entscheidet auch darüber, welche Rechtsnorm sich im Kollisionsfall durchsetzt und damit materiell gilt.

(3) Im Falle eines Anwendungsvorranges hat der Gesetzgeber des Mitgliedstaa- **262** tes zu prüfen, ob er das innerstaatliche Recht aufzuheben und an das Gemeinschaftsrecht **anzupassen** hat. Das äußere Aufrechterhalten einer gemeinschaftswidrigen nationalen Norm kann im Mitgliedstaat zur Rechtsunsicherheit führen. Das ist im Hinblick auf das maßgebende Gemeinschaftsrecht selbst ein gemeinschaftswidriger Zustand.[535]

VI. Rechtsfolgen bei Missachtung des Vorranges des Gemeinschaftsrechts

(1) Die Rechtsfolge des Vorranges des Gemeinschaftsrechts gegenüber dem na- **263** tionalen Recht des Mitgliedstaates war anfangs umstritten. Die heute nicht mehr vertretene These des Geltungsvorranges nahm an, dass der Vorrang zur Nichtigkeit des gemeinschaftswidrigen nationalen Rechts führe (vgl. Rn. 259 ff.).[536] Nach inzwischen allgemeiner Auffassung enthält der Vorrang des Gemeinschaftsrechts lediglich einen **Anwendungsvorrang**. Der Vorrang „verdrängt" die mitgliedstaatliche **Rechtsvorschrift** zugunsten des Gemeinschaftsrechts. Die maßgebliche Rechtslage wird von der Dominanz des Gemeinschaftsrechts beherrscht.

Über die rechtliche Existenz des mitgliedstaatlichen Rechts äußert sich das Ge- **264** meinschaftsrecht dagegen nicht (vgl. oben Rn. 259)[537] Der EuGH legt seiner Rechtsprechung ebenfalls den Anwendungsvorrang des Gemeinschaftsrechts zugrunde.[538] Dem folgt auch das BVerfG.[539] Das gilt ferner für deutsche Fachgerich-

ments und des Rates vom 13.10.2003 über ein System für den Handel mit Treibhausgasemissionszertifikaten in der Gemeinschaft und zur Änderung der Richtlinie 96/61/EG des Rates).

535 EuGH, Urteil vom 2.7.1996 – Rs. C-290/94 – EuGHE 1996 I-3285 [3326] Rn. 29 = ZBR 1996, 394 – Kommission vs. Griechenland, EuGH, Urteil vom 26.4.1988 – Rs. 74/86 – EuGHE 1988, 2139 [2148] Rn. 10 = – Kommission vs. Deutschland (Verordnung Nr. 337/79/EWG vom 5.2.1979 über die gemeinsame Marktorganisation für Wein).

536 So noch Eberhard Grabitz, Gemeinschaftsrecht bricht nationales Recht, Hamburg 1966, passim.

537 So Rudolf Streinz, Europarecht, Heidelberg, 7. Aufl. 2005, Rn. 201 ff.; vgl. auch Hans Peter Ipsen, Die Rolle des Prozeßrichters in der Vorrang-Frage, in: ders. (Hrsg.), Europäisches Gemeinschaftsrecht in Einzelstudien, Baden-Baden 1984, S. 231–246 [244]; Martin Gellermann, in: Hans-Werner Regeling/Andreas Middeke/Martin Gellermann, Handbuch des Rechtsschutzes in der Europäischen Union, 2. Aufl., München 2003, § 34 Rn. 15 ff. (S. 610 ff.).

538 EuGH, Urteil vom 9.3.1978 – Rs. 106/77 – EuGHE 1978, 629 [644 f.] Rn. 17 f. = NJW 1978, 1741 = EuGRZ 1978, 190 = EuR 1979, 277 = RIW 1978, 533 = JZ 1978, 512 – Staatliche Finanzverwaltung vs. Simmenthal – „Simmenthal II", mit Bespr. Volker Emmerich, in: JuS 1980, 140–141; EuGH, Urteil vom 19.6.1990 – Rs. C-213/89 – EuGHE 1990 I-2433 [2473 f.] Rn. 20 f. = DVBl. 1991, 861 = NJW 1991, 2271 = EuZW 1990, 356 = BayVBl 1991, 15 – The Queen vs. Secretary of State for Transport ex parte: Factortame Ltd. – „Factortame I", mit Bespr. Georg Haibach, in: DÖV 1996, 60–70.

539 Vgl. jüngst BVerfG, Urteil vom 28.1.1992 – 1 BvR 1025/82 u. a. – BVerfGE 85, 191 [204] – Nachtarbeit (Richtlinie 76/207/EWG zur Verwirklichung des Grundsatzes der Gleichbehandlung von Männer und Frauen vom 9.2.1976); BVerfG, Beschluss vom 17.12.2000 – 2 BvR 1210/98 – DVBl. 2000, 900 = NJW 2000, 2105 = EuZW 2000, 445 = EuGRZ 2000, 175 – „Alcan".

Berkemann

te.[540] Der Vorrang bezieht sich nicht nur auf mitgliedstaatliche Rechtsvorschriften, sondern auch und gerade auf **Einzelentscheidungen**, also auf individuell-konkrete Verwaltungsakte.[541] Der gemeinschaftsrechtliche Vorrang kann insoweit nicht von der innerstaatlichen Qualität des jeweiligen nationalen Aktes abhängig sein.

265 (2) Der Anwendungsvorrang bedeutet indes nicht, dass ein Mitgliedstaat, dessen Recht gegen Gemeinschaftsrecht verstößt, gleichsam tatenlos diesen Zustand hinnehmen darf. Die entstandene oder noch bestehende Rechtsunsicherheit verpflichtet ihn vielmehr kraft Gemeinschaftsrechts, sein nationales Recht dem Gemeinschaftsrecht dadurch „anzupassen", dass er das gemeinschaftswidrige mitgliedstaatliche Recht für den Anwendungsbereich des EG-Vertrages aus Gründen der Rechtsklarheit aufhebt oder selbst für unanwendbar erklärt.[542]

VII. Verfassungsrechtliche Grenzen der richtlinienkonformen Auslegung?

Lit.: Udo di Fabio, Richtlinienkonformität als ranghöchstes Normauslegungsprinzip? Überlegungen zum Einfluss des indirekten Gemeinschaftsrechts auf die nationale Rechtsordnung, in: NJW 1990, 947–954; Martin Nettesheim, Auslegung und Fortbildung nationalen Rechts im Lichte des Gemeinschaftsrechts, in: AöR 119 (1994), S. 261–293.

266 Bislang ist nicht abschließend geklärt, in welchem Verhältnis eine richtlinienkonforme und eine verfassungskonforme Auslegung zueinander stehen. Eine verfassungskonforme Auslegung des deutschen (einfachgesetzlichen) Umsetzungsaktes ist an sich denkbar, wenn das innerstaatliche Gesetz verfassungsrechtliche Bedenken auslöst. Ist eine richtlinienkonforme Auslegung des Umsetzungsaktes zur Durchsetzung des Gemeinschaftsrechts geboten, könnte das so gefundene Ergebnis in Widerspruch zur verfassungskonformen Interpretation geraten.[543] Das Rangverhältnis beider Auslegungsmethoden wird man in einem derartigen Falle nicht anders zu entscheiden haben, als bei einer Kollision zwischen Richtlinienrecht und innerstaatlichem Recht. Die richtlinienkonforme Auslegung verdrängt daher die verfassungskonforme Interpretation. Zu bejahen ist auch die Möglichkeit einer richtlinienkonformen Auslegung des Verfassungsrechts. Die früher teilweise bestrittene Ansicht hat nunmehr durch Art. 23 Abs. 1 GG n. F. eine bedeutende Bestätigung erfahren.

---

540 Vgl. OVG Weimar, Beschluss vom 30.7.1997 – 2 EO 196/96 – ThürVBl 1998, 39 = ThürVGRspr 1998, 21 (nicht umgesetzte Richtlinie 93/118/EG [Fleischhygiene]).

541 EuGH, Urteil vom 29.4.1999 – Rs. C-224/97 – EuGHE 1999 I-2517 [2538 ff.] Rn. 29 ff. = NJW 1999, 2355 = EuZW 1999, 405 = EuGRZ 1999, 326 = EWS 1999, 307 = EuR 1999, 776 – Erich Ciola vs. Land Vorarlberg – „Ciola", mit Bespr. Jörg Gundel, in: EuR 1999, 781–788; Theodor Schilling, in: EuZW 1999, 407–408.

542 Vgl. bereits EuGH, Urteil vom 13.7.1972 – Rs. 48/71 – EuGHE 1972, 529 [534 f.] Rn. 5/10 – Kommission vs. Italien – „Kunstschätze II".

543 So zutreffend als Befundaufnahme Udo di Fabio, Richtlinienkonformität als ranghöchstes Normauslegungsprinzip?, in: NJW 1990, 947–954 [94 f.].

Berkemann

F. Vollzug des Richtlinienrechts

I. Direkter Vollzug durch Gemeinschaftsorgane

Das Gemeinschaftsrecht wird nur ausnahmsweise durch Organe der Gemein- **267** schaft selbst durchgeführt. Die derzeitige Organisationsstruktur der EG ist auf den Vollzug durch die Mitgliedstaaten angelegt.[544] Bei Richtlinien ist die Notwendigkeit eines eigenen Vollzuges der Gemeinschaft durch eine unmittelbare oder mittelbare Unionsverwaltung ohnehin nur schwer vorstellbar. Das schließt naturgemäß nicht aus, dass die Gemeinschaft zur Kontrolle der Umsetzung der Richtlinien gemäß Art. 221 EG administrative Handlungseinheiten bildet. Das ist lediglich ein verwaltungstechnischer Vorgang.

II. Indirekter Vollzug durch Organe der Mitgliedstaaten

Lit.: Allgemein. Eberhard Grabitz, Die Rechtsetzungsbefugnis von Bund und Ländern bei der Durchführung von Gemeinschaftsrecht, in: AöR 111 (1986), S. 1–33; Winfried Kössinger, Die Durchführung des Europäischen Gemeinschaftsrechts im Bundesstaat: Bund/Länder-Verhältnis und Europäisches Gemeinschaftsrecht, Berlin 1989; Hans-Jürgen Papier, Direkte Wirkung von Richtlinien der EG im Umwelt- und Technikrecht – Verwaltungsverfahrensrechtliche Probleme des nationalen Vollzuges, in: DVBl. 1993, 809–814; Eckart Klein, Der Einfluß des Europäischen Gemeinschaftsrechts auf das Verwaltungsrecht der Mitgliedstaaten, in: Der Staat 33 (1994) S. 39–57; Klaus Hansmann, Schwierigkeiten bei der Umsetzung und Durchführung des europäischen Umweltrechts, in; NVwZ 1995, 320–325; Friedrich Schoch, Die Europäisierung des Allgemeinen Verwaltungsrechts, in: JZ 1995, 109–123; Christian Heitsch, Durchsetzung der materiellrechtlichen Anforderungen der UVP-Richtlinie im immissionsschutzrechtlichen Genehmigungsverfahren, in: NuR 1996, 453–461; Hans-Werner Rengeling/Martin Gellermann, Gestaltung des europäischen Umweltrechts und seine Implementation im deutschen Rechtsraum, UTR (36) 1996, S. 1–32; Christiane Trüe, Auswirkungen der Bundesstaatlichkeit Deutschlands auf die Umsetzung von EG-Richtlinien und ihren Vollzug, in: EuR 1996, 179–195; Claus-Dieter Classen, Der einzelne als Instrument zur Durchsetzung des Gemeinschaftsrechts, in: VerwArch 88 (1997), S. 645–678; Christian Koenig, Bedürfen die Bundesländer einer institutionalisierten Hilfestellung beim Verwaltungsvollzug von Europäischem Verwaltungsrecht, in: DVBl. 1997, 581–588; Wolfgang Pühs, Der Vollzug von Gemeinschaftsrecht, Berlin 1997; Thomas von Danwitz, Die Eigenverantwortung der Mitgliedstaaten für die Durchführung von Gemeinschaftsrecht, in: DVBl. 1998, 421–432; Christoph Demmke, Nationale Verwaltung und europäische Umweltpolitik – die Umsetzung und der Vollzug von EG-Umweltrecht, in: European Institute of Public Administration (Hrsg.), Europäische Umweltpolitik und nationale Verwaltungen: Rolle und Aufgaben nationaler Verwaltungen im Entscheidungsprozeß, Maastricht, 1998, S. 85–127; Georg Haibach, Die Rechtsprechung des EuGH zu den Grundsätzen des Verwaltungsverfahrens, in: NVwZ 1998, 456–462; Armin Hatje, Europäische Rechtseinheit durch einheitliche Rechtsdurchsetzung, in: EuR/Beiheft 1/1998, 7–27; Joachim Suerbaum, Die Kompetenzverteilung beim Verwaltungsvollzug des Europäischen Gemeinschaftsrechts in Deutschland, Berlin 1998; Dieter H.

---

544 Vgl. allgemein Meinhard Hilf, Die Organisationsstruktur der Europäischen Gemeinschaft: rechtliche Gestaltungsmöglichkeiten und Grenzen, Berlin 1982; Roland Bieber, Die Verwaltungsorganisation der Europäischen Gemeinschaft, in: Michael Schweitzer (Hrsg.), Europäisches Verwaltungsrecht, Wien 1991, S. 85–114; Robert Uerpmann, Gemeinschaftsverwaltung durch juristische Personen, in: AöR 125 (2000), S. 551–586.

Scheuing, Instrumente zur Durchführung des Europäischen Umweltrechts, in: NVwZ 1999, 475–485.

Claudio Franzius, Die Herausbildung der Instrumente indirekter Verhaltenssteuerung im Umweltrecht der Bundesrepublik Deutschland, Berlin 2000; Pablo Mentzinis, Die Durchführbarkeit des europäischen Umweltrechts: gemeinschaftsrechtliche Ursachen des Vollzugsdefizits im Anlagenzulassungsrecht, Berlin 2000; Dorothee Nitschke, Harmonisierung des nationalen Verwaltungsvollzugs von EG-Umweltrecht, Berlin 2000; Dieter H. Scheuing, Europäisierung des Verwaltungsrechts, in: DV (34) 2001, 107–143; Hans-Werner Rengeling, Der Verwaltungsvollzug (Anwendung) von Gemeinschaftsrecht, in: Hans-Werner Rengeling (Hrsg.), Handbuch zum europäischen und deutschen Umweltrecht, Bd. 1 2. Aufl. 2002 S. 985–1002; Stefan Kadelbach, Allgemeines Verwaltungsrecht unter europäischem Einfluß, Tübingen 1999; Jürgen Schwarze; Europäisches Verwaltungsrecht. Entstehung und Entwicklung im Rahmen der Europäischen Gemeinschaft, Baden-Baden, 2. Aufl. 2005.

Umweltschutz. Ludwig Krämer, EU, Schutz der Umwelt und Recht, Vorträge aus dem Europa-Institut der Universität des Saarlandes, Nr. 267, Saarbrücken 1994; Rudolf Steinberg, Probleme der Europäisierung des deutschen Umweltrechts, in: AöR 120 (1995), S. 549–594; Gertrude Lübbe-Wolff, Der Vollzug des Umweltrechts in der Bundesrepublik Deutschland, in: Gertrude Lübbe-Wolff (Hrsg.), Der Vollzug des europäischen Umweltrechts, Berlin 1996; S. 77–105; Christian Engelsberger, Der Vollzug europarechtlicher Vorschriften auf dem Gebiet des Umweltschutzes, Berlin 1998; Silke Albin, Die Vollzugskontrolle des europäischen Umweltrechts, Berlin 1999; Kristian Fischer, Die Einwirkung des europäischen auf das nationale Umweltrecht, in: JuS 1999, 313–320; Dieter H. Scheuing, Instrumente zur Durchführung des Europäischen Umweltrechts, in: NVwZ 1999, 475–485; Christoph Demmke/ Martin Unfried, Umweltpolitik zwischen Berlin und Brüssel. Ein Leitfaden für die deutsche Umweltverwaltung, Maastricht 2000; Rat von Sachverständigen für Umweltfragen (SRU), Umweltgutachten „Für eine neue Vorreiterrolle" – Bundestags-Drucksache 14/8792, Berlin 2002; Franz-Joseph Peine/Anna Samsel, Die Europäisierung des Umweltrechts und seine deutsche Umsetzung, in: EWS 2003, 297–308; Rat von Sachverständigen für Umweltfragen (SRU), Umweltgutachten „Für eine neue Vorreiterrolle" – Bundestags-Drucksache 15/3600, Berlin 2004; Klaus Hansmann, Harmonisierung unterschiedlicher Normstrukturen im europäischen und deutschen Umweltrecht, in: NVwZ 2006, 51–54.

268 (1) Der indirekte Vollzug des sekundären Gemeinschaftsrechts ist der Regelfall.[545] Das Richtlinienrecht ist rechtlich durch die Mitgliedstaaten umzusetzen und durch sie auch im Vollzug durchzuführen (**Grundsatz der nationalen Vollzugs- und Verfahrensautonomie**). Dazu kann das Gemeinschaftsrecht allerdings Vorschriften vorsehen. Soweit dies nicht geschehen ist, wendet der Mitgliedstaat sein nationales Verfahrens- und Organisationsrecht an.[546] Das ist in der Praxis der Regelfall. Art. 175 Abs. 4 EG betont für das Umweltrecht die Vollzugshoheit der Mitgliedstaaten nochmals ausdrücklich. Das damit erforderliche Zusammenspiel zwischen nationalem Verwaltungsverfahrensrecht formeller und materieller Art und

---

545 EuGH, Urteil vom 21.9.1983 – verb. Rs. C 205 bis 215/82 – EuGHE 1983, 2633 [2665] Rn. 17 = NJW 1984, 2024 – Deutsches Milchkontor vs. Deutschland – „Deutsches Milchkontor I"; EuGH, Urteil vom 19.9.2002 – Rs. C-336/00 – EuGHE 2002 I-7699 [7757] Rn. 61 = EWS 2003, 83 – Österreich vs. Martin Huber; EuGH, Urteil vom 9.10.2001 – Rs. C-80/99 – EuGHE 2001 I-7211 [7252] Rn. 55 = DVBl. 2001, 1834 = JZ 2002, 239 – Ernst-Otto Flemmer u. a. vs. Rat und Kommission, mit Bespr. Rudolf Streinz, in: JZ 2002, 240–242.

546 EuGH, Urteil vom 21.9.1983 – verb. Rs. C 205 bis 215/82 – EuGHE 1983, 2633 [2665] Rn. 17 = NJW 1984, 2024 – Deutsches Milchkontor vs. Deutschland – „Deutsches Milchkontor I".

dem EG-Recht ist bislang kaum abschließend geklärt.[547] Gemäß Art. 10 EG haben die Mitgliedstaaten in jedem Falle für einen geordneten Verwaltungsvollzug zu sorgen. Die deutschen Behörden haben demgemäß bestehende gemeinschaftsrechtliche Grundsätze des Verwaltungsverfahrens zu beachten.[548] Dies kann es ggf. erfordern, nationales Verwaltungsverfahrensrecht außer Acht zu lassen.[549]

Beispiel: Ist eine Genehmigung ohne die gebotene Umweltverträglichkeitsprüfung (UVP-RL 85/337/EWG) erteilt worden, so hat die zuständige Behörde zu prüfen, ob nach nationalem Recht die Möglichkeit besteht, die bereits erteilte Genehmigung zurückzunehmen oder auszusetzen, um das Projekt einer Umweltverträglichkeitsprüfung gemäß den Anforderungen der UVP-RL 85/337/EWG zu unterziehen.[550] In Betracht kommt die Rücknahme der Genehmigung gemäß § 48 VwVfG.

(2) Das Gemeinschaftsrecht verlangt innerstaatliche **Effektivität** und Angemessenheit des mitgliedstaatlichen Verwaltungsvollzuges.[551] Die verwaltungsmäßige Durchsetzung des Gemeinschaftsrechts darf nicht praktisch unmöglich (vereitelt) oder übermäßig erschwert sein. **269**

Beispiel: Art. 9 Abs. 1 Buchst. c) der Richtlinie 79/049/EWG ermächtigt die Mitgliedstaaten zu den dort vorgesehenen Abweichungen. Die Mitgliedstaaten müssen unabhängig von der internen Verteilung der Zuständigkeiten in der nationalen Rechtsordnung einen rechtlichen Rahmen schaffen, der die Gewähr dafür bietet, dass die Voraussetzungen für ein Abweichen eingehalten werden. Dazu ist der nationale rechtliche Rahmen so zu gestalten, dass die Umsetzung der in ihm vorgesehenen abweichenden Bestimmungen dem Grundsatz der Rechtssicherheit entspricht.[552]

Beispiel: Eine nationale Regelung, nach der eine Umweltverträglichkeitsprüfung nur während der ersten Stufe der Erteilung des Bauvorbescheids, nicht aber während der späteren Stufe der Genehmigung der vorbehaltenen Punkte durchgeführt werden kann,

547 Rudolf Streinz, Einfluss des Europäischen Verwaltungsrechts auf das Verwaltungsrecht der Mitgliedstaaten, in: Michael Schweitzer (Hrsg.), Europäisches Verwaltungsrecht, Wien 1991, S. 241–292, Claus Dieter Classen, Europäisierung der Verwaltungsgerichtsbarkeit, Tübingen 1996.
548 Vgl. EuGH, Urteil vom 19.6.1990 – Rs. 213/89 – EuGHE 1990 I-2433 = DVBl. 1991, 861 = NJW 1991, 2271 = EuZW 1990, 356 = BayVBl 1991, 15 – The Queen vs. Secretary of State for Transport, ex parte: Factortame Ltd. – „Factortame"; EuGH, Urteil vom 17.9.1997 – Rs. C-54/96 – EuGHE 1997 I-4961 = NJW 1997, 3365 = EuZW 1997, 625 = BauR 1997, 1011 = BauR 1997, 1011 = JZ 1998, 37 – Dorsch Consult Ingenieurgesellschaft mbH vs. Bundesbaugesellschaft Berlin mbH – „Dorsch", mit Bespr. Jan Byok, in: EuZW 1997, 628–629; Gudrun Lampe-Helbig, in: BauR 1997, 1016–1018; Arnold Boesen, in: EuZW 1998, 713–719; Jost Pietzcker, in: NVwZ 1997, 1186–1187.
549 Vgl. EuGH, Urteil vom 19.6.1990 – Rs. 213/89 – EuGHE 1990 I-2433 = DVBl. 1991, 861 = NJW 1991, 2271 = EuZW 1990, 356 = BayVBl 1991, 15 – The Queen vs. Secretary of State for Transport, ex parte: Factortame Ltd. – „Factortame".
550 EuGH, Urteil vom 7.1.2004 – Rs. C-201/02 – EuGHE I 2004, 723 = DVBl. 2004, 370 = NVwZ 2004, 593 = EWS 2004, 232 = NuR 2004, 517 – The Queen, auf Antrag von Delena Wells vs. Secretary of State for Transport, Local Government and the Regions – „Delena Wells".
551 Std. Rspr. des EuGH, bereits EuGH, Urteil vom 16.12.1976 – Rs. 33/76 – EuGHE 1976, 1989 = NJW 1977, 495 – Rewe; EuGH, Urteil vom 21.9.1983 – verb. Rs. 205 bis 215/82 – EuGHE 1983, 2633 = NJW 1984, 2024 – Deutsche Milchkontor u. a. vs. Deutschland; EuGH, Urteil vom 1.12.1998 – Rs. C-326/96 – EuGHE 1998 I-7835 = EuZW 1999, 248 = EuGRZ 1999, 217 – B. S. Levez vs. T. H. Jennings (Harlow Pools) Ltd.; EuGH, Urteil vom 22.2.2001 – verb. Rs. C-52/99 und C-53/99 – EuGHE 2001 I-1395 [1419f.] Rn. 21 = AP Nr. 10 zu EWG-Verordnung Nr. 1408/71 – Office national des pensions (ONP) vs. Gioconda Camarotto und Giuseppina Vignone.
552 EuGH, Urteil vom 8.6.2006 – Rs. C-60/05 – EuGHE 2006 I-5083 = NVwZ 2006, 1039 (L) = NuR 2007, 196 = EurUP 2006, 210 (L) – WWF Italia u. a. vs. Regione Lombardia.

Berkemann

ist unvereinbar mit den Art. 2 Abs. 1 und 4 Abs. 2 der Richtlinie 85/33/EWG in der geänderten Fassung.[553]

270 Die Mitgliedstaaten sind gemeinschaftsrechtlich zur Überwachung des umgesetzten Richtlinienrechtes verpflichtet.[554] Die Verwaltung darf keine irreführende Information geben, wenn dadurch die sachgerechte Anwendung des Gemeinschaftsrechts in Frage gestellt wird.[555] In welcher Weise der Bund als Gesamtstaat gegenüber der EG diese Pflicht bei einem landesrechtlichen Verwaltungsvollzug innerstaatlich überhaupt erfüllen kann, ist bislang nicht hinreichend geklärt.

271 (3) Ferner ist verwaltungsmäßige **Gleichwertigkeit** oder Äquivalenz zwischen rein nationalen und gemeinschaftsrechtlich bezogenen Sachverhalten geboten.[556] Zu den gemeinschaftsrechtlichen Standards gehört auch, dass ein effektiver gerichtlicher Rechtsschutz gegeben ist.[557] Der Mitgliedstaat hat darauf zu achten, dass Verstöße gegen das Gemeinschaftsrecht nach ähnlichen sachlichen und verfahrensrechtlichen Regeln geahndet werden wie nach Art und Schwere gleiche Verstöße gegen nationales Recht.[558] Die **Sanktion** muss jedenfalls wirksam, verhältnismäßig und abschreckend sein.[559] In den Luftqualitätsrichtlinien werden die Mitgliedstaaten verpflichtet, Sanktionen für Verstöße gegen das umgesetzte Recht festzulegen. Das innerstaatliche Recht sieht **Sanktionen bei der Missachtung** der Aufstellungspflichten allerdings nicht vor. Das Ordnungswidrigkeitsrecht des BImSchG erfasst jedenfalls derzeit keine Verstöße, wenn Luftreinhaltungspläne nicht aufgestellt wurden. Das gleiche gilt für Lärmaktionspläne im Sinne des § 47d BImSchG. Die gesetzlichen Pflichten sind – wie auch zuvor bei § 47a BImSchG 1990 – nur als lex imperfecta „ausgestaltet". Das lässt für die Umgebungslärm-RL

---

553 EuGH, Urteil vom 4.5.2006 – Rs. C-508/03 – EuGHE 2006 I-3969 = NVwZ 2006, 803 = NuR 2006, 699 – Kommission vs. Großbritannien.

554 Vgl. EuGH, Urteil vom 21.9.1989 – Rs. 68/88 – EuGHE 1989, 2965 [2984] Rn. 23 = NJW 1990, 2245 = EuZW 1990, 360 – Kommission vs. Griechenland (griechischer Maisfall); EuGH, Urteil vom 12.6.1990 – Rs. 8/88 – EuGHE 1990 I-2321 [2360] Rn. 20 – Deutschland vs. Kommission (EAGFL).

555 BVerwG, Urteil vom 10.3.1994 – 3 C 32.92 – BVerwGE 95, 213 = RdL 1994, 329 (Versagung einer EG-Subvention).

556 EuGH, Urteil vom 9.2.1999 – Rs. C-343/96 – EuGHE 1999 I-579 [611] Rn. 25 ff. = NVwZ 1999, 633 = EuZW 1999, 313 – Dilexport vs. Amministrazione delle Finanze dello Stato.

557 EuGH, Urteil vom 15.5.1986 – Rs. 222/84 – EuGHE 1986, 1651 = DVBl. 1987, 227 – Johnston vs. Chief Constable of the Royal Ulster – „Johnston"; EuGH, Urteil vom 15.10.1987 – Rs. 222/86 – EuGHE 1987, 4097 – Union Nationale des Entraineurs et Cardes Techniques Professionels du Football (Unectef) vs. Georges Heylens u. a.; EuGH, Urteil vom 3.12.1992 – Rs. C-97/91 – EuGHE 1992 I-6313 – Oleificio Borelli SpA vs. Kommission; vgl. näher Michael Tonne, Effektiver Rechtsschutz durch staatliche Gerichte als Forderung des Europäischen Gemeinschaftsrechts, Köln u. a. 1997, S. 271 ff.; Thomas Eilmansberger, Rechtsfolgen und subjektive Rechte im Gemeinschaftsrecht – Zugleich ein Beitrag zur Dogmatik der Staatshaftungsdoktrin des EuGH, Baden-Baden 1997, S. 88 ff.; Dirk Ehlers, Die Europäisierung des Verwaltungsprozeßrechts, Köln u. a. 1999, S. 47 ff.; Friedrich Schoch, Individualrechtsschutz im deutschen Umweltrecht unter dem Einfluß des Gemeinschaftsrechts, in: NVwZ 1999, 457–467.

558 EuGH, Urteil vom 30.9.2003 – Rs. C-167/01 – EuGHE 2003 I-10155 = DVBl. 2004, 178 = NJW 2003, 3331 = EuZW 2003, 687 = EuR 2004, 104 = EWS 2003, 513 = JZ 2004, 37 – Kamer van Kogschandel en Fabrieken voor Amsterdam vs. Inspire Art Ltd.

559 Vgl. EuGH, Urteil vom 2.2.1977 – Rs. 50/76 – EuGHE 1977 137 [150] Rn. 32 – Amsterdam Bulb B. V. vs. Produktschap voor Siergewassen. Ausdrücklich etwa Art. 11 Satz 2 RL 1999/30/EG; Art. 9 Satz 2 RL 2000/69/EG, Art. 14 RL 2002/3/EG.

2002/49/EG die Frage zu, ob dieser „imperfekte" Rechtszustand dem Geist dieser Richtlinie hinreichend gerecht wird.

(4) Die Effektivität des Verwaltungsvollzuges kann es aus Gründen des gemein-   **272** schaftseinheitliches Vollzugs ggf. erfordern, nach § 80 Abs. 2 S. 1 Nr. 4 VwGO den **sofortigen Vollzug** anzuordnen.[560] Die nationalen Behörden haben dabei gegenüber Verstößen gegen das Gemeinschaftsrecht mit derselben Sorgfalt vorzugehen, die sie bei der Anwendung der entsprechenden nationalen Rechtsvorschriften walten lassen.[561] Der sich aus Art. 10 EG ergebende Grundsatz der Zusammenarbeit gebietet es einem nationalen Gericht allerdings nicht, von der Anwendung innerstaatlicher Verfahrensvorschriften zu dem Zweck abzusehen, eine in Rechtskraft erwachsene gerichtliche Entscheidung zu überprüfen und aufzuheben, falls sich zeigt, dass sie gegen Gemeinschaftsrecht verstößt.[562]

(5) Nicht abschließend geklärt ist die Frage, ob der innerstaatlichen Behörde eine   **273** **Verwerfungskompetenz** zusteht. Das ist indes zu bejahen. Auch die **Verwaltungsbehörden** haben den Vorrang des Gemeinschaftsrechts zu beachten (vgl. Rn. 258, 340).[563] Unter Gesetz und Recht im Sinne des Art. 20 Abs. 3 GG sind nicht nur die von deutschen Gesetzgebern erlassenen Rechtsnormen zu verstehen, sondern auch das unmittelbar anwendbare EG-Recht.[564] Das gilt auch hinsichtlich entgegenstehender innerstaatlicher Gesetze. Dagegen ist zweifelhaft, wie zu verfahren ist, wenn sekundäres Gemeinschaftsrecht, also auch der Inhalt einer unmittelbar anwendbaren Richtlinie, gegen höherrangiges Gemeinschaftsrecht verstößt. Dieser Fall kann nicht von vornherein ausgeschlossen werden.

Beispiel: Die Richtlinie 98/43/EG vom 6.7.1998 zur Angleichung der Rechts- und Verwaltungsvorschriften der Mitgliedstaaten über Werbung und Sponsoring zugunsten von Tabakerzeugnissen sah u. a. bestimmte Werbeverbote vor. Der EuGH stellte auf Klage der Bundesrepublik Deutschland mit Urteil vom 5.10.2000 die Nichtigkeit der Richtlinie

---

560 EuGH, Urteil vom 10.6.1990 – Rs. C-217/88 – EuGHE 1990 I-2879 = DVBl. 1991, 37 = EuZW 1990, 384 – Kommission vs. Deutschland – „Tafelwein".

561 EuGH, Urteil vom 21.9.1989 – Rs. 68/88 – EuGHE 1989, 2965 = NJW 1990, 2245 – Kommission vs. Griechenland.

562 EuGH, Urteil vom 16.3.2006 – Rs. C-234/04 – EuGHE 2006 I-2585 = DVBl. 2006, 569 = NJW 2006, 1577 = EuZW 2006, 241 = EWS 2006, 171 = EuGRZ 2006, 143 = JZ 2006, 904 – Rosmarie Kapferer vs. Schlank & Schick GmbH.

563 EuGH, Urteil vom 22.6.1989 – Rs. 103/88 – EuGHE 1989, 1839 [1870] Rn. 28 ff. = DVBl. 1990, 689 = NVwZ 1990, 649 = EuR 1990, 151 – Fratelli Costanzo SpA vs. Stadt Mailand – „Fratelli Costanzo" (Vergaberichtlinie 71/305/EWG); EuGH, Urteil vom 29.4.1999 – Rs. C-224/97 – EuGHE 1999 I-2517 [2538 ff.] Rn. 29 ff. – NJW 1999, 2355 = EuZW 1999, 405 = EuGRZ 1999, 326 = EWS 1999, 307 = EuR 1999, 776 – Erich Ciola vs. Land Vorarlberg – „Ciola"; OLG Jena, Urteil vom 6.12.2006 – 1 U 484/06 – GRUR 2007, 344 – DocMorris. Vgl. auch Rainer Hutka, Gemeinschaftsrechtsbezogene Prüfungs- und Verwerfungskompetenz der deutschen Verwaltung gegenüber Rechtsnormen nach europäischem Gemeinschaftsrecht und nach deutschem Recht, Würzburg 1997.

564 BVerwG, Urteil vom 5.6.1986 – 3 C 12.82 – DVBl. 1987, 94 = DÖV 1987, 1061 = NJW 1986, 3040 = NVwZ 1987, 46 (L), mit Bespr. Karl-Heinz Kiesgen, Zu den Rechtsfolgen des Widerspruchs zwischen nationalen Vorschriften und EG-harmonisierten Bereichen, in: ZLR 1987, 371–375; Michael Sachs, in: ders.(Hrsg.), GG, 4. Aufl. 2007, Art. 20 Rn. 107; Helmuth Schulze-Fielitz, in: Horst Dreier (Hrsg.), GG, 2. Aufl. 2006, Art. 20 (Rechtsstaat), Rn. 93.

fest, da der EG-Vertrag „keine tragfähige Rechtsgrundlage für diese Richtlinie" biete.[565] Nimmt man einmal an, der Bundesgesetzgeber hätte die Richtlinie 98/43/EG in nationales Recht „pflichtgemäß" korrekt umgesetzt, dann stellt sich die Kollisionsfrage dahin, ob eine deutsche Behörde zur Prüfung befugt gewesen wäre, das Bundesgesetz am Maßstab des Primärrechts zu überprüfen.

274 Im gerichtlichen Verfahren löst eine angenommene Kollision zwischen Richtlinienrecht und höherrangigem Gemeinschaftsrecht die Pflicht zur Vorlage an den EuGH aus. Art. 234 Abs. 2 EG gilt nach Auffassung des EuGH entsprechend (vgl. Rn. 414 ff.).[566] Das gilt selbst dann, wenn der Gerichtshof bereits eine Bestimmung einer anderen, durchaus vergleichbaren Regelung des Sekundärrechts für ungültig erklärt hat.[567] Daraus wird man zu folgern haben, dass im Fall einer innergemeinschaftsrechtlichen Kollision die innerstaatliche Behörde keine Verwerfungskompetenz besitzt. Allerdings steht ihr die Möglichkeit einer Vorlage an den EuGH nicht zur Verfügung.

275 (6) Die Jahresberichte der Kommission über die Kontrolle der Anwendung des Gemeinschaftsrechts zeigen eine hohe Zahl von Verstößen der Mitgliedstaaten gegen das europäische Umweltrecht. Die tatsächliche Zahl dürfte vermutlich noch wesentlich höher liegen. Die Kommission kann die praktische Durchführung der umgesetzten Richtlinie indes nur schwer im Detail kontrollieren.[568] Gleichwohl ist es immer wieder überraschend, mit welchen Detailfragen sich die Kommission durchaus kundig im Verfahren der Vertragsverletzung befasst (vgl. unten Rn. 375 ff.).

276 Eine flächenbezogene Kontrolle ist dennoch faktisch ausgeschlossen. Die Kommission darf keine Inspektoren in die Mitgliedstaaten schicken. Daher ist verständlich, dass versucht wird, den Bürger zur Überwachung zu aktivieren. Das Institut der sog. **Kommissionsbeschwerde** hat sich dazu als durchaus geeignet erwiesen (vgl. Rn. 373). Dem entspricht die Neigung des EuGH, den Bürgern Ansprüche auf ordnungsmäßige Umsetzung und Durchführung der Richtlinien zuzuerkennen. Diese Vorstellung zieht sich wie ein roter Faden durch die Rechtsprechung von den ersten Urteilen zur unmittelbaren Geltung des Gemeinschaftsrechts über die Direktwirkung der Richtlinien bis hin zur Gewährung von Schadensersatzansprüchen gegen Mitgliedstaaten, die Richtlinien nicht oder mangelhaft umgesetzt haben.[569]

---

565 EuGH, Urteil vom 5.10.2000 – C-376/98 – EuGHE 2000, I-8149 = DVBl. 2000, 1682 = NJW 2000, 3701 = EuGRZ 2000, 436 = EuZW 2000, 694 n= EWS 2001, 27 = EuR 2001, 62 = JZ 2001, 32 – Deutschland vs. Parlament und Rat, mit Bespr. Christian Calliess, in: Jura 2001, 311–318.

566 EuGH, Urteil vom 22.10.1987 – Rs. 314/85 – EuGHE 1987, 4199 = NJW 1988, 1451 – Foto-Frost vs. Hauptzollamt Lübeck.

567 EuGH, Urteil vom 6.12.2005 – Rs. C-461/03 – EuGHE 2005 I-10513 [10546] Rn. 17 ff. = EWS 2006, 238 = EuGRZ 2006, 253 – Gaston Schul Doune-expediteur vs. Minister van Landbouw, Natuur en Voekdselkwaliteit.

568 Ludwig Krämer, Defizite des EG-Umweltrechts und ihre Ursachen, in: Gertrude Lübbe-Wolff (Hrsg.), Der Vollzug des europäischen Umweltrechts, Berlin 1996, S. 7 ff.

569 Ulrich Everling, Durchführung und Umsetzung des Europäischen Gemeinschaftsrechts im Bereich des Umweltschutzes unter Berücksichtigung der Rechtsprechung des EuGH, in: NVwZ 1993, 209–216 [215].

Berkemann

(7) Um die vollzugspraktische Umsetzung zu fördern hat der Rat der EG 1992 das   **277**
„European Community Network for the Implementation and Enforcement of Environmental Law" (**IMPEL**) gegründet.[570] Das Netzwerk soll dem Erfahrungsaus-
tausch der mitgliedstaatlichen Behörden untereinander und mit der Kommission
dienen. Es ist in guter Absicht ein informelles Netz, das allerdings von der Kommission durchaus zugunsten eigener Information genutzt wird.

III. Richtliniengebundenes Sanktionsrecht

In den Luftqualitätsrichtlinien (Tochterrichtlinien) werden die Mitgliedstaaten ver-   **278**
pflichtet, Sanktionen für Verstöße gegen das umgesetzte Recht festzulegen. Das
zeugt von schlechten Erfahrungen. Die Gemeinschaft will hier neue Wege be-
schreiten. Die Sanktionen müssen „wirksam, verhältnismäßig und abschreckend
sein (so etwa Art. 11 Satz 2 RL 1999/30/EG; Art. 9 Satz 2 RL 2000/69/EG, Art. 14
RL 2002/3/EG). Die in Art. 7 Abs. 1 RL 96/62/EG enthaltene allgemeine Vorgabe,
die Beachtung der festgelegten Grenzwerte (Schwellenwerte) „sicherzustellen",
genügte dem Richtliniengeber hier offenbar nicht.[571] Die Umgebungslärm-RL
2002/69/EG (Mutterrichtlinie) kennt eine entsprechende Passage nicht (vgl. Rn.
93, 151). Auch ohne Vorgaben des Richtliniengebers hat der Mitgliedstaat im Rahmen seiner Verfahrensautonomie für ein Sanktionsrecht zu sorgen.

G. Rechtsfolgen fehlender (verspäteter) oder mangelhafter Umsetzung

Lit.: Hans-Uwe Erichsen, Das Recht auf freien Zugang zu Informationen über die Umwelt –
Gemeinschaftsrechtliche Vorgaben und nationales Recht, in: NVwZ 1992, 409–419; Christine
Langenfeld, Zur Direktwirkung von EG-Richtlinien, in: DÖV 1992, 955–965; Claus Dieter
Classen, Zur Bedeutung von EWG-Richtlinien für Privatpersonen, in: EuZW 1993, 83–87;
Winfried Haneklaus, Drittwirkung von EG-Richtlinien zu Lasten Einzelner?, in: DVBl. 1993,
129–134; Hans-Jürgen Papier, Direkte Wirkung von Richtlinien der EG im Umwelt- und
Technikrecht – Verwaltungsverfahrensrechtliche Probleme des nationalen Vollzuges, in:
DVBl. 1993, 809–814; Manfred Zuleeg, Umweltschutz in der Rechtsprechung des Europäi-
schen Gerichtshofs, in: NJW 1993, 31–38; Holger Stadie, Unmittelbare Wirkung von EG-
Richtlinien und Bestandskraft von Verwaltungsakten, in: NVwZ 1994, 435–440; Jörg Ukrow,
Unmittelbare Wirkung von Richtlinien und gemeinschaftsrechtliche Staatshaftung nach
Maastricht, in: NJW 1994, 2469–2470; Meinrad Dreher, Nicht rechtzeitige Umsetzung von
EG-Richtlinien zur Vergabe öffentlicher Bau- und Lieferaufträge, in: EuZW 1995, 637–638;

---

570 Vgl. dazu Julia Werner, Das EU-Netzwerk für Umsetzung und Vollzug von Umweltrecht, in: Gertrude
Lübbe-Wolff (Hrsg.), Der Vollzug des europäischen Umweltrechts, Berlin 1996, S. 131–138; vgl. ferner Edeltraud Böhm-Amtmann, EMAS – ISO – Substitution von Ordnungsrecht, in: GewArch 1997,
353–358 [355]; Cornelia Nicklas, Implementationsprobleme des EG-Umweltrechts – unter besonderer Berücksichtigung der Luftreinhalterichtlinien, Baden-Baden 1997, S. 160 ff.
571 Nach § 45 Abs. 1 BImSchG haben die zuständigen Behörden die erforderlichen Maßnahmen zu
ergreifen, um die Einhaltung der durch eine Rechtsverordnung nach § 48 a BImSchG festgelegten
Immissionswerte „sicherzustellen. Man muss bezweifeln, ob man damit dem Anliegen der Richtlinien
hinreichend gerecht wird. Das Ordnungswidrigkeitenrecht des BImSchG erfasst keine Verstöße,
wenn Luftreinhaltungspläne nicht aufgestellt worden sind.

Berkemann   159

Christian Calliess, Zur unmittelbaren Wirkung der EG-Richtlinie über die Umweltverträglichkeitsprüfung und ihrer Umsetzung im deutschen Immissionsschutzrecht, in: NVwZ 1996, 339–342; Astrid Epiney, Unmittelbare Anwendbarkeit und objektive Wirkung von Richtlinien, in: DVBl. 1996, 409–414; Astrid Epiney, Dezentrale Durchsetzungsmechanismen im gemeinschaftlichen Umweltrecht – Dargestellt am Beispiel der UVP-Richtlinie, in: ZUR 1996, 229–234; Steffen Himmelmann, Gemeinschaftsrechtliche Vorgaben für die Umsetzung von EG-Recht – Zu den Auswirkungen der neuesten Rechtsprechung von EuGH und Bundesverwaltungsgericht auf die nationale Umsetzungspraxis, in: DÖV 1996, 145–151; Matthias Ruffert, Subjektive Rechte und unmittelbare Wirkung von EG-Umweltschutzrichtlinien, in: ZUR 1996, 235–238; Silke Albin, Unmittelbare Anwendbarkeit von Richtlinien mit „Doppelwirkung" im Umweltbereich – Ein Scheinproblem?, in: NuR 1997, 29–33; Meinrad Dreher. Richtlinienumsetzung durch Exekutive und Judikative?, in: EuZW 1997, 522–525; Claus Luttermann, Die „mangelhafte" Umsetzung europäischer Richtlinien, in: EuZW 1998, 264–268.

Sandra Otto, Die UVP-Änderungsrichtlinie und die IVU-Richtlinie der EU: Probleme aus der Nicht-Umsetzung nach Ablauf der Fristen, in: NVwZ 2000, 531–534; Rolf Schwartmann/ Moritz Maus, Die Richtlinie 96/61/EG des Rates vom 24.9.1996 (IVU-Richtlinie) und Konsequenzen ihrer fehlenden Umsetzung in das innerstaatliche Recht, in: EuZW 2000, 74–77; Jörg Gundel, Neue Grenzlinien für die Drittwirkung nicht umgesetzter EG-Richtlinien unter Privaten – Zur Unanwendbarkeit richtlinienwidriger nationaler Verbotsgesetze im Konflikt unter Privaten, in: EuZW 2001, 143–149; Bernhard Stüer/Holger Spreen, Defizite in der Umsetzung des Europarechts – Gewinnt der Bund Gesetzgebungskompetenzen von den Ländern?, in: VerwArch 2005, 174–190; Gerd Winter, Die Dogmatik der Direktwirkung von EG-Richtlinien und ihre Bedeutung für das EG-Naturschutzrecht, in: ZUR 2002, 313–318; Hans D. Jarass/Sasa Beljin, Grenzen der Privatbelastung durch unmittelbar wirkende Richtlinien, in: EuR 2004, 714–737; Ludwig Krämer, Gedanken zur unmittelbaren Wirkung von Umwelt-Richtlinien der EG, in: Martin Führ/Rainer Wahl/Peter vom Wilmowsky (Hrsg.), Umweltrecht und Umweltwissenschaft. Festschrift für Eckard Rehbinder, Berlin 2007, S. 749–772.

I. Befunde – Verzögerliche Umsetzung

1. Allgemeines

279 (1) Der Grundsatz der Einheit und der Einheitlichkeit der Gemeinschaftsordnung lässt es nicht zu, dass in den Mitgliedstaaten der EG das gemeinsame Recht unterschiedlich wirksam ist oder unterschiedlich angewandt wird.[572] Das gilt erst recht, wenn die Mitgliedstaaten selbst zu dieser einheitlichen Rechtsordnung beizutragen haben. Damit würde nicht nur die Effektivität der Gemeinschaftsordnung beeinträchtigt, sondern zudem eine Ungleichbehandlung der EG-Bürger eintreten können. Dem gemeinschaftsrechtlichen Effektivitätsgebot („**effet utile**") weist der EuGH hohe Bedeutung zu (vgl. auch Rn. 73, 213, 296).[573] Aus diesem Grunde ist

---

572 Vgl. EuGH, Urteil vom 21.9.1983 – verb. Rs. C 205 bis 215/82 – EuGHE 1983, 2633 [2665] Rn. 17 = NJW 1984, 2024 – Deutsches Milchkontor vs. Deutschland – „Deutsches Milchkontor I"; EuGH, Urteil vom 13.12.1979 – Rs. 44/79 – EuGHE 1979, 3727 [3744] Rn. 14 = DVBl. 1981, 130 = NJW 1980, 505 = EuGRZ 1979, 659 – Liselotte Hauer vs. Land Rheinland Pfalz – „Hauer".

573 EuGH, Urteil vom 21.9.1983 – verb. Rs. C 205 bis 215/82 – EuGHE 1983, 2633 [2665] Rn. 17 = NJW 1984, 2024 – Deutsches Milchkontor vs. Deutschland – „Deutsches Milchkontor I"; EuGH, Urteil vom 10.7.1990 – Rs. C-217/88 – EuGHE 1990 I-2879 [2905] Rn. 17, 19 = EuZW 1990, 384 = DVBl. 1991, 37 – Kommission vs. Deutschland – „Tafelwein", mit Bespr. Alexander Jannasch, in: NVwZ 1999, 495–502.

Berkemann

es verständlich, dass der Gerichtshof die Durchsetzung der Richtlinien von jeher in seiner Rechtsprechung geradezu rechtsschöpferisch gefördert hat. Das macht die Anwendung dieser Rechtsprechung, die eine gewisse „interpretatorische" Bandbreite besitzt, im Einzelfall nicht leicht. Die Reichweite des unmittelbaren Geltungsanspruches des Richtlinienrechts wird in der deutschen Rechtspraxis häufig verkannt.[574]

(2) Das Gebot der einheitlichen Anwendung des Gemeinschaftsrechts in den Mit- **280** gliedstaaten erfordert auch, dass die **mitgliedstaatlichen Gerichte** gemäß Art. 10 EG dem Gemeinschaftsrecht durch ihre Rechtsprechung zur vollen Wirksamkeit verhelfen. Insoweit übernimmt das nationale Gericht die Funktion eines Gemeinschaftsgerichtes. Das ist in gewissem Sinne vergleichbar mit den Gerichten der Bundesländer, wenn diese Bundesrecht anzuwenden haben. Einen individuellen Anspruch auf Erlass nationalen Rechts gibt es dagegen nicht.[575]

Aus der Sicht des Gemeinschaftsrechtes ist es letztlich gleichgültig, ob die Richt- **281** linie überhaupt nicht oder nur „mangelhaft" umgesetzt wurde.[576] Ist die Richtlinie „nur" mangelhaft „umgesetzt", fungiert sie in zweifacher Weise. Zunächst dient die Richtlinie als Prüfungsmaßstab für die Frage, ob ein gemeinschaftsrechtlich relevanter Mangel des nationalen Rechts besteht. Wird die Frage verneint, erledigt sich eine weitere Erörterung. Es mag allerdings erforderlich sein, dass zuvor der Richtlinieninhalt präzisiert werden muss und dass hierfür ein Vorlageverfahren zum EuGH gemäß Art. 234 EG erforderlich ist (vgl. dazu Rn. 399 ff.). Wird der Mangel bejaht, also Vereinbarkeitsfrage verneint, so wird das nationale Recht nicht angewandt (vgl. Rn. 246 ff.). In diesem Falle muss entschieden werden, ob dieses Umsetzungsdefizit durch eine unmittelbare Anwendung der Richtlinie substituiert werden kann (vgl. Rn. 296 ff.).

2. „Deutsche" Verhältnisse

Lit.: Ingolf Pernice, Gestaltung und Vollzug des Umweltrechts im europäischen Binnenmarkt – Europäische Impulse und Zwänge für das deutsche Umweltrecht, in: NVwZ 1990, 414–426; Klaus Hansmann, Schwierigkeiten bei der Umsetzung und Durchführung des europäischen Umweltrechts, in: NVwZ 1995, 320–325; Ludwig Krämer, Defizite im Vollzug des EG-Umweltrechts und ihrer Ursachen, in: Gertrude Lübbe-Wolff (Hrsg.), Der Vollzug des europäischen Umweltrechts, Berlin 1996, S. 7–35; Silke Albin, Die Vollzugskontrolle des europäischen Umweltrechts, Berlin 1999; Silke Albin/Sascha Müller-Kraemer, Deutsche Umweltpolitik in Europa – Abschied von einer Vorreiterrolle, in: ZUR 1999, 73–77; Pablo Mentzinis, Die Durchführbarkeit des europäischen Umweltrechts: gemeinschaftsrechtliche Ursachen des Vollzugsdefizits im Anlagenzulassungsrecht, Berlin 2000.

Die Umsetzung wesentlicher Umweltrichtlinien der EWG/EG war in der Vergan- **282** genheit defizitär. Die Bundesrepublik Deutschland hat Richtlinien wiederholt nicht,

---

574 Ulrich Karpenstein, Praxis des EG-Rechts, 2005 S. 17; Hans D. Jarass, Voraussetzungen der innerstaatlichen Wirkung des EG-Rechts, in: NJW 1990, 2420–2425 [2425].
575 Vgl. näher Andreas Musil, Richtlinienumsetzung und Normerlassanspruch, in: EuR 1998, 705–716.
576 Vgl. allg. Claus Luttermann, Die „mangelhafte" Umsetzung europäischer Richtlinien, in: EuZW 1998, 264–268.

grob verspätet oder vermeidbar fehlerhaft umgesetzt.[577] Kaum eine Richtlinie ist von den Mitgliedstaaten rechtzeitig umgesetzt worden.[578] Die Jahresberichte der Kommission zeichnen diese Verstöße minutiös nach. Urteile des EuGH im Verfahren der Vertragsverletzung (vgl. Rn. 371 ff.) werden inzwischen nahezu routinemäßig erlassen. Das ist insgesamt ein beklagenswerter Zustand.[579] Selbst Fälle klarer Missachtung des Gemeinschaftsrechts durch den deutschen Ausführungsgesetzgeber sind inzwischen nicht ausgeschlossen.[580] Es genügt nicht, dass die Richtlinie seit dem Ablauf der Umsetzungsfrist von den zuständigen Behörden ohnedies unmittelbar angewandt und dass die geltenden nationalen Vorschriften gemeinschaftsrechtskonform ausgelegt wird. Ein entsprechendes Vorbringen der Bundesregierung hat der EuGH mit knappen Sätzen zurückgewiesen.[581] Eine verwaltungsmäßige Erlasspraxis, wie sie in einigen Bundesländern festzustellen ist, ist unzureichend.[582]

283 Der EuGH hat wiederholt im Verfahren der Vertragsverletzung Pflichtverstöße feststellen müssen. Beispielhaft seien aus dem Bereich des Umweltschutzrechtes genannt:

Trinkwassergewinnung-RL 75/440/EWG[583], Vogelschutz-Richtlinie 79/409/EWG[584], Grundwasser-RL 80/68/EWG[585], Trinkwasser-RL 80/778/EWG[586], Bleiverschmutzungs-

---

577 Beispielhaft: Die Richtlinie 85/337/EWG über die Umweltverträglichkeitsprüfung bei bestimmten öffentlichen und privaten Projekten vom 27.6.1985 (ABl. EG Nr. L 175, S. 40) war bis zum 3.7.1988 in nationales Recht umzusetzen; das UVP-Gesetz ist am 1.8.1999 in Kraft getreten, die Änderungs-Verordnung zur 9. BImSchV ist erst am 1.6.1992, die Änderungs-Verordnung zur AtVfV sogar erst am 25.11.1994 in Kraft getreten. Die Richtlinie 92/43/EWG zur Erhaltung der natürlichen Lebensräume sowie der wildlebenden Tiere und Pflanzen vom 21.5.1992 (ABl. EG Nr. L 206, S. 7), zuletzt geändert am 27.10.1997 (ABl. EG Nr. L 305, S. 42) sog. FFH-Richtlinie und die Richtlinie 92/83/EG des Rates vom 9.12 1996 zur Beherrschung der Gefahren bei schweren Unfällen mit gefährlichen Stoffen (ABl. EG 1997 Nr. L 10, S. 13) – Seveso II-Richtlinie waren 2000 trotz Fristablaufs nicht vollständig umgesetzt.

578 Vgl. Meinhard Hilf, Die Richtlinie der EG – ohne Richtung, ohne Linie?, in: EuR 28 (1993), S. 1–22 [8].

579 Vgl. allg. EU-Kommission, Veröffentlichung des Gesamtberichts über die Tätigkeit der Europäischen Union im Jahr 2006 vom 13.2.2007, abrufbar unter www.europa.eu/generalreport/de/welcome.htm. In ihrem Bericht vom 23.6.2003 (IP/03/876) stellte die Kommission fest, dass die UVP-RL 85/33/EWG in der Fassung der Änderungsrichtlinie 97/11/EG nach 15 Jahren Anwendung immer noch nicht in allen Mitgliedstaaten vollständig umgesetzt sei. Etwa 30% der Vertragsverletzungsverfahren bezogen sich zu diesem Zeitpunkt auf die von der Kommission als lückenhaft bemängelte Umsetzung.

580 Dieter H. Scheuing, Rechtsprobleme bei der Durchsetzung des Gemeinschaftsrechts in der Bundesrepublik Deutschland, in: EuR 1985, 229–272 [230].

581 EuGH, Urteil vom 11.12.1997 – Rs. C-83/97 – EuGHE 1997 I-7191 = DVBl. 1998, 181 = NVwZ 1998, 721 = EuZW 1997, 764 = NuR 1998, 194 = BayVBl 1998, 718 – Kommission vs. Deutschland (Richtlinie 92/43/EWG – FFH) vgl. bereits EuGH, Urteil vom 12.10.1995 – Rs. C-242/94- EuGHE 1995 I-3031 [3039] Rn. 6 = RIW 1996, 74 (L) – Kommission vs. Spanien.

582 Vgl. etwa Erlass des Hessischen Ministeriums für Umwelt, Ländlichen Raum und Verbraucherschutz vom 17.2.2005 (Hessischer Staatsanzeiger Nr. 11 vom 14.03.2005, S. 1027 f.); Gemeinsamer Runderlass des Ministeriums für Umwelt und Naturschutz, Landwirtschaft und Verbraucherschutz, des Innenministeriums, des Ministeriums für Bauen und Verkehr und des Ministeriums für Wirtschaft, Mittelstand und Energie zur Handhabung des Umweltinformationsanspruches im Lande Nordrhein-Westfalen vom 17.9.2005 (MBl. NRW. 2005 S. 1216), jeweils zur Umweltinformation-RL 2003/4/EG.

583 EuGH, Urteil vom 17.10.1991 – Rs. C-58/89 – EuGHE 1991, 4983 = NVwZ 1992, 459 = BayVBl 1992, 334 – Kommission vs. Deutschland (Richtlinie 75/440/EWG – Trinkwasser).

584 EuGH, Urteil vom 17.9.1987 – Rs. 412/85 – EuGHE 1987, 3503 – Jagdrechtliche Entscheidungen XIX Nr. 19 (zu § 22 Abs. 3 BNatSchG a.E. [1976]); EuGH, Urteil vom 3.7.1990 – Rs. C-288/88 –

RL 82/884/EWG[587], Gewässerschutz-RL 82/176/EWG[588], UVP-RL 85/337/EWG[589], Umweltinformations-RL 90/313/EWG[590], Abwasser-RL 91/271/EWG[591], FFH-Richtlinie 92/43/EWG[592], IVU-RL 96/61/EG[593], UVP-ÄndRL 97/11/EG[594].

Dieses vertragswidrige Verhalten, das auch andere Mitgliedstaaten trifft, hat ganz **284** wesentlich dazu beigetragen, dass der **EuGH** im Verlaufe der letzten zwanzig Jahren seine Rechtsprechung dahin entwickelt hat, einer nicht fristgerecht umgesetzten Richtlinie gleichwohl zu ihrer rechtlichen effektiven Wirkung zu verhelfen (vgl. dazu näher Rn. 302 ff.). Wissenschaftliche Kritik hat diesem gemeinschaftspolitisch schädlichen Verhalten kaum etwas entgegensetzen können.[595] Um so eindrucks-

---

EuGHE 1990 I-2721 = NVwZ 1990, 955 = NJW 1990, 3072 = NuR 1991, 97 – Kommission vs. Deutschland (zur Richtlinie 79/409/EWG – Vogelschutz); EuGH, Urteil vom 11.12.1997 – Rs. C-83/97 – EuGHE 1997 I-7191 = DVBl. 1998, 181 = NVwZ 1998, 721 = EuZW 1997, 764 = NuR 1998, 194 = BayVBl 1998, 718 – Kommission vs. Deutschland (zur Richtlinie 79/409/EWG – Vogelschutz).

585 EuGH, Urteil vom 28.2.1991 – Rs. C-131/88 – EuGHE 1991, 825 = DVBl. 1991, 863 = NVwZ 1991, 973 – Kommission vs. Deutschland (zur Richtlinie 80/68/EWG – Schutz des Grundwassers).

586 EuGH, Urteil vom 24.11.1992 – Rs. C-237/90 – EuGHE 1992 I-5973 = NVwZ 1993, 257 = EuZW 1993, 99 – Kommission vs. Deutschland (zur Richtlinie 80/778/EWG – Qualität von Wasser für den menschlichen Gebrauch).

587 EuGH, Urteil vom 30.5.1991 – Rs. C-59/89 – EuGHE 1991 I-2607 = NVwZ 1991, 868 = EuZW 1991, 442 – Kommission vs. Deutschland (zur Richtlinie 82/884/EWG – Grenzwert für den Bleigehalt in der Luft).

588 EuGH, Urteil vom 7.11.1996 – Rs. C-262/95- EuGHE 1996 I-5729 = NVwZ 1997, 371 – Kommission vs. Deutschland (zur Richtlinie 82/176/EWG u. a. – Wasserqualität).

589 EuGH, Urteil vom 11.8.1995 – Rs. C-431/92 – EuGHE 1995 I-2189 = DVBl. 1996, 424 = NVwZ 1996, 369 = EuZW 1995, 743 = ZUR 1995, 258 = NuR 1996, 102 – Kommission vs. Deutschland, mit Bespr. Martin Gellermann, Auflösung von Normwidersprüchen zwischen europäischem und nationalem Recht, in: DÖV 1996, 433–443; Astrid Epiney, Unmittelbare Anwendbarkeit und objektive Wirkung von Richtlinien, in: DVBl. 1996, 409–414; Silke Albin, Unmittelbare Anwendbarkeit von Richtlinien mit „Doppelwirkung" im Umweltbereich – Ein Scheinproblem?, in: NuR 1997, 29–33; vgl. allg. Reinhard Coenen/Juliane Joerissen, Umweltverträglichkeitsprüfung in der Europäischen Gemeinschaft: Derzeitiger Stand der Umsetzung der EG-Richtlinie in 10 Staaten der EG, Berlin 1989.

590 EuGH, Urteil vom 17.6.1998 – Rs. C-321/96 – EuGHE 1998 I-3809 = NVwZ 1998, 945 = EuZW 1998, 470 – Mecklenburg vs. Kreis Pinneberg (zur Richtlinie 90/313/EWG – Umweltinformation); vgl. dazu André Turiaux, Das deutsche Umweltinformationsgesetz auf dem Prüfstand des EG-Rechts, in: EuZW 1998, 716–717; Carola Vahldiek, Der Umweltinformationsanspruch bei Stellungnahmen und der Begriff des Vorverfahrens in Art. 3 Abs. 2 EWGRL 313/90, in: ZUR 1998, 200–203; Christian Schrader, Europäische Anstöße für einen erweiterten Zugang zu (Umwelt-)Informationen, in: NVwZ 1999, 40–42; EuGH, Urteil vom 9.9.1999 – Rs. 217/97 – EuGHE 1999 I-5097 = DVBl. 1999, 1494 = NVwZ 1999, 1209 = EuZW 1999, 763 = EuR 2000, 218 = ZUR 2000, 16 = NuR 2000, 26 – Kommission vs. Deutschland (Richtlinie 90/313/EWG – Umweltinformation); dazu Sebastian Heselhaus, Wie durchsichtig muss die „gläserne Umweltverwaltung" sein?, in: EuZW 2000, 298–304. Bestehende Mängel wurden durch die Neubekanntmachung des Umweltinformationsgesetzes vom 23.8.8.2001 (BGBl. I S. 2218) am 31.8.2001 behoben.

591 EuGH, Urteil vom 12.12.1996 – Rs. C-297/95 – EuGHE 1996 I-6739 = NVwZ 1997, 370 – Kommission vs. Deutschland (zur Richtlinie 91/271/EWG – Behandlung von kommunalem Abwasser).

592 EuGH, Urteil vom 11.9.2001 – Rs. C-71/99 – EuGHE 2001 I-5814 = DVBl. 2001, 1826 = NVwZ 2002, 461 = NuR 2002, 151 – Kommission vs. Deutschland (Richtlinie 92/43/EWG – FFH).

593 Richtlinie 96/61/EG des Europäischen Parlaments und des Rates vom 24. September 1996 über die integrierte Vermeidung und Verminderung der Umweltverschmutzung vom 24.9.1996 (ABl. L Nr. 257 vom 10.10.1996).

594 EuGH, Urteil vom 10.3.2005 – Rs. C-531/03 – NVwZ 2005, 673 = EuZW 2005, 351 = NuR 2006, 29 – Kommission vs. Deutschland, mit Bespr. Jens Hamer, in: EurUP 2005, 144–145.

595 Vgl. etwa Rainer Wahl, Die Normierung der materiell-integrativen (medienübergreifenden) Genehmigungsanforderungen, in: ZUR 2000, 360–367 [361]; Horst Sendler, Deutsche Schwierigkeiten mit dem EG-Recht, in: NJW 2000, 2871–2878; Hans D. Jarass, Europäisierung des Planungsrechts, in:

Berkemann

voller ist es, dass der EuGH nicht nur die unmittelbare Wirkung von Richtlinien immer deutlicher herausstellt, sondern sich 1991 rechtsschöpferisch dazu entschlossen hat, eine verschuldensunabhängige Staatshaftung gegenüber dem säumigen Mitgliedstaat zu entwickeln und daran gegenüber erhobener Kritik festzuhalten (vgl. Rn. 350 ff.). Ein Bündel erklärender Ursachen wird für das „deutsche" Vertragsverletzungsarsenal angeführt. Manche mögen begründet sein. Im Kern verstärkt sich aber der Eindruck, dass es am politisch gestaltenden Willen fehlt, etwaige Schwierigkeiten zu überwinden. Bei der UVP-RL 85/337/EWG betreffen zahlreiche Vertragsverletzungsverfahren die mangelhafte Anwendung der Richtlinie, etwa hinsichtlich des Screening, ferner die unterschiedliche UVP-Intensität.

285 (2) Die Gründe für diese **Umsetzungsverzögerungen** werden für den Umweltbereich, unter anderem, in dem qualitätsschutzorientierten und verfahrensrechtlichen Ansatz der europäischen Umweltpolitik gesehen. Dieser weicht vom technischen Umweltschutzverständnis und der Skepsis gegenüber der Öffentlichkeitsbeteiligung in Deutschland ab. Diese politische Reserve lässt sich auch in der Umsetzung der Plan-UP-RL 2001/42/EG nachweisen, erneut in der Umsetzung der Umgebungslärm-RL 2002/49/EG durch das BImSchG 2005. Die jeweils auch hierfür angeführten Gründe sind vielfältig, zumeist ist das Fehlen eines politischen Durchsetzungswillens deutlich. Eine von der Kommission veranlasste Studie ergab ferner, dass die fristgerechte Umsetzung dann auf besondere Schwierigkeiten stößt, wenn die Umsetzung in die Zuständigkeit regionaler oder lokaler, nicht aber nationaler Behörden fällt. Das führe dazu, dass in einem Mitgliedstaat zur Umsetzung mehrere Rechtsvorschriften zu erlassen seien.[596] Für den Bereich etwa des Naturschutzes, der Umweltinformation und der Plan-UP-RL ist dies innerstaatlich der Fall.

286 (3) Im Hinblick auf die Nichtumsetzung der FFH-RL hinsichtlich fehlender oder unzureichender Gebietsmeldungen drohte die EU-Kommission – neben dem eingeleiteten Vertragsverletzungsverfahren – zusätzlich mit dem Einfrieren von Strukturfondsmitteln, falls nicht bald die Meldung der Gebiete an die EU-Kommission erfolge. Bereits zugesagte Mittel könnten gestoppt werden. Das auf Deutschland entfallende Volumen aus den Strukturfonds betrug für den gesamten Förderzeitraum 29,6 Mrd. Euro. Ähnliches stand bei der zunächst unterlassenen Umsetzung der UVP-Änd-RL 97/11/EG zu befürchten.

II. Prozessuale Sanktion: Vertragsverletzungsverfahren vor dem EuGH

287 Hat ein Mitgliedstaat die Richtlinie nicht fristgerecht oder nicht fehlerfrei umgesetzt, stellt dies eine Vertragsverletzung dar.[597] Gegen den Mitgliedstaat kann daher ein

---

DVBl. 2000, 945–952 [950]; Rüdiger Breuer, Zunehmende Vielgestaltigkeit der Instrumente im deutschen und europäischen Umweltrecht – Probleme der Stimmigkeit und des Zusammenwirkens, in: NVwZ 1997, 833–845; Rüdiger Breuer, Europäisierung des Wasserrechts, in: NuR 2000, 541–549 [544].

596 Vgl. bereits 13. Jahresbericht der Kommission über die Kontrolle der Anwendung des Gemeinschaftsrechts 1995 an das Europäische Parlament (ABl. EG Nr. C 303 S. 1 [13] vom 14.10.1996).

597 EuGH, Urteil vom 25.5.1982 – Rs. 97/81 – EuGHE 1982, 1819 [1833, 1835] Rn. 12, 14f. – Kommission vs. Niederlande.

Verfahren der Vertragsverletzung gemäß Art. 226, 227 EG eingeleitet werden (sog. Aufsichtsklage). Es gehört allgemein zu den Aufgaben der Kommission, darüber zu wachen, dass die Mitgliedstaaten den Verpflichtungen nachkommen, die sich für sie aus den zur Erhaltung und zum Schutz der Umwelt erlassenen gemeinschaftsrechtlichen Regelungen ergeben (vgl. Art. 174, 226 EG). Zum vielfach praktizierten Vertragsverletzungsverfahren vgl. gesondert Rn. 371 ff.

III. Mittelbare Sanktion: Ermessenssteuerung – richtlinienkonforme Auslegung

1. Gemeinschaftskonforme Ermessensausübung

(1) Ist der Behörde nach innerstaatlichem Recht ein Ermessen eingeräumt, so hat sie bei fehlender Umsetzung einer Richtlinie den Richtlinieninhalt als Grenze ihres Ermessens zu verstehen.[598]   **288**

Beispiel: Die Ausübung des in § 4 Abs. 1 Satz 2 UIG [a. E.] eingeräumten behördlichen Ermessens, in welcher Weise der Anspruch auf Informationen über die Umwelt erfüllt wird, ist an dem Zweck der Umweltinformationsrichtlinie 90/313/EWG vom 23. Juni 1990 auszurichten. Ein Auswahlermessen besteht deshalb nur zwischen solchen Informationsmitteln, die im wesentlichen die gleiche Informationseignung besitzen.[599]

Das der Behörde in § 4 Abs. 1 Satz 2 UIG [a. E.] eingeräumte Ermessen ist unter Beachtung der von der Richtlinie verfolgten Ziele auszuüben.[600] Die Zielsetzung der Richtlinie begründet nicht nur einen Anspruch des Antragstellers auf fehlerfreie Ermessensausübung, sondern stellt überdies in ermessensbindender Weise die inhaltlichen Maßstäbe bereit, an denen sich die Auswahl des Informationsmittels orientieren muss.   **289**

(2) Gleiches gilt gemeinschaftsrechtlich für den Bereich **planerischer Abwägung**, etwa im Bereich der Fachplanung oder in der Bauleitplanung. Das Gemeinschaftsrecht ist hier auch hinsichtlich des individuellen Rechtsschutzes großzügiger als das deutsche Recht im Rahmen der sog. Schutznormtheorie.[601] Die frühere Recht-   **290**

---

598 Vgl. EuGH, Urteil vom 7.9.2004 – Rs. C-127/02 – EuGHE 2004 I-7405 = EuZW 2004, 730 = NuR 2004, 788 – Landelijke Vereniging tot Behoud van de Waddenzee und Nederlandse Vereniging tot Bescherming van Vogels vs. Staatssecretaris van Landbouw, Natuurbeheer en Visserij (zur Richtlinie 92/43/EWG); vgl. auch EuGH, Urteil vom 24.10.1996 – Rs. C-72/95 – EuGHE 1996 I-5403 = DVBl. 1997, 40 = ZUR 1997, 35 = NuR 1997, 536 – Aannemersbedrijf P. K. Kraaijeveld BV e. a. vs. Gedeputeerde Staten van Zuid-Holland (zu RL 85/337/EWG) – „Kraaijfeld"; vgl. auch BVerwG, Urteil vom 17.1.2007 – 9 A 20.05 – NuR 2007, 336 = ZUR 2007, 307; vgl. auch Christoph Sobotta, Die Rechtsprechung des EuGH zu Art. 6 der Habitatrichtlinie, in: ZUR 2006, 353–360.
599 BVerwG, Urteil vom 6.12.1996 – 7 C 64.95 – BVerwGE 102, 282 [286 ff.] = DVBl. 1997, 438 = NJW 1997, 753 = UPR 1997, 109, mit Bespr. Ralf Röger, in: DVBl. 1997, 885–888; Reinhard Hendler, in: JZ 1998, 245–246; Carola Vahldieek, in: ZUR 1997, 144–147.
600 § 4 Abs. 1 UIG in der Fassung der Bekanntmachung 23.8.2001 (BGBl. I S. 2218) lautete: „Jeder hat Anspruch auf freien Zugang zu Informationen über die Umwelt, die bei einer Behörde oder einer Person des Privatrechts im Sinne des § 2 Nr. 2 vorhanden sind. Die Behörde *kann* auf Antrag Auskunft erteilen, Akteneinsicht gewähren oder Informationsträger in sonstiger Weise zur Verfügung stellen." Vgl. nunmehr § 3 des Umweltinformationsgesetzes vom 27.12.2004 (BGBl. I S. 3704).
601 Vgl. OVG Schleswig, Beschluss vom 28.7.2003 – 4 MR 18/03 – NordÖR 2004, 74.

sprechung des BVerwG ist dem nicht immer gerecht geworden.[602] Die zuständigen Behörden eines Mitgliedstaats sind gemäß Art. 10 EG z. B. verpflichtet, im Rahmen ihrer Zuständigkeit alle allgemeinen oder besonderen Maßnahmen zu ergreifen, um dem Unterlassen der Umweltverträglichkeitsprüfung eines Projekts im Sinne von Art. 2 Abs. 1 der RL 85/337/EWG abzuhelfen und zuvor keine eigene Entscheidung zu treffen.[603] Entsprechendes gilt etwa für die Umsetzung der FFH-RL.[604]

2. Gemeinschaftskonforme (richtlinienkonforme) Auslegung und Anwendung

Lit.: Meinrad Dreher, Richtlinienumsetzung durch Exekutive und Judikative, in: EuZW 1997, 522–525.

291   (1) Nach erfolglosem Ablauf der Umsetzungsfrist kommt dem Gebot richtlinienkonformer Auslegung besonderes Gewicht zu. Seine Anwendung setzt allerdings ein auslegungsfähiges nationales Recht voraus (vgl. oben Rn. 228). Die richtlinienkonforme Auslegung steht damit in Konkurrenz mit anderen innerstaatlichen Auslegungsstrategien. Eine Analogiebildung dürfte ausgeschlossen sein.[605]

292   (2) Der Grundsatz der richtlinienkonformen Auslegung wirkt vor allem „negativ". Lässt beispielsweise das nationale Recht mehrere Auslegungsergebnisse zu, von denen eines im Widerspruch zum Inhalt der noch nicht umgesetzten Richtlinie steht, ist das richtliniennahe Auslegungsergebnis zu bevorzugen. Das Gebot der richtlinienkonformen Auslegung wirkt in diesem Falle wie eine **Präferenzregel**. Mit der generellen Zielsetzung des Art. 10 EG wäre es nicht vereinbar, ohne Not eine richtlinienwidrige Entscheidung zu treffen. Da die Richtlinie die Integration der Gemeinschaft fördern will, ist auch das „Alter" des nationalen Rechts unerheblich.[606] Der EuGH hat die Zulässigkeit einer richtlinienkonformen Auslegung zu Lasten des Einzelnen inzwischen im Grundsatz bejaht (vgl. unten Rn. 312, 328 f.).[607]

---

602 Vgl. etwa BVerwG, Urteil vom 21.3.1996 – 4 C 19.94 – BVerwGE 100, 370 = DVBl. 1996, 907 = NVwZ 1996, 1016 = UPR 1996, 339 = NuR 1996, 589 – Autobahnring München (West) A 99 [Eschenrieder Spange].

603 EuGH, Urteil vom 7.1.2004 – Rs. C-201/02 – EuGHE 2004 I-723 = DVBl. 2004, 370 = NVwZ 2004, 593 = EWS 2004, 232 = NuR 2004, 517 = EurUP 2004, 57 – The Queen, auf Antrag von Delena Wells vs. Secretary of State for Transport, Local Government and the Regions – „Delena Wells" (zur Richtlinie 85/337/EWG), mit Bespr. Jochen Kerkmann, in: DVBl. 2004, 1288–1289, Kristian Fischer/Thomas Fetzer, in: EWS 2004, 236–238; Christian Baldus, in: UPR 2004, 124–126.

604 BVerwG, Urteil vom 17.1.2007 – 9 A 20.05 – NuR 2007, 336 = ZUR 2007, 307, mit Anm. Peter Kremer, Erhöhte Anforderungen an die FFH-Verträglichkeitsprüfung und nachfolgende Abweichungsentscheidungen – das Urteil des BVerwG zur A 143, in: ZUR 2007, 299–304.

605 Wie hier Martin Nettesheim, in: Grabitz/Meinhard Hilf (Hrsg.), Das Recht der Europäischen Union [Stand: Aug. 2002], EG Art. 249 Rn. 153; Martin Nettesheim., Auslegung und Fortbildung nationalen Rechts im Lichte des Gemeinschaftsrechts, in: AöR 119 (1994), S. 261–293.

606 EuGH, Urteil vom 20.3.1997 – Rs. C-352/95 – EuGHE 1997 I-1729 = EuZW 1997, 31 = EWS 1997, 171 – Phytheron International vs. Bourdon.

607 EuGH, Urteil vom 13.11.1990 – Rs. C-106/89 – EuGHE 1990 I-4135 [4159 f.] Rn. 9 – Marleasing SA vs. La Comercial Marleasing Internacional de Alimentación – „Marleasing"; vgl. auch BAG, Urteil vom 23.3.2006 – 2 AZR 343/05 – NJW 2006, 3161 = RIW 2006, 78.

3. Sperrwirkung der nicht fristgerecht umgesetzten Richtlinie

(1) Nach erfolglosem Ablauf der Umsetzungsfrist hat der Mitgliedstaat alles zu un- **293** terlassen, was der Zielsetzung der Richtlinie entgegenstehen könnte. Eine derartige **Sperrwirkung** der Richtlinie entsteht, wenn der Mitgliedstaat die Richtlinie zum Ende der Umsetzungsfrist noch nicht oder nicht ordnungsgemäß umgesetzt hat (vgl. Rn. 195, 293 f.). Inhalt der Sperrwirkung ist dann auch die Pflicht des Mitgliedstaates, innerstaatliches Recht, das dem Richtlinieninhalt widerspricht, aufzuheben, zu ändern und jedenfalls nicht mehr anzuwenden. Die innerstaatliche Regelungskompetenz verengt sich.

Die Sperrwirkung der Richtlinien löst mithin gegenüber dem bisherigen innerstaat- **294** lichen Recht ein **Anwendungsverbot** aus.[608] Auch das BVerfG vertritt diese Ansicht.[609] Diese Rechtsfolge kann der Mitgliedstaat auch nicht dadurch umgehen, dass er bei verspäteter Umsetzung eine von der Umsetzungsfrist **abweichende Übergangsregelung** schafft.[610] Der Anwendungsvorrang ist insbesondere nicht davon abhängig, dass der Richtlinieninhalt dem einzelnen subjektive Rechte vermitteln will.[611]

(2) Sind die Voraussetzungen für eine unmittelbare Anwendung der Richtlinie ge- **295** geben (vgl. nachfolgend Rn. 296 ff.), dann ist dies von der **Verwaltung** (einschließlich **Gemeinden**) und den **Gerichten** als Adressaten der Richtlinie **von Amts we-**

---

608 EuGH, Urteil vom 22.6.1989 – Rs. 103/88 – EuGHE 1989, 1839 [1870] Rn. 28 ff. = DVBl. 1990, 689 = NVwZ 1990, 649 = EuR 1990, 151 – Fratelli Costanzo SpA vs. Stadt Mailand – „Fratelli Costanzo" (Vergaberichtlinie 71/305/EWG), mit Bespr. Hans-Jürgen Wolff, Pflicht der Verwaltung zur Einhaltung von Bestimmungen in EG-Richtlinien?, in: VR 1991, 77–84; EuGH, Urteil vom 30.4.1996 – Rs. C-194/94 – EuGHE 1996 I-2201 [2245 ff.] Rn. 40 ff. = EuZW 1996, 379 = ZLR 1996, 437 – CIA Security International vs. Signalson SA – „CIA Security", mit Bespr. Ulrich Everling, Zur Meldepflicht der EU-Mitgliedstaaten in bezug auf nationale Rechts- und Verwaltungsvorschriften über technische Spezifikationen oder Normen gegenüber der EU, in: ZLR 1996, 449–453; Hans-W. Micklitz, Die horizontale Direktwirkung von Richtlinien, in: EWiR 2001, 497–498; EuGH, Urteil vom 26.9.2000 – Rs. C-443/98 – EuGHE 2000 I-7535 [7583 ff.] Rn. 49 = EuZW 2001, 153 = EWS 2000, 542 = EuR 2000, 968 – Unilever Italia SpA vs. Central Food SpA – „Unilever"; ebenso Hans D. Jarass, Konflikte zwischen EG-Recht und nationalem Recht vor den Gerichten der Mitgliedstaaten, in: DVBl. 1995, 954– 963 [954 ff.].
609 BVerfG, Beschluss vom 8.4.1987 – 2 BvR 687/85 – BVerfGE 75, 223 = DVBl. 1988, 38 = NJW 1988, 1459 [1462] = EuGRZ 1988, 113; ähnlich auch BVerfG [Kammer], Beschluss vom 17.2.2000 – 2 BvR 1210/98 – DVBl. 2000, 900 = NJW 2000, 2015 [2016] = EuZW 2000, 445 = UPR 2000, 269; BVerwG, Urteil vom 29.11.1990 – 3 C 77/87 – BVerwGE 87, 155 [158] = NVwZ 1992, 783 (zur Richtlinie 77/99/EWG – Gebühren für gesundheitsbehördliche Kontrollen).
610 EuGH, Urteil vom 9.8.1994 – Rs. C-396/92 – EuGHE 1994 I-3717 [3750 ff.] Rn. 13, 20 = DVBl. 1994, 1126 = NVwZ 1994, 1093 = UPR 1995, 24 = EuZW 1994, 660 = ZUR 1994, 262 = NuR 1995, 53 – Bund Naturschutz Bayern vs. Bayern (zur verspäteten Umsetzung der UVP-RL 85/337/EWG in das deutsche Recht), mit Bespr. Siegfried Breier, in: BayVBl 1995, 459–462; Alexander Schink, Folgen der EG-Rechtswidrigkeit der Übergangsvorschriften zum UVP-Gesetz, in: NVwZ 1995, 953– 959, Martin Gellermann, Auflösung von Normwidersprüchen zwischen europäischem und nationalem Recht, in: DÖV 1996, 433–443.
611 EuGH, Urteil vom 11.7.1991 – verb. Rs. C-87/90, C-88/90 und C-89/90 – EuGHE 1991 I-3757 = EuZW 1993, 60 = RIW 1991, 869 – Verholen u. a. vs. Sociale Verzekeringsbank Amsterdam; EuGH, Urteil vom 24.10.1996 – Rs. C-72/95 – EuGHE 1996 I-5403 [5452 f.] Rn. 58 = DVBl. 1997, 40 = ZUR 1997, 35 = NuR 1997, 536 – Aannemersbedrijf P. K. Kraaijeveld BV u. a. vs. Gedepueerde Staten van Zuid-Holland; vgl. auch Christine Langenfeld, Zur Direktwirkung von EG-Richtlinien, in: DÖV 1992, 955–965 [963].

gen zu beachten. Das führt im Ergebnis zum Vorrang des Gemeinschaftsrechtes gegenüber dem in diesem Zeitpunkt vorhandenen, aber mit dem Inhalt der Richtlinie unverträglichen nationalen Recht. Räumt die Richtlinie dem Mitgliedstaat die Befugnis zu einer alternativen Regelung ein, so entsteht im Falle der Nichtumsetzung aus der unmittelbaren Wirkung kein Schutz des Vertrauens darauf, dass der Mitgliedstaat von der ihm eingeräumten Wahlbefugnis keinen Gebrauch machen wird.[612] Das war bei der nicht fristgerecht umgesetzten Fleischhygienegebühren-Richtlinie 85/73/EWG in der Fassung der Richtlinie 93/118/EG der Fall.[613]

IV. Unmittelbare Sanktion: Unmittelbare Anwendung der Richtlinie

Lit.: Albrecht Bach, Direkte Wirkungen von EG-Richtlinien, in: JZ 1990, 1108–1116; Hans D. Jarass, Voraussetzungen der innerstaatlichen Wirkung des EG-Rechts, in: NJW 1990, 2420–2425; Carl Otto Lenz, Entwicklung und unmittelbare Geltung des Gemeinschaftsrechts, in: DVBl. 1990, 903–910; Hans D. Jarass, Folgen der innerstaatlichen Wirkung von EG-Richtlinien, in: NJW 1991, 2665–2669; Peter-Christian Müller-Graff, Europäische Normgebung und ihre judikative Umsetzung in nationales Recht, in: DRiZ 1996, 305–315.

Jürgen Staupe, Anwendung der UVP-Änderungsrichtlinie nach Ablauf der Umsetzungsfrist, in: NVwZ 2000, 508–515; Monika Böhm, Umsetzungsdefizite und Direktwirkung der IVU- und UVP-Abgrenzungsrichtlinien?, in: ZUR 2002, 6–11; Gerd Winter, Die Dogmatik der Direktwirkung von EG-Richtlinien und ihre Bedeutung für das EG-Naturschutzrecht, in: ZUR 2002, 313–318; Hans D. Jarass, Grundfragen der innerstaatlichen Bedeutung des EG-Rechts – die Vorgaben des Rechts der Europäischen Gemeinschaft für die nationale Rechtsanwendung und die nationale Rechtsetzung nach Maastricht, Berlin 1994; Christoph Hermann, Richtlinienumsetzung durch Rechtsprechung, Berlin 2003; Thüsing, Richtlinienkonforme Auslegung und unmittelbare Geltung von EG-Richtlinien im Anti-Diskriminierungsrecht, in: NJW 2003, 3441–3447; Christian Hofmann, Die zeitliche Dimension der richtlinienkonformen Auslegung, in: ZIP 2006, 2113–2118; Kay Hailbronner, Die Wirkung ausländer- und asylrechtlicher EG-Richtlinien vor der Umsetzung ins deutsche Ausländerrecht, in: ZAR 2007, 6–12.

296 (1) Der EuGH anerkennt seit etwa 1970, dass eine Richtlinie unter näheren Voraussetzungen eine unmittelbare Rechtswirkung, d. h. gegenüber jedermann, im Mitgliedstaat entfalten kann.[614] Die Rechtsprechung des EuGH bewirkt in gewis-

---

612 Matthias Ruffert, in: Christian Calliess/Matthias Ruffert, EUV/EGV, 3. Aufl. 2007, EG Art. 249 Rn. 98.

613 Vgl. EuGH, Urteil vom 9.9.1999 – Rs. C-374/97 – EuGHE 1999 I-5153 [5182] Rn. 31 = DVBl. 1999, 1644 = NVwZ 2000, 182 = BayVBl 2000, 15 = EWS 1999, 431 = EuZW 2000, 22 – Anton Feyrer vs. Landkreis Rottal-Inn; mit Bespr. Thomas Klindt, in: EWS 1999, 434–435; Wolfgang Kunze, in: NVwZ 2001, 291–293; abweichend Birgit Schmidt an Busch, Die besonderen Probleme bei der Umsetzung von EG-Richtlinien mit Regel-Ausnahme-Charakter, in: DÖV 1999, 581–590 [589].

614 EuGH, Urteil vom 6.10.1970 – Rs. 9/70 – EuGHE 1970, 825 = DÖV 1971, 310 = EuR 1971, 31 = BayVBl 1971, 464 – Grad vs. Finanzamt Traunstein – „Leberpfennig", mit Bespr. Axel Werbke, Das Recht des Einzelnen zur Berufung auf staatengerichtete Entscheidungen (Art 189 EWGV), in: NJW 1970, 2137–2141; Martin Seidel, Die Direkt- oder Drittwirkung von Richtlinien des Gemeinschaftsrechts, in: NJW 1985, 517–522; EuGH, Urteil vom 19.1.1982 – Rs. 8/81 – EuGHE 1982, 53 = DVBl. 1982, 294 = NJW 1982, 499 – Ursula Becker vs. Finanzamt Münster-Innenstadt (zur Sechsten Richtlinie 77/388/EWG des Rates vom 17.5.1977 zur Harmonisierung der Rechtsvorschriften der Mitgliedstaaten über die Umsatzsteuern); vgl. ferner Eberhard Grabitz, Entscheidungen und Richtlinien als unmittelbar wirksames Gemeinschaftsrecht, in: EuR 1971, 1–22.

sem Umfang eine Sanktion gegenüber dem säumigen Mitgliedstaat.[615] Dies ist gewollt. Die nationalen Gerichte sind, nach einigem Zögern, dieser Auffassung gefolgt.[616] Das Schrifttum hat die Rechtsprechung weitgehend gebilligt.[617] Zwingende Voraussetzung der unmittelbaren Anwendung ist, dass der Mitgliedstaat die Richtlinie nicht oder nicht fristgerecht oder nur fehlerhaft umgesetzt hat.[618] Maßgebend ist auch hier der Gesichtspunkt der praktischen Wirksamkeit („**effet utile**") des Gemeinschaftsrechtes. Die dogmatische Begründung verweist in aller Regel auf Art. 10 EG.

(2) Der deutsche Gesetzgebungsalltag zeigt, dass verspätete oder fehlerhafte **297** Umsetzungen keineswegs mehr die Ausnahme sind (vgl. Rn. 282 ff.). Das gilt insbesondere für das europäische Umweltschutz- und Naturschutzrecht. Hier ist die jahrzehntelange Nichtumsetzung der Vogelschutz-RL 79/409/EWG und der FFH-RL besonders bemerkenswert. Wiederholt hat der EuGH im Verfahren der Vertragsverletzung den deutschen Mitgliedstaat an seine Umsetzungsverpflichtungen erinnern müssen.[619] Weite Bereiche des europäischen Wirtschaftsrechts wurden nicht fristgerecht umgesetzt. Das gilt etwa für das Energiewirtschafts-, das Telekommunikations- und das Vergaberecht. Diese integrationsmindernde Praxis hat den EuGH dazu bewogen, die Möglichkeit der unmittelbaren Anwendung hinreichend deutlicher Richtlinien immer stärker zu bewilligen und zu fordern.

---

615 Siegfried Magiera, Die Durchsetzung des Gemeinschaftsrechts im europäischen Integrationsprozeß, in: DÖV 1998, 173–183 [180]; Kay Heilbronner, Staatshaftung bei säumiger Umsetzung von EG-Richtlinien, in: JZ 1992, 284–289 [285].

616 Vgl. Roland Bieber, Zur Vorlagepflicht an den EuGH bei der Frage der Anwendbarkeit einer Richtlinienbestimmung der EG im innerstaatlichen Recht, in: EuR 1979, 294–299.

617 Vgl. etwa Susanne Heim, Unmittelbare Wirkung von EG-Richtlinien im deutschen und französischen Recht am Beispiel des Umweltrechts, Baden-Baden 1999, S. 56 ff.; Ludwig Krämer, Zur innerstaatlichen Wirkung von Umwelt-Richtlinien der EWG, in: WiVerw 1990, 138–161; Andreas Oldenbourg, Die unmittelbare Wirkung von EG-Richtlinien im innerstaatlichen Bereich, München 1984; Hans D. Jarass, Grundfragen der innerstaatlichen Bedeutung des EG-Rechts – Die Vorgaben des Rechts der Europäischen Gemeinschaft für die nationale Rechtsanwendung und die nationale Rechtsetzung nach Maastricht, München 1994; Hans D. Jarass/Sasa Beljin, Unmittelbare Anwendung des EG-Rechts und EG-rechtskonforme Auslegung, in: JZ 2003, 768–777.

618 Vgl. EuGH, Urteil vom 4.12.1974 – Rs. 41/74 – EuGHE 1974, 1337 [1348] Rn. 12 – Yvonne van Duyn vs. Home Office (Aufenthalts-Richtlinie) – „van Duyn", mit Bespr. Jochen Streil, Der Vorbehalt der öffentlichen Ordnung im Recht der Freizügigkeit der Europäischen Gemeinschaften, in: EuGRZ 1976, 115–117; Torsten Stein, Die Einschränkung der Freizügigkeit von EWG-Ausländern aus Gründen der öffentlichen Sicherheit und Ordnung, in: NJW 1976, 1553–1557.

619 Erneut EuGH, Urteil vom 10.1.2006 – Rs. C-98/03 – EuGHE 2006 I-53 = DVBl. 2006, 429 = NVwZ 2006, 319 = EuZW 2006, 216 = NuR 2006, 166 = ZUR 2006, 134 – Kommission vs. Deutschland (zur Richtlinie 92/43/EWG und § 43 BNatSchG 2002), mit Bespr. Andreas Fisahn, in: ZUR 2006, 137–139; Michael Möller/Marcel Raschke/Andreas Fisahn, Naturschutz ernst genommen – europarechtlich geforderte Reformen des deutschen Naturschutzrechts, in: EurUP 2006, 203–210, vgl. auch Marius Baum, Der Gebiets- und der Artenschutz der FFH-Richtlinie im Lichte der Urteile des EuGH in den Vertragsverletzungsverfahren Rs. C-6/04 gegen das Vereinigte Königreich und Rs. C-98/03 gegen Deutschland, in: NuR 2006, 145–152; Wolfram Günter, Die Auswirkungen des EuGH-Urteils C-98/03 zur mangelhaften Umsetzung der Fauna-Flora-Habitat-Richtlinie, in: EurUP 2006, 94–100; Dietrich Kratsch, Europarechtlicher Artenschutz, Vorhabenzulassung und Bauleitplanung, in: NuR 2007, 100–106.

1. Voraussetzungen für eine unmittelbare Anwendung

1.1 Allgemeine Voraussetzungen des Gemeinschaftsrechts

1.1.1 Grundmodell

298 (1) Der **EuGH** nimmt seit 1970 an, dass eine Richtlinie unmittelbare Rechtwirkungen entfalten kann.[620] Die von ihm genannten Voraussetzungen waren zunächst eng und besaßen Ausnahmecharakter. In den folgenden Jahrzehnten präzisierte der Gerichtshof die Voraussetzungen und erweiterte zugleich den Umfang und die Intensität einer möglichen unmittelbaren Rechtswirkung.[621]

299 Das Grundmodell der unmittelbaren Anwendung der nicht fristgerecht oder auch nur fehlerhaft umgesetzten Richtlinie gehört heute zum klassischen Steuerungsinstrument des EuGH. Er wendet sie sowohl für die **Eingriffsverwaltung** als auch für die **Leistungsverwaltung** an. Keinem Mitgliedstaat kann in der Tat erlaubt werden, durch unterlassene Umsetzung den auch zeitgleichen Vollzug des Gemeinschaftsrechtes in allen Mitgliedstaaten zu unterlaufen. Das würde die Funktionsfähigkeit der EG und deren Integrationsprozess empfindlich stören. Ein Vertragsverletzungsverfahren, Zwangsgelder oder Ersatzansprüche können dieses Defizit, ohnedies mit zeitlicher Verzögerung, nur sehr bedingt ausgleichen. Das unmittelbar anzuwendende Richtlinienrecht ist innerstaatlich „Gesetz" im Sinne des deutschen Verfassungsrechts (vgl. Art. 20 Abs. 3 GG).[622]

300 (2) Der EuGH hat **folgende Voraussetzungen** – nach Fallgestaltungen leicht geändert – für eine unmittelbare Wirkung einer Richtlinie entwickelt[623]:

---

620 EuGH, Urteil vom 17.12.1970 – Rs. 33/70 – EuGHE 1970, 1213 – SACE.
621 Vgl. grundlegend bereits EuGH, Urteil vom 4.12.1974 – Rs. 41/74 – EuGHE 1974, 1337 [1348] Rn. 12 – Yvonne van Duyn vs. Home Office (Aufenthalts-Richtlinie) – „van Duyn"; EuGH, Urteil vom 19.1.1982 – Rs. 8/81 – EuGHE 1982, 53 [70 f.] = DVBl. 1982, 294 = NJW 1982, 499 = RIW 1982, 186 – Becker vs. Finanzamt Münster-Innenstadt; EuGH; Urteil vom 28.3.1985 – Rs. 96/84 – EuGHE 1985, 1157 [1166] Rn. 21 f. – Vereinigung Slachtpluimvee-Export E. V. vs. Rewe-Zentral-Aktiengesellschaft – „Slachtpluntvee-Export". Der BFH hat die Rechtsprechung des EuGH zunächst abgelehnt (vgl. BFH, Urteil vom 25.4.1985 – V R 123/84 – BFHE 143, 383 = EuR 1985, 191). Das BVerfG hob die Entscheidung des BFH auf, vgl. BVerfG, Beschluss vom 8.4.1987 – 2 BvR 687/87 – BVerfGE 75, 223 [245] = DVBl. 1988, 38 = NJW 1988, 1459 = JZ 1988, 191.
622 BVerwG, Urteil vom 5.6.1986 – 3 C 12.82 – BVerwGE 74, 242 [248 f.] = DVBl. 1987, 94 = NJW 1986, 3060 = EuR 1986, 373; ebenso Hans D. Jarass, in: ders./Bodo Pieroth. Grundgesetz, 9. Aufl. 2007, Art. 20 Rn. 38.
623 EuGH, Urteil vom 23.2.1994 – Rs. C-236/92 – EuGHE I-493 = NVwZ 1994, 885 = EuZW 1994, 282 = EuGRZ 1994, 110 = ZUR 1994, 195 – Comitato di coordinamento per la difesa della Cava e. a. vs. Regiona eLombardi (zur Richtlinie 75/442/EWG – Abfallbeseitigung), mit Bespr. Bernhard W. Wegener, Zur Wirkung der EWGRL 442/75 – kein von nationalen Gerichten zu schützendes Recht des einzelnen, in: ZUR 1994, 196–197; vgl. auch EuGH, Urteil vom 19.11.1991 – Rs. C-6/90 und C-9/90 – EuGHE 1991 I-5357 [5402 f.] Rn. 12 ff. = DVBl. 1992, 1017 = NJW 1992, 165 = EuZW 1991, 758 = EuR 1992, 75 = EuGRZ 1992, 60 = JZ 1992, 305 – Andrea Francovich vs. Italien – „Francovich", mit Bespr. Martin Nettesheim, Gemeinschaftsrechtliche Vorgaben für das deutsche Staatshaftungsrecht, in: DÖV 1992, 999–1005; näher Martin Seidel, Direktwirkung von Richtlinien, Saarbrücken 1983; Albrecht Bach, Direkte Wirkung von EG-Richtlinien, in: JZ 1990, 1108–116; Astrid Epiney, Unmittelbare Anwendbarkeit und objektive Wirkung von Richtlinien, in: DVBl. 1996, 409–414; Stefan Ulrich Pieper, Die Direktwirkung von Richtlinien der Europäischen Gemeinschaft, in: DVBl. 1990, 684–688; Hans-Joachim Schütz/Thomas Bruha/Doris König, Casebook Europarecht, München, 2004, S. 76 ff.

Berkemann

- **[1.]** die Richtlinie wurde **nicht fristgemäß** oder inhaltlich nicht ordnungsgemäß in innerstaatliches Recht umgesetzt,

- **[2.]** die jeweilige Bestimmung der Richtlinie ist **inhaltlich unbedingt**; die Richtlinie muss daher abschließend, vollständig, uneingeschränkt, bedingungsunabhängig und in ihrer Zielsetzung geeignet sein, ohne Erlass einer (gemeinschaftsrechtlichen oder innerstaatlichen) Ausführungsregelung unmittelbar angewandt zu werden; und

- **[3.]** die jeweiligen Bestimmungen der Richtlinie sind **hinreichend genau**. Aus der Richtlinie heraus muss sich selbst ergeben, dass ein bestimmtes Verhalten – ohne Wenn und Aber – geboten ist. Sie können ggf. dadurch für den Unionsbürger subjektive Rechte schaffen.

(3) Der EuGH hat damit die Richtlinie zwar nicht den Verordnungen förmlich gleich- **301** gestellt, indes dem privaten Einzelnen die Möglichkeit zuerkannt, sich auf die Bestimmungen von Richtlinien gegenüber dem Mitgliedstaat, an den sie gerichtet sind in gewissem Umfang zu seinen Gunsten zu „berufen". Darin liegt ein Stück echter **Rechtsfortbildung** durch den Gerichtshof, also nicht lediglich Konkretisierung eines schon durch den Vertrag allgemein vorgegebenen Sanktionsgefüges im Einzelfall. Die Sanktionierung der Nichterfüllung von Richtlinien nicht allein durch eine Verletzungsklage der Gemeinschaft gegen den Mitgliedstaat, sondern auch durch „Berufung auf die Richtlinie" im Rechtsstreit des privaten Einzelnen gegen den Mitgliedstaat zu ermöglichen, schafft eine neue Sanktionskategorie. Sie fügt sich nach ihrer Leitidee in die rechtsstaatliche Struktur der Gemeinschaft ein, ist vom Gerichtshof gerade an dieser rechtsstaatlichen Grundstruktur ausgerichtet und wird von dort her ausgestaltet. In der Rückschau hat diese Rechtsprechung im Gemeinschaftsrecht zu einem „**Verfassungswandel**" geführt. Das **BVerfG** hat die Rechtsprechung des EuGH zur unmittelbaren Wirkung der Richtlinien – auch zugunsten der Bürger – anerkannt und sie der **Rechtsfortbildungskompetenz des EuGH** zugeordnet.[624]

1.1.2 Die allgemeinen Voraussetzungen einer unmittelbaren Richtlinienwirkung

1.1.2.1 Ablauf der Umsetzungsfrist

(1) Gleichsam formale Voraussetzung der unmittelbaren Anwendung einer Richt- **302** linie ist, dass der Mitgliedstaat die Richtlinie **nicht fristgemäß** in innerstaatliches Recht umgesetzt hat.[625] Dasselbe gilt, wenn die Richtlinie inhaltlich nicht ordnungsgemäß umgesetzt wurde.[626] Die unmittelbare Anwendung kommt danach

---

624 BVerfG, Beschluss vom 8. April 1987 – 2 BvR 687/85 – BVerfGE 75, 223 [235 ff.] = DVBl. 1988, 38 = NJW 1988, 1459 – „Kloppenburg". Vgl. auch allg. Matthias Thume/Herve Edelmann, Keine Pflicht zur systemwidrigen richtlinienkonformen Rechtsfortbildung, in: BKR 2005, 477–487.

625 EuGH, Urteil vom 26.2.1986 – Rs. 152/84 – EuGHE 1986, 723 [746] Rn. 36 = NJW 1986, 2178 – Marshall vs. Southampton and South-West Hampshire Area Health Authority – „Marshall I".

626 EuGH, Urteil vom 22.2.1984 – Rs. 70/83 – EuGHE 1984, 1075 [1085 f.] Rn. 8 f. – Gerda Kloppenburg vs. Finanzamt Leer (6. Umsatzsteuer-Richtlinie) – „Kloppenburg"; EuGH, Urteil vom 10.4.1984 – Rs. 14/83 – EuGHE 1984, 1891 = NJW 1984, 2021 [2022] = EuGRZ 1984, 217 = ZIP 1984, 1386

Berkemann

grundsätzlich nur in Betracht, wenn die Umsetzungsfrist verstrichen ist.[627] Solang diese nicht abgelaufen ist, kann dem Mitgliedstaat an sich kein Vorwurf gemeinschaftswidrigen Verhaltens gemacht werden.[628]

303 (2) Die Richtlinie kann vorsehen, dass der Mitgliedstaat eine Verlängerung der Umsetzungsfrist beantragen kann. Wird diese auf Antrag rechtzeitig gewährt, ist nunmehr die besondere Frist maßgebend.[629]

304 (3) Der Mitgliedstaat kann nicht geltend machen, er hätte bei rechtzeitiger Umsetzung der Richtlinie die Ermächtigung zu einer innerstaatlich belastenden Maßnahme gehabt.[630] Ein derartiger Einwand „des rechtmäßigen Alternativverhaltens" ist ihm nach allgemeinen Rechtsgrundsätzen versagt.[631] Damit ist zugleich eine rückwirkende innerstaatliche Belastung ausgeschlossen.

1.1.2.2 Durchgriffseignung – Klarheit und Unbedingtheit der Richtlinie

305 Die Umsetzung setzt materiell voraus, dass die Richtlinie hinsichtlich des interessierenden Regelungsbereiches hinreichend genau und inhaltlich unbedingt ist. Beide Kriterien können sich überschneiden.[632]

– von Colson und Kamann vs. Land Nordrhein-Westfalen, mit Bespr. Gert Nicolaysen, Richtlinienwirkung und Gleichbehandlung von Männern und Frauen beim Zugang zum Beruf, in: EuR 1984, 380–392; EuGH, Urteil vom 22.6.1989 – Rs. 103/88 – EuGHE 1989, 1839 [1870] Rn. 29 = DVBl. 1990, 689 = NVwZ 1990, 649 = EuR 1990, 151 = RIW 1990, 407 – Fratelli Costanzo SpA vs. Stadt Mailand – „Fratelli Costanzo" (zur Vergaberichtlinie 71/305/EWG); vgl. instruktiv Jürgen Kühling/Marc Röckinghausen, Legislative Umsetzungsdefizite und exekutive Schadensbegrenzung, in: DVBl. 1999, 1614–1625.

627 EuGH, Urteil vom 5.4.1979 – Rs. 148/78 – EuGHE 1979, 1629 [1641 f.] Rn. 19 ff. = NJW 1979, 1764 = RIW 1979, 698 (zur Richtlinie 73/173/EWG – gefährliche Stoffe) – Strafverfahren Tullio Ratti. – „Ratti", mit Bespr. Gert Meier, Zur unmittelbaren Anwendbarkeit von Harmonisierungsrichtlinien der Europäischen Gemeinschaft, in: ZLR 1980, 475–481; vgl. auch Martin Nettesheim, in: Eberhard Grabitz/Meinhard Hilf (Hrsg.), Das Recht der Europäischen Union [Stand: Aug. 2002], EG Art. 249 Rn. 158; kritisch die Ansicht EuGH, Urteil vom 22.11.2005 – Rs. C-144/04 – EuGHE 2005 I-9981 = DVBl. 2006, 107 = NJW 2005, 3695 = EWS 2005, 571 = EuZW 2006, 17 = RIW 2006, 52 – Werner Mangold vs. Rüdiger Helm, mit krit. Bespr. Jobst-Hubertus Bauer/Christian Arnold, Auf Junk folgt Mangold – Europarecht verdrängt deutsches Arbeitsrecht, in: NJW 2006, 6–12; Norbert Reich, Zur Frage der Gemeinschaftswidrigkeit der sachgrundlosen Befristungsmöglichkeit bei Arbeitnehmern ab 52 Jahren, in: EuZW 2006, 20–22.

628 So EuGH, Urteil vom 18.12.1997 – Rs. C-129/96 – EuGHE 1997 I-7411 [7449] Rn. 45 = NVwZ 1998, 385 = EuZW 1998, 167 – Inter-Environment Wallonie vs. Région wallone (Richtlinie 75/442/EWG in der Fassung der Richtlinie 91/156/EWG – Abfall), mit Bespr. von Wolfgang Weiß, Zur Wirkung von Richtlinien vor Ablauf der Umsetzungsfrist, in: DVBl. 1998, 568–575; (krit.) Ulrich M. Gassner, Abfallbegriff und Umsetzungspflicht, in: NVwZ 1998, 1148–1151.

629 BAG, Urteil vom 18.2.2003 – 9 AZR 272/01 – BAGE 105, 123 [130] = ZTR 2003, 502.

630 So EuGH, Urteil vom 19.11.1991 – Rs. C-6/90 und C-9/90 – EuGHE 1991 I-5357 [5411] Rn. 21 = DVBl. 1992, 1017 = NJW 1992, 165 = EuZW 1991, 758 = EuR 1992, 75 = EuGRZ 1992, 60 = JZ 1992, 305 – Andrea Francovich vs. Italien; mit Bespr. Martin Nettesheim, Gemeinschaftsrechtliche Vorgaben für das deutsche Staatshaftungsrecht, in: DÖV 1992, 999–1005; wie hier Hans D. Jarass, Konflikte zwischen EG-Recht und nationalem Recht vor den Gerichten der Mitgliedstaaten, in: DVBl. 1995, 954–963 [957 f.].

631 Vgl. im deutschen Recht etwa BVerwG, Beschluss vom 2.10.1998 – 4 B 72.98 – NVwZ 1999, 523 = UPR 1999, 108 = NuR 1999, 275 = BRS 60 Nr. 100 (1998); BGH, Urteil vom 24.10.1985 – IX ZR 91/84 – BGHZ 96, 157 = NJW 1986, 576 = MDR 1986, 231 = VersR 1986, 444.

632 EuGH, Urteil vom 19.1.1982 – Rs. 8/81 – EuGHE 1982, 53 [71] Rn. 25 = DVBl. 1982, 294 = NJW 1982, 499 = RIW 1982, 186 – Ursula Becker vs. Finanzamt Münster-Innenstadt; EuGH, Urteil vom

Berkemann

(1) Der Richtlinieninhalt muss in dem Sinne **klar und genau** sein, dass der Norm-   **306**
text zur unmittelbaren Anwendung auf Sachverhalte geeignet ist. Der Vollzug
muss bei einer wörtlichen Übernahme in das innerstaatliche Recht – sieht man
von üblichen Interpretationsfragen ab – ohne weiteres möglich sein.[633] Der Richtlinie muss mithin eine konkrete Reglungs- und Entscheidungsvorgabe entnommen werden können.[634] Dem Mitgliedstaat darf eigentlich ein Regelungsfreiraum
nicht gegeben sein. Die inhaltliche Vorgabe der Richtlinie kann sich ihrem Inhalt
nach auf Handlungs- oder auf Unterlassungsgebote beziehen.[635]

Der Annahme der Genauigkeit steht mithin eine gewisse Interpretationsnotwen-   **307**
digkeit des Richtlinientextes nicht entgegen.[636] Hinreichende Genauigkeit ist also
nicht mit äußerer Eindeutigkeit gleichzusetzen.[637] Im Vordergrund steht stets die
Frage, ob der Richtliniengeber dem Mitgliedstaat einen substantiellen Gestal-
tungsauftrag einräumen wollte. Daher steht die Verwendung unbestimmter Rechtsbegriffe der Annahme der Bestimmtheit nicht entgegen. Allerdings kann dies zur
Beseitigung von Auslegungszweifeln eine Vorlagepflicht nach Art. 234 EG auslö-

---

10.6.1982 – Rs. 255/81 – EuGHE 1982, 2301 [2312] Rn. 9 = RIW 1982, 609 – Grendel vs. Finanzamt für Körperschaften in Hamburg, mit Bespr. Werner Widmann, Der Einfluß der EG-Harmonisie-
rung auf das deutsche Umsatzsteuerrecht, in: DB 1983, 1730; EuGH, Urteil vom 26.2.1986 – Rs.
152/84 – EuGHE 1986, 723 = NJW 1986, 2178 – Marshall vs. Southampton South-West Hampshire
Area Health Authority – „Marshall I", mit Bespr. Gert Nicolaysen, Keine horizontale Wirkung von
Richtlinien-Bestimmungen, in: EuR 1986, 370–371; EuGH, Urteil vom 12.7.1990 – Rs. 188/89 –
EuGHE 1990, 3313 = NVwZ 1992, 51 = NJW 1991, 3086 = EuZW 1990, 424 = JZ 1992, 56 – Forster,
mit Bespr. Ferry Bühring/Andrej Lang; Vorwirkung von EG-Richtlinien gegenüber staatlich kontrol-
lierten Unternehmen des Privatrechts, in: ZEuP 2005, 88–104; EuGH, Urteil vom 19.11.1991 – Rs.
C-6/90 und C-9/90 – EuGHE 1991 I-5357 = DVBl. 1992, 1017 = NJW 1992, 165 = EuZW 1991, 758
– Andrea Francovich vs. Italien; EuGH, Urteil vom 17.9.1996- verb. Rs. C-246, 247, 248 und 249/94
– EuGHE 1996 I-4373 = EuZW 1997, 126 = ZfZ 1997, 122 – Cooperative Agricola Zootecnica u. a.;
EuGH, Urteil vom 16.9.1999 – Rs. C-27/98 – EuGHE 1999 I-5697 = EWS 1999, 389 = EuZW 2000,
312 = BayVBl 2000, 145 – Metalmeccanica Fracasso SpA und Leitschutz Handels- und Montage
GmbH vs. Amt der Salzburger Landesregierung für den Bundesminister für wirtschaftliche Angelegenheiten – „Fracasso und Leitschutz".
633 EuGH, Urteil vom 5.2.1963 – Rs. 26/62 – EuGHE 1963, 1 [25 f.] = NJW 1963, 1751 = BB 1963, 362
– van Gend en Loos vs. Niederländischen Finanzverwaltung – „Formaldehyd", mit Bespr. Wilhelm
Wengler, Unmittelbare, individuelle Rechte begründende Wirkung des Art. 12 EWGVtr, in: NJW
1963, 1752; Carl Friedrich Ophüls, Unmittelbare, individuelle Rechte begründende Wirkung des Art.
12 EWGVtr des Vertrages zur Gründung der Europäischen Wirtschaftsgemeinschaft sowie zur Auslegung des Art. 177, in: NJW 1963, 1751–1752.
634 Vgl. Martin Gellermann, Beeinflussung des bundesdeutschen Rechts durch Richtlinien der EG, Köln
u. a. 1994, S. 166 ff.; Hans D. Jarass, Voraussetzungen der innerstaatlichen Wirkung des EG-Rechts,
in: NJW 1990, 2420–2425 [2424].
635 Vgl. EuGH, Urteil vom 16.6.1966 – Rs. 57/65 – EuGHE 1966, 257 [266] = NJW 1966, 1630 = EuR
1966, 354 – Alfons Lütticke vs. HZA Saarlouis, mit Bespr. Hans Peter Ipsen, Zur Frage der Unmit-
telbarkeits- und Individualwirkung von Vorschriften des EWGVtr, in: EuR 1966, 356–359; EuGH, Urteil vom 19.1.1982 – Rs. 8/81 – EuGHE 1982, 53 [71] Rn. 24 = DVBl. 1982, 294 = NJW 1982, 499 =
RIW 1982, 186 – Ursula Becker vs. Finanzamt Münster-Innenstadt – „Becker", EuGH, Urteil vom
17.2.1976 – Rs. 45/75 – EuGHE 1976, 181 – Rewe vs. HZA Landau-Pfalz.
636 EuGH, Urteil vom 23.2.1994 – Rs. C-236/92 – EuGHE 1994 I-483 [502] Rn. 10 = NVwZ 1994, 885 =
EuZW 1994, 282 = EuGRZ 1994, 110 = ZUR 1994, 195 – Comitato di coordinamento per la difesa
della Cava e. a. vs. Regione Lombardi (zur Richtlinie 75/442/EWG – Anfallbeseitigung), mit Bespr.
Bernhard W. Wegener, Zur Wirkung der EWGRL 442/75 – kein von nationalen Gerichten zu schützendes Recht des einzelnen, in: ZUR 1994, 196–197.
637 So treffend Martin Nettesheim, in: Eberhard Grabitz/Meinhard Hilf (Hrsg.), Das Recht der Europäischen Union [Stand: Aug. 2002], EG Art. 249 Rn. 163.

Berkemann   173

sen. Der EuGH verfährt in seiner Spruchpraxis mit der Annahme hinreichender Regelungsgenauigkeit der Richtlinie wahrlich nicht engherzig.

308 (2) Die inhaltliche Umsetzung der Richtlinie darf außerdem nicht von einer eigenen politischen Entscheidung des Mitgliedstaates abhängig sein. In diesem Sinne muss der Regelungsbereich der Richtlinie bereits „**unbedingt**" sein. Eine Richtlinie ist in dieser Hinsicht unbedingt, wenn sie eine Verpflichtung begründet, die weder an eine Bedingung geknüpft ist noch zu ihrer Erfüllung und Wirksamkeit einer Maßnahme der Gemeinschaftsorgane oder der Mitgliedstaaten bedarf, und sie ist hinreichend genau, um von einem einzelnen herangezogen und vom Gericht angewandt zu werden, wenn sie also **unzweideutig** eine Verpflichtung begründet.[638] Der Mitgliedstaat darf aus der Sicht der Richtlinie auch insoweit keinen eigenen Ermessens- oder Gestaltungsspielraum zugewiesen erhalten.[639]

309 Die Frage der Unbedingtheit war beispielsweise bei der Richtlinie 2003/35/EG hinsichtlich der **Verbandsklage** umstritten. Der Verbandskläger soll nach Art. 10 a UVP-RL (Fassung RL 2003/35/EG) Zugang zu einem Überprüfungsverfahren erhalten. Das soll durch ein Gericht oder durch eine „andere auf gesetzlicher Grundlage geschaffene unabhängige und unparteiische Stelle" geschehen.[640] Im Schrifttum wurde aus dieser alternativen Fassung geschlossen, dass die Richtlinie insoweit nicht unbedingt sei.[641] Die Zielsetzung ergibt jedoch, dass im Sinne der der Rechtsprechung des EuGH von der Unbedingtheit des Art. 10 a UVP-RL auszugehen ist. Dem Mitgliedstaat wird lediglich eine facultas alternativa eröffnet. Nach der Rechtsprechung des EuGH steht selbst einer ermessensbezogenen Ausgestaltung einer Richtlinie die Annahme unbedingter Anwendbarkeit nicht von vornherein entgegen. Art. 10 a Abs. 1 UVP-RL will eine Mindestgarantie im Sinne eines gerichtlichen Verfahrens gewährleisten. Hat der Mitgliedstaat von der ihm eingeräumten Gunst einer anderen äquivalenten Lösung keinen Gebrauch gemacht, bleibt es bei dem jeweils bereits vorhandenen innerstaatlichen Gerichtszugang.[642] Maßgebend ist auch hier der Grundsatz des „effet utile". Es genügt,

---

638 EuGH, Urteil vom 23.2.1994 – Rs. C-236/92 – EuGHE 1994 I-483 [502] Rn. 9 = NVwZ 1994, 885 = EuZW 1994, 282 = EuGRZ 1994, 110 = ZUR 1994, 195 – Comitato di coordinamento per la difesa della Cava e. a. vs. Regiona eLombardi Richtlinie 75/442/EWG – Abfallbeseitigung); EuGH, Urteil vom 3.4.1968 – Rs. 28/67 – EuGHE 1968, 215 = EuR 1968, 310 – Molkerei-Zentrale Westfalen/ Lippe.

639 EuGH, Urteil vom 19.12.1968 – Rs. 13/68 – EuGHE 1968, 679 [692] = DVBl. 1969, 449 = JuS 1969, 235 – Salgoil vs. Italienisches Außenhandelsministerium, mit Bespr. Gert Meier, Zum Rechtsschutz gegen Akte der öffentlichen Gewalt der Europäischen Gemeinschaft, in: DVBl. 1969, 451–454.

640 Die Regelung des Art. 10 a UVP-RL entspricht Art. 15 a IVU-RL.

641 Wolfgang Durner, Direktwirkungen europäischer Verbandsklagerechte? – Überlegungen zum Ablauf der Umsetzungsfrist der Richtlinie 2003/35/EG am 25. Juni und zur unmittelbaren Anwendbarkeit ihrer Vorgaben über den Zugang zu Gerichten, in: ZUR 2005, 285–290; dezidiert a. A. Dietrich Murswiek, Ausgewählte Probleme des allgemeinen Umweltrechts, in: Verw 38, 243–279 (2005); Martin Gellermann, Europäisierte Klagerechte anerkannter Naturschutzverbände, in: NVwZ 2006, 7–14; Sabine Schlacke, Rechtsschutz durch Verbandsklage, in: NuR 2004, 629–635; Sabine Schlacke, Das Umwelt-Rechtsbehelfsgesetz, in: NuR 2007, 8–16.

642 Die Frage ist durch das Gesetz über ergänzende Vorschriften zu Rechtsbehelfen in Umweltangelegenheiten nach der EG-Richtlinie 2003/35/EG vom 7.12.2006 (BGBl. I S. 2816) zugunsten gerichtlicher Verfahren nunmehr beantwortet worden; vgl. dazu Rn. 495 ff.

dass innerstaatlich bereits ein Überprüfungsverfahren besteht, das den Anforderungen der Richtlinie 2003/35/EG verfahrensmäßig und inhaltlich entspricht.

(3) Sieht die Richtlinie die Möglichkeit einer **Ausnahme** vor, so steht dies der Unbedingtheit nicht entgegen, solange der Mitgliedstaat von dieser Möglichkeit keinen Gebrauch gemacht hat.[643] Ist der Ausnahmebereich außerordentlich weit gefasst, kann dies anders sein. Erlaubt die Richtlinie dem Mitgliedstaat, „Bedingungen" zu erlassen, mit denen die korrekte Anwendung in der Praxis geleitet werden soll, schließt dies ebenfalls die Annahme der Unbedingtheit des Richtlinieninhalts noch nicht aus.[644] Sind die **Ziele der Richtlinien** in ihren Details sehr genau formuliert, spricht dies regelmäßig für die Unbedingtheit der Richtlinie, mag dem Mitgliedstaat auch noch ein geringerer Gestaltungsspielraum verbleiben.[645] Die in der Richtlinie eröffnete Möglichkeit, innerstaatlich Ausnahmen vorzusehen, nimmt ihr noch nicht das Merkmal der Unbedingtheit.[646]

310

1.2 Besondere Konstellationen der unmittelbaren Rechtswirkung

Der EuGH hat die drei genannten Merkmale der unmittelbaren Wirkung einer Richtlinie für **verschiedene Konstellation** präzisiert, teilweise eingeschränkt.[647] Einzelheiten sind bislang nicht in jeder Hinsicht geklärt.

311

Die unmittelbare Rechtwirkung der Richtlinie kann die staatlichen Organe ohne drittschützenden Bezug, also „objektiv" treffen. Bedeutsamer ist in prozessualer

312

---

643 EuGH, Urteil vom 19.11.1991 – Rs. C-6/90 und C-9/90 – EuGHE 1991 I-5357 [5402 f.] Rn. 12 ff. = DVBl. 1992, 1017 = NJW 1992, 165 = EuZW 1991, 758 – Andrea Francovich vs. Italien – „Francovich"; EuGH, Urteil vom 9.9.1999 – Rs. C-374/97 – EuGHE 1999 I-5163 = DVBl. 1999, 1644 = NVwZ 2000, 182 NVwZ 2000, 182 = EWS 1999, 431 = EuZW 2000, 22 = BayVBl 2000, 15 – Anton Feyrer vs. Landkreis Rottal-Inn (zur Richtlinie 85/73/EWG über die Finanzierung der Untersuchungen und Hygienekontrollen von frischem Fleisch und Geflügelfleisch in der Fassung der Richtlinie 93/118/EWG), mit Bespr. Wolfgang Kunze, Neuorientierung im Fleischhygienegebührenrecht, in: NVwZ 2001, 291–293.

644 EuGH, Urteil vom 19.1.1982 – Rs. 8/81 – EuGHE 1982, 53 – DVBl. 1982, 294 = NJW 1982, 499 – Ursula Becker vs. Finanzamt Münster-Innenstadt – „Becker"; EuGH, Urteil vom 22.2.1984 – Rs. 70/83 – EuGHE 1984, 1075 – Gerda Kloppenburg vs. Finanzamt Leer; EuGH, Urteil vom 17.2.2005 – verb. Rs. C-453/02 und C-462/02 – EuGHE 2005 I-1131 = DVBl. 2005, 567 = EuZW 2005, 210 = DB 2005, 430 = KommJur 2005, 136 – Edith Linneweber u. a. vs. Finanzamt Herne-West.

645 EuGH, Urteil vom 4.12.1986 – Rs. 71/85 – EuGHE 1986, 3855 [3876] Rn. 20 – Niederlande vs. Federatie Nederlandse Vakbeweging; vgl. dazu Hans D. Jarass, Voraussetzungen der innerstaatlichen Wirkung des EG-Rechts, in: NJW 1990, 2420–2425 [2424].

646 Wie hier Hans D. Jarass, Konflikte zwischen EG-Recht und nationalem Recht vor den Gerichten der Mitgliedstaaten, in: DVBl. 1995, 954–963 [957 f.]; Martin Nettesheim, Die mitgliedstaatliche Durchführung von EG-Richtlinien – Überlegungen am Beispiel der Luftreinhalterichtlinie 96/62/EG, Berlin 1999, S. 67.

647 Vgl. zu Einschränkungen etwa EuGH, Urteil vom 25.7.1991 – Rs. C-208/90 – EuGHE 1991, I-4269 = HFR 1993, 137 – Theresa Emmott vs. Minister for Social Welfare and Attorney General, mit Bespr. Holger Seibert, Europarechtliche Frist- und Bestandskrafthemmung im Steuerrecht, in: BB 1995, 543–550, Katja Friedrich/Jürgen Nagler, Bricht EU-Recht die Bestandskraft nach nationalem Verfahrensrecht?, in: DStR 2005, 403–412; EuGH, Urteil vom 7.3.1996 Rs. C-192/94 – EuGHE 1996 I-1281 = NJW 1996, 1401 = WM 1996, 1535 = EuZW 1996, 236 = NVwZ 1996, 677 (L) – El Corte Inglés vs. Cristina Blázquez Rivero, mit Bespr. Katja Finke, Die Haftung der Mitgliedstaaten für die Verletzung von Gemeinschaftsrecht, in: DZWir 1996, 361–369; Peter Bülow, Zur fehlenden Direktlieferung nicht fristgemäß umgesetzter EG-Richtlinien im Horizontalverhältnis – El Corte Inglés SA/Christina Blazquez Rivero, in: EWiR 1996, 599–600.

Hinsicht zumeist die Frage nach einer unmittelbaren Rechtswirkung des Gemeinschaftsrechts entweder auf das (**vertikale**) Verhältnis des Einzelnen gegenüber dem Staat oder auf das (**horizontale**) Verhältnis der Privatpersonen untereinander.[648] In aller Regel ordnet das Gemeinschaftsrecht nur eine vertikale Rechtswirkung an, da sich die Richtlinie gemäß Art. 249 Abs. 3 EG an den Mitgliedstaat richtet. Der EuGH nimmt in diesem Bereich zunehmend die Möglichkeit und Notwendigkeit einer vertikalen Anwendungsbezogenheit an.[649] Dabei ist jeweils von Fall zu Fall zu prüfen, ob eine Richtlinienbestimmung nach Rechtsnatur, Systematik und Wortlaut geeignet ist, unmittelbare Wirkungen zu begründen. In der hier gebotenen Kürze ergibt sich danach folgendes Anwendungssystem.[650] Dagegen sind mögliche horizontale Wirkungen der Richtlinie derzeit umstritten.

1.2.1 Objektive, drittschutzunabhängige Verpflichtung des Staates

Lit.: Vgl. Volker Neßler, Richterrecht wandelt EG-Richtlinien, in: RIW 1993, 206–214; Claus Dieter Classen, Zur Bedeutung von EWG-Richtlinien für Privatpersonen, in: EuZW 1993, 83–87; Eckart Klein, Objektive Wirkungen von Richtlinien, in: Ole Due/Marcus Lutter/Jürgen Schwarze (Hrsg.), Festschrift für Ulrich Everling, Baden-Baden 1995, S. 641–650; Christian Calliess, Zur unmittelbaren Wirkung der EG-Richtlinie über die Umweltverträglichkeitsprüfung und ihre Umsetzung im deutschen Immissionsschutzrecht, in: NVwZ 1996, 339–342; Martin Gellermann, Auflösung von Normwidersprüchen zwischen europäischem und nationalem Recht – Zu den Folgen der Gemeinschaftswidrigkeit der Übergangsvorschrift des § 22 UVPG, in: DÖV 1996, 433–443; Astrid Epiney, Unmittelbare Anwendbarkeit und objektive Wirkung von Richtlinien, in: DVBl. 1996, 409–414; Matthias Pechstein, Die Anerkennung der rein objektiven unmittelbaren Richtlinienwirkung. Anmerkung zum UVP-Urteil des EuGH, in: EWS 1996, 261–265; Burghard Kreft, Die Auslegung europäischen oder die Anwendung nationalen Rechts, in: RdA 2006, Sonderbeilage zu Heft 6, 38–45; Anna von Oettingen/David Rabenschlag, Europäische Richtlinien und allgemeiner Gleichheitssatz im innerstaatlichen Recht – Anmerkungen anlässlich des Mangold-Urteils des EuGH, in: ZEuS 2006, 363–380.

313 (1) Die Richtlinie kann lediglich eine objektive Verpflichtung staatlicher Organe festlegen wollen, ohne damit zugleich einen subjektiven Anspruch zu begründen. Auch ein derartiger Inhalt kann der Richtlinie eine unmittelbare Wirkung zuweisen.[651] Ein Mitgliedstaat, der eine Richtlinie nicht innerhalb der vorgeschriebenen

---

648 Vgl. Meinhard Hilf, Die Richtlinie der EG – ohne Richtung, ohne Linie?, in: EuR 28 (1993), S. 1–22; vgl. ferner Christine Langenfeld, Zur Direktwirkung von EG-Richtlinien, in: DÖV 1992, 955–965; Gerd Winter, Direktwirkung von EG-Richtlinien, in: DVBl. 1991, 657–666.

649 Deutlich EuGH, Urteil vom 8.4.1976 – Rs. 43/75 – EuGHE 1976, 455 [476] Rn. 38 f. = DVBl. 1976, 487 = NJW 1976, 2068 = BB 1976, 841 – Gabriele Defrenne vs. Société anonyme belge de navigation aérienne Sabena – „Defrenne II".

650 Vgl. näher Hans-Joachim Schütz/Thomas Bruha/Doris König, Casebook Europarecht, München, 2004, S. 136 ff.

651 Vgl. EuGH, Urteil vom 11.8.1995 – Rs. C-431/92 – EuGHE 1995 I-2189 = DVBl. 1996, 424 = NVwZ 1996, 369 = EuZW 1995, 743 = NuR 1996, 102 – Kommission vs. Deutschland – „Großkrotzenburg", mit Bespr. von Matthias Ruffert, Subjektive Rechte und unmittelbare Wirkung von EG-Umweltschutzrichtlinien, in: ZUR 1996, 235–238; Eckart Klein, Objektive Wirkungen von Richtlinien, in: Ole Due/Marcus Lutter/Jürgen Schwarze (Hrsg.), Festschrift für Ulrich Everling, Baden-Baden 1995, S. 641–650; Silke Albin, Unmittelbare Anwendbarkeit von Richtlinien mit „Doppelwirkung" im Umweltbereich – Ein Scheinproblem, in: NuR 1997, 29–33; ferner Cornelia Nicklas, Implementationsprobleme des EG-Umweltrechts: unter besonderer Berücksichtigung der Luftreinhalterichtlinien, Baden-

Berkemann

Frist umgesetzt hat, kann daher deren unmittelbare Anwendung nicht mit der Erwägung entgegentreten, dass die Richtlinie keine individuellen Rechte für den einzelnen begründete.[652] Der Mitgliedstaat muss sich also nach Ablauf der Umsetzungsfrist richtlinienkonform verhalten. Das kann sich im Ergebnis für einen Dritten mittelbar belastend auswirken (vgl. Rn. 325).[653]

> **Beispiel:** Die aus Art. 2, 3 und 8 der UVP-RL 85/337/EWG folgende Verpflichtungen zur Durchführung einer Umweltverträglichkeitsprüfung haben die deutschen Genehmigungsbehörden unabhängig davon zu beachten, ob sich die von dem jeweiligen Projekten Betroffenen auf UVP-RL 85/337/EWG im Sinne einer „subjektiven" Rechtsposition berufen können („Wärmekraftwerk Großkrotzenburg").[654] Dagegen blieb die Frage, ob die UVP-RL 85/337/EWG unmittelbar subjektive Rechte vermittelte, umstritten.[655]

(2) Richtlinien können mitgliedstaatliche Regelungen vorsehen, die für einige Bür-   **314** ger begünstigend, gleichzeitig für andere aber belastend wirken (**Richtlinien mit Doppelwirkung**). Es handelt sich um objektiv wirkende Richtlinien mit „drittbelastender" Wirkung. Es war im Schrifttum zunächst umstritten, ob der EuGH in seiner Entscheidung zum Wärmekraftwerk Großkrotzenburg die unmittelbare Wirkung eines derartigen drittbelastenden Richtlinieinhalts anerkannt hatte.[656] In einer neueren Entscheidung hat der EuGH diese Unsicherheit beendet. Der Gerichtshof hat im Zusammenhang mit der UVP-RL ausdrücklich ausgesprochen, dass die Annahme einer unmittelbaren Wirkung einer Richtlinie nicht daran scheitere, dass mit ihr in einem Dreiecksverhältnis auch eine Belastung für einen privaten Dritten verbunden sein könne.[657]

Baden 1997, S. 73; Christian Engelsberger, Der Vollzug europarechtlicher Vorschriften auf dem Gebiet des Umweltschutzes, Berlin 1998 S. 119.

652 Vgl. auch Eckart Klein, Objektive Wirkungen von Richtlinien, in: Ole Due/Marcus Lutter/Jürgen Schwarze (Hrsg.), Festschrift für Ulrich Everling, Baden-Baden 1995, S. 641–650; Astrid Epiney, Unmittelbare Anwendbarkeit und objektive Wirkung von Richtlinien, in: DVBl. 1996, 409–414.

653 Vgl. EuGH, Urteil vom 11.8.1995 – Rs. C-431/92 – EuGHE 1995 I-2189 = DVBl. 1996, 424 = NVwZ 1996, 369 = EuZW 1995, 743 = NuR 1996, 102 – Kommission vs. Deutschland – „Großkrotzenburg".

654 EuGH, Urteil vom 11.8.1995 – Rs. C-431/92 – EuGHE 1995 I-2189 = DVBl. 1996, 424 = NVwZ 1996, 369 = EuZW 1995, 743 = NuR 1996, 102 – Kommission vs. Deutschland – „ Großkrotzenburg".

655 Vgl. etwa Matthias Ruffert, Subjektive Rechte im Umweltrecht der Europäischen Gemeinschaft Unter besonderer Berücksichtigung ihrer prozessualen Durchsetzung, Heidelberg 1996; Matthias Ruffert, Dogmatik und Praxis des subjektiv-öffentlichen Rechts unter Einfluß des Gemeinschaftsrechts, in: DVBl. 1998, 69–75, Josef Ruthig, Transformiertes Gemeinschaftsrecht und Klagebefugnis des § 42 Abs. 2 VwGO, in: BayVBl 1997, 289–298; Bernhard W. Wegener, Rechte des Einzelnen. Die Interessenlage im europäischen Umweltrecht, Baden-Baden 1998 S. 28 f.; Friedrich Schoch, Individualrechtsschutz im deutschen Umweltrecht unter dem Einfluß des Gemeinschaftsrechts, in: NVwZ 1999, 457–467: Gerd Winter, Individualrechtsschutz im deutschen Umweltrecht unter dem Einfluß des Gemeinschaftsrechts, in: NVwZ 1999, 467–475; Alfred Scheidler, Rechtsschutz Dritter bei fehlender oder unterbliebener Umweltverträglichkeitsprüfung, in: NVwZ 2005, 863–868; vgl. aber Dietrich Murswiek, Rechtsprechungsanalyse: Ausgewählte Probleme des allgemeinen Umweltrechts. Vorsorgeprinzip, Subjektivierungstendenzen am Beispiel der UVP, Verbandsklage, in: DV 38 (2005), S. 243–279.

656 Bejahend etwa Silke Albin, Unmittelbare Anwendbarkeit von Richtlinien mit „Doppelwirkung" im Umweltbereich. Ein Scheinproblem? – Anmerkungen anläßlich des „Großkrotzenburg"-Urteils des EuGH, in: NuR 1997, 29–33 [32]; Astrid Epiney, Unmittelbare Anwendbarkeit und objektive Wirkung von Richtlinien, in: DVBl. 1996, 409–414 [413]; zurückhaltend Matthias Pechstein, Die Anerkennung der rein objektiven unmittelbaren Richtlinienwirkung, in: EWS 1996, 261–265 [264].

657 EuGH, Urteil vom 7.1.2004 – Rs. C-201/02 – EuGHE I 2004, 723 [765] Rn. 55 ff. = DVBl. 2004, 370 = NVwZ 2004, 593 = EWS 2004, 232 = NuR 2004, 517 = EurUP 2004, 57 – The Queen, Delena

315 (3) Der Begriff der staatlichen Organe ist umfassend zu verstehen.[658] Auch die „einfache" Behörde hat die unmittelbare Wirkung der Richtlinie als **striktes Recht** zu beachten (vgl. Rn. 258 f., 295). Es kommt auch nicht darauf an, dass der EuGH oder ein nationales Gericht die unmittelbare Wirkung zuvor festgestellt hat.

1.2.2 Vertikale Direktwirkung der Richtlinie (Berechtigungen des Einzelnen)

Lit.: Matthias Ruffert, Subjektive Rechte und unmittelbare Wirkung von EG-Umweltschutzrichtlinien, in: ZUR 1996, 235–238; Martin Burgi, Mitgliedstaatliche Garantenpflicht statt unmittelbare Drittwirkung der Grundfreiheiten, in: EWS 1999, 327–332; Gerd Winter, Die Dogmatik der Direktwirkung von EG-Richtlinien und ihre Bedeutung für das EG-Naturschutzrecht, in: ZUR 2002, 313–318; Hartmut Weyer, Unanwendbarkeit gemeinschaftswidriger nationaler Normen im Privatrechtsverhältnis, in: GPR 2004, 226–233; Christian Calliess, Kohärenz und Konvergenz beim europäischen Individualrechtsschutz. Der Zugang zum Gericht im Lichte des Grundrechts auf effektiven Rechtsschutz, in: NJW 2002, 3577–3582; Thomas Siems, Das UVP-Verfahren – Drittschützende Wirkung oder doch „nur" reines Verfahrensrecht, in: NuR 2006, 359–362.

316 (1) Mit der Frage nach einer vertikalen Direktwirkung der Richtlinie wird erörtert, ob die Richtlinie bei unmittelbarer Wirkung **subjektive Rechte des Einzelnen**, gerichtet gegen den Mitgliedstaat, enthält. Der EuGH hat dies erstmals 1974 bejaht.[659] Der Gerichtshof hat aber zugleich betont, dass in diesem Falle die Richtlinienbestimmung nach Rechtsnatur, Systematik und Wortlaut einer sorgsamen Prüfung zu unterziehen sei, um eine unmittelbare Wirkung annehmen zu können. Unerheblich ist, ob der EuGH die subjektive Rechtsstellung erst zu einem späteren Zeitpunkt „festgestellt" hat.[660]

Wells vs. Secretary of State for Transport, Local Government and the Regions – „Delena Wells", mit Bespr. Jochen Kerkmann, in: DVBl. 2004, 1288–1289, Kristian Fischer/Thomas Fetzer, Unmittelbare Wirkung von Richtlinien im Dreiecksverhältnis in: EWS 2004, 236–238; weiterführend Thomas Siems, Das UVP-Verfahren: Drittschützende Wirkung oder doch „nur" reines Verfahrensrecht, in: NuR 2006, 359–362.

658 EuGH, Urteil vom 12.7.1990 – Rs. C-188/89 – EuGHE 1990 I-3313 = NJW 1991, 3086 = NVwZ 1992, 51 = EuZW 1990, 424 = JZ 1992, 56 – A. Forster u. a. vs. British Gas PLC; vgl. ferner EuGH, Urteil vom 26.2.1986 – Rs. 152/84 – EuGHE 1986, 723 = NJW 1986, 2178 – Marshall vs. Southampton and South-West Hampshire Area Health Authority, mit Bespr. Gert Nicolaysen, Keine horizontale Wirkung von Richtlinien-Bestimmungen, in: EuR 1986, 370–371.

659 EuGH, Urteil vom 4.12.1974 – Rs. 41/74 – EuGHE 1974, 1337 [1348] Rn. 12 – Yvonne van Duyn vs. Home Office (Aufenthalts-Richtlinie) – „van Duyn"; EuGH, Urteil vom 22.6.1989 – Rs. 103/88 – EuGHE 1989 I-1839 = DVBl. 1990, 689 = NVwZ 1990, 649 – Fratelli Costanzo SpA vs. Stadt Mailand – „Fratelli Costanzo" (zur Vergaberichtlinie 71/305/EWG); EuGH, Urteil vom 10.4.1984 – Rs. 14/83 – EuGHE 1984, 1891 = NJW 1984, 2021 = EuGRZ 1984, 217 = ZIP 1984, 1386 – von Colson und Kamann vs. Land Nordrhein-Westfalen; EuGH, Urteil vom 26.2.1986 – Rs. 152/84 – EuGHE 1986, 723 = NJW 1986, 2178 – Marshall vs. Southampton and South-West Hampshire Area Health Authority – „Marshall I", vgl. ferner Claus Dieter Classen, Zur Bedeutung von EG-Richtlinien für Privatpersonen, in: EuZW 1993, 84–87; Robin van der Hout, Individualklagen gegen Richtlinien. Perspektiven des Rechtsschutzes auf Gemeinschaftsebene, Baden-Baden 2003; Fernand Schockweiler, Der Schadensersatzanspruch gegenüber dem Staat – Eine vollwertige Alternative zur „horizontalen Wirkung" von nicht fristgemäß umgesetzten Richtlinien?, in: Festschrift für Ulrich Everling 1995, 1315–1330.

660 EuGH, Urteil vom 13.2.1996 – verb. Rs. 197/94 und C-252/94 – EuGHE 1996 I-505 [548] Rn. 47 = HFR 1996, 286 – Bautiaa und Société française maritime vs. Directeur des services fiscaux; ebenso EuGH, Urteil vom 22.10.1998 – verb. Rs. C-10/97 bis 22/97 – EuGHE 1998 I-6307 [6333] Rn. 23 =

(2) Eine gleichsam erste formale Voraussetzung der vertikalen Direktwirkung ist **317** wiederum, dass der Mitgliedstaat seiner Pflicht zur Umsetzung der Richtlinie nicht innerhalb der ihr gesetzten Frist nachgekommen ist.[661] Solange die Frist noch nicht abgelaufen ist, schließt dies die Annahme der vertikalen Direktwirkung mithin aus. Ist die Richtlinie materiell ordnungsgemäß umgesetzt worden, bedarf es der vertikalen Direktwirkung auch nicht. Subjektive Berechtigungen ergeben sich alsdann – vorbehaltlich einer gebotenen richtlinienkonformen Auslegung – unmittelbar aus dem innerstaatlichen Recht.[662] Ist die Richtlinie nach Ansicht des Mitgliedstaates zeitlich und inhaltlich zutreffend umgesetzt worden, ist der Einzelne nicht gehindert, dies im gerichtlichen Verfahren in Zweifel zu ziehen.[663]

(3) Deutlich schwieriger ist die Auslegungsfrage zu beantworten, ob die Richtlinie **318** dem betroffenen EG-Bürger ein subjektives Recht zuweisen will, auf das sich dieser auch gegenüber dem Mitgliedstaat klageweise soll berufen können.[664] In aller Regel wirft dies die Frage auf, ob und welche Interessen oder Belange des EG-Bürgers durch die umgesetzte Richtlinie geschützt oder gefördert werden sollen. Bereits verlangt die Prüfung, ob der Richtlinientext hinreichend präzise ist. Zur Beantwortung dieses Fragekomplexes darf nicht auf die **deutsche „Schutznormlehre"** zurückgegriffen werden.[665] Erforderlich ist hierzu eine Auslegung, die sich an den vom EuGH entwickelten gemeinschafsrechtlichen Interpretationsregeln ausrichtet. Indes sind die Richtlinien in dieser Frage in hohem Maße aussageschwach und mithin auslegungsbedürftig. Das gilt zum einen für die Frage, ob inhaltlich dem Einzelnen überhaupt Erfüllungsansprüche oder vielleicht – gemindert – nur Ansprüche auf Kontrolle eingeräumt werden sollen. Im letzteren Falle werden nur reaktiv-subjektive Rechte auf gerichtliche Kontrolle eingeräumt.[666] Zum

---

NJW 1999, 201 = EuZW 1998, 719 = EWS 1999, 63 = EuR 1999, 237 = JZ 1999, 196 – Ministero delle Finanze vs. IN.CO.GE., mit Bespr. Thomas von Danwitz, Zum Einfluß des Gemeinschaftsrechts auf die mitgliedstaatliche Verfahrensautonomie, in: JZ 1999, 198–200.

661 EuGH, Urteil vom 5.4.1979 – Rs. 148/78 – EuGHE 1979, 1629 [1630] Ls. 1 = NJW 1979, 1764 = RIW 1979, 698 – Strafverfahren Ratti (Richtlinien gefährliche Stoffe), mit Bespr. Gert Meier, Zur unmittelbaren Anwendbarkeit von Harmonisierungsrichtlinien der Europäischen Gemeinschaft, in: ZLR 1980, 475–481.

662 EuGH, Urteil vom 25.7.1982 – Rs. 270/81 – EuGHE 1982, 2771 [2772] Ls. 3 – Felicitas vs. Finanzamt für Verkehrssteuern; vgl. Claus Dieter Classen, Zur Bedeutung von EWG-Richtlinien für Privatpersonen, in: EuZW 1993, 83–87.

663 Vgl. bereits EuGH, Urteil vom 1.2.1977 – Rs. 51/76 – EuGHE 1977, 113 LS. 3 – Nederlandse Ondernemingen vs. Inspekteur der Invoerrechten en Accijnen (2. Umsatzsteuer-Richtlinie).

664 EuGH, Urteil vom 4.12.1974 – Rs. 41/74 – EuGHE 1974, 1337 [1348] Rn. 12 – Yvonne van Duyn vs. Home Office – „van Duyn", mit Bespr. Jochen Streil, Der Vorbehalt der öffentlichen Ordnung im Recht der Freizügigkeit der Europäischen Gemeinschaften; in: EuGRZ 1976, 115–117; Torsten Stein, Die Einschränkung der Freizügigkeit von EWG-Ausländern aus Gründen der öffentlichen Sicherheit und Ordnung, in: NJW 1976, 1553–1557; EuGH, Urteil vom 25.7.1991 – Rs. C-345/89 – EuGHE 1991 I-4047 = EuGRZ 1991, 421 = EuZW 1991, 666 = WiR 1991, 243 – Strafverfahren Alfred Stoeckel (zur Richtlinie 76/207/EWG).

665 Martin Nettesheim, in: Eberhard Grabitz/Meinhard Hilf, Das Recht der Europäischen Union [Stand: Aug. 2002], EG Art. 249 Rn. 143, 170.

666 Vgl. näher Martin Nettesheim, in: Eberhard Grabitz/Meinhard Hilf (Hrsg.), Das Recht der Europäischen Union [Stand: Aug. 2002], EG Art. Rn. 144; zur Problematik vgl. auch Thomas von Danwitz, Verwaltungsgerichtliches System und europäische Integration, Tübingen Ort 1996, S. 246; Matthias Ruffert, Subjektive Rechte im Umweltrecht der Europäischen Gemeinschaft. Unter besonderer Berücksichtigung ihrer prozessualen Durchsetzung, Heidelberg 1996, S. 187; Johannes Masing, Die

---

anderen ist der Kreis der Berechtigten zu bestimmen. Nur selten ist der Richtlinientext in dieser Frage hinreichend eindeutig. Dies ist etwa in Art. 3 Abs. 2 UI-RL 2003/4/EG geschehen. Der Richtliniengeber will jeden „Antragsteller", der eine Umweltinformation begehrt, berechtigen.

319 Zumeist ist interpretativ zu ermitteln, ob und welchem **Personenkreis** subjektive Rechtspositionen zuerkannt worden sind und im Umsetzungsvorgang zuerkannt werden sollen. Nach der Spruchpraxis des **EuGH** lässt sich dies nur von Fall zu Fall entscheiden. Allerdings bevorzugt der Gerichtshof hierfür inzwischen stärker eine im Kern teleologische Auslegungsmethode, schwankt andererseits auch nicht selten zugunsten eines eher restriktiven Wortverständnisses.[667] Ist Ziel der Richtlinien (auch), die Beachtung konkretisierbarer Individualbelange zu fördern, so dürfte dies in aller Regel für eine Annahme subjektiver Rechte sprechen.[668] Dabei ist von erheblichem Gewicht die Integrität der Individualsphäre in körperlicher und sozialer Hinsicht. Maßgebend und zugunsten der Annahme subjektiver Rechte sprechen die Grobziele der Gesundheit, des Lebens und der sozialen Sicherheit. Eine auf Umweltschutz bezogene Gemeinschaftspolitik legte nach früherer Ansicht des EuGH eine Zuweisung subjektiver Rechte des Einzelnen nicht unbedingt nahe.[669] Der Gerichtshof hat diese restriktive Ansicht 1991 aufgegeben.

320 Auch allgemein begünstigende Richtlinieninhalte des **Umweltrechts** können durchaus Ziele der Individualberechtigung verfolgen.[670] So haben EG-Richtlinien für die

---

Mobilisierung des Bürgers für die Durchsetzung des Rechts. Europäische Impulse für eine Revision der Lehre vom subjektiv-öffentlichen Recht, Berlin 1997, S. 37 ff.; Ronald Stelling, Mangelnde Umsetzung von EG-Richtlinien durch den Erlaß und die Anwendung der TA Luft, in: NVwZ 1992, 134–137.

667 Vgl. EuGH, Urteil vom 17.10.1991 – Rs. C-58/89 – EuGHE 1991 I-4983 [5023] Rn. 13 NVwZ 1992, 459 = BayVBl 1992, 334 = EuZW 1991, 761 – Kommission vs. Deutschland (Nichtumsetzung von EG-Richtlinien für die Trinkwassergewinnung aus Oberflächenwasser in innerstaatliches Recht), mit Bespr. Bernhard W. Wegener, in: InfUR 1992, 35–38; EuGH, Urteil vom 30.5.1991 – Rs. C-59/89 – EuGHE 1991 I-2607 = NVwZ 1991, 868 = EuZW 1991, 442 = JZ 1991, 1032 – Kommission vs. Deutschland (zur Nichtumsetzung einer EG-Richtlinie 884/82/EWG gegen die Luftverschmutzung durch Blei in innerstaatliches Recht), mit Bespr. Ulrich Guttenberg, Unmittelbare Außenwirkung von Verwaltungsvorschriften? – EuGH, NVwZ 1991, 866 und 868, in: JuS 1993, 1006–1011; Ulrich Everling, Umsetzung von Umweltrichtlinien durch normkonkretisierende Verwaltungsanweisungen, in: RIW 1992, 379–385.

668 So bereits Matthias Ruffert, Subjektive Rechte im Umweltrecht der Europäischen Gemeinschaft. Unter besonderer Berücksichtigung ihrer prozessualen Durchsetzung, Heidelberg 1996, S. 224 ff.; Martin Nettesheim, in: Eberhard Grabitz/Meinhard Hilf, Das Recht der Europäischen Union [Stand: Aug. 2002], EG Art. 249 Rn. 147.

669 Vgl. EuGH, Urteil vom 19.1.1982 – Rs. 8/81 – EuGHE 1982, 53 = DVBl. 1982, 294 = NJW 1982, 499 = RIW 1982, 186 – Ursula Becker vs. Finanzamt Münster-Innenstadt, mit Bespr. Wolfgang Dänzer-Vanotti, Unmittelbare Wirkung der Sechsten Umsatzsteuer-Richtlinie, in: BB 1982, 1106; Gert Meier, Unmittelbare Wirkung von EG-Richtlinien im deutschen Umsatzsteuerrecht, in: BB 1982, 480; EuGH, Urteil vom 22.2.1984 – Rs. 70/83 – EuGHE 1984, 1075 (zur 6. Umsatzsteuer-Richtlinie).

670 EuGH, Urteil vom 17.10.1991 – Rs. C-58/89 – EuGHE 1991 I-4983 [5023] Rn. 13 = NVwZ 1992, 459 = BayVBl 1992, 334 = EuZW 1991, 761 – Kommission vs. Deutschland (zur Nichtumsetzung von EG-Richtlinien für die Trinkwassergewinnung aus Oberflächenwasser in innerstaatliches Recht), mit Bespr. Bernhard W. Wegener, in: InfUR 1992, 35–38; vgl. auch Kurt Faßbender, Gemeinschaftsrechtliche Anforderungen an die normative Umsetzung der neuen EG-Wasserrahmenrichtlinie, in: NVwZ 2001, 241–249; Gerd Winter, Die Dogmatik der Direktwirkung von EG-Richtlinien und ihre Bedeutung für das EG-Naturschutzrecht, in: ZUR 2002, 313–318.

Berkemann

Trinkwassergewinnung aus Oberflächenwasser (RL 75/440/EWG und 79/869/EWG) den Schutz der Volksgesundheit zum Ziel (ebenso RL 80/778/EWG über die Qualität von Wasser für den menschlichen Gebrauch; RL 91/676/EWG – Schutz des Gewässers durch Nitrat aus landwirtschaftlichen Quellen). Immer dann, wenn die mangelnde Befolgung der durch die Richtlinien vorgeschriebenen Maßnahmen die Gesundheit von Menschen gefährden konnte, mussten die Betroffenen die Möglichkeit haben, sich auf zwingende Vorschriften zu berufen, um ihre Rechte geltend machen zu können. Auch die Betreiber der Oberflächenwasserentnahmestellen mussten ihrerseits ihre Verpflichtungen genau kennen. In diesem Falle verlangte also eine ordnungsgemäße Umsetzung den Erlass hinreichend spezifischer, bestimmter und klarer Vorschriften mit einer nicht bestreitbaren normativen Bindungswirkung (sog. **Transparenzgebot**). In gleicher Weise hat der EuGH die Richtlinie 884/42/EWG gegen die Luftverschmutzung durch Blei und die Richtlinie 779/80/EWG gegen die Luftverschmutzung durch Schwefeldioxid und Schwebestaub als „drittschützend" verstanden.[671] Nicht hinreichend geklärt ist die Frage, ob das Interesse Einzelner an einem Schutz unterhalb der Gefährdungsbereiche, aber oberhalb der Geringfügigkeit subjektiv-rechtlich beurteilt werden kann.[672] Voraussetzung ist stets, dass (qualifizierte) individuelle Interessen durch den nationalen Rechtszustand, den die Richtlinie fordert, substantiell gefördert werden oder vor mutmaßlichen Nachteilen bewahrt bleiben.[673]

(4) Aus der Richtlinie muss sich schließlich selbst ergeben, dass ein bestimmtes **321** Verhalten „unbedingt" geboten ist und dadurch für den EG-Bürger subjektive Rechte geschaffen werden sollen. Die Richtlinie muss gewissermaßen **„self-executing"** sein. Das ist sie dann, wenn ihr Inhalt in dem maßgebenden Punkte abschließend, vollständig, uneingeschränkt, bedingungsunabhängig und auch textlich geeignet ist, ohne weitere Ausführungsbestimmungen subsumtiv angewandt zu werden (vgl. Rn. 305 ff.).[674] Der Regelungsgehalt der Richtlinie muss mithin eine derartige materielle „Verdichtung" erfahren haben, dass für den umsetzenden Mitgliedstaat ein ausgestaltender Ermessensbereich erkennbar nicht besteht. Die unmittelbare Wirkung, auf die sich der EG-Bürger berufen kann, trifft jede

---

671 EuGH, Urteil vom 30.5.1991 – Rs. C-59/89 – EuGHE 1991 I-2607 = DVBl. 1991, 869 = NVwZ 1991, 868 = EuZW 1991, 440 = UPR 1992, 24 = NuR 1992, 197 = BayVBl 1992, 207 = JZ 1991, 1031 – Kommission vs. Deutschland (zur Richtlinie 82/884/EWG – Luftreinhaltung), mit Bespr. Hans-Heinrich Rupp, Zur Frage der Außenwirkung von Verwaltungsvorschriften, in: JZ 1991, 1034–1035; EuGH, Urteil vom 30.5.1991 – Rs. C-361/88 – EuGHE 1991 I-2587 = DVBl. 1991, 869 = NVwZ 1991, 866 = UPR 1992, 24 = NuR 1992, 197 = NuR 1992, 197 = JZ 1991, 1031 – Kommission vs. Deutschland (zur Richtlinie 80/779/EWG – Mangelhafte Umsetzung einer Luftreinhaltungsrichtlinie).

672 Verneinend Martin Nettesheim, in: Eberhard Grabitz/Meinhard Hilf (Hrsg.), Das Recht der Europäischen Union [Stand: Aug. 2002], EG Art. 249 Rn. 147 a. E., indes ist dies zweifelhaft.

673 Vgl. umfassend und strukturierend Wolfgang Kahl, Umweltprinzip und Gemeinschaftsrecht. Eine Untersuchung zur Rechtsidee des „bestmöglichen Umweltschutzes" im EWG-Vertrag, Heidelberg 1993, S. 145 ff.

674 EuGH, Urteil vom 19.1.1982 – Rs. 8/81 – EuGHE 1982, 53 [71] Rn. 25 = DVBl. 1982, 294 = NJW 1982, 499 = RIW 1982, 186 – Ursula Becker vs. Finanzamt Münster-Innenstadt; vgl. bereits EuGH, Urteil vom 5.3.1963 – Rs. 26/62 – EuGHE 1963, 1 = NJW 1963, 1751 = BB 1963, 362 – van Gend en Loos vs. Niederländischen Finanzverwaltung, mit Bespr. Carl Friedrich Ophüls, Unmittelbare, individuelle Rechte begründende Wirkung des Art. 12 EWGVtr des Vertrages zur Gründung der Europäischen Wirtschaftsgemeinschaft sowie zur Auslegung des Art. 177, in: NJW 1963, 1751–1752.

Stelle des Mitgliedstaates.[675] Auch die **Gemeinden** haben die Richtlinien strikt zu beachten.

Beispiel[676]: Die Richtlinien 96/62/EG und 1999/30/EG (**Luftqualitätsrichtlinien**) enthalten Grenzwerte, die gebiets- bzw. ballungsraumbezogen konzipiert sind.[677] Die Grenzwerte dienen dem Schutz der menschlichen Gesundheit. Die konkrete Schadstoffsituation, der Menschen an bestimmten Stellen in Gebieten ausgesetzt sind, wird nicht dadurch besser, dass die Grenzwerte im Gesamtgebiet nicht flächendeckend oder im Durchschnitt nicht überschritten werden.[678] Die Gemeinde hatte die Grenzwerte im Rahmen ihrer Bauleitplanung zumindest als einen Abwägungsbelang zu beachten, bevor der Richtlinieninhalt durch die 22. BImSchV umgesetzt wurde. Die Richtlinie 1999/30/EG war bis 19.7.2001 umzusetzen.

322 Nach neuerer Ansicht des EuGH ist dazu nicht erforderlich, dass der Betroffene die ihn begünstigende Regelung ausdrücklich geltend macht. Das BVerwG hat 1996 eine derartige subjektive Wirkung für das „Verfahrensrecht" der UVP-RL 85/337/EWG verneint (vgl. dazu Rn. 354).[679] Dass die Berechtigung des einen zugleich eine Benachteiligung eines anderen zur Folge hat, steht der unmittelbaren Wirkung der Richtlinie nicht entgegen.[680] Behörden und Gerichte haben eine **„subjektive"** unmittelbare Wirkung der Richtlinie **von Amts wegen** zu beachten.[681]

---

675 EuGH, Urteil vom 12.7.1990 – Rs. C-188/89 – EuGHE I-3313 Ls. 1 = NJW 1991, 3086 = NVwZ 1992, 51 = EuZW 1990, 424 = JZ 1992, 56 – A. Forster u. a. vs. British Gas PLC; das gilt auch dann, wenn der Staat in Privatrechtsform handelt, vgl. EuGH, Urteil vom 26.2.1986 – Rs. 152/84 – EuGHE 1986, 723 [749] Rn. 49 = NJW 1986, 2178 – Marshall vs. Southampton and South-West Hampshire Area Health Authority; die Entscheidung kann auch als ein Fall der „horizontalen Drittwirkung" angesehen werden.

676 Nach Ulrich Karpenstein, Praxis des EG-Rechts, 2006, S. 53.

677 Richtlinie 1999/30/EG des Rates vom 22. April 1999 über Grenzwerte für Schwefeldioxid, Stickstoffdioxid und Stickstoffoxide, Partikel und Blei in der Luft. Vgl. nunmehr Vorlagebeschluss BVerwG, Beschluss vom 29.3.2007 – 7 C 9.06 – NVwZ 2007, 695 = DVBl. 2007, 763 = UPR 2007, 306 = NuR 2007, 490 = GewArch 2007, 296.

678 BVerwG, Urteil vom 26.5.2004 – 9 A 6.03 – BVerwGE 121, 57 = DVBl. 2004, 1289 = NVwZ 2004, 1237 = NuR 2004, 729 = ZUR 2005, 96; ähnlich BVerwG, Urteil vom 18.11.2004 – 4 CN 11.03 – BVerwGE 122, 207 = DVBl. 2005, 386 = NVwZ 2005, 442 = UPR 2005, 193 = ZfBR 2005, 270 = NuR 2005, 394 = BauR 2005, 671; BVerwG, Urteil vom 23.02.2005 – 4 A 5.04 – BVerwGE 123, 23 = DVBl. 2005, 908 = NVwZ 2005, 808 = UPR 2005, 274 = BayVBl 2006, 571 = BauR 2005, 1274 = BRS 69 Nr. 21 (2005); a. A. noch OVG Koblenz vom 2.5.2002 – 1 C 11563/00 – BauR 2002, 1504 = BRS 65 Nr. 26 (2002).

679 BVerwG, Urteil vom 25.1.1996 – 4 C 5.95 – BVerwGE 100, 238 = DVBl. 1996, 677 = NVwZ 1996, 788 = UPR 1996, 228 = ZfBR 1996, 275 = BRS 58 Nr. 7 (1996) – BAB 60; unentschieden, mit deutlicher Tendenz zur Ablehnung BVerwG, Urteil vom 23.4.1997 – 11 A 7.97 – BVerwGE 104, 337 = DVBl. 1997, 1119 = NVwZ 1998, 847 = UPR 1997, 409 = NuR 1997, 504.

680 EuGH, Urteil vom 22.6.1989 – Rs. 103/88 – EuGHE 1989, 1839 [1870 f.] Rn. 30 ff. = DVBl. 1990, 689 = NVwZ 1990, 649 = EuR 1990, 151 – Fratelli Costanzo SpA vs. Stadt Mailand – „Fratelli Costanzo" (Vergaberichtlinie 71/305/EWG).

681 EuGH, Urteil vom 22.6.1989 – Rs. 103/88 – EuGHE 1989, 1839 [1870] Rn. 30 f. = DVBl. 1990, 689 = NVwZ 1990, 649 = EuR 1990, 151 – Fratelli Costanzo SpA vs. Stadt Mailand – „Fratelli Costanzo" (Vergaberichtlinie 71/305/EWG), mit Bespr. Hans-Jürgen Wolff, Pflicht der Verwaltung zur Einhaltung von Bestimmungen in EG-Richtlinien?, in: VR 1991, 77–84; EuGH, Urteil vom 24.10.1996 – Rs. C-72/95 – EuGHE 1996 I-5403 [5452 f.] Rn. 58 = DVBl. 1997, 40 = ZUR 1997, 35 = NuR 1997, 536 – Aannemersdrijf P. K. Kraaijeveld BV u. a. vs. Gedepueerde Staten van Zuid-Holland, mit Bespr. Bernhard W. Wegener, Die UVP-Pflichtigkeit sog Anhang II-Vorhaben, in: NVwZ 1997, 462–465; EuGH, Urteil vom 14.12.1995 – Rs. C-312/93 – EuGHE 1995 I-4599 [4623] Rn. 20 = DVBl. 1996, 249 = NVwZ 1997, 372 = EuZW 1996, 636 = NuR 1997, 344 – Peterbroeck u. a. vs. Belgien, mit Bespr. Martin Kment, Die Stellung nationaler Unbeachtlichkeits-, Heilungs- und Präklusions-

Entgegen des vom EuGH benutzten Sprachgebrauchs muss sich der Einzelne auf die Rechtslage nicht „berufen".[682] Gerechtfertigt wird die Rechtsansicht mit dem Hinweis auf das Verbot des venire contra factum propium oder dem Prinzip des „effet utile".

(5) Der **Anspruchsinhalt** kann sehr unterschiedlich sein. In Betracht kommen Abwehr- und Unterlassungsansprüche[683], Ansprüche auf Leistung oder auf Beteiligung[684] oder „relative" Ansprüche auf Gleichbehandlung.[685]   **323**

(6) Wird die unmittelbare Wirkung der Richtlinie bejaht, ist diese zugleich Teil der objektiven innerstaatlichen Rechtsordnung. Der enteignungsbetroffene Grundeigentümer kann sich hierauf folglich auf Art. 14 Abs. 3 Satz 1 GG berufen, dass das „allgemeine Wohl", vermittelt durch den Richtlinieninhalt, nicht beachtet sei. Er kann also etwa die Missachtung der Vogelschutz-RL 79/409/EWG geltend machen, wenn und soweit diese Richtlinie als objektives Recht anwendungsfähig und von den nationalen Behörden zu beachten ist.[686] Denn als Teil der objektiven Rechtsordnung bestimmt die Richtlinie alsdann u. a., was als Wohl der Allgemeinheit im Sinne des Art. 14 Abs. 3 Satz 1 GG zu gelten hat.[687]   **324**

---

vorschriften im europäischen Recht, in: EuR 2006, 201–235; Thomas Müller, Einfluß des Gemeinschaftsrechts auf innerstaatliche Verfahrensvorschriften, in: FR 1996, 630–631, Rainer Weymüller, Verhältnis – Nationale Verfahrensvorschriften und Gemeinschaftsrecht, in: RIW 1996, 347–348; EuGH, Urteil vom 14.12.1995 – verb. Rs. C-430/93 und C-431/93 – EuGHE 1995 I-4705 [4736] Rn. 13ff. = EuZW 1996, 542 = ZEuP 1998, 969 – Jeroen van Schijndel und Johannes Nicolaas Cornelis van Veen vs. Stichting Pensioenfonds voor Fysiotherapeuten, mit Bespr. Thomas von Danwitz, in: UPR 1996, 323–328; Andreas Cahn, Zwingendes EG-Recht und Verfahrensautonomie der Mitgliedstaaten, in: ZEuP 1998, 974–980; Eckart Klein, Objektive Wirkungen von Richtlinien, in: Ole Due/ Marcus Lutter/Jürgen Schwarze (Hrsg.), Festschrift für Ulrich Everling, Baden-Baden 1995, S. 641– 650 [647].

682 EuGH, Urteil vom 5.4.1979 – Rs. 148/78 – EuGHE 79, 1629 [1642] = NJW 1979, 1764 = RIW 1979, 698 – Strafverfahren Ratti (Richtlinie gefährliche Stoffe), mit Bespr. Gert Meier, Zur unmittelbaren Anwendbarkeit von Harmonisierungsrichtlinien der Europäischen Gemeinschaft, in: ZLR 1980, 475– 481; verfehlt insoweit noch FG München, Urteil vom 21.06.1990 – 14 K 14166/83 – EuZW 1990, 582 = EFG 1991, 282, mit Bespr. Hans Georg Fischer, Sind vertragswidrig nicht umgesetzte Richtlinien innerstaatlich nur auf Antrag anwendbar?, in: EuZW 1991, 557–561.

683 EuGH, Urteil vom 19.1.1982 – Rs. 8/81 – EuGHE 1982, 53 [71] Rn. 24 = DVBl. 1982, 294 = NJW 1982, 499 = RIW 1982, 186 – Ursula Becker vs. Finanzamt Münster-Innenstadt; EuGH, Urteil vom 17.10.1996 – verb. Rs. C-283, 291 und 292/94 – EuGHE 1996 I-5023 = NJW 1997, 119 = EuZW 1996, 695 – Denkavit International B. V. u. a. vs. Bundesamt für Finanzen – „Denkavit", mit Bespr. Gert Saß, Grundsatzentscheidung des EuGH zur Mutter-/Tochterrichtlinie, in: DB 1996, 2316–2317; Wilhelm Haarmann/Matthias Schüppen, Die Entscheidung des EuGH vom 17.10.1996 zur Mutter-/ Tochterrichtlinie – ein „historisches Ereignis" wirft Schatten, in: DB 1996, 2569–2572; Norbert Reich, Der Schutz subjektiver Gemeinschaftsrechte durch Staatshaftung, in: EuZW 1996, 709–716.

684 EuGH, Urteil vom 22.6.1989 – Rs. 103/88 – EuGHE 1989, I-1839 [1871] Rn. 31= DVBl. 1990, 689 = NVwZ 1990, 649 = EuR 1990, 151 – Fratelli Costanzo SpA vs. Stadt Mailand – „Fratelli Costanzo" (zur Vergaberichtlinie 71/305/EWG); vgl. ferner Gerd Winter, Direktwirkung von EG-Richtlinien, in: DVBl. 1991, 657–666.

685 EuGH, Urteil vom 10.4.1984 – Rs. 14/83 – EuGHE 1984, 1891 = NJW 1984, 2021 [2022] = EuGRZ 1984, 217 = ZIP 1984, 1386 – von Colson und Kamann vs. Land Nordrhein-Westfalen; EuGH, Urteil vom 11.1.2000 – Rs. C-285/98 – EuGHE 2000, 1 = DB 2000, 279 = NZA 2000, 137 – Tanja Kreil vs. Bundesrepublik Deutschland.

686 BVerwG, Urteil vom 19.5.1998 – 4 C 11.96 – NVwZ 1999, 528 = UPR 1998, 388 = NuR 1998, 649 (Planfeststellung für Bundesautobahn und FFH-Richtlinie).

687 Vgl. BVerwG, Urteil vom 12.6.1985 – 4 C 40.83 – BVerwGE 72, 15 [16] = DVBl. 1985, 1141 = NVwZ 1985, 736 = UPR 1985, 373 (Planfeststellung für Rhein-Main-Donau-Kanal); BVerwG, Urteil vom

---

Berkemann

1.2.3 Vertikale Direktwirkung der Richtlinie (Verpflichtungen des Einzelnen)

Lit.: Jörg Gundel, Neue Grenzlinien für die Direktwirkung nicht umgesetzter EG-Richtlinien unter Privaten – Zur Unanwendbarkeit richtlinienwidriger nationaler Verbotsgesetze im Konflikt unter Privaten, in: EuZW 2001, 143–149; Christian Schröder, Das Problem einer durch unmittelbar wirkende Richtlinienvorschriften begründeten Dienstpflicht aus strafrechtlicher Sicht, in: DVBl. 2002, 157–163.

325 (1) Der säumige Mitgliedstaat kann aus der bislang nicht umgesetzten Richtlinie keine unmittelbaren Pflichten **zu Lasten des EG-Bürgers** ableiten.[688] Die Richtlinie kann dem Einzelnen nicht unmittelbar Pflichten auferlegen. Dazu bedarf es des „umsetzenden" Aktes des Mitgliedstaates.

326 Eine Richtlinie kann nicht selbst Verpflichtungen für einen einzelnen begründen. Eine Richtlinienbestimmung kann nach dieser Auffassung „als solche" nicht gegenüber einer derartigen Person in Anspruch genommen werden.[689] Das verbietet sich aus Gründen der Rechtssicherheit, des Vertrauensschutzes und letztlich des Grundsatzes des **„venire contra factum proprium"**.[690] Der Mitgliedstaat soll keinen „Vorteil" dadurch erhalten, dass er einerseits die gemeinschaftsrechtliche Pflicht der fristgerechten Umsetzung nicht erfüllt, andererseits sich auf eben dieses gemeinschaftswidriges Verhalten zu Lasten des EG-Bürgers beruft. Eine unmittelbare Belastung kann daher gemeinschaftsrechtlich nur durch eine Verordnung der EG begründet werden.[691]

27.7.1990 – 4 C 26.87 – NVwZ 1991, 781 = UPR 1991, 67 (Bahnstrecke für den Personen- und Güterverkehr zwischen Mannheim und Stuttgart).

688 Vgl. EuGH, Urteil vom 19.1.1982 – Rs. 8/81 – EuGHE 1982, 53 [71] Rn. 24 = DVBl. 1982, 294 = NJW 1982, 499 = RIW 1982, 186 – Ursula Becker vs. Finanzamt Münster-Innenstadt; EuGH, Urteil vom 26.2.1986 – Rs. 152/84 – EuGHE 1986, 723 [748f.] Rn. 48 = NJW 1986, 2178 – Marshall vs. Southampton and South-West Hampshire Area Health Authority (Richtlinie 76/207/EWG); EuGH, Urteil vom 8.10.1987 – Rs. 80/86 – EuGHE 1987, 3969 [3985f.] Rn. 9f. = RIW 1988, 826 = EuR 1988, 391 – Kolpinghuis Nijmegen, mit Bespr. Joachim Stollberg, EG-Richtlinien im innerstaatlichen Bereich, in: StädteT 1989, 515–517; EuGH, Urteil vom 12.5.1987 – Rs. 372–374/85 – EuGHE 1987, 2141 [2153] Rn. 14 – Strafverfahren Oscar Traen; EuGH, Urteil vom 11.6.1987 – Rs. 14/86 – EuGHE 1987, 2545 [2570] Rn. 19 = HFR 1988, 593 – Pretore di Salò vs. X; EuGH, Urteil vom 26.9.1996 – Rs. C-168/95 – EuGHE 1996 I-4705 = EuZW 1997, 318 – Strafverfahren Luciano Arcáro; EuGH, Urteil vom 4.12.1997 – Rs. C-97/96 – EuGHE 1997 I-6843 = NJW 1998, 129 = EuZW 1998, 45 = EWS 1998, 59 = JZ 1998, 193 – Verband deutscher Daihatsu-Händler vs. Daihatsu Deutschland, mit Bespr. Markus Lenenbach, Konsequenzen aus der Richtlinienwidrigkeit des § 335 HGB, in: DZWir 1998, 265–271; Claus Luttermann, Die „mangelhafte" Umsetzung europäischer Richtlinien, in: EuZW 1998, 264–268; EuGH, Urteil vom 3.5.2005 – Rs. C-387/02 – EuGHE 2005 I-3565 = DVBl. 2005, 840 = EuZW 2005, 369 = EuGRZ 2005, 365 = EWS 2005, 270 = JZ 2005, 997 – Strafverfahren gegen Silvio Berlusconi, mit Bespr. Helmut Satzger, Anwendungsbereich des Vorrangprinzips, in: JZ 2005, 998–1000; vgl. ferner Winfried Haneklaus, Drittwirkung von EG-Richtlinien zu Lasten Einzelner?, in: DVBl. 1993, 129–134.

689 Vgl. EuGH, Urteil vom 8.10.1987 – Rs. 80/86 – EuGHE 1987, 3969 [3985] Rn. 9ff. = EuR 1988, 391 – Strafverfahren gegen Kolpinghuis Nijmegen; EuGH, Urteil vom 12.5.1987 – Rs. 372 – 374/85 – EuGHE 1987, 2153 – Strafverfahren Oscar Traen.

690 Hans-Joachim Schütz/Thomas Bruha/Doris König, Casebook Europarecht, München 2004, S. 141; vgl. ferner Stefan Richter, Die unmittelbare Wirkung von EG-Richtlinien zu Lasten Einzelner, in: EuR 1988, 394–404; Pascal Royal/Klaus Lackhoff, Die innerstaatliche Beachtlichkeit von EG-Richtlinien und das Gesetzmäßigkeitsprinzip, in: DVBl. 1998, 1116–1121.

691 EuGH, Urteil vom 10.7.1994 – Rs. C-91/92 – EuGHE 1994 I-3325 = DVBl. 1994, 1124 = NJW 1994, 2473 = EuZW 1994, 498 = ZEuP 1996, 117 = JZ 1995, 149 – Paola Faccini Dori vs. Recreb s.r.l –

(2) Die **objektive Verpflichtung des Staates** (vgl. Rn. 147, 254 ff., 313 ff.), aus- **327** gelöst durch die unmittelbare Wirkung der Richtlinie, kann allerdings mittelbar zu einer Belastung eines Privaten führen.[692] So hat der EuGH 1995 inzwischen die UVP-RL 85/337/EWG unmittelbar auf ein mitgliedstaatliches Genehmigungsverfahren bezogen. Dies hatte zur Folge, dass aufgrund der unmittelbaren Wirkung der Richtlinie innerstaatlich ein Vorhaben eines privaten Anlagenbetreibers UVP-pflichtig wurde.[693] Der Private kann also den indirekten Wirkungen des Durchgriffs der nicht umgesetzten Richtlinie auf das nationale Recht nicht entgehen. Die Frage ist allerdings umstritten.[694]

1.2.4 Horizontale Direktwirkung (horizontale Drittwirkung)

Lit.: Rolf Herber, Direktwirkung sogenannter horizontaler EG-Richtlinien?, in: EuZW 1991, 401–404; Winfried Haneklaus, Drittwirkung von EG-Richtlinien zu Lasten Einzelner?, in: DVBl. 1993, 129–134; Jörg Gundel, Neue Grenzlinien für die Drittwirkung nicht umgesetzter EG-Richtlinien unter Privaten – Zur Unanwendbarkeit richtlinienwidriger nationaler Verbotsgesetze im Konflikt unter Privaten, in: EuZW 2001, 143–149; Hans D. Jarass/Sasa Beljin, Grenzen der Privatbelastung durch unmittelbar wirkende Richtlinien, in: EuR 2004, 714–737; Christoph Brenn, Auf dem Weg zur horizontalen Direktwirkung von EG-Richtlinien (Rs. C-443/98 – Unilever Italia), in: ÖJZ 2005, 41–53; Walter Frenz, Verpflichtungen Privater durch Richtlinien und Grundfreiheiten, in: EWS 2005, 104–108.

(1) Die horizontale Direktwirkung, auch **horizontale Drittwirkung** genannt, betrifft **328** die Frage, ob eine unmittelbare Wirkung einer Richtlinie im Verhältnis der EG-Bürgern **untereinander** gegeben ist.[695] Der EuGH verneint dies.[696] Rechtsverhältnis-

---

„Dori", mit Bespr. Andreas Raubenheimer, Zur Wirkung von nicht umgesetzten EU-Richtlinienbestimmungen zwischen Privaten, in: CR 1995, 73–78; Jürgen Niebling, Keine unmittelbare Geltung der AGB-Richtlinie vor Umsetzung, in: EWS 1995, 185–187; Martin Schimke, Zur künftigen horizontalen Drittwirkung von gemeinschaftsrechtlichen Richtlinien, in: DZWir 1995, 67–69; Philipp Göz, Die horizontale Drittwirkung von Richtlinien, in: DZWir 1995, 256–260.

692 EuGH, Urteil vom 10.7.1994 – Rs. C-91/92 – EuGHE 1994 I-3325 = DVBl. 1994, 1124 = NJW 1994, -2473 = EuZW 1994, 498 = ZEuP 1996, 117 = JZ 1995, 149 – Paola Faccini Dori vs. Recreb s.r.l – „Dori"; vgl. auch Martin Nettesheim, in: Eberhard Grabitz/Meinhard Hilf (Hrsg.), Das Recht der Europäischen Union [Stand: Aug. 2002], EG Art. 249 Rn. 172; Andreas Piekenbrock/Götz Schulze, Die Grenzen richtlinienkonformer Auslegung – autonomes. Richterrecht oder horizontale Direktwirkung, in: WM 2002, 521–572; zu den „dogmatischen" Erklärungsversuchen dieser Rechtsprechung vgl. Jörg Gundel, Neue Grenzlinie für die Direktwirkung nicht umgesetzter EG-Richtlinien unter Privaten, in: EuZW 2001, 143–149; Matthias Ruffert, in: Christian Calliess/Matthias Ruffert (Hrsg.), EUV/EGV, 3. Aufl. 2007, EG Art. 249 Rn. 83 ff.; Christoph Hermann, Richtlinienumsetzung durch die Rechtsprechung, Berlin 2003, S. 64 ff.

693 Vgl. EuGH, Urteil vom 11.8.1995 – Rs. C-431/92 – EuGHE 1995 I-2189 = DVBl. 1996, 424 = NVwZ 1996, 369 = EuZW 1995, 743 = NuR 1996, 102 – Kommission vs. Deutschland – „Großkrotzenburg"; zustimmend Martin Nettesheim, in: Eberhard Grabitz/Meinhard Hilf (Hrsg.), Das Recht der Europäischen Union [Stand: Aug. 2002], EG Art. 249 Rn. 170.

694 Vgl. zum Diskussionsstand Matthias Ruffert, in: Christian Calliess/Matthias Ruffert (Hrsg.), EUV/EGV, 3. Aufl. 2007, Art. 249 Rn. 85 f.

695 Frank Emmert, Horizontale Drittwirkung von Richtlinien?, in: EWS 1992, 56–67; Rolf Herber, Drittwirkung sog. horizontaler EG-Richtlinien?, in: EuZW 1991, 401–404; Jörg Gundel, Neue Grenzlinien für die Direktwirkung nicht umgesetzter EG-Richtlinien unter Privaten, in: EuZW 2001, 143–149; Winfried Haneklaus, Direktwirkung von EG-Richtlinien zu Lasten einzelner?, in: DVBl. 1993, 129–134; Stefan Pieper, Die Direktwirkung von Richtlinien der Europäischen Gemeinschaft – Zum Stand der Entwicklung, in: DVBl. 1990, 684–688.

se zwischen EG-Bürgern könnten unmittelbar nur durch innerstaatliches Recht geregelt werden. Danach kann z. B. eine nicht umgesetzte Richtlinie kein innerstaatliches Rücktrittsrecht begründen.[697]

329 (2) Hat der nationale Gesetzgeber eine europäische Richtlinie nicht ordnungsgemäß umgesetzt, kommt daher eine unmittelbare Geltung und ein darauf beruhender Anwendungsvorrang der Richtlinie nur vertikal im Verhältnis zwischen Bürgern und öffentlichen Stellen, nicht aber auch horizontal im Verhältnis Privater untereinander in Betracht.[698] Danach kann sich ein Privater, der gegen eine innerstaatliche Vorschrift verstoßen hat, in einem Zivilrechtsstreit nicht darauf berufen, dass die innerstaatliche Vorschrift inzwischen richtlinienwidrig und aus diesem Grunde unanwendbar geworden sei.[699] Allerdings schließt dies nach Ansicht des EuGH eine richtlinienkonforme Auslegung nicht aus (vgl. Rn. 331 f.). Vielmehr ist diese in besonderer Weise erforderlich.[700]

---

696 EuGH, Urteil vom 26.2.1986 – Rs. 152/84 – EuGHE 1986, 723 [749] Rn. 48 = NJW 1986, 2178 – Marshall vs. Southampton and South-West Hampshire Area Health Authority; EuGH, Urteil vom 14.7.1994 – Rs. C-91/92 – EuGHE 1994 -I-3325 [3356] Rn. 23 = DVBl. 1994, 1124 = NJW 1994, 2473 = EuZW 1994, 498 = ZEuP 1996, 117 = JZ 1995, 149 – Paola Faccini Dori vs. Recreb s. r. l. – „Faccini Dori"; EuGH, Urteil vom 7.3.1996 – Rs. C-192/94 – EuGHE 1996 I-1281 [1303] Rn. 17 = NJW 1996, 1401 = EuZW 1996, 236 = ZIP 1996, 870 – El Corte Inglés vs. Christina Blázques Rivero, mit Bespr. Peter Bülow, Zur fehlenden Direktlieferung nicht fristgemäß umgesetzter EG-Richtlinien im Horizontalverhältnis – El Corte Inglés SA/Christina Blazquez Rivero, in: EWiR 1996, 599–600; Katja Finke, Die Haftung der Mitgliedstaaten für die Verletzung von Gemeinschaftsrecht, in: DZWir 1996, 361–369; EuGH, Urteil vom 11.6.1987 – Rs. 14/86 – EuGHE 1987, 2545 [2570] Rn. 19 = RIW 1988, 657 – Pretore di Salò vs. X; EuGH, Urteil vom 26.9.2000 – Rs. C-443/98 – EuGHE 2000 I-7535 [7584] Rn. 50 = EuZW 2001, 153 = EuR 2000, 968 = EWS 2000, 542 = ZIP 2000, 1773 – Unilever Italia vs. Central Food; EuGH, Urteil vom 5.10.2004 – verb. Rs. C-397/01 – EuGHE 2004 I-8835 [8916 f.] Rn. 109 f. = DVBl. 2005, 35 = NJW 2004, 3547 = EuZW 2004, 691 = EWS 2004, 521 – Bernhard Pfeiffer u. a. vs. DRK Kreisverband Waldshut. Die Frage ist im Schrifttum unverändert umstritten. Generalanwalt Lenz, in: EuGHE 1994 I-3325 [3338 ff.] hat sich für eine unmittelbare horizontale Wirkung ausgesprochen. Das früher bestehende Bedenken, die Richtlinie sei nicht hinreichend bekannt gemacht und könne aus diesem Grunde einem EG-Bürger nicht entgegengehalten werden, ist durch Art. 254 EG ausgeräumt; vgl. auch Winfried Haneklaus, Direktwirkung von EG-Richtlinien zulasten einzelner, in: DVBl. 1993, 129–134.

697 EuGH, Urteil vom 14.7.1994 – Rs. C-91/92 – EuGHE 1994 I-3325 [3356] Rn. 22 ff. = NJW 1994, 2473 = EuZW 1994, 498 = ZEuP 1996, 117 = JZ 1995, 149 – Paola Faccini Dori vs. Recreb s. r. l.; ähnlich EuGH, Urteil vom 22.11.2005 – Rs. C-144/04 – EuGHE 2005 I-9981 = DVBl. 2006, 107 = NJW 2005, 3695 = EWS 2005, 571 = EuZW 2006, 17 – Werner Mangold vs. Rüdiger Helm; dort wird, der Frage ausweichend, die stattgebende Entscheidung unmittelbar auf den Grundsatz der Nichtdiskriminierung gestützt.

698 BAG, Beschluss vom 18.2.2003 1 – ABR 2/02 – BAGE 105, 32 = NZA 2003, 742 = EuZW 2003, 511; vgl. auch Ulrich Ehricke, Die richtlinienkonforme und die gemeinschaftsrechtskonforme Auslegung nationalen Rechts. Ein Beitrag zu ihren Grundlagen und zu ihrer Bedeutung für die Verwirklichung eines „europäischen Privatrechts", in: RabelsZ 59 (1995), 598–644.

699 Ulrich Karpenstein, Praxis des EG-Rechts, 2006, S. 31; Martin Nettesheim, in: Eberhard Grabitz/ Meinhard Hilf (Hrsg.), Das Recht des Europäischen Union [Stand: Aug. 2002], EG, Art. 249 Rn. 176 f.

700 EuGH, Urteil vom 5.10.2004 – Rs. C-397/01 – EuGHE 2004 I-8835 [8916] Rn. 109 = DVBl. 2005, 35 = NJW 2004, 3547 = EuZW 2004, 691 = EWS 2004, 521 – Pfeiffer vs. DRK Kreisverband Waldshut, mit Bespr. Walter Frenz, in: DVBl. 2005, 40–42; Gregor Thüsing/Benjamin Heßeler, Zur unmittelbaren horizontalen Drittwirkung von Richtlinien, in: EWiR 2004, 1147–1148; Andreas Staffhorst, Direktwirkung am Horizont: Anmerkung zu EuGH, Urteil vom 5.10.2004, C-397/01 bis C-403/01 – Pfeiffer u. a., in: GPR 2005, 89–91; Monika Schlachter, Richtlinienkonforme Rechtsfindung – ein neues Stadium im Kooperationsverhältnis zwischen EuGH und den nationalen Gerichten, in: RdA 2005, 116–120; Karl Riesenhuber/Ronny Domröse, Richtlinienkonforme Rechtsfindung und nationale Metho-

Anders liegt es, wenn der Gesetzgeber die innerstaatliche Vorschrift unter Ver- **330**
stoß gegen eine Richtlinienverpflichtung erlassen hatte.[701] Hier kann jeder geltend
machen, dass das innerstaatliche Recht gemeinschaftswidrig erlassen wurde. Auf
die Frage der unmittelbaren Wirkung der Richtlinie kommt es in diesem Falle nicht
an.

1.2.5 Mittelbare horizontale Drittwirkung („objektive Wirkung") durch richtlinienkonforme Auslegung

(1) Richtlinien sind zur Auslegung des innerstaatlichen Rechts heranzuziehen.[702] **331**
Das Gebot richtlinienkonformer Auslegung betrifft den innerstaatlichen Rechtszustand, der sowohl vor als auch nach ordnungsgemäßer Umsetzung der Richtlinie
besteht (vgl. Rn. 195, 293 f.).[703] Aus diesen gemeinschaftsrechtlichen Vorgaben
kann sich eine mittelbare Beachtung der Richtlinie im Rechtsverhältnis der Privaten untereinander ergeben.[704] Die Übergänge zwischen „Belastung" des anderen
und einer richtlinienkonformen Auslegung sind teilweise fließend. Denn die richtlinienkonforme Auslegung betrifft nicht notwendig nur subjektive Rechtsansprüche

---

denlehre, in: RIW 2005, 47–54; Kai Litschen, Die horizontale Wirkung von Richtlinien – Auflösung des nationalen Rechts durch den EuGH?, in: ZTR 2004, 619–622.

701 EuGH, Urteil vom 26.9.2000 – Rs. C-443/98 – EuGHE 2000 I-7535 LS. 2 = EuZW 2001, 153 = EWS 2000, 542 = EuR 2000, 542 = ZIP 2000, 1773 – Unilever Italia vs. Central Food, mit krit. Bespr. Rudolf Streinz, Notifizierungspflicht gem. EG-Informationsrichtlinie – Auswirkung nicht umgesetzter Richtlinien auf Privatrechtsverhältnisse in: JuS 2001, 809–811; Hans-W. Micklitz, Die horizontale Di-rektwirkung von Richtlinien, in: EWiR 2001, 497–498; vgl. ferner dazu Roland Abele, Unmittelbare Auswirkung einer Verletzung des Informations-Richtlinie im Zivilrechtsstreit, in: EWS 2000, 546–547; Jörg Gundel, Neue Grenzlinie für die Direktwirkung nicht umgesetzter EG-Richtlinien unter Privaten, in: EuZW 2001, 143–149.

702 Vgl. etwa EuGH, Urteil vom 4.12.1974 – Rs. 41/74 – EuGHE 1974, 1137 – Yvonne van Duyn vs. Home Office (Aufenthalts-Richtlinie); EuGH, Urteil vom 26.2.1975 – Rs. 67/74 – EuGHE 1975, 297 – Carmelo Angelo Bonsignore vs. Stadt Köln (Aufenthalts-Richtlinie); EuGH, Urteil vom 1.2.1977 – Rs. 51/76 – EuGHE 1977, 113 (zur 2. Umsatzsteuerrichtlinie); EuGH, Urteil vom 5.4.1979 – Rs. 148/78 – EuGHE 1979, 1629 = NJW 1979, 1764 = RIW 1979, 698 – Strafverfahren Ratti (Richtlinie gefährliche Stoffe).

703 EuGH, Urteil vom 13.11.1990 – Rs. C-106/89 – EuGHE 1990 I-4135 [4159 f.] Rn. 9 – Marleasing SA vs. La Comercial Marleasing Internacional de Alimentación -„Marleasing".

704 Vgl. in Ansätzen bereits EuGH, Urteil vom 8.11.1990 – Rs. 177/88 – EuGHE 1990 I-3941 [3976] Rn. 25 f. = NJW 1991, 628 = EuZW 1991, 89 = BB 1991, 692 – Johanna Pacifica Dekker vs. Stichting Vormungscentrum voor Jong Volwassenen; EuGH, Urteil vom 13.11.1990 – Rs. C-106/89 – EuGHE 1990 I-4135 [4159 f.] Rn. 9 – Marleasing SA vs. La Comercial Marleasing Internacional de Alimenta-ción –„Marleasing"; EuGH, Urteil vom 10.4.1984 – Rs. 14/83 – EuGHE 1984, 1891 = NJW 1984, 2021 [2022] = EuGRZ 1984, 217 = ZIP 1984, 1386 – von Colson und Kamann vs. Land Nordrhein-Westfalen; EuGH, Urteil vom 14.7.1994 – Rs. C-91/92 – EuGHE 1994 I-3325 [3357] Rn. 26 = DVBl. 1994, 1124 = NJW 1994, 2473 = EuZW 1994, 498 = ZIP 1994, 1187 = ZEuP 1996, 117 = JZ 1995, 149 – Paola Faccini Dori vs. Recreb s.r.l., mit Bespr. Andreas Raubenheimer, Zur Wirkung von nicht umgesetzten EU-Richtlinienbestimmungen zwischen Privaten, in: CR 1995, 73–78; EuGH, Urteil vom 4.10.2001 – Rs. C-438/99 – EuGHE 2001 I-6915 = DVBl. 2002, 138 = NJW 2002, 125 = EuZW 2001, 719 = ZBR 2002, 102 – Maria Luisa Jiménez Melgar vs. Ayuntamiento de Los Barrios (zur Richtlinie 92/85/EWG; vgl. auch BAG, Urteil vom 20.11.1990 – 3 AZR 613/89 – BAGE 66, 264 = BB 1991, 1570; kritisch Georg Ress, Die richtlinienkonforme „Interpretation" innerstaatlichen Rechts, in: DÖV 1994, 489–496 [492 ff.]; OLG Celle, Urteil vom 28.8.1990 – 20 U 85/89 – EuZW 1990, 550 = WM 1991, 110, mit krit. Besprechung Rolf Herber, Direktwirkung sogenannter horizontaler EG-Richtli-nien?, in: EuZW 1991, 401–404; Rainer Weymüller, Der Anwendungsvorrang von EG-Richtlinien – Eine Diskussion ohne Ende?, in: RIW 1991, 501–504.

des einzelnen EG-Bürgers, sondern beeinflusst auch die vorhandene „objektive" innerstaatliche Rechtsordnung. Deren richtlinienkonforme Auslegung kann sich alsdann reflexhaft, also mittelbar, auch auf die Rechtsbeziehungen der EG-Bürger untereinander auswirken.[705] Bloße negative Auswirkungen auf Rechte Dritter rechtfertigen es nach Ansicht des EuGH nicht, dem Einzelnen das Recht auf Berufung auf die Bestimmungen einer Richtlinie gegenüber dem betreffenden Mitgliedstaat zu versagen.[706] Diese Belastungen eines Dritten sind hinzunehmen.[707]

Beispiel: Der Eigentümer eines Steinbruchs hatte es versäumt, der zuständigen Behörde Angaben für eine Umweltverträglichkeitsprüfung nach Maßgabe der UVP-RL 85/337/EWG zu machen. Die Behörde, die ihrerseits zu einer Umweltverträglichkeitsprüfung verpflichtet war, konnte die Einstellung des Bergbaubetriebes bis zum Vorliegen der Ergebnisse dieser Prüfung als Folge der verspäteten Erfüllung der Verpflichtung des Eigentümers anordnen. Auf diese Möglichkeit kann sich der Einzelne gegenüber der Behörde im Hinblick auf Art. 2 Abs. 1 in Verb. mit Art. 1 Abs. 2 und Art. 4 Abs. 2 UVP-RL 85/337/EWG berufen.[708] Die zuständige Behörden ist gemäß Art. 10 EG verpflichtet, im Rahmen ihrer Zuständigkeit alle allgemeinen oder besonderen Maßnahmen zu ergreifen, um dem Unterlassen der Umweltverträglichkeitsprüfung eines Projekts im Sinne von Art. 2 Abs. 1 UVP-RL 85/337/EWG abzuhelfen. Die Ermächtigungsgrundlage gegenüber dem Bergbaubetrieb ergab sich aus innerstaatlichem Recht.[709]

332 (2) Eine richtlinienkonforme Auslegung zeitlich vor der ordnungsgemäßen Umsetzung der Richtlinie stellt gleichzeitig eine Vorwirkung der Richtlinie dar (vgl. Rn. 231).

---

705 Vgl. EuGH, Urteil vom 13.11.1990 – Rs. C-106/89 – EuGHE 1990 I-4135 [4159] Rn. 9 – Marleasing SA vs. La Comercial Marleasing Internacional de Alimentación – „Marleasing"; EuGH, Urteil vom 27.6.2000 – verb. Rs. C-240/98 bis 244/98 – EuGHE 2000 I-4941 [4975] Rn. 30 = NJW 2000, 2571 = ZIP 2000, 1165 = EuZW 2000, 506 = EWS 2000, 356 = JZ 2001, 245 – Océano Grupo Editorial vs. Rocío Murciano Quintero, mit Bespr. Simona Augi/Fabrizio Baratella; Neue Entwicklungen in der Rechtsprechung des Europäischen Gerichtshofs zur direkten Anwendbarkeit von Gemeinschaftsrichtlinien, in: EuLF 2000/01 (D), 83–88; EuGH, Urteil vom 5.10.2004 – verb. Rs. C-397/01 bis C-403/01 – EuGHE 2004 I-8835 = DVBl. 2005, 35 = NJW 2004, 3547 = EWS 2004, 521 = EuZW 2004, 691 – Bernhard Pfeiffer u.a. vs. DRK Kreisverband Waldshut; vgl. auch Dieter Buchberger, Die Entscheidung des EuGH in der Rechtssache „Océano/Quintero" – der effet d´exclusion von Richtlinien, in: ÖJZ 2001, 441 ff.

706 EuGH, Urteil vom 7.1.2004 – Rs. C-201/02 – EuGHE I 2004, 723 = DVBl. 2004, 370 = NVwZ 2004, 593 = EWS 2004, 232 = NuR 2004, 517 = EurUP 2004, 57 – The Queen, Delena Wells vs. Secretary of State for Transport, Local Government and the Regions – „Delena Wells", mit Bespr. Jochen Kerkmann, Wiederaufnahme eines Bergbaubetriebes ohne UVP, in: DVBl. 2004, 1288–1289; Kristian Fischer/Thomas Fetzer, Unmittelbare Wirkung von Richtlinien im Dreiecksverhältnis, in: EWS 2004, 236–238.

707 So bereits EuGH, Urteil vom 22.6.1989 – Rs. 103/88 – EuGHE 1989, 1839 = DVBl. 1990, 689 = NVwZ 1990, 649 = EuR 1990, 151 – Fratelli Costanzo SpA vs. Stadt Mailand – „Fratelli Costanzo" (zur Vergaberichtlinie 71/305/EWG), mit Bespr. Hans-Jürgen Wolff, Pflicht der Verwaltung zur Einhaltung von Bestimmungen in EG-Richtlinien?, in: VR 1991, 77–84.

708 EuGH, Urteil vom 7.1.2004 – Rs. C-201/02 – EuGHE I 2004, 723 [765] Rn. 55 = DVBl. 2004, 370 = NVwZ 2004, 593 = EWS 2004, 232 = NuR 2004, 517 – The Queen, Delena Wells vs. Secretary of State for Transport, Local Government and the Regions – „Delena Wells", mit Bespr. Christian Baldus, Ein weiterer Schritt zur horizontalen Direktwirkung? – Zu EuGH, C-201/02, 7.1.2004 (Delena Wells), in: GPR 2004, 124–12.

709 Vgl. Christoph Herrmann, Richtlinienumsetzung durch die Rechtsprechung, Berlin 2003, S. 67 ff., 81 f.

Berkemann

1.2.6 Mittelbare horizontale Drittwirkung („objektive Wirkung") durch Nichtanwendung richtlinienwidriger innerstaatlicher Normen

(1) Die nicht fristgerecht umgesetzte Richtlinie kann gegenüber dem vorhandenen **333** innerstaatlichen Recht zu einem Anwendungsverbot führen, wenn dieses dem Richtlinieninhalt widerspricht (vgl. Rn. 293 f.).[710] Dadurch können zugleich privatrechtliche Rechtsverhältnisse zwischen EG-Bürgern berührt werden. Die innerstaatliche Rechtslage mag beispielsweise den einen EG-Bürger zum Nachteil eines anderen begünstigt haben. Derartige **Richtlinien mit Doppelwirkung** finden sich vielfach im Umweltrecht und im Vergaberecht. Die unmittelbare Anwendbarkeit dieser „doppelwirkenden" Richtlinien bei fehlender Umsetzung ist im Schrifttum umstritten.[711] Ein Teil meint, eine unmittelbare Richtlinienwirkung zu Lasten Dritter scheide in jedem Falle aus.[712] Andere befürworten im Hinblick auf eine „objektive" unmittelbare Wirkung der Richtlinie deren Anwendung auch bei Belastungsstrukturen.[713]

Der EuGH scheint eine vermittelnde Ansicht zu verfolgen.[714] Danach kann sich **334** der Einzelne zwar nicht auf eine Richtlinie berufen, „wenn es sich um eine Verpflichtung des Staates handelt, die unmittelbar im Zusammenhang mit der Erfüllung einer anderen Verpflichtung steht, die auf Grund dieser Richtlinie einem Dritten obliegt".[715] Gleichwohl rechtfertigen nach Ansicht des EuGH „bloße negative Auswirkungen auf die Rechte Dritter, selbst wenn sie gewiss sind, es nicht, dem

---

710 Vgl. Matthias Pechstein, Die Anerkennung der rein objektiven unmittelbaren Richtlinienwirkung, in: EWS 1996, 261–265.

711 Vgl. zum derzeitigen Meinungsstand zusammenfassend Matthias Ruffert, in: Christian Calliess/ Matthias Ruffert, EUV/EGV, 3. Aufl. 2007, EG Art. 234 Rn. 89 ff.

712 Hans-Jürgen Papier, Direkte Wirkung von Richtlinien der EG im Umwelt- und Technikrecht – Verwaltungsverfahrensrechtliche Probleme des nationalen Vollzuges; in: DVBl. 1993, 809–814 [811]; Winfried Haneklaus, Direktwirkung von EG-Richtlinien zu Lasten einzelner?, in: DVBl. 1993, 129–134 [133 f.]; Claus Dieter Classen, Zur Bedeutung von EWG-Richtlinien für Privatpersonen, in: EuZW 1993, 83–87 [84 f.]; Rüdiger Breuer, EG-Richtlinien und deutsches Wasserrecht, in: WiVerw 1990, 79–117 [96 f.]; Pascal Royal/Klaus Lackhoff, Die innerstaatliche Beachtlichkeit von EG-Richtlinien und das Gesetzmäßigkeitsprinzip, in: DVBl. 1998, 1116–1121 [1120 f.].

713 Vgl. Silke Albin, Unmittelbare Anwendbarkeit von Richtlinien mit „Doppelwirkung" im Umweltbereich. Ein Scheinproblem? – Anmerkungen anläßlich des „Großkrotzenburg"-Urteils des EuGH, in: NuR 1997, 29–33 [31 ff.]; Stefan Pieper, Die Direktwirkung von Richtlinien der Europäischen Gemeinschaft. Zum Stand der Entwicklung, in: DVBl. 1990, 684–688 [686]; Hans D. Jarass, Folgen der innerstaatlichen Wirkung von EG-Richtlinien, in: NJW 1991, 2665–2669 [2668]; Gerd Winter, Rechtsschutz gegen Behörden, die Umweltrichtlinien der EG nicht beachten, in: NuR 1991, 453–457.

714 EuGH, Urteil vom 22.6.1989 – Rs. 103/88 – EuGHE 1989, 1839 [1870 ff.] Rn. 28–33 = DVBl. 1990, 689 = NVwZ 1990, 649 = EuR 1990, 151 – Fratelli Costanzo SpA vs. Stadt Mailand – „Fratelli Costanzo" (zur Vergaberichtlinie 71/305/EWG), mit Bespr. Thomas Schabel, Das offensichtlich niedrige Angebot bei der Vergabe öffentlicher Bauaufträge – Entscheidung des Europäischen Gerichtshofes vom 22.6.1989 (Fratelli Costanzo SpA/Stadt Mailand), in: BauR 1990, 55–59; EuGH, Urteil vom 22.2.1990 – Rs. C-221/88 – EuGHE 1990 I-495 = NJW 1990, 1409 = EuZW 1991, 26 = RIW 1991, 253 – Europäische Gemeinschaft für Kohle und Stahl vs. Bussini; EuGH, Urteil vom 26.9.2000 – Rs. C-443/98 – EuGHE 2000 I-7535 [7584] Rn. 49 = EuZW 2001, 143 = EuR 2000, 542 = EWS 2000, 542 – Unilever Italia SpA vs. Central Food SpA – „Unilever", mit Bespr. Hans-W. Micklitz, Die horizontale Direktwirkung von Richtlinien, in: EWiR 2001, 497–498; Roland Abele, Unmittelbare Auswirkungen einer Verletzung der Informations-Richtlinie im Zivilrechtsstreit, in: EWS 2000, 546–547.

715 EuGH, Urteil vom 7.1.2004 – Rs. C-201/02 – EuGHE I 2004, 723 = DVBl. 2004, 370 = NVwZ 2004, 593 = EWS 2004, 232 = NuR 2004, 517 – The Queen, Delena Wells vs. Secretary of State for Transport, Local Government and the Regions – „Delena Wells".

Berkemann

Einzelnen das Recht auf Berufung auf die Bestimmungen einer Richtlinie gegenüber dem betreffenden Mitgliedstaat zu versagen".[716] Diese Differenzierung klingt etwas kryptisch. Der EuGH will eine ummittelbare Wirkung der Richtlinie jedenfalls dann nicht ausschließen, wenn die Erfüllung der Richtlinie nicht dem Einzelnen, sondern gerade dem Mitgliedstaat obliegt.[717] Zudem will der Gerichtshof wohl zwischen faktischen Wirkungen und echten innerstaatlichen Rechtspflichten unterscheiden. Seine Rechtsprechung bleibt gegenwärtig unsicher.

> **Beispiel:** Nach Art. 29 Abs. 5 RL 305/71/EWG können die Mitgliedstaaten die Überprüfung von Vergabeangeboten vorschreiben, wenn diese ungewöhnlich niedrig erscheinen, und nicht nur, wenn sie offensichtlich ungewöhnlich niedrig sind. Die Verwaltung – auch auf kommunaler Ebene – ist verpflichtet, Art. 29 Abs. 5 RL 305/71/EWG anzuwenden und diejenigen Bestimmungen des nationalen Rechts unangewendet zu lassen, die damit nicht in Einklang stehen. Dass dadurch ein anderer Mitbewerber benachteiligt wird, ist unerheblich.[718]

335 (2) Ist die innerstaatliche Rechtslage richtlinienwidrig und darf sie deshalb nicht mehr innerstaatlich zugrunde gelegt werden, begünstigt dies ohne Frage den bislang innerstaatlich benachteiligten EG-Bürger. Insoweit lässt sich von einer mittelbaren, reflexartigen Wirkung der Richtlinie auf horizontaler Ebene sprechen.[719] Der Richtlinieninhalt beeinflusst mithin auch hier die vorhandene „objektive" innerstaatliche Rechtsordnung.[720] Für die Annahme der unmittelbaren Wirkung der Richtlinie ist es gerade nicht erforderlich, dass für den einzelnen die Möglichkeit besteht,

---

716 EuGH, Urteil vom 7.1.2004 – Rs. C-201/02 – EuGHE I 2004, 723 = DVBl. 2004, 370 = NVwZ 2004, 593 = EWS 2004, 232 = NuR 2004, 517 – The Queen, Delena Wells vs. Secretary of State for Transport, Local Government and the Regions – „Delena Wells", mit Bespr. Jochen Kerkmann, in: DVBl. 2004, 1288–1289, Kristian Fischer/Thomas Fetzer, Unmittelbare Wirkung von Richtlinien im Dreiecksverhältnis, in: EWS 2004, 236–238.

717 In diesem Sinne Kristian Fischer/Thomas Fetzer, in: EWS 2004, 236–238; Ulrich Karpenstein, Praxis des EG-Rechts, 2006, S. 33.

718 EuGH, Urteil vom 22.6.1989 – Rs. 103/88 – EuGHE 1989, 1839 [1870] Rn. 30ff. = DVBl. 1990, 689 = NVwZ 1990, 649 = EuR 1990, 151 – Fratelli Costanzo SpA vs. Stadt Mailand – „Fratelli Costanzo" (zur Vergaberichtlinie 71/305/EWG), mit Bespr. Thomas Schabel, Das offensichtlich niedrige Angebot bei der Vergabe öffentlicher Bauaufträge – Entscheidung des Europäischen Gerichtshofes vom 22.6.1989 (Fratelli Costanzo SpA/Stadt Mailand), in: BauR 1990, 55–59.

719 Ebenso Hans-Joachim Schütz/Thomas Bruha/Doris König, Casebook Europarecht, München, 2004, S. 147f. mit Verweis auf EuGH, Urteil vom 22.6.1989 – Rs. 103/88 – EuGHE 1989, 1839 [1870ff.] Rn. 28–33 = DVBl. 1990, 689 = NVwZ 1990, 649 = EuR 1990, 151 – Fratelli Costanzo SpA vs. Stadt Mailand – „Fratelli Costanzo" (zur Vergaberichtlinie 71/305/EWG).

720 EuGH, Urteil vom 11.8.1995 – Rs. C-431/91 – EuGHE 1995 I-2189 [2220ff.] Rn. 24–26, 37, 40 = DVBl. 1996, 424 = NVwZ 1996, 369 = NuR 1996, 102 – Kommission vs. Deutschland – „Großkrotzenburg", mit Bespr. Astrid Epiney, Unmittelbare Anwendbarkeit und objektive Wirkung von Richtlinien, in: DVBl. 1996, 409–414; Matthias Pechstein, Die Anerkennung der rein objektiven unmittelbaren Richtlinienwirkung, in: EWS 1996, 261–265; Martin Gellermann, Auflösung von Normwidersprüchen zwischen europäischem und nationalem Recht, in: DÖV 1996, 433–443; ferner EuGH, Urteil vom 22.6.1989 – Rs. 103/88 – EuGHE 1989, 1839 = DVBl. 1990, 689 = NVwZ 1990, 649 = EuR 1990, 151 – Fratelli Costanzo SpA vs. Stadt Mailand – „Fratelli Costanzo" (Vergaberichtlinie 71/305/EWG); EuGH, Urteil vom 30.4.1996 – Rs. C-194/94 – EuGHE 1996 I-2201 [2245ff.] Rn. 40ff. = EuZW 1996, 379 = ZLR 1996, 437 – CIA Security International vs. Signalson SA – „CIA Security", mit Bespr. Ulrich Everling, Zur Meldepflicht der EU-Mitgliedstaaten in bezug auf nationale Rechts- und Verwaltungsvorschriften über technische Spezifikationen oder Normen gegenüber der EU, in: ZLR 1996, 449–453; EuGH, Urteil vom 26.9.2000 – Rs. C-443/98 – EuGHE 2000 I-7535 [7584] Rn. 49 = EuZW 2001, 143 = EuR 2000, 542 – Unilever Italia SpA vs. Central Food SpA – „Unilever".

Berkemann

sich gegenüber dem Staat unmittelbar auf die Vorschriften einer nicht umgesetzten Richtlinie zu berufen.[721]

Die deutsche Diskussion wird ersichtlich von der (deutschen) **Schutznormlehre** 336
stark beeinflusst, ja fehlgeleitet. Das sollte vermieden werden. Etwaige subjektive Rechte sind Folge, nicht aber Voraussetzung für eine unmittelbare Anwendung einer Richtlinie. Die gebotene Nichtanwendung richtlinienwidrigen innerstaatlichen Rechts führt mithin dazu, dass der Richtlinie, insoweit ähnlich einer EG-Verordnung, gegenüber dem mitgliedstaatlichen Rechten in jedem Falle eine verdrängende Wirkung zukommt. Die rechtliche Lage ist danach so zu betrachten, als sei das innerstaatliche Recht mit dem Zeitpunkt als aufgehoben anzusehen, zu dem die unmittelbare Wirkung der nicht fristgerecht umgesetzten Richtlinie eintrat.

Beispiel: Der Bau einer Fernstraße bedarf nach Maßgabe der UVP-RL 85/337/EWG einer UVP. Die Richtlinie ist insoweit unmittelbar anzuwenden. Die förmliche UVP strukturiert u. a. den Abwägungsvorgang. Gleichwohl lässt sich nach Ansicht des **BVerwG** aus der gemeinschaftsrechtlichen Verpflichtung, für ein Straßenbauvorhaben eine UVP durchzuführen, keine selbständig durchsetzbare Rechtsposition herleiten.[722] Diese Auffassung ist aus der Sicht der neuen Judikatur des **EuGH** (Delena Wells) jedenfalls kritisch.[723] Fehlt eine gebotene UVP, liegt ein Verfahrensmangel vor.

2. Rechtsfolgen der unmittelbaren Anwendung

2.1 Anwendung „von Amts wegen"

Die unmittelbare Wirkung einer nicht fristgerecht umgesetzten Richtlinie ist Teil 337
des objektiven „innerstaatlich" wirksamen Rechts. Der Richtlinieninhalt ist alsdann **striktes Recht**. Die Wirkung ist zwar gegenüber dem fehlenden innerstaatlichen Recht subsidiär, gleichwohl bedarf es keines ausdrücklichen Geltendmachens.[724]

---

721 Ausdrücklich EuGH, Urteil vom 11.8.1995 – Rs. C-431/91 – EuGHE 1995 I-2189 [2220 ff.] Rn. 24–26, 37, 40 = DVBl. 1996, 424 = NVwZ 1996, 369 = EuZW 1995, 743 = NuR 1996, 102 – Kommission vs. Deutschland – „Großkrotzenburg".

722 BVerwG, Urteil vom 25.1.1996 – 4 C 5.96 – BVerwGE 100, 238 [242] = DVBl. 1996, 677 = NVwZ 1996, 788 = UPR 1996, 228; vgl. Christian Calliess, Zur unmittelbaren Wirkung der EG-Richtlinie über die Umweltverträglichkeitsprüfung und ihrer Umsetzung im deutschen Immissionsschutzrecht, in: NVwZ 1996, 339–342.

723 Vgl. bereits seinerzeit Matthias Ruffert, Subjektive Rechte und unmittelbare Wirkung von EG-Umweltschutzrichtlinien, in: ZUR 1996, 235–238, die herkömmlich Sicht verteidigend Bernhard W. Wegener, Rechte des Einzelnen. Die Interessenklage im europäischen Umweltrecht, Baden-Baden 1998 S. 138 f.; EuGH, Urteil vom 7.1.2004 – Rs. C-201/02 – EuGHE I-2004, 723 = DVBl. 2004, 370 = NVwZ 2004, 593 = EWS 2004, 232 = NuR 2004, 517 – The Queen, Delena Wells vs. Secretary of State for Transport, Local Government and the Regions – „Delena Wells", mit Bespr. Jochen Kerkmann, in: DVBl. 2004, 1288–1289.

724 EuGH, Urteil vom 11.7.1991 – verb. Rs. C-87/90, C-88/90 und C-89/90 – EuGHE 1991 I-3757 = EuZW 1993, 60 = RIW 1991, 869 – Verholen u. a. vs. Sociale Verzekeringsbank Amsterdam; EuGH, Urteil vom 14.12.1995 – Rs. C-312/93 – EuGHE 1995 I-4599 = DVBl. 1996, 249 = EuZW 1996, 636 = NuR 1997, 344 = ZEuP 1998, 969 – Peterbroek vs. Belgien, mit Bespr. Thomas Müller, Einfluß des Gemeinschaftsrechts auf innerstaatliche Verfahrensvorschriften, in: FR 1996, 630–631; Rainer Weymüller, Verhältnis – Nationale Verfahrensvorschriften und Gemeinschaftsrecht, in: RIW 1996, 347–348; wie hier Martin Nettesheim, in: Eberhard Grabitz/Meinhard Hilf (Hrsg.), Das Recht der Europäischen Union [Stand Aug. 2002], EG Art. 249 Rn. 146, 181; vgl. auch Hans Georg Fischer, Sind vertragswidrig nicht umgesetzte EG-Richtlinien innerstaatlich auf Antrag anwendbar?, in: EuZW 1991,

338 Alle innerstaatlichen Organe haben von sich aus die Richtlinie unmittelbar anzuwenden, also sowohl Exekutivorgane, Gemeinden, sonstige Körperschaften des öffentlichen Rechts als auch Gerichte (vgl. oben Rn. 114 ff., 258 ff.).[725] Die Gerichte haben ggf. auch indiziell die Richtlinien unmittelbar anzuwenden. Soweit der Richtlinieninhalt subjektive Rechte begründet, kann hierauf der Einzelne seine Klagebefugnis, nach Maßgabe des nationalen Prozessrechts stützen, also etwa gemäß § 42 Abs. 2 VwGO.[726]

2.2 Kollision – Vorrang

339 (1) Der unmittelbaren Wirkung der Richtlinie steht nicht entgegen, dass in diesem Falle der Richtlinieninhalt mit vorhandenem nationalem Recht kollidiert. Vielmehr ist bei Kollision das innerstaatliche Recht unanwendbar. Vgl. zur Vorrangfrage Rn. 239 f. Die unmittelbare Wirkung der Richtlinie ist also nicht nur lückenergänzend.

340 (2) Der Vorrang des Gemeinschaftsrechts zwingt auch die **Exekutivbehörden** dazu, im Sinne einer **„Normverwerfungskompetenz"** entgegenstehendes nationales Recht außer Acht zu lassen (vgl. Rn. 258 f.). Auf die Evidenz des Verstoßes kommt es nicht an.[727] Dass die Interpretation der Richtlinie und die Annahme ihrer unmittelbaren Wirkung Rechtsunsicherheit begründen kann, ist zugunsten der Effektivität des Gemeinschaftsrechtes hinzunehmen.

557–561; Georg Ress, Die Direktwirkung von Richtlinien. Der Wandel von der prozessrechtlichen zur materiellrechtlichen Konzeption, in: Dieter Leipold/Wolfgang Lüke (Hrsg.), Gedächtnisschrift für Peter Arens, München 1993, S. 353–367 [359].

725 Vgl. EuGH, Urteil vom 12.6.1990 – Rs. C-8/88 – EuGHE 1990, I-2321 [2359] Rn. 13 – Deutschland vs. Kommission; EuGH, Urteil vom 24.10.1996 – Rs. C-72/95 – EuGHE 1996 I-5403 [5451] Rn. 55 = DVBl. 1997, 40 = ZUR 1997, 35 = RIW 1997, 337 = NuR 1997, 536 – Aannemersbedrijf P. K. Kraaijeveld vs. Gedeputeerde Staten Zuid-Holland, mit Bespr. Bernhard W. Wegener, Die UVP-Pflichtigkeit sog Anhang II-Vorhaben, in: NVwZ 1997, 462–465; EuGH, Urteil vom 10.4.1984 – Rs. 79/83 – EuGHE 1984, 1921 LS. 1 = EuGRZ 1984, 217 = DB 1984, 1042 – Harz vs. Deutsche Tradax; EuGH, Urteil vom 13.11.1990 – Rs. C-106/89 – EuGHE 1990 I-4135 [4159] Rn. 9 – Marleasing SA vs. La Comercial Marleasing Internacional de Alimentación – „Marleasing"; vgl. Meinrad Dreher, Richtlinienumsetzung durch Exekutive und Judikative? Der Fall des vergaberechtlichen Rechtsschutzes de lege ferenda, in: EuZW 1997, 522–525; Hans Georg Fischer, Zur unmittelbaren Anwendung von EG-Richtlinien in der öffentlichen Verwaltung, in: NVwZ 1992, 635–638; Hans Georg Fischer, Sind vertragswidrig nicht umgesetzte EG-Richtlinien innerstaatlich auf Antrag anwendbar?, in: EuZW 1991, 557–561.

726 Vgl. Walter Frenz, Subjektiv-öffentliche Rechte aus Gemeinschaftsrecht vor deutschen Verwaltungsgerichten, in: DVBl. 1995, 408–415 [411 ff.]; Matthias Ruffert, Dogmatik und Praxis des subjektiv-öffentlichen Rechts unter dem Einfluß des Gemeinschaftsrechts, in: DVBl. 1998, 69–75.

727 So aber Hans D. Jarass, Grundfragen der innerstaatlichen Bedeutung des EG-Rechts – Die Vorgaben des Rechts der Europäischen Gemeinschaft für die nationale Rechtsanwendung und die nationale Rechtsetzung nach Maastricht, Köln u. a. 1994 S. 102; Matthias Ruffert, in: Christian Calliess/Matthias Ruffert (Hrsg.), EUV/EGV, 3. Aufl. 2003, EG Art. 249 Rn. 103 mit Fußn. 370; wie hier Martin Nettesheim, in: Eberhard Grabitz/Meinhard Hilf (Hrsg.), Das Recht der Europäischen Union [Stand: Aug. 2002], EG Art. 249 Rn. 183; Werner Schroeder, in: Rudolf Streinz (Hrsg.), EUV/EGV, 2003, Art. 249 Rn. 120.

Berkemann

2.3 Fortdauer der Umsetzungspflicht

Die unmittelbare Wirkung der Richtlinie lässt die Pflicht des Mitgliedstaates, die **341** Richtlinie in nationales Recht umzusetzen unberührt.[728] Der Mitgliedstaat darf in diesem Fall durch eigene Übergangsregelungen die Umsetzungsfrist der Richtlinie nicht verändern.[729]

3. „Deutsche Rechtspraxis"

3.1 „Vorwirkung" der noch nicht umgesetzten Richtlinie

(1) Dem Gemeinschaftsrecht ist das Verbot zu entnehmen, die Ziele der Richtlinie **342** zu unterlaufen und vollendete Tatsachen zu schaffen, die geeignet sind, die Erfüllung der vertraglichen Pflichten unmöglich zu machen (vgl. Rn. 146). Die deutsche Gerichtspraxis hat wiederholt Anlass gehabt, diese „Vorwirkung" der Beurteilung der innerstaatlichen Rechtslage zugrunde zu legen.

So hatte die Bundesrepublik Deutschland beispielsweise nicht alles Erforderliche **343** unternommen, um der **FFH-Richtlinie** rechtzeitig Geltung zu verschaffen. In einem Vertragsverletzungsverfahren und 2006 in einem Verfahren der Vorabentscheidung stellte der EuGH dazu fest:

> **Beispiel:** Die Bundesrepublik Deutschland hat dadurch gegen ihre Verpflichtungen aus der Richtlinie 92/43/EWG des Rates vom 21. Mai 1992 zur Erhaltung der natürlichen Lebensräume sowie der wild lebenden Tiere und Pflanzen verstoßen, dass sie der Kommission innerhalb der vorgeschriebenen Frist nicht die in Artikel 4 Absatz 1 Unterabsatz 1 dieser Richtlinie genannte Liste von Gebieten zusammen mit den in Artikel 4 Absatz 1 Unterabsatz 2 der Richtlinie vorgesehenen Informationen über die Gebiete übermittelt hat.[730]

> **Beispiel:** Vor der Aufnahme eines Gebietes in die von der Kommission nach Art. 4 Abs. 2 der Richtlinie 92/43 zur Erhaltung der natürlichen Lebensräume sowie der wildlebenden Tiere und Pflanzen festgelegte Liste der Gebiete von gemeinschaftlicher Bedeutung müssen die Mitgliedstaaten geeignete Schutzmaßnahmen treffen, um die ökologischen Merkmale der Gebiete zu erhalten, die auf der der Kommission nach Art. 4 Abs. 1 der Richtlinie 92/43 übermittelten nationalen Liste aufgeführt sind. Diese angemessene Schutzregelung erfordert nicht nur, dass die Mitgliedstaaten keine Eingriffe zulassen, die die ökologischen Merkmale dieser Gebiete ernsthaft beeinträchtigen könnten, sondern auch, dass sie nach den Vorschriften des nationalen Rechts alle erforderlichen Maßnahmen ergreifen, um solche Eingriffe zu verhindern.[731]

---

728 EuGH, Urteil vom 11.8.1995 – Rs. C-433/93 – EuGHE 1995 I-2302 = NVwZ 1996, 367 = NJW 1996, 1402 = EuZW 1995, 635 = BauR 1995, 835 = ZIP 1995, 1895 = JZ 1996, 88 – Kommission vs. Deutschland (zur Umsetzung von Vergaberichtlinien), mit Bespr. Meinrad Dreher, Nicht rechtzeitige Umsetzung von EG-Richtlinien zur Vergabe öffentlicher Bau- und Lieferaufträge, in: EuZW 1995, 637–638; Ingo Brinker, Umsetzung der EG-Vergaberichtlinien im deutschen Recht, in: JZ 1996, 89–91.

729 EuGH, Urteil vom 21.1.1999 – Rs. C-150/97 – EuGHE 1999 I-259 = EWS 1999, 107 – Kommission vs. Portugal (zur Richtlinie 85/337/EWG).

730 Vgl. EuGH, Urteil vom 11.9.2001 – Rs. C-71/99 – EuGHE 2001 I-5811 = DVBl. 2001, 1826 = NVwZ 2002, 461 = NuR 2002, 151 – Kommission vs. Bundesrepublik Deutschland (zur Richtlinie 92/43/ EWG – FFH).

731 EuGH, Urteil vom 14.9.2006 – Rs. C-244/05 – EuGHE 2006 I-8445 = DVBl. 2006, 1439 = NVwZ 2007, 61 = ZUR 2006, 539 = NuR 2006, 763 = EuZW 2007, 61.

344 Im Anschluss an die Rechtsprechung des EuGH entschied das BVerwG wiederholt, dass die **FFH-RL 92/43/EWG** bereits vor verspäteter Umsetzung für die Planfeststellung bestimmte Vorwirkungen entfaltet habe. Dazu gehöre etwa das Verbot, die Ziele der FFH-Richtlinie zu unterlaufen und vollendete Tatsachen zu schaffen, die geeignet sind, die Erfüllung der vertraglichen Pflichten unmöglich zu machen (vgl. Rn. 269).[732]

345 (2) Die **Vorwirkung** kann unterschiedliche Rechtspflichten auslösen.[733] Drängt es sich z. B. auf, dass ein „potentielles FFH-Gebiet" nach seiner Meldung auch Aufnahme in die Gemeinschaftsliste (vgl. Art. 4 Abs. 2 FFH-RL) finden wird, ist die Zulässigkeit eines dieses Gebiet berührenden Straßenbauvorhabens bereits jetzt an den Anforderungen des Art. 6 Abs. 3 und 4 FFH-RL zu messen.[734] Die FFH-RL wird in diesem Falle unmittelbar angewandt. Dies gilt insbesondere, wenn ein Gebiet wegen des Vorhandenseins prioritärer Lebensräume oder Arten dem Automatismus des Anhangs III Phase 2 Nr. 1 unterliegt. Kann dagegen die Aufnahme in die Gemeinschaftsliste nicht hinreichend sicher prognostiziert werden, hat es mit dem Verbot sein Bewenden, das Gebiet so nachhaltig zu beeinträchtigen, dass es für eine Meldung und Aufnahme in die Gemeinschaftsliste nicht mehr in Betracht kommt.[735] Kann dagegen die Aufnahme in die Gemeinschaftsliste nicht hinreichend sicher prognostiziert werden, hat es mit dem Verbot sein Bewenden, das Gebiet so nachhaltig zu beeinträchtigen, dass es für eine Meldung und Aufnahme in die Gemeinschaftsliste nicht mehr in Betracht kommt.[736]

3.2 Unmittelbare Wirkung der Habitatschutz-Richtlinien

346 (1) Die öffentliche Verwaltung und die Gerichte haben innerstaatliches Recht unangewendet zu lassen, wenn dieses der nicht fristgerecht umgesetzten Richtlinie widerspricht (verdrängende Wirkung).[737] Zugleich „substituiert" der Inhalt der Richtlinie das insoweit defizitäre innerstaatliche Recht (ergänzende Wirkung). Die deutsche Rechtsprechung unterscheidet zumeist diese beiden Gesichtspunkte nicht immer deutlich voneinander.

---

732 BVerwG, Urteil vom 19.5.1998 – 4 A 9.97 – BVerwGE 107, 1 = DVBl. 1998, 900 = NVwZ 1998, 961 = UPR 1998, 384; BVerwG, Urteil vom 27.1.2000 – 4 C 2.99 – DVBl. 2000, 814 = NVwZ 2000, 1171 = UPR 2000, 230 = BauR 2000, 1147; BVerwG, Urteil vom 27.10.2000 – 4 A 18.99 – BVerwGE 112, 140 = DVBl. 2001, 386 = NVwZ 2001, 673 = UPR 2001, 144 = BauR 2001, 591.

733 BVerwG, Urteil vom 22.1.2004 – 4 A 4.03 – DVBl. 2004, 655 = NVwZ 2004, 861 = UPR 2004, 266; BVerwG, Beschluss vom 5.3.2003 – 4 B 70.02 – NuR 2004, 520.

734 BVerwG, Urteil vom 27.1.2000 – 4 C 2.99 – DVBl. 2000, 814 = NVwZ 2000, 1171 = UPR 2000, 230 = BauR 2000, 1147; BVerwG, Urteil vom 17.5.2002 – 4 A 28.01 – BVerwGE 116, 254 = DVBl. 2002, 1486 = NVwZ 2002, 1243 = UPR 2002, 448.

735 BVerwG, Urteil vom 22.1.2004 – 4 A 4.03 – DVBl. 2004, 655 = NVwZ 2004, 861 = UPR 2004, 266 = BauR 2004, 964; BVerwG, Urteil vom 17.5.2002 – 4 A 28.01 – BVerwGE 116, 254 = DVBl. 2002, 1486 = NVwZ 2002, 1243 = UPR 2002, 448.

736 BVerwG, Urteil vom 27.10.2000 – 4 A 18.99 – BVerwGE 112, 140 = DVBl. 2001, 386 = NVwZ 2001, 673 = UPR 2001, 144; BVerwG, Urteil vom 17.5.2002 – 4 A 28.01 – BVerwGE 116, 254 = DVBl. 2002, 1486 = NVwZ 2002, 1243 = UPR 2002, 448.

737 Erneut EuGH, Urteil vom 2.6.2005 – Rs. C-15/04 – EuGHE 2005 I-4855 = NVwZ 2005, 921 b = EuZW 2005, 446 (zur RL 89/665/EWG – Vergaberecht).

Berkemann

(2) Die **Vogelschutz-RL 79/409/EWG** begründet gegenüber staatlichen Behörden **347** – auch ohne Umsetzung in nationales Recht – unmittelbar rechtliche Verpflichtungen. Das gilt insbesondere für Art. 4 Abs. 4 Satz 1 der Richtlinie. Das ergibt die Rechtsprechung des EuGH eindeutig.[738] Dem hat sich das BVerwG angeschlossen.[739]

(3) Auch für die **UVP-RL 85/337/EWG** hat der EuGH eine unmittelbaren Verbind- **348** lichkeit angenommen.[740] Unsicher ist unverändert, ob sich aus der UVP-RL subjektive Rechtspositionen entwickeln lassen. Das BVerwG hat diese Frage auf der Grundlage des innerstaatlichen Rechts verneint.[741] Nach seiner Auffassung können jedenfalls aus dem Gesetz über die Umweltverträglichkeitsprüfung (UVPG) grundsätzlich keine Rechtsansprüche etwa des Nachbarn einer Anlage auf Durchführung einer Prüfung abgeleitet werden. Der Gesetzgeber habe derartige Ansprüche nicht einräumen wollen. Ob ein solcher Anspruch unmittelbar aus 85/337/EWG abgeleitet werden kann, hat der VGH München 1996 als zweifelhaft bezeichnet.[742] Einer weiteren Klärung ist das BVerwG dadurch ausgewichen, dass es das Fehlen einer förmlichen Umweltverträglichkeitsprüfung nur als Indiz für die Annahme eines planerischen Abwägungsmangels verneint hat. Nach seiner Ansicht ist vielmehr weiter zu prüfen, ob Anhaltspunkte dafür vorhanden sind, dass als ursächliche Folge der Unterlassung abwägungserhebliche Umweltbelange außer Acht gelassen oder fehlgewichtet worden sind.[743] Dieser Nachweis lässt sich in aller Regel kaum führen. Man muss daher daran zweifeln, ob das **BVerwG** mit seiner

---

738 Vgl. EuGH, Urteil vom 2.8.1993 – Rs. C-355/90 – EuGHE 1993 I-4221 = NuR 1994, 521 = ZUR 1994, 305 – Kommission vs. Spanien – „Santoña", mit Bespr. Gerd Winter, in: ZUR 1994, 308–310; EuGH, Urteil vom 11.7.1996 – Rs. C-44/95 – EuGHE 1996 I-1996, 3805 = DVBl. 1997, 38 = EuZW 1996, 597 = NuR 1997, 36 – Regina vs. Secretary of State for the Environment, ex parte: Royal Society for the Protection of Birds – „Lappel Bank", mit Bespr. Gerd Winter; Zur Rechtsprechung des EuGH zur Vogelschutzrichtlinie, in: ZUR 1996, 254–255; vgl. bereits EuGH, Urteil vom 28.2.1991 – Rs. C-57/89 – EuGHE 1991 I-883 = NVwZ 1991, 559 = EuZW 1991, 317 = BayVBl 1992, 46 = NuR 1991, 249 – Kommission vs. Deutschland (zur Richtlinie 79/409/EWG – Vogelschutz) – „Leybucht", mit Bespr. Hans Walter Louis, Die Vogelschutz-Richtlinie, in: UPR 1997, 301–303; Gerd Winter, Der Säbelschnäbler als Teil fürs Ganze – Bemerkungen zum Leybucht-Urteil des Europäischen Gerichtshofs vom 28.2.1991, NuR 1991, S 249 –, in: NuR 1992, 21–23.

739 Vgl. BVerwG, Urteil vom 19.5.1998 – 4 C 11.96 – NVwZ 1999, 528 = UPR 1998, 388.; BVerwG, Urteil vom 14.11.2002 – 4 A 15.02 – BVerwGE 117, 149 = DVBl. 2003, 534 = NVwZ 2003, 485 = UPR 2003, 183.

740 Vgl. EuGH, Urteil vom 11.8.1995 – Rs. C-431/91 – EuGHE 1995 I-2189 = DVBl. 1996, 424 = NVwZ 1996, 369 = EuZW 1995, 743 = NuR 1996, 102 – Kommission vs. Deutschland – „Großkrotzenburg"; vgl. deutlich restriktiv BVerwG, Urteil vom 25.1.1996 – 4 C 5.95 – BVerwGE 100, 238 [242] = DVBl. 1996, 677 = NVwZ 1996, 788 = UPR 1996, 228; vgl. Christian Calliess, Zur unmittelbaren Wirkung der EG-Richtlinie über die Umweltverträglichkeitsprüfung und ihrer Umsetzung im deutschen Immissionsschutzrecht, in: NVwZ 1996, 339–342.

741 BVerwG, Urteil vom 25.1.1996 – 4 C 5.95 – BVerwGE 100, 238 = DVBl. 1996, 677 = NVwZ 1996, 788 = DÖV 1996, 604 = UPR 1996, 228 = ZfBR 1996, 275 = BauR 1996, 511 = BRS 58 Nr. 7 (1996) – Umweltverträglichkeitsprüfung – A 60, mit Bespr. Matthias Ruffert, Subjektive Rechte und unmittelbare Wirkung von EG-Umweltschutzrichtlinien, in: ZUR 1996, 235–238.

742 VGH München, Beschluss vom 8.5.1996 – 22 CS 96.210 – juris (Volltext); vgl. auch Rudolf Steinberg, Chancen einer Effektuierung der Umweltverträglichkeitsprüfung durch die Gerichte?, in: DÖV 1996,221–231 [230].

743 BVerwG, Urteil vom 25.1.1996 – 4 C 5.95 – BVerwGE 100, 238 = DVBl. 1996, 677 = NVwZ 1996, 788 = DÖV 1996, 604 = UPR 1996, 228 = ZfBR 1996, 275 = BauR 1996, 511 = BRS 58 Nr. 7 (1996); BVerwG, Beschluss vom 29.5.2000 – 11 B 65.99 – ZLW 2001, 601.

Berkemann

Sicht dem primärrechtlichen Effektivitätsgebot des Art. 10 EG gerecht geworden ist.[744] Das Gericht hat auch verneint, aus der UVP-RL 85/337/EWG ergebe sich eine Verpflichtung zur Alternativenprüfung im Rahmen von planerischen Zulassungsentscheidungen. Ob eine solche Prüfung geboten sei, bestimme sich allein nach den Umständen des Einzelfalls und den sich daraus ergebenden Anforderungen des Abwägungsgebots.[745] Eine primärrechtskonforme Auslegung, ausgerichtet an Art. 6 EG in Verb. mit Art. 10, 174 Abs. 2 EG, wird nicht erwogen. Die Rechtsprechung des BVerwG dürfte aufgrund der neueren Judikatur des EuGH eine kritische Überprüfung erfordern.[746]

4. Innerstaatliche Verfassungsgemäßheit

349 Das BVerfG hat Ergebnis und Begründung des EuGH zur gemeinschaftsrechtlich unmittelbaren Wirkung oder Anwendung des EG-Richtlinienrechts grundgesetzlich als „methodisch nicht unvertretbar" gebilligt.[747] Es hat diese Rechtsprechung sogar im Wege einer Inzidentprüfung selbst zur Frage der Entscheidungserheblichkeit einer Vorlagenfrage im konkreten Normenkontrollverfahren zugrunde gelegt.[748]

V. Mittelbare Sanktion: Amtshaftung – Staatshaftung

Lit.: Kay Hailbronner, Staatshaftung bei säumiger Umsetzung von EG-Richtlinien, in: JZ 1992, 284–289; Stefan Ulrich Pieper, Mitgliedstaatliche Haftung für die Nichtumsetzung von Gemeinschaftsrecht, in: NJW 1992, 2454–2459; Martin Nettesheim, Gemeinschaftsrechtliche Vorgaben für das deutsche Staatshaftungsrecht, in: DÖV 1992, 999–1005; Fernand Schockweiler, Die Haftung der Mitgliedstaaten bei vertragswidrigem Verhalten, Bonn 1993; Jörg Ukrow, Unmittelbare Wirkung von Richtlinien und gemeinschaftsrechtliche Staatshaftung nach Maastricht, in: NJW 1994, 2469–2470; Carsten Albers, Die Haftung der Bundesrepublik Deutschland für die Nichtumsetzung von EG-Richtlinien, Baden-Baden 1995; Christoph Henrichs, Haftung der EG-Mitgliedstaaten für Verletzung von Gemeinschaftsrecht – die Auswirkungen des Francovich-Urteils des Europäischen Gerichtshofs in den Rechtsordnungen der Gemeinschaft und der Mitgliedstaaten, Baden-Baden 1995; Christian Tomuschat, Das Francovich-Urteil des EuGH, in: Ole Due/Marcus Lutter/Jürgen Schwarze (Hrsg.), Festschrift für Ulrich Everling, Baden-Baden 1995 S. 1585–1609; Andres Martin-Ehlers, Grundlagen einer gemeinschaftsrechtlich entwickelten Staatshaftung, in: EuR 1996, 376–398; Jürgen Bröhmer, Die Weiterentwicklung des europäischen Staatshaftungsrechts – EuGH, EuGRZ 1996, 144, in: JuS 1997, 117–124; Dirk Ehlers, Die Weiterentwicklung des Staatshaftungs-

---

744 Dieter H. Scheuing, Instrumente zur Durchführung des Europäischen Umweltrechts, in: NVwZ 1999, 475–485 [480].

745 BVerwG, Beschluss vom 14.5.1996 – 7 NB 3.95 – BVerwGE 101, 166 = DVBl. 1997, 48 = NVwZ 1997, 494 = UPR 1996, 444 = NuR 1996, 594; BVerwG, Urteil vom 25.1.1996 – 4 C 5.95 – BVerwGE 100, 238 = DVBl. 1996, 677 = NVwZ 1996, 788 = DÖV 1996, 604.

746 EuGH, Urteil vom 7.1.2004 – Rs. C-201/02 – EuGHE I 2004, 723 = DVBl. 2004, 370 = NVwZ 2004, 593 = EWS 2004, 232 = NuR 2004, 517 – The Queen, auf Antrag von Delena Wells vs. Secretary of State for Transport, Local Government and the Regions – „Delena Wells".

747 BVerfG, Beschluss vom 8.4.1987 – 2 BvR 687/85 – BVerfGE 75, 223 [240 f.] = DVBl. 1988, 38 = NJW 1988, 1459 – „Kloppenburg".

748 BVerfG, Urteil vom 28.1.1992 – 1 BvR 1025/82 u. a. – BVerfGE 85, 191 [203 ff.] = DVBl. 1992, 364 = NJW 1992, 964 = DÖV 1992, 352 = EuGRZ 1992, 17 = EuR 1993, 183 = EuZW 1992, 320 = JZ 1992, 913.

rechts durch das europäische Gemeinschaftsrecht, in: JZ 1996, 776–783; Hartmut Maurer, Staatshaftung im europäischen Kontext. Zur Umsetzung der Francovich-Rechtsprechung des Europäischen Gerichtshofs im deutschen Recht, in: C. T. Ebenroth/D. Hesselberger/M. E. Rinne (Hrsg.), Verantwortung und Gestaltung (Festschrift für Karlheinz Boujong zum 65. Geburtstag), München 1996, S. 591–612; Gert Meier, Zur Schadensersatzpflicht der Bundesrepublik Deutschland für Verstöße gegen Gemeinschaftsrecht – ein Leitfaden für die Zivilgerichte, in: NVwZ 1996, 660–661; Norbert Reich, Der Schutz subjektiver Gemeinschaftsrechte durch Staatshaftung, in: EuZW 1996, 709–716; Andreas Wehlau, Die Rechtsprechung des Gerichtshofs der Europäischen Gemeinschaften zur Staatshaftung der Mitgliedstaaten nach Gemeinschaftsrecht. Ein Beitrag zur Funktion des Gerichtshofes im Rechtssystem der Gemeinschaft, Münster u. a. 1996; Monika Böhm, Voraussetzung einer Staatshaftung bei Verstößen gegen primäres Gemeinschaftsrecht, in: JZ 1997, 53–60; Jürgen Bröhmer, Weiterentwicklung des europäischen Staatshaftungsrechts – EuGH, EuGRZ 1996, 144, in: JuS 1997, 117–124; Thomas von Danwitz, Die gemeinschaftsrechtliche Staatshaftung der Mitgliedstaaten, in: DVBl. 1997, 1–10, Martina R. Deckert, Zur Haftung des Mitgliedstaates bei Verstößen seiner Organe gegen Europäisches Gemeinschaftsrecht, in: EuR 1997, 203–236; Jutta Geiger, Der gemeinschaftsrechtliche Grundsatz der Staatshaftung, Baden-Baden 1997; Armin Hatje, Die Haftung der Mitgliedstaaten bei Verstößen des Gesetzgebers gegen Europäisches Gemeinschaftsrecht, in: EuR 1997, 297–310; Matthias Herdegen/Thilo Rensmann, Die neuen Konturen der gemeinschaftsrechtlichen Staatshaftung, in: ZHR 161 (1997), S. 522–555; Ingo Sänger, Staatshaftung wegen Verletzung europäischen Gemeinschaftsrechts, in: JuS 1997, 865–872; Stephan Seltenreich, Die Francovich-Rechtsprechung des EuGH und ihre Auswirkungen auf das deutsche Staatshaftungsrecht, Konstanz 1997; Andreas Wehlau, Die Ausgestaltung des gemeinschaftsrechtlichen Staatshaftungsanspruchs, in: DZWir 1997, 100–106; Cornelia M. Binia, Das Francovich-Urteil des Europäischen Gerichtshofs im Kontext des deutschen Staatshaftungsrechts, Frankfurt/M. 1998; Bernd Grzeszick, Subjektive Gemeinschaftsrechte als Grundlage des europäischen Staatshaftungsrechts, in: EuR 1998, 417–434; Christiane Claßen, Nichtumsetzung von Gemeinschaftsrechten: von der unmittelbaren Wirkung bis zum Schadensersatzanspruch, Berlin 1999; Jürgen Hidien, Die gemeinschaftsrechtliche Staatshaftung der EU-Mitgliedstaaten, Baden-Baden 1999; Christopf Wolf, Die Staatshaftung der Bundesrepublik Deutschland und der Französischen Republik für Verstöße gegen das Europäische Gemeinschaftsrecht, Berlin 1999.

Peter Baumeister, Legislativ- und Exekutivunrecht im Fall Brasserie du Pêcheur – Nachlese zum Urteil des BGH vom 24.10.1996, in: BayVBl 2000, 225–231; Sasa Beljin, Staatshaftung im Europarecht, Köln 2000; Steffen Detterbeck, Haftung der Europäischen Gemeinschaft und gemeinschaftliches Staatshaftungsrecht, in: AöR 125 (2000), S. 202–256; Carsten Kremer, Der Ersatz von Gesundheitsschäden bei der Staatshaftung wegen nicht fristgerechter Umsetzung von Grenzwertrichtlinien, in: Jura 2000, 237–242; Ulf Friedrich Renzenbrink, Gemeinschaftshaftung und mitgliedstaatliche Rechtsbehelfe, Frankfurt/M 2000; Claus Dieter Classen, Zum Staatshaftungsanspruch bei Verletzung von Gemeinschaftsrecht – Zur Vorlage an den EuGH gemäß EGVtr Art. 234 F 1997–10–02, in: JZ 2001, 458–461; Jörg Gundel, Die Bestimmung des richtigen Anspruchsgegners der Staatshaftung für Verstöße gegen Gemeinschaftsrecht, in: DVBl. 2001, 95–102; Friedrich Schoch, Effektuierung des Sekundärrechtsschutzes – Zur Überwindung des Entwicklungsrückstandes des deutschen Staatshaftungsrechts, in: DV 34 (2001) S. 261–290; Peter Schwarzenegger, Staatshaftung, gemeinschaftsrechtliche Vorgaben und ihre Auswirkungen auf nationales Recht, Baden-Baden 2001; Claus Weber, Neue Konturen des gemeinschaftsrechtlichen Staatshaftungsrechts nach der Entscheidung des EuGH in der Rechtssache Konle, in: NVwZ 2001, 287–289; Stefan Kadelbach/Niels Petersen, Die gemeinschaftsrechtliche Haftung für Verletzungen von Grundfreiheiten aus Anlaß privaten Handelns, in: EuGRZ 2002, 213–220; Friedrich Schoch, Staatshaftung wegen Verstoßes gegen Europäisches Gemeinschaftsrecht, in: Jura 2002, 837–841;

Bernhard W. Wegener, Staatshaftung für die Verletzung von Gemeinschaftsrecht durch nationale Gerichte?, in: EuR 2002,785–800; Max Middendorf, Vertrauensschutz zwischen Amtshaftung und Gemeinschaftsrecht, in: ZfW 2003, 40–46; Rudolf Streinz, Staatshaftung für Verletzungen primären Gemeinschaftsrechts durch die Bundesrepublik Deutschland, in: EuZW 1993, 599–605; Bernhard Wegener/Simeon Held, Die Haftung der Mitgliedstaaten für die Verletzung von EG-Recht durch nationale Gerichte, in: Jura 2004, 479–485; Winfried Kluth, Die Haftung der Mitgliedstaaten für gemeinschaftswidrige höchstrichterliche Entscheidungen – Schlussstein im System der gemeinschaftsrechtlichen Staatshaftung, in: DVBl. 2004, 393–403; Carsten Kremer, Staatshaftung für Verstöße gegen Gemeinschaftsrecht durch letztinstanzliche Gerichte, in: NJW 2004, 480–482; Ludger Radermacher, Gemeinschaftsrechtliche Staatshaftung für höchstrichterliche Entscheidungen, in: NVwZ 2004, 1415–1421; Markus Kenntner, Ein Dreizack für die offene Flanke: Die neue EuGH-Rechtsprechung zur judikativen Gemeinschaftsrechtsverletzung, in: EuZW 2005, 235–238; Uwe Kischel, Gemeinschaftsrechtliche Staatshaftung zwischen Europarecht und nationaler Rechtsverordnung, in: EuR 2005, 441–465; Michael Kling, Die Haftung der Mitgliedstaaten der EG bei Verstößen gegen das Gemeinschaftsrecht, in: Jura 2005, 298–305; Martin Nettesheim, Ersatzansprüche nach Heininger? Die Aufarbeitung mitgliedstaatlicher Vertragsverstöße im EU-Privatrecht, in: WM 2006, 457–466.

1. Richterliche Rechtsschöpfung des EuGH

Lit.: Kai Bahlmann, Haftung der Mitgliedstaaten bei fehlerhafter Umsetzung von EG-Richtlinien, in: DWiR 1992, 61–64; Hans Georg Fischer, Staatshaftung nach Gemeinschaftsrecht, in: EuZW 1992, 41–44; Martin Nettesheim, Gemeinschaftsrechtliche Vorgaben für das deutsche Staatshaftungsrecht, in: DÖV 1992, 999–1005; Fritz Ossenbühl, Der gemeinschaftsrechtliche Staatshaftungsanspruch, in: DVBl. 1992, 993–998; Daniel Ewert, Schadensersatzpflicht der Bundesrepublik bei Verletzung des europäischen Gemeinschaftsrechts, in: RIW 1993, 881–887; Jutta Geiger, Die Entwicklung eines europäischen Staatshaftungsrechts, in: DVBl. 1993, 465–474; Martin Schimke, Zur Haftung der Bundesrepublik Deutschland gegenüber Bürgern wegen Nichtumsetzung der EG-Richtlinie über Pauschalreisen, in: EuZW 1993, 698–702; Thomas von Danwitz, Zur Entwicklung der gemeinschaftsrechtlichen Staatshaftung, in: JZ 1994, 335–342; Armin von Bogdandy, Rechtsfortbildung mit Artikel 5 EG-Vertrag – Zur Zulässigkeit gemeinschaftsrechtlicher Innovationen nach EG-Vertrag und Grundgesetz, in: Albrecht Randelzhofer/Rupert Scholz/Dieter Wilke (Hrsg.), Gedächtnisschrift für Eberhard Grabitz, München 1995, S. 17–28; Matthias Cornils, Der gemeinschaftsrechtliche Staatshaftungsanspruch. Rechtsnatur und Legitimität eines richterrechtlichen Haftungsinstituts, Baden-Baden 1995; Klaus-Dieter Borchardt, Richterrecht durch den EuGH, in: Albrecht Randelzhofer/Rupert Scholz/Dieter Wilke (Hrsg.), Gedächtnisschrift für Eberhard Grabitz, München 1995, S. 29–42; Jörg Ukrow, Richterliche Rechtsfortbildung durch den EuGH, Baden-Baden 1995; Harriet Christiane Zitscher, Probleme eines Wandels des innerstaatlichen Rechts zu einem europäischen Rechtssystem nach der Rechtsprechung des Europäischen Gerichtshofs, in: RabelsZ 60 (1996) S. 648–660; Roland Thalmair, Staatshaftung aufgrund nicht oder fehlerhaft umgesetzten bzw. angewandten EG-Rechts, in: DStR 1996, 1975–1979; Andreas Wehlau, Die Ausgestaltung des gemeinschaftsrechtlichen Staatshaftungsanspruchs, in: DZWir 1997, 100–106; Ilona Renke, EG-Richtlinien und verwaltungsgerichtlicher Rechtsschutz: unter besonderer Berücksichtigung des Umweltrechts, Darmstadt 1998.

Andrea Ott, Die anerkannte Rechtsfortbildung des EuGH als Teil des gemeinschaftsrechtlichen Besitzstandes (acquis communautaire), in: EuZW 2000, 293–298; Ulrich Everling, Richterliche Rechtsfortbildung in der Europäischen Gemeinschaft, in: JZ 2000, 217–227; Armin Hatje, Lückenschluss im Europarecht, in: Peter Hommelhoff (Hrsg.), Neue Wege in die Europäische Privatgesellschaft, Köln 2001, S. 247–257; Martina Schmid, Die Grenzen der Auslegungskompetenz des EuGH im Vorabentscheidungsverfahren nach Art. 234 EG, Diss. Heidelberg 2004; Gregor Thüsing, Zu den Grenzen richtlinienkonformer Auslegung, in: ZIP 2004, 2301–2305; Christian Calliess, Grundlagen, Grenzen und Perspektiven europäischen Richterrechts, in: NJW 2005, 929–933.

(1) Der **EuGH** hat erstmals 1991 die Verletzung der mitgliedstaatlichen Pflicht, **350** eine EG-Richtlinie fristgerecht umzusetzen, unter näheren Voraussetzungen rechtsschöpferisch mit dem gemeinschaftlichen **Grundsatz der (nationalen) Staatshaftung** sanktioniert.[749] Der Gerichtshof hält es ersichtlich nicht länger für

---

749 EuGH, Urteil vom 19.11.1991 – Rs. C-6/90 und C-9/90 – EuGHE 1991 I-5357 [5402f.] Rn. 12ff. = DVBl. 1992, 1017 = NJW 1992, 165 = EuZW 1991, 758 – Andrea Francovich vs. Italien; EuGH, Urteil vom 16.12.1993 – Rs. C-334/92 – EuGHE 1993 I-6911 = NJW 1994, 921 = EuZW 1994, 182 = ZEuP 1995, 105 – Teodoro Wagner Miret vs. Fondo de Garantia Salarial; mit Bespr. Jürgen Bröhmer, Zur Schadensersatzpflicht eines Mitgliedstaates bei mangelhafter Umsetzung einer Richtlinie, in: EuZW 1994, 184–184; EuGH, Urteil vom 5.3.1996 – Rs. C-46/93 und I-48/93 – EuGHE 1996 I-1029 [1142ff.] Rn. 20ff. = DVBl. 1996, 427 = NJW 1996, 1267 = JZ 1996, 789 = NuR 1998, 190 = EuZW 1996, 205 – Brasserie du Pêcheur vs. Deutschland, mit Bespr. Roland Thalmair, Staatshaftung aufgrund nicht oder fehlerhaft umgesetzten bzw. angewandten EG-Rechts, in: DStR 1996, 1975–1979; Katja Finke, Die Haftung der Mitgliedstaaten für die Verletzung von Gemeinschaftsrecht, in: DZWir 1996, 361–369; Rudolf Streinz, Anmerkungen zu dem EuGH-Urteil in der Rechtssache Brasserie du Pêcheur und Factortame, in: EuZW 1996, 201–204; Günter Krohn, Zum gemeinschaftlichen Staatshaftungsanspruch – „Brasserie du Pêcheur", in: EWiR 1996, 1123–1124; Jürgen Bröhmer, Die Weiterentwicklung des europäischen Staatshaftungsrechts – EuGH, EuGRZ 1996, 144, in: JuS 1997, 117–124; Dirk Ehlers, Die Weiterentwicklung des Staatshaftungsrechts durch das europäische Gemeinschaftsrecht, in: JZ 1996, 776–783; Monika Böhm, Voraussetzungen einer Staatshaftung bei Verstößen gegen primäres Gemeinschaftsrecht, in: JZ 1997, 53–60; Eckart Brödermann, EuGH – Staatshaftung bei Verletzung europäischen Gemeinschaftsrechts (Brasserie du Pêcheur, ea), in: MDR 1996, 342–347; Ingo Brinker, EuGH – Haftung der Mitgliedstaaten bei Verstößen gegen das Gemeinschaftsrecht, in: WiB 1996, 597–602; Gert Hohmann, Zur Staatshaftung für Schäden aufgrund von Verstößen gegen das Gemeinschaftsrecht, in: ZLR 1996, 338–343; EuGH, Urteil vom 26.3.1996 – Rs. C-392/93 – EuGHE 1996 I-1631 = EuZW 1996, 274 = CR 1996, 689 – The Queen vs. H.M. Treasury ex parte: British Telecommunications plc – „British Telecommunications", mit Bespr. Anno Rainer, EG-rechtliche Haftung der Mitgliedstaaten in Steuersachen, in: IStR 1996, 282–287; EuGH, Urteil vom 8.10.1996 – verb. Rs. C-178/94, C-179/94, C-188/94, C-189/94 und C-190/94 – EuGHE 1996, I-4845 [4878] Rn. 20 = DVBl. 1997, 111 = NJW 1996, 3141 = BayVBl 1997, 464 = EuZW 1996, 654 = JZ 1997, 198 – Erich Dillenkofer u.a. vs. Bundesrepublik Deutschland – „Pauschalreiserichtlinie", mit Bespr. Norbert Reich, Der Schutz subjektiver Gemeinschaftsrechte durch Staatshaftung, in: EuZW 1996, 709–716; Hans-Jürgen Papier/Andreas Dengler, Nicht fristgerecht umgesetzte EG-Richtlinie – Staatshaftung („Dillenkofer" – „MP Travel"), in: EWiR 1996, 1027–1028; Martin W. Huff, Staatshaftung wegen verspäteter Umsetzung der EG-Pauschalreiserichtlinie, in: EWiR 1997, 161–162; Horst Eidenmüller, Zu den Voraussetzungen der Staatshaftung eines Mitgliedstaates wegen nicht erfolgter oder fehlerhafter Umsetzung einer Richtlinie in nationales Recht, in: JZ 1997, 201–203; Martin W. Huff, Eine erste Bewertung des EuGH-Urteils Dillenkofer, in: NJW 1996, 3190–3192; Rudolf Streinz/Stefan Leible, Staatshaftung wegen verspäteter Umsetzung der EG-Pauschalreise-Richtlinie, in: ZIP 1996, 1931–1939; EuGH, Urteil vom 17.10.1996 – verb. Rs. 283, 291 und 292/94 – EuGHE 1996 I-5023 = NJW 1997, 119 = ZIP 1997, 110 = EuZW 1996, 695 – Denkavit International B.V. u.a. vs. Bundesamt für Finanzen – „Denkavit"; EuGH, Urteil vom 2.4.1998 – Rs. C-127/95 – EuGHE 1998 I-1531= EuZW 1998, 721 – Norbrook Laboratories Ltd vs. Ministry of Agriculture, Fisheries and Food; EuGH, Urteil vom 2.12.1997 – Rs. C-188/95 – EuGHE 1997 I-6783 = NVwZ 1998, 833 = EuZW 1998, 172 = ZIP 1998, 206 – Fantask A/S e.a. vs. Industriministeriet (Erhvervministeriet), mit Bespr. Jörg Gundel, Keine Durchbrechung nationaler Verfahrensfristen zugunsten von Rechten aus nicht umgesetzten EG-Richtlinien, in: NVwZ 1998, 910–916; EuGH, Urteil vom 23.5.1996 – Rs. C-5/94 – EuGHE 1996 I-2553 [2613] Rn. 25 = EuZW 1996, 435 [436] = DB 1996, 1613 – The Queen vs. Ministry of Agriculture, Fisheries and Food, ex parte: Hedley Lomas (Ireland) – „Hedley Lomas"; EuGH, Urteil vom 4.7.2000 – Rs. C-424/97 – EuGHE 2000 I-5123 = DVBl. 2000, 1272 = NVwZ 2001, 903 = EuZW 2001, 733 = EWS 2000, 552 – Salo-

ausreichend, dass eine Missachtung des Gemeinschaftsrechtes nur in einem Vertragsverletzungsverfahren „festgestellt" wird. Mit dieser Rechtsprechung wird erreicht, dass auch der einzelne EG-Bürger den säumigen Mitgliedstaat zur fristgerechten Umsetzung der Richtlinie „anhalten" kann.[750] Das ist vom Gerichtshof durchaus beabsichtigt.[751] Die Rechtsprechung des EuGH zum europäischen Staatshaftungsrecht ist daher nicht auf die unterlassene oder fehlerhafte Umsetzung einer Richtlinie begrenzt. Die Haftung des Mitgliedstaates bei Verstößen gegen Gemeinschaftsrecht gilt ganz generell.[752] Danach kommt ein **gemeinschaftsrechtlicher Staatshaftungsanspruch** in Betracht,

- wenn die Rechtsnorm, gegen die verstoßen wurde, bezweckt, dem Einzelnen Rechte zu verleihen,
- wenn der Verstoß hinreichend qualifiziert ist und
- wenn zwischen dem Verstoß gegen die dem Staat obliegende Verpflichtung und dem der geschädigten Personen entstandenen Schaden ein unmittelbarer Kausalzusammenhang besteht.

351 (2) Bei **nicht fristgerechter Umsetzung** einer EG-Richtlinie ist nach Ansicht des EuGH „die volle Wirksamkeit der gemeinschaftsrechtlichen Bestimmungen beeinträchtigt und der Schutz der durch sie begründeten Rechte gemindert, wenn der einzelne nicht die Möglichkeit hätte, für den Fall eine Entschädigung zu erlangen, dass seine Rechte durch einen Verstoß gegen das Gemeinschaftsrecht verletzt werden, der einem Mitgliedstaat zuzurechnen ist."[753] Die Notwendigkeit einer Entschädigung sieht der Gerichtshof vor allem dann als gegeben an, wenn die volle Wirkung der gemeinschaftsrechtlichen Bestimmungen gerade davon abhängig ist, dass der Mitgliedstaat überhaupt tätig wird und der einzelne im Falle dieser Untätigkeit die ihm durch das Gemeinschaftsrecht an sich zuerkannten Rechte vor dem

---

mone Haim vs. Kassenzahnärztliche Vereinigung Nordrhein (zur Richtlinie 78/686/EWG – Kassenzulassung eines Zahnarztes), mit Bespr. Rene Voigtländer, Zur gemeinschaftsrechtlichen Haftung der Mitgliedstaaten, in: EWiR 2001, 227–228; vgl. weiterführend Steffen Detterbeck, Staatshaftung für Mißachtung von EG-Recht, in: VerwArch 85 (1994) S. 159–207; Carsten Albers, Die Haftung der Bundesrepublik Deutschland für die Nichtumsetzung von EG-Richtlinien, Baden-Baden 1995.

750 Kay Hailbronner, Staatshaftung bei säumiger Umsetzung von EG-Richtlinien, in: JZ 1992, 284–289 [285]; Johannes Masing, Die Mobilisierung des Bürgers für die Durchsetzung des Rechts, Berlin 1997.

751 Generalanwalt Léger, in: Rs. C-5/94 – EuGHE 1996 I-2553 [2574] Rn. 78 = EuZW 1996, 435 [436] – The Queen vs. Ministry of Agriculture, Fisheries und Foods, ex parte: Hedley Lomas (Ireland).

752 Vgl. Bernhard W. Wegener, Staatshaftung für die Verletzung von Gemeinschaftsrecht durch nationale Gerichte?, in: EuR 37 (2002), S. 785–800; Jörg Urkow, Unmittelbare Wirkung von Richtlinien und gemeinschaftsrechtliche Staatshaftung nach Maastricht, in: NJW 1994, 2469–2470.

753 EuGH, Urteil vom 19.11.1991 – Rs. C-6/90 und C-9/90 – EuGHE 1991 I-5357 [5414] Rn. 33. = DVBl. 1992, 1017 = NJW 1992, 165 = EuZW 1991, 758 = EuGRZ 1992, 60 = EuR 1992,75 = JZ 1992, 305 – Andrea Francovich vs. Italien, mit Bespr. Martin Nettesheim, Gemeinschaftsrechtliche Vorgaben für das deutsche Staatshaftungsrecht, in: DÖV 1992, 999–1005; vgl. ferner dazu Fernand Schockweiler, Die Haftung der Mitgliedstaaten bei vertragswidrigem Verhalten, Bonn 1993; EuGH, Urteil vom 28.10.1999 – Rs. C-81/98 – EuGHE 1999 I-7671 = DVBl. 2000, 118 = NJW 2000, 569 = EuZW 1999, 759 = EuR 1999, 812 = EWS 2000, 124 = JZ 2000, 460 – Alcatel Austria AG u. a., Siemens AG Österreich und Sag-Schrack Anlagentechnik AG vs. Bundesministerium für Wissenschaft und Verkehr; weiterführend Steffen Detterbeck, Staatshaftung für Mißachtung von EG-Recht, in: VerwArch 85 (1994) S. 159–207; Jürgen Bröhmer, Zur Schadensersatzpflicht eines Mitgliedstaates bei mangelhafter Umsetzung einer Richtlinie, in: EuZW 1994, 184.

Berkemann

nationalen Gericht nicht geltend machen kann.[754] Die Kritik an dieser Entscheidung hält dem EuGH vor, er habe zur Durchsetzung des Gemeinschaftsrechts unmittelbar auf das mitgliedstaatliche Haftungsrecht „durchgegriffen". Der Gerichtshof hat diese Kritik in einer weiteren grundlegenden Entscheidung 1996 zurückgewiesen, allerdings inzwischen einige Modifikationen vorgenommen.[755] Nach seiner Auffassung findet die Haftung bei unterlassener Umsetzung einer Richtlinie ihre unmittelbare Grundlage im Gemeinschaftsrecht. Dasselbe gilt für den Fall der „nur" fehlerhaften Umsetzung einer Richtlinie.[756]

2. Materielle (gemeinschaftsrechtliche) Voraussetzungen des Anspruchs

Eine entschädigungsbezogene Haftung eines Organs des Mitgliedstaates, die sich **352** aus einem Verstoß gegen Gemeinschaftsrecht ergeben soll, ist nach der Rechtsprechung des EuGH unter den erwähnten **drei Voraussetzungen** gegeben:[757] Sie bedürfen je nach Sach- und Rechtslage der Konkretisierung.

---

754 Kritisch zu dem Urteil des EuGH u. a. Fritz Ossenbühl, Staatshaftung zwischen Europarecht und nationalem Recht, in: Ole Due/Marcus Lutter/Jürgen Schwarze (Hrsg.), Festschrift für Ulrich Everling, Baden-Baden 1995, S. 1031–1047.

755 EuGH, Urteil vom 5.3.1996 – Rs. C-46/93 und I-48/93 – EuGHE 1996 I-1029 [1142 ff.] Rn. 20 ff. = DVBl. 1996, 427 = NJW 1996, 1267 = EuZW 1996, 205 = NuR 1998, 190 = JZ 1996, 789 – Brasserie du Pêcheur und Factortame, mit Bespr. Rudolf Streinz, in: EuZW 1996, 201–204; Dirk Ehlers, in: JZ 1996, 776–783; ebenso EuGH, Urteil vom 23.5.1996 – Rs. C-5/94 – EuGHE 1996 I-2553 [2613] Rn. 25 = EuZW 1996, 435 [436] = DB 1996, 1613 – The Queen vs. Ministry of Agriculture, Fisheries and Food, ex parte: Hedley Lomas (Ireland) – „Hedley Lomas"; EuGH, Urteil vom 16.12.1993 – Rs. C-334/92 – EuGHE 1993 I-6911 = NJW 1994, 921 = EuZW 1994, 182 = ZEuP 1995, 105 – Teodoro Wagner Miret vs. Fondo de Garantia Salarial; EuGH, mit Bespr. Jürgen Bröhmer, Zur Schadensersatzpflicht eines Mitgliedstaates bei mangelhafter Umsetzung einer Richtlinie, in: EuZW 1994, 184–184; EuGH, Urteil vom 26.3.1996 – Rs. C-392/93 – EuGHE 1996 I-1631[1667] Rn. 38 ff. = EuZW 1996, 274 = CR 1996, 689 – The Queen vs. H. M. Treasury, ex parte British Telecommunications plc; EuGH, Urteil vom 30.9.2003 – Rs. C-224/01 – EuGHE 2003 I-10239 Rn. 32 ff. = DVBl. 2003, 1516 = NVwZ 2004, 79 = NJW 2003, 3539 = JZ 2004, 295 = EuR 2004, 71 = EuGRZ 2003, 597 = EuZW 2003, 718 = EWS 2004, 19 = BayVBl 2004, 688 – Gerhard Köbler vs. Republik Österreich – „Köbler", mit Bespr. Walter Obwexer, Staatshaftung für offenkundig gegen Gemeinschaftsrecht verstoßendes Gerichtsurteil, in: EuZW 2003, 726–728; Thomas von Danwitz, Zur Frage der mitgliedstaatlichen Haftung für judikatives Unrecht, in: JZ 2004, 301–303; Carsten Kremer, Staatshaftung für Verstöße gegen Gemeinschaftsrecht durch letztinstanzliche Gerichte, in: NJW 2004, 480–482; Ludger Radermacher, Gemeinschaftsrechtliche Staatshaftung für höchstrichterliche Entscheidungen, in: NVwZ 2004, 1415–1421; Götz Schulze, Gemeinschaftsrechtliche Staatshaftung für judikatives Unrecht, in: ZEuP 2004, 1051–1067; Peter Schwarzenegger, Staatshaftung bei Verstoß nationaler höchstrichterlicher Entscheidungen gegen Gemeinschaftsrecht, in: ZfRV 2003, 236–238; vgl. ferner Christiane Claßen, Nichtumsetzung von Gemeinschaftsrechten: von der unmittelbaren Wirkung bis zum Schadensersatzanspruch, Berlin 1999; Hans-Joachim Schütz/Thomas Bruha/Doris König, Casebook Europarecht, München, 2004, S. 91 ff.

756 EuGH, Urteil vom 26.3.1996 – Rs. C-392/93 – EuGHE 1996 I-1631 = EuZW 1996, 274 = CR 1996, 689 – The Queen vs. H.M. Treasury ex parte: British Telecommunications plc – „British Telecommunications", mit Bespr. Anno Rainer, EG-rechtliche Haftung der Mitgliedstaaten in Steuersachen, in: IStR 1996, 282–287, EuGH, Urteil vom 8.10.1996 – verb. Rs. C-178/94, C-179/94, C-188/94, C-189/94 und C-190/94 – EuGHE 1996, I-4845 [4878] Rn. 20 ff. = DVBl. 1997, 111 – Erich Dillenkofer vs. Deutschland.

757 EuGH, Urteil vom 5.3.1996 – Rs. C-46/93 und C-48/93 – EuGHE 1996 I-1909 [1147 ff.] Rn. 51 = DVBl. 1996, 427 = NJW 1996, 1267 = JR 1996, 789 = EuZW 1996, 205 – Brasserie du Pêcheur und Factortame; ebenso EuGH, Urteil vom 26.3.1996 – Rs. C-392/93 – EuGHE 1996 I-1631 [1668] Rn. 39 = EuZW 1996, 274 – British Telecommunications; EuGH, Urteil vom 30.9.2003 – Rs. C-224/01 –

2.1 Verletzung subjektiver Rechte

353 Das Staatshaftungsrecht ist „individualisiertes" Sanktionsrecht. Das setzt voraus, dass die verletzte Rechtsnorm des Gemeinschaftsrechts bezwecken muss, **dem einzelnen Rechte zu verleihen.**[758] Ist eine Richtlinie nicht oder nur fehlerhaft umgesetzt worden, bedingt dies, dass die Richtlinie in ihrer unmittelbaren Anwendung zugunsten des EG-Bürgers **drittschutzbezogen** ist. Bei einer nicht umgesetzten Richtlinie ist daher zu prüfen, ob der Richtlinieninhalt im Falle seiner ordnungsgemäßen innerstaatlichen Umsetzung nicht nur die öffentliche Gewalt verpflichten würde, sondern zugleich (auch) einklagbare individuelle Rechte gewähren müsste.[759] Das bedeutet nach Ansicht des BGH auch, dass die Bundesrepublik Deutschland einem Dritten, der durch die fehlende Umsetzung faktisch benachteiligt wird, nicht in jedem Falle auf Schadensersatz haftet.[760] Bestehen Zweifel, kann dies Anlass für eine Vorlage gemäß Art. 234 EG sein.[761]

354 Die Rechtsprechung des BVerwG ist im Bereich des Umweltrechtes deutlich restriktiv. Nachteilige Veränderungen der Tier- und Pflanzenwelt beeinträchtigen grundsätzlich nur das Wohl der Allgemeinheit. Hierauf bezogene Rechtsvorschriften des Bundes- oder Landesrechts schützen kein individuelles Interesse.[762] So

EuGHE 2003 I-10239 [10305 ff.] Rn. 32 ff. = DVBl. 2003, 1516 = NVwZ 2004, 79 = NJW 2003, 3539 = EuGRZ 2003, 597 = EuZW 2003, 718 = EWS 2004, 19 = EuR 2004, 71 = JZ 2004, 295 – Gerhard Köbler vs. Republik Österreich – „Köbler".

758 EuGH, Urteil vom 26.3.1996 – Rs. C-392/93 – EuGHE 1996 I-1631 = EuZW 1996, 274 = CR 1996, 689 – The Queen vs. H. M. Treasury ex parte: British Telecommunications plc – „British Telecommunications", ebenso BGH, Urteil vom 14.12.2000 – III ZR 151/99 – BGHZ 146, 153 = DVBl. 2001, 474 = NVwZ 2001, 465 = JZ 2001, 456 = JR 2001, 409 (zur Richtlinie 85/73/EWG – Untersuchungen und Hygienekontrollen von frischem Fleisch), mit Bespr. Ralph Alexander Lorz, Verzahnung von nationalem Haftungsrecht und Gemeinschaftsrecht, in: JR 2001, 413–415; Friedrich Schoch, Staatshaftung wegen Verstoßes gegen Europäisches Gemeinschaftsrecht, in: Jura 2002, 837–841; Claus Dieter Classen, Zum Staatshaftungsanspruch bei Verletzung von Gemeinschaftsrecht – Zur Vorlage an den EuGH gemäß Art. 234 EGVtr Fassung 2.10.1997, in: JZ 2001, 458–461.

759 Martin Gellermann, in: Rudolf Streinz (Hrsg.), EUV/EGV, 2003, EG Art. 288 Rn. 43; Arnim von Bogdandy, in: Eberhard Grabitz/Meinhard Hilf (Hrsg.), Das Recht der Europäischen Union [Stand: Aug. 2002], EG Art. 288 Rn. 132; Michael Kling, Die Haftung der Mitgliedstaaten der EG bei Verstößen gegen das Gemeinschaftsrecht, in: Jura 2005, 298–305 [302].

760 BGH, Beschluss vom 24.11.2005 – III ZR 4/05 – NJW 2006, 690 = ZIP 2006, 23 – Verstoß gegen die Richtlinien 68/15/EWG und 78/660/EWG; vgl. ferner BGH, Beschluss vom 28.10.2004 – III ZR 294/03 – NJW 2005, 747 = EuZW 2005, 30 = MDR 2005, 270; BGH, Urteil vom 20.01.2005 – III ZR 48/01 – BGHZ 162, 49 = NJW 2005, 742 = EuZW 2005, 186 = EuR 2005, 531 = JZ 2005, 724, mit Bespr. Sebastian Schwintek, Zur Amtshaftung bei fehlerhafter Bankenaufsicht, in: EWiR 2005, 793–794; vgl. auch BGH, Beschluss vom 2.6.2005 – III ZR 365/03 – DVBl. 2006, 114 = NJW-RR 2005, 1406 = ZIP 2005, 1168; BGH, Beschluss vom 24.11.2005 – III ZR 4/05 – NJW 2006, 690 = ZIP 2006, 23.

761 BGH, Beschluss vom 16.05.2002 – III ZR 48/01 – NJW 2002, 2464 = BB 2002, 1287 = ZIP 2002, 1136, mit Bespr. Mathias Hanten, Zur drittschützenden Wirkung der Bankenaufsicht, in: EWiR 2002, 961–962; EuGH, Urteil vom 12.10.2004 – Rs. C-222/02 – EuGHE 2004 I-9425 = DVBl. 2005, 43 = NJW 2004, 3479 = EWS 2004, 514 = EuZW 2004, 689 = ZIP 2004, 2039, mit Bespr. Stefan Kilgus, Zur Frage des Staatshaftungsanspruchs des Einzelnen wegen unzureichender Aufsicht der nationalen Bankaufsichtsbehörden, in: BB 2004, 2431–2432; Ulrich Häde, Keine Staatshaftung für mangelhafte Bankenaufsicht, in: EuZW 2005, 39–41.

762 Vgl. BVerwG, Beschluss vom 6.9.2004 – 7 B 62.04 – DVBl. 2004, 1563 = NVwZ 2005, 84 = DÖV 2005, 159 = BayVBl 2005, 86 = NuR 2005, 178 = NuR 2005, 178 = EurUP 2004, 218 (L). Einen Drittschutz zur Durchführung einer Umweltverträglichkeitsprüfung ablehnend auch VG Aachen, Urteil vom 10.12. 2001 – 9 K 2954/01 – ZfB 2003, 104 – Garzweiler II.

Berkemann

hat das Umweltschutzrecht nach Ansicht des BVerwG durch die **UVP-RL 85/337/ EWG** keine materielle Anreicherung erfahren. Die Richtlinie beschränke sich auf verfahrensrechtliche Anforderungen im Vorfeld der Sachentscheidung.[763] Aus der UVP-RL 85/337/EWG ergebe sich selbst nicht, dass im gerichtlichen Verfahren in der Sache geprüft werden müsse, ob ein planfestgestelltes Vorhaben die Gesundheit der Kläger gefährde.[764] Dass in der Präambel der Richtlinie als Erwägung ausgeführt wird, dass die Umweltauswirkungen eines Projekts auch mit Rücksicht auf die Bestrebung beurteilt werden müssten, die menschliche Gesundheit zu schützen, ändern daran nach Ansicht des BVerwG nichts.[765]

Diese Rechtsprechung ist im Hinblick auf die primärrechtlichen Zielsetzungen der **355** neugefassten Art. 2 EG und Art. 174 EG kritikwürdig (vgl. Rn. 348). Auch wenn das Umweltrecht durch die UVP-RL 85/337/EWG „keine materielle Anreicherung" erfahren hat, steht dies noch nicht im Gegensatz zur Annahme einer verfahrensrechtlich zugewiesenen subjektiven Rechtsposition. Inzwischen hat der EuGH im Jahre 2004 für die UVP-RL 85/337/EWG die interpretatorische Möglichkeit einer subjektiven Rechtsposition anerkannt.

Beispiel: Ist eine Genehmigung ohne die gebotene Umweltverträglichkeitsprüfung (UVP-RL 85/337/EWG) erteilt worden, so hat die zuständige Behörde zu prüfen, ob nach nationalem Recht die Möglichkeit besteht, die bereits erteilte Genehmigung zurückzunehmen oder auszusetzen, um das Projekt einer Umweltverträglichkeitsprüfung gemäß den Anforderungen der UVP-RL 85/337/EWG zu unterziehen.[766] In Betracht kommt die Rücknahme der Genehmigung gemäß § 48 VwVfG.

Aus dem europäischen Recht einer Richtlinie lässt sich durchaus die Absicht ent- **356** nehmen, selbständige Verfahrensstellungen einzuräumen. Das kann bei Rechtsakten der EG der Fall sein, welche der Umsetzung der **Århus-Konvention** dienen sollen. Diese lässt die Intentionen des Verfahrensrechts der Richtlinien längst in einem anderen Licht erscheinen. Insbesondere gilt dies für die sog. Öffentlichkeits-RL 2003/35/EG. Dort heißt es unter den siebten Erwägungsgrund: „Art. 6 des Århus-Übereinkommens sieht die Beteiligung der Öffentlichkeit an den Entscheidungen über bestimmte Tätigkeiten, die eine erhebliche Auswirkung auf die Umwelt haben können, vor". Im sechsten Erwägungsgrund wird ausgeführt, dass es eines der Ziele des Übereinkommens sei, das Recht auf Beteiligung der Öffentlichkeit an Entscheidungsverfahren in Umweltangelegenheiten zu gewährleisten und somit dazu beizutragen, dass das Recht des Einzelnen auf ein Leben in einer der Gesundheit und dem Wohlbefinden zuträglichen Umwelt geschützt wird. Der neunte Erwägungsgrund gibt an, dass das Århus-Übereinkommen Bestimmungen über den Zugang zu gerichtlichen und anderen Verfahren zwecks Anfechtung der

---

763 BVerwG, Beschluss vom 16.11.1998 – 6 B 110.98 – NVwZ-RR 1999, 429 = NuR 1999, 507.
764 BVerwG, Urteil vom 23.4.1997 – 11 A 7.97 – BVerwGE 104, 337 = DVBl. 1997, 1119 = NVwZ 1998, 847 = UPR 1997, 409 = NuR 1997, 504.
765 BVerwG, Urteil vom 23.4.1997 – 11 A 7.97 – BVerwGE 104, 337 = DVBl. 1997, 1119 = NVwZ 1998, 847 = UPR 1997, 409 = NuR 1997, 504.
766 EuGH, Urteil vom 7.1.2004 – Rs. C-201/02 – EuGHE I-2004, 723 = DVBl. 2004, 370 = NVwZ 2004, 593 = EWS 2004, 232 = NuR 2004, 517 – The Queen, Delena Wells vs. Secretary of State for Transport, Local Government and the Regions – „Delena Wells", mit Bespr. Jochen Kerkmann, in: DVBl. 2004, 1288–1289.

materiellen und verfahrensrechtlichen Rechtmäßigkeit vorsehe. Der auf diesen Grundlagen beruhende Art. 10 a der geänderten UVP-RL sieht dementsprechend vor, dass die Mitgliedstaaten im Rahmen ihrer innerstaatlichen Rechtsvorschriften sicherstellen, dass Mitglieder der „**betroffenen Öffentlichkeit**", die ausreichendes Interesse haben oder eine Rechtsverletzung geltend machen, Zugang zu einem Überprüfungsverfahren vor einem Gericht oder einer auf gesetzlicher Grundlage zu schaffenden unabhängigen und unparteiischen Stelle haben, um die materiell-rechtliche und die verfahrensrechtliche Rechtmäßigkeit von entsprechenden Entscheidungen, für die die Öffentlichkeitsbeteiligung gilt, anzufechten. Als „Öffentlichkeit'" definiert die Richtlinie 2003/35/EG „eine oder mehrere natürliche oder juristische Personen und, in Übereinstimmung mit den innerstaatlichen Rechtsvorschriften oder der innerstaatlichen Praxis, deren Vereinigungen, Organisationen oder Gruppen". Aus dieser geänderten Rechtslage hat etwa das OVG Koblenz gefolgert:

Beispiel: Die Bestimmungen des förmlichen immissionsschutzrechtlichen Genehmigungsverfahrens mit Öffentlichkeitsbeteiligung haben wegen ihrer Funktion als Trägerverfahren für die nach der UVP-RL 85/337/EWG einer Umweltprüfung bedürftigen Anlagen drittschützende Wirkung für die „betroffene" Öffentlichkeit.[767]

2.2 Hinreichend qualifizierter Rechtsverstoß

357 (1) Der Rechtsverstoß, der zur Haftung führen soll, muss außerdem „**hinreichend qualifiziert**" sein. Das entscheidende Merkmal ist hier, dass der Mitgliedstaat „die Grenzen, die seinem Ermessen gesetzt sind, offenkundig und erheblich überschritten hat".[768] Mit dieser Voraussetzung will der EuGH ersichtlich die Reichweite der Haftung begrenzen.[769] Der EuGH erkennt selbst, dass noch näher zu bestimmen

---

767 OVG Koblenz, Beschluss vom 25.1.2005 – 7 B 12114/04 – NVwZ 2005, 1208 = DÖV 2005, 436 = ZfBR 2005, 487.
768 EuGH, Urteil vom 5.3.1996 – Rs. C-46/93 und I-48/93 – EuGHE 1996 I-1029 [1142 ff.] Rn. 20 ff. = DVBl. 1996, 427 [L] = NJW 1996, 1267 = EuZW 1996, 205 = NuR 1998, 190 = JZ 1996, 789 – Brasserie du Pêcheur und Factortame, mit Bespr. Rudolf Streinz, in: EuZW 1996, 201–204; Gert Meier, Zur Schadensatzpflicht der Bundesrepublik Deutschland für Verstöße gegen Gemeinschaftsrecht – ein Leitfaden für die Zivilgerichte, in: NVwZ 1996, 660–661; Dirk Ehlers, in: JZ 1996, 776–783; ebenso EuGH, EuGH, Urteil vom 26.3.1996 – Rs. C-392/93 – EuGHE 1996 I-1631 = EuZW 1996, 274 = CR 1996, 689 – The Queen vs. H. M. Treasury ex parte: British Telecommunications plc – „British Telecommunications", mit Bespr. Anno Rainer, EG-rechtliche Haftung der Mitgliedstaaten in Steuersachen, in: IStR 1996, 282–28; EuGH, Urteil vom 30.9.2003 – Rs. C-224/01 – EuGHE 2003 I-10239 [10305 f.] Rn. 32 ff. = DVBl. 2003, 1516 = NVwZ 2004, 79 = NJW 2003, 3539 = EuZW 2003, 718 = EuGRZ 2003, 597 = EuZW 2003, 718 = EWS 2004, 19 = EuR 2004, 71 = JZ 2004, 295 – Gerhard Köbler vs. Republik Österreich – „Köbler"; vgl. ferner Christiane Claßen, Nichtumsetzung von Gemeinschaftsrechten: von der unmittelbaren Wirkung bis zum Schadensersatzanspruch, Berlin 1999; Schütz/Bruha/König, Casebook Europarecht, München, 2004, S. 91 ff.; Michael Kling, Die Haftung der Mitgliedstaaten der EG bei Verstößen gegen das Gemeinschafsrecht, in: Jura 2005, 298–305 [302 f.].
769 Deutlich EuGH, Urteil vom 4.7.2000 – Rs. 424/97 – EuGHE 2000 I-5123 [5161] Rn. 38 f. = DVBl. 2000, 1272 = NVwZ 2001, 903 = EuZW 2000, 733 = ZIP 2000, 1215 = EWS 2000, 552 – Salomone Haim vs. Kassenzahnärztliche Vereinigung Nordheim (Richtlinie 78/686/EWG – Kassenzulassung eines Zahnarztes); EuGH, Urteil vom 23.4.1996 – Rs. C-5/94 – EuGHE 1996 I-2553 [2604] Rn. 28 = EuZW 1996, 435 – The Queen vs. Ministry of Agriculture, Fisheries and Foods, ex parte: Hedley Lomas (Ireland) Ltd. – „Hedley Lomas".

Berkemann

ist, was als „Grenze" zu gelten hat. Die Voraussetzung bedarf daher weiterer Präzisierung. Weitere Gesichtspunkte sind nach Ansicht des EuGH

> „das Maß der Klarheit und Genauigkeit der verletzten Vorschrift, der Umfang des Ermessensspielraums, welche die verletzte Vorschrift den nationalen oder Gemeinschaftsbehörden belässt, die Fragen, ob der Verstoß vorsätzlich oder nicht vorsätzlich begangen oder der Schaden vorsätzlich oder nicht vorsätzlich zugefügt wurde, die Entschuldbarkeit oder Unentschuldbarkeit eines etwaige Rechtsirrtums und der Umstand, dass die Verhaltensweisen eines Gemeinschaftsorgans möglicherweise dazu beigetragen haben, dass nationale Maßnahmen oder Praktiken in gemeinschaftswidriger Weise unterlassen, eingeführt oder aufrechterhalten wurden".[770]

Ein Verstoß gegen Gemeinschaftsrecht ist im haftungsrechtlichen Sinne jedenfalls stets dann „offenkundig qualifiziert", wenn er fortgesetzt wird, obwohl ein (nationales) Urteil den Verstoß festgestellt hat, oder eine Entscheidung des EuGH im Vorabentscheidungsverfahren nach Art. 234 EG ergangen ist oder eine bereits gefestigte einschlägige Rechtsprechung des EuGH besteht.[771] Rechtsunkenntnis schützt hier nicht. Eine Haftung kann auch ausgelöst werden, wenn die Missachtung des Gemeinschaftsrechts „auf der Hand liegt".[772] Darüber hinaus kommt es für das Vorliegen eines hinreichend qualifizierten Verstoßes auch entscheidend darauf an, ob und welcher **Ermessensspielraum** dem nationalen Gesetzgeber auf dem in Frage stehenden Rechtsgebiet noch zusteht.[773] **358**

(2) Die gemeinschaftsrechtlich begründete Staatshaftung wird bei einer verzögerten oder unzureichenden Umsetzung einer Richtlinie allerdings nur dann ausgelöst, wenn der Umsetzungsmangel **offenkundig** ist. Mit diesem Kriterium will der EuGH den Mitgliedstaat vor zu umfangreichen Entschädigungsleistungen schützen. Aber es bleibt ein „Restrisiko". Trifft ein Mitgliedstaat unter Verstoß gegen Art. 249 Abs. 3 EG innerhalb der in der Richtlinie festgesetzten Frist keinerlei Maßnahmen, obwohl dies zur Erreichung des durch die Richtlinie vorgeschriebenen Ziele ohne Zweifel erforderlich ist, so überschreitet er „offenkundig und erheblich die **359**

---

770 EuGH, Urteil vom 5.3.1996 – Rs. C-46/93 und I-48/93 – EuGHE 1996 I-1029 [1147 ff.] Rn. 55 = DVBl. 1996, 427 = NJW 1996, 1267 = EuZW 1996, 205 = JZ 1996, 789 = NuR 1998, 190 – Brasserie du Pêcheur und Factortame; EuGH, Urteil vom 26.3.1996 – Rs. C-392/93 – EuGHE 1996 I-1631 = EuZW 1996, 274 = CR 1996, 689 – The Queen v. H. M. Treasury ex parte: British Telecommunications plc – „British Telecommunications", mit Bespr. Anno Rainer, EG-rechtliche Haftung der Mitgliedstaaten in Steuersachen, in: IStR 1996, 282–28.

771 EuGH, Urteil vom 5.3.1996 – Rs. C-46/93 und I-48/93 – EuGHE 1996 I-1029 [1160] Rn. 57 = DVBl. 1996, 427 = NJW 1996, 1267 = EuZW 1996, 205 = NuR 1998, 190 = JZ 1996, 789 – Brasserie du Pêcheur und Factortame.

772 EuGH, Urteil vom 30.9.2003 – Rs. C-224/01 – EuGHE 2003 I-10239 [10329] Rn. 122 = DVBl. 2003, 1516 = NVwZ 2004, 79 = NJW 2003, 3539 = EuGRZ 2003, 597 = EuZW 2003, 718 = EWS 2004, 19 = EuR 2004, 71 = JZ 2004, 295 – Gerhard Köbler vs. Republik Österreich – „Köbler".

773 EuGH, Urteil vom 4.7.2000 – Rs. 424/97 – EuGHE 2000 I-5123 [5161] Rn. 38 f. = DVBl. 2000, 1272 = NVwZ 2001, 903= EuZW 2000, 733 = EWS 2000, 552 – Salomone Haim vs. Kassenzahnärztliche Vereinigung Nordheim (Richtlinie 78/686/EWG – Kassenzulassung eines Zahnarztes); BGH, Urteil vom 24.10.1996 – III ZR 127/91 – BGHZ 134, 30 [37] = DVBl. 1997, 124 = NJW 1997, 123 [125 f.] = EuZW 1996, 761 = EuR 1997, 291 (Biersteuergesetz), mit Bespr. Armin Hatje, in: EuR 1997, 297–310; BGH, Urteil vom 14.12.2000 – III ZR 151/99 – BGHZ 146, 153 = DVBl. 2001, 474 = NVwZ 2001, 465 = EuZW 1996, 761 = EuR 1997, 291 = BayVBl 1997, 218 (zur Richtlinie 85/73/EWG – Untersuchungen und Hygienekontrollen von frischem Fleisch), vgl. ferner Peter Baumeister, Legislativ- und Exekutivunrecht im Fall Brasserie du Pêcheur, in: BayVBl 2000, 225–231.

Grenzen, die der Ausübung seiner Befugnisse gesetzt sind".[774] Die **Versäumung der Umsetzungsfrist** wird man daher stets als Indiz für einen hinreichend qualifizierten Verstoß anzusehen haben.[775] Auch weiteres administratives Fehlverhalten kann einen gemeinschaftsrechtlich begründeten Haftungsanspruch auslösen.[776] Anders liegt es, wenn die Umsetzung der Richtlinie zwar fristgerecht vorgenommen, indes fehlerhaft war. Hier kommt es letztlich darauf an, welches Gewicht der Rechtsfehler besitzt und in welcher Hinsicht er vermeidbar war. Bedeutsam können hier auch „berechtigte" Zweifel über den genauen Richtlinieninhalt sein.[777] Der BFH verneint einen „hinreichend qualifizierten" Rechtsverstoß, wenn andere Mitgliedstaaten die Rechtsansicht der Bundesregierung vor dem EuGH (vertretbar) geteilt haben.[778]

360 (3) Die Haftung ist begrifflich zwar **verschuldensunabhängig.** Der gemeinschaftsrechtliche Staatshaftungsanspruch darf nach der Rechtsprechung des EuGH daher nicht von einem „Verschulden" abhängig gemacht werden, welches über den hinreichend qualifizierten Verstoß gegen das Gemeinschaftsrecht hinausgeht. Gleichwohl fließen Merkmale des (subjektiven) Verschuldens in die Voraussetzung ein, dass der haftungsauslösende Verstoß „hinreichend qualifiziert" zu sein hat. Zwar stellt es als solches einen qualifizierten Verstoß gegen das Gemeinschaftsrecht dar, wenn keine Maßnahmen zur Umsetzung einer Richtlinie innerhalb der dafür festgesetzten Frist getroffen worden sind, um das durch diese Richtlinie vorgeschriebene Ziel zu erreichen. Haben die nationalen Behörden die Vorschriften der Richtlinie unmittelbar angewendet, ist aber auch zu prüfen, ob diese Behörden angesichts des Ausmaßes der Klarheit und Genauigkeit dieser Vorschriften in einer offensichtlich qualifizierten Weise gegen diese Vorschriften verstoßen ha-

---

774 EuGH, Urteil vom 8.10.1996 – verb. Rs. C-178/94, C-179/94, C-188/94, C-189/94 und C-190/94 – EuGHE 1996, I-4845 [4878] Rn. 20 f. = DVBl. 1997, 111 = NJW 1996, 3141 = BayVBl 1997, 464 = EuZW 1996, 654 = JZ 1997, 198 – Erich Dillenkofer u. a. vs. Bundesrepublik Deutschland – „Pauschalreiserichtlinie", mit Bespr. Norbert Reich, Der Schutz subjektiver Gemeinschaftsrechte durch Staatshaftung, in: EuZW 1996, 709–716; Hans-Jürgen Papier/Andreas Dengler, Nicht fristgerecht umgesetzte EG-Richtlinie – Staatshaftung („Dillenkofer" – „MP Travel"), in: EWiR 1996, 1027–1028.
775 Wie hier Ulrich Karpenstein, Praxis des EG-Rechts, 2006, S. 162 Rn. 418; Georg Hermes, Der Grundsatz der Staatshaftung für Gemeinschaftsrechtsverletzungen, in: DV 1998, 371–400 [376].
776 EuGH, Urteil vom 23.4.1996 – Rs. C-5/94 – EuGHE 1996 I-2553 [2604] Rn. 28 = EuZW 1996, 435 – The Queen vs. Ministry of Agriculture, Fisheries and Foods, ex parte: Hedley Lomas (Ireland) Ltd. – „Hedley Lomas".
777 EuGH, Urteil vom 26.3.1996 – Rs. C-392/93 – EuGHE 1996 I-1631 [1669] Rn. 43 = EuZW 1996, 274 = WRP 1996, 695 = CR 1996, 689 – The Queen gegen H. M. Treasury, ex parte British Telecommunications – „British Telecommunications"; EuGH, Urteil vom 8.10.1996 – verb. Rs. C-178/94, C-179/94, C-188/94, C-189/94 und C-190/94 – EuGHE 1996, I-4845 [4878] Rn. 26 = DVBl. 1997, 111 = NJW 1996, 3141 = EuGRZ 1996, 450 = EuZW 1996, 654 = JZ 1997, 198 = BayVBl 1997, 464 – Erich Dillenkofer u. a. vs. Bundesrepublik Deutschland – „Pauschalreiserichtlinie", mit Bespr. Norbert Reich, Der Schutz subjektiver Gemeinschaftsrechte durch Staatshaftung, in: EuZW 1996, 709–716; EuGH, Urteil vom 17.10.1996 – verb. Rs. 283, 291 und 292/94 – EuGHE 1996 I-5063 [5102] Rn. 51 f. NJW 1997, 119 = ZIP 1997, 110 = EuZW 1996, 695 – Denkavit International B. V. u. a. vs. Bundesamt für Finanzen – „Denkavit".
778 BFH, Urteil vom 21.4.2005 – V R 16/04 – BFHE 210, 159 = DStR 2005, 1313 [1315] = BB 2005, 2731, mit Bespr. Markus Keuthen, Schadensersatz gegen den Fiskus wegen fehlerhafter Umsetzung der 6. EG-RL bezogen auf die US-Befreiung für Spielautomaten, in: StuB 2005, 1058–1059.

ben.[779] Das ist dann jedenfalls nicht gegeben, wenn die einschlägigen Vorschriften der Richtlinie verschiedene ernsthaft vertretbare Auslegungen zulassen.

2.3 Kausalzusammenhang

Zwischen dem entstandenen Schaden und der dem Mitgliedstaat obliegenden Verpflichtung muss ein **„unmittelbarer Kausalzusammenhang"** bestehen.[780] In der Sprache der deutschen Dogmatik muss es sich um eine haftungsbegründende Kausalität handeln. Die Kausalität im gemeinschaftsrechtlichen Sinne verlangt eine **objektive Vorhersehbarkeit** des Handlungsverlaufs und seiner Wirkungen.[781] An der Kausalität fehlt es, wenn der Schaden auch bei rechtzeitiger und fehlerfreier Umsetzung der Richtlinie eingetreten wäre. Sie fehlt auch, wenn der Mitgliedstaat den Richtlinieninhalt unmittelbar angewandt hat, auch wenn seine zuständigen Behörden dazu gemeinschaftsrechtlich nicht verpflichtet gewesen wären.[782]

361

3. Art und Umfang der Entschädigung

3.1 Vorrang des Primärrechtsschutzes

(1) Der haftungsrechtliche Anspruch auf „Entschädigung" soll Mängel in der Beachtung des Gemeinschaftsrechts ausgleichen. Bei dem gemeinschaftsrechtlichen Staatshaftungsrecht handelt es sich mithin der Sache nach um einen „sekundären" Rechtsschutz. Das erfordert die Prüfung, ob die Beachtung des Gemeinschaftsrechts mit den Mitteln des „primären" Rechtsschutzes in zumutbarer Weise durchgesetzt werden kann. Das dürfte wohl die Auffassung des EuGH sein.[783] Ob der Gerichtshof diese Ansicht bereits ausdrücklich ausgesprochen hat, ist im Schrifttum allerdings umstritten.[784]

362

---

779 EuGH, Urteil vom 24.9.1998 – Rs. C-319/96 – EuGHE 1998 I-5255 [5281] Rn. 29 = EuZW 1998, 658 = EWS 1998, 423 = RIW 1999, 70 – Brinkmann Tabakfabriken GmbH vs. Skatteministeriet.

780 EuGH, Urteil vom 23.5.1996 – Rs. C-5/94 – EuGHE 1996 I-2553 [2614] Rn. 32 = EuZW 1996, 435 [436] – The Queen vs. Ministry of Agriculture, Fisheries and Foods, ex parte: Hedley Lomas (Ireland) Ldt. – „Hedley Lomas".

781 Vgl. Arnim von Bogdandy, in: Eberhard Grabitz/Meinhard Hilf (Hrsg.), Das Recht der Europäischen Union [Stand: Jan. 2001] EG, Art. 288 Rn. 155 ff.; Michael Kling, Die Haftung der Mitgliedstaaten der EG bei Verstößen gegen das Gemeinschafsrecht, in: Jura 2005, 298–305 [303]; Ulrich Karpenstein, Praxis des EG-Rechts, 2006, S. 164 Rn. 422.

782 EuGH, Urteil vom 24.9.1998 – Rs. C-319/96 – EuGHE 1998 I-5255 [5281] Rn. 29 = EuZW 1998, 658 = EWS 1998, 423 = RIW 1999, 70 – Brinkmann Tabakfabriken GmbH vs. Skatteministeriet, mit Bespr. Andreas Wehlau, Zur Zigaretteneigenschaft von Tabakrollen und zur Staatshaftung bei fehlerhafter Anwendung von Gemeinschaftsrecht, in: ZLR 1999, 52–56.

783 EuGH, Urteil vom 5.3.1996 – Rs. C-46/93 und I-48/93 – EuGHE 1996 I-1029 [1160] Rn. 84 f. = DVBl. 1996, 427 = NJW 1996, 1267 = EuZW 1996, 205 = NuR 1998, 190 = JZ 1996, 789 – Brasserie du Pêcheur und Factortame, mit Bespr. Rudolf Streinz, in: EuZW 1996, 201–204; EuGH, Urteil vom 8.3.2001 – verb. Rs. C-397/98 u. C-410/98 – EuGHE 2001 I-1727 [1792] Rn. 106 – Metallgesellschaft Ltd. u. a. vs. gegen Commissioners of Inland Revenue und H. M. Attorney General; wie hier Schütz/Bruha/König, Casebook Europarecht, München, 2004, S. 94, vgl. ferner Armin Hatje, Die Haftung der Mitgliedstaaten bei Verstößen des Gesetzgebers gegen europäisches Gemeinschaftsrecht, in: EuR 32 (1997) S. 297–310.

784 Ablehnend etwa Thomas von Danwitz, Die gemeinschaftsrechtliche Staatshaftung der Mitgliedstaaten, in: DVBl. 1997, 1–10 [5]; befürwortend Ulrich Karpenstein, Praxis des EG-Rechts, 2006, S. 165

Berkemann

363 (2) Nach § 839 Abs. 3 BGB kann innerstaatlich die Ersatzpflicht nur verneint werden, wenn die Einlegung eines gebotenen Rechtsmittels den Eintritt des Schadens verhindert hätte. Für die Kausalität zwischen der Nichteinlegung des Rechtsmittels und dem Schadenseintritt ist der Schädiger beweispflichtig. Bei der Frage, welchen Verlauf die Sache genommen hätte, wenn der Rechtsbehelf eingelegt worden wäre, ist nicht ohne weiteres – wie bei der Prüfung der Ursächlichkeit einer Amtspflichtverletzung – zugrunde zu legen, wie über den Rechtsbehelf richtigerweise hätte entschieden werden müssen. Geht es um einen Antrag, der zu einer gerichtlichen Entscheidung führen soll, wird zwar die wirkliche Rechtslage grundsätzlich eine erhebliche Rolle spielen. Gleichwohl muss die tatsächliche Rechtspraxis zu dem Zeitpunkt in Betracht gezogen werden, in dem der Rechtsbehelf hätte angebracht werden müssen, wenn er den Eintritt des Schadens in (noch) zumutbarer Weise hätte verhindern sollen.[785] Verbleibenden Zweifel über den mutmaßlichen (tatsächlichen) Geschehensverlauf gehen zu Lasten des Mitgliedstaates.

3.2 Ersatzfähiger Schaden – Entschädigungshöhe

364 Das Gemeinschaftsrecht fordert keinen vollen Schadensausgleich im Sinne des deutschen Schadenersatzrechtes (vgl. §§ 249 ff., 252 BGB). Vielmehr muss der Ausgleich nach Ansicht des EuGH nur „angemessen sein, so dass ein effektiver Schutz der Rechte des Einzelnen gewährleistet ist".[786] Der EuGH rechnet dazu auch den **entgangenen Gewinn**. Allerdings wird Ersatz für den entgangenen Gewinn nur soweit geleistet, als der Schutzbereich der Gemeinschaftsnorm verletzt wurde.[787] Dem Mitgliedstaat ist es nicht erlaubt, einem einmal entstandenen Ersatzanspruch die Grundlage durch eine verspätete rückwirkende Umsetzung wieder zu entziehen.[788]

3.3 „Mitverschulden"

365 Der EuGH verbindet die Frage der gemeinschaftsrechtlichen Haftung mit der Obliegenheit des Geschädigten, sich in angemessener Weise um eine Minderung des Schadens zu bemühen.[789] Anderenfalls läuft der Geschädigte Gefahr, den Scha-

---

Rn. 426; Dirk Ehlers, Die Weiterentwicklung des Staatshaftungsrechts durch das Brasserie du Pêcheur-Urteil des EuGH und seine Folgen, in: JZ 1996, 776–783 [779 ff.].

785 BGH, Urteil vom 9.10.2003 – III ZR 342/02 – BGHZ 156, 294 = DVBl. 2004, 192 = NJW 2004, 1241 = DÖV 2004, 210 = BayVBl 2004, 699.

786 EuGH, Urteil vom 5.3.1996 – Rs. C-46/93 und C-48/93 – EuGHE 1996 I-1029 [1156] Rn. 82 = DVBl. 1996, 427 = NJW 1996, 1267 = EuZW 1996, 205 = NuR 1998, 190 = JZ 1996, 789 – Brasserie du Pêcheur und Factortame.

787 EuGH, Urteil vom 14.5.1975 – Rs. 74/74 – EuGHE 1975, 533 [549] Rn. 38 ff. – Comptoir National Technique Agricole (CNTA) SA vs. Kommission – „CNTA"; vgl. ferner BGH, Beschluss vom 24.11. 2005 – III ZR 4/05 -NJW 2006, 690 = ZIP 2006, 23.

788 EuGH, Urteil vom 10.7.1997 – verb. Rs. C-94/95 und C-95/95 – EuGHE 1997 I-3969 = EuZW 1997, 534 = ZIP 1997, 1663 – Bonifaci u. a. und Berto u. a. vs. INPS, mit Bespr. Martin Franzen, in: DZWIR 2000, 441–449; vgl. die ähnliche Diskussionslage hinsichtlich eines rückwirkenden Inkrafttretens gemäß § 214 Abs. 4 BauGB, vgl. dazu Günter Krohn/Siegfried de Witt, Schadensersatz wegen nicht erteilten Bauvorbescheids, in: NVwZ 2005, 1387–1389 (zu LG Oldenburg NVwZ 2005, 1457).

789 Vgl. dazu EuGH, Urteil vom 19.5.1992 – Rs. C-104/89 und C-37/90 – EuGHE 1992 I-3061 [3136] Rn. 33 = DVBl. 1992, 1150 = NVwZ 1992, 1077 = EuZW 1992, 450 – Mulder vs. Rat und Kommis-

Berkemann

den selbst tragen zu müssen. Es bestehen daher keine grundsätzlichen Bedenken, den §§ 254 Abs. 1, 839 Abs. 3 BGB zugrunde liegenden Rechtsgedanken auf den gemeinschaftsrechtlichen Staatshaftungsanspruch anzuwenden.[790]

4. Innerstaatlicher Rechtsweg

Lit.: Jörg Gundel, Die Bestimmung des richtigen Anspruchsgegners der Staatshaftung für Verstöße gegen Gemeinschaftsrecht, in: DVBl. 2001, 95–102.

(1) Der gemeinschaftsrechtlich begründete Anspruch ist durch das nationale Gericht nach Voraussetzung und Rechtsfolgen festzustellen.[791] Ein Schadensersatzanspruch, der auf die Nichtumsetzung einer Richtlinie durch den nationalen Normgeber gestützt wird, ist nach deutschem Prozessrecht auf dem Zivilrechtsweg geltend zu machen.[792] **366**

(2) Der gemeinschaftsrechtliche Staatshaftungsanspruch richtet sich gegen denjenigen, dem das gemeinschaftswidrige Verhalten innerstaatlich zuzurechnen ist.[793] Das Gemeinschaftsrecht fordert nur, dass es einen Anspruchsgegner nach innerstaatlichem Recht überhaupt gibt.[794] Der **Bund** ist Anspruchsgegner, soweit er kompetenzrechtlich ausschließlich zuständig ist, eine Richtlinie umzusetzen. Hat der Bund im Rahmen der konkurrierenden Gesetzgebung die Richtlinie fehlerhaft umgesetzt, trifft ihn ebenfalls die Ersatzpflicht.[795] Der Bund, der gemeinschaftsrechtlich verpflichtet ist, den Ersatz des durch einen Verstoß gegen das Gemeinschaftsrecht entstandenen Schadens sicherzustellen, ist innerstaatlich mithin nur dann Schuldner eines gemeinschaftsrechtlichen Staatshaftungsanspruchs, wenn ihn zugleich die Verantwortlichkeit nach Art. 34 Satz 1 GG trifft. Ist dies nicht der Fall, sind die **Bundesländer** Anspruchsgegner.[796] Der Bund kann daher das Land, das Gemeinschaftsrecht verletzt und dadurch gegen ihn einen gemeinschafts- **367**

---

sion (Milchreferenzmengen), mit Bespr. Rudolf Winkler/Thomas Trölitzsch, Wende in der EuGH-Rechtsprechung zur Haftung der EG für fehlerhafte EG- Rechtsprechungsakte und prozessuale Bewältigung der Prozessflut, in: EuZW 1992, 663–670; EuGH, Urteil vom 5.3.1996 – Rs. C-46/93 und C-48/93 – EuGHE 1996 I-1029 [1157] Rn. 83 ff. = DVBl. 1996, 427 = NJW 1996, 1267 = EuZW 1996, 205 = NuR 1998, 190 = JZ 1996, 789 – Brasserie du Pêcheur und Factortame.

790 Fritz Ossenbühl, Staatshaftungsrecht, München, 5. Aufl. 1998, S. 516.

791 EuGH, EuGH, Urteil vom 26.3.1996 – Rs. C-392/93 – EuGHE 1996 I-1631 = EuZW 1996, 274 = CR 1996, 689 – The Queen vs. H. M. Treasury ex parte: British Telecommunications plc – „British Telecommunications", mit Bespr. Anno Rainer, EG-rechtliche Haftung der Mitgliedstaaten in Steuersachen, in: IStR 1996, 282–287; EuGH, Urteil vom 17.10.1996 – verb. Rs. C-283, 291 und 292/94 – EuGHE 1996 I-5023 = NJW 1997, 119 = EuZW 1996, 695 – Denkavit International B. V. u. a. vs. Bundesamt für Finanzen – „Denkavit", mit Bespr. Gert Saß, Grundsatzentscheidung des EuGH zur Mutter-/Tochterrichtlinie, in: DB 1996, 2316–2317.

792 VGH Kassel, Urteil vom 18.8.1999 – 5 UE 2660/98 – UPR 2000, 198 = LRE 37, 364.

793 Jörg Gundel, Die Bestimmung des richtigen Anspruchsgegners der Staatshaftung für Verstöße gegen Gemeinschaftsrecht, in: DVBl. 2001, 95–102.

794 EuGH, Urteil vom 4.7.2000 – Rs. 424/97 – EuGHE 2000 I-5123 [5161] Rn. 38 f. = DVBl. 2000, 1272 = NVwZ 2001, 903 = EuZW 2000, 733 – Salomone Haim vs. Kassenzahnärztliche Vereinigung Nordheim (zur Richtlinie 78/686/EWG – Kassenzulassung eines Zahnarztes).

795 Vgl. BGH, Urteil vom 2.12.2004 – III ZR 358/03 – BGHZ 161, 224 = DVBl. 2005, 371 = NVwZ-RR 2006, 28 = DÖV 2005, 384.

796 BVerwG, Beschluss vom 8.5.2002 – 3 A 1.01 – BVerwGE 116, 234 [242] = DVBl. 2002, 1053 = NVwZ 2002, 1127 = DÖV 2002, 778, mit Bespr. Markus Winkler, Verschuldensunabhängige Haftung für durch Vollzugsmängel verursachte Belastungen, in: DVBl. 2003, 79–82.

rechtlichen Schadenersatzanspruch auslöst, nach Verurteilung durch den EuGH in Regress nehmen (vgl. auch Art. 104 a Abs. 6 GG n. F.).[797]

368 (3) Auch eine **Gemeinde** oder eine andere öffentlich-rechtliche Körperschaft kann Anspruchsgegner sein, wenn eine Gemeinschaftsnorm nicht oder fehlerhaft angewandt wurde.[798]

> **Beispiel:** Nach Art. 3 Abs. 2 der Richtlinie 91/676/EWG (Nitratrichtlinie) zum Schutz der Gewässer vor Verunreinigung durch Nitrat aus landwirtschaftlichen Quellen ist der Mitgliedstaat verpflichtet, gefährdete Gebiete bezeichnen, die Gewässer mit mehr als 50 mg/l Nitrat enthalten. Die Richtlinie wurde in Deutschland nicht fristgerecht umgesetzt.[799] Nimmt man an, dass die Kennzeichnungspflicht in Ermangelung gesetzgeberischer Umsetzung unmittelbar die Gemeinden in entsprechender Anwendung des § 9 Abs. 5 BauGB traf, kann daraus eine gemeinschaftsrechtlich begründete Pflichtverletzung entstehen, die ihrerseits einen „gemeinschaftsrechtlichen" Amtshaftungsanspruch begründen kann.

VI. Folgenbeseitigung

369 Hat der Mitgliedstaat die Umsetzungsfrist **versäumt**, ist er gemeinschaftsrechtlich gehalten, die gerade dadurch eingetretenen Rechtsfolgen möglichst zu beseitigen, soweit dies unter Wahrung rechtsstaatlicher Grundsätze möglich ist. Eine derartige Möglichkeit kann auch in einer **rückwirkenden Anpassung** des nationalen Rechts liegen.[800] Ein bereits eingetretener Umsetzungsverstoß wird dadurch allerdings nicht „geheilt".[801]

---

797 BVerfG, Urteil vom 17.10.2006 – 2 BvG 1/04 und 2 BvG 2/04 – DVBl. 2007, 47 = NVwZ 2007, 190 = DÖV 2007, 72 = JZ 2007, 248 (zur VO Nr. 729/70 – Finanzierung der gemeinsamen Agrarpolitik); ebenso BGH, Urteil vom 2.12.2004 – III ZR 358/03 – BGHZ 161, 224 = DVBl. 2005, 371 = NVwZ-RR 2006, 28 = DÖV 2005, 384.

798 EuGH, Urteil vom 1.6.1999 – Rs. C-302/97 – EuGHE 1999 I-3099 [3140] Rn. 62ff. = NVwZ 2000, 303 = NJW 2000, 2493 (L) = EuGRZ 1999, 329 = EuR 1999, 533 = EuZW 1999, 635 – Klaus Konle vs. Österreich (Staatshaftung nach Gemeinschaftsrecht), mit Bespr. René Voigtländer, Zur gemeinschaftsrechtlichen Haftung der Mitgliedstaaten, in: EWiR 2001, 227–228; Claus Weber, Neue Konturen des gemeinschaftsrechtlichen Staatshaftungsanspruchs nach der Entscheidung des EuGH in der Rechtssache Konle, in: NVwZ 2001, 287–289.

799 EuGH, Urteil vom 14.3.2002 – Rs. C-161/00 – EuGHE 2002 I-2753 = ZfW 2003, 94 = DVBl. 2003, 643 (L) – Kommission vs. Deutschland (zum Aktionsprogramm nach Art. 5 Abs. 4 RL 91/676/EWG).

800 Vgl. EuGH, Urteil vom 10.7.1997 – verb. Rs. C-94/95 und C-95/95 – EuGHE 1997 I-3969 = EuZW 1997, 534 = ZIP 1997, 1663 – Bonifaci u. a. und Berto u. a. vs. INPS, mit Bespr. Martin Franzen, in: DZWIR 2000, 441–449; EuGH, Urteil vom 10.7.1997 – Rs. C-373/95 – EuGHE 1997 I-4051 = NJW 1997, 2585 = EuZW 1997, 530 = ZIP 1997, 1658 – Federica Maso u. a. und Graziano Gazzetta u. a. vs. Istituto nazionale della previdenza sociale (INPS) und Repubblica italiana; EuGH, Urteil vom 25.2.1999 – Rs. C-131/97 – EuGHE 1999 I-1103 – Annalisa Carbonari u. a. gegen Università degli studi di Bologna, Ministero della Sanità, Ministero dell'Università e della Ricerca Scientifica und Ministero del Tesoro – „Carbonari".

801 Martin Nettesheim, in: Eberhard Grabitz/Meinhard Hilf (Hrsg.), Das Recht der Europäischen Union [Stand: Aug. 2002], EG Art. 249 Rn. 136.

Berkemann

H. Gerichtliche Verfahren – Prozessrecht

Lit.: Hans-Uwe Erichsen/Walter Frenz, Gemeinschaftsrecht vor deutschen Gerichten, in: Jura 1995, 422–427; Jens Rinze, Gemeinschaftsrecht als Prüfungsmaßstab im Rahmen der Normenkontrolle nach § 47 VwGO, in: NVwZ 1996, 458–460; Günter Hirsch, Kompetenzverteilung zwischen EuGH und nationaler Gerichtsbarkeit, in: NVwZ 1998, 907–910; Juliane Kokott, Europäisierung des Verwaltungsprozessrechts, in: DV 1998, 335–370.

Gil Carlos Rodríguez Iglesias, Der EuGH und die Gerichte der Mitgliedstaaten – Komponenten der richterlichen Gewalt in der Europäischen Union, in: NJW 2000, 1889–1896; Markus Kenntner, Europarecht im deutschen Verwaltungsprozess (2): Das Europäische Rechtsschutzsystem, in: VBlBW 2000, 297–311; Martin Nettesheim, Effektive Rechtsschutzgewährung im arbeitsteiligen System europäischen Rechtsschutzes, in: JZ 2000, 928–934; Jörg Gundel, Rechtsschutzlücken im Gemeinschaftsrecht? – Der Fall des Sekundärrechts ohne nationale Vollzugsakte, in: VerwArch 2001, 81–108; Christian Koenig/Christine Engelmann, Vorwirkungen des EG-Rechtsschutzes durch ein anhängiges Vorabentscheidungsverfahren, in: EWS 2002, 353–357; Christian Koenig/Matthias Pechstein/Claude Sander, EU-/EG-Prozessrecht, 2. Aufl., 2002; Hans-Werner Rengeling/Andreas Middeke/Martin Gellermann (Hrsg.), Handbuch des Rechtsschutzes in der Europäischen Union, 2. Aufl. München 2003; Hans-Joachim Schütz/Thomas Bruha/Doris König, Casebook Europarecht, München, 2004, S. 321–452; Jan Bergmann, Diener dreier Herren? – Der Instanzrichter zwischen BVerfG, EuGH und EGMR, in: EuR 2006, 101–115; Claus Dieter Classen, Effektive und kohärente Justizgewährleistung im europäischen Rechtsschutzverbund, in: JZ 2006, 157–165; Armin Hatje, Der Gerichtshof der Europäischen Gemeinschaften, in: DRiZ 2006, 161–167; Matthias Pechstein, EU-/EG-Prozeßrecht, 3. Aufl. Tübingen 2007.

Rechtsstaatlichen Erfordernissen entspricht es, dass die Europäische Gemeinschaft ihre Entscheidungen der Prüfung und der Kritik richterlicher Gewalt öffnet. **370**
Das geschieht vor allem in den Verfahren der Vertragsverletzung (Art. 226 EG), der Nichtigkeitsklage (Art. 231 EG) und dem Verfahren der Vorabentscheidung (Art. 234 EG). Darüber hinaus hat die im Gemeinschaftsrecht angelegte arbeitsteilige Tätigkeit der Gemeinschaftsgerichte (EuGH und EuG) einerseits und der nationalen Gerichte andererseits zu einer zunehmenden „Europäisierung" auch des nationalen Prozessrechts geführt.

I. Vertragsverletzungsverfahren vor dem EuGH

Hat ein Mitgliedstaat die Richtlinie nicht fristgerecht oder nicht fehlerfrei umgesetzt, **371**
stellt dies eine Vertragsverletzung dar.[802] Gegen den Mitgliedstaat kann daher ein Verfahren der Vertragsverletzung gemäß Art. 226, 227 EG eingeleitet werden (sog. **Aufsichtsklage**).[803] Es gehört allgemein zu den Aufgaben der Kommission, darüber zu wachen, dass die Mitgliedstaaten den Verpflichtungen nachkommen, die

---

802 EuGH, Urteil vom 25.5.1982 – Rs. 97/81 – EuGHE 1982, 1819 [1833, 1835] Rn. 12, 14 f. – Kommission vs. Niederlande.

803 Vgl. allg. Hans-Werner Rengeling/Andreas Midekke/Marin Gellermann, Rechtsschutz in der Europäischen Union, München 2. Aufl. 2003, S. 62 ff.; Michael Kort, Verstoß eines EG-Mitgliedstaates gegen europäisches Recht: Probleme des Vertragsverletzungsverfahrens gemäß Art. 169, in: DB 1996, 1323–1326; Beate Christina Ortlepp, Das Vertragsverletzungsverfahren als Instrument zur Sicherung der Legalität im Europäischen Gemeinschaftsrecht, Baden-Baden 1987; Hans-Joachim Schütz/ Thomas Bruha/Doris König, Casebook Europarecht, München, 2004, S. 328–335.

sich für sie aus den zur Erhaltung und zum Schutz der Umwelt erlassenen gemeinschaftsrechtlichen Regelungen ergeben (vgl. Art. 174, 226 EG).[804] Im Umweltbereich sind die UVP-RL 85/337/EWG und die hierauf bezogene Änderungs-RL 97/11/EG wiederholt Gegenstand eines Vertragsverletzungsverfahrens gewesen.[805] Dasselbe gilt für die Vogelschutz-RL 79/409/EWG und für die FFH-RL 92/43/EWG. In der deutschen Rechtsprechung verstärkt sich verständlicherweise die Neigung, ohne weiteres Zögern die nicht oder nur fehlerhaft umgesetzten Richtlinien unmittelbar anzuwenden, um daran innerstaatliche Akte messen zu können.

1. Klagebefugnis der EG-Kommission

372 (1) Antragsbefugt sind die Kommission oder ein Mitgliedstaat (actio pro socio). Nahezu ausschließlich hat bislang nur die Kommission von dieser Befugnis Gebrauch gemacht, bei unterlassener oder fehlerhafter Umsetzung vor dem EuGH eine hierauf bezogene Feststellungsklage zu erheben.[806] Die Kommission versteht sich dazu als **„Hüterin der Verträge"** (vgl. Art. 221 EG). Ob die Kommission ein Klageverfahren einleiten will, liegt in ihrem pflichtgemäßen „freien" Ermessen.[807] Eine hierauf gerichtete Klagemöglichkeit eines Mitgliedstaates besteht indes nicht.

373 (2) Der EG-Bürger kann mit einer an die Kommission gerichteten Beschwerde ein Vertragsverletzungsverfahren „anregen".[808] Diese sog. **Kommissionsbeschwerde** ist nicht selten erfolgreich. Das Beschwerdeverfahren ist inzwischen formalisiert.[809] Die Kommission hat ein Standardformular entwickelt. Dieses ist zwar nicht verbindlich, aber zweckmäßig.[810] Gerade im Bereich der **Umweltpolitik** verfügt die Kommission aus dem Beschwerdeverfahren über vielfältige Informationen. Die Kommission braucht als „Hüterin des Vertrages" bei der Wahrnehmung der ihr in

---

804 BVerwG, Urteil vom 31.1.2002 – 4 A 15.01 – DVBl. 2002, 990 = NVwZ 2002, 1103 = UPR 2002, 344 = BauR 2002, 1676 = BRS 65 (2002) Nr. 216.

805 Vgl. etwa neben Deutschland auch Frankreich: EuGH, Urteil vom 7.11.2002 – Rs. C-348/01 – EuGHE 2002 I-10249; Spanien: EuGH, Urteil vom 13.6.2002 – Rs. C-474/90 – EuGHE 2002 I-5293 = NVwZ 2002, 1225 – Kommission vs. Spanien.

806 Vgl. Jahresbericht des EuGH, abrufbar unter http://www.curia.eu.int.de/instit/presentationfr/index.htm. Vgl. auch Wolfram Cremer, in: Calliess/Matthias Ruffert (Hrsg.), EUV/EGV, 3. Aufl. 2007, EG Art. 227 Rn. 1 f.

807 EuGH, Urteil vom 14.2.1989 – Rs. 247/87 – EuGHE 1989, 291 [301] Rn. 10–14 = RIW 1990, 411 – Star Fruit Company SA vs. Kommission – „Star Fruit"; ebenso EuGH, Urteil vom 15.01.1998 – Rs. C-196/97 P – EuGHE 1998 I-99 = NJW 1998, 2809 = EWS 1998, 100 = EuZW 1998, 219 = CR 1998, 407 – Intertronics F. Cornelis vs. Kommission.

808 Vgl. näher Cornelia Nicklas, Implementationsprobleme des EG-Umweltrechts. Unter besonderer Berücksichtigung der Luftreinhaltungsrichtlinien, Baden-Baden 1997, S. S. 97 ff., 181 ff.; Ulrich Karpenstein, Praxis des EG-Rechts, 2006, S. 156 ff. Rn. 396 ff.; Ulrich Ehricke, in: Rudolf Streinz (Hrsg.), EUV/EGV, 2003, EG Art. 226 Rn. 15.

809 www.europa.eu.int/comm/secretariat_general/sgb/lexcomm/form_de.doc. Mitteilung der Kommission über die Beziehungen zum Beschwerdeführer bei Verstößen gegen das Gemeinschaftsrecht – ABl. 2002 C-166/3.

810 Adresse: Europäische Kommission, 10117 Berlin, Unter den Linden 78; B–1049 Brüssel, Rue de la Loi 200.

Berkemann

Art. 226 EG eingeräumten Zuständigkeiten kein besonderes, d. h. auf den Fall bezogenes Rechtsschutzinteresse nachzuweisen.[811]

(3) Das Vertragsverletzungsverfahren (Art. 226 EG) hat einen anderen Gegen- **374** stand und andere Rechtsfolgen als ein Vorabentscheidungsverfahren (Art. 234 EG). Gegenstand eines Vertragsverletzungsverfahrens ist die förmliche Feststellung, dass ein Mitgliedstaat seine gemeinschaftsrechtlichen Verpflichtungen nicht erfüllt hat. Diese Feststellung ist Voraussetzung für die etwaige Einleitung des Verfahrens nach Art. 228 EG.

2. Verfahren – Vorverfahren – Klageerhebung

(1) Das Klageverfahren setzt die Durchführung eines außergerichtlichen **Vorver- 375 fahrens** voraus (Art. 226 Abs. 2 EG). Die Kommission wendet sich zunächst „informell" an den Mitgliedstaat.[812] Ziel des vorprozessualen Verfahrens ist es, dem Mitgliedstaat Gelegenheit zu geben, seinen Standpunkt zu rechtfertigen, oder ihm gegebenenfalls zu ermöglichen, freiwillig den Anforderungen des Vertrages nachzukommen.[813]

(2) Bleibt dieses **„informelle" Schlichtungsbemühen** erfolglos, so wird der Mit- **376** gliedstaat aufgefordert, seinen Verpflichtungen, die in der mit Gründen versehenen und das **vorprozessuale Verfahren** abschließenden Stellungnahme genau angegeben sind, innerhalb der in dieser Stellungnahme festgesetzten Frist nachzukommen. Dieses mit Gründen versehene „Mahnschreiben" der Kommission bezeichnet den **Streitgegenstand**.[814] Üblich ist es, dem Mitliedstaat eine **Frist** zur förmlichen Stellungnahme innerhalb **zweier Monate** zu geben. Das ist nicht unangemessen kurz, da in aller Regel der Mitgliedstaat aufgrund des informellen Vorverfahrens die Auffassung der Kommission bereits kennt. Man schätzt, dass in etwa 80% der von der Kommission behandelten Fälle ein Klageverfahren vermieden werden kann.

Der ordnungsgemäße Ablauf dieses Verfahrens stellt eine vom Vertrag gewollte **377** wesentliche Garantie nicht nur für den Schutz der Rechte des betroffenen Mit-

---

811 EuGH, Urteil vom 10.4. 2003 – verb. Rs. C-20/01 und C-28/01 – EuGHE 2003 I-3609 = NVwZ 2003, 1231 = EWS 2003, 240 = ZfBR 2003, 592 = NZBau 2003, 393 – Kommission vs. Deutschland; EuGH, Urteil vom 21.6.1988 – Rs. 415/85 – EuGHE 1988, 3097 [3118] Rn. 9 = RIW 1989, 922 – Kommission vs. Irland, EuGH, Urteil vom 21.3.1991 – Rs. C-209/90 – EuGHE 1991 I-1575 [1594] Rn. 6 – Kommission vs. Italien; EuGH, Urteil vom 13.6.2002 – Rs. C-474/90 – EuGHE 2002, I-5293 = NVwZ 2002, 1225 – Kommission vs. Spanien (Richtlinie 85/37/EWG – UVP); EuGH, Urteil vom 15.7.2004 – Rs. C-420/03 – NuR 2004, 657 = LRE 49, 57 = EurUP 2004, 219 (L) – Kommission vs. Deutschland.

812 Vgl. Karsten Sach u. a., Kontrolle der Durchführung und der Beachtung von Gemeinschaftsrecht, in: Hans-Werner Rengeling (Hrsg.), Handbuch zum europäischen und deutschen Umweltrecht, 2. Aufl. 2003, S. 1607–1657 [1627] Rn. 38; Rüdiger Stotz, Rechtsschutz vor europäischen Gerichten, in: Hans-Werner Rengeling, daselbst, S. 1658–1753 [1673] Rn. 25f.

813 Vgl. EuGH, Urteil vom 19.5.1998 Rs. C-3/96 – EuGHE 1998 I-3031 = DVBl. 1998, 888 = UPR 1998, 379 = NuR 1998, 538 = NordÖR 1998, 441 – Kommission vs. Niederlande, mit Bespr. Klaus Iven, Zur Praxis der Mitgliedstaaten bei der Ausweisung von Vogelschutzgebieten, in: NuR 1998, 528–531.

814 EuGH, Urteil vom 28.3.1985 – Rs. 274/83 – EuGHE 1985, 1077 [1090] Rn. 19 – Kommission vs. Italien; EuGH, Urteil vom 12.01.1994 – Rs. C-296/92 – EuGHE 1994 I-1 [12] Rn. 11 = NVwZ 1994, 469 = EuZW 1994, 252 – Kommission vs. Italien.

Berkemann

gliedstaats, sondern auch dafür dar, dass das eventuelle gerichtliche Verfahren einen klar definierten Rechtsstreit betrifft, dessen Gegenstand durch die mit Gründen versehene Stellungnahme der Kommission bestimmt wird. Dauert der geltend gemachte Rechtsverstoß nach Ablauf der Äußerungsfrist an, gibt die Kommission eine mit Gründen versehene Stellungnahme ab. Diese ist dann Grundlage der später erhobenen Klage.[815] Es gilt der Grundsatz der inhaltlichen Kontinuität zwischen Vorverfahren und Klageverfahren.[816] Die Klage muss auf die gleichen Gründe und das gleiche Vorbringen gestützt sein wie die mit Gründen versehene Stellungnahme.[817]

378 Die mit Gründen versehene Stellungnahme enthält eine zusammenhängende und ausführliche Darstellung der Gründe, aus denen die Kommission zu der Überzeugung gelangt ist, der betreffende Mitgliedstaat habe gegen eine seiner Verpflichtungen aus dem Vertrag verstoßen.[818] Der Mitgliedstaat wird nochmals von der Kommission aufgefordert, den Vertragsverstoß innerhalb angemessener Frist abzustellen. Auch hier wird üblicherweise ein Zeitraum von zwei Monaten, allerdings je nach den Umständen des Einzelfalles auch kürzer oder länger, zugrunde gelegt.[819] Ob die festgesetzte Frist angemessen ist, ist dabei unter Berücksichtigung sämtlicher Umstände des Einzelfalls zu beurteilen. Sehr kurze Fristen können daher unter besonderen Umständen gerechtfertigt sein, insbesondere dann, wenn einer Vertragsverletzung schnell begegnet werden muss oder wenn der betroffene Mitgliedstaat den Standpunkt der Kommission schon vor Einleitung des vorprozessualen Verfahrens vollständig kennt.[820] Das aufwendige Vorverfahren soll dem betroffenen Mitgliedstaat Gelegenheit geben, seinen gemeinschaftsrechtlichen Verpflichtungen nachzukommen und sich gegen die Rügen der Kommission wirksam verteidigen zu können.[821]

---

815 EuGH, Urteil vom 31.1.1984 – Rs. 74/82 – EuGHE 1984, 317 [340] Rn. 19 – Kommission vs. Irland; EuGH, Urteil vom 10.5.2001 – Rs. C-152/98 – EuGHE 2001 I-3463 [3486] Rn. 23 – Kommission vs. Niederlande.

816 EuGH, Urteil vom 25.4.1996 – Rs. C-274/93 – EuGHE 1996 I-2019 [2040] Rn. 11 – Kommission vs. Luxemburg.

817 EuGH, Urteil vom 18.6.1998 – Rs. C-35–96 – EuGHE 1998 I-3851 [3894] Rn. 28 = EuZW 1999, 93 = MDR 1998, 1174 – Kommission vs. Italien; EuGH, Urteil vom 13.12.2001 – Rs. C-1/00 – EuGHE 2001 I-9989 [10048] Rn. 53 = ZLR 2002, 331 – Kommission vs. Frankreich; EuGH, Urteil vom 15.1.2002 – Rs. C-439/99 – EuGHE 2002 I-305 – Kommission vs. Italien.

818 EuGH, Urteil vom 4.12.1997 – Rs. C-207/96 – EuGHE 1997 I-6869 [6882] Rn. 18 = EuZW 1998, 352 (L) – Kommission vs. Italien; EuGH, Urteil vom 15.1.2002 – Rs. C-439/99 – EuGHE 2002 I-305 [361] Rn. 12 – Kommission vs. Italien.

819 Vgl. zur Praxis Hans-Joachim Cremer, in: Christian Calliess/Matthias Ruffert (Hrsg.), Kommentar des Vertrages über die Europäische Union und des Vertrages zur Gründung der Europäischen Gemeinschaft. EUV/EGV, 3. Aufl., 2007, EG Art. 226 Rn. 12, 24.

820 EuGH, Urteil vom 28.10.1999 – Rs. C-328/96 – EuGHE 1999 I-7479 = NZBau 2000, 150 – Kommission vs. Österreich.

821 EuGH, Urteil vom 20.3.1997 – Rs. C-96/95 – EuGHE 1997 I-1653 [1676] Rn. 22 = NVwZ 1998, 48 = EuZW 1997, 348 – Kommission vs. Deutschland (Richtlinie 90/364/EWG – Aufenthaltsrecht); EuGH, Urteil vom 10.5.2001 – Rs. C-152/98 – EuGHE 2001 I-3463 [3486] Rn. 23 – Kommission vs. Niederlande; EuGH, Urteil vom 15.1.2002 – Rs. C-439/99 – EuGHE 2002 I-305 [361] Rn. 10 – Kommission vs. Italien; EuGH, Urteil vom 20.6.2002 – Rs. C-287/00 – EuGHE 2002 I-5811 [5832] Rn. 16 = DVBl. 2002, 1335 = NVwZ 2002, 977 = EuZW 2002, 534 = EWS 2002, 393 – Kommission vs. Deutschland (Richtlinie 77/388/EWG – Umsatzsteuer); EuGH, Urteil vom 13.2. 2003 – Rs. C-228/00 – EuGHE

(3) Bleibt auch dies erfolglos, ist der Weg zur **Klage vor dem EuGH** frei. Die **379** Kommission ist dazu nicht verpflichtet, für die Erhebung einer Vertragsverletzungsklage gegen einen Mitgliedstaat eine bestimmte Frist zu wahren. Über den Zeitpunkt der Klageerhebung kann sie nach Ermessen befinden.[822] Ein besonderes Rechtsschutzinteresse benötigt sie nicht.[823]

Es obliegt der Kommission, das Vorliegen der behaupteten Vertragsverletzung **380** nachzuweisen und dem EuGH die erforderlichen Anhaltspunkte zu liefern, anhand deren dieser das Vorliegen dieser Vertragsverletzung prüfen kann.[824] Maßgebend ist für die gerichtliche Beurteilung die Rechtslage, die bei Ablauf der mit Gründen versehenen Stellungnahme der Kommission bestand.[825] Später eingetretene Änderungen berücksichtigt der EuGH nicht.[826] Im Rahmen eines Vertragsverletzungsverfahrens müssen die mit Gründen versehene Stellungnahme der Kommission und die Klage auf identische Rügen gestützt werden.[827]

2003 I-1439 = DVBl. 2003, 511 = NVwZ 2003, 455 = EuZW 2003, 217 = EWS 2003, 290 = EuR 2004, 448 = ZUR 2003, 226 – Kommission vs. Deutschland (Verordnung 259/93/EWG – Überwachung der Verbringung von Abfällen), mit Bespr. Alexander Schink, in: AbfallR 2003, 106–113; Sebastian Jungnickel/Sebastian Wollschläger, in: AbfallR 2003, 113–118; Martin Diekmann/Katja Koch, in: AbfallR 2003, 178–183; Ludger Giesberts/Juliane Hilf, in: AbfallR 2003, 213–22.

822 EuGH, Urteil vom 27.11.1990 – Rs. C-200/88 – EuGHE 1990 I-4299 [4326] Rn. 13 – Kommission vs. Griechenland; Urteil vom 10.5.1995 – Rs. C-422/92 – EuGHE 1995 I-1097 = DVBl. 1995, 1003 = NVwZ 1995, 885 = EuZW 1995, 614 = NuR 1995, 573 = BayVBl 1995, 653 – Kommission vs. Deutschland (Richtlinie 75/442/EWG und Richtlinie 78/319/EWG – Abfälle); EuGH, Urteil vom 29.9. 1998 – Rs. C-191/95 – EuGHE 1998 I-5449 [54859] Rn. 37, 46 = DVBl. 1999, 158 = EWS 1998, 419 = EuR 1999, 92 = EuZW 1998, 758 – Kommission vs. Deutschland, mit Bespr. Joachim Schulze-Osterloh, Zur unzureichenden Umsetzung der Publizitätsrichtlinie durch die Bundesrepublik Deutschland und zum Verfahren für die Anrufung des EuGH durch die Europäische Kommission, in: ZIP 1998, 1721–1722.

823 Vgl. dazu EuGH, Urteil vom 11.8.1995 – Rs. C-431/92 – EuGHE 1995 I-2189 [2219] Rn. 21 = DVBl. 1996, 424 = NVwZ 1996, 369 = NJW 1996, 1735 (L) = EuZW 1995, 743 = NuR 1996, 102 – Kommission vs. Deutschland (zur Richtlinie 85/337/EWG – UVP) – „Großkrotzenburg".

824 EuGH, Urteil vom 25.5.1982 – Rs. 96/81 – EuGHE 1982, 1791 [1803] Rn. 6 – Kommission vs. Niederlande; EuGH, Urteil vom 12.12.2002 – Rs. C-209/00 – EuGHE 2002 I-11695 = DVBl. 2003, 319 = NVwZ 2003, 338 = EWS 2003, 41 = EuZW 2003, 110 = EuR 2003, 301 – Kommission vs. Deutschland (Entscheidung 2000/392/EG der Kommission), mit Bespr. Frank Montag/Christoph Leibenath, Finanzierung öffentlicher Unternehmen und EG-Beihilfenrecht, in: EWS 2003, 402–409.

825 EuGH, Urteil vom 3.7.1997 – Rs. C-60/96 – EuGHE 1997 I-3827 [3840] Rn. 15 = EWS 1997, 322 – Kommission vs. Frankreich; EuGH, Urteil vom 18.3.1999 – Rs. C-166/97 – EuGHE 1999 I-1719 [1738] Rn. 18 = NuR 1991, 501 = ZUR 1999, 148 – Kommission vs. Frankreich, EuGH, Urteil vom 7.12. 2000 – Rs. C-374/98 – EuGHE 2000 I-10799 [10846] Rn. 14 = DVBl. 2001, 359 = NVwZ 2001, 549 = NuR 2001, 210 = ZUR 2001, 75 – Kommission vs. Frankreich (Richtlinie 79/409/EWG – Vogelschutz); EuGH, Urteil vom 13.6.2002 – Rs. C-117/00 – EuGHE 2002 I-5335 [5367] Rn. 24 – NVwZ 2002, 1228 = NuR 2002, 672 = ZUR 2003, 102 – Kommission vs. Irland. (zur Richtlinie 79/409/EWG [Schottisches Moorschneehuhn]), vgl. Bespr. Klaus Füßer, Faktische Vogelschutzgebiete und der Übergang auf die FFH-Verträglichkeitsprüfung gem. Art. 7 FFH, in: NVwZ 2005, 144–148.

826 EuGH, Urteil vom 25.11.1998 – Rs. C-214/96 – EuGHE 1998 I-7661 [7681] Rn. 25 – Kommission vs. Spanien, EuGH, Urteil vom 25. 5. 2000 – Rs. C-384/97 – EuGHE 2000 I-3823 [3850] Rn. 35 – Kommission vs. Griechenland; EuGH, Urteil vom 18 6.2002 – Rs. C-60/01 – EuGHE 2002 I-5679 [5714] Rn. 36 = DVBl. 2002, 1612 = NVwZ 2002, 1493 – Kommission vs. Frankreich (Richtlinie 89/369/EWG und Richtlinie 89/429/EWG – Luftreinhalterichtlinie).

827 EuGH, Urteil vom 9.9.2004 – Rs. C-417/02 – EuGHE 2004 I-7973 = EuZW 2004, 598 – Kommission vs. Griechenland; EuGH, Urteil vom 12.1.1994 – Rs. 296/92 – EuGHE 1994 I-1 [12] Rn. 11 = NVwZ 1994, 469 = EuZW 1994, 252 – Kommission vs. Italien.

Berkemann

381 (4) Kommt der beklagte Mitgliedstaat nach Erhebung der Klage dem Verlangen der Kommission nach, führt dies nicht zur prozessualen Erledigung. Änderungen des nationalen Rechts haben auf die Entscheidung über die Klage keinen Einfluss, wenn sie nicht vor Ablauf der in der mit Gründen versehenen Stellungnahme gesetzten Frist wirksam wurden.[828] Nach Ansicht des EuGH besteht ein allgemeines Interesse an der Feststellung, ob eine Vertragsverletzung vorlag.[829] Eine entsprechende Entscheidung kann auch für den gemeinschaftsrechtlichen Staatshaftungsanspruch vorgreiflich sein (vgl. Rn. 357 ff.).

3. Inhalt und Rechtswirkung der Entscheidung des EuGH

382 (1) Ergibt das gerichtliche Verfahren eine Verletzung des Gemeinschaftsrechts durch den beklagten Mitgliedstaat, stellt der EuGH dies durch ein **Feststellungsurteil** fest.

> **Beispiel:** „Das Königreich Belgien hat dadurch gegen seine Verpflichtungen aus der Richtlinie 86/609/EWG des Rates vom 24. November 1986 zur Annäherung der Rechts- und Verwaltungsvorschriften der Mitgliedstaaten zum Schutz der für Versuche und andere wissenschaftliche Zwecke verwendeten Tiere verstoßen, dass es innerhalb der vorgesehenen Fristen die erforderlichen Maßnahmen, um den Verpflichtungen aus den Artikeln 14 und 22 dieser Richtlinie nachzukommen, nicht erlassen hat."[830]

> **Beispiel:** „Das Königreich Spanien hat nicht die ihm nach Art. 3 und 4 der EG-Vogelschutzrichtlinie obliegenden Verpflichtungen erfüllt, da es die Marismas von Santoña nicht als Schutzgebiet eingestuft und die notwendigen Maßnahmen unterlassen hat, um die Belastung und Beeinträchtigung der Lebensräume für wildlebende Vogelarten dort zu verhindern."[831]

> **Beispiel:** „Die Bundesrepublik Deutschland hat dadurch gegen ihre Verpflichtungen aus dem EWG-Vertrag verstoßen, dass sie durch § 22 Abs. 3 des Bundesnaturschutzgesetzes Ausnahmen von den in der **Richtlinie 79/409** des Rates vom 2.4.1979 über die Erhaltung der wildlebenden Vogelarten vorgesehenen Vogelschutzbestimmungen zugelassen hat."[832]

---

828 EuGH, Urteil vom 11.8.1995 – Rs. C-433/93 – EuGHE 1995 I-2303 = NVwZ 1996, 367 = NJW 1996, 1402 = EuZW 1995, 635 = BauR 1995, 835 = JZ 1996, 88 – Kommission vs. Deutschland (zur Richtlinie 88/295/EWG – Vergaberecht), mit Bespr. Meinrad Dreher, Nicht rechtzeitige Umsetzung von EG-Richtlinien zur Vergabe öffentlicher Bau- und Lieferaufträge, in: EuZW 1995, 637–638; Ingo Brinker, Umsetzung der EG-Vergaberichtlinien im deutschen Recht, in: JZ 1996, 89–91.

829 Vgl. etwa EuGH, Urteil vom 17.6.1987 – Rs. 154/85 – EuGHE 1987, 2717 [2737] Rn. 6 – NJW 1988, 2168 – Kommission vs. Italien; EuGH, Urteil vom 24.11.1992 – Rs. 237/90 – EuGHE 1992 I-5973 [6016] Rn. 30 = NVwZ 1993, 257 = EuZW 1993, 99 = BayVBl 1993, 717 – Kommission vs. Deutschland (zur Richtlinie 80/778/EWG – Trinkwasser).

830 EuGH, Urteil vom 15.10.1998 – Rs. C-268/97 – EuGHE 1998 I-6069 – Kommission vs. Belgien.

831 Vgl. EuGH, Urteil vom 2.8.1993 – Rs. C-355/90 – EuGHE 1993 I-4221 ff. = NuR 1994, 521 = ZUR 1994, 305 – Kommission vs. Spanien – „Santoña", mit Bespr. Gerd Winter, in: ZUR 1994, 308–310; EuGH, Urteil vom 11.7.1996 – Rs. C-44/95 – EuGHE 1996 I-1996, 3805 = DVBl. 1997, 38 = EuZW 1996, 597 = ZUR 1996, 251 = NuR 1997, 36 – „Lappel Bank", mit Bespr. Gerd Winter, in: ZUR 1996, 254.255; vgl. bereits EuGH, Urteil vom 28.2.1991 – Rs. C-57/89 – EuGHE 1991 I-883 = NVwZ 1991, 559 = EuZW 1991, 317 = NuR 1991, 249 – Kommission vs. Deutschland (zur Richtlinie 79/409/EWG – Vogelschutz) – „Leybucht".

832 EuGH, Urteil vom 17.9.1987 – Rs. 412/85 – EuGHE 1987, 3503 – Kommission vs. Deutschland (zu § 22 Abs. 3 BNatSchG a. E. [1976]); vgl. weiterführend Peter Fischer-Hüftle, Zur „absichtlichen" Beeinträchtigung europarechtlich geschützter Arten, in: NuR 2005, 768–770.

Berkemann

Beispiel: „Die Bundesrepublik Deutschland hat gegen ihre Verpflichtung aus dem EWG-Vertrag verstoßen, indem sie nicht alle zur Umsetzung der Richtlinie **EWG 409/79** des Rates vom 2. April 1979 über die Erhaltung der wildlebenden Vogelarten erforderlichen Maßnahmen getroffen hat."[833]

Beispiel: „Die Bundesrepublik Deutschland hat dadurch gegen ihre Verpflichtungen aus Artikel 23 der Richtlinie **92/43/EWG** des Rates vom 21. Mai 1992 zur Erhaltung der natürlichen Lebensräume sowie der wildlebenden Tiere und Pflanzen verstoßen, dass sie nicht innerhalb der vorgeschriebenen Frist die erforderlichen Rechts- und Verwaltungsvorschriften erlassen hat, um der Richtlinie nachzukommen."[834]

Beispiel: „Die Bundesrepublik Deutschland hat dadurch gegen ihre Verpflichtungen aus der Richtlinie **92/43/EWG** des Rates vom 21. Mai 1992 zur Erhaltung der natürlichen Lebensräume sowie der wild lebenden Tiere und Pflanzen verstoßen, dass sie der Kommission innerhalb der vorgeschriebenen Frist nicht die in Artikel 4 Absatz 1 Unterabsatz 1 dieser Richtlinie genannte Liste von Gebieten zusammen mit den in Artikel 4 Absatz 1 Unterabsatz 2 der Richtlinie vorgesehenen Informationen über die Gebiete übermittelt hat."[835]

(2) Das Urteil löst für den Mitgliedstaat gemäß Art. 228 Abs. 1 EG die Verpflich-   **383** tung aus, sofort, d. h. **unverzüglich**, alle notwendigen Maßnahmen zu ergreifen, um den **Vertragsverstoß zu beseitigen**. Der Mitgliedstaat kann sich nicht auf irgendwelche Hindernisse berufen.[836]

(3) Die Entscheidung des EuGH im Vertragsverletzungsverfahren wirkt nur zwi-   **384** schen der klagenden Kommission und dem beklagten Mitgliedstaat (**inter-partes**). Für die Rechtsordnung anderer Mitgliedstaaten wirkt die Entscheidung des EuGH nur mittelbar. Für die nationalen Gerichte wird das Ergebnis des Vertragsverletzungsverfahrens in aller Regel Anlass sein, im Rahmen eines Vorabentscheidungsverfahren nach Art. 234 EG den EuGH mit der Fragestellung zu befassen.

4. Durchsetzung – Vollstreckung

Kommt der Mitgliedstaat der Beseitigungspflicht nicht nach, stellt dies eine weitere   **385** Vertragsverletzung dar. Das würde der Kommission erlauben, ein weiteres Vertragsverletzungsverfahren einzuleiten. Statt dessen kann die Kommission gemäß Art. 228 Abs. 2 EG beim EuGH die Festsetzung eines Pauschbetrages oder eines **Zwangsgeldes** beantragen. Das ist 2000 erstmals gegen Griechenland geschehen.[837] Deutschland hat erst unter dem Druck des eingeleiteten Zwangsverfahrens

---

833 EuGH, Urteil vom 3.7.1990 – Rs. C-288/88 – EuGHE 1990 I-2721 = NVwZ 1990, 955 = NJW 1990, 3072 = NuR 1991, 97 – Kommission vs. Deutschland (zur Richtlinie 79/409/EWG – Vogelschutz) – „Eigenjagd".

834 EuGH, Urteil vom 11.12.1997 – Rs. C-83/97 – EuGHE 1997 I-7191 = DVBl. 1998, 181 = NVwZ 1998, 721 = NuR 1998, 194 = BayVBl 1998, 718 = NordÖR 1998, 441 – Kommission vs. Deutschland (zur Richtlinie 92/43/EWG – FFH).

835 EuGH, Urteil vom 11.9.2001 – Rs. C-71/99 – DVBl. 2001, 1826 = NVwZ 2002, 461 = NuR 2002, 151 – Kommission vs. Deutschland (Richtlinie 92/43/EWG – Vogelschutz).

836 EuGH, Urteil vom 28.3.1980 – verb. Rs. 24/80 und 97/80 – EuGHE 1980, 1319 [1331 ff.] Rn. 11,16 – Kommission vs. Frankreich – „Schaffleisch II".

837 EuGH, Urteil vom 4.7.2000 – Rs. C-387/97 – EuGHE 2000 I-5047 = DVBl. 2000, 1270 = EuZW 2000, 531 = EuR 2000, 768 = NuR 2001, 35 – Kommission vs. Griechenland. Der EuGH setzte gegen Griechenland ein Zwangsgeld von 20.000 € pro Tag des weiteren Verzuges fest, vgl. Bespr.

Berkemann

einen Vertragsverstoß beseitigt.[838] Die Kommission hatte 1997 gegen Deutschland beim EuGH ein Zwangsgeld von täglich 900.000 DM beantragt.[839]

386 Das Verfahren setzt wiederum ein Vorverfahren voraus. Die Höhe des Betrages richtet sich nach der Schwere und der Dauer des Verstoßes.[840] Ein anderer Mitgliedstaat kann ein Verfahren der Vollstreckung nicht einleiten.

II. Nichtigkeitsklage

Lit.: Alina Lengauer, Nichtigkeitsklage vor dem EuGH. Parteistellung juristischer und natürlicher Personen, Wien 1998; Wolfram Cremer, Nichtigkeitsklagen einzelner gegen Rechtsakte der Gemeinschaft: Klagegegenstand und Klagebefugnis nach Art. 173 EGV. Systematisierung und Würdigung der neueren Rechtsprechung von EuGH und EuG, in: EWS 1999, 48–54; Jürgen Schwarze, Der Rechtsschutz Privater vor dem Europäischen Gerichtshof: Grundlagen, Entwicklungen und Perspektiven des Individualrechtsschutzes im Gemeinschaftsrecht, in: DVBl. 2002, 1297–1315; Ulrich Everling/Peter-Christian Müller-Graff/Jürgen Schwarze (Hrsg.), Die Zukunft der europäischen Gerichtsbarkeit nach Nizza, Baden-Baden 2003; Doris König, Die Individualklage nach Art. 230 IV EG, in: JuS 2003, 257–260; Matthias Köngeter, Die Ambivalenz effektiven Rechtsschutzes Einzelner gegen EG-Verordnungen, in: ZfRV 2003, 123–132; Berend Lindner, Zur Klagebefugnis natürlicher und juristischer Personen für Nichtigkeitsklagen gem. Art. 230 IV WG gegen EG-Verordnungen, in: NVwZ 2003, 569–572; Hans Christian Röhl, Rechtsschutz gegen EG-Verordnungen, in: Jura 2003, 830–838; Tilman Kuhn/Ralph Christensen, Was heißt individuelle Betroffenheit des Klägers oder wie behandelt man einen Konflikt um die Lesart des Gesetzes?, in: Rechtssprache Europas (Schriften zur Rechtstheorie, Heft 224), 2004, 389–412; Otto Lenz/Simone Staeglich, Kein Rechtsschutz gegen EG-Verordnungen? – Europäische Rechtsschutzdefizite und ihr Ausgleich durch die Feststellungsklage nach § 43 I VwGO, in: NVwZ 2004, 1421–1429; Peter Baumeister, Effektiver Individualrechtsschutz im Gemeinschaftsrecht, in: EuR 2005, 1–35; Matthias Pechstein/Philipp Kubicki, Gültigkeitskontrolle und Bestandskraft von EG-Rechtsakten, in: NJW 2005, 1825–1829; Matthias Pechstein, EU-/EG-Prozessrecht, 3. Aufl. 2007, Rn. 317–568.

1. Klageziel

387 Mit Hilfe der Nichtigkeitsklage können Mitgliedstaaten, andere Organe der Gemeinschaft und natürliche oder juristischen Personen Maßnahmen bestimmter Gemeinschaftsorgane vom EuGH oder EuG auf ihre Rechtmäßigkeit überprüfen lassen (Art. 230 EG). Die Klage zielt auf **Kassation** (Aufhebung). Für Klagen natürlicher oder juristischer Personen ist gemäß Art. 230 Abs. 4 EG in Verb. mit Art. 225 Abs. 1 EG nur das EuG zuständig.

Stefan Heidig, in: EuR 2000, 782–791; Ulrich Karpenstein, in: EuZW 2000, 537–538; Rudolf Streinz, in: JuS 2000, 1216–1219.

838 Vgl. BTags-Drs. 13/10109 S. 16 Nr. 37.

839 Kommission, 15. Jahresbericht über die Kontrolle der Anwendung des Gemeinschaftsrechts – 1997 (ABl. EG 1998 Nr. C 250), S. 9, 50.

840 Vgl. EuGH, Urteil vom 25.11.2003 – Rs. C-278/01 – EuGHE 2003 I-14141 = BayVBl 2004, 333 – Kommission vs. Spanien (zur Richtlinie 160/76/EWG – Qualität der Badegewässer); EuGH, Urteil vom 12.7.2005 – Rs. 304/02 – EuGHE 2005 I-6263 = EuR 2005, 509 = EuR 2006, 399 = BayVBl 2006, 179 = NuR 2006, 638 – Kommission vs. Frankreich, mit Bespr. Josef Franz Lindner, in: BayVBl 2006, 181–182; Angelika Huck/Felicitas Klieve, in: EuR 2006, 413–423; Jens Hamer, in: EurUP 2005, 193–194.

Das EuGH prüft auf Klage des Mitgliedstaates für die Sachentscheidung, ob eine **388** Verbandskompetenz der EG gegeben ist, ob die **Richtlinie** formell rechtmäßig zustande gekommen ist und ob die Richtlinie gegen höherrangiges Gemeinschaftsrecht verstößt. Dazu zählen auch die Grundfreiheiten des EG-Rechts und die Unionsgrundrechte des EUV. Ist die angegriffene Maßnahme gemeinschaftswidrig, erklärt sie das EuGH gemäß Art. 231 EG für nichtig.

2. Klagegegenstand

Klagegegenstand können neben Verordnungen auch **Richtlinien** sein, und zwar **389** unabhängig davon, welches Gemeinschaftsorgan sie erlassen hat. Die Klagemöglichkeit ist auf zwei Monate befristet (vgl. Art. 230 Abs. 5 EG). Dies schließt eine spätere Inzidentprüfung nicht aus.[841]

3. Klagebefugnis – privilegierte und nicht-privilegierte Kläger

Lit.: Carl Otto Lenz, Rechtsschutz im Binnenmarkt, in: NJW 1994, 2063–2067; Johannes Masing, Die Mobilisierung des Bürgers für die Durchsetzung des Rechts – Europäische Impulse für eine Revision der Lehre vom subjektiven-öffentlichen Recht, Berlin 1997; Bernhard Wegener, Rechte des Einzelnen – Die Interessentenklage im europäischen Umweltrecht, Baden-Baden 1998; Bernhard W. Wegener, Keine Klagebefugnis für Greenpeace und 18 andere, in: ZUR 1998, 131–136; Hans-Werner Rengeling, Individualrechtsschutz gegen Rechtsnormen vor dem Europäischen Gerichtshof, in: Klaus Hansmann/Stefan Paetow/ Manfred Rebentisch (Hrsg.), Festschrift für Ernst Kutscheidt zum 70. Geburtstag, München 2003, S. 93–103.

(1) Klagebefugt sind ohne weiteres die **Mitgliedstaaten**. Eines besonderen **390** Rechtsschutzinteresses bedürfen sie nicht, um sich gegen eine **Richtlinie** zu wenden.[842] Prüfungsmaßstab ist das gesamte formelle und materielle Primärrecht. Die Mitgliedstaaten rügen nicht selten die fehlende Verbandskompetenz der EG. Für den Bereich des **Umweltschutzes** haben die Art. 174 ff. EG gegenüber der früheren Vertragslage zu einer Präzisierung und einer Erweiterung geführt. Der Grundsatz der Subsidiarität soll als **Schranke der Kompetenzausübung** wirken (Art. 5 Abs. 2 EG). Dasselbe gilt für den Grundsatz der Erforderlichkeit (Art. 5 Abs. 3 EG).

Dass der Mitgliedstaat im Rat der EG dem Erlass der Richtlinie (zunächst) zuge- **391** stimmt hat, steht der Zulässigkeit der Nichtigkeitsklage nicht entgegen.[843] Beansprucht die EG eine Rechtsetzungskompetenz, so ist es **Aufgabe des Bundes,**

---

841 Vgl. EuGH, Urteil vom 13.9.2005 – Rs. C-176/03 – EuGHE 2005 I-7879 = DVBl. 2005, 1575 = NVwZ 2005, 1289 = EuzW 2005, 632 = EWS 2005, 454 = ZUR 2005, 598 = NuR 2006, 97 = BayVBl 2006, 367 = JZ 2006, 307 (zum Rahmenbeschluss des Rates der EU Union über den Schutz der Umwelt durch das Strafrecht), mit Bespr. Joachim Wuermeling, in: BayVBl 2006, 368–370; Alexandra Jour-Schröder, in: EuZW 2006, 550–555; Martin Heger, in: JZ 2006, 310–313.

842 Beispiel: EuGH, Urteil vom 5.10.2000 – Rs. C-376/98 – EuGHE 2000 I-8419 = DVBl. 2000, 1682 = NJW 2000, 3701 = EuZW 2000, 694 = EWS 2001, 27 = EuR 2001, 62 = JZ 2001, 32 – Deutschland vs. Parlament und Rat – „Tabakwerberichtlinie". Deutschland hatte im Rat gegen die Richtlinie 98/43/EG gestimmt. Die Nichtigkeitsklage blieb erfolglos.

843 EuGH, Urteil vom 12.7.1979 – Rs. 166/78 – EuGHE 1979, 2575 [2596] Rn. 5 f. – Italien vs. Rat – „Kartoffelstärke".

die Rechte der Bundesrepublik Deutschland gegenüber der EG und ihren Organen zu vertreten. Behält das Grundgesetz die Regelung des von der EG beanspruchten Richtliniengegenstandes innerstaatlich dem Landesgesetzgeber vor, so vertritt der Bund gegenüber der EG als „Sachwalter" der Länder auch deren verfassungsmäßige Rechte.[844]

392 (2) **Natürliche und juristische Personen** können als „nicht privilegierte" Kläger eine Nichtigkeitsklage nur dann erheben, wenn die Maßnahme des Gemeinschaftsorgans sie „unmittelbar und individuell" trifft.[845] Dazu genügt eine spürbare Beeinträchtigung in wirtschaftlichen oder auch ideellen Interessen („intérêt pour agir"). Das wirft die Frage auf, ob natürliche oder juristische Personen mit der Nichtigkeitsklage die Rechtswidrigkeit einer Richtlinie geltend machen können, die ihre Interessen „massiv" berührt. EuGH und EuG haben sich hierzu bislang nicht deutlich geäußert.[846] Als juristische Person gilt auch die Gemeinde.[847]

393 Nach dem durch den EG-Vertrag geschaffenen System der Rechtmäßigkeitskontrolle der Gemeinschaftshandlungen kann eine natürliche oder juristische Person nur dann Klage gegen eine Verordnung oder Richtlinie erheben, wenn sie nicht nur unmittelbar, sondern auch individuell betroffen ist.[848] Das wird man nahezu

---

844 BVerfG, Urteil vom 22.3.1995 – 2 BvG 1/89 – BVerfGE 92, 203 = DVBl. 1995, 561 = NVwZ 1996, 1093 = DÖV 1995, 552 = EuZW 1995, 277 = EuR 1995, 104 = EuGRZ 1995, 125 (Fernsehrichtlinie).

845 Vgl. restriktiv noch EuGH, Urteil vom 15.7.1963 – Rs. 25/62 – EuGHE 1963, 211 [238f.] – Firma Plaumann & Co Hamburg vs. Kommission – „Plaumann", mit Bespr. Matthias Köngeter, Die Ambivalenz effektiven Rechtsschutzes Einzelner gegen EG-Verordnungen, in: ZfRV 2003, 123–132; erweiternd und großzügiger EuGH, Urteil vom 25.10.1977 – Rs. 26/76 – EuGHE 1977, 1875 = RIW 1978, 108 – Metro SB-Großmärkte GmbH & Co. KG vs. Kommission – „Metro II"; EuGH, Urteil vom 19.3.1993 – Rs. C-198/93 – EuGHE 1993 I-2487 – William Cook plc vs. Kommission – „Cook"; EuGH, Urteil vom 28.1.1986 – Rs. 169/84 – EuGHE 1986, 391 – Compagnie française de l'azote SA vs. Kommission – „Cofaz"; EuG, Urteil vom 14.9.1995 – verb. T-480/93 und T-483/93 – EuGHE 1995 II-2310 – Antillean Rice Mills NV u. a. vs. Kommission; kritisch Jens-Daniel Braun/Moira Kettner, Die Absage des EuGH an eine richterrechtliche Reform des EG-Rechtsschutzsystems – „Plaumann" auf immer und ewig?, in: DÖV 2003, 59–66; vgl. ferner Karin Klüpfel, Zur Anfechtbarkeit von Richtlinien durch nicht-privilegierte Kläger, in: EuZW 1996, 393–395; Doris König, Die Individualklage nach Art. 230 IV EG, in: JuS 2003, 257–260; Martin Burgi, in: Hans-Werner Rengeling/Andreas Middeke/Martin Gellermann, Rechtsschutz in der Europäischen Union, 2. Aufl. München 2003, § 7 Rn. 54 ff. (S. 118 ff.); vgl. ferner Hans-Joachim Schütz/Thomas Bruha/Doris König, Casebook Europarecht, München, 2004, S. 342 ff.

846 Die Zulässigkeit verneinend etwa EuGH, Urteil vom 29.6.1993 – Rs. C-289/89 – EuGHE 1993 I-3605 [3655f.] Rn. 20, 23 – Regierung von Gibraltar vs. Rat; EuGH, Urteil vom 7.12.1988 – Rs. 160/88 – EuGHE 1988, 6399 – Fédération européenne de la santé animale and others vs. Rat – „Fedesa"; die Zulässigkeit erwägend, im Ergebnis verneinend EuGH, Urteil vom 23.11.1995 – Rs. C-10/95 – EuGHE 1995 I-4149 [4159f.] Rn. 28 ff. = EuZW 1996, 218 – Asociación de Empresa de la Carne vs. Rat – „Asocarne I"; die Zulässigkeit verneinend EuG, Urteil vom 27.6.2000 – verb. Rs. T-172/98, T-175/98 u. a. – EuGHE 2000 II-2487 – Salamander u. a. vs. Parlament und Rat – „Salamander" (Tabakwerberichtlinie 98/43/EG); vgl. ferner Thomas von Danwitz, Die Garantie effektiven Rechtsschutzes im Recht der Europäischen Gemeinschaft: zur Verbesserung des Individualrechtsschutzes vor dem EuGH, in: NJW 1993, 1108–1115; Karin Klüpfel, Zur Anfechtbarkeit von Richtlinien durch nicht-privilegierte Kläger, in: EuZW 1996, 393–395.

847 Vgl. EuGH, Urteil vom 11.7.1984 – Rs. 222/83 – EuGHE 1984, 2889 [2895] Rn. 7 – Gemeinde Differdange u. a. vs. Kommission; vgl. auch Thomas Schäfer, Die deutsche kommunale Selbstverwaltung in der Europäischen Union, Stuttgart 1998.

848 EuGH, Urteil vom 25.7.2002 – Rs. C-50/00 P – EuGHE 2002 I-6677 [6735] Rn. 44 = NJW 2002, 2935 = EuZW 2002, 529 – Unión de Pequeños Agricultores vs. Rat, mit Bespr. Matthias Köngeter; Erwei-

---

Berkemann

ausnahmslos verneinen müssen. Die Voraussetzung der individuellen, gleichsam adressierten Betroffenheit ist zwar im Licht des Grundsatzes eines effektiven gerichtlichen Rechtsschutzes unter Berücksichtigung der verschiedenen Umstände, die einen privaten Kläger individualisieren können, auszulegen. Gleichwohl kann eine solche Auslegung nicht dazu führen, die vorgegebenen Grenzen des Vertrages sprengen.[849] Nach der sog. **Plaumann-Formel** des EuGH können „natürliche oder juristische Personen nur dann als individuell betroffen angesehen werden, wenn sie in ihrer Rechtsstellung wegen bestimmter persönlicher Eigenschaften oder auf Grund von Umständen betroffen sind, die sie aus dem Kreis aller übrigen Personen herausheben und sie in ähnlicher Weise individualisieren wie einen Adressaten".[850] Bei einer an den Mitgliedstaat gerichteten Richtlinie ist das nicht der Fall.

Die bislang ergangenen Entscheidungen werden eher als ablehnend anzusehen sein.[851] Klage von Umweltverbänden, gerichtet gegen die Kommission auf Einlei- **394**

---

terte Klageberechtigung bei Individualnichtigkeitsklagen gegen EG-Verordnungen?, in: NJW 2002, 2216–2218; Volkmar Götz, Individuelle Betroffenheit als Klagevoraussetzung gegen EG-V, in: DVBl. 2002, 1350–1351; Christoph Feddersen, in: EuZW 2002, 532–534; Hans-Peter Schneider, Es gibt noch Richter in Luxemburg – Zum Individualrechtsschutz durch europäische Gerichte, in: NJW 2002, 2927–2928; Jens-Daniel Braun/Moira Kettner, Die Absage des EuGH an eine richterrechtliche Reform des EG-Rechtsschutzsystems – „Plaumann" auf immer und ewig?, in: DÖV 2003, 58–66; Berend Lindner, Zur Klagebefugnis natürlicher und juristischer Personen für Nichtigkeitsklagen gem. Art. 230 IV EG gegen EG-Verordnungen, in: NVwZ 2003, 569–572; vgl. ferner Jürgen Schwarze, Der Rechtsschutz Privater vor dem EuGH: Grundlagen, Entwicklungen und Perspektiven des Individualrechtsschutzes im Gemeinschaftsrecht, in: DVBl. 2002, 1297–1315 [1299 ff.]; EuG, Urteil vom 15.1. 2003 – verb. T-377/00 u. a. – EuGHE 2003 II-1 [27] Rn. 76 – Philip Morris International vs. Kommission.

849 Vgl. EuGH, Urteil vom 25.7.2002 – Rs. C-50/00 P – EuGHE 2002 I-6677 = DVBl. 2002, 1348 = NJW 2002, 2935 = EuZW 2002, 529 = EuR 2002, 699 – Unión de Pequeños Agricultores vs. Rat, mit Bespr. Martin Nettesheim, in: JZ 2002, 928–934; Volkmar Götz, in: DVBl. 2002, 1350–1351; Hans-Peter Schneider, in: NJW 2002, 2927–2928; Jens-Daniel Braun, in: NJW 2002, 2927–2928; Berend Lindner, Zur Klagebefugnis natürlicher und juristischer Personen für Nichtigkeitsklagen gem. Art. 230 IV EG gegen EG-Verordnungen, in: NVwZ 2003, 569–572; Hans Christian Röhl, in: Jura 2003, 830–838.

850 EuGH, Urteil vom 15.7.1963 – Rs. 25/62 – EuGHE 1963, 211 [238 f.] = GRUR 1984, 982 – Firma Plaumann & Co Hamburg vs. Kommission – „Plaumann"; EuGH, Urteil vom 18.5.1994 – Rs. 309/89 – EuGHE 1994 I-1853 [1885] Rn. 17 = DVBl. 1994, 1124 = EuZW 1994, 432 – Codorniú SA vs. Rat; EuGH, Urteil vom 22.11.2001 – Rs. C-452/98 – EuGHE 2001 I-8973 [8993] Rn. 60 = HFR 2002, 162 – Nederlandse Antillen vs. Rat; EuGH, Beschluss vom 28.3.1996 – Rs. C-270/95 P – EuGHE 1996 I-1987 – Christina Kik vs. Rat; EuGH, Urteil vom 2.4.1998 – Rs. C-321/95 P – EuGHE 1998 I-1651 [1708] Rn. 7 – Stichting Greenpeace Council (Greenpeace International u. a.) vs. Kommission – „Greenpeace", mit Bespr. Bernhard W. Wegener, Keine Klagebefugnis für Greenpeace und 18 andere, in: ZUR 1998, 131–136; EuGH, Urteil vom 1.4.2004 – Rs. C-263/02 P – EuGHE 2004 I-3425 = DVBl. 2004, 820 = NJW 2004, 2006 = EuZW 2004, 343 = EuGRZ 2004, 284 = BayVBl 2005, 14 – Kommission vs. Jégo-Quéré, mit Bespr. Josef Franz Lindner, in: BayVBl 2005, 15; Anne Lenze, Die Bestandskraft von Verwaltungsakten nach der Rechtsprechung des EuGH, in: VerwArch 2006, 49–61; vgl. ferner Peter Baumeister, Effektiver Individualrechtsschutz im Gemeinschaftsrecht, in: EuR 2005, 1–35; Jens-Daniel Braun/Moria Kettner, Die Absage des EuGH an eine richterrechtliche Reform des EG-Rechtsschutzsystems, in: DÖV 2003, 58–66; Christian Calliess, Kohärenz und Konvergenz beim europäischen Individualrechtsschutz, in: NJW 2002, 3577–3582.

851 Vgl. dazu auch Wolfgang Cremer, Individualrechtsschutz gegen Richtlinien, in: EuZW 2001, 453–458 [455]; ders., in: Christian Calliess/Matthias Ruffert (Hrsg.), Kommentar des Vertrages über die Europäische Union und des Vertrages zur Gründung der Europäischen Gemeinschaft. EUV/EGV, 3. Aufl. 2007, EG Art. 230 Rn. 39 ff.; vgl. ferner Karin Klüpfel, Zur Anfechtbarkeit von Richtlinien durch nicht-

---

tung eines Vertragsverletzungsverfahrens, sind als unzulässig abgewiesen worden.[852] Der EuGH hat auch den Beschwerdeführern, welche sich mit der Beschwerde an die Kommission wandten, etwa in entsprechender Anwendung der Nichtigkeitsklage, keine Klagebefugnis zuerkannt.[853] EuGH und EuG wollen verständlicherweise vermeiden, durch „jedermann" mit einem Quasi-Normenkontrollverfahren vor allem gegen **EG-Richtlinien** überzogen zu werden. Die Begründung vor allem des EuG lässt sich etwa wie folgt verstehen: Der EG-Bürger ist im Zeitraum vor Umsetzung der Richtlinie (noch) nicht unmittelbar betroffen, da aus der Richtlinie keine Verpflichtungen zu seinen Lasten abgeleitet werden können (vgl. Rn. 316 ff., 325 f., 328 ff.). Nach der Umsetzung der Richtlinie entfällt eine unmittelbare Wirkung, da sich diese nunmehr aus innerstaatlichem Recht ergibt. Auch dies führt mangels individueller Betroffenheit zur Unzulässigkeit der Nichtigkeitsklage. Im Ergebnis ist die Kommission gerichtskontrollfrei gestellt.

395 Danach ist der EG-Bürger in ganz erheblichem Umfange auf den mitgliedstaatlichen Rechtsschutz angewiesen. Die Restriktionen des EuGH bei Nichtigkeitsklagen Privater können zum Ergebnis haben, dass jemand von einer Gemeinschaftsmaßnahme betroffen ist, ohne dagegen vorgehen zu können.[854] Damit ist es Aufgabe der Mitgliedstaaten, ein innerstaatliches System von Rechtsbehelfen und Verfahren vorzusehen, mit dem die Einhaltung des Rechts auf effektiven gerichtlichen Rechtsschutz gewährleistet werden kann. In diesem Rahmen haben die nationalen Gerichte bereits jetzt gemäß dem in Art. 10 EG aufgestellten Grundsatz der loyalen Zusammenarbeit die nationalen Prozessvorschriften möglichst so auszulegen und anzuwenden, dass natürliche und juristische Personen die Rechtmäßigkeit jeder nationalen Entscheidung oder anderen Maßnahme, mit der eine Gemeinschaftshandlung allgemeiner Geltung auf sie angewandt wird, gerichtlich anfechten und sich dabei auf die Ungültigkeit dieser Handlung berufen können.[855]

---

privilegierte Kläger, in: EuZW 1996, 393–395; vgl. auch Berend Lindner, Zur Klagebefugnis natürlicher und juristischer Personen für Nichtigkeitsklagen gem. Art. 230 IV EG gegen EG-Verordnungen, in: NVwZ 2003, 569–572.

852 EuG, Urteil vom 23.9.1994 – Rs. T-461/93- EuGHE 1994 II-733 – An Taisce und WWF UK vs. Kommission; EuG, Urteil vom 21.2.1995 – T-117/94 – EuGHE 1995 II-455 – Associazione agricoltori della provincia di Rovigo vs. Kommission; EuG, Urteil vom 9.8.1995 – T-585/93 – EuGHE 1995 II-2205 – Greenpeace u. a., mit Bespr. Ludwig Krämer, Die Rechtsprechung der EG-Gerichte zum Umweltrecht 1998 und 1999, in: EuGRZ 2000, 265–281; EuGH, Urteil vom 11.7.1996 – Rs. C-325/94 P – EuGHE 1996 I-3727 – An Taisce und WWF UK vs. Kommission; EuGH, Urteil vom 12.12.1996 – Rs. C-142/95 P – EuGHE 1996 I-6669 – Associazione agricoltori della provincia di Rovigo vs. Kommission; EuGH, Urteil vom 2.4.1998 – Rs. C-321/95 P – EuGHE 1998 I-1651 – Stichtingt Greenpeace Council u. a. vs. Kommission.

853 EuGH, Urteil vom 14.2.1989 – Rs. 247/87 – EuGHE 1989, 291 [301] Rn. 10–14 = RIW 1990, 411 – Star Fruit Company SA vs. Kommission – „Star Fruit"; EuGH, Urteil vom 17.5.1990 – Rs. C-87/89 – EuGHE 1990 I-1981 = NJW 1991, 2204 = NVwZ 1991, 1169 = EuZW 1991, 629 – Société Nationale Interprofessionelle de la Tomate [Sonito] vs. Kommission – „Sonito"; EuGH, Urteil vom 12.6.1992 – Rs. C 29/92 – EuGHE 1992 I-3935 – Asia Motor France vs. Kommission; EuGH, Urteil vom 20.2. 1997 – Rs. C-107/95 P – EuGHE 1997 I-947 = EuZW 1997, 211 = EWS 1997, 177 – Bundesverband der Bilanzbuchhalter; EuGH, Beschluss vom 15.01.1998 – Rs. C-196/97 P – EuGHE 1998 I-199 = NJW 1998, 2809 = EWS 1998, 100 = EuZW 1998, 219 = CR 1998, 407 – Intertronic F. Cornelis GmbH u. Kommission.

854 So treffend Carl Otto Lenz, Rechtsschutz im Binnenmarkt, in: NJW 1994, 2063–2067 [2066].

855 Vgl. EuGH, Urteil vom 25.7.2002 – Rs. C-50/00 P – EuGHE 2002 I-6677 = DVBI. 2002, 1348 = NJW 2002, 2935 = EuZW 2002, 529 = EuR 2002, 699 = EuGRZ 2002, 420 = BayVBl 2003, 11 = ZUR

Indes der EuGH kann das von ihm geforderte **kohärente Rechtsschutzsystem** selbst nicht erzwingen.

(3) **Verbände** haben in dem Rechtsschutzsystem der EG eine eigenständige pro- **396** zessuale Stellung bislang nicht erhalten.[856] Ist ein Verband selbst Adressat einer Maßnahme, so ist die Klagebefugnis allerdings ohne weiteres gegeben. Bei einer **egoistischen Verbandsklage** reicht die geltend gemachte Beeinträchtigung der Kollektivinteressen der Verbandsmitglieder allerdings nicht aus, um die Zulässigkeit der Nichtigkeitsklage begründen zu können.[857] Auch bei **altruistischen Verbandsklagen,** also bei Vereinigungen, die allgemeinpolitische Interessen vertreten, hat der EuGH bislang die Klagebefugnis verneint.[858] Seinerzeit war der Versuch von Greenpeace gescheitert, den im Allgemeininteresse liegenden Umweltschutz „gerichtshängig" zu machen. Ob dies sachgerecht ist, mag man zumindest für die Fälle bezweifeln, in denen eine Richtlinie einem altruistischen Verband ausdrücklich eine Funktion zugewiesen hat, wie dies nunmehr mit der Öffentlichkeits-RL 2003/35/EG geschehen ist. Danach gelten bestimmte Umweltverbände und Nichtregierungsorganisationen (NGO), die sich für den Umweltschutz einsetzen und alle nach innerstaatlichem Recht geltenden Voraussetzungen erfüllen, als klagebefugt (vgl. Rn. 495 ff.).[859] Es ist indes anzunehmen, dass der EuGH aus dem derzeitigen Rechtsschutzsystem des EG-Vertrages nicht ausbrechen wird.[860]

4. Inhalt und Rechtswirkung der Entscheidung

Lit.: Christian Thewes, Bindung und Durchsetzung der gerichtlichen Entscheidungen in der EU, Hamburg 2003.

2002, 399 = JZ 2002, 938 – Unión de Pequeños Agricultores (UPA) vs. Rat, mit Bespr. Franz J Lindner, in: BayVBl 2003, 12–14; Jens-Daniel Braun/Moira Kettner, Die Absage des EuGH an eine richterliche Reform des EG-Rechtsschutzsystems, in: DÖV 2003, 58–66; Volkmar Götz, Individuelle Betroffenheit als Klagevoraussetzung gegen EG-VO, in: DVBl. 2002, 1350–1351; Christoph Feddersen, in: EuZW 2002, 532–533; Thomas Trautwein, in: JA 2003, 290–292; Hans Christian Röhl, Rechtsschutz gegen EG-Verordnungen, in: Jura 2003, 830–838; Hans-Peter Schneider, in: NJW 2002, 2927–2928; Berend Lindner, Zur Klagebefugnis natürlicher und juristischer Personen für Nichtigkeitsklagen gem. Art 230 IV EG gegen EG-Verordnungen, in: NVwZ 2003, 569–572; Matthias Köngeter, Die Ambivalenz effektiven Rechtsschutzes Einzelner gegen EG-Verordnungen, in: ZfRV 2003, 123–132; Christian Calliess, Zur Auslegung des Art. 230 Abs. 4 EG, in: ZUR 2002, 402.

856 Börries Ahrens, Die Klagebefugnis von Verbänden im Europäischen Gemeinschaftsrecht. Eine Untersuchung zur Nichtigkeitsklage vor dem EuGH und zu den Einflüssen auf das Verbandsklagerecht vor deutschen Verwaltungsgerichten, Baden-Baden 2002.

857 EuGH, Urteil vom 18.3.1975 – Rs. 72/74 – EuGHE 1975, 401 [409f.] Rn. 16ff. – Union syndicale – Service public européen u. a. vs. Rat – „Union syndicale".

858 EuGH, Urteil vom 2.4.1998 – Rs. C-321/95 P – EuGHE 1998 I-1651 [1709f.] Rn. 12, 14f. – Stichting Greenpeace Council (Greenpeace International u. a.) vs. Kommission – „Greenpeace" mit Bespr. Bernhard W. Wegener, Keine Klagebefugnis für Greenpeace und 18 andere, in: ZUR 1998, 131–136.

859 Vgl. Art. 10 a Abs. 4 UVP-RL 85/337/EWG in der Fassung der Öffentlichkeits-RL 2003/35/EG.

860 Deutlich EuGH, Urteil vom 25. Juli 2002 – Rs. C-50/00 P – EuGHE 2002 I-6677 [6733] Rn. 34 = DVBl. 2002, 1348 = NJW 2002, 2935 = JZ 2002, 938 = EuZW 2002, 529 = EuR 2002, 699 = EWS 2002, 426 = EuGRZ 2002, 420 – Unión de Pequeños Agricultores vs. Rat, mit Bespr. Martin Nettesheim, in: JZ 2002, 928–934; Volkmar Götz, in: DVBl. 2002, 1350–1351, vgl. ferner Berend Lindner, Zur Klagebefugnis natürlicher und juristischer Personen für Nichtigkeitsklagen gem. Art. 230 IV EG gegen EG-Verordnungen, in: NVwZ 2003, 569–572.

397 (1) Die **Wirkung der Nichtigerklärung** ist grundsätzlich **ex tunc**, wirkt also auf die Vergangenheit zurück. Das Gericht kann gemäß Art. 231 Abs. 2 EG ausnahmsweise die Rechtswirkungen einer an sich nichtigen Verordnung ganz oder teilweise aufrechterhalten. Hierfür können überragende Gründe der Rechtssicherheit oder des entstandenen Vertrauensschutzes leitend sein. Der EuGH hat die Möglichkeit des Art. 231 Abs. 2 GG auf Richtlinien entsprechend angewandt.[861]

398 (2) Wird die Nichtigkeitsklage abgewiesen, ist dies nicht bedeutungslos. Der Urteilsgegenstand und die gegebene Begründung sind gemäß Art. 10 EG von den nationalen Gerichten und Behörden zu beachten. Diese müssen – auch wenn es an einer förmlichen Bindung fehlt – die „bestätigte" Richtlinie (nunmehr) als rechtmäßig ansehen.[862] Das gilt jedenfalls für die Rechtsgründe, die der EuGH in seiner Entscheidung als unbegründet zurückgewiesen hat.[863] Maßnahmen des vorläufigen Rechtsschutzes sind daher nicht möglich.

III. Vorabentscheidungsverfahren[864]

Lit.: Ernst Steindorff, Vorlagepflicht nach Art. 177 Abs. 3 EWGV und Europäisches Gesellschaftsrecht, in: ZHR 156 (1992), S. 1–16; Manfred Dauses, Das Vorabentscheidungsverfahren nach Art. 177 EG-Vertrag, München, 2. Aufl. 1995; Martin Burgi, Deutsche Verwaltungsgerichte als Gemeinschaftsgerichte, in: DVBl. 1995, 772–779; Martin Burgi, Verwaltungsprozess und Europarecht. Eine systematische Darstellung, München 1996; Eckard Pache/Frank Burmeister, Gemeinschaftsrecht im verwaltungsgerichtlichen Normenkontrollverfahren, in: NVwZ 1996, 979–981; Wolfram Cremer, Vorabentscheidungsverfahren und mitgliedstaatliche Verfassungsgerichtsbarkeit, in: BayVBl 1999, 266–270; Ulrich Everling, Die Kontrolle des Gemeinschaftsgesetzgebers durch die Europäischen Gerichte, in: Carl Otto Lenz (Hrsg.), Beiträge zum deutschen und europäischen Recht: Freundesgabe für Jürgen Gündisch, Köln 1999, S. 89–111; Mathias Habersach/Christian Mayer, Die überschießende Umsetzung von Richtlinie – Normauslegung und Rechtsweg im Grenzbereich zwischen deutschem und europäischem Privatrecht, in: JZ 1999, 913–921; Waltraud Hakenberg, Der Dialog zwischen nationalen und europäischen Richtern: Das Vorabentscheidungsverfahren zum EuGH, in: DRiZ 2000, 345–349.

Günter Hirsch, Der Europäische Gerichtshof im Spannungsfeld zwischen Gemeinschaftsrecht und nationalem Recht, in: NJW 2000, 1817–1822; Jürgen Schwarze, Europäische Rahmenbedingungen für die Verwaltungsgerichtsbarkeit, in: NVwZ 2000, 241–252; Bertrand Wägenbaur, Stolpersteine des Vorabentscheidungsverfahrens, in: EuZW 2000, 37–42; Falko Bode/Dirk Ehle, Die Ausweitung des Prüfungsumfangs im Vorabentscheidungsverfahren durch den EuGH, in: EWS 2001, 55–59; Günter Hirsch, Die Rolle des Europäischen Ge-

---

861 EuGH, Urteil vom 7.7.1992 – Rs. C-295/00 – EuGHE 1992 I-4193 [4236 f.] Rn. 23 f., 26 = NVwZ 1992, 1181 = EuZW 1992, 676 = InfAuslR 1993, 1 – Parlament vs. Rat – „Studentenrichtlinien", mit Bespr. Moritz Röttinger, Bedeutung der Rechtsgrundlage einer EG-Richtlinie und Folgen einer Nichtigkeit, in: EuZW 1993, 117–121.

862 Rudolf Streinz, Europarecht, 7. Aufl. 2005, S. 224 Rn. 611.

863 EuGH, Urteil vom 9.11.1995 – Rs. C-465/93 – EuGHE 1995 I-3761 [3788 ff.] Rn. 20 ff. = DVBl. 1996, 247 = NJW 1996, 1333 = EuZW 1995, 837 = EuR 1995, 416 = EuGRZ 1995, 605 – Atlanta Fruchthandelsgesellschaft u. a. vs. Bundesamt für Ernährung und Forstwirtschaft – „Atlanta III", mit Bespr. Ernst-Ulrich Petersmann, Darf die EG das Völkerrecht ignorieren?, in: EuZW 1997, 325–331; Klaus Heinemann, Gültigkeit der EG-Bananenmarktordnung, in: WiB 1996, 88–92.

864 Vgl. Bernhard W. Wegener, in: Hans-Werner Rengeling/Andreas Middeke/Martin/Gellermann, Rechtsschutz in der Europäischen Union, 2. Aufl. München 2003, §§ 19, 20 (S. 341 ff.).

Berkemann

richtshofs bei der europäischen Integration, in: JöR NF 49 (2001), S. 79–99; Klaus Füßer/ Katrin Höher, Das „parallele Vorabentscheidungsverfahren": Zulässigkeit und Grenzen der Beweiserhebung während eines Verfahrens gemäß Art. 234 EGV, in: EuR 2001, 784–793; Patrick Sensburg, Die Vorlagepflicht an den EuGH: Eine einheitliche Rechtsprechung des BVerfG, in: NJW 2001, 1259–1260; Michael App, Vorlage an den EuGH in deutschen Gerichtsverfahren, in: DZWiR 2002, 232–237; Anno Oexle, Einwirkungen des EG-Vorabentscheidungsverfahren auf das nationale Verfahrensrecht, in: NVwZ 2002, 1328–1334; Oliver Dörr, Der europäisierte Rechtsschutzauftrag deutscher Gerichte: Artikel 19 Absatz 4 GG unter dem Einfluß des europäischen Unionsrechts, Tübingen 2003; Günter Hirsch, Das Vorabentscheidungsverfahren. Mehr Freiraum und mehr Verantwortung für die nationalen Gerichte, in: Ninon Colneric, David Edward, Jean-Pierre Puissochet, Dámaso Ruiz-Jarabo Colomer (Hrsg.), Une Communauté de droit. Festschrift für Gil Carlos Rodríguez Iglesias, Berlin 2003, S. 601–610; Eckhard Pache/Matthias Knauff, Wider die Beschränkung der Vorlagebefugnis unterinstanzlicher Gerichte im Vorabentscheidungsverfahren – zugleich ein Beitrag zu Art. 68 I EG, in: NVwZ 2004, 16–21; Bernhard Schima, Das Vorabentscheidungsverfahren vor dem EuGH: unter besonderer Berücksichtigung der Rechtslage in Österreich und Deutschland, Wien, 2. Aufl. 2004; Martina Schmid, Die Grenzen der Auslegungskompetenz des EuGH im Vorabentscheidungsverfahren nach Art. 234 EG. Dargestellt am Beispiel der überschießenden Richtlinienumsetzung, Diss. Heidelberg 2004; Thomas Groh, Die Auslegungsbefugnis des EuGH im Vorabentscheidungsverfahren, Berlin 2005; Christoph Hermann, Die Reichweite der gemeinschaftsrechtlichen Vorlagepflicht in der neueren Rechtsprechung des EuGH, in: EuZW 2006, 231–235; Rainer Wernmann/Jan Behrmann, Das Vorabentscheidungsverfahren nach Art. 234 EG, in: Jura 2006, 181–188.

1. Zielsetzung des Vorabentscheidungsverfahrens

1.1 Bedeutung des Gemeinschaftsrechts im nationalen Gerichtsverfahren

Der Grundsatz der Einheit und der Einheitlichkeit der Gemeinschaftsordnung lässt **399** es nicht zu, dass in den Mitgliedstaaten der EG das gemeinsame Recht der EG unterschiedlich wirksam ist oder unterschiedlich angewandt wird.[865] Folgerichtig verlangt der EuGH von den **mitgliedstaatlichen Gerichten**, gemäß Art. 10 EG dem Gemeinschaftsrecht durch ihre nationale Rechtsprechung zur vollen Wirksamkeit verhelfen.[866] Insoweit übernimmt das nationale Gericht die Funktion eines

---

865 Vgl. EuGH, Urteil vom 21.9.1983 – verb. Rs. C 205 bis 215/82 – EuGHE 1983, 2633 [2665] Rn. 17 = NJW 1984, 2024 – Deutsches Milchkontor vs. Deutschland – „Deutsches Milchkontor I"; EuGH, Urteil vom 13.12.1979 – Rs. 44/79 – EuGHE 1979, 3727 [3744] Rn. 14 = DVBl. 1981, 130 = NJW 1980, 505 = EuGRZ 1979, 659 = RIW 1980, 416 – Liselotte Hauer vs. Land Rheinland Pfalz – „Hauer" (zum Verbot der Neuanpflanzung von Weinreben); Anno Oexle, Einwirkungen des EG-Vorabentscheidungsverfahrens auf das nationale Verfahrensrecht, in: NVwZ 2002, 1328–1334.

866 EuGH, Urteil vom 5.3.1996 – Rs. C-46/93 – EuGHE 1996 I-1029 [1154 f.] Rn. 72 = DVBl. 1996, 427 = NJW 1996, 1267 = JZ 1996, 789 = NuR 1998, 190 – Brasserie du Pêcheur vs. Deutschland und The Queen vs. Secretary of State for Transport, ex parte: Factortame Ltd, mit Bespr. Roland Thalmair, Staatshaftung aufgrund nicht oder fehlerhaft umgesetzten bzw. angewandten EG-Rechts, in: DStR 1996, 1975–1979; Katja Finke, Die Haftung der Mitgliedstaaten bei der Verletzung von Gemeinschaftsrecht, in: DZWir 1996, 361–369; Rudolf Streinz, Anmerkungen zu dem EuGH-Urteil in der Rechtssache Brasserie du Pêcheur und Factortame, in: EuZW 1996, 201–204; Günter Krohn, Zum gemeinschaftlichen Staatshaftungsanspruch – „Brasserie du Pêcheur", in: EWiR 1996, 1123–1124; Jürgen Bröhmer, Die Weiterentwicklung des europäischen Staatshaftungsrechts – EuGH, EuGRZ 1996, 144, in: JuS 1997, 117–124; Dirk Ehlers, Die Weiterentwicklung des Staatshaftungsrechts durch das europäische Gemeinschaftsrecht, in: JZ 1996, 776–783; Monika Böhm, Voraussetzungen einer Staatshaftung bei Verstößen gegen primäres Gemeinschaftsrecht, in: JZ 1997, 53–60; Eckart Brödermann, EuGH – Staatshaftung bei Verletzung europäischen Gemeinschaftsrechts (Brasserie

---

Gemeinschaftsgerichtes).[867] Das gilt selbstverständlich auch für den Regelungsbereich der Richtlinien. Kritisch ist diese Frage stets, wenn ein nationales Gericht vor der Frage steht, ob es eine Richtlinie wegen unterlassener fristgerechter Umsetzung unmittelbar anwenden sollte.[868]

400 Die genaue Zahl der umweltrechtlichen Vorabentscheidungsverfahren ist nicht näher bekannt. Krämer gibt bereits für den Zeitraum von 1995 bis 1997 insgesamt 15 Vorabentscheidungen des EuGH mit deutlich umweltrechtlichem Bezug an.[869] Diese Judikatur wird durch umweltrechtliche Vertragsverletzungsverfahren ergänzt. Im Jahre 2006 erledigte der EuGH aus dem Bereich „Umwelt und Verbraucher" 40 Verfahren von insgesamt 444, im selben Jahr wurden in diesem Bereich 60 neue Verfahren anhängig. Im Jahre 2005 wurden 42 Verfahren, im Jahre 2004 60 Verfahren aus dem genannten Bereich beendet. Man wird wohl derzeit pro Jahr von mindestens 50 Verfahren mit umweltrechtlichen Bezügen auszugehen haben.

1.2 Mittelbare Rechtskontrolle durch das nationale Gericht

401 (1) Die sowohl gemeinschaftliche als auch innerstaatliche Verpflichtung, für die einheitliche Durchsetzung des Gemeinschaftsrechts zu sorgen, kann sich im nationalen Gerichtsverfahren unterschiedlich auswirken. Das nationale Gericht hat zunächst mit dem ihm möglichen prozessualen Mitteln für einen effektiven Rechtsschutz zu sorgen.[870]

---

du Pêcheur, ea), in: MDR 1996, 342–347; Ingo Brinker, EuGH – Haftung der Mitgliedstaaten bei Verstößen gegen das Gemeinschaftsrecht, in: WiB 1996, 597–602; Gert Hohmann, Zur Staatshaftung für Schäden aufgrund von Verstößen gegen das Gemeinschaftsrecht, in: ZLR 1996, 338–343.

867 Vgl. Martin Burgi, Deutsche Verwaltungsgerichte als Gemeinschaftsgerichte, in: DVBl. 1995, 772–779; Claus Dieter Classen, Die Europäisierung der Verwaltungsgerichtsbarkeit, Tübingen 1996; Michael Tonne, Effektiver Rechtsschutz durch staatliche Gerichte als Forderung des Europäischen Gemeinschaftsrechts, Köln u. a. 1997; Klaus Stern, Die Einwirkung des europäischen Gemeinschaftsrechts auf die Verwaltungsgerichtsbarkeit, in: JuS 1998, 769–775.

868 Vgl. VGH München, Vorlagebeschluss vom 19.4.2005 – 8 A 02.40040, 8 A 02.40045, 8 A 02.40051, 8 A 02.40056 – VGHE BY 58, 83 = BayVBl 2005, 659 = NuR 2005, 592 zu Art. 6 Abs. 4 UAbs. 2 FFH-RL 92/43/EWG (Autobahn A 94 – München Ost), beantwortet durch EuGH, Urteil vom 14.9. 2006 – Rs. C-244/05 – DVBl. 2006, 1439 = NVwZ 2007, 61 = EuZW 2007, 61 = BayVBl 2007, 138 = ZUR 2006, 539 = NuR 2006, 763, mit Bespr. Alexander Brigola, in: BayVBl 2007, 139–141; Jens Hamer, in: EurUP 2006, 263–264; Peter Schäfer, in: EuZW 2007, 63–64; Dietmar Hönig, in: NuR 2007, 249–252.

869 Ludwig Krämer, Die Rechtsprechung der EG-Gerichte zum Umweltrecht 1995 bis 1997, in: EuGRZ 1998, 309- 320.

870 EuGH, Urteil vom 15.5.1986 – Rs. 222/84 – EuGHE 1986, 1651 [1682] Rn. 18 = DVBl. 1987, 227 – Johnston vs. Chief Constable of the Royal Ulster Constabulary – „Johnston"; EuGH, Urteil vom 23.4.1986 – Rs. 294/83 – EuGHE 1986, 1339 = DVBl. 1986, 995 – Les Verts vs. Parlament, mit Bespr. Rainer Seider, in: JuS 1987, 953–956; Koen Lenaerts, in: ZfRV 1992, 281–298; EuGH, Urteil vom 19.6.1990 – Rs. C-213/89 – EuGHE 1990 I-2433 [2474] Rn. 21 f. = DVBl. 1991, 861 = NJW 1991, 2271 = EuZW 1990, 356 = BayVBl 1991, 15 – The Queen vs. Secretary of State for Transport, ex parte: Factorame Ltd. u. a. – „Factorame I", mit Bespr. Georg Haibach, in: DÖV 1996, 60–70; Bernhard Müller, Einstweiliger Rechtsschutz für Unternehmen im Fusionskontrollverfahren, in: WRP 2002, 1037–1049; Andreas Cahn, Zwingendes EG-Recht und Verfahrensautonomie der Mitgliedstaaten, in: ZEuP 1998, 974–980; EuGH, Urteil vom 4.10.1991 – Rs. C-70/88 – EuGHE 1991 I-4529 = EuZW 1991, 701 = RIW 1993, 422 – Europäisches Parlament vs. Rat der Europäischen Gemeinschaften – „Tschernobyl II", mit Bespr. Thomas Schröer, Abgrenzung der Gemeinschaftskompeten-

(2) In materieller Hinsicht hat das nationale Gericht die innerstaatlichen Rechts- **402** vorschriften gemeinschaftsrechtskonform auszulegen und anzuwenden. Es hat ferner die Vereinbarkeit des mitgliedstaatlichen Rechts mit dem Gemeinschaftsrecht von Amts wegen zu prüfen.[871] Gleichwohl bleibt der EuGH gemäß Art. 220 EG für die Wahrung und Auslegung des Gemeinschaftsrechts verantwortlich. Diese Aufgabe kann er nur wirksam erfüllen, wenn sich EuGH und nationales Gericht in einem **„judiziellen Dialog"** verbunden sehen. Beide Gerichte sollen zur Herstellung der Integration, ja Verzahnung von Gemeinschaftsrecht und mitgliedstaatlichem Recht zusammenarbeiten.[872] Das hierfür wichtigste prozessuale Instrument ist das Verfahren der **Vorabentscheidung** gemäß **Art. 234 EG.**

(3) Das Vorabentscheidungsverfahren ist ein nicht streitiges Verfahren. Es dient **403** gezielt der Zusammenarbeit zwischen dem nationalen Gericht und dem EuGH.[873] Es ist in einem anhängigen Rechtsstreit als ein „Auskunftsverfahren" konzipiert. Der EG-Vertrag hat also von einem Rechtsmittelverfahren abgesehen, um das Gemeinschaftsrecht durchzusetzen. Daher obliegt es dem nationalen Gericht, das Zwischenverfahren unter näheren Voraussetzungen auszulösen ist, um eine autoritative „Auskunft" des EuGH über eine gemeinschaftsrechtlich relevante Frage zu erhalten. Nur hierauf bezieht sich dann auch die Aufgabe des Gerichtshofes. Die abschließende Sachentscheidung hat in Kenntnis des Ergebnisses des Auskunftsverfahrens unverändert das nationale Gericht zu treffen.[874] Das Verfahren ähnelt der konkreten Normenkontrolle des Art. 100 Abs. 1 GG.

(4) Verletzt das nationale Gericht die in Art. 234 EG begründete Vorlagepflicht, **404** kann dies innerstaatlich zunächst im Rechtsmittelzug geltend gemacht werden. Bleibt auch dies erfolglos, kann die Verletzung der Vorlagepflicht mit der Verfassungsbeschwerde als ein Entzug des „gesetzlichen Richters" gerügt werden (vgl. Rn. 465 ff.).[875] Allerdings verlangt das BVerfG dazu, dass die Missachtung willkürlich geschehen ist. Nicht ausgeschlossen ist, dass die Kommission in einem Ver-

---

zen zum Schutz der Gesundheit vor radioaktiver Strahlung, in: EuZW 1992, 207–210; EuGH, Urteil vom 13.7.1990 – Rs. C-2/88 – EuGHE 1990 I-3365 [3373] Rn. 22–24 = DVBl. 1991, 862 = NJW 1991, 2409 = EuR 1991, 250 = EuZW 1990, 423 – Strafverfahren J. J. Zwartveld u. a. – „Zwartveld".

871 EuGH, Urteil vom 15.5.1986 – Rs. 222/84 – EuGHE 1986, 1651 [1682] Rn. 19 = DVBl. 1987, 227 – Johnston vs. Chief Constable of the Royal Ulster Constabulary – „Johnston".

872 So bereits EuGH, Urteil vom 18.10.1990 – verb. Rs. 297/88 und 197/89 – EuGHE 1990 I-3763 [3793] Rn. 33 – Massam Dzodzi vs. Belgien; vgl. auch Bernhard Schima, Das Vorabentscheidungsverfahren vor dem EuGH, Wien, 2. Aufl. 2004, S. 5 ff.

873 Vgl. EuGH, Urteil vom 24.10.2001 – Rs. C-186/01 – EuGHE 2001 I-7823 [7828] Rn. 9 – Alexander Dory vs. Deutschland – „Dory I"; EuGH, Urteil vom 8.11.1990 – Rs. C-231/89 – EuGHE 1990 I-4003 [4016 f.] Rn. 18 = NJW 1991, 1470 = EuZW 1991, 57 = JZ 1991, 891 – Krystna Gmurzyska-Bscher vs. Oberfinanzdirektion Köln – „Gmurzyska-Bscher"; EuGH, Urteil vom 4.6.2002 – Rs. C-99/00 – EuGHE 2002 I-4839 [4885] Rn. 14 – Strafverfahren Lyckeshog.

874 EuGH, Urteil vom 27.3.1963 – verb. Rs. 28 bis 30/62 – EuGHE 1963, 63 [81] = JZ 1964, 226 – Da Costa & Schaake u. a. vs. Niederländische Finanzverwaltung – „Da Costa & Schaake".

875 Vgl. BVerfG, Beschluss vom 31.5.1990 – 2 BvL 12/88 u. a. – BVerfGE 82, 159 = DVBl. 1990, 982 = NVwZ 1991, 53 = EuGRZ 1990, 377 = EuZW 1991, 384 = BayVBl 1991, 239; BVerfG [Kammer], Beschluss vom 14.5.2007 – 1 BvR 2036/05 – NVwZ 2007, 942 = GewArch 2007, 333 = EuGRZ 2007, 350; BVerfG [Kammer], Beschluss vom 1.10.2004 – 1 BvR 2221/03 – DVBl. 2004, 1478 = NJW 2005, 737.

---

tragsverletzungsverfahren geltend macht, dass eine Rechtsprechung gegen Gemeinschaftsrecht verstößt.

1.3 Funktionen des Vorabentscheidungsverfahrens

405 (1) Die zentrale Funktion des Vorabentscheidungsverfahrens ist **Wahrung der Rechtseinheit** in der Auslegung und Anwendung des Gemeinschaftsrechtes. Da der Vollzug des Gemeinschaftsrechtes nahezu ausschließlich bei den Organen und Instanzen der Mitgliedstaaten liegt, ist die Gefahr nicht als gering anzusehen, dass sich in Auslegung und Anwendung des Gemeinschaftsrechts unterschiedliche Praktiken entwickeln.[876] Das Gemeinschaftsrecht muss indes aus Gründen der Rechtssicherheit, der Verlässlichkeit des Rechts und seiner Integrationsleistung in den Mitgliedstaaten die gleiche Wirkung besitzen.[877] Darüber hinaus eröffnet das Verfahren dem EuGH die wichtige Möglichkeit der **Rechtsfortbildung.** Das auf Integration gerichtete Gemeinschaftsrecht bedarf dessen im besonderen Maße.

406 (2) Mittelbar fördert die Möglichkeit eines Vorabentscheidungsverfahrens den **Rechtsschutz des EG-Bürgers.** Da ihm praktisch eine Nichtigkeitsklage gegen Maßnahmen der Gemeinschaftsorgane versagt ist (vgl. Rn. 392 f.), kann er im nationalen Gerichtsverfahren die Gemeinschaftswidrigkeit einer derartigen Maßnahme rügen. Er kann also etwa geltend machen, dass eine Richtlinie gemeinschaftsrechtswidrig erlassen wurde.[878] Außerdem kann er geltend machen, dass eine nationale Rechtsvorschrift gegen eine Bestimmung des EG-Vertrages verstoße[879] oder dass eine nationale Rechtsvorschrift in Widerspruch zu einer Richtlinie stehe. Das nationale Gericht kann dieses Vorbringen zum Anlass nehmen, darüber im Verfahren nach Art. 234 EG eine „Auskunft" des EuGH einzuholen.

2. Vorlagevoraussetzungen – Verfahrensablauf

2.1 Vorlagebefugnis – Vorlagebefugte Gerichte

407 Vorlagebefugt sind gemäß Art. 234 Abs. 2 und 3 EG nur mitgliedstaatliche **Gerichte.** Der Begriff des Gerichtes im Sinne des Art. 234 EG ist funktional zu verstehen. Das schließt eine Vorlage von Behörden aus, auch dann, wenn ihnen – wie etwa bei einer Enteignungsbehörde – eine gewisse schiedsrichterähnliche Aufgabe zugewiesen wurde. Der EuGH hat allerdings den Vergabeausschuss

---

876 Vgl. EuGH, Urteil vom 16.1.1974 – Rs. 166/73 – EuGHE 1974, 33 [38] Rn. 2 – Rheinmühlen vs. Einführ- und Vorratsstelle für Getreide, vgl. auch Robert Koch, Einwirkungen des Gemeinschaftsrechts auf das nationale Verfahrensrecht, in: EuZW 1995, 78–85.

877 Ebenso EuGH, Urteil vom 13.5.1981 – Rs. 66/80 – EuGHE 1981, 1191 [1215] Rn. 11 – International Chemical Corporation vs. Amministrazione delle Finanze dello Stato.

878 Vgl. EuGH, Urteil vom 18.2.1964 – verb. Rs. 73 und 74/63 – EuGHE 1964, 1 – Internationale Crediet – en Handelsvereniging „Rotterdam" u. a. vs. Minister für Landwirtschaft und Fischerei.

879 So EuGH, Urteil vom 5.2.1963 – Rs. 26/62 – EuGHE 1963, 1 = NJW 1963, 1751 = BB 1963, 362 – van Gend en Loos vs. Niederländische Finanzverwaltung.

des Bundes als vorlagebefugt angesehen.[880] Für den Bereich des öffentlichen Rechts sind die staatlichen **Verwaltungsgerichte vorlagebefugt.**

2.2 Vorlagegegenstand

(1) Art. 234 Abs. 1 EG bestimmt, welche Rechtsvorschriften geeignete Vorlage- **408** gegenstände sein können. Will das nationale Gericht eine **Auslegungsfrage** klären lassen, ist das gesamte Primär- und das gesamte Sekundärrecht, also auch die **Richtlinien**, vorlagefähig. Zum Primärrecht zählen nicht nur der EG-Vertrag selbst, sondern auch die allgemeinen Rechtsgrundsätze einschließlich der vom EuGH entwickelten EG-Grundrechte (vgl. oben Rn. 8, 48 f.).[881] Auf die Rechtsverbindlichkeit kommt es nicht unbedingt an. Der EuGH hat die Vorlagefähigkeit von Empfehlungen gebilligt, wenn sich auf sie eine entscheidungsrelevante Auslegungsfrage bezieht.[882] Das lässt sich an sich auf **Stellungnahmen der Kommission** erweitern. Bedenken können hier indes dann bestehen, wenn sich die Stellungnahme lediglich auf einen konkreten Sachverhalt bezieht und damit die Verallgemeinerungsfähigkeit fehlt. Dies ist etwa bei einer Stellungnahme der Kommission hinsichtlich der Ausnahme nach Art. 6 Abs. 4 UAbs. 2 FFH-RL 92/43/EWG der Fall.[883] Trifft die Kommission eine „Entscheidung" im Sinne de Art. 249 Abs. 4 EG, kann das Vorabentscheidungsverfahren an der eingetretenen Bestandskraft der Entscheidung scheitern, die nicht unterlaufen werden darf.[884]

(2) Da das Gemeinschaftsrecht in das nationale Recht hineinwirkt, ist die Neigung **409** naturgemäß groß, dem EuGH die Auslegung des nationalen Rechts „anzubieten". Die Auslegung und Anwendung des **mitgliedstaatlichen Rechts** ist indes kein zulässiger Vorlagegegenstand (vgl. Rn. 410 ff.). Die Vorlagefähigkeit kann problematisch sein, wenn Gemeinschaftsorgan und mitgliedstaatliche Behörden im Vollzug des Gemeinschaftsrechts zusammenwirken. Hat die nationale Behörde in der Umsetzung des Gemeinschaftsrechts keinerlei (mitgliedstaatlichen) Handlungsspielraum, gilt sie als „verlängerter Arm" der EG.[885]

---

880 EuGH, Urteil vom 17.9.1997 – Rs. C-54/96 – EuGHE 1997 I-4961 [4992 ff.] Rn. 23 ff. = NJW 1997, 3365 = EuZW 1997, 625 = BauR 1997, 1011 – Dorsch Consult Ingenieurgesellschaft mbH vs. Bundesbaugesellschaft Berlin mbH – „Dorsch", vgl. Bespr. Meinrad Dreher, Der Gerichtsbegriff im Sinne von Art. 177 EGV, die Vergabeüberwachungsausschüsse und die Zukunft des vergaberechtlichen Rechtsschutzes, in: EWS 1997, 225–235.

881 EuGH, Urteil vom 13.12.1979 – Rs. 44/79 – EuGHE 1979, 3727 [3744 f.] Rn. 15 = DVBl. 1981, 130 = NJW 1980, 505 = EuGRZ 1979, 659 – Liselotte Hauer vs. Land Rheinland Pfalz – „Hauer".

882 EuGH, Urteil vom 13.12.1989 – Rs. C-322/88 – EuGHE 1989 I-4407 [4418 f.] Rn. 7 f. = NZA 1991, 283 – Grimaldi vs. Fonds des maladies professionelles.

883 Vgl. Stellungnahme der EU-Kommission vom 27.4.1995 [ABl EG Nr. C 178/3 vom 13.7.1995] betr. Trebel/Recknitz-Tal und vom 18.12.1995 [ABl EG Nr. L 6/14 vom 9.1.1996] betr. Querung des Peenetals; insbesondere EU-Kommission, Stellungnahme vom 19.4.2000 – K (2000) 1079 endg. – DE [Mühlenberger Loch] – NordÖR 2000, 229–230 [230].

884 EuGH, Urteil vom 9.3.1994 – Rs. C-188/92 – EuGHE 1994 I-883 [851 ff.] Rn. 10 ff. = DVBl. 1994, 1122 = EuZW 1994, 250 – TWD Textilwerke Deggendorf vs. Bundesminister für Wirtschaft – „TWD I", mit Bespr. Christoph Gröpl, Individualrechtsschutz gegen EG-Verordnungen, in: EuGRZ 1995, 583–589; Eckhard Pache, Keine Vorlage ohne Anfechtung?, in: EuZW 1994, 615–620; Thomas Trautwein, in: ZfRV 1995, 70–71.

885 EuGH, Urteil vom 13.5.1971 – verb. Rs. 41 bis 44/70 – EuGHE 1971, 411 [421 f.] Rn. 23 f. – International Fruit Company NV u.a. vs. Kommission – „International Fruit Company I"; vgl. auch EuGH,

2.3 Vorlagefähige Frage

Lit.: Thomas Groh, Auslegung des Gemeinschaftsrechts und Vorlagepflicht nach Art. 234 EGV, in: EuZW 2002, 460–464; Thomas Groh, Die Auslegungsbefugnis des EuGH im Vorabentscheidungsverfahren, Berlin 2005; Karen Kaiser, Ausschließliche Zuständigkeit des EuGH bei Auslegung und Anwendung von zum Gemeinschaftsrecht gehörende Bestimmungen, in: EuZW 2006, 470–472.

2.3.1 Auslegungsfragen

410 (1) Das Vorabentscheidungsverfahren bezieht sich gemäß Art. 234 Abs. 1 Buchst. a) und b) EG auf die **Gültigkeit und Auslegung des gesamten Gemeinschaftsrechts**, nicht aber auf die Frage, welche Bedeutung eine bestimmte Auslegung auf das nationale Recht besitzt. Diese selbst kann grundsätzlich nicht Gegenstand der Vorlage sein (vgl. zur" Ausnahme" unten Rn. 412). Unzulässig ist es übrigens, über den Inhalt des Gemeinschaftsrechts gemäß § 293 ZPO „Beweis" zu erheben.[886]

411 (2) Wird durch das nationale Gericht nach der **Vereinbarkeit des nationalen Rechts mit dem Gemeinschaftsrecht** gefragt, ist dies **unzulässig**.[887] Auch die Auslegung des innerstaatlichen Rechts ist kein zulässiger Vorlagegegenstand. Gegen beide Begrenzungen wird nicht selten verstoßen. Die Gültigkeit des innerstaatlichen Rechts steht ebenfalls nicht zur Entscheidungskompetenz des EuGH.[888] Der EuGH kann zwar nicht über die Vereinbarkeit innerstaatlicher Rechtsnormen mit dem Gemeinschaftsrecht entscheiden. Er nimmt jedoch die Befugnis für sich in Anspruch, dem vorlegenden Gericht alle Kriterien für die Auslegung des Gemeinschaftsrechts an die Hand zu geben, die es diesem ermöglichen, über die Vereinbarkeit der genannten Normen mit der Gemeinschaftsregelung zu befin-

---

Urteil vom 25.10.1972 – Rs. 96/71 – EuGHE 1972, 1005 [1015f.] Rn. 5 = HFR 1973, 142 – R. und V. Haegemann GmbH vs. Kommission – „Haegemann I".

886 So aber OLG München, Beschluss vom 22.6.1988 – 15 U 6478/87 – EuR 1988, 409. Eine derartige Ansicht ist „abwegig".

887 EuGH, Urteil vom 15.7.1964 – Rs. 6/64 – EuGHE 1964, 1251 [1260] = DVBl. 1964, 990 = NJW 1964, 2371 – Flaminio Costa vs. E.N.E.L, mit Bespr. Dietrich Ehle, Verhältnis des europäischen Gemeinschaftsrechts zum nationalen Recht, in: NJW 1964, 2331–2333; EuGH, Urteil vom 29.6.1978 – Rs. 154/77 – EuGHE 1978, 1573 [1583] Rn. 8/10 = RIW 1979, 43 = DB 1980, 823 – Procureur du Roi vs. Dechmann; EuGH, Urteil vom 3.2.1977 – Rs. 52/76 – EuGHE 1977, 163 [183] Rn. 25 – Benedetti vs. Munari, mit Bespr. Peter Kalbe, Nationale Preisregelungen und Gemeinsamer Markt, in: AgrarR 1977, 254–254; EuGH, Urteil vom 27.10.1993 – Rs. C-338/91 – EuGHE 1993 I-5475 [5504] Rn. 25 – Steenhorst – Neerings vs. Bestuur van de Bedrijfsvereniging voor Detailhandel, Ambachten en Huisvrouwen; bestätigend auch BVerfG, Beschluss vom 2 BvL 6/77 – BVerfGE 52, 187 [200] = DVBl. 1980, 122 = NJW 1980, 519 = DÖV 1980, 337.

888 EuGH, Urteil vom 15.12.1993 – Rs. C-292/92 – EuGHE 1993 I-6787 [6820] Rn. 8 = DVBl. 1994, 745 = NJW 1994, 781 = BayVBl 1994, 365 = EuZW 1994, 119 = EuR 1994, 91 = JZ 1994, 359 – Ruth Hünermund vs. Landesapothekenkammer Baden-Württemberg, mit Bespr. Oliver Remien, Grenzen der gerichtlichen Privatrechtsangleichung mittels der Grundfreiheiten des EG-Vertrages, in: JZ 1994, 349–353; Christoph Hiltl/Christine Müller, Das Hünermund-Urteil des EuGH – Revolution oder Evolution der bisherigen Rechtsprechung zur Warenverkehrsfreiheit?, in: Pharma Recht 1994, 296–299; Hans Georg Fischer, Abschied von „Dassonville" und „Cassis de Dijon"? – Zur neuesten Rechtsprechung des EuGH auf dem Gebiet des freien Warenverkehrs, in: WiB 1994, 182–185; EuGH, Urteil vom 7.2.1984 – Rs. 237/82 – EuGHE 1984, 483 [500] Rn. 6 = RIW 1985, 58 – Jongeneel Kaas vs. Niederlande u. a.

den.[889] Der EuGH kann dazu im Rahmen der durch Art. 234 EG vorgesehenen Zusammenarbeit zwischen den Gerichten – so formuliert es der Gerichtshof vielfach – das Gemeinschaftsrecht anhand der Akten insoweit auslegen, als dies dem innerstaatlichen Gericht bei der Beurteilung der Wirkungen dieser Bestimmung dienlich sein könnte.[890]

> **Beispiel:** Mit der Bekanntmachung über die Auslegung eines Bebauungsplanentwurfes ist gemäß § 3 Abs. 2 Satz 2 Halbs. 2 BauGB 2007 u. a. darauf hinzuweisen, dass umweltbezogene Stellungnahmen während der Auslegungsfrist abgegeben werden können. Fehlt dieser Hinweis, so ist dies gemäß § 214 Abs. 1 Satz 1 Nr. 2 Halbs. 2 BauGB 2007 ein unbeachtlicher „Verfahrensfehler". Es ist zweifelhaft, ob die Sanktionslosigkeit eines unterlassenen Hinweises mit Art. 6 Abs. 2 Plan-UP-RL 2001/42/EG vereinbar ist. Danach muss Bereich der Umweltprüfung der Öffentlichkeit frühzeitig und effektiv Gelegenheit zu geben ist, also vor der Annahme des Plans, bereits zu dessen Entwurf sowie zum begleitenden Umweltbericht Stellung nehmen zu können.[891]
>
> Stellte das Gericht die Vorlagefrage etwa dahin, ob § 214 Abs. 1 Satz 1 Nr. 2 Halbs. 2 BauGB 2007 mit Art. 6 Abs. 2 Plan-UP-RL 2001/42/EG „vereinbar" ist, ist die Vorlage unzulässig. Richtig wäre etwa zu fragen, ob Art. 6 Abs. 2 Plan-UP-RL 2001/42/EG den Mitgliedstaat aus Gründen der Effektivität verpflichtet, die Öffentlichkeit auf die Möglichkeit der Stellungnahme ausdrücklich hinzuweisen, und – bejahendenfalls – ob das Unterlassen dieses Hinweises zur Rechtswidrigkeit des Planes führt.

Der EuGH „hilft" vielfach auch dadurch, dass er die vorgelegte Frage dahin umformuliert, dass die Vorlagefrage die Auslegung des Gemeinschaftsrechts betrifft.[892]   **412**
Das kann an einem etwas komplizierten Beispiel erläutert werden:

> **Beispiel:** Das VG legt dem EuGH im Verfahren nach Art. 234 Abs. 2 EG die Frage vor, ob § x der Abfallablagerungsverordnung – AbfAblV – vom 20.2.2001 (BGBl. I S. 305) mit der Art. 10 der Richtlinie 1999/31/EG des Rates über Abfalldeponien – DepRL – vom 26.4.1999 (ABl. EG Nr. L 182 S. 1) vereinbar ist. Die so formulierte Vorlagefrage ist un-

889 EuGH, Urteil vom 25.6.1997 – verb. Rs. C-304/94, C-330/94, C-342/94, C-224/95 – EuGHE 1997 I-3561 = EWS 1998, 302 = NuR 1999, 36 = ZUR 1997, 267 = BayVBl 1998, 461 – Strafverfahren Tombesi u. a.

890 EuGH, Urteil vom 8.12.1987 – Rs. 20/87 – EuGHE 1987, 4879 [4895] Rn. 5 – Ministére Public vs. André Gauchard; EuGH, Urteil vom 5.3.2002 – verb. Rs. C-515/99, C-519/99 bis C-524/99 und C-526/99 bis C-540/99 – EuGHE 2002 I-2157 [2202] Rn. 22 = NVwZ 2002, 707 = EuZW 2002, 249 = EWS 2002, 189 = EuR 2002, 548 – Hans Reisch u. a. vs. Bürgermeister der Landshauptstadt Salzburg, mit Bespr. Andreas Rohde, EU – Kapitalverkehrsfreiheit und nationale Beschränkungen des Grundstückserwerbs – „Reisch/Salzburg", in: EWiR 2002, 431–432.

891 Vgl. auch Stefan Heiland, Die Öffentlichkeits- und Behördenbeteiligung in der Strategischen Umweltprüfung – Chancen, Nutzen, Erfordernisse, in: uvp-report. Sonderheft zum UVP-Kongress 2002, S. 93ff. [96]; Hans-Heinrich Lindemann, Die Richtlinie zur strategischen Umweltprüfung aus gliedstaatlicher Sicht, in: Reinhard Hendler/Peter Marburger/Michael Reinhardt/Meinhard Schröder (Hrsg.), Die strategische Umweltprüfung (UTR 76), Berlin 2001, S. 61ff. [72].

892 EuGH, Urteil vom 15.7.1964 – Rs. 6/64 – EuGHE 1964, 1251 [1268] = DVBl. 1964, 990 = NJW 1964, 2371 – Flaminio Costa vs. E.N.E.L.; EuGH, Urteil vom 30.9.2003 – Rs. C-224/01 – EuGHE 2003 I-10239 [10313] Rn. 60 = DVBl. 2003, 1516 = NJW 2003, 3539 = EuZW 2003, 718 = EWS 2004, 19 = JZ 2004, 295 – Gerhard Köbler vs. Republik Österreich – „Köbler"; EuGH, Urteil vom 11.1.2000 – Rs. C-285/98 – EuGHE 2000, 69 [101] Rn. 10 = DB 2000, 279 – Tanja Kreil vs. Deutschland, mit Bespr. Carsten Stahn, Streitkräfte im Wandel – Zu den Auswirkungen der EuGH- Urteile Sirdar und Kreil auf das deutsche Recht, in: EuGRZ 2000, 121; vgl. auch Christian Koenig/Matthias Pechstein/Claude Sander, EU-/EG-Prozessrecht, 2. Aufl., 2002, Rn. 810; Rudolf Streinz, Europarecht, 7. Aufl. 2005, Rn. 632 ff.

zulässig. Der EuGH kann die Frage anders fassen, etwa dahin: „Ist Art. 10 der Richtlinie 1999/31/EG dahin auszulegen, dass er einer Vorschrift des nationalen Rechts entgegensteht, die … [folgt die Beschreibung des Inhalts von § x der AbfAblV]"?[893]

413 (2) Der nationale Gesetzgeber kann sich entscheiden, einen innerstaatlichen Sachverhalt, der keinen gemeinschaftsrechtlichen Bezug aufweist, entsprechend gemeinschaftsrechtlichen Vorschriften zu regeln. Er nimmt dazu etwa Bezug auf das Gemeinschaftsrecht, um eine inhaltsgleiche Rechtslage zu schaffen. Der EuGH bejaht in einem derartigen Falle die Vorlagefähigkeit des innerstaatlichen Rechts, da dieses substantiell Gemeinschaftsrecht darstelle.[894] Das ist ein sehr weitgehendes Verständnis des Art. 234 Abs. 1 EG. Im Umweltrecht dürfte diese Rechtslage kaum entstehen. Ob in diesem Ausnahmefall auch eine Vorlagepflicht gegeben ist, hat der EuGH bislang nicht erörtert.

2.3.2 Gültigkeitsfragen

414 (1) Das nationale Gericht kann und muss gemäß Art. 234 Abs. 1 Buchst. b) EG Fragen zur Gültigkeit von Handlungen der Gemeinschaftsorgane vorlegen. Die Normverwerfungskompetenz oder eine anderweitige Kassationskompetenz liegt ausschließlich bei der europäischen Gerichtsbarkeit.[895] Solange diese die Gemeinschaftsnorm oder eine Handlung etwa der Kommission nicht für rechtsunwirksam erklärt hat, ist jeder Mitgliedstaat gehalten, den Rechtsakt als verbindlich anzusehen. Das trifft auch für **Richtlinien** zu. Die Vorlagepflicht ist in diesem Fall auch für das vorinstanzliche Gericht nicht fakultativ.

415 (2) Dem EuGH wird damit eine **umfassende Rechtmäßigkeitsprüfung** zugewiesen.[896] Prüfungsmaßstab ist das gesamte Primärrecht und ggf. das höherrangige

---

893 Vgl. Matthias Pechstein, EU-/EG-Prozessrecht, 3. Aufl., 2007, Rn. 844 ff.; Rudolf Streinz, Europarecht, 7. Aufl. 2005, Rn. 633.

894 EuGH, Urteil vom 7.1.2003 – Rs. C-306/99 – EuGHE 2003 I-1 [64] Rn. 88 ff. = EWS 2003, 121 = BB 2003, 355 = JZ 2003, 413 – Banque internationale pour l'Afrique occidentale SA (BIAO) vs. Finanzamt für Großunternehmen in Hamburg – „BIAO" – zur Übernahme der EG-Richtlinien zum Handelsbilanzrecht in das Steuerbilanzrecht, mit Bespr. W. Christian Lohse, Zuständigkeit des EuGH für Auslegung des Gemeinschaftsrechts – Bezugnahme des deutschen Steuerbilanzrechts auf Bilanzrichtlinie, in: EWS 2003, 129–130; Claus Luttermann, Zur europarechtlichen Auslegung der EWGRL 660/78, in: JZ 2003,417–419.

895 EuGH, Urteil vom 22.10.1987 – Rs. 314/85 – EuGHE 1987, 4199 = NJW 1988, 1451 – Foto-Frost vs. HZA Lübeck; EuGH, Urteil vom 6.12.2005 – Rs. C-461/03 – EuGHE 2005 I-10513 [10547] Rn. 19 ff. = EWS 2006, 238 = EuGRZ 2006, 253 – Gaston Schul Douane-expediteur vs. Minister van Landbouw, Natuur en Voedselkwaliteit.

896 EuGH, Urteil vom 18.2.1964 – verb. Rs. 73 und 74/63 – EuGHE 1964, 1 – Internationale Crediet- en Handelsvereniging „Rotterdam" u. a. vs. Minister für Landwirtschaft und Fischerei; EuGH, Urteil vom 25.7.2002 – Rs. C-50/00 P – EuGHE 2002 I-6677 = DVBl. 2002, 1348 = NJW 2002, 2935 = EuZW 2002, 529 = EuR 2002, 699 = EuGRZ 2002, 420 = BayVBl 2003, 11 = JZ 2002, 938 – Unión de Pequeños Agricultores (UPA) vs. Rat, mit Bespr. Jens-Daniel Braun/Moira Kettner, Die Absage des EuGH an eine richterliche Reform des EG-Rechtsschutzsystems, in: DÖV 2003, 58–66; Volkmar Götz, Individuelle Betroffenheit als Klagevoraussetzung gegen EG-VO, in: DVBl. 2002, 1350–1351; Hans-Peter Schneider, Es gibt noch Richter in Luxemburg, in: NJW 2002, 2927–2928; Matthias Köngeter, Die Ambivalenz effektiven Rechtsschutzes Einzelner gegen EG-Verordnungen, in: ZfRV 2003, 123–132.

Berkemann

Sekundärrecht.[897] So kann eine fehlende Regelungskompetenz der EG die Rechtswidrigkeit der Richtlinie begründen.[898] Wesentliche Formvorschriften müssen beachtet sein.[899] Prüfungsmaßstab kann in materieller Hinsicht etwa der gemeinschaftsrechtliche Grundsatz der Verhältnismäßigkeit sein.[900] Hinzu treten die gemeinschaftsrechtlichen Grundfreiheiten und ein Ermessensmissbrauch.[901] Auch Normen des Völkerrechts, auch völkerrechtliche Vereinbarungen, können Prüfungsmaßstab sein, wenn und soweit diese die EG normativ binden.[902] Daher könnte die von der EG ratifizierte **Århus-Konvention** an sich Prüfungsmaßstab gegenüber einzelnen Richtlinien sein, also für die Umweltinformation RL 2003/4/EG und für die Öffentlichkeits-RL 2003/35/EG.[903] Die Zulässigkeit eines Vorabentscheidungsverfahrens erfordert nach Ansicht des EuGH außerdem, dass die völkerrechtliche Bestimmung ein Recht des EG-Bürgers begründet, sich vor dem nationalen Gericht auf sie zu berufen.[904] Das wird nur sehr selten der Fall sein.

(3) Verneint der EuGH die Gültigkeit des Rechtsaktes, spricht es gemäß Art. 230 **416** EG grundsätzlich dessen Nichtigkeit aus. Der Gerichtshof ist allerdings in der An-

---

897 Herwig Hofmann, Normenhierarchien im europäischen Gemeinschaftsrecht, Berlin 2000, 96 ff., 183 ff.; weiterführend Siegfried Magiera, Zur Reform der Normenhierarchie im Recht der Europäischen Union, in: Integration 18 (1995), S. 197 f.

898 EuGH, Urteil vom 5.10.2000 – Rs. C-376/98 – EuGHE 2000 I-8419 = DVBl. 2000, 1682 = NJW 2000, 3701 = EuZW 2000, 694 = EWS 2001, 27 = EuR 2001, 62 = JZ 2001, 32 – Deutschland vs. Parlament und Rat (zur Tabakwerbe-RL 98/43/EG), mit Bespr. Klaus Zapka, Gesundheitspolitische Inkompetenz der EU – EuGH-Urteil zur Werbe-Richtlinie, in: DÖD 2001, 110–112; Volkmar Götz, Zur Regelungskompetenz der Gemeinschaft im Bereich der Rechtsangleichung, in: JZ 2001, 34–36; Meinhard Hilf/Katharina Frahm, Nichtigerklärung der Richtlinie zum Tabakwerbeverbot – Das letzte Wort?, in: RIW 2001, 128–133; Torsten Stein, Keine Europäische Verbots-Gemeinschaft – das Urteil des EuGH über die Tabakwerbeverbot-Richtlinie, in: EWS 2001, 12–17; vgl. auch BVerfG, Urteil vom 22.03.1995 – 2 BvG 1/89 – BVerfGE 92, 203 [240] = DVBl. 1995, 561 = NVwZ 1996, 1093 = DÖV 1995, 552 = EuZW 1996, 398 (Fernseh-Richtlinie 89/552/EWG).

899 EuGH, Urteil vom 18.6.1996 – Rs. C-303/94 – EuGHE 1996 I-2943 [2972] Rn. 33 = DVBl. 1997, 36 = NVwZ 1996, 989 = ZUR 1996, 200 = NuR 1997, 345 = EuZW 1996, 590 – Parlament vs. Rat, mit Bespr. Johann Schoo, Vom Strahlenschutz zum Pflanzenschutz – Nichtigkeitsklagen des Europäischen Parlaments, in: EuZW 1996, 581–583.

900 EuGH, Urteil vom 6.12.2005 – Rs. C-453/03 – EuGHE 2005 I-10423 = EWS 2006, 73 – The Queen, auf Antrag von ABNA Ltd und andere vs. Secretary of State for Health und Food Standards Agency (zur Richtlinie 2002/2/EG vom 28.1.2002 (ABl EG Nr. L 63 S. 23 betreffend Deklarationspflicht von Futtermitteln).

901 Vgl. EuGH, Urteil vom 29.2.1996 – Rs. C-296/93 – EuGHE 1996 I-795 – Frankreich und Irland vs. Kommission; EuGH, Urteil vom 13.11.1990 – Rs. C-331/88 – EuGHE 1990 I-4023 – The Queen vs. Ministry of Agriculture, Fisheries and Food and Secretary of State for Health – „Fedesa".

902 EuGH, Urteil vom 12.12.1972 – verb. Rs. 21 bis 24/72 – EuGHE 1972, 1219 [1226f.] Rn. 4 ff. = DÖV 1973, 411 = BayVBl 1973, 181 = EuR 1973, 144 – International Fruit Company NV vs. Produktschap voor groenten en fruit – „International Fruit Company III" (betreffend GATT), mit Bespr. Eberhard Millarg, in: EuR 1973, 144–155; zur völkerrechtskonformen Auslegung des Gemeinschaftsrechts vgl. EuGH, Urteil vom 14.7.1998 – Rs. C-284/95 – EuGHE 1998 I-4301 = EuZW 1999, 252 = NVwZ 1999, 753 (L) – Giudice di Pace di Genova vs. Italien.

903 Übereinkommen über den Zugang zu Informationen, die Öffentlichkeitsbeteiligung an Entscheidungsverfahren und den Zugang zu Gerichten in Umweltangelegenheiten vom 25. Juni 1998 (ABl. EG Nr. L 124 vom 17.5.2005 S. 4); vgl. auch Thomas von Danwitz, Aarhus-Konvention: Umweltinformation, Öffentlichkeitsbeteiligung, Zugang zu den Gerichten, in: NVwZ 2004, 272–282; Wolfgang Durner/Christian Walter (Hrsg.), Rechtspolitische Spielräume bei der Umsetzung der Århus-Konvention, Berlin 2005.

904 EuGH, Urteil vom 18.2.1964 – verb. Rs. 73 und 74/63 – EuGHE 1964, 1 – Internationale Crediet- en Handelsvereniging „Rotterdam" u. a. vs. Minister für Landwirtschaft und Fischerei.

Berkemann

nahme eines Rechtsverstoßes außerordentlich zurückhaltend. Nach seiner Ansicht spricht zunächst eine Vermutung für die Gültigkeit des Rechtsaktes. Nur wenn der Rechtsakt an einem schweren, zudem offenkundigen Fehler leidet, ist er nichtig.[905]

2.4 Erforderlichkeit der Vorlage (Entscheidungserheblichkeit)

417 (1) Eine Vorlage ist nur zulässig, wenn die vom EuGH zu klärende Frage für die Entscheidung des nationalen Gerichts erforderlich ist. Die Prüfung der **Entscheidungserheblichkeit** überlässt der EuGH allerdings weitgehend dem nationalen Gericht und beschränkt sich hierzu auf eine Plausibilitätskontrolle.[906] Es ist danach allein Sache des nationalen Gerichts, unter Berücksichtigung der Besonderheiten der jeweiligen Rechtssache sowohl die Erforderlichkeit einer Vorabentscheidung für den Erlass seines Urteils als auch die Erheblichkeit der von ihm dem Gerichtshof vorgelegten Fragen zu beurteilen. Ob sich dem nationalen Gericht die Entscheidungserheblichkeit nur angesichts einer bestimmten, indes durchaus zweifelhaften Auslegung des innerstaatlichen Rechts stellt, prüft der EuGH nicht.[907] Die Prüfungsbereitschaft des BVerfG ist im konkreten Normenkontrollverfahren nach Art. 100 Abs. 1 GG wesentlich intensiver.

---

905 EuGH, Urteil vom 10.12.1957 – verb. Rs. 1/57 und 14/57 – EuGHE 1957, 213 [236] – Société des usines à tubes vs. Hohe Behörde für Kohle und Stahl; EuGH, Urteil vom 29.6.1995 – Rs. C-135/93 – EuGHE 1995 I-1651 = EuZW 1995, 579 – Spanien vs. Kommission, mit Bespr. Peter Schütterle, in: EuZW 1995, 581–583; EuGH, Urteil vom 8.7.1999 – Rs. C-199/92 P – EuGHE 1999 I-4287 = WuW/E EU-R 226 – Hüls vs. Kommission; EuGH, Urteil vom 8.7.1999 – Rs. 200/92 P – EuGHE 1999 I-4399 – ICI vs. Kommission; EuGH, Urteil vom 8.7.1999 – Rs. C-227/92 P – EuGHE 1999 I-4443 – Hoechst vs. Kommission.

906 EuGH, Urteil vom 16.12.1981 – Rs. 244/80 – EuGHE 1981, 3045 [3062] Rn. 17 = RIW 1982, 426 – Pasquale Foglia vs. Mariella Novello; EuGH, Urteil vom 8.11.1990 – Rs. C-231/89 – EuGHE 1990 I-4003 [4018] Rn. 23 – Krystna Gmurzyska-Bscher vs. Oberfinanzdirektion Köln – „Gmurzyska-Bscher"; EuGH, Urteil vom 13.3.2001 – Rs. C-379/98 – EuGHE 2001 I-2099 [2176] Rn. 38 = DVBl. 2001, 633 = NVwZ 2001, 665 = DÖV 2001, 554 = GewArch 2001, 195 = BayVBl 2001, 364 = EuR 2001, 405 = EuZW 242 = JZ 2001, 757 – Preussen Elektra AG vs. Schleswag AG (Deutsches Stromeinspeisungsgesetz), mit Bespr. Hans-Georg Dederer, Zum gegenwärtigen Stand des Gemeinschaftsrechts, in: BayVBl 2001, 366–369; EuGH, Urteil vom 19.6.2003 – Rs. C-315/01 – EuGHE 2003 I-6351 [6399] Rn. 37 = NVwZ 2003, 1106 ZfBR 2003, 710 = EuZW 2003, 603 – Gesellschaft für Abfallentsorgungs-Technik GmbH [GAT] vs. Österreichische Autobahnen und Schnellstraßen AG; EuGH, Urteil vom 10.12.2002 – Rs. C-153/00 – EuGHE 2002 I-11319 [11349f.] Rn. 31 = EuZW 2003, 280 = EWS 2003, 79 = EuR 2003, 888 – Strafverfahren Paul der Weduwe; EuGH, Urteil vom 29.11.1978 – Rs. 83/78 – EuGHE 1978, 2347 [2369] Rn. 25 = NJW 1979, 1093 = RIW 1979, 852 – Pigs Marketing Board vs. Raymond Redmond; EuGH, Urteil vom 28.11.1991 – Rs. C-186/90 – EuGHE 1991 I-5773 [5795] Rn. 8 – Giacomo Durighello vs. Istituto nazionale della previdenza sociale (INPS); EuGH, Urteil vom 15.12.1995 – Rs. C-415/93 – EuGHE 1995 I-4921 [5059] Rn. 59 = DVBl. 1996, 167 = NJW 1996, 505 = EuGRZ 1996, 17 = EuZW 1996, 82 = BayVBl 1996, 205 = JZ 1996, 248 – Union royale belge des sociétés de football association ASBL u.a. vs. Jean-Marc Bosman u.a.; mit Bespr. Winfried Kluth, Die Bindung privater Wirtschaftsteilnehmer an die Grundfreiheiten des EG-Vertrages, in: AöR 122 (1997); S. 557–582.

907 EuGH, Urteil vom 5.12.2000 – Rs. C-448/98 – EuGHE 2000 I-10663 [10688] Rn. 22 = EuZW 2001, 158 = EWS 2001, 134 = GRUR Int 2001, 451 – Strafverfahren Jean-Pierre Guimont; EuGH, Urteil vom 2.6.2005 – Rs. C-136/03 – EuGHE 2005 I-4759 = DVBl. 2005, 1437 = NVwZ 2006, 72 = EuZW 2005, 475 = EuGRZ 2005, 319 – Georg Dörr vs. Sicherheitsdirektion für das Bundesland Kärnten und Ibrahim Ünal vs. Sicherheitsdirektion für das Bundesland Vorarlberg; EuGH, Urteil vom 3.10. 2000 – Rs. 58/98 – EuGHE 2000 I-7919 [7953] Rn. 24 = DVBl. 2001, 114 = NVwZ 2001, 182 = EuZW

Der EuGH weist das Ersuchen des nationalen Gerichts nur dann zurück, wenn für **418** ihn offensichtlich kein Zusammenhang zwischen der von diesem Gericht erbetenen Auslegung des Gemeinschaftsrechts oder Prüfung der Gültigkeit einer Vorschrift des Gemeinschaftsrechts und der Realität oder dem Gegenstand des Ausgangsrechtsstreits besteht.[908] Auch wenn das nationale Gericht das Gemeinschaftsrecht oder die Rechtsprechung des EuGH offensichtlich falsch verstanden hat, ist der EuGH nachsichtig.[909] Hypothetische oder bewusst konstruierte Vorlagefragen dürfen allerdings nicht gestellt werden.[910]

(2) Das nationale Gericht muss außerdem über die **Auslegungsbedürftigkeit** **419** des Gemeinschaftsrechts zunächst selbst befinden. Verneint es die Auslegungsbedürftigkeit des Gemeinschaftsrechts, entfällt eine Vorlage. Das vorlegende Gericht ist dabei nicht gehindert, dem EuGH in der Vorlagebegründung anzugeben, wie es selbst die von ihm als auslegungsbedürftig angesehene Bestimmung interpretatorisch konkretisieren würde.

2000, 763 = EWS 2000, 499 = EuR 2001, 275 = EuGRZ 2000, 535 = ZfBR 2001, 30 = GewArch 2000, 476 – Bußgeldverfahren Josef Corsten.
908 EuGH, Urteil vom 25.6.1997 – verb. Rs. C-304/94, C-330/94, C-342/94, C-224/95 – EuGHE 1997 I-3561 = EWS 1998, 302 = NuR 1999, 36 = ZUR 1997, 267 = BayVBl 1998, 461 – Strafverfahren Euro Tombesi und Adino Tombesi; EuGH, Urteil vom 26.11.1998 – Rs. C-7/97 – EuGHE 1998 I-7791 [7824] Rn. = NJW 1999, 2259 = EuZW 1999, 86 = EWS 1999, 24 = EuGRZ 1999, 12 = EuR 1999, 102 – Oscar Bronner GmbH & Co. KG gegen Mediaprint Zeitungs- und Zeitschriftenverlag GmbH & Co. KG, Mediaprint Zeitungsvertriebsgesellschaft mbH & Co. KG und Mediaprint Anzeigengesellschaft mbH & Co. KG – „Bronner", mit Bespr. Joachim Scherer, Das Bronner-Urteil des EuGH und die Essential facilities-Doktrin im TK-Sektor, in: MMR 1999, 315–321; EuGH, Urteil vom 6.6.2000 – Rs. C- 281/98 – EuGHE 2000 I-4139 [4169] Rn. 18 = DVBl. 2000, 1268 = NVwZ 2001, 901 = EuZW 2000, 468 = EWS 2000, 402 = EuR 2000, 926 = NZA-RR 2001, 20 – Roman Angonese vs. Cassa di Risparmio di Bolzano (Zweisprachigkeitsnachweis) – „Angonese"; EuGH, Urteil vom 6.12.2001 – Rs. C-472/99 – EuGHE 2001 I-9687 [9705] Rn. 14 = EuZW 2002, 95 = EuR 2001, 899 = EuGRZ 2002, 50 = BayVBl 2002, 398 – Clean Car Autoservice GmbH vs. Stadt Wien und Republik Österreich – „Clean Car".
909 EuGH, Urteil vom 12.6.1986 – verb. Rs. 98, 162 und 258/85 – EuGHE 1986, 1885 [1896 f.] Rn. 7 f. – Bertini u. a. vs. Regione Lazio.
910 EuGH, Urteil vom 16.12.1981 – Rs. 244/80 – EuGHE 1981, 3045 [3062] Rn. 18 = RIW 1982, 426 – Pasquale Foglia vs. Marielle Novello; EuGH, Urteil vom 16.7.1992 – Rs. C-83/91 – EuGHE 1992 I-4871 [4932 ff.] Rn. 25, 32 = EuZW 1992, 546 – Wienand Meilicke vs. ADV/ORGA F. A. Meyer AG, mit Bespr. Hans-Michael Pott, Zur Reichweite des Auslegungsmonopols des EuGH und zur Entscheidungserheblichkeit der Auslegung des Gemeinschaftsrechts für das Ausgangsverfahren gem. EWGVtr Art: 177, in: DWiR 1992, 338–339; Dirk Schroeder, EuGH – Ablehnung einer Entscheidung über Vorlagefragen, in: EWiR 1992, 991–992; Kaspar Frey, Zu den Voraussetzungen für die Vorlage eines Verfahrens an den EuGH und zur Vereinbarkeit der Lehre von der verdeckten Sacheinlage mit dem Gemeinschaftsrecht, in: ZIP 1992, 1078–1080; EuGH, Urteil vom 9.10.1997 – Rs. C-291/96 – EuGHE 1997 I-5531 [5540] Rn. 12 = EuZW 1998, 220 = EuGRZ 1997, 556 = BayVBl 1998, 527 – Strafverfahren Martino Grado und Shahid Bashir; EuGH, Urteil vom 12.3.1998 – Rs. C-314/96 – EuGHE 1998 I-1149 [1162] Rn. 18 f. – Ourdia Djabali vs. Caisse d'allocations familiales de l'Essonne; EuGH, Urteil vom 6.12.2001 – Rs. C-472/99 – EuGHE 2001 I-9687 [9705] Rn. 14 = EuZW 2002, 95 = EuR 2001, 899 = EuGRZ 2002, 50 = BayVBl 2002, 398 – Clean Car Autoservice GmbH vs. Stadt Wien und Republik Österreich – „Clean Car"; EuGH, Urteil vom 5.3.2002 – verb. Rs. – C-515/99, 519 bis 524/99 – EuGHE 2002 I-2157 [2202] Rn. 25 = NVwZ 2002, 707 = EuZW 2002, 259 = EuR 2002, 548 = EuGRZ 2002, 156 = EWS 2002, 189 = JuS 2002, 802 – Hans Reisch u. a. vs. Landeshauptstadt Salzburg; EuGH, Urteil vom 20.1.2005 – Rs. C-225/02 – EuGHE 2005 I-523 – Rosa García Blanco vs. Instituto Nacional de la Seguridad Social (INSS) und Tesorería General de la Seguridad Social (TGSS).

420 (3) Hat der EuGH bereits über eine Auslegungsfrage entschieden, ist das nationale Gericht nicht gehindert, eine **unklare Entscheidung des EuGH** – die ihm jedenfalls selbst unklar zu sein scheint – seinerseits zum Gegenstand einer Vorlage zu machen (sog. **Interpretationsvorlage**).[911] Eine derartige Vorlage ist gerechtfertigt, wenn das nationale Gericht beim Verständnis oder bei der Anwendung des Urteils Schwierigkeiten hat, wenn es dem EuGH eine neue Rechtsfrage stellt oder wenn es ihm neue Gesichtspunkte unterbreitet, die ihn dazu veranlassen könnten, eine bereits gestellte Frage abweichend zu beantworten.[912]

421 In dieser Weise ist der **VGH München** zur Frage der unmittelbaren Anwendbarkeit des Art. 6 Abs. 4 FFH-RL 92/43/EWG verfahren. Der EuGH hat in seinem Urteil vom 13.1. 2005 die Mitgliedstaaten für verpflichtet erklärt, „Schutzmaßnahmen zu ergreifen, die im Hinblick auf das mit der Richtlinie verfolgte Erhaltungsziel geeignet sind, die erhebliche ökologische Bedeutung, die diesen Gebieten auf nationaler Ebene zukommt, zu wahren."[913] Diese Formulierung bot eine außerordentliche Interpretationsbreite. Im deutschen Schrifttum bildeten sich rasch im Hinblick auf die Rechtsprechung des BVerwG sehr kontroverse Auffassungen.[914] Daraufhin entschloss sich der VGH München den EuGH in einem Vorabentscheidungsverfahren anzurufen und um Klarheit darüber zu ersuchen, was der Gerichtshof eigentlich meine.[915] Der EuGH antwortet darauf mit einer Entscheidung, ohne die Zulässigkeit der Vorlage in Zweifel zu ziehen.[916] Das Verfahren der Interpretationsvorlage eröffnet dem EuGH die Möglichkeit der Selbstkorrektur, wenn dies ein nationales Gericht für angezeigt hält. Damit wird zugleich die Gefahr der Petrifizierung der Rechtsprechung des EuGH gemindert.

---

911 EuGH, Urteil vom 13.5.1981 – Rs. 66/80 – EuGHE 1981, 1191 [1215] Rn. 13f. – International Chemical Corporation vs. Amministrazione delle Finanze dello Stato; ebenso bereits EuGH, Urteil vom 24.6.1969 – Rs. 29/68 – EuGHE 1969, 165 [178] Rn. 2f. – Milch-, Fett- und Eierkontor vs. HZA Saarbrücken.

912 EuGH, Urteil vom 5.3.1986 – Rs. 69/85 – EuGHE 1986, 947 [953] Rn. 15 – Wünsche Handelsgesellschaft mbH & Co vs. Deutschland – „Wünsche III";: EuGH, Urteil vom 6.3.2003 – Rs. C-466/00 – EuGHE 2003 I-2219 = NVwZ 2003, 712 = EuZW 2003, 526 – Arben Kaba vs. Secretary of State for the Home Department.

913 EuGH, Urteil vom 13.1.2005 – Rs. C-117/03 – EuGHE 2005 I-167 = NVwZ 2005, 311 = ZUR 2005, 194 = NuR 2005, 242 = EuR 2005, 642 = EuZW 2005, 152 – Dragaggi vs. Ministero delle Infrastrutture e dei Transporti und Regiona e Autonomada Friuli-venezia Giula – „Dragaggi".

914 Vgl. u. a. Th. Wybe, in: EurUP 2005, 49–50; Kathrin Klooth, in: ZUR 2005, 197–199; Peter Schütz, in: UPR 2005, 137–141; Klaus Füßer, in: NVwZ 2005, 628–632; Martin Gellermann, in: NuR 2005, 433–438; Christoph Palme, in: VBlBW 2005, 338–340; Jochen Schumacher, in: EurUP 2005, 175–179; Klaus Füßer, in: ZUR 2005, 458–465; Martin Gellermann, in: ZUR 2005, 581–585; Hans Walter Louis, in: NuR 2005, 770–771; Alexander Proelß, in: EuR 2005, 649–657; Rüdiger Nebelsiek, in: NordÖR 2005, 235–239; Thomas Wagner, in: NVwZ 2006, 422–424, Jochen Kerkmann, in: EurUP 2005, 276–281.

915 VGH München, Beschluss vom 19.4.2005 – 8 A 02.40040, 8 A 02.40045, 8 A 02.40051, 8 A 02.40056 – VGHE BY 58, 83 = BayVBl 2005, 659 = NuR 2005, 592: „Dem Europäischen Gerichtshof werden im Hinblick auf seine Entscheidung vom 13. Januar 2005 – C-117/03 –, wonach Art. 6 Abs. 2 – 4 der Richtlinie 92/43/EWG des Rates vom 21.5.1992 (FFH-Richtlinie) auf Gebiete von gemeinschaftlicher Bedeutung vor deren Aufnahme in die Kommissionsliste nicht anwendbar ist, folgende Fragen unterbreitet:".

916 EuGH, Urteil vom 14.9.2006 – C-244/05- EuGHE 2006 I-8445 = DVBl. 2006, 1439 = NVwZ 2007, 61 = ZUR 2006, 539 = NuR 2006, 763 = EuZW 2007, 61, mit Bespr. Alexander Brigola, in: BayVBl 2007, 139–141; Peter Schäfer, in: EuZW 2007, 63–64; Dietmar Hönig, in: NuR 2007, 249–252; Steffen Kautz, in: NVwZ 2007, 666–669.

Berkemann

2.5 Vorlagepflicht und Vorlagefrage

Lit.: Gisela Mutke, Die unterbliebene Vorlage an den Europäischen Gerichtshof als Revisionsgrund im Verwaltungsprozeß, in: DVBl. 1987, 403–405; Adrian Glaesner, Die Vorlagepflicht unterinstanzlicher Gerichte im Vorabentscheidungsverfahren, in: EuR 25 (1990), S. 143–151; Christoph Hermann, Die Reichweite der gemeinschaftsrechtlichen Vorlagepflicht in der neueren Rechtsprechung des EuGH, in: EuZW 2006, 231–235; Christan Sellmann/Steffen Augsberg, Entwicklungstendenzen des Vorlageverfahrens nach Art. 234 EGV, in: DÖV 2006, 533–541.

(1) Nach Art. 234 Abs. 3 EG ist stets das **letztinstanzliche Gericht** zur Vorlage **422** verpflichtet. Für das vorinstanzliche (unterinstanzliche) Gericht steht in dessen pflichtgemäßem Ermessen, ob es eine Vorlage an den EuGH beschließt.[917] Es besteht mithin eine facultas alternativa.[918] Das erstinstanzliche Gericht wird von der Möglichkeit der Vorlage in aller Regel keinen Gebrauch machen, wenn außerdem eine Frage innerstaatlichen Rechts umstritten und hierzu eine Klärung im Rechtsmittelzug zu erwarten ist. Letztinstanzliches Gericht ist auch das BVerfG. Dies hat das Gericht selbst ausgesprochen.[919] Allerdings dürfte das BVerfG wegen der von ihm inzwischen aufgestellten prozessualen Hürden kaum Gelegenheit haben, in eine Interpretation des Gemeinschaftsrechts eintreten zu müssen.[920] Die Verfahrensbeteiligten können eine Vorlage in jeder Phase des Verfahrens „anregen", eines förmlichen Antrages bedarf es nicht.

(2) Nach allgemeiner Auffassung kommt es darauf an, ob im **konkreten Falle** ein **423** Rechtsmittel gegeben ist (sog. konkret-funktionale Betrachtungsweise).[921] Ist dies nicht der Fall, besteht für das letztinstanzliche Gericht eine Vorlagepflicht.[922] Eine abschließende Entscheidung des EuGH liegt zu dieser Frage allerdings nicht vor. Einige Entscheidungen des EuGH deuten auf die Billigung der konkreten Betrachtungsweise hin, da dies die Kompetenz des Gerichtshofes erweitert.[923] Für das Verwaltungsprozessrecht wirft dies die Frage auf, wie das Verhältnis von Verwal-

---

917 Vgl. BVerwG, BVerwG, Beschluss vom 2.10.1985 – 3 B 12.84 – Buchholz 451.90 EWG-Recht Nr. 58; BVerwG, Beschluss vom 15.5.1990 – 1 B 64.90 – Buchholz 402.26 § 12 AufenthG/EWG Nr. 7.

918 Vgl. Burkhard Heß, Rechtsfragen des Vorabentscheidungsverfahrens, in: RabelsZ 66 (2002), S. 470–502; vgl. auch Eckard Pache/Matthias Knauff, Wider die Beschränkung der Vorlagebefugnis unterinstanzlicher Gerichte im Vorabentscheidungsverfahren – zugleich ein Beitrag zu Art. 68 I EG, in: NVwZ 2004, 16–21.

919 BVerfG, Beschluss vom 29.5.1974 – 2 BvL 52/71 – BVerfGE 37, 271 [281 f.] = DVBl. 1974, 720 = NJW 1974, 2176 – „Solange I".

920 BVerfG, Beschluss vom 22.10.1986 – 2 BvR 197/83 – BVerfGE 73, 339 [366 ff.] = DVBl. 1987, 231 = NJW 1987, 577 – „Solange II"; BVerfG [Kammer], Beschluss vom 9.11.1987 – 2 BvR 808/82 – NJW 1988, 1456 = EuR 1988, 190 = EuGRZ 1988, 109; BVerfG [Kammer]; Beschluss vom 21.8.1996 – 1 BvR 866/96 – NVwZ 1997, 481.

921 Hans-Joachim Schütz/Thomas Bruha/Doris König, Casebook Europarecht, München, 2004, S. 403.

922 EuGH, Urteil vom 4.6.2002 – Rs. C-99/00 – EuGHE 2002 I-4839 [4885] Rn. 15 = EuZW 2002, 476 = EuLF 2002, 232 – Strafverfahren Kenny Roland Lyckeskog.

923 So wohl EuGH, Urteil vom 6.10.1982 – Rs. 283/81 – EuGHE 1982, 3415 [3429 f.] Rn. 13 ff. = DVBl. 1983, 267 = NJW 1983, 1257 = EuR 1983, 161 – C.I.L.F.I.T. vs. Ministero della sanitá, mit Bespr. E. Millarg, in: EuR 1983, 161–168; Thomas Flint, in: NJ 1998, 608; EuGH, Urteil vom 24.5.1977 – Rs. 107/76 – EuGHE 1977, 957 = NJW 1977, 1585 = RIW 1978, 189 – Hoffmann-La Roche AG vs. Centralfarm Vertriebsgesellschaft Pharmazeutische Erzeugnisse mbH, mit Bespr. Robert Koch, Zur Vorlagepflicht nationaler Gerichte an den EuGH in Verfahren des vorläufigen Rechtsschutzes, in: NJW 1995, 2331–2332.

Berkemann

tungsgericht zum Oberverwaltungsgericht im Hinblick auf das Berufungszulassungsrecht und zur Nichtzulassungsbeschwerde zu bestimmen ist.[924] Nach inzwischen gefestigter Auffassung des BVerwG ist auch die Nichtzulassungsbeschwerde als „ordentlichen" Rechtsbehelf im Sinne des Art. 234 Abs. 3 EG anzusehen.[925] Unerheblich ist hierbei, ob das OVG die Revision zulässt.[926] Es begründet jedenfalls keinen Verfahrensmangel im Sinne des § 132 Abs. 2 Nr. 3 VwGO, wenn ein Berufungsgericht eine europarechtliche Frage nicht dem EuGH zur Vorabentscheidung nach Art. 234 EG vorlegt und auch nicht die Revision zulässt.

424 (3) Die Vorlage setzt für das „Auskunftsverfahren" die **Auslegungsbedürftigkeit** einer Gemeinschaftsnorm voraus (vgl. Rn. 410 ff.). Es müssen also interpretatorische Zweifel in der jeweiligen Instanz bestehen. Ob diese „objektiv" gegeben sind, hat das nationale Gericht grundsätzlich selbst zu beurteilen. Im allgemeinen wird dazu angenommen, dass ein Gericht – insbesondere das letztinstanzliche Gericht – nicht zur Vorlage verpflichtet ist, wenn nach seiner Auffassung die Gemeinschaftsnorm klar und eindeutig ist (sog. **„acte claire"-Doktrin**).[927] Nach anderer Auffassung muss ein letztinstanzliches Gericht immer vorlegen, wenn in objektiver Hinsicht Auslegungszweifel bestehen, auch wenn es diese Ansicht selbst mit „eigenen" guten Gründen nicht teilt. Es ist üblich geworden, dem EuGH **alternative Fragen** zu stellen, um eine möglichst erschöpfende, wenngleich immer noch fallbezogene Antwort zu erhalten.

Beispiel: „Das Verfahren vor dem Bundesverwaltungsgericht wird ausgesetzt. Der Europäische Gerichtshof wird um Klärung folgender Fragen im Wege der Vorabentscheidung gebeten:

1. Ist Art. 7 Abs. 3 der Richtlinie 96/62/EG des Rates vom 27. September 1996 über die Beurteilung und die Kontrolle der Luftqualität dahin auszulegen, dass dem in seiner Gesundheit beeinträchtigten Dritten ein subjektives Recht auf Erstellung eines Aktionsplans selbst dann eingeräumt wird, wenn er unabhängig von einem Aktionsplan in der Lage ist, sein Recht auf Abwehr gesundheitlicher Beeinträchtigungen durch Überschreitung des Immissionsgrenzwerts für Feinstaubpartikel PM_{10} im Wege der Klage auf Einschreiten der Behörde durchzusetzen?

2. Hat ein von gesundheitsschädlicher Belastung mit Feinstaubpartikeln PM_{10} betroffener Dritter, wenn die erste Frage zu bejahen ist, einen Anspruch auf Erstellung eines

---

924 Vgl. Hans Arno Petzold, Wechselwirkungen zwischen § 124 VwGO n. F. und Art. 177 EGV, in: NJW 1998, 123–125.

925 BVerwG, Beschluss vom 20.3.1986 – 3 B 3.86 – Buchholz 451.90 EWG-Recht Nr. 59; BVerwG, Beschluss vom 22.7.1986 – 3 B 104.85 – Buchholz 451.90 EWG-Recht Nr. 64; BVerwG, Beschluss vom 15.5.1990 – 1 B 64.90 – Buchholz 402.26 § 12 AufenthG/EWG Nr. 7; BVerwG, Beschluss vom 14.12.1992 – 5 B 72.92 – Buchholz 436.0 § 69 BSHG Nr. 21 = NVwZ 1993, 770 = EuZW 1993, 263; BVerwG, Beschluss vom 10.10.1997 – 6 B 32.97 – Buchholz 422.2 Rundfunkrecht Nr. 29 = NVwZ-RR 1998, 752 [754]; OVG Münster, Beschluss vom 19.02.2003 – 18 A 3673/01 – NVwZ-RR 2003, 616 = DÖV 2003, 592.

926 BVerwG, Beschluss vom 22.12.2004 – 10 B 21.04 – Buchholz 401.65 Hundesteuer Nr. 8 = NVwZ 2005, 598 = BayVBl 2005, 313; BFH, Beschluss vom 28.8.2003 – VII B 259/02 – BFH/NV 2004, 68.

927 EuGH, Urteil vom 6.12.2005 – Rs. C-461/03 – EuGHE 2005 I-10513 [10547] Rn. 19 ff. = EWS 2006, 238 = EuGRZ 2006, 253 – Gaston Schul Douane-expediteur vs. Minister van Landbouw, Natuur en Voedselkwaliteit; vgl. Ulrich Karpenstein, Praxis des EG-Rechts, 2006, S. 145 Rn. 360; Juliane Kokott/ Thomas/Henze/Christoph Sobotta, Die Pflicht zur Vorlage an den Europäischen Gerichtshof und die Folgen ihrer Verletzung, in: JZ 2006, 633–641.

Berkemann

solchen Aktionsplans, der kurzfristig zu ergreifende Maßnahmen festlegt, durch die sichergestellt wird, dass der Immissionsgrenzwert für Feinstaubpartikel PM_{10} strikt eingehalten wird?

3. In welchem Ausmaß muss, wenn die zweite Frage zu verneinen ist, durch die in einem Aktionsplan bestimmten Maßnahmen die Gefahr der Überschreitung des Grenzwerts verringert und deren Dauer beschränkt werden? Darf sich der Aktionsplan nach Art eines Stufenkonzepts auf Maßnahmen beschränken, die eine Einhaltung des Grenzwerts zwar nicht gewährleisten, aber kurzfristig immerhin zur Verbesserung der Luftqualität beitragen?"[928]

Auslegungszweifel entfallen im Regelfall, wenn die Rechtsfrage bereits Gegenstand einer Vorabentscheidung war.[929] Das wird dann zweifelhaft sein, wenn innerstaatliche Gerichte die Entscheidung des EuGH unterschiedlich deuten. Die deutschen letztinstanzlichen Gerichte haben eine gewisse Neigung, die „acte claire"-Doktrin großzügig anzuwenden.[930] **425**

Beispiel: Ein an die Bundesregierung gerichtetes Mahnschreiben der Europäischen Kommission im Sinne des Art. 232 Abs. 2 EG (vgl. Rn. 376) hinsichtlich der (korrekten) innerstaatlichen Umsetzung der RL 85/337/EWG kann eine Vorlagepflicht jedenfalls auslösen, wenn das Gericht einer möglicherweise entgegenstehenden Rechtsauffassung der Kommission folgen will.[931]

Der EuGH hat sich zwar einer vermittelnden Auffassung angeschlossen, neigt – auch aus Gründen eigenen Entlastung – wohl inzwischen eher deutlicher als früher der „acte claire"-Doktrin zu.[932] In der Tat enthält nicht jede Frage sachgerechter Auslegung und Anwendung einer Vorschrift zugleich einen Vorlagegrund. Nach der Zielsetzung des Vorabentscheidungsverfahrens ist Voraussetzung vielmehr, dass der im Rechtsstreit vorhandene Problemgehalt aus Gründen der Einheit des Gemeinschaftsrechts einschließlich gebotener Rechtsfortentwicklung eine Klärung gerade durch den EuGH verlangt. Das ist dann nicht der Fall, wenn sich die aufgeworfene Rechtsfrage auf der Grundlage des Gesetzeswortlautes mit Hilfe der üblichen Regeln sachgerechter Interpretation unter Berücksichtigung der Rechtsprechung des EuGH hinreichend sicher beantworten lässt. In dieser Weise ist das BVerwG bislang verfahren. Allerdings müsste eigentlich hinreichend sicher sein, dass auch die Gerichte der anderen Mitgliedstaaten dieselbe Gewissheit besit- **426**

---

928 BVerwG, Vorlagebeschluss vom 29.3.2007 – 7 C 9.06 – NVwZ 2007, 695 = DVBl. 2007, 763 = UPR 2007, 306 = NuR 2007, 490 = GewArch 2007, 296, Vorinstanz: VGH München, Urteil vom 18.5.2006 – 22 BV 05.2462 – NVwZ 2007, 233 = UPR 2007, 107 = ZUR 2006, 421 = BayVBl 2006, 562, vgl. dazu auch Achim Willand/Georg Buchholz, Feinstaub: Der VGH München, in: NVwZ 2007, 171–174; Reinhard Sparwasser, Rechtsschutz gegen Feinstaubbelastung, in: ZUR 2006, 424–426; Daniela Winkler, in: EurUP 2006, 152–153.

929 EuGH, Urteil vom 27.3.1963 – verb. Rs. 28 bis 30/62 – EuGHE 1963, 63 [81] – Da Costa & Schaake u.a. vs. Niederländische Finanzverwaltung – „Da Costa & Schaake".

930 Ulrich Karpenstein, Praxis des EG-Rechts, 2006, S. 145 Fn. 1011 gibt dafür als Beispiele an: BGH, Urteil vom 15.1.1990 – II ZR 164/88 – NJW 1990, 982 = MDR 1990, 415; BVerwG, Urteil vom 27.10. 1987 – 1 C 19.85 – BVerwGE 78, 192 = DVBl. 1988, 289 = NVwZ 1988, 251; BVerwG, Beschluss vom 10.7.1996 – 6 B 8.95- Buchholz 451.9 Art 48 EG-Vertrag Nr. 6 = DVBl. 1996, 1372 = NJW 1996, 2945 = JZ 1997, 463.

931 Vgl. BVerfG [Kammer], Beschluss vom 15.6.1998 – 1 BvR 504/97 – NVwZ 1998, 1285.

932 Zurückhaltend EuGH, Urteil vom 6.10.1982 – Rs. 283/81 – EuGHE 1982, 3415 [3429 f.] Rn. 13 ff. = DVBl. 1983, 267 = NJW 1983, 1257 – C.I.L.F.I.T. vs. Ministero della sanità.

Berkemann

zen.[933] In der deutschen Gerichtspraxis unterbleibt eine derartige Prüfung fast ausnahmslos. Sie ist derzeit bereits sprachlich kaum herzustellen.

427 (4) Vorlagepflichtig ist jedes nationale Gericht, wenn es an der **Gültigkeit einer Gemeinschaftsnorm** bereits ernsthaft zweifelt. Eine derartige Norm kann insbesondere eine Richtlinie sein. Der EuGH hat diese Ansicht richterrechtlich in entsprechender Anwendung des Art. 234 Abs. 3 GG entwickelt, um sein **Verwerfungsmonopol** zu wahren.[934] Die Frage kann sich in jedem verwaltungsgerichtlichen Verfahren im Rahmen einer **Inzidentprüfung** stellen.

428 Danach gilt: Hält also ein nationales, also auch ein unterinstanzliches Gericht eine Gemeinschaftsnorm für ungültig oder zweifelt es ernsthaft an deren Gültigkeit und ist diese Frage für den Ausgang des Verfahrens entscheidungserheblich, so muss es die Gültigkeitsfrage dem EuGH vorlegen. Das nationale Gericht besitzt nur eine Prüfungsbefugnis. Das gilt an sich grundsätzlich auch im Verfahren des vorläufigen Rechtsschutzes (vgl. Rn. 452 ff.).[935] Aus entsprechenden Gründen besitzen administrative (nationale) Organe ebenfalls keine Verwerfungskompetenz.[936]

429 (5) **Konstruiertes Beispiel:** Das Bundesgesetz zur Verbesserung des Wärmeschutzes im Hausbau vom 1.12.2006 verpflichtet den Eigentümer von Grundstücken, das Dach von Wohnhäusern gegen Wärmeverlust in bestimmter Weise zu isolieren. Das Gesetz vollzieht damit eine EU-Richtlinie über den Einbau von Wärmedämmstoffen vom 1.12.2003. Die Richtlinie erfasst auch Gebäude, die nach dem 1.1.1990 errichtet wurden. Entsprechende Regelungen enthält das fristgerecht umgesetzte genannte Bundesgesetz. Ein Grundeigentümer, der Eigentümer eines 1991 errichten Wohnhauses ist, macht gegenüber der mit dem Vollzug des Gesetzes betrauten Baugenehmigungsbehörde geltend, eine Rückwirkung sei nach EG-Recht (Primärrecht) rechtswidrig. Nimmt man dies an, stellt sich die Fra-

---

933 EuGH, Urteil vom 6.10.1982 – Rs. 283/81 – EuGHE 1982, 3415 [3429 f.] Rn. 13 ff. = DVBl. 1983, 267 = NJW 1983, 1257 – C.I.L.F.I.T. vs. Ministero della sanità.

934 EuGH, Urteil vom 22.10.1987 – Rs. 314/85 – EuGHE 1987, 4199 [4230 ff.] Rn. 11, 15–20 = NJW 1988, 1451 – Foto Frost vs. HZA Lübeck-Ost – „Foto Frost"; mit Bespr. Adrian Glaesner, Die Vorlagepflicht unterinstanzlicher Gerichte im Vorabentscheidungsverfahren, in: EuR 1990, 143–151, a. A. insoweit Hans D. Jarass, Grundfragen der innerstaatlichen Bedeutung des EG-Rechts – Die Vorgaben des Rechts der Europäischen Gemeinschaft für die nationale Rechtsanwendung und die nationale Rechtsetzung nach Maastricht, Köln u. a. 1994, S. 102 f., der eine behördliche Verwerfungsbefugnis bei „gravierenden Mängeln" des Sekundärrechts annimmt.

935 EuGH, Urteil vom 21.2.1991 – verb. Rs. C-143/88 und C-92/89 – EuGHE 1991 I-415 = DVBl. 1991, 480 = EuZW 1991, 313 = BayVBl 1991, 300 = JZ 1992, 36 – Zuckerfabrik Süderdithmarschen AG und Zuckerfabrik Soest GmbH vs. HZA Itzehoe, mit Bespr. Wolfgang Dänzer-Vanotti, in: BB 1991, 1015; Georg Haibach, in: DÖV 1996, 60–70; Sabine Schlemmer-Schulte, in: EuZW 1991, 307–310; Theodor Schilling, in: EuZW 1991, 310–312; Ingo Brinker, in: NJW 1996, 2851–2852; Friedrich Schoch, in: SGb 1992, 118–122; Ulrich Schrömbges, in: ZfZ 1996, 210–211; EuGH, Urteil vom 9.11.1995 – Rs. C-465/93 – EuGHE 1995 I-3761 = DVBl. 1996, 247 = NJW 1996, 1333 = EuZW 1995, 837 = EuR 1995, 416 = EuGRZ 1995, 605 – Atlanta Fruchthandelsgesellschaft u. a. vs. Bundesamt für Ernährung und Forstwirtschaft – „Atlanta III".

936 Zum Problem vgl. Jost Pietzcker, Zur Nichtanwendung europarechtswidriger Gesetze seitens der Verwaltung, in: Ole Due/Marcus Lutter/Jürgen Schwarze (Hrsg.), Festschrift für Ulrich Everling, Baden-Baden 1996, S. 709 ff., weiterführend auch Rainer Hutka, Gemeinschaftsbezogene Prüfungs- und Verwerfungskompetenz der deutschen Verwaltung gegenüber Rechtsnormen nach europäischem Gemeinschaftsrecht, Würzburg 1997.

Berkemann

ge, wie die Behörde verfahren kann. Angesichts fehlender Verwerfungskompetenz muss die Behörde „sehenden Auges" einschreiten.

2.6 Präzisierung der Vorlagefrage

Der EuGH darf im Fall ungenau formulierter Fragen aus allen vom nationalen Ge- **430** richt gemachten Angaben und aus den Akten des Ausgangsverfahrens diejenigen Elemente des Gemeinschaftsrechts herausarbeiten, die unter Berücksichtigung des Gegenstands dieses Verfahrens einer Auslegung bedürfen. Um dem vorlegenden Gericht, das ihm eine Frage zur Vorabentscheidung vorgelegt hat, eine sachdienliche Antwort zu geben, kann der Gerichtshof auf gemeinschaftsrechtliche Vorschriften eingehen, die das vorlegende Gericht in seiner Frage nicht angeführt hat.[937]

Dagegen bleibt Aufgabe des nationalen Gerichts, die gemeinschaftsrechtlichen **431** Vorschriften in der Auslegung des EuGH auf einen konkreten Fall anzuwenden. Eine derartige Anwendung kann nicht ohne eine Würdigung des gesamten Sachverhalts der Rechtssache erfolgen. Die Parteien des Ausgangsverfahrens können die Fassung der vorgelegten Frage nicht ändern.[938] Der EuGH ist an das einschlägige innerstaatliche Rechts, so wie das vorlegende Gericht dieses versteht, „gebunden".

2.7 Begründung der Vorlage durch das nationale Gericht

(1) Das in Art. 234 EG vorgesehene Verfahren ist ein Instrument der **Zusammen-** **432** **arbeit zwischen dem EuGH und den nationalen Gerichten**. Im Rahmen dieser Zusammenarbeit ist das mit dem Rechtsstreit befasste nationale Gericht, das allein über eine unmittelbare Kenntnis des Sachverhalts des Ausgangsverfahrens verfügt und in dessen Verantwortungsbereich die zu erlassende gerichtliche Entscheidung fällt, am besten in der Lage, im Hinblick auf die Besonderheiten der Rechtssache sowohl die Erforderlichkeit einer Vorabentscheidung für den Erlass seines Urteils als auch die Erheblichkeit der Fragen, die es dem EuGH vorlegt, zu beurteilen.[939] Dass das nationale Gericht dieser Verpflichtung nachgekommen ist,

---

937 So EuGH, Urteil vom 18.11.1999 – Rs. C-107/98 – EuGHE 1999 I-8121 = EuZW 2000, 246 = EuR 2000, 983 = BayVBl 2000, 495 – Teckal Srl vs. Comune di Viano und Azienda Gas-Acqua Consorziale (AGAC) di Reggio Emilia.

938 EuGH, Urteil vom 15.6.1972 – Rs. 5/72 – EuGHE 18, 443 [448] Rn. 3 – Fratelli Grassi vs. Amministrazione delle finanze dello Stato; EuGH, Urteil vom 21.3.1996 – Rs. C-297/94 – EuGHE 1996 I-1551 [1569] Rn. 19 = EWS 1996, 440 (L) – Dominique Bruyère u. a. vs. Belgischer Staat; EuGH, Urteil vom 6.3.2003 – Rs. C-466/00 – EuGHE 2003 I-2219 [2272] Rn. 40 = NVwZ 2003, 712 = EuZW 2003, 526 – Arben Kaba vs. Secretary of State for the Home Department.

939 Vgl. EuGH, Urteil vom 18.3.2004 – Rs. C-314/01 – EuGHE 2004 I-2549 = NVwZ 2004, 967 = ZfBR 2004, 481 = NZBau 2004, 340 – Siemens AG Österreich und ARGE Telekom & Partner vs. Hauptverband der österreichischen Sozialversicherungsträger; EuGH, Urteil vom 16.10.2003 – Rs. C-421/01 – EuGHE 2003 I-11941 = ZfBR 2004, 85 = NZBau 2004, 279 – Traunfellner GmbH vs. Österreichische Autobahnen- und Schnellstraßen-Finanzierungs-AG (Asfinag); EuGH, Urteil vom 22.5. 2003 – Rs. C-18/01 EuGHE 2003 I-5321 = ZfBR 2003, 705 = NZBau 2003, 396 = ThürVBl 2004, 109 – Arkkitehtuuritoimisto Riitta Korhonen Oy, Arkkitehtitoimisto Pentti Toivanen Oy und Rakennuttajatoimisto Vilho Tervomaa vs. Varkauden Taitotalo Oy.

hat es in seiner Vorlage zu begründen.[940] Dazu kann es naheliegend sein, dass das vorlegende Gericht zuvor den entscheidungserheblichen Sachverhalt klärt und nach innerstaatlichem Recht entstandene Rechtsfragen beantwortet.[941]

433 (2) Das nationale Gericht muss daher in seiner Vorlage konkretisierend die Sach- und Rechtslage schildern, in der sich die von ihm aufgeworfenen Fragen stellen. Es muss zumindest die tatsächlichen Annahmen erläutern, auf denen diese Fragen beruhen. Anderenfalls ist dem EuGH eine sachdienliche, d. h. fallbezogene Auslegung des Gemeinschaftsrechts kaum möglich.[942] Dies gilt ganz besonders in solchen Bereichen der Umweltpolitik, die durch komplexe tatsächliche und rechtliche Verhältnisse gekennzeichnet sind. Der EuGH hat allgemeine „**Hinweise zur Vorlage von Vorabentscheidungsersuchen durch die innerstaatlichen Gerichte**" veröffentlicht. Der Gerichtshof beschreibt darin aus seiner Sicht, in welcher Weise die Vorlage gestaltet sein sollte.[943] Danach sollte eine Vorlage nach Art 234 EG inhaltlich etwa die folgende **Begründungsstruktur** enthalten:[944]

- **[1]** Darstellung des Sachverhaltes, ohne welcher der rechtliche Streit des gerichtlichen Ausgangsverfahrens nicht (nachvollziehbar) verstanden werden kann;

- **[2]** Darstellung der maßgebenden rechtlichen Gesichtspunkte des innerstaatlichen und gemeinschaftsrechtlichen Rechts;

- **[3]** Darstellung des Vorbringens der am gerichtlichen Ausgangsverfahren beteiligten Parteien, ggf. mit Angabe ihrer gestellten Anträge;

- **[4]** Erwägungen, welche das vorlegenden Gericht zur Vorlage der Frage veranlasst haben, und zwar unter Einschluss der Entscheidungserheblichkeit der dargestellten Fragestellung.

434 Vorzulegen sind grundsätzlich auch die im gerichtlichen Verfahren entstandenen Akten und vorhandene Unterlagen, wenn deren Kenntnis dem besseren Verständ-

---

940 EuGH, Urteil vom 25.6.1996 – Rs. C-101/96 – EuGHE 1996, 3081 [3085] Rn. 4 = EWS 1996, 325 – Strafverfahren Italia Testa; EuGH, Urteil vom 21.12.1995 – Rs. C-307/95 – EuGHE 1995 I-5083 [5087] Rn. 5 – Max Mara Fashion Group Srl vs. Ufficio del Registro di Reggio Emilia – „Max Mara"; EuGH, Urteil vom 23.3.1995 – Rs. C-458/93 – EuGHE 1995 I-511 [517] Rn. 13 = EWS 1995, 198 – Strafverfahren Mostafa Saddik; vgl. Klaus-Dieter Borchardt, in: Otto Lenz/Klaus Dieter Borchardt (Hrsg.), EU- und EG-Vertrag, 3. Aufl. 2003, EG Art. 234 Rn. 27 ff.

941 EuGH, Urteil vom 8.5.2003 – Rs. C-111/01 – EuGHE 2003 I-4207 [4239] Rn. 37 = EuZW 2003, 542 – Ganter Electronic vs. Basch Exploitatie Maatschappij.

942 Vgl. EuGH, Urteil vom 12.9.1996 – verb. Rs. C-58/95, C-75/95, C-112/95, C-119/95, C-123/95, C-135/95, C-140/95, C-141/95, C-154/95, C-157/95 – EuGHE 1996 I-4345 = NJW 2003, 2596 = EuZW 1996, 659 = EuLF 2003, 170 – Gantner Electronic GmbH vs. Basch Exploitatie Maatschappij BV; EuGH, Urteil vom 14.7.1998 – Rs. C-284/95 – EuGHE 1998 I-4301 = EuZW 1999, 252 = ZUR 1999, 47 – Safety Hi-Tech Srl vs. S. & T. Srl., mit Bespr. Astrid Epiney, Die umweltpolitischen Handlungsprinzipien in Art. 130r EGV – politische Leitlinien oder rechtsverbindliche Vorgaben?, in: NuR 1999, 181–185; EuGH, Urteil vom 16.7.1992 – Rs. C-83/91 – EuGHE 1992 I-4871 [4932 ff.] Rn. 25, 32 = EuZW 1992, 546 = DWiR 1992, 335 – Wienand Meilicke vs. ADV/ORGA F. A. Meyer AG, mit Bespr. Hans-Michael Pott, Zur Reichweite des Auslegungsmonopols des EuGH und zur Entscheidungserheblichkeit der Auslegung des Gemeinschaftsrechts für das Ausgangsverfahren gem. Art. 177 EWGVtr, in: DWiR 1992, 338–339; Dirk Schroeder, EuGH – Ablehnung einer Entscheidung über Vorlagefragen, in: EWiR 1992, 991–992.

943 Gerichtshof der Europäischen Gemeinschaften, Hinweise zur Vorlage von Vorabentscheidungsersuchen durch die innerstaatlichen Gerichte, abrufbar www.curia.eu.int/de/insit/txtdocfr/autrestxts/txt.pdf.

944 Hierzu Ulrich Karpenstein, Praxis des EG-Rechts, 2006, S. 142.

Berkemann

nis der Vorlagefrage dient. Es empfiehlt sich für das vorlegende Gericht, für sein anhängiges Verfahren Abschriften herzustellen.

(3) Vorlagefragen sind dann unzulässig, wenn die Vorlagebegründung keine hin- **435** reichenden Angaben enthält, die dem EuGH eine sachdienliche Antwort auf die hinsichtlich der Auslegung der Bestimmungen des Gemeinschaftsrechts gestellten Fragen ermöglichen.[945] Die Vorlage wird dann wegen mangelnder Substantiierung zurückgewiesen.[946] Die Entscheidung über die Vorlagefrage eines nationalen Gerichts kann auch dann abgelehnt werden, wenn die erbetene Auslegung des Gemeinschaftsrechts offensichtlich in keinem Zusammenhang mit der Realität oder dem Gegenstand des Ausgangsverfahrens steht, wenn das Problem hypothetischer Natur ist oder wenn der Gerichtshof nicht über die tatsächlichen oder rechtlichen Angaben verfügt, die für eine sachdienliche Beantwortung der ihm vorgelegten Fragen erforderlich sind.[947] Diese Voraussetzungen hat der EuGH ggf. in eigener Zuständigkeit zu prüfen. Stellt sich dabei heraus, dass die vorgelegte Frage für die in diesem Rechtsstreit zu treffende Entscheidung offensichtlich nicht erheblich ist, so stellt EuGH fest, dass er keine Entscheidung treffen kann, und gibt die Vorlage zurück.[948]

2.8 Form der Vorlage (Aussetzungsbeschluss)

(1) Die Vorlage wird prozessual durch **Beschluss** entschieden. Gleichzeitig wird **436** in entsprechender Anwendung der §§ 94 VwGO, 148 ZPO das eigene Verfahren ausgesetzt. Die Beteiligten sind vorher zu hören, um eine Überraschungsentscheidung zu vermeiden.[949]

---

945 EuGH, Urteil vom 17.2.2005 – Rs. C-134/03 – EuGHE 2005 I-1167 = NJW 2005, 1101 = EuZW 2005, 282 = EWS 2005, 130 – Viacom Outdoor Srl vs. Giotto Immobilier SARL; EuGH, Urteil vom 22.5. 2003 – Rs. C-18/01 – EuGHE 2003 I-5321 = ZfBR 2003, 705 = NZBau 2003, 396 – ThürVBl 2004, 109 – Arkkitehtitoimisto Pentti Toivanen Oy und Rakennuttajatoimisto Vilho Tervomaa vs. Varkauden Taitotalo Oy.

946 EuGH, Urteil vom 11.4.2000 – verb. Rs. C-51/96 und C-191/97 – EuGHE 2000 I-2549 [2608] Rn. 26f. = NJW 2000, 2011 = EuZW 2000, 371 = EWS 2000, 405 – Christelle Deliège vs. Ligue francophone du judo et disciplines associées ASBL, Ligue belge de judo ASBL, Union européenne de judo.

947 EuGH, Urteil vom 16.10.1997 – Rs. C-304/96 – EuGHE 1997 I-5685 = EWS 1997, 427 = RIW 1997, 1052 – Hera SpA vs. Unità sanitaria locale n° 3 – genovese (USL) und Impresa Romagnoli SpA; EuGH, Urteil vom 13.7.2000 – Rs. C-36/99 – EuGHE 2000 I-6049 [6070] Rn. 20 = EWS 2000, 559 – Idéal tourisme SA vs. Belgischer Staat; EuGH, Urteil vom 13.3.2001 – Rs. C-379/98 – EuGHE 2001 I-2099 [2176] Rn. 39 = NVwZ 2001, 665 = EuZW 2001, 242 = NuR 2002, 149 – Preussen Elektra vs. Schleswag (Deutsches Stromeinspeisungsgesetz); EuGH, Urteil vom 17.5.2001 – Rs. C-340/99 – EuGHE 2001 I-4109 [4145] Rn. 31 = NJW 2001, 2704 (L) = EuZW 2001, 408 = EWS 2001, 436 – TNT Traco SpA gegen Poste Italiane SpA und andere, mit Bespr. Carsten Grave, in: EuZW 2001, 709–711; EuGH, Urteil vom 6.12.2001 – Rs. C-472/99 – EuGHE 2001 I-9687 [9705] Rn. 14 = EuZW 2002, 95 = BayVBl 2002, 398 = EuGRZ 2002, 50 – Clean Car Autoservice GmbH vs. Stadt Wien und Republik Österreich; EuGH, Urteil vom 6.6.2002 – Rs. C-159/00 -EuGHE 2002 I-5031 [5083] Rn. 69 = NVwZ 2002, 1097 – Sapod Audic vs. Eco-Emballages (zur Richtlinie 83/189/EWG und Richtlinie 88/182/EWG – Abfallbeseitigung); EuGH, Urteil vom 27.2.2003 – Rs. C-373/00 – EuGHE 2003 I-1931 = EuZW 2003, 315 = ZfBR 2003, 489 = NZBau 2003, 287 – Adolf Truley GmbH vs. Bestattung Wien GmbH.

948 EuGH, Urteil vom 17.2.2005 – Rs. C-134/03 – EuGHE 2005 I-1167 = NJW 2005, 1101 = EuZW 2005, 282 = EWS 2005, 130 – Viacom Outdoor Srl vs. Giotto Immobilier SARL.

949 BVerwG, Beschluss vom 4.5.2005 – 4 C 6.04 – BVerwGE 123, 322 = DVBl. 2005, 1375 = NVwZ 2005, 1061 = UPR 2005, 438. mit Nachweisen; BVerwG, Beschluss vom 10.11.2000 – 3 C 3.00 –

437 (2) Eine Aussetzung des Verfahrens kann auch ohne Vorlage erwogen werden. Diese prozessuale Möglichkeit besteht, wenn vor dem EuGH bereits ein Vorabentscheidungsverfahren nach Art. 234 Abs. 2 oder 3 EGV anhängig ist.[950] Schwebt beim EuGH ein derartiges Verfahren insbesondere zur Klärung einer Auslegungsfrage zum sekundären Gemeinschaftsrecht, die auch im anhängigen Rechtsstreit als erheblich angesehen werden kann, darf der Rechtsstreit ohne Vorlage ausgesetzt werden.[951] Die Aussetzungsregelung des § 94 VwGO gilt hierfür entsprechend. Das aussetzende Gericht ist allerdings – anders als das Gericht des Vorlageverfahrens – an die vom EuGH gefundene Auslegung nicht gebunden.[952]

2.9 Rechtsmittel gegen die Vorlageentscheidung

438 Der Aussetzungsbeschluss kann nach innerstaatlichem Prozessrecht durch Rechtsmittel angegriffen werden. Art. 234 EG steht dem nicht entgegen.[953] Nach deutschem Prozessrecht kommt die Beschwerde in Betracht, soweit diese überhaupt statthaft ist. Die Beschwerde ist nur begründet, wenn die Aussetzung und die Vorlage an den EuGH offensichtlich fehlerhaft im Sinne objektiver Willkür sind.[954] Das Beschwerdeverfahren dient hingegen nicht dazu, die gemeinschaftsrechtliche Rechtsfrage und ihre Entscheidungserheblichkeit bereits vorab im Instanzenzug zu klären. Eine hierauf gerichtete Beschwerde ist unzulässig.

3. Verfahren vor dem EuGH

Lit.: Luigi Malferrari, Zurückweisung von Vorabentscheidungsersuchen durch den EuGH. Systematisierung der Zulässigkeitsvoraussetzungen und Reformvorschläge zu Art. 234 EG-Vertrag, Baden-Baden 2003.

439 (1) Das Verfahren vor dem EuGH ist im wesentlichen schriftlich.[955] Der Gerichtshof kann von einer mündlichen Verhandlung absehen, wenn keiner der Beteiligten

---

BVerwGE 112, 166; vgl. auch Andreas Middeke, in: Hans-Werner Rengeling/Andreas Middeke/Martin Nettesheim, Handbuch des Rechtsschutzes in der EU, 2. Aufl. 2003, § 10 Rn. 72 (S. 244); Ulrich Karpenstein, Praxis des EG-Rechts, 2006, S. 143 Rn. 354.

950 BVerwG, Beschluss vom 10.11.2000 – 3 C 3.00 – BVerwGE 112, 166 = DVBl. 2001, 915 = NVwZ 2001, 319; BGH, Beschluss vom 25.3.1998 – VIII ZR 33/97 – NJW 1998, 1957; BGH, Urteil vom 25.2.1999 – VII ZR 408/97 – NJW 1999, 2442; BAG, Urteil vom 24.9.1996 – 3 AZR 698/95 – juris (Volltext); Richard Rudisile, in: Friedrich Schoch u. a. (Hrsg.), VwGO [Stand. Jan. 2000], § 93 Rn. 58.

951 Vgl. VGH Mannheim, Beschluss vom 19.9.2001 – 9 S 1464/01 – NVwZ 2002, 236 = DÖV 2002, 35.

952 Richard Rudisile, in: Friedrich Schoch u. a. (Hrsg.), VwGO, Losebl. [Stand: Jan. 2000], § 93 Rn. 60; vielfach wird der Streitgegenstand ohnedies ein anderer sein; vgl. Markus Kenntnis, Europarecht im deutschen Verwaltungsprozess (2): Das Europäische Rechtsschutzsystem, in: VBlBW 2000, 297–311 [305].

953 Vgl. EuGH, Urteil vom 12.2.1974 – Rs. 146/73 – EuGHE 1974, 139 [147] Rn. 3 – Rheinmühlen-Düsseldorf vs. Einfuhr- und Vorratsstelle für Getreide und Futtermittel – „Rheinmühlen"; ebenso voraussetzend EuGH, Urteil vom 14.1.1982 – Rs. 65/81 – EuGHE 1982, 33 [42] Rn. 7 = DVBl. 1982, 254 – Francesco Reina u. a. vs. Landeskreditbank Baden-Württemberg; EuGH, Urteil vom 30.1.1974 – Rs. 127/73 – EuGHE 1974, 51 [61] Rn. 7/9 = EuR 1974, 345 – Belgische Radio en Televisie (BRT) u. a. vs. SV/SABAM u. a. – „Sabam I"; vgl. auch Robert Koch, Einwirkungen des Gemeinschaftsrechts auf das nationale Verfahrensrecht, in: EuZW 1995, 78–85.

954 Andreas Middeke, in: Hans-Werner Rengeling/Andreas Middeke/Martin Nettesheim, Handbuch des Rechtsschutzes in der EU, 2. Aufl. 2003, § 10 Rn. 79–81 (S. 249 f.); Ulrich Karpenstein, Praxis des EG-Rechts, 2006, S. 144 Rn. 356.

955 Zum Verfahrensablauf vgl. näher Ulrich Karpenstein, Praxis des EG-Rechts, 2006, S. 148 ff. Rn. 369 ff.

des Ausgangsverfahrens oder ein äußerungsbefugter Mitgliedstaat dieses wünscht. Das vorlegende Gericht selbst ist nicht vertreten. Die Entscheidung des EuGH wird durch ausführlich begründete Schlussanträge des Generalanwaltes vorbereitet.[956]

(2) Der EuGH ist nur befugt, sich auf der Grundlage des ihm vom nationalen Gericht unterbreiteten Sachverhalts zur Auslegung oder zur Gültigkeit einer Gemeinschaftsvorschrift zu äußern. Es ist nicht Sache des Gerichtshofes, sondern des nationalen Gerichts, die dem Rechtsstreit zugrunde liegenden Tatsachen festzustellen und daraus die Folgerungen für die von ihm zu erlassende Entscheidung zu ziehen.[957] Im Rahmen des Verfahrens nach Art. 234 EG ist der EuGH auch nicht befugt, nachzuprüfen, ob die Entscheidung, durch die er angerufen worden ist, den nationalen Vorschriften über die Gerichtsorganisation und das Verfahren entspricht. Ganz ausgeschlossen ist es nicht, dass es der EuGH für angezeigt hält, praktisch bereits die Sachentscheidung zu treffen. Dazu neigt der Gerichtshof ersichtlich in Fragen des gemeinschaftsrechtlich begründeten Staatshaftungsrechts.[958] **440**

(3) Die Entscheidung des EuGH im Vorabentscheidungsverfahren ergeht grundsätzlich durch Urteil. Dieses wird dem vorlegenden Gericht zugestellt. Die Beteiligten des Ausgangsverfahrens erhalten Ausfertigungen. **441**

4. Rechtswirkung der Vorabentscheidung

Lit.: Ulrich Ehricke, Die Bindungswirkung von Urteilen des EuGH im Vorabentscheidungsverfahren nach deutschem Zivilprozeßrecht und nach Gemeinschaftsrecht, Saarbrücken 1997; Stefan Kadelbach, Die Wirkung von im Vorabentscheidungsverfahren ergangenen Urteilen, in: Michael Holoubek/Michael Lang (Hrsg.), Das EuGH-Verfahren in Steuersachen, Wien 2000, S. 119–132; Christian Thewes, Bindung und Durchsetzung der gerichtlichen Entscheidungen in der EU, Hamburg 2003; Stephan Weth/Christof Kerwer, Zur Bindungswir-

---

956 Zur Bedeutung der Generalanwälte vgl. Juliane Kokott, Anwältin des Rechts – Zur Rolle der Generalanwälte beim Europäischen Gerichtshof, Bonn 2006; Siegbert Alber, Die Generalanwälte beim Gerichtshof der Europäischen Gemeinschaften, in: DRiZ 2006, 168–170; Rita Erhard-Jacque, Der Beitrag des Generalanwalts Carl Otto Lenz zur Rechtsprechung des EuGH auf dem Gebiet der Gleichbehandlung von Mann und Frau sowie der sozialen Sicherheit, in: ZEuS 1999, 533–543.

957 EuGH, Urteil vom 16.9.1999 – Rs. C-435/97 – EuGHE 1999 I-5613 = DVBl. 2000, 214 (L) = EWS 1999, 389 – World Wildlife Fund (WWF) u. a. vs. Autonome Provinz Bozen u. a.

958 So z. B. EuGH, Urteil vom 30.9.2003 – Rs. C-224/01 – EuGHE 2003 I-10239 = DVBl. 2003, 1516 = NJW 2003, 3539 = EuGRZ 2003, 597 = EuZW 2003, 718 = EuR 2004, 71 = BayVBl 2004, 688 = JuS 2004, 425 – Gerhard Köbler vs. Österreich – „Köbler", mit Bespr. Waltraud Hakenberg, in: DRiZ 2004, 113–117; Walter Frenz, in: DVBl. 2003, 1522–1524; Winfried Kluth, in: DVBl. 2004, 393–403; Bernhard W. Wegener, in: EuR 2004, 84–91; Ludger Radermacher, in: NVwZ 2004, 1415–1421; Markus Kenntner, in: EuZW 2005, 235–238; Bettina Schöndorf-Haubold, in: JuS 2006, 112–115; Götz Schulze, in: ZEuP 2004, 1051–1067; EuGH, Urteil vom 26.3.1996 – Rs. C-392/93 – EuGHE 1996 I-1631 [1668] Rn. 41 ff. = EuZW 1996, 274 = CR 1996, 689 – The Queen vs. H. M. Treasury ex parte: British Telecommunications plc – „British Telecommunications"; EuGH, Urteil vom 17.10.1996 – verb. Rs. 283, 291 und 292/94 – EuGHE 1996 I-5063 [5101] Rn. 49 ff. = NJW 1997, 119 = EuZW 1996, 695 = ZIP 1997, 110 – Denkavit International B. V. u. a. vs. Bundesamt für Finanzen – „Denkavit", mit Bespr. Wilhelm Haarmann/Matthias Schüppen, Die Entscheidung des EuGH vom 17.10. 1996 zur Mutter-/Tochterrichtlinie – ein „historisches Ereignis" wirft Schatten, in: DB 1996, 2569–2572; Klaus Höfner, Die Mindestbesitzzeit nach § 44d Absatz 2 EStG – Ein Verstoß gegen die EG-Mutter-/Tochterrichtlinie, in: RIW 1997, 53–55.

kung der Vorabentscheidungen des EuGH, in: Hartmut Oetker/Ulrich Preis/Volker Rieble (Hrsg.), Festschrift für 50 Jahre BAG, München 2004, S. 1383–1394; Dominik Düsterhaus, Es geht auch ohne Karlsruhe: Für eine rechtschutzorientierte Bestimmung der zeitlichen Wirkungen von Urteilen im Verfahren nach Art. 234 EG, in: EuZW 2006, 393–397.

442 Eine ausdrückliche Regelung über die Wirkungen einer Vorabentscheidung enthält der EG-Vertrag nicht. Der EuGH war daher gehalten, diese Lücke des Prozessrechts sachgerecht zu schließen.

4.1 Bindung für das Ausgangsverfahren

443 (1) Für das (konkrete) Ausgangsverfahren ist die Vorabentscheidung des EuGH prozessual **verbindlich**.[959] Bei ihr handelt es sich also nicht um eine nur gutachterliche Stellungnahme des Gerichtshofes.

444 Die Entscheidung beurteilt die Rechtslage grundsätzlich **ex tunc**.[960] Das bedeutet, dass das Gericht die gefundene Auslegung auch auf Rechtsverhältnisse anzuwenden hat, die vor Erlass der auf das Ersuchen ergehenden Vorabentscheidung entstanden sind. Die Entscheidung ist selbstverständlich „im Lichte der Entscheidungsgründe zu verstehen".[961] Wirft die Entscheidung des EuGH neue Fragen auf oder entstehen anderweitige Fragen über die Tragweite, steht dies einer erneuten Vorlage nicht entgegen.[962] Dabei wird im allgemeinen der Wortgebrauch der konkreten Verfahrenssprache als verbindlich angesehen.[963]

445 (2) Der Gerichtshof kann gemäß Art. 231 Abs. 2 EG bestimmen, dass die Wirkungen der für nichtig erklärten Verordnung in vollem Umfang aufrechtzuerhalten sind, bis innerhalb angemessener Frist eine neue Verordnung mit demselben Gegenstand erlassen ist.[964] Es liegt nicht fern, diese Regelung für rechtswidrige Richt-

---

959 EuGH, Urteil vom 24.6.1969 – Rs. 29/68 – EuGHE 1969, 165 [178] Rn. 2 f. – Milch-, Fett- und Eierkontor vs. HZA Saarbrücken; EuGH, Urteil vom 5.3.1986 – Rs. 69/85 – EuGHE 1986, 947 [953] Rn. 15 – Wünsche Handelsgesellschaft mbH & Co vs. Deutschland – „Wünsche III"; ebenso BVerfG, Beschluss vom 8.4.1987 – 2 BvR 687/85 – BVerfGE 75, 223 [244] = DVBl. 1988, 38 = NJW 1988, 1459 = EuGRZ 1988, 113; BAG, Urteil 20.10.1993 – 7 AZR 581/92 (A) – BAGE 74, 351 = EuZW 1994, 184 = NZA 1994, 278.

960 EuGH, Urteil vom 27.3.1980 – verb. Rs. 66, 127 und 128/79 – EuGHE 1980, 1237 [1260] – Amministrazione delle Finanze dello Stato vs. Meridionale Industria Salumi u. a. – „Salumi"; ebenso EuGH, Urteil vom 13.12.1983 – Rs. 222/82 – EuGHE 1983, 4083 [4125] Rn. 38 = HFR 1984, 597 – Apple and Pear Devolopment Council vs. K. J. Lewis Ltd.

961 EuGH, Urteil vom 14.7.1977 – Rs. 1/77 – EuGHE 1977, 1473 [1481 f.] Rn. 2 f. = RIW 1977, 565 – Robert Bosch GmbH vs. HZA Hildesheim.

962 EuGH, Urteil vom 5.3.1986 – Rs. 69/85 – EuGHE 1986, 947 [953] Rn. 15 – Wünsche Handelsgesellschaft mbH & Co vs. Deutschland – „Wünsche III"; EuGH, Urteil vom 2.5.1996 – Rs. C-206/94 – EuGHE 1996 I-2357 = NJW 1996, 1881 = EuZW 1996, 375 = ZIP 1996, 1018 = DZWir 1996, 453 – Brennet AG vs. Vittorio Paletta – „Paletta II", mit Bespr. Günter H. Roth, Rechtsmißbräuchliche Berufung auf die EG-Widrigkeit einer nationalen Norm, in: EWiR 1998, 907–908.

963 Art. 31 der Verfahrensordnung des Europäischen Gerichtshofs (ABl. L 176 vom 4.7.1991 S 7, zuletzt geändert am 17.9.2002 [ABl. L 272 vom 10.10.2002 S. 24]).

964 Beispiel: EuGH, Urteil vom 25.2.1999 – verb. Rs. C-164/97, C-165/97 – EuGHE 1999 I-1139 = NVwZ 1999, 1212 = ZUR 1999, 223 = NuR 2000, 148 = BayVBl 1999, 688 – Parlament vs. Rat (zu den Verordnungen Nrn. 307/97 und 308/97 über den Schutz des Waldes gegen Luftverschmutzung und gegen Brände, vgl. dazu Sebastian Heselhaus, Emanzipation der Umweltpolitik nach Art. 175 1 EG-Vertrag (ex-Art. 130 s 1 EGV), in: NVwZ 1999, 1190–1193; Christian Calliess, Zur Kompetenzgrundlage für umweltbezogene Regelungen der EU, in: ZUR 1999, 224–226.

Berkemann

linien, soweit ihnen eine unmittelbare Wirkung zukommt, entsprechend anzuwenden.[965]

4.2 Bedeutung für andere Verfahren

4.2.1 Auslegungsentscheidung des EuGH

(1) Trifft der EuGH im Verfahren der Vorlage nur eine bestimmte **Auslegungsent-** **446** **scheidung**, so besitzt diese Entscheidung nach allgemeiner Ansicht an sich keine umfassende präjudizielle Verbindlichkeit.[966] Gleichwohl wirkt die Entscheidung des EuGH mittelbar. Das nationale Gericht muss sich bei seiner Entscheidung an der entstandenen Rechtsprechung des EuGH ausrichten.[967] Das gilt auch für Rechtsverhältnisse, die **vor Erlass** der Entscheidung des EuGH im Verfahren der Vorabentscheidung entstanden sind.[968] Nur unter sehr einschränkenden Voraussetzungen – etwa aus Gründen des Vertrauensschutzes – kann hiervon abgesehen werden.[969] Vergleichbare Wirkungen lösen auch Entscheidungen des EuGH in einem Vertragsverletzungsverfahren aus. Das BVerfG billigt es, dass der EuGH das Gemeinschaftsrecht „verbindlich" auslegt.[970]

---

965 EuGH, Urteil vom 7.7.1992 – Rs. C-295/00 – EuGHE 1992 I-4193 [4237] Rn. 26 = NVwZ 1992, 1181 = EuZW 1992, 676 = InfAuslR 1993, 1 – Parlament vs. Rat – „Studentenrichtlinien", mit Bespr. Moritz Röttinger, Bedeutung der Rechtsgrundlage einer EG-Richtlinie und Folgen einer Nichtigkeit, in: EuZW 1993, 117–121.

966 Bernhard W. Wegener, in: Christian Calliess/Matthias Ruffert (Hrsg.), Kommentar des Vertrages über die Europäische Union und des Vertrages zur Gründung der Europäischen Gemeinschaft. EUV/EGV, 3. Aufl. 207, Art. 234 EG Rn. 38.; Hans-Joachim Schütz/Thomas Bruha/Doris König, Casebook Europarecht, München, 2004, S. 414.

967 EuGH, Urteil vom 22.10.1998 – verb. Rs. C-10/97 bis 22/97 – EuGHE 1998 I-6307 [6333] Rn. 23 = NJW 1999, 201 = EWS 1999, 63 = EuR 1999, 237 = EuZW 1998, 719 = JZ 1999, 196 – Ministero delle Finanze vs. IN.CO.GE, mit Bespr. Thomas von Danwitz, Zum Einfluß des Gemeinschaftsrechts auf die mitgliedstaatliche Verfahrensautonomie, in: JZ 1999, 198–200; EuGH, Urteil vom 2.12.1997 – Rs. C-188/95 – EuGHE 1997 I-6783 [6836] Rn. 37 – NVwZ 1998, 833 = EuZW 1998, 172 = ZIP 1998, 206 – Fantask u. a. vs. Industriministeriet (Erhvervsministeriet) – zur Richtlinie 69/335/EWG, mit Bespr. Jörg Gundel, Keine Durchbrechung nationaler Verfahrensfristen zugunsten von Rechten aus nicht umgesetzten EG-Richtlinien, in: NVwZ 1998, 910–916.

968 EuGH, Urteil vom 17.2.2005 – verb. Rs. C-453/02 und C-462/02 – EuGHE 2005 I-1131 = DVBl. 2005, 567 = EuZW 2005, 210 = KommJur 2005, 136 = DB 2005, 430 – Finanzamt Gladbeck vs. Edith Linneweber – „Linneweber"; vgl. auch EuGH, Urteil vom 22.10.1998 – verb. Rs. C-10/97 bis 22/97 – EuGHE 1998 I-6307 [6333] Rn. 23 = NJW 1999, 201 = EuZW 1998, 719 – Ministero delle Finanze vs. IN.CO.GE., mit Bespr. Thomas von Danwitz, in: JZ 1999, 198–200; EuGH, Urteil vom 27.3.1980 – Rs. 61/79 – EuGHE 1980, 1205 [1223] Rn. 16 – Amministazione delle Finanze dello Stato vs. Denkavit italiana – „Denkavit"; EuGH, Urteil vom 2.12.1997 – Rs. C-188/95 – EuGHE 1997 I-6783 [6836] Rn. 37 = NVwZ 1998, 833 = EuZW 1998, 172 = ZIP 1998, 206 – Fantask A/S e.a. vs. Industriministeriet (Erhvervsministeriet) – „Fantask".

969 Vgl. EuGH, Urteil vom 17.2.2005 – verb. Rs. C-453/02 und C-462/02 – EuGHE 2005 I-1131 = DVBl. 2005, 567 = KommJur 2005, 136 = EuZW 2005, 210 = DB 2005, 430 – Finanzamt Gladbeck vs. Edith Linneweber – „Linneweber"; EuGH, Urteil vom 23.5.2000 – Rs. C-104/98 – EuGHE 2000 I-3625 [3656] Rn. 39 = EuGRZ 2000, 220 – Johann Buchner vs. Sozialversicherungsanstalt der Bauern; EuGH, Urteil vom 16.7.1992 – Rs. C-163/00 – EuGHE 1992 I-4625 [4670] Rn. 30 – Administration des douanes et droits indirects vs. Lépold Legros u.a.; vgl. auch Ulrich Forsthoff, Die Beschränkung der zeitlichen Wirkung von Urteilen des EuGH (Rs. C-292/04 Meilicke), in: DStR 2005, 1840–1844; Ulrich Karpenstein, Praxis des EG-Rechts, 2006, S. 153 Rn. 390.

970 BVerfG, Beschluss vom 8.4.1987 – 2 BvR 687/85 – BVerfGE 75, 233 [242 f.] = DVBl. 1988, 38 = NJW 1988, 1459 – „Kloppenburg"; BVerfG, Urteil vom 22.3.1995 – 2 BvG 1/89 – BVerfGE 92, 203 = DVBl.

447 Unter näheren Voraussetzungen sind die Behörden sogar verpflichtet, einen bereits **bestandskräftigen Verwaltungsakt** zu überprüfen, um eine inzwischen vom EuGH getroffene Auslegung des Gemeinschaftsrechts, also auch einer Richtlinie, wirksam umzusetzen.[971] Der Gerichtshof begründet diese Pflicht mit dem Grundsatz der gemeinschaftsrechtlich gebotenen Zusammenarbeit (Art. 10 EG). Hat der Betroffene die innerstaatliche Entscheidung, die objektiv gemeinschaftswidrig ist, einfach hingenommen, kommt ihre nachträgliche Rücknahme jedenfalls aus gemeinschaftsrechtlichen Grundsätzen nicht in Betracht. Der Betroffene muss sich unmittelbar, nachdem er von der nunmehrigen Rechtsprechung des EuGH erfahren hat, an die innerstaatliche Behörde wenden.[972]

448 (2) Entstehen etwa Zweifel, ob eine Auslegungsentscheidung des EuGH auf einen anhängigen Rechtsstreit übertragbar ist, muss das nationale Gericht den EuGH damit erneut durch eine eigene Vorlage befassen, um eine entsprechende Klärung zu erreichen.[973] Ein mitgliedstaatliches Gericht, dessen Entscheidung mit Rechtsmitteln des innerstaatlichen Rechts nicht mehr angefochten werden kann, ist nach Art. 234 Abs. 3 EG verpflichtet, den EuGH um eine – dann in dem betreffenden Ausgangsverfahren auch rechtlich verbindliche – Vorabentscheidung zu ersuchen, will es dessen bisheriger Auslegung des EuGH nicht folgen.[974]

4.2.2 Gültigkeits- und Ungültigkeitsentscheidungen des EuGH

449 (1) Stellt der EuGH im Vorlageverfahren die **Ungültigkeit einer Handlung eines Gemeinschaftsorgans** fest, entfaltet seine quasi-kassatorische Entscheidung Verbindlichkeit über den Ausgangsfall hinaus (**erga omnes**).[975] Es besteht ein

---

1995, 561 = NVwZ 1996, 1093 = DÖV 1995, 552 = EuZW 1995, 277 = EuR 1995, 104 = EuGRZ 1995, 125 – Fernseh-Richtlinie 89/552/EWG.

971 EuGH, Urteil vom 13.1.2004 – Rs. C-453/00 – EuGHE 2004 I-837 [868] Rn. 24 = DVBl. 2004, 373 = NVwZ 2004, 459 = DÖV 2004, 530 = EuR 2004, 590 = EuGRZ 2004, 67 = EWS 2004, 86 = BayVBl 2004, 589 = EuZW 2004, 215 = JZ 2004, 619 – Kühne & Heitz NV vs. Productschap voor Pluimvee en Eieren, mit Bespr. Josef Franz Lindner, in: BayVBl 2004, 590–592; Markus Kenntner, in: EuZW 2005, 235–238; vgl. näher Gabriele Britz/Tobias Richter, Die Aufhebung eines gemeinschaftswidrigen nicht begünstigenden Verwaltungsakts, in: JuS 2005, 198–202; Walter Frenz, Rücknahme eines gemeinschaftswidrigen belastenden Verwaltungsaktes, in: DVBl. 2004, 375–376.

972 EuGH, Urteil vom 13.1.2004 – Rs. C-453/00 – EuGHE 2004 I-837 [868] Rn. 24 = DVBl. 2004, 373 = NVwZ 2004, 459 = DÖV 2004, 530 = EuR 2004, 590 = EuGRZ 2004, 67 = EWS 2004, 86 = BayVBl 2004, 589 = EuZW 2004, 215 = JZ 2004, 619 – Kühne & Heitz NV vs. Productschap voor Pluimvee en Eieren.

973 Vgl. EuGH, Urteil vom 9.9.2003 – Rs. C-151/02 – EuGHE 2003 I-8389 [8440] Rn. 43ff. = DVBl. 2003, 1379 = NJW 2003, 2971 = EWS 2003, 470 = EuZW 2003, 655 = EuGRZ 2003, 722 = EuR 2004, 92 – Landeshauptstadt Kiel vs. Norbert Jaeger (zur Richtlinie 93/104/EG des Rates vom 23. November 1993 über bestimmte Aspekte der Arbeitszeitgestaltung), mit Bespr. Gregor Thüsing/Benjamin Heßeler, Zur unmittelbaren horizontalen Drittwirkung von Richtlinien, in: EWiR 2004, 1147–1148.

974 EuGH, Urteil vom 6.10.1982 – Rs. 283/81 – EuGHE 1982, 3415 = DVBl. 1983, 267 = NJW 1983, 1257 = EuR 1983, 161 – C.I.L.F.I.T. vs. Ministero della sanità, mit Bespr. E. Millarg, Pflicht zur Vorlage an den EuGH und deren Grenzen, acte claire-Doktrin, in: EuR 1983, 163–168; Christoph Herrmann, Die Reichweite der gemeinschaftsrechtlichen Vorlagepflicht in der neueren Rechtsprechung des EuGH, in: EuZW 2006, 231–235; Marek Schmidt, Privatrechtsangleichende EU-Richtlinien und nationale Auslegungsmethoden, in: RabelsZ 59 (1995), S. 569–597; BAG, Beschluss vom 18.2.2003 – 1 ABR 2/02 – BAGE 105, 32 = NZA 2003, 742 = EuZW 2003, 511.

975 EuGH, Urteil vom 13.5.1981 – Rs. 66/80 – EuGHE 1981, 1191 [1215] Rn. 13, 15 = NJW 1982, 1205 = ZfZ 1982, 46 – International Chemical Corporation vs. Amministazione delle Finanze dello Stato.

Berkemann

Anwendungsverbot für alle Mitgliedstaaten, einschließlich deren Gerichte. Der als ungültig festgestellte Rechtsakt darf nicht mehr angewandt werden. Eine als ungültig festgestellte Richtlinie gilt gleichsam als nicht erlassen.

Die Entscheidung beurteilt die Rechtslage mithin grundsätzlich **ex tunc**.[976] Hat ein   **450**
nationales Gericht Zweifel an der **präjudiziellen Rechtswirkung**, muss es diese
Frage dem EuGH gemäß Art. 234 EG vorlegen. Stellt der EuGH dagegen die Gültigkeit fest, besitzt diese Entscheidung keine Bindungswirkung erga omnes.[977]

(2) Erachtet der EuGH im Verfahren der Vorlage eine sekundäre Rechtsvorschrift,   **451**
also auch eine Richtlinie, für rechtsgültig, so besitzt diese Entscheidung faktisch
eine präjudizielle Verbindlichkeit. Jedes nationale Gericht muss sich bei seiner
Entscheidung an der Ansicht des EuGH – ähnlich einer Auslegungsentscheidung
– ausrichten. Hat der EuGH eine Rechtsvorschrift für gültig angesehen, darf ein
nationales Gericht jedenfalls keine Maßnahme des vorläufigen Rechtsschutzes
treffen, die eine andere Auffassung zugrunde legt (vgl. Rn. 452 f.).

5. Vorläufiger Rechtsschutz

Lit.: Dirk Schroeder/Maren Toboll, Zur Durchsetzung von Gemeinschaftsrecht im Wege vorläufigen Rechtsschutzes, in: EWiR 1990, 783–784; Dimitris Triantafyllou, Zur Europäisierung des vorläufigen Rechtsschutzes, in: NVwZ 1992, 129–134; Georg Haibach, Gemeinschaftsrecht und vorläufiger Rechtsschutz durch mitgliedstaatliche Gerichte, München 1995; Robert Koch, Zur Vorlagepflicht nationaler Gerichte an den EuGH in Verfahren des vorläufigen Rechtsschutzes, in: NJW 1995, 2331–2332; Ingo Brinker, Vorläufiger Rechtsschutz in nationalen Gerichtsverfahren und Europarecht, in: NJW 1996, 2851–2852; Georg Haibach, Vorläufiger Rechtsschutz im Spannungsfeld von Gemeinschaftsrecht und Grundgesetz, in: DÖV 1996, 60–70; Bertrand Wägenbaur, Die jüngere Rechtsprechung der Gemeinschaftsgerichte im Bereich des vorläufigen Rechtsschutzes, in: EuZW 1996, 327–335; Stefan Lehr, Einstweiliger Rechtsschutz und Europäische Union, Berlin 1997; Christoph Ohler/Wolfgang Weiß, Einstweiliger Rechtsschutz vor nationalen Gerichten und Gemeinschaftsrecht, in: NJW 1997, 2221–2222; Friedrich Schoch, Die Europäisierung des verwaltungsgerichtlichen vorläufigen Rechtsschutzes, in: DVBl. 1997, 289–297; Waltraud Buck, Die Europäisierung des verwaltungsgerichtlichen vorläufigen Rechtsschutzes, Baden-Baden 1998; Christian Rohde, Vorläufiger Rechtsschutz unter dem Einfluß des Gemeinschaftsrechts, Köln u. a. 1998; Wolfram Sandner, Probleme des vorläufigen Rechtsschutzes gegen Gemeinschaftsrecht vor nationalen Gerichten, in: DVBl. 1998, 262–267; Klaus Stern, Die Einwirkung des europäischen Gemeinschaftsrechts auf die Verwaltungsgerichtsbarkeit, in: JuS 1998, 769–776; Alexander Jannasch, Einwirkungen des Gemeinschaftsrechts auf den vorläufigen Rechtsschutz, in: NVwZ 1999, 495–502; Michael Potacs, Vorläufiger Rechtsschutz, in: Michael Houlebek/Michael Lang (Hrsg.), Das EuGH-Verfahren in Steuersachen, Wien 2000, S. 265–282; Harriet von Stülpnagel, Der einstweilige Rechtsschutz nach § 80 VwGO und die Durchführung von gemeinschaftsrechtlichen Verordnungen, in: DÖV 2001, 932–940; Helmut Lecheler, Isolierte Anfechtung von Verfahrensfehlern ohne materielle Beschwer kraft Europarechts?, in: NVwZ 2005, 1156–1157; Markus Burianski, Vorläufiger Rechtsschutz gegen belastende EG-Rechtsakte – Lasset alle Hoffnung fahren?, in: EWS 2006, 304–309.

---

976 Bernhard Wegener, in: Christian Calliess/Matthias Ruffert, EUV/EGV, 3. Aufl. 2007, EG Art. 234 Rn. 39.

977 EuGH, Urteil vom 13.5.1981 – Rs. 66/80 – EuGHE 1981, 1191 [1215] Rn. 13 = NJW 1982, 1205 = HFR 1982, 33 – International Chemical Corporation vs. Amministrazione delle Finanze dello Stato.

5.1 Zuständigkeiten

452 Während des Vorabentscheidungsverfahrens ist das **nationale Gericht zuständig**, den für erforderlich angesehenen vorläufigen Rechtsschutz zu gewähren. Die Zuständigkeit liegt also nicht beim EuGH.[978] Das gilt auch dann, wenn mit der Vorlage die Gültigkeit einer Richtlinie geklärt werden soll.[979] Das entspricht dem vom EuGH betonten Gedanken der Kooperation zwischen nationalen Gerichten und dem Gerichtshof. Der EG-Vertrag ermächtigt den EuGH nicht, im Verfahren der Vorlage eine derartige Aussetzung anzuordnen.[980] Das nationale Gericht der Hauptsache hat mithin, also gemäß §§ 80, 80 a, 123 VwGO, über den vorläufigen Rechtsschutz zu entscheiden.

453 Dabei darf der vorläufige Schutz, den das nationale Gericht dem EG-Bürger aufgrund des Gemeinschaftsrechts zu gewähren hat, nicht davon abhängen, ob dieser die Aussetzung der Vollziehung eines nationalen Verwaltungsakts oder den Erlass einer einstweiligen Anordnung beantragt.[981]

5.2 Vorläufiger Rechtsschutz nach §§ 80, 80 a VwGO

454 (1) Die Kohärenz des Systems des vorläufigen Rechtsschutzes erfordert, dass das nationale Gericht die Möglichkeit besitzt, die Vollziehung eines nationalen Verwaltungsakts auszusetzen.[982] Das gilt etwa für ein Verfahren nach § 80 Abs. 5 VwGO.

455 (2) Im Rahmen summarischer und eilbedürftiger, dem Hauptverfahren vorgeschalteter Eilverfahren besteht keine Pflicht, dem EuGH eine **Auslegungsfrage** im Ver-

---

978 EuGH, Urteil vom 17.7.1997 – Rs. C-334/95 – EuGHE I-4517 [4553] Rn. 46 = EuZW 1997, 629 = HFR 1997, 868 – Krüger GmbH vs. HZA Hamburg-Jonas; ebenso Bernhard W. Wegener, in: Christian Calliess/Matthias Ruffert (Hrsg.), EUV/EGV, 3. Aufl. 2007, EG Art. 243 Rn. 30 ff.; Ulrich Ehricke, in: Rudolf Streinz (Hrsg.), EUV/EGV, EG Art. 243 Rn. 9 a. E.; ferner Stefan Lehr, Einstweiliger Rechtsschutz und Europäische Union, 1997 S. 568 ff.; zurückhaltend offenbar EuGH, Urteil vom 26.11.1996 – C-68/95 – EuGHE 1996 I-6065 [6106] Rn. 62 = HFR 1997, 181.

979 Vgl. EuGH, Urteil vom 9.11.1995 – Rs. C-465/93 – EuGHE 1995 I-3761 [3788 ff.] Rn. 20 ff. = DVBl. 1996, 247 = NJW 1996, 1333 = EuZW 1995, 837 = EuR 1995, 416 = EuGRZ 1995, 605 = BayVBl 1996, 366 – Atlanta Fruchthandelsgesellschaft u. a. vs. Bundesamt für Ernährung und Forstwirtschaft – „Atlanta III", mit Bespr. Frank Burmeister/Gerald Miersch, Anforderungen an Gewährung vorläufigen Rechtsschutzes durch nationale Gerichte in Rechtsstreitigkeiten mit gemeinschaftsrechtlichem Bezug, in: EuZW 1995, 840–841; Ingo Brinker, Vorläufiger Rechtsschutz in nationalen Gerichtsverfahren und Europarecht, in: NJW 1996, 2851–2852; Ulrich Schrömbges, Erlaß einer einstweiligen Anordnung durch ein nationales Gericht bei Zweifeln an der Gültigkeit einer gemeinschaftsrechtlichen Regelung, in: ZfZ 1996, 210–211.

980 Weiterführend Stefan Lehr, Einstweiliger Rechtsschutz und Europäische Union, Berlin 1997, S. 568 ff.

981 EuGH, Urteil vom 19.6.1990 – Rs. C-213/89 – EuGHE 1990 I-2433 [2473 f.] Rn. 19 ff. DVBl. 1991, 861 = NJW 1991, 2271 = BayVBl 1991, 15 = EuZW 1990, 356 – The Queen vs. Secretary of State for Transport ex parte: Factortame Ltd. – „Factortame I", im Verfahren des vorläufigen Rechtsschutzes, mit Bespr. Georg Haibach, in: DÖV 1996, 60–70; Dirk Schroeder/Maren Toboll, in: EWiR 1990, 783–784; Andreas Cahn, in: ZEuP 1998, 974–980.

982 EuGH, Urteil vom 21.2.1991 – verb. Rs. C-143/88 und C-92/89 EuGHE 1991 I-415 = DVBl. 1991, 480 2/89 = EuZW 1991, 313 = BayVBl 1991, 300 = JZ 1992, 36 – Zuckerfabrik Süderdithmarschen AG und Zuckerfabrik Soest GmbH vs. HZA Itzehoe und HZA Soest, mit Bespr. Wolfgang Dänzer-Vanotti, in: BB 1991, 1015; Sabine Schlemmer-Schulte, in: EuZW 1991, 307–310; Friedrich Schoch, Vorläufiger Rechtsschutz zwischen Vorrang des EG-Rechts, Letztentscheidungsbefugnis des EuGH und Rechtsschutzeffektivität, in: SGb 1992, 118–122.

Berkemann

fahren der Vorabentscheidung vorzulegen.[983] Ist der EuGH in einem Hauptsacheverfahren um eine Vorabentscheidung ersucht worden, muss nicht bereits aus diesem Grunde und gleichsam automatisch vorläufiger Rechtsschutz gegen deren Vollzug gewährt werden. Das innerstaatliche Gericht muss allerdings in Betracht ziehen, dass der EuGH zu einem Ergebnis gelangt, nach dem das innerstaatliche Recht anderweitig gemeinschaftskonform auszulegen ist oder wegen Vorrangs des Gemeinschaftsrechts unangewandt zu bleiben hat.[984]

(3) Das nationale Gericht darf eine vorläufige Regelung gegenüber einem Rechtsakt der Gemeinschaft nur treffen, wenn es ganz erhebliche Zweifel an dessen **Gültigkeit** hat und dies in seiner Entscheidung darlegt und wenn es, sofern der EuGH mit der Gültigkeitsfrage noch nicht befasst ist, sie diesem selbst vorlegt. In diesem Falle muss bereits im Verfahren des vorläufigen Rechtsschutzes ein Vorabentscheidungsverfahren eingeleitet werden. Nur im Zusammenhang mit einer derartigen Vorlage darf das nationale Gericht mithin das Gemeinschaftsrecht einstweilen unangewandt lassen.[985] Zudem muss die vorläufige Regelung in dem Sinne dringlich sein, dass vermieden werden muss, dass der EG-Bürger einen schweren und nicht wiedergutzumachenden Schaden erleidet. Dabei ist zugleich das Interesse der Gemeinschaft angemessen zu berücksichtigen.[986] **456**

Der EuGH fasst die einzelnen **Voraussetzungen**, unter denen das nationale Gericht eine einstweilige Anordnung hinsichtlich eines nationalen Verwaltungsaktes treffen darf, welche der Durchführung einer EG-Verordnung oder der unmittelbaren Anwendung einer EG-Richtlinie dient, wie folgt zusammen:[987] Vorläufigen Rechtsschutz nach §§ 80, 123 VwGO darf das Gericht nur gewähren, **457**

---

983 Vgl. EuGH, Urteil vom 24.5.1977 – Rs. 107/76 – EuGHE 1977, 957 = NJW 1977, 1585 = RIW 1978, 189 – Hoffmann-La Roche AG vs. Centrafarm Vertriebsgesellschaft Pharmazeutischer Erzeugnisse mbH, mit Bespr. Christoph Herrmann, Die Reichweite der gemeinschaftsrechtlichen Vorlagepflicht in der neueren Rechtsprechung des EuGH, in: EuZW 2006, 231–235; Robert Koch, Zur Vorlagepflicht nationaler Gerichte an den EuGH in Verfahren des vorläufigen Rechtsschutzes, in: NJW 1995, 2331–2332; EuGH, Urteil vom 27.10.1982 – Rs. 35/82 und 36/82 – EuGHE 1982, 3723 = DVBl. 1983, 744 = NJW 1983, 2571 – Morson und Jhanian vs. Niederlande – „Morson".
984 Vgl. OVG Koblenz, Beschluss vom 4.11.2003 – 8 B 11220/03 – NVwZ 2003, 363 = UPR 2004, 388.
985 EuGH, Urteil vom 21.2.1991 – verb. Rs. C-143/88 und C-92/89 – EuGHE 1991 I-415 [544] Rn. 33 = NVwZ 1991, 460 = DVBl. 1991, 480 = EuZW 1991, 313 – Zuckerfabrik Süderdithmarschen AG und Zuckerfabrik Soest GmbH vs. HZA Itzehoe und HZA Soest.
986 Vgl. EuGH, Urteil vom 21.2.1991 – verb. Rs. C-143/88 und C-92/89 – EuGHE 1991 I-415 = NVwZ 1991, 460 = DVBl. 1991, 480 = EuZW 1991, 313 – Zuckerfabrik Süderdithmarschen AG und Zuckerfabrik Soest GmbH vs. HZA Itzehoe und HZA Soest; EuGH, Urteil vom 9.11.1995 – Rs. C-465/93 – EuGHE 1995 I-3761 [3788 ff.] Rn. 20 ff. = DVBl. 1996, 247 = NJW 1996, 1333 = EuZW 1995, 837 = EuR 1995, 416 = EuGRZ 1995, 605 – Atlanta Fruchthandelsgesellschaft u. a. vs. Bundesamt für Ernährung und Forstwirtschaft – „Atlanta III"; vgl. Hans-Joachim Schütz/Thomas Bruha/Doris König, Casebook Europarecht, München, 2004, S. 444 ff.
987 Vgl. EuGH, Urteil vom 9.11.1995 – Rs. C-465/93 – EuGHE 1995 I-3761 [3788 ff.] Rn. 51= DVBl. 1996, 247 = NJW 1996, 1333 = EuR 1995, 416 = EuZW 1995, 837 = EuGRZ 1995, 605 = BayVBl 1996, 366 – Atlanta Fruchthandelsgesellschaft mbH u. a. vs. Bundesamt für Ernährung und Forstwirtschaft – „Atlanta III", EuGH, Urteil vom 26.11.1996 – Rs. C-68/95 – EuGHE 1996 I-6065 [6102 f.] Rn. 48 ff. = NJW 1997, 1225 = EuZW 1997, 61 = JZ 1997, 458 – T. Port GmbH & Co. KG vs. Bundesanstalt für Landwirtschaft und Ernährung, mit Bespr. Christian Koenig/Christopher Zeiss, in: JZ 1997, 461–463; Manfred Zuleeg, in: NJW 1997, 1201–1207; EuGH, Urteil vom 21.2.1991 – verb. Rs. C-143/88 und C-92/89 – EuGHE 1991 I-415 [542] Rn. 26 = NVwZ 1991, 460 = DVBl. 1991, 480

Berkemann

- wenn es **erhebliche Zweifel an der Gültigkeit** der Handlung der Gemeinschaft hat und diese Gültigkeitsfrage, sofern der Gerichtshof mit ihr noch nicht befasst ist, diesem selbst vorlegt,

- wenn die Entscheidung **dringlich** in dem Sinne ist, dass die einstweiligen Anordnungen erforderlich sind, um zu vermeiden, dass die sie beantragende Partei einen schweren und nicht wiedergutzumachenden Schaden erleidet,

- wenn es das **Interesse der Gemeinschaft** an der einheitlichen Vollziehung des Gemeinschaftsrechts angemessen berücksichtigt und

- wenn es bei der Prüfung dieser Voraussetzungen die **Spruchpraxis des EuGH** und des EuG über die Rechtmäßigkeit der Verordnung oder Richtlinien sowie über Entscheidungen des EuGH in Verfahren des vorläufigen Rechtsschutzes in **gleichartigen Fällen beachtet**.

458 (4) Ist die **Gemeinschaftswidrigkeit des nationalen Rechts** umstritten und bestehen insoweit hinsichtlich des Gemeinschaftsrechts weder Auslegungs- noch Gültigkeitsfragen, kommt ein Vorabentscheidungsverfahren nicht in Betracht. Das nationale Gericht hat in diesem Falle § 80 VwGO uneingeschränkt anzuwenden.[988]

5.3 Vorläufiger Rechtsschutz nach § 123 VwGO

459 Für den Erlass einer einstweiligen Anordnung gemäß § 123 Abs. 1 VwGO gelten dieselben Grundsätze. Wird die Gültigkeit einer Verordnung oder eine Richtlinie bestritten, schließt dies einen vorläufigen Rechtsschutz nicht von vornherein aus.[989]

6. Missachtung der Vorlagepflicht

6.1 Reaktion des Gemeinschaftsrechts

Lit.: Marten Breuer, Urteile mitgliedsstaatlicher Gerichte als möglicher Gegenstand eines Vertragsverletzungsverfahrens gem. Art. 226 EG?, in: EuZW 2004, 199–201; Markus Kenntner, Ein Dreizack für die offene Flanke: Die neue EuGH-Rechtsprechung zur judikativen Gemeinschaftsrechtsverletzung, in: EuZW 2005, 235–238; Edgar Lenski/Franz C. Mayer, Vertragsverletzung wegen Nichtvorlage durch oberste Gerichte, in: EuZW 2005, 225–226.

460 Eine Vertragsverletzung eines Mitgliedstaats kann grundsätzlich gemäß Art. 226 EG unabhängig davon festgestellt werden, welches Staatsorgan durch sein Handeln oder Unterlassen den Verstoß verursacht hat, selbst wenn es sich um ein

---

= EuZW 1991, 313 – Zuckerfabrik Süderdithmarschen AG und Zuckerfabrik Soest GmbH vs. HZA Itzehoe und HZA Soest; EuGH, Beschluss vom 4.2.2000 – Rs. C-17/98 – EuGHE 2000 I-675 [738 f.] Rn. 73 = DVBl. 2000, 548 = EuGRZ 2000, 210 – Emesa Sugar (Free Zone) vs. Aruba; vgl. auch Ulrich Karpenstein, Praxis des EG-Rechts, 2006, S. 133.

988 Wie hier Ulrich Karpenstein, Praxis des EG-Rechts, 2006, S. 134 Rn. 326 a. E., insoweit mißverständlich EuGH, Urteil vom 9.11.1995 – Rs. C-465/93 – EuGHE 1995 I-3761 [3789] Rn. 24 = DVBl. 1996, 247 = NJW 1996, 1333 = EuR 1995, 416 = EuZW 1995, 837 = EuGRZ 1995, 605 = BayVBl 1996, 366 – Atlanta Fruchthandelsgesellschaft mbH u. a. vs. Bundesamt für Ernährung und Forstwirtschaft – „Atlanta III".

989 Vgl. EuGH, Urteil vom 9.11.1995 – Rs. C-465/93 – EuGHE 1995 I-3761 = DVBl. 1996, 247 = NJW 1996, 1333 = EuR 1995, 416 = EuZW 1995, 837 = EuGRZ 1995, 605 = BayVBl 1996, 366 – Atlanta Fruchthandelsgesellschaft u. a. vs. Bundesamt für Ernährung und Forstwirtschaft – „Atlanta III".

verfassungsmäßig unabhängiges Organ handelt.[990] Verletzt ein nationales Gericht seine Vorlagepflicht, stellt dies eine Vertragsverletzung dar. Das ist indes eine nur theoretische Möglichkeit. Bislang hat die Kommission im Hinblick auf die Unabhängigkeit der nationalen Gerichte von der Möglichkeit eines Vertragsverletzungsverfahrens keinen Gebrauch gemacht. Im Jahre 1997 hat die Kommission ein derartiges Verfahren zumindest gegenüber Deutschland ernsthaft erwogen.[991]

6.2 Reaktion des innerstaatlichen Rechts

Lit.: Gisela Mutke, Die unterbliebene Vorlage an den Europäischen Gerichtshof als Revisionsgrund im Verwaltungsprozeß, in: DVBl. 1987, 403–405; Hans-Jürgen Rabe, Vorlagepflicht und gesetzlicher Richter, in: Bernd Bender/Rüdiger Breuer u. a. (Hrsg.), Rechtsstaat zwischen Sozialgestaltung und Rechtsschutz. Festschrift für Konrad Redeker, Köln u. a. 1993, S. 201–212; Pratich Ernst Sensburg, Die Vorlagepflicht an den EuGH: Eine einheitliche Rechtsprechung des BVerfG, in: NVwZ 2001, 1259–1260; Ulrich Fastenrath, Der Europäische Gerichtshof als gesetzlicher Richter. Zur verfassungsgerichtlichen Kontrolle der Einhaltung völker- und europarechtlicher Verpflichtungen sowie zum Prüfungsmaßstab bei Art. 101 Abs. 1 Satz 2 GG, in: Jürgen Bröhmer u. a. (Hrsg.), Internationale Gemeinschaft und Menschenrechte. Festschrift für Georg Ress, Köln u. a. 2005, S. 461–484; Markus Warnke, Die Vorlagepflicht nach Art. 234 III EGV in der Rechtsprechungspraxis des BVerfG – Im Vergleich zu den Verfassungsgerichtsbarkeiten der EG-Mitgliedstaaten, Frankfurt/M. 2004.

6.2.1 Rechtsmittelrecht

(1) Im innerstaatlichen Recht kann die unterlassene Vorlage zunächst mit den **461** Mitteln des **Prozessrechts** bekämpft werden. Dazu bietet sich das **Rechtsmittelrecht** an. Nach der Rechtsprechung des BVerwG stellt die unterlassene Vorlage einen **Revisionszulassungsgrund** im Sinne des § 132 Abs. 2 Nr. 1 VwGO dar.[992] Entsprechendes gilt für die anderen Gerichtsbarkeiten. So ist die Revision wegen grundsätzlicher Bedeutung bereits dann zuzulassen, wenn nicht auszuschließen ist, dass in einem künftigen Revisionsverfahren eine Vorlagepflicht ausgelöst werden wird.[993] Ist dies im Sinne der „acte claire"-Doktrin zu verneinen, kommt eine

990 EuGH, Urteil vom 9.12.2003 – Rs. C-129/00 – EuGHE 2003 I-14637 = EuZW 2004, 151 = EWS 2004, 276 = RIW 2004, 467 – Kommission vs. Italien, mit Bespr. Gerd Meier, in: EuZW 2004, 335; Markus Kenntner, in: EuZW 2005, 235–238; Peter Schäfer, Art. 226 EG: Verstöße der nationalen Judikative gegen Gemeinschaftsrecht als Gegenstand eines Vertragsverletzungsverfahrens, in: JA 2004, 525–527.

991 Vgl. Hans-Joachim Schütz/Thomas Bruha/Doris König, Casebook Europarecht, München, 2004, S. 408 unter Hinweis auf eine Antwort der Kommission auf eine Schriftliche Anfrage des Europäischen Parlaments E-4208-4211/97 (ABl. 1998 C 223/73); vgl. auch Gert Meier, Zur Einwirkung des Gemeinschaftsrechts auf nationales Verfahrensrecht im Falle höchstrichterlicher Vertragsverletzungen, in: EuZW 1991, 11–15.

992 BVerwG, Beschluss vom 22.10.1986 – 3 B 43.86 – Buchholz 310 § 132 VwGO Nr. 243 = NJW 1998, 664 = BayVBl 1988, 122; vgl. auch Gisela Mutke, Die unterbliebene Vorlage an den Europäischen Gerichtshof als Revisionsgrund im Verwaltungsprozeß, in: DVBl. 1987, 403–405; vgl. Dagmar Lieber, Über die Vorlagepflicht des Artikel 177 EWGVertrag und deren Mißachtung, München 1986.

993 BVerwG, Beschluss vom 22.10.1986 – 3 B 43.86 – Buchholz 310 § 132 VwGO Nr. 243 = NJW 1998, 664 = BayVBl 1988, 122; BVerwG, Beschluss vom 2.10.1985 – 3 B 12.84 – Buchholz 451.90 Nr. 58 = NJW 1986, 1448; BVerwG, Beschluss vom 30.1.1996 – 3 NB 2.94 – Buchholz 310 § 47 VwGO Nr. 111 = NVwZ 1997, 178 = BayVBl 1996, 473; BVerfG [Kammer], Beschluss vom 22.12.1992 – 2 BvR 557/88 – NVwZ 1993, 883 = HFR 1993, 203.

Zulassung der Revision aus diesem Grunde nicht in Betracht. Das gilt auch dann, wenn die gemeinschaftsrechtliche Frage durch eine Entscheidung des EuGH hinreichend geklärt ist, das Berufungsgericht dies jedoch übersehen hat.

462 Als Verfahrensfehler im Sinne des § 132 Abs. 2 Nr. 3 VwGO kann auch geltend gemacht werden, dass das vorinstanzliche Gericht geradezu willkürlich von einer Vorlage an den EuGH abgesehen hat.[994] Das wird indes nur sehr selten begründet werden können, da die Nichtzulassungsbeschwerde als Rechtsmittel im Sinne des Art. 234 Abs. 3 EG gilt und gerade dies eine obligatorische Vorlagepflicht des vorinstanzlichen Gerichtes ausschließt.

463 (2) Dabei ist das primäre und das sekundäre Gemeinschaftsrecht, also auch die einzelne **Richtlinie**, als revisibles Recht im Sinne des § 137 Abs. 1 Nr. 1 VwGO anzusehen.[995] Das gilt auch für den Zeitraum vor Ablauf der Umsetzungsfrist. Unerheblich ist es auch, ob der Richtlinie die „unmittelbare" Rechtsgeltung fehlt. Die hiergegen früher im Schrifttum teilweise erhobenen Bedenken überzeugen nicht.[996] Über sie ist die Spruchpraxis des BVerwG längst und ohne weitere Erörterung hinweggegangen.[997] Die Rechtsprechung des BVerwG nimmt mit großer Selbstverständlichkeit die volle **revisionsgerichtliche Überprüfung** vorinstanzlicher Entscheidungen auf deren Vereinbarkeit mit dem jeweiligen **Richtlinieninhalt** an.[998]

464 Das BVerwG hat beispielsweise das Verständnis des Berufungsgerichts vom Umfang des behördlichen Ermessens bei der Gewährung von Auskünften nach dem Umweltinformationsgesetz (UIG) ohne weitere Begründung als revisiblen Verstoß gegen die Umweltinformations-RL 90/313/EWG beurteilt.[999] Das BVerwG hat ferner die Auslegung der Rechtfertigungsgründe für eine Beeinträchtigung eines „potentiellen" FFH-Gebietes durch die Vorinstanz als unvereinbar mit Art. 6 Abs. 4 UAbs. 2 FFH-RL 92/43/EWG beanstandet.[1000] Das Gericht hat ferner die durch Art. 7 FFH-RL 92/43/EWG vorgesehene Änderung des Schutzregimes eines anerkannten Vogelschutzgebietes seiner revisionsgerichtlichen Prüfung unterzogen.[1001]

---

994 Vgl. BVerwG, Beschluss vom 20.3.1986 – 3 B 3.86 – NJW 1987, 601 = EuR 1986, 282; BFH, Beschluss vom 3.2.1987 – VII B 129/86 – NJW 1987, 3096 = HFR 1987, 255.

995 Vgl. BVerwG, Urteil vom 5.6.1986 – 3 C 12.82 – BVerwGE 74, 241 = NJW 1986, 3040 = DÖV 1986, 1061, BVerwG, Beschluss vom 30.1.1996 – 3 NB 2.04 – NVwZ 1997, 178; dem folgend Werner Neumann, in: Helge Sodan/Jan Ziekow (Hrsg.), VwGO, 2. Aufl. 2002, § 137 Rn. 54.

996 Wie hier Michael Eichberger, in: Friedrich Schoch u. a. (Hrsg.), VwGO § 137 Rn. 40 [Stand: Jan. 2002]; Johann Bader, in: ders./Michael Funke-Kaiser/Stefan Kuntze/Jörg von Albedyll, VwGO, 3 Aufl. 2005, § 137 Rn. 3; a. A. Ferdinand O Kopp/Wolf Rüdiger Schenke, VwGO, 14. Aufl., 2005, § 137 Rn. 5.

997 Vgl. BVerwG, Urteil vom 22.12.1999 – 11 CN 3.99 – DVBl. 2000, 913 = NVwZ 2000, 933; BVerwG, Urteil vom 24.9.1992 – 3 C 64.89 – BVerwGE 91, 77 = NVwZ 1993, 977. Die revisionsgerichtliche Rechtsprechung des BVerwG zu FFH-RL 92/43/EWG hat in keinem Falle die Frage der Revisibilität im Sinne des § 137 Abs. 1 VwGO überhaupt je erwähnt.

998 Vgl. etwa BVerwG, Beschluss vom 21.11.2005 – 7 B 26.05 – ZfB 2006, 27; BVerwG, Urteil vom 12.6.2002 – 7 C 2.02 – Buchholz 406.27 § 52 BBergG Nr. 4.

999 BVerwG, Urteil vom 6.12.1996 – 7 C 64.95 – BVerwGE 102, 282 [286 ff.] = DVBl. 1997, 438 = NJW 1997, 753 = UPR 1997, 109.

1000 BVerwG, Urteil vom 27.1.2000 – 4 C 2.99 – BVerwG 110, 302 (313) = DVBl. 2000, 814 = NVwZ 2000, 1171 = UPR 2000, 230, mit Bespr. Andreas Fisahn, in: ZUR 2000, 335–338.

1001 BVerwG, Urteil vom 1.4.2004 – 4 C 2.03 – BVerwGE 120, 276 = DVBl. 2004, 1115 = NVwZ 2004, 1114 = UPR 2004, 426 = BauR 2004, 1588 = ZUR 2004, 289 = BauR 2004, 1588 – Hochmosel-

6.2.2 Verfassungsbeschwerde

Lit.: Klaus Füßer, Durchsetzung der Vorlagepflicht zum EuGH gemäß Art. 234 III EG – Integrationsfreundliche Tendenzen in der Rechtsprechung des BVerfG zu Art. 101 I 2 GG –, in: DVBl. 2001, 1574- 577; Reiner Tillmanns, Durchsetzung der Pflicht zur Vorlage an den EuGH im Wege des Art. 101 Abs. 1 Satz 2 GG, in: BayVBl 2002, 723–726; Jan Bergmann, Das Bundesverfassungsgericht in Europa, in: EuGRZ 2004, 620–627.

(1) Nach der Rechtsprechung des BVerfG ist die rechtswidrig unterlassene Vorlage nach Art. 243 Abs. 3 EG ein Verstoß gegen das grundrechtliche **Recht auf den gesetzlichen Richter** (Art. 101 Abs. 1 Satz 2 GG).[1002] Allerdings ist ein Verstoß nach der Rechtsprechung des BVerfG nur gegeben, wenn die Vorlage an den EuGH **in objektiv willkürlicher Weise** unterlassen wurde.[1003] Der Willkürmaßstab ist außer am Grundgesetz und dem innerstaatlichen Recht auch an den Besonderheiten von Art. 234 EG und dem übrigen Gemeinschaftsrecht auszurichten.   **465**

(2) Inzwischen ist das BVerfG von dem seinerzeit strengen Maßstab der Willkürlichkeit teilweise abgerückt.[1004] Das BVerfG beanstandet die Auslegung und Anwendung von Zuständigkeitsnormen, auch der des Art. 234 EG, wenn sie bei verständiger Würdigung der die Verfassung bestimmenden Gedanken nicht mehr verständlich erscheinen und offensichtlich unhaltbar sind.[1005] Die Nichteinleitung eines Vorlageverfahrens verletzt danach die Garantie des gesetzlichen Richters dann,   **466**

---

querung, mit Bespr. Martin Gellermann, in: DVBl. 2004, 1198–1203; André Bönsel/Dietmar Hönig, in: NuR 2004, 710–713; Marius Baum, in: NuR 2005, 87–91; Klaus Füßer, in: NVwZ 2005, 144–148.

1002 BVerfG, Beschluss vom 8.4.1987 – 2 BvR 687/85 – BVerfGE 75, 233 [241 f.] = DVBl. 1988, 38 = NJW 1988, 1459 – „Kloppenburg"; BVerfG, Beschluss vom 22.10.1986 – 2 BvR 197/83 – BVerfGE 73, 339 [366 ff.] = DVBl. 1987, 231 = NJW 1987, 577 – „Solange II"; BVerfG [Kammer], Beschluss vom 9.11.1987 – 2 BvR 808/82 – NJW 1988, 1456 = EuR 1988, 190 = EuGRZ 1988, 109; BVerfG [Kammer]; Beschluss vom 21.8.1996 – 1 BvR 866/96 – NVwZ 1997, 481; Manfred Dauses, Der Europäische Gerichtshof als gesetzlicher Richter – Rechtliche Klammer für Europa, in: Politische Studien 40 (1989), S. 471–481; Klaus Füßer, Durchsetzung der Vorlagepflicht zum EuGH gemäß Art. 234 II EG. Integrationsfreundliche Tendenzen in der Rechtsprechung des BVerfG zu Art. 101 I 2 GG, in: DVBl. 2001, 1574–1577; Carsten Nowak, Nichterfüllung der Vorlagepflicht aus Art. 234 II EG als Verstoß gegen Art. 101 I 2 GG – Das Grundrecht auf den gesetzlichen Richter in Luxemburg, in: NVwZ 2002, 688–690.

1003 BVerfG, Beschluss vom 8.4.1987 – 2 BvR 687/85 – BVerfGE 75, 233 [24 f.] = DVBl. 1988, 38 = NJW 1988, 1459 – „Kloppenburg"; BVerfG [Kammer], Beschluss vom 4.11.1987 – 2 BvR 876/85 – NJW 1988, 2173 = EuR 1988, 72 = EuGRZ 1988, 120; BVerfG, Beschluss vom 31.5.1990 – 2 BvL 12/88 u. a. – BVerfGE 82, 159 [192 ff.] = DVBl. 1990, 984 = NVwZ 1991, 53 = EuZW 1991, 384 = EuGRZ 1990, 377; BVerfG [Kammer], Beschluss vom 5.8.1998 – 1 BvR 264/98 – EuZW 1998, 728 = DB 1998, 1919.

1004 Vgl. BVerfG [Kammer], Beschluss vom 9.1.2001 – 1 BvR I036/99 – DVBl. 2001, 720 = NJW 2001, 1267 = DÖV 2001, 379 = JZ 2001, 923 = EuZW 2001, 255 = EuGRZ 2001, 150.

1005 BVerfG [Kammer], Beschluss vom 29.7.2004 – 2 BvR 2248/03 – DVBl. 2004, 1411 = NVwZ 2004, 1224 = ZfBR 2004, 706 = NZBau 2004, 564, mit Bespr. Josef Franz Lindner, in: BayVBl 2001, 342–343; Hanno Kube, in: JuS 2001, 858–861; Patrick Ernst Sensburg, in: NJW 2001, 1259–1260; Andreas Vosskuhle, in: JZ 2001, 924–927; Reiner Tillmanns, in: BayVBl 2002, 723–726; vgl. ferner Jan Bergmann, Das Bundesverfassungsgericht in Europa, in: EuGRZ 2004, 620–627; Carsten Nowak, Nichterfüllung der Vorlagepflicht aus Art. 234 III EG als Verstoß gegen Art. 101 I 2 GG – Das Grundrecht auf den gesetzlichen Richter in Luxemburg, in: NVwZ 2002, 688–690; Clemens Weidemann, Solange II hoch 3? – Inzidentkontrolle innerstaatlicher Normen, in: NVwZ 2006, 623–629.

- wenn ein Gericht seine Vorlagepflicht grundsätzlich verkennt,[1006]

- wenn es bewusst von der Rechtsprechung des EuGH ohne Vorlagebereitschaft abweicht[1007] oder

- wenn es eine entscheidungserhebliche europarechtliche Frage in einer bestimmten Richtung beantwortet, ohne dass diese bereits in der Rechtsprechung des EuGH vorgegeben wäre.[1008]

Beispiel: Richtlinie 77/388/EWG sah für die Kreditvermittlungsgeschäfte eine Umsatzsteuerbefreiung vor. Die Richtlinie war bis zum 1.1.1978 umzusetzen. Das unterblieb. Das hierfür maßgebliche deutsche Umsatzsteuergesetz trat erst am 1.1.1980 in Kraft. Der EuGH stellte fest, dass die Steuerbefreiung aufgrund der unmittelbar wirksamen Richtlinie bereits mit dem 1.1.1978 eingetreten sei.[1009] Der BFH kam demgegenüber zu dem Ergebnis, der EWG seien für das Umsatzsteuerrecht keine Hoheitsrechte übertragen worden, um durch die unmittelbare Wirkung der Richtlinie im Inland eine Steuerbefreiung begründen zu können.[1010] Mit dieser Auffassung verletzte der BFH nach Ansicht des BVerfG willkürlich das Recht auf den gesetzlichen Richter. Er durfte ohne Vorlage an den EuGH nicht von dessen Vorabentscheidung abweichen, wenn er dieser nicht folgen wollte.[1011]

467 (3) In seiner neueren Rechtsprechung hat das BVerfG die Anwendung der genannten Kriterien sprachlich etwas verändert. Eine Verletzung des Gebots des „gesetzlichen Richters" liegt dann vor, wenn die Vorlage an den EuGH „in offensichtlich unhaltbarer Weise" unterlassen wurde.[1012] Das ist der Fall, wenn die vom letztinstanzlich berufenen Gericht gewählte Auffassung schlicht unvertretbar ist. Das BVerfG neigt inzwischen deutlich einer restriktiven Auffassung zu, um nicht als ein allgemeines Kontrollgericht gegenüber der innerstaatlichen Handhabung des Art. 234 EG in Anspruch genommen zu werden. Ein Verstoß gegen Art. 101 Abs. 1 S. 2 GG durch Unterlassen der Anrufung des EuGH ist danach dann gegeben, wenn das Gericht den ihm zukommenden Beurteilungsrahmen in unvertretbarer Weise überschritten hat. Das ist etwa der Fall, wenn das Fachgericht eine

1006 BVerfG [Kammer], Beschluss vom 9.1.2001 – 1 BvR 1036/99 – DVBl. 2001, 720 = NJW 2001, 1267 = DÖV 2001, 379 = JZ 2001, 923 = EuZW 2001, 255 = EuGRZ 2001, 150, mit Bespr. Andreas Voßkuhle, in: JZ 2001, 924–927; Patrick Sensburg, in: NJW 2001, 1259–1260; Carsten Nowak, Nichterfüllung der Vorlagepflicht aus Art. 234 III EG als Verstoß gegen Art. 101 I 2 GG – Das Grundrecht auf den gesetzlichen Richter in Luxemburg, in: NVwZ 2002, 688–690, zu BVerwG, Urteil vom 18.2.1999 – 3 C 10.98 – BVerwGE 108, 289 = DVBl. 1999, 1046 = NJW 1999, 2752 = EuZW 1999, 572 (Teilweiser Ausschluß von Teilzeitarbeit bei Weiterbildung zur praktischen Ärztin).
1007 BVerfG, Beschluss vom 8.4.1987 – 2 BvR 687/85 – BVerfGE 75, 223 = DVBl. 1988, 38 = NJW 1988, 1459 = EuGRZ 1988, 113 – „Kloppenburg".
1008 BVerfG [Kammer], Beschluss vom 8.2.2000 – 1 BvR 2345/95 – juris (Volltext) zu BVerwG, Beschluss vom 23.8.1995 – 1 B 46.95 – NJW 1996, 1423 (Gewerbeerlaubnis für Peep-Show-Veranstaltungen).
1009 EuGH, Urteil vom 22.2.1984 – Rs. 70/83 – EuGHE 1984, 1075 – Gerda Kloppenburg vs. Finanzamt Leer.
1010 BFH, Urteil vom 25.4.1985 – V R 123/84 – BFHE 143, 383 = EuR 1985, 191.
1011 BVerfG, Beschluss vom 8.4.1987 – 2 BvR 687/85 – BVerfGE 75, 223 = DVBl. 1988, 38 = NJW 1988, 1459 = EuGRZ 1988, 113 – „Kloppenburg".
1012 BVerfG, Beschluss vom 31.5.1990 – 2 BvL 12/88, 2 BvL 13/88, 2 BvR 1436/87 – BVerfGE 82, 159 [194 ff.] = DVBl. 1990, 984 = NVwZ 1991, 53; BVerfG [Kammer], Beschluss vom 9.1.2001 – 1 BvR 1036/99 – NJW 2001, 1267 = NVwZ 2001, 669 (L); BVerfG [Kammer], Beschluss vom 21.8.1996 – 1 BvR 866/96 – NVwZ 1997, 481; BVerfG [Kammer], Beschluss vom 14.10.1998 – 2 BvR 588/98 – NVwZ 1999, 293.

offene, noch nicht autoritativ und erschöpfend beantwortete Frage des Gemeinschaftsrechts zwar als solche erkennt, diese aber nicht vorlegt, sondern sie vielmehr – und zwar ohne jede Auseinandersetzung mit der Judikatur des EuGH – selbst beantwortet. Ein Verstoß liegt ferner vor, wenn das Fachgericht seine Vorlagepflicht deshalb grundsätzlich verkennt, weil es die Tragweite einer gängigen gemeinschaftsrechtlichen Norm kaum vertretbar falsch beurteilt oder erst gar nicht erkennt.[1013] Als Verstoß ist auch angesehen worden, wenn mögliche Gegenauffassungen zu der entscheidungserheblichen Frage des Gemeinschaftsrechts gegenüber der vom Gericht vertretenen Meinung eindeutig vorzuziehen sind.[1014]

> **Beispiel:** Ob eine mögliche Gegenauffassung gegenüber der vom Gericht vertretenen Meinung „eindeutig" vorzuziehen ist, kann auch davon abhängen, wie intensiv sich das Gericht mit einer Gegenansicht auseinandergesetzt hat. Im Schrifttum wurde erörtert, ob die RL 409/79/EWG (Vogelschutz) und die RL 43/92/EWG (FFH) allein dem Interesse der Allgemeinheit an dem Schutz der Natur dienen und daher keine individuell einklagbaren Rechte begründen. Das Verwaltungsgericht war dieser Auffassung nach eingehender Erörterung der bisherigen Rechtsprechung des EuGH und der in der Literatur vertretenen Auffassungen gefolgt. Das BVerfG verneinte aus diesem Grund eine Verletzung des Art. 101 Abs. 1 S. 2 GG.[1015]

(4) Erscheint eine Fortentwicklung der Rechtsprechung des Europäischen Gerichtshofs dagegen nicht nur als entfernte Möglichkeit, so wird Art. 101 Abs. 1 Satz 2 GG verletzt, wenn das letztinstanzliche Gericht den ihm in solchen Fällen notwendig zukommenden Beurteilungsrahmen in unvertretbarer Weise überschritten hat.[1016] Danach kann eine Vorlagepflicht an den EuGH in grundsätzlich erheblicher Weise auch ausgelöst werden, wenn zu einer entscheidungserheblichen Frage des Gemeinschaftsrechts eine einschlägige Rechtsprechung des EuGH noch nicht vorliegt, wenn eine vorliegende Rechtsprechung die entscheidungserhebliche Frage möglicherweise noch nicht erschöpfend beantwortet hat oder wenn eine Fortentwicklung der Rechtsprechung des EuGH nicht nur als entfernte Möglichkeit erscheint.[1017] Im Falle der Unvollständigkeit der Rechtsprechung des EuGH

468

1013 BVerfG [Kammer], Beschluss vom 9.1.2001 – 1 BvR 1036/99 – DVBl. 2001, 720 = NJW 2001, 1267 = DÖV 2001, 379 = EuGRZ 2001, 150 = EuZW 2001, 255 = BayVBl 2001, 340 = JZ 2001, 923 zu BVerwG, Urteil vom 18.02.1999 – 3 C 10.98 – BVerwGE 108, 289 = DVBl. 1999, 1046 = NJW 1999, 2752 (Richtlinie 76/207/EWG des Rates vom 9. Februar 1976 zur Verwirklichung des Grundsatzes der Gleichbehandlung von Männern und Frauen hinsichtlich des Zugangs zur Beschäftigung, zur Berufsbildung und zum beruflichen Aufstieg sowie in bezug auf die Arbeitsbedingungen), mit Bespr. Klaus Füßer, in: DVBl. 2001, 1574–1577; Carsten Nowak, Nichterfüllung der Vorlagepflicht aus Art. 234 III EG als Verstoß gegen Art. 101 I 2 GG – Das Grundrecht auf den gesetzlichen Richter in Luxemburg, in: NVwZ 2002, 688–690.

1014 BVerfG [Kammer], Beschluss vom 14.10.1998 – 2 BvR 588/98 – NVwZ 1999, 293; BVerfG [Kammer], Beschluss vom 10.5.2001 – 1 BvR 481/01, 1 BvR 518/01 – DVBl. 2001, 1139 = NVwZ 2001, 1148 = UPR 2001, 314 = NuR 2001, 581.

1015 BVerfG [Kammer], Beschluss vom 10.5.2001 – 1 BvR 481/01, 1 BvR 518/01 – DVBl. 2001, 1139 = NVwZ 2001, 1148 = UPR 2001, 314 = NuR 2001, 581.

1016 Vgl. BVerfG [Kammer], Beschluss vom 5.8.1998 – 1 BvR 264/98 – EuZW 1998, 728 = ZIP 1998, 1728; BVerfG [Kammer], Beschluss vom 18.10.2004 – 2 BvR 318/03 – GRUR 2005, 52; BVerfG, BVerfG, Beschluss vom 31.5.1990 – 2 BvL 12/88, 2 BvL 13/88, 2 BvR 1436/87 – BVerfGE 82, 159 [195 f.] = DVBl. 1990, 984 = NVwZ 1991, 53 = EuZW 1991, 384 = EuGRZ 1990, 377.

1017 BVerfG [Kammer], Beschluss vom 9.1.2001 – 1 BvR 1036/99 – DVBl. 2001, 720 = NJW 2001, 1267 = EuZW 2001, 255 = EuGRZ 2001, 150 zu BVerwG, Urteil vom 18.2.1999 – 3 C 10.98 – BVerwGE 108, 289 (zur Richtlinie 86/457/EWG – Ausbildung in der Allgemeinmedizin).

ist danach ein Verstoß gegen Art. 101 Abs. 1 S. 2 GG bereits dann zu verneinen, wenn das Hauptsachegericht die gemeinschaftsrechtliche Rechtsfrage in zumindest vertretbarer Weise beantwortet hat.

469 Ein Gericht muss sich hinsichtlich des Gemeinschaftsrechts hinreichend kundig machen. Unterlässt es dies, verkennt es regelmäßig die Reichweite der Vorlagepflicht. Dabei umfasst der Begriff des europäischen Rechts nicht nur materielle Rechtsnormen, sondern bei widerstreitenden Rechtsvorschriften auch die Methodenwahl; denn die Wahl der Methode entscheidet auch darüber, welche Rechtsnorm sich im Kollisionsfall durchsetzt und damit materiell gilt. Die Pflicht zur Vorlage wird auch verletzt, wenn die vom EuGH anerkannten ungeschriebenen gemeinschaftsrechtlichen Grundrechte, die wie primäres Gemeinschaftsrecht gelten, in ihrer Tragweite übersehen werden. Eine Vorlagepflicht, nicht nur eine Vorlagebefugnis, eines letztinstanzlichen Gerichts im Sinne des Art. 234 Abs. 3 EG ist schließlich gegeben, wenn eine Revision nicht zugelassen ist, das Urteil mit keinem Rechtsmittel anfechtbar war und sich das letztinstanzliche Gericht ohne nachvollziehbare Gründe einer Auseinandersetzung mit der Auslegung der in Betracht kommenden EG-Richtlinie durch den EuGH ersichtlich entzogen hat.[1018]

470 Eine Kontrolle anhand der hier angeführten Maßstäbe ist dem BVerfG grundsätzlich nur möglich, wenn ihm die Gründe hinreichend sicher bekannt sind, aus denen vor allem das letztinstanzliche Hauptsachegericht von einer Vorlage an den EuGH abgesehen hat.[1019] Das löst für das letztinstanzliche Gericht einen nicht unerheblichen Begründungsaufwand aus, wenn es einer Vorlage an den EuGH ausweichen will.[1020]

471 (5) Die Verfassungsbeschwerde unterliegt einem Begründungszwang. Setzt sich ein Beschwerdeführer in der Begründung seiner Verfassungsbeschwerde nicht hinreichend mit den Gründen der angegriffenen Entscheidung auseinander und geht sein eigenes Vorbringen über eine pauschale Rechtsbehauptung nicht hinaus, so ist den Begründungsanforderungen gemäß § 23 Abs. 1 S. 2, § 92 BVerfGG nicht entsprochen. Die Beschwerde muss also zu den entscheidungserheblichen Fragen des Gemeinschaftsrechts substantiiert darlegen, dass ein anderes Verständnis des Gemeinschaftsrechts mit hinreichender Deutlichkeit vorzuziehen sei. Das wird fast stets eine ausführliche Erörterung der bislang entstandenen Rechtsprechung des EuGH voraussetzen oder den Nachweis bedingen, dass eine derartige Rechtsprechung nicht besteht und gerade dies die Vorlagepflicht auslöst.

6.3 Ansprüche nach EG-Staatshaftungsrecht

Lit.: Carsten Rene Beul, Kein Richterprivileg bei unterlassener Vorlage gem. Art. 177 EGV, in: EuZW 1996, 748–750; Marten Breuer, Staatshaftung für Judikativunrecht vor dem EuGH,

---

1018 BVerfG [Kammer], Beschluss vom 13.6.1997 – 1 BvR 2102/95 – NJW 1997, 2512 = EuZW 1997, 575 = EWS 1997, 399.
1019 Vgl. BVerfG [Kammer], Beschluss vom 22.12.1992 – 2 BvR 557/88 – NVwZ 1993, 883; BVerfG [Kammer], Beschluss vom 16.12.1993 – 2 BvR 1725/88 – NJW 1994, 2017 = EWS 1994, 175.
1020 Vgl. Carsten Nowak, Nichterfüllung der Vorlagepflicht aus Art. 234 III EG als Verstoß gegen Art. 101 I 2 GG – Das Grundrecht auf den gesetzlichen Richter in Luxemburg, in: NVwZ 2002, 688–690 [689].

Berkemann

in: BayVBl. 2003, 586–589; Walter Frenz, Staatshaftung für letztinstanzliche Gerichtsentscheidungen, in: DVBl. 2003, 1522–1524; Jörg Gundel, Gemeinschaftsrechtliche Haftungsvorgaben für judikatives Unrecht – Konsequenzen für die Rechtskraft und das deutsche „Richterprivileg" (§ 839 Abs. 2 BGB), in: EWS 2004, 8–16; Waltraud Hakenberg, Zur Staatshaftung von Gerichten bei Verletzung von europäischem Gemeinschaftsrecht, in: DRiZ 2004, 113–117; Gert Meier, Rechtsfolgen eines Verstoßes gegen Gemeinschaftsrecht durch nationale Gerichte, in: EuZW 2004, 335; Stefan Storr, Abschied vom Spruchrichterprivileg?, in: DÖV 2004, 545–553; Dimitrios Tsikrikas, Verfahrensrechtliche Fragen der Staatshaftung wegen gemeinschaftsrechtswidriger Gerichtsentscheidungen, in: ZZPlnt 2004, 123–140; Markus Kenntner, Ein Dreizack für die offene Flanke: Die neue EuGH-Rechtsprechung zur judikativen Gemeinschaftsrechtsverletzung, in: EuZW 2005, 235–238; Bettina Schöndorf-Haubold, Die Haftung der Mitgliedstaaten für die Verletzung von EG-Recht durch nationale Gerichte, in: JuS 2006, 112–115; Daniel Tietjen, Die Bedeutung der deutschen Richterprivilegien im System des gemeinschaftsrechtlichen Staatshaftungsrechts – Das EuGH-Urteil Traghetti del Mediterraneo, in: EWS 2007, 15–19.

(1) Rechtsfehler letztinstanzlicher Gerichte bei der Anwendung des Gemein- **472** schaftsrechts können nach Ansicht des EuGH Ansprüche nach gemeinschaftsrechtlichem Staatshaftungsrecht begründen.[1021] Das gilt auch für eine Verletzung der Vorlagepflicht. Das Richterprivileg des § 839 Abs. 2 BGB gilt insoweit nicht.[1022] Dem folgt auch die neuere Rechtsprechung des BGH.[1023]

Allerdings muss der Rechtsverstoß „hinreichend qualifiziert" sein (vgl. 357 ff.). Mit **473** dieser gemeinschaftsrechtlich spezifischen Voraussetzung will der EuGH und ihm folgend der BGH die Besonderheit der richterlichen Funktion und die berechtigten Belange der Rechtssicherheit wahren.[1024] Eine Haftung kommt nur dann in Betracht, wenn der Verstoß gegen das Gemeinschaftsrecht und damit gegen Art. 234 Abs. 3 EG „offenkundig" ist.[1025] Die Kontrolldichte dürfte im Grundsatz diesel-

---

1021 EuGH, Urteil vom 30.9.2003 – Rs. C-224/01 – EuGHE 2003 I-10239 = DVBl. 2003, 1516 = NJW 2003, 3539 = EuZW 2003, 718 = EWS 2004, 19 = EuR 2004, 71 = EuGRZ 2003, 597 = JuS 2004, 425 = BayVBl 2004, 688 – Gerhard Köbler vs. Österreich – „Köbler".

1022 Erneut EuGH, Urteil vom 13.6.2006 – Rs. C-173/03 – EuGHE 2006 I-51077 = DVBl. 2006, 1105 = NJW 2006, 3337 = EuR 2007, 93 = EuZW 2006, 561 = EuGRZ 2006, 401 = BayVBl 2006, 695 = JZ 2006, 1173 – Traghetti del Mediterraneo SpA vs. Italien – „Traghetti", mit Bespr. Josef Franz Lindner, in: BayVBl 2006, 696–697; Martin Seegers, in: EuZW 2006, 564–566; Andreas Haratsch, in: JZ 2006, 1176–1178; Daniel Tietjen, Die Bedeutung der deutschen Richterprivilegien im System des gemeinschaftsrechtlichen Staatshaftungsrechts – Das EuGH-Urteil Traghetti del Mediterraneo, in: EWS 2007, 15–19; vgl. ferner Rudolf Streinz, Europarecht, 7. Aufl. 2005, Rn. 421 a.E.

1023 BGH, Beschluss vom 28.10.2004 – III ZR 294/03 – NJW 2005, 747 = EuZW 2005, 30 = BayVBl 2005, 349 = MDR 2005, 270 zur (verneinten) Verletzung der Vorlagepflicht durch ein Oberverwaltungsgericht.

1024 Vgl. Carsten Kremer, Staatshaftung für Verstöße gegen Gemeinschaftsrecht durch letztinstanzliche Gerichte, in: NJW 2004, 480–482; Ludger Kenntner, Ein Dreizack für die offene Flanke: die neue EuGH-Rechtsprechung zur judikativen Gemeinschaftsrechtsverletzung, in: EuZW 2005, 235–238 [237]; Stefan Rademacher, Gemeinschaftsrechtliche Staatshaftung für höchstrichterliche Entscheidungen, in: NVwZ 2004, 1415 1421; Daniel Tietjen, Die Bedeutung der deutschen Richterprivilegien im System des gemeinschaftsrechtlichen Staatshaftungsrechts – Das EuGH-Urteil Traghetti del Mediterraneo, in: EWS 2007, 15–19.

1025 Winfried Kluth, Die Haftung der Mitgliedstaaten für gemeinschaftsrechtswidrige höchstrichterliche Entscheidungen – Schlussstein im System der gemeinschaftsrechtlichen Staatshaftung, in: DVBl. 2004, 393–403 [398 f.]; Ulrich Karpenstein, Praxis des EG-Rechts, 2006, S. 163 Rn. 421.

Berkemann

be sein, wie sie das BVerfG bei der Verletzung des Art. 101 Abs. 1 S. 2 GG zugrunde legt (vgl. Rn. 468 ff.).[1026]

474 (2) Das Gemeinschaftsrecht steht nationalen Rechtsvorschriften entgegen, die allgemein die Haftung des Mitgliedstaats für Schäden ausschließen, die dem Einzelnen durch einen einem **letztinstanzlichen Gericht** zuzurechnenden Verstoß gegen das Gemeinschaftsrecht entstanden sind, wenn sich dieser Verstoß aus einer Auslegung von Rechtsvorschriften oder einer Sachverhalts- und Beweiswürdigung durch dieses Gericht ergibt.[1027]

IV. Einfluss des Gemeinschaftsrechts auf das deutsche Verwaltungs- und Verwaltungsprozessrecht

Lit.: Rudolf Mögele, Deutsches und europäisches Verwaltungsrecht – wechselseitige Einwirkungen, in: BayVBl 1993, 552–559; Claus Dieter Classen, Strukturunterschiede zwischen deutschem und europäischem Verwaltungsrecht, in: NJW 1995, 2457–2464; Hans-Uwe Erichsen/Walter Frenz, Gemeinschaftsrecht vor deutschen Gerichten, in: Jura 1995, 422–427; Martin Burgi, Verwaltungsprozess und Europarecht. Eine systematische Darstellung, München 1996; Claus Dieter Classen, Die Europäisierung der Verwaltungsgerichtsbarkeit, Tübingen 1996; Thomas Müller, Einfluß des Gemeinschaftsrechts auf innerstaatliche Verfahrensvorschriften, in: FR 1996, 630–631; Matthias Ruffert, Subjektive Rechte im Umweltrecht der EG, unter besonderer Berücksichtigung ihrer prozessualen Durchsetzung, Heidelberg 1996; Bernhard Wegener, Vollzugskontrolle durch Klagerechte vor mitgliedstaatlichen Gerichten, in: Gertrude Lübbe-Wolff (Hrsg.), Der Vollzug des europäischen Umweltrechts, Berlin 1996, S. 145–175; Rainer Weymüller, Verhältnis – Nationale Verfahrensvorschriften und Gemeinschaftsrecht, in: RIW 1996, 347–348; Claus-Dieter Classen, Der einzelne als Instrument zur Durchsetzung des Gemeinschaftsrechts – Zum Problem der subjektiv-öffentlichen Rechte kraft Gemeinschaftsrechts, in: VerwArch 88 (1997), S. 645–678; Stephan Huber, Kommunale Satzungen und ihre verwaltungsrechtliche Überprüfung unter Einfluß von EG-Richtlinien, in: BayVBl 1998, 584–590; Volker Röben, Die Einwirkung der Rechtsprechung des Europäischen Gerichtshofs auf das mitgliedstaatliche Verfahren in öffentlich-rechtlichen Streitigkeiten. The impact of the jurisprudence of the European Court of Justice on Member State Procedural Laws, Berlin 1998; Klaus Stern, Die Einwirkung des europäischen Gemeinschaftsrechts auf die Verwaltungsgerichtsbarkeit, in: JuS 1998, 769–776; Dirk Ehlers, Die Europäisierung des Verwaltungsprozessrechts, Köln 1999; Friedrich Schoch, Individualrechtsschutz im deutschen Umweltrecht unter dem Einfluß des Gemeinschaftsrechts, in: NVwZ 1999, 457–467; Gerd Winter, Individualrechtsschutz im deutschen Umweltrecht unter dem Einfluß des Gemeinschaftsrechts, in: NVwZ 1999, 467–475.

Carsten Nowak, Das Verhältnis zwischen zentralem und dezentralem Individualrechtsschutz im Europäischen Gemeinschaftsrecht, in: EuR 2000, 724–742; Friedrich Schoch, Die Europäisierung des verwaltungsgerichtlichen Rechtsschutzes, Berlin/New York 2000; Jürgen Schwarze, Europäische Rahmenbedingungen für die Verwaltungsgerichtsbarkeit, in: NVwZ 2000, 241–252; Volkmar Götz, Gemeinschaftsrechtliche Vorgaben für das Verwaltungsprozessrecht, in: DVBl. 2002, 1–7; Peter M. Huber, Die Europäisierung des verwaltungsrechtlichen Rechtsschutzes, in: BayVBl 2001, 577–585; Christian Calliess, Kohärenz und Konver-

---

1026 Rudolf Streinz, Europarecht, 7. Aufl. 2005, S. 144 Rn. 422.
1027 EuGH, Urteil vom 13.6.2006 – Rs. C-173/03 – EuGHE I-51077 = DVBl. 2006, 1105 = NJW 2006, 3337 = EWS 2006, 314 = EuGRZ 2006, 401 = EuZW 2006, 561 = BayVBl 2006, 695 = JZ 2006, 1173 – Traghetti del Mediterraneo SpA vs. Italien.

Berkemann

genz beim europäischen Individualrechtsschutz. Der Zugang zum Gericht im Lichte des Grundrechts auf effektiven Rechtsschutz, in: NJW 2002, 3577–3582; Martin Nettesheim, Rechtsschutzgewährung im arbeitsteiligen System europäischen Rechtsschutzes, in: JZ 2002, 928–934; Oliver Dörr, Der europäisierte Rechtsschutzauftrag deutscher Gerichte, Tübingen 2003; Thomas Dünchheim, Verwaltungsprozeßrecht unter europäischem Einfluß, Berlin 2003; Thomas Dünchheim, Die Einwirkungen des Europarechts auf die verwaltungsprozessuale Normabwehr-, Normerlaß- und Normergänzungsklage, in: DÖV 2004, 137–146; Dirk Ehlers, Die Europäisierung des Verwaltungsprozeßrechts, in: DVBl. 2004, 1441–1451; Ulrich Haltern, Verschiebungen im europäischen Rechtsschutzsystem, in: VerwArch 2005, S. 311–347; Claus Dieter Classen, Effektive und kohärente Justizgewährung im europäischen Rechtsschutzverbund, in: JZ 2006, 157–165; Gabriele Oestreich, Individualrechtsschutz im Umweltrecht nach dem Inkrafttreten der Aarhus-Konvention und dem Erlass der Aarhus-Richtlinie, in: Verw 39 (2006), 29–59; Noreen von Schwanenflug/Sebastian Strohmayr, Rechtsschutz von Kommunen gegen UVP-pflichtige Vorhaben – Änderung durch die Öffentlichkeitsbeteiligungsrichtlinie der EG?, in: NVwZ 2006, 395–401.

Nach dem Grundsatz der loyalen Zusammenarbeit sind die nationalen Gerichte **475** verpflichtet, an einem effektiven Rechtsschutz vor allem in solchen Bereichen mitzuwirken, in denen sich für den Einzelnen unmittelbare Wirkungen des Gemeinschaftsrechts ergeben. Das schließt den Bereich der unmittelbar anwendbaren Richtlinien ein. Dieser Vorgang der Integration auch des Prozessrechtes ist nicht abgeschlossen. Das deutsche Verfahrens- und Prozessrecht unterliegt zunehmend dem Einfluss des Gemeinschaftsrechtes. Insoweit ist es berechtigt, in Ansätzen von einer „Europäisierung" auch in diesem Rechtsbereich zu sprechen. Der Vorgang der gemeinschaftsrechtlichen Durchdringung kann hier nur exemplarisch behandelt werden.

1. Verwaltungsverfahrensrecht

1.1 Bestandskraft von Verwaltungsakten bei Verletzung des Richtlinienrechts

(1) Die **formelle Bestandskraft** entsteht mit ungenutztem Ablauf einer innerstaat- **476** lichen Rechtsbehelfsfrist (vgl. §§ 70, 74 VwGO). Der EuGH hat seine Rechtsprechung zur unmittelbaren Wirkung der Richtlinien 1991 dahin entwickelt, indem er die Bestandskraft von Verwaltungsakten, denen eine vom Richtlinieninhalt abweichende nationale Rechtslage zugrunde lag, für unbeachtlich erklärte.[1028] Bei nicht ordnungsgemäßer Umsetzung einer Richtlinie könne sich der säumige Mitgliedstaat bis zum Zeitpunkt der ordnungsgemäßen Umsetzung nicht auf die Verspätung einer Klage berufen, die ein einzelner zum Schutz der ihm durch die Bestimmungen der Richtlinie verliehenen Rechte gegen ihn erhoben hat. Eine Klagefrist des nationalen Rechts könne erst zu diesem Zeitpunkt beginnen.

Mit diesem Verständnis sollte die „praktische Wirksamkeit" der Richtlinie gestärkt **477** werden. Gegen das als **Emmot-Entscheidung** bezeichnete Urteil hat sich erheb-

---

1028 EuGH, Urteil vom 25.7.1991 – Rs. C-208/90 – EuGHE 1991, I-4269 = HFR 1993, 137 – Theresa Emmott vs. Minister for Social Welfare and Attorney General, mit Bespr. Holger Seibert, Europarechtliche Frist- und Bestandskrafthemmung im Steuerrecht, in: BB 1995, 543–550.

liche Kritik entwickelt.[1029] Der EuGH hat an seiner Auffassung zunächst festhalten wollen.[1030] Inzwischen betont der Gerichtshof, dass die sog. Emmott'sche Fristenhemmung durch die besonderen Umstände des seinerzeitigen Falles gerechtfertigt war.[1031] Die deutsche Rechtsprechung versucht, die Tragweite der Entscheidung zu begrenzen.[1032]

478 (2) Die Unwirksamkeit von Verwaltungsakten, welche einen gemeinschaftsrechtlichen Bezug aufweisen, ist nicht nur nach § 44 VwVfG zu beurteilen. Nach Ansicht des BVerwG führt der Geltungsvorrang des Gemeinschaftsrechts nicht dazu, dass jede Normenkollision als Nichtigkeitsgrund im Sinne von § 44 Abs. 1 VwVfG zu behandeln ist.[1033] Angesichts der erheblichen Komplexität des Gemeinschaftsrechts erscheint es zunehmend zweifelhafter, ob das Kriterium der Offensichtlichkeit des Fehlers noch einen angemessenen Interessenausgleich bietet. Eine neue Entscheidung des EuGH deutet einen Wandel seiner Rechtsprechung in der Maßgeblichkeit der innerstaatlichen Verfahrensökonomie an.[1034] Bestimmungen des Verwaltungsverfahrensrechtes, welche die Wirksamkeit einer Richtlinie hinsichtlich des Rechtsschutzes im Ergebnis mindern oder sogar vereiteln können, müssen gemeinschaftskonform ausgelegt und insoweit korrigierend angewandt werden.[1035] Zielsetzung ist auch hier der Grundsatz der Effektivität des Gemeinschaftsrechtes. Das gilt auch für §§ 45, 46 VwVfG.

1029 Vgl. etwa Holger Stadie. Unmittelbare Wirkung von EG-Richtlinien und Bestandskraft von Verwaltungsakten, in: NVwZ 1994, 435–440; Jörg Gundel, Keine Durchbrechung nationaler Verfahrensfristen zugunsten von Rechten aus nicht umgesetzten EG-Richtlinien – Zum Ende der „Emmott'-schen Fristenhemmung" nach der Fantask-Entscheidung des EuGH, in: NVwZ 1998, 910- 916.

1030 Vgl. EuGH, Urteil vom 27.10.1993 – Rs. C-338/91 – EuGHE 1993 I-5475 – Steenhorst-Neerings vs. Bestuur van de Bedrijsvereniging voor Detailhandel, Ambachten en Huisvrouwen; EuGH, Urteil vom 6.12.1994 – Rs. C-410/92 – EuGHE 1994 I-5483 = EuZW 1995, 92 – Rita Johnson vs. Chief Adjudication Officer.

1031 EuGH, Urteil vom 2.12.1997 – Rs. C-188/95 – EuGHE 1997 I-6783 = NVwZ 1998, 833 = EuZW 1998, 172 = ZIP 1998, 206 – Fantask vs. Industriministeriet (Erhvervministeriet) zur Umsetzung der Richtlinie 69/335/EWG (indirekten Steuern auf die Ansammlung von Kapital); zurückhaltend auch EuGH, Urteil vom 9.2.1999 – Rs. C-343/96 – EuGHE 1999 I-579 = NVwZ 1999, 633 = EuZW 1999, 313 – Dilexport Srl vs. Amministrazione delle Finanze dello State (zu nationalen Verfahrensfristen); EuGH, Urteil vom 15.9.1998 – Rs. C-231/96 – EuGHE 1998 I-4951 = DVBl. 1999, 30 = NJW 1999, 129 = EuZW 1998, 664 = EWS 1998, 458 = EuR 1998, 767 – Edilizia Industriale Siderurgica Srl [Edis] vs. Ministero delle Finanze; mit Bespr. Josef Franz Lindner, Die neueste Rechtsprechung des EuGH zur Erstattung gemeinschaftsrechtswidrig erhobener Abgaben, in: NVwZ 1999, 1079–1081.

1032 Vgl. etwa BVerwG, Beschluss vom 4.10.1999 – 1 B 55.99 – NVwZ 2000, 193 = GewA 2000, 112 = BayVBl 2000, 352, so bereits „vorkritisch" BVerwG, Urteil vom 26.8.1977 – VII C 71.74 – NJW 1978, 508 = DÖV 1978, 405.

1033 BVerwG, Beschluss vom 11.5.2000 – 11 B 26.00 – NVwZ 2000, 1039 = DÖV 2000, 1004 = SächsVBl 2000, 238; vgl. ferner BVerwG, Beschluss vom 15.04.1994 – 3 B 23.94 – Buchholz 451.90 EG-Recht Nr. 128; OVG Koblenz, Beschluss vom 12.5.1998 – 12 A 12501/97 – DVBl. 1998, 1355 = NVwZ 1999, 198; zustimmend Holger Stadie, Unmittelbare Wirkung von EG-Richtlinien und Bestandskraft von Verwaltungsakten, in: NVwZ 1994, 435–440 [436].

1034 EuGH, Urteil vom 29.4.1999 – Rs. C-224/97 – EuGHE 1999 I-2517 – NJW 1999, 2355 = EuZW 1999, 405 = EWS 1999, 307 = EuGRZ 1999, 326 = EuR 1999, 776 = UPR 1999, 302 – Erich Ciola vs. Land Vorarlberg – „Ciola" (für Verwaltungsakte), mit Bespr. Jörg Gundel, in: EuR 1999, 781–788; Theodor Schilling, in: EuZW 1999, 407–408; vgl. FG Niedersachsen, Urteil vom 9.11.2005 – 5 K 249/05 – EFG 2006, 295; BVerwG, Beschluss vom 15.3.2005 – 3 B 86.04 – DÖV 2005, 651.

1035 Vgl. EuGH, Urteil vom 17.3.1983 – Rs. C-294/81 – EuGHE 1983, 911 [928f.] Rn. 14ff. – Control Data Belgium vs. Kommission; EuGH, Urteil vom 10.7.1986 – Rs. 234/84 – EuGHE 1986, 2263

Berkemann

1.2 Präklusionsrecht und Richtlinienrecht

Lit.: Thomas von Danwitz, Umweltrechtliche Präklusionsnormen zwischen Verwaltungseffizienz und Rechtsschutzgarantie, in: UPR 1996, 323–328; Martin Kment, Nationale Unbeachtlichkeits-, Heilungs- und Präklusionsvorschriften und Europäisches Recht, Münster 2005; Martin Kment, Zur Europarechtskonformität der neuen baurechtlichen Planerhaltungsregeln, in: AöR 130 (2005) S. 570–617; Martin Kment, Zur Frage der Durchbrechung nationaler Verfahrensfristen zugunsten von Rechten aus nicht umgesetzten EG-Richtlinien, in: DÖV 2006, 462–469; Martin Kment, Die Stellung nationaler Unbeachtlichkeits-, Heilungs- und Präklusionsvorschriften im europäischen Recht, in: EuR 2006, 201–235.

(1) Bislang nicht hinreichend geklärt ist die Bedeutung des Gemeinschaftsrechts **479** gegenüber den deutschen Vorschriften über eine **materielle Präklusion**, wie sie im Fachplanungsrecht und im Immissionsschutzrecht vielfältig vorhanden sind (vgl. etwa § 17 Abs. 4 FStrG, § 10 LuftVG, § 20 AEG, § 10 Abs. 3 S. 3 BlmSchG, § 73 Abs. 4 Satz 3 VwVfG). Auch das Bauplanungsrecht kennt inzwischen eine materielle Präklusion (§§ 3 Abs. 2, 215 BauGB). Im Schrifttum mehren sich die Bedenken.[1036] Der EuGH hat sich mit der gemeinschaftsrechtlichen Zulässigkeit innerstaatlicher Präklusionen bislang noch nicht grundsätzlich befasst. Immerhin hat der Gerichtshof wiederholt die Zulässigkeit einer prozessualen oder materiellrechtlichen Ausschlussfrist als eine auch gemeinschaftsrechtlich relevante Frage angesehen.[1037] Aus gemeinschaftsrechtlicher Sicht ist grundsätzlich sicherstellen, dass rechtswidrige Entscheidungen wirksam überprüft werden können.[1038]

[2289] Rn. 27 = DVBl. 1987, 230 – Belgien vs. Kommission; EuGH, Urteil vom 14.2.1990 – Rs. C 301/87 – EuGHE 1990, 307 [359] Rn. 31 = EuZW 1990, 164 = JZ 1992, 41 – Frankreich vs. Kommission, mit Bespr. Albert Bleckmann, Materielles und formelles europäisches Beihilferecht, in: JZ 1992, 46–48.

1036 Vgl. Martin Kment, Nationale Unbeachtlichkeits-, Heilungs- und Präklusionsvorschriften und Europäisches Recht, Münster 2005; Martin Kment, Zur Europarechtskonformität der neuen baurechtlichen Planerhaltungsregeln, in: AöR 130 (2005) S. 570–617; Wilfried Erbguth, Zum Gehalt und zur verfassungs- und europarechtlichen Vereinbarkeit der verwaltungsprozessual ausgerichteten Beschleunigungsgesetzgebung, in: UPR 2000, 81–92; Thomas von Danwitz, Umweltrechtliche Präklusionsnormen zwischen Verwaltungseffizienz und Rechtsschutzgarantie, in: UPR 1996, 323–328; Ulrich Karpenstein, Praxis des EG-Rechts, 2006, S. 128.

1037 Vgl. eher beiläufig EuGH, Urteil vom 24.9.1998 – Rs. C – 76/97 – EuGHE 1998 I-4951 = NVwZ 1999, 169 = EuZW 1998, 719 = EuR 1998, 767 = EWS 1998, 458 – Walter Tögel vs. Niederösterreichische Gebietskrankenkasse (zur Richtlinie 92/50/EWG – Vergaberichtlinie); EuGH, Urteil vom 9.2.1999 – Rs. C-343/96 – EuGHE 1999 I-579 = NVwZ 1999, 633 = EuZW 1999, 313 – Dilexport Srl vs. Amministrazione delle Finanze dello State (zu nationale Verfahrensfristen); EuGH, Urteil vom 14.12.1995 – Rs. C-312/93 – EuGHE 1995 I-4599 = DVBl. 1996, 249 – 14.12.1995 -= EuZW 1996, 636 = NuR 1997, 344 – Peterbroeck, Van Campenhout & Cie SCS vs. Belgien, mit Bespr. Thomas Müller, Einfluß des Gemeinschaftsrechts auf innerstaatliche Verfahrensvorschriften, in: FR 1996, 630–631; EuGH, Urteil vom 27.2.2003 – Rs. C-327/00 – EuGHE 2003 I-1877 = NVwZ 2003, 709 = ZfBR 2003, 499 = EuZW 2003, 250 – Santex SpA vs. Unità Socio Sanitaria Locale n. 42 di Pavia (Vergaberecht); EuGH, Urteil vom 12.12.2002 – Rs. C-470/99 EuGHE 2002 I-11617 = NVwZ 2003, 844 = EuZW 2002, 147 = ZfBR 2003, 176 = EuZW 2003, 147 – Universale-Bau u. a. (Vergaberecht); vgl. allgemein Jörg Gundel, Keine Durchbrechung nationaler Verfahrensfristen zugunsten von Rechten aus nicht umgesetzten EG- Richtlinien, in: NVwZ 1998, 910–916.

1038 Vgl. zum öffentlichen Vergaberecht etwa EuGH, Urteil vom 27.2.2003 – Rs. C 327/00 – EuGHE 2003 I-1877 [1928] = NVwZ 2003, 709 = EuZW 2003, 249 = ZfBR 2003, 499 – Santex SpA vs. Unità Socio Sanitaria Locale n. 42 di Pavia (zur Richtlinie 89/665/EWG – Vergaberecht).

480 (2) Vor diesem Hintergrund betont der EuGH, dass die Festsetzung von Ausschlussfristen für die Einlegung von Rechtsbehelfen grundsätzlich dem gemeinschaftsrechtlichen Effektivitätsgebot genügen müssten, das ein Anwendungsfall des grundlegenden Prinzips der Rechtssicherheit sei.[1039] Eine generelle Lösung dürfte auch kaum möglich sein. Es ist vielmehr Aufgabe der internen Rechtsordnung jedes Mitgliedstaats, die Fristen für die gerichtlichen Verfahren zu regeln, welche die Wahrung der Rechte sicherstellen sollen, die das Gemeinschaftsrecht einräumt. Derartige Fristregelungen dürfen jedoch nicht die praktische Wirksamkeit der Richtlinien beeinträchtigen. Der EuGH betont die Notwendigkeit der Angemessenheit der innerstaatlichen Ausschlussfrist, ohne dafür indes bislang verallgemeinerungsfähige Kriterien anzugeben.[1040] Für die Anwendung des gemeinschaftsrechtlichen Effektivitätsgebots sind stets der Verfahrensablauf und die Besonderheiten des Verfahrens dahin zu prüfen, ob eine nationale Verfahrensvorschrift die Anwendung des Gemeinschaftsrechts unmöglich macht oder übermäßig erschwert.[1041]

481 (3) Gegen die mit Klagfristen verbundene prozessuale Präklusion der §§ 70, 74 VwGO hat der EuGH keine Bedenken erhoben. Er hat jedenfalls die in der VwGO vorgesehenen Monatsfristen als angemessen beurteilt.[1042]

2. Europäisierung des deutschen Verwaltungsprozessrechts

Lit.: Martin Burgi, Verwaltungsprozess und Europarecht, München 1996; Claus Dieter Classen, Die Europäisierung der Verwaltungsgerichtsbarkeit. Eine systematische Darstellung, Tübingen 1996; Michael Brenner, Allgemeine Prinzipien des verwaltungsgerichtlichen Rechtsschutzes in Europa, in: Verw 1998, 1–28; Jürgen Schwarze, (Hrsg.), Verfassungsrecht und Verfassungsgerichtsbarkeit im Zeichen Europas, Baden-Baden 1998; Klaus Stern, Die Einwirkung des europäischen Gemeinschaftsrechts auf die Verwaltungsgerichtsbarkeit, in: JuS

1039 Vgl. EuGH, Urteil vom 10.07.1997 – Rs. C-261/95 – EuGHE 1997 I-4025 [4046] Rn. 28 = EuZW 1997, 538 = NZA 1997, 1041 = ZIP 1997, 1666 = NJW 1997, 2588 (L) – Rosalba Palmisani vs. Istituto nazionale della previdenza sociale (INPS), mit Bespr. Hartmut Oetker, Zur Zulässigkeit einer Ausschlußfrist für die Erhebung einer auf Schadensersatz gerichteten Klage wegen verspäteter Richtlinienumsetzung, in: EWiR 1998, 217–218; EuGH, Urteil vom 16.05.2000 – Rs. C-78/98 – EuGHE 2000 I-3201 [3256] Rn. 33 = NZA 2000, 889 – Shirley Preston u.a. vs. Wolverhampton Healthcare NHS Trust u.a. und Dorothy Fletcher u.a. vs. Midland Bank plc; EuGH, Urteil vom 12.12.2002 – Rs. C-470/99 – EuGHE 2003, I-11617 [11686] Rn. 78 = NVwZ 2003, 844 = EuZW 2003, 147 = ZfBR 2003, 176 – Universale-Bau AG u.a. vs. Entsorgungsbetriebe Simmering GmbH.

1040 Zur Ausschlussfrist im Vergaberecht nach Maßgabe der Richtlinie 89/665/EWG vgl. u.a. EuGH, Urteil vom 27. 2. 2003 – Rs. C-327/00 – EuGHE 2003 I-1877 [1926] Rn. 57 = NVwZ 2003, 709 = EuZW 2003, 249 = ZfBR 2003, 499 – Santex SpA vs. Unità Socio Sanitaria Locale n. 42 di Pavia; EuGH, Urteil vom 12. 12. 2002 – Rs. C-470/99 – EuGHE 2002 I-691 = EuZW 2002, 147 = EuZW 2002, 146 = EuLF 2002, 143 – Cisal di Battistello Venanzio & C. Sas vs. Istituto nazionale per l'assicurazione contro gli infortuni sul lavoro (INAIL).

1041 So EuGH, Urteil vom 14.12.1995 – Rs. C-312/93 – EuGHE 1995 I-4599 [4621] Rn. 14 = DVBl. 1996, 249 = NVwZ 1997, 372 = EuZW 1996, 636 = NuR 1997, 344 – Peterbroeck, Van Campenhout & Cie SCS vs. Belgischen Staat.

1042 EuGH, Urteil vom 16.12.1976 – Rs. 33/76 – EuGHE 1976, 1989 [1998] Rn. 5 = DVBl. 1977, 808 = DÖV 1977, 363 – Rewe-Zentralfinanz eG u.a. vs. Landwirtschaftskammer Saarland, vgl. dazu Robert Koch, Einwirkungen des Gemeinschaftsrechts auf das nationale Verfahrensrecht, in: EuZW 1995, 78–85; Reimer von Borries, Zur Bestandskraft von Verwaltungsakten der EG-Mitgliedsstaaten im Gemeinschaftsrecht, in: RIW 1977, 232–234; EuGH, Urteil vom 16.12.1976 – Rs. 45/76 – EuGHE 1976, 2043 [2053] Rn. 17 f. = HFR 1977, 261 – Comet BV vs. Produktschap voor Siergewassen.

Berkemann

1998, 769–776; Dirk Ehlers, Die Europäisierung des Verwaltungsprozessrechts, Köln u. a. 1999.

Eva Drewes, Entstehen und Entwicklung des Rechtsschutzes vor den Gerichten der Europäischen Gemeinschaften, Berlin 2000; Stefan Gehring, Kompensation der europarechtlich bedingten Erweiterung der Initiativberechtigung durch die Senkung der gerichtlichen Kontrolldichte?, Regensburg 2000; Thomas Groß, Konvergenzen des Verwaltungsrechtsschutzes in der Europäischen Union, in: Verw 33 (2000); S. 415–434; Friedrich Schoch, Die Europäisierung des verwaltungsgerichtlichen Rechtsschutzes, Berlin 2000; Jürgen Schwarze, Europäische Rahmenbedingungen für die Verwaltungsgerichtsbarkeit, in: NVwZ 2000, 241–252; Günter Hirsch, Europarechtliche Perspektiven der Verwaltungsgerichtsbarkeit, in: VBlBW 2000, 71–75; Thomas Dünchheim, Verwaltungsprozeßrecht unter europäischem Einfluß, Berlin 2003; Thomas Dünchheim, Die Europäisierung des Verwaltungsprozessrechts und die Notwendigkeit europäischer Gerichtskooperation, in: VR 2003, 361–364; Torsten Finger, Der Zugang zur deutschen Verwaltungsgerichtsbarkeit unter gemeinschaftsrechtlichem Einfluss, in: JA 2005, 228–232.

2.1 Gemeinschaftsrechtliche Zielsetzungen

(1) Die deutschen Gerichte haben die prozessualen Vorschriften über das Erheben von Rechtsbehelfen möglichst so auszulegen und anzuwenden, dass natürliche und juristische Personen die Rechtmäßigkeit jeder innerstaatlichen Entscheidung oder anderer Maßnahme, mit der eine Gemeinschaftshandlung mit allgemeiner Geltung auf sie angewandt wird, gerichtlich anfechten und sich dabei auf die Ungültigkeit dieser Handlung berufen können. Die Ausübung der sich aus dem Gemeinschaftsrecht ergebenden Rechtspositionen darf weder unmöglich gemacht noch übermäßig erschwert werden (vgl. Rn. 268 ff.). Es ist dazu Sache der Mitgliedstaaten, ein System von Rechtsbehelfen und Verfahren vorzusehen, mit dem die Einhaltung des Rechts auf **effektiven gerichtlichen Rechtsschutz** gewährleistet werden kann.[1043]   **482**

(2) Welche Lösungen das deutsche Prozessrecht jeweils bereitzuhalten hat, ist gemeinschaftsrechtlich kaum vorgegeben. Das gilt auch für die Frage, in welchem gerichtlichen Verfahren zu klären ist, ob ein unmittelbar wirksames Sekundärrecht (Verordnungs- oder Richtlinienrecht) mit dem Primärrecht der EG einschließlich der gemeinschaftsrechtlichen Grundrechte vereinbar ist. Teilweise wird in erweiternder Handhabung die Feststellungsklage des § 43 VwGO für zulässig angesehen.[1044] Im Schrifttum war zunächst umstritten, indes zu bejahen, ob die verwaltungsgerichtliche Normenkontrollklage gemäß § 47 VwGO statthaft ist, um den Anwendungsvorrang des Gemeinschaftsrechtes gegenüber einer untergesetzli-   **483**

1043 EuGH, Urteil vom 1.4.2004 – Rs. C-263/02 P – EuGHE 2004 I-3425 = DVBl. 2004, 820 = NJW 2004, 2006 = EuZW 2004, 343 = EWS 2004, 228.

1044 Vgl. dazu Martin Nettesheim, Effektive Rechtsschutzgewährleistung im arbeitsteiligen System europäischen Rechtsschutzes, in: JZ 2002, 928–934 [933]; Sebastian Lenz/Simone Staeglich, Kein Rechtsschutz gegen EG-Verordnungen – Europäische Rechtsschutzdefizite und ihr Ausgleich durch die Feststellungsklage nach § 43 Abs. 1 VwGO, in: NVwZ 2004, 1421–1429 [1424 ff.]; Franz C. Mayer, Individualrechtsschutz im Europäischen Verfassungsrecht, in: DVBl. 2004, 606–616 [613]; Jörg Gundel, Rechtsschutzlücken im Gemeinschaftsrecht? – Der Fall des Sekundärrechts ohne nationale Vollzugsakte; in: VerwArch 92 (2001) S. 81–108 [105 ff.]; Ulrich Karpenstein, Praxis des EG-Rechts, 2006, S. 124.

chen Rechtsvorschrift feststellen zu lassen.[1045] Das BVerwG hat sich dafür ausgesprochen, Gemeinschaftsrecht als Prüfungsmaßstab im Normenkontrollverfahren anzuerkennen.[1046]

484 (3) Die nationale Rechtsprechung darf jedenfalls **nicht engherzig** verfahren. Der
EuGH hat Anlass, dies immer wieder hervorzuheben.[1047] Es ist zwar nicht Aufgabe des EuGH, bei der Lösung von innerstaatlichen Zuständigkeitsfragen mitzuwirken, welche die Qualifizierung einer bestimmten, auf dem Gemeinschaftsrecht beruhenden Rechtslage im Bereich der nationalen Gerichtsbarkeit aufwerfen kann.[1048]
Der Gerichtshof ist dagegen befugt, dem nationalen Gericht die Kriterien des Gemeinschaftsrechts aufzuzeigen, welche zur Lösung der Zuständigkeitsfrage, die
sich diesem nationalen Gericht stellt, beitragen können.[1049]

1045 Bejahend Ulrich Karpenstein, Praxis des EG-Rechts, 2006, S. 126f.; Martin Burgi, Verwaltungsprozeß und Europarecht, München 1996, S. 34f.; Stephan Huber, Kommunale Satzungen und ihre
verwaltungsgerichtliche Überprüfung unter dem Einfluß von EG-Richtlinien, in: BayVBl 1998, 589–
590; Eckard Pache/Frank Burmeister, Gemeinschaftsrecht im verwaltungsgerichtlichen Normenkontrollverfahren, in: NVwZ 1996, 979–981; Wolf-Eckart Sommer, Zur Vorlagepflicht des OVG an den
EuGH im verwaltungsgerichtlichen Normenkontrollverfahren, in: NVwZ 1996, 135–137; Dirk Ehlers,
Die Europäisierung des Verwaltungsprozeßrechts, in: DVBl. 2004, 1441–1451 [1445]; Ferninand O.
Kopp/Rüdiger Schenke, VwGO, 14. Aufl., 2005, § 47 Rn. 99; verneinend Jens Rinze, Europarecht
als Prüfungsmaßstab im Rahmen der Normenkontrolle nach § 47 VwGO, in: NVwZ 1996, 459–460.
1046 BVerwG, Urteil vom 18.5.1995 – 4 C 4.94 – BVerwGE 98, 339 = DVBl. 1995, 1013 = NVwZ-RR
1995, 358 [359] = DÖV 1995, 951 = NuR 1995, 537 = ZUR 1996, 27; a.A. VGH München, Urteil
vom 25.10.1995 – 3 N 94.3413 – BayVBl 1996, 243.
1047 Vgl. EuGH; Urteil vom 14.12.1995 – Rs. C-312/93 – EuGHE 1995 I-4599 [4620] Rn. 12 = DVBl.
1996, 249 = NVwZ 1997, 372 = EuZW 1996, 636 – Peterbroeck, Van Campenhout & Cie SCS vs.
Belgischen Staat; EuGH, Urteil vom 16.12.1976 – Rs. 33/76 – EuGHE 1976, 1989 [1998] Rn. 5 =
DVBl. 1977, 808 = DÖV 1977, 363 – Rewe-Zentralfinanz eG u. a. vs. Landwirtschaftskammer Saarland, vgl. dazu Robert Koch, Einwirkungen des Gemeinschaftsrechts auf das nationale Verfahrensrecht, in: EuZW 1995, 78–85; EuGH, Urteil vom 16.12.1976 – Rs. 45/76 – EuGHE 1976, 2043 [2053]
Rn. 17f. = HFR 1977, 261 – Comet BV vs. Produktschap voor Siergewassen; EuGH, Urteil vom
27.2.1980 – Rs. 68/79 – EuGHE 1980, 501 [522f.] Rn. 25f. = RIW 1980, 576 = ZfZ 1980, 335 –
Hans Just vs. Ministerium für das Steuerwesen; EuGH, Urteil vom 9.11.1983 – Rs. 199/82 – EuGHE
1983, 3595 [3613] Rn. 14 – Amministrazione delle finanze delle Stato vs. San Giorgio; EuGH, Urteil
vom 24.3.1988 – Rs. 104/86 – EuGHE 1988, 1799 [1816] Rn. 7 = NJW 1989, 1424 = RIW 1989,
231 – Kommission vs. Italien; EuGH, Urteil vom 14.7.1988 – Rs. 123/87 – EuGHE 1988, 4517 [4544]
Rn. 17 = RIW 1989, 657 – Léa Jeunehomme und Société anonyme d'étude et de gestion immobilière
„EGI" vs. Belgischer Staat; EuGH, Urteil vom 9.6.1992 – Rs. C-96/91 – EuGHE 1992 I-3789 [3808]
Rn. 12 = RIW 1992, 771 – Kommission vs. Spanien.
1048 EuGH, Urteil vom 18.1.1996 – Rs. C-446/93 – EuGHE 1996 I-73 [110] Rn. 32 = HFR 1996, 295 –
SEIM – Sociedade de Exportação e Importação de Materiais Ldᵃ vs. Subdirector-Geral das Alfânde-
gas; EuGH, Urteil vom 17.9.1997 – Rs. C-54/96 – EuGHE 1997 I-4961 [4996] Rn. 40 = NJW 1997,
3365 = EuZW 1997, 625 = ZIP 1997, 1749 = EuGRZ 1997, 490 = EWS 1997, 385 = BauR 1997,
1011 = JZ 1998, 37 = NVwZ 1997, 1205 (L) – Dorsch Consult Ingenieurgesellschaft vs. Bundesbaugesellschaft Berlin mbH (Richtlinie 92/50/EWG – Vergabe öffentlicher Dienstleistungsaufträge);
EuGH, Urteil vom 12.12.2002 – Rs. C-470/99 – EuGHE 2002 I-11617 = NVwZ 2003, 844 = ZfBR
2003, 176 = EuZW 2003, 147 – Universale-Bau AG u. a. vs. Entsorgungsbetriebe Simmering GmbH.
1049 EuGH, Urteil vom 18.1.1996 – Rs. C-446/93 – EuGHE 1996 I-73 [110] Rn. 33 = HFR 1996, 295 –
SEIM – Sociedade de Exportação e Importação de Materiais Ldᵃ vs. Subdirector-Geral das Alfânde-
gas; EuGH, Urteil vom 22.10.1998 – verb. Rs. C-10/97 bis C-22/97 – EuGHE 1998 I-6307 [6331]
Rn. 15 = NJW 1999, 201 = EuZW 1998, 719 = EWS 1999, 63 = EuR 1999, 237 EuR 1999, 237 =
JZ 1999, 196 = NZG 1999, 41 – Ministero delle Finanze vs. IN.CO.GE.´90, mit Bespr. Thomas von
Danwitz, Zum Einfluß des Gemeinschaftsrechts auf die mitgliedstaatliche Verfahrensautonomie, in:
JZ 1999, 198–200.

2.2 Gemeinschaftsrechtlich ausgerichtete Klagebefugnis

Der nationale Richter muss sich wirksam um eine Kohärenz wischen dem mit- **485**
gliedstaatlichen Prozessrecht einerseits und den Anforderungen des Gemein-
schafsrechts andererseits bemühen.[1050] Aus Gründen dieser gemeinschaftsrechtlichen Zielsetzung muss der „deutsche" Individualrechtsschutz bei gemeinschaftsrechtlichen Bezügen überdacht werden. Der Einzelne muss nach Ansicht des
EuGH einen **effektiven gerichtlichen Schutz** der Rechte in Anspruch nehmen
können, die sie aus der Gemeinschaftsrechtsordnung herleiten. Das gilt insbesondere für Maßnahmen, welche eine Richtlinie zum Schutze der menschlichen Gesundheit vorschreiben.[1051] Das Recht auf einen derartigen Schutz gehört zu den
allgemeinen Rechtsgrundsätzen, die sich aus den gemeinsamen Verfassungsüberlieferungen der Mitgliedstaaten ergeben.[1052] Das gilt ganz deutlich für die gemeinschaftskonforme Handhabung der **Klagebefugnis** im Sinne des § 42 Abs. 2
VwGO. Das Gemeinschaftsrecht füllt in diesem Sinne den Vorbehalt, „soweit gesetzlich nichts anderes bestimmt ist", substantiell aus.[1053] Dem Einzelnen kann al-

---

1050 Vgl. dazu einprägsam Dirk Ehlers, Die Europäisierung des Verwaltungsprozeßrechts, in: DVBl. 2004,
1441–1451; Martin Gellermann, in: Hans-Werner Rengeling/Andreas Middeke/Martin Gellermann
(Hrsg.), Handbuch des Rechtsschutzes in der EU, 2. Aufl. 2003, § 36 Rn. 21 (S. 670).

1051 EuGH, Urteil vom 17.10.1991 – Rs. C-58/89 – EuGHE 1991 I-4983 [5023] Rn. 14 = NVwZ 1992,
459 = NJW 1992, 2409 (L) = EuZW 1991, 761 = BayVBl 1992, 334 – Kommission vs. Deutschland
(zur Richtlinie 75/440/EWG und Richtlinie 79/869/EWG – Oberflächenwasser), mit Bespr. Bernhard
W. Wegener, Die neuere Rechtsprechung des EuGH zu Defiziten bei der Umsetzung von Umweltschutzrichtlinien der Gemeinschaft, in: InfUR 1992, 35–38; vgl. auch schon EuGH, Urteil vom 30.5.
1991 – Rs. C-361/88 – EuGHE 1991 I-2567 [2601] Rn. 16 = DVBl. 1991, 869 = NVwZ 1991, 866 =
NJW 1992, 1815 (L) = UPR 1992, 24 = NuR 1992, 197 = BayVBl 1992, 207 = EuZW 1991, 460 =
JZ 1991, 1031 – Kommission vs. Deutschland (zur Richtlinie 80/779/EWG – Grenzwerte für Schwefeldioxid und Schwebestaub), mit Bespr. Ulrich Guttenberg, Unmittelbare Außenwirkung von Verwaltungsvorschriften? – EuGH, NVwZ 1991, 866 und 868, in: JuS 1993, 1006–1011; EuGH, Urteil
vom 30.5.1991 – Rs. 59/89 – EuGHE 1991 I-2607 [2631] Rn. 19 = NVwZ 1991, 868 = NJW 1991,
1815 (L) = EuZW 1991, 462 = JZ 1991, 1032 – Kommission vs. Deutschland (Richtlinie 82/884/EWG
– Bleigehalt in der Luft), mit Bespr. Jens Tiedemann, Bindungswirkung von Verwaltungsvorschriften, in: JuS 2000, 726–727; Ronald Steiling, Mangelnde Umsetzung von EG-Richtlinien durch den
Erlaß und die Anwendung der TA Luft, in: NVwZ 1992, 134–137; vgl. ferner EuGH, Urteil vom
7.11.1996 – Rs. C-262/95 – EuGHE 1996 I-5729 [5738 f.] Rn. 14 = NVwZ 1997, 371 = ZfW 1998,
289 – Kommission vs. Deutschland (zur Richtlinie 82/176/EWG u. a. – Gewässerschutzrichtlinien);
EuGH, Urteil vom 12.12.1996 – Rs. C-298/95 – EuGHE 1996 I-6747 [6760] Rn. 16 = NVwZ 1997,
369 = ZUR 1997, 156 = ZfW 1998, 292 = NJW 1997, 2668 – Kommission vs. Deutschland (Richtlinie 78/659/EWG und Richtlinie 79/923/EWG – Fisch- und Muschelgewässer).

1052 Vgl. EuGH, Urteil vom 25.7.2002 – Rs. C-50/00 P – EuGHE 2002 I-6677 = DVBl. 2002, 1348 =
NJW 2002, 2935 = EuZW 2002, 529 = EuR 2002, 699 = EWS 2002, 426 = EuGRZ 2002, 420 =
BayVBl 2003, 11 = JZ 2002, 938 – Unión de Pequeños Agricultores vs. Rat, mit Bespr. Jens-Daniel
Braun/Moira Kettner, Die Absage des EuGH an eine richterliche Reform des EG-Rechtsschutzsystems, in: DÖV 2003, 58–66; Martin Nettesheim, in: JZ 2002, 928–934; Volkmar Götz, in: DVBl.
2002, 1350–1351; Hans-Peter Schneider, in: NJW 2002, 2927–2928; Berend Lindner, Zur Klagebefugnis natürlicher und juristischer Personen für Nichtigkeitsklagen gem. Art. 230 IV EG gegen EG-
Verordnungen, in: NVwZ 2003, 569–572; Hans Christian Röhl, Rechtsschutz gegen EG-Verordnungen, in: Jura 2003, 830–838.

1053 Wie hier Jürgen Schwarze, Europäische Rahmenbedingungen für die Verwaltungsgerichtsbarkeit,
in: NVwZ 2000, 241–252 [248]; Thomas Dünchheim, Verwaltungsprozeßrecht unter europäischen
Einfluß, Berlin 2003, S. 79 f.; Claus Dieter Classen, Die Europäisierung der Verwaltungsgerichtsbarkeit, Tübingen 1996, S. 79 f.; Eberhard Schmidt-Aßmann, Deutsches und Europäisches Verwaltungsrecht, in: DVBl. 1993, 924–936 [933]; Rudolf Steinberg, Probleme der Europäisierung des
deutschen Umweltrechts, in: AöR 120 (1995), 549–594 [585 ff.].

Berkemann

lerdings nicht zugemutet werden, dass er gegen das Gesetz verstößt, um Zugang zu den Gerichten zu erlangen.[1054]

Beispiel:[1055] Liegt eine Richtlinie vor, auf die sich der Einzelne nach Ablauf der Umsetzungsfrist, aber vor ihrer Umsetzung in nationales Recht unmittelbar berufen kann, so ändert sich an dieser Rechtslage nichts dadurch, dass der Mitgliedstaat die innerstaatliche Umsetzung vorgenommen hat. Das Umsetzungsrecht ist entsprechend gemeinschaftskonform auszulegen. So dürfte auch das BVerwG hinsichtlich der Umweltinformationsrichtlinie 90/313/EWG zu verstehen sein.[1056]

2.3 Unselbständige Verfahrenshandlungen

486 In jüngster Zeit ist die Frage aufgetreten, ob § 44 a S. 1 VwGO restriktiv anzuwenden ist. Nach dieser Vorschrift können Rechtsbehelfe gegen behördliche Verfahrenshandlungen nicht isoliert, sondern nur gleichzeitig mit den gegen die Sachentscheidung zulässigen Rechtsbehelfen geltend gemacht werden. Die durch § 44 a Satz 1 VwGO angeordnete „Sperrwirkung" gilt dann nicht, wenn Verfahrenshandlungen aufgrund des Gemeinschaftsrechts selbständig einklagbar sind.[1057] § 44 a S. 1 VwGO gilt ohnehin nicht, wenn behördliche Verfahrenshandlungen gegen einen „Nichtbeteiligten" ergehen (vgl. § 44 a S. 2 VwGO). Als Beteiligter im Sinn des § 44 a VwGO ist allerdings jeder anzusehen, der wegen seiner eigenen sachlichen Betroffenheit überhaupt in der Lage ist, die behördliche Entscheidung aus (materiellen) Sachgründen anzufechten.

Beispiel: Die Immissionsschutzbehörde führte ein immissionsschutzrechtliches Genehmigungsverfahren durch. Gegenstand war eine Betriebsänderung eines Kraftwerkes durch Erweiterung der Einsatzstoffe um besonders belastetes Altholz. Ein Nachbar machte geltend, das Verfahren erfordere eine öffentliche Auslegung des Antrages und eine Umweltverträglichkeitsprüfung. Die Behörde lehnte dies unter Hinweis auf § 44 a VwGO ab. Der Nachbar könne nur ihre Entscheidung angreifen. Im gerichtlichen Verfahren bestätigte der VGH München diese Auffassung.[1058] Gesichtspunkte des Gemeinschaftsrechts,

---

1054 EuG, Urteil vom 3.5.2002 – T-177/01 – EuGHE 2002 II-2365 = DVBl. 2002, 1038 = NJW 2002, 2088 = EuZW 2002, 412 = EuR 2002, 691 = EWS 2002, 324 = NuR 2003, 89 = BayVBl 2002, 663 = ZUR 2002, 342, mit Bespr. Martin Kment, in: BayVBl 2002, 666–667; Thomas Lübbig, Individuelle Betroffenheit durch EG-Verordnung, in: EuZW 2002, 415–416; Matthias Köngeter, Erweiterte Klageberechtigung bei Individualnichtigkeitsklagen gegen EG-Verordnungen?, in: NJW 2002, 2216–2218; Tilman Kuhn/Ralph Christensen, Was heißt individuelle Betroffenheit des Klägers oder wie behandelt man einen Konflikt um die Lesart des Gesetzes?, in: Rechtssprache Europas 2004, 389–412 (Schriften zur Rechtstheorie, Heft 224); Christian Calliess, Zur individuellen Betroffenheit bei Nichtigkeitsklagen vor europäischen Gerichten, in: ZUR 2002, 344–347.

1055 Nach Ulrich Karpenstein, Praxis des EG-Rechts, 2006, S. 128.

1056 BVerwG, Urteil vom 6.12.1996 – 7 C 64.95 – BVerwGE 102, 282 [286] = DVBl. 1997, 438 = NJW 1997, 753 = UPR 1997, 109 = DÖV 1997, 734 = NuR 1997, 401 (Anspruch auf Umweltinformationen nach RL 90/313/EWG).

1057 Wie hier Jan Ziekow, Von der Reanimation des Verfahrensrechts, in: NVwZ 2005, 263–267 [265]; Dirk Ehlers, Die Europäisierung des. Verwaltungsprozeßrechts, in: DVBl. 2004, 1441–1451 [1446]; Martin Gellermann, in: Hans-Werner Rengeling/Andreas/Martin Gellermann (Hrsg.), Handbuch des Rechtsschutzes in der EU, 2. Aufl. 2003, § 36 Rn. 49 (681); Stefan Kadelbach, Allgemeines Verwaltungsrecht unter europäischem Einfluß, Tübingen 1999, S. 416 ff.; Ulrich Karpenstein, Praxis des EG-Rechts, S. 127; zögernd VGH München, Beschluss vom 1.2.2001 – 22 AE 00.40055 – NVwZ-RR 2001, 373 [374] = BayVBl 2002, 410.

1058 VGH München, Beschluss vom 1.2.2001 – 22 AE 00.40055 – NVwZ-RR 2001, 373 = BayVBl 2002, 410.

die es abweichend gebieten, die Einhaltung der Verfahrensbestimmungen der RL 85/337/ EWG oder des Art. 15 Abs. 1 in Verb. mit Art. 2 Nr. 10 b der RL 96/61/EG auch isoliert verfolgen zu können, behandelt das Gericht mit der Erwägung nicht, der Nachbar habe hierzu nichts vorgetragen. Diese Überlegung ist kaum tragfähig, da das Gericht die gemeinschaftsrechtliche Rechtsfrage von Amts wegen zu behandeln hatte.

Die Frage wird daher auch sein, ob die allgemeine Öffentlichkeitsbeteiligung und **487** der damit verbundene Zugang zu den Gerichten nach Maßgabe der RL 2003/35/ EG ebenfalls eine restriktive Auslegung des § 44 a S. 1 VwGO fordert.[1059] Der Nachbar sieht sich bei einer gegen die Endentscheidung gerichteten Klage vielfach dem Einwand ausgesetzt, dass die unterlassene UVP für das Ergebnis nicht ursächlich gewesen sei.[1060] Nach Art. 2 Abs. 2 UAbs. 2 Buchst. b) der Richtlinie 2003/35/EG hat die Öffentlichkeit das Recht, „Stellung zu nehmen und Meinungen zu äußern, wenn alle Optionen noch offen stehen und bevor Entscheidungen über die Pläne und Programme getroffen werden". Der EuGH wird zu klären haben, wie diese gemeinschaftsrechtlich begründete Rechtsposition zu wahren ist, wenn ein Rechtsbehelf gemäß § 44 a VwGO nur gegen die Entscheidung zugelassen ist und eine Klagebefugnis auf der Grundlage der deutschen Schutznormtheorie fehlt. So können die Mitgliedstaaten zwar z. B. gemäß Art. 15 a der Richtlinie 96/61/EG festlegen, „in welchem Verfahrensstadium die Entscheidungen, Handlungen oder Unterlassungen angefochten werden können". Dieser Vorbehalt enthebt sie aber nicht der Pflicht, die Anfechtungsmöglichkeit überhaupt vorzusehen.

3. Rechtsschutz gegen europäische Habitatschutzentscheidungen

(1) Nach den Vorgaben der FFH-Richtlinie 92/43/EWG haben die nationalen Be- **488** hörden schutzbedürftige Flächen auszuwählen und sie der Kommission zu melden. Wird die Fläche in das kohärente europäische ökologische Netz besonderer Schutzgebiete „Natura 2000" aufgenommen, verliert der Grundeigentümer die Befugnis zur ökonomischen oder anderweitigen Nutzung, soweit dies mit den Erhaltungszielen unverträglich ist. Es ist zweifelhaft, welcher Rechtsschutz dem Grundeigentümer gegeben ist, die von ihm befürchtete Auswahl, Meldung, Aufnahme oder innerstaatliche Unterschutzstellung in dieser Gemengelage von innerstaatlichen und gemeinschaftsrechtlichen Entscheidungen abzuwehren.

Die deutsche Rechtsprechung hat einen vorbeugenden Rechtsschutz abgelehnt. **489** Sie sieht in der Auswahl und der Meldung der Gebiete an die Kommission einen verwaltungsmäßigen, nur „wissensbezogenen" Vorgang ohne außenwirksame Rechtsqualität. Erst mit der Umsetzung in das innerstaatliche deutsche Recht eröffne sich dem Grundeigentümer die Möglichkeit der Kontrolle der vom Land vorgenommenen und von der Kommission übernommenen naturschutzfachlichen Würdigung seiner Flächen. Danach hat der Grundeigentümer Rechtsschutz erst

---

1059 Hierfür Ulrich Karpenstein, Praxis des EG-Rechts, 2006, S. 127; Jan Ziekow, Von der Reanimation des Verfahrensrechts, in: NVwZ 2005, 263–266.
1060 BVerwG, Urteil vom 25.1.1996 – 4 C 5.95 – BVerwGE 100, 238 [243] = DVBl. 1996, 677 = NVwZ 1996, 788 = DÖV 1996, 604 = UPR 1996, 228 = ZfBR 1996, 275 = BauR 1996, 511 = BRS 58 Nr. 7 (1996) – BAB 60.

Berkemann

gegen die Folgemaßnahme der Aufnahme des Gebietes zu suchen, die inner-staatlich durch dessen Aufnahme in die Gemeinschaftsliste entstehen.[1061]

490 (2) Das deutsche Gericht kann erst im Verfahren der Inzidentkontrolle die Frage aufwerfen, ob die innerstaatlich wirksame Unterschutzstellung gemeinschaftsrecht-lichen Vorgaben entspricht. Dass hier fachliche Schwierigkeiten bestehen, lässt sich schwerlich bezweifeln. Dies zeigt die Rechtsprechung des BVerwG zu den „potentiellen" FFH-Gebieten und zu den „faktischen" Vogelschutzgebieten ein-drucksvoll.[1062] Maßgebend wird daher sein, in welchem Verfahren zu prüfen und zu entscheiden ist, ob die Kommission die ihr national gemeldete Fläche nach den Maßstäben der FFH-RL zu Recht in das kohärente europäische ökologische Netz aufgenommen hat. Da es sich hierbei um einen Akt eines Gemeinschaftsor-ganes handelt, ist dem nationalen Gericht eine abschließende Entscheidung ver-sagt. Es wird die Frage daher gemäß Art. 234 Abs. 1 Buchstb. b) EG dem EuGH zur Entscheidung vorlegen.

V. Ausblick: Verbandsklage – Klagemöglichkeiten der Umwelt-verbände

Lit.: Bernhard W. Wegener, Ein Silberstreif für die Verbandsklage am Horizont des europäi-schen Rechts, in: Wolfram Cremer/Andreas Fisahn (Hrsg.), Jenseits der marktregulierenden Selbststeuerung – Perspektiven des Umweltrechts, Berlin 1997 S. 183–203; Bernhard W. Wegener, Rechte des Einzelnen – Die Interessentenklage im europäischen Umweltrecht, Baden-Baden 1998; Astrid Epiney, Gemeinschaftsrecht und Verbandsklage, in: NVwZ 1999, 485–495; Astrid Epiney/Kasper Sollberger, Zugang zu Gerichten und gerichtliche Kontroll-dichte im Umweltrecht, Berlin 2002; Robert Seelig/Benjamin Gündling, Die Verbandsklage im Umweltrecht, Aktuelle Entwicklungen und Zukunftsperspektiven im Hinblick auf die No-velle des Bundesnaturschutzgesetzes und supranationale und internationale rechtliche Vor-

---

1061 So auch VG Oldenburg, Beschluss vom 2.2.2000 – 1 B 182. 00 – NVwZ 2001, 349; VG Oldenburg, Beschluss vom 20.1.2000 – 1 B 4195.99 – NVwZ-RR 2002, 25 = NuR 2000, 295 [297]; VG Lüne-burg, Beschluss vom 6.4.2000 – 7 B 7.00 – NVwZ 2001, 590 = NuR 2000, 396; OVG Lüneburg, Beschluss vom 24.3.2000 – 3 M 439/00 – NuR 2000, 298; VG Gießen, Beschluss vom 2.5.200 – 1 G 804/00 –, NuR 2000, 712 [713]; VG Frankfurt, Beschluss vom 2.3.2001 – 3 G 501/01 – NVwZ 2001, 1188 = NuR 2001, 414; VG Bremen, Urteil vom 6.8.2002 – 8 K 1243/00 – NuR 2003, 132; OVG Bremen, Urteil vom 31.5.2005 – 1 A 346/02 – NuR 2005, 654 = NordÖR 2005, 317 (nachfolgend BVerwG, Beschluss vom 7.4.2006 – 4 B 58.05 – NVwZ 2006, 822 = UPR 2006, 351 = NuR 2006, 572); vgl. ferner VG Schleswig, Beschluss vom 1 B 104/99 – NVwZ 2001, 348; Paul-Martin Schulz, Vorbeugender Rechtsschutz gegen FFH-Gebiete, in: NVwZ 2001, 289–291; Wolfgang Ewer, Rechts-schutz gegenüber der Auswahl und Festsetzung von FFH-Gebieten, in: NuR 2000, 361–367.

1062 Vgl. BVerwG, Urteil vom 19.5.1998 – 4 A 9.97 – BVerwGE 107, 1 = DVBl. 1998, 900 = NVwZ 1998, 961 = UPR 1998, 384; BVerwG, Urteil vom 27.1.2000 – 4 C 2.99 – BVerwGE 110, 302 = DVBl. 2000, 814 = NVwZ 2000, 1171 = DÖV 2000, 687 = UPR 2000, 230 = BauR 2000, 1147 = BRS 63 Nr. 222 (2000); BVerwG, Urteil vom 27.10.2000 – 4 A 18.99 – BVerwGE 112, 140; BVerwG, Urteil vom 31.1.2002 – 4 A 15.01 – DVBl. 2002, 990 = NVwZ 2002, 1103 = UPR 2002, 344 = BauR 2002, 1676 = BRS 65 Nr. 216 (2002); BVerwG, Urteil vom 27.2.2003 – 4 A 59.01 – BVerwGE 118, 15 = DVBl. 2003, 1061 = NVwZ 2003, 1253 = UPR 2003, 353 = ZUR 2003, 416 = NuR 2003, 686 = BRS 66 Nr. 224 (2003); BVerwG, Urteil vom 14.11.2002 – 4 A 15.02 – BVerwGE 117, 149 = DVBl. 2003, 534 = NVwZ 2003, 485 = UPR 2003, 183; BVerwG, Urteil 15.1.2004 – 4 A 11.02 – BVerwG E 120, 1 = DVBl. 2004, 642 = NVwZ 2004, 732 = ZUR 2004, 222 = NuR 2004, 366; BVerwG, Urteil vom 1.4.2004 – 4 C 2.03 – BVerwGE 120, 276 = DVBl. 2004, 1115 = NVwZ 2004, 1114 = UPR 2004, 426 = ZUR 2004, 289 = BauR 2004, 1588.

Berkemann

gaben, in: NVwZ 2002, 1033–1041; Christian Calliess, Die umweltrechtliche Verbandsklage nach der Novellierung des Bundesnaturschutzgesetzes, in: NJW 2003, 97–102; Thomas Bunge, Rechtsschutz bei der UVP nach der Richtlinie 2003/34/EG – am Beispiel der Anfechtungsklage, in: ZUR 2004, 141–148.

1. Zielsetzung Århus-Konvention vom 25. Juni 1998

Lit.: Martin Scheyli, Aarhus-Konvention über Informationsgang, Öffentlichkeitsbeteiligung und Rechtsschutz in Umweltbelangen, AVR 38 (2000), S. 217–252; Astrid Epiney, Zu den Anforderungen der Århus-Konvention an das Europäische Gemeinschaftsrecht, in: ZUR 2003 – Sonderheft, S. 176–184; Sabine Schlacke, Aarhus-Konvention – Quo vadis?, in: ZUR 2004, 129–130; Thomas von Danwitz, Zur Ausgestaltungsfreiheit der Mitgliedstaaten bei der Einführung der Verbandsklage anerkannter Umweltschutzvereine nach den Vorgaben der Richtlinie 2003/35/EG und der sog. Aarhus-Konvention. Rechtsgutachten, erstattet dem VEW e. V., 2005; Christian Walter, Internationalisierung des deutschen und Europäischen Verwaltungsverfahrens- und Verwaltungsprozessrechts – am Beispiel der Aarhus-Konvention, in: EuR 2005, 302–338; Jan Ziekow, Strategien zur Umsetzung der Arhus-Konvention in Deutschland, in: EurUP 2005, 154–164: Felix Ekardt, Die nationale Klagebefugnis nach der Aarhus-Konvention, in: NVwZ 2006, 55–56; Gabriele Oestreich, Individualrechtsschutz im Umweltrecht nach dem Inkrafttreten der Aarhus-Konvention und dem Erlass der Aarhus-Richtlinie, in: Verw 39 (2006), S. 29–59.

(1) **UN/ECE-Übereinkommen** über den Zugang zu Informationen, die Öffentlich- **491** keitsbeteiligung an Entscheidungsverfahren und den Zugang zu Gerichten in Umweltangelegenheiten vom 25. Juni 1998 („**Århus-Übereinkommen**"). Die EG hat dieses Abkommen unterzeichnet. Damit die Gemeinschaft dieses Übereinkommen ratifizieren kann, musste das Gemeinschaftsrecht ordnungsgemäß an dieses Übereinkommen angeglichen werden.[1063] Die Konvention ist völkerrechtlich nach Ratifizierung am 30. Oktober 2001 in Kraft getreten.

(2) **Zielsetzung.** Soll das EG-Umweltrecht die ihm zugedachte Aufgabe erbrin- **492** gen, sind Maßnahmen erforderlich, um vorhandene oder auch nur befürchtete Vollzugsdefizite zu verhindern oder doch zu mindern. Als probates Mittel hat sich dazu seit längerem die **Verbandsklage** erwiesen. Das Mittel der Verbandsklage ist in Art. 9 Abs. 2 der Århus-Konvention vorgesehen. Die Konvention enthält **drei Säulen, nämlich**: Mindeststandards des Zugangs zur Information („**erste Säule**"); Mindeststandards der Öffentlichkeitsbeteiligung („**zweite Säule**"); Mindeststandard des Zugangs zu Gerichtsverfahren („**dritte Säule**").[1064]

2. Öffentlichkeits-Richtlinie 2003/35/EG – „Zweite Säule" und „Dritte Säule"

Lit.: Thomas von Danwitz, Århus-Konvention: Umweltinformation, Öffentlichkeitsbeteiligung, Zugang zu den Gerichten, in: NVwZ 2004, 272–282; Hans Walter Louis, Die Übergangsregelungen für das Verbandsklagerecht nach den §§ 61, 69 Abs. 7 BNatSchG vor dem Hintergrund der europarechtlichen Klagerechte für Umweltverbände, auf Grund der Änderungen der IVU- und der UVP-Richtlinie zur Umsetzung des Aarhus-Übereinkommens, in: NuR 2004, 287–292; Ingolf Pernice/Vera Rodenhoff, Die Gemeinschaftskompetenzen für eine Richtlinie über den Zugang zu Gerichten in Umweltangelegenheiten, in: ZUR 2004, 149–

1063 Englischer Wortlaut abgedruckt: AVR 38, 253 (2000), abgedruckt auch in ILM 38 (1999), S. 517.
1064 Vgl. dazu vertiefend Günter Halama, unten S. 775 ff.

151; Sabine Schlacke, Rechtsschutz durch Verbandsklage – Zur Fortentwicklung des umweltbezogenen Rechtsschutzsystems, in: NuR 2004, 629–635; Wolfgang Durner, Direktwirkung europäischer Klagerechte?, in: ZUR 2005, 285–290; Felix Ekardt/Katharina Pöhlmann, Europäische Klagebefugnisse: Öffentlichkeitsrichtlinie, Klagerichtlinie und ihre Folgen, in: NVwZ 2005, 532–534; Helmut Lecheler, Europarechtliche Vorgaben für die Öffentlichkeitsbeteiligung und den Rechtsschutz im deutschen Wirtschaftsverwaltungs- und Umweltrecht, in: GewArch 2005, 305–312; Christoph Palme, Verbandsbeteiligung und Verbandsklage bei der FFH-Verträglichkeitsprüfung, in: ZUR 2005, 349–352; Ralf Alleweldt, Verbandsklage und gerichtliche Kontrolle von Verfahrensfehlern: Neue Entwicklungen im Umweltrecht. Zum Einfluss der Aarhus-Konvention und der Richtlinie 2003/35/EG auf die deutsche Rechtsordnung, in: DÖV 2006, 621–631; Christian Calliess, Feinstaub im Rechtschutz deutscher Verwaltungsgerichte – Europarechtliche Vorgaben für die Klagebefugnis vor deutschen Gerichten und ihre dogmatische Verarbeitung, in: NVwZ 2006, 1–7; Felix Ekardt, Verwaltungsgerichtliche Kontrolldichte unter europäischem und internationalem Einfluß, in: NuR 2006, 221–228; Felix Ekardt, Die nationale Klagebefugnis nach der Aarhus-Konvention, in: NVwZ 2006, 55–56; Martin Gellermann, Europäisierte Klagerechte anerkannter Umweltverbände, in: NVwZ 2006, 7–14; Rüdiger Nebensieck/Jan-Oliver Schrotz, Europäisch gestärkte Anwälte der Natur, in: ZUR 2006, 122–129; Christian Schrader, Neue Entwicklungen in der Verbandsmitwirkung und Verbandsklage, in: UPR 2006, 205–210; Silvia Schütte, Verbändebeteiligung – Status quo und Perspektiven, in: NVwZ 2006, 434–435.

493 (1) Ob es „europäisierte" Klagerechte für anerkannte Naturschutzverbände gibt, war längere Zeit umstritten.[1065] Art. 15 a der Richtlinie 96/61/EG (IVU-RL und Art. 10 a UVP-RL 85/3337/EWG, jeweils in der Fassung der **Richtlinie 2003/35/EG**, sehen nunmehr vor, dass die Mitgliedstaaten im Rahmen ihrer innerstaatlichen Rechtsvorschriften sicherstellen, dass Mitglieder der von der Planung betroffenen Öffentlichkeit eine (umweltbezogene) Rechtsverletzung geltend machen können. Dazu muss für ein Überprüfungsverfahren entweder ein **Zugang zur einem Gericht** oder einer anderen unabhängigen und unparteilichen Stelle gegeben sein. Die Richtlinie 2003/35/EG war bis zum **25.6.2005** in deutsches Recht umzusetzen.

494 (2) Die EU-RL 2003/35/EG dient auch der Umsetzung der sogen. Århus-Konvention im Hinblick auf die Rechtsbehelfsbefugnis von Umweltvereinen. Der Kläger muss in der Lage sein, das Gericht veranlassen zu können, die angegriffene Verwaltungsentscheidung auf ihre Rechtmäßigkeit zu kontrollieren. Das innerstaatliche Recht muss diesen effektiven Zugang ermöglichen. Der Zugang wird eröffnet, um die **materiellrechtliche und verfahrensrechtliche Rechtmäßigkeit** von Entscheidungen, Handlungen oder Unterlassungen anzufechten. Das deutet an, dass die Klage zu einer umfassenden Prüfung aller verfahrensrechtlichen und materiell-rechtlichen Voraussetzungen für eine rechtmäßige Verwaltungsentscheidung führen muss. Das würde bedeuten, dass dem Gericht eine **Totalprüfung** obliegt. Die Frage ist stark umstritten.

1065 Bejahend Martin Gellermann, Europäisierte Klagerechte anerkannter Umweltverbände, in: NVwZ 2006, 7–14; verneinend Wolfgang Durner, Direktwirkung europäischer Verbandsklagerechte? – Überlegungen zum Ablauf der Umsetzungsfrist der Richtlinie 2003/35/EG am 25. Juni 2005 und zur unmittelbaren Anwendbarkeit ihrer Vorgaben über den Zugang zu Gerichten, in: ZUR 2005, 285–290.

Berkemann

3. Rechtslage nach dem Umwelt-Rechtsbehelfsgesetz (URG)

Lit.: Lothar Knopp, Öffentlichkeitsbeteiligungsgesetz und Umwelt-Rechtsbehelfsgesetz, in: ZUR 2005, 281–284; Noreen von Schwanenflug, Der Anspruch von Kommunen auf Zugang zu Umweltinformationen nach der EG-Umweltinformationsrichtlinie, in: KommJur 2007, 10–13; Sabine Schlacke, Das neue Umwelt-Rechtsbehelfsgesetz, in: NuR 2007, 8–16; Alexander Schmidt/Peter Kremer, Das Umwelt-Rechtsbehelfsgesetz und der „weite Zugang zu Gerichten" – Zur Umsetzung der auf den Rechtsschutz in Umweltangelegenheiten bezogenen Vorgaben der sog. Öffentlichkeitsrichtlinie 2003/35/EG, in: ZUR 2007, 57–63; Wolfgang Ewer, Ausgewählte Rechtsanwendungsfragen des Entwurfs für ein Umwelt-Rechtsbehelfsgesetz, in: NVwZ 2007, 267–274.

Der Bundesgesetzgeber hat mit der nahezu üblichen Verspätung mit dem Gesetz über ergänzende Vorschriften zu Rechtsbehelfen in Umweltangelegenheiten nach der EG-Richtlinie 2003/35/EG vom 7.12.2006 (URG) die gemeinschaftsrechtlich vorgegebene Verbandsklage in das deutsche Prozessrecht eingeführt.[1066]   **495**

3.1 Gegenstand der Klage (Anwendungsbereich)

Gegenstände der Klage sind u. a. auch **Bebauungspläne** (§ 1 Abs. 1 Nr. 1 URG in   **496** Verb. mit § 2 Abs. 3 Nr. 3 UVPG). § 2 Abs. 5 Nr. 2 URG bestätigt dieses Auslegung. Es muss sich allerdings um Festsetzungen handeln, durch welche die Zulässigkeit von bestimmten Vorhaben im Sinne der Anlage 1 zum UVPG begründet werden soll, ferner um Bebauungspläne, die einen Planfeststellungsbeschluss für Vorhaben im Sinne der Anlage 1 zum UVPG ersetzen.

3.2 Zulässigkeit der Umweltverbandsklage

(1) § 2 Abs. 1 URG eröffnet die Statthaftigkeit und die Zulässigkeit der **Verbands-**   **497** **klage.** Es handelt sich nach deutscher Gesetzeslage nicht um eine rein altruistische Klage. Zwar ist der Verbandskläger von den Voraussetzungen des § 42 Abs. 2 VwGO befreit. Er kann aber eine zulässige Klage nur erheben, wenn er damit Rechte Einzelner durchsetzen will. Das ergibt sich aus § 2 Abs. 1 Nr. 1 URG. Insoweit enthält das URG gegenüber der Verbandsklage des § 61 BNatSchG 2002 eine Einschränkung.[1067]

(2) Ob diese **schutznormakzessorische Einschränkung** gemeinschaftskonform   **498** ist, ist zweifelhaft. Die Frage ist mit guten Gründen zu verneinen.[1068] Wortlaut, Entstehungsgeschichte und umweltpolitische Zielsetzungen sind von großer Klarheit. Der rechtspolitische Hintergrund der Einschränkung ist die Befürchtung, die Naturschutzverbände könnten ganz allgemein den „Vorsorgegedanken" klagefähig machen wollen.[1069] Das ist aus der Sicht des Gemeinschaftsrechts, also der Richtlinie

---

1066 BGBl. I S. 2816.
1067 Wie hier Jan Ziekow, Das Umwelt-Rechtsbehelfsgesetz im System des deutschen Rechtsschutzes, in: NVwZ 12007, 259–267 [259 f.].
1068 Vgl. allg. Ulrich Baumgartner, Die Klagebefugnis nach deutschem Recht vor dem Hintergrund der Einwirkungen des Gemeinschaftsrechts, 2005, S. 75 ff.
1069 Der Referentenentwurf des Bundesumweltministeriums enthielt diese Begrenzung nicht. Es spricht einiges dafür, dass die Begrenzung auf Interventionen anderer Bundesministerien zurückzuführen ist, die sich ihrerseits dem Vernehmen nach auf ein von Thomas von Danwitz im Auftrag des Ver-

2003/35/EG, ein recht zweifelhaftes Argument.[1070] Die gemeinschaftsrechtliche Verbandsklage soll gerade die rechtspolitischen Mängel des nationalen subjektiven Klagerechts zugunsten des gemeinschaftsrechtlichen Vorsorgegedankens und der Gewährleistung eines hohen Schutzniveaus (Art. 6 EG in Verb. mit Art. 174 Abs. 2 EG) substituieren.[1071] Es ist daher letztlich unverständlich anzunehmen, dass das Gemeinschaftsrecht mit der gewollten Öffnung des Umweltverbandsklagerechtes dieses auf das jeweilige nationale Rechtsschutzsystem rückkoppeln wollte. Der Zielsetzung der von Deutschland im Dezember 2006 ratifizierten Århus-Konvention dürfte dies ebenfalls kaum entsprechen.

499 (3) Von Bedeutung wird sein, ob sich die schutznormakzessorische Auslegung des § 2 Abs. 1 Nr. 1 URG durch einen gemeinschaftsrechtlichen Rückgriff gemeinschaftskonform erweitern lässt. Das Gemeinschaftsrecht legt eine andere „Schutznormtheorie" zugrunde als das deutsche Recht (vgl. Rn. 329). Das gilt auch für das **gemeinschaftsrechtliche Verfahrensrecht.**[1072] Einzelheiten sind unverändert umstritten. Das gilt insbesondere für die Frage, ob das Verfahren nach der UVP-Richtlinie für die „betroffene" Öffentlichkeit drittschützende Wirkung besitzt.[1073] Da die Einschränkung der Klagebefugnis durch § 2 Abs. 1 URG bereits als solche gemeinschaftswidrig ist, setzt sich insoweit der Anwendungsvorrang der RL 2003/35/EG gegenüber dem deutschen Recht durch. Eine Vorlage an den EuGH im Verfahren nach Art. 234 Abs. 1 EG bedarf es nicht.

500 (4) Die als verletzt geltend gemachte Rechtsvorschrift muss dem „**Umweltschutz dienen**". Das wird man im Sinne der Durchsetzung des Gemeinschaftsrechtes dahin zu verstehen haben, dass die jeweilige Rechtsvorschrift „auch", nur nicht ausschließlich dem Umweltschutz zu dienen bestimmt sein muss.[1074] Das ergibt sich aus der interpretatorischen Rückkoppelung zur gemeinschaftsrechtlichen Regelungskompetenz der Art. 174, 175 EG in Verb. mit Art. 10 a UVP-RL 85/337/EWG in der Fassung der RL 2003/35/EG. Das ist ein recht weiter Regelungsbereich. Er-

---

bandes der deutschen Elektrizitätswirtschaft erstattetes Gutachten stützt. Vgl. Thomas von Danwitz, Zur Ausgestaltungsfreiheit der Mitgliedstaaten bei Einführung der Verbandsklage anerkannter Umweltschutzverbände nach Vorgaben der Richtlinie 2003/35/EG und der so genannten Aarhus-Konvetion. Rechtsgutachten für den VdEW e. V., Köln, Okt. 2006.

1070 Bedenken bei Wolfgang Ewer, Ausgewählte Rechtsanwendungsfragen des Entwurfs für ein Umwelt-Rechtsbehelfsgesetz, in: NVwZ 2007, 267–274 [272].

1071 Wie hier Ralf Alleweldt, Verbandsklage und gerichtliche Kontrolle von Verfahrensfehlern: Neue Entwicklungen im Umweltrecht, in: DÖV 2006, 621–631 [626]; Christian Schrader, Neue Entwicklungen in der Verbandsmitwirkung und Verbandsklage, in: UPR 2006, 205–210 [208].

1072 Vgl. etwa EuGH, Urteil vom 7.1.2004 – Rs. C-201/02 – EuGHE 2004 I-723 = DVBl. 2004, 370 = NVwZ 2004, 593 = EWS 2004, 232 = NuR 2004, 517 – „Delena Wells", mit Bespr. Jochen Kerkmann, in: DVBl. 2004, 1288–1289.

1073 Bejahend OVG Koblenz, Beschluss vom 25.1.2005 – 7 B 12114/04 – NVwZ 2005, 1208 = DÖV 2005, 436 = ZfBR 2005, 487 = NuR 2005, 474; verneinend OVG Münster, Urteil vom 27.10.2005 – 11 A 1751/04 – ZfB 2006, 32 = NuR 2006, 320; unentschieden VGH München, Beschluss vom 13.4.2006 – 1 CS 05.1318 – juris Rn. 23 (Volltext); befürwortend Jan Ziekow, in: NVwZ 2005, 263 ff. [265], Alexander Schink, in: EurUP 2003, 27 ff. [36]; a. A. Thomas von Danwitz, in: NVwZ 2004, 272 ff. [278, 281].

1074 Ebenso Amtl. Begründung zum Gesetzesentwurf, BTags-Drs. 16/2495 S. 12; so auch Sabine Schlacke, Das neue Umwelt-Rechtsbehelfsgesetz, in: NuR 2007, 8–16 [11]; Martin Kment, Das neue Umwelt-Rechtsbehelfsgesetz und seine Bedeutung für das UVPG, in: NVwZ 2007, 274–280 [275].

fasst ist damit auch das Abwägungsgebot, soweit Belange des Umweltschutzes betroffen sind oder soweit diese als abwägungsrelevant hätten erwogen werden müssen. Innerstaatliche Hinweise ergeben sich insoweit aus § 1 Abs. 6, § 1 a BauGB.

3.3 Begründetheit der Umweltverbandsklage

3.3.1 Gerichtlicher Prüfungsumfang

(1) Ob der Rechtsbehelf begründet ist, bestimmt sich nach § 2 Abs. 5 URG. Ob **501** § 2 Abs. 5 Nr. 1 URG den gemeinschaftsrechtlichen Anforderungen entspricht, ist wiederum umstritten. Im Schrifttum wird die zugrunde liegende Århus-Konvention teilweise dahin verstanden, das bei einer zulässigen Verbandsklage eines Umweltschutzverbandes (NGO im Sinne des Art. 1 Abs. 2 UVP-RL) in der Begründetheitsprüfung eine „**begrenzte**" **Vollkontrolle** stattfinden habe.[1075] Für die Begründetheitsprüfung der Normenkontrollklage kommt es auf diese Streitfrage nicht an. § 47 VwGO ist insoweit als ein objektiv-rechtliches Beanstandungsverfahren konzipiert. Die Rechtswidrigkeit einer Rechtsnorm wird – mit Ausnahme eines Bebauungsplanes (vgl. § 2 Abs. 5 Nr. 2 URG) – in jeder Hinsicht überprüft. Demgemäß ist auch die Erklärung der Unwirksamkeit von einer subjektiven Betroffenheit des Antragstellers unabhängig.[1076]

(2) Nach der Richtlinienvorgabe 2003/35/EG dürfte sich die „Vollkontrolle" auf die **502** Beachtung umweltschutzrechtlicher Vorschriften, dies in einem umfassenden Sinne verstanden, zu konzentrieren haben.[1077]

3.3.2 UVP-pflichtiger Bebauungsplan

(1) Bei **Bebauungsplänen,** welche durch Festsetzungen die bauplanerische Zu- **503** lässigkeit eines **UVP-pflichtigen Vorhabens** begründen, schränkt der Gesetzgeber die Begründetheitsprüfung durch § 2 Abs. 5 Nr. 2 URG ausdrücklich ein. Die

---

1075 So u. a. Rat von Sachverständigen für Umweltfragen, Rechtsschutz für die Umwelt – altruistische Verbandsklage ist unverzichtbar, 2005, S. 8; Felix Ekardt, Verwaltungsgerichtliche Kontrolldichte unter europäischem und internationalem Einfluß, in: NuR 2006, 221–228 [224]; Felix Ekardt, Die nationale Klagebefugnis nach der Aarhus-Konvention, in: NVwZ 2006, 55–56; Sabine Schlacke, in: Winfried Erbguth (Hrsg.), Effektiver Rechtsschutz im Umweltrecht, 2005, 119 ff. [127]; Sabine Schlacke, Rechtsschutz durch Verbandsklage – Zur Fortentwicklung des umweltbezogenen Rechtsschutzsystems, in: NuR 2004, 629–635; Jan Ziekow, in: Walter Frenz, Immissionsschutzrecht und Emissionshandel, 2006, S. 73 ff. [82]; a. A. Ralf Alleweldt, Verbandsklage und gerichtliche Kontrolle von Verfahrensfehlern: Neue Entwicklungen im Umweltrecht. Zum Einfluss der Aarhus-Konvention und der Richtlinie 2003/35/EG auf die deutsche Rechtsordnung, in: DÖV 2006, 621–631 [626]; Wolfgang Durner, in: ders./Christian Walter (Hrsg.), Rechtspolitische Spielräume bei der Umsetzung der Århus-Konvention, Berlin 2005, 82 f.; Wolfgang Durner, Die Umsetzung der Århus-Konvention und ihre Bedeutung für die Straßenplanung, in: Klaus Grupp (Hrsg.), Europarechtliche Einflüsse auf die Straßenplanung, Berichte der Bundesanstalt für Straßenwesen, Bergisch-Gladbach 2007 (i. E.); Matthias Schmidt-Preuß, in: NVwZ 2005, 489 ff. [495].
1076 Wie hier Jan Ziekow, Das Umwelt-Rechtsbehelfsgesetz im System des deutschen Rechtsschutzes, in: NVwZ 12007, 259–267 [263].
1077 Jan Ziekow, Von der Reanimation des Verfahrensrechts, in: NVwZ 2005, 263–267 [267]; Martin Kment, Das neue Umwelt-Rechtsbehelfsgesetz und seine Bedeutung für das UVPG, in: NVwZ 2007, 274–280 [278]; Martin Gellermann, Europäisierte Klagerechte anerkannter Umweltverbände, in: NVwZ 2006, 7 ff. [9]; a. A. Ingolf Pernice/Vera Rodenhoff, Die Gemeinschaftskompetenz für eine Richtlinie über den Zugang zu Gerichten in Umweltangelegenheiten, in: ZUR 2004, 149–151 [150].

Klage ist nur begründet, wenn eine Festsetzung gegen eine Rechtsvorschrift verstößt, welche dem Umweltschutz dient, zudem **Rechte einzelner** begründet (sog. doppelte Subjektivierung), der Verstoß gerade Belange des Umweltschutzes berührt und diese Belange zu den satzungsmäßigen Zielen des Verbandes gehören. Das sind recht enge Voraussetzungen. Die erfolgreiche Normenkontrollklage des Verbandsklägers gegen einen Bebauungsplan enthält mithin gemäß § 2 Abs. 5 Nr. 2 URG **kumulative Voraussetzungen**. Damit ergibt sich, dass die Zulässigkeitsvoraussetzungen des § 2 Abs. 1 URG umfassender als die Begründetheitsvoraussetzungen sind. Diese erstrecken sich nach § 9 Abs. 1 BauGB nur auf die jeweiligen Festsetzungen, nicht auf den gesamten Bebauungspan. Das wirft Fragen des Rechtsschutzinteresses für den „überschießenden" Bereich auf.[1078]

504 (2) Die rechtspolitische Kritik muss zu Kenntnis nehmen, dass der Gesetzgeber für die Normenkontrollklage eines Umweltschutzverbandes mit § 2 Abs. 5 Nr. 2 URG gleichsam nur ein „**Minimalprogramm**" statuiert hat. Das gilt vor allem mit der Begrenzung auf die drittschutzakzessorische Betroffenheit eines Einzelnen. Ob dies mit den **gemeinschaftsrechtlichen Vorgaben** einer allgemeinen Öffnung durch die „dritte Säule" der Århus-Konvention 1998 und der Richtlinie 2003/35/EG vereinbar ist, wird möglicherweise erst der EuGH zu klären haben. Erhebliche Zweifel sind im Schrifttum längst geäußert worden.[1079] Ihnen wird man wenig entgegensetzten können. Folgt man den gewichtige Bedenken, wird der deutsche Richter die Begrenzungen des innerstaatlichen Kontrollprogramms wegen des Vorranges des Gemeinschaftsrechts nur eingeschränkt zu beachten haben. Art. 10 a UVP-RL in der Fassung der RL 2003/35/EG enthält eine Möglichkeit der drittschutzbezogenen Begrenzung jedenfalls nicht ausdrücklich. Vielmehr soll eine Überprüfung der materiell-rechtlichen und der verfahrensrechtlichen Rechtmäßigkeit erreicht werden, ohne dass sich die Richtlinie auf bestimmte Fehlertypen festlegt.[1080]

3.3.3 Präklusion (§ 2 Abs. 3 URG)

505 (1) Hatte der Verbandskläger im Verfahren nach § 1 Abs. 1 URG die Möglichkeit zur Stellungnahme und hatte er diese Möglichkeit nicht genutzt, so ist er im Klageverfahren gemäß § 2 Abs. 3 URG mit allen Einwendungen ausgeschlossen, die er nicht rechtzeitig geltend gemacht hat oder hätte geltend machen können. Die Vorschrift ist vergleichbar mit § 47 Abs. 2 a VwGO. Allerdings sieht das URG eine Hinweis- oder Belehrungspflicht – abweichend von § 3 Abs. 2 BauGB – insoweit nicht vor. In welchem Verhältnis § 2 Abs. 3 URG zu § 47 Abs. 2 a VwGO steht, ist damit zweifelhaft. Da sich der gesamte § 2 URG nur auf Verbände bezieht, dürfte

---

1078 Wie hier Jan Ziekow, Das Umwelt-Rechtsbehelfsgesetz im System des deutschen Rechtsschutzes, in: NVwZ 12007, 259–267 [263].

1079 Vgl. etwa Dietrich Murswiek, Rechtsprechungsanalyse: Ausgewählte Probleme des allgemeinen Umweltrechts. Vorsorgeprinzip, Subjektivierungstendenzen am Beispiel der UVP, Verbandsklage, in: DV 38 (2005), S. 243–279; kritisch auch Sabine Schlacke, Rechtsschutz durch Verbandsklage – Zur Fortentwicklung des umweltbezogenen Rechtsschutzsystems, in: NuR 2004, 629–635; dies., Das neue Umwelt-Rechtsbehelfsgesetz, in: NuR 2007, 8–16.

1080 So auch Martin Kment, Das neue Umwelt-Rechtsbehelfsgesetz und seine Bedeutung für das UVPG, in: NVwZ 2007, 274–280 [277].

Berkemann

§ 2 Abs. 3 URG als lex specialis die prozessuale Präklusionsregelung des § 47 Abs. 2 a VwGO verdrängen.

3.4 Fehlerlehre (§ 4 Abs. 2 URG)

§ 4 Abs. 1 URG, der die Maßgeblichkeit von Verfahrensmängeln betrifft, gilt nicht **506** für Bebauungspläne. Eine Pflicht zur Durchführung einer UVP besteht nach dem BauGB in den Fällen des vereinfachten Verfahrens (§ 13 Abs. 1 Nr. 1 BauGB 2004) und des beschleunigten Verfahrens (§ 13 a Abs. 1 Satz 4 BauGB). Hier gelten vielmehr unverändert §§ 214, 215 BauGB (vgl. § 4 Abs. 2 URG). Mängel können gemäß § 214 Abs. 4 BauGB mit Rückwirkung durch ein ergänzendes Fehlerheilungsverfahren beseitigt werden. Führt in diesem Fall eine Vorprüfung nach § 3 c UVPG zu dem Ergebnis, dass für das Vorhaben eine vollständige Umweltverträglichkeitsprüfung erforderlich ist, kann jedenfalls der Bebauungsplan in den Fällen der §§ 13, 13 a BauGB nicht geheilt werden. Die Gemeinde muss nunmehr in das reguläre Verfahren nach § 2 Abs. 4 BauGB übergehen.

Anhang: Nachweise von EG-Rechtstexten und Entscheidungen des EuGH

Lit.: Bernd Becker, Fundstellen- und Inhaltsnachweis Umweltschutzrecht der Europäischen Union [einschließlich der Rechtsprechung des Europäischen Gerichtshofes – EuGH]. Systematische Zusammenstellung aller umweltrechtlichen Bestimmungen der EU mit aktuellem Rechtsprechungsdienst und Spezialliteratur zu den einzelnen Rechtsvorschriften, Starnberg, 1992 ff.; Ludger-Anselm Versteyl (Hrsg.), Umweltrecht der Europäischen Union. Entscheidungssammlung. Loseblattausgabe, Neuwied [16. Erg.Lfg.], 2002; Peter-Christoph Storm/ Siegbert Lohse, EG-Umweltrecht. Systematische und ergänzbare Sammlung von Verordnungen, Richtlinien und sonstigen Rechtsakten der Europäischen Union zum Schutze der Umwelt. Loseblattausgabe, Berlin [45. Erg.Lfg.].

I. EG-Rechtstexte

(1) Die Rechtstexte der EG sind in den Amtsblättern der EG veröffentlicht (**ABl.** **507** **EG**), und zwar im Teil „L" (legislation). Dies ähnelt dem Bundesgesetzblatt. Die Amtsblätter der EG haben inzwischen einen ganz erheblichen Umfang angenommen, deren Inhalt durch sog. alljährliche Fundstellenregister erschlossen werden sollen. Auch die Suche in diesen Registern erweist sich als sehr zeitaufwendig.

Hilfreich und eigentlich unverzichtbar sind die **Datenbanken** der EG. Dazu erhält **508** man einen ersten Überblick über die Homepage der EU, abrufbar unter www. europa.eu.int. Dort findet sich auch eine nach Sachgebieten gegliederte Auflistung aller erlassenen Rechtsvorschriften. Unter der Rubrik „Amtliche Dokumente" erhält man die frei zugängliche Datenbank „EUR-LEX". Diese enthält sämtliche EG-Rechtstexte in allen Sprachen der Gemeinschaft. Abrufbar ist dies unter www.europa.eu.int/eur-lex/index-html. Sehr hilfreich kann der Inhalt der Datenbank „PRELEX" sein. Diese Datenbank enthält die offiziellen Dokumente, welche die Kommission an den Rat oder an das Parlament gerichtet hat. Dazu zählen

Vorschläge, Empfehlungen und Mitteilungen. Abrufbar ist dies unter www.europa. eu.int/prelex/acpnet.cfm?CL=de.

509 Eine weitere Datenbank für das Gemeinschaftsrecht ist „CELEX". Dies ist die zentrale Datenbank der Europäischen Union. Die mit der Datenbank CELEX verbundenen Suchstrategien sind nicht einfach. Es kann mit Hilfe von Stichworten oder mit Kombinationen von Stichworten in Rechtstexten, Entscheidungen des EuGH oder des EuG, aber auch in parlamentarischen Anfragen und Antworten der Kommission gesucht werden. Die Datenbank ist derzeit nicht frei zugänglich, sondern kostenpflichtig. Der unmittelbare Zugang erfolgt über www.europa.eu.int/celex oder mittelbar über das Datenbanksystem der juris GmbH. Anhand einer Dokumenten-Nr. lässt sich jeder Rechtsakt eindeutig identifizieren.

510 (2) Neben den Rechtstexten, deren Nachweis die EG elektronisch aktuell zur Verfügung stellt, gibt es Textsammlungen, in aller Regel in der Form von umfangreichen Loseblattsammlungen. Für den deutsch-sprachigen Raum sind die oben angeführten Sammlungen (vgl. Rn. 203, 508) zu nennen.

II. Entscheidungen des EuGH

511 (1) Nahezu alle Entscheidungen des EuGH und des EuG werden in einer Amtlichen Sammlung (Slg. oder EuGHE) ungekürzt veröffentlicht. Die Rechtssachen („Rs.") des EuGH werden seit 1989 als „Rs. C" gekennzeichnet. Der Buchstabe „C" steht für „Cour":

512 Seit 1990 sind die Entscheidungen des EuGH in Teil I der Sammlung aufgenommen. In Teil II sind zum selben Zeitpunkt die Entscheidungen des erstinstanzlichen EuG publiziert. Sie enthalten das Aktenzeichen „Rs. T". Dabei steht „T" für „tribunal". Die Ordnung in den amtlichen Sammlungen ist streng chronologisch, bezogen auf den Entscheidungstag. Inzwischen ist die jahrgangsweise Sammlung äußerst umfangreich geworden. Den Entscheidungen sind die sehr bedeutsamen Schlussanträge der Generalanwälte zuzurechnen. Diese enthalten vielfach eine ausführliche Auswertung der bisherigen Rechtsprechung der Gemeinschaftsgerichte.[1081]

513 Die Entscheidungen des EuGH und des EuGH sind seit 1997 auch elektronisch abrufbar, und zwar unter www.curia.eu.int. Die Suchmaske erlaubt eine Suche nach Aktenzeichen, aber auch anhand bestimmter Stichworte zu bislang nicht ausgewerteten Entscheidungen. Sucht man Entscheidungen, die vor 1997 ergangen sind, empfiehlt sich eine Suche über die Datenbank „EUR-LEX". Diese Datenbank führt auch zu Entscheidungsanmerkungen. Daneben besteht die Möglichkeit, in der Datenbank der juris GmbH zu recherchieren. Allerdings hat diese Datenbank von einer umfangreichen Rückwärtsdokumentation abgesehen. Immerhin können über diese Datenbank auch Entscheidungen der EuGH oder des EuG erschlossen werden, die in einer deutschen Fachzeitschrift nicht veröffentlicht wurden.

[1081] Vgl. Ulrich Karpenstein, Praxis des EG-Rechts, München 2006, Rn. 8 ff.

Texte der ausgewählten EG-Richtlinien

Editorische Vorbemerkung

1. Die ausgewählten Richtlinien werden hier in deutscher Fassung wiedergegeben. In der EG sind die Sprachen der Mitgliedsstaaten als Amtssprachen gleichberechtigt. Bei Auslegungszweifeln kann es sich empfehlen, vor allem die englische und die französische Fassung zu Rate zu ziehen.[1]

2. Wiedergegeben werden die konsolidierten Fassungen der jeweiligen Richtlinie. Für die Konsolidierung zeichnet das Amt für amtliche Veröffentlichungen der Europäischen Gemeinschaften verantwortlich. Hiervon werden zwei Ausnahmen gemacht: Die Richtlinien 97/11/EG und 2003/35/EG sind wegen der besonderen Bedeutung und wegen der inzwischen entstandenen Zitiergewohnheit in ihrer Ursprungsfassung wiedergegeben, obwohl sie jeweils die Richtlinie 85/337/EWG abändern und dort in die konsolidierte Fassung eingearbeitet wurden.

3. Die Richtlinien der EG enthalten üblicherweise amtliche Fußnoten. Diese werden im Amtsblatt der EG (Ausgabe L) nicht fortlaufend, sondern auf jeder Seite neu gezählt. Da diese lokalisierende Zählweise für den Leser keine sinnvolle Information darstellt, sind die Fußnoten hier unter Änderung des amtlichen Textes in eine fortlaufende Zählung übernommen worden. Sie sind – entsprechend der amtlichen Darstellung – als „Fußnote" auf der jeweiligen Seite angegeben, auf der sich der maßgebende Bezugstext befindet.

4. Einige Fußnoten der Richtlinien haben ersichtlich keinen amtlichen Charakter, etwa Verweisungen oder datumsmäßige Angaben zum Inkrafttreten. Diese Fußnoten stammen aus der Bearbeitung durch das Amt für amtliche Veröffentlichungen der Europäischen Gemeinschaften. Auch diese Fußnoten sind in die laufende Zählung aufgenommen worden.

---

1 Die Sprachfassungen sind aus der Datenbank „EUR-Lex" abrufbar, vgl. www.europa.eu.int/eur-lex/index.html.

Richtlinie des Rates vom 27. Juni 1985
über die Umweltverträglichkeitsprüfung bei bestimmten öffentlichen und privaten Projekten

(85/337/EWG)

ABl. Nr. L 175 vom 5.7.1985, S. 40–48*

DER RAT DER EUROPÄISCHEN GEMEINSCHAFTEN –

gestützt auf den Vertrag zur Gründung der Europäischen Wirtschaftsgemeinschaft, insbesondere auf die Artikel 100 und 235,

auf Vorschlag der Kommission[1],

nach Stellungnahme des Europäischen Parlaments[2],

nach Stellungnahme des Wirtschafts- und Sozialausschusses[3],

in Erwägung nachstehender Gründe:

In den Aktionsprogrammen der Europäischen Gemeinschaften für den Umweltschutz von 1973[4] und 1977[5] sowie im Aktionsprogramm von 1983[6], dessen allgemeine Leitlinien der Rat der Europäischen Gemeinschaften und die Vertreter der Regierungen der Mitgliedstaaten genehmigt hatten, wurde betont, daß die beste Umweltpolitik darin besteht, Umweltbelastungen von vornherein zu vermeiden, statt sie erst nachträglich in ihren Auswirkungen zu bekämpfen. In ihnen wurde bekräftigt, daß bei allen technischen Planungs- und Entscheidungsprozessen die Auswirkungen auf die Umwelt so früh wie möglich berücksichtigt werden müssen. Zu diesem Zweck wurde die Einführung von Verfahren zur Abschätzung dieser Auswirkungen vorgesehen.

Die unterschiedlichen Rechtsvorschriften, die in den einzelnen Mitgliedstaaten für die Umweltverträglichkeitsprüfung bei öffentlichen und privaten Projekten gelten, können zu ungleichen Wettbewerbsbedingungen führen und sich somit unmittelbar auf das Funktionieren des Gemeinsamen Marktes auswirken. Es ist daher eine Angleichung der Rechtsvorschriften nach Artikel 100 des Vertrages vorzunehmen.

Es erscheint ferner erforderlich, eines der Ziele der Gemeinschaft im Bereich des Schutzes der Umwelt und der Lebensqualität zu verwirklichen. Da die hierfür erfor-

---

* Geändert durch Richtlinie 97/11/EG des Rates vom 3. März 1997 – ABl. Nr. L 73 vom 14.3.1997, S. 5; Richtlinie 2003/35/EG des Europäischen Parlaments und des Rates vom 26. Mai 2003 – ABl. Nr. L 156 vom 25.6.2003, S. 17.
1 ABl. Nr. C 169 vom 9.7.1980, S. 14.
2 ABl. Nr. C 66 vom 15.3.1982, S. 89.
3 ABl. Nr. C 185 vom 27.7.1981, S. 8.
4 ABl. Nr. C 112 vom 20.12.1973, S. 1.
5 ABl. Nr. C 139 vom 13.6.1977, S. 1.
6 ABl. Nr. C 46 vom 17.2.1983, S. 1.

derlichen Befugnisse im Vertrag nicht vorgesehen sind, ist Artikel 235 des Vertrages zur Anwendung zu bringen.

Zur Ergänzung und Koordinierung der Genehmigungsverfahren für öffentliche und private Projekte, die möglicherweise erhebliche Auswirkungen auf die Umwelt haben, sollten allgemeine Grundsätze für Umweltverträglichkeitsprüfungen aufgestellt werden.

Die Genehmigung für öffentliche und private Projekte, bei denen mit erheblichen Auswirkungen auf die Umwelt zu rechnen ist, sollt erst nach vorheriger Beurteilung der möglichen erheblichen Umweltauswirkungen dieser Projekte erteilt werden. Diese Beurteilung hat von seiten des Projektträgers anhand sachgerechter Angaben zu erfolgen, die gegebenenfalls von den Behörden und der Öffentlichkeit ergänzt werden können, die möglicherweise von dem Projekt betroffen sind.

Es erscheint erforderlich, eine Harmonisierung der Grundsätze für die Umweltverträglichkeitsprüfung vorzunehmen, insbesondere hinsichtlich der Art der zu prüfenden Projekte, der Hauptauflagen für den Projektträger und des Inhalts der Prüfung.

Projekte bestimmter Klassen haben erhebliche Auswirkungen auf die Umwelt und sind grundsätzlich einer systematischen Prüfung zu unterziehen.

Projekte anderer Klassen haben nicht unter allen Umständen zwangsläufig erhebliche Auswirkungen auf die Umwelt; sie sind einer Prüfung zu unterziehen, wenn dies nach Auffassung der Mitgliedstaaten ihrem Wesen nach erforderlich ist.

Bei Projekten, die einer Prüfung unterzogen werden, sind bestimmte Mindestangaben über das Projekt und seine Umweltauswirkungen zu machen.

Die Umweltauswirkungen eines Projekts müssen mit Rücksicht auf folgende Bestrebungen beurteilt werden: die menschliche Gesundheit zu schützen, durch eine Verbesserung der Umweltbedingungen zur Lebensqualität beizutragen, für die Erhaltung der Artenvielfalt zu sorgen und die Reproduktionsfähigkeit des Ökosystems als Grundlage allen Lebens zu erhalten.

Es ist hingegen nicht angebracht, diese Richtlinie auf Projekte anzuwenden, die im einzelnen durch einen besonderen einzelstaatlichen Gesetzgebungsakt genehmigt werden, da die mit dieser Richtlinie verfolgten Ziele einschließlich des Ziels der Bereitstellung von Informationen im Wege des Gesetzgebungsverfahrens erreicht werden.

Im übrigen kann es sich in Ausnahmefällen als sinnvoll erweisen, ein spezifisches Projekt von den in dieser Richtlinie vorgesehenen Prüfungsverfahren zu befreien, sofern die Kommission hiervon in geeigneter Weise unterrichtet wird –

HAT FOLGENDE RICHTLINIE ERLASSEN:

Artikel 1

(1) Gegenstand dieser Richtlinie ist die Umweltverträglichkeitsprüfung bei öffentlichen und privaten Projekten, die möglicherweise erhebliche Auswirkungen auf die Umwelt haben.

(2) Im Sinne dieser Richtlinie sind:

Projekt:

– die Errichtung von baulichen oder sonstigen Anlagen,
– sonstige Eingriffe in Natur und Landschaft einschließlich derjenigen zum Abbau von Bodenschätzen;

Projektträger:

Person, die die Genehmigung für ein privates Projekt beantragt, oder die Behörde, die ein Projekt betreiben will;

Genehmigung:

Entscheidung der zuständigen Behörde oder der zuständigen Behörden, aufgrund deren der Projektträger das Recht zur Durchführung des Projekts erhält;

Öffentlichkeit:

Eine oder mehrere natürliche oder juristische Personen und, in Übereinstimmung mit den innerstaatlichen Rechtsvorschriften oder der innerstaatlichen Praxis, deren Vereinigungen, Organisationen oder Gruppen;

Betroffene Öffentlichkeit:

Die von umweltbezogenen Entscheidungsverfahren gemäß Artikel 2 Absatz 2 betroffene oder wahrscheinlich betroffene Öffentlichkeit oder die Öffentlichkeit mit einem Interesse daran; im Sinne dieser Begriffsbestimmung haben Nichtregierungsorganisationen, die sich für den Umweltschutz einsetzen und alle nach innerstaatlichem Recht geltenden Voraussetzungen erfüllen, ein Interesse.

(3) Die zuständige(n) Behörde(n) ist (sind) die Behörde(n), die von den Mitgliedstaaten für die Durchführung der sich aus dieser Richtlinie ergebenden Aufgaben bestimmt wird (werden).

(4) Die Mitgliedstaaten können – auf Grundlage einer Einzelfallbetrachtung, sofern eine solche nach innerstaatlichem Recht vorgesehen ist – entscheiden, diese Richtlinie nicht auf Projekte anzuwenden, die Zwecken der Landesverteidigung dienen, wenn sie der Auffassung sind, dass sich eine derartige Anwendung negativ auf diese Zwecke auswirken würde.

(5) Diese Richtlinie gilt nicht für Projekte, die im einzelnen durch einen besonderen einzelstaatlichen Gesetzgebungsakt genehmigt werden, da die mit dieser Richtlinie verfolgten Ziele einschließlich des Ziels der Bereitstellung von Informationen im Wege des Gesetzgebungsverfahrens erreicht werden.

Artikel 2

(1) Die Mitgliedstaaten treffen die erforderlichen Maßnahmen, damit vor Erteilung der Genehmigung die Projekte, bei denen unter anderem aufgrund ihrer Art, ihrer Größe oder ihres Standortes mit erheblichen Auswirkungen auf die Umwelt zu rechnen ist, einer Genehmigungspflicht unterworfen und einer Prüfung in bezug auf ihre Auswirkungen unterzogen werden. Diese Projekte sind in Artikel 4 definiert.

(2) Die Umweltverträglichkeitsprüfung kann in den Mitgliedstaaten im Rahmen der bestehenden Verfahren zur Genehmigung der Projekte durchgeführt werden oder, falls solche nicht bestehen, im Rahmen anderer Verfahren oder der Verfahren, die einzuführen sind, um den Zielen dieser Richtlinie zu entsprechen.

(2 a) Die Mitgliedstaaten können ein einheitliches Verfahren für die Erfüllung der Anforderungen dieser Richtlinie und der Richtlinie des Rates 96/61/EG vom 24. September 1996 über die integrierte Vermeidung und Verminderung der Umweltverschmutzung[7] vorsehen.

(3) Unbeschadet des Artikels 7 können die Mitgliedstaaten in Ausnahmefällen ein einzelnes Projekt ganz oder teilweise von den Bestimmungen dieser Richtlinie ausnehmen.

In diesem Fall müssen die Mitgliedstaaten:

a) prüfen, ob eine andere Form der Prüfung angemessen ist;

b) der betroffenen Öffentlichkeit die im Rahmen anderer Formen der Prüfung nach Buchstabe a) gewonnenen Informationen, die Informationen betreffend diese Ausnahme und die Gründe für die Gewährung der Ausnahme zugänglich machen;

c) die Kommission vor Erteilung der Genehmigung über die Gründe für die Gewährung dieser Ausnahme unterrichten und ihr die Informationen übermitteln, die sie gegebenenfalls ihren eigenen Staatsangehörigen zur Verfügung stellen.

Die Kommission übermittelt den anderen Mitgliedstaaten unverzüglich die ihr zugegangenen Unterlagen.

Die Kommission erstattet dem Rat jährlich über die Anwendung dieses Absatzes Bericht.

Artikel 3

Die Umweltverträglichkeitsprüfung identifiziert, beschreibt und bewertet in geeigneter Weise nach Maßgabe eines jeden Einzelfalls gemäß den Artikeln 4 bis 11 die unmittelbaren und mittelbaren Auswirkungen eines Projekts auf folgende Faktoren:

− Mensch, Fauna und Flora,

− Boden, Wasser, Luft, Klima und Landschaft,

---

7 ABl. Nr. L 257 vom 10.10.1996, S. 26.

– Sachgüter und kulturelles Erbe,

– die Wechselwirkung zwischen den unter dem ersten, dem zweiten und dem dritten Gedankenstrich genannten Faktoren.

Artikel 4

(1) Projekte des Anhangs I werden vorbehaltlich des Artikels 2 Absatz 3 einer Prüfung gemäß den Artikeln 5 bis 10 unterzogen.

(2) Bei Projekten des Anhangs II bestimmen die Mitgliedstaaten vorbehaltlich des Artikels 2 Absatz 3 anhand

a) einer Einzelfalluntersuchung

oder

b) der von den Mitgliedstaaten festgelegten Schwellenwerte bzw. Kriterien,

ob das Projekt einer Prüfung gemäß den Artikeln 5 bis 10 unterzogen werden muß.

Die Mitgliedstaaten können entscheiden, beide unter den Buchstaben a) und b) genannten Verfahren anzuwenden.

(3) Bei der Einzelfalluntersuchung oder der Festlegung von Schwellenwerten bzw. Kriterien im Sinne des Absatzes 2 sind die relevanten Auswahlkriterien des Anhangs III zu berücksichtigen.

(4) Die Mitgliedstaaten stellen sicher, daß die gemäß Absatz 2 getroffenen Entscheidungen der zuständigen Behörden der Öffentlichkeit zugänglich gemacht werden.

Artikel 5

(1) Bei Projekten, die nach Artikel 4 einer Umweltverträglichkeitsprüfung gemäß den Artikeln 5 bis 10 unterzogen werden müssen, ergreifen die Mitgliedstaaten die erforderlichen Maßnahmen, um sicherzustellen, daß der Projektträger die in Anhang IV genannten Angaben in geeigneter Form vorlegt, soweit

a) die Mitgliedstaaten der Auffassung sind, daß die Angaben in einem bestimmten Stadium des Genehmigungsverfahrens und in Anbetracht der besonderen Merkmale eines bestimmten Projekts oder einer bestimmten Art von Projekten und der möglicherweise beeinträchtigten Umwelt von Bedeutung sind;

b) die Mitgliedstaaten der Auffassung sind, daß von dem Projektträger unter anderem unter Berücksichtigung des Kenntnisstandes und der Prüfungsmethoden billigerweise verlangt werden kann, daß er die Angaben zusammenstellt.

(2) Die Mitgliedstaaten treffen die erforderlichen Maßnahmen, um sicherzustellen, daß die zuständige Behörde eine Stellungnahme dazu abgibt, welche Angaben vom Projektträger gemäß Absatz 1 vorzulegen sind, sofern der Projektträger vor Einreichung eines Genehmigungsantrags darum ersucht. Die zuständige Behörde

hört vor Abgabe ihrer Stellungnahme den Projektträger sowie in Artikel 6 Absatz 1 genannte Behörden an. Die Abgabe einer Stellungnahme gemäß diesem Absatz hindert die Behörde nicht daran, den Projektträger in der Folge um weitere Angaben zu ersuchen.

Die Mitgliedstaaten können von den zuständigen Behörden die Abgabe einer solchen Stellungnahme verlangen, unabhängig davon, ob der Projektträger dies beantragt hat.

(3) Die vom Projektträger gemäß Absatz 1 vorzulegenden Angaben umfassen mindestens folgendes:

– eine Beschreibung des Projekts nach Standort, Art und Umfang;

– eine Beschreibung der Maßnahmen, mit denen erhebliche nachteilige Auswirkungen vermieden, verringert und soweit möglich ausgeglichen werden sollen;

– die notwendigen Angaben zur Feststellung und Beurteilung der Hauptauswirkungen, die das Projekt voraussichtlich auf die Umwelt haben wird;

– eine Übersicht über die wichtigsten anderweitigen vom Projektträger geprüften Lösungsmöglichkeiten und Angabe der wesentlichen Auswahlgründe im Hinblick auf die Umweltauswirkungen;

– eine nichttechnische Zusammenfassung der unter den obenstehenden Gedankenstrichen genannten Angaben.

(4) Die Mitgliedstaaten sorgen erforderlichenfalls dafür, daß die Behörden, die über relevante Informationen, insbesondere hinsichtlich des Artikels 3, verfügen, diese dem Projektträger zur Verfügung stellen.

Artikel 6

(1) Die Mitgliedstaaten treffen die erforderlichen Maßnahmen, damit die Behörden, die in ihrem umweltbezogenen Aufgabenbereich von dem Projekt berührt sein könnten, die Möglichkeit haben, ihre Stellungnahme zu den Angaben des Projektträgers und zu dem Antrag auf Genehmigung abzugeben. Zu diesem Zweck bestimmen die Mitgliedstaaten allgemein oder von Fall zu Fall die Behörden, die anzuhören sind. Diesen Behörden werden die nach Artikel 5 eingeholten Informationen mitgeteilt. Die Einzelheiten der Anhörung werden von den Mitgliedstaaten festgelegt.

(2) Die Öffentlichkeit wird durch öffentliche Bekanntmachung oder auf anderem geeignetem Wege, wie durch elektronische Medien, soweit diese zur Verfügung stehen, frühzeitig im Rahmen umweltbezogener Entscheidungsverfahren gemäß Artikel 2 Absatz 2, spätestens jedoch, sobald die Informationen nach vernünftigem Ermessen zur Verfügung gestellt werden können, über Folgendes informiert:

a) den Genehmigungsantrag;

b) die Tatsache, dass das Projekt Gegenstand einer Umweltverträglichkeitsprüfung ist, und gegebenenfalls die Tatsache, dass Artikel 7 Anwendung findet;

c) genaue Angaben zu den jeweiligen Behörden, die für die Entscheidung zuständig sind, bei denen relevante Informationen erhältlich sind bzw. bei denen Stellungnahmen oder Fragen eingereicht werden können, sowie zu vorgesehenen Fristen für die Übermittlung von Stellungnahmen oder Fragen;

d) die Art möglicher Entscheidungen, oder, soweit vorhanden, den Entscheidungsentwurf;

e) die Angaben über die Verfügbarkeit der Informationen, die gemäß Artikel 5 eingeholt wurden;

f) die Angaben, wann, wo und in welcher Weise die relevanten Informationen zugänglich gemacht werden;

g) Einzelheiten zu den Vorkehrungen für die Beteiligung der Öffentlichkeit nach Absatz 5 dieses Artikels.

(3) Die Mitgliedstaaten stellen sicher, dass der betroffenen Öffentlichkeit innerhalb eines angemessenen zeitlichen Rahmens Folgendes zugänglich gemacht wird:

a) alle Informationen, die gemäß Artikel 5 eingeholt wurden;

b) in Übereinstimmung mit den nationalen Rechtsvorschriften die wichtigsten Berichte und Empfehlungen, die der bzw. den zuständigen Behörden zu dem Zeitpunkt vorliegen, zu dem die betroffene Öffentlichkeit nach Absatz 2 dieses Artikels informiert wird;

c) in Übereinstimmung mit den Bestimmungen der Richtlinie 2003/4/EG des Europäischen Parlaments und des Rates vom 28. Januar 2003 über den Zugang der Öffentlichkeit zu Umweltinformationen[8] andere als die in Absatz 2 dieses Artikels genannten Informationen, die für die Entscheidung nach Artikel 8 von Bedeutung sind und die erst zugänglich werden, nachdem die betroffene Öffentlichkeit nach Absatz 2 dieses Artikels informiert wurde.

(4) Die betroffene Öffentlichkeit erhält frühzeitig und in effektiver Weise die Möglichkeit, sich an den umweltbezogenen Entscheidungsverfahren gemäß Artikel 2 Absatz 2 zu beteiligen, und hat zu diesem Zweck das Recht, der zuständigen Behörde bzw. den zuständigen Behörden gegenüber Stellung zu nehmen und Meinungen zu äußern, wenn alle Optionen noch offen stehen und bevor die Entscheidung über den Genehmigungsantrag getroffen wird.

(5) Die genauen Vorkehrungen für die Unterrichtung der Öffentlichkeit (beispielsweise durch Anschläge innerhalb eines gewissen Umkreises oder Veröffentlichung in Lokalzeitungen) und Anhörung der betroffenen Öffentlichkeit (beispielsweise durch Aufforderung zu schriftlichen Stellungnahmen oder durch eine öffentliche Anhörung) werden von den Mitgliedstaaten festgelegt.

(6) Der Zeitrahmen für die verschiedenen Phasen muss so gewählt werden, dass ausreichend Zeit zur Verfügung steht, um die Öffentlichkeit zu informieren, und

---

8 ABl. L 41 vom 14.2.2003, S. 26.

dass der betroffenen Öffentlichkeit ausreichend Zeit zur effektiven Vorbereitung und Beteiligung während des umweltbezogenen Entscheidungsverfahrens vorbehaltlich der Bestimmungen dieses Artikels gegeben wird.

Artikel 7

(1) Stellt ein Mitgliedstaat fest, dass ein Projekt erhebliche Auswirkungen auf die Umwelt eines anderen Mitgliedstaats haben könnte, oder stellt ein Mitgliedstaat, der möglicherweise davon erheblich betroffen ist, einen entsprechenden Antrag, so übermittelt der Mitgliedstaat, in dessen Hoheitsgebiet das Projekt durchgeführt werden soll, dem betroffenen Mitgliedstaat so bald wie möglich, spätestens aber zu dem Zeitpunkt, zu dem er in seinem eigenen Land die Öffentlichkeit unterrichtet, unter anderem

a) eine Beschreibung des Projekts zusammen mit allen verfügbaren Angaben über dessen mögliche grenzüberschreitende Auswirkungen,

b) Angaben über die Art der möglichen Entscheidung und räumt dem anderen Mitgliedstaat eine angemessene Frist für dessen Mitteilung ein, ob er an dem umweltbezogenen Entscheidungsverfahren gemäß Artikel 2 Absatz 2 teilzunehmen wünscht oder nicht; ferner kann er die in Absatz 2 dieses Artikels genannten Angaben beifügen.

(2) Teilt ein Mitgliedstaat nach Erhalt der in Absatz 1 genannten Angaben mit, dass er an dem umweltbezogenen Entscheidungsverfahren gemäß Artikel 2 Absatz 2 teilzunehmen beabsichtigt, so übermittelt der Mitgliedstaat, in dessen Hoheitsgebiet das Projekt durchgeführt werden soll, sofern noch nicht geschehen, dem betroffenen Mitgliedstaat die nach Artikel 6 Absatz 2 erforderlichen und nach Artikel 6 Absatz 3 Buchstaben a) und b) bereitgestellten Informationen.

(3) Ferner haben die beteiligten Mitgliedstaaten, soweit sie jeweils berührt sind,

a) dafür Sorge zu tragen, daß die Angaben gemäß den Absätzen 1 und 2 innerhalb einer angemessenen Frist den in Artikel 6 Absatz 1 genannten Behörden sowie der betroffenen Öffentlichkeit im Hoheitsgebiet des möglicherweise von dem Projekt erheblich betroffenen Mitgliedstaats zur Verfügung gestellt werden, und

b) sicherzustellen, daß diesen Behörden und der betroffenen Öffentlichkeit Gelegenheit gegeben wird, der zuständigen Behörde des Mitgliedstaats, in dessen Hoheitsgebiet das Projekt durchgeführt werden soll, vor der Genehmigung des Projekts innerhalb einer angemessenen Frist ihre Stellungnahme zu den vorgelegten Angaben zuzuleiten.

(4) Die beteiligten Mitgliedstaaten nehmen Konsultationen auf, die unter anderem die potentiellen grenzüberschreitenden Auswirkungen des Projekts und die Maßnahmen zum Gegenstand haben, die der Verringerung oder Vermeidung dieser Auswirkungen dienen sollen, und vereinbaren einen angemessenen Zeitrahmen für die Dauer der Konsultationsphase.

(5) Die Einzelheiten der Durchführung dieses Artikels können von den betroffenen Mitgliedstaaten festgelegt werden; sie müssen derart beschaffen sein, dass die betroffene Öffentlichkeit im Hoheitsgebiet des betroffenen Mitgliedstaats die Möglichkeit erhält, effektiv an den umweltbezogenen Entscheidungsverfahren gemäß Artikel 2 Absatz 2 für das Projekt teilzunehmen.

Artikel 8

Die Ergebnisse der Anhörungen und die gemäß den Artikeln 5, 6 und 7 eingeholten Angaben sind beim Genehmigungsverfahren zu berücksichtigen.

Artikel 9

(1) Wurde eine Entscheidung über die Erteilung oder die Verweigerung einer Genehmigung getroffen, so gibt (geben) die zuständige(n) Behörde(n) dies der Öffentlichkeit nach den entsprechenden Verfahren bekannt und macht (machen) ihr folgende Angaben zugänglich:

– den Inhalt der Entscheidung und die gegebenenfalls mit der Entscheidung verbundenen Bedingungen;

– nach Prüfung der von der betroffenen Öffentlichkeit vorgebrachten Bedenken und Meinungen die Hauptgründe und -erwägungen, auf denen die Entscheidung beruht, einschließlich Angaben über das Verfahren zur Beteiligung der Öffentlichkeit;

– erforderlichenfalls eine Beschreibung der wichtigsten Maßnahmen, mit denen erhebliche nachteilige Auswirkungen vermieden, verringert und, soweit möglich, ausgeglichen werden sollen.

(2) Die zuständige(n) Behörde(n) unterrichtet (unterrichten) die gemäß Artikel 7 konsultierten Mitgliedstaaten und übermittelt (übermitteln) ihnen die in Absatz 1 dieses Artikels genannten Angaben.

Die konsultierten Mitgliedstaaten stellen sicher, dass diese Informationen der betroffenen Öffentlichkeit in ihrem eigenen Hoheitsgebiet in geeigneter Weise zugänglich gemacht werden.

Artikel 10

Die Bestimmungen dieser Richtlinie berühren nicht die Verpflichtung der zuständigen Behörden, die von den einzelstaatlichen Rechts- und Verwaltungsvorschriften und der herrschenden Rechtspraxis auferlegten Beschränkungen zur Wahrung der gewerblichen und handelsbezogenen Geheimnisse einschließlich des geistigen Eigentums und des öffentlichen Interesses zu beachten.

Soweit Artikel 7 Anwendung findet, unterliegen die Übermittlung von Angaben an einen anderen Mitgliedstaat und der Empfang von Angaben eines anderen Mitgliedstaats den Beschränkungen, die in dem Mitgliedstaat gelten, in dem das Projekt durchgeführt werden soll.

Artikel 10 a

Die Mitgliedstaaten stellen im Rahmen ihrer innerstaatlichen Rechtsvorschriften sicher, dass Mitglieder der betroffenen Öffentlichkeit, die

a) ein ausreichendes Interesse haben oder alternativ

b) eine Rechtsverletzung geltend machen, sofern das Verwaltungsverfahrensrecht bzw. Verwaltungsprozessrecht eines Mitgliedstaats dies als Voraussetzung erfordert,

Zugang zu einem Überprüfungsverfahren vor einem Gericht oder einer anderen auf gesetzlicher Grundlage geschaffenen unabhängigen und unparteiischen Stelle haben, um die materiellrechtliche und verfahrensrechtliche Rechtmäßigkeit von Entscheidungen, Handlungen oder Unterlassungen anzufechten, für die die Bestimmungen dieser Richtlinie über die Öffentlichkeitsbeteiligung gelten.

Die Mitgliedstaaten legen fest, in welchem Verfahrensstadium die Entscheidungen, Handlungen oder Unterlassungen angefochten werden können.

Was als ausreichendes Interesse und als Rechtsverletzung gilt, bestimmen die Mitgliedstaaten im Einklang mit dem Ziel, der betroffenen Öffentlichkeit einen weiten Zugang zu Gerichten zu gewähren. Zu diesem Zweck gilt das Interesse jeder Nichtregierungsorganisation, welche die in Artikel 1 Absatz 2 genannten Voraussetzungen erfüllt, als ausreichend im Sinne von Absatz 1 Buchstabe a) dieses Artikels. Derartige Organisationen gelten auch als Träger von Rechten, die im Sinne von Absatz 1 Buchstabe b) dieses Artikels verletzt werden können.

Dieser Artikel schließt die Möglichkeit eines vorausgehenden Überprüfungsverfahrens bei einer Verwaltungsbehörde nicht aus und lässt das Erfordernis einer Ausschöpfung der verwaltungsbehördlichen Überprüfungsverfahren vor der Einleitung gerichtlicher Überprüfungsverfahren unberührt, sofern ein derartiges Erfordernis nach innerstaatlichem Recht besteht.

Die betreffenden Verfahren werden fair, gerecht, zügig und nicht übermäßig teuer durchgeführt.

Um die Effektivität dieses Artikels zu fördern, stellen die Mitgliedstaaten sicher, dass der Öffentlichkeit praktische Informationen über den Zugang zu verwaltungsbehördlichen und gerichtlichen Überprüfungsverfahren zugänglich gemacht werden.

Artikel 11

(1) Die Mitgliedstaaten und die Kommission tauschen Angaben über ihre Erfahrungen bei der Anwendung dieser Richtlinie aus.

(2) Insbesondere teilen die Mitgliedstaaten der Kommission gemäß Artikel 4 Absatz 2 die für die Auswahl der betreffenden Projekte gegebenenfalls festgelegten Kriterien und/oder Schwellenwerte mit.

(3) Fünf Jahre nach Bekanntgabe dieser Richtlinie übermittelt die Kommission dem Europäischen Parlament und dem Rat einen Bericht über deren Anwendung und Nutzeffekt. Der Bericht stützt sich auf diesen Informationsaustausch.

(4) Die Kommission unterbreitet dem Rat auf der Grundlage dieses Informationsaustauschs zusätzliche Vorschläge, falls dies sich im Hinblick auf eine hinreichend koordinierte Anwendung dieser Richtlinie als notwendig erweist.

Artikel 12

(1) Die Mitgliedstaaten treffen die erforderlichen Maßnahmen, um dieser Richtlinie innerhalb von drei Jahren nach ihrer Bekanntgabe[9] nachzukommen.

(2) Die Mitgliedstaaten teilen der Kommission den Wortlaut der innerstaatlichen Rechtsvorschriften mit, die sie auf dem unter diese Richtlinie fallenden Gebiet erlassen.

Artikel 14

Diese Richtlinie ist an die Mitgliedstaaten gerichtet.

---

9 Diese Richtlinie wurde den Mitgliedstaaten am 3. Juli 1985 bekanntgegeben.

Anhang I
Projekte nach Artikel 4 Absatz 1

1. Raffinerien für Erdöl (ausgenommen Unternehmen, die nur Schmiermittel aus Erdöl herstellen) sowie Anlagen zur Vergasung und zur Verflüssigung von täglich mindestens 500 Tonnen Kohle oder bituminösem Schiefer.

2. – Wärmekraftwerke und andere Verbrennungsanlagen mit einer Wärmeleistung von mindestens 300 MW sowie

   – Kernkraftwerke und andere Kernreaktoren einschließlich der Demontage oder Stillegung solcher Kraftwerke oder Reaktoren* (mit Ausnahme von Forschungseinrichtungen zur Erzeugung und Bearbeitung von spaltbaren und brutstoffhaltigen Stoffen, deren Höchstleistung 1 kW thermische Dauerleistung nicht übersteigt).

3. a) Anlagen zur Wiederaufarbeitung bestrahlter Kernbrennstoffe.

   b) Anlagen:

   – mit dem Zweck der Erzeugung oder Anreicherung von Kernbrennstoffen,

   – mit dem Zweck der Aufarbeitung bestrahlter Kernbrennstoffe oder hochradioaktiver Abfälle,

   – mit dem Zweck der endgültigen Beseitigung bestrahlter Kernbrennstoffe,

   – mit dem ausschließlichen Zweck der endgültigen Beseitigung radioaktiver Abfälle,

   – mit dem ausschließlichen Zweck der (für mehr als 10 Jahre geplanten) Lagerung bestrahlter Kernbrennstoffe oder radioaktiver Abfälle an einem anderen Ort als dem Produktionsort.

4. – Integrierte Hüttenwerke zur Erzeugung von Roheisen und Rohstahl.

   – Anlagen zur Gewinnung von Nichteisenrohmetallen aus Erzen, Konzentraten oder sekundären Rohstoffen durch metallurgische, chemische oder elektrolytische Verfahren.

5. Anlagen zur Gewinnung von Asbest sowie zur Be- und Verarbeitung von Asbest und Asbesterzeugnissen: bei Asbestzementerzeugnissen mit einer Jahresproduktion von mehr als 20 000 t Fertigerzeugnissen; bei Reibungsbelägen mit einer Jahresproduktion von mehr als 50 t Fertigerzeugnissen; bei anderen Verwendungszwecken von Asbest mit einem Einsatz von mehr als 200 t im Jahr.

6. Integrierte chemische Anlagen, d. h. Anlagen zur Herstellung von Stoffen unter Verwendung chemischer Umwandlungsverfahren im industriellen Umfang, bei de-

---

* Kernkraftwerke und andere Kernreaktoren gelten nicht mehr als solche, wenn der gesamte Kernbrennstoff und andere radioaktiv kontaminierte Komponenten auf Dauer vom Standort der Anlage entfernt wurden.

nen sich mehrere Einheiten nebeneinander befinden und in funktioneller Hinsicht miteinander verbunden sind und die

i)   zur Herstellung von organischen Grundchemikalien,

ii)   zur Herstellung von anorganischen Grundchemikalien,

iii) zur Herstellung von phosphor-, stickstoff- oder kaliumhaltigen Düngemitteln (Einnährstoff oder Mehrnährstoff)

iv) zur Herstellung von Ausgangsstoffen für Pflanzenschutzmittel und von Bioziden

v)   zur Herstellung von Grundarzneimitteln unter Verwendung eines chemischen oder biologischen Verfahrens

vi) zur Herstellung von Explosivstoffen

dienen.

7. a) Bau von Eisenbahn-Fernverkehrsstrecken und Flugplätzen[1] mit einer Start- und Landebahngrundlänge von 2 100 m und mehr.

b) Bau von Autobahnen und Schnellstraßen[2].

c) Bau von neuen vier- oder mehrspurigen Straßen oder Verlegung und/oder Ausbau von bestehenden ein- oder zweispurigen Straßen zu vier- oder mehrspurigen Straßen, wenn diese neue Straße oder dieser verlegte und/oder ausgebaute Straßenabschnitt eine durchgehende Länge von 10 km oder mehr aufweisen würde.

8. a) Wasserstraßen und Häfen für die Binnenschifffahrt, die für Schiffe mit mehr als 1 350 t zugänglich sind.

b) Seehandelshäfen, mit Binnen- oder Außenhäfen verbundene Landungsstege (mit Ausnahme von Landungsstegen für Fährschiffe) zum Laden und Löschen, die Schiffe mit mehr als 1 350 t aufnehmen können.

9. Abfallbeseitigungsanlagen zur Verbrennung, chemischen Behandlung gemäß der Definition in Anhang II A Nummer D9 der Richtlinie 75/442/EWG[3] oder Deponierung gefährlicher Abfälle (d.h. unter die Richtlinie 91/689/EWG[4] fallender Abfälle).

10. Abfallbeseitigungsanlagen zur Verbrennung oder chemischen Behandlung gemäß der Definition in Anhang II A Nummer D9 der Richtlinie 75/442/EWG ungefährlicher Abfälle mit einer Kapazität von mehr als 100 t pro Tag.

---

1 „Flugplätze" im Sinne dieser Richtlinie sind Flugplätze gemäß den Begriffsbestimmungen des Abkommens von Chicago von 1944 zur Errichtung der Internationalen Zivilluftfahrt-Organisation (Anhang 14).

2 „Schnellstraßen" im Sinne dieser Richtlinie sind Schnellstraßen gemäß den Begriffsbestimmungen des Europäischen Übereinkommens über die Hauptstraßen des internationalen Verkehrs vom 15. November 1975.

3 ABl. Nr. L 194 vom 25.7.1975, S. 39. Richtlinie zuletzt geändert durch die Entscheidung 94/3/EG der Kommission (ABl. Nr. L 5 vom 7.1.1994, S. 15).

4 ABl. Nr. L 377 vom 31.12.1991, S. 20. Richtlinie zuletzt geändert durch die Richtlinie 94/31/EG (ABl. Nr. L 168 vom 2.7.1994, S. 28).

11. Grundwasserentnahme- oder künstliche Grundwasserauffüllungssysteme mit einem jährlichen Entnahme- oder Auffüllungsvolumen von mindestens 10 Mio. m³.

12. a) Bauvorhaben zur Umleitung von Wasserressourcen von einem Flußeinzugsgebiet in ein anderes, wenn durch die Umleitung Wassermangel verhindert werden soll und mehr als 100 Mio. m³/Jahr an Wasser umgeleitet werden.

b) In allen anderen Fällen Bauvorhaben zur Umleitung von Wasserressourcen von einem Flußeinzugsgebiet in ein anderes, wenn der langjährige durchschnittliche Wasserdurchfluß des Flußeinzugsgebiets, dem Wasser entnommen wird, 2 000 Mio. m³/Jahr übersteigt und mehr als 5 % dieses Durchflusses umgeleitet werden. In beiden Fällen wird der Transport von Trinkwasser in Rohren nicht berücksichtigt.

13. Abwasserbehandlungsanlagen mit einer Leistung von mehr als 150 000 Einwohnerwerten gemäß der Definition in Artikel 2 Nummer 6 der Richtlinie 91/271/EWG[5]

14. Gewinnung von Erdöl und Erdgas zu gewerblichen Zwecken mit einem Fördervolumen von mehr als 500 t/Tag bei Erdöl und von mehr als 500 000 m³/Tag bei Erdgas.

15. Stauwerke und sonstige Anlagen zur Zurückhaltung oder dauerhaften Speicherung von Wasser, in denen über 10 Mio. m³ Wasser neu oder zusätzlich zurückgehalten oder gespeichert werden.

16. Öl-, Gas- und Chemikalienpipelines mit einem Durchmesser von mehr als 800 mm und einer Länge von mehr als 40 km.

17. Anlagen zur Intensivhaltung oder -aufzucht von Geflügel oder Schweinen mit mehr als

a) 85 000 Plätzen für Masthähnchen und -hühnchen, 60 000 Plätzen für Hennen,

b) 3 000 Plätzen für Mastschweine (Schweine über 30 kg) oder

c) 900 Plätzen für Sauen.

18. Industrieanlagen zur

a) Herstellung von Zellstoff aus Holz oder anderen Faserstoffen,

b) Herstellung von Papier und Pappe, deren Produktionskapazität 200 t pro Tag übersteigt.

19. Steinbrüche und Tagebau auf einer Abbaufläche von mehr als 25 Hektar oder Torfgewinnung auf einer Fläche von mehr als 150 Hektar.

20. Bau von Hochspannungsfreileitungen für eine Stromstärke von 220 kV oder mehr und mit einer Länge von mehr als 15 km.

---

5 ABl. Nr. L 135 vom 30.5.1991, S. 40. Richtlinie zuletzt geändert durch die Beitrittsakte von 1994.

21. Anlagen zur Lagerung von Erdöl, petrochemischen und chemischen Erzeugnissen mit einer Kapazität von 200 000 Tonnen und mehr.

22. Jede Änderung oder Erweiterung von Projekten, die in diesem Anhang aufgeführt sind, wenn sie für sich genommen die Schwellenwerte, sofern solche in diesem Anhang festgelegt sind, erreicht.

Anhang II
Projekte nach Artikel 4 Absatz 2

1. Landwirtschaft, Forstwirtschaft und Fischzucht

a) Flurbereinigungsprojekte.

b) Projekte zur Verwendung von Ödland oder naturnahen Flächen zu intensiver Landwirtschaftsnutzung.

c) Wasserwirtschaftliche Projekte in der Landwirtschaft, einschließlich Bodenbe- und -entwässerungsprojekte.

d) Erstaufforstungen und Abholzungen zum Zweck der Umwandlung in eine andere Bodennutzungsart.

e) Anlagen zur Intensivtierhaltung (nicht durch Anhang I erfaßte Projekte).

f) Intensive Fischzucht.

g) Landgewinnung am Meer.

2. Bergbau

a) Steinbrüche, Tagebau und Torfgewinnung (nicht durch Anhang I erfasste Projekte).

b) Untertagebau.

c) Gewinnung von Mineralien durch Baggerung auf See oder in Flüssen.

d) Tiefbohrungen, insbesondere

   – Bohrungen zur Gewinnung von Erdwärme,

   – Bohrungen im Zusammenhang mit der Lagerung von Kernabfällen,

   – Bohrungen im Zusammenhang mit der Wasserversorgung, ausgenommen Bohrungen zur Untersuchung der Bodenfestigkeit.

e) Oberirdische Anlagen zur Gewinnung von Steinkohle, Erdöl, Erdgas und Erzen sowie von bituminösem Schiefer.

3. Energiewirtschaft

a) Anlagen der Industrie zur Erzeugung von Strom, Dampf und Warmwasser (nicht durch Anhang I erfaßte Projekte).

b) Anlagen der Industrie zum Transport von Gas, Dampf und Warmwasser; Beförderung elektrischer Energie über Freileitungen (nicht durch Anhang I erfaßte Projekte).

c) Oberirdische Speicherung von Erdgas.

d) Lagerung von brennbaren Gasen in unterirdischen Behältern.

e) Oberirdische Speicherung von fossilen Brennstoffen.

f) Industrielles Pressen von Steinkohle und Braunkohle.

g) Anlagen zur Bearbeitung und Lagerung radioaktiver Abfälle (soweit nicht durch Anhang I erfaßt).

h) Anlagen zur hydroelektrischen Energieerzeugung.

i) Anlagen zur Nutzung von Windenergie zur Stromerzeugung (Windfarmen).

4. Herstellung und Verarbeitung von Metallen

a) Anlagen zur Herstellung von Roheisen oder Stahl (Primär- oder Sekundärschmelzung) einschließlich Stranggießen.

b) Anlagen zur Verarbeitung von Eisenmetallen durch

   i) Warmwalzen,

   ii) Schmieden mit Hämmern,

   iii) Aufbringen von schmelzflüssigen metallischen Schutzschichten.

c) Eisenmetallgießereien.

d) Anlagen zum Schmelzen, einschließlich Legieren von Nichteisenmetallen, darunter auch Wiedergewinnungsprodukte (Raffination, Gießen usw.), mit Ausnahme von Edelmetallen.

e) Anlagen zur Oberflächenbehandlung von Metallen und Kunststoffen durch ein elektrolytisches oder chemisches Verfahren.

f) Bau und Montage von Kraftfahrzeugen und Bau von Kraftfahrzeugmotoren.

g) Schiffswerften.

h) Anlagen für den Bau und die Instandsetzung von Luftfahrzeugen.

i) Bau von Eisenbahnmaterial.

j) Tiefen mit Hilfe von Sprengstoffen.

k) Anlagen zum Rösten und Sintern von Erz.

5. Mineralverarbeitende Industrie

a) Kokereien (Kohletrockendestillation).

b) Anlagen zur Zementherstellung.

c) Anlagen zur Gewinnung von Asbest und zur Herstellung von Erzeugnissen aus Asbest (nicht durch Anhang I erfaßte Projekte).

d) Anlagen zur Herstellung von Glas einschließlich Anlagen zur Herstellung von Glasfasern.

e) Anlagen zum Schmelzen mineralischer Stoffe einschließlich Anlagen zur Herstellung von Mineralfasern.

f) Herstellung von keramischen Erzeugnissen durch Brennen, und zwar insbesondere von Dachziegeln, Ziegelsteinen, feuerfesten Steinen, Fliesen, Steinzeug oder Porzellan.

6. Chemische Industrie (nicht durch Anhang I erfaßte Projekte)

a) Behandlung von chemischen Zwischenerzeugnissen und Erzeugung von Chemikalien.

b) Herstellung von Schädlingsbekämpfungsmitteln und pharmazeutischen Erzeugnissen, Farben und Anstrichmitteln, Elastomeren und Peroxiden.

c) Speicherung und Lagerung von Erdöl, petrochemischen und chemischen Erzeugnissen.

7. Nahrungs- und Genußmittelindustrie

a) Erzeugung von Ölen und Fetten pflanzlicher und tierischer Herkunft.

b) Fleisch- und Gemüsekonservenindustrie.

c) Erzeugung von Milchprodukten.

d) Brauereien und Malzereien.

e) Süßwaren und Sirupherstellung.

f) Anlagen zum Schlachten von Tieren.

g) Industrielle Herstellung von Stärken.

h) Fischmehl- und Fischölfabriken.

i) Zuckerfabriken.

8. Textil-, Leder-, Holz- und Papierindustrie

a) Industrieanlagen zur Herstellung von Papier und Pappe (nicht durch Anhang I erfaßte Projekte).

b) Anlagen zur Vorbehandlung (Waschen, Bleichen, Mercerisieren) oder zum Färben von Fasern oder Textilien.

c) Anlagen zum Gerben von Häuten und Fellen.

d) Anlagen zur Erzeugung und Verarbeitung von Zellstoff und Zellulose.

9. Verarbeitung von Gummi

Erzeugung und Verarbeitung von Erzeugnissen aus Elastomeren.

10. Infrastrukturprojekte

a) Anlage von Industriezonen.

b) Städtebauprojekte, einschließlich der Errichtung von Einkaufszentren und Parkplätzen.

c) Bau von Eisenbahnstrecken sowie von intermodalen Umschlaganlagen und Terminals (nicht durch Anhang I erfaßte Projekte).

d) Bau von Flugplätzen (nicht durch Anhang I erfaßte Projekte).

e) Bau von Straßen, Häfen und Hafenanlagen, einschließlich Fischereihäfen (nicht durch Anhang I erfaßte Projekte).

f) Bau von Wasserstraßen (soweit nicht durch Anhang I erfaßt), Flußkanalisierungs- und Stromkorrekturarbeiten.

g) Talsperren und sonstige Anlagen zum Aufstauen eines Gewässers oder zum dauernden Speichern von Wasser (nicht durch Anhang I erfasste Projekte).

h) Straßenbahnen, Stadtschnellbahnen in Hochlage, Untergrundbahnen, Hängebahnen oder ähnliche Bahnen besonderer Bauart, die ausschließlich oder vorwiegend der Personenbeförderung dienen.

i) Bau von Öl- und Gaspipelines (nicht durch Anhang I erfaßte Projekte).

j) Bau von Wasserfernleitungen.

k) Bauten des Küstenschutzes zur Bekämpfung der Erosion und meerestechnische Arbeiten, die geeignet sind, Veränderungen der Küste mit sich zu bringen (zum Beispiel Bau von Deichen, Molen, Hafendämmen und sonstigen Küstenschutzbauten), mit Ausnahme der Unterhaltung und Wiederherstellung solcher Bauten.

l) Grundwasserentnahme- und künstliche Grundwasserauffüllungssysteme, soweit nicht durch Anhang I erfaßt.

m) Bauvorhaben zur Umleitung von Wasserressourcen von einem Flußeinzugsgebiet in ein anderes, soweit nicht durch Anhang I erfaßt.

11. Sonstige Projekte

a) Ständige Renn- und Teststrecken für Kraftfahrzeuge.

b) Abfallbeseitigungsanlagen (nicht durch Anhang I erfaßte Projekte).

c) Abwasserbehandlungsanlagen (nicht durch Anhang I erfaßte Projekte).

d) Schlammlagerplätze.

e) Lagerung von Eisenschrott, einschließlich Schrottwagen.

f) Prüfstände für Motoren, Turbinen oder Reaktoren.

g) Anlagen zur Herstellung künstlicher Mineralfasern.

h) Anlagen zur Wiedergewinnung oder Vernichtung von explosionsgefährlichen Stoffen.

i) Tierkörperbeseitigungsanlagen.

12. Fremdenverkehr und Freizeit

a) Skipisten, Skilifte, Seilbahnen und zugehörige Einrichtungen.

b) Jachthäfen.

c) Feriendörfer und Hotelkomplexe außerhalb von städtischen Gebieten und zugehörige Einrichtungen.

d) Ganzjährig betriebene Campingplätze.

e) Freizeitparks.

13. – Die Änderung oder Erweiterung von bereits genehmigten, durchgeführten oder in der Durchführungsphase befindlichen Projekten des Anhangs I oder II, die erhebliche nachteilige Auswirkungen auf die Umwelt haben können (nicht durch Anhang I erfasste Änderung oder Erweiterung)

– Projekte des Anhangs I, die ausschließlich oder überwiegend der Entwicklung und Erprobung neuer Verfahren oder Erzeugnisse dienen und nicht länger als zwei Jahre betrieben werden.

Anhang III
Auswahlkriterien im Sinne von Artikel 4 Absatz 3

1. Merkmale der Projekte

Die Merkmale der Projekte sind insbesondere hinsichtlich folgender Punkte zu beurteilen:

- Größe des Projekts,

- Kumulierung mit anderen Projekten,

- Nutzung der natürlichen Ressourcen,

- Abfallerzeugung,

- Umweltverschmutzung und Belästigungen,

- Unfallrisiko, insbesondere mit Blick auf verwendete Stoffe und Technologien.

2. Standort der Projekte

Die ökologische Empfindlichkeit der geographischen Räume, die durch die Projekte möglicherweise beeinträchtigt werden, muß unter Berücksichtigung insbesondere folgender Punkte beurteilt werden:

- bestehende Landnutzung;

- Reichtum, Qualität und Regenerationsfähigkeit der natürlichen Ressourcen des Gebiets;

- Belastbarkeit der Natur unter besonderer Berücksichtigung folgender Gebiete:

a) Feuchtgebiete,

b) Küstengebiete,

c) Bergregionen und Waldgebiete,

d) Reservate und Naturparks,

e) durch die Gesetzgebung der Mitgliedstaaten ausgewiesene Schutzgebiete; von den Mitgliedstaaten gemäß den Richtlinien 79/409/EWG und 92/43/EWG ausgewiesene besondere Schutzgebiete,

f) Gebiete, in denen die in den Gemeinschaftsvorschriften festgelegten Umweltqualitätsnormen bereits überschritten sind,

g) Gebiete mit hoher Bevölkerungsdichte,

h) historisch, kulturell oder archäologisch bedeutende Landschaften.

3. Merkmale der potentiellen Auswirkungen

Die potentiellen erheblichen Auswirkungen der Projekte sind anhand der unter den Nummern 1 und 2 aufgeführten Kriterien zu beurteilen; insbesondere ist folgendem Rechnung zu tragen:

- dem Ausmaß der Auswirkungen (geographisches Gebiet und betroffene Bevölkerung),

- dem grenzüberschreitenden Charakter der Auswirkungen,

- der Schwere und der Komplexität der Auswirkungen,

- der Wahrscheinlichkeit von Auswirkungen,

- der Dauer, Häufigkeit und Reversibilität der Auswirkungen.

Anhang IV
Angaben gemäß Artikel 5 Absatz 1

1. Beschreibung des Projekts, im besonderen:

- Beschreibung der physischen Merkmale des gesamten Projekts und des Bedarfs an Grund und Boden während des Bauens und des Betriebs,

- Beschreibung der wichtigsten Merkmale der Produktionsprozesse, z. B. Art und Menge der verwendeten Materialien,

- Art und Quantität der erwarteten Rückstände und Emissionen (Verschmutzung des Wassers, der Luft und des Bodens, Lärm, Erschütterungen, Licht, Wärme, Strahlung usw.), die sich aus dem Betrieb des vorgeschlagenen Projekts ergeben,

2. Übersicht über die wichtigsten anderweitigen vom Projektträger geprüften Lösungsmöglichkeiten und Angabe der wesentlichen Auswahlgründe im Hinblick auf die Umweltauswirkungen.

3. Beschreibung der möglicherweise von dem vorgeschlagenen Projekt erheblich beeinträchtigten Umwelt, wozu insbesondere die Bevölkerung, die Fauna, die Flora, der Boden, das Wasser, die Luft, das Klima, die materiellen Güter einschließlich der architektonisch wertvollen Bauten und der archäologischen Schätze und die Landschaft sowie die Wechselwirkung zwischen den genannten Faktoren gehören.

4. Beschreibung[1] der möglichen erheblichen Auswirkungen des vorgeschlagenen Projekts auf die Umwelt infolge

- des Vorhandenseins der Projektanlagen,

- der Nutzung der natürlichen Ressourcen,

- der Emission von Schadstoffen, der Verursachung von Belästigungen und der Beseitigung von Abfällen und Hinweis des Projektträgers auf die zur Vorausschätzung der Umweltauswirkungen angewandten Methoden.

5. Beschreibung der Maßnahmen, mit denen erhebliche nachteilige Auswirkungen des Projekts auf die Umwelt vermieden, verringert und soweit möglich ausgeglichen werden sollen.

6. Nichttechnische Zusammenfassung der gemäß den obengenannten Punkten übermittelten Angaben.

7. Kurze Angabe etwaiger Schwierigkeiten (technische Lücken oder fehlende Kenntnisse) des Projektträgers bei der Zusammenstellung der geforderten Angaben.

---

1 Die Beschreibung sollte sich auf die direkten und die etwaigen indirekten, sekundären, kumulativen, kurz-, mittel- und langfristigen, positiven ständigen und vorübergehenden und negativen Auswirkungen des Vorhabens erstrecken.

Richtlinie 97/11/EG des Rates vom 3. März 1997 zur Änderung der Richtlinie 85/337/EWG über die Umweltverträglichkeitsprüfung bei bestimmten öffentlichen und privaten Projekten

ABl. Nr. L 73 vom 14.3.1997, S. 5–15

DER RAT DER EUROPÄISCHEN UNION –

gestützt auf den Vertrag zur Gründung der Europäischen Gemeinschaft, insbesondere auf Artikel 130s Absatz 1,

auf Vorschlag der Kommission[1],

nach Stellungnahme des Wirtschafts- und Sozialausschusses[2],

nach Stellungnahme des Ausschusses der Regionen[3],

gemäß dem Verfahren des Artikels 189c des Vertrags[4],

in Erwägung nachstehender Gründe:

(1) Der Zweck der Richtlinie 85/337/EWG des Rates vom 27. Juni 1985 über die Umweltverträglichkeitsprüfung bei bestimmten öffentlichen und privaten Projekten[5] besteht darin, den zuständigen Behörden die relevanten Informationen zur Verfügung zu stellen, damit sie über ein bestimmtes Projekt in Kenntnis der voraussichtlichen erheblichen Auswirkungen auf die Umwelt entscheiden können; die Umweltverträglichkeitsprüfung ist ein grundlegendes Instrument der Umweltpolitik gemäß Artikel 130 r des Vertrags sowie des fünften Gemeinschaftsprogramms für Umweltpolitik und Maßnahmen im Hinblick auf eine dauerhafte und umweltgerechte Entwicklung.

(2) Gemäß Artikel 130 r Absatz 2 des Vertrags beruht die Umweltpolitik der Gemeinschaft auf den Grundsätzen der Vorsorge und Vorbeugung und auf dem Grundsatz, Umweltbeeinträchtigungen mit Vorrang an ihrem Ursprung zu bekämpfen, sowie auf dem Verursacherprinzip.

(3) Die wichtigsten Grundsätze für die Prüfung von Umweltauswirkungen sollten harmonisiert werden; die Mitgliedstaaten können jedoch strengere Umweltschutzvorschriften festlegen.

---

1 ABl. Nr. C 130 vom 12.5.1994, S. 8. ABl. Nr. C 81 vom 19.3.1996, S. 14.
2 ABl. Nr. C 393 vom 31.12.1994, S. 1.
3 ABl. Nr. C 210 vom 14.8.1995, S. 78.
4 Stellungnahme des Europäischen Parlaments vom 11. Oktober 1995 (ABl. Nr. C 287 vom 30.10.1995, S. 101), gemeinsamer Standpunkt des Rates vom 25. Juni 1996 (ABl. Nr. C 248 vom 26.8.1996, S. 75) und Beschluß des Europäischen Parlaments vom 13. November 1996 (ABl. Nr. C 362 vom 2.12.1996, S. 103).
5 ABl. Nr. L 175 vom 5.7.1985, S. 40. Richtlinie zuletzt geändert durch die Beitrittsakte von 1994.

(4) Angesichts der bei der Umweltverträglichkeitsprüfung gemachten Erfahrungen, die in dem von der Kommission am 2. April 1993 angenommenen Bericht über die Durchführung der Richtlinie 85/337/EWG beschrieben werden, ist es erforderlich, Bestimmungen vorzusehen, mit denen die Vorschriften für das Prüfverfahren deutlicher gefaßt, ergänzt und verbessert werden sollen, damit die Richtlinie in zunehmend harmonisierter und effizienter Weise angewandt wird.

(5) Projekte, für die eine Umweltverträglichkeitsprüfung vorgeschrieben ist, sollten auch genehmigungspflichtig sein. Die Umweltverträglichkeitsprüfung sollte vor Erteilung der Genehmigung durchgeführt werden.

(6) Es ist angebracht, die Liste der Projekte, die erhebliche Auswirkungen auf die Umwelt haben und die aus diesem Grund im Regelfall einer systematischen Prüfung zu unterziehen sind, zu vervollständigen.

(7) Andersgeartete Projekte haben möglicherweise nicht in jedem Einzelfall erhebliche Auswirkungen auf die Umwelt. Sie sollten geprüft werden, wenn nach Auffassung der Mitgliedstaaten damit zu rechnen ist, daß sie erhebliche Auswirkungen auf die Umwelt haben.

(8) Die Mitgliedstaaten können Schwellenwerte oder Kriterien festlegen, um zu bestimmen, welche dieser Projekte wegen erheblicher Auswirkungen auf die Umwelt geprüft werden sollten; die Mitgliedstaaten sollten nicht verpflichtet sein, Projekte, bei denen diese Schwellenwerte nicht erreicht werden bzw. diese Kriterien nicht erfüllt sind, in jedem Einzelfall zu prüfen.

(9) Legen die Mitgliedstaaten derartige Schwellenwerte oder Kriterien fest oder nehmen sie Einzelfalluntersuchungen vor, um zu bestimmen, welche Projekte wegen erheblicher Auswirkungen auf die Umwelt geprüft werden sollten, so sollten sie den in dieser Richtlinie aufgestellten relevanten Auswahlkriterien Rechnung tragen. Entsprechend dem Subsidiaritätsprinzip werden diese Kriterien in konkreten Fällen am besten durch die Mitgliedstaaten angewandt.

(10) Die Existenz eines Standortkriteriums im Zusammenhang mit von den Mitgliedstaaten gemäß der Richtlinie 79/409/EWG des Rates vom 2. April 1979 über die Erhaltung der wildlebenden Vogelarten[6] und der Richtlinie 92/43/EWG des Rates vom 21. Mai 1992 zur Erhaltung der natürlichen Lebensräume sowie der wildlebenden Tiere und Pflanzen[7] ausgewiesenen besonderen Schutzgebieten bedeutet nicht notwendigerweise, daß Projekte in diesen Gebieten automatisch entsprechend dieser Richtlinie geprüft werden müssen.

(11) Es ist angebracht, ein Verfahren einzuführen, damit der Projektträger von den zuständigen Behörden eine Stellungnahme zu Inhalt und Umfang der Angaben erhalten kann, die für die Umweltverträglichkeitsprüfung erstellt und vorgelegt werden müssen. Die Mitgliedstaaten können im Rahmen dieses Verfahrens den Projektträger verpflichten, auch Alternativen für die Projekte vorzulegen, für die er einen Antrag stellen will.

---

6 ABl. Nr. L 103 vom 25.4.1979, S. 1. Richtlinie zuletzt geändert durch die Beitrittsakte von 1994.
7 ABl. Nr. L 206 vom 22.7.1992, S. 7.

(12) Es ist ratsam, die Bestimmungen über die Umweltverträglichkeitprüfung im grenzüberschreitenden Rahmen auszubauen, um den Entwicklungen auf internationaler Ebene Rechnung zu tragen.

(13) Die Gemeinschaft hat am 25. Februar 1991 das Übereinkommen über die Umweltverträglichkeitsprüfung im grenzüberschreitenden Rahmen unterzeichnet –

HAT FOLGENDE RICHTLINIE ERLASSEN:

Artikel 1

Die Richtlinie 85/337/EWG wird wie folgt geändert:

1. Artikel 2 Absatz 1 erhält folgende Fassung:

„(1) Die Mitgliedstaaten treffen die erforderlichen Maßnahmen, damit vor Erteilung der Genehmigung die Projekte, bei denen unter anderem aufgrund ihrer Art, ihrer Größe oder ihres Standortes mit erheblichen Auswirkungen auf die Umwelt zu rechnen ist, einer Genehmigungspflicht unterworfen und einer Prüfung in bezug auf ihre Auswirkungen unterzogen werden. Diese Projekte sind in Artikel 4 definiert."

2. In Artikel 2 wird folgender Absatz eingefügt:

„(2 a) Die Mitgliedstaaten können ein einheitliches Verfahren für die Erfüllung der Anforderungen dieser Richtlinie und der Richtlinie des Rates 96/61/EG vom 24. September 1996 über die integrierte Vermeidung und Verminderung der Umweltverschmutzung (1) vorsehen.

(1) ABl. Nr. L 257 vom 10.10.1996, S. 26."

3. Artikel 2 Absatz 3 Unterabsatz 1 erhält folgende Fassung:

„(3) Unbeschadet des Artikels 7 können die Mitgliedstaaten in Ausnahmefällen ein einzelnes Projekt ganz oder teilweise von den Bestimmungen dieser Richtlinie ausnehmen."

4. Betrifft nicht die deutsche Fassung.

5. Artikel 3 erhält folgende Fassung:

„Artikel 3

Die Umweltverträglichkeitsprüfung identifiziert, beschreibt und bewertet in geeigneter Weise nach Maßgabe eines jeden Einzelfalls gemäß den Artikeln 4 bis 11 die unmittelbaren und mittelbaren Auswirkungen eines Projekts auf folgende Faktoren:

– Mensch, Fauna und Flora,

– Boden, Wasser, Luft, Klima und Landschaft,

– Sachgüter und kulturelles Erbe,

– die Wechselwirkung zwischen den unter dem ersten, dem zweiten und dem dritten Gedankenstrich genannten Faktoren."

6. Artikel 4 erhält folgende Fassung:

„Artikel 4

(1) Projekte des Anhangs I werden vorbehaltlich des Artikels 2 Absatz 3 einer Prüfung gemäß den Artikeln 5 bis 10 unterzogen.

(2) Bei Projekten des Anhangs II bestimmen die Mitgliedstaaten vorbehaltlich des Artikels 2 Absatz 3 anhand

a) einer Einzelfalluntersuchung

oder

b) der von den Mitgliedstaaten festgelegten Schwellenwerte bzw. Kriterien,

ob das Projekt einer Prüfung gemäß den Artikeln 5 bis 10 unterzogen werden muß.

Die Mitgliedstaaten können entscheiden, beide unter den Buchstaben a) und b) genannten Verfahren anzuwenden.

(3) Bei der Einzelfalluntersuchung oder der Festlegung von Schwellenwerten bzw. Kriterien im Sinne des Absatzes 2 sind die relevanten Auswahlkriterien des Anhangs III zu berücksichtigen.

(4) Die Mitgliedstaaten stellen sicher, daß die gemäß Absatz 2 getroffenen Entscheidungen der zuständigen Behörden der Öffentlichkeit zugänglich gemacht werden."

7. Artikel 5 erhält folgende Fassung:

„Artikel 5

(1) Bei Projekten, die nach Artikel 4 einer Umweltverträglichkeitsprüfung gemäß den Artikeln 5 bis 10 unterzogen werden müssen, ergreifen die Mitgliedstaaten die erforderlichen Maßnahmen, um sicherzustellen, daß der Projektträger die in Anhang IV genannten Angaben in geeigneter Form vorlegt, soweit

a) die Mitgliedstaaten der Auffassung sind, daß die Angaben in einem bestimmten Stadium des Genehmigungsverfahrens und in Anbetracht der besonderen Merkmale eines bestimmten Projekts oder einer bestimmten Art von Projekten und der möglicherweise beeinträchtigten Umwelt von Bedeutung sind;

b) die Mitgliedstaaten der Auffassung sind, daß von dem Projektträger unter anderem unter Berücksichtigung des Kenntnisstandes und der Prüfungsmethoden billigerweise verlangt werden kann, daß er die Angaben zusammenstellt.

(2) Die Mitgliedstaaten treffen die erforderlichen Maßnahmen, um sicherzustellen, daß die zuständige Behörde eine Stellungnahme dazu abgibt, welche Angaben vom Projektträger gemäß Absatz 1 vorzulegen sind, sofern der Projektträger vor

Einreichung eines Genehmigungsantrags darum ersucht. Die zuständige Behörde hört vor Abgabe ihrer Stellungnahme den Projektträger sowie in Artikel 6 Absatz 1 genannte Behörden an. Die Abgabe einer Stellungnahme gemäß diesem Absatz hindert die Behörde nicht daran, den Projektträger in der Folge um weitere Angaben zu ersuchen.

Die Mitgliedstaaten können von den zuständigen Behörden die Abgabe einer solchen Stellungnahme verlangen, unabhängig davon, ob der Projektträger dies beantragt hat.

(3) Die vom Projektträger gemäß Absatz 1 vorzulegenden Angaben umfassen mindestens folgendes:

– eine Beschreibung des Projekts nach Standort, Art und Umfang;

– eine Beschreibung der Maßnahmen, mit denen erhebliche nachteilige Auswirkungen vermieden, verringert und soweit möglich ausgeglichen werden sollen;

– die notwendigen Angaben zur Feststellung und Beurteilung der Hauptauswirkungen, die das Projekt voraussichtlich auf die Umwelt haben wird;

– eine Übersicht über die wichtigsten anderweitigen vom Projektträger geprüften Lösungsmöglichkeiten und Angabe der wesentlichen Auswahlgründe im Hinblick auf die Umweltauswirkungen;

– eine nichttechnische Zusammenfassung der unter den obenstehenden Gedankenstrichen genannten Angaben.

(4) Die Mitgliedstaaten sorgen erforderlichenfalls dafür, daß die Behörden, die über relevante Informationen, insbesondere hinsichtlich des Artikels 3, verfügen, diese dem Projektträger zur Verfügung stellen.“

8. Artikel 6 Absatz 1 erhält folgende Fassung:

„(1) Die Mitgliedstaaten treffen die erforderlichen Maßnahmen, damit die Behörden, die in ihrem umweltbezogenen Aufgabenbereich von dem Projekt berührt sein könnten, die Möglichkeit haben, ihre Stellungnahme zu den Angaben des Projektträgers und zu dem Antrag auf Genehmigung abzugeben. Zu diesem Zweck bestimmen die Mitgliedstaaten allgemein oder von Fall zu Fall die Behörden, die anzuhören sind. Diesen Behörden werden die nach Artikel 5 eingeholten Informationen mitgeteilt. Die Einzelheiten der Anhörung werden von den Mitgliedstaaten festgelegt.“

Artikel 6 Absatz 2 erhält folgende Fassung:

„(2) Die Mitgliedstaaten tragen dafür Sorge, daß der Öffentlichkeit die Genehmigungsanträge sowie die nach Artikel 5 eingeholten Informationen binnen einer angemessenen Frist zugänglich gemacht werden, damit der betroffenen Öffentlichkeit Gelegenheit gegeben wird, sich vor Erteilung der Genehmigung dazu zu äußern.“

9. Artikel 7 erhält folgende Fassung:

„Artikel 7

(1) Stellt ein Mitgliedstaat fest, daß ein Projekt erhebliche Auswirkungen auf die Umwelt eines anderen Mitgliedstaats haben könnte, oder stellt ein Mitgliedstaat, der möglicherweise davon erheblich betroffen ist, einen entsprechenden Antrag, so übermittelt der Mitgliedstaat, in dessen Hoheitsgebiet das Projekt durchgeführt werden soll, dem betroffenen Mitgliedstaat so bald wie möglich, spätestens aber zu dem Zeitpunkt, zu dem er in seinem eigenen Land die Öffentlichkeit unterrichtet, unter anderem

a) eine Beschreibung des Projekts zusammen mit allen verfügbaren Angaben über dessen mögliche grenzüberschreitende Auswirkungen,

b) Angaben über die Art der möglichen Entscheidung

und räumt dem anderen Mitgliedstaat eine angemessene Frist für dessen Mitteilung ein, ob er an dem Verfahren der Umweltverträglichkeitsprüfung (UVP) teilzunehmen wünscht oder nicht; ferner kann er die in Absatz 2 genannten Angaben beifügen.

(2) Teilt ein Mitgliedstaat nach Erhalt der in Absatz 1 genannten Angaben mit, daß er an dem UVP-Verfahren teilzunehmen beabsichtigt, so übermittelt der Mitgliedstaat, in dessen Hoheitsgebiet das Projekt durchgeführt werden soll, sofern noch nicht geschehen, dem betroffenen Mitgliedstaat die nach Artikel 5 eingeholten Informationen sowie relevante Angaben zu dem UVP-Verfahren einschließlich des Genehmigungsantrags.

(3) Ferner haben die beteiligten Mitgliedstaaten, soweit sie jeweils berührt sind,

a) dafür Sorge zu tragen, daß die Angaben gemäß den Absätzen 1 und 2 innerhalb einer angemessenen Frist den in Artikel 6 Absatz 1 genannten Behörden sowie der betroffenen Öffentlichkeit im Hoheitsgebiet des möglicherweise von dem Projekt erheblich betroffenen Mitgliedstaats zur Verfügung gestellt werden, und

b) sicherzustellen, daß diesen Behörden und der betroffenen Öffentlichkeit Gelegenheit gegeben wird, der zuständigen Behörde des Mitgliedstaats, in dessen Hoheitsgebiet das Projekt durchgeführt werden soll, vor der Genehmigung des Projekts innerhalb einer angemessenen Frist ihre Stellungnahme zu den vorgelegten Angaben zuzuleiten.

(4) Die beteiligten Mitgliedstaaten nehmen Konsultationen auf, die unter anderem die potentiellen grenzüberschreitenden Auswirkungen des Projekts und die Maßnahmen zum Gegenstand haben, die der Verringerung oder Vermeidung dieser Auswirkungen dienen sollen, und vereinbaren einen angemessenen Zeitrahmen für die Dauer der Konsultationsphase.

(5) Die Einzelheiten der Durchführung dieses Artikels können von den beteiligten Mitgliedstaaten festgelegt werden."

10. Artikel 8 erhält folgende Fassung:

„Artikel 8

Die Ergebnisse der Anhörungen und die gemäß den Artikeln 5, 6 und 7 eingeholten Angaben sind beim Genehmigungsverfahren zu berücksichtigen."

11. Artikel 9 erhält folgende Fassung:

„Artikel 9

(1) Wurde eine Entscheidung über die Erteilung oder die Verweigerung einer Genehmigung getroffen, so gibt (geben) die zuständige(n) Behörde(n) dies der Öffentlichkeit nach den entsprechenden Verfahren bekannt und macht (machen) dieser folgende Angaben zugänglich:

– den Inhalt der Entscheidung und die gegebenenfalls mit der Entscheidung verbundenen Bedingungen;

– die Hauptgründe und -erwägungen, auf denen die Entscheidung beruht;

– erforderlichenfalls eine Beschreibung der wichtigsten Maßnahmen, mit denen erhebliche nachteilige Auswirkungen vermieden, verringert und soweit möglich ausgeglichen werden sollen.

(2) Die zuständige(n) Behörde(n) unterrichtet (unterrichten) die gemäß Artikel 7 konsultierten Mitgliedstaaten und übermittelt (übermitteln) ihnen die in Absatz 1 genannten Angaben."

12. Artikel 10 erhält folgende Fassung:

„Artikel 10

Die Bestimmungen dieser Richtlinie berühren nicht die Verpflichtung der zuständigen Behörden, die von den einzelstaatlichen Rechts- und Verwaltungsvorschriften und der herrschenden Rechtspraxis auferlegten Beschränkungen zur Wahrung der gewerblichen und handelsbezogenen Geheimnisse einschließlich des geistigen Eigentums und des öffentlichen Interesses zu beachten.

Soweit Artikel 7 Anwendung findet, unterliegen die Übermittlung von Angaben an einen anderen Mitgliedstaat und der Empfang von Angaben eines anderen Mitgliedstaats den Beschränkungen, die in dem Mitgliedstaat gelten, in dem das Projekt durchgeführt werden soll."

13. Artikel 11 Absatz 2 erhält folgende Fassung:

„(2) Insbesondere teilen die Mitgliedstaaten der Kommission gemäß Artikel 4 Absatz 2 die für die Auswahl der betreffenden Projekte gegebenenfalls festgelegten Kriterien und/oder Schwellenwerte mit."

14. Artikel 13 wird gestrichen.

15. Die Anhänge I, II und III werden durch die Anhänge I, II, III und IV im Anhang zu dieser Richtlinie ersetzt.

Artikel 2

Fünf Jahre nach Inkrafttreten dieser Richtlinie übermittelt die Kommission dem Europäischen Parlament und dem Rat einen Bericht über Anwendung und Nutzeffekt der Richtlinie 85/337/EWG in der durch diese Richtlinie geänderten Fassung. Der Bericht basiert auf dem Informationsaustausch gemäß Artikel 11 Absätze 1 und 2.

Auf der Grundlage dieses Berichts unterbreitet die Kommission dem Rat gegebenenfalls zusätzliche Vorschläge für eine weitergehende Koordinierung bei der Anwendung dieser Richtlinie.

Artikel 3

(1) Die Mitgliedstaaten erlassen die erforderlichen Rechts- und Verwaltungsvorschriften, um dieser Richtlinie bis zum 14. März 1999 nachzukommen. Sie setzen die Kommission unverzüglich davon in Kenntnis.

Wenn die Mitgliedstaaten Vorschriften nach Unterabsatz 1 erlassen, nehmen sie in diesen Vorschriften selbst oder durch einen Hinweis bei der amtlichen Veröffentlichung auf diese Richtlinie Bezug. Die Mitgliedstaaten regeln die Einzelheiten der Bezugnahme.

(2) Wird vor Ablauf der in Absatz 1 genannten Frist ein Genehmigungsantrag bei der zuständigen Behörde eingereicht, so findet weiterhin die Richtlinie 85/337/EWG in der vor dieser Änderung geltenden Fassung Anwendung.

Artikel 4

Diese Richtlinie tritt am zwanzigsten Tag nach ihrer Veröffentlichung im Amtsblatt der Europäischen Gemeinschaften in Kraft.

Artikel 5

Diese Richtlinie ist an die Mitgliedstaaten gerichtet.

Geschehen zu Brüssel am 3. März 1997.

Im Namen des Rates

Der Präsident

M. DE BOER

Anhang I
Projekte nach Artikel 4 Absatz 1

1. Raffinerien für Erdöl (ausgenommen Unternehmen, die nur Schmiermittel aus Erdöl herstellen) sowie Anlagen zur Vergasung und zur Verflüssigung von täglich mindestens 500 Tonnen Kohle oder bituminösem Schiefer.

2. – Wärmekraftwerke und andere Verbrennungsanlagen mit einer Wärmeleistung von mindestens 300 MW sowie

   – Kernkraftwerke und andere Kernreaktoren einschließlich der Demontage oder Stillegung solcher Kraftwerke oder Reaktoren[1] (mit Ausnahme von Forschungseinrichtungen zur Erzeugung und Bearbeitung von spaltbaren und brutstoffhaltigen Stoffen, deren Hoechstleistung 1 kW thermische Dauerleistung nicht übersteigt).

3. a) Anlagen zur Wiederaufarbeitung bestrahlter Kernbrennstoffe.

   b) Anlagen:

   – mit dem Zweck der Erzeugung oder Anreicherung von Kernbrennstoffen,

   – mit dem Zweck der Aufarbeitung bestrahlter Kernbrennstoffe oder hochradioaktiver Abfälle,

   – mit dem Zweck der endgültigen Beseitigung bestrahlter Kernbrennstoffe,

   – mit dem ausschließlichen Zweck der endgültigen Beseitigung radioaktiver Abfälle,

   – mit dem ausschließlichen Zweck der (für mehr als 10 Jahre geplanten) Lagerung bestrahlter Kernbrennstoffe oder radioaktiver Abfälle an einem anderen Ort als dem Produktionsort.

4. – Integrierte Hüttenwerke zur Erzeugung von Roheisen und Rohstahl.

   – Anlagen zur Gewinnung von Nichteisenrohmetallen aus Erzen, Konzentraten oder sekundären Rohstoffen durch metallurgische, chemische oder elektrolytische Verfahren.

5. Anlagen zur Gewinnung von Asbest sowie zur Be- und Verarbeitung von Asbest und Asbesterzeugnissen: bei Asbestzementerzeugnissen mit einer Jahresproduktion von mehr als 20 000 t Fertigerzeugnissen; bei Reibungsbelägen mit einer Jahresproduktion von mehr als 50 t Fertigerzeugnissen; bei anderen Verwendungszwecken von Asbest mit einem Einsatz von mehr als 200 t im Jahr.

6. Integrierte chemische Anlagen, d. h. Anlagen zur Herstellung von Stoffen unter Verwendung chemischer Umwandlungsverfahren im industriellen Umfang, bei de-

---

1 Kernkraftwerke und andere Kernreaktoren gelten nicht mehr als solche, wenn der gesamte Kernbrennstoff und andere radioaktiv kontaminierte Komponenten auf Dauer vom Standort der Anlage entfernt wurden.

nen sich mehrere Einheiten nebeneinander befinden und in funktioneller Hinsicht miteinander verbunden sind und die

i) zur Herstellung von organischen Grundchemikalien,

ii) zur Herstellung von anorganischen Grundchemikalien,

iii) zur Herstellung von phosphor-, stickstoff- oder kaliumhaltigen Düngemitteln (Einnährstoff oder Mehrnährstoff)

iv) zur Herstellung von Ausgangsstoffen für Pflanzenschutzmittel und von Bioziden

v) zur Herstellung von Grundarzneimitteln unter Verwendung eines chemischen oder biologischen Verfahrens

vi) zur Herstellung von Explosivstoffen

dienen.

7. a) Bau von Eisenbahn-Fernverkehrsstrecken und Flugplätzen[2] mit einer Start- und Landebahngrundlänge von 2 100 m und mehr.

b) Bau von Autobahnen und Schnellstraßen[3].

c) Bau von neuen vier- oder mehrspurigen Straßen oder Verlegung und/oder Ausbau von bestehenden ein- oder zweispurigen Straßen zu vier- oder mehrspurigen Straßen, wenn diese neue Straße oder dieser verlegte und/oder ausgebaute Straßenabschnitt eine durchgehende Länge von 10 km oder mehr aufweisen würde.

8. a) Wasserstraßen und Häfen für die Binnenschifffahrt, die für Schiffe mit mehr als 1 350 t zugänglich sind.

b) Seehandelshäfen, mit Binnen- oder Außenhäfen verbundene Landungsstege (mit Ausnahme von Landungsstegen für Fährschiffe) zum Laden und Löschen, die Schiffe mit mehr als 1 350 t aufnehmen können.

9. Abfallbeseitigungsanlagen zur Verbrennung, chemischen Behandlung gemäß der Definition in Anhang II A Nummer D9 der Richtlinie 75/442/EWG[4] oder Deponierung gefährlicher Abfälle (d. h. unter die Richtlinie 91/689/EWG[5] fallender Abfälle).

10. Abfallbeseitigungsanlagen zur Verbrennung oder chemischen Behandlung gemäß der Definition in Anhang II A Nummer D9 der Richtlinie 75/442/EWG ungefährlicher Abfälle mit einer Kapazität von mehr als 100 t pro Tag.

---

2 ‚Flugplätze' im Sinne dieser Richtlinie sind Flugplätze gemäß den Begriffsbestimmungen des Abkommens von Chicago von 1944 zur Errichtung der Internationalen Zivilluftfahrt-Organisation (Anhang 14).

3 ‚Schnellstraßen' im Sinne dieser Richtlinie sind Schnellstraßen gemäß den Begriffsbestimmungen des Europäischen Übereinkommens über die Hauptstraßen des internationalen Verkehrs vom 15. November 1975.

4 ABl. Nr. L 194 vom 25.7.1975, S. 39. Richtlinie zuletzt geändert durch die Entscheidung 94/3/EG der Kommission (ABl. Nr. L 5 vom 7.1.1994, S. 15).

5 ABl. Nr. L 377 vom 31.12.1991, S. 20. Richtlinie zuletzt geändert durch die Richtlinie 94/31/EG (ABl. Nr. L 168 vom 2.7.1994, S. 28).

11. Grundwasserentnahme- oder künstliche Grundwasserauffüllungssysteme mit einem jährlichen Entnahme- oder Auffüllungsvolumen von mindestens 10 Mio. m³.

12. a) Bauvorhaben zur Umleitung von Wasserressourcen von einem Flußeinzugsgebiet in ein anderes, wenn durch die Umleitung Wassermangel verhindert werden soll und mehr als 100 Mio. m³/Jahr an Wasser umgeleitet werden.

b) In allen anderen Fällen Bauvorhaben zur Umleitung von Wasserressourcen von einem Flußeinzugsgebiet in ein anderes, wenn der langjährige durchschnittliche Wasserdurchfluß des Flußeinzugsgebiets, dem Wasser entnommen wird, 2 000 Mio. m³/Jahr übersteigt und mehr als 5 % dieses Durchflusses umgeleitet werden.

In beiden Fällen wird der Transport von Trinkwasser in Rohren nicht berücksichtigt.

13. Abwasserbehandlungsanlagen mit einer Leistung von mehr als 150 000 Einwohnerwerten gemäß der Definition in Artikel 2 Nummer 6 der Richtlinie 91/271/EWG[6].

14. Gewinnung von Erdöl und Erdgas zu gewerblichen Zwecken mit einem Fördervolumen von mehr als 500 t/Tag bei Erdöl und von mehr als 500 000 m³/Tag bei Erdgas.

15. Stauwerke und sonstige Anlagen zur Zurückhaltung oder dauerhaften Speicherung von Wasser, in denen über 10 Mio. m³ Wasser neu oder zusätzlich zurückgehalten oder gespeichert werden.

16. Öl-, Gas- und Chemikalienpipelines mit einem Durchmesser von mehr als 800 mm und einer Länge von mehr als 40 km.

17. Anlagen zur Intensivhaltung oder -aufzucht von Geflügel oder Schweinen mit mehr als

a) 85 000 Plätzen für Masthähnchen und -hühnchen, 60 000 Plätzen für Hennen,

b) 3 000 Plätzen für Mastschweine (Schweine über 30 kg) oder

c) 900 Plätzen für Sauen.

18. Industrieanlagen zur

a) Herstellung von Zellstoff aus Holz oder anderen Faserstoffen,

b) Herstellung von Papier und Pappe, deren Produktionskapazität 200 t pro Tag übersteigt.

19. Steinbrüche und Tagebau auf einer Abbaufläche von mehr als 25 Hektar oder Torfgewinnung auf einer Fläche von mehr als 150 Hektar.

20. Bau von Hochspannungsfreileitungen für eine Stromstärke von 220 kV oder mehr und mit einer Länge von mehr als 15 km.

21. Anlagen zur Lagerung von Erdöl, petrochemischen und chemischen Erzeugnissen mit einer Kapazität von 200 000 Tonnen und mehr.

---

6 ABl. Nr. L 135 vom 30.5.1991, S. 40. Richtlinie zuletzt geändert durch die Beitrittsakte von 1994.

Anhang II
Projekte nach Artikel 4 Absatz 2

1. Landwirtschaft, Forstwirtschaft und Fischzucht

a) Flurbereinigungsprojekte.

b) Projekte zur Verwendung von Ödland oder naturnahen Flächen zu intensiver Landwirtschaftsnutzung.

c) Wasserwirtschaftliche Projekte in der Landwirtschaft, einschließlich Bodenbe- und -entwässerungsprojekte.

d) Erstaufforstungen und Abholzungen zum Zweck der Umwandlung in eine andere Bodennutzungsart.

e) Anlagen zur Intensivtierhaltung (nicht durch Anhang I erfaßte Projekte).

f) Intensive Fischzucht.

g) Landgewinnung am Meer.

2. Bergbau

a) Steinbrüche, Tagebau und Torfgewinnung (nicht durch Anhang I erfaßte Projekte).

b) Untertagebau.

c) Gewinnung von Mineralien durch Baggerung auf See oder in Flüssen.

d) Tiefbohrungen, insbesondere

– Bohrungen zur Gewinnung von Erdwärme,

– Bohrungen im Zusammenhang mit der Lagerung von Kernabfällen,

– Bohrungen im Zusammenhang mit der Wasserversorgung,

ausgenommen Bohrungen zur Untersuchung der Bodenfestigkeit.

e) Oberirdische Anlagen zur Gewinnung von Steinkohle, Erdöl, Erdgas und Erzen sowie von bituminösem Schiefer.

3. Energiewirtschaft

a) Anlagen der Industrie zur Erzeugung von Strom, Dampf und Warmwasser (nicht durch Anhang I erfaßte Projekte).

b) Anlagen der Industrie zum Transport von Gas, Dampf und Warmwasser; Beförderung elektrischer Energie über Freileitungen (nicht durch Anhang I erfaßte Projekte).

c) Oberirdische Speicherung von Erdgas.

d) Lagerung von brennbaren Gasen in unterirdischen Behältern.

e) Oberirdische Speicherung von fossilen Brennstoffen.

f) Industrielles Pressen von Steinkohle und Braunkohle.

g) Anlagen zur Bearbeitung und Lagerung radioaktiver Abfälle (soweit nicht durch Anhang I erfaßt).

h) Anlagen zur hydroelektrischen Energieerzeugung.

i) Anlagen zur Nutzung von Windenergie zur Stromerzeugung (Windfarmen).

4. Herstellung und Verarbeitung von Metallen

a) Anlagen zur Herstellung von Roheisen oder Stahl (Primär- oder Sekundärschmelzung) einschließlich Stranggießen.

b) Anlagen zur Verarbeitung von Eisenmetallen durch

i) Warmwalzen,

ii) Schmieden mit Hämmern,

iii) Aufbringen von schmelzflüssigen metallischen Schutzschichten.

c) Eisenmetallgießereien.

d) Anlagen zum Schmelzen, einschließlich Legieren von Nichteisenmetallen, darunter auch Wiedergewinnungsprodukte (Raffination, Gießen usw.), mit Ausnahme von Edelmetallen.

e) Anlagen zur Oberflächenbehandlung von Metallen und Kunststoffen durch ein elektrolytisches oder chemisches Verfahren.

f) Bau und Montage von Kraftfahrzeugen und Bau von Kraftfahrzeugmotoren.

g) Schiffswerften.

h) Anlagen für den Bau und die Instandsetzung von Luftfahrzeugen.

i) Bau von Eisenbahnmaterial.

j) Tiefen mit Hilfe von Sprengstoffen.

k) Anlagen zum Rösten und Sintern von Erz.

5. Mineralverarbeitende Industrie

a) Kokereien (Kohletrockendestillation).

b) Anlagen zur Zementherstellung.

c) Anlagen zur Gewinnung von Asbest und zur Herstellung von Erzeugnissen aus Asbest (nicht durch Anhang I erfaßte Projekte).

d) Anlagen zur Herstellung von Glas einschließlich Anlagen zur Herstellung von Glasfasern.

e) Anlagen zum Schmelzen mineralischer Stoffe einschließlich Anlagen zur Herstellung von Mineralfasern.

f) Herstellung von keramischen Erzeugnissen durch Brennen, und zwar insbesondere von Dachziegeln, Ziegelsteinen, feuerfesten Steinen, Fliesen, Steinzeug oder Porzellan.

6. Chemische Industrie (nicht durch Anhang I erfaßte Projekte)

a) Behandlung von chemischen Zwischenerzeugnissen und Erzeugung von Chemikalien.

b) Herstellung von Schädlingsbekämpfungsmitteln und pharmazeutischen Erzeugnissen, Farben und Anstrichmitteln, Elastomeren und Peroxiden.

c) Speicherung und Lagerung von Erdöl, petrochemischen und chemischen Erzeugnissen.

7. Nahrungs- und Genußmittelindustrie

a) Erzeugung von Ölen und Fetten pflanzlicher und tierischer Herkunft.

b) Fleisch- und Gemüsekonservenindustrie.

c) Erzeugung von Milchprodukten.

d) Brauereien und Malzereien.

e) Süßwaren und Sirupherstellung.

f) Anlagen zum Schlachten von Tieren.

g) Industrielle Herstellung von Stärken.

h) Fischmehl- und Fischölfabriken.

i) Zuckerfabriken.

8. Textil-, Leder-, Holz- und Papierindustrie

a) Industrieanlagen zur Herstellung von Papier und Pappe (nicht durch Anhang I erfaßte Projekte).

b) Anlagen zur Vorbehandlung (Waschen, Bleichen, Mercerisieren) oder zum Färben von Fasern oder Textilien.

c) Anlagen zum Gerben von Häuten und Fellen.

d) Anlagen zur Erzeugung und Verarbeitung von Zellstoff und Zellulose.

9. Verarbeitung von Gummi

Erzeugung und Verarbeitung von Erzeugnissen aus Elastomeren.

10. Infrastrukturprojekte

a) Anlage von Industriezonen.

b) Städtebauprojekte, einschließlich der Errichtung von Einkaufszentren und Parkplätzen.

c) Bau von Eisenbahnstrecken sowie von intermodalen Umschlaganlagen und Terminals (nicht durch Anhang I erfaßte Projekte).

d) Bau von Flugplätzen (nicht durch Anhang I erfaßte Projekte).

e) Bau von Straßen, Häfen und Hafenanlagen, einschließlich Fischereihäfen (nicht durch Anhang I erfaßte Projekte).

f) Bau von Wasserstraßen (soweit nicht durch Anhang I erfaßt), Flußkanalisierungs- und Stromkorrekturarbeiten.

g) Talsperren und sonstige Anlagen zum Aufstauen eines Gewässers oder zum dauernden Speichern von Wasser (nicht durch Anhang I erfaßte Projekte).

h) Straßenbahnen, Stadtschnellbahnen in Hochlage, Untergrundbahnen, Hängebahnen oder ähnliche Bahnen besonderer Bauart, die ausschließlich oder vorwiegend der Personenbeförderung dienen.

i) Bau von Öl- und Gaspipelines (nicht durch Anhang I erfaßte Projekte).

j) Bau von Wasserfernleitungen.

k) Bauten des Küstenschutzes zur Bekämpfung der Erosion und meerestechnische Arbeiten, die geeignet sind, Veränderungen der Küste mit sich zu bringen (zum Beispiel Bau von Deichen, Molen, Hafendämmen und sonstigen Küstenschutzbauten), mit Ausnahme der Unterhaltung und Wiederherstellung solcher Bauten.

l) Grundwasserentnahme- und künstliche Grundwasserauffüllungssysteme, soweit nicht durch Anhang I erfaßt.

m) Bauvorhaben zur Umleitung von Wasserressourcen von einem Flußeinzugsgebiet in ein anderes, soweit nicht durch Anhang I erfaßt.

11. Sonstige Projekte

a) Ständige Renn- und Teststrecken für Kraftfahrzeuge.

b) Abfallbeseitigungsanlagen (nicht durch Anhang I erfaßte Projekte).

c) Abwasserbehandlungsanlagen (nicht durch Anhang I erfaßte Projekte).

d) Schlammlagerplätze.

e) Lagerung von Eisenschrott, einschließlich Schrottwagen.

f) Prüfstände für Motoren, Turbinen oder Reaktoren.

g) Anlagen zur Herstellung künstlicher Mineralfasern.

h) Anlagen zur Wiedergewinnung oder Vernichtung von explosionsgefährlichen Stoffen.

i) Tierkörperbeseitigungsanlagen.

12. Fremdenverkehr und Freizeit

a) Skipisten, Skilifte, Seilbahnen und zugehörige Einrichtungen.

b) Jachthäfen.

c) Feriendörfer und Hotelkomplexe außerhalb von städtischen Gebieten und zugehörige Einrichtungen.

d) Ganzjährig betriebene Campingplätze.

e) Freizeitparks.

13. – Die Änderung oder Erweiterung von bereits genehmigten, durchgeführten oder in der Durchführungsphase befindlichen Projekten des Anhangs I oder II, die erhebliche nachteilige Auswirkungen auf die Umwelt haben können.

– Projekte des Anhangs I, die ausschließlich oder überwiegend der Entwicklung und Erprobung neuer Verfahren oder Erzeugnisse dienen und nicht länger als zwei Jahre betrieben werden.

Anhang III
Auswahlkriterien im Sinne von Artikel 4 Absatz 3

1. Merkmale der Projekte

Die Merkmale der Projekte sind insbesondere hinsichtlich folgender Punkte zu beurteilen:

- Größe des Projekts,

- Kumulierung mit anderen Projekten,

- Nutzung der natürlichen Ressourcen,

- Abfallerzeugung,

- Umweltverschmutzung und Belästigungen,

- Unfallrisiko, insbesondere mit Blick auf verwendete Stoffe und Technologien.

2. Standort der Projekte

Die ökologische Empfindlichkeit der geographischen Räume, die durch die Projekte möglicherweise beeinträchtigt werden, muß unter Berücksichtigung insbesondere folgender Punkte beurteilt werden:

- bestehende Landnutzung;

- Reichtum, Qualität und Regenerationsfähigkeit der natürlichen Ressourcen des Gebiets;

- Belastbarkeit der Natur unter besonderer Berücksichtigung folgender Gebiete:

  a) Feuchtgebiete,

  b) Küstengebiete,

  c) Bergregionen und Waldgebiete,

  d) Reservate und Naturparks,

  e) durch die Gesetzgebung der Mitgliedstaaten ausgewiesene Schutzgebiete; von den Mitgliedstaaten gemäß den Richtlinien 79/409/EWG und 92/43/EWG ausgewiesene besondere Schutzgebiete,

  f) Gebiete, in denen die in den Gemeinschaftsvorschriften festgelegten Umweltqualitätsnormen bereits überschritten sind,

  g) Gebiete mit hoher Bevölkerungsdichte,

  h) historisch, kulturell oder archäologisch bedeutende Landschaften.

3. Merkmale der potentiellen Auswirkungen

Die potentiellen erheblichen Auswirkungen der Projekte sind anhand der unter den Nummern 1 und 2 aufgeführten Kriterien zu beurteilen; insbesondere ist folgendem Rechnung zu tragen:

- dem Ausmaß der Auswirkungen (geographisches Gebiet und betroffene Bevölkerung),

- dem grenzüberschreitenden Charakter der Auswirkungen,

- der Schwere und der Komplexität der Auswirkungen,

- der Wahrscheinlichkeit von Auswirkungen,

- der Dauer, Häufigkeit und Reversibilität der Auswirkungen.

Anhang IV
Angaben gemäß Artikel 5 Absatz 1

1. Beschreibung des Projekts, im besonderen:

– Beschreibung der physischen Merkmale des gesamten Projekts und des Bedarfs an Grund und Boden während des Bauens und des Betriebs,

– Beschreibung der wichtigsten Merkmale der Produktionsprozesse, z. B. Art und Menge der verwendeten Materialien,

– Art und Quantität der erwarteten Rückstände und Emissionen (Verschmutzung des Wassers, der Luft und des Bodens, Lärm, Erschütterungen, Licht, Wärme, Strahlung usw.), die sich aus dem Betrieb des vorgeschlagenen Projekts ergeben,

2. Übersicht über die wichtigsten anderweitigen vom Projektträger geprüften Lösungsmöglichkeiten und Angabe der wesentlichen Auswahlgründe im Hinblick auf die Umweltauswirkungen.

3. Beschreibung der möglicherweise von dem vorgeschlagenen Projekt erheblich beeinträchtigten Umwelt, wozu insbesondere die Bevölkerung, die Fauna, die Flora, der Boden, das Wasser, die Luft, das Klima, die materiellen Güter einschließlich der architektonisch wertvollen Bauten und der archäologischen Schätze und die Landschaft sowie die Wechselwirkung zwischen den genannten Faktoren gehören.

4. Beschreibung[1] der möglichen erheblichen Auswirkungen des vorgeschlagenen Projekts auf die Umwelt infolge

– des Vorhandenseins der Projektanlagen,

– der Nutzung der natürlichen Ressourcen,

– der Emission von Schadstoffen, der Verursachung von Belästigungen und der Beseitigung von Abfällen

und Hinweis des Projektträgers auf die zur Vorausschätzung der Umweltauswirkungen angewandten Methoden.

5. Beschreibung der Maßnahmen, mit denen erhebliche nachteilige Auswirkungen des Projekts auf die Umwelt vermieden, verringert und soweit möglich ausgeglichen werden sollen.

6. Nichttechnische Zusammenfassung der gemäß den obengenannten Punkten übermittelten Angaben.

7. Kurze Angabe etwaiger Schwierigkeiten (technische Lücken oder fehlende Kenntnisse) des Projektträgers bei der Zusammenstellung der geforderten Angaben.

---

1 Die Beschreibung sollte sich auf die direkten und die etwaigen indirekten, sekundären, kumulativen, kurz-, mittel- und langfristigen, ständigen und vorübergehenden, positiven und negativen Auswirkungen des Vorhabens erstrecken.

Richtlinie 2001/42/EG des Europäischen Parlaments und des Rates vom 27. Juni 2001 über die Prüfung der Umweltauswirkungen bestimmter Pläne und Programme

ABl. Nr. L 197 vom 21.7.2001, S. 30–37

DAS EUROPÄISCHE PARLAMENT UND DER RAT DER EUROPÄISCHEN UNION –

gestützt auf den Vertrag zur Gründung der Europäischen Gemeinschaft, insbesondere auf Artikel 175 Absatz 1,

auf Vorschlag der Kommission[1],

nach Stellungnahme des Wirtschafts- und Sozialausschusses[2],

nach Stellungnahme des Ausschusses der Regionen[3],

gemäß dem Verfahren des Artikels 251 des Vertrags[4], aufgrund des vom Vermittlungsausschuss am 21. März 2001 gebilligten gemeinsamen Entwurfs,

in Erwägung nachstehender Gründe:

(1) Gemäß Artikel 174 des Vertrags trägt die Umweltpolitik der Gemeinschaft auf der Grundlage des Vorsorgeprinzips unter anderem zur Verwirklichung der nachstehenden Ziele bei: Erhaltung und Schutz der Umwelt sowie Verbesserung ihrer Qualität, Schutz der menschlichen Gesundheit, umsichtige und rationale Verwendung der natürlichen Ressourcen. Gemäß Artikel 6 des Vertrags müssen die Erfordernisse des Umweltschutzes bei der Festlegung der Gemeinschaftspolitiken und -maßnahmen insbesondere zur Förderung einer nachhaltigen Entwicklung einbezogen werden.

(2) Im Fünften umweltpolitischen Aktionsprogramm („Programm der Europäischen Gemeinschaft für Umweltpolitik und Maßnahmen im Hinblick auf eine dauerhafte und umweltgerechte Entwicklung")[5], das durch den Beschluss Nr. 2179/98/EG des Rates[6] über die Überprüfung des Programms ergänzt wurde, wird bekräftigt, wie wichtig eine Bewertung möglicher Auswirkungen von Plänen und Programmen auf die Umwelt ist.

---

1 ABl. C 129 vom 25.4.1997, S. 14, und ABl. C 83 vom 25.3.1999, S. 13.
2 ABl. C 287 vom 22.9.1997, S. 101.
3 ABl. C 64 vom 27.2.1998, S. 63, und ABl. C 374 vom 23.12.1999, S. 9.
4 Stellungnahme des Europäischen Parlaments vom 20. Oktober 1998 (ABl. C 341 vom 9.11.1998, S. 18), bestätigt am 16. September 1999 (ABl. C 54 vom 25.2.2000, S. 76), Gemeinsamer Standpunkt des Rates vom 30. März 2000 (ABl. C 137 vom 16.5.2000, S. 11) und Beschluss des Europäischen Parlaments vom 6. September 2000 (ABl. C 135 vom 7.5.2001, S. 155). Beschluss des Europäischen Parlaments vom 31. Mai 2001 und Beschluss des Rates vom 5. Juni 2001.
5 ABl. C 138 vom 17.5.1993, S. 5.
6 ABl. L 275 vom 10.10.1998, S. 1.

(3) Das Übereinkommen über die biologische Vielfalt verlangt von den Vertragsparteien, soweit möglich und sofern angebracht die Erhaltung und nachhaltige Nutzung der biologischen Vielfalt in einschlägige sektorale oder sektorübergreifende Pläne und Programme einzubeziehen.

(4) Die Umweltprüfung ist ein wichtiges Werkzeug zur Einbeziehung von Umwelterwägungen bei der Ausarbeitung und Annahme bestimmter Pläne und Programme, die erhebliche Auswirkungen auf die Umwelt in den Mitgliedstaaten haben können. Denn sie gewährleistet, dass derartige Auswirkungen aus der Durchführung von Plänen und Programmen bei der Ausarbeitung und vor der Annahme berücksichtigt werden.

(5) Die Festlegung von Verfahren für die Umweltprüfung auf der Ebene von Plänen und Programmen sollte den Unternehmen zugute kommen, da damit ein konsistenterer Handlungsrahmen durch Einbeziehung der relevanten Umweltinformationen bei der Entscheidungsfindung geboten wird. Die Einbeziehung eines breiteren Spektrums von Faktoren bei der Entscheidungsfindung sollte zu nachhaltigeren und wirksameren Lösungen beitragen.

(6) Die in den Mitgliedstaaten angewandten Systeme zur Umweltprüfung sollten eine Reihe gemeinsamer Verfahrensanforderungen enthalten, die erforderlich sind, um zu einem hohen Umweltschutzniveau beizutragen.

(7) In dem Übereinkommen der UN-Wirtschaftskommission für Europa über die Umweltverträglichkeitsprüfung im grenzüberschreitenden Rahmen vom 25. Februar 1991, das sowohl für die Mitgliedstaaten als auch für andere Staaten gilt, werden die Vertragsparteien des Übereinkommens aufgefordert, dessen Grundsätze auch auf Pläne und Programme anzuwenden. Bei dem zweiten Treffen der Vertragsparteien in Sofia am 26. und 27. Februar 2001 wurde beschlossen, ein rechtlich bindendes Protokoll über die strategische Umweltprüfung auszuarbeiten, das die bestehenden Vorschriften über die Umweltverträglichkeitsprüfung im grenzüberschreitenden Rahmen ergänzen würde und das bei einem außerordentlichen Treffen der Vertragsparteien anlässlich der fünften Ministerkonferenz „Umwelt für Europa", die für Mai 2003 in Kiew (Ukraine) geplant ist, nach Möglichkeit verabschiedet werden soll. Die in der Gemeinschaft angewandten Systeme zur Umweltprüfung von Plänen und Programmen sollten gewährleisten, dass ausreichende grenzübergreifende Konsultationen stattfinden, wenn die Durchführung eines in einem Mitgliedstaat ausgearbeiteten Plans oder Programms voraussichtlich erhebliche Umweltauswirkungen in einem anderen Mitgliedstaat haben wird. Die Informationen über Pläne und Programme, die erhebliche Auswirkungen auf die Umwelt in anderen Staaten haben, sollten auf der Grundlage der Gegenseitigkeit und Gleichwertigkeit innerhalb eines angemessenen Rechtsrahmens zwischen den Mitgliedstaaten und diesen anderen Staaten übermittelt werden.

(8) Aus diesem Grund sind Maßnahmen auf Gemeinschaftsebene notwendig, um einen Mindestrahmen für die Umweltprüfung festzulegen, mit dem die allgemeinen Grundsätze für das System der Umweltprüfung vorgegeben werden und die Einzelheiten unter Berücksichtigung des Subsidiaritätsprinzips den Mitgliedstaaten

überlassen bleiben. Die Maßnahmen der Gemeinschaft sollten nicht über das für die Erreichung der Ziele des Vertrags erforderliche Maß hinausgehen.

(9) Diese Richtlinie betrifft den Verfahrensaspekt, und ihre Anforderungen sollten entweder in die in den Mitgliedstaaten bereits bestehenden Verfahren oder aber in eigens für diese Zwecke geschaffene Verfahren einbezogen werden. Zur Vermeidung von Mehrfachprüfungen sollten die Mitgliedstaaten, falls angebracht, die Tatsache berücksichtigen, dass die Prüfungen bei Plänen und Programmen, die Teil eines hierarchisch aufgebauten Gesamtgefüges sind, auf verschiedenen Ebenen durchgeführt werden.

(10) Alle Pläne und Programme, die für eine Reihe von Bereichen ausgearbeitet werden und einen Rahmen für die künftige Genehmigung von Projekten setzen, die in den Anhängen I und II der Richtlinie 85/337/EWG des Rates vom 27. Juni 1985 über die Umweltverträglichkeitsprüfung bei bestimmten öffentlichen und privaten Projekten[7] aufgeführt sind, sowie alle Pläne und Programme, die gemäß der Richtlinie 92/43/EWG des Rates vom 21. Mai 1992 zur Erhaltung der natürlichen Lebensräume sowie der wildlebenden Tiere und Pflanzen[8] zu prüfen sind, können erhebliche Auswirkungen auf die Umwelt haben und sollten grundsätzlich systematischen Umweltprüfungen unterzogen werden. Wenn sie die Nutzung kleiner Gebiete auf lokaler Ebene festlegen oder nur geringfügige Änderungen der vorgenannten Pläne oder Programme vorsehen, sollten sie nur dann geprüft werden, wenn die Mitgliedstaaten bestimmen, dass sie voraussichtlich erhebliche Auswirkungen auf die Umwelt haben.

(11) Andere Pläne und Programme, die den Rahmen für die künftige Genehmigung von Projekten setzen, haben möglicherweise nicht in allen Fällen erhebliche Auswirkungen auf die Umwelt und sollten nur dann geprüft werden, wenn die Mitgliedstaaten bestimmen, dass sie voraussichtlich derartige Auswirkungen haben.

(12) Bei derartigen Entscheidungen sollten die Mitgliedstaaten die in dieser Richtlinie enthaltenen einschlägigen Kriterien berücksichtigen.

(13) Bestimmte Pläne oder Programme werden in Anbetracht ihrer besonderen Merkmale nicht von dieser Richtlinie erfasst.

(14) Wenn nach dieser Richtlinie eine Umweltprüfung durchzuführen ist, sollte ein Umweltbericht erstellt werden, der die in dieser Richtlinie vorgesehenen einschlägigen Angaben enthält und in dem die voraussichtlichen erheblichen Umweltauswirkungen aus der Durchführung des Plans oder Programms und vernünftige Alternativen, die die Ziele und den geographischen Anwendungsbereich des Plans oder Programms berücksichtigen, ermittelt, beschrieben und bewertet werden. Die Mitgliedstaaten sollten die Kommission über alle Maßnahmen unterrichten, die sie im Hinblick auf die Qualität der Umweltberichte ergreifen.

---

7 ABl. L 175 vom 5.7.1985, S. 40. Richtlinie geändert durch die Richtlinie 97/11/EG (ABl. L 73 vom 14.3. 1997, S. 5).

8 ABl. L 206 vom 22.7.1992, S. 7. Richtlinie zuletzt geändert durch die Richtlinie 97/62/EG (ABl. L 305 vom 8.11.1997, S. 42).

(15) Um zu einer transparenteren Entscheidungsfindung beizutragen und die Vollständigkeit und Zuverlässigkeit der für die Prüfung bereitgestellten Informationen zu gewährleisten, ist es notwendig, die in ihrem umweltbezogenen Aufgabenbereich betroffenen Behörden und die Öffentlichkeit während der Prüfung von Plänen oder Programmen zu konsultieren und angemessene Fristen festzulegen, die genügend Zeit für Konsultationen, einschließlich der Abgabe von Stellungnahmen, lassen.

(16) Hat die Durchführung eines in einem Mitgliedstaat ausgearbeiteten Plans oder Programms voraussichtlich erhebliche Auswirkungen auf die Umwelt anderer Mitgliedstaaten, so sollte dafür gesorgt werden, dass die betreffenden Mitgliedstaaten Konsultationen aufnehmen und dass die betroffenen Behörden und die Öffentlichkeit informiert werden und die Möglichkeit erhalten, Stellung zu nehmen.

(17) Der Umweltbericht und die Stellungnahmen der betroffenen Behörden und der Öffentlichkeit sowie die Ergebnisse einer grenzüberschreitenden Konsultation sollten bei der Ausarbeitung des Plans oder Programms und vor dessen Annahme oder vor dessen Einbringung in das Gesetzgebungsverfahren Berücksichtigung finden.

(18) Die Mitgliedstaaten sollten sicherstellen, dass die betroffenen Behörden und die Öffentlichkeit von der Annahme eines Plans oder Programms in Kenntnis gesetzt und ihnen relevante Informationen zugänglich gemacht werden.

(19) Ergibt sich die Verpflichtung, eine Prüfung der Auswirkungen auf die Umwelt durchzuführen, sowohl aus dieser Richtlinie als auch aus anderen Rechtsvorschriften der Gemeinschaft, wie etwa der Richtlinie 79/409/EWG des Rates vom 2. April 1979 über die Erhaltung der wildlebenden Vogelarten[9], der Richtlinie 92/43/EWG oder der Richtlinie 2000/60/EG des Europäischen Parlaments und des Rates vom 23. Oktober 2000 zur Schaffung eines Ordnungsrahmens für Maßnahmen der Gemeinschaft im Bereich der Wasserpolitik[10], so können die Mitgliedstaaten zur Vermeidung von Mehrfachprüfungen koordinierte oder gemeinsame Verfahren vorsehen, die die Anforderungen der einschlägigen Rechtsvorschriften der Gemeinschaft erfüllen.

(20) Die Kommission sollte einen Bericht über die Anwendung und Wirksamkeit dieser Richtlinie erstmals fünf Jahre nach ihrem Inkrafttreten und anschließend alle sieben Jahre erstellen. Damit Anforderungen des Umweltschutzes stärker einbezogen werden, sollten, falls angebracht, dem ersten Bericht unter Berücksichtigung der gesammelten Erfahrungen gegebenenfalls Vorschläge zur Änderung dieser Richtlinie beigefügt werden, insbesondere in bezug auf eine etwaige Ausdehnung ihres Geltungsbereichs auf andere Bereiche/Sektoren sowie andere Arten von Plänen und Programmen –

HABEN FOLGENDE RICHTLINIE ERLASSEN:

---

9 ABl. L 103 vom 25.4.1979, S. 1. Richtlinie zuletzt geändert durch die Richtlinie 97/49/EG (ABl. L 223 vom 13.8.1997, S. 9).
10 ABl. L 327 vom 22.12.2000, S. 1.

Artikel 1

Ziele

Ziel dieser Richtlinie ist es, im Hinblick auf die Förderung einer nachhaltigen Entwicklung ein hohes Umweltschutzniveau sicherzustellen und dazu beizutragen, dass Umwelterwägungen bei der Ausarbeitung und Annahme von Plänen und Programmen einbezogen werden, indem dafür gesorgt wird, dass bestimmte Pläne und Programme, die voraussichtlich erhebliche Umweltauswirkungen haben, entsprechend dieser Richtlinie einer Umweltprüfung unterzogen werden.

Artikel 2

Begriffsbestimmungen

Im Sinne dieser Richtlinie bezeichnet der Ausdruck

a) „Pläne und Programme" Pläne und Programme, einschließlich der von der Europäischen Gemeinschaft mitfinanzierten, sowie deren Änderungen,

– die von einer Behörde auf nationaler, regionaler oder lokaler Ebene ausgearbeitet und/oder angenommen werden oder die von einer Behörde für die Annahme durch das Parlament oder die Regierung im Wege eines Gesetzgebungsverfahrens ausgearbeitet werden und

– die aufgrund von Rechts- oder Verwaltungsvorschriften erstellt werden müssen;

b) „Umweltprüfung" die Ausarbeitung eines Umweltberichts, die Durchführung von Konsultationen, die Berücksichtigung des Umweltberichts und der Ergebnisse der Konsultationen bei der Entscheidungsfindung und die Unterrichtung über die Entscheidung gemäß den Artikeln 4 bis 9;

c) „Umweltbericht" den Teil der Plan- oder Programmdokumentation, der die in Artikel 5 und in Anhang I vorgesehenen Informationen enthält;

d) „Öffentlichkeit" eine oder mehrere natürliche oder juristische Personen und, in Übereinstimmung mit den innerstaatlichen Rechtsvorschriften oder der innerstaatlichen Praxis, deren Vereinigungen, Organisationen oder Gruppen.

Artikel 3

Geltungsbereich

(1) Die unter die Absätze 2 bis 4 fallenden Pläne und Programme, die voraussichtlich erhebliche Umweltauswirkungen haben, werden einer Umweltprüfung nach den Artikeln 4 bis 9 unterzogen.

(2) Vorbehaltlich des Absatzes 3 wird eine Umweltprüfung bei allen Plänen und Programmen vorgenommen,

a) die in den Bereichen Landwirtschaft, Forstwirtschaft, Fischerei, Energie, Industrie, Verkehr, Abfallwirtschaft, Wasserwirtschaft, Telekommunikation, Fremdenverkehr, Raumordnung oder Bodennutzung ausgearbeitet werden und durch die der Rahmen für die künftige Genehmigung der in den Anhängen I und II der Richtlinie 85/337/EWG aufgeführten Projekte gesetzt wird oder

b) bei denen angesichts ihrer voraussichtlichen Auswirkungen auf Gebiete eine Prüfung nach Artikel 6 oder 7 der Richtlinie 92/43/EWG für erforderlich erachtet wird.

(3) Die unter Absatz 2 fallenden Pläne und Programme, die die Nutzung kleiner Gebiete auf lokaler Ebene festlegen, sowie geringfügige Änderungen der unter Absatz 2 fallenden Pläne und Programme bedürfen nur dann einer Umweltprüfung, wenn die Mitgliedstaaten bestimmen, dass sie voraussichtlich erhebliche Umweltauswirkungen haben.

(4) Die Mitgliedstaaten befinden darüber, ob nicht unter Absatz 2 fallende Pläne und Programme, durch die der Rahmen für die künftige Genehmigung von Projekten gesetzt wird, voraussichtlich erhebliche Umweltauswirkungen haben.

(5) Die Mitgliedstaaten bestimmen entweder durch Einzelfallprüfung oder durch Festlegung von Arten von Plänen und Programmen oder durch eine Kombination dieser beiden Ansätze, ob die in den Absätzen 3 und 4 genannten Pläne oder Programme voraussichtlich erhebliche Umweltauswirkungen haben. Zu diesem Zweck berücksichtigen die Mitgliedstaaten in jedem Fall die einschlägigen Kriterien des Anhangs II, um sicherzustellen, dass Pläne und Programme, die voraussichtlich erhebliche Umweltauswirkungen haben, von dieser Richtlinie erfasst werden.

(6) Im Rahmen einer Einzelfallprüfung und im Falle der Festlegung von Arten von Plänen und Programmen nach Absatz 5 sind die in Artikel 6 Absatz 3 genannten Behörden zu konsultieren.

(7) Die Mitgliedstaaten sorgen dafür, dass die nach Absatz 5 getroffenen Schlussfolgerungen, einschließlich der Gründe für die Entscheidung, keine Umweltprüfung gemäß den Artikeln 4 bis 9 vorzuschreiben, der Öffentlichkeit zugänglich gemacht werden.

(8) Die folgenden Pläne und Programme unterliegen dieser Richtlinie nicht:

– Pläne und Programme, die ausschließlich Zielen der Landesverteidigung oder des Katastrophenschutzes dienen;

– Finanz- oder Haushaltspläne und -programme.

(9) Diese Richtlinie gilt nicht für Pläne und Programme, die in den laufenden jeweiligen Programmplanungszeiträumen[11] für die Verordnungen (EG) Nr. 1260/1999[12] und (EG) Nr. 1257/1999[13] des Rates mitfinanziert werden.

11 Der Programmplanungszeitraum 2000–2006 für die Verordnung (EG) Nr. 1260/1999 des Rates und die Programmplanungszeiträume 2000–2006 und 2000–2007 für die Verordnung (EG) Nr. 1257/1999 des Rates.
12 Verordnung (EG) Nr. 1260/1999 des Rates vom 21. Juni 1999 mit allgemeinen Bestimmungen über die Strukturfonds (ABl. L 161 vom 26.6.1999, S. 1).
13 Verordnung (EG) Nr. 1257/1999 des Rates vom 17. Mai 1999 über die Förderung der Entwicklung des ländlichen Raums durch den Europäischen Ausrichtungs- und Garantiefonds für die Landwirtschaft (EAGFL) und zur Änderung bzw. Aufhebung bestimmter Verordnungen (ABl. L 160 vom 26.6.1999, S. 80).

Artikel 4

Allgemeine Verpflichtungen

(1) Die Umweltprüfung nach Artikel 3 wird während der Ausarbeitung und vor der Annahme eines Plans oder Programms oder dessen Einbringung in das Gesetzgebungsverfahren durchgeführt.

(2) Die Mitgliedstaaten übernehmen die Anforderungen dieser Richtlinie entweder in bestehende Verfahren zur Annahme von Plänen und Programmen oder in neue Verfahren, die festgelegt werden, um dieser Richtlinie nachzukommen.

(3) Gehören Pläne und Programme zu einer Plan- oder Programmhierarchie, so berücksichtigen die Mitgliedstaaten zur Vermeidung von Mehrfachprüfungen die Tatsache, dass die Prüfung gemäß der vorliegenden Richtlinie auf verschiedenen Stufen dieser Hierarchie durchgeführt wird. Die Mitgliedstaaten wenden, unter anderem zur Vermeidung von Mehrfachprüfungen, Artikel 5 Absätze 2 und 3 an.

Artikel 5

Umweltbericht

(1) Ist eine Umweltprüfung nach Artikel 3 Absatz 1 durchzuführen, so ist ein Umweltbericht zu erstellen; darin werden die voraussichtlichen erheblichen Auswirkungen, die die Durchführung des Plans oder Programms auf die Umwelt hat, sowie vernünftige Alternativen, die die Ziele und den geographischen Anwendungsbereich des Plans oder Programms berücksichtigen, ermittelt, beschrieben und bewertet. Welche Informationen zu diesem Zweck vorzulegen sind, ist in Anhang I angegeben.

(2) Der Umweltbericht nach Absatz 1 enthält die Angaben, die vernünftigerweise verlangt werden können, und berücksichtigt dabei den gegenwärtigen Wissensstand und aktuelle Prüfmethoden, Inhalt und Detaillierungsgrad des Plans oder Programms, dessen Stellung im Entscheidungsprozess sowie das Ausmaß, in dem bestimmte Aspekte zur Vermeidung von Mehrfachprüfungen auf den unterschiedlichen Ebenen dieses Prozesses am besten geprüft werden können.

(3) Zur Gewinnung der in Anhang I genannten Informationen können alle verfügbaren relevanten Informationen über die Umweltauswirkungen der Pläne und Programme herangezogen werden, die auf anderen Ebenen des Entscheidungsprozesses oder aufgrund anderer Rechtsvorschriften der Gemeinschaft gesammelt wurden.

(4) Die in Artikel 6 Absatz 3 genannten Behörden werden bei der Festlegung des Umfangs und Detaillierungsgrads der in den Umweltbericht aufzunehmenden Informationen konsultiert.

Artikel 6

Konsultationen

(1) Der Entwurf des Plans oder Programms und der nach Artikel 5 erstellte Umweltbericht werden den in Absatz 3 genannten Behörden sowie der Öffentlichkeit zugänglich gemacht.

(2) Den Behörden nach Absatz 3 und der Öffentlichkeit nach Absatz 4 wird innerhalb ausreichend bemessener Fristen frühzeitig und effektiv Gelegenheit gegeben, vor der Annahme des Plans oder Programms oder seiner Einbringung in das Gesetzgebungsverfahren zum Entwurf des Plans oder Programms sowie zum begleitenden Umweltbericht Stellung zu nehmen.

(3) Die Mitgliedstaaten bestimmen die zu konsultierenden Behörden, die in ihrem umweltbezogenen Aufgabenbereich von den durch die Durchführung des Plans oder Programms verursachten Umweltauswirkungen betroffen sein könnten.

(4) Die Mitgliedstaaten bestimmen, was unter „Öffentlichkeit" im Sinne des Absatzes 2 zu verstehen ist; dieser Begriff schließt die Teile der Öffentlichkeit ein, die vom Entscheidungsprozess gemäß dieser Richtlinie betroffen sind oder voraussichtlich betroffen sein werden oder ein Interesse daran haben, darunter auch relevante Nichtregierungsorganisationen, z. B. Organisationen zur Förderung des Umweltschutzes und andere betroffene Organisationen.

(5) Die Einzelheiten der Information und Konsultation der Behörden und der Öffentlichkeit werden von den Mitgliedstaaten festgelegt.

Artikel 7

Grenzüberschreitende Konsultationen

(1) Ist ein Mitgliedstaat der Auffassung, dass die Durchführung eines Plans oder Programms, der bzw. das für sein Hoheitsgebiet ausgearbeitet wird, voraussichtlich erhebliche Auswirkungen auf die Umwelt eines anderen Mitgliedstaats haben wird, oder stellt ein Mitgliedstaat, der voraussichtlich erheblich betroffen sein wird, einen entsprechenden Antrag, so übermittelt der Mitgliedstaat, in dessen Hoheitsgebiet der Plan oder das Programm ausgearbeitet wird, vor der Annahme des Plans oder Programms oder vor dessen Einbringung in das Gesetzgebungsverfahren eine Kopie des Plan- oder Programmentwurfs und des entsprechenden Umweltberichts an den anderen Mitgliedstaat.

(2) Wenn ein Mitgliedstaat gemäß Absatz 1 eine Kopie des Plan- oder Programmentwurfs und des Umweltberichts erhält, teilt er dem anderen Mitgliedstaat mit, ob er vor der Annahme des Plans oder Programms oder vor dessen Einbringung in das Gesetzgebungsverfahren Konsultationen wünscht; ist dies der Fall, so führen die betreffenden Mitgliedstaaten Konsultationen über die voraussichtlichen grenzüberschreitenden Auswirkungen, die die Durchführung des Plans oder Programms auf die Umwelt hat, und über die geplanten Maßnahmen, die der Verminderung oder Vermeidung solcher Auswirkungen dienen sollen.

Finden solche Konsultationen statt, so verständigen sich die betreffenden Mitgliedstaaten auf Einzelheiten, um sicherzustellen, dass die Behörden nach Artikel 6 Absatz 3 und die Öffentlichkeit nach Artikel 6 Absatz 4 in dem Mitgliedstaat, der voraussichtlich erheblich betroffen sein wird, unterrichtet werden und Gelegenheit erhalten, innerhalb einer angemessenen Frist Stellung zu nehmen.

(3) Sind nach diesem Artikel Konsultationen zwischen Mitgliedstaaten erforderlich, so vereinbaren diese zu Beginn dieser Konsultationen einen angemessenen Zeitrahmen für deren Dauer.

Artikel 8

Entscheidungsfindung

Der nach Artikel 5 erstellte Umweltbericht, die nach Artikel 6 abgegebenen Stellungnahmen und die Ergebnisse von nach Artikel 7 geführten grenzüberschreitenden Konsultationen werden bei der Ausarbeitung und vor der Annahme des Plans oder Programms oder vor dessen Einbringung in das Gesetzgebungsverfahren berücksichtigt.

Artikel 9

Bekanntgabe der Entscheidung

(1) Die Mitgliedstaaten stellen sicher, dass nach der Annahme eines Plans oder eines Programms dies den Behörden nach Artikel 6 Absatz 3, der Öffentlichkeit und jedem gemäß Artikel 7 konsultierten Mitgliedstaat bekanntgegeben wird und dass diesen Folgendes zugänglich gemacht wird:

a) der angenommene Plan oder das angenommene Programm;

b) eine zusammenfassende Erklärung, wie Umwelterwägungen in den Plan oder das Programm einbezogen wurden, wie der nach Artikel 5 erstellte Umweltbericht, die nach Artikel 6 abgegebenen Stellungnahmen und die Ergebnisse von nach Artikel 7 geführten Konsultationen gemäß Artikel 8 berücksichtigt wurden und aus welchen Gründen der angenommene Plan oder das angenommene Programm, nach Abwägung mit den geprüften vernünftigen Alternativen, gewählt wurde; und

c) die Maßnahmen, die zur Überwachung gemäß Artikel 10 beschlossen wurden.

(2) Die Einzelheiten der Unterrichtung nach Absatz 1 werden von den Mitgliedstaaten festgelegt.

Artikel 10

Überwachung

(1) Die Mitgliedstaaten überwachen die erheblichen Auswirkungen der Durchführung der Pläne und Programme auf die Umwelt, um unter anderem frühzeitig unvorhergesehene negative Auswirkungen zu ermitteln und um in der Lage zu sein, geeignete Abhilfemaßnahmen zu ergreifen.

(2) Zur Erfüllung der Anforderungen nach Absatz 1 können, soweit angebracht, bestehende Überwachungsmechanismen angewandt werden, um Doppelarbeit bei der Überwachung zu vermeiden.

Artikel 11

Verhältnis zu anderen Gemeinschaftsvorschriften

(1) Die Umweltprüfungen gemäß dieser Richtlinie lassen die Anforderungen der Richtlinie 85/337/EWG sowie anderer Rechtsvorschriften der Gemeinschaft unberührt.

(2) Bei Plänen und Programmen, bei denen sich die Verpflichtung, eine Prüfung der Umweltauswirkungen durchzuführen, sowohl aus dieser Richtlinie als auch aus anderen Rechtsvorschriften der Gemeinschaft ergibt, können die Mitgliedstaaten koordinierte oder gemeinsame Verfahren, die die Anforderungen der einschlägigen Rechtsvorschriften der Gemeinschaft erfüllen, vorsehen, unter anderem, um Mehrfachprüfungen zu vermeiden.

(3) Für Pläne und Programme, die von der Europäischen Gemeinschaft mitfinanziert werden, wird die Umweltprüfung gemäß dieser Richtlinie im Einklang mit den in den einschlägigen Gemeinschaftsvorschriften festgelegten besonderen Bestimmungen durchgeführt.

Artikel 12

Informationen, Berichte und Überprüfung

(1) Die Mitgliedstaaten und die Kommission tauschen Informationen über die bei der Anwendung dieser Richtlinie gesammelten Erfahrungen aus.

(2) Die Mitgliedstaaten stellen sicher, dass die Umweltberichte von ausreichender Qualität sind, um die Anforderungen dieser Richtlinie zu erfüllen, und unterrichten die Kommission über alle Maßnahmen, die sie bezüglich der Qualität dieser Berichte ergreifen.

(3) Die Kommission legt dem Europäischen Parlament und dem Rat vor dem 21. Juli 2006 einen ersten Bericht über die Anwendung und Wirksamkeit dieser Richtlinie vor.

Damit Erfordernisse des Umweltschutzes stärker gemäß Artikel 6 des Vertrags einbezogen werden, werden, falls angebracht, diesem Bericht unter Berücksichtigung der bei der Anwendung dieser Richtlinie in den Mitgliedstaaten gesammelten Erfahrungen Vorschläge zur Änderung dieser Richtlinie beigefügt. Die Kommission wird insbesondere die Möglichkeit in Erwägung ziehen, den Geltungsbereich dieser Richtlinie auszudehnen, um andere Bereiche/Sektoren und andere Arten von Plänen und Programmen abzudecken.

Alle sieben Jahre wird ein neuer Evaluierungsbericht erstellt.

(4) Die Kommission berichtet über den Zusammenhang zwischen dieser Richtlinie und den Verordnungen (EG) Nr. 1260/1999 und (EG) Nr. 1257/1999 frühzeitig vor Ablauf der Programmplanungszeiträume, die in diesen Verordnungen festgelegt sind, um eine kohärente Vorgehensweise in Bezug auf diese Richtlinie und spätere Gemeinschaftsverordnungen zu gewährleisten.

Artikel 13

Umsetzung der Richtlinie

(1) Die Mitgliedstaaten erlassen die erforderlichen Rechts- und Verwaltungsvorschriften, um dieser Richtlinie vor dem 21. Juli 2004 nachzukommen. Sie setzen die Kommission unverzüglich davon in Kenntnis.

(2) Wenn die Mitgliedstaaten derartige Vorschriften erlassen, nehmen sie in den Vorschriften selbst oder durch einen Hinweis bei der amtlichen Veröffentlichung auf diese Richtlinie Bezug. Die Mitgliedstaaten regeln die Form dieser Bezugnahme.

(3) Die Verpflichtung nach Artikel 4 Absatz 1 gilt für die Pläne und Programme, deren erster förmlicher Vorbereitungsakt nach dem in Absatz 1 des vorliegenden Artikels genannten Zeitpunkt erstellt wird. Pläne und Programme, deren erster förmlicher Vorbereitungsakt vor diesem Zeitpunkt liegt und die mehr als 24 Monate danach angenommen oder in das Gesetzgebungsverfahren eingebracht werden, unterliegen der Verpflichtung von Artikel 4 Absatz 1, es sei denn, die Mitgliedstaaten entscheiden im Einzelfall, dass dies nicht durchführbar ist, und unterrichten die Öffentlichkeit über ihre Entscheidung.

(4) Die Mitgliedstaaten übermitteln der Kommission vor dem 21. Juli 2004 neben Angaben zu den in Absatz 1 genannten Vorschriften auch gesonderte Angaben über die Arten von Plänen und Programmen, die nach Artikel 3 einer Umweltprüfung gemäß dieser Richtlinie unterliegen würden. Die Kommission stellt diese Angaben den Mitgliedstaaten zur Verfügung. Die Angaben werden regelmäßig auf den neuesten Stand gebracht.

Artikel 14

Inkrafttreten

Diese Richtlinie tritt am Tag ihrer Veröffentlichung im Amtsblatt der Europäischen Gemeinschaften in Kraft.

Artikel 15

Adressaten

Diese Richtlinie ist an alle Mitgliedstaaten gerichtet.

Geschehen zu Luxemburg am 27. Juni 2001.

Im Namen des Europäischen Parlaments

Die Präsidentin

N. Fontaine

Im Namen des Rates

Der Präsident

B. Rosengren

Anhang I
Informationen gemäß Artikel 5 Absatz 1

Die Informationen, die gemäß Artikel 5 Absatz 1 nach Maßgabe von Artikel 5 Absätze 2 und 3 vorzulegen sind, umfassen

a) eine Kurzdarstellung des Inhalts und der wichtigsten Ziele des Plans oder Programms sowie der Beziehung zu anderen relevanten Plänen und Programmen;

b) die relevanten Aspekte des derzeitigen Umweltzustands und dessen voraussichtliche Entwicklung bei Nichtdurchführung des Plans oder Programms;

c) die Umweltmerkmale der Gebiete, die voraussichtlich erheblich beeinflusst werden;

d) sämtliche derzeitigen für den Plan oder das Programm relevanten Umweltprobleme unter besonderer Berücksichtigung der Probleme, die sich auf Gebiete mit einer speziellen Umweltrelevanz beziehen, wie etwa die gemäß den Richtlinien 79/409/EWG und 92/43/EWG ausgewiesenen Gebiete;

e) die auf internationaler oder gemeinschaftlicher Ebene oder auf der Ebene der Mitgliedstaaten festgelegten Ziele des Umweltschutzes, die für den Plan oder das Programm von Bedeutung sind, und die Art, wie diese Ziele und alle Umwelterwägungen bei der Ausarbeitung des Plans oder Programms berücksichtigt wurden;

f) die voraussichtlichen erheblichen Umweltauswirkungen[1], einschließlich der Auswirkungen auf Aspekte wie die biologische Vielfalt, die Bevölkerung, die Gesundheit des Menschen, Fauna, Flora, Boden, Wasser, Luft, klimatische Faktoren, Sachwerte, das kulturelle Erbe einschließlich der architektonisch wertvollen Bauten und der archäologischen Schätze, die Landschaft und die Wechselbeziehung zwischen den genannten Faktoren.

g) die Maßnahmen, die geplant sind, um erhebliche negative Umweltauswirkungen aufgrund der Durchführung des Plans oder Programms zu verhindern, zu verringern und soweit wie möglich auszugleichen;

h) eine Kurzdarstellung der Gründe für die Wahl der geprüften Alternativen und eine Beschreibung, wie die Umweltprüfung vorgenommen wurde, einschließlich etwaiger Schwierigkeiten bei der Zusammenstellung der erforderlichen Informationen (zum Beispiel technische Lücken oder fehlende Kenntnisse);

i) eine Beschreibung der geplanten Maßnahmen zur Überwachung gemäß Artikel 10;

j) eine nichttechnische Zusammenfassung der oben beschriebenen Informationen.

---

1 Einschließlich sekundärer, kumulativer, synergetischer, kurz-, mittel- und langfristiger, ständiger und vorübergehender, positiver und negativer Auswirkungen.

Anhang II
Kriterien für die Bestimmung der voraussichtlichen Erheblichkeit von Umweltauswirkungen im Sinne des Artikels 3 Absatz 5

1. Merkmale der Pläne und Programme, insbesondere in bezug auf

– das Ausmaß, in dem der Plan oder das Programm für Projekte und andere Tätigkeiten in bezug auf Standort, Art, Größe und Betriebsbedingungen oder durch die Inanspruchnahme von Ressourcen einen Rahmen setzt;

– das Ausmaß, in dem der Plan oder das Programm andere Pläne und Programme – einschließlich solcher in einer Planungs- oder Programmhierarchie – beeinflusst;

– die Bedeutung des Plans oder des Programms für die Einbeziehung der Umwelterwägungen, insbesondere im Hinblick auf die Förderung der nachhaltigen Entwicklung;

– die für den Plan oder das Programm relevanten Umweltprobleme;

– die Bedeutung des Plans oder Programms für die Durchführung der Umweltvorschriften der Gemeinschaft (z. B. Pläne und Programme betreffend die Abfallwirtschaft oder den Gewässerschutz).

2. Merkmale der Auswirkungen und der voraussichtlich betroffenen Gebiete, insbesondere in bezug auf

– die Wahrscheinlichkeit, Dauer, Häufigkeit und Umkehrbarkeit der Auswirkungen;

– den kumulativen Charakter der Auswirkungen;

– den grenzüberschreitenden Charakter der Auswirkungen;

– die Risiken für die menschliche Gesundheit oder die Umwelt (z. B. bei Unfällen);

– den Umfang und die räumliche Ausdehnung der Auswirkungen (geographisches Gebiet und Anzahl der voraussichtlich betroffenen Personen);

– die Bedeutung und die Sensibilität des voraussichtlich betroffenen Gebiets aufgrund folgender Faktoren:

– besondere natürliche Merkmale oder kulturelles Erbe,

– Überschreitung der Umweltqualitätsnormen oder der Grenzwerte,

– intensive Bodennutzung;

– die Auswirkungen auf Gebiete oder Landschaften, deren Status als national, gemeinschaftlich oder international geschützt anerkannt ist.

Übereinkommen über den Zugang zu Informationen, die Öffentlichkeitsbeteiligung an Entscheidungsverfahren und den Zugang zu Gerichten in Umweltangelegenheiten – Erklärungen

ABl. Nr. L 124 vom 17.5.2005, S. 4–20

Die Vertragsparteien dieses Übereinkommens –

unter Hinweis auf Grundsatz 1 der Erklärung von Stockholm über die Umwelt des Menschen;

auch unter Hinweis auf Grundsatz 10 der Erklärung von Rio über Umwelt und Entwicklung;

ferner unter Hinweis auf die Resolution 37/7 der Generalversammlung der Vereinten Nationen vom 28. Oktober 1982 über die Weltcharta für die Natur und auf die Resolution 45/94 der Generalversammlung der Vereinten Nationen vom 14. Dezember 1990 über die Notwendigkeit, eine gesunde Umwelt für das Wohl der Menschen zu sichern;

unter Hinweis auf die Europäische Charta Umwelt und Gesundheit, die am 8. Dezember 1989 auf der ersten Europäischen Konferenz über Umwelt und Gesundheit der Weltgesundheitsorganisation in Frankfurt am Main (Deutschland) verabschiedet wurde;

in Bekräftigung der Notwendigkeit, den Zustand der Umwelt zu schützen, zu erhalten und zu verbessern und eine nachhaltige und umweltverträgliche Entwicklung zu gewährleisten;

in der Erkenntnis, dass ein angemessener Schutz der Umwelt für das menschliche Wohlbefinden und die Ausübung grundlegender Menschenrechte, einschließlich des Rechts auf Leben, unabdingbar ist;

ferner in der Erkenntnis, dass jeder Mensch das Recht hat, in einer seiner Gesundheit und seinem Wohlbefinden zuträglichen Umwelt zu leben, und dass er sowohl als Einzelperson als auch in Gemeinschaft mit anderen die Pflicht hat, die Umwelt zum Wohle gegenwärtiger und künftiger Generationen zu schützen und zu verbessern;

in Erwägung dessen, dass Bürger zur Wahrnehmung dieses Rechts und zur Erfüllung dieser Pflicht Zugang zu Informationen, ein Recht auf Beteiligung an Entscheidungsverfahren und Zugang zu Gerichten in Umweltangelegenheiten haben müssen, und in Anbetracht der Tatsache, dass sie in dieser Hinsicht gegebenenfalls Unterstützung benötigen, um ihre Rechte wahrnehmen zu können;

in der Erkenntnis, dass im Umweltbereich ein verbesserter Zugang zu Informationen und eine verbesserte Öffentlichkeitsbeteiligung an Entscheidungsverfahren die

Qualität und die Umsetzung von Entscheidungen verbessern, zum Bewusstsein der Öffentlichkeit in Umweltangelegenheiten beitragen, der Öffentlichkeit die Möglichkeit geben, ihre Anliegen zum Ausdruck zu bringen, und es den Behörden ermöglichen, diese Anliegen angemessen zu berücksichtigen;

mit dem Ziel, die Verantwortlichkeit und Transparenz bei Entscheidungsverfahren zu fördern und die öffentliche Unterstützung für Entscheidungen über die Umwelt zu stärken;

in der Erkenntnis, dass es wünschenswert ist, Transparenz in allen Bereichen der öffentlichen Verwaltung zu erzielen, und mit der Aufforderung an die gesetzgebenden Körperschaften, die Grundsätze dieses Übereinkommens in ihren Verfahren umzusetzen;

auch in der Erkenntnis, dass sich die Öffentlichkeit der Verfahren zur Öffentlichkeitsbeteiligung an umweltbezogenen Entscheidungen bewusst sein, freien Zugang zu ihnen haben und wissen muss, wie sie genutzt werden können;

ferner in der Erkenntnis der wichtigen Rolle, die einzelne Bürger, nichtstaatliche Organisationen und der private Sektor im Umweltschutz spielen können;

in dem Wunsch, die Umwelterziehung zu fördern, um das Verständnis für die Umwelt und eine nachhaltige Entwicklung zu vertiefen und um das Bewusstsein einer breiten Öffentlichkeit für Entscheidungen, die Auswirkungen auf die Umwelt und eine nachhaltige Entwicklung haben, zu schärfen sowie deren Beteiligung an diesen Entscheidungen zu unterstützen;

in Kenntnis der Wichtigkeit, in diesem Zusammenhang von den Medien und von elektronischen oder anderen, künftigen Kommunikationsformen Gebrauch zu machen;

in der Erkenntnis der Bedeutung einer vollständigen Einbeziehung umweltbezogener Überlegungen in staatliche Entscheidungsverfahren und der daraus folgenden Notwendigkeit, dass Behörden über genaue, umfassende und aktuelle Informationen über die Umwelt verfügen;

in Anerkennung dessen, dass Behörden über Informationen über die Umwelt im öffentlichen Interesse verfügen;

mit dem Anliegen, dass die Öffentlichkeit, einschließlich Organisationen, Zugang zu wirkungsvollen gerichtlichen Mechanismen haben soll, damit ihre berechtigten Interessen geschützt werden und das Recht durchgesetzt wird;

in Kenntnis der Wichtigkeit, den Verbrauchern geeignete Produktinformationen zu geben, damit sie eine sachkundige, am Umweltschutz orientierte Auswahl treffen können;

in Anerkennung der Sorge der Öffentlichkeit über die absichtliche Freisetzung gentechnisch veränderter Organismen in die Umwelt und in Erkenntnis der Notwendigkeit einer größeren Transparenz und stärkeren Öffentlichkeitsbeteiligung an Entscheidungsverfahren in diesem Bereich;

in der Überzeugung, dass die Durchführung dieses Übereinkommens zur Stärkung der Demokratie in der Region der Wirtschaftskommission der Vereinten Nationen für Europa (ECE) beitragen wird;

im Bewusstsein der Rolle, welche die ECE hierbei spielt, und unter Hinweis unter anderem auf die ECE-Leitlinien über den Zugang zu Informationen über die Umwelt und die Öffentlichkeitsbeteiligung an Entscheidungsverfahren im Umweltbereich, die in der auf der dritten Ministerkonferenz „Umwelt für Europa" am 25. Oktober 1995 in Sofia (Bulgarien) angenommenen Ministererklärung gebilligt wurden;

eingedenk der einschlägigen Bestimmungen des Übereinkommens über die Umweltverträglichkeitsprüfung im grenzüberschreitenden Rahmen, das am 25. Februar 1991 in Espoo (Finnland) beschlossen wurde, des Übereinkommens über die grenzüberschreitenden Auswirkungen von Industrieunfällen und des Übereinkommens zum Schutz und zur Nutzung grenzüberschreitender Wasserläufe und internationaler Seen, die beide am 17. März 1992 in Helsinki (Finnland) beschlossen wurden, sowie anderer regionaler Übereinkünfte;

in dem Bewusstsein, dass die Annahme dieses Übereinkommens einen Beitrag zur weiteren Stärkung des Prozesses „Umwelt für Europa" und zu den Ergebnissen der im Juni 1998 in Aarhus (Dänemark) stattfindenden vierten Ministerkonferenz geleistet haben wird –

sind wie folgt übereingekommen:

Artikel 1
Ziel

Um zum Schutz des Rechts jeder männlichen/weiblichen Person gegenwärtiger und künftiger Generationen auf ein Leben in einer seiner/ihrer Gesundheit und seinem/ihrem Wohlbefinden zuträglichen Umwelt beizutragen, gewährleistet jede Vertragspartei das Recht auf Zugang zu Informationen, auf Öffentlichkeitsbeteiligung an Entscheidungsverfahren und auf Zugang zu Gerichten in Umweltangelegenheiten in Übereinstimmung mit diesem Übereinkommen.

Artikel 2
Begriffsbestimmungen

Im Sinne dieses Übereinkommens

1. bedeutet „Vertragspartei", soweit sich aus dem Wortlaut nichts anderes ergibt, eine Vertragspartei dieses Übereinkommens;

2. bedeutet „Behörde"

a) eine Stelle der öffentlichen Verwaltung auf nationaler, regionaler und anderer Ebene;

b) natürliche oder juristische Personen, die aufgrund innerstaatlichen Rechts Aufgaben der öffentlichen Verwaltung, einschließlich bestimmter Pflichten, Tätigkeiten oder Dienstleistungen im Zusammenhang mit der Umwelt wahrnehmen;

c) sonstige natürliche oder juristische Personen, die unter der Kontrolle einer unter Buchstabe a oder Buchstabe b genannten Stelle oder einer dort genannten Person im Zusammenhang mit der Umwelt öffentliche Zuständigkeiten haben, öffentliche Aufgaben wahrnehmen oder öffentliche Dienstleistungen erbringen;

d) die Einrichtungen aller in Artikel 17 näher bestimmten Organisationen der regionalen Wirtschaftsintegration, die Vertragsparteien dieses Übereinkommens sind.

Diese Begriffsbestimmung umfasst keine Gremien oder Einrichtungen, die in gerichtlicher oder gesetzgebender Eigenschaft handeln;

3. bedeutet „Informationen über die Umwelt" sämtliche Informationen in schriftlicher, visueller, akustischer, elektronischer oder sonstiger materieller Form über

a) den Zustand von Umweltbestandteilen wie Luft und Atmosphäre, Wasser, Boden, Land, Landschaft und natürliche Lebensräume, die Artenvielfalt und ihre Bestandteile, einschließlich gentechnisch veränderter Organismen, sowie die Wechselwirkungen zwischen diesen Bestandteilen;

b) Faktoren wie Stoffe, Energie, Lärm und Strahlung sowie Tätigkeiten oder Maßnahmen, einschließlich Verwaltungsmaßnahmen, Umweltvereinbarungen, Politiken, Gesetze, Pläne und Programme, die sich auf die unter Buchstabe a genannten Umweltbestandteile auswirken oder wahrscheinlich auswirken, sowie Kosten-Nutzen-Analysen und sonstige wirtschaftliche Analysen und Annahmen, die bei umweltbezogenen Entscheidungsverfahren verwendet werden;

c) den Zustand der menschlichen Gesundheit und Sicherheit, Bedingungen für menschliches Leben sowie Kulturstätten und Bauwerke in dem Maße, in dem sie vom Zustand der Umweltbestandteile oder – auf dem Weg über diese Bestandteile – von den unter Buchstabe b genannten Faktoren, Tätigkeiten oder Maßnahmen betroffen sind oder betroffen sein können;

4. bedeutet „Öffentlichkeit" eine oder mehrere natürliche oder juristische Personen und, in Übereinstimmung mit den innerstaatlichen Rechtsvorschriften oder der innerstaatlichen Praxis, deren Vereinigungen, Organisationen oder Gruppen;

5. bedeutet „betroffene Öffentlichkeit" die von umweltbezogenen Entscheidungsverfahren betroffene oder wahrscheinlich betroffene Öffentlichkeit oder die Öffentlichkeit mit einem Interesse daran; im Sinne dieser Begriffsbestimmung haben nichtstaatliche Organisationen, die sich für den Umweltschutz einsetzen und alle nach innerstaatlichem Recht geltenden Voraussetzungen erfüllen, ein Interesse.

Artikel 3
Allgemeine Bestimmungen

(1) Jede Vertragspartei ergreift die erforderlichen Gesetzgebungs-, Regelungs- und sonstigen Maßnahmen, einschließlich Maßnahmen zur Harmonisierung der Bestimmungen zur Umsetzung der in diesem Übereinkommen enthaltenen Bestimmungen über Informationen, Öffentlichkeitsbeteiligung und Zugang zu Gerichten, sowie geeignete Maßnahmen zum Vollzug, um einen klaren, transparenten

und einheitlichen Rahmen zur Durchführung dieses Übereinkommens herzustellen und aufrechtzuerhalten.

(2) Jede Vertragspartei bemüht sich, sicherzustellen, dass öffentlich Bedienstete und Behörden der Öffentlichkeit Unterstützung und Orientierungshilfe für den Zugang zu Informationen, zur Erleichterung der Öffentlichkeitsbeteiligung an Entscheidungsverfahren und für den Zugang zu Gerichten in Umweltangelegenheiten geben.

(3) Jede Vertragspartei fördert die Umwelterziehung und das Umweltbewusstsein der Öffentlichkeit insbesondere in Bezug auf die Möglichkeiten, Zugang zu Informationen zu erhalten, sich an Entscheidungsverfahren zu beteiligen und Zugang zu Gerichten in Umweltangelegenheiten zu erhalten.

(4) Jede Vertragspartei sorgt für angemessene Anerkennung und Unterstützung von Vereinigungen, Organisationen oder Gruppen, die sich für den Umweltschutz einsetzen, und stellt sicher, dass ihr innerstaatliches Rechtssystem mit dieser Verpflichtung vereinbar ist.

(5) Dieses Übereinkommen lässt das Recht einer Vertragspartei unberührt, Maßnahmen beizubehalten oder zu ergreifen, die einen weitergehenden Zugang zu Informationen, eine umfangreichere Öffentlichkeitsbeteiligung an Entscheidungsverfahren und einen weitergehenden Zugang zu Gerichten in Umweltangelegenheiten ermöglichen, als dies aufgrund dieses Übereinkommens erforderlich ist.

(6) Dieses Übereinkommen verlangt keine Verdrängung geltender Rechte auf Zugang zu Informationen, auf Öffentlichkeitsbeteiligung an Entscheidungsverfahren und auf Zugang zu Gerichten in Umweltangelegenheiten.

(7) Jede Vertragspartei fördert die Anwendung der Grundsätze dieses Übereinkommens bei internationalen umweltbezogenen Entscheidungsverfahren sowie im Rahmen internationaler Organisationen in Angelegenheiten, die im Zusammenhang mit der Umwelt stehen.

(8) Jede Vertragspartei stellt sicher, dass Personen, die ihre Rechte im Einklang mit diesem Übereinkommen ausüben, hierfür nicht in irgendeiner Weise bestraft, verfolgt oder belästigt werden. Diese Bestimmung berührt nicht die Befugnis innerstaatlicher Gerichte, in Gerichtsverfahren angemessene Gerichtskosten zu erheben.

(9) Im Rahmen der einschlägigen Bestimmungen dieses Übereinkommens hat die Öffentlichkeit Zugang zu Informationen, die Möglichkeit, an Entscheidungsverfahren teilzunehmen, und Zugang zu Gerichten in Umweltangelegenheiten, ohne dabei wegen Staatsangehörigkeit, Volkszugehörigkeit oder Wohnsitz benachteiligt zu werden; eine juristische Person darf nicht aufgrund ihres eingetragenen Sitzes oder aufgrund des tatsächlichen Mittelpunkts ihrer Geschäftstätigkeit benachteiligt werden.

Artikel 4
Zugang zu Informationen über die Umwelt

(1) Jede Vertragspartei stellt sicher, dass die Behörden nach Maßgabe der folgenden Absätze dieses Artikels und im Rahmen der innerstaatlichen Rechtsvorschriften der Öffentlichkeit Informationen über die Umwelt auf Antrag zur Verfügung stellen; hierzu gehören, wenn dies beantragt wird und nach Maßgabe des Buchstaben b, auch Kopien der eigentlichen Unterlagen, die derartige Informationen enthalten oder die aus diesen Informationen bestehen; dies geschieht

a) ohne Nachweis eines Interesses;

b) in der erwünschten Form, es sei denn,

   i) es erscheint der Behörde angemessen, die Informationen in anderer Form zur Verfügung zu stellen, was zu begründen ist, oder

   ii) die Informationen stehen der Öffentlichkeit bereits in anderer Form zur Verfügung.

(2) Die in Absatz 1 genannten Informationen über die Umwelt werden so bald wie möglich, spätestens jedoch einen Monat nach Antragstellung zur Verfügung gestellt, es sei denn, der Umfang und die Komplexität der Informationen rechtfertigen eine Fristverlängerung auf bis zu zwei Monate nach Antragstellung. Der Antragsteller wird über jede Verlängerung sowie über die Gründe hierfür informiert.

(3) Ein Antrag auf Informationen über die Umwelt kann abgelehnt werden, wenn

a) die Behörde, an die der Antrag gerichtet ist, nicht über die beantragten Informationen über die Umwelt verfügt;

b) der Antrag offensichtlich missbräuchlich ist oder zu allgemein formuliert ist oder

c) der Antrag Material betrifft, das noch fertig gestellt werden muss, oder wenn er interne Mitteilungen von Behörden betrifft, sofern eine derartige Ausnahme nach innerstaatlichem Recht vorgesehen ist oder gängiger Praxis entspricht, wobei das öffentliche Interesse an der Bekanntgabe dieser Informationen zu berücksichtigen ist.

(4) Ein Antrag auf Informationen über die Umwelt kann abgelehnt werden, wenn die Bekanntgabe negative Auswirkungen hätte auf

a) die Vertraulichkeit der Beratungen von Behörden, sofern eine derartige Vertraulichkeit nach innerstaatlichem Recht vorgesehen ist;

b) internationale Beziehungen, die Landesverteidigung oder die öffentliche Sicherheit;

c) laufende Gerichtsverfahren, die Möglichkeit einer Person, ein faires Verfahren zu erhalten, oder die Möglichkeit einer Behörde, Untersuchungen strafrechtlicher oder disziplinarischer Art durchzuführen;

d) Geschäfts- und Betriebsgeheimnisse, sofern diese rechtlich geschützt sind, um berechtigte wirtschaftliche Interessen zu schützen. In diesem Rahmen sind Informationen über Emissionen, die für den Schutz der Umwelt von Bedeutung sind, bekannt zu geben;

e) Rechte auf geistiges Eigentum;

f) die Vertraulichkeit personenbezogener Daten und/oder Akten in Bezug auf eine natürliche Person, sofern diese der Bekanntgabe dieser Informationen an die Öffentlichkeit nicht zugestimmt hat und sofern eine derartige Vertraulichkeit nach innerstaatlichem Recht vorgesehen ist;

g) die Interessen eines Dritten, der die beantragten Informationen zur Verfügung gestellt hat, ohne hierzu rechtlich verpflichtet zu sein oder verpflichtet werden zu können, sofern dieser Dritte der Veröffentlichung des Materials nicht zustimmt, oder

h) die Umwelt, auf die sich diese Informationen beziehen, wie zum Beispiel die Brutstätten seltener Tierarten.

Die genannten Ablehnungsgründe sind eng auszulegen, wobei das öffentliche Interesse an der Bekanntgabe sowie ein etwaiger Bezug der beantragten Informationen zu Emissionen in die Umwelt zu berücksichtigen sind.

(5) Verfügt eine Behörde nicht über die beantragten Informationen über die Umwelt, so informiert sie den Antragsteller so bald wie möglich darüber, bei welcher Behörde er ihres Erachtens die gewünschten Informationen beantragen kann, oder sie leitet den Antrag an diese Behörde weiter und informiert den Antragsteller hierüber.

(6) Jede Vertragspartei stellt sicher, dass für den Fall, dass Informationen, die aufgrund des Absatzes 3 Buchstabe c und des Absatzes 4 von der Bekanntgabe ausgenommen sind, ohne Beeinträchtigung der Vertraulichkeit der dieser Ausnahme unterliegenden Informationen ausgesondert werden können, die Behörden den jeweils nicht von dieser Ausnahme betroffenen Teil der beantragten Informationen über die Umwelt zur Verfügung stellen.

(7) Die Ablehnung eines Antrags bedarf der Schriftform, wenn der Antrag selbst schriftlich gestellt wurde oder wenn der Antragsteller darum ersucht hat. In der Ablehnung werden die Gründe für die Ablehnung des Antrags genannt sowie Informationen über den Zugang zu dem nach Artikel 9 vorgesehenen Überprüfungsverfahren gegeben. Die Ablehnung erfolgt so bald wie möglich, spätestens nach einem Monat, es sei denn, die Komplexität der Informationen rechtfertigt eine Fristverlängerung auf bis zu zwei Monate nach Antragstellung. Der Antragsteller wird über jede Verlängerung sowie über die Gründe hierfür informiert.

(8) Jede Vertragspartei kann ihren Behörden gestatten, für die Bereitstellung von Informationen eine Gebühr zu erheben, die jedoch eine angemessene Höhe nicht übersteigen darf.

Behörden, die beabsichtigen, eine derartige Gebühr für die Bereitstellung von Informationen zu erheben, stellen den Antragstellern eine Übersicht über die Gebühren, die erhoben werden können, zur Verfügung, aus der hervorgeht, unter welchen Umständen sie erhoben oder erlassen werden können und wann die Bereitstellung von Informationen von einer Vorauszahlung dieser Gebühr abhängig ist.

Artikel 5
Erhebung und Verbreitung von Informationen über die Umwelt

(1) Jede Vertragspartei stellt sicher, dass

a) Behörden über Informationen über die Umwelt verfügen, die für ihre Aufgaben relevant sind, und dass sie diese Informationen aktualisieren;

b) verbindliche Systeme geschaffen werden, damit Behörden in angemessenem Umfang Informationen über geplante und laufende Tätigkeiten, die sich erheblich auf die Umwelt auswirken können, erhalten;

c) im Fall einer unmittelbar bevorstehenden, durch menschliche Tätigkeiten oder natürliche Ursachen hervorgerufenen Gefahr für die menschliche Gesundheit oder die Umwelt den möglicherweise betroffenen Mitgliedern der Öffentlichkeit unverzüglich und ohne Aufschub alle einer Behörde vorliegenden Informationen übermittelt werden, welche die Öffentlichkeit in die Lage versetzen könnten, Maßnahmen zur Vermeidung oder Begrenzung des durch die Gefahr verursachten Schadens zu ergreifen.

(2) Jede Vertragspartei stellt sicher, dass die Behörden im Rahmen der innerstaatlichen Rechtsvorschriften der Öffentlichkeit Informationen über die Umwelt auf transparente Art und Weise zur Verfügung stellen und dass ein effektiver Zugang zu Informationen über die Umwelt besteht; dazu gehört unter anderem, dass

a) sie die Öffentlichkeit ausreichend über Art und Umfang der den zuständigen Behörden vorliegenden Informationen über die Umwelt, über die grundlegenden Bedingungen, unter denen diese zur Verfügung gestellt und zugänglich gemacht werden, und über das für deren Erlangung maßgebliche Verfahren informiert;

b) sie praktische Vorkehrungen trifft und beibehält wie zum Beispiel

i) das Führen öffentlich zugänglicher Listen, Register oder Datensammlungen,

ii) die Verpflichtung öffentlich Bediensteter, die Öffentlichkeit in dem Bemühen um Zugang zu Informationen aufgrund dieses Übereinkommens zu unterstützen, sowie

iii) die Benennung von Kontaktstellen und

c) sie gebührenfreien Zugang zu den Informationen über die Umwelt gewährt, die in den unter Buchstabe b Ziffer i genannten Listen, Registern oder Datensammlungen enthalten sind.

(3) Jede Vertragspartei stellt sicher, dass Informationen über die Umwelt zunehmend in elektronischen Datenbanken, die der Öffentlichkeit über die öffentlichen Telekommunikationsnetze leicht zugänglich sind, zur Verfügung stehen. Zu den in dieser Form zugänglichen Informationen sollte Folgendes gehören:

a) die in Absatz 4 genannten Berichte über den Zustand der Umwelt,

b) Texte von Umweltgesetzen oder von Gesetzen mit Umweltbezug,

c) soweit angemessen, Politiken, Pläne und Programme über die Umwelt oder mit Umweltbezug sowie Umweltvereinbarungen und

d) sonstige Informationen in dem Umfang, in dem die Verfügbarkeit dieser Informationen in dieser Form die Anwendung innerstaatlichen Rechts, das dieses Übereinkommen umsetzt, erleichtern würde, sofern diese Informationen bereits in elektronischer Form zur Verfügung stehen.

(4) Jede Vertragspartei veröffentlicht und verbreitet in regelmäßigen Abständen von nicht mehr als drei oder vier Jahren einen nationalen Bericht über den Zustand der Umwelt, der Angaben über die Qualität der Umwelt und über Umweltbelastungen enthält.

(5) Jede Vertragspartei ergreift im Rahmen ihrer Rechtsvorschriften Maßnahmen, um unter anderem Folgendes zu verbreiten:

a) Gesetze und politische Dokumente, wie zum Beispiel Dokumente über Strategien, Politiken, Programme und Aktionspläne mit Umweltbezug, sowie auf verschiedenen Ebenen der öffentlichen Verwaltung erstellte Berichte über Fortschritte bei ihrer Umsetzung;

b) völkerrechtliche Verträge, Übereinkünfte und Vereinbarungen zu Umweltfragen und

c) soweit angemessen, sonstige wichtige internationale Dokumente zu Umweltfragen.

(6) Jede Vertragspartei ermutigt die Betreiber, deren Tätigkeiten erhebliche Auswirkungen auf die Umwelt haben, die Öffentlichkeit regelmäßig über die Umweltauswirkungen ihrer Tätigkeiten und Produkte zu informieren, soweit angemessen, im Rahmen freiwilliger Systeme wie des Umweltzeichens, des Öko-Audits oder sonstiger Maßnahmen.

(7) Jede Vertragspartei

a) veröffentlicht die Tatsachen und Tatsachenanalysen, die ihres Erachtens bei der Ausarbeitung wichtiger umweltpolitischer Vorschläge relevant und wesentlich sind,

b) veröffentlicht verfügbares erläuterndes Material über ihren Umgang mit der Öffentlichkeit in Angelegenheiten, die unter dieses Übereinkommen fallen, oder macht dieses Material auf andere Art und Weise zugänglich und

c) stellt in geeigneter Form Informationen über die Wahrnehmung öffentlicher Aufgaben oder die Erbringung öffentlicher Dienstleistungen im Zusammenhang mit der Umwelt durch alle Ebenen der öffentlichen Verwaltung zur Verfügung.

(8) Jede Vertragspartei entwickelt Strukturen, um sicherzustellen, dass der Öffentlichkeit ausreichende Produktinformationen zur Verfügung gestellt werden, welche

die Verbraucher in die Lage versetzen, eine sachkundige, am Umweltschutz orientierte Auswahl zu treffen.

(9) Jede Vertragspartei ergreift Maßnahmen, um schrittweise und gegebenenfalls unter Berücksichtigung internationaler Entwicklungen ein zusammenhängendes, landesweites System von Verzeichnissen oder Registern zur Erfassung der Umweltverschmutzung in Form einer strukturierten, computergestützten und öffentlich zugänglichen Datenbank aufzubauen; diese Datenbank wird anhand von standardisierten Berichten erstellt. Ein derartiges System kann Einträge, Freisetzungen und Übertragungen bestimmter Stoff- und Produktgruppen, einschließlich Wasser, Energie und Ressourcenverbrauch, aus bestimmten Tätigkeitsbereichen in Umweltmedien sowie in Behandlungs- und Entsorgungsstätten am Standort und außerhalb des Standorts umfassen.

(10) Dieser Artikel lässt das Recht der Vertragsparteien unberührt, die Bekanntgabe bestimmter Informationen über die Umwelt nach Artikel 4 Absätze 3 und 4 abzulehnen.

Artikel 6
Öffentlichkeitsbeteiligung an Entscheidungen über bestimmte Tätigkeiten

(1) Jede Vertragspartei

a) wendet diesen Artikel bei Entscheidungen darüber an, ob die in Anhang I aufgeführten geplanten Tätigkeiten zugelassen werden;

b) wendet diesen Artikel in Übereinstimmung mit ihrem innerstaatlichen Recht auch bei Entscheidungen über nicht in Anhang I aufgeführte geplante Tätigkeiten an, die eine erhebliche Auswirkung auf die Umwelt haben können. Zu diesem Zweck bestimmen die Vertragsparteien, ob dieser Artikel Anwendung auf eine derartige geplante Tätigkeit findet;

c) kann – auf der Grundlage einer Einzelfallbetrachtung, sofern eine solche nach innerstaatlichem Recht vorgesehen ist – entscheiden, diesen Artikel nicht auf geplante Tätigkeiten anzuwenden, die Zwecken der Landesverteidigung dienen, wenn diese Vertragspartei der Auffassung ist, dass sich eine derartige Anwendung negativ auf diese Zwecke auswirken würde.

(2) Die betroffene Öffentlichkeit wird im Rahmen umweltbezogener Entscheidungsverfahren je nach Zweckmäßigkeit durch öffentliche Bekanntmachung oder Einzelnen gegenüber in sachgerechter, rechtzeitiger und effektiver Weise frühzeitig unter anderem über Folgendes informiert:

a) die geplante Tätigkeit und den Antrag, über den eine Entscheidung gefällt wird;

b) die Art möglicher Entscheidungen oder den Entscheidungsentwurf;

c) die für die Entscheidung zuständige Behörde;

d) das vorgesehene Verfahren, einschließlich der folgenden Informationen, falls und sobald diese zur Verfügung gestellt werden können:

i) Beginn des Verfahrens,

ii) Möglichkeiten der Öffentlichkeit, sich zu beteiligen,

iii) Zeit und Ort vorgesehener öffentlicher Anhörungen,

iv) Angabe der Behörde, von der relevante Informationen zu erhalten sind, und des Ortes, an dem die Öffentlichkeit Einsicht in die relevanten Informationen nehmen kann,

v) Angabe der zuständigen Behörde oder der sonstigen amtlichen Stelle, bei der Stellungnahmen oder Fragen eingereicht werden können, sowie der dafür vorgesehenen Fristen und

vi) Angaben darüber, welche für die geplante Tätigkeit relevanten Informationen über die Umwelt verfügbar sind;

e) die Tatsache, dass die Tätigkeit einem nationalen oder grenzüberschreitenden Verfahren zur Umweltverträglichkeitsprüfung unterliegt.

(3) Die Verfahren zur Öffentlichkeitsbeteiligung sehen jeweils einen angemessenen zeitlichen Rahmen für die verschiedenen Phasen vor, damit ausreichend Zeit zur Verfügung steht, um die Öffentlichkeit nach Absatz 2 zu informieren, und damit der Öffentlichkeit ausreichend Zeit zur effektiven Vorbereitung und Beteiligung während des umweltbezogenen Entscheidungsverfahrens gegeben wird.

(4) Jede Vertragspartei sorgt für eine frühzeitige Öffentlichkeitsbeteiligung zu einem Zeitpunkt, zu dem alle Optionen noch offen sind und eine effektive Öffentlichkeitsbeteiligung stattfinden kann.

(5) Jede Vertragspartei sollte, soweit angemessen, künftige Antragsteller dazu ermutigen, die betroffene Öffentlichkeit zu ermitteln, Gespräche aufzunehmen und über den Zweck ihres Antrags zu informieren, bevor der Antrag auf Genehmigung gestellt wird.

(6) Jede Vertragspartei verpflichtet die zuständigen Behörden, der betroffenen Öffentlichkeit – auf Antrag, sofern innerstaatliches Recht dies vorschreibt – gebührenfrei und sobald verfügbar Zugang zu allen Informationen zu deren Einsichtnahme zu gewähren, die für die in diesem Artikel genannten Entscheidungsverfahren relevant sind und zum Zeitpunkt des Verfahrens zur Öffentlichkeitsbeteiligung zur Verfügung stehen; das Recht der Vertragsparteien, die Bekanntgabe bestimmter Informationen nach Artikel 4 Absätze 3 und 4 abzulehnen, bleibt hiervon unberührt. Zu den relevanten Informationen gehören zumindest und unbeschadet des Artikels 4

a) eine Beschreibung des Standorts sowie der physikalischen und technischen Merkmale der geplanten Tätigkeit, einschließlich einer Schätzung der erwarteten Rückstände und Emissionen,

b) eine Beschreibung der erheblichen Auswirkungen der geplanten Tätigkeit auf die Umwelt,

c) eine Beschreibung der zur Vermeidung und/oder Verringerung der Auswirkungen, einschließlich der Emissionen, vorgesehenen Maßnahmen,

d) eine nichttechnische Zusammenfassung der genannten Informationen,

e) ein Überblick über die wichtigsten vom Antragsteller geprüften Alternativen und

f) in Übereinstimmung mit den innerstaatlichen Rechtsvorschriften die wichtigsten Berichte und Empfehlungen, die an die Behörde zu dem Zeitpunkt gerichtet wurden, zu dem die betroffene Öffentlichkeit nach Absatz 2 informiert wird.

(7) In Verfahren zur Öffentlichkeitsbeteiligung hat die Öffentlichkeit die Möglichkeit, alle von ihr für die geplante Tätigkeit als relevant erachteten Stellungnahmen, Informationen, Analysen oder Meinungen in Schriftform vorzulegen oder gegebenenfalls, während einer öffentlichen Anhörung oder Untersuchung mit dem Antragsteller vorzutragen.

(8) Jede Vertragspartei stellt sicher, dass das Ergebnis der Öffentlichkeitsbeteiligung bei der Entscheidung angemessen berücksichtigt wird.

(9) Jede Vertragspartei stellt sicher, dass die Öffentlichkeit, sobald die Behörde die Entscheidung gefällt hat, unverzüglich und im Einklang mit den hierfür passenden Verfahren über die Entscheidung informiert wird. Jede Vertragspartei macht der Öffentlichkeit den Wortlaut der Entscheidung sowie die Gründe und Erwägungen zugänglich, auf die sich diese Entscheidung stützt.

(10) Jede Vertragspartei stellt sicher, dass bei einer durch eine Behörde vorgenommenen Überprüfung oder Aktualisierung der Betriebsbedingungen für eine in Absatz 1 genannte Tätigkeit die Absätze 2 bis 9 sinngemäß, und soweit dies angemessen ist, Anwendung finden.

(11) Jede Vertragspartei wendet nach ihrem innerstaatlichen Recht im machbaren und angemessenen Umfang Bestimmungen dieses Artikels bei Entscheidungen darüber an, ob eine absichtliche Freisetzung gentechnisch veränderter Organismen in die Umwelt genehmigt wird.

Artikel 7
Öffentlichkeitsbeteiligung bei umweltbezogenen Plänen,
Programmen und Politiken

Jede Vertragspartei trifft angemessene praktische und/oder sonstige Vorkehrungen dafür, dass die Öffentlichkeit, nachdem ihr zuvor die erforderlichen Informationen zur Verfügung gestellt worden sind, in einem transparenten und fairen Rahmen während der Vorbereitung umweltbezogener Pläne und Programme beteiligt wird. In diesem Rahmen findet Artikel 6 Absätze 3, 4 und 8 Anwendung. Die zuständige Behörde ermittelt die Öffentlichkeit, die sich beteiligen kann, wobei die Ziele dieses Übereinkommens zu berücksichtigen sind. Jede Vertragspartei bemüht sich in angemessenem Umfang darum, Möglichkeiten für eine Beteiligung der Öffentlichkeit an der Vorbereitung umweltbezogener Politiken zu schaffen.

Artikel 8
Öffentlichkeitsbeteiligung während der Vorbereitung exekutiver Vorschriften und/oder allgemein anwendbarer rechtsverbindlicher normativer Instrumente

Jede Vertragspartei bemüht sich, zu einem passenden Zeitpunkt und solange Optionen noch offen sind, eine effektive Öffentlichkeitsbeteiligung während der durch Behörden erfolgenden Vorbereitung exekutiver Vorschriften und sonstiger allgemein anwendbarer rechtsverbindlicher Bestimmungen, die eine erhebliche Auswirkung auf die Umwelt haben können, zu fördern.

Zu diesem Zweck sollten folgende Maßnahmen ergriffen werden:

a) Für eine effektive Beteiligung ausreichende zeitliche Rahmen sollten festgelegt werden,

b) Vorschriftenentwürfe sollten veröffentlicht oder anderweitig öffentlich zugänglich gemacht werden, und

c) die Öffentlichkeit sollte unmittelbar oder über sie vertretende und beratende Stellen die Möglichkeit zur Stellungnahme erhalten.

Das Ergebnis der Öffentlichkeitsbeteiligung wird so weit wie möglich berücksichtigt.

Artikel 9
Zugang zu Gerichten

(1) Jede Vertragspartei stellt im Rahmen ihrer innerstaatlichen Rechtsvorschriften sicher, dass jede Person, die der Ansicht ist, dass ihr nach Artikel 4 gestellter Antrag auf Informationen nicht beachtet, fälschlicherweise ganz oder teilweise abgelehnt, unzulänglich beantwortet oder auf andere Weise nicht in Übereinstimmung mit dem genannten Artikel bearbeitet worden ist, Zugang zu einem Überprüfungsverfahren vor einem Gericht oder einer anderen auf gesetzlicher Grundlage geschaffenen unabhängigen und unparteiischen Stelle hat.

Für den Fall, dass eine Vertragspartei eine derartige Überprüfung durch ein Gericht vorsieht, stellt sie sicher, dass die betreffende Person auch Zugang zu einem schnellen, gesetzlich festgelegten sowie gebührenfreien oder nicht kostenaufwendigen Überprüfungsverfahren durch eine Behörde oder Zugang zu einer Überprüfung durch eine unabhängige und unparteiische Stelle, die kein Gericht ist, hat.

Nach Absatz 1 getroffene endgültige Entscheidungen sind für die Behörde, die über die Informationen verfügt, verbindlich. Gründe werden in Schriftform dargelegt, zumindest dann, wenn der Zugang zu Informationen nach diesem Absatz abgelehnt wird.

(2) Jede Vertragspartei stellt im Rahmen ihrer innerstaatlichen Rechtsvorschriften sicher, dass Mitglieder der betroffenen Öffentlichkeit,

a) die ein ausreichendes Interesse haben oder alternativ

b) eine Rechtsverletzung geltend machen, sofern das Verwaltungsprozessrecht einer Vertragspartei dies als Voraussetzung erfordert, Zugang zu einem Überprüfungsverfahren vor einem Gericht und/oder einer anderen auf gesetzlicher Grundlage geschaffenen unabhängigen und unparteiischen Stelle haben, um die materiell-rechtliche und verfahrensrechtliche Rechtmäßigkeit von Entscheidungen, Handlungen oder Unterlassungen anzufechten, für die Artikel 6 und – sofern dies nach dem jeweiligen innerstaatlichen Recht vorgesehen ist und unbeschadet des Absatzes 3 – sonstige einschlägige Bestimmungen dieses Übereinkommens gelten.

Was als ausreichendes Interesse und als Rechtsverletzung gilt, bestimmt sich nach den Erfordernissen innerstaatlichen Rechts und im Einklang mit dem Ziel, der betroffenen Öffentlichkeit im Rahmen dieses Übereinkommens einen weiten Zugang zu Gerichten zu gewähren. Zu diesem Zweck gilt das Interesse jeder nichtstaatlichen Organisation, welche die in Artikel 2 Nummer 5 genannten Voraussetzungen erfüllt, als ausreichend im Sinne des Buchstaben a. Derartige Organisationen gelten auch als Träger von Rechten, die im Sinne des Buchstaben b verletzt werden können.

Absatz 2 schließt die Möglichkeit eines vorangehenden Überprüfungsverfahrens vor einer Verwaltungsbehörde nicht aus und lässt das Erfordernis der Ausschöpfung verwaltungsbehördlicher Überprüfungsverfahren vor der Einleitung gerichtlicher Überprüfungsverfahren unberührt, sofern ein derartiges Erfordernis nach innerstaatlichem Recht besteht.

(3) Zusätzlich und unbeschadet der in den Absätzen 1 und 2 genannten Überprüfungsverfahren stellt jede Vertragspartei sicher, dass Mitglieder der Öffentlichkeit, sofern sie etwaige in ihrem innerstaatlichen Recht festgelegte Kriterien erfüllen, Zugang zu verwaltungsbehördlichen oder gerichtlichen Verfahren haben, um die von Privatpersonen und Behörden vorgenommenen Handlungen und begangenen Unterlassungen anzufechten, die gegen umweltbezogene Bestimmungen ihres innerstaatlichen Rechts verstoßen.

(4) Zusätzlich und unbeschadet des Absatzes 1 stellen die in den Absätzen 1, 2 und 3 genannten Verfahren angemessenen und effektiven Rechtsschutz und, soweit angemessen, auch vorläufigen Rechtsschutz sicher; diese Verfahren sind fair, gerecht, zügig und nicht übermäßig teuer. Entscheidungen nach diesem Artikel werden in Schriftform getroffen oder festgehalten.

Gerichtsentscheidungen und möglichst auch Entscheidungen anderer Stellen sind öffentlich zugänglich.

(5) Um die Effektivität dieses Artikels zu fördern, stellt jede Vertragspartei sicher, dass der Öffentlichkeit Informationen über den Zugang zu verwaltungsbehördlichen und gerichtlichen Überprüfungsverfahren zur Verfügung gestellt werden; ferner prüft jede Vertragspartei die Schaffung angemessener Unterstützungsmechanismen, um Hindernisse finanzieller und anderer Art für den Zugang zu Gerichten zu beseitigen oder zu verringern.

Artikel 10
Tagung der Vertragsparteien

(1) Die erste Tagung der Vertragsparteien wird spätestens ein Jahr nach Inkrafttreten dieses Übereinkommens einberufen. Danach finden ordentliche Tagungen der Vertragsparteien mindestens alle zwei Jahre statt, es sei denn, die Vertragsparteien haben etwas anderes beschlossen oder eine Vertragspartei ersucht schriftlich um einen früheren Termin; allerdings muss dieses Ersuchen innerhalb von sechs Monaten, nachdem es vom Exekutivsekretär der Wirtschaftskommission der Vereinten Nationen für Europa allen Vertragsparteien mitgeteilt wurde, von mindestens einem Drittel der Vertragsparteien unterstützt werden.

(2) Auf ihren Tagungen überprüfen die Vertragsparteien auf der Grundlage regelmäßiger Berichterstattung durch die Vertragsparteien ständig die Durchführung dieses Übereinkommens; vor diesem Hintergrund

a) überprüfen sie die Politiken sowie rechtliche und methodische Konzepte für den Zugang zu Informationen, für die Öffentlichkeitsbeteiligung an Entscheidungsverfahren und für den Zugang zu Gerichten in Umweltangelegenheiten im Hinblick auf ihre weitere Verbesserung;

b) tauschen sie Informationen über ihre Erfahrungen aus dem Abschluss und der Durchführung zweiseitiger und mehrseitiger Übereinkünfte oder sonstiger Vereinbarungen aus, die für die Zwecke dieses Übereinkommens von Belang sind und deren Vertragsparteien eine oder mehrere von ihnen sind;

c) erbitten sie gegebenenfalls die Dienste der zuständigen ECE-Gremien sowie sonstiger zuständiger internationaler Gremien und Fachausschüsse für alle Fragen im Zusammenhang mit der Erfüllung der Zwecke dieses Übereinkommens;

d) setzen sie, wenn sie dies für notwendig erachten, Nebengremien ein;

e) erarbeiten sie gegebenenfalls Protokolle zu diesem Übereinkommen;

f) prüfen sie nach Artikel 14 Vorschläge zur Änderung dieses Übereinkommens und nehmen sie an;

g) prüfen und treffen sie zusätzliche Maßnahmen, die sich zur Erfüllung des Zwecks dieses Übereinkommens als notwendig erweisen könnten;

h) beraten sie auf ihrer ersten Tagung eine Geschäftsordnung für ihre Tagungen und für die Tagungen von Nebengremien und beschließen sie durch Konsens;

i) überprüfen sie auf ihrer ersten Tagung ihre Erfahrungen bei der Durchführung des Artikels 5 Absatz 9 und prüfen, welche Maßnahmen notwendig sind, um das in dem genannten Absatz erwähnte System unter Berücksichtigung internationaler Vorgänge und Entwicklungen weiterzuentwickeln; dazu gehört die Ausarbeitung eines angemessenen Instruments betreffend Register oder Verzeichnisse zur Erfassung der Umweltverschmutzung, das diesem Übereinkommen als Anhang beigefügt werden könnte.

(3) Die Tagung der Vertragsparteien kann, soweit notwendig, die Schaffung finanzieller Regelungen auf der Grundlage einer Konsensentscheidung prüfen.

(4) Die Vereinten Nationen, deren Sonderorganisationen, die Internationale Atomenergie-Organisation und alle nach Artikel 17 zur Unterzeichnung dieses Übereinkommens berechtigten Staaten oder Organisationen der regionalen Wirtschaftsintegration, die nicht Vertragsparteien dieses Übereinkommens sind, sowie alle zwischenstaatlichen Organisationen, die in den Bereichen, auf die sich dieses Übereinkommen bezieht, qualifiziert sind, haben die Berechtigung, als Beobachter an den Tagungen der Vertragsparteien teilzunehmen.

(5) Jede nichtstaatliche Organisation, die in den Bereichen, auf die sich dieses Übereinkommen bezieht, qualifiziert ist und die den Exekutivsekretär der Wirtschaftskommission der Vereinten Nationen für Europa über ihren Wunsch informiert hat, bei einer Tagung der Vertragsparteien vertreten zu sein, hat die Berechtigung, als Beobachter teilzunehmen, wenn nicht mindestens ein Drittel der auf der Tagung anwesenden Vertragsparteien dagegen Einwände erhebt.

(6) Für die Zwecke der Absätze 4 und 5 sieht die in Absatz 2 Buchstabe h genannte Geschäftsordnung praktische Vorkehrungen für das Zulassungsverfahren sowie andere einschlägige Bestimmungen vor.

Artikel 11
Stimmrecht

(1) Jede Vertragspartei dieses Übereinkommens hat eine Stimme, sofern nicht in Absatz 2 etwas anderes bestimmt ist.

(2) Organisationen der regionalen Wirtschaftsintegration üben in Angelegenheiten ihrer Zuständigkeit ihr Stimmrecht mit der Anzahl von Stimmen aus, die der Anzahl ihrer Mitgliedstaaten entspricht, welche Vertragsparteien dieses Übereinkommens sind. Diese Organisationen üben ihr Stimmrecht nicht aus, wenn ihre Mitgliedstaaten ihr Stimmrecht ausüben, und umgekehrt.

Artikel 12
Sekretariat

Der Exekutivsekretär der Wirtschaftskommission für Europa erfüllt folgende Sekretariatsaufgaben:

a) Er beruft die Tagungen der Vertragsparteien ein und bereitet sie vor,

b) er übermittelt den Vertragsparteien Berichte und sonstige Informationen, die er aufgrund dieses Übereinkommens erhalten hat und

c) er nimmt sonstige ihm von den Vertragsparteien zugewiesene Aufgaben wahr.

Artikel 13
Anhänge

Die Anhänge dieses Übereinkommens sind Bestandteil des Übereinkommens.

Artikel 14
Änderungen des Übereinkommens

(1) Jede Vertragspartei kann Änderungen dieses Übereinkommens vorschlagen.

(2) Der Wortlaut einer vorgeschlagenen Änderung dieses Übereinkommens wird dem Exekutivsekretär der Wirtschaftskommission für Europa schriftlich vorgelegt; dieser übermittelt ihn allen Vertragsparteien spätestens neunzig Tage vor der Tagung der Vertragsparteien, auf der er zur Beschlussfassung vorgeschlagen wird.

(3) Die Vertragsparteien unternehmen alle Bemühungen, um über alle vorgeschlagenen Änderungen dieses Übereinkommens eine Einigung durch Konsens zu erzielen. Sind alle Bemühungen, einen Konsens zu erreichen, ausgeschöpft und wurde hierbei keine Einigung erzielt, so wird die Änderung notfalls mit Dreiviertelmehrheit der auf der Tagung anwesenden und abstimmenden Vertragsparteien beschlossen.

(4) Nach Absatz 3 beschlossene Änderungen dieses Übereinkommens übermittelt der Verwahrer allen Vertragsparteien zur Ratifikation, Genehmigung oder Annahme. Änderungen dieses Übereinkommens, bei denen es sich nicht um Änderungen eines Anhangs handelt, treten für die Vertragsparteien, die sie ratifiziert, genehmigt oder angenommen haben, am neunzigsten Tag nach dem Eingang der Notifikation ihrer Ratifikation, Genehmigung oder Annahme durch mindestens drei Viertel dieser Vertragsparteien beim Verwahrer in Kraft. Danach treten sie für jede andere Vertragspartei am neunzigsten Tag nach dem Zeitpunkt in Kraft, zu dem diese Vertragspartei ihre Urkunde über die Ratifikation, Genehmigung oder Annahme der Änderungen hinterlegt hat.

(5) Jede Vertragspartei, die eine Änderung eines Anhangs zu diesem Übereinkommen nicht genehmigen kann, notifiziert dies dem Verwahrer schriftlich innerhalb von zwölf Monaten nach dem Tag der Übermittlung des Änderungsbeschlusses. Der Verwahrer notifiziert allen Vertragsparteien unverzüglich den Eingang jeder derartigen Notifikation. Eine Vertragspartei kann jederzeit ihre frühere Notifikation durch eine Annahme ersetzen; für diese Vertragspartei treten die Änderungen dieses Anhangs mit Hinterlegung einer Annahmeurkunde beim Verwahrer in Kraft.

(6) Eine Änderung eines Anhangs tritt zwölf Monate nach ihrer in Absatz 4 vorgesehenen Übermittlung durch den Verwahrer für die Vertragsparteien in Kraft, die dem Verwahrer keine Notifikation nach Absatz 5 vorgelegt haben, sofern nicht mehr als ein Drittel der Vertragsparteien eine derartige Notifikation vorgelegt hat.

(7) Im Sinne dieses Artikels bedeutet „anwesende und abstimmende Vertragsparteien" die Vertragsparteien, die anwesend sind und eine Ja- oder Neinstimme abgeben.

Artikel 15
Überprüfung der Einhaltung der Bestimmungen des Übereinkommens

Die Tagung der Vertragsparteien trifft durch Konsensentscheidung Regelungen über eine freiwillige, nichtstreitig angelegte, außergerichtliche und auf Konsultationen beruhende Überprüfung der Einhaltung der Bestimmungen dieses Übereinkommens. Diese Regelungen lassen eine angemessene Einbeziehung der Öffentlichkeit zu und können die Möglichkeit beinhalten, Stellungnahmen von Mitgliedern der Öffentlichkeit zu Angelegenheiten im Zusammenhang mit diesem Übereinkommen zu prüfen.

Artikel 16
Beilegung von Streitigkeiten

(1) Entsteht eine Streitigkeit zwischen zwei oder mehreren Vertragsparteien über die Auslegung oder Anwendung dieses Übereinkommens, so bemühen sich diese, durch Verhandlung oder andere für die Streitparteien annehmbare Mittel der Streitbeilegung eine Lösung herbeizuführen.

(2) Bei der Unterzeichnung, der Ratifikation, der Annahme oder der Genehmigung dieses Übereinkommens oder beim Beitritt zu ihm oder jederzeit danach kann eine Vertragspartei dem Verwahrer schriftlich erklären, dass sie für eine nicht nach Absatz 1 beigelegte Streitigkeit eines der folgenden Mittel der Streitbeilegung oder beide gegenüber jeder anderen Vertragspartei, welche dieselbe Verpflichtung übernimmt, als obligatorisch anerkennt:

a) die Vorlage der Streitigkeit beim Internationalen Gerichtshof;

b) ein Schiedsverfahren nach dem in Anhang II festgelegten Verfahren.

(3) Haben die Streitparteien beide in Absatz 2 genannten Mittel der Streitbeilegung anerkannt, so darf die Streitigkeit nur dem Internationalen Gerichtshof vorgelegt werden, sofern die Parteien nichts anderes vereinbaren.

Artikel 17
Unterzeichnung

Dieses Übereinkommen liegt am 25. Juni 1998 in Aarhus (Dänemark) und danach bis zum 21. Dezember 1998 am Sitz der Vereinten Nationen in New York für die Mitgliedstaaten der Wirtschaftskommission für Europa, für Staaten, die nach den Nummern 8 und 11 der Entschließung 36 (IV) des Wirtschafts- und Sozialrats vom 28. März 1947 bei der Wirtschaftskommission für Europa beratenden Status haben, und für Organisationen der regionalen Wirtschaftsintegration, die aus souveränen Staaten, welche Mitglieder der Wirtschaftskommission für Europa sind, gebildet werden und denen ihre Mitgliedstaaten die Zuständigkeit für die von dem Übereinkommen erfassten Angelegenheiten, einschließlich der Zuständigkeit, über diese Angelegenheiten Verträge zu schließen, übertragen haben, zur Unterzeichnung auf.

Artikel 18
Verwahrer

Der Generalsekretär der Vereinten Nationen nimmt die Aufgaben des Verwahrers dieses Übereinkommens wahr.

Artikel 19
Ratifikation, Annahme, Genehmigung und Beitritt

(1) Dieses Übereinkommen bedarf der Ratifikation, Annahme oder Genehmigung durch die Unterzeichnerstaaten und die Organisationen der regionalen Wirtschafts- integration.

(2) Dieses Übereinkommen steht vom 22. Dezember 1998 an für die in Artikel 17 genannten Staaten und Organisationen der regionalen Wirtschaftsintegration zum Beitritt offen.

(3) Jeder nicht in Absatz 2 genannte Staat, der Mitglied der Vereinten Nationen ist, kann dem Übereinkommen mit Genehmigung der Tagung der Vertragsparteien beitreten.

(4) Jede in Artikel 17 genannte Organisation, die Vertragspartei dieses Überein- kommens wird, ohne dass einer ihrer Mitgliedstaaten Vertragspartei ist, ist durch alle Verpflichtungen aus dem Übereinkommen gebunden. Ist ein Mitgliedstaat oder sind mehrere Mitgliedstaaten einer solchen Organisation Vertragspartei des Übereinkommens, so entscheiden die Organisation und ihre Mitgliedstaaten über ihre jeweiligen Verantwortlichkeiten hinsichtlich der Erfüllung ihrer Verpflichtungen aus dem Übereinkommen. In diesen Fällen sind die Organisation und die Mitglied- staaten nicht berechtigt, die Rechte aus dem Übereinkommen gleichzeitig auszu- üben.

(5) In ihren Ratifikations-, Annahme-, Genehmigungs- oder Beitrittsurkunden er- klären die in Artikel 17 genannten Organisationen der regionalen Wirtschaftsinte- gration den Umfang ihrer Zuständigkeiten in Bezug auf die durch dieses Überein- kommen erfassten Angelegenheiten. Diese Organisationen teilen dem Verwahrer auch jede wesentliche Änderung des Umfangs ihrer Zuständigkeiten mit.

Artikel 20
Inkrafttreten

(1) Dieses Übereinkommen tritt am neunzigsten Tag nach dem Tag der Hinterle- gung der sechzehnten Ratifikations-, Annahme-, Genehmigungs- oder Beitrittsur- kunde in Kraft.

(2) Für die Zwecke des Absatzes 1 zählt eine von einer Organisation der regiona- len Wirtschaftsintegration hinterlegte Urkunde nicht als zusätzliche Urkunde zu den von den Mitgliedstaaten der Organisation hinterlegten Urkunden.

(3) Für alle in Artikel 17 bezeichneten Staaten oder Organisationen, die nach Hin- terlegung der sechzehnten Ratifikations-, Annahme-, Genehmigungs- oder Beitritts- urkunde dieses Übereinkommen ratifizieren, annehmen oder genehmigen oder ihm beitreten, tritt das Übereinkommen am neunzigsten Tag nach dem Tag der Hinterlegung der Ratifikations-, Annahme-, Genehmigungs- oder Beitrittsurkunde durch den Staat oder die Organisation in Kraft.

Artikel 21
Rücktritt

Eine Vertragspartei kann jederzeit nach Ablauf von drei Jahren nach dem Tag, an dem dieses Übereinkommen für sie in Kraft getreten ist, durch eine an den Verwahrer gerichtete schriftliche Notifikation von dem Übereinkommen zurücktreten. Der Rücktritt wird am neunzigsten Tag nach dem Tag des Eingangs der Notifikation beim Verwahrer wirksam.

Artikel 22
Verbindliche Wortlaute

Die Urschrift dieses Übereinkommens, dessen englischer, französischer und russischer Wortlaut gleichermaßen verbindlich ist, wird beim Generalsekretär der Vereinten Nationen hinterlegt.

Zu Urkund dessen haben die hierzu gehörig befugten Unterzeichneten dieses Übereinkommen unterschrieben.

Geschehen zu Aarhus (Dänemark) am 25. Juni 1998.

Anhang I
Liste der in Artikel 6 Absatz 1 Buchstabe A genannten Tätigkeiten

1. Energiebereich

- Mineralöl- und Gasraffinerien;

- Vergasungs- und Verflüssigungsanlagen;

- Wärmekraftwerke und andere Verbrennungsanlagen mit einer Feuerungswärmeleistung von mindestens 50 Megawatt (MW);

- Kokereien;

- Kernkraftwerke und andere Kernreaktoren einschließlich der Demontage oder Stilllegung solcher Kraftwerke oder Reaktoren[1] (mit Ausnahme von Forschungseinrichtungen zur Erzeugung und Bearbeitung von spaltbaren und brutstoffhaltigen Stoffen, deren Höchstleistung 1 kW thermische Dauerleistung nicht übersteigt);

- Anlagen zur Wiederaufarbeitung bestrahlter Kernbrennstoffe;

- Anlagen

  - mit dem Zweck der Erzeugung oder Anreicherung von Kernbrennstoffen;

  - mit dem Zweck der Aufarbeitung bestrahlter Kernbrennstoffe oder hochradioaktiver Abfälle;

  - mit dem Zweck der endgültigen Beseitigung bestrahlter Kernbrennstoffe;

  - mit dem ausschließlichen Zweck der endgültigen Beseitigung radioaktiver Abfälle;

  - mit dem ausschließlichen Zweck der (für mehr als 10 Jahre geplanten) Lagerung bestrahlter Kernbrennstoffe oder radioaktiver Abfälle an einem anderen Ort als dem Produktionsort.

2. Herstellung und Verarbeitung von Metallen

- Röst- oder Sinteranlagen für Metallerz einschließlich sulfidischer Erze;

- Anlagen für die Herstellung von Roheisen oder Stahl (Primär- oder Sekundärschmelzung) einschließlich Stranggießen mit einer Kapazität von mehr als 2,5 t pro Stunde;

- Anlagen zur Verarbeitung von Eisenmetallen durch

  i) Warmwalzen mit einer Leistung von mehr als 20 t Rohstahl pro Stunde;

---

1 Kernkraftwerke und andere Kernreaktoren gelten nicht mehr als solche, wenn der gesamte Kernbrennstoff und andere radioaktiv kontaminierte Komponenten auf Dauer vom Standort der Anlage entfernt wurden.

ii) Schmieden mit Hämmern, deren Schlagenergie 50 Kilojoule pro Hammer überschreitet, bei einer Wärmeleistung von über 20 MW;

iii) Aufbringen von schmelzflüssigen metallischen Schutzschichten mit einer Verarbeitungskapazität von mehr als 2 t Rohstahl pro Stunde;

- Eisenmetallgießereien mit einer Produktionskapazität von über 20 t pro Tag;

- Anlagen

i) zur Gewinnung von Nichteisenrohmetallen aus Erzen, Konzentraten oder sekundären Rohstoffen durch metallurgische, chemische oder elektrolytische Verfahren;

ii) zum Schmelzen, einschließlich Legieren, von Nichteisenmetallen, darunter auch Wiedergewinnungsprodukte (Raffination, Gießen usw.) mit einer Schmelzkapazität von mehr als 4 t pro Tag bei Blei und Kadmium oder 20 t pro Tag bei allen anderen Metallen;

- Anlagen zur Oberflächenbehandlung von Metallen und Kunststoffen durch ein elektrolytisches oder chemisches Verfahren, wenn das Volumen der Wirkbäder 30 m^3 übersteigt.

3. Mineralverarbeitende Industrie

- Anlagen zur Herstellung von Zementklinkern in Drehrohröfen mit einer Produktionskapazität von über 500 t pro Tag oder von Kalk in Drehrohröfen mit einer Produktionskapazität von über 50 t pro Tag oder in anderen Öfen mit einer Produktionskapazität von über 50 t pro Tag;

- Anlagen zur Gewinnung von Asbest und zur Herstellung von Erzeugnissen aus Asbest;

- Anlagen zur Herstellung von Glas einschließlich Anlagen zur Herstellung von Glasfasern mit einer Schmelzkapazität von über 20 t pro Tag;

- Anlagen zum Schmelzen mineralischer Stoffe einschließlich Anlagen zur Herstellung von Mineralfasern mit einer Schmelzkapazität von über 20 t pro Tag;

- Anlagen zur Herstellung von keramischen Erzeugnissen durch Brennen, und zwar insbesondere von Dachziegeln, Ziegelsteinen, feuerfesten Steinen, Fliesen, Steinzeug oder Porzellan mit einer Produktionskapazität von über 75 t pro Tag und/oder einer Ofenkapazität von über 4 m^3 und einer Besatzdichte pro Ofen von über 300 kg/m^3.

4. Chemische Industrie Herstellung im Sinne der Kategorien von Tätigkeiten unter Nummer 4 bedeutet die Herstellung der unter den Buchstaben a bis g genannten Stoffe oder Stoffgruppen durch chemische Umwandlung im industriellen Umfang:

a) Chemieanlagen zur Herstellung von organischen Grundchemikalien wie

i) einfachen Kohlenwasserstoffen (linearen oder ringförmigen, gesättigten oder ungesättigten, aliphatischen oder aromatischen);

ii) sauerstoffhaltigen Kohlenwasserstoffen wie Alkoholen, Aldehyden, Ketonen, Carbonsäuren, Estern, Acetaten, Ethern, Peroxiden, Epoxiden;

iii) schwefelhaltigen Kohlenwasserstoffen;

iv) stickstoffhaltigen Kohlenwasserstoffen wie Aminen, Amiden, Nitroso-,, Nitro- oder Nitratverbindungen, Nitrilen, Cyanaten, Isocyanaten;

v) phosphorhaltigen Kohlenwasserstoffen;

vi) halogenhaltigen Kohlenwasserstoffen;

vii) metallorganischen Verbindungen;

viii) Basiskunststoffen (Polymeren, Chemiefasern, Fasern auf Zellstoffbasis);

ix) synthetischen Kautschuken;

x) Farbstoffen und Pigmenten;

xi) Tensiden;

b) Chemieanlagen zur Herstellung von anorganischen Grundchemikalien wie

i) Gasen wie Ammoniak, Chlor oder Chlorwasserstoff, Fluor oder Fluorwasserstoff, Kohlenstoffoxiden, Schwefelverbindungen, Stickstoffoxiden, Wasserstoff, Schwefeldioxid, Phosgen;

ii) Säuren wie Chromsäure, Flusssäure, Phosphorsäure, Salpetersäure, Salzsäure, Schwefelsäure, Oleum, schwefeligen Säuren;

iii) Basen wie Ammoniumhydroxid, Kaliumhydroxid, Natriumhydroxid;

iv) Salzen wie Ammoniumchlorid, Kaliumchlorat, Kaliumkarbonat, Natriumkarbonat, Perborat, Silbernitrat;

v) Nichtmetallen, Metalloxiden oder sonstigen anorganischen Verbindungen wie Kalziumkarbid, Silicium, Siliciumkarbid;

c) Chemieanlagen zur Herstellung von phosphor-, stickstoff- oder kaliumhaltigen Düngemitteln (Einnährstoff- oder Mehrnährstoffdüngern);

d) Chemieanlagen zur Herstellung von Ausgangsstoffen für Pflanzenschutzmittel und von Bioziden;

e) Anlagen zur Herstellung von Grundarzneimitteln unter Verwendung eines chemischen oder biologischen Verfahrens;

f) Chemieanlagen zur Herstellung von Explosivstoffen;

g) Chemieanlagen, in denen chemische oder biologische Verfahren zur Herstellung von Zusatzstoffen in Eiweißfuttermitteln, Fermenten und anderen Eiweißstoffen angewandt werden.

5. Abfallbehandlung

– Anlagen zur Verbrennung, Verwertung, chemischen Behandlung oder Deponierung gefährlicher Abfälle;

– Müllverbrennungsanlagen für Siedlungsmüll mit einer Kapazität von über 3 t pro Stunde;

– Anlagen zur Beseitigung ungefährlicher Abfälle mit einer Kapazität von über 50 t pro Tag;

– Deponien mit einer Aufnahmekapazität von über 10 t pro Tag oder einer Gesamtkapazität von über 25000 t, mit Ausnahme der Deponien für Inertabfälle.

6. Abwasserbehandlungsanlagen mit einer Leistung von mehr als 150 000 Einwohnerwerten.

7. Industrieanlagen zur Herstellung von

a) Zellstoff aus Holz oder anderen Faserstoffen;

b) Papier und Pappe, deren Produktionskapazität 20 t pro Tag übersteigt.

8. a) Bau von Eisenbahn-Fernverkehrsstrecken und Flughäfen[2] mit einer Start- und Landebahngrundlänge von 2100 m und mehr;

b) Bau von Autobahnen und Schnellstraßen[3];

c) Bau von neuen vier- oder mehrspurigen Straßen oder Verlegung und/oder Ausbau von bestehenden ein- oder zweispurigen Straßen zu vier- oder mehrspurigen Straßen, wenn diese neue Straße oder dieser verlegte und/oder ausgebaute Straßenabschnitt eine durchgehende Länge von 10 km oder mehr aufweisen würde.

9. a) Wasserstraßen und Häfen für die Binnenschifffahrt, die für Schiffe mit mehr als 1 350 t zugänglich sind;

b) Seehandelshäfen, mit Binnen- und Außenhäfen verbundene Landungsstege (mit Ausnahme von Landungsstegen für Fährschiffe) zum Laden und Löschen, die Schiffe mit mehr als 1350 t aufnehmen können.

10. Grundwasserentnahme- oder künstliche Grundwasserauffüllungssysteme mit einem jährlichen Entnahme- oder Auffüllungsvolumen von mindestens 10 Mio. m^3.

11. a) Bauvorhaben zur Umleitung von Wasserressourcen von einem Flusseinzugsgebiet in ein anderes, wenn durch die Umleitung Wassermangel verhindert werden soll und mehr als 100 Mio. m^3 pro Jahr an Wasser umgeleitet werden;

---

2 „Flughäfen" im Sinne dieses Übereinkommens sind Flughäfen nach der Begriffsbestimmung des Abkommens von Chicago von 1944 zur Errichtung der Internationalen Zivilluftfahrt-Organisation – Abkommen über die Internationale Zivilluftfahrt – (Anhang 14).

3 „Schnellstraßen" im Sinne dieses Übereinkommens sind Schnellstraßen nach der Begriffsbestimmung des Europäischen Übereinkommens vom 15. November 1975 über die Hauptstraßen des internationalen Verkehrs (AGR).

b) in allen anderen Fällen Bauvorhaben zur Umleitung von Wasserressourcen von einem Flusseinzugsgebiet in ein anderes, wenn der langjährige durchschnittliche Wasserdurchfluss des Flusseinzugsgebiets, dem Wasser entnommen wird, 2 000 Mio. m^3 pro Jahr übersteigt und mehr als 5 Prozent dieses Durchflusses umgeleitet werden.

In beiden Fällen wird der Transport von Trinkwasser in Rohren nicht berücksichtigt.

12. Gewinnung von Erdöl und Erdgas zu gewerblichen Zwecken mit einem Fördervolumen von mehr als 500 t pro Tag bei Erdöl und von mehr als 500 000 m^3 pro Tag bei Erdgas.

13. Stauwerke und sonstige Anlagen zur Zurückhaltung oder dauerhaften Speicherung von Wasser, in denen über 10 Mio. m^3 Wasser neu oder zusätzlich zurückgehalten oder gespeichert werden.

14. Öl-, Gas- und Chemikalienpipelines mit einem Durchmesser von mehr als 800 mm und einer Länge von mehr als 40 km.

15. Anlagen zur Intensivhaltung oder -aufzucht von Geflügel oder Schweinen mit mehr als

a) 40 000 Plätzen für Geflügel;

b) 2 000 Plätzen für Mastschweine (Schweine über 30 kg) oder

c) 750 Plätzen für Säue.

16. Steinbrüche und Tagebau auf einer Abbaufläche von mehr als 25 Hektar oder Torfgewinnung auf einer Fläche von mehr als 150 Hektar.

17. Bau von Hochspannungsfreileitungen für eine Stromstärke von 220 kV oder mehr und mit einer Länge von mehr als 15 km.

18. Anlagen zur Lagerung von Erdöl, petrochemischen oder chemischen Erzeugnissen mit einer Kapazität von 200 000 t und mehr.

19. Sonstige Tätigkeiten:

– Anlagen zur Vorbehandlung (zum Beispiel Waschen, Bleichen, Merzerisieren) oder zum Färben von Fasern oder Textilien, deren Verarbeitungskapazität 10 t pro Tag übersteigt;

– Anlagen zum Gerben von Häuten oder Fellen mit einer Verarbeitungskapazität von mehr als 12 t Fertigerzeugnissen pro Tag;

a) Anlagen zum Schlachten mit einer Schlachtkapazität (Tierkörper) von mehr als 50 t pro Tag;

b) Behandlungs- und Verarbeitungsanlagen zur Herstellung von Nahrungsmittelerzeugnissen aus

i) tierischen Rohstoffen (mit Ausnahme von Milch) mit einer Produktionskapazität von mehr als 75 t Fertigerzeugnissen pro Tag;

ii) pflanzlichen Rohstoffen mit einer Produktionskapazität von mehr als 300 t Fertigerzeugnissen pro Tag (Vierteljahresdurchschnittswert);

c) Anlagen zur Behandlung und Verarbeitung von Milch, wenn die eingehende Milchmenge 200 t pro Tag übersteigt (Jahresdurchschnittswert);

– Anlagen zur Beseitigung oder Verwertung von Tierkörpern und tierischen Abfällen mit einer Verarbeitungskapazität von mehr als 10 t pro Tag;

– Anlagen zur Oberflächenbehandlung von Stoffen, Gegenständen oder Erzeugnissen unter Verwendung organischer Lösungsmittel, insbesondere zum Appretieren, Bedrucken, Beschichten, Entfetten, Imprägnieren, Kleben, Lackieren, Reinigen oder Tränken, mit einer Verbrauchskapazität von mehr als 150 kg Lösungsmitteln pro Stunde oder von mehr als 200 t pro Jahr;

– Anlagen zur Herstellung von Kohlenstoff (Hartbrandkohle) oder Elektrographit durch Brennen oder Graphitieren.

20. Jede Tätigkeit, die nicht durch die Nummern 1 bis 19 erfasst ist, wenn für sie eine Öffentlichkeitsbeteiligung aufgrund eines Verfahrens zur Umweltverträglichkeitsprüfung nach den innerstaatlichen Rechtsvorschriften vorgesehen ist.

21. Artikel 6 Absatz 1 Buchstabe a dieses Übereinkommens findet keine Anwendung auf die genannten Vorhaben, wenn sie ausschließlich oder hauptsächlich zur Forschung, Entwicklung und Erprobung neuer Methoden oder Produkte über einen Zeitraum von weniger als zwei Jahren durchgeführt werden, es sei denn, sie würden wahrscheinlich erhebliche nachteilige Auswirkungen auf die Umwelt oder die Gesundheit haben.

22. Jede Änderung oder Erweiterung von Tätigkeiten unterliegt Artikel 6 Absatz 1 Buchstabe a dieses Übereinkommens, wenn sie für sich betrachtet die Kriterien/ Schwellenwerte in diesem Anhang erreicht. Jede sonstige Änderung oder Erweiterung von Tätigkeiten unterliegt Artikel 6 Absatz 1 Buchstabe b dieses Übereinkommens.

Anhang II
Schiedsverfahren

(1) Wird eine Streitigkeit einem Schiedsverfahren nach Artikel 16 Absatz 2 dieses Übereinkommens unterworfen, so teilt die Vertragspartei oder teilen die Vertragsparteien dem Sekretariat den Gegenstand des Schiedsverfahrens mit und geben insbesondere die Artikel des Übereinkommens an, deren Auslegung oder Anwendung strittig ist. Das Sekretariat leitet die eingegangenen Mitteilungen an alle Vertragsparteien des Übereinkommens weiter.

(2) Das Schiedsgericht besteht aus drei Mitgliedern. Sowohl die antragstellende(n) Partei(en) als auch die andere(n) Streitpartei(en) bestellen einen Schiedsrichter; die so bestellten Schiedsrichter ernennen einvernehmlich den dritten Schiedsrichter zum Präsidenten des Schiedsgerichts. Dieser darf weder Staatsangehöriger einer der Streitparteien sein, seinen gewöhnlichen Aufenthalt im Hoheitsgebiet einer dieser Parteien haben, im Dienst einer derselben stehen noch in anderer Eigenschaft mit der Sache befasst gewesen sein.

(3) Ist der Präsident des Schiedsgerichts nicht binnen zwei Monaten nach Bestellung des zweiten Schiedsrichters ernannt worden, so ernennt der Exekutivsekretär der Wirtschaftskommission für Europa den Präsidenten auf Antrag einer der Streitparteien binnen weiterer zwei Monate.

(4) Bestellt eine der Streitparteien nicht innerhalb von zwei Monaten nach Eingang des Antrags einen Schiedsrichter, so kann die andere Partei den Exekutivsekretär der Wirtschaftskommission für Europa davon in Kenntnis setzen; dieser ernennt den Präsidenten des Schiedsgerichts binnen weiterer zwei Monate. Nach seiner Ernennung fordert der Präsident des Schiedsgerichts die Partei auf, die noch keinen Schiedsrichter bestellt hat, diese Bestellung binnen zwei Monaten vorzunehmen. Kommt die Partei dieser Aufforderung innerhalb dieser Frist nicht nach, so unterrichtet der Präsident den Exekutivsekretär der Wirtschaftskommission für Europa, der die Bestellung binnen weiterer zwei Monate vornimmt.

(5) Das Schiedsgericht trifft seine Entscheidungen nach Maßgabe des Völkerrechts und dieses Übereinkommens.

(6) Ein nach diesem Anhang gebildetes Schiedsgericht gibt sich eine Verfahrensordnung.

(7) Das Schiedsgericht entscheidet über verfahrensrechtliche und materiell-rechtliche Fragen mit der Mehrheit seiner Mitglieder.

(8) Das Schiedsgericht kann zur Feststellung der Tatsachen alle geeigneten Maßnahmen ergreifen.

(9) Die Streitparteien erleichtern die Arbeit des Schiedsgerichts; insbesondere werden sie ihm mit allen ihnen zur Verfügung stehenden Mitteln

a) alle sachdienlichen Schriftstücke vorlegen, Erleichterungen einräumen und Auskünfte erteilen und

b) die Möglichkeit geben, soweit nötig, Zeugen oder Sachverständige zu laden und ihre Aussagen einzuholen.

(10) Die Parteien und die Schiedsrichter wahren die Vertraulichkeit aller während des Verfahrens vor dem Schiedsgericht vertraulich erhaltenen Mitteilungen.

(11) Das Schiedsgericht kann auf Antrag einer der Parteien einstweilige Schutzmaßnahmen empfehlen.

(12) Erscheint eine der Streitparteien nicht vor dem Schiedsgericht oder unterlässt sie es, sich zur Sache zu äußern, so kann die andere Partei das Gericht ersuchen, das Verfahren fortzuführen und seine endgültige Entscheidung zu fällen. Abwesenheit oder das Versäumnis einer Partei, sich zur Sache zu äußern, stellt kein Hindernis für das Verfahren dar.

(13) Das Schiedsgericht kann über Gegenklagen, die mit dem Streitgegenstand unmittelbar im Zusammenhang stehen, verhandeln und entscheiden.

(14) Sofern das Schiedsgericht nicht wegen der besonderen Umstände des Einzelfalls etwas anderes beschließt, werden die Kosten des Gerichts, einschließlich der Vergütung seiner Mitglieder, von den Streitparteien zu gleichen Teilen getragen. Das Gericht verzeichnet alle seine Kosten und legt den Parteien eine Schlussabrechnung vor.

(15) Hat eine Vertragspartei dieses Übereinkommens ein rechtliches Interesse an dem Streitgegenstand und kann sie durch die Entscheidung des Falles berührt werden, so kann sie mit Zustimmung des Gerichts dem Verfahren beitreten.

(16) Das Schiedsgericht fällt seinen Schiedsspruch binnen fünf Monaten nach dem Zeitpunkt, zu dem es gebildet wurde; hält es jedoch eine Verlängerung dieser Frist für notwendig, so soll diese fünf Monate nicht überschreiten.

(17) Der Schiedsspruch des Schiedsgerichts ist mit einer Begründung zu versehen. Er ist endgültig und für alle Streitparteien bindend. Das Schiedsgericht übermittelt den Schiedsspruch den Streitparteien und dem Sekretariat. Dieses leitet die eingegangene Mitteilung an alle Vertragsparteien dieses Übereinkommens weiter.

(18) Streitigkeiten zwischen den Parteien über die Auslegung oder Vollstreckung des Schiedsspruchs können von jeder Partei dem Schiedsgericht, das den Schiedsspruch gefällt hat, oder, falls dieses Gericht nicht befasst werden kann, einem anderen Gericht, das zu diesem Zweck auf die gleiche Weise gebildet wird wie das erste, unterbreitet werden.

Richtlinie 2003/4/EG des Europäischen Parlaments und des Rates vom 28. Januar 2003 über den Zugang der Öffentlichkeit zu Umweltinformationen und zur Aufhebung der Richtlinie 90/313/EWG des Rates

ABl. Nr. L 41 vom 14.2.2003, S. 26–32

DAS EUROPÄISCHE PARLAMENT UND DER RAT DER EUROPÄISCHEN UNION –

gestützt auf den Vertrag zur Gründung der Europäischen Gemeinschaft, insbesondere auf Artikel 175 Absatz 1,

auf Vorschlag der Kommission[1],

nach Stellungnahme des Europäischen Wirtschafts- und Sozialausschusses[2],

nach Stellungnahme des Ausschusses der Regionen[3],

gemäß dem Verfahren des Artikels 251 des Vertrags[4], aufgrund des vom Vermittlungsausschuss am 8. November 2002 gebilligten gemeinsamen Entwurfs,

in Erwägung nachstehender Gründe:

(1) Der erweiterte Zugang der Öffentlichkeit zu umweltbezogenen Informationen und die Verbreitung dieser Informationen tragen dazu bei, das Umweltbewusstsein zu schärfen, einen freien Meinungsaustausch und eine wirksamere Teilnahme der Öffentlichkeit an Entscheidungsverfahren in Umweltfragen zu ermöglichen und letztendlich so den Umweltschutz zu verbessern.

(2) Die Richtlinie 90/313/EWG des Rates vom 7. Juni 1990 über den freien Zugang zu Informationen über die Umwelt[5] hat durch die Einführung von Maßnahmen zur Ausübung des Rechts auf Zugang der Öffentlichkeit zu Umweltinformationen einen Wandlungsprozess hinsichtlich der Art und Weise, in der Behörden mit Offenheit und Transparenz umgehen, eingeleitet, der ausgebaut und fortgesetzt werden sollte. Die vorliegende Richtlinie erweitert den bisher aufgrund der Richtlinie 90/313/EWG gewährten Zugang.

(3) Nach Artikel 8 der genannten Richtlinie sind die Mitgliedstaaten verpflichtet, der Kommission über ihre Erfahrungen Bericht zu erstatten; auf dieser Grundlage

---

1 ABl. C 337 E vom 28.11.2000, S. 156, und ABl. C 240 E vom 28.8.2001, S. 289.
2 ABl. C 116 vom 20.4.2001, S. 43.
3 ABl. C 148 vom 18.5.2001, S. 9.
4 Stellungnahme des Europäischen Parlaments vom 14. März 2001 (ABl. C 343 vom 5.12.2001, S. 165), Gemeinsamer Standpunkt des Rates vom 28. Januar 2002 (ABl. C 113 E vom 14.5.2002, S. 1) und Beschluss des Europäischen Parlaments vom 30. Mai 2002 (noch nicht im Amtsblatt veröffentlicht). Beschluss des Rates vom 16. Dezember 2002 und Beschluss des Europäischen Parlaments vom 18. Dezember 2002.
5 ABl. L 158 vom 23.6.1990, S. 56.

erstellt die Kommission einen Bericht an das Europäische Parlament und den Rat und fügt ihm etwaige Vorschläge zur Änderung der Richtlinie bei, die sie für zweckmäßig hält.

(4) In dem Bericht gemäß Artikel 8 der genannten Richtlinie werden konkrete Probleme bei der praktischen Anwendung der Richtlinie genannt.

(5) Am 25. Juni 1998 unterzeichnete die Europäische Gemeinschaft das Übereinkommen der UN-Wirtschaftskommission für Europa über den Zugang zu Informationen, die Öffentlichkeitsbeteiligung an Entscheidungsverfahren und den Zugang zu Gerichten in Umweltangelegenheiten („Übereinkommen von Aarhus"). Die Bestimmungen des Gemeinschaftsrechts müssen im Hinblick auf den Abschluss des Übereinkommens durch die Europäische Gemeinschaft mit dem Übereinkommen übereinstimmen.

(6) Im Interesse größerer Transparenz ist es zweckmäßig, die Richtlinie 90/313/EWG nicht zu ändern, sondern zu ersetzen. Auf diese Weise wird den Betroffenen ein einheitlicher, klarer und zusammenhängender Rechtstext vorgelegt.

(7) Die Unterschiede der in den Mitgliedstaaten geltenden Vorschriften über den Zugang zu umweltbezogenen Informationen im Besitz der Behörden können in der Gemeinschaft zu einer Ungleichheit hinsichtlich des Zugangs zu solchen Informationen oder hinsichtlich der Wettbewerbsbedingungen führen.

(8) Es muss gewährleistet werden, dass jede natürliche oder juristische Person ohne Geltendmachung eines Interesses ein Recht auf Zugang zu bei Behörden vorhandenen oder für diese bereitgehaltenen Umweltinformationen hat.

(9) Ferner ist es notwendig, dass Behörden Umweltinformationen insbesondere unter Verwendung von Informations- und Kommunikationstechnologien so umfassend wie möglich öffentlich zugänglich machen und verbreiten. Die zukünftige Entwicklung dieser Technologien sollte bei der Berichterstattung über diese Richtlinie und bei ihrer Überprüfung berücksichtigt werden.

(10) Die Bestimmung des Begriffs „Umweltinformationen" sollte dahin gehend präzisiert werden, dass Informationen jeder Form zu folgenden Bereichen erfasst werden: Zustand der Umwelt; Faktoren, Maßnahmen oder Tätigkeiten, die Auswirkungen auf die Umwelt haben oder haben können oder die dem Schutz der Umwelt dienen; Kosten/Nutzen-Analysen und wirtschaftliche Analysen im Rahmen solcher Maßnahmen oder Tätigkeiten; außerdem Informationen über den Zustand der menschlichen Gesundheit und Sicherheit einschließlich der Kontamination der Lebensmittelkette, Lebensbedingungen der Menschen, Kulturstätten und Bauwerke, soweit sie von einem der genannten Aspekte betroffen sind oder betroffen sein können.

(11) Um dem in Artikel 6 des Vertrags festgelegten Grundsatz, wonach die Erfordernisse des Umweltschutzes bei der Festlegung und Durchführung der Gemeinschaftspolitiken und -maßnahmen einzubeziehen sind, Rechnung zu tragen, sollte die Bestimmung des Begriffs „Behörden" so erweitert werden, dass davon Regierungen und andere Stellen der öffentlichen Verwaltung auf nationaler, regionaler oder lokaler Ebene erfasst werden, unabhängig davon, ob sie spezifische Zustän-

digkeiten für die Umwelt wahrnehmen oder nicht. Die Begriffsbestimmung sollte ebenfalls auf andere Personen oder Stellen ausgedehnt werden, die im Rahmen des einzelstaatlichen Rechts umweltbezogene Aufgaben der öffentlichen Verwaltung erfüllen, sowie auf andere Personen oder Stellen, die unter deren Aufsicht tätig sind und öffentliche Zuständigkeiten im Umweltbereich haben oder entsprechende Aufgaben wahrnehmen.

(12) Umweltinformationen, die materiell von anderen Stellen für Behörden bereitgehalten werden, sollten ebenfalls in den Geltungsbereich dieser Richtlinie fallen.

(13) Umweltinformationen sollten Antragstellern so rasch wie möglich und innerhalb einer angemessenen Frist zugänglich gemacht werden, wobei vom Antragsteller genannte Fristen berücksichtigt werden sollten.

(14) Die Behörden sollten Umweltinformationen in der vom Antragsteller gewünschten Form bzw. dem gewünschten Format zugänglich machen, es sei denn, die Informationen sind bereits in einer anderen Form bzw. einem anderen Format öffentlich zugänglich oder es erscheint sinnvoll, sie in einer anderen Form bzw. einem anderen Format zugänglich zu machen. Ferner sollten die Behörden verpflichtet sein, sich in angemessener Weise darum zu bemühen, dass bei ihnen vorhandene oder für sie bereitgehaltene Umweltinformationen in unmittelbar reproduzierbaren und mit elektronischen Mitteln zugänglichen Formen bzw. Formaten vorliegen.

(15) Die Mitgliedstaaten sollten die praktischen Vorkehrungen treffen, nach denen derartige Informationen wirksam zugänglich gemacht werden. Diese Vorkehrungen stellen sicher, dass die Information wirksam und leicht zugänglich ist und für die Öffentlichkeit zunehmend durch öffentliche Telekommunikationsnetze einschließlich öffentlich zugänglicher Listen der Behörden und Verzeichnisse oder Listen über bei Behörden vorhandene oder für sie bereitgehaltene Umweltinformationen zugänglich wird.

(16) Das Recht auf Information beinhaltet, dass die Bekanntgabe von Informationen die allgemeine Regel sein sollte und dass Behörden befugt sein sollten, Anträge auf Zugang zu Umweltinformationen in bestimmten, genau festgelegten Fällen abzulehnen. Die Gründe für die Verweigerung der Bekanntgabe sollten eng ausgelegt werden, wobei das öffentliche Interesse an der Bekanntgabe gegen das Interesse an der Verweigerung der Bekanntgabe abgewogen werden sollten. Die Gründe für die Verweigerung von Informationen sind dem Antragsteller innerhalb der in dieser Richtlinie festgelegten Frist mitzuteilen.

(17) Behörden sollten Umweltinformationen auszugsweise zugänglich machen, sofern es möglich ist, unter die Ausnahmebestimmungen fallende von anderen gewünschten Informationen zu trennen.

(18) Die Behörden sollten für die Übermittlung von Umweltinformationen eine Gebühr erheben können, die jedoch angemessen sein sollte. Dies beinhaltet, dass die Gebühr grundsätzlich die tatsächlichen Kosten der Anfertigung des betreffenden Materials nicht übersteigen darf. Fälle, in denen eine Vorauszahlung verlangt

wird, sollten beschränkt werden. In besonderen Fällen, in denen die Behörden Umweltinformationen zu kommerziellen Zwecken zugänglich machen und in denen dies notwendig ist, um die weitere Sammlung und Veröffentlichung solcher Informationen zu gewährleisten, wird eine marktübliche Gebühr als angemessen angesehen; es kann eine Vorauszahlung verlangt werden. Ein Gebührenverzeichnis sollte zusammen mit Informationen über die Umstände, unter denen eine Gebühr erhoben oder erlassen werden kann, veröffentlicht und den Antragstellern zugänglich gemacht werden.

(19) Antragsteller sollten die Handlungen oder Unterlassungen von Behörden in Bezug auf einen Antrag auf dem Verwaltungs- oder Rechtsweg anfechten können.

(20) Behörden sollten sich darum bemühen sicherzustellen, dass bei einer Zusammenstellung von Umweltinformationen durch sie oder für sie die Informationen verständlich, exakt und vergleichbar sind. Da dies ein wichtiger Faktor für die Bewertung der Qualität der bereitgestellten Information ist, sollte das zur Erhebung der Informationen angewandte Verfahren ebenfalls auf Antrag offen gelegt werden.

(21) Um das allgemeine Umweltbewusstsein zu erhöhen und den Umweltschutz zu verbessern, sollten die Behörden für ihre Aufgaben relevante Umweltinformationen, insbesondere – sofern verfügbar – unter Verwendung von Computer-Telekommunikation und/oder elektronischer Technologien, soweit angemessen zugänglich machen und verbreiten.

(22) Diese Richtlinie sollte alle vier Jahre nach ihrem Inkrafttreten vor dem Hintergrund der gewonnenen Erfahrungen und nach Vorlage der entsprechenden Berichte der Mitgliedstaaten bewertet und auf dieser Grundlage überarbeitet werden. Die Kommission sollte dem Europäischen Parlament und dem Rat einen Bewertungsbericht vorlegen.

(23) Da die Ziele dieser Richtlinie auf Ebene der Mitgliedstaaten nicht ausreichend erreicht werden können und daher besser auf Gemeinschaftsebene zu erreichen sind, kann die Gemeinschaft im Einklang mit dem in Artikel 5 des Vertrags niedergelegten Subsidiaritätsprinzip tätig werden. Entsprechend dem Verhältnismäßigkeitsprinzip nach demselben Artikel geht die Richtlinie nicht über das für die Erreichung dieser Ziele erforderliche Maß hinaus.

(24) Die Bestimmungen dieser Richtlinie berühren nicht das Recht der Mitgliedstaaten, Vorschriften beizubehalten oder einzuführen, die der Öffentlichkeit einen breiteren Zugang zu Informationen gestatten, als in dieser Richtlinie vorgesehen –

HABEN FOLGENDE RICHTLINIE ERLASSEN:

Artikel 1
Ziele

Mit dieser Richtlinie werden folgende Ziele verfolgt:

a) die Gewährleistung des Rechts auf Zugang zu Umweltinformationen, die bei Behörden vorhanden sind oder für sie bereitgehalten werden, und die Festlegung der grundlegenden Voraussetzungen und praktischer Vorkehrungen für die Ausübung dieses Rechts sowie

b) die Sicherstellung, dass Umweltinformationen selbstverständlich zunehmend öffentlich zugänglich gemacht und verbreitet werden, um eine möglichst umfassende und systematische Verfügbarkeit und Verbreitung von Umweltinformationen in der Öffentlichkeit zu erreichen. Dafür wird die Verwendung insbesondere von Computer-Telekommunikation und/oder elektronischen Technologien gefördert, soweit diese verfügbar sind.

Artikel 2
Begriffsbestimmungen

Im Sinne dieser Richtlinie bezeichnet der Ausdruck:

1. „Umweltinformationen" sämtliche Informationen in schriftlicher, visueller, akustischer, elektronischer oder sonstiger materieller Form über

a) den Zustand von Umweltbestandteilen wie Luft und Atmosphäre, Wasser, Boden, Land, Landschaft und natürliche Lebensräume einschließlich Feuchtgebiete, Küsten- und Meeresgebiete, die Artenvielfalt und ihre Bestandteile, einschließlich genetisch veränderter Organismen, sowie die Wechselwirkungen zwischen diesen Bestandteilen,

b) Faktoren wie Stoffe, Energie, Lärm und Strahlung oder Abfall einschließlich radioaktiven Abfalls, Emissionen, Ableitungen oder sonstiges Freisetzen von Stoffen in die Umwelt, die sich auf die unter Buchstabe a) genannten Umweltbestandteile auswirken oder wahrscheinlich auswirken,

c) Maßnahmen (einschließlich Verwaltungsmaßnahmen), wie z. B. Politiken, Gesetze, Pläne und Programme, Umweltvereinbarungen und Tätigkeiten, die sich auf die unter den Buchstaben a) und b) genannten Umweltbestandteile und -faktoren auswirken oder wahrscheinlich auswirken, sowie Maßnahmen oder Tätigkeiten zum Schutz dieser Elemente,

d) Berichte über die Umsetzung des Umweltrechts,

e) Kosten/Nutzen-Analysen und sonstige wirtschaftliche Analysen und Annahmen, die im Rahmen der unter Buchstabe c) genannten Maßnahmen und Tätigkeiten verwendet werden, und

f) den Zustand der menschlichen Gesundheit und Sicherheit gegebenenfalls einschließlich der Kontamination der Lebensmittelkette, Bedingungen für menschliches Leben sowie Kulturstätten und Bauwerke in dem Maße, in dem sie vom Zustand der unter Buchstabe a) genannten Umweltbestandteile oder – durch diese Bestandteile – von den unter den Buchstaben b) und c) aufgeführten Faktoren, Maßnahmen oder Tätigkeiten betroffen sind oder sein können;

2. „Behörde"

a) die Regierung oder eine andere Stelle der öffentlichen Verwaltung, einschließlich öffentlicher beratender Gremien, auf nationaler, regionaler oder lokaler Ebene,

b) natürliche oder juristische Personen, die aufgrund innerstaatlichen Rechts Aufgaben der öffentlichen Verwaltung, einschließlich bestimmter Pflichten, Tätigkeiten oder Dienstleistungen im Zusammenhang mit der Umwelt, wahrnehmen, und

c) natürliche oder juristische Personen, die unter der Kontrolle einer unter Buchstabe a) genannten Stelle oder einer unter Buchstabe b) genannten Person im Zusammenhang mit der Umwelt öffentliche Zuständigkeiten haben, öffentliche Aufgaben wahrnehmen oder öffentliche Dienstleistungen erbringen.

Die Mitgliedstaaten können vorsehen, dass diese Begriffsbestimmung keine Gremien oder Einrichtungen umfasst, soweit sie in gerichtlicher oder gesetzgebender Eigenschaft handeln. Wenn ihre verfassungsmäßigen Bestimmungen zum Zeitpunkt der Annahme dieser Richtlinie kein Überprüfungsverfahren im Sinne von Artikel 6 vorsehen, können die Mitgliedstaaten diese Gremien oder Einrichtungen von dieser Begriffsbestimmung ausnehmen;

3. „bei einer Behörde vorhandene Informationen" Umweltinformationen, die sich in ihrem Besitz befinden und die von dieser Behörde erstellt worden oder bei ihr eingegangen sind;

4. „für eine Behörde bereitgehaltene Informationen" Umweltinformationen, die materiell von einer natürlichen oder juristischen Person für eine Behörde bereitgehalten werden;

5. „Antragsteller" eine natürliche oder juristische Person, die Zugang zu Umweltinformationen beantragt;

6. „Öffentlichkeit" eine oder mehrere natürliche oder juristische Personen und, in Übereinstimmung mit den innerstaatlichen Rechtsvorschriften oder der innerstaatlichen Praxis, deren Vereinigungen, Organisationen oder Gruppen.

Artikel 3
Zugang zu Umweltinformationen auf Antrag

(1) Die Mitgliedstaaten gewährleisten, dass Behörden gemäß den Bestimmungen dieser Richtlinie verpflichtet sind, die bei ihnen vorhandenen oder für sie bereitgehaltenen Umweltinformationen allen Antragstellern auf Antrag zugänglich zu machen, ohne dass diese ein Interesse geltend zu machen brauchen.

(2) Umweltinformationen sind dem Antragsteller vorbehaltlich des Artikels 4 und unter Berücksichtigung etwaiger vom Antragsteller angegebener Termine wie folgt zugänglich zu machen:

a) so bald wie möglich, spätestens jedoch innerhalb eines Monats nach Eingang des Antrags bei der Behörde nach Absatz 1 oder

b) innerhalb von zwei Monaten nach Eingang des Antrags bei der Behörde, falls die Information derart umfangreich und komplex ist, dass die unter Buchstabe a) genannte einmonatige Frist nicht eingehalten werden kann. In diesem Fall ist dem Antragsteller die Verlängerung der Frist unter Angabe von Gründen so bald wie möglich, in jedem Fall jedoch vor Ablauf der einmonatigen Frist, mitzuteilen.

(3) Ist ein Antrag zu allgemein formuliert, so fordert die Behörde den Antragsteller so bald wie möglich, spätestens jedoch innerhalb der in Absatz 2 Buchstabe a) vorgesehenen Frist, auf, den Antrag zu präzisieren, und unterstützt ihn dabei, indem sie ihn beispielsweise über die Nutzung der in Absatz 5 Buchstabe c) genannten öffentlichen Verzeichnisse unterrichtet. Die Behörden können in Fällen, in denen ihnen dies angemessen erscheint, den Antrag gemäß Artikel 4 Absatz 1 Buchstabe c) ablehnen.

(4) Falls ein Antragsteller eine Behörde ersucht, ihm Umweltinformationen in einer bestimmten Form oder einem bestimmten Format (beispielsweise als Kopie) zugänglich zu machen, so entspricht die Behörde diesem Antrag, es sei denn,

a) die Informationen sind bereits in einer anderen, den Antragstellern leicht zugänglichen Form bzw. einem anderen, den Antragstellern leicht zugänglichen Format, insbesondere gemäß Artikel 7, öffentlich verfügbar, oder

b) es ist für die Behörde angemessen, die Informationen in einer anderen Form bzw. einem anderen Format zugänglich zu machen; in diesem Fall sind die Gründe für die Wahl dieser anderen Form bzw. dieses anderen Formats anzugeben.

Zur Durchführung dieses Absatzes bemühen sich die Behörden in angemessener Weise darum, dass die bei ihnen vorhandenen oder für sie bereitgehaltenen Umweltinformationen in unmittelbar reproduzierbaren und über Computer-Telekommunikationsnetze oder andere elektronische Mittel zugänglichen Formen oder Formaten vorliegen.

Die Gründe, aus denen es abgelehnt wird, die Informationen auszugsweise oder vollständig in der gewünschten Form oder dem gewünschten Format zugänglich zu machen, sind dem Antragsteller innerhalb der in Absatz 2 Buchstabe a) genannten Frist mitzuteilen.

(5) Zur Durchführung dieses Artikels tragen die Mitgliedstaaten dafür Sorge, dass

a) Beamte verpflichtet werden, die Öffentlichkeit in dem Bemühen um Zugang zu Informationen zu unterstützen,

b) Listen von Behörden öffentlich zugänglich sind und

c) die praktischen Vorkehrungen festgelegt werden, um sicherzustellen, dass das Recht auf Zugang zu Umweltinformationen wirksam ausgeübt werden kann, wie:

– Benennung von Auskunftsbeamten,

– Aufbau und Unterhaltung von Einrichtungen zur Einsichtnahme in die gewünschten Informationen,

– Verzeichnisse oder Listen betreffend Umweltinformationen im Besitz von Behörden oder Informationsstellen mit klaren Angaben, wo solche Informationen zu finden sind.

Die Mitgliedstaaten stellen sicher, dass die Behörden die Öffentlichkeit angemessen über die ihr aus dieser Richtlinie erwachsenden Rechte unterrichten und hierzu in angemessenem Umfang Informationen, Orientierung und Beratung bieten.

Artikel 4
Ausnahmen

(1) Die Mitgliedstaaten können vorsehen, dass ein Antrag auf Zugang zu Umweltinformationen in folgenden Fällen abgelehnt wird:

a) Die gewünschte Information ist nicht bei der Behörde, an die der Antrag gerichtet ist, vorhanden und wird auch nicht für diese bereitgehalten. In diesem Fall leitet die Behörde, falls ihr bekannt ist, dass die betreffende Information bei einer anderen Behörde vorhanden ist oder für diese bereitgehalten wird, den Antrag möglichst rasch an diese andere Behörde weiter und setzt den Antragsteller hiervon in Kenntnis oder informiert ihn darüber, bei welcher Behörde er diese Informationen ihres Erachtens beantragen kann.

b) Der Antrag ist offensichtlich missbräuchlich.

c) Der Antrag ist unter Berücksichtigung von Artikel 3 Absatz 3 zu allgemein formuliert.

d) Der Antrag betrifft Material, das gerade vervollständigt wird, oder noch nicht abgeschlossene Schriftstücke oder noch nicht aufbereitete Daten.

e) Der Antrag betrifft interne Mitteilungen, wobei das öffentliche Interesse an einer Bekanntgabe dieser Informationen zu berücksichtigen ist.

Wird die Ablehnung damit begründet, dass der Antrag Material betrifft, das gerade vervollständigt wird, so benennt die Behörde die Stelle, die das Material vorbereitet, sowie den voraussichtlichen Zeitpunkt der Fertigstellung.

(2) Die Mitgliedstaaten können vorsehen, dass ein Antrag auf Zugang zu Umweltinformationen abgelehnt wird, wenn die Bekanntgabe negative Auswirkungen hätte auf:

a) die Vertraulichkeit der Beratungen von Behörden, sofern eine derartige Vertraulichkeit gesetzlich vorgesehen ist;

b) internationale Beziehungen, die öffentliche Sicherheit oder die Landesverteidigung;

c) laufende Gerichtsverfahren, die Möglichkeiten einer Person, ein faires Verfahren zu erhalten, oder die Möglichkeiten einer Behörde, Untersuchungen strafrechtlicher oder disziplinarischer Art durchzuführen;

d) Geschäfts- oder Betriebsgeheimnisse, sofern diese durch einzelstaatliches oder gemeinschaftliches Recht geschützt sind, um berechtigte wirtschaftliche Interessen, einschließlich des öffentlichen Interesses an der Wahrung der Geheimhaltung von statistischen Daten und des Steuergeheimnisses, zu schützen;

e) Rechte an geistigem Eigentum;

f) die Vertraulichkeit personenbezogener Daten und/oder Akten über eine natürliche Person, sofern diese der Bekanntgabe dieser Informationen an die Öffentlichkeit nicht zugestimmt hat und sofern eine derartige Vertraulichkeit nach innerstaatlichem oder gemeinschaftlichem Recht vorgesehen ist;

g) die Interessen oder den Schutz einer Person, die die beantragte Information freiwillig zur Verfügung gestellt hat, ohne dazu gesetzlich verpflichtet zu sein oder verpflichtet werden zu können, es sei denn, dass diese Person der Herausgabe der betreffenden Information zugestimmt hat;

h) den Schutz der Umweltbereiche, auf die sich die Informationen beziehen, wie z. B. die Aufenthaltsorte seltener Tierarten.

Die in den Absätzen 1 und 2 genannten Ablehnungsgründe sind eng auszulegen, wobei im Einzelfall das öffentliche Interesse an der Bekanntgabe zu berücksichtigen ist. In jedem Einzelfall wird das öffentliche Interesse an der Bekanntgabe gegen das Interesse an der Verweigerung der Bekanntgabe abgewogen. Die Mitgliedstaaten dürfen aufgrund des Absatzes 2 Buchstaben a), d), f), g) und h) nicht vorsehen, dass ein Antrag abgelehnt werden kann, wenn er sich auf Informationen über Emissionen in die Umwelt bezieht.

Die Mitgliedstaaten stellen in diesem Rahmen und für die Anwendung der Bestimmung des Buchstaben f) sicher, dass die Anforderungen der Richtlinie 95/46/EG des Europäischen Parlaments und des Rates vom 24. Oktober 1995 zum Schutz natürlicher Personen bei der Verarbeitung personenbezogener Daten und zum freien Datenverkehr[6] eingehalten werden.

(3) Sieht ein Mitgliedstaat Ausnahmen vor, so kann er einen öffentlich zugänglichen Kriterienkatalog erarbeiten, anhand dessen die betreffende Behörde über die Behandlung eines Antrags entscheiden kann.

(4) Bei den Behörden vorhandene oder für diese bereitgehaltene Umweltinformationen, zu denen Zugang beantragt wurde, sind auszugsweise zugänglich zu machen, sofern es möglich ist, unter die Ausnahmebestimmungen von Absatz 1 Buchstaben d) und e) oder Absatz 2 fallende Informationen von den anderen beantragten Informationen zu trennen.

(5) Die Weigerung, beantragte Informationen auszugsweise oder vollständig zugänglich zu machen, ist dem Antragsteller in Schriftform oder auf elektronischem Wege, wenn der Antrag selbst schriftlich gestellt wurde oder wenn der Antragsteller darum ersucht hat, innerhalb der in Artikel 3 Absatz 2 Buchstabe a) oder gegebenenfalls Buchstabe b) genannten Frist mitzuteilen. In der Mitteilung sind die Gründe für die Verweigerung der Information zu nennen, und der Antragsteller ist über das Beschwerdeverfahren nach Artikel 6 zu unterrichten.

---

6 ABl. L 281 vom 23.11.1995, S. 31.

Artikel 5
Gebühren

(1) Der Zugang zu öffentlichen Verzeichnissen oder Listen, die gemäß Artikel 3 Absatz 5 eingerichtet und geführt werden, und die Einsichtnahme in die beantragten Informationen an Ort und Stelle sind gebührenfrei.

(2) Die Behörden können für die Bereitstellung von Umweltinformationen eine Gebühr erheben, die jedoch eine angemessene Höhe nicht überschreiten darf.

(3) Sofern Gebühren erhoben werden, veröffentlichen die Behörden ein entsprechendes Gebührenverzeichnis sowie Informationen über die Umstände, unter denen eine Gebühr erhoben oder erlassen werden kann, und machen dies den Antragstellern zugänglich.

Artikel 6
Zugang zu den Gerichten

(1) Die Mitgliedstaaten stellen sicher, dass ein Antragsteller, der der Ansicht ist, sein Antrag auf Zugang zu Informationen sei von einer Behörde nicht beachtet, fälschlicherweise (ganz oder teilweise) abgelehnt, unzulänglich beantwortet oder auf andere Weise nicht in Übereinstimmung mit den Artikeln 3, 4 oder 5 bearbeitet worden, Zugang zu einem Verfahren hat, in dessen Rahmen die Handlungen oder Unterlassungen der betreffenden Behörde von dieser oder einer anderen Behörde geprüft oder von einer auf gesetzlicher Grundlage geschaffenen unabhängigen und unparteiischen Stelle auf dem Verwaltungsweg überprüft werden können. Dieses Verfahren muss zügig verlaufen und darf keine oder nur geringe Kosten verursachen.

(2) Ferner stellen die Mitgliedstaaten sicher, dass der Antragsteller neben dem Überprüfungsverfahren nach Absatz 1 auch Zugang zu einem Überprüfungsverfahren, in dessen Rahmen die Handlungen oder Unterlassungen der Behörde überprüft werden können, und zwar vor einem Gericht oder einer anderen auf gesetzlicher Grundlage geschaffenen unabhängigen und unparteiischen Stelle hat, deren Entscheidungen endgültig sein können. Die Mitgliedstaaten können des Weiteren vorsehen, dass Dritte, die durch die Offenlegung von Informationen belastet werden, ebenfalls Rechtsbehelfe einlegen können.

(3) Nach Absatz 2 getroffene endgültige Entscheidungen sind für die Behörde, die über die Informationen verfügt, verbindlich. Die Entscheidung ist schriftlich zu begründen, zumindest dann, wenn der Zugang zu Informationen nach diesem Artikel abgelehnt wird.

Artikel 7
Verbreitung von Umweltinformationen

(1) Die Mitgliedstaaten ergreifen die notwendigen Maßnahmen, um sicherzustellen, dass Behörden die für ihre Aufgaben relevanten und bei ihnen vorhandenen oder für sie bereitgehaltenen Umweltinformationen aufbereiten, damit eine aktive

und systematische Verbreitung in der Öffentlichkeit erfolgen kann, insbesondere unter Verwendung von Computer-Telekommunikation und/oder elektronischen Technologien, soweit diese verfügbar sind.

Die unter Verwendung von Computer-Telekommunikation und/oder elektronischen Technologien zugänglich gemachten Informationen müssen nicht Daten umfassen, die vor Inkrafttreten dieser Richtlinie erhoben wurden, es sei denn, diese Daten sind bereits in elektronischer Form vorhanden.

Die Mitgliedstaaten sorgen dafür, dass Umweltinformationen zunehmend in elektronischen Datenbanken zugänglich gemacht werden, die der Öffentlichkeit über öffentliche Telekommunikationsnetze leicht zugänglich sind.

(2) Die Informationen, die zugänglich zu machen und zu verbreiten sind, werden gegebenenfalls aktualisiert und umfassen zumindest Folgendes:

a) den Wortlaut völkerrechtlicher Verträge, Übereinkünfte und Vereinbarungen sowie gemeinschaftlicher, nationaler, regionaler oder lokaler Rechtsvorschriften über die Umwelt oder mit Bezug zur Umwelt;

b) Politiken, Pläne und Programme mit Bezug zur Umwelt;

c) Berichte über die Fortschritte bei der Umsetzung der unter Buchstaben a) und b) genannten Punkte, sofern solche Berichte von den Behörden in elektronischer Form ausgearbeitet worden sind oder bereitgehalten werden;

d) Umweltzustandsberichte nach Absatz 3;

e) Daten oder Zusammenfassungen von Daten aus der Überwachung von Tätigkeiten, die sich auf die Umwelt auswirken oder wahrscheinlich auswirken;

f) Genehmigungen, die erhebliche Auswirkungen auf die Umwelt haben, und Umweltvereinbarungen oder einen Hinweis darauf, wo diese Informationen im Rahmen von Artikel 3 beantragt oder gefunden werden können;

g) Umweltverträglichkeitsprüfungen und Risikobewertungen betreffend die in Artikel 2 Nummer 1 Buchstabe a) genannten Umweltbestandteile oder einen Hinweis darauf, wo diese Informationen im Rahmen von Artikel 3 beantragt oder gefunden werden können.

(3) Unbeschadet aller aus dem Gemeinschaftsrecht erwachsenden spezifischen Pflichten zur Berichterstattung ergreifen die Mitgliedstaaten die erforderlichen Maßnahmen, um sicherzustellen, dass in regelmäßigen Abständen von nicht mehr als vier Jahren nationale und gegebenenfalls regionale bzw. lokale Umweltzustandsberichte veröffentlicht werden; diese Berichte müssen Informationen über die Umweltqualität sowie über Umweltbelastungen enthalten.

(4) Unbeschadet aller aus dem Gemeinschaftsrecht erwachsenden spezifischen Verpflichtungen treffen die Mitgliedstaaten die erforderlichen Vorkehrungen, um zu gewährleisten, dass Behörden im Fall einer unmittelbaren Bedrohung der menschlichen Gesundheit oder der Umwelt unabhängig davon, ob diese Folge menschlicher Tätigkeit ist oder eine natürliche Ursache hat, sämtliche ihnen vorliegenden

oder für sie bereitgehaltenen Informationen unmittelbar und unverzüglich verbreiten, die es der eventuell betroffenen Öffentlichkeit ermöglichen könnten, Maßnahmen zur Abwendung oder Begrenzung von Schäden infolge dieser Bedrohung zu ergreifen.

(5) Für die Verpflichtungen nach diesem Artikel können die Ausnahmen gemäß Artikel 4 Absätze 1 und 2 Anwendung finden.

(6) Die Mitgliedstaaten können die Anforderungen dieses Artikels erfüllen, indem sie Verknüpfungen zu Internet-Seiten einrichten, auf denen die Informationen zu finden sind.

Artikel 8
Qualität von Umweltinformationen

(1) Soweit möglich, gewährleisten die Mitgliedstaaten, dass alle Informationen, die von ihnen oder für sie zusammengestellt werden, aktuell, exakt und vergleichbar sind.

(2) Auf Antrag beantworten die Behörden Anträge auf Informationen nach Artikel 2 Nummer 1 Buchstabe b), indem sie dem Antragsteller mitteilen, wo – sofern verfügbar – Informationen über die zur Erhebung der Informationen angewandten Messverfahren, einschließlich der Verfahren zur Analyse, Probenahme und Vorbehandlung der Proben, gefunden werden können, oder indem sie auf ein angewandtes standardisiertes Verfahren hinweisen.

Artikel 9
Überprüfungsverfahren

(1) Die Mitgliedstaaten erstatten bis zum 14. Februar 2009 Bericht über die bei der Anwendung der Richtlinie gewonnenen Erfahrungen.

Sie übermitteln der Kommission ihren Bericht bis zum 14. August 2009

Spätestens am 14. Februar 2004 übermittelt die Kommission den Mitgliedstaaten ein Dokument, in dem sie den Mitgliedstaaten klare Vorgaben für deren Berichterstattung macht.

(2) Auf der Grundlage der Erfahrungen und unter Berücksichtigung der Entwicklungen im Bereich der Computer-Telekommunikation und/oder der elektronischen Technologien erstellt die Kommission einen Bericht an das Europäische Parlament und den Rat und fügt ihm etwaige Änderungsvorschläge bei.

Artikel 10
Umsetzung

Die Mitgliedstaaten setzen die Rechts- und Verwaltungsvorschriften in Kraft, die erforderlich sind, um dieser Richtlinie bis zum 14. Februar 2005 nachzukommen. Sie setzen die Kommission unverzüglich davon in Kenntnis.

Wenn die Mitgliedstaaten diese Vorschriften erlassen, nehmen sie in den Vorschriften selbst oder durch einen Hinweis bei der amtlichen Veröffentlichung auf diese Richtlinie Bezug. Die Mitgliedstaaten regeln die Einzelheiten der Bezugnahme.

Artikel 11
Aufhebung

Die Richtlinie 90/313/EWG wird zum 14. Februar 2005 aufgehoben.

Bezugnahmen auf die aufgehobene Richtlinie gelten als Bezugnahmen auf die vorliegende Richtlinie und sind nach Maßgabe der Entsprechungstabelle im Anhang zu lesen.

Artikel 12
Inkrafttreten

Diese Richtlinie tritt am Tag ihrer Veröffentlichung im Amtsblatt der Europäischen Union in Kraft.

Artikel 13
Adressaten

Diese Richtlinie ist an alle Mitgliedstaaten gerichtet.

Geschehen zu Brüssel am 28. Januar 2003.

Im Namen des Europäischen Parlaments

Der Präsident

P. Cox

Im Namen des Rates

Der Präsident

G. Papandreou

Anhang
Entsprechungstabelle

Richtlinie 90/313/EWG	Vorliegende Richtlinie
Artikel 1	Artikel 1 Buchstabe a) Artikel 1 Buchstabe b
Artikel 2 Buchstabe a) Artikel 2 Buchstabe b) – – – –	Artikel 2 Nummer 1 Artikel 2 Nummer 2 Artikel 2 Nummer 3 Artikel 2 Nummer 4 Artikel 2 Nummer 5 Artikel 2 Nummer 6
Artikel 3 Absatz 1 Artikel 3 Absatz 2 Artikel 3 Absatz 3 Artikel 3 Absatz 4 – – –	Artikel 3 Absätze 1 und 5 Artikel 4 Absätze 2 und 4 Artikel 4 Absatz 1 Buchstaben b), c), d) und e) Artikel 3 Absatz 2 und Artikel 4 Absatz 5 Artikel 4 Absatz 1 Buchstabe a) Artikel 3 Absatz 3 Artikel 3 Absatz 4
Artikel 4 –	Artikel 6 Absätze 1 und 2 Artikel 6 Absatz 3
Artikel 5 – –	Artikel 5 Absatz 1 Artikel 5 Absatz 2 Artikel 5 Absatz 3
Artikel 6	Artikel 2 Nummer 2 Buchstabe c); Artikel 3, Absatz 1
Artikel 7 – – –	Artikel 7 Absätze 1, 2 und 3 Artikel 7 Absatz 4 Artikel 7 Absatz 5 Artikel 7 Absatz 6
–	Artikel 8
Artikel 8	Artikel 9
Artikel 9	Artikel 10
Artikel 10	Artikel 13
–	Artikel 11
–	Artikel 12

Richtlinie 2003/35/EG des Europäischen Parlaments und des Rates vom 26. Mai 2003 über die Beteiligung der Öffentlichkeit bei der Ausarbeitung bestimmter umweltbezogener Pläne und Programme und zur Änderung der Richtlinien 85/337/EWG und 96/61/EG des Rates in Bezug auf die Öffentlichkeitsbeteiligung und den Zugang zu Gerichten – Erklärung der Kommission

ABl. Nr. L 156 vom 25.6.2003, S. 17–25

DAS EUROPÄISCHE PARLAMENT UND DER RAT DER EUROPÄISCHEN UNION –

gestützt auf den Vertrag zur Gründung der Europäischen Gemeinschaft, insbesondere auf Artikel 175,

auf Vorschlag der Kommission[1],

nach Stellungnahme des Europäischen Wirtschafts- und Sozialausschusses[2],

nach Stellungnahme des Ausschusses der Regionen[3],

gemäß dem Verfahren des Artikels 251 des Vertrags[4], aufgrund des vom Vermittlungsausschuss am 15. Januar 2003 gebilligten gemeinsamen Entwurfs,

in Erwägung nachstehender Gründe:

(1) Die gemeinschaftlichen Umweltvorschriften sollen dazu beitragen, die Umweltqualität zu erhalten, zu schützen und zu verbessern sowie die menschliche Gesundheit zu schützen.

(2) Die gemeinschaftlichen Umweltvorschriften enthalten auch Bestimmungen, die Behörden oder andere Stellen beachten müssen, wenn sie Entscheidungen treffen, die erhebliche Auswirkungen auf die Umwelt und auf die Gesundheit und das Wohlbefinden des Einzelnen haben können.

(3) Eine effektive Beteiligung der Öffentlichkeit bei Entscheidungen ermöglicht es einerseits der Öffentlichkeit, Meinungen und Bedenken zu äußern, die für diese Entscheidungen von Belang sein können, und ermöglicht es andererseits auch den Entscheidungsträgern, diese Meinungen und Bedenken zu berücksichtigen; da-

---

1 ABl. C 154 E vom 29.5.2001, S. 123.
2 ABl. C 221 vom 7.8.2001, S. 65.
3 ABl. C 357 vom 14.12.2001, S. 58.
4 Stellungnahme des Europäischen Parlaments vom 23. Oktober 2001 (ABl. C 112 E vom 9.5.2002, S. 125), Gemeinsamer Standpunkt des Rates vom 25. April 2002 (ABl. C 170 E vom 16.7.2002, S. 22) und Beschluss des Europäischen Parlaments vom 5. September 2002 (noch nicht im Amtsblatt veröffentlicht). Beschluss des Europäischen Parlaments vom 30. Januar 2003 und Beschluss des Rates vom 4. März 2003.

durch wird der Entscheidungsprozess nachvollziehbarer und transparenter, und in der Öffentlichkeit wächst das Bewusstsein für Umweltbelange sowie die Unterstützung für die getroffenen Entscheidungen.

(4) Die Beteiligung, in die auch Verbände, Organisationen und Gruppen – insbesondere Nichtregierungsorganisationen, die sich für den Umweltschutz einsetzen – einbezogen sind, sollte daher gefördert werden, unter anderem auch durch Förderung der Umwelterziehung der Öffentlichkeit.

(5) Die Gemeinschaft hat am 25. Juni 1998 das UN/ECE-Übereinkommen über den Zugang zu Informationen, die Öffentlichkeitsbeteiligung an Entscheidungsverfahren und den Zugang zu Gerichten in Umweltangelegenheiten („Århus-Übereinkommen") unterzeichnet. Damit die Gemeinschaft dieses Übereinkommen ratifizieren kann, sollte das Gemeinschaftsrecht ordnungsgemäß an dieses Übereinkommen angeglichen werden.

(6) Eines der Ziele des Århus-Übereinkommens ist es, das Recht auf Beteiligung der Öffentlichkeit an Entscheidungsverfahren in Umweltangelegenheiten zu gewährleisten und somit dazu beizutragen, dass das Recht des Einzelnen auf ein Leben in einer der Gesundheit und dem Wohlbefinden zuträglichen Umwelt geschützt wird.

(7) Artikel 6 des Århus-Übereinkommens sieht die Beteiligung der Öffentlichkeit an Entscheidungen über bestimmte Tätigkeiten, die in Anhang I des Übereinkommens aufgeführt sind, sowie über dort nicht aufgeführte Tätigkeiten, die eine erhebliche Auswirkung auf die Umwelt haben können, vor.

(8) Artikel 7 des Århus-Übereinkommens sieht die Beteiligung der Öffentlichkeit bei umweltbezogenen Plänen und Programmen vor.

(9) Artikel 9 Absätze 2 und 4 des Århus-Übereinkommens sieht Bestimmungen über den Zugang zu gerichtlichen oder anderen Verfahren zwecks Anfechtung der materiell- und verfahrensrechtlichen Rechtmäßigkeit von Entscheidungen, Handlungen oder Unterlassungen in Fällen vor, in denen gemäß Artikel 6 des Übereinkommens eine Öffentlichkeitsbeteiligung vorgesehen ist.

(10) Für bestimmte Richtlinien im Umweltbereich, aufgrund deren die Mitgliedstaaten umweltbezogene Pläne und Programme erstellen müssen, die jedoch keine hinreichenden Bestimmungen über die Beteiligung der Öffentlichkeit enthalten, sollten Bestimmungen erlassen werden, die die Beteiligung der Öffentlichkeit in Einklang mit dem Århus-Übereinkommen, insbesondere mit Artikel 7, gewährleisten. Andere einschlägige Rechtsvorschriften der Gemeinschaft enthalten bereits Bestimmungen über die Beteiligung der Öffentlichkeit bei der Ausarbeitung von Plänen und Programmen, und in Zukunft werden Anforderungen hinsichtlich der Beteiligung der Öffentlichkeit im Einklang mit dem Århus-Übereinkommen von Anfang an in die einschlägigen Rechtsvorschriften einbezogen.

(11) Die Richtlinie 85/337/EWG des Rates vom 27. Juni 1985 über die Umweltverträglichkeitsprüfung bei bestimmten öffentlichen und privaten Projekten[5] und

---

5 ABl. L 175 vom 5.7.1985, S. 40. Geändert durch die Richtlinie 97/11/EG (ABl. L 73 vom 14.3.1997, S. 5).

die Richtlinie 96/61/EG des Rates vom 24. September 1996 über die integrierte Vermeidung und Verminderung der Umweltverschmutzung[6] sollten geändert werden, um ihre vollständige Übereinstimmung mit den Bestimmungen des Århus-Übereinkommens, insbesondere mit Artikel 6 und Artikel 9 Absätze 2 und 4, sicherzustellen.

(12) Da das Ziel der vorgeschlagenen Maßnahme, nämlich zur Erfüllung der Pflichten aufgrund des Århus-Übereinkommens beizutragen, auf Ebene der Mitgliedstaaten nicht ausreichend erreicht werden kann und daher wegen des Umfangs und der Wirkungen der Maßnahme besser auf Gemeinschaftsebene zu erreichen ist, kann die Gemeinschaft im Einklang mit dem in Artikel 5 des Vertrags niedergelegten Subsidiaritätsprinzip tätig werden. Entsprechend dem in demselben Artikel genannten Verhältnismäßigkeitsprinzip geht diese Richtlinie nicht über das für die Erreichung dieses Zieles erforderliche Maß hinaus –

HABEN FOLGENDE RICHTLINIE ERLASSEN:

Artikel 1
Ziel

Ziel dieser Richtlinie ist es, zur Erfüllung der Pflichten aufgrund des Århus-Übereinkommens beizutragen, insbesondere durch

a) Bestimmungen über eine Beteiligung der Öffentlichkeit bei der Ausarbeitung bestimmter umweltbezogener Pläne und Programme und

b) eine verbesserte Öffentlichkeitsbeteiligung sowie Bestimmungen über den Zugang zu den Gerichten im Rahmen der Richtlinien 85/337/EWG und 96/61/EG des Rates.

Artikel 2
Öffentlichkeitsbeteiligung bei Plänen und Programmen

(1) Im Sinne dieses Artikels bezeichnet der Ausdruck „Öffentlichkeit" eine oder mehrere natürliche oder juristische Personen und, in Übereinstimmung mit den innerstaatlichen Rechtsvorschriften oder der innerstaatlichen Praxis, deren Vereinigungen, Organisationen oder Gruppen.

(2) Die Mitgliedstaaten stellen sicher, dass die Öffentlichkeit frühzeitig und in effektiver Weise die Möglichkeit erhält, sich an der Vorbereitung und Änderung oder Überarbeitung der Pläne oder der Programme zu beteiligen, die aufgrund der in Anhang I aufgeführten Vorschriften auszuarbeiten sind.

Zu diesem Zweck stellen die Mitgliedstaaten sicher, dass

a) die Öffentlichkeit durch öffentliche Bekanntmachung oder auf anderem geeignetem Wege, wie durch elektronische Medien, soweit diese zur Verfügung stehen, über Vorschläge für solche Pläne oder Programme bzw. für deren Änderung oder

---

6 ABl. L 257 vom 10.10.1996, S. 26.

Überarbeitung unterrichtet wird und dass die einschlägigen Informationen über diese Vorschläge der Öffentlichkeit zugänglich gemacht werden, unter anderem auch Informationen über das Recht auf Beteiligung am Entscheidungsverfahren sowie über die zuständige Behörde, an die Stellungnahmen oder Fragen gerichtet werden können;

b) die Öffentlichkeit das Recht hat, Stellung zu nehmen und Meinungen zu äußern, wenn alle Optionen noch offen stehen und bevor Entscheidungen über die Pläne und Programme getroffen werden;

c) das Ergebnis der Öffentlichkeitsbeteiligung bei der Entscheidung angemessen berücksichtigt wird;

d) die zuständige Behörde sich nach Prüfung der von der Öffentlichkeit vorgebrachten Meinungen und Stellungnahmen in angemessener Weise bemüht, die Öffentlichkeit über die getroffenen Entscheidungen und die Gründe und Erwägungen, auf denen diese Entscheidungen beruhen, zu unterrichten, auch über das Verfahren zur Beteiligung der Öffentlichkeit.

(3) Die Mitgliedstaaten ermitteln die Kreise der Öffentlichkeit, die für die Zwecke des Absatzes 2 ein Beteiligungsrecht haben; hierzu zählen relevante Nichtregierungsorganisationen, z. B. Organisationen, die sich für den Umweltschutz einsetzen, sofern sie alle nach innerstaatlichem Recht geltenden Voraussetzungen erfüllen.

Die genauen Bestimmungen für die Öffentlichkeitsbeteiligung im Rahmen dieses Artikels werden von den Mitgliedstaaten so festgelegt, dass eine effektive Vorbereitung und Beteiligung der Öffentlichkeit möglich ist.

Der Zeitrahmen muss so gewählt werden, dass ausreichend Zeit für die verschiedenen in diesem Artikel vorgesehenen Phasen der Öffentlichkeitsbeteiligung zur Verfügung steht.

(4) Dieser Artikel gilt nicht für Pläne und Programme, die ausschließlich zur Landesverteidigung dienen oder die aus Anlass ziviler Notfälle beschlossen werden.

(5) Dieser Artikel gilt nicht für die in Anhang I aufgeführten Pläne und Programme, für die gemäß der Richtlinie 2001/42/EG des Europäischen Parlaments und des Rates vom 27. Juni 2001 über die Prüfung der Umweltauswirkungen bestimmter Pläne und Programme[7] oder gemäß der Richtlinie 2000/60/EG des Europäischen Parlaments und des Rates vom 23. Oktober 2000 zur Schaffung eines Ordnungsrahmens für Maßnahmen der Gemeinschaft im Bereich der Wasserpolitik[8] ein Öffentlichkeitsbeteiligungsverfahren durchgeführt wird.

---

7 ABl. L 197 vom 21.7.2001, S. 30.
8 ABl. L 327 vom 22.12.2000, S. 1. Geändert durch die Entscheidung Nr. 2455/2001/EG (ABl. L 331 vom 15.12.2001, S. 1).

Artikel 3
Änderung der Richtlinie 85/337/EWG

Die Richtlinie 85/337/EWG wird wie folgt geändert:

1. In Artikel 1 Absatz 2 werden die folgenden Begriffsbestimmungen hinzugefügt:

„Öffentlichkeit': eine oder mehrere natürliche oder juristische Personen und, in Übereinstimmung mit den innerstaatlichen Rechtsvorschriften oder der innerstaatlichen Praxis, deren Vereinigungen, Organisationen oder Gruppen;

‚betroffene Öffentlichkeit': die von umweltbezogenen Entscheidungsverfahren gemäß Artikel 2 Absatz 2 betroffene oder wahrscheinlich betroffene Öffentlichkeit oder die Öffentlichkeit mit einem Interesse daran; im Sinne dieser Begriffsbestimmung haben Nichtregierungsorganisationen, die sich für den Umweltschutz einsetzen und alle nach innerstaatlichem Recht geltenden Voraussetzungen erfüllen, ein Interesse:"

2. Artikel 1 Absatz 4 erhält folgende Fassung:

„(4) Die Mitgliedstaaten können – auf Grundlage einer Einzelfallbetrachtung, sofern eine solche nach innerstaatlichem Recht vorgesehen ist – entscheiden, diese Richtlinie nicht auf Projekte anzuwenden, die Zwecken der Landesverteidigung dienen, wenn sie der Auffassung sind, dass sich eine derartige Anwendung negativ auf diese Zwecke auswirken würde."

3. Artikel 2 Absatz 3 Buchstaben a) und b) erhalten folgende Fassung:

„a) prüfen, ob eine andere Form der Prüfung angemessen ist;

b) der betroffenen Öffentlichkeit die im Rahmen anderer Formen der Prüfung nach Buchstabe a) gewonnenen Informationen, die Informationen betreffend diese Ausnahme und die Gründe für die Gewährung der Ausnahme zugänglich machen."

4. Artikel 6 Absätze 2 und 3 werden durch folgende Absätze ersetzt:

„(2) Die Öffentlichkeit wird durch öffentliche Bekanntmachung oder auf anderem geeignetem Wege, wie durch elektronische Medien, soweit diese zur Verfügung stehen, frühzeitig im Rahmen umweltbezogener Entscheidungsverfahren gemäß Artikel 2 Absatz 2, spätestens jedoch, sobald die Informationen nach vernünftigem Ermessen zur Verfügung gestellt werden können, über Folgendes informiert:

a) den Genehmigungsantrag;

b) die Tatsache, dass das Projekt Gegenstand einer Umweltverträglichkeitsprüfung ist, und gegebenenfalls die Tatsache, dass Artikel 7 Anwendung findet;

c) genaue Angaben zu den jeweiligen Behörden, die für die Entscheidung zuständig sind, bei denen relevante Informationen erhältlich sind bzw. bei denen Stellungnahmen oder Fragen eingereicht werden können, sowie zu vorgesehenen Fristen für die Übermittlung von Stellungnahmen oder Fragen;

d) die Art möglicher Entscheidungen, oder, soweit vorhanden, den Entscheidungsentwurf;

e) die Angaben über die Verfügbarkeit der Informationen, die gemäß Artikel 5 eingeholt wurden;

f) die Angaben, wann, wo und in welcher Weise die relevanten Informationen zugänglich gemacht werden;

g) Einzelheiten zu den Vorkehrungen für die Beteiligung der Öffentlichkeit nach Absatz 5 dieses Artikels.

(3) Die Mitgliedstaaten stellen sicher, dass der betroffenen Öffentlichkeit innerhalb eines angemessenen zeitlichen Rahmens Folgendes zugänglich gemacht wird:

a) alle Informationen, die gemäß Artikel 5 eingeholt wurden;

b) in Übereinstimmung mit den nationalen Rechtsvorschriften die wichtigsten Berichte und Empfehlungen, die der bzw. den zuständigen Behörden zu dem Zeitpunkt vorliegen, zu dem die betroffene Öffentlichkeit nach Absatz 2 dieses Artikels informiert wird;

c) in Übereinstimmung mit den Bestimmungen der Richtlinie 2003/4/EG des Europäischen Parlaments und des Rates vom 28. Januar 2003 über den Zugang der Öffentlichkeit zu Umweltinformationen[9] andere als die in Absatz 2 dieses Artikels genannten Informationen, die für die Entscheidung nach Artikel 8 von Bedeutung sind und die erst zugänglich werden, nachdem die betroffene Öffentlichkeit nach Absatz 2 dieses Artikels informiert wurde.

(4) Die betroffene Öffentlichkeit erhält frühzeitig und in effektiver Weise die Möglichkeit, sich an den umweltbezogenen Entscheidungsverfahren gemäß Artikel 2 Absatz 2 zu beteiligen, und hat zu diesem Zweck das Recht, der zuständigen Behörde bzw. den zuständigen Behörden gegenüber Stellung zu nehmen und Meinungen zu äußern, wenn alle Optionen noch offen stehen und bevor die Entscheidung über den Genehmigungsantrag getroffen wird.

(5) Die genauen Vorkehrungen für die Unterrichtung der Öffentlichkeit (beispielsweise durch Anschläge innerhalb eines gewissen Umkreises oder Veröffentlichung in Lokalzeitungen) und Anhörung der betroffenen Öffentlichkeit (beispielsweise durch Aufforderung zu schriftlichen Stellungnahmen oder durch eine öffentliche Anhörung) werden von den Mitgliedstaaten festgelegt.

(6) Der Zeitrahmen für die verschiedenen Phasen muss so gewählt werden, dass ausreichend Zeit zur Verfügung steht, um die Öffentlichkeit zu informieren, und dass der betroffenen Öffentlichkeit ausreichend Zeit zur effektiven Vorbereitung und Beteiligung während des umweltbezogenen Entscheidungsverfahrens vorbehaltlich der Bestimmungen dieses Artikels gegeben wird."

5. Artikel 7 wird wie folgt geändert:

a) Die Absätze 1 und 2 erhalten folgende Fassung:

„(1) Stellt ein Mitgliedstaat fest, dass ein Projekt erhebliche Auswirkungen auf die Umwelt eines anderen Mitgliedstaats haben könnte, oder stellt ein Mitgliedstaat,

---

9 ABl. L 41 vom 14.2.2003, S. 26.

der möglicherweise davon erheblich betroffen ist, einen entsprechenden Antrag, so übermittelt der Mitgliedstaat, in dessen Hoheitsgebiet das Projekt durchgeführt werden soll, dem betroffenen Mitgliedstaat so bald wie möglich, spätestens aber zu dem Zeitpunkt, zu dem er in seinem eigenen Land die Öffentlichkeit unterrichtet, unter anderem

a) eine Beschreibung des Projekts zusammen mit allen verfügbaren Angaben über dessen mögliche grenzüberschreitende Auswirkungen,

b) Angaben über die Art der möglichen Entscheidung

und räumt dem anderen Mitgliedstaat eine angemessene Frist für dessen Mitteilung ein, ob er an dem umweltbezogenen Entscheidungsverfahren gemäß Artikel 2 Absatz 2 teilzunehmen wünscht oder nicht; ferner kann er die in Absatz 2 dieses Artikels genannten Angaben beifügen.

(2) Teilt ein Mitgliedstaat nach Erhalt der in Absatz 1 genannten Angaben mit, dass er an dem umweltbezogenen Entscheidungsverfahren gemäß Artikel 2 Absatz 2 teilzunehmen beabsichtigt, so übermittelt der Mitgliedstaat, in dessen Hoheitsgebiet das Projekt durchgeführt werden soll, sofern noch nicht geschehen, dem betroffenen Mitgliedstaat die nach Artikel 6 Absatz 2 erforderlichen und nach Artikel 6 Absatz 3 Buchstaben a) und b) bereitgestellten Informationen."

b) Absatz 5 erhält folgende Fassung:

„(5) Die Einzelheiten der Durchführung dieses Artikels können von den betroffenen Mitgliedstaaten festgelegt werden; sie müssen derart beschaffen sein, dass die betroffene Öffentlichkeit im Hoheitsgebiet des betroffenen Mitgliedstaats die Möglichkeit erhält, effektiv an den umweltbezogenen Entscheidungsverfahren gemäß Artikel 2 Absatz 2 für das Projekt teilzunehmen."

6. Artikel 9 wird wie folgt geändert:

a) Absatz 1 erhält folgende Fassung:

„(1) Wurde eine Entscheidung über die Erteilung oder die Verweigerung einer Genehmigung getroffen, so gibt (geben) die zuständige(n) Behörde(n) dies der Öffentlichkeit nach den entsprechenden Verfahren bekannt und macht (machen) ihr folgende Angaben zugänglich:

– den Inhalt der Entscheidung und die gegebenenfalls mit der Entscheidung verbundenen Bedingungen;

– nach Prüfung der von der betroffenen Öffentlichkeit vorgebrachten Bedenken und Meinungen die Hauptgründe und -erwägungen, auf denen die Entscheidung beruht, einschließlich Angaben über das Verfahren zur Beteiligung der Öffentlichkeit;

– erforderlichenfalls eine Beschreibung der wichtigsten Maßnahmen, mit denen erhebliche nachteilige Auswirkungen vermieden, verringert und, soweit möglich, ausgeglichen werden sollen."

b) Absatz 2 erhält folgende Fassung:

„(2) Die zuständige(n) Behörde(n) unterrichtet (unterrichten) die gemäß Artikel 7 konsultierten Mitgliedstaaten und übermittelt (übermitteln) ihnen die in Absatz 1 dieses Artikels genannten Angaben.

Die konsultierten Mitgliedstaaten stellen sicher, dass diese Informationen der betroffenen Öffentlichkeit in ihrem eigenen Hoheitsgebiet in geeigneter Weise zugänglich gemacht werden."

7. Der folgende Artikel wird eingefügt:

„Artikel 10 a

Die Mitgliedstaaten stellen im Rahmen ihrer innerstaatlichen Rechtsvorschriften sicher, dass Mitglieder der betroffenen Öffentlichkeit, die

a) ein ausreichendes Interesse haben oder alternativ

b) eine Rechtsverletzung geltend machen, sofern das Verwaltungsverfahrensrecht bzw. Verwaltungsprozessrecht eines Mitgliedstaats dies als Voraussetzung erfordert,

Zugang zu einem Überprüfungsverfahren vor einem Gericht oder einer anderen auf gesetzlicher Grundlage geschaffenen unabhängigen und unparteiischen Stelle haben, um die materiellrechtliche und verfahrensrechtliche Rechtmäßigkeit von Entscheidungen, Handlungen oder Unterlassungen anzufechten, für die die Bestimmungen dieser Richtlinie über die Öffentlichkeitsbeteiligung gelten.

Die Mitgliedstaaten legen fest, in welchem Verfahrensstadium die Entscheidungen, Handlungen oder Unterlassungen angefochten werden können.

Was als ausreichendes Interesse und als Rechtsverletzung gilt, bestimmen die Mitgliedstaaten im Einklang mit dem Ziel, der betroffenen Öffentlichkeit einen weiten Zugang zu Gerichten zu gewähren. Zu diesem Zweck gilt das Interesse jeder Nichtregierungsorganisation, welche die in Artikel 1 Absatz 2 genannten Voraussetzungen erfüllt, als ausreichend im Sinne von Absatz 1 Buchstabe a) dieses Artikels. Derartige Organisationen gelten auch als Träger von Rechten, die im Sinne von Absatz 1 Buchstabe b) dieses Artikels verletzt werden können.

Dieser Artikel schließt die Möglichkeit eines vorausgehenden Überprüfungsverfahrens bei einer Verwaltungsbehörde nicht aus und lässt das Erfordernis einer Ausschöpfung der verwaltungsbehördlichen Überprüfungsverfahren vor der Einleitung gerichtlicher Überprüfungsverfahren unberührt, sofern ein derartiges Erfordernis nach innerstaatlichem Recht besteht.

Die betreffenden Verfahren werden fair, gerecht, zügig und nicht übermäßig teuer durchgeführt.

Um die Effektivität dieses Artikels zu fördern, stellen die Mitgliedstaaten sicher, dass der Öffentlichkeit praktische Informationen über den Zugang zu verwaltungsbehördlichen und gerichtlichen Überprüfungsverfahren zugänglich gemacht werden."

8. In Anhang I wird folgende Nummer hinzugefügt:

„22. Jede Änderung oder Erweiterung von Projekten, die in diesem Anhang aufgeführt sind, wenn sie für sich genommen die Schwellenwerte, sofern solche in diesem Anhang festgelegt sind, erreicht."

9. In Anhang II Nummer 13 wird am Ende des ersten Gedankenstrichs Folgendes hinzugefügt:

„(nicht durch Anhang I erfasste Änderung oder Erweiterung)"

Artikel 4
Änderung der Richtlinie 96/61/EG

Die Richtlinie 96/61/EG wird wie folgt geändert:

1. Artikel 2 wird wie folgt geändert:

a) In Nummer 10 Buchstabe b) wird nach dem Semikolon folgender Satz hinzugefügt:

„im Sinne dieser Begriffsbestimmung gilt jede Änderung oder Erweiterung des Betriebs als wesentlich, wenn die Änderung oder Erweiterung für sich genommen die Schwellenwerte, sofern solche in Anhang I festgelegt sind, erreicht;"

b) Folgende Nummern werden hinzugefügt:

„13. ‚Öffentlichkeit' eine oder mehrere natürliche oder juristische Personen und, in Übereinstimmung mit den innerstaatlichen Rechtsvorschriften oder der innerstaatlichen Praxis, deren Vereinigungen, Organisationen oder Gruppen;

14. ‚betroffene Öffentlichkeit' die von einer Entscheidung über die Erteilung oder Aktualisierung einer Genehmigung oder von Genehmigungsauflagen betroffene oder wahrscheinlich betroffene Öffentlichkeit oder die Öffentlichkeit mit einem Interesse daran; im Sinne dieser Begriffsbestimmung haben Nichtregierungsorganisationen, die sich für den Umweltschutz einsetzen und alle nach innerstaatlichem Recht geltenden Voraussetzungen erfüllen, ein Interesse."

2. In Artikel 6 Absatz 1 Unterabsatz 1 wird folgender Gedankenstrich hinzugefügt:

„– die wichtigsten vom Antragsteller gegebenenfalls geprüften Alternativen in einer Übersicht".

3. Artikel 15 wird wie folgt geändert:

a) Absatz 1 erhält folgende Fassung:

„(1) Die Mitgliedstaaten stellen sicher, dass die betroffene Öffentlichkeit frühzeitig und in effektiver Weise die Möglichkeit erhält, sich an folgenden Verfahren zu beteiligen:

– Erteilung einer Genehmigung für neue Anlagen;

– Erteilung einer Genehmigung für wesentliche Änderungen des Betriebs einer Anlage;

– Aktualisierung der Genehmigung oder der Genehmigungsauflagen für eine Anlage im Einklang mit Artikel 13 Absatz 2 erster Gedankenstrich.

Für diese Beteiligung gilt das in Anhang V genannte Verfahren."

b) Der folgende Absatz wird hinzugefügt:

„(5) Wurde eine Entscheidung getroffen, so unterrichtet die zuständige Behörde die Öffentlichkeit nach den entsprechenden Verfahren und macht ihr folgende Informationen zugänglich:

a) den Inhalt der Entscheidung einschließlich einer Kopie der Genehmigung und etwaiger Genehmigungsauflagen sowie späterer Aktualisierungen und

b) nach Prüfung der von der betroffenen Öffentlichkeit vorgebrachten Bedenken und Meinungen die Gründe und Erwägungen, auf denen die Entscheidung beruht, einschließlich Angaben über das Verfahren zur Beteiligung der Öffentlichkeit."

4. Der folgende Artikel wird eingefügt:

„Artikel 15 a
Zugang zu Gerichten

Die Mitgliedstaaten stellen im Rahmen ihrer innerstaatlichen Rechtsvorschriften sicher, dass Mitglieder der betroffenen Öffentlichkeit, die

a) ein ausreichendes Interesse haben oder alternativ

b) eine Rechtsverletzung geltend machen, sofern das Verwaltungsverfahrensrecht bzw. Verwaltungsprozessrecht eines Mitgliedstaats dies als Voraussetzung erfordert,

Zugang zu einem Überprüfungsverfahren vor einem Gericht oder einer anderen auf gesetzlicher Grundlage geschaffenen unabhängigen und unparteiischen Stelle haben, um die materiellrechtliche und verfahrensrechtliche Rechtmäßigkeit von Entscheidungen, Handlungen oder Unterlassungen anzufechten, für die die Bestimmungen dieser Richtlinie über die Öffentlichkeitsbeteiligung gelten.

Die Mitgliedstaaten legen fest, in welchem Verfahrensstadium die Entscheidungen, Handlungen oder Unterlassungen angefochten werden können.

Was als ausreichendes Interesse und als Rechtsverletzung gilt, bestimmen die Mitgliedstaaten im Einklang mit dem Ziel, der betroffenen Öffentlichkeit einen weiten Zugang zu Gerichten zu gewähren. Zu diesem Zweck gilt das Interesse jeder Nichtregierungsorganisation, welche die in Artikel 2 Absatz 14 genannten Voraussetzungen erfüllt, als ausreichend im Sinne von Absatz 1 Buchstabe a) dieses Artikels. Derartige Organisationen gelten auch als Träger von Rechten, die – im Sinne von Absatz 1 Buchstabe b) dieses Artikels – verletzt werden können.

Dieser Artikel schließt die Möglichkeit eines vorangehenden Überprüfungsverfahrens bei einer Verwaltungsbehörde nicht aus und lässt das Erfordernis einer Ausschöpfung der verwaltungsbehördlichen Überprüfungsverfahren vor der Einleitung gerichtlicher Überprüfungsverfahren unberührt, sofern ein derartiges Erfordernis nach innerstaatlichem Recht besteht.

Die betreffenden Verfahren werden fair, gerecht, zügig und nicht übermäßig teuer durchgeführt.

Um die Effektivität dieses Artikels zu fördern, stellen die Mitgliedstaaten sicher, dass der Öffentlichkeit praktische Informationen über den Zugang zu verwaltungsbehördlichen und gerichtlichen Überprüfungsverfahren zugänglich gemacht werden."

5. Artikel 17 wird wie folgt geändert:

a) Absatz 1 erhält folgende Fassung:

„(1) Stellt ein Mitgliedstaat fest, dass der Betrieb einer Anlage erhebliche nachteilige Auswirkungen auf die Umwelt eines anderen Mitgliedstaats haben könnte, oder stellt ein Mitgliedstaat, der möglicherweise davon erheblich berührt wird, ein entsprechendes Ersuchen, so teilt der Mitgliedstaat, in dessen Hoheitsgebiet die Genehmigung nach Artikel 4 oder Artikel 12 Absatz 2 beantragt wurde, dem anderen Mitgliedstaat die nach Anhang V erforderlichen oder bereitgestellten Angaben zum gleichen Zeitpunkt mit, zu dem er sie seinen eigenen Staatsangehörigen zur Verfügung stellt. Diese Angaben dienen als Grundlage für notwendige Konsultationen im Rahmen der bilateralen Beziehungen beider Mitgliedstaaten auf der Basis von Gegenseitigkeit und Gleichwertigkeit."

b) Die folgenden Absätze werden angefügt:

„(3) Die zuständige Behörde berücksichtigt die Ergebnisse der Konsultationen nach den Absätzen 1 und 2, wenn sie über den Antrag entscheidet.

(4) Die zuständige Behörde setzt alle nach Absatz 1 konsultierten Mitgliedstaaten von der Entscheidung über den Antrag in Kenntnis und übermittelt ihnen die in Artikel 15 Absatz 5 genannten Informationen. Jeder konsultierte Mitgliedstaat ergreift die erforderlichen Maßnahmen um sicherzustellen, dass diese Informationen der betroffenen Öffentlichkeit in seinem Hoheitsgebiet in geeigneter Weise zugänglich sind."

6. Es wird ein Anhang V gemäß Anhang II der vorliegenden Richtlinie angefügt.

Artikel 5
Berichte und Überprüfung

Die Kommission legt dem Europäischen Parlament und dem Rat bis zum 25. Juni 2009 einen Bericht über die Anwendung und Wirksamkeit dieser Richtlinie vor. Um Erfordernisse des Umweltschutzes stärker gemäß Artikel 6 des Vertrags einzubeziehen, werden diesem Bericht unter Berücksichtigung der bei der Anwendung dieser Richtlinie in den Mitgliedstaaten gesammelten Erfahrungen gegebenenfalls Vorschläge zur Änderung dieser Richtlinie beigefügt. Die Kommission wird insbesondere die Möglichkeit in Erwägung ziehen, den Geltungsbereich dieser Richtlinie auszudehnen, um andere umweltbezogene Pläne und Programme abzudecken.

Artikel 6
Umsetzung

Die Mitgliedstaaten setzen die Rechts- und Verwaltungsvorschriften in Kraft, die erforderlich sind, um dieser Richtlinie bis zum 25. Juni 2005 nachzukommen. Sie setzen die Kommission unverzüglich davon in Kenntnis.

Wenn die Mitgliedstaaten diese Vorschriften erlassen, nehmen sie in den Vorschriften selbst oder durch einen Hinweis bei der amtlichen Veröffentlichung auf diese Richtlinie Bezug. Die Mitgliedstaaten regeln die Einzelheiten der Bezugnahme.

Artikel 7
Inkrafttreten

Diese Richtlinie tritt am Tag ihrer Veröffentlichung im Amtsblatt der Europäischen Union in Kraft.

Artikel 8
Adressaten

Diese Richtlinie ist an alle Mitgliedstaaten gerichtet.

Geschehen zu Brüssel am 26. Mai 2003.

Im Namen des Europäischen Parlaments

Der Präsident

P. Cox

Im Namen des Rates

Der Präsident

G. Drys

Anhang I
Bestimmungen betreffend Pläne und Programme
im Sinne von Artikel 2

a) Artikel 7 Absatz 1 der Richtlinie 75/442/EWG des Rates vom 15. Juli 1975 über Abfälle[1]

b) Artikel 6 der Richtlinie 91/157/EWG des Rates vom 18. März 1991 über gefährliche Stoffe enthaltende Batterien und Akkumulatoren[2]

c) Artikel 5 Absatz 1 der Richtlinie 91/676/EWG des Rates vom 12. Dezember 1991 zum Schutz der Gewässer vor Verunreinigung durch Nitrat aus landwirtschaftlichen Quellen[3]

d) Artikel 6 Absatz 1 der Richtlinie 91/689/EWG des Rates vom 12. Dezember 1991 über gefährliche Abfälle[4]

e) Artikel 14 der Richtlinie 94/62/EG des Europäischen Parlaments und des Rates vom 20. Dezember 1994 über Verpackungen und Verpackungsabfälle[5]

f) Artikel 8 Absatz 3 der Richtlinie 96/62/EG des Rates vom 27. September 1996 über die Beurteilung und die Kontrolle der Luftqualität[6]

---

1 ABl. L 194 vom 25.7.1975, S. 39. Richtlinie zuletzt geändert durch die Entscheidung 96/350/EG der Kommission (ABl. L 135 vom 6.6.1996, S. 32).
2 ABl. L 78 vom 26.3.1991, S. 38. Richtlinie zuletzt geändert durch die Richtlinie 98/101/EG der Kommission (ABl. L 1 vom 5.1.1999, S. 1).
3 ABl. L 375 vom 31.12.1991, S. 1.
4 ABl. L 377 vom 31.12.1991, S. 20. Richtlinie zuletzt geändert durch die Richtlinie 94/31/EG (ABl. L 168 vom 2.7.1994, S. 28).
5 ABl. L 365 vom 31.12.1994, S. 10.
6 ABl. L 296 vom 21.11.1996, S. 55.

Anhang II

Der Richtlinie 96/61/EG wird der folgende Anhang hinzugefügt:

„ANHANG V

Öffentlichkeitsbeteiligung an Entscheidungsverfahren

1. Die Öffentlichkeit wird (durch öffentliche Bekanntmachung oder auf anderem geeignetem Wege, wie durch elektronische Medien, soweit diese zur Verfügung stehen) frühzeitig im Verlauf des Entscheidungsverfahrens, spätestens jedoch, sobald die Informationen nach vernünftigem Ermessen zur Verfügung gestellt werden können, über Folgendes informiert:

a) den Genehmigungsantrag oder gegebenenfalls den Vorschlag zur Aktualisierung einer Genehmigung oder von Genehmigungsauflagen im Einklang mit Artikel 15 Absatz 1 einschließlich der Beschreibung der in Artikel 6 Absatz 1 aufgeführten Punkte;

b) gegebenenfalls die Tatsache, dass im Rahmen der Entscheidung eine einzelstaatliche oder grenzüberschreitende Umweltverträglichkeitsprüfung oder Konsultationen zwischen den Mitgliedstaaten gemäß Artikel 17 erforderlich sind;

c) genaue Angaben zu den jeweiligen Behörden, die für die Entscheidung zuständig sind, bei denen relevante Informationen erhältlich sind bzw. bei denen Stellungnahmen oder Fragen eingereicht werden können, sowie zu vorgesehenen Fristen für die Übermittlung von Stellungnahmen oder Fragen;

d) die Art möglicher Entscheidungen oder, soweit vorhanden, den Entscheidungsentwurf;

e) gegebenenfalls die Einzelheiten zu einem Vorschlag zur Aktualisierung einer Genehmigung oder von Genehmigungsauflagen;

f) die Angaben dazu, wann, wo und in welcher Weise die einschlägigen Informationen zugänglich sind;

g) die Einzelheiten zu den Bestimmungen für die Beteiligung und Konsultation der Öffentlichkeit nach Nummer 5.

2. Die Mitgliedstaaten stellen sicher, dass der betroffenen Öffentlichkeit innerhalb eines angemessenen zeitlichen Rahmens Folgendes zugänglich gemacht wird:

a) in Übereinstimmung mit den nationalen Rechtsvorschriften die wichtigsten Berichte und Empfehlungen, die der bzw. den zuständigen Behörden zu dem Zeitpunkt vorliegen, zu dem die betroffene Öffentlichkeit nach Nummer 1 informiert wird;

b) in Übereinstimmung mit den Bestimmungen der Richtlinie 2003/4/EG des Europäischen Parlaments und des Rates vom 28. Januar 2003 über den Zugang der Öffentlichkeit zu Umweltinformationen[1] andere als die in Nummer 1 genannten In-

---

1 ABl. L 41 vom 14.2.2003, S. 26.

formationen, die für die Entscheidung nach Artikel 8 von Bedeutung sind und die erst zugänglich werden, nachdem die betroffene Öffentlichkeit nach Nummer 1 informiert wurde.

3. Die betroffene Öffentlichkeit hat das Recht, der zuständigen Behörde gegenüber Stellung zu nehmen und Meinungen zu äußern, bevor eine Entscheidung getroffen wird.

4. Die Ergebnisse der Konsultationen nach diesem Anhang sind bei der Entscheidung in angemessener Weise zu berücksichtigen.

5. Die Mitgliedstaaten treffen genaue Vorkehrungen dafür, wie die Öffentlichkeit unterrichtet (beispielsweise durch Anschläge innerhalb eines gewissen Umkreises oder Veröffentlichung in Lokalzeitungen) und die betroffene Öffentlichkeit angehört (beispielsweise durch Aufforderung zu schriftlichen Stellungnahmen oder durch eine öffentliche Anhörung) wird. Der Zeitrahmen für die verschiedenen Phasen muss so gewählt werden, dass ausreichend Zeit zur Verfügung steht, um die Öffentlichkeit zu informieren, und dass der betroffenen Öffentlichkeit ausreichend Zeit zur effektiven Vorbereitung und Beteiligung während des umweltbezogenen Entscheidungsverfahrens vorbehaltlich der Bestimmungen dieses Anhangs gegeben wird."

Erklärung der Kommission

Die Kommission bestätigt im Hinblick auf das Arbeitsprogramm der Kommission für 2003 ihre Absicht, einen Vorschlag für eine Richtlinie über die Umsetzung des Århus-Übereinkommens in Bezug auf den Zugang zu Gerichten in Umweltangelegenheiten vorzulegen, der für das erste Quartal 2003 vorgesehen ist.

Richtlinie des Rates vom 2. April 1979
über die Erhaltung der wildlebenden Vogelarten*

(79/409/EWG)

ABl. Nr. L 103 vom 25.4.1979, S. 1–18

DER RAT DER EUROPÄISCHEN GEMEINSCHAFTEN –

gestützt auf den Vertrag zur Gründung der Europäischen Wirtschaftsgemeinschaft, insbesondere auf Artikel 235,

auf Vorschlag der Kommission[1],

nach Stellungnahme des Europäischen Parlaments[2],

nach Stellungnahme des Wirtschafts- und Sozialausschusses[3],

in Erwägung nachstehender Gründe:

Die Erklärung des Rates vom 22. November 1973 über ein Aktionsprogramm der Europäischen Gemeinschaften für den Umweltschutz[4] sieht Sonderaktionen für den Vogelschutz vor; diese Aktionen werden ergänzt durch die Entschließung des Rates der Europäischen Gemeinschaften und der im Rat vereinigten Vertreter der Regierungen der Mitgliedstaaten vom 17. Mai 1977 zur Fortschreibung und Durchführung der Umweltpolitik und des Aktionsprogramms der Europäischen Gemeinschaften für den Umweltschutz[5].

Bei vielen im europäischen Gebiet der Mitgliedstaaten wildlebenden Vogelarten ist ein Rückgang der Bestände festzustellen, der in bestimmten Fällen sehr rasch von statten geht. Dieser Rückgang bildet eine ernsthafte Gefahr für die Erhaltung der

---

* Geändert durch: Richtlinie 81/854/EWG des Rates vom 19. Oktober 1981 – ABl. L 319 vom 7.11.1981, S. 3; Richtlinie 85/411/EWG der Kommission vom 25. Juli 1985 – ABl. L 233 vom 30.8.1985, S. 33; Richtlinie 86/122/EWG des Rates vom 8. April 1986 – ABl. L 100 vom 16.4.1986, S. 22; Richtlinie 91/244/EWG der Kommission vom 6. März 1991 – ABl. L 115 vom 8.5.1991, S. 41; Richtlinie 94/24/EG des Rates vom 8. Juni 1994 – ABl. L 164 vom 30.6.1994, S. 9; Richtlinie 97/49/EG der Kommission vom 29. Juli 1997 – ABl. L 223 vom 13.8.1997, S. 9; Verordnung (EG) Nr. 807/2003 des Rates vom 14. April 2003 – ABl. L 122 vom 16.5.2003, S. 36; Richtlinie 2006/105/EG des Rates vom 20. November 2006 – ABl. L 363 vom 20.12.2006, S. 368; Beitrittsakte Griechenlands – ABl. L 291 vom 19.11.1979, S. 17; Beitrittsakte Spaniens und Portugals – ABl. L 302 vom 15.11.1985, S. 23; Beitrittsakte Österreichs, Finnlands und Schwedens – ABl. C 241 vom 29.8.1994, S. 21 (angepaßt durch den Beschluß 95/1/EG, Euratom, EGKS des Rates) – ABl. L 1 vom 1.1.1995, S. 1; Akte über die Bedingungen des Beitritts der Tschechischen Republik, der Republik Estland, der Republik Zypern, der Republik Lettland, der Republik Litauen, der Republik Ungarn, der Republik Malta, der Republik Polen, der Republik Slowenien und der Slowakischen Republik und die Anpassungen der die Europäische Union begründenden Verträge – ABl. L 236 vom 23.9.2003, S.33.

1 ABl. Nr. C 24 vom 1.2.1977, S. 3; ABl. Nr. C 201 vom 23.8.1977, S. 2.

2 ABl. Nr. C 163 vom 11.7.1977, S. 28.

3 ABl. Nr. C 152 vom 29.6.1977, S. 3.

4 ABl. Nr. C 112 vom 20.12.1973, S. 40.

5 ABl. Nr. C 139 vom 13.6.1977, S. 1.

natürlichen Umwelt, da durch diese Entwicklung insbesondere das biologische Gleichgewicht bedroht wird.

Bei den im europäischen Gebiet der Mitgliedstaaten wildlebenden Vogelarten handelt es sich zum großen Teil um Zugvogelarten; diese Arten stellen ein gemeinsames Erbe dar; daher ist der wirksame Schutz dieser Vogelarten ein typisch grenzübergreifendes Umweltproblem, das gemeinsame Verantwortlichkeiten mit sich bringt.

In Grönland sind die Existenzbedingungen für Vögel grundsätzlich verschieden von denen in den anderen Gegenden im europäischen Gebiet der Mitgliedstaaten; dies beruht auf den allgemeinen Gegebenheiten wie insbesondere dem Klima, der geringen Bevölkerungsdichte sowie auf der außergewöhnlichen Ausdehnung und geographischen Lage dieser Insel.

Aus diesem Grund kann diese Richtlinie auf Grönland keine Anwendung finden.

Die Erhaltung der im europäischen Gebiet der Mitgliedstaaten wildlebenden Vogelarten ist für die Verwirklichung der Gemeinschaftsziele auf den Gebieten der Verbesserung der Lebensbedingungen, einer harmonischen Entwicklung der Wirtschaftätigkeit in der gesamten Gemeinschaft und einer ständigen und ausgewogenen Expansion im Rahmen des Gemeinsamen Marktes erforderlich; die in diesem Bereich erforderlichen besonderen Befugnisse sind jedoch nicht im Vertrag vorgesehen.

Die zu treffenden Maßnahmen müssen sich auf die verschiedenen auf die Vogelbestände einwirkenden Faktoren erstrecken, und zwar auf die nachteiligen Folgen der menschlichen Tätigkeiten wie insbesondere Zerstörung und Verschmutzung der Lebensräume der Vögel, Fang und Ausrottung der Vögel durch den Menschen sowie den durch diese Praktiken bewirkten Handel; der Umfang dieser Maßnahmen muß daher im Rahmen einer Vogelschutzpolitik der Situation der einzelnen Vogelarten angepaßt werden.

Bei der Erhaltung der Vogelarten geht es um den langfristigen Schutz und die Bewirtschaftung der natürlichen Ressourcen als Bestandteil des gemeinsamen Erbes der europäischen Völker; sie gestattet die Regulierung dieser Ressourcen und regelt deren Nutzung auf der Grundlage von Maßnahmen, die für die Aufrechterhaltung und Anpassung des natürlichen Gleichgewichts der Arten innerhalb vertretbarer Grenzen erforderlich sind.

Schutz, Pflege oder Wiederherstellung einer ausreichenden Vielfalt und einer ausreichenden Flächengröße der Lebensräume ist für die Erhaltung aller Vogelarten unentbehrlich; für einige Vogelarten müssen besondere Maßnahmen zur Erhaltung ihres Lebensraums getroffen werden, um Fortbestand und Fortpflanzung dieser Arten in ihrem Verbreitungsgebiet zu gewährleisten; diese Maßnahmen müssen auch die Zugvogelarten berücksichtigen und im Hinblick auf die Schaffung eines zusammenhängenden Netzes koordiniert werden.

Damit sich kommerzielle Interessen nicht negativ auf den Umfang der Entnahme auswirken können, muß die Vermarktung allgemein verboten werden und jedwede Ausnahmeregelung ausschließlich auf diejenigen Vogelarten beschränkt werden, deren biologischer Status dies zuläßt; hierbei ist den besonderen Gegebenheiten in den verschiedenen Gegenden Rechnung zu tragen.

Einige Arten können aufgrund ihrer großen Bestände, ihrer geographischen Verbreitung und ihrer Vermehrungsfähigkeit in der gesamten Gemeinschaft Gegenstand einer jagdlichen Nutzung sein; dies stellt eine zulässige Nutzung dar, sofern bestimmte Grenzen gesetzt und eingehalten werden und diese Nutzung mit der Erhaltung der Bestände dieser Arten auf ausreichendem Niveau vereinbar ist.

Die Mittel, Einrichtungen und Methoden für den massiven oder wahllosen Fang oder das massive oder wahllose Töten sowie die Verfolgung aus bestimmten Beförderungsmitteln heraus sind wegen der übermäßigen Bestandsminderung, die dadurch bei den betreffenden Vogelarten eintritt oder eintreten kann, zu untersagen.

Wegen der Bedeutung, die bestimmte besondere Situationen haben können, ist die Möglichkeit einer Abweichung von der Richtlinie unter bestimmten Bedingungen in Verbindung mit einer Überwachung durch die Kommission vorzusehen.

Die Erhaltung der Vögel, vor allem der Zugvögel, stellt noch immer Probleme, an deren Lösung wissenschaftlich gearbeitet werden muß. Aufgrund dieser Arbeiten wird es ferner möglich sein, die Wirksamkeit der getroffenen Maßnahmen zu bewerten.

Es ist im Benehmen mit der Kommission dafür Sorge zu tragen, dass durch das etwaige Ansiedeln von normalerweise nicht wildlebenden Vogelarten in dem europäischen Gebiet der Mitgliedstaaten nicht die örtliche Flora und Fauna beeinträchtigt werden.

Die Kommission erstellt alle drei Jahre einen zusammenfassenden Bericht auf der Grundlage der ihr von den Mitgliedstaaten übermittelten Informationen über die Anwendung der gemäß dieser Richtlinie erlassenen einzelstaatlichen Vorschriften und leitet diesen den Mitgliedstaaten zu.

Der technische und wissenschaftliche Fortschritt macht eine rasche Anpassung bestimmter Anhänge erforderlich. Um die Durchführung der hierfür notwendigen Maßnahmen zu erleichtern, ist ein Verfahren vorzusehen, mit dem eine enge Zusammenarbeit zwischen den Mitgliedstaaten und der Kommission in einem Ausschuß für Anpassung an den wissenschaftlichen und technischen Fortschritt eingeführt wird –

HAT FOLGENDE RICHTLINIE ERLASSEN:

Artikel 1

(1) Diese Richtlinie betrifft die Erhaltung sämtlicher wildlebenden Vogelarten, die im europäischen Gebiet der Mitgliedstaaten, auf welches der Vertrag Anwendung findet, heimisch sind. Sie hat den Schutz, die Bewirtschaftung und die Regulierung dieser Arten zum Ziel und regelt die Nutzung dieser Arten.

(2) Sie gilt für Vögel, ihre Eier, Nester und Lebensräume.

(3) Diese Richtlinie findet keine Anwendung auf Grönland.

Artikel 2

Die Mitgliedstaaten treffen die erforderlichen Maßnahmen, um die Bestände aller unter Artikel 1 fallenden Vogelarten auf einem Stand zu halten oder auf einen Stand zu bringen, der insbesondere den ökologischen, wissenschaftlichen und kulturellen Erfordernissen entspricht, wobei den wirtschaftlichen und freizeitbedingten Erfordernissen Rechnung getragen wird.

Artikel 3

(1) Die Mitgliedstaaten treffen unter Berücksichtigung der in Artikel 2 genannten Erfordernisse die erforderlichen Maßnahmen, um für alle unter Artikel 1 fallenden Vogelarten eine ausreichende Vielfalt und eine ausreichende Flächengröße der Lebensräume zu erhalten oder wieder herzustellen.

(2) Zur Erhaltung und Wiederherstellung der Lebensstätten und Lebensräume gehören insbesondere folgende Maßnahmen:

a) Einrichtung von Schutzgebieten,

b) Pflege und ökologisch richtige Gestaltung der Lebensräume in und außerhalb von Schutzgebieten,

c) Wiederherstellung zerstörter Lebensstätten,

d) Neuschaffung von Lebensstätten.

Artikel 4

(1) Auf die in Anhang I aufgeführten Arten sind besondere Schutzmaßnahmen hinsichtlich ihrer Lebensräume anzuwenden, um ihr Überleben und ihre Vermehrung in ihrem Verbreitungsgebiet sicherzustellen.

In diesem Zusammenhang ist folgendes zu berücksichtigen:

a) vom Aussterben bedrohte Arten,

b) gegen bestimmte Veränderungen ihrer Lebensräume empfindliche Arten,

c) Arten, die wegen ihres geringen Bestands oder ihrer beschränkten örtlichen Verbreitung als selten gelten,

d) andere Arten, die aufgrund des spezifischen Charakters ihres Lebensraums einer besonderen Aufmerksamkeit bedürfen.

Bei den Bewertungen werden Tendenzen und Schwankungen der Bestände der Vogelarten berücksichtigt.

Die Mitgliedstaaten erklären insbesondere die für die Erhaltung dieser Arten zahlen- und flächenmäßig geeignetsten Gebiete zu Schutzgebieten, wobei die Erfordernisse des Schutzes dieser Arten in dem geographischen Meeres- und Landgebiet, in dem diese Richtlinie Anwendung findet, zu berücksichtigen sind.

(2) Die Mitgliedstaaten treffen unter Berücksichtigung der Schutzerfordernisse in dem geographischen Meeres- und Landgebiet, in dem diese Richtlinie Anwendung findet, entsprechende Maßnahmen für die nicht in Anhang I aufgeführten, regelmäßig auftretenden Zugvogelarten hinsichtlich ihrer Vermehrungs-, Mauser- und Überwinterungsgebiete sowie der Rastplätze in ihren Wanderungsgebieten. Zu diesem Zweck messen die Mitgliedstaaten dem Schutz der Feuchtgebiete und ganz besonders der international bedeutsamen Feuchtgebiete besondere Bedeutung bei.

(3) Die Mitgliedstaaten übermitteln der Kommission alle sachdienlichen Informationen, so daß diese geeignete Initiativen im Hinblick auf die erforderliche Koordinierung ergreifen kann, damit die in Absatz 1 und die in Absatz 2 genannten Gebiete ein zusammenhängendes Netz darstellen, das den Erfordernissen des Schutzes der Arten in dem geographischen Meeres- und Landgebiet, in dem diese Richtlinie Anwendung findet, Rechnung trägt.

(4) Die Mitgliedstaaten treffen geeignete Maßnahmen, um die Verschmutzung oder Beeinträchtigung der Lebensräume sowie die Belästigung der Vögel, sofern sich diese auf die Zielsetzungen dieses Artikels erheblich auswirken, in den Absätzen 1 und 2 genannten Schutzgebieten zu vermeiden. Die Mitgliedstaaten bemühen sich ferner, auch außerhalb dieser Schutzgebiete die Verschmutzung oder Beeinträchtigung der Lebensräume zu vermeiden.

Artikel 5

Unbeschadet der Artikel 7 und 9 treffen die Mitgliedstaaten die erforderlichen Maßnahmen zur Schaffung einer allgemeinen Regelung zum Schutz aller unter Artikel 1 fallenden Vogelarten, insbesondere das Verbot

a) des absichtlichen Tötens oder Fangens, ungeachtet der angewandten Methode;

b) der absichtlichen Zerstörung oder Beschädigung von Nestern und Eiern und der Entfernung von Nestern;

c) des Sammelns der Eier in der Natur und des Besitzes dieser Eier, auch in leerem Zustand;

d) ihres absichtlichen Störens, insbesondere während der Brut- und Aufzuchtzeit, sofern sich diese Störung auf die Zielsetzung dieser Richtlinie erheblich auswirkt;

e) des Haltens von Vögeln der Arten, die nicht bejagt oder gefangen werden dürfen.

Artikel 6

(1) Unbeschadet der Absätze 2 und 3 untersagen die Mitgliedstaaten für alle unter Artikel 1 fallenden Vogelarten den Verkauf von lebenden und toten Vögeln und

von deren ohne weiteres erkennbaren Teilen oder aus diesen Tieren gewonnenen Erzeugnissen sowie deren Beförderung und Halten für den Verkauf und das Anbieten zum Verkauf.

(2) Die Tätigkeiten nach Absatz 1 sind für die in Anhang III Teil 1 genannten Arten nicht untersagt, sofern die Vögel rechtmäßig getötet oder gefangen oder sonst rechtmäßig erworben worden sind.

(3) Die Mitgliedstaaten können in ihrem Gebiet die Tätigkeiten nach Absatz 1 bei den in Anhang III Teil 2 aufgeführten Vogelarten genehmigen und dabei Beschränkungen vorsehen, sofern die Vögel rechtmäßig getötet oder gefangen oder sonst rechtmäßig erworben worden sind.

Die Mitgliedstaaten, die eine solche Genehmigung erteilen wollen, konsultieren vorher die Kommission, mit der sie prüfen, ob durch eine Vermarktung von Vögeln der betreffenden Art aller Voraussicht nach die Populationsgröße, die geographische Verbreitung oder die Vermehrungsfähigkeit dieser Arten in der gesamten Gemeinschaft gefährdet würde oder gefährdet werden könnte. Ergibt diese Prüfung, daß die beabsichtigte Genehmigung nach Ansicht der Kommission zu einer der obengenannten Gefährdungen führt oder führen kann, so richtet die Kommission an den Mitgliedstaat eine begründete Empfehlung, mit der einer Vermarktung der betreffenden Art widersprochen wird. Besteht eine solche Gefährdung nach Auffassung der Kommission nicht, so teilt sie dies dem Mitgliedstaat mit.

Die Empfehlung der Kommission wird im *Amtsblatt der Europäischen Gemeinschaften* veröffentlicht.

Der Mitgliedstaat, der eine Genehmigung nach diesem Absatz erteilt, prüft in regelmäßigen Zeitabständen, ob die Voraussetzungen für die Erteilung dieser Genehmigung noch vorliegen.

(4) Hinsichtlich der in Anhang III Teil 3 aufgeführten Arten führt die Kommission Untersuchungen über ihren biologischen Status und die Auswirkungen der Vermarktung darauf durch.

Sie unterbreitet spätestens 4 Monate vor dem Ende der in Artikel 18 Absatz 1 genannten Frist dem in Artikel 16 genannten Ausschuß einen Bericht und macht Vorschläge im Hinblick auf die Aufnahme dieser Arten in Anhang III Teil 2.

Bis zu diesem Beschluß können die Mitgliedstaaten vorbehaltlich des Absatzes 3 auf diese Arten die bestehenden innerstaatlichen Rechtsvorschriften anwenden.

Artikel 7

(1) Die in Anhang II aufgeführten Arten dürfen aufgrund ihrer Populationsgröße, ihrer geographischen Verbreitung und ihrer Vermehrungsfähigkeit in der gesamten Gemeinschaft im Rahmen der einzelstaatlichen Rechtsvorschriften bejagt werden. Die Mitgliedstaaten sorgen dafür, daß die Jagd auf diese Vogelarten die Anstrengungen, die in ihrem Verbreitungsgebiet zu ihrer Erhaltung unternommen werden, nicht zunichte macht.

(2) Die in Anhang II Teil 1 aufgeführten Arten dürfen in dem geographischen Meeres- und Landgebiet, in dem diese Richtlinie Anwendung findet, bejagt werden.

(3) Die in Anhang II Teil 2 aufgeführten Arten dürfen nur in den Mitgliedstaaten, bei denen sie angegeben sind, bejagt werden.

(4) Die Mitgliedstaaten vergewissern sich, daß bei der Jagdausübung – gegebenenfalls unter Einschluß der Falknerei –, wie sie sich aus der Anwendung der geltenden einzelstaatlichen Vorschriften ergibt, die Grundsätze für eine vernünftige Nutzung und eine ökologisch ausgewogene Regulierung der Bestände der betreffenden Vogelarten, insbesondere der Zugvogelarten, eingehalten werden und daß diese Jagdausübung hinsichtlich der Bestände dieser Arten mit den Bestimmungen aufgrund von Artikel 2 vereinbar ist. Sie sorgen insbesondere dafür, daß die Arten, auf die die Jagdvorschriften Anwendung finden, nicht während der Nistzeit oder während der einzelnen Phasen der Brut- und Aufzuchtzeit bejagt werden. Wenn es sich um Zugvögel handelt, sorgen sie insbesondere dafür, daß die Arten, für die die einzelstaatlichen Jagdvorschriften gelten nicht während der Brut- und Aufzuchtzeit oder während ihres Rückzugs zu den Nistplätzen bejagt werden. Die Mitgliedstaaten übermitteln der Kommission alle zweckdienlichen Angaben über die praktische Anwendung der Jagdgesetzgebung.

Artikel 8

(1) Was die Jagd, den Fang oder die Tötung von Vögeln im Rahmen dieser Richtlinie betrifft, so untersagen die Mitgliedstaaten sämtliche Mittel, Einrichtungen oder Methoden, mit denen Vögel in Mengen oder wahllos gefangen oder getötet werden oder die gebietsweise das Verschwinden einer Vogelart nach sich ziehen können, insbesondere die in Anhang IV Buchstabe a) aufgeführten Mittel, Einrichtungen und Methoden.

(2) Ferner untersagen die Mitgliedstaaten jegliche Verfolgung aus den in Anhang IV Buchstabe b) aufgeführten Beförderungsmitteln heraus und unter den dort genannten Bedingungen.

Artikel 9

(1) Die Mitgliedstaaten können, sofern es keine andere zufrieden stellende Lösung gibt, aus den nachstehenden Gründen von den Artikeln 5, 6, 7 und 8 abweichen:

a) – im Interesse der Volksgesundheit und der öffentlichen Sicherheit,

– im Interesse der Sicherheit der Luftfahrt,

– zur Abwendung erheblicher Schäden an Kulturen, Viehbeständen, Wäldern, Fischereigebieten und Gewässern,

– zum Schutz der Pflanzen- und Tierwelt;

b) zu Forschungs- und Unterrichtszwecken, zur Aufstockung der Bestände, zur Wiederansiedlung und zur Aufzucht im Zusammenhang mit diesen Maßnahmen;

c) um unter streng überwachten Bedingungen selektiv den Fang, die Haltung oder jede andre vernünftige Nutzung bestimmter Vogelarten in geringen Mengen zu ermöglichen.

(2) In den abweichenden Bestimmungen ist anzugeben,

– für welche Vogelarten die Abweichungen gelten,

– die zugelassenen Fang- oder Tötungsmittel, -einrichtungen und -methoden,

– die Art der Risiken und die zeitlichen und örtlichen Umstände, unter denen diese Abweichungen getroffen werden können,

– die Stelle, die befugt ist zu erklären, daß die erforderlichen Voraussetzungen gegeben sind, und zu beschließen, welche Mittel, Einrichtungen und Methoden in welchem Rahmen von wem angewandt werden können,

– welche Kontrollen vorzunehmen sind.

(3) Die Mitgliedstaaten übermitteln der Kommission jährlich einen Bericht über die Anwendung dieses Artikels.

(4) Die Kommission achtet anhand der ihr vorliegenden Informationen, insbesondere der Informationen, die ihr nach Absatz 3 mitgeteilt werden, ständig darauf, daß die Auswirkungen dieser Abweichungen mit dieser Richtlinie vereinbar sind. Sie trifft entsprechende Maßnahmen.

Artikel 10

(1) Die Mitgliedstaaten fördern die zum Schutz, zur Regulierung und zur Nutzung der Bestände aller unter Artikel 1 fallenden Vogelarten notwendigen Forschungen und Arbeiten.

(2) Den Forschungen und Arbeiten betreffend die in Anhang V aufgeführten Themen wird besondere Aufmerksamkeit gewidmet. Die Mitgliedstaaten übermitteln der Kommission alle notwendigen Informationen, damit sie entsprechende Maßnahmen im Hinblick auf die Koordinierung der in diesem Artikel genannten Forschungen und Arbeiten ergreifen kann.

Artikel 11

Die Mitgliedstaaten sorgen dafür, daß sich die etwaige Ansiedlung wildlebender Vogelarten, die im europäischen Hoheitsgebiet der Mitgliedstaaten nicht heimisch sind, nicht nachteilig auf die örtliche Tier- und Pflanzenwelt auswirkt. Sie konsultieren dazu die Kommission.

Artikel 12

(1) Die Mitgliedstaaten übermitteln der Kommission alle drei Jahre nach dem Ende der in Artikel 18 Absatz 1 genannten Frist einen Bericht über die Anwendung der aufgrund dieser Richtlinie erlassenen einzelstaatlichen Vorschriften.

(2) Die Kommission erstellt alle drei Jahre anhand der in Absatz 1 genannten Informationen einen zusammenfassenden Bericht. Der Teil des Entwurfs für diesen Bericht, der die von einem Mitgliedstaat übermittelten Informationen betrifft, wird den Behörden dieses Mitgliedstaats zur Überprüfung vorgelegt. Die endgültige Fassung des Berichtes wird den Mitgliedstaaten mitgeteilt.

Artikel 13

Die Anwendung der aufgrund dieser Richtlinie getroffenen Maßnahmen darf in bezug auf die Erhaltung aller unter Artikel 1 fallenden Vogelarten nicht zu einer Verschlechterung der derzeitigen Lage führen.

Artikel 14

Die Mitgliedstaaten können strengere Schutzmaßnahmen ergreifen, als sie in dieser Richtlinie vorgesehen sind.

Artikel 15

Die Änderungen, die erforderlich sind, um die Anhänge I und V an den technischen und wissenschaftlichen Fortschritt anzupassen, sowie die in Artikel 6 Absatz 4 zweiter Unterabsatz bezeichneten Änderungen werden nach dem Verfahren des Artikels 17 beschlossen.

Artikel 16

(1) Zum Zweck der in Artikel 15 bezeichneten Änderungen wird ein Ausschuß zur Anpassung dieser Richtlinie an den wissenschaftlichen und technischen Fortschritt, nachstehend „Ausschuß" genannt, eingesetzt, der aus Vertretern der Mitgliedstaaten besteht und in dem ein Vertreter der Kommission den Vorsitz führt.

Artikel 17

(1) Die Kommission wird von dem Ausschuss zur Anpassung dieser Richtlinie an den technischen und wissenschaftlichen Fortschritt unterstützt.

(2) Wird auf diesen Artikel Bezug genommen, so gelten die Artikel 5 und 7 des Beschlusses 1999/468/EG[6].

Der Zeitraum nach Artikel 5 Absatz 6 des Beschlusses 1999/468/EG wird auf drei Monate festgesetzt.

(3) Der Ausschuss gibt sich eine Geschäftsordnung.

Artikel 18

(1) Die Mitgliedstaaten setzen die erforderlichen Rechts- und Verwaltungsvorschriften in Kraft, um dieser Richtlinie innerhalb von zwei Jahren nach ihrer Be-

---

6 ABI. L 184 vom 17.7.1999, S. 23.

kanntgabe nachzukommen. Sie setzen die Kommission hiervon unverzüglich in Kenntnis.

(2) Die Mitgliedstaaten übermitteln der Kommission den Wortlaut der wichtigsten innerstaatlichen Rechtsvorschriften, die sie auf dem unter diese Richtlinie fallenden Gebiet erlassen.

Artikel 19

Diese Richtlinie ist an die Mitgliedstaaten gerichtet.

(Geschehen zu Luxemburg am 2. April 1979.

Im Namen des Rates

Der Präsident

J. François-Poncet

ПРИЛОЖЕНИЕ I – ANEXO I – PŘÍLOHA I – BILAG I – ANHANG I – I LISA – ПАРАРТHMA I – ANNEX I – ANNEXE I – ALLEGATO I – I PIELIKUMS – I PRIEDAS – I. MELLÉKLET – ANNESS I – BIJLAGE I – ZAŁĄCZNIK I – ANEXO I – ANEXA I – PRÍLOHA I – PRILOGA I – LITTLE I – BILAGA I

a)
GAVIIFORMES
Gaviidae
Gavia stellata
Gavia arctica
Gavia immer

PODICIPEDIFORMES
Podicipedidae
Podiceps auritus

PROCELLARIIFORMES
Procellariidae
Pterodroma madeira
Pterodroma feae
Bulweria bulwerii
Calonectris diomedea
Puffinus puffinus mauretanicus
  (Puffinus mauretanicus)
Puffinus yelkouan
Puffinus assimilis
Hydrobatidae
Pelagodroma marina
Hydrobates pelagicus
Oceanodroma leucorhoa
Oceanodroma castro

PELECANIFORMES
Pelecanidae
Pelecanus onocrotalus
Pelecanus crispus
Phalacrocoracidae
Phalacrocorax aristotelis desmarestii
Phalacrocorax pygmeus

CICONIIFORMES
Ardeidae
Botaurus stellaris
Ixobrychus minutus
Nycticorax nycticorax
Ardeola ralloides
Egretta garzetta
Egretta alba (Ardea alba)

Ardea purpurea
Ciconiidae
Ciconia nigra
Ciconia ciconia
Threskiornithidae
Plegadis falcinellus
Platalea leucorodia

PHOENICOPTERIFORMES
Phoenicopteridae
Phoenicopterus ruber

ANSERIFORMES
Anatidae
Cygnus bewickii (Cygnus columbia-
  nus bewickii)
Cygnus cygnus
Anser albifrons flavirostris
Anser erythropus
Branta leucopsis
Branta ruficollis
Tadorna ferruginea
Marmaronetta angustirostris
Aythya nyroca
Polysticta stelleri
Mergus albellus (Mergellus albellus)
Oxyura leucocephala

FALCONIFORMES
Pandionidae
Pandion haliaetus
Accipitridae
Pernis apivorus
Elanus caeruleus
Milvus migrans
Milvus milvus
Haliaeetus albicilla
Gypaetus barbatus
Neophron percnopterus
Gyps fulvus
Aegypius monachus
Circaetus gallicus

Circus aeruginosus
Circus cyaneus
Circus macrourus
Circus pygargus
Accipiter gentilis arrigonii
Accipiter nisus granti
Accipiter brevipes
Buteo rufinus
Aquila pomarina
Aquila clanga
Aquila heliaca
Aquila adalberti
Aquila chrysaetos
Hieraaetus pennatus
Hieraaetus fasciatus
Falconidae
Falco naumanni
Falco vespertinus
Falco columbarius
Falco eleonorae
Falco biarmicus
Falco cherrug
Falco rusticolus
Falco peregrinus

GALLIFORMES
Tetraonidae
Bonasa bonasia
Lagopus mutus pyrenaicus
Lagopus mutus helveticus
Tetrao tetrix tetrix
Tetrao urogallus
Phasianidae
Alectoris graeca saxatilis
Alectoris graeca whitakeri
Alectoris barbara
Perdix perdix italica
Perdix perdix hispaniensis

GRUIFORMES
Turnicidae
Turnix sylvatica
Gruidae
Grus grus
Rallidae
Porzana porzana
Porzana parva

Porzana pusilla
Crex crex
Porphyrio porphyrio
Fulica cristata
Otididae
Tetrax tetrax
Chlamydotis undulata
Otis tarda

CHARADRIIFORMES
Recurvirostridae
Himantopus himantopus
Recurvirostra avosetta
Burhinidae
Burhinus oedicnemus
Glareolidae
Cursorius cursor
Glareola pratincola
Charadriidae
Charadrius alexandrinus
Charadrius morinellus (Eudromias morinellus)
Pluvialis apricaria
Hoplopterus spinosus
Scolopacidae
Calidris alpina schinzii
Philomachus pugnax
Gallinago media
Limosa lapponica
Numenius tenuirostris
Tringa glareola
Xenus cinereus (Tringa cinerea)
Phalaropus lobatus
Laridae
Larus melanocephalus
Larus genei
Larus audouinii
Larus minutus
Sternidae
Gelochelidon nilotica (Sterna nilotica)
Sterna caspia
Sterna sandvicensis
Sterna dougallii
Sterna hirundo
Sterna paradisaea
Sterna albifrons

Chlidonias hybridus
Chlidonias niger
Alcidae
Uria aalge ibericus

PTEROCLIFORMES
Pteroclididae
Pterocles orientalis
Pterocles alchata

COLUMBIFORMES
Columbidae
Columba palumbus azorica
Columba trocaz
Columba bollii
Columba junoniae

STRIGIFORMES
Strigidae
Bubo bubo
Nyctea scandiaca
Surnia ulula
Glaucidium passerinum
Strix nebulosa
Strix uralensis
Asio flammeus
Aegolius funereus

CAPRIMULGIFORMES
Caprimulgidae
Caprimulgus europaeus

APODIFORMES
Apodidae
Apus caffer

CORACIIFORMES
Alcedinidae
Alcedo atthis
Coraciidae
Coracias garrulus

PICIFORMES
Picidae
Picus canus
Dryocopus martius
Dendrocopos major canariensis
Dendrocopos major thanneri
Dendrocopos syriacus

Dendrocopos medius
Dendrocopos leucotos
Picoides tridactylus

PASSERIFORMES
Alaudidae
Chersophilus duponti
Melanocorypha calandra
Calandrella brachydactyla
Galerida theklae
Lullula arborea
Motacillidae
Anthus campestris
Troglodytidae
Troglodytes troglodytes fridariensis
Muscicapidae (Turdinae)
Luscinia svecica
Saxicola dacotiae
Oenanthe leucura
Oenanthe cypriaca
Oenanthe pleschanka
Muscicapidae (Sylviinae)
Acrocephalus melanopogon
Acrocephalus paludicola
Hippolais olivetorum
Sylvia sarda
Sylvia undata
Sylvia melanothorax
Sylvia rueppelli
Sylvia nisoria
Muscicapidae (Muscicapinae)
Ficedula parva
Ficedula semitorquata
Ficedula albicollis
Paridae
Parus ater cypriotes
Sittidae
Sitta krueperi
Sitta whiteheadi
Certhiidae
Certhia brachydactyla dorotheae
Laniidae
Lanius collurio
Lanius minor
Lanius nubicus
Corvidae

Pyrrhocorax pyrrhocorax
Fringillidae (Fringillinae)
Fringilla coelebs ombriosa
Fringilla teydea
Fringillidae (Carduelinae)
Loxia scotica
Bucanetes githagineus
*Pyrrhula murina (Pyrrhula pyrrhula
    murina)*
Emberizidae (Emberizinae)
Emberiza cineracea
Emberiza hortulana
Emberiza caesia

ПРИЛОЖЕНИЕ II/1 – ANEXO II/1 – PŘÍLOHA II/1 – BILAG II/1 – ANHANG II/1
– II/1 LISA – ПАРАРТНМА II/1 – ANNEX II/1 – ANNEXE II/1 – ALLEGATO II/1
– II/1. PIELIKUMS – II/1 PRIEDAS – II/1. MELLÉKLET – ANNESS II/1 –
BIJLAGE II/1 – ZAŁĄCZNIK II/1 – ANEXO II/1 – PRÍLOHA II/1 – PRILOGA II/1
– LITTLE II/1 – BILAGA II/1

ANSERIFORMES
Anatidae
Anser fabalis
Anser anser
Branta canadensis
Anas penelope
Anas strepera
Anas crecca
Anas platyrhynchos
Anas acuta
Anas querquedula
Anas clypeata
Aythya ferina
Aythya fuligula

GALLIFORMES
Tetraonidae
Lagopus lagopus scoticus et
hibernicus
Lagopus mutus
Phasianidae
Alectoris graeca
Alectoris rufa
Perdix perdix
Phasianus colchicus

GRUIFORMES
Rallidae
Fulica atra

CHARADRIIFORMES
Scolopacidae
Lymnocryptes minimus
Gallinago gallinago
Scolopax rusticola

COLUMBIFORMES
Columbidae
Columba livia
Columba palumbus

ПРИЛОЖЕНИЕ II/2 – ANEXO II/2 – PŘÍLOHA II/2 – BILAG II/2 – ANHANG II/2 – II/2 LISA – ΠΑΡΑΡΤΗΜΑ II/2 – ANNEX II/2 – ANNEXE II/2 – ALLEGATO II/2 – II/2. PIELIKUMS – II/2 PRIEDAS – II/2. MELLÉKLET – ANNESS II/2 – BIJLAGE II/2 – ZAŁĄCZNIK II/2 – ANEXO II/2 – ANEXA II/2 – PRÍLOHA II/2 – PRILOGA II/2 –

LITTLE II/2 – BILAGA II/2
ANSERIFORMES
Anatidae
Cygnus olor
Anser brachyrhynchus
Anser albifrons
Branta bernicla
Netta rufina
Aythya marila
Somateria mollissima
Clangula hyemalis
Melanitta nigra
Melanita fusca
Bucephala clangula
Mergus serrator
Mergus merganser

GALLIFORMES
Meleagridae
Meleagris gallopavo
Tetraonidae
Bonasa bonasia
Lagopus lagopus lagopus
Tetrao tetrix
Tetrao urogallus
Phasianidae
Francolinus francolinus
Alectoris barbara
Alectoris chukar
Coturnix coturnix

GRUIFORMES
Rallidae
Rallus aquaticus
Gallinula chloropus

CHARADRIIFORMES
Haematopodidae
Haematopus ostralegus
Charadriidae
Pluvialis apricaria
Pluvialis squatarola

Vanellus vanellus
Scolopacidae
Calidris canutus
Philomachus pugnax
Limosa limosa
Limosa lapponica
Numenius phaeopus
Numenius arquata
Tringa erythropus
Tringa totanus
Tringa nebularia
Laridae
Larus ridibundus
Larus canus
Larus fuscus
Larus argentatus
Larus cachinnans
Larus marinus

COLUMBIFORMES
Columbidae
Columba oenas
Streptopelia decaocto
Streptopelia turtur

PASSERIFORMES
Alaudidae
Alauda arvensis
Muscicapidae
Turdus merula
Turdus pilaris
Turdus philomelos
Turdus iliacus
Turdus viscivorus
Sturnidae
Sturnus vulgaris
Corvidae
Garrulus glandarius
Pica pica
Corvus monedula
Corvus frugilegus
Corvus corone

	BE	BG	CZ	DK	DE	EE	GR	ES	FR	IE	IT	CY	LV	LT	LU	HU	MT	NL	AT	PL	PT	RO	SI	SK	FI	SE	UK
Cygnus olor				+														+									
Anser brachyrhynchus	+		+						+																		+
Anser albifrons	+	+	+	+	+	+	+		+	+		+	+	+		+		+		+		+			+	+	+
Branta bernicla				+	+																						
Netta rufina								+	+																		
Aythya marila	+			+	+	+		+	+			+						+			+						+
Somateria mollissima				+		+		+	+																+	+	
Clangula hyemalis				+		+		+	+			+													+	+	+
Melanitta nigra				+	+	+		+	+			+													+	+	+
Melanitta fusca				+	+			+	+			+													+	+	+
Bucephala clangula				+		+	+	+	+			+	+		+			+			+				+	+	+
Mergus serrator				+					+							+									+	+	
Mergus merganser				+					+																+	+	
Bonasa bonasia				+					+						+			+	+	+				+	+	+	
Lagopus lagopus lagopus																									+	+	
Tetrao tetrix	+			+				+	+		+							+						+	+	+	
Tetrao urogallus		+		+				+	+		+							+			+			+	+	+	
Francolinus francolinus												+															
Alectoris barbara							+		+																		
Alectoris chukar		+		+					+																		
Coturnix coturnix		+				+	+	+	+	+						+		+		+	+						
Meleagris gallopavo			+	+														+			+						
Rallus aquaticus								+	+							+											
Gallinula chloropus	+							+	+							+					+	+					+
Haematopus ostralegus				+					+																		
Pluvialis apricaria	+			+		+		+	+							+	+		+								+
Pluvialis squatarola				+					+							+											+
Vanellus vanellus	+			+		+	+	+	+	+						+											
Calidris canutus				+					+																		
Philomachus pugnax				+					+	+						+											
Limosa limosa				+					+																		
Limosa lapponica				+					+																		+
Numenius phaeopus				+					+																		+
Numenius arquata				+					+	+																	+
Tringa erythropus				+					+																		
Tringa totanus				+					+	+																	+
Tringa nebularia				+					+																		
Larus ridibundus	+			+	+	+	+									+		+		+				+			
Larus canus				+	+	+																		+	+		
Larus fuscus				+	+																						
Larus argentatus	+			+	+	+							+												+	+	
Larus cachinnans						+										+											
Larus marinus				+	+	+																			+	+	
Columba oenas						+	+	+	+												+	+					

	BE	BG	CZ	DK	DE	EE	GR	ES	FR	IE	IT	CY	LV	LT	LU	HU	MT	NL	AT	PL	PT	RO	SI	SK	FI	SE	UK
Streptopelia decaocto	+	+	+	+			+		+							+			+		+	+					
Streptopelia turtur	+						+	+	+		+	+				+			+	+	+	+					
Alauda arvensis							+	+	+		+	+				+			+								
Turdus merula							+	+	+		+	+				+			+								+
Turdus pilaris						+	+	+	+		+	+							+	+	+	+				+	+
Turdus philomelos							+	+	+		+	+							+		+	+					
Turdus iliacus							+	+	+		+	+							+		+	+					
Turdus viscivorus							+	+	+		+								+		+	+					
Sturnus vulgaris	+						+	+	+		+				+	+					+	+					
Garrulus glandarius	+		+	+			+		+						+	+		+	+	+	+	+				+	+
Pica pica	+	+	+	+	+		+	+	+		+	+	+	+	+	+					+	+	+	+	+	+	+
Corvus monedula	+						+	+			+					+		+							+	+	+
Corvus frugilegus	+				+		+							+	+							+				+	+
Corvus corone	+	+	+	+	+	+	+	+	+		+	+	+	+	+	+			+		+	+	+	+	+	+	+

AT = Österreich, BE = Belgique/België, BG = България,CY = Κύπρος, CZ = Česká republika, DE = Deutschland, DK = Danmark, EE = Eesti, ES = España, FI = Suomi/Finland, FR = France, GR = Ελλάδα, HU = Magyarország, IE = Ireland, IT = Italia, LT = Lietuva, LU = Luxembourg, LV = Latvija, MT = Malta, NL = Nederland, PL = Polska, PT = Portugal, RO = România, SE = Sverige, SI = Slovenija, SK = Slovensko, UK = United Kingdom

+ = Страни-членки, които съгласно член 7, параграф 3 могат да разрешават ловуване на изброените видове.

+ = Estados miembros que pueden autorizar, conforme al apartado 3 del artículo 7, la caza de las especies enumeradas.

+ = Členské státy, které mohou podle čl. 7 odst. 3 povolit lov uvedených druhů.

+ = Medlemsstater, som i overensstemmelse med artikel 7, stk. 3, kan give tilladelse til jagt på de anførte arter.

+ = Mitgliedstaaten, die nach Artikel 7 Absatz 3 die Bejagung der aufgeführten Arten zulassen können.

+ = Liikmesriigid, kes võivad artikli 7 lõike 3 alusel lubada loetelus nimetatud liikidele jahipidamist.

+ = Κράτη Μέλη που δύνανται να επιτρέψουν, σύμφωνα με το Άρθρο 7 παρ. 3, το κυνήγι των ειδών που αριθμούνται.

+ = Member States which under Article 7(3) may authorize hunting of the species listed.

+ = États membres pouvant autoriser, conformément à l'article 7 paragraphe 3, la chasse des espèces énumérées.

+ = Stati membri che possono autorizzare, conformemente all'articulo 7, paragrafo 3, la caccia delle specie elencate.

+ = Dalībvalstis, kurās saskaņā ar 7. panta 3. punktu ir atļautas sarakstā minēto sugu medības.

+ = Šalys narēs, kurios pagal 7 straipsnio 3 punktą gali leisti medžioti išvardintas rūšis.

+ = Tagállamok, melyek a 7. cikkének (3) bekezdése alapján engedélyezhetik a listán szereplő fajok vadászatát.

+ = Stati Membri li bis-saħħa ta' l-Artikolu 7(3) jistgħu jawtorizzaw każća ta' l-ispeċi indikati.

+ = Lid-Staten die overeenkonstig artikel 7, lid 3, toestemming mogen geven tot het jagen op de genoemde soorten.

+ = Państwa członkowskie, które na mocy art. 7 ust. 3 mogą udzielić zezwolenia na polowanie na wyliczone gatunki.

+ = Estados-membros que podem autorizar, conforme o no 3 do artigo 7o, acaça das espécies enumeradas.

+ = Statele membre care, conform articolului 7 paragraful 3, pot autoriza vânarea speciilor enumerate.

+ = Členské štáty, ktoré podľa článku 7 odseku 3 môžu povoliť poľovanie na uvedené druhy.

+ = Države članice, ki po členu 7(3) lahko dovolijo lov na navedene vrste.

+ = Jäsenvaltiot, jotka 7 artiklan 3 kohdan perusteella voivt sallia luettelossa mainittujen lajien metsästyksen.

+ = Medlemsstater, som enligt artikel 7.3, får tillåta jakt på de angivna artena

ПРИЛОЖЕНИЕ III/1 – ANEXO III/1 – PŘÍLOHA III/1 – BILAG III/1 –
ANHANG III/1 – III/1 LISA – ΠΑΡΑΡΤΗΜΑ III/1 – ANNEX III/1 –
ANNEXE III/1 – ALLEGATO III/1 – III/1. PIELIKUMS – III/1 PRIEDAS –
III/1. MELLÉKLET – ANNESS III/1 – BIJLAGE III/1 – ZAŁĄCZNIK III/1 –
ANEXO III/1 – ANEXA III/1 – PRÍLOHA III/1 – PRILOGA III/1 –
LITTLE III/1 – BILAGA III/1

ANSERIFORMES
Anatidae
Anas platyrhynchos

GALLIFORMES
Tetraonidae
*Lagopus lagopus lagopus, scoticus
et hibernicus*
Phasianidae
Alectoris rufa
Alectoris barbara
Perdix perdix
Phasianus colchicus

COLUMBIFORMES
Columbidae
Columba palumbus

ПРИЛОЖЕНИЕ III/2 – ANEXO III/2 – PŘÍLOHA III/2 – BILAG III/2 – ANHANG III/2 – III/2 LISA – ΠΑΡΑΡΤΗΜΑ III/2 – ANNEX III/2 – ANNEXE III/2 – ALLEGATO III/2 – III/2. PIELIKUMS – III/2 PRIEDAS – III/2. MELLÉKLET – ANNESS III/2 – BIJLAGE III/2 – ZAŁĄCZNIK III/2 – ANEXO III/2 – ANEXA III/2 – PRÍLOHA III/2 – PRILOGA III/2 – LITTLE III/2 – BILAGA III/2

ANSERIFORMES
Anatidae
Anser albifrons albifrons
Anser anser
Anas penelope
Anas crecca
Anas acuta
Anas clypeata
Aythya ferina
Aythya fuligula
Aythya marila
Somateria mollissima
Melanitta nigra

GALLIFORMES
Tetraonidae
Lagopus mutus
Tetrao tetrix britannicus
Tetrao urogallus

GRUIFORMES
Rallidae
Fulica atra

CHARADRIIFORMES
Charadriidae
Pluvialis apricaria
Scolopacidae
Lymnocryptes minimus
Gallinago gallinago
Scolopax rusticola

411

Anhang IV

a) – Schlingen (Mit Ausnahme Finnlands und Schwedens für den Fang von Lagopus lagopus lagopus und Lagopus mutus nördlich des 58. Breitengrads Nord), Leimruten, Haken, als Lockvögel benutzte geblendete oder verstümmelte lebende Vögel, Tonbandgeräte, elektrische Schläge erteilende Geräte;

– künstliche Lichtquellen, Spiegel, Vorrichtungen zur Beleuchtung der Ziele, Visiervorrichtungen für das Schießen bei Nacht mit Bildumwandler oder elektronischen Bildverstärker;

– Sprengstoffe;

– Netze, Fangfallen, vergiftete oder betäubende Köder;

– halbautomatische oder automatische Waffen, deren Magazin mehr als zwei Patronen aufnehmen kann;

b) – Flugzeuge, Kraftfahrzeuge;

– Boote mit einer Antriebsgeschwindigkeit von mehr als 5 km/Stunde. Auf hoher See können die Mitgliedstaaten aus Sicherheitsgründen die Verwendung von Motorbooten mit einer Höchstgeschwindigkeit von 18 km/Stunde zulassen. Die Mitgliedstaaten unterrichten die Kommission über die erteilten Genehmigungen.

Anhang V

a) Aufstellung eines einzelstaatlichen Verzeichnisses der vom Aussterben bedrohten oder besonders gefährdeten Arten unter Berücksichtigung ihrer Lebensräume;

b) Ermittlung und ökologische Beschreibung der Gebiete, die für die Zugvögel während des Vogelzugs, der Überwinterung oder des Nistens von besonderer Bedeutung sind;

c) Sammlung von Zahlenangaben über den Bestand der Zugvögel unter Auswertung der Ergebnisse der Beringung;

d) Ermittlung des Einflusses der Entnahmearten auf den Vogelbestand;

e) Ausarbeitung und Weiterentwicklung von ökologischen Methoden zur Verhütung von Schäden durch Vögel;

f) Ermittlung der Rolle bestimmter Vogelarten als Verschmutzungsanzeiger;

g) Untersuchung der schädlichen Auswirkungen der chemischen Verschmutzung auf den Vogelbestand.

Richtlinie 92/43/EWG des Rates vom 21. Mai 1992 zur Erhaltung der natürlichen Lebensräume sowie der wildlebenden Tiere und Pflanzen*

ABl. Nr. L 206 vom 22.7.1992, S. 7–50

DER RAT DER EUROPÄISCHEN GEMEINSCHAFTEN –

gestützt auf den Vertrag zur Gründung der Europäischen Wirtschaftsgemeinschaft, insbesondere auf Artikel 130 s,

auf Vorschlag der Kommission[1],

nach Stellungnahme des Europäischen Parlaments[2],

nach Stellungnahme des Wirtschafts- und Sozialausschusses[3],

in Erwägung nachstehender Gründe:

Wie in Artikel 130 r des Vertrages festgestellt wird, sind Erhaltung, Schutz und Verbesserung der Qualität der Umwelt wesentliches Ziel der Gemeinschaft und von allgemeinem Interesse; hierzu zählt auch der Schutz der natürlichen Lebensräume sowie der wildlebenden Tiere und Pflanzen.

Das Aktionsprogramm der Europäischen Gemeinschaften für den Umweltschutz (1987–1992)[4] enthält Bestimmungen hinsichtlich der Erhaltung der Natur und der natürlichen Ressourcen.

Hauptziel dieser Richtlinie ist es, die Erhaltung der biologischen Vielfalt zu fördern, wobei jedoch die wirtschaftlichen, sozialen, kulturellen und regionalen Anforderungen berücksichtigt werden sollen. Diese Richtlinie leistet somit einen Beitrag zu dem allgemeinen Ziel einer nachhaltigen Entwicklung. Die Erhaltung der biologischen Vielfalt kann in bestimmten Fällen die Fortführung oder auch die Förderung bestimmter Tätigkeiten des Menschen erfordern.

Der Zustand der natürlichen Lebensräume im europäischen Gebiet der Mitgliedstaaten verschlechtert sich unaufhörlich. Die verschiedenen Arten wildlebender

---

* Geändert durch: Richtlinie 97/62/EG des Rates vom 27. Oktober 1997 – ABl. L 305 vom 8.11.1997, S. 42; Verordnung (EG) Nr. 1882/2003 des Europäischen Parlaments und des Rates vom 29. September 2003 – ABl. L 284 vom 31.10.2003, S. 1; Richtlinie 2006/105/EG des Rates vom 20. November 2006 – ABl. L 363 vom 20.12.2006, S. 368; Beitrittsakte Österreichs, Finnlands und Schwedens – ABl. C 241 vom 29.8.1994, S. 21 (angepaßt durch den Beschluß 95/1/EG, Euratom, EGKS des Rates) – ABl. L 1 vom 1.1.1995, S. 1; Akte über die Bedingungen des Beitritts der Tschechischen Republik, der Republik Estland, der Republik Zypern, der Republik Lettland, der Republik Litauen, der Republik Ungarn, der Republik Malta, der Republik Polen, der Republik Slowenien und der Slowakischen Republik und die Anpassungen der die Europäische Union begründenden Verträge – ABl. L 236 vom 23.9.2003, S. 33.
1 ABl. Nr. C 247 vom 21.9.1988, S. 3, und ABl. Nr. C 195 vom 3.8.1990, S. 1.
2 ABl. Nr. C 75 vom 20.3.1991, S. 12.
3 ABl. Nr. C 31 vom 6.2.1991, S. 25.
4 ABl. Nr. C 328 vom 7.12.1987, S. 1.

Tiere und Pflanzen sind in zunehmender Zahl ernstlich bedroht. Die bedrohten Lebensräume und Arten sind Teil des Naturerbes der Gemeinschaft, und die Bedrohung, der sie ausgesetzt sind, ist oft grenzübergreifend; daher sind zu ihrer Erhaltung Maßnahmen auf Gemeinschaftsebene erforderlich.

Bestimmte natürliche Lebensraumtypen und bestimmte Arten sind angesichts der Bedrohung, der sie ausgesetzt sind, als prioritär einzustufen, damit Maßnahmen zu ihrer Erhaltung zügig durchgeführt werden können.

Zur Wiederherstellung oder Wahrung eines günstigen Erhaltungszustandes der natürlichen Lebensräume und der Arten von gemeinschaftlichem Interesse sind besondere Schutzgebiete auszuweisen, um nach einem genau festgelegten Zeitplan ein zusammenhängendes europäisches ökologisches Netz zu schaffen.

Alle ausgewiesenen Gebiete sind in das zusammenhängende europäische ökologische Netz einzugliedern, und zwar einschließlich der nach der Richtlinie 79/409/ EWG des Rates vom 2. April 1979 über die Erhaltung der wildlebenden Vogelarten[5] derzeit oder künftig als besondere Schutzgebiete ausgewiesenen Gebiete.

In jedem ausgewiesenen Gebiet sind entsprechend den einschlägigen Erhaltungszielen die erforderlichen Maßnahmen durchzuführen.

Die Gebiete, die als besondere Schutzgebiete ausgewiesen werden könnten, werden von den Mitgliedstaaten vorgeschlagen; außerdem ist jedoch ein Verfahren vorzusehen, wonach in Ausnahmefällen auch ohne Vorschlag eines Mitgliedstaats die Ausweisung eines Gebiets möglich ist, wenn die Gemeinschaft dies für die Erhaltung eines prioritären natürlichen Lebensraumstyps oder für das Überleben einer prioritären Art für unbedingt erforderlich hält.

Pläne und Projekte, die sich auf die mit der Ausweisung eines Gebiets verfolgten Erhaltungsziele wesentlich auswirken könnten, sind einer angemessenen Prüfung zu unterziehen.

Es wird anerkannt, daß die Einleitung von Maßnahmen zugunsten der Erhaltung prioritärer natürlicher Lebensräume und prioritärer Arten von gemeinschaftlichem Interesse eine gemeinsame Verantwortung aller Mitgliedstaaten ist. Dies kann jedoch zu einer übermäßigen finanziellen Belastung mancher Mitgliedstaaten führen, da zum einen derartige Lebensräume und Arten in der Gemeinschaft ungleich verteilt sind und zum anderen im besonderen Fall der Erhaltung der Natur das Verursacherprinzip nur in begrenztem Umfang Anwendung finden kann.

Es besteht deshalb Einvernehmen darüber, daß in diesem Ausnahmefall eine finanzielle Beteiligung der Gemeinschaft im Rahmen der Mittel vorgesehen werden muß, die aufgrund der Beschlüsse der Gemeinschaft bereitgestellt werden.

Im Rahmen der Landnutzungs- und Entwicklungspolitik ist die Pflege von Landschaftselementen, die von ausschlaggebender Bedeutung für wildlebende Tiere und Pflanzen sind, zu fördern.

---

5 ABl. Nr. L 103 vom 25.4.1979, S. 1. Richtlinie zuletzt geändert durch die Richtlinie 91/244/EWG (ABl. Nr. L 115 vom 8.5.1991, S. 41).

Es sind Vorkehrungen zu treffen, durch die sich eine Überwachung des Erhaltungszustandes der in dieser Richtlinie genannten natürlichen Lebensräume und Arten sicherstellen läßt.

Ergänzend zur Richtlinie 79/409/EWG ist ein allgemeines Schutzsystem für bestimmte Tier- und Pflanzenarten vorzusehen. Für bestimmte Arten sind Regulierungsmaßnahmen vorzusehen, wenn dies aufgrund ihres Erhaltungszustands gerechtfertigt ist; hierzu zählt auch das Verbot bestimmter Fang- und Tötungsmethoden, wobei unter gewissen Voraussetzungen Abweichungen zulässig sein müssen.

Zur Überwachung der Umsetzung dieser Richtlinie erstellt die Kommission in regelmäßigen Zeitabständen einen zusammenfassenden Bericht, der insbesondere auf den Informationen beruht, die ihr die Mitgliedstaaten über die Durchführung der aufgrund dieser Richtlinie erlassenen einzelstaatlichen Vorschriften übermitteln.

Für die Durchführung dieser Richtlinie ist ein Ausbau der wissenschaftlichen und technischen Erkenntnisse unerläßlich; daher gilt es, die hierzu erforderliche Forschung und wissenschaftliche Arbeit zu fördern.

Aufgrund des technischen und wissenschaftlichen Fortschritts muß eine Anpassung der Anhänge möglich sein. Es ist ein Verfahren für die Anpassung der Anhänge durch den Rat vorzusehen.

Zur Unterstützung der Kommission bei der Durchführung dieser Richtlinie und insbesondere bei den Beschlüssen über die gemeinschaftliche Mitfinanzierung ist ein Regelungsausschuß einzusetzen.

Es sind ergänzende Maßnahmen zur Regelung der Wiederansiedlung bestimmter heimischer Tier- und Pflanzenarten sowie der eventuellen Ansiedlung nicht heimischer Arten vorzusehen.

Für eine wirksame Durchführung dieser Richtlinie sind Aufklärungsmaßnahmen und eine allgemeine Unterrichtung über die Ziele der Richtlinie unerläßlich –

HAT FOLGENDE RICHTLINIE ERLASSEN:

Begriffsbestimmungen

Artikel 1

Im Sinne dieser Richtlinie bedeutet:

a) *„Erhaltung"*: alle Maßnahmen, die erforderlich sind, um die natürlichen Lebensräume und die Populationen wildlebender Tier- und Pflanzenarten in einem günstigen Erhaltungszustand im Sinne des Buchstabens e) oder i) zu erhalten oder diesen wiederherzustellen.

b) *„Natürlicher Lebensraum"*: durch geographische, abiotische und biotische Merkmale gekennzeichnete völlig natürliche oder naturnahe terrestrische oder aquatische Gebiete.

c) *„Natürliche Lebensräume von gemeinschaftlichem Interesse":* diejenigen Lebensräume, die in dem in Artikel 2 erwähnten Gebiet

i) im Bereich ihres natürlichen Vorkommens vom Verschwinden bedroht sind

oder

ii) infolge ihres Rückgangs oder aufgrund ihres an sich schon begrenzten Vorkommens ein geringes natürliches Verbreitungsgebiet haben

oder

iii) typische Merkmale einer oder mehrerer der folgenden sieben biogeografischen Regionen aufweisen: alpine, atlantische, boreale, kontinentale, makaronesische, mediterrane und pannonische.

Diese Lebensraumtypen sind in Anhang I aufgeführt bzw. können dort aufgeführt werden.

d) *„Prioritäre natürliche Lebensraumtypen":* die in dem in Artikel 2 genannten Gebiet vom Verschwinden bedrohten natürlichen Lebensraumtypen, für deren Erhaltung der Gemeinschaft aufgrund der natürlichen Ausdehnung dieser Lebensraumtypen im Verhältnis zu dem in Artikel 2 genannten Gebiet besondere Verantwortung zukommt; diese prioritären natürlichen Lebensraumtypen sind in Anhang I mit einem Sternchen (*) gekennzeichnet;

e) *„Erhaltungszustand eines natürlichen Lebensraums":* die Gesamtheit der Einwirkungen, die den betreffenden Lebensraum und die darin vorkommenden charakteristischen Arten beeinflussen und die sich langfristig auf seine natürliche Verbreitung, seine Struktur und seine Funktionen sowie das Überleben seiner charakteristischen Arten in dem in Artikel 2 genannten Gebiet auswirken können.

Der „Erhaltungszustand" eines natürlichen Lebensraums wird als „günstig" erachtet, wenn

– sein natürliches Verbreitungsgebiet sowie die Flächen, die er in diesem Gebiet einnimmt, beständig sind oder sich ausdehnen und

– die für seinen langfristigen Fortbestand notwendige Struktur und spezifischen Funktionen bestehen und in absehbarer Zukunft wahrscheinlich weiterbestehen werden und

– der Erhaltungszustand der für ihn charakteristischen Arten im Sinne des Buchstabens i) günstig ist.

f) *„Habitat einer Art":* durch spezifische abiotische und biotische Faktoren bestimmter Lebensraum, in dem diese Art in einem der Stadien ihres Lebenskreislaufs vorkommt.

g) *„Arten von gemeinschaftlichem Interesse":* Arten, die in dem in Artikel 2 bezeichneten Gebiet

i) bedroht sind, außer denjenigen, deren natürliche Verbreitung sich nur auf Randzonen des vorgenannten Gebietes erstreckt und die weder bedroht noch im Gebiet der westlichen Paläarktis potentiell bedroht sind, oder

ii) potentiell bedroht sind, d. h., deren baldiger Übergang in die Kategorie der bedrohten Arten als wahrscheinlich betrachtet wird, falls die ursächlichen Faktoren der Bedrohung fortdauern, oder

iii) selten sind, d. h., deren Populationen klein und, wenn nicht unmittelbar, so doch mittelbar bedroht oder potentiell bedroht sind. Diese Arten kommen entweder in begrenzten geographischen Regionen oder in einem größeren Gebiet vereinzelt vor, oder

iv) endemisch sind und infolge der besonderen Merkmale ihres Habitats und/oder der potentiellen Auswirkungen ihrer Nutzung auf ihren Erhaltungszustand besondere Beachtung erfordern.

Diese Arten sind in Anhang II und/oder Anhang IV oder Anhang V aufgeführt bzw. können dort aufgeführt werden.

h) *„Prioritäre Arten":* die unter Buchstabe g) Ziffer i) genannten Arten, für deren Erhaltung der Gemeinschaft aufgrund ihrer natürlichen Ausdehnung im Verhältnis zu dem in Artikel 2 genannten Gebiet besondere Verantwortung zukommt; diese prioritären Arten sind in Anhang II mit einem Sternchen (*) gekennzeichnet.

i) *„Erhaltungszustand einer Art":* die Gesamtheit der Einflüsse, die sich langfristig auf die Verbreitung und die Größe der Populationen der betreffenden Arten in dem in Artikel 2 bezeichneten Gebiet auswirken können.

Der Erhaltungszustand wird als „günstig" betrachtet, wenn

— aufgrund der Daten über die Populationsdynamik der Art anzunehmen ist, daß diese Art ein lebensfähiges Element des natürlichen Lebensraumes, dem sie angehört, bildet und langfristig weiterhin bilden wird, und

— das natürliche Verbreitungsgebiet dieser Art weder abnimmt noch in absehbarer Zeit vermutlich abnehmen wird und

— ein genügend großer Lebensraum vorhanden ist und wahrscheinlich weiterhin vorhanden sein wird, um langfristig ein Überleben der Populationen dieser Art zu sichern.

j) *„Gebiet":* ein geographisch definierter Bereich mit klar abgegrenzter Fläche.

k) *„Gebiet von gemeinschaftlicher Bedeutung":* Gebiet, das in der oder den biogeographischen Region(en), zu welchen es gehört, in signifikantem Maße dazu beiträgt, einen natürlichen Lebensraumtyp des Anhangs I oder eine Art des Anhangs II in einem günstigen Erhaltungszustand zu bewahren oder einen solchen wiederherzustellen und auch in signifikantem Maße zur Kohärenz des in Artikel 3 genannten Netzes „Natura 2000" und/oder in signifikantem Maße zur biologischen Vielfalt in der biogeographischen Region beitragen kann.

Bei Tierarten, die große Lebensräume beanspruchen, entsprechen die Gebiete von gemeinschaftlichem Interesse den Orten im natürlichen Verbreitungsgebiet dieser Arten, welche die für ihr Leben und ihre Fortpflanzung ausschlaggebenden physischen und biologischen Elemente aufweisen.

l) *„Besonderes Schutzgebiet"*: ein von den Mitgliedstaaten durch eine Rechts- oder Verwaltungsvorschrift und/oder eine vertragliche Vereinbarung als ein von gemeinschaftlicher Bedeutung ausgewiesenes Gebiet, in dem die Maßnahmen, die zur Wahrung oder Wiederherstellung eines günstigen Erhaltungszustandes der natürlichen Lebensräume und/oder Populationen der Arten, für die das Gebiet bestimmt ist, erforderlich sind, durchgeführt werden.

m) *„Exemplar"*: jedes Tier oder jede Pflanze – lebend oder tot – der in Anhang IV und Anhang V aufgeführten Arten, jedes Teil oder jedes aus dem Tier oder der Pflanze gewonnene Produkt sowie jede andere Ware, die aufgrund eines Begleit-dokuments, der Verpackung, eines Zeichens, eines Etiketts oder eines anderen Sachverhalts als Teil oder Derivat von Tieren oder Pflanzen der erwähnten Arten identifiziert werden kann.

n) *„Ausschuß"*: der aufgrund des Artikels 20 eingesetzte Ausschuß.

Artikel 2

(1) Diese Richtlinie hat zum Ziel, zur Sicherung der Artenvielfalt durch die Erhaltung der natürlichen Lebensräume sowie der wildlebenden Tiere und Pflanzen im euro-päischen Gebiet der Mitgliedstaaten, für das der Vertrag Geltung hat, beizutragen.

(2) Die aufgrund dieser Richtlinie getroffenen Maßnahmen zielen darauf ab, einen günstigen Erhaltungszustand der natürlichen Lebensräume und wildlebenden Tier- und Pflanzenarten von gemeinschaftlichem Interesse zu bewahren oder wieder-herzustellen.

(3) Die aufgrund dieser Richtlinie getroffenen Maßnahmen tragen den Anforde-rungen von Wirtschaft, Gesellschaft und Kultur sowie den regionalen und örtlichen Besonderheiten Rechnung.

Erhaltung der natürlichen Lebensräume und der Habitate der Arten

Artikel 3

(1) Es wird ein kohärentes europäisches ökologisches Netz besonderer Schutz-gebiete mit der Bezeichnung „Natura 2000" errichtet. Dieses Netz besteht aus Ge-bieten, die die natürlichen Lebensraumtypen des Anhangs I sowie die Habitate der Arten des Anhang II umfassen, und muß den Fortbestand oder gegebenen-falls die Wiederherstellung eines günstigen Erhaltungszustandes dieser natürlichen Lebensraumtypen und Habitate der Arten in ihrem natürlichen Verbreitungsgebiet gewährleisten.

Das Netz „Natura 2000" umfaßt auch die von den Mitgliedstaaten aufgrund der Richtlinie 79/409/EWG ausgewiesenen besonderen Schutzgebiete.

(2) Jeder Staat trägt im Verhältnis der in seinem Hoheitsgebiet vorhandenen in Absatz 1 genannten natürlichen Lebensraumtypen und Habitate der Arten zur Errichtung von Natura 2000 bei. Zu diesen Zweck weist er nach den Bestimmungen des Artikels 4 Gebiete als besondere Schutzgebiete aus, wobei er den in Absatz 1 genannten Zielen Rechnung trägt.

(3) Die Mitgliedstaaten werden sich, wo sie dies für erforderlich halten, bemühen, die ökologische Kohärenz von Natura 2000 durch die Erhaltung und gegebenenfalls die Schaffung der in Artikel 10 genannten Landschaftselemente, die von ausschlaggebender Bedeutung für wildlebende Tiere und Pflanzen sind, zu verbessern.

Artikel 4

(1) Anhand der in Anhang III (Phase 1) festgelegten Kriterien und einschlägiger wissenschaftlicher Informationen legt jeder Mitgliedstaat eine Liste von Gebieten vor, in der die in diesen Gebieten vorkommenden natürlichen Lebensraumtypen des Anhangs I und einheimischen Arten des Anhangs II aufgeführt sind. Bei Tierarten, die große Lebensräume beanspruchen, entsprechen diese Gebiete den Orten im natürlichen Verbreitungsgebiet dieser Arten, welche die für ihr Leben und ihre Fortpflanzung ausschlaggebenden physischen und biologischen Elemente aufweisen. Für im Wasser lebende Tierarten, die große Lebensräume beanspruchen, werden solche Gebiete nur vorgeschlagen, wenn sich ein Raum klar abgrenzen läßt, der die für das Leben und die Fortpflanzung dieser Arten ausschlaggebenden physischen und biologischen Elemente aufweist. Die Mitgliedstaaten schlagen gegebenenfalls die Anpassung dieser Liste im Lichte der Ergebnisse der in Artikel 11 genannten Überwachung vor.

Binnen drei Jahren nach der Bekanntgabe dieser Richtlinie wird der Kommission diese Liste gleichzeitig mit den Informationen über die einzelnen Gebiete zugeleitet. Diese Informationen umfassen eine kartographische Darstellung des Gebietes, seine Bezeichnung, seine geographische Lage, seine Größe sowie die Daten, die sich aus der Anwendung der in Anhang III (Phase 1) genannten Kriterien ergeben, und werden anhand eines von der Kommission nach dem Verfahren des Artikels 21 ausgearbeiteten Formulars übermittelt.

(2) Auf der Grundlage der in Anhang III (Phase 2) festgelegten Kriterien und im Rahmen der neun in Artikel 1 Buchstabe c) Ziffer iii) erwähnten biogeographischen Regionen sowie des in Artikel 2 Absatz 1 genannten Gesamtgebietes erstellt die Kommission jeweils im Einvernehmen mit den Mitgliedstaaten aus den Listen der Mitgliedstaaten den Entwurf einer Liste der Gebiete von gemeinschaftlicher Bedeutung, in der die Gebiete mit einem oder mehreren prioritären natürlichen Lebensraumtyp(en) oder einer oder mehreren prioritären Art(en) ausgewiesen sind.

Die Mitgliedstaaten, bei denen Gebiete mit einem oder mehreren prioritären natürlichen Lebensraumtyp(en) und einer oder mehreren prioritären Art(en) flächenmäßig mehr als 5 v. H. des Hoheitsgebiets ausmachen, können im Einvernehmen mit der Kommission beantragen, daß die in Anhang III (Phase 2) angeführten Kriterien bei der Auswahl aller in ihrem Hoheitsgebiet liegenden Gebiete von gemeinschaftlicher Bedeutung flexibler angewandt werden.

Die Liste der Gebiete, die als Gebiete von gemeinschaftlicher Bedeutung ausgewählt wurden und in der die Gebiete mit einem oder mehreren prioritären natürlichen Lebensraumtyp(en) oder einer oder mehreren prioritären Art(en) ausgewiesen sind, wird von der Kommission nach dem Verfahren des Artikels 21 festgelegt.

(3) Die in Absatz 2 erwähnte Liste wird binnen sechs Jahren nach Bekanntgabe dieser Richtlinie erstellt.

(4) Ist ein Gebiet aufgrund des in Absatz 2 genannten Verfahrens als Gebiet von gemeinschaftlicher Bedeutung bezeichnet worden, so weist der betreffende Mitgliedstaat dieses Gebiet so schnell wie möglich – spätestens aber binnen sechs Jahren – als besonderes Schutzgebiet aus und legt dabei die Prioritäten nach Maßgabe der Wichtigkeit dieser Gebiete für die Wahrung oder die Wiederherstellung eines günstigen Erhaltungszustandes eines natürlichen Lebensraumtyps des Anhangs I oder einer Art des Anhangs II und für die Kohärenz des Netzes Natura 2000 sowie danach fest, inwieweit diese Gebiete von Schädigung oder Zerstörung bedroht sind.

(5) Sobald ein Gebiet in die Liste des Absatzes 2 Unterabsatz 3 aufgenommen ist, unterliegt es den Bestimmungen des Artikels 6 Absätze 2, 3 und 4.

Artikel 5

(1) In Ausnahmefällen, in denen die Kommission feststellt, daß ein Gebiet mit einem prioritären natürlichen Lebensraumtyp oder einer prioritären Art in einer nationalen Liste nach Artikel 4 Absatz 1 nicht aufgeführt ist, das ihres Erachtens aufgrund von zuverlässigen einschlägigen wissenschaftlichen Daten für den Fortbestand dieses prioritären natürlichen Lebensraumtyps oder das Überleben dieser prioritären Art unerläßlich ist, wird ein bilaterales Konzertierungsverfahren zwischen diesem Mitgliedstaat und der Kommission zum Vergleich der auf beiden Seiten verwendeten wissenschaftlichen Daten eingeleitet.

(2) Herrschen nach einem Konzertierungszeitraum von höchstens sechs Monaten weiterhin Meinungsverschiedenheiten, so übermittelt die Kommission dem Rat einen Vorschlag über die Auswahl des Gebietes als Gebiet von gemeinschaftlicher Bedeutung.

(3) Der Rat beschließt einstimmig innerhalb von drei Monaten ab dem Zeitpunkt, zu dem er mit diesem Vorschlag befaßt worden ist.

(4) Während der Konzertierungsphase und bis zur Beschlussfassung des Rates unterliegt das betreffende Gebiet den Bestimmungen des Artikels 6 Absatz 2.

Artikel 6

(1) Für die besonderen Schutzgebiete legen die Mitgliedstaaten die nötigen Erhaltungsmaßnahmen fest, die gegebenenfalls geeignete, eigens für die Gebiete auf-

gestellte oder in andere Entwicklungspläne integrierte Bewirtschaftungspläne und geeignete Maßnahmen rechtlicher, administrativer oder vertraglicher Art umfassen, die den ökologischen Erfordernissen der natürlichen Lebensraumtypen nach Anhang I und der Arten nach Anhang II entsprechen, die in diesen Gebieten vorkommen.

(2) Die Mitgliedstaaten treffen die geeigneten Maßnahmen, um in den besonderen Schutzgebieten die Verschlechterung der natürlichen Lebensräume und der Habitate der Arten sowie Störungen von Arten, für die die Gebiete ausgewiesen worden sind, zu vermeiden, sofern solche Störungen sich im Hinblick auf die Ziele dieser Richtlinie erheblich auswirken könnten.

(3) Pläne oder Projekte, die nicht unmittelbar mit der Verwaltung des Gebietes in Verbindung stehen oder hierfür nicht notwendig sind, die ein solches Gebiet jedoch einzeln oder in Zusammenwirkung mit anderen Plänen und Projekten erheblich beeinträchtigen könnten, erfordern eine Prüfung auf Verträglichkeit mit den für dieses Gebiet festgelegten Erhaltungszielen. Unter Berücksichtigung der Ergebnisse der Verträglichkeitsprüfung und vorbehaltlich des Absatzes 4 stimmen die zuständigen einzelstaatlichen Behörden dem Plan bzw. Projekt nur zu, wenn sie festgestellt haben, daß das Gebiet als solches nicht beeinträchtigt wird, und nachdem sie gegebenenfalls die Öffentlichkeit angehört haben.

(4) Ist trotz negativer Ergebnisse der Verträglichkeitsprüfung aus zwingenden Gründen des überwiegenden öffentlichen Interesses einschließlich solcher sozialer oder wirtschaftlicher Art ein Plan oder Projekt durchzuführen und ist eine Alternativlösung nicht vorhanden, so ergreift der Mitgliedstaat alle notwendigen Ausgleichsmaßnahmen, um sicherzustellen, daß die globale Kohärenz von Natura 2000 geschützt ist. Der Mitgliedstaat unterrichtet die Kommission über die von ihm ergriffenen Ausgleichsmaßnahmen.

Ist das betreffende Gebiet ein Gebiet, das einen prioritären natürlichen Lebensraumtyp und/oder eine prioritäre Art einschließt, so können nur Erwägungen im Zusammenhang mit der Gesundheit des Menschen und der öffentlichen Sicherheit oder im Zusammenhang mit maßgeblichen günstigen Auswirkungen für die Umwelt oder, nach Stellungnahme der Kommission, andere zwingende Gründe des überwiegenden öffentlichen Interesses geltend gemacht werden.

Artikel 7

Was die nach Artikel 4 Absatz 1 der Richtlinie 79/409/EWG zu besonderen Schutzgebieten erklärten oder nach Artikel 4 Absatz 2 derselben Richtlinie als solche anerkannten Gebiete anbelangt, so treten die Verpflichtungen nach Artikel 6 Absätze 2, 3 und 4 der vorliegenden Richtlinie ab dem Datum für die Anwendung der vorliegenden Richtlinie bzw. danach ab dem Datum, zu dem das betreffende Gebiet von einem Mitgliedstaat entsprechend der Richtlinie 79/409/EWG zum besonderen Schutzgebiet erklärt oder als solches anerkannt wird, an die Stelle der Pflichten, die sich aus Artikel 4 Absatz 4 Satz 1 der Richtlinie 79/409/EWG ergeben.

Artikel 8

(1) Die Mitgliedstaaten übermitteln der Kommission zusammen mit ihren Vorschlägen für Gebiete, die als besondere Schutzgebiete mit prioritären natürlichen Lebensraumtypen und/oder prioritären Arten ausgewiesen werden können, gegebenenfalls ihre Schätzungen bezüglich der finanziellen Beteiligung der Gemeinschaft, die ihres Erachtens für die Erfüllung ihrer Verpflichtungen nach Artikel 6 Absatz 1 erforderlich ist.

(2) Die Kommission erarbeitet im Benehmen mit jedem betroffenen Mitgliedstaat für die Gebiete von gemeinschaftlichem Interesse, für die eine finanzielle Beteilung beantragt wird, die Maßnahmen, die für die Wahrung oder Wiederherstellung eines günstigen Erhaltungszustands der prioritären natürlichen Lebensraumtypen und der prioritären Arten in den betreffenden Gebieten wesentlich sind, und ermittelt die Gesamtkosten dieser Maßnahmen.

(3) Die Kommission ermittelt im Benehmen mit den betreffenden Mitgliedstaaten die für die Durchführung der Maßnahmen nach Absatz 2 erforderliche Finanzierung einschließlich der finanziellen Beteiligung der Gemeinschaft; dabei berücksichtigt sie unter anderem die Konzentration der prioritären natürlichen Lebensraumtypen und/oder prioritären Arten im Hoheitsgebiet des Mitgliedstaats und die Belastung jedes Mitgliedstaats durch die erforderlichen Maßnahmen.

(4) Entsprechend der Schätzung nach den Absätzen 2 und 3 legt die Kommission unter Berücksichtigung der nach den einschlägigen Gemeinschaftsinstrumenten verfügbaren Finanzmittel gemäß dem Verfahren des Artikels 21 einen prioritären Aktionsrahmen von Maßnahmen fest, die eine finanzielle Beteiligung umfassen und zu treffen sind, wenn das Gebiet gemäß Artikel 4 Absatz 4 ausgewiesen worden ist.

(5) Maßnahmen, die mangels ausreichender Mittel in dem vorgenannten Aktionsrahmen nicht berücksichtigt worden sind bzw. in diesen Aktionsrahmen aufgenommen wurden, für die die erforderliche finanzielle Beteiligung jedoch nicht oder nur teilweise vorgesehen wurde, werden nach dem Verfahren des Artikels 21 im Rahmen der alle zwei Jahre erfolgenden Überprüfung des Aktionsrahmens erneut geprüft und können bis dahin von den Mitgliedstaaten zurückgestellt werden. Bei dieser Überprüfung wird gegebenenfalls der neuen Situation in dem betreffenden Gebiet Rechnung getragen.

(6) In Gebieten, in denen von einer finanziellen Beteiligung abhängige Maßnahmen zurückgestellt werden, sehen die Mitgliedstaaten von neuen Maßnahmen ab, die zu einer Verschlechterung des Zustands dieser Gebiete führen können.

Artikel 9

Die Kommission beurteilt im Rahmen des Verfahrens nach Artikel 21 in regelmäßigen Zeitabständen den Beitrag von Natura 2000 zur Verwirklichung der in den Artikeln 2 und 3 genannten Ziele. In diesem Zusammenhang kann die Aufhebung der Klassifizierung als besonderes Schutzgebiet in den Fällen erwogen werden, in denen die gemäß Artikel 11 beobachtete natürliche Entwicklung dies rechtfertigt.

Artikel 10

Die Mitgliedstaaten werden sich dort, wo sie dies im Rahmen ihrer Landnutzungs- und Entwicklungspolitik, insbesondere zur Verbesserung der ökologischen Kohärenz von Natura 2000, für erforderlich halten, bemühen, die Pflege von Landschaftselementen, die von ausschlaggebender Bedeutung für wildlebende Tiere und Pflanzen sind, zu fördern.

Hierbei handelt es sich um Landschaftselemente, die aufgrund ihrer linearen, fortlaufenden Struktur (z. B. Flüsse mit ihren Ufern oder herkömmlichen Feldrainen) oder ihrer Vernetzungsfunktion (z. B. Teiche oder Gehölze) für die Wanderung, die geographische Verbreitung und den genetischen Austausch wildlebender Arten wesentlich sind.

Artikel 11

Die Mitgliedstaaten überwachen den Erhaltungszustand der in Artikel 2 genannten Arten und Lebensräume, wobei sie die prioritären natürlichen Lebensraumtypen und die prioritären Arten besonders berücksichtigen.

Artenschutz

Artikel 12

(1) Die Mitgliedstaaten treffen die notwendigen Maßnahmen, um ein strenges Schutzsystem für die in Anhang IV Buchstabe a) genannten Tierarten in deren natürlichen Verbreitungsgebieten einzuführen; dieses verbietet:

a) alle absichtlichen Formen des Fangs oder der Tötung von aus der Natur entnommenen Exemplaren dieser Arten;

b) jede absichtliche Störung dieser Arten, insbesondere während der Fortpflanzungs-, Aufzucht-, Überwinterungs- und Wanderungszeiten;

c) jede absichtliche Zerstörung oder Entnahme von Eiern aus der Natur;

d) jede Beschädigung oder Vernichtung der Fortpflanzungs- oder Ruhestätten.

(2) Für diese Arten verbieten die Mitgliedstaaten Besitz, Transport, Handel oder Austausch und Angebot zum Verkauf oder Austausch von aus der Natur entnommenen Exemplaren; vor Beginn der Anwendbarkeit dieser Richtlinie rechtmäßig entnommene Exemplare sind hiervon ausgenommen.

(3) Die Verbote nach Absatz 1 Buchstaben a) und b) sowie nach Absatz 2 gelten für alle Lebensstadien der Tiere im Sinne dieses Artikels.

(4) Die Mitgliedstaaten führen ein System zur fortlaufenden Überwachung des unbeabsichtigten Fangs oder Tötens der in Anhang IV Buchstabe a) genannten Tierarten ein. Anhand der gesammelten Informationen leiten die Mitgliedstaaten diejenigen weiteren Untersuchungs- oder Erhaltungsmaßnahmen ein, die erforderlich sind, um sicherzustellen, daß der unbeabsichtigte Fang oder das unbeabsichtigte Töten keine signifikanten negativen Auswirkungen auf die betreffenden Arten haben.

Artikel 13

(1) Die Mitgliedstaaten ergreifen die erforderlichen Maßnahmen, um ein striktes Schutzsystem für die in Anhang IV Buchstabe b) angegebenen Pflanzenarten aufzubauen, das folgendes verbietet:

a) absichtliches Pflücken, Sammeln, Abschneiden, Ausgraben oder Vernichten von Exemplaren solcher Pflanzen in deren Verbreitungsräumen in der Natur;

b) Besitz, Transport, Handel oder Austausch und Angebot zum Verkauf oder zum Austausch von aus der Natur entnommenen Exemplaren solcher Pflanzen; vor Beginn der Anwendbarkeit dieser Richtlinie rechtmäßig entnommene Exemplare sind hiervon ausgenommen.

(2) Die Verbote nach Absatz 1 Buchstaben a) und b) gelten für alle Lebensstadien der Pflanzen im Sinne dieses Artikels.

Artikel 14

(1) Die Mitgliedstaaten treffen, sofern sie es aufgrund der Überwachung gemäß Artikel 11 für erforderlich halten, die notwendigen Maßnahmen, damit die Entnahme aus der Natur von Exemplaren der wildlebenden Tier- und Pflanzenarten des Anhangs V sowie deren Nutzung mit der Aufrechterhaltung eines günstigen Erhaltungszustands vereinbar sind.

(2) Werden derartige Maßnahmen für erforderlich gehalten, so müssen sie die Fortsetzung der Überwachung gemäß Artikel 11 beinhalten. Außerdem können sie insbesondere folgendes umfassen:

– Vorschriften bezüglich des Zugangs zu bestimmten Bereichen;

– das zeitlich oder örtlich begrenzte Verbot der Entnahme von Exemplaren aus der Natur und der Nutzung bestimmter Populationen;

– die Regelung der Entnahmeperioden und/oder -formen;

– die Einhaltung von dem Erhaltungsbedarf derartiger Populationen Rechnung tragenden waidmännischen oder fischereilichen Regeln bei der Entnahme von Exemplaren;

– die Einführung eines Systems von Genehmigungen für die Entnahme oder von Quoten;

– die Regelung von Kauf, Verkauf, Feilhalten, Besitz oder Transport zwecks Verkauf der Exemplare;

– das Züchten in Gefangenschaft von Tierarten sowie die künstliche Vermehrung von Pflanzenarten unter streng kontrollierten Bedingungen, um die Entnahme von Exemplaren aus der Natur zu verringern;

– die Beurteilung der Auswirkungen der ergriffenen Maßnahmen.

Artikel 15

In bezug auf den Fang oder das Töten der in Anhang V Buchstabe a) genannten wildlebenden Tierarten sowie in den Fällen, in denen Ausnahmen gemäß Artikel 16 für die Entnahme, den Fang oder die Tötung der in Anhang IV Buchstabe a) genannten Arten gemacht werden, verbieten die Mitgliedstaaten den Gebrauch aller nichtselektiven Geräte, durch die das örtliche Verschwinden von Populationen dieser Tierarten hervorgerufen werden könnte oder sie schwer gestört werden könnten, insbesondere

a) den Gebrauch der in Anhang VI Buchstabe a) genannten Fang- und Tötungsgeräte;

b) jede Form des Fangs oder Tötens mittels der in Anhang VI Buchstabe b) genannten Transportmittel.

Artikel 16

(1) Sofern es keine anderweitige zufriedenstellende Lösung gibt und unter der Bedingung, daß die Populationen der betroffenen Art in ihrem natürlichen Verbreitungsgebiet trotz der Ausnahmeregelung ohne Beeinträchtigung in einem günstigen Erhaltungszustand verweilen, können die Mitgliedstaaten von den Bestimmungen der Artikel 12, 13 und 14 sowie des Artikels 15 Buchstaben a) und b) im folgenden Sinne abweichen:

a) zum Schutz der wildlebenden Tiere und Pflanzen und zur Erhaltung der natürlichen Lebensräume;

b) zur Verhütung ernster Schäden insbesondere an Kulturen und in der Tierhaltung sowie an Wäldern, Fischgründen und Gewässern sowie an sonstigen Formen von Eigentum;

c) im Interesse der Volksgesundheit und der öffentlichen Sicherheit oder aus anderen zwingenden Gründen des überwiegenden öffentlichen Interesses, einschließlich solcher sozialer oder wirtschaftlicher Art oder positiver Folgen für die Umwelt;

d) zu Zwecken der Forschung und des Unterrichts, der Bestandsauffüllung und Wiederansiedlung und der für diese Zwecke erforderlichen Aufzucht, einschließlich der künstlichen Vermehrung von Pflanzen;

e) um unter strenger Kontrolle, selektiv und in beschränktem Ausmaß die Entnahme oder Haltung einer begrenzten und von den zuständigen einzelstaatlichen Behörden spezifizierten Anzahl von Exemplaren bestimmter Tier- und Pflanzenarten des Anhangs IV zu erlauben.

(2) Die Mitgliedstaaten legen der Kommission alle zwei Jahre einen mit dem vom Ausschuß festgelegten Modell übereinstimmenden Bericht über die nach Absatz 1 genehmigten Ausnahmen vor. Die Kommission nimmt zu diesen Ausnahmen binnen zwölf Monaten nach Erhalt des Berichts Stellung und unterrichtet darüber den Ausschuß.

(3) In den Berichten ist folgendes anzugeben:

a) die Arten, für die die Ausnahmeregelung gilt, und der Grund der Ausnahme, einschließlich der Art der Risiken sowie gegebenenfalls er verworfenen Alternativlösungen und der benutzten wissenschaftlichen Daten;

b) die für Fang oder Tötung von Tieren zugelassenen Mittel, Einrichtungen oder Methoden und die Gründe für ihren Gebrauch;

c) die zeitlichen und örtlichen Umstände der Ausnahmegenehmigungen;

d) die Behörde, die befugt ist, zu erklären, daß die erforderlichen Voraussetzungen erfüllt sind, bzw. zu kontrollieren, ob sie erfüllt sind, und die beschließen kann, welche Mittel, Einrichtungen oder Methoden innerhalb welcher Grenzen und von welchen Stellen verwendet werden dürfen sowie welche Personen mit der Durchführung betraut werden;

e) die angewandten Kontrollmaßnahmen und die erzielten Ergebnisse.

Information

Artikel 17

(1) Alle sechs Jahre nach Ablauf der in Artikel 23 vorgesehenen Frist erstellen die Mitgliedstaaten einen Bericht über die Durchführung der im Rahmen dieser Richtlinie durchgeführten Maßnahmen. Dieser Bericht enthält insbesondere Informationen über die in Artikel 6 Absatz 1 genannten Erhaltungsmaßnahmen sowie die Bewertung der Auswirkungen dieser Maßnahmen auf den Erhaltungszustand der Lebensraumtypen des Anhangs I und der Arten des Anhangs II sowie die wichtigsten Ergebnisse der in Artikel 11 genannten Überwachung. Dieser Bericht, dessen Form mit dem vom Ausschuß aufgestellten Modell übereinstimmt, wird der Kommission übermittelt und der Öffentlichkeit zugänglich gemacht.

(2) Die Kommission arbeitet auf der Grundlage der in Absatz 1 erwähnten Berichte einen zusammenfassenden Bericht aus. Dieser Bericht enthält eine zweckdienliche Bewertung der erzielten Fortschritte, insbesondere des Beitrags von Natura 2000 zur Verwirklichung der in Artikel 3 aufgeführten Ziele. Der Teil des Berichtsentwurfs, der die von einem Mitgliedstaat übermittelten Informationen betrifft, wird den Behörden des betreffenden Mitgliedstaats zur Überprüfung unterbreitet. Die endgültige Fassung des Berichts wird zunächst dem Ausschuß unterbreitet und wird spätestens zwei Jahre nach Vorlage der Berichte gemäß Absatz 1 sowie des Kommissionsberichts veröffentlicht und den Mitgliedstaaten, dem Europäischen Parlament, dem Rat und dem Wirtschafts- und Sozialausschuß zugeleitet.

(3) Die Mitgliedstaaten können die nach dieser Richtlinie ausgewiesenen Gebiete durch vom Ausschuß eigens hierzu erarbeitete Gemeinschaftsschilder kennzeichnen.

Forschung

Artikel 18

(1) Die Mitgliedstaaten und die Kommission fördern die erforderliche Forschung und die notwendigen wissenschaftlichen Arbeiten im Hinblick auf die Ziele nach Artikel 2 und die Verpflichtung nach Artikel 11. Sie tauschen Informationen aus im Hinblick auf eine gute Koordinierung der Forschung auf den Ebenen der Mitgliedstaaten und der Gemeinschaft.

(2) Besondere Aufmerksamkeit wird den wissenschaftlichen Arbeiten gewidmet, die zur Durchführung der Artikel 4 und 10 erforderlich sind; die grenzüberschreitende Zusammenarbeit zwischen Mitgliedstaaten auf dem Gebiet der Forschung wird gefördert.

Verfahren zur Änderung der Anhänge

Artikel 19

Die Änderungen, die zur Anpassung der Anhänge I, II, III, V und VI an den technischen und wissenschaftlichen Fortschritt erforderlich sind, werden vom Rat auf Vorschlag der Kommission mit qualifizierter Mehrheit beschlossen.

Die Änderungen, die zur Anpassung des Anhangs IV an den technischen und wissenschaftlichen Fortschritt erforderlich sind, werden vom Rat auf Vorschlag der Kommission einstimmig beschlossen.

Ausschuß

Artikel 20

Die Kommission wird von einem Ausschuss unterstützt.

Artikel 21

(1) Wird auf diesen Artikel Bezug genommen, so gelten die Artikel 5 und 7 des Beschlusses 1999/468/EG[6] unter Beachtung von dessen Artikel 8.

Der Zeitraum nach Artikel 5 Absatz 6 des Beschlusses 1999/468/EG wird auf drei Monate festgesetzt.

(2) Der Ausschuss gibt sich eine Geschäftsordnung.

Ergänzende Bestimmungen

Artikel 22

Bei der Ausführung der Bestimmungen dieser Richtlinie gehen die Mitgliedstaaten wie folgt vor:

---

6 Beschluss 1999/468/EG des Rates vom 28. Juni 1999 zur Festlegung der Modalitäten für die Ausübung der der Kommission übertragenen Durchführungsbefugnisse (ABl. L 184 vom 17.7.1999, S. 23).

a) Sie prüfen die Zweckdienlichkeit einer Wiederansiedlung von in ihrem Hoheitsgebiet heimischen Arten des Anhangs IV, wenn diese Maßnahme zu deren Erhaltung beitragen könnte, vorausgesetzt, eine Untersuchung hat unter Berücksichtigung unter anderem der Erfahrungen der anderen Mitgliedstaaten oder anderer Betroffener ergeben, daß eine solche Wiederansiedlung wirksam zur Wiederherstellung eines günstigen Erhaltungszustandes der betreffenden Arten beiträgt, und die Wiederansiedlung erfolgt erst nach entsprechender Konsultierung der betroffenen Bevölkerungskreise;

b) sie sorgen dafür, daß die absichtliche Ansiedlung in der Natur einer in ihrem Hoheitsgebiet nicht heimischen Art so geregelt wird, dass weder die natürlichen Lebensräume in ihrem natürlichen Verbreitungsgebiet noch die einheimischen wildlebenden Tier- und Pflanzenarten geschädigt werden; falls sie es für notwendig erachten, verbieten sie eine solche Ansiedlung. Die Ergebnisse der Bewertungsstudien werden dem Ausschuß zur Unterrichtung mitgeteilt; c) sie fördern erzieherische Maßnahmen und die allgemeine Information in bezug auf die Notwendigkeit des Schutzes der wildlebenden Tier- und Pflanzenarten und der Erhaltung ihrer Habitate sowie natürlichen Lebensräume.

Schlußbestimmungen

Artikel 23

(1) Die Mitgliedstaaten erlassen die erforderlichen Rechts- und Verwaltungsvorschriften, um dieser Richtlinie binnen zwei Jahren nach ihrer Bekanntgabe nachzukommen. Sie setzen die Kommission unverzüglich davon in Kenntnis.

(2) Wenn die Mitgliedstaaten Vorschriften nach Absatz 1 erlassen, nehmen sie in den Vorschriften selbst oder durch einen Hinweis bei der amtlichen Veröffentlichung auf diese Richtlinie Bezug. Die Mitgliedstaaten regeln die Einzelheiten der Bezugnahme.

(3) Die Mitgliedstaaten teilen der Kommission den Wortlaut der wichtigsten innerstaatlichen Rechtsvorschriften mit, die sie auf dem unter diese Richtlinie fallenden Gebiet erlassen.

Artikel 24

Diese Richtlinie ist an die Mitgliedstaaten gerichtet.

Geschehen zu Brüssel am 21. Mai 1992.

Im Namen des Rates

Der Präsident

Arlindo Marques Cunha

Anhang I
Natürliche Lebensraumtypen von gemeinschaftlichem Interesse, für deren Erhaltung besondere Schutzgebiete ausgewiesen werden müssen

Auslegung

Eine Orientierungshilfe für die Auslegung der natürlicher Lebensraumtypen wird im „Interpretationshandbuch der Lebensräume der Europäischen Union" gegeben, welches durch den nach Artikel 20 eingesetzten Ausschuss („Habitat-Ausschuss") befürwortet und durch die Europäische Kommission veröffentlicht wurde[1].

Der Code entspricht dem Code von NATURA 2000.

Das Zeichen „*" bedeutet: prioritäre Lebensraumtypen.

1. LEBENSRÄUME IN KÜSTENBEREICHEN UND HALOPHYTISCHE VE-GETATION
11. Meeresgewässer und Gezeitenzonen
1110 Sandbänke mit nur schwacher ständiger Überspülung durch Meerwasser
1120 * *Posidonia* – Seegraswiesen (*Posidonion oceanicae*)
1130 Ästuarien
1140 Vegetationsfreies Schlick-, Sand- und Mischwatt
1150 * Lagunen des Küstenraumes (Strandseen)
1160 Flache große Meeresarme und -buchten (Flachwasserzonen und Seegras-wiesen)
1170 Riffe
1180 Submarine durch Gasaustritte entstandene Strukturen

12. **Felsenküsten und Kiesstrände**
1210 Einjährige Spülsäume
1220 Mehrjährige Vegetation der Kiesstrände
1230 Atlantik-Felsküsten und Ostsee-Fels- und Steil-Küsten mit Vegetation
1240 Mittelmeer-Felsküsten mit Vegetation mit endemischen *Limonium*-Arten
1250 Makaronesische Felsküsten mit endemischen Pflanzenarten

13. **Atlantische Salzsümpfe und -wiesen sowie Salzsümpfe und -wiesen im Binnenland**
1310 Pioniervegetation mit *Salicornia* und anderen einjährigen Arten auf Schlamm und Sand (Quellerwatt)
1320 Schlickgrasbestände (*Spartinion maritimae*)
1330 Atlantische Salzwiesen (*Glauco-Puccinellietalia maritimae*)
1340 * Salzwiesen im Binnenland

---

1 „Interpretation Manual of European Union Habitats", Version EUR 15/2, angenommen durch den Habitat-Ausschuss am 4. Oktober 1999 und „Amendments to the ‚Interpretation Manual of European Union Habitats' with a view to EU enlargement" (Hab. 01/11b-rev. 1), angenommen durch den Habitat-Ausschuss am 24. April 2002 nach schriftlicher Konsultation, Europäische Kommission, GD ENV.

14. **Salzsümpfe und -wiesen des Mittelmeeres und des gemäßigten Atlantiks**

1410 Mediterrane Salzwiesen (*Juncetalia maritimi*)
1420 Quellerwatten des Mittelmeer- und gemäßigten atlantischen Raums (*Sarcocornetea fruticosae*)
1430 Halo-nitrophile Gestrüppe (*Pegano-Salsoletea*)

15. **Halophile und gypsophile Binnenlandsteppen**
1510 * Mediterrane Salzwiesen (*Limonietalia*)
1520 * Iberische Gipssteppen (*Gypsophiletalia*)
1530 * Pannonische Salzsteppen und Salzwiesen

16. **Archipele, Küsten und Landhebungsgebiete des borealen Baltikums**
1610 Esker (Moränen)-Inseln des Baltikums mit Sand-, Fels- oder Kies-Strand – Vegetation und sublitoraler Vegetation
1620 Kleine und Kleinst-Inseln des borealen Baltikums
1630 * Küstenwiesen des borealen Baltikums
1640 Sandige Strände mit ausdauernder Vegetation des borealen Baltikums
1650 Kleine, enge Buchten des borealen Baltikums

2. DÜNEN AN MEERESKÜSTEN UND IM BINNENLAND
21. **Dünen an den Küsten des Atlantiks sowie der Nord- und der Ostsee**
2110 Primärdünen
2120 Weißdünen mit Strandhafer *Ammophila arenaria*
2130 * Festliegende Küstendünen mit krautiger Vegetation (Graudünen)
2140 * Entkalkte Dünen mit *Empetrum nigrum*
2150 * Festliegende entkalkte Dünen der atlantischen Zone (*Calluno-Ulicetea*)
2160 Dünen mit *Hippophaë rhamnoides*
2170 Dünen mit *Salix repens ssp. argentea (Salicion arenariae)*
2180 Bewaldete Dünen der atlantischen, kontinentalen und borealen Region
2190 Feuchte Dünentäler
21 a0 Machair (* in Irland)

22. **Dünen an Mittelmeerküsten**
2210 Festliegende Dünen im Küstenbereich mit *Crucianellion maritimae*
2220 Dünen mit *Euphorbia terracina*
2230 Dünenrasen der *Malcolmietalia*
2240 Dünenrasen der *Brachypodietalia* mit Annuellen
2250 * Mediterrane Küstendünen mit Wacholder *Juniperus* spp.
2260 Dünen mit Hartlaubvegetation der *Cisto-Lavenduletalia*
2270 * Dünen -Wälder von *Pinus pinea* und/oder *Pinus pinaster*

23. **Dünen im Binnenland (alt und entkalkt)**
2310 Trockene Sandheiden mit *Calluna* und *Genista*
2320 Trockene Sandheiden mit *Calluna* und *Empetrum nigrum*
2320 Dünen mit offenen Grasflächen mit *Corynephorus* und *Agrostis*
2340 * Pannonische Binnendünen

3. SÜSSWASSERLEBENSRÄUME
31. Stehende Gewässer

3110 Oligotrophe, sehr schwach mineralische Gewässer der Sandebenen (*Littorelletalia uniflorae*)

3120 Oligotrophe, sehr schwach mineralische Gewässer meist auf sandigen Böden des westlichen Mittelmeerraumes mit *Isoëtes* spp.

3130 Oligo- bis mesotrophe stehende Gewässer mit Vegetation der *Littorelletea uniflorae* und/oder der *Isoëto-Nanojuncetea*

3140 Oligo- bis mesotrophe kalkhaltige Gewässer mit benthischer Vegetation aus Armleuchteralgen

3150 Natürliche eutrophe Seen mit einer Vegetation des *Magnopotamions* oder *Hydrocharitions*

3160 Dystrophe Seen und Teiche

3170 * Temporäre mediterrane Flachgewässer

3180 * Turloughs

3190 Gipskarstseen auf gipshaltigem Untergrund

31 a0 * Transsilvanische heiße Quellen mit Tigerlotus-Formationen (*Nymphaea lotus*)

32. Fließgewässer – Abschnitte von Wasserläufen mit natürlicher bzw. naturnaher Dynamik (kleine, mittlere und große Fließgewässer), deren Wasserqualität keine nennenswerte Beeinträchtigung aufweist

3210 Natürliche Flüsse Fennoskandiens

3220 Alpine Flüsse mit krautiger Ufervegetation

3230 Alpine Flüsse mit Ufergehölzen von *Myricaria germanica*

3240 Alpine Flüsse mit Ufergehölzen von *Salix elaeagnos*

3250 Permanente mediterrane Flüsse mit *Glaucium flavum*

3260 Flüsse der planaren bis montanen Stufe mit Vegetation des *Ranunculion fluitantis* und des *Callitricho-Batrachion*

3270 Flüsse mit Schlammbänken mit Vegetation des *Chenopodion rubri* p. p. und des *Bidention* p. p.

3280 Permanente mediterrane Flüsse: *Paspalo-Agrostidion* und Galeriewälder aus *Salix* und *Populus alba*

3290 Temporäre mediterrane Flüsse mit *Paspalo-Agrostidion*-Vegetation

4. GEMÄSSIGTE HEIDE- UND BUSCHVEGETATION
4010 Feuchte Heiden des nordatlantischen Raumes mit *Erica tetralix*

4020 * Feuchte Heiden des gemäßigt atlantischen Raumes mit *Erica ciliaris und Erica tetralix*

4030 Trockene europäische Heiden

4040 * Trockene atlantische Heiden an der Küste mit *Erica vagans*

4050 * Endemische makaronesische Heiden

4060 Alpine and boreale Heiden

4070 * Buschvegetation mit *Pinus mugo* und *Rhododendron hirsutum* (*Mugo-Rhododendretum hirsuti*)

4080 Subarktisches Weidengebüsch

4090 Oromediterrane endemische Heiden mit Stechginster

40 a0   * Subkontinentale peripannonische Gebüsche

5.   HARTLAUBGEBÜSCHE (MATORRALS)
51.   Gebüsche des submediterranen und gemäßigten Raumes
5110   Stabile xerothermophile Formationen von *Buxus sempervirens* an Felsabhängen (*Berberidion* p. p.)
5120   Formationen von *Cytisus purgans* in Berggebieten
5130   Formationen von *Juniperus communis* auf Kalkheiden und -rasen
5140   * Formationen von *Cistus palhinhae* auf maritimen Heiden

52.   Baumbestandene Matorrals im Mittelmeerraum
5210   Baumförmige Matorrals mit *Juniperus* spp.
5220   * Baumförmige Matorrals mit *Zyziphus* spp.
5230   * Baumförmige Matorrals mit *Laurus nobilis*

53.   Thermo-mediterrane Gebüschformationen und Vorsteppen
5310   Lorbeer-Gebüsche
5320   Euphorbia-Formationen an Steilküsten
5330   Thermo-mediterrane Gebüschformationen und Vorwüsten (sonstige Gesellschaften)

54.   Phrygane
5410   Westmediterrane Phrygane (*Astragalo-Plantaginetum subulatae*) auf Felsenküsten
5420   Phrygane mit *Sarcopoterium spinosum*
5430   Endemische Phrygane des *Euphorbio-Verbascion*

6.   NATÜRLICHES UND NATURNAHES GRASLAND
61.   Natürliches Grasland
6110   * Lückige basophile oder Kalk-Pionierrasen (*Alysso-Sedion albi*)
6120   * Trockene, kalkreiche Sandrasen
6130   Schwermetallrasen (*Violetalia calaminariae*)
6140   Silikat-Grasland in den Pyrenäen mit *Festuca eskia*
6150   Boreo-alpines Grasland auf Silikatsubstraten
6160   Oro-Iberisches Grasland auf Silikatböden mit *Festuca indigesta*
6170   Alpine und subalpine Kalkrasen
6180   Mesophiles makaronesisches Grasland
6190   Lückiges pannonisches Grasland (*Stipo-Festucetalia pallentis*)

62.   Naturnahes trockenes Grasland und Verbuschungs-Stadien
6210   Naturnahe Kalk-Trockenrasen und deren Verbuschungsstadien (*Festuco-Brometalia*) (* besondere Bestände mit bemerkenswerten Orchideen)
6220   * Mediterrane Trockenrasen der *Thero-Brachypodietea*
6230   * Artenreiche montane Borstgrasrasen (und submontan auf dem europäischen Festland) auf Silikatböden
6240   * Subpannonische Steppen-Trockenrasen
6250   * Pannonische Steppen-Trockenrasen auf Löss
6260   * Pannonische Steppen auf Sand

6270   * Artenreiche, mesophile, trockene Rasen der niederen Lagen Fennoskandiens

6280   * Nordische Alvar-Trockenrasen und flache praekambrische Kalkfelsen

62 a0   Östliche sub-mediterrane Trockenrasen (*Scorzoneratalia villosae*)

62B0   * Serpentin-Grasland auf Zypern

63.   Als Weideland genutzte Hartlaubwälder (Dehesas)

6310   Dehesas mit immergrünen Eichenarten

64.   Naturnahes feuchtes Grasland mit hohen Gräsern

6410   Pfeifengraswiesen auf kalkreichem Boden, torfigen und tonig-schluffigen Böden (*Molinion caeruleae*)

6420   Mediterranes Feuchtgrünland mit Hochstauden des *Molinio-Holoschoenion*

6430   Feuchte Hochstaudenfluren der planaren und montanen bis alpinen Stufe

6440   Brenndolden-Auenwiesen (*Cnidion dubii*)

6450   Nordboreale Auewiesen

6460   Moorwiesen des Troodos-Gebirges

65.   Mesophiles Grünland

6510   Magere Flachland-Mähwiesen (*Alopecurus pratensis, Sanguisorba officinalis*)

6250   Berg-Mähwiesen

6530   * Wiesen mit Gehölzen in Fennoskandien

7.   HOCH- UND NIEDERMOORE

71.   Saure Moore mit Sphagnum

7110   * Lebende Hochmoore

7120   Noch renaturierungsfähige degradierte Hochmoore

7130   Flächenmoore (* aktive Moore)

7140   Übergangs- und Schwingrasenmoore

7150   Torfmoor-Schlenken (*Rhynchosporion*)

7160   Mineralreiche Quellen und Niedermoorquellen Fennoskandiens

72.   Kalkreiche Niedermoore

7210   * Kalkreiche Sümpfe mit *Cladium mariscus* und Arten des *Caricion davallianae*

7220   * Kalktuffquellen (*Cratoneurion*)

7230   Kalkreiche Niedermoore

7240   * Alpine Pionierformationen des *Caricion bicoloris-atrofuscae*

73.   Boreale Torfmoore

7310   * Aapa-More

7320   * Palsa-Moore

8.   FELSIGE LEBENSRÄUME UND HÖHLEN

81.   Geröll und Schutthalden

8110   Silikatschutthalden der montanen bis nivalen Stufe (*Androsacetalia alpinae* und *Galeopsietalia ladani*)

8120 Kalk- und Kalkschieferschutthalden der montanen bis alpinen Stufe (*Thlaspietea rotundifolii*)

8130 Thermophile Schutthalden im westlichen Mittelmeerraum

8140 Schutthalden im östlichen Mittelmeerraum

8150 Kieselhaltige Schutthalden der Berglagen Mitteleuropas

8160 * Kalkhaltige Schutthalden der collinen bis montanen Stufe Mitteleuropas

82. Steinige Felsabhänge mit Felsspaltenvegetation

8210 Kalkfelsen mit Felsspaltenvegetation

8220 Silikatfelsen mit Felsspaltenvegetation

8230 Silikatfelsen mit Pioniervegetation des *Sedo-Scleranthion* oder des *Sedo albi-Veronicion dillenii*

8240 * Kalk-Felspflaster

83. Andere felsige Lebensräume

8310 Nicht touristisch erschlossene Höhlen

8320 Lavafelder und Aushöhlungen

8330 Völlig oder teilweise unter Wasser liegende Meereshöhlen

8340 Permanente Gletscher

9. WÄLDER

Naturnahe und natürliche Wälder mit einheimischen Arten im Hochwaldstadium einschließlich Mittelwald mit typischem Unterholz, die einem der nachstehenden Kriterien entsprechen: selten oder Restbestände und/oder Vorkommen von Arten von gemeinschaftlichem Interesse

90. Wälder des borealen Europas

9010 * Westliche Taiga

9020 * Epiphytenreiche, alte, natürliche, hemiboreale Laubwälder (*Quercus, Tilia, Acer, Fraxinus* oder *Ulmus*)

9030 * Natürliche Waldprimärsukzession der Landhebungsgebiete im Küstenbereich

9040 Subalpine/subarktische nordische Wälder von *Betula pubescens* ssp. *czerepanovii*

9050 Krautreiche Fichtenwälder Fennoskandiens

9060 Nadelwälder auf oder in Verbindung mit fluvio-glazialen Esker-Moränen

9070 Waldweiden Fennoskandiens

9080 * Laubholz-Bruchwälder Fennoskandiens

91. Wälder des gemäßigten Europas

9110 Hainsimsen-Buchenwald (*Luzulo-Fagetum*)

9120 Atlantischer, saurer Buchenwald mit Unterholz aus Stechpalme und gelegentlich Eibe (*Quercion robori-petraeae* oder *Ilici-Fagenion*)

9130 Waldmeister-Buchenwald (*Asperulo-Fagetum*)

9140 Mitteleuropäischer subalpiner Buchenwald mit Ahorn und *Rumex arifolius*

9150 Mitteleuropäischer Orchideen-Kalk-Buchenwald (*Cephalanthero-Fagion*)

9160 Subatlantischer oder mitteleuropäischer Stieleichenwald oder Eichen- Hainbuchenwald (*Carpinion betuli*)

9170 Labkraut-Eichen-Hainbuchenwald *Galio-Carpinetum*

9180 * Schlucht- und Hangmischwälder *Tilio-Acerion*

9190 Alte bodensaure Eichenwälder auf Sandebenen mit *Quercus robur*

91 a0 Eichenwälder auf den Britischen Inseln mit *Ilex* und *Blechnum*

91 b0 Thermophile Eschenwälder mit *Fraxinus angustifolia*

91 c0 * Kaledonische Wälder

91 d0 * Moorwälder

91 e0 * Auen-Wälder mit *Alnus glutinosa* und *Fraxinus excelsior* (*Alno-Padion, Alnion incanae, Salicion albae*)

91F0 Hartholzauewälder mit *Quercus robur, Ulmus laevis, Ulmus minor, Fraxinus excelsior* oder *Fraxinus angustifolia* (*Ulmenion minoris*)

91G0 * Pannonische Wälder mit *Quercus petraea* und *Carpinus betulus*

91H0 * Pannonische Flaumeichen-Wälder

91I0 * Euro-Sibirische Eichen-Steppenwälder

91J0 * Eibenwälder der britischen Inseln

91K0 Illyrische Rotbuchenwälder (*Aremonio-Fagion*)

91L0 Illyrische Eichen-Hainbuchenwälder (*Erythronio-Carpinion*)

91M0 Pannonisch-balkanische Zerreichen- und Traubeneichenwälder

91N0 * Pannonisches Binnensanddünen-Gebüsch (*Junipero – Populetum albae*)

91P0 Tannenwald des Heilig-Kreuz-Gebirges (*Abietetum polonicum*)

91Q0 *Pinus sylvestris*-Wälder der Westkarpaten auf Kalk

91R0 Waldkiefernwälder der dinarischen Dolomiten (*Genisto januensis-Pinetum*)

91T0 Mitteleuropäische Flechten-Kiefernwälder

91U0 Kiefernwälder der sarmatischen Steppe

91V0 Dakische Buchenwälder (*Symphyto-Fagion*)

92.   Sommergrüne mediterrane Laubwälder

9210 * Buchenwald der Apenninen mit Taxus und Ilex

9220 * Buchenwald der Apenninen mit *Abies alba* und Buchenwald mit *Abies nebrodensis*

9230 Galizisch-portugiesische Eichenwälder mit *Quercus robur* und *Quercus pyrenaica*

9240 Iberische Eichenwälder mit *Quercus faginea* und *Quercus canariensis*

9250 Eichenwälder mit *Quercus trojana*

9260 Kastanienwälder

9270 Griechische Buchenwälder mit *Abies borisii-regis*

9280 Wälder mit *Quercus frainetto*

9290 Zypressenwälder (*Acero-Cupression*)

92 a0 Galeriewald mit *Salix alba* und *Populus alba*

92B0 Galeriewald an temporären mediterranen Flüssen mit *Rhododendron ponticum, Salix* und sonstiger Vegetation

92C0 Wälder mit *Platanus orientalis* und *Liquidambar orientalis* (*Platanion orientalis*)

92D0 Mediterrane Galeriewälder und flussbegleitende Gebüsche (*Nerio-Tamaricetea* und *Securinegion tinctoriae*)

93. Mediterrane Hartlaubwälder

9310 Ägäische Wälder mit *Quercus brachyphylla*

9320 Wälder mit *Olea* und *Ceratonia*

9330 Wälder mit *Quercus suber*

9340 Wälder mit *Quercus ilex* und *Quercus rotundifolia*

9350 Wälder mit *Quercus macrolepis*

9360 * Makaronesische Lorbeerwälder (*Laurus, Ocotea*)

9370 * Palmhaine von *Phoenix*

9380 Wälder aus *Ilex aquifolium*

9390 * Busch- und niedrige Waldvegetation mit *Quercus alnifolia*

93 a0 Wälder mit *Quercus infectoria* (*Anagyro foetidae-Quercetum infectoriae*)

94. Gemäßigte Berg- und Nadelwälder

9410 Montane bis alpine bodensaure Fichtenwälder (*Vaccinio-Piceetea*)

9420 Alpiner Lärchen- und/oder Arvenwald

9430 Montaner und subalpiner *Pinus uncinata*-Wald (* auf Gips- oder Kalksubstrat)

95. Mediterrane und makaronesische Bergnadelwälder

9510 * Wald des Süd-Apennins mit *Abies alba*

9520 Wälder mit *Abies pinsapo*

9530 * Sub-mediterrane Kiefernwälder mit endemischen Schwarzkiefern

9540 Mediterrane Pinienwälder mit endemischen Kiefern

9550 Kanarischer endemischer Kiefernwald

9560 * Endemische Wälder mit *Juniperus* spp.

9570 * Wälder mit *Tetraclinis articulata*

9580 * Mediterrane Wälder mit *Taxus baccata*

9590 * *Cedrus brevifolia*-Wälder (*Cedrosetum brevifoliae*)

Anhang II
Tier- und Pflanzenarten von gemeinschaftlichem Interesse, für deren Erhaltung besondere Schutzgebiete ausgewiesen werden müssen

Auslegung

a) Anhang II ist eine Ergänzung des Anhangs I zur Verwirklichung eines zusammenhängenden Netzes von besonderen Schutzgebieten.

b) Die in diesem Anhang aufgeführten Arten sind angegeben:

- mit dem Namen der Art oder der Unterart oder

- mit allen Arten, die zu einem höheren Taxon oder einem bestimmten Teil dieses Taxons gehören. Durch die hinter der Bezeichnung einer Familie oder einer Gattung stehende Abkürzung „spp." werden alle Arten bezeichnet, die dieser Familie oder dieser Gattung angehören.

c) Symbole

Ein vor der Artenbezeichnung stehendes „*" bedeutet, dass diese Art eine prioritäre Art ist.

Die meisten der in diesem Anhang aufgeführten Arten sind in Anhang IV genannt. Ist eine in diesem Anhang aufgeführte Art weder in Anhang IV noch in Anhang V aufgeführt, so wird ihr Name von dem Zeichen „(o)" gefolgt; ist eine in diesem Anhang aufgeführte Art nicht in Anhang IV, jedoch in Anhang V genannt, so wird ihr Name von dem Zeichen „(V)" gefolgt.

a) *TIERE*
WIRBELTIERE
SÄUGETIERE
INSECTIVORA
Talpidae
Galemys pyrenaicus

CHIROPTERA
Rhinolophidae
Rhinolophus blasii
Rhinolophus euryale
Rhinolophus ferrumequinum
Rhinolophus hipposideros
Rhinolophus mehelyi
Vespertilionidae
Barbastella barbastellus
Miniopterus schreibersii
Myotis bechsteinii
Myotis blythii
Myotis capaccinii

Myotis dasycneme
Myotis emarginatus
Myotis myotis
Pteropodidae
Rousettus aegyptiacus

RODENTIA
Gliridae
Myomimus roachi
Sciuridae
* *Marmota marmota latirostris*
* *Pteromys volans (Sciuropterus russicus)*
Spermophilus citellus (Citellus citellus)
* *Spermophilus suslicus (Citellus suslicus)*
Castoridae
Castor fiber (ausgenommen die estnischen, lettischen, litauischen, finnischen und schwedischen Populationen)
Cricetidae
Mesocricetus newtoni
Microtidae
Microtus cabrerae
* *Microtus oeconomus arenicola*
* *Microtus oeconomus mehelyi*
Microtus tatricus
Zapodidae
Sicista subtilis

CARNIVORA
Canidae
* *Alopex lagopus*
* *Canis lupus* (ausgenommen die estnische Population; griechische Populationen: nur die Populationen südlich des 39. Breitengrades; spanische Populationen: nur die Populationen südlich des Duero; lettische, litauische und finnische Populationen)
Ursidae
* *Ursus arctos* (ausgenommen die estnischen, finnischen und schwedischen Populationen)
Mustelidae
* *Gulo gulo*
Lutra lutra
Mustela eversmanii
* *Mustela lutreola*
Vormela peregusna
Felidae
Lynx lynx (ausgenommen die estnischen, lettischen und finnischen Populationen)
* *Lynx pardinus*
Phocidae

Halichoerus grypus (V)
* *Monachus monachus*
Phoca hispida bottnica (V)
* *Phoca hispida saimensis*
Phoca vitulina (V)

ARTIODACTYLA
Cervidae
* *Cervus elaphus corsicanus*
Rangifer tarandus fennicus (o)
Bovidae
* *Bison bonasus*
Capra aegagrus (natürliche Populationen)
* *Capra pyrenaica pyrenaica*
Ovis gmelini musimon (Ovis ammon musimon) (natürliche Populationen auf Korsika und Sardinien)
Ovis orientalis ophion (Ovis gmelini ophion)
* *Rupicapra pyrenaica ornata (Rupicapra rupicapra ornata)*
Rupicapra rupicapra balcanica
* *Rupicapra rupicapra tatrica*

CETACEA
Phocoena phocoena
Tursiops truncatus

REPTILIEN
CHELONIA (TESTUDINES)
Testudinidae
Testudo graeca
Testudo hermanni
Testudo marginata
Cheloniidae
* *Caretta caretta*
* *Chelonia mydas*
Emydidae
Emys orbicularis
Mauremys caspica
Mauremys leprosa

SAURIA
Lacertidae
Lacerta bonnali (Lacerta monticola)
Lacerta monticola
Lacerta schreiberi
Gallotia galloti insulanagae
* *Gallotia simonyi*
Podarcis lilfordi
Podarcis pityusensis

Scincidae
Chalcides simonyi (Chalcides occidentalis)
Gekkonidae
Phyllodactylus europaeus

OPHIDIA (SERPENTES)
Colubridae
* *Coluber cypriensis*
Elaphe quatuorlineata
Elaphe situla
* *Natrix natrix cypriaca*
Viperidae
* *Macrovipera schweizeri (Vipera lebetina schweizeri)*
Vipera ursinii (ausgenommen *Vipera ursinii rakosiensis*)
* *Vipera ursinii rakosiensis*

AMPHIBIEN
CAUDATA
Salamandridae
Chioglossa lusitanica
Mertensiella luschani (Salamandra luschani)
* *Salamandra aurorae (Salamandra atra aurorae)*
Salamandrina terdigitata
Triturus carnifex (Triturus cristatus carnifex)
Triturus cristatus (Triturus cristatus cristatus)
Triturus dobrogicus (Triturus cristatus dobrogicus)
Triturus karelinii (Triturus cristatus karelinii)
Triturus montandoni
Triturus vulgaris ampelensis
Proteidae
* *Proteus anguinus*
Plethodontidae
Hydromantes (Speleomantes) ambrosii
Hydromantes (Speleomantes) flavus
Hydromantes (Speleomantes) genei
Hydromantes (Speleomantes) imperialis
Hydromantes (Speleomantes) strinatii
Hydromantes (Speleomantes) supramontis

ANURA
Discoglossidae
* *Alytes muletensis*
Bombina bombina
Bombina variegata
Discoglossus galganoi (einschließlich *Discoglossus „jeanneae")*
Discoglossus montalentii
Discoglossus sardus

Ranidae
Rana latastei
Pelobatidae
* *Pelobates fuscus insubricus*

FISCHE
PETROMYZONIFORMES
Petromyzonidae
Eudontomyzon spp. (o)
Lampetra fluviatilis (V) (ausgenommen die finnischen und schwedischen Populationen)
Lampetra planeri (o) (ausgenommen die estnischen, finnischen und schwedischen Populationen)
Lethenteron zanandreai (V)
Petromyzon marinus (o) (ausgenommen die schwedischen Populationen)

ACIPENSERIFORMES
Acipenseridae
* *Acipenser naccarii*
* *Acipenser sturio*

CLUPEIFORMES
Clupeidae
Alosa spp. (V)

SALMONIFORMES
Salmonidae
Hucho hucho (natürliche Populationen) (V)
Salmo macrostigma (o)
Salmo marmoratus (o)
Salmo salar (nur in Süßwasser) (V) (ausgenommen die finnischen Populationen)
Coregonidae
* *Coregonus oxyrhynchus* (anadrome Populationen in bestimmten Gebieten der Nordsee)
Umbridae
Umbra krameri (o)

CYPRINIFORMES
Cyprinidae
Alburnus albidus (o) *(Alburnus vulturius)*
Anaecypris hispanica
Aspius aspius (V) (ausgenommen die finnischen Populationen)
Barbus comiza (V)
Barbus meridionalis (V)
Barbus plebejus (V)
Chalcalburnus chalcoides (o)
Chondrostoma genei (o)
Chondrostoma lusitanicum (o)

Chondrostoma polylepis (o) *(einschließlich C. willkommi)*
Chondrostoma soetta (o)
Chondrostoma toxostoma (o)
Gobio albipinnatus (o)
Gobio kessleri (o)
Gobio uranoscopus (o)
Iberocypris palaciosi (o)
* *Ladigesocypris ghigii* (o)
Leuciscus lucumonis (o)
Leuciscus souffia (o)
Pelecus cultratus (V)
Phoxinellus spp. (o)
* *Phoxinus percnurus*
Rhodeus sericeus amarus (o)
Rutilus pigus (V)
Rutilus rubilio (o)
Rutilus arcasii (o)
Rutilus macrolepidotus (o)
Rutilus lemmingii (o)
Rutilus frisii meidingeri (V)
Rutilus alburnoides (o)
Scardinius graecus (o)
Cobitidae
Cobitis elongata (o)
Cobitis taenia (o) (ausgenommen die finnischen Populationen)
Cobitis trichonica (o)
Misgurnus fossilis (o)
Sabanejewia aurata (o)
Sabanejewia larvata (o) *(Cobitis larvata* und *Cobitis conspersa)*

SILURIFORMES
Siluridae
Silurus aristotelis (V)

ATHERINIFORMES
Cyprinodontidae
Aphanius iberus (o)
Aphanius fasciatus (o)
* *Valencia hispanica*
* *Valencia letourneuxi (Valencia hispanica)*

PERCIFORMES
Percidae
Gymnocephalus baloni
Gymnocephalus schraetzer (V)
* *Romanichthys valsanicola*
Zingel spp. ((o) ausgenommen *Zingel asper* und *Zingel zingel* (V))

Gobiidae
Knipowitschia (Padogobius) panizzae (o)
Padogobius nigricans (o)
Pomatoschistus canestrini (o)

SCORPAENIFORMES
Cottidae
Cottus gobio (o) (ausgenommen die finnischen Populationen)
Cottus petiti (o)

WIRBELLOSE TIERE
GLIEDERFÜSSLER
CRUSTACEA
Decapoda
Austropotamobius pallipes (V)
* Austropotamobius torrentium (V)
Isopoda
* Armadillidium ghardalamensis

INSECTA
Coleoptera
Agathidium pulchellum (o)
Bolbelasmus unicornis
Boros schneideri (o)
Buprestis splendens
Carabus hampei
Carabus hungaricus
* Carabus menetriesi pacholei
* Carabus olympiae
Carabus variolosus
Carabus zawadszkii
Cerambyx cerdo
Corticaria planula (o)
Cucujus cinnaberinus
Dorcadion fulvum cervae
Duvalius gebhardti
Duvalius hungaricus
Dytiscus latissimus
Graphoderus bilineatus
Leptodirus hochenwarti
Limoniscus violaceus (o)
Lucanus cervus (o)
Macroplea pubipennis (o)
Mesosa myops (o)
Morimus funereus (o)
* Osmoderma eremita
Oxyporus mannerheimii (o)

Pilemia tigrina
* Phryganophilus ruficollis
Probaticus subrugosus
Propomacrus cypriacus
* Pseudogaurotina excellens
Pseudoseriscius cameroni
Pytho kolwensis
Rhysodes sulcatus (o)
* Rosalia alpina
Stephanopachys linearis (o)
Stephanopachys substriatus (o)
Xyletinus tremulicola (o)
Hemiptera
Aradus angularis (o)
Lepidoptera
Agriades glandon aquilo (o)
Arytrura musculus
* Callimorpha (Euplagia, Panaxia) quadripunctaria (o)
Catopta thrips
Chondrosoma fiduciarium
Clossiana improba (o)
Coenonympha oedippus
Colias myrmidone
Cucullia mixta
Dioszeghyana schmidtii
Erannis ankeraria
Erebia calcaria
Erebia christi
Erebia medusa polaris (o)
Eriogaster catax
Euphydryas (Eurodryas, Hypodryas) aurinia (o)
Glyphipterix loricatella
Gortyna borelii lunata
Graellsia isabellae (V)
Hesperia comma catena (o)
Hypodryas maturna
Leptidea morsei
Lignyoptera fumidaria
Lycaena dispar
Lycaena helle
Maculinea nausithous
Maculinea teleius
Melanargia arge
* Nymphalis vaualbum
Papilio hospiton
Phyllometra culminaria

Plebicula golgus
Polymixis rufocincta isolata
Polyommatus eroides
Pseudophilotes bavius
Xestia borealis (o)
Xestia brunneopicta (o)
* *Xylomoia strix*
Mantodea
Apteromantis aptera
Odonata
Coenagrion hylas (o)
Coenagrion mercuriale (o)
Coenagrion ornatum (o)
Cordulegaster heros
Cordulegaster trinacriae
Gomphus graslinii
Leucorrhinia pectoralis
Lindenia tetraphylla
Macromia splendens
Ophiogomphus cecilia
Oxygastra curtisii
Orthoptera
Baetica ustulata
Brachytrupes megacephalus
Isophya costata
Isophya harzi
Isophya stysi
Myrmecophilus baronii
Odontopodisma rubripes
Paracaloptenus caloptenoides
Pholidoptera transsylvanica
Stenobothrus (Stenobothrodes) eurasius

ARACHNIDA
Pseudoscorpiones
Anthrenochernes stellae (o)

WEICHTIERE
GASTROPODA
Anisus vorticulus
Caseolus calculus
Caseolus commixta
Caseolus sphaerula
Chilostoma banaticum
Discula leacockiana
Discula tabellata
Discus guerinianus

Elona quimperiana
Geomalacus maculosus
Geomitra moniziana
Gibbula nivosa
* *Helicopsis striata austriaca* (o)
Hygromia kovacsi
Idiomela (Helix) subplicata
Lampedusa imitatrix
* *Lampedusa melitensis*
Leiostyla abbreviata
Leiostyla cassida
Leiostyla corneocostata
Leiostyla gibba
Leiostyla lamellosa
* *Paladilhia hungarica*
Sadleriana pannonica
Theodoxus transversalis
Vertigo angustior (o)
Vertigo genesii (o)
Vertigo geyeri (o)
Vertigo moulinsiana (o)

BIVALVIA
Unionoida
Margaritifera durrovensis (Margaritifera margaritifera) (V)
Margaritifera margaritifera (V)
Unio crassus
Dreissenidae
Congeria kusceri

b) **PFLANZEN**
PTERIDOPHYTA
ASPLENIACEAE
Asplenium jahandiezii (Litard.) Rouy
Asplenium adulterinum Milde

BLECHNACEAE
Woodwardia radicans (L.) Sm.

DICKSONIACEAE
Culcita macrocarpa C. Presl

DRYOPTERIDACEAE
Diplazium sibiricum (Turcz. ex Kunze) Kurata
* *Dryopteris corleyi* Fraser-Jenk.
Dryopteris fragans (L.) Schott

HYMENOPHYLLACEAE
Trichomanes speciosum Willd.

ISOETACEAE
Isoetes boryana Durieu
Isoetes malinverniana Ces. & De Not.

MARSILEACEAE
Marsilea batardae Launert
Marsilea quadrifolia L.
Marsilea strigosa Willd.

OPHIOGLOSSACEAE
Botrychium simplex Hitchc.
Ophioglossum polyphyllum A. Braun

GYMNOSPERMAE
PINACEAE
* *Abies nebrodensis* (Lojac.) Mattei

ANGIOSPERMAE
ALISMATACEAE
* *Alisma wahlenbergii* (Holmberg) Juz.
Caldesia parnassifolia (L.) Parl.
Luronium natans (L.) Raf.

AMARYLLIDACEAE
Leucojum nicaeense Ard.
Narcissus asturiensis (Jordan) Pugsley
Narcissus calcicola Mendonça
Narcissus cyclamineus DC.
Narcissus fernandesii G. Pedro
Narcissus humilis (Cav.) Traub
* *Narcissus nevadensis* Pugsley
Narcissus pseudonarcissus L. subsp. *nobilis* (Haw.) A. Fernandes
Narcissus scaberulus Henriq.
Narcissus triandrus L. subsp. *capax* (Salisb.) D. A. Webb.
Narcissus viridiflorus Schousboe

ASCLEPIADACEAE
Vincetoxicum pannonicum (Borhidi) Holub

BORAGINACEAE
* *Anchusa crispa* Viv.
Echium russicum J.F.Gemlin
* *Lithodora nitida* (H. Ern) R. Fernandes
Myosotis lusitanica Schuster
Myosotis rehsteineri Wartm.
Myosotis retusifolia R. Afonso
Omphalodes kuzinskyanae Willk.
* *Omphalodes littoralis* Lehm.
* *Onosma tornensis* Javorka

Solenanthus albanicus (Degen & al.) Degen & Baldacci
* *Symphytum cycladense* Pawl.

CAMPANULACEAE
Adenophora lilifolia (L.) Ledeb.
Asyneuma giganteum (Boiss.) Bornm.
* *Campanula bohemica* Hruby
* *Campanula gelida* Kovanda
Campanula romanica Săvul.
* *Campanula sabatia* De Not.
* *Campanula serrata* (Kit.) Hendrych
Campanula zoysii Wulfen
Jasione crispa (Pourret) Samp. subsp. *serpentinica* Pinto da Silva
Jasione lusitanica A. DC.

CARYOPHYLLACEAE
Arenaria ciliata L. subsp. *pseudofrigida* Ostenf. & O. C. Dahl
Arenaria humifusa Wahlenberg
* *Arenaria nevadensis* Boiss. & Reuter
Arenaria provincialis Chater & Halliday
* *Cerastium alsinifolium* Tausch *Cerastium dinaricum* G. Beck & Szysz.
Dianthus arenarius L. subsp. *arenarius*
* *Dianthus arenarius* subsp. *bohemicus* (Novak) O.Schwarz
Dianthus cintranus Boiss. & Reuter subsp. *cintranus* Boiss. & Reuter
* *Dianthus diutinus* Kit.
* *Dianthus lumnitzeri* Wiesb.
Dianthus marizii (Samp.) Samp.
* *Dianthus moravicus* Kovanda
* *Dianthus nitidus* Waldst. et Kit.
Dianthus plumarius subsp. *regis-stephani* (Rapcs.) Baksay
Dianthus rupicola Biv.
* *Gypsophila papillosa* P. Porta
Herniaria algarvica Chaudhri
* *Herniaria latifolia* Lapeyr. subsp. *litardierei* Gamis
Herniaria lusitanica (Chaudhri) subsp. *berlengiana* Chaudhri
Herniaria maritima Link
* *Minuartia smejkalii* Dvorakova
Moehringia jankae Griseb. ex Janka
Moehringia lateriflora (L.) Fenzl.
Moehringia tommasinii Marches.
Moehringia villosa (Wulfen) Fenzl
Petrocoptis grandiflora Rothm.
Petrocoptis montsicciana O. Bolos & Rivas Mart.
Petrocoptis pseudoviscosa Fernández Casas
Silene furcata Rafin. subsp. *angustiflora* (Rupr.) Walters
* *Silene hicesiae* Brullo & Signorello
Silene hifacensis Rouy ex Willk.

* *Silene holzmanii* Heldr. ex Boiss.
Silene longicilia (Brot.) Otth.
Silene mariana Pau
* *Silene orphanidis* Boiss
* *Silene rothmaleri* Pinto da Silva
* *Silene velutina* Pourret ex Loisel.

CHENOPODIACEAE
* *Bassia (Kochia) saxicola* (Guss.) A. J. Scott
* *Cremnophyton lanfrancoi* Brullo et Pavone
* *Salicornia veneta* Pignatti & Lausi

CISTACEAE
Cistus palhinhae Ingram
Halimium verticillatum (Brot.) Sennen
Helianthemum alypoides Losa & Rivas Goday
Helianthemum caput-felis Boiss.
* *Tuberaria major* (Willk.) Pinto da Silva & Rozeira

COMPOSITAE
* *Anthemis glaberrima* (Rech. f.) Greuter
Artemisia campestris L. subsp. *bottnica* A. N. Lundström ex Kindb.
* *Artemisia granatensis* Boiss.
* *Artemisia laciniata* Willd.
Artemisia oelandica (Besser) Komaror
* *Artemisia pancicii* (Janka) Ronn.
* *Aster pyrenaeus* Desf. ex DC
* *Aster sorrentinii* (Tod) Lojac.
Carlina onopordifolia Besser
* *Carduus myriacanthus* Salzm. ex DC.
* *Centaurea alba* L. subsp. *heldreichii* (Halacsy) Dostal
* *Centaurea alba* L. subsp. *princeps* (Boiss. & Heldr.) Gugler
* *Centaurea akamantis* T. Georgiadis & G. Chatzikyriakou
* *Centaurea attica* Nyman subsp. *megarensis* (Halacsy & Hayek) Dostal
* *Centaurea balearica* J. D. Rodriguez
* *Centaurea borjae* Valdes-Berm. & Rivas Goday
* *Centaurea citricolor* Font Quer
Centaurea corymbosa Pourret
Centaurea gadorensis G. Blanca
* *Centaurea horrida* Badaro
Centaurea immanuelis-loewii Degen
Centaurea jankae Brandza
* *Centaurea kalambakensis* Freyn & Sint.
Centaurea kartschiana Scop.
* *Centaurea lactiflora* Halacsy
Centaurea micrantha Hoffmanns. & Link subsp. *herminii* (Rouy) Dostál
* *Centaurea niederi* Heldr.

* *Centaurea peucedanifolia* Boiss. & Orph.
* *Centaurea pinnata* Pau
Centaurea pontica Prodan & E. I. Nyárády
Centaurea pulvinata (G. Blanca) G. Blanca
Centaurea rothmalerana (Arènes) Dostál
Centaurea vicentina Mariz
Cirsium brachycephalum Juratzka
* *Crepis crocifolia* Boiss. & Heldr.
Crepis granatensis (Willk.) B. Blanca & M. Cueto
Crepis pusilla (Sommier) Merxmüller
Crepis tectorum L. subsp. *nigrescens*
Erigeron frigidus Boiss. ex DC.
* *Helichrysum melitense* (Pignatti) Brullo et al
Hymenostemma pseudanthemis (Kunze) Willd.
Hyoseris frutescens Brullo et Pavone
* *Jurinea cyanoides* (L.) Reichenb.
* *Jurinea fontqueri* Cuatrec.
* *Lamyropsis microcephala* (Moris) Dittrich & Greuter
Leontodon microcephalus (Boiss. ex DC.) Boiss.
Leontodon boryi Boiss.
* *Leontodon siculus* (Guss.) Finch & Sell
Leuzea longifolia Hoffmanns. & Link
Ligularia sibirica (L.) Cass.
* *Palaeocyanus crassifolius* (Bertoloni) Dostal
Santolina impressa Hoffmanns. & Link
Santolina semidentata Hoffmanns. & Link
Saussurea alpina subsp. *esthonica* (Baer ex Rupr) Kupffer
* *Senecio elodes* Boiss. ex DC.
Senecio jacobea L. subsp. *gotlandicus* (Neuman) Sterner
Senecio nevadensis Boiss. & Reuter
* *Serratula lycopifolia* (Vill.) A.Kern
Tephroseris longifolia (Jacq.) Griseb et Schenk subsp. *moravica*

CONVOLVULACEAE
* *Convolvulus argyrothamnus* Greuter
* *Convolvulus fernandesii* Pinto da Silva & Teles

CRUCIFERAE
Alyssum pyrenaicum Lapeyr.
* *Arabis kennedyae* Meikle
Arabis sadina (Samp.) P. Cout.
Arabis scopoliana Boiss
* *Biscutella neustriaca* Bonnet
Biscutella vincentina (Samp.) Rothm.
Boleum asperum (Pers.) Desvaux
Brassica glabrescens Poldini
Brassica hilarionis Post

Brassica insularis Moris
* *Brassica macrocarpa* Guss.
Braya linearis Rouy
* *Cochlearia polonica* E. Fröhlich
* *Cochlearia tatrae* Borbas
* *Coincya rupestris* Rouy
* *Coronopus navasii* Pau
Crambe tataria Sebeok
Diplotaxis ibicensis (Pau) Gómez-Campo
* *Diplotaxis siettiana* Maire
Diplotaxis vicentina (P. Cout.) Rothm.
Draba cacuminum Elis Ekman
Draba cinerea Adams
Draba dorneri Heuffel.
Erucastrum palustre (Pirona) Vis.
* *Erysimum pieninicum* (Zapal.) Pawl.
* *Iberis arbuscula* Runemark
Iberis procumbens Lange subsp. *microcarpa* Franco & Pinto da Silva
* *Jonopsidium acaule* (Desf.) Reichenb.
Jonopsidium savianum (Caruel) Ball ex Arcang.
Rhynchosinapis erucastrum (L.) Dandy ex Clapham subsp. *cintrana* (Coutinho)
Franco & P. Silva *(Coincya cintrana* (P. Cout.) Pinto da Silva)
Sisymbrium cavanillesianum Valdés & Castroviejo
Sisymbrium supinum L.
Thlaspi jankae A.Kern.

CYPERACEAE
Carex holostoma Drejer
* *Carex panormitana* Guss.
Eleocharis carniolica Koch

DIOSCOREACEAE
* *Borderea chouardii* (Gaussen) Heslot

DROSERACEAE
Aldrovanda vesiculosa L.

ELATINACEAE
Elatine gussonei (Sommier) Brullo et al

ERICACEAE
Rhododendron luteum Sweet

EUPHORBIACEAE
* *Euphorbia margalidiana* Kuhbier & Lewejohann
Euphorbia transtagana Boiss.

GENTIANACEAE
* *Centaurium rigualii* Esteve

* *Centaurium somedanum* Lainz
Gentiana ligustica R. de Vilm. & Chopinet
Gentianella anglica (Pugsley) E. F. Warburg
* *Gentianella bohemica* Skalicky

GERANIACEAE
* *Erodium astragaloides* Boiss. & Reuter
Erodium paularense Fernández-González & Izco
* *Erodium rupicola* Boiss.

GLOBULARIACEAE
* *Globularia stygia* Orph. ex Boiss.

GRAMINEAE
Arctagrostis latifolia (R. Br.) Griseb.
Arctophila fulva (Trin.) N. J. Anderson
Avenula hackelii (Henriq.) Holub
Bromus grossus Desf. ex DC.
Calamagrostis chalybaea (Laest.) Fries
Cinna latifolia (Trev.) Griseb.
Coleanthus subtilis (Tratt.) Seidl
Festuca brigantina (Markgr.-Dannenb.) Markgr.-Dannenb.
Festuca duriotagana Franco & R. Afonso
Festuca elegans Boiss.
Festuca henriquesii Hack.
Festuca summilusitana Franco & R. Afonso
Gaudinia hispanica Stace & Tutin
Holcus setiglumis Boiss. & Reuter subsp. *duriensis Pinto da Silva*
Micropyropsis tuberosa Romero – Zarco & Cabezudo
Poa granitica Br.-Bl. subsp. *disparilis* (E. I. Nyárády) E. I. Nyárády
* *Poa riphaea* (Ascher et Graebner) Fritsch
Pseudarrhenatherum pallens (Link) J. Holub
Puccinellia phryganodes (Trin.) Scribner + Merr.
Puccinellia pungens (Pau) Paunero
* *Stipa austroitalica* Martinovsky
* *Stipa bavarica* Martinovsky & H. Scholz
Stipa danubialis Dihoru & Roman
* *Stipa styriaca* Martinovsky
* *Stipa veneta* Moraldo
* *Stipa zalesskii* Wilensky
Trisetum subalpestre (Hartman) Neuman

GROSSULARIACEAE
* *Ribes sardoum* Martelli

HIPPURIDACEAE
Hippuris tetraphylla L. Fil.

HYPERICACEAE
* *Hypericum aciferum* (Greuter) N.K.B. Robson

IRIDACEAE
Crocus cyprius Boiss. et Kotschy
Crocus hartmannianus Holmboe
Gladiolus palustris Gaud.
Iris aphylla L. subsp. *hungarica* Hegi
Iris humilis Georgi subsp. *arenaria* (Waldst. et Kit.) A. et D.Löve

JUNCACEAE
Juncus valvatus Link
Luzula arctica Blytt

LABIATAE
Dracocephalum austriacum L.
* *Micromeria taygetea* P.H. Davis
Nepeta dirphya (Boiss.) Heldr. ex Halacsy
* *Nepeta sphaciotica* P.H. Davis
Origanum dictamnus L.
Phlomis brevibracteata Turril
Phlomis cypria Post
Salvia veneris Hedge
Sideritis cypria Post
Sideritis incana subsp. *glauca* (Cav.) Malagarriga
Sideritis javalambrensis Pau
Sideritis serrata Cav. ex Lag.
Teucrium lepicephalum Pau
Teucrium turredanum Losa & Rivas Goday
* *Thymus camphoratus* Hoffmanns. & Link
Thymus carnosus Boiss.
* *Thymus lotocephalus* G. López & R. Morales *(Thymus cephalotos* L.)*

LEGUMINOSAE
Anthyllis hystrix Cardona, Contandr. & E. Sierra
* *Astragalus algarbiensis* Coss. ex Bunge
* *Astragalus aquilanus* Anzalone
Astragalus centralpinus Braun-Blanquet
* *Astragalus macrocarpus* DC. subsp. *lefkarensis*
* *Astragalus maritimus* Moris
Astragalus peterfii Jáv.
Astragalus tremolsianus Pau
* *Astragalus verrucosus* Moris
* *Cytisus aeolicus* Guss. ex Lindl.
Genista dorycnifolia Font Quer
Genista holopetala (Fleischm. ex Koch) Baldacci
Melilotus segetalis (Brot.) Ser. subsp. *fallax Franco*
* *Ononis hackelii* Lange

Trifolium saxatile All.
* *Vicia bifoliolata* J.D. Rodríguez

LENTIBULARIACEAE
* *Pinguicula crystallina* Sm.
Pinguicula nevadensis (Lindb.) Casper

LILIACEAE
Allium grosii Font Quer
* *Androcymbium rechingeri* Greuter
* *Asphodelus bento-rainhae* P. Silva
* *Chionodoxa lochiae* Meikle in Kew Bull.
Colchicum arenarium Waldst. et Kit.
Hyacinthoides vicentina (Hoffmans. & Link) Rothm.
* *Muscari gussonei* (Parl.) Tod.
Scilla litardierei Breist.
* *Scilla morrisii* Meikle
Tulipa cypria Stapf
Tulipa hungarica Borbas

LINACEAE
* *Linum dolomiticum* Borbas
* *Linum muelleri* Moris *(Linum maritimum muelleri)*

LYTHRACEAE
* *Lythrum flexuosum* Lag.

MALVACEAE
Kosteletzkya pentacarpos (L.) Ledeb.

NAJADACEAE
Najas flexilis (Willd.) Rostk. & W.L. Schmidt
Najas tenuissima (A. Braun) Magnus

OLEACEAE
Syringa josikaea Jacq. Fil. ex Reichenb.

ORCHIDACEAE
Anacamptis urvilleana Sommier et Caruana Gatto
Calypso bulbosa L.
* *Cephalanthera cucullata* Boiss. & Heldr.
Cypripedium calceolus L.
Dactylorhiza kalopissii E.Nelson
Gymnigritella runei Teppner & Klein
Himantoglossum adriaticum Baumann
Himantoglossum caprinum (Bieb.) V.Koch
Liparis loeselii (L.) Rich.
* *Ophrys kotschyi* H.Fleischm. et Soo
* *Ophrys lunulata* Parl.
Ophrys melitensis (Salkowski) J et P Devillers-Terschuren

Platanthera obtusata (Pursh) subsp. *oligantha* (Turez.) Hulten

OROBANCHACEAE
Orobanche densiflora Salzm. ex Reut.

PAEONIACEAE
Paeonia cambessedesii (Willk.) Willk.
Paeonia clusii F.C. Stern subsp. *rhodia* (Stearn) Tzanoudakis
Paeonia officinalis L. subsp. *banatica* (Rachel) Soo
Paeonia parnassica Tzanoudakis

PALMAE
Phoenix theophrasti Greuter

PAPAVERACEAE
Corydalis gotlandica Lidén
Papaver laestadianum (Nordh.) Nordh.
Papaver radicatum Rottb. subsp. *hyperboreum* Nordh.

PLANTAGINACEAE
Plantago algarbiensis Sampaio *(Plantago bracteosa* (Willk.) G. Sampaio)
Plantago almogravensis Franco

PLUMBAGINACEAE
Armeria berlengensis Daveau
* *Armeria helodes* Martini & Pold
Armeria neglecta Girard
Armeria pseudarmeria (Murray) Mansfeld
* *Armeria rouyana* Daveau
Armeria soleirolii (Duby) Godron
Armeria velutina Welw. ex Boiss. & Reuter
Limonium dodartii (Girard) O. Kuntze subsp. *lusitanicum* (Daveau) Franco
* *Limonium insulare* (Beg. & Landi) Arrig. & Diana
Limonium lanceolatum (Hoffmans. & Link) Franco
Limonium multiflorum Erben
* *Limonium pseudolaetum* Arrig. & Diana
* *Limonium strictissimum* (Salzmann) Arrig.

POLYGONACEAE
Persicaria foliosa (H. Lindb.) Kitag.
Polygonum praelongum Coode & Cullen
Rumex rupestris Le Gall

PRIMULACEAE
Androsace mathildae Levier
Androsace pyrenaica Lam.
* *Cyclamen fatrense* Halda et Sojak
* *Primula apennina* Widmer
Primula carniolica Jacq.
Primula nutans Georgi

Primula palinuri Petagna
Primula scandinavica Bruun
Soldanella villosa Darracq.

RANUNCULACEAE
* *Aconitum corsicum* Gayer *(Aconitum napellus* subsp. *corsicum)*
Aconitum firmum (Reichenb.) Neilr subsp. *moravicum* Skalicky
Adonis distorta Ten.
Aquilegia bertolonii Schott
Aquilegia kitaibelii Schott
* *Aquilegia pyrenaica* D. C. subsp. *cazorlensis* (Heywood) Galiano
* *Consolida samia* P. H. Davis
* *Delphinium caseyi* B. L.Burtt
Pulsatilla grandis Wenderoth *Pulsatilla patens* (L.) Miller
* *Pulsatilla pratensis* (L.) Miller subsp. *hungarica* Soo
* *Pulsatilla slavica* G. Reuss.
* *Pulsatilla subslavica* Futak ex Goliasova
Pulsatilla vulgaris Hill. subsp. *gotlandica* (Johanss.) Zaemelis & Paegle
Ranunculus kykkoensis Meikle
Ranunculus lapponicus L.
* *Ranunculus weyleri* Mares

RESEDACEAE
* *Reseda decursiva* Forssk.

ROSACEAE
Agrimonia pilosa Ledebour
Potentilla delphinensis Gren. & Godron
Potentilla emilii-popii Nyárády
* *Pyrus magyarica* Terpo
Sorbus teodorii Liljefors

RUBIACEAE
Galium cracoviense Ehrend.
* *Galium litorale* Guss.
Galium moldavicum (Dobrescu) Franco
* *Galium sudeticum* Tausch
* *Galium viridiflorum* Boiss. & Reuter

SALICACEAE
Salix salvifolia Brot. subsp. *australis* Franco

SANTALACEAE
Thesium ebracteatum Hayne

SAXIFRAGACEAE
Saxifraga berica (Beguinot) D.A. Webb
Saxifraga florulenta Moretti
Saxifraga hirculus L.

Saxifraga osloënsis Knaben
Saxifraga tombeanensis Boiss. ex Engl.

SCROPHULARIACEAE
Antirrhinum charidemi Lange
Chaenorrhinum serpyllifolium (Lange) Lange subsp. *lusitanicum* R. Fernandes
* *Euphrasia genargentea* (Feoli) Diana
Euphrasia marchesettii Wettst. ex Marches.
Linaria algarviana Chav.
Linaria coutinhoi Valdés
Linaria loeselii Schweigger
* *Linaria ficalhoana* Rouy
Linaria flava (Poiret) Desf.
* *Linaria hellenica* Turrill
Linaria pseudolaxiflora Lojacono
* *Linaria ricardoi* Cout.
Linaria tonzigii Lona
* *Linaria tursica* B. Valdés & Cabezudo
Odontites granatensis Boiss.
* *Pedicularis sudetica Willd.*
Rhinanthus oesilensis (Ronniger & Saarsoo) Vassilcz
Tozzia carpathica Wol.
Verbascum litigiosum Samp.
Veronica micrantha Hoffmanns. & Link
* *Veronica oetaea* L.-A. Gustavsson

SOLANACEAE
*Atropa baetica Willk.

THYMELAEACEAE
* *Daphne arbuscula* Celak
Daphne petraea Leybold
* *Daphne rodriguezii* Texidor

ULMACEAE
Zelkova abelicea (Lam.) Boiss.

UMBELLIFERAE
* *Angelica heterocarpa* Lloyd
Angelica palustris (Besser) Hoffm.
* *Apium bermejoi* Llorens
Apium repens (Jacq.) Lag.
Athamanta cortiana Ferrarini
* *Bupleurum capillare* Boiss. & Heldr.
* *Bupleurum kakiskalae* Greuter
Eryngium alpinum L.
* *Eryngium viviparum* Gay
* *Ferula sadleriana* Lebed.

Hladnikia pastinacifolia Reichenb.
* *Laserpitium longiradium* Boiss.
* *Naufraga balearica* Constans & Cannon
* *Oenanthe conioides* Lange
Petagnia saniculifolia Guss.
Rouya polygama (Desf.) Coincy
* *Seseli intricatum* Boiss.
Seseli leucospermum Waldst. et Kit
Thorella verticillatinundata (Thore) Briq.

VALERIANACEAE
Centranthus trinervis (Viv.) Beguinot

VIOLACEAE
Viola delphinantha Boiss.
* *Viola hispida* Lam.
Viola jaubertiana Mares & Vigineix
Viola rupestris F.W. Schmidt subsp. *relicta* Jalas

NIEDERE PFLANZEN
BRYOPHYTA
Bruchia vogesiaca Schwaegr. (o)
Bryhnia novae-angliae (Sull & Lesq.) Grout (o)
* *Bryoerythrophyllum campylocarpum* (C. Müll.) Crum. *(Bryoerythrophyllum machadoanum* (Sergio) M. O. Hill) (o)
Buxbaumia viridis (Moug.) Moug. & Nestl. (o)
Cephalozia macounii (Aust.) Aust. (o)
Cynodontium suecicum (H. Arn. & C. Jens.) I. Hag. (o)
Dichelyma capillaceum (Dicks) Myr. (o)
Dicranum viride (Sull. & Lesq.) Lindb. (o)
Distichophyllum carinatum Dix. & Nich. (o)
Drepanocladus (Hamatocaulis) vernicosus (Mitt.) Warnst. (o)
Encalypta mutica (I. Hagen) (o)
Hamatocaulis lapponicus (Norrl.) Hedenäs (o)
Herzogiella turfacea (Lindb.) I. Wats. (o)
Hygrohypnum montanum (Lindb.) Broth. (o)
Jungermannia handelii (Schiffn.) Amak. (o)
Mannia triandra (Scop.) Grolle (o)
* *Marsupella profunda* Lindb. (o)
Meesia longiseta Hedw. (o)
Nothothylas orbicularis (Schwein.) Sull. (o)
Ochyraea tatrensis Vana (o)
Orthothecium lapponicum (Schimp.) C. Hartm. (o)
Orthotrichum rogeri Brid. (o)
Petalophyllum ralfsii (Wils.) Nees & Gott. (o)
Plagiomnium drummondii (Bruch & Schimp.) T. Kop. (o)
Riccia breidleri Jur. (o)

Riella helicophylla (Bory & Mont.) Mont. (o)
Scapania massolongi (K. Müll.) K. Müll. (o)
Sphagnum pylaisii Brid. (o)
Tayloria rudolphiana (Garov) B. & S. (o)
Tortella rigens (N. Alberts) (o)

ARTEN AUS MAKARONESIEN
PTERIDOPHYTA
HYMENOPHYLLACEAE
Hymenophyllum maderensis Gibby & Lovis

DRYOPTERIDACEAE
* *Polystichum drepanum* (Sw.) C. Presl.

ISOETACEAE
Isoetes azorica Durieu & Paiva ex Milde

MARSILEACEAE
* *Marsilea azorica* Launert & Paiva

ANGIOSPERMAE
ASCLEPIADACEAE
Caralluma burchardii N. E. Brown
* *Ceropegia chrysantha* Svent.

BORAGINACEAE
Echium candicans L. fil.
* *Echium gentianoides* Webb & Coincy
Myosotis azorica H. C. Watson
Myosotis maritima Hochst. in Seub.

CAMPANULACEAE
* *Azorina vidalii* (H. C. Watson) Feer
Musschia aurea (L. f.) DC.
* *Musschia wollastonii* Lowe

CAPRIFOLIACEAE
* *Sambucus palmensis* Link

CARYOPHYLLACEAE
Spergularia azorica (Kindb.) Lebel

CELASTRACEAE
Maytenus umbellata (R. Br.) Mabb.

CHENOPODIACEAE
Beta patula Ait.

CISTACEAE
Cistus chinamadensis Banares & Romero
* *Helianthemum bystropogophyllum* Svent.

COMPOSITAE
Andryala crithmifolia Ait.
* *Argyranthemum lidii* Humphries
Argyranthemum thalassophylum (Svent.) Hump.
Argyranthemum winterii (Svent.) Humphries
* *Atractylis arbuscula* Svent. & Michaelis
Atractylis preauxiana Schultz.
Calendula maderensis DC.
Cheirolophus duranii (Burchard) Holub
Cheirolophus ghomerytus (Svent.) Holub
Cheirolophus junonianus (Svent.) Holub
Cheirolophus massonianus (Lowe) Hansen & Sund.
Cirsium latifolium Lowe
Helichrysum gossypinum Webb
Helichrysum monogynum Burtt & Sund.
Hypochoeris oligocephala (Svent. & Bramw.) Lack
* *Lactuca watsoniana* Trel.
* *Onopordum nogalesii* Svent.
* *Onorpordum carduelinum* Bolle
* *Pericallis hadrosoma* (Svent.) B. Nord.
Phagnalon benettii Lowe
Stemmacantha cynaroides (Chr. Son. in Buch) Ditt
Sventenia bupleuroides Font Quer
* *Tanacetum ptarmiciflorum* Webb & Berth

CONVOLVULACEAE
* *Convolvulus caput-medusae* Lowe
* *Convolvulus lopez-socasii* Svent.
* *Convolvulus massonii* A. Dietr.

CRASSULACEAE
Aeonium gomeraense Praeger
Aeonium saundersii Bolle
Aichryson dumosum (Lowe) Praeg.
Monanthes wildpretii Banares & Scholz
Sedum brissemoretii Raymond-Hamet

CRUCIFERAE
* *Crambe arborea* Webb ex Christ
Crambe laevigata DC. ex Christ
* *Crambe sventenii* R. Petters ex Bramwell & Sund.
* *Parolinia schizogynoides* Svent.
Sinapidendron rupestre (Ait.) Lowe

CYPERACEAE
Carex malato-belizii Raymond

DIPSACACEAE
Scabiosa nitens Roemer & J. A. Schultes

ERICACEAE
Erica scoparia L. subsp. *azorica* (Hochst.) D. A. Webb

EUPHORBIACEAE
* *Euphorbia handiensis* Burchard
Euphorbia lambii Svent.
Euphorbia stygiana H. C. Watson

GERANIACEAE
* *Geranium maderense* P. F. Yeo

GRAMINEAE
Deschampsia maderensis (Haeck. & Born.) Buschm.
Phalaris maderensis (Menezes) Menezes

GLOBULARIACEAE
* *Globularia ascanii* D. Bramwell & Kunkel
* *Globularia sarcophylla* Svent.

LABIATAE
* *Sideritis cystosiphon* Svent.
* *Sideritis discolor* (Webb ex de Noe) Bolle
Sideritis infernalis Bolle
Sideritis marmorea Bolle
Teucrium abutiloides L'Hér.
Teucrium betonicum L'Hér.

LEGUMINOSAE
* *Anagyris latifolia* Brouss. ex. Willd.
Anthyllis lemanniana Lowe
* *Dorycnium spectabile* Webb & Berthel
* *Lotus azoricus* P. W. Ball
Lotus callis-viridis D. Bramwell & D. H. Davis
* *Lotus kunkelii* (E. Chueca) D. Bramwell & al.
* *Teline rosmarinifolia* Webb & Berthel.
* *Teline salsoloides* Arco & Acebes.
Vicia dennesiana H. C. Watson

LILIACEAE
* *Androcymbium psammophilum* Svent.
Scilla maderensis Menezes
Semele maderensis Costa

LORANTHACEAE
Arceuthobium azoricum Wiens & Hawksw.

MYRICACEAE
* *Myrica rivas-martinezii* Santos.

OLEACEAE
Jasminum azoricum L.
Picconia azorica (Tutin) Knobl.

ORCHIDACEAE
Goodyera macrophylla Lowe

PITTOSPORACEAE
* *Pittosporum coriaceum* Dryand. ex. Ait.

PLANTAGINACEAE
Plantago malato-belizii Lawalree

PLUMBAGINACEAE
* *Limonium arborescens* (Brouss.) Kuntze
Limonium dendroides Svent.
* *Limonium spectabile* (Svent.) Kunkel & Sunding
* *Limonium sventenii* Santos & Fernández Galván

POLYGONACEAE
Rumex azoricus Rech. fil.

RHAMNACEAE
Frangula azorica Tutin

ROSACEAE
* *Bencomia brachystachya* Svent.
Bencomia sphaerocarpa Svent.
* *Chamaemeles coriacea* Lindl.
Dendriopoterium pulidoi Svent.
Marcetella maderensis (Born.) Svent.
Prunus lusitanica L. subsp. *azorica* (Mouillef.) Franco
Sorbus maderensis (Lowe) Dode

SANTALACEAE
Kunkeliella subsucculenta Kammer

SCROPHULARIACEAE
* *Euphrasia azorica* H.C. Watson
Euphrasia grandiflora Hochst. in Seub.
* *Isoplexis chalcantha* Svent. & O'Shanahan
Isoplexis isabelliana (Webb & Berthel.) Masferrer
Odontites holliana (Lowe) Benth.
Sibthorpia peregrina L.

SOLANACEAE
* *Solanum lidii* Sunding

UMBELLIFERAE
Ammi trifoliatum (H. C. Watson) Trelease
Bupleurum handiense (Bolle) Kunkel

Chaerophyllum azoricum Trelease
Ferula latipinna Santos
Melanoselinum decipiens (Schrader & Wendl.) Hoffm.
Monizia edulis Lowe
Oenanthe divaricata (R. Br.) Mabb.
Sanicula azorica Guthnick ex Seub.

VIOLACEAE
Viola paradoxa Lowe

NIEDERE PFLANZEN
BRYOPHYTA
* *Echinodium spinosum* (Mitt.) Jur. (o)
* *Thamnobryum fernandesii* Sergio (o)

Anhang III
Kriterien zur Auswahl der Gebiete, die als Gebiete von gemeinschaftlicher Bedeutung bestimmt und als besondere Schutzgebiete ausgewiesen werden könnten

PHASE 1: **Für jeden natürlichen Lebensraumtyp des Anhangs I und jede Art des Anhangs II (einschließlich der prioritären natürlichen Lebensraumtypen und der prioritären Arten) auf nationaler Ebene vorzunehmende Beurteilung der relativen Bedeutung der Gebiete**

A. Kriterien zur Beurteilung der Bedeutung des Gebietes für einen natürlichen Lebensraumtyp des Anhangs I

a) Repräsentativitätsgrad des in diesem Gebiet vorkommenden natürlichen Lebensraumtyps.

b) Vom natürlichen Lebensraumtyp eingenommene Fläche im Vergleich zur Gesamtfläche des betreffenden Lebensraumtyps im gesamten Hoheitsgebiet des Staates.

c) Erhaltungsgrad der Struktur und der Funktionen des betreffenden natürlichen Lebensraumtyps und Wiederherstellungsmöglichkeit.

d) Gesamtbeurteilung des Wertes des Gebietes für die Erhaltung des betreffenden natürlichen Lebensraumtyps.

B. Kriterien zur Beurteilung der Bedeutung des Gebiets für eine gegebene Art des Anhangs II

a) Populationsgröße und -dichte der betreffenden Art in diesem Gebiet im Vergleich zu den Populationen im ganzen Land.

b) Erhaltungsgrad der für die betreffende Art wichtigen Habitatselemente und Wiederherstellungsmöglichkeit.

c) Isolierungsgrad der in diesem Gebiet vorkommenden Population im Vergleich zum natürlichen Verbreitungsgebiet der jeweiligen Art.

d) Gesamtbeurteilung des Wertes des Gebietes für die Erhaltung der betreffenden Art.

C. Anhand dieser Kriterien stufen die Mitgliedstaaten die Gebiete, die sie mit der nationalen Liste vorschlagen, als Gebiete ein, die aufgrund ihres relativen Werts für die Erhaltung jedes/jeder der in Anhang I bzw. II genannten natürlichen Lebensraumtypen bzw. Arten als Gebiete von gemeinschaftlicher Bedeutung bestimmt werden könnten.

D. In dieser Liste werden die Gebiete aufgeführt, die die prioritären natürlichen Lebensraumtypen und Arten beherbergen, die von den Mitgliedstaaten anhand der Kriterien der Abschnitte A und B ausgewählt wurden.

PHASE 2: **Beurteilung der gemeinschaftlichen Bedeutung der in den nationalen Listen enthaltenen Gebiete**

1. Alle von den Mitgliedstaaten in Phase I ermittelten Gebiete, die prioritäre natürliche Lebensraumtypen bzw. Arten beherbergen, werden als Gebiete von gemeinschaftlicher Bedeutung betrachtet.

2. Bei der Beurteilung der Bedeutung der anderen in die Listen der Mitgliedstaaten aufgenommenen Gebiete für die Gemeinschaft, d. h. ihres Beitrags zur Wahrung oder Wiederherstellung eines günstigen Erhaltungszustands eines natürlichen Lebensraums des Anhangs I oder einer Art des Anhangs II bzw. ihres Beitrags zur Kohärenz von Natura 2000, werden folgende Kriterien angewandt:

a) relativer Wert des Gebietes auf nationaler Ebene;

b) geographische Lage des Gebietes in bezug auf die Zugwege von Arten des Anhangs II sowie etwaige Zugehörigkeit zu einem zusammenhängenden Ökosystem beiderseits einer oder mehrerer Grenzen innerhalb der Gemeinschaft;

c) Gesamtfläche des Gebietes;

d) Zahl der in diesem Gebiet vorkommenden natürlichen Lebensraumtypen des Anhangs I und der Arten des Anhangs II;

e) ökologischer Gesamtwert des Gebietes für die betroffene(n) biogeographische(n) Region(en) und/oder für das gesamte Hoheitsgebiet nach Artikel 2, sowohl aufgrund der Eigenart oder Einzigartigkeit seiner Komponenten als auch aufgrund von deren Zusammenwirken.

Anhang IV
Streng zu schützende Tier- und Pflanzenarten
von gemeinschaftlichem Interesse

Die in diesem Anhang aufgeführten Arten sind angegeben:

– mit dem Namen der Art oder der Unterart oder

– mit allen Arten, die zu einem höheren Taxon oder einem bestimmten Teil dieses Taxons gehören.

Die Abkürzung „spp." nach dem Namen einer Familie oder Gattung dient zur Bezeichnung aller Arten, die zu dieser Gattung oder Familie gehören.

a) **TIERE**
WIRBELTIERE
SÄUGETIERE
INSECTIVORA
Erinaceidae
Erinaceus algirus
Soricidae
Crocidura canariensis
Crocidura sicula
Talpidae
Galemys pyrenaicus

MICROCHIROPTERA
Alle Arten

MEGACHIROPTERA
Pteropodidae
Rousettus aegyptiacus

RODENTIA
Gliridae
Alle Arten außer *Glis glis* und *Eliomys quercinus*
Sciuridae
Marmota marmota latirostris
Pteromys volans (Sciuropterus russicus)
Spermophilus citellus (Citellus citellus)
Spermophilus suslicus (Citellus suslicus)
Sciurus anomalus
Castoridae
Castor fiber (ausgenommen die estnischen, lettischen, litauischen, polnischen, finnischen und schwedischen Populationen)
Cricetidae
Cricetus cricetus (ausgenommen die ungarischen Populationen)
Mesocricetus newtoni
Microtidae

Microtus cabrerae
Microtus oeconomus arenicola
Microtus oeconomus mehelyi
Microtus tatricus
Zapodidae
Sicista betulina
Sicista subtilis
Hystricidae
Hystrix cristata

CARNIVORA
Canidae
Alopex lagopus
Canis lupus (ausgenommen die griechischen Populationen nördlich des 39. Breitengrades; die estnischen Populationen, die spanischen Populationen nördlich des Duero; die bulgarischen, lettischen, litauischen, polnischen, slowakischen und finnischen Populationen innerhalb des Rentierhaltungsareals im Sinne von Paragraf 2 des finnischen Gesetzes Nr. 848/90 vom 14. September 1990 über die Rentierhaltung)
Ursidae
Ursus arctos
Mustelidae
Lutra lutra
Mustela eversmanii
Mustela lutreola
Vormela peregusna
Felidae
Felis silvestris
Lynx lynx (ausgenommen die estnische Population)
Lynx pardinus
Phocidae
Monachus monachus
Phoca hispida saimensis

ARTIODACTYLA
Cervidae
Cervus elaphus corsicanus
Bovidae
Bison bonasus
Capra aegagrus (natürliche Populationen)
Capra pyrenaica pyrenaica
Ovis gmelini musimon (Ovis ammon musimon) (natürliche Populationen auf Korsika und Sardinien)
Ovis orientalis ophion (Ovis gmelini ophion)
Rupicapra pyrenaica ornata (Rupicapra rupicapra ornata)
Rupicapra rupicapra balcanica
Rupicapra rupicapra tatrica

CETACEA
Alle Arten

REPTILIEN
TESTUDINATA
Testudinidae
Testudo graeca
Testudo hermanni
Testudo marginata
Cheloniidae
Caretta caretta
Chelonia mydas
Lepidochelys kempii
Eretmochelys imbricata
Dermochelyidae
Dermochelys coriacea
Emydidae
Emys orbicularis
Mauremys caspica
Mauremys leprosa

SAURIA
Lacertidae
Algyroides fitzingeri
Algyroides marchi
Algyroides moreoticus
Algyroides nigropunctatus
Gallotia atlantica
Gallotia galloti
Gallotia galloti insulanagae
Gallotia simonyi
Gallotia stehlini
Lacerta agilis
Lacerta bedriagae
Lacerta bonnali (Lacerta monticola)
Lacerta monticola
Lacerta danfordi
Lacerta dugesi
Lacerta graeca
Lacerta horvathi
Lacerta schreiberi
Lacerta trilineata
Lacerta viridis
Lacerta vivipara pannonica
Ophisops elegans
Podarcis erhardii
Podarcis filfolensis

Podarcis hispanica atrata
Podarcis lilfordi
Podarcis melisellensis
Podarcis milensis
Podarcis muralis
Podarcis peloponnesiaca
Podarcis pityusensis
Podarcis sicula
Podarcis taurica
Podarcis tiliguerta
Podarcis wagleriana
Scincidae
Ablepharus kitaibelii
Chalcides bedriagai
Chalcides ocellatus
Chalcides sexlineatus
Chalcides simonyi (Chalcides occidentalis)
Chalcides viridianus
Ophiomorus punctatissimus
Gekkonidae
Cyrtopodion kotschyi
Phyllodactylus europaeus
Tarentola angustimentalis
Tarentola boettgeri
Tarentola delalandii
Tarentola gomerensis
Agamidae
Stellio stellio
Chamaeleontidae
Chamaeleo chamaeleon
Anguidae
Ophisaurus apodus

OPHIDIA
Colubridae
Coluber caspius
Coluber cypriensis
Coluber hippocrepis
Coluber jugularis
Coluber laurenti
Coluber najadum
Coluber nummifer
Coluber viridiflavus
Coronella austriaca
Eirenis modesta
Elaphe longissima

Elaphe quatuorlineata
Elaphe situla
Natrix natrix cetti
Natrix natrix corsa
Natrix natrix cypriaca
Natrix tessellata
Telescopus falax
Viperidae
Vipera ammodytes
Macrovipera schweizeri (Vipera lebetina schweizeri)
Vipera seoanni (ausgenommen die spanischen Populationen)
Vipera ursinii
Vipera xanthina
Boidae
Eryx jaculus

AMPHIBIEN
CAUDATA
Salamandridae
Chioglossa lusitanica
Euproctus asper
Euproctus montanus
Euproctus platycephalus
Mertensiella luschani (Salamandra luschani)
Salamandra atra
Salamandra aurorae
Salamandra lanzai
Salamandrina terdigitata
Triturus carnifex (Triturus cristatus carnifex)
Triturus cristatus (Triturus cristatus cristatus)
Triturus italicus
Triturus karelinii (Triturus cristatus karelinii)
Triturus marmoratus
Triturus montandoni
Triturus vulgaris ampelensis
Proteidae
Proteus anguinus
Plethodontidae
Hydromantes (Speleomantes) ambrosii
Hydromantes (Speleomantes) flavus
Hydromantes (Speleomantes) genei
Hydromantes (Speleomantes) imperialis
Hydromantes (Speleomantes) strinatii (Hydromantes (Speleomantes) italicus)
Hydromantes (Speleomantes) supramontis

ANURA
Discoglossidae

Alytes cisternasii
Alytes muletensis
Alytes obstetricans
Bombina bombina
Bombina variegata
Discoglossus galganoi (einschließlich *Discoglossus „jeanneae")*
Discoglossus montalentii
Discoglossus pictus
Discoglossus sardus
Ranidae
Rana arvalis
Rana dalmatina
Rana graeca
Rana iberica
Rana italica
Rana latastei
Rana lessonae
Pelobatidae
Pelobates cultripes
Pelobates fuscus
Pelobates syriacus
Bufonidae
Bufo calamita
Bufo viridis
Hylidae
Hyla arborea
Hyla meridionalis
Hyla sarda

FISCHE
ACIPENSERIFORMES
Acipenseridae
Acipenser naccarii
Acipenser sturio

SALMONIFORMES
Coregonidae
Coregonus oxyrhynchus (anadrome Populationen in bestimmten Gebieten der Nordsee, außer den finnischen Populationen)

CYPRINIFORMES
Cyprinidae
Anaecypris hispanica
Phoxinus percnurus

ATHERINIFORMES
Cyprinodontidae
Valencia hispanica

PERCIFORMES
Percidae
Gymnocephalus baloni
Romanichthys valsanicola
Zingel asper

WIRBELLOSE TIERE
GLIEDERFÜSSLER
CRUSTACEA
Isopoda
Armadillidium ghardalamensis

INSECTA
Coleoptera
Bolbelasmus unicornis
Buprestis splendens
Carabus hampei
Carabus hungaricus
Carabus olympiae
Carabus variolosus
Carabus zawadszkii
Cerambyx cerdo
Cucujus cinnaberinus
Dorcadion fulvum cervae
Duvalius gebhardti
Duvalius hungaricus
Dytiscus latissimus
Graphoderus bilineatus
Leptodirus hochenwarti
Pilemia tigrina
Osmoderma eremita
Phryganophilus ruficollis
Probaticus subrugosus
Propomacrus cypriacus
Pseudogaurotina excellens
Pseudoseriscius cameroni
Pytho kolwensis
Rosalia alpina
Lepidoptera
Apatura metis
Arytrura musculus
Catopta thrips
Chondrosoma fiduciarium
Coenonympha hero
Coenonympha oedippus
Colias myrmidone
Cucullia mixta

Dioszeghyana schmidtii
Erannis ankeraria
Erebia calcaria
Erebia christi
Erebia sudetica
Eriogaster catax
Fabriciana elisa
Glyphipterix loricatella
Gortyna borelii lunata
Hypodryas maturna
Hyles hippophaes
Leptidea morsei
Lignyoptera fumidaria
Lopinga achine
Lycaena dispar
Lycaena helle
Maculinea arion
Maculinea nausithous
Maculinea teleius
Melanargia arge
Nymphalis vaualbum
Papilio alexanor
Papilio hospiton
Parnassius apollo
Parnassius mnemosyne
Phyllometra culminaria
Plebicula golgus
Polymixis rufocincta isolata
Polyommatus eroides
Proserpinus proserpina
Pseudophilotes bavius
Xylomoia strix
Zerynthia polyxena
Mantodea
Apteromantis aptera
Odonata
Aeshna viridis
Cordulegaster heros
Cordulegaster trinacriae
Gomphus graslinii
Leucorrhinia albifrons
Leucorrhinia caudalis
Leucorrhinia pectoralis
Lindenia tetraphylla
Macromia splendens
Ophiogomphus cecilia

Oxygastra curtisii
Stylurus flavipes
Sympecma braueri
Orthoptera
Baetica ustulata
Brachytrupes megacephalus
Isophya costata
Isophya harzi
Isophya stysi
Myrmecophilus baronii
Odontopodisma rubripes
Paracaloptenus caloptenoides
Pholidoptera transsylvanica
Saga pedo
Stenobothrus (Stenobothrodes) eurasius

ARACHNIDA
Araneae
Macrothele calpeiana

WEICHTIERE
GASTROPODA
Anisus vorticulus
Caseolus calculus
Caseolus commixta
Caseolus sphaerula
Chilostoma banaticum
Discula leacockiana
Discula tabellata
Discula testudinalis
Discula turricula
Discus defloratus
Discus guerinianus
Elona quimperiana
Geomalacus maculosus
Geomitra moniziana
Gibbula nivosa
Hygromia kovacsi
Idiomela (Helix) subplicata
Lampedusa imitatrix
Lampedusa melitensis
Leiostyla abbreviata
Leiostyla cassida
Leiostyla corneocostata
Leiostyla gibba
Leiostyla lamellosa
Paladilhia hungarica

Patella ferruginea
Sadleriana pannonica
Theodoxus prevostianus
Theodoxus transversalis

BIVALVIA
Anisomyaria
Lithophaga lithophaga
Pinna nobilis
Unionoida
Margaritifera auricularia
Unio crassus
Dreissenidae
Congeria kusceri

ECHINODERMATA
Echinoidea
Centrostephanus longispinus

b) **PFLANZEN**
Anhang IV Buchstabe b enthält alle Pflanzenarten des Anhangs II Buchstabe b[1]
sowie die nachstehend aufgeführten Arten:

PTERIDOPHYTA
ASPLENIACEAE
Asplenium hemionitis L.

ANGIOSPERMAE
AGAVACEAE
Dracaena draco (L.) L.

AMARYLLIDACEAE
Narcissus longispathus Pugsley
Narcissus triandrus L.

BERBERIDACEAE
Berberis maderensis Lowe

CAMPANULACEAE
Campanula morettiana Reichenb.
Physoplexis comosa (L.) Schur.

CARYOPHYLLACEAE
Moehringia fontqueri Pau

COMPOSITAE
Argyranthemum   pinnatifidum   (L. f.) Lowe   subsp.   *succulentum*   (Lowe) C. J.
Humphries
Helichrysum sibthorpii Rouy

---

1 Außer den Bryophytes-Pflanzen in Anhang II Buchstabe b.

Picris willkommii (Schultz Bip.) Nyman
Santolina elegans Boiss. ex DC.
Senecio caespitosus Brot.
Senecio lagascanus DC. subsp. *lusitanicus* (P. Cout.) Pinto da Silva
Wagenitzia lancifolia (Sieber ex Sprengel) Dostal

CRUCIFERAE
Murbeckiella sousae Rothm.

EUPHORBIACEAE
Euphorbia nevadensis Boiss. & Reuter

GESNERIACEAE
Jankaea heldreichii (Boiss.) Boiss.
Ramonda serbica Pancic

IRIDACEAE
Crocus etruscus Parl.
Iris boissieri Henriq.
Iris marisca Ricci & Colasante

LABIATAE
Rosmarinus tomentosus Huber-Morath & Maire
Teucrium charidemi Sandwith
Thymus capitellatus Hoffmanns. & Link
Thymus villosus L. subsp. *villosus* L.

LILIACEAE
Androcymbium europaeum (Lange) K. Richter
Bellevalia hackelli Freyn
Colchicum corsicum Baker
Colchicum cousturieri Greuter
Fritillaria conica Rix
Fritillaria drenovskii Degen & Stoy.
Fritillaria gussichiae (Degen & Doerfler) Rix
Fritillaria obliqua Ker-Gawl.
Fritillaria rhodocanakis Orph. ex Baker
Ornithogalum reverchonii Degen & Herv.-Bass.
Scilla beirana Samp.
Scilla odorata Link

ORCHIDACEAE
Ophrys argolica Fleischm.
Orchis scopulorum Simsmerh.
Spiranthes aestivalis (Poiret) L. C. M. Richard

PRIMULACEAE
Androsace cylindrica DC.
Primula glaucescens Moretti
Primula spectabilis Tratt.

477

RANUNCULACEAE
Aquilegia alpina L.

SAPOTACEAE
Sideroxylon marmulano Banks ex Lowe

SAXIFRAGACEAE
Saxifraga cintrana Kuzinsky ex Willk.
Saxifraga portosanctana Boiss.
Saxifraga presolanensis Engl.
Saxifraga valdensis DC.
Saxifraga vayredana Luizet

SCROPHULARIACEAE
Antirrhinum lopesianum Rothm.
Lindernia procumbens (Krocker) Philcox

SOLANACEAE
Mandragora officinarum L.

THYMELAEACEAE
Thymelaea broterana P. Cout.

UMBELLIFERAE
Bunium brevifolium Lowe

VIOLACEAE
Viola athois W. Becker
Viola cazorlensis Gandoger

PŘÍLOHA V
DRUHY ŽIVOČICHŮ A ROSTLIN V ZÁJMU SPOLEČENSTVÍ, JEJICHŽ ODEBRÁNÍ Z VOLNÉ PŘÍRODY A VYUŽÍVÁNÍ MŮŽE BÝT PŘEDMĚTEM URČITÝCH OPATŘENÍ NA JEJICH OBHOSPODAŘOVÁNÍ

Druhy uvedené v této příloze jsou označeny:

– jménem druhu nebo poddruhu, nebo

– souborem všech druhů náležejících k vyššímu taxonu nebo jeho určité části.

Zkratka „spp." za názvem čeledi nebo rodu se používá k označení všech druhů patřících do příslušné čeledi nebo rodu.

a) *ŽIVOČICHOVÉ*
OBRATLOVCI
SAVCI
RODENTIA
Castoridae
Castor fiber (finské, švédské, lotyšské, litevské, estonské a polské populace)
Cricetidae
Cricetus cricetus (maďarské populace)

CARNIVORA
Canidae
Canis aureus
Canis lupus (španělské populace severně od Duera, řecké populace severně od 39. rovnoběžky, finské populace uvnitř oblasti péče o soby ve smyslu paragrafu 2 finského zákona č. 848/90 ze dne 14. září 1990 o péči o soby, bulharské, lotyšské, litevské, estonské, polské a slovenské populace)
Mustelidae
Martes martes
Mustela putorius
Felidae
Lynx lynx (estonské populace)
Phocidae
Všechny druhy, které nejsou uvedené v příloze IV
Viverridae
Genetta genetta
Herpestes ichneumon

DUPLICIDENTATA
Leporidae
Lepus timidus

ARTIODACTYLA
Bovidae
Capra ibex
Capra pyrenaica (s výjimkou *Capra pyrenaica pyrenaica*)
Rupicapra rupicapra (s výjimkou *Rupicapra rupicapra balcanica*, *Rupicapra rupicapra ornata* a *Rupicapra rupicapra tatrica*)

OBOJŽIVELNÍCI
ANURA
Ranidae
Rana esculenta
Rana perezi
Rana ridibunda
Rana temporaria

RYBY
PETROMYZONIFORMES
Petromyzonidae
Lampetra fluviatilis
Lethenteron zanandrai

ACIPENSERIFORMES
Acipenseridae
Všechny druhy, které nejsou uvedené v příloze IV

CLUPEIFORMES
Clupeidae
Alosa spp.

SALMONIFORMES
Salmonidae
Thymallus thymallus
Coregonus spp. (s výjimkou *Coregonus oxyrhynchus* – (anadromní populace v určitých oblastech Severního moře)
Hucho hucho
Salmo salar (pouze ve sladkých vodách)

CYPRINIFORMES
Cyprinidae
Aspius aspius
Barbus spp.
Pelecus cultratus
Rutilus friesii meidingeri
Rutilus pigus

SILURIFORMES
Siluridae
Silurus aristotelis

PERCIFORMES
Percidae
Gymnocephalus schraetzer
Zingel zingel

BEZOBRATLÍ
COELENTERATA
CNIDARIA
Corallium rubrum

MOLLUSCA
GASTROPODA – STYLOMMATOPHORA
Helix pomatia

BIVALVIA – UNIONOIDA
Margaritiferidae
Margaritifera margaritifera
Unionidae
Microcondylaea compressa
Unio elongatulus

ANNELIDA
HIRUDINOIDEA – ARHYNCHOBDELLAE
Hirudinidae
Hirudo medicinalis

ARTHROPODA
CRUSTACEA – DECAPODA
Astacidae
Astacus astacus
Austropotamobius pallipes
Austropotamobius torrentium
Scyllaridae
Scyllarides latus

INSECTA – LEPIDOPTERA
Saturniidae
Graellsia isabellae

b) **ROSTLINY**
ALGAE
RHODOPHYTA
CORALLINACEAE
Lithothamnium coralloides Crouan frat.
Phymatholithon calcareum (Poll.) Adey & McKibbin

LICHENES
CLADONIACEAE
Cladonia L. subgenus *Cladina* (Nyl.) Vain.

BRYOPHYTA
MUSCI
LEUCOBRYACEAE
Leucobryum glaucum (Hedw.) AAngstr.

SPHAGNACEAE
Sphagnum L. spp. (s výjimkou *Sphagnum pylaisii* Brid.)

PTERIDOPHYTA
Lycopodium spp.

ANGIOSPERMAE
AMARYLLIDACEAE
Galanthus nivalis L.
Narcissus bulbocodium L.
Narcissus juncifolius Lagasca

COMPOSITAE
Arnica montana L.
Artemisia eriantha Tem
Artemisia genipi Weber
Doronicum plantagineum L. subsp. *tournefortii* (Rouy) P. Cout.
Leuzea rhaponticoides Graells

CRUCIFERAE
Alyssum pintadasilvae Dudley.
Malcolmia lacera (L.) DC. subsp. *graccilima* (Samp.) Franco
Murbeckiella pinnatifida (Lam.) Rothm. subsp. *herminii* (Rivas-Martinez)
Greuter & Burdet

GENTIANACEAE
Gentiana lutea L.

IRIDACEAE
Iris lusitanica Ker-Gawler

LABIATAE
Teucrium salviastrum Schreber subsp. *salviastrum* Schreber

LEGUMINOSAE
Anthyllis lusitanica Cullen & Pinto da Silva
Dorycnium pentaphyllum Scop. subsp. *transmontana* Franco
Ulex densus Welw. ex Webb.

LILIACEAE
Lilium rubrum Lmk
Ruscus aculeatus L.

PLUMBAGINACEAE
Armeria sampaio (Bernis) Nieto Feliner

ROSACEAE
Rubus genevieri Boreau subsp. *herminii* (Samp.) P. Cout.

SCROPHULARIACEAE
Anarrhinum longipedicelatum R. Fernandes
Euphrasia mendonçae Samp.
Scrophularia grandiflora DC. subsp. *grandiflora* DC.
Scrophularia berminii Hoffmanns & Link
Scrophularia sublyrata Brot.

Anhang VI
Verbotene Methoden und Mittel des Fangs, der Tötung und Beförderung[1]

a) Nicht-selektive Mittel

SÄUGETIERE

– Als Lockmittel verwendete geblendete oder verstümmelte lebende Tiere

– Tonbandgeräte

– Elektrische und elektronische Vorrichtungen, die töten oder betäuben können

– Künstliche Lichtquellen

– Spiegel oder sonstige Vorrichtungen zum Blenden

– Vorrichtungen zur Beleuchtung von Zielen

– Visiervorrichtungen für das Schießen bei Nacht mit elektronischem Bildverstärker oder Bildumwandler

– Sprengstoffe

– Netze, die grundsätzlich oder nach ihren Anwendungsbedingungen nicht selektiv sind

– Fallen, die grundsätzlich oder nach ihren Anwendungsbedingungen nicht selektiv sind

– Armbrüste

– Gift und vergiftete oder betäubende Köder

– Begasen oder Ausräuchern

– Halbautomatische oder automatische Waffen, deren Magazin mehr als zwei Patronen aufnehmen kann

FISCHE

– Gift

– Sprengstoffe

b) Transportmittel

– Flugzeuge

– Fahrende Kraftfahrzeuge

---

1 Geändert durch: Richtlinie 97/62/EG des Rates vom 27. Oktober 1997 L 305 42 8.11.1997; Verordnung (EG) Nr. 1882/2003 des Europäischen Parlaments und des Rates vom 29. September 2003 L 284 1 31.10.2003; Richtlinie 2006/105/EG des Rates vom 20. November 2006 L 363 368 20.12.2006; Beitrittsakte Österreichs, Finnlands und Schwedens C 241 21 29.8.1994; (angepaßt durch den Beschluß 95/1/EG, Euratom, EGKS des Rates) L 1 1 1.1.1995; Akte über die Bedingungen des Beitritts der Tschechischen Republik, der Republik Estland, der Republik Zypern, der Republik Lettland, der Republik Litauen, der Republik Ungarn, der Republik Malta, der Republik Polen, der Republik Slowenien und der Slowakischen Republik und die Anpassungen der die Europäische Union begründenden Verträge.

Richtlinie 96/62/EG des Rates vom 27. September 1996 über die Beurteilung und die Kontrolle der Luftqualität*

ABl. Nr. L 296 vom 21.11.1996, S. 55–63

DER RAT DER EUROPÄISCHEN UNION –

gestützt auf den Vertrag zur Gründung der Europäischen Gemeinschaft, insbesondere auf Artikel 130s Absatz 1,

auf Vorschlag der Kommission[1],

nach Stellungnahme des Wirtschafts- und Sozialausschusses[2],

gemäß dem Verfahren des Artikels 189 c des Vertrags[3],

in Erwägung nachstehender Gründe:

In dem 1992 verabschiedeten fünften Aktionsprogramm für den Umweltschutz, dessen allgemeines Konzept der Rat und die im Rat vereinigten Vertreter der Regierungen der Mitgliedstaaten in ihrer Entschließung 93/C 138/01 vom 1. Februar 1993[4] gebilligt haben, sind Änderungen der derzeitigen Rechtsvorschriften über Luftschadstoffe vorgesehen. In dem genannten Programm wird die Festsetzung langfristiger Luftqualitätsziele empfohlen.

Zum Schutz der Umwelt insgesamt und der menschlichen Gesundheit sind Konzentrationen gefährlicher Luftschadstoffe zu vermeiden, zu verhindern oder zu verringern und Grenzwerte und/oder Alarmschwellen für das Ausmaß der Luftverschmutzung festzulegen.

Um den spezifischen Mechanismen der Ozonbildung Rechnung zu tragen, sind diese Grenzwerte und Alarmschwellen gegebenenfalls durch Zielwerte zu ergänzen oder zu ersetzen.

Bei der zahlenmäßigen Festlegung der Grenzwerte und Alarmschwellen sowie bei Ozon der Zielwerte und/oder Grenzwerte und Alarmschwellen müssen die Ergebnisse von Untersuchungen, die von internationalen, auf den betreffenden Gebieten tätigen Wissenschaftlern durchgeführt werden, zugrunde gelegt werden.

Die Kommission führt Untersuchungen durch, um die Kombinationswirkungen verschiedener Schadstoffe oder Verschmutzungsquellen und den Einfluß des Klimas

---

* Geändert durch: Verordnung (EG) Nr. 1882/2003 des Europäischen Parlaments und des Rates vom 29. September 2003 – ABl. L 284 vom 31.10.2003, S. 1.

1 ABl. Nr. C 216 vom 6.8.1994, S. 4.

2 ABl. Nr. C 110 vom 2.5.1995, S. 5.

3 Stellungnahme des Europäischen Parlaments vom 16. Juni 1995 (ABl. Nr. C 166 vom 3.7.1995, S. 173), gemeinsamer Standpunkt des Rates vom 30. November 1995 (ABl. Nr. C 59 vom 28.2.1996, S. 24) und Beschluß des Europäischen Parlaments vom 22. Mai 1996 (ABl. Nr. C 166 vom 10.6.1996, S. 63).

4 ABl. Nr. C 138 vom 17.5.1993, S. 1.

auf die Wirkung der im Rahmen dieser Richtlinie geprüften verschiedenen Schadstoffe zu analysieren.

Die Luftqualität muß auf der Grundlage von Grenzwerten und/oder Alarmschwellen sowie bei Ozon auf der Grundlage von Zielwerten und/oder Grenzwerten beurteilt werden, die der Umwelt und der Größe der der Luftverschmutzung ausgesetzten Bevölkerung und Ökosysteme Rechnung tragen.

Um eine vergleichbare Beurteilung der Luftqualität aufgrund der in den einzelnen Mitgliedstaaten durchgeführten Messungen zu ermöglichen, sind Ort und Anzahl der Probenahmestellen sowie die verwendeten Referenzmeßtechniken bei der Festlegung der Werte der Alarmschwellen sowie der Grenz- und der Zielwerte anzugeben.

Damit neben den direkten Messungen andere Techniken zur Beurteilung der Luftqualität angewandt werden können, müssen die Kriterien für die Verwendung und der erforderliche Genauigkeitsgrad dieser Techniken festgelegt werden.

Die aufgrund dieser Richtlinie festgelegten allgemeinen Maßnahmen müssen durch spezifische Maßnahmen für einzelne Stoffe ergänzt werden.

Diese spezifischen Maßnahmen müssen so bald wie möglich getroffen werden, damit die allgemeinen Ziele dieser Richtlinie erreicht werden.

Es sollten vorläufige repräsentative Daten über die Schadstoffwerte gesammelt werden.

Zum Schutz der Umwelt insgesamt und der menschlichen Gesundheit müssen die Mitgliedstaaten bei Überschreiten der Grenzwerte Maßnahmen ergreifen, damit diese Grenzwerte binnen der festgelegten Fristen eingehalten werden.

Die von den Mitgliedstaaten ergriffenen Maßnahmen müssen die Anforderungen der Verordnungen über den Betrieb von Industrieanlagen entsprechend den Gemeinschaftsvorschriften im Bereich der integrierten Vermeidung und Verminderung der Umweltverschmutzung berücksichtigen, wenn diese Vorschriften anwendbar sind.

Angesichts der zur Durchführung dieser Maßnahmen und zu ihrem Wirksamwerden erforderlichen Zeit kann es nützlich sein, zeitlich befristete Toleranzmargen bei den Grenzwerten festzulegen.

In bestimmten Gebieten der Mitgliedstaaten können die Schadstoffwerte über dem Grenzwert, jedoch innerhalb der Toleranzmarge liegen. Der Grenzwert muß binnen der angegebenen Fristen eingehalten werden.

Überschreitet der Wert eines Schadstoffs die Summe von Grenzwert und Toleranzmarge – oder gegebenenfalls die Alarmschwelle – infolge einer größeren Verunreinigung in einem anderen Mitgliedstaat oder besteht die Gefahr einer derartigen Überschreitung, so müssen sich die Mitgliedstaaten konsultieren.

Die Festlegung von Alarmschwellen, bei deren Überschreiten vorbeugende Maßnahmen zu ergreifen sind, soll die Auswirkungen von Verschmutzungsfällen auf die menschliche Gesundheit in Schranken halten.

In Gebieten und Ballungsräumen, in denen der Schadstoffwert unter den Grenzwerten liegt, müssen sich die Mitgliedstaaten um die Erhaltung der besten mit einer nachhaltigen Entwicklung zu vereinbarenden Luftqualität bemühen.

Damit die Verarbeitung und der Vergleich der Daten erleichtert werden, sind diese der Kommission genormt zu übermitteln.

Die Durchführung einer umfassenden und globalen Politik zur Beurteilung und Kontrolle der Luftqualität muß auf soliden technischen und wissenschaftlichen Kenntnissen und einem ständigen Meinungsaustausch zwischen Mitgliedstaaten aufbauen.

Es muß vermieden werden, daß die Menge der von den Mitgliedstaaten zu übermittelnden Daten mehr als nötig zunimmt. Die von der Kommission im Rahmen der Durchführer dieser Richtlinie gesammelten Informationen sind für die Europäische Umweltagentur (EUA) von Nutzen und können dieser daher gegebenenfalls von der Kommission übermittelt werden.

Es empfiehlt sich gegebenenfalls, die zur Beurteilung der Luftqualität verwendeten Kriterien und Techniken an den wissenschaftlichen und technischen Fortschritt anzupassen und die erforderlichen Vorkehrungen zum Austausch der gemäß dieser Richtlinie zu übermittelnden Informationen zu treffen. Um die hierfür notwendigen Arbeiten zu erleichtern, sollte ein Verfahren eingeführt werden, mit dem eine enge Zusammenarbeit zwischen den Mitgliedstaaten und der Kommission im Rahmen eines Ausschusses geschaffen wird.

Zur Förderung eines gegenseitigen Informationsaustausches zwischen den Mitgliedstaaten und der EUA veröffentlicht die Kommission mit Unterstützung der EUA alle drei Jahre einen Bericht über die Luftqualität in der Gemeinschaft.

Für die bereits durch die Richtlinie 80/779/EWG des Rates vom 15. Juli 1980 über Grenzwerte und Leitwerte der Luftqualität für Schwefeldioxid und Schwebestaub[5] und die Richtlinie 82/884/EWG des Rates vom 3. Dezember 1982 betreffend einen Grenzwert für den Bleigehalt in der Luft[6], die Richtlinie 85/203/EWG des Rates vom 7. März 1985 über Luftqualitätsnormen für Stickstoffdioxid[7] und die Richtlinie 92/72/EWG des Rates vom 21. September 1992 über die Luftverschmutzung durch Ozon[8] abgedeckten Stoffe soll zuerst eine Regelung eingeführt werden –

HAT FOLGENDE RICHTLINIE ERLASSEN:

---

5 ABl. Nr. L 229 vom 30.8.1980, S. 30. Richtlinie zuletzt geändert durch die Richtlinie 91/692/EWG (ABl. Nr. L 377 vom 31.12.1991, S. 48).

6 ABl. Nr. L 378 vom 31.12.1982, S. 15. Richtlinie zuletzt geändert durch die Richtlinie 91/692/EWG.

7 „Interpretation Manual of European Union Habitats", Version EUR 15/2, angenommen durch den Habitat-Ausschuss am 4. Oktober 1999 und „Amendments to the ‚Interpretation Manual of European Union Habitats' with a view to EU enlargement" (Hab. 01/11 b-rev. 1), angenommen durch den Habitat-Ausschuss am 24. April 2002 nach schriftlicher Konsultation, Europäische Kommission, GD ENV.

8 ABl. Nr. L 297 vom 13.10.1992, S. 1.

Artikel 1
Ziele

Der allgemeine Zweck dieser Richtlinie ist die Festlegung der Grundsätze für eine gemeinsame Strategie mit folgendem Ziel:

– Definition und Festlegung von Luftqualitätszielen für die Gemeinschaft im Hinblick auf die Vermeidung, Verhütung oder Verringerung schädlicher Auswirkungen auf die menschliche Gesundheit und die Umwelt insgesamt;

– Beurteilung der Luftqualität in den Mitgliedstaaten anhand einheitlicher Methoden und Kriterien;

– Verfügbarkeit von sachdienlichen Informationen über die Luftqualität und Unterrichtung der Öffentlichkeit hierüber, unter anderem durch Alarmschwellen;

– Erhaltung der Luftqualität, sofern sie gut ist, und Verbesserung der Luftqualität, wenn dies nicht der Fall ist.

Artikel 2
Begriffsbestimmungen

Im Sinne dieser Richtlinie bezeichnet der Ausdruck

1. „Luft" die Luft der Troposphäre mit Ausnahme der Luft an Arbeitsplätzen;

2. „Schadstoff" jeden vom Menschen direkt oder indirekt in die Luft emittierten Stoff, der schädliche Auswirkungen auf die menschliche Gesundheit und/oder die Umwelt insgesamt haben kann;

3. „Wert" die Konzentration eines Schadstoffs in der Luft oder die Ablagerung eines Schadstoffs auf bestimmten Flächen in einem bestimmten Zeitraum;

4. „Beurteilung" alle Verfahren zur Messung, Berechnung, Vorhersage oder Schätzung der Schadstoffwerte in der Luft;

5. „Grenzwert" einen Wert, der aufgrund wissenschaftlicher Erkenntnisse mit dem Ziel festgelegt wird, schädliche Auswirkungen auf die menschliche Gesundheit und/oder die Umwelt insgesamt zu vermeiden, zu verhüten oder zu verringern, und der innerhalb eines bestimmten Zeitraums erreicht werden muß und danach nicht überschritten werden darf;

6. „Zielwert" einen Wert, der mit dem Ziel festgelegt wird, schädliche Auswirkungen auf die menschliche Gesundheit und/oder die Umwelt insgesamt in größerem Maße langfristig zu vermeiden, und der soweit wie möglich in einem bestimmten Zeitraum erreicht werden muß;

7. „Alarmschwelle" einen Wert, bei dessen Überschreitung bei kurzfristiger Exposition eine Gefahr für die menschliche Gesundheit besteht und bei dem die Mitgliedstaaten umgehend Maßnahmen gemäß dieser Richtlinie ergreifen;

8. „Toleranzmarge" den Prozentsatz des Grenzwerts, um den der unter den in dieser Richtlinie festgelegten Bedingungen überschritten werden darf;

9. „Gebiet" einen von den Mitgliedstaaten abgegrenzten Teil ihres Hoheitsgebiets;

10. „Ballungsraum" ein Gebiet mit mehr als 250 000 Einwohnern oder, falls 250 000 oder weniger Einwohner in dem Gebiet wohnen, einer Bevölkerungsdichte pro km², die nach Auffassung der Mitgliedstaaten die Beurteilung und die Kontrolle der Luftqualität rechtfertigt.

Artikel 3
Durchführung und Verantwortungsbereiche

Die Mitgliedstaaten benennen zur Durchführung dieser Richtlinie auf den entsprechenden Ebenen die zuständigen Behörden und die Stellen, denen die nachstehenden Aufgaben übertragen werden:

– Durchführung dieser Richtlinie;

– Beurteilung der Luftqualität;

– Zulassung der Meßvorrichtungen (Methoden, Geräte, Netze, Laboratorien);

– Sicherstellung der Qualität der mit diesen Meßvorrichtungen vorgenommenen Messungen durch die Überprüfung der Einhaltung dieser Qualität durch diese Vorrichtungen, insbesondere im Wege von internen Qualitätskontrollen nach Maßgabe unter anderem der Anforderungen der europäischen Normen für Qualitätssicherung;

– Analyse der Beurteilungsmethoden;

– Koordinierung der gemeinschaftlichen, von der Kommission durchgeführten Qualitätssicherungsprogramme in ihrem Hoheitsgebiet.

Wenn die Mitgliedstaaten der Kommission die Information nach Absatz 1 übermitteln, machen sie diese zugleich der Öffentlichkeit zugänglich.

Artikel 4
Festlegung der Grenzwerte und der Alarmschwellen für die Luft

(1) Für die Schadstoffe in Anhang I legt die Kommission dem Rat Vorschläge für die Festlegung von Grenzwerten und, in geeigneten Fällen, von Alarmschwellen nach folgendem Zeitplan vor:

– für die Schadstoffe 1 bis 5 spätestens zum 31. Dezember 1996;

– für Ozon nach Maßgabe des Artikels 8 der Richtlinie 92/72/EWG;

– für die Schadstoffe 7 und 8 spätestens zum 31. Dezember 1997;

– für die Schadstoffe 9 bis 13 möglichst bald, jedoch spätestens bis zum 31. Dezember 1999.

Bei der Festlegung von Grenzwerten und, in geeigneten Fällen, von Alarmschwellen, werden die Faktoren des Anhangs II als Anhaltspunkte herangezogen.

Was Ozon anbelangt, so tragen diese Vorschläge den spezifischen Mechanismen der Bildung dieses Schadstoffes Rechnung und können zu diesem Zweck Zielwerte und/oder Grenzwerte vorsehen.

Bei Überschreitung eines Ozon-Zielwerts teilen die Mitgliedstaaten der Kommission mit, welche Maßnahmen ergriffen wurden, damit dieser Zielwert erreicht wird. Anhand dieser Angaben beurteilt die Kommission, ob zusätzliche Maßnahmen auf Gemeinschaftsebene notwendig sind, und unterbreitet dem Rat erforderlichenfalls Vorschläge.

Für andere Schadstoffe unterbreitet die Kommission dem Rat Vorschläge für die Festlegung von Grenzwerten und, in geeigneten Fällen, von Alarmschwellen, wenn es aufgrund des wissenschaftlichen Fortschritts und unter Berücksichtigung der Kriterien des Anhangs III angezeigt ist, die schädlichen Auswirkungen dieser Schadstoffe auf die menschliche Gesundheit und/oder die Umwelt insgesamt in der Gemeinschaft zu vermeiden, zu verhüten oder zu verringern.

(2) Die Kommission überprüft die Faktoren, die den Grenzwerten und Alarmschwellen nach Absatz 1 zugrunde liegen, unter Berücksichtigung der jüngsten wissenschaftlichen Forschungsergebnisse in den betreffenden Umwelt- und epidemiologischen Bereichen und der jüngsten Fortschritte auf dem Gebiet der Metrologie.

(3) Bei der Festlegung der Grenzwerte und Alarmschwellen werden Kriterien und Techniken für folgendes festgelegt:

a) für Messungen im Rahmen der Durchführung der Rechtsvorschriften nach Absatz 1, und zwar für

– die Auswahl der Probenahmestellen,

– die Mindestzahl der Probenahmestellen,

– die Referenzmeßtechniken und Probenahmetechniken;

b) für die Anwendung anderer Techniken zur Beurteilung der Luftqualität, insbesondere die Anwendung von Modellen, und zwar für

– die räumliche Auflösung bei der Anwendung von Modellen und die Methoden der objektiven Beurteilung,

– die Referenztechniken zur Anwendung von Modellen.

Diese Kriterien und Techniken werden für jeden Schadstoff unter Berücksichtigung der Größe der Ballungsräume oder der Werte der Schadstoffe in den Gebieten festgelegt, in denen die Luftqualität beurteilt wird.

(4) Um den tatsächlichen Werten eines bestimmten Schadstoffes bei der Festlegung der Grenzwerte sowie den Fristen Rechnung zu tragen, die zur Durchführung der Maßnahmen zur Verbesserung der Luftqualität erforderlich sind, kann der Rat eine zeitlich befristete Toleranzmarge für das Überschreiten des Grenzwerts festsetzen.

Diese Marge wird gemäß den für jeden Schadstoff festzulegenden Modalitäten so verringert, daß der Grenzwert spätestens bis zum Ende der für jeden Schadstoff bei der Festlegung dieses Wertes zu bestimmenden Frist erreicht wird.

(5) Nach Maßgabe des Vertrags erläßt der Rat die in Absatz 1 vorgesehenen Rechtsvorschriften und die in den Absätzen 3 und 4 vorgesehenen Bestimmungen.

(6) Ergreift ein Mitgliedstaat strengere als die in Absatz 5 vorgesehenen Maßnahmen, so teilt er dies der Kommission mit.

(7) Beabsichtigt ein Mitgliedstaat, Grenzwerte oder Alarmschwellen für Schadstoffe festzulegen, die nicht in Anhang I genannt sind und nicht unter die gemeinschaftlichen Vorschriften für die Luftqualität in der Gemeinschaft fallen, so teilt er dies der Kommission rechtzeitig mit. Die Kommission legt rechtzeitig eine Antwort zu der Frage vor, ob auf Gemeinschaftsebene Maßnahmen nach den Kriterien des Anhangs III ergriffen werden müssen.

Artikel 5
Ausgangsbeurteilung der Luftqualität

Die Mitgliedstaaten, denen nicht für alle Gebiete und Ballungsräume repräsentative Messungen der Schadstoffwerte vorliegen, führen repräsentative Meßkampagnen, Untersuchungs- oder Beurteilungskampagnen in der Weise durch, daß ihnen diese Angaben rechtzeitig zur Durchführung der in Artikel 4 Absatz 1 genannten Rechtsvorschriften vorliegen.

Artikel 6
Beurteilung der Luftqualität

(1) Nach Festlegung der Grenzwerte und Alarmschwellen wird die Luftqualität im gesamten Hoheitsgebiet der Mitgliedstaaten gemäß diesem Artikel beurteilt.

(2) Nach den Kriterien des Artikels 4 Absatz 3 müssen in folgenden Gebieten Messungen für die jeweiligen Schadstoffe vorgenommen werden:

– in Ballungsräumen gemäß der Definition in Artikel 2 Nummer 10,

– in Gebieten, in denen die Werte zwischen den Grenzwerten und den in Absatz 3 vorgesehenen Werten liegen sowie

– in den anderen Gebieten, in denen die Werte die Grenzwerte überschreiten.

Die vorgesehenen Messungen können durch Modellrechnungen ergänzt werden, um angemessene Informationen über die Luftqualität zu liefern.

(3) Zur Beurteilung der Luftqualität kann eine Kombination von Messungen und Modellrechnungen angewandt werden, wenn die Werte über einen repräsentativen Zeitraum unter dem Grenzwert liegen, der gemäß den in Artikel 4 Absatz 5 vorgesehenen Bestimmungen festzulegen ist.

(4) Wenn die Werte unter einem Wert liegen, der gemäß den in Artikel 4 Absatz 5 vorgesehenen Bestimmungen festzulegen ist, so brauchen gegebenenfalls nur die Modellrechnungen oder Techniken der objektiven Schätzung für die Beurteilung der Werte angewandt zu werden. Diese Bestimmung gilt, was die Schadstoffe anbelangt, für die gemäß den in Artikel 4 Absatz 5 vorgesehenen Bestimmungen Alarmschwellen festgelegt wurden, nicht für Ballungsräume.

(5) Dort wo Schadstoffe gemessen werden müssen, sind die Messungen kontinuierlich oder stichprobenartig an festen Orten durchzuführen; die Messungen werden hinreichend häufig durchgeführt, so daß die festgestellten Werte bestimmt werden können.

Artikel 7
Verbesserung der Luftqualität

Allgemeine Anforderungen

(1) Die Mitgliedstaaten ergreifen die erforderlichen Maßnahmen, um die Einhaltung der Grenzwerte sicherzustellen.

(2) Die Maßnahmen zur Erreichung der Ziele dieser Richtlinie

a) müssen einem integrierten Ansatz zum Schutz von Luft, Wasser und Boden Rechnung tragen;

b) dürfen nicht gegen die gemeinschaftlichen Rechtsvorschriften zum Schutz von Gesundheit und Sicherheit der Arbeitnehmer am Arbeitsplatz verstoßen;

c) dürfen keine größeren Beeinträchtigungen der Umwelt in den anderen Mitgliedstaaten verursachen.

(3) Die Mitgliedstaaten erstellen Aktionspläne, in denen die Maßnahmen angegeben werden, die im Fall der Gefahr einer Überschreitung der Grenzwerte und/oder der Alarmschwellen kurzfristig zu ergreifen sind, um die Gefahr der Überschreitung zu verringern und deren Dauer zu beschränken. Diese Pläne können, je nach Fall, Maßnahmen zur Kontrolle und, soweit erforderlich, zur Aussetzung der Tätigkeiten vorsehen, die zu einer Überschreitung der Grenzwerte beitragen, einschließlich des Kraftfahrzeugverkehrs.

Artikel 8
Maßnahmen für Gebiete, in denen die Werte die Grenzwerte überschreiten

(1) Die Mitgliedstaaten erstellen die Liste der Gebiete und Ballungsräume, in denen die Werte eines oder mehrerer Schadstoffe die Summe von Grenzwert und Toleranzmarge überschreiten.

Gibt es für einen bestimmten Schadstoff keine Toleranzmarge, so werden die Gebiete und Ballungsräume, in denen der Wert dieses Schadstoffs den Grenzwert überschreitet, wie die Gebiete und Ballungsräume des Unterabsatzes 1 behandelt; es gelten die Absätze 3, 4 und 5.

(2) Die Mitgliedstaaten erstellen die Liste der Gebiete und Ballungsräume, in denen die Werte eines oder mehrerer Schadstoffe zwischen dem Grenzwert und der Summe von Grenzwert und Toleranzmarge liegen.

(3) Für die Gebiete und Ballungsräume des Absatzes 1 ergreifen die Mitgliedstaaten Maßnahmen, um zu gewährleisten, daß ein Plan oder Programm ausgearbeitet oder durchgeführt wird, aufgrund dessen der Grenzwert binnen der festgelegten Frist erreicht werden kann.

Der Plan oder das Programm, zu dem die Öffentlichkeit Zugang haben muß, umfaßt mindestens die in Anhang IV aufgeführten Angaben.

(4) Für die Gebiete und Ballungsräume des Absatzes 1, in denen der Wert von mehr als einem Schadstoff die Grenzwerte überschreitet, stellen die Mitgliedstaaten einen integrierten Plan auf, der sich auf alle betreffenden Schadstoffe erstreckt.

(5) Die Kommission kontrolliert die Durchführung der nach Absatz 3 eingereichten Pläne oder Programme regelmäßig, indem sie die erzielten Fortschritte und die hinsichtlich der Luftverschmutzung festzustellenden Tendenzen überprüft.

(6) Überschreitet der Wert eines Schadstoffs die Summe von Grenzwert und Toleranzmarge oder gegebenenfalls Alarmschwelle infolge einer größeren Verunreinigung in einem anderen Mitgliedstaat oder besteht die Gefahr einer derartigen Überschreitung, so konsultieren die betroffenen Mitgliedstaaten einander mit dem Ziel, das Problem zu beheben. Die Kommission kann bei diesen Konsultationen anwesend sein.

Artikel 9
Anforderungen für Gebiete, in denen die Werte unterhalb des Grenzwertes liegen

Die Mitgliedstaaten erstellen die Liste der Gebiete und Ballungsräume in denen die Werte der Schadstoffe unterhalb der Grenzwerte liegen.

Die Mitgliedstaaten halten in diesen Gebieten und Ballungsräumen die Schadstoffwerte unter den Grenzwerten und bemühen sich, die bestmögliche Luftqualität im Einklang mit der Strategie einer dauerhaften und umweltgerechten Entwicklung zu erhalten.

Artikel 10
Maßnahmen bei Überschreitung der Alarmschwellen

Die Mitgliedstaaten stellen für den Fall des Überschreitens der Alarmschwellen sicher, daß die zur Unterrichtung der Bevölkerung erforderlichen Maßnahmen (beispielsweise Bekanntgabe über Radio, Fernsehen und die Presse) ergriffen werden. Die Mitgliedstaaten übermitteln der Kommission ferner – im Rahmen einer vorläufigen Regelung – Informationen über die festgestellten Werte sowie über die Dauer der oder der Verschmutzungsfälle, und zwar spätestens drei Monate nach deren Auftreten. Eine Liste der der Bevölkerung bekanntzugebenden Mindestangaben wird gleichzeitig mit der Festlegung der Alarmschwellen erstellt.

Artikel 11
Übermittlung von Informationen und Berichten

Nach Annahme des ersten Vorschlags gemäß Artikel 4 Absatz 1 erster Gedankenstrich durch den Rat:

1. nennen die Mitgliedstaaten der Kommission die zuständigen Behörden, Laboratorien und Stellen nach Artikel 3 und

a) in bezug auf die Gebiete des Artikels 8 Absatz 1:

i) teilen sie ihr das Auftreten von Werten, die die Summe von Grenzwert und Toleranzmarge überschreiten, Zeitpunkte oder Zeiträume des Auftretens dieser Werte sowie die festgestellten Werte binnen neun Monaten nach Jahresende mit.

Gibt es für einen bestimmten Schadstoff keine Toleranzmarge, so werden die Gebiete und Ballungsräume, in denen der Wert dieses Schadstoffs den Grenzwert überschreitet, wie die in Unterabsatz 1 erwähnten Gebiete und Ballungsräume behandelt;

ii) teilen sie ihr die Ursachen für jeden einzelnen festgestellten Fall binnen neun Monaten nach Jahresende mit;

iii) übermitteln sie ihr die Pläne oder Programme nach Artikel 8 Absatz 3 spätestens zwei Jahre nach Ablauf des Jahres, in dem die Werte festgestellt wurden;

iv) teilen sie ihr alle drei Jahre den Stand der Durchführung des Plans oder des Programms mit;

b) übermitteln sie ihr jährlich und spätestens neun Monate nach Jahresende die Liste der Gebiete und Ballungsräume nach Artikel 8 Absätze 1 und 2 und Artikel 9;

c) übermitteln sie ihr im Rahmen des in Artikel 4 der Richtlinie 91/692/EWG des Rates vom 23. Dezember 1991 zur Vereinheitlichung und zweckmäßigen Gestaltung der Berichte über die Durchführung bestimmter Umweltschutzrichtlinien[9] genannten sektoralen Berichts alle drei Jahre und spätestens neun Monate nach dem Ende eines jeden Dreijahreszeitraums zusammenfassende Informationen über die in den Gebieten und Ballungsräumen nach den Artikeln 8 und 9 festgestellten oder beurteilten Werte;

d) teilen sie ihr mit, welche Methoden zur Ausgangsbeurteilung der Luftqualität nach Artikel 5 verwendet wurden;

2. veröffentlicht die Kommission

a) jährlich eine Liste der Gebiete und Ballungsräume nach Artikel 8 Absatz 1;

b) alle drei Jahre einen Bericht über die Luftqualität in der Gemeinschaft. In diesem Bericht werden die Informationen, die sie im Rahmen eines Mechanismus zum Austausch von Informationen zwischen der Kommission und den Mitgliedstaaten erhalten hat, in zusammengefaßter Form wiedergegeben;

---

9 ABl. Nr. L 377 vom 31.12.1991, S. 48.

3. stützt sich die Kommission, soweit erforderlich, bei der Erstellung des Berichts gemäß Nummer 2 Buchstabe b) auf die Fachkenntnisse der Europäischen Umweltagentur.

Artikel 12
Ausschuß und Aufgaben des Ausschusses

(1) Die zur Anpassung der Kriterien und Techniken des Artikels 4 Absatz 2 an den wissenschaftlichen und technischen Fortschritt erforderlichen Änderungen, die Einzelheiten für die Übermittlung der nach Artikel 11 vorzulegenden Informationen sowie weitere Aufgaben, die in den in Artikel 4 Absatz 3 vorgesehenen Bestimmungen spezifiziert werden, werden nach dem Verfahren des Absatzes 2 festgelegt. Diese Anpassung darf keine direkte oder indirekte Änderung der Grenzwerte oder Alarmschwellen zur Folge haben.

(2) Die Kommission wird von einem Ausschuß unterstützt.

(3) Wird auf diesen Artikel Bezug genommen, so gelten die Artikel 5 und 7 des Beschlusses 1999/468/EG[10] unter Beachtung von dessen Artikel 8.

Der Zeitraum nach Artikel 5 Absatz 6 des Beschlusses 1999/468/EG wird auf drei Monate festgesetzt.

(4) Der Ausschuss gibt sich eine Geschäftsordnung.

Artikel 13

(1) Die Mitgliedstaaten setzen die erforderlichen Rechts- und Verwaltungsvorschriften in Kraft, um dieser Richtlinie in bezug auf die Artikel 1 bis 4 und 12 sowie die Anhänge I, II, III und IV spätestens achtzehn Monate nach ihrem Inkrafttreten und in bezug auf die übrigen Artikel spätestens von dem Zeitpunkt an nachzukommen, zu dem die Vorschriften des Artikels 4 Absatz 5 Anwendung finden.

Wenn die Mitgliedstaaten diese Vorschriften erlassen, nehmen sie in den Vorschriften selbst oder durch einen Hinweis bei der amtlichen Veröffentlichung auf diese Richtlinie Bezug. Die Mitgliedstaaten regeln die Einzelheiten der Bezugnahme.

(2) Die Mitgliedstaaten übermitteln der Kommission den Wortlaut der wesentlichen einzelstaatlichen Vorschriften, die sie in dem unter diese Richtlinie fallenden Bereich erlassen.

Artikel 14

Diese Richtlinie tritt am Tag ihrer Veröffentlichung im Amtsblatt der Europäischen Gemeinschaften in Kraft.

---

10 Beschluss 1999/468/EG des Rates vom 28. Juni 1999 zur Festlegung der Modalitäten für die Ausübung der der Kommission übertragenen Durchführungsbefugnisse (ABl. L 184 vom 17.7.1999, S. 23).

Artikel 15

Diese Richtlinie ist an die Mitgliedstaaten gerichtet.

Geschehen zu Brüssel am 27. September 1996.

Im Namen des Rates

Der Präsident

M. LOWRY

Anhang I
Liste der bei der Beurteilung und Kontrolle der Luftqualität zu berücksichtigenden Luftschadstoffe

I. Schadstoffe, die in der Anfangsphase geprüft werden müssen, einschließlich der unter bestehende Richtlinien für den Bereich der Luftqualität fallenden Schadstoffe

1. Schwefeldioxid

2. Stickstoffdioxid

3. Feinpartikel wie Ruß (einschließlich PM 10)

4. Schwebstaub

5. Blei

6. Ozon

II. Sonstige Luftschadstoffe

7. Benzol

8. Kohlenmonoxid

9. Polyzyklische aromatische Kohlenwasserstoffe

10. Kadmium

11. Arsen

12. Nickel

13. Quecksilber

Anhang II
Bei der Festlegung der Grenzwerte und Alarmschwellen zu berücksichtigende Faktoren

Bei der Festlegung des Grenzwerts und, in geeigneten Fällen, der Alarmschwelle können z. B. insbesondere die nachstehenden Faktoren berücksichtigt werden:

– Grad der Exposition der Bevölkerung, insbesondere empfindlicher Bevölkerungsgruppen;

– klimatische Bedingungen;

– Empfindlichkeit von Pflanzen und Tieren und ihren Lebensräumen;

– Schadstoffeinwirkung auf historisches Erbe;

– wirtschaftliche und technische Durchführbarkeit;

– weiträumige Verfrachtung von Schadstoffen, u. a. von Sekundärschadstoffen einschließlich Ozon.

Anhang III
Kriterien für die Auswahl der zu berücksichtigenden Luftschadstoffe

1. Möglichkeit, Schwere und Häufigkeit von Wirkungen; hinsichtlich der menschlichen Gesundheit und der Umwelt insgesamt müssen irreversible Wirkungen besonders in Betracht gezogen werden.

2. Ubiquität und hohe Konzentration des Schadstoffs in der Atmosphäre.

3. Änderungen des Schadstoffs in der Umwelt oder Metaboliten des Schadstoffs, die zur Entstehung von Chemikalien mit höherer Toxizität führen könnten.

4. Beständigkeit in der Umwelt, insbesondere wenn sich der Schadstoff in der Umwelt nicht abbaut und sich im Menschen, der Umwelt oder den Nahrungsketten akkumulieren kann.

5. Auswirkungen des Schadstoffs

– Größe der exponierten Bevölkerung, lebenden Ressourcen oder Ökosysteme,

– Existenz besonders empfindlicher Zielorganismen in den betreffenden Gebieten.

6. Es können auch Risikobeurteilungsmethoden benutzt werden.

Die aufgrund der Richtlinie 67/548/EWG[1] und ihrer Anpassungen festgelegten Kriterien für die Gefährlichkeit sind bei der Auswahl der Schadstoffe in Betracht zu ziehen.

---

1 ABl. Nr. 196 vom 16.8.1967, S. 1. Richtlinie zuletzt geändert durch die Richtlinie 91/632/EWG der Kommission(ABl. Nr. L 338 vom 10.12.1991, S. 23).

Anhang IV
In den örtlichen, regionalen und einzelstaatlichen Programmen zur Verbesserung der Luftqualität zu berücksichtigende Informationen

Nach Artikel 8 Absatz 3 zu übermittelnde Informationen

1. Ort des Überschreitens

– Region

– Ortschaft (Karte)

– Meßstation (Karte, geographische Koordinaten)

2. Allgemeine Informationen

– Art des Gebiets (Stadt, Industrie- oder ländliches Gebiet)

– Schätzung des verschmutzten Gebiets (km²) und der der Verschmutzung ausgesetzten Bevölkerung

– zweckdienliche Klimaangaben

– zweckdienliche topographische Daten

– ausreichende Informationen über die Art der in dem betreffenden Gebiet zu schützenden Ziele

3. Zuständige Behörden

Name und Anschrift der für die Ausarbeitung und Durchführung der Verbesserungspläne zuständigen Personen

4. Art und Beurteilung der Verschmutzung

– in den vorangehenden Jahren (vor der Durchführung der Verbesserungsmaßnahmen) festgestellte Konzentrationen

– seit dem Beginn des Vorhabens gemessene Konzentrationen

– angewandte Beurteilungstechniken

5. Ursprung der Verschmutzung

– Liste der wichtigsten Emissionsquellen, die für die Verschmutzung verantwortlich sind (Karte)

– Gesamtmenge der Emissionen aus diesen Quellen (Tonnen/Jahr)

– Informationen über Verschmutzungen, die aus anderen Gebieten stammen

6. Lageanalyse

– Einzelheiten über Faktoren, die zu den Überschreitungen geführt haben (Verfrachtung, einschließlich grenzüberschreitende Verfrachtung, Entstehung)

– Einzelheiten über mögliche Maßnahmen zur Verbesserung der Luftqualität

7. Angaben zu den bereits vor dem Inkrafttreten dieser Richtlinie durchgeführten Maßnahmen oder bestehenden Verbesserungsvorhaben

– örtliche, regionale, nationale und internationale Maßnahmen

– festgestellte Wirkungen

8. Angaben zu den nach dem Inkrafttreten dieser Richtlinie zur Verminderung der Verschmutzung beschlossenen Maßnahmen oder Vorhaben

– Auflistung und Beschreibung aller im Vorhaben genannten Maßnahmen

– Zeitplan für die Durchführung

– Schätzung der zu erwartenden Verbesserung der Luftqualität und der für die Verwirklichung dieser Ziele vorgesehenen Frist

9. Angaben zu den geplanten oder langfristig angestrebten Maßnahmen oder Vorhaben

10. Liste der Veröffentlichungen, Dokumente, Arbeiten usw., die die in diesem Anhang vorgeschriebenen Informationen ergänzen

Richtlinie 2001/81/EG des Europäischen Parlaments und des Rates vom 23. Oktober 2001 über nationale Emissionshöchstmengen für bestimmte Luftschadstoffe

ABl. Nr. L 309 vom 27.11.2001, S. 22–30*

DAS EUROPÄISCHE PARLAMENT UND DER RAT –

gestützt auf den Vertrag zur Gründung der Europäischen Gemeinschaft, insbesondere auf Artikel 175 Absatz 1,

auf Vorschlag der Kommission[1],

nach Stellungnahme des Wirtschafts- und Sozialausschusses[2],

nach Stellungnahme des Ausschusses der Regionen[3],

gemäß dem Verfahren des Artikels 251 des Vertrags[4] aufgrund des vom Vermittlungsausschuss am 2. August 2001 gebilligten gemeinsamen Entwurfs,

in Erwägung nachstehender Gründe:

(1) Die allgemeinen Ansätze und Konzepte des fünften Umweltaktionsprogramms wurden vom Rat und den im Rat vereinigten Vertretern der Regierungen der Mitgliedstaaten mit Entschließung vom 1. Februar 1993 über ein Programm der Europäischen Gemeinschaft für Umweltpolitik und Maßnahmen im Hinblick auf eine dauerhafte und umweltgerechte Entwicklung[5] angenommen; in ihm werden die Ziele festgelegt, die kritischen Eintragsraten und Konzentrationen für die Versauerung in der Gemeinschaft nicht zu überschreiten. In dem Programm wird gefordert, alle Menschen wirksam gegen die Gesundheitsrisiken durch Luftverschmutzung zu schützen und bei der Festlegung der zulässigen Belastungsniveaus dem Umweltschutz Rechnung zu tragen. Weiter wird in dem Programm gefordert, die Einhaltung der Leitwerte der Weltgesundheitsorganisation (WHO) auf Gemeinschaftsebene vorzuschreiben.

---

* Geändert durch: Richtlinie 2006/105/EG des Rates vom 20. November 2006 – ABl. L 363 vom 20.12.2006, S. 20; Akte über die Bedingungen des Beitritts der Tschechischen Republik, der Republik Estland, der Republik Zypern, der Republik Lettland, der Republik Litauen, der Republik Ungarn, der Republik Malta, der Republik Polen, der Republik Slowenien und der Slowakischen Republik und die Anpassungen der für die Europäische Union begründenden Verträge – ABl. L 236 vom 23.9.2003, S. 33.
1 ABl. C 56 E vom 29.2.2000, S. 34.
2 ABl. C 51 vom 23.2.2000, S. 11.
3 ABl. C 317 vom 6.11.2000, S. 35.
4 Stellungnahme des Europäischen Parlaments vom 14. April 1999 (ABl. C 219 vom 30.7.1999, S. 175), Gemeinsamer Standpunkt des Rates vom 9. November 2000 (ABl. C 375 vom 28.12.2000, S. 12) und Beschluss des Europäischen Parlaments vom 14. März 2001 (noch nicht im Amtsblatt veröffentlicht). Beschluss des Europäischen Parlaments vom 20. September 2001 und Beschluss des Rates vom 27. September 2001.
5 ABl. C 138 vom 17.5.1993, S. 1.

(2) Die Mitgliedstaaten haben das Göteborg-Protokoll der Wirtschaftskommission der Vereinten Nationen für Europa (UN/ECE) vom 1. Dezember 1999 zur Bekämpfung von Versauerung, Eutrophierung und bodennahem Ozon zum Übereinkommen über weiträumige grenzüberschreitende Luftverunreinigung unterzeichnet.

(3) In dem Beschluss Nr. 2179/98/EG des Europäischen Parlaments und des Rates vom 24. September 1998 über die Überprüfung des Programms der Europäischen Gemeinschaft für Umweltpolitik und Maßnahmen im Hinblick auf eine dauerhafte und umweltgerechte Entwicklung „Für eine dauerhafte und umweltgerechte Entwicklung"[6]. wurde festgelegt, dass der Ausarbeitung und Umsetzung einer Strategie mit dem Ziel, sicherzustellen, dass die kritischen Eintragsraten durch versauernde, eutrophierende und photochemische Luftschadstoffe nicht überschritten werden, besondere Aufmerksamkeit zukommen sollte.

(4) Nach der Richtlinie 92/72/EWG des Rates vom 21. September 1992 über die Luftverschmutzung durch Ozon[7] muss die Kommission dem Rat einen Bericht über die Bewertung der photochemischen Verschmutzung in der Gemeinschaft vorlegen und diesem Bericht die von ihr für geeignet erachteten Vorschläge zur Kontrolle der Luftverschmutzung durch bodennahes Ozon beifügen, die erforderlichenfalls auf eine Verminderung der Emissionen von Ozonvorläuferstoffen abzielen.

(5) Weite Gebiete der Gemeinschaft sind sauren Niederschlägen und Einträgen eutrophierender Stoffe in einem Ausmaß ausgesetzt, das für die Umwelt schädlich ist. Die von der WHO für den Schutz der menschlichen Gesundheit und der Pflanzen gegen photochemische Luftverschmutzung festgelegten Leitwerte werden in allen Mitgliedstaaten beträchtlich überschritten.

(6) Die Überschreitungen der kritischen Eintragsraten sollten daher schrittweise beendet und Leitwerte eingehalten werden.

(7) Derzeit ist die Verwirklichung der langfristigen Ziele einer Beseitigung der negativen Auswirkungen der Versauerung und einer Verminderung der Belastung von Mensch und Umwelt durch bodennahes Ozon auf das Niveau der Leitwerte der WHO technisch nicht erreichbar. Deshalb müssen Umweltzwischenziele für Versauerung und Emissionen von bodennahem Ozon festgelegt werden, auf denen die erforderlichen Maßnahmen zur Verminderung einer solchen Verschmutzung basieren.

(8) Die Umweltzwischenziele und die zu ihrer Erreichung ergriffenen Maßnahmen sollten der technischen Durchführbarkeit und ihrem Kosten/Nutzen-Verhältnis Rechnung tragen. Solche Maßnahmen sollten für die Gemeinschaft insgesamt kosteneffizient sein und berücksichtigen, dass keine übermäßig hohen Kosten für einen einzelnen Mitgliedstaat entstehen dürfen.

(9) Die grenzüberschreitende Luftverschmutzung trägt zur Versauerung, zur Eutrophierung des Bodens und zur Bildung von bodennahem Ozon bei; ihre Bekämpfung erfordert ein koordiniertes Vorgehen der Gemeinschaft.

---

6 ABl. Nr. L 87 vom 27.3.1985, S. 1.
7 ABl. L 297 vom 13.10.1992, S. 1.

(10) Die Verminderung der Emission der für Versauerung und Belastung mit bodennahem Ozon verantwortlichen Schadstoffe wird auch zur Verminderung der Eutrophierung des Bodens beitragen.

(11) Die Festlegung nationaler Hoechstmengen für Emissionen von Schwefeldioxid, Stickstoffoxiden, flüchtigen organischen Verbindungen und Ammoniak für die einzelnen Mitgliedstaaten stellt einen kosteneffizienten Weg zur Verwirklichung der Umweltzwischenziele dar. Solche Emissionshöchstmengen bieten der Gemeinschaft und den Mitgliedstaaten Flexibilität bei der Festlegung der Strategien zu ihrer Einhaltung.

(12) Für die Umsetzung der Maßnahmen zur Einhaltung der nationalen Emissionshöchstmengen sollten die Mitgliedstaaten verantwortlich sein. Es wird erforderlich sein, die Fortschritte im Hinblick auf die Einhaltung dieser Emissionshöchstmengen zu evaluieren. Deshalb sollten nationale Programme zur Verminderung der Emissionen erstellt werden, über die der Kommission berichtet werden sollte. Diese Programme sollten Informationen über erlassene oder geplante Maßnahmen zur Einhaltung der Emissionshöchstmengen enthalten.

(13) In Übereinstimmung mit dem in Artikel 5 des Vertrags niedergelegten Subsidiaritätsprinzip und insbesondere unter Beachtung des Vorsorgeprinzips kann das Ziel dieser Richtlinie, nämlich die Begrenzung der Emissionen der für die Versauerung und die Eutrophierung verantwortlichen Schadstoffe sowie der Ozonvorläuferstoffe, aufgrund des grenzüberschreitenden Charakters der Verschmutzung auf der Ebene der Mitgliedstaaten nicht ausreichend erreicht werden; es kann daher besser auf Gemeinschaftsebene erreicht werden. In Übereinstimmung mit dem Verhältnismäßigkeitsprinzip geht diese Richtlinie nicht über das für die Erreichung dieses Ziels erforderliche Maß hinaus.

(14) Es sollten zum einen die Fortschritte der Mitgliedstaaten im Hinblick auf die Einhaltung der Hoechstmengen rechtzeitig überprüft werden und zum anderen auch das Ausmaß, in dem bei der Umsetzung der Hoechstmengen die Umweltzwischenziele in der Gemeinschaft insgesamt erreicht werden dürften. Bei dieser Überprüfung sollte auch dem wissenschaftlichen und technischen Fortschritt, der Weiterentwicklung der Rechtsvorschriften der Gemeinschaft und den Emissionsverminderungen außerhalb der Gemeinschaft unter besonderer Berücksichtigung der Fortschritte unter anderem in den Beitrittsländern Rechnung getragen werden. Im Hinblick auf diese Überprüfung sollte die Kommission Kosten und Nutzen der Emissionshöchstmengen einschließlich ihrer Kosteneffizienz, ihrer Grenzkosten und ihres Grenznutzens sowie ihrer sozioökonomischen Auswirkungen und der Auswirkungen auf die Wettbewerbsfähigkeit nochmals prüfen. Hierbei sollten auch die Beschränkungen des Geltungsbereichs dieser Richtlinie erwogen werden.

(15) Die Kommission sollte zu diesem Zweck einen Bericht an das Europäische Parlament und den Rat erstellen und, wenn sie es für erforderlich hält, geeignete Änderungen dieser Richtlinie vorschlagen, wobei die Auswirkungen aller einschlägigen Gemeinschaftsrechtsvorschriften, in denen unter anderem Emissionsgrenzwerte und Produktnormen für relevante Emissionsquellen festgesetzt werden, so-

wie die Auswirkungen der internationalen Regelungen über Emissionen durch Schiffe und Flugzeuge zu berücksichtigen sind.

(16) Der Seeverkehr trägt erheblich zu den Emissionen von Schwefeldioxid und Stickstoffoxiden sowie zu Konzentrationen und Ablagerungen von Luftschadstoffen in der Gemeinschaft bei. Es ist deshalb notwendig, diese Emissionen zu verringern. Artikel 7 Absatz 3 der Richtlinie 1999/32/EG des Rates vom 26. April 1999 über eine Verringerung des Schwefelgehalts bestimmter flüssiger Kraft- oder Brennstoffe und zur Änderung der Richtlinie 93/12/EWG[8] sieht vor, dass die Kommission prüft, welche Maßnahmen ergriffen werden könnten, um den Beitrag zur Versauerung zu reduzieren, der auf die Verfeuerung von anderen als den in Artikel 2 Absatz 3 jener Richtlinie genannten Gasölen für den Seeverkehr zurückgeht.

(17) Die Mitgliedstaaten sollten darauf hinwirken, den Anhang VI des Internationalen Übereinkommens zur Verhütung der Meeresverschmutzung durch Schiffe (MARPOL) so bald wie möglich zu ratifizieren.

(18) Da Versauerung und Ozonbelastung grenzüberschreitende Phänomene sind, sollte die Kommission auch weiterhin prüfen, ob es unbeschadet des Artikels 18 der Richtlinie 96/61/EG des Rates vom 24. September 1996 über die integrierte Vermeidung und Verminderung der Umweltverschmutzung[9] notwendig ist, harmonisierte Gemeinschaftsmaßnahmen auszuarbeiten mit dem Ziel, Wettbewerbsverzerrungen zu vermeiden, und dabei der Wahrung des Kosten-Nutzen-Gleichgewichts der Maßnahme Rechnung tragen.

(19) Dieser Richtlinie sollte unbeschadet der Rechtsvorschriften der Gemeinschaft über Emissionen dieser Schadstoffe aus spezifischen Quellen und der Richtlinie 96/61/EG in Bezug auf Emissionsgrenzwerte und die Anwendung der besten verfügbaren Techniken gelten.

(20) Zur Überwachung des Fortschritts hinsichtlich der Einhaltung der Emissionshöchstmengen sind Bestandsaufnahmen der Emissionen erforderlich; diese sind nach international vereinbarten Verfahren zu berechnen und der Kommission und der Europäischen Umweltagentur (EUA) ist über die Ergebnisse regelmäßig Bericht zu erstatten.

(21) Die Mitgliedstaaten sollten Sanktionen für Verstöße gegen diese Richtlinie festlegen und deren Durchsetzung gewährleisten. Die Sanktionen sollten wirksam, verhältnismäßig und abschreckend sein.

(22) Die zur Durchführung dieser Richtlinie erforderlichen Maßnahmen sollten gemäß dem Beschluss 1999/468/EG des Rates vom 28. Juni 1999 zur Festlegung der Modalitäten für die Ausübung der der Kommission übertragenen Durchführungsbefugnisse[10] erlassen werden.

---

8 ABl. L 121 vom 11.5.1999, S. 13.
9 ABl. L 257 vom 10.10.1996, S. 26.
10 ABl. L 184 vom 17.7.1999, S. 23.

(23) Die Kommission und die Mitgliedstaaten sollten im Hinblick auf die Verwirklichung der Ziele dieser Richtlinie international zusammenarbeiten –

HABEN FOLGENDE RICHTLINIE ERLASSEN:

Artikel 1
Ziel

Ziel dieser Richtlinie ist die Begrenzung der Emissionen versauernder und eutrophierender Schadstoffe sowie der Ozonvorläufer, um in der Gemeinschaft den Schutz der Umwelt und der menschlichen Gesundheit gegen die Risiken der Versauerung, der Eutrophierung des Bodens und des bodennahen Ozons zu verbessern und dem langfristigen Ziel der Einhaltung kritischer Konzentrationen und Eintragsraten und des wirksamen Schutzes aller Menschen gegen bekannte Gesundheitsgefahren durch Luftverschmutzung durch Festlegung nationaler Emissionshöchstmengen, wobei die Jahre 2010 und 2020 als Zieldaten gelten, und durch aufeinander folgende Überprüfungen gemäß den Artikeln 4 und 10 näher zu kommen.

Artikel 2
Geltungsbereich

Diese Richtlinie gilt für Emissionen der in Artikel 4 genannten anthropogenen Quellen von Schadstoffen im Gebiet der Mitgliedstaaten und ihrer ausschließlichen Wirtschaftszonen.

Sie gilt nicht für:

a) Emissionen des internationalen Seeverkehrs,

b) Emissionen von Flugzeugen außerhalb des Lande- und Startzyklus,

c) Spanien: Emissionen auf den Kanarischen Inseln,

d) Frankreich: Emissionen in den überseeischen Departements,

e) Portugal: Emissionen auf Madeira und den Azoren.

Artikel 3
Begriffsbestimmungen

a) „AOT 40" die jährlich von Mai bis Juli akkumulierte Summe der Differenz zwischen stündlichen Konzentrationen von bodennahem Ozon über 80 µg/m^3 (= 40 ppb) und 80 µg/m^3 bei Tageslicht.

b) „AOT 60" die das ganze Jahr über akkumulierte Summe der Differenz zwischen stündlichen Konzentrationen von bodennahem Ozon über 120 µg/m^3 (= 60 ppb) und 120 µg/m^3;

c) „kritische Eintragsrate" die quantitative Schätzung der Exposition gegenüber einem oder mehreren Schadstoffen, unterhalb deren nach dem gegenwärtigen Erkenntnisstand keine negativen Folgen für bestimmte empfindliche Bestandteile der Umwelt eintreten;

d) „kritische Konzentration" die Konzentration von Schadstoffen in der Luft, bei deren Überschreitung nach dem gegenwärtigen Erkenntnisstand direkte negative Folgen für Rezeptoren, wie Menschen, Pflanzen, Ökosysteme oder Materialien, eintreten können;

e) „Emission" die Freisetzung eines Stoffes von einer Punkt- oder diffusen Quelle in die Atmosphäre;

f) „Gitterzelle" ein Quadrat von 150 km x 150 km, was der Auflösung entspricht, die bei der Kartographierung der kritischen Eintragsraten in europäischem Maßstab und bei der Messung der Emissionen und Depositionen von Luftschadstoffen im Rahmen des Programms über die Zusammenarbeit bei der Messung und Bewertung der weiträumigen Übertragung von luftverunreinigenden Schadstoffen in Europa (EMEP) verwendet wird;

g) „Lande- und Startzyklus" ein Zyklus, der sich aus den folgenden Zeitspannen der jeweiligen Flugphasen ergibt: Landung 4 Minuten, Rollen/Leerlauf 26 Minuten, Start 0,7 Minuten, Steigphase 2,2 Minuten;

h) „nationale Emissionshöchstmenge" die Hoechstmenge eines Stoffes in Kilotonnen, die in einem Mitgliedstaat während eines Kalenderjahres emittiert werden darf;

i) „Stickstoffoxide" und „NOx", Stickstoffmonoxid und Stickstoffdioxid, ausgedrückt als Stickstoffdioxid;

j) „bodennahes Ozon" das Ozon in der untersten Schicht der Troposphäre;

k) „flüchtige organische Verbindung" und „VOC" jede organische Verbindung, die sich aus menschlicher Tätigkeit ergibt, mit Ausnahme von Methan, die durch Reaktion mit Stickstoffoxiden in Gegenwart von Sonnenlicht photochemische Oxidantien erzeugen kann.

Artikel 4
Nationale Emissionshöchstmengen

(1) Bis spätestens 2010 begrenzen die Mitgliedstaaten ihre nationalen Emissionen an Schwefeldioxid (SO_2), Stickstoffoxiden (NO_x), flüchtigen organischen Verbindungen (VOC) und Ammoniak (NH_3) auf die in Anhang I festgelegten Emissionshöchstmengen unter Berücksichtigung der etwaigen Änderungen, die aufgrund von Maßnahmen der Gemeinschaft erfolgt sind, die im Anschluss an die Berichte nach Artikel 9 angenommen wurden.

(2) Die Mitgliedstaaten gewährleisten, dass die Emissionshöchstmengen in Anhang I nach dem Jahr 2010 nicht mehr überschritten werden.

Artikel 5
Umweltzwischenziele

Mit den in Anhang I festgelegten nationalen Emissionshöchstmengen sollen bis zum Jahr 2010 weitgehend folgende Umweltzwischenziele für die Gemeinschaft als Ganzes erreicht werden:

a) Versauerung

Verminderung der Fläche, in der die kritische Eintragsrate überschritten wird, um mindestens 50 v. H. (pro Gitterzelle) im Vergleich zur Situation im Jahre 1990.

b) Gesundheitsbezogene Exposition hinsichtlich des bodennahen Ozons

Die Belastung durch bodennahes Ozon, die den für die menschliche Gesundheit festgelegten kritischen Wert (AOT60 = 0) übersteigt, soll im Vergleich zur Situation im Jahre 1990 in allen Gitterzellen um zwei Drittel gesenkt werden. Außerdem darf die Belastung durch bodennahes Ozon in keiner Gitterzelle die absolute Grenze von 2,9 ppm.h überschreiten.

c) Vegetationsbezogene Exposition hinsichtlich des bodennahen Ozons

Die Belastung durch bodennahes Ozon, die den für Nutzpflanzen und naturnahe Vegetation festgelegten kritischen Wert (AOT40 = 3 ppm.h) überschreitet, soll im Vergleich zur Situation im Jahre 1990 in allen Gitterzellen um ein Drittel gesenkt werden. Außerdem darf die Belastung durch bodennahes Ozon in keiner Gitterzelle die absolute Grenze von 10 ppm.h überschreiten, ausgedrückt als Überschreitung des kritischen Wertes von 3 ppm.h.

Artikel 6
Nationale Programme

(1) Die Mitgliedstaaten erstellen bis spätestens 1. Oktober 2002 Programme für die fortschreitende Verminderung der nationalen Emissionen der in Artikel 4 genannten Schadstoffe mit dem Ziel, bis Ende 2010 mindestens die nationalen Emissionshöchstmengen in Anhang I einzuhalten.

(2) Die nationalen Programme umfassen Informationen über eingeführte und geplante Politiken und Maßnahmen sowie quantifizierte Schätzungen der Auswirkung dieser Politiken und Maßnahmen auf die Schadstoffemissionen im Jahr 2010. Erwartete erhebliche Veränderungen der geographischen Verteilung der nationalen Emissionen sind anzugeben.

(3) Die Mitgliedstaaten aktualisieren und überarbeiten gegebenenfalls ihre nationalen Programme zum 1. Oktober 2006.

(4) Die Mitgliedstaaten stellen die gemäß den Absätzen 1, 2 und 3 erstellten Programme der Öffentlichkeit und geeigneten Organisationen, wie Umweltorganisationen, zur Verfügung. Die der Öffentlichkeit und den Organisationen nach diesem Absatz zur Verfügung gestellten Informationen müssen klar, verständlich und leicht zugänglich sein.

Artikel 7
Emissionsinventare/Emissionsinventur[11] und Emissionsprognosen

(1) Die Mitgliedstaaten erstellen für die in Artikel 4 genannten Schadstoffe nationale Emissionsinventare und -prognosen für das Jahr 2010 und aktualisieren diese jährlich.

(2) Die Mitgliedstaaten erstellen ihre Emissionsinventare und -prognosen nach den Methoden in Anhang III.

(3) Mit Unterstützung der Europäischen Umweltagentur und in Zusammenarbeit mit den Mitgliedstaaten erstellt die Kommission auf der Grundlage der von ihnen gelieferten Informationen Emissionsinventare und -prognosen für die in Artikel 4 genannten Schadstoffe. Die Emissionsinventare und -prognosen sind öffentlich bereitzustellen.

(4) Aktualisierungen der gemäß Anhang III anzuwendenden Methoden sind nach dem Verfahren des Artikels 13 Absatz 2 vorzunehmen.

Artikel 8
Berichte der Mitgliedstaaten

(1) Die Mitgliedstaaten übermitteln der Kommission und der Europäischen Umweltagentur spätestens am 31. Dezember jeden Jahres ihre gemäß Artikel 7 erstellten nationalen Emissionsinventare und -prognosen für das Jahr 2010. Ferner übermitteln sie ihre endgültigen Emissionsinventare für das zwei Jahre zurückliegende Jahr und die vorläufigen Emissionsinventare für das Vorjahr. Die Emissionsprognosen umfassen eine quantitative Beschreibung der ihrer Berechnung zugrunde gelegten sozioökonomischen Annahmen.

(2) Die Mitgliedstaaten unterrichten die Kommission spätestens am 31. Dezember 2002 über die gemäß Artikel 6 Absätze 1 und 2 erstellten Programme.

Die Mitgliedstaaten unterrichten die Kommission spätestens am 31. Dezember 2006 über die gemäß Artikel 6 Absatz 3 aktualisierten Programme.

(3) Die Kommission leitet die ihr übermittelten nationalen Programme binnen einem Monat nach ihrem Eingang an die anderen Mitgliedstaaten weiter.

(4) Die Kommission erlässt nach dem Verfahren des Artikels 13 Absatz 2 Bestimmungen zur Gewährleistung einer einheitlichen und transparenten Berichterstattung über die nationalen Programme.

Artikel 9
Berichte der Kommission

(1) Die Kommission berichtet dem Europäischen Parlament und dem Rat in den Jahren 2004 und 2008 über die bei der Umsetzung der nationalen Emissionshöchstmengen des Anhangs I erzielten Fortschritte sowie darüber, inwieweit die

---

11 „Emissionsinventur" entspricht dem österreichischen Sprachgebrauch.

Umweltzwischenziele des Artikels 5 bis 2010 erreicht werden können und inwieweit die langfristigen Ziele des Artikels 1 bis 2020 erreicht werden könnten. Diese Berichte müssen eine wirtschaftliche Beurteilung einschließlich der Kosteneffizienz, des Nutzens, einer Bewertung der Grenzkosten und des Grenznutzens sowie der sozioökonomischen Wirkungen der Einhaltung der nationalen Emissionshöchstmengen auf bestimmte Mitgliedstaaten und Sektoren umfassen. In den Berichten sollen zudem die Einschränkungen des Geltungsbereichs dieser Richtlinie im Sinne von Artikel 2 überprüft werden, und es soll abgeschätzt werden, inwieweit weitere Emissionsverminderungen erforderlich sein könnten, damit die Umweltzwischenziele des Artikels 5 erreicht werden. Die Berichte müssen die von den Mitgliedstaaten gemäß Artikel 8 Absätze 1 und 2 übermittelten Berichte sowie unter anderem die folgenden Punkte berücksichtigen:

a) neue Gemeinschaftsvorschriften, die gegebenenfalls zur Festsetzung von Emissionsgrenzwerten und Produktstandards für relevante Emissionsquellen erlassen wurden;

b) Entwicklungen bei den besten verfügbaren Techniken im Rahmen des Informationsaustausches nach Artikel 16 der Richtlinie 96/61/EG;

c) Emissionsverminderungsziele für 2008 für Emissionen von Schwefeldioxid und Stickstoffoxiden aus bestehenden Großfeuerungsanlagen, die von den Mitgliedstaaten gemäß der Richtlinie 2001/80/EG des Europäischen Parlaments und des Rates vom 23. Oktober 2001 zur Begrenzung von Schadstoffemissionen von Großfeuerungsanlagen in die Luft[12] gemeldet werden;

d) Emissionsverminderungen in Drittländern und von diesen eingegangene Verminderungsverpflichtungen, mit besonderem Schwerpunkt auf in den Beitrittsländern zu ergreifenden Maßnahmen, und die Möglichkeit weiterer Emissionsverminderungen in der Gemeinschaft benachbarten Regionen;

e) neue Gemeinschaftsvorschriften und internationale Regelungen über Emissionen durch Schiffe und Flugzeuge;

f) die Entwicklung des Verkehrs und weitere Maßnahmen zur Beschränkung der Emissionen des Verkehrssektors;

g) Entwicklungen im Bereich der Landwirtschaft, neue Prognosen für den Viehbestand und Verbesserungen bei den Emissionsminderungsmethoden im Agrarsektor;

h) wesentliche Veränderungen auf dem Energieversorgungsmarkt eines Mitgliedstaates und neue Prognosen, die den Maßnahmen der Mitgliedstaaten zur Einhaltung ihrer internationalen Verpflichtungen in Bezug auf Klimaänderungen Rechnung tragen;

i) Bewertung der derzeitigen und voraussichtlichen Überschreitungen kritischer Belastungen und der von der WHO festgelegten Leitwerte für bodennahes Ozon;

---

12 Siehe S. 1 dieses Amtsblatts – ABl. L 309 vom 27.11.2001, S. 1–21.

j) Möglichkeit der Bestimmung eines angestrebten Zwischenziels zur Verminderung der Eutrophierung des Bodens;

k) neue technische und wissenschaftliche Daten, insbesondere auch eine Bewertung der Unsicherheiten bei

i) den nationalen Emissionsinventaren,

ii) den Eingabe-Bezugsdaten,

iii) der Kenntnis des grenzüberschreitenden Transports und der Deposition von Schadstoffen,

iv) den kritischen Eintragsraten und Konzentrationen,

v) dem verwendeten Modell

sowie eine Bewertung der sich daraus ergebenden Unsicherheit bei den nationalen Emissionshöchstmengen, die zur Einhaltung der Umweltzwischenziele des Artikels 5 erforderlich sind.

l) gegebenenfalls die Notwendigkeit, übermäßige Kosten für die einzelnen Mitgliedstaaten zu vermeiden;

m) ein Vergleich der Modellberechnungen mit Beobachtungen von Versauerung, Eutrophierung und bodennahem Ozon im Hinblick auf eine Verbesserung der Modelle;

n) in geeigneten Fällen die mögliche Anwendung einschlägiger wirtschaftlicher Instrumente.

(2) Im Jahre 2012 berichtet die Kommission dem Europäischen Parlament und dem Rat über die Einhaltung der in Anhang I festgelegten Hoechstmengen und über Fortschritte im Zusammenhang mit den Umweltzwischenzielen des Artikels 5 und den langfristigen Zielen des Artikels 1. Sie trägt hierbei den von den Mitgliedstaaten gemäß Artikel 8 Absätze 1 und 2 übermittelten Berichten sowie den in Absatz 1 Buchstaben a bis n erwähnten Punkten Rechnung.

Artikel 10
Überprüfung

(1) Die Berichte gemäß Artikel 9 berücksichtigen die in Artikel 9 Absatz 1 genannten Faktoren. Unter Berücksichtigung dieser Faktoren, der Fortschritte im Hinblick auf die Einhaltung der Emissionshöchstmengen bis zum Jahr 2010, des wissenschaftlichen und technischen Fortschritts, der Situation bei den Fortschritten im Hinblick auf das Erreichen der Zwischenziele dieser Richtlinie und der langfristigen Ziele der Nichtüberschreitung der kritischen Eintragsraten und Konzentrationen sowie der das Ozon betreffenden WHO-Leitlinien für die Luftqualität führt die Kommission eine Überprüfung dieser Richtlinie als Vorbereitung für die einzelnen Berichte durch.

(2) Bei der im Jahr 2004 abzuschließenden Überprüfung wird eine Bewertung der Richtziele für Emissionshöchstmengen für die Gemeinschaft insgesamt, wie sie in

Anhang II enthalten sind, durchgeführt. Die Bewertung dieser Richtziele ist ein zu berücksichtigender Faktor bei der Analyse weiterer kosteneffizienter Maßnahmen, die ergriffen werden könnten, um die Emissionen aller einschlägigen Schadstoffe mit dem Ziel zu senken, die Umweltzwischenziele des Artikels 5 bis zum Jahr 2010 für die Gemeinschaft insgesamt zu erreichen.

(3) Alle Überprüfungen umfassen weitere Untersuchungen hinsichtlich der geschätzten Kosten und des voraussichtlichen Nutzens der nationalen Emissionshöchstmengen, die mit Modellen nach dem neuesten Stand der Technik und unter Nutzung der besten verfügbaren Daten berechnet werden, um Unsicherheiten so weit wie möglich auszuschließen, wobei außerdem die Fortschritte bei der Erweiterung der Europäischen Union berücksichtigt werden, und weitere Untersuchungen hinsichtlich der Vorteile alternativer Methoden, unter Berücksichtigung der in Artikel 9 aufgeführten Faktoren.

(4) Mit dem Ziel, Wettbewerbsverzerrungen zu vermeiden, und unter Berücksichtigung des zu wahrenden Kosten-Nutzen-Gleichgewichts der Maßnahmen wird die Kommission unbeschadet des Artikels 18 der Richtlinie 96/61/EG ferner prüfen, ob harmonisierte Gemeinschaftsmaßnahmen für die relevantesten Wirtschaftsbereiche und Produkte, die zu Versauerung und Eutrophierung sowie zur Bildung von bodennahem Ozon beitragen, ausgearbeitet werden müssen.

(5) Den Berichten gemäß Artikel 9 werden gegebenenfalls Vorschläge beigefügt für:

a) Änderungen der in Anhang I festgelegten nationalen Hoechstmengen mit dem Ziel, die Umweltzwischenziele des Artikels 5 zu erreichen, und/oder Änderungen dieser Umweltzwischenziele;

b) mögliche weitere Emissionsverminderungen mit dem Ziel, die langfristigen Ziele dieser Richtlinie möglichst bis zum Jahr 2020 zu erreichen;

c) Maßnahmen zur Gewährleistung der Einhaltung der Hoechstmengen.

Artikel 11
Zusammenarbeit mit Drittländern

Zur Verwirklichung des in Artikel 1 festgelegten Zieles setzen die Kommission und gegebenenfalls die Mitgliedstaaten unbeschadet des Artikels 300 des Vertrags die bilaterale und multilaterale Zusammenarbeit mit Drittländern und den zuständigen internationalen Organisationen, wie der Wirtschaftskommission der Vereinten Nationen für Europa (UN/ECE), der Internationalen Seeschifffahrtsorganisation (IMO) und der Internationalen Zivilluftfahrt-Organisation (ICAO) – auch im Rahmen eines Informationsaustausches – im Bereich der technischen und wissenschaftlichen Forschung und Entwicklung und im Hinblick auf eine Verbesserung der Grundlagen für Emissionsverminderungen fort.

Artikel 12
Berichte über Emissionen von Schiffen und Flugzeugen

(1) Die Kommission berichtet dem Europäischen Parlament und dem Rat bis Ende 2002 darüber, in welchem Umfang Emissionen des internationalen Seeverkehrs

in der Gemeinschaft zu Versauerung und Eutrophierung sowie zur Bildung von bodennahem Ozon beitragen.

(2) Die Kommission berichtet dem Europäischen Parlament und dem Rat bis Ende 2002 darüber, in welchem Umfang Emissionen des internationalen Seeverkehrs in der Gemeinschaft zu Versauerung und Eutrophierung sowie zur Bildung von bodennahem Ozon beitragen.

(3) In jedem Bericht ist ein Programm von Maßnahmen aufzuführen, die gegebenenfalls auf internationaler Ebene und auf Ebene der Gemeinschaft ergriffen werden könnten, um die Emissionen des betreffenden Sektors zu verringern; das Programm dient als Grundlage für die weitere Prüfung durch das Europäische Parlament und den Rat.

Artikel 13
Ausschuss

(1) Die Kommission wird von dem durch Artikel 12 der Richtlinie 96/62/EG eingesetzten Ausschuss, nachstehend „Ausschuss" genannt, unterstützt.

(2) Wird auf das Verfahren dieses Absatzes Bezug genommen, so gelten die Artikel 4 und 7 des Beschlusses 1999/468/EG unter Beachtung von dessen Artikel 8.

Der Zeitraum nach Artikel 4 Absatz 3 des Beschlusses 1999/468/EG wird auf drei Monate festgesetzt.

(3) Der Ausschuss gibt sich eine Geschäftsordnung.

Artikel 14
Sanktionen

Die Mitgliedstaaten legen die Sanktionen fest, die bei einem Verstoß gegen die einzelstaatlichen Vorschriften zur Umsetzung dieser Richtlinie zu verhängen sind. Die Sanktionen müssen wirksam, verhältnismäßig und abschreckend sein.

Artikel 15
Umsetzung

(1) Die Mitgliedstaaten erlassen die erforderlichen Rechts- und Verwaltungsvorschriften, um dieser Richtlinie vor dem 27. November 2002 nachzukommen. Sie setzen die Kommission unverzüglich davon in Kenntnis.

Wenn die Mitgliedstaaten derartige Vorschriften erlassen, nehmen sie in diesen Vorschriften selbst oder durch einen Hinweis bei der amtlichen Veröffentlichung auf diese Richtlinie Bezug. Die Mitgliedstaaten regeln die Einzelheiten der Bezugnahme.

(2) Die Mitgliedstaaten teilen der Kommission den Wortlaut der wichtigsten innerstaatlichen Rechtsvorschriften mit, die sie auf dem unter diese Richtlinie fallenden Gebiet erlassen.

Artikel 16
Inkrafttreten

Diese Richtlinie tritt am Tag ihrer Veröffentlichung im Amtsblatt der Europäischen Gemeinschaften in Kraft.

Artikel 17
Adressaten

Diese Richtlinie ist an die Mitgliedstaaten gerichtet.

Geschehen zu Luxemburg am 23. Oktober 2001.

Im Namen des Europäischen Parlaments

Die Präsidentin

N. Fontaine

Im Namen des Rates

Der Präsident

A. Neyts-Uyttebroeck

Anhang I
Nationale Hoechstmengen der Emissionen von SO_2, NO_x, VOC und NH_3, die bis 2010 erreicht werden müssen[1]

Land	SO_2 Kilotonnen	NO_x Kilotonnen	VOC Kilotonnen	NH_3 Kilotonnen
Belgien	99	176	139	74
Bulgarien[2]	836	247	175	108
Tschechische Republik	265	286	220	80
Dänemark	55	127	85	69
Deutschland	520	1 051	995	550
Estland	1100	60	49	29
Griechenland	523	344	261	73
Griechenland	746	847	662	353
Frankreich	375	810	1 050	780
Irland	42	65	55	116
Italien	475	990	1 159	419
Zypern	39	23	14	09
Lettland	101	61	136	44
Litauen	145	110	92	84
Luxemburg	4	11	9	7
Ungarn	500	198	137	90
Malta	9	8	12	3
Niederlande	50	260	185	128
Österreich	39	103	159	66
Polen	1 397	879	800	468
Portugal	160	250	180	90
Rumänien (2)	918	437	523	210
Slowenien	27	45	40	20
Slowakei	110	130	140	39
Finnland	110	170	130	31
Schweden	67	148	241	57
Vereinigtes Königreich	585	1 167	1 200	297
EG 27	8 297	9 003	8 848	4 294

---

1 Mit diesen nationalen Emissionshöchstmengen sollen die Umweltzwischenziele des Artikels 5 weitgehend erreicht werden. Bei Erreichen dieser Ziele dürfte die Eutrophierung des Bodens so weit zurückgehen, dass die Fläche in der Gemeinschaft, in der die düngenden Stickstoffeinträge die kritischen Eintragsraten überschreiten, im Vergleich zur Situation im Jahre 1990 um rund 30 v. H. abnimmt.

2 Diese nationalen Emissionshöchstmengen sind vorläufiger Art und lassen die im Jahr 2008 abzuschließende Überprüfung nach Artikel 10 unberührt.

Anhang II
Emissionshöchstmengen für SO_2, NO_x und VOC

	SO_2 Kilotonnen	NO_x Kilotonnen	VOC Kilotonnen
EG 27[1]	7 832	8 180	7 585

---

1 Diese nationalen Emissionshöchstmengen sind vorläufiger Art und lassen die im Jahr 2008 abzuschlie-ßende Überprüfung nach Artikel 10 unberührt. Mit diesen Emissionshöchstmengen sollen die Umwelt-zwischenziele des Artikels 5 für die Gemeinschaft insgesamt bis zum Jahr 2010 erreicht werden.

Anhang III
Verfahren für die Erstellung von Emissionsinventaren und -prognosen

Die Mitgliedstaaten erstellen Emissionsinventare und -prognosen unter Anwendung der Verfahren, die im Rahmen des Übereinkommens über weiträumige grenzüberschreitende Luftverunreinigung vereinbart wurden; sie werden ersucht, hierzu das gemeinsame Handbuch von EMEP/CORINAIR[1] anzuwenden.

---

1 Emissionsinventar für Luftschadstoffe der Europäischen Umweltagentur.

Richtlinie 1999/30/EG des Rates vom 22. April 1999 über Grenzwerte für Schwefeldioxid, Stickstoffdioxid und Stickstoffoxide, Partikel und Blei in der Luft*

ABl. Nr. L 163 vom 29.6.1999, S. 41–60

DER RAT DER EUROPÄISCHEN UNION –

gestützt auf den Vertrag zur Gründung der Europäischen Gemeinschaft, insbesondere auf Artikel 130s Absatz 1,

auf Vorschlag der Kommission[1],

nach Stellungnahme des Wirtschafts- und Sozialausschusses[2],

gemäß dem Verfahren des Artikels 189c des Vertrags[3],

in Erwägung nachstehender Gründe:

(1) Auf der Grundlage der in Artikel 130 r des Vertrags niedergelegten Grundsätze sieht das Programm der Europäischen Gemeinschaft für Umweltpolitik und Maßnahmen im Hinblick auf eine dauerhafte und umweltgerechte Entwicklung (fünftes Umweltaktionsprogramm)[4] insbesondere Änderungen der bestehenden Rechtsvorschriften für Luftschadstoffe vor. Das genannte Programm empfiehlt die Aufstellung langfristiger Luftqualitätsziele.

(2) Nach Artikel 129 des Vertrags sind die Erfordernisse im Bereich des Gesundheitsschutzes Bestandteil der anderen Politiken der Gemeinschaft. Gemäß Artikel 3 Buchstabe o) des Vertrags umfaßt die Tätigkeit der Gemeinschaft einen Beitrag zur Erreichung eines hohen Gesundheitsschutzniveaus.

(3) Gemäß Artikel 4 Absatz 5 der Richtlinie 96/62/EG des Rates vom 27. September 1996 über die Beurteilung und die Kontrolle der Luftqualität[5] erläßt der Rat die in Absatz 1 dieses Artikels vorgesehenen Rechtsvorschriften und die in den Absätzen 3 und 4 dieses Artikels vorgesehenen Bestimmungen.

(4) Bei den in dieser Richtlinie festgesetzten Grenzwerten handelt es sich um Mindestanforderungen. Gemäß Artikel 130t des Vertrags können die Mitgliedstaaten verstärkte Schutzmaßnahmen beibehalten oder ergreifen. Strengere Grenzwerte können insbesondere zum Schutz der Gesundheit von besonders gefährdeten Per-

---

* Geändert durch: Entscheidung 2001/744/EG der Kommission vom 17. Oktober 2001 – ABl. L 278 vom 23.10.2001, S. 35.
1 ABl. C 9 vom 14.1.1998, S. 6.
2 ABl. C 214 vom 10.7.1998, S. 1.
3 Stellungnahme des Europäischen Parlaments vom 13. Mai 1998 (ABl. C 167 vom 1.6.1998, S. 103), Gemeinsamer Standpunkt des Rates vom 24. September 1998 (ABl. C 360 vom 23.11.1998, S. 99) und Beschluß des Europäischen Parlaments vom 13. Januar 1999 (ABl. L 104 vom 14.4.1999, S. 44).
4 ABl. C 138 vom 17.5.1993, S. 5.
5 ABl. L 296 vom 21.11.1996, S. 55.

sonengruppen, wie Kinder und Krankenhauspatienten, festgelegt werden. Die Mitgliedstaaten können vorsehen, daß die Grenzwerte zu einem früheren Zeitpunkt eingehalten werden müssen, als dies in dieser Richtlinie vorgesehen ist.

(5) Die Ökosysteme sollten gegen die schädlichen Wirkungen von Schwefeldioxid geschützt werden. Die Vegetation sollte gegen die schädlichen Wirkungen von Stickstoffoxiden geschützt werden.

(6) Verschiedene Arten von Partikeln können sich auf unterschiedliche Weise schädlich auf die menschliche Gesundheit auswirken. Es liegen Beweise dafür vor, daß die Risiken für die menschliche Gesundheit, die von Partikeln anthropogenen Ursprungs ausgehen, größer sind als die Risiken von auf natürliche Weise in der Luft vorkommenden Partikeln.

(7) Die Richtlinie 96/62/EG schreibt, um die Einhaltung der Grenzwerte ab den festgelegten Zeitpunkten zu gewährleisten, die Erstellung von Aktionsplänen für Gebiete vor, in denen die Schadstoffkonzentration in der Luft die Grenzwerte zuzüglich zeitlich befristeter Toleranzmargen überschreitet. Soweit sie sich auf Partikel beziehen, sollten diese Aktionspläne und andere Reduzierungsstrategien darauf abzielen, die Konzentration von Feinstaub im Rahmen der Reduzierung der Konzentration von Partikeln insgesamt zu verringern.

(8) Die Richtlinie 96/62/EG bestimmt, daß die quantifizierten Grenzwerte und Alarmschwellen auf den Arbeitsergebnissen von auf diesem Gebiet tätigen internationalen wissenschaftlichen Gremien basieren sollen. Außerdem soll die Kommission bei der Überprüfung der Grundlagen für die Festlegung der Grenzwerte und Alarmschwellen den jüngsten wissenschaftlichen Forschungsergebnissen in den betreffenden Bereichen der Epidemiologie und Umweltforschung sowie den jüngsten Fortschritten bei den Meßverfahren Rechnung tragen.

(9) Um die Revision dieser Richtlinie im Jahr 2003 zu erleichtern, sollten die Kommission und die Mitgliedstaaten erwägen, die Forschung über die Auswirkungen der genannten Schadstoffe, nämlich Schwefeldioxid, Stickstoffdioxid und Stickstoffoxide, Partikel und Blei, zu fördern.

(10) Eine standardisierte, genaue Meßtechnik und gemeinsame Kriterien für die Wahl des Standorts der Meßstationen sind für die Beurteilung der Luftqualität im Hinblick auf gemeinschaftsweit vergleichbare Daten von grundlegender Bedeutung.

(11) Gemäß Artikel 12 Absatz 1 der Richtlinie 96/62/EG dürfen sich die zur Anpassung an den wissenschaftlichen und technischen Fortschritt erforderlichen Änderungen allein auf die Kriterien und Techniken zur Beurteilung der Konzentrationen von Schwefeldioxid, Stickstoffdioxid und Stickstoffoxiden, Partikeln und Blei in der Luft und/oder die Einzelheiten für die Übermittlung der Informationen an die Kommission beziehen und darf die Anpassung keine direkte oder indirekte Änderung der Grenzwerte oder Alarmschwellen zur Folge haben.

(12) Aktuelle Informationen über die Konzentration von Schwefeldioxid, Stickstoffdioxid und Stickstoffoxiden, Partikeln und Blei in der Luft sollten der Öffentlichkeit ohne weiteres zugänglich sein –

HAT FOLGENDE RICHTLINIE ERLASSEN:

Artikel 1
Ziele

Ziele dieser Richtlinie sind:

– Festlegung von Grenzwerten und gegebenenfalls Alarmschwellen für die Konzentrationen von Schwefeldioxid, Stickstoffdioxid und Stickstoffoxiden, Partikeln und Blei in der Luft im Hinblick auf die Vermeidung, Verhütung oder Verringerung schädlicher Auswirkungen auf die menschliche Gesundheit und die Umwelt insgesamt;

– Beurteilung der Konzentrationen von Schwefeldioxid, Stickstoffdioxid und Stickstoffoxiden, Partikeln und Blei in der Luft anhand einheitlicher Methoden und Kriterien;

– Zusammenstellung von sachdienlichen Informationen über die Konzentrationen von Schwefeldioxid, Stickstoffdioxid und Stickstoffoxiden, Partikeln und Blei in der Luft und Sicherstellung, daß diese der Öffentlichkeit zugänglich gemacht werden;

– Erhaltung der Luftqualität dort, wo sie gut ist, und Verbesserung der Luftqualität, wo dies hinsichtlich der Belastung mit Schwefeldioxid, Stickstoffdioxid und Stickstoffoxiden, Partikeln und Blei nicht der Fall ist.

Artikel 2
Begriffsbestimmungen

Im Sinne dieser Richtlinie bezeichnet der Ausdruck

1. „Luft" die Außenluft der Troposphäre mit Ausnahme der Luft an Arbeitsplätzen;

2. „Schadstoff" jeden vom Menschen direkt oder indirekt in die Luft emittierten Stoff, der schädliche Auswirkungen auf die menschliche Gesundheit und/oder die Umwelt insgesamt haben kann;

3. „Wert" die Konzentration eines Schadstoffs in der Luft oder die Ablagerung eines Schadstoffs auf bestimmten Flächen in einem bestimmten Zeitraum;

4. „Beurteilung" alle Verfahren zur Messung, Berechnung, Vorhersage oder Schätzung der Schadstoffwerte in der Luft;

5. „Grenzwert" einen Wert, der aufgrund wissenschaftlicher Erkenntnisse mit dem Ziel festgelegt wird, schädliche Auswirkungen auf die menschliche Gesundheit und/oder die Umwelt insgesamt zu vermeiden, zu verhüten oder zu verringern, und der innerhalb eines bestimmten Zeitraums erreicht werden muß und danach nicht überschritten werden darf;

6. „Alarmschwelle" einen Wert, bei dessen Überschreitung bei kurzfristiger Exposition eine Gefahr für die menschliche Gesundheit besteht und bei dem die Mitgliedstaaten umgehend Maßnahmen gemäß der Richtlinie 96/62/EG ergreifen;

7. „Toleranzmarge" den Prozentsatz des Grenzwerts, um den dieser unter den in der Richtlinie 96/62/EG festgelegten Bedingungen überschritten werden darf;

8. „Gebiet" einen von den Mitgliedstaaten abgegrenzten Teil ihres Hoheitsgebiets;

9. „Ballungsraum" ein Gebiet mit mehr als 250 000 Einwohnern oder, falls 250 000 oder weniger Einwohner in dem Gebiet wohnen, einer Bevölkerungsdichte pro km^2, die nach Auffassung der Mitgliedstaaten die Beurteilung und die Kontrolle der Luftqualität rechtfertigt.

10. „Stickstoffoxide" die Summe von Stickstoffmonoxid und Stickstoffdioxid, ermittelt durch die Addition als Teile auf 1 Mrd. Teile und ausgedrückt als Stickstoffdioxid in $\mu g/m^3$;

11. „PM_{10}" die Partikel, die einen größenselektierenden Lufteinlaß passieren, der für einen aerodynamischen Durchmesser von 10 µm eine Abscheidewirksamkeit von 50 % aufweist;

12. „$PM_{2,5}$" die Partikel, die einen größenselektierenden Lufteinlaß passieren, der für einen aerodynamischen Durchmesser von 2,5 µm eine Abscheidewirksamkeit von 50 % aufweist;

13. „obere Beurteilungsschwelle" einen Wert gemäß Anhang V, unterhalb dessen nach Artikel 6 Absatz 3 der Richtlinie 96/62/EG eine Kombination von Messungen und Modellrechnungen zur Beurteilung der Luftqualität angewandt werden kann;

14. „untere Beurteilungsschwelle" einen Wert gemäß Anhang V, unterhalb dessen nach Artikel 6 Absatz 4 der Richtlinie 96/62/EG für die Beurteilung der Luftqualität nur Modellrechnungen oder Techniken der objektiven Schätzung angewandt zu werden brauchen;

15. „Naturereignis" Vulkanausbrüche, Erdbeben, geothermische Aktivitäten, Freilandbrände, Stürme oder die atmosphärische Aufwirbelung oder der atmosphärische Transport natürlicher Partikel aus Trockengebieten;

16. „ortsfeste Messungen" Messungen, die nach Artikel 6 Absatz 5 der Richtlinie 96/62/EG vorgenommen werden.

Artikel 3
Schwefeldioxid

(1) Die Mitgliedstaaten treffen die erforderlichen Maßnahmen, um sicherzustellen, daß die gemäß Artikel 7 beurteilten Schwefeldioxidkonzentrationen in der Luft die Grenzwerte des Anhangs I Abschnitt I ab den dort genannten Zeitpunkten nicht überschreiten.

Die in Anhang I Abschnitt I festgelegten Toleranzmargen sind gemäß Artikel 8 der Richtlinie 96/62/EG anzuwenden.

(2) Die Alarmschwelle für die Schwefeldioxidkonzentrationen in der Luft ist in Anhang I Abschnitt II festgelegt.

(3) Um die Kommission bei der Erstellung des Berichts gemäß Artikel 10 zu unterstützen, zeichnen die Mitgliedstaaten, soweit praktikabel, bis zum 31. Dezember 2003 Daten über die Schwefeldioxidkonzentration als Zehnminutenmittelwerte an einigen Meßstationen auf, die von ihnen als repräsentativ für die Luftqualität in nahe bei Emissionsquellen gelegenen bewohnten Gebieten ausgewählt wurden und an denen stündlich gemittelte Konzentrationen gemessen werden. Die Mitgliedstaaten teilen der Kommission zu diesen ausgewählten Meßstationen bei der Übermittlung der Angaben über die stündlich gemittelten Konzentrationen gemäß Artikel 11 Nummer 1 der Richtlinie 96/62/EG auch mit, wie oft die über zehn Minuten gemittelten Konzentrationswerte 500 µg/m^3 überschritten haben, an wievielen Tagen innerhalb des Kalenderjahres dies vorkam, an wievielen dieser Tage gleichzeitig die stündlich gemittelten Konzentrationen an Schwefeldioxid 350 µg/m^3 überschritten haben und welche über zehn Minuten gemittelte Hoechstkonzentration gemessen wurde.

(4) Die Mitgliedstaaten können Gebiete oder Ballungsräume benennen, in denen die Grenzwerte für Schwefeldioxid gemäß Anhang I Abschnitt I aufgrund der Konzentrationen von Schwefeldioxid in der Luft, die aus natürlichen Quellen stammen, überschritten werden. Die Mitgliedstaaten übermitteln der Kommission eine Liste dieser Gebiete und Ballungsräume zusammen mit Informationen über die dortigen Konzentrationen und Quellen von Schwefeldioxid. Bei der Unterrichtung der Kommission gemäß Artikel 11 Nummer 1 der Richtlinie 96/62/EG erbringen die Mitgliedstaaten die erforderlichen Nachweise dafür, daß die Überschreitungen aus natürlichen Quellen stammen.

Innerhalb dieser Gebiete oder Ballungsräume sind die Mitgliedstaaten nur dann zur Durchführung von Maßnahmeplänen gemäß Artikel 8 Absatz 3 der Richtlinie 96/62/EG verpflichtet, wenn die in Anhang I Abschnitt I genannten Grenzwerte aufgrund von anthropogenen Emissionen überschritten werden.

Artikel 4
Stickstoffdioxid und Stickstoffoxide

(1) Die Mitgliedstaaten treffen die erforderlichen Maßnahmen, um sicherzustellen, daß die gemäß Artikel 7 beurteilten Konzentrationen von Stickstoffdioxid und gegebenenfalls Stickstoffoxiden in der Luft die Grenzwerte des Anhangs II Abschnitt I ab den dort genannten Zeitpunkten nicht überschreiten.

Die in Anhang II Abschnitt I festgelegten Toleranzmargen sind gemäß Artikel 8 der Richtlinie 96/62/EG anzuwenden.

(2) Die Alarmschwelle für die Stickstoffdioxidkonzentrationen in der Luft ist in Anhang II Abschnitt II festgelegt.

Artikel 5
Partikel

(1) Die Mitgliedstaaten treffen die erforderlichen Maßnahmen, um sicherzustellen, daß die gemäß Artikel 7 beurteilten PM$_{10}$-Konzentrationen in der Luft die Grenz-

werte des Anhangs III Abschnitt I ab den dort genannten Zeitpunkten nicht überschreiten.

Die in Anhang III Abschnitt I festgelegten Toleranzmargen, sind gemäß Artikel 8 der Richtlinie 96/62/EG anzuwenden.

(2) Die Mitgliedstaaten stellen sicher, daß Meßstationen zur Bereitstellung von Daten zur $PM_{2,5}$-Konzentration eingerichtet und betrieben werden. Anzahl und Lage der Meßstationen für die $PM_{2,5}$-Konzentration sind vom Mitgliedstaat so festzulegen, daß die $PM_{2,5}$-Konzentration innerhalb des Mitgliedstaats repräsentativ erfaßt wird. Soweit möglich, werden die Probenahmestellen mit den Probenahmestellen für die PM_{10}-Konzentration zusammengelegt.

Die Mitgliedstaaten übermitteln der Kommission jährlich innerhalb von neun Monaten nach Jahresende Angaben zum arithmetischen Mittel, zum Median, zum 98. Perzentil und zur Hoechstkonzentration, die anhand der 24-Stunden-Meßwerte der $PM_{2,5}$-Konzentration in dem betreffenden Jahr berechnet wurden. Das 98. Perzentil ist gemäß der Methode zu berechnen, die in Anhang I Abschnitt 4 der Entscheidung 97/101/EG des Rates vom 27. Januar 1997 zur Schaffung eines Austausches von Informationen und Daten aus den Netzen und Einzelstationen zur Messung der Luftverschmutzung in den Mitgliedstaaten[6] angegeben ist.

(3) PM_{10}-Maßnahmepläne, die gemäß Artikel 8 der Richtlinie 96/62/EG erstellt werden, und allgemeine Strategien zur Verringerung der PM_{10}-Konzentration müssen auch auf die Verringerung der $PM_{2,5}$-Konzentration abzielen.

(4) Wenn die in Anhang III Abschnitt I genannten PM_{10}-Grenzwerte durch PM_{10}-Konzentrationen in der Luft infolge von Naturereignissen überschritten werden, die gegenüber dem normalen, durch natürliche Quellen bedingten Hintergrundwert zu signifikant höheren Konzentrationen führen, unterrichten die Mitgliedstaaten die Kommission gemäß Artikel 11 Nummer 1 der Richtlinie 96/62/EG unter Beibringung des erforderlichen Nachweises, daß diese Überschreitungen auf Naturereignisse zurückgehen. In diesen Fällen sind die Mitgliedstaaten zur Durchführung von Maßnahmeplänen gemäß Artikel 8 Absatz 3 der Richtlinie 96/62/EG nur dann verpflichtet, wenn die Überschreitung der in Anhang III Abschnitt I genannten Grenzwerte auf andere Ursachen als Naturereignisse zurückzuführen ist.

(5) Die Mitgliedstaaten können Gebiete oder Ballungsräume benennen, in denen die PM_{10}-Konzentration in der Luft infolge der Aufwirbelung von Partikeln nach einer Streuung von Straßen mit Sand im Winter die in Anhang III Abschnitt I aufgeführten PM_{10}-Grenzwerte überschreitet. Die Mitgliedstaaten übermitteln der Kommission eine Liste dieser Gebiete und Ballungsräume zusammen mit Informationen über die dortigen Konzentrationen und Quellen von PM_{10}. Bei der Unterrichtung der Kommission gemäß Artikel 11 Nummer 1 der Richtlinie 96/62/EG erbringen die Mitgliedstaaten die erforderlichen Nachweise dafür, daß die Überschreitungen auf derartige aufgewirbelte Partikel zurückzuführen sind und angemessene Maßnahmen zur Verringerung der Konzentrationen getroffen worden sind.

---

6 ABl. L 35 vom 5.2.1997, S. 14.

Innerhalb dieser Gebiete oder Ballungsräume sind die Mitgliedstaaten nur dann zur Durchführung von Maßnahmeplänen gemäß Artikel 8 Absatz 3 der Richtlinie 96/62/EG verpflichtet, wenn die in Anhang III Abschnitt I genannten Grenzwerte aufgrund von PM_{10}-Werten überschritten werden, die auf andere Ursachen als auf die Streuung von Straßen mit Sand im Winter zurückzuführen sind.

Artikel 6
Blei

Die Mitgliedstaaten treffen die erforderlichen Maßnahmen, um sicherzustellen, daß die gemäß Artikel 7 beurteilten Bleikonzentrationen in der Luft die Grenzwerte des Anhangs IV Abschnitt I ab den dort genannten Zeitpunkten nicht überschreiten.

Die in Anhang IV Abschnitt I festgelegten Toleranzmargen sind gemäß Artikel 8 der Richtlinie 96/62/EG anzuwenden.

Artikel 7
Beurteilung der Konzentrationen

(1) Untere und obere Beurteilungsschwellen im Sinne von Artikel 6 der Richtlinie 96/62/EG sind für Schwefeldioxid, Stickstoffdioxid und Stickstoffoxide, Partikel und Blei in Anhang V Abschnitt I festgelegt.

Die Einstufung jedes Gebiets oder Ballungsraums für die Zwecke der Anwendung von Artikel 6 der Richtlinie 96/62/EG ist spätestens alle fünf Jahre gemäß dem in Anhang V Abschnitt II festgelegten Verfahren zu überprüfen. Die Einstufung wird bei signifikanten Änderungen der Aktivitäten, die für die Konzentrationen von Schwefeldioxid, Stickstoffdioxid oder gegebenenfalls Stickstoffoxiden, Partikeln oder Blei in der Luft relevant sind, früher überprüft.

(2) In Anhang VI sind Kriterien für die Festlegung des Standorts von Probenahmestellen zur Messung von Schwefeldioxid, Stickstoffdioxid und Stickstoffoxiden, Partikeln und Blei in der Luft festgelegt. In Anhang VII ist die Mindestzahl der Probenahmestellen für die ortsfeste Messung der Konzentrationen jedes relevanten Schadstoffs festgelegt, die in jedem Gebiet oder Ballungsraum einzurichten sind, in dem Messungen vorgenommen werden müssen, sofern Daten über die Konzentrationen in dem Gebiet oder Ballungsraum ausschließlich durch Messungen gewonnen werden.

(3) In Gebieten und Ballungsräumen, in denen Informationen von ortsfesten Meßstationen durch Informationen aus anderen Quellen wie Emissionskatastern, orientierenden Messungen oder Luftqualitätsmodellen ergänzt werden, müssen die Zahl ortsfester Meßstationen und die räumliche Auflösung anderer Techniken ausreichen, um die Konzentrationen von Luftschadstoffen im Einklang mit Anhang VI Abschnitt I und Anhang VIII Abschnitt I ermitteln zu können.

(4) Für Gebiete und Ballungsräume, für die keine Messungen verlangt werden, können Modellrechnungen oder Techniken der objektiven Schätzung angewandt werden.

(5) Die Referenzmethoden für die Analyse von Schwefeldioxid, Stickstoffdioxid und Stickstoffoxiden sowie für die Probenahme und Analyse von Blei sind in Anhang IX Abschnitt I bis III festgelegt.

Die Referenzmethode für die Probenahme und Messung der PM_{10}-Konzentration ist in Anhang IX Abschnitt IV festgelegt.

Die vorläufige Referenzmethode für die Probenahme und Messung der PM_{25}-Konzentration ist in Anhang IX Abschnitt V festgelegt.

Die Referenztechniken für die Modellierung der Luftqualität sind in Anhang IX Abschnitt VI festgelegt.

(6) Der Zeitpunkt, bis zu dem die Mitgliedstaaten der Kommission nach Artikel 11 Nummer 1 Buchstabe d) der Richtlinie 96/62/EG mitteilen, welche Methoden zur vorläufigen Beurteilung der Luftqualität verwendet wurden, ist 18 Monate nach Inkrafttreten der Richtlinie.

(7) Änderungen zur Anpassung der Bestimmungen dieses Artikels und der Anhänge V bis IX an den wissenschaftlichen und technischen Fortschritt werden nach dem Verfahren des Artikels 12 der Richtlinie 96/62/EG erlassen.

Artikel 8
Unterrichtung der Öffentlichkeit

(1) Die Mitgliedstaaten stellen sicher, daß der Öffentlichkeit sowie relevanten Organisationen wie Umweltschutzorganisationen, Verbraucherverbänden, Interessenvertretungen gefährdeter Personengruppen und anderen mit dem Gesundheitsschutz befaßten relevanten Stellen zum Beispiel durch Rundfunk, Presse, Anzeigetafeln oder Computernetzdienste routinemäßig aktuelle Informationen über die Konzentrationen von Schwefeldioxid, Stickstoffdioxid und Stickstoffoxiden, Partikeln und Blei in der Luft zur Verfügung gestellt werden.

Informationen über die Konzentrationen von Schwefeldioxid, Stickstoffdioxiden und Partikeln in der Luft werden mindestens auf täglicher Basis aktualisiert und bei stündlich gemittelten Werten für Schwefeldioxid und Stickstoffdioxid werden die Informationen, soweit dies praktisch möglich ist, auf stündlicher Basis aktualisiert. Informationen über die Konzentrationen von Blei in der Luft werden auf Dreimonatsgrundlage aktualisiert.

Im Rahmen dieser Information sind mindestens alle Überschreitungen der Konzentrationen bei den Grenzwerten und Alarmschwellen anzugeben, die sich über die in den Anhängen I bis IV angegebenen Mittelungszeiträume ergeben haben. Ferner ist für eine Kurzbewertung in bezug auf Grenzwerte und Alarmschwellen sowie für angemessene Unterrichtung über gesundheitliche Auswirkungen zu sorgen.

(2) Werden Pläne oder Programme nach Artikel 8 Absatz 3 der Richtlinie 96/62/EG, einschließlich Plänen oder Programmen nach Artikel 3 Absatz 4, Artikel 5 Absatz 4 und Artikel 5 Absatz 5 dieser Richtlinie, der Öffentlichkeit zugänglich gemacht, so

macht der Mitgliedstaat sie auch den in Absatz 1 genannten Organisationen zugänglich.

(3) Bei Überschreitung der Alarmschwelle gemäß Anhang I Abschnitt II und Anhang II Abschnitt II müssen die der Öffentlichkeit gemäß Artikel 10 der Richtlinie 96/62/EG bekanntzugebenden Mindestangaben auf jeden Fall die in Anhang I Abschnitt III und Anhang II Abschnitt III genannten Informationen enthalten.

(4) Die der Öffentlichkeit und den relevanten Organisationen nach den Absätzen 1 und 3 zur Verfügung gestellten Informationen müssen klar, verständlich und zugänglich sein.

Artikel 9
Aufhebung von Bestimmungen und Übergangsregelung

(1) Die Richtlinie 80/779/EWG des Rates vom 15. Juli 1980 über Grenzwerte und Leitwerte der Luftqualität für Schwefeldioxid und Schwefelstaub[7] wird mit Wirkung vom 19. Juli 2001 aufgehoben, ausgenommen Artikel 1, Artikel 2 Absatz 1, Artikel 3 Absatz 1, Artikel 9, Artikel 15 und Artikel 16 sowie die Anhänge I, III b und IV, die mit Wirkung vom 1. Januar 2005 aufgehoben werden.

(2) Die Richtlinie 82/884/EWG des Rates vom 3. Dezember 1982 betreffend einen Grenzwert für den Bleigehalt in der Luft[8] wird mit Wirkung vom 19. Juli 2001 aufgehoben, ausgenommen Artikel 1, Artikel 2, Artikel 3 Absatz 1, Artikel 7, Artikel 12 und Artikel 13, die mit Wirkung vom 1. Januar 2005 aufgehoben werden.

(3) Die Richtlinie 85/203/EWG des Rates vom 7. März 1985 über Luftqualitätsnormen für Stickstoffdioxid[9] wird mit Wirkung vom 19. Juli 2001 aufgehoben, ausgenommen Artikel 1 Absatz 1 erster Gedankenstrich, Artikel 1 Absatz 2, Artikel 2 erster Gedankenstrich, Artikel 3 Absatz 1, Artikel 5, Artikel 9, Artikel 15, Artikel 16 und Anhang I, die mit Wirkung vom 1. Januar 2010 aufgehoben werden.

(4) Ab 19. Juli 2001 verwenden die Mitgliedstaaten Meßstationen und sonstige Methoden zur Beurteilung der Luftqualität gemäß den Anforderungen dieser Richtlinie, um die Konzentrationen von Schwefeldioxid, Stickstoffdioxid und Blei in der Luft zu beurteilen und Daten zum Nachweis der Einhaltung der Grenzwerte, die in der Richtlinie 80/779/EWG, der Richtlinie 82/884/EWG und der Richtlinie 85/203/EWG festgelegt sind, zu erfassen, bis die in diesen Richtlinien festgelegten Grenzwerte nicht mehr anwendbar sind.

(5) Ab 19. Juli 2001 können die Mitgliedstaaten Meßstationen und sonstige Methoden zur Beurteilung der Luftqualität gemäß den Anforderungen dieser Richtlinie in bezug auf PM_{10}-Konzentrationen verwenden, um die Konzentrationen von Schwebestaub zu erfassen und die Einhaltung der Grenzwerte für Schwebestaub insgesamt, die in Anhang IV der Richtlinie 80/779/EWG festgelegt sind, nachzu-

---

7 ABl. L 229 vom 30.8.1980, S. 30.
8 ABl. L 378 vom 31.12.1982, S. 15.
9 ABl. L 87 vom 27.3.1985, S. 1.

weisen, wobei jedoch für die Zwecke des betreffenden Nachweises die so erfaßten Daten mit dem Faktor 1,2 zu multiplizieren sind.

(6) In dem auf das Ende jedes Jahres folgenden Neunmonatszeitraum unterrichten die Mitgliedstaaten nach dem Verfahren des Artikels 11 der Richtlinie 96/62/EG die Kommission bis zu dem Zeitpunkt, zu dem die einschlägigen Grenzwerte nicht mehr anwendbar sind, über alle Überschreitungen der in den Richtlinien 80/779/EWG, 82/884/EWG und 85/203/EWG festgelegten Grenzwerte und übermitteln ihr gleichzeitig die aufgezeichneten Werte, die Gründe für alle Fälle von Überschreitungen und die zur Vermeidung von erneuten Überschreitungen ergriffenen Maßnahmen.

(7) In den Gebieten, in denen die betreffenden Mitgliedstaaten es für erforderlich halten, einen vorhersehbaren Anstieg der Verschmutzung durch Schwefeldioxid, Stickstoffoxide oder Schwebstaub zu begrenzen oder zu verhüten, können sie weiterhin die in Anhang II der Richtlinie 80/779/EWG und Anhang II der Richtlinie 85/203/EWG festgelegten Leitwerte für den Schutz von Ökosystemen anwenden.

Artikel 10
Bericht und Revision

Die Kommission legt dem Europäischen Parlament und dem Rat bis 31. Dezember 2003 einen Bericht über die Erfahrungen bei der Anwendung der vorliegenden Richtlinie vor, insbesondere über die neuesten wissenschaftlichen Forschungsergebnisse hinsichtlich der Folgen der Einwirkung von Schwefeldioxid, Stickstoffdioxid, Stickstoffoxiden, verschiedenen Partikelfraktionen und Blei für die menschliche Gesundheit und für Ökosysteme sowie über technologische Entwicklungen einschließlich der Fortschritte bei den Methoden zur Messung und in sonstiger Weise vorgenommenen Beurteilung der Konzentrationen von Partikeln in der Luft und der Ablagerung von Partikeln und Blei auf Oberflächen.

Um ein hohes Schutzniveau für die menschliche Gesundheit und die Umwelt beizubehalten, werden unter Berücksichtigung der in den Mitgliedstaaten bei der Anwendung dieser Richtlinie gemachten Erfahrungen – insbesondere auch unter Berücksichtigung der in Anhang VI festgelegten Bedingungen, unter denen die Messungen stattgefunden haben – diesem Bericht, falls angemessen, Vorschläge zur Änderung der Richtlinie beigefügt. Die Kommission wird insbesondere die PM_{10}-Grenzwerte für die zweite Stufe dahingehend überprüfen, ob sie verbindlich vorgeschrieben werden sollen, und prüfen, ob die Grenzwerte für die zweite Stufe und gegebenenfalls für die erste Stufe zu bestätigen oder zu ändern sind. Ferner wird die Kommission, soweit angebracht, besondere Aufmerksamkeit auf die Festlegung der $PM_{2,5}$-Grenzwerte oder auch der Grenzwerte für andere Partikelfraktionen verwenden und die Kommission wird den für Stickstoffdioxid geltenden Jahresgrenzwert für den Schutz der menschlichen Gesundheit überprüfen und einen Vorschlag zur Bestätigung oder Änderung dieses Wertes machen. Sie wird außerdem den 1-Stundengrenzwert für Stickstoffdioxid unter Berücksichtigung der Leitlinien der Weltgesundheitsorganisation überprüfen und überlegen, ob der Grenzwert bestätigt oder geändert werden sollte.

Die Kommission wird auch überlegen, ob gegebenenfalls Alarmschwellen für PM_{10}, $PM_{2,5}$ oder Partikelfraktionen festgesetzt werden können, die mit den Werten für andere in dieser Richtlinie aufgeführten Schadstoffe vereinbar sind.

Artikel 11
Sanktionen

Die Mitgliedstaaten legen die Sanktionen für Verstöße gegen die im Rahmen dieser Richtlinie erlassenen innerstaatlichen Rechtsvorschriften fest. Die Sanktionen müssen wirksam, verhältnismäßig und abschreckend sein.

Artikel 12
Umsetzung

(1) Die Mitgliedstaaten setzen die Rechts- und Verwaltungsvorschriften in Kraft, die erforderlich sind, um dieser Richtlinie bis 19. Juli 2001 nachzukommen. Sie setzen die Kommission unverzüglich davon in Kenntnis.

Wenn die Mitgliedstaaten derartige Vorschriften erlassen, nehmen sie in den Vorschriften selbst oder durch einen Hinweis bei der amtlichen Veröffentlichung auf diese Richtlinie Bezug. Die Mitgliedstaaten regeln die Einzelheiten der Bezugnahme.

(2) Die Mitgliedstaaten teilen der Kommission den Wortlaut der wichtigsten innerstaatlichen Rechtsvorschriften mit, die sie auf dem unter diese Richtlinie fallenden Gebiet erlassen.

Artikel 13
Inkrafttreten

Diese Richtlinie tritt am zwanzigsten Tag nach ihrer Veröffentlichung im Amtsblatt der Europäischen Gemeinschaften in Kraft.

Artikel 14
Adressaten

Diese Richtlinie ist an die Mitgliedstaaten gerichtet.

Geschehen zu Luxemburg am 22. April 1999.

Im Namen des Rates

Der Präsident

W. MÜLLER

Anhang I
Grenzwerte und Alarmschwelle für Schwefeldioxid

I. Grenzwerte für Schwefeldioxid

Grenzwerte werden in $\mu g/m^3$. Das Volumen bezieht sich auf den Normzustand bei einer Temperatur von 293 °K und einem Druck von 101,3 kPa.

	Mittelungs-zeitraum	Grenzwert	Toleranzmarge	Zeitraum, bis zu dem der Grenzwert zu erreichen ist
1. 1-Stunden-Grenzwert für den Schutz der menschlichen Gesundheit	1 Stunde	350 $\mu g/m^3$ dürfen nicht öfter als 24mal im Kalenderjahr überschritten werden	150 $\mu g/m^3$ (43 %) bei Inkrafttreten dieser Richtlinie, lineare Reduzierung am 1. Januar 2001 und alle 12 Monate danach um einen gleichen jährlichen Prozentsatz bis auf 0 % am 1. Januar 2005	1. Januar 2005
2. 1-Tages-Grenzwert für den Schutz der menschlichen Gesundheit	24 Stunden	125 $\mu g/m^3$ dürfen nicht öfter als dreimal im Kalenderjahr überschritten werden	Keine	1. Januar 2005
3. Grenzwert für den Schutz von Ökosystemen	Kalenderjahr und Winter (1. Oktober bis 31. März)	20 $\mu g/m^3$	keine	19. Juli 2001

II. Alarmstufe für Schwefeldioxid

500 $\mu g/m^3$, drei aufeinanderfolgende Stunden lang an Orten gemessen, die für die Luftqualität in einem Bereich von mindestens 100 km^2, oder im gesamten Gebiet oder Ballungsraum, je nachdem welche Fläche kleiner ist, repräsentativ sind.

III. Mindestinformation der Öffentlichkeit bei Überschreiten der Alarmschwelle für Schwefeldioxid

Die Informationen, die der Öffentlichkeit zugänglich zu machen sind, sollten mindestens folgende Punkte umfassen:

– Datum, Uhrzeit und Ort der Überschreitung sowie die Gründe für diese Überschreitungen, sofern bekannt;

- Vorhersagen:

  - Änderungen der Konzentration (Verbesserung, Stabilisierung oder Verschlechterung) sowie die Gründe für diese Änderungen;

  - betroffener geographischer Bereich;

  - Dauer der Überschreitung;

  - gegen die Überschreitung potentiell empfindliche Personengruppen;

  - von den betroffenen empfindlichen Personengruppen vorbeugend zu ergreifende Maßnahmen.

Anhang II
Grenzwerte für Stickstoffdioxid (NO₂) und Stickstoffoxide (NOₓ) und Alarmschwelle für Stickstoffdioxid

Grenzwerte für Stickstoffdioxid (NO_2) und Stickstoffoxide (NO_x)

I. Grenzwerte für Stickstoffdioxid und Stickstoffoxide

Grenzwerte werden in $\mu g/m^3$ angegeben. Das Volumen bezieht sich auf den Normzustand bei einer Temperatur von 293 °K und einem Druck von 101,3 kPa.

	Mittelungs-zeitraum	Grenzwert	Toleranzmarge	Zeitpunkt, bis zu dem der Grenzwert zu erreichen ist
1. 1-Stunden-Grenzwert für den Schutz der menschlichen Gesundheit	1 Stunde	200 $\mu g/m^3$ NO_2 dürfen nicht öfter als 18mal im Kalenderjahr überschritten werden	50 % bei Inkrafttreten dieser Richtlinie, lineare Reduzierung am 1. Januar 2001 und alle 12 Monate danach um einen gleichen jährlichen Prozentsatz bis auf 0 % am 1. Januar 2010	1. Januar 2010
2. Jahresgrenzwert für den Schutz der menschlichen Gesundheit	Kalenderjahr	40 $\mu g/m^3$ NO_2	50 % bei Inkrafttreten dieser Richtlinie, lineare Reduzierung am 1. Januar 2001 und alle 12 Monate danach bis auf 0 % am 1. Januar 2010	1. Januar 2010
3. Jahresgrenzwert für den Schutz der Vegetation	Kalenderjahr	30 $\mu g/m^3$ NOx	keine	19. Juli 2001

II. Alarmschwelle für Stickstoffdioxid

400 $\mu g/m^3$, drei aufeinanderfolgende Stunden lang an Orten gemessen, die für die Luftqualität in einem Bereich von mindestens 100 km^2, oder im gesamten Gebiet oder Ballungsraum, je nachdem welche Fläche kleiner ist, repräsentativ sind.

III. Mindestinformation der Öffentlichkeit bei Überschreiten der Alarmschwelle für Stickstoffdioxid

Die Informationen, die der Öffentlichkeit zugänglich zu machen sind, sollten mindestens folgende Punkte umfassen:

- Datum, Uhrzeit und Ort der Überschreitung sowie die Gründe für diese Überschreitung, sofern bekannt;

- Vorhersagen:

  - Änderungen der Konzentration (Verbesserung, Stabilisierung oder Verschlechterung) sowie die Gründe für diese Änderungen;

  - betroffener geographischer Bereich;

  - Dauer der Überschreitung;

  - gegen die Überschreitung potentiell empfindliche Personengruppen;

  - von den betroffenen empfindlichen Personengruppen vorbeugend zu ergreifende Maßnahmen.

Anhang III
Grenzwerte für Partikel (PM$_{10}$)

	Mittelungs-zeitraum	Grenzwert	Toleranzmarge	Zeitpunkt, bis zu dem der Grenzwert zu erreichen ist
STUFE 1				
1. 24-Stunden-Grenzwert für den Schutz der menschlichen Gesundheit	24 Stunden	50 µg/m³ PM$_{10}$ dürfen nicht öfter als 35mal im Jahr überschritten werden	50 % bei Inkrafttreten dieser Richtlinie, lineare Reduzierung am 1. Januar 2001 und alle 12 Monate danach um einen gleichen jährlichen Prozentsatz bis auf 0 % am 1. Januar 2005	1. Januar 2005
2. Jahresgrenzwert für den Schutz der menschlichen Gesundheit	Kalenderjahr	40 µg/m³ PM$_{10}$	20 % bei Inkrafttreten dieser Richtlinie, lineare Reduzierung am 1. Januar 2001 und alle 12 Monate danach um einen gleichen jährlichen Prozentsatz bis auf 0 % am 1. Januar 2005	1. Januar 2005
STUFE 2[1]				
1. 24-Stunden-Grenzwert für den Schutz der menschlichen Gesundheit	24 Stunden	50 µg/m³ PM$_{10}$ dürfen nicht öfter als 7mal im Jahr überschritten werden	aus Daten abzuleiten, gleichwertig mit dem Grenzwert der Stufe 1	1. Januar 2010
2. Jahresgrenzwert für den Schutz der menschlichen Gesundheit	Kalenderjahr	20 µg/m³ PM$_{10}$	50 % am 1. Januar 2005, lineare Reduzierung alle 12 Monate danach um einen gleichen jährlichen Prozentsatz bis auf 0 % am 1. Januar 2010	1. Januar 2010

---

1 Richtgrenzwerte, die im Lichte weiterer Informationen über die Auswirkungen auf Gesundheit und Umwelt, über die technische Durchführbarkeit und über die bei der Anwendung der Grenzwerte der Stufe 1 in den Mitgliedstaaten gemachten Erfahrungen zu überprüfen sind.

Anhang IV
Grenzwert für Blei

	Mittelungszeitraum	Grenzwert	Toleranzmarge	Zeitpunkt, bis zu dem der Grenzwert zu erreichen ist
Jahresgrenzwert für den Schutz der menschlichen Gesundheit	Kalenderjahr	0,5 $\mu g/m^3$ [1]	100 % bei Inkrafttreten dieser Richtlinie, Reduzierung am 1. Januar 2001 und alle 12 Monate danach um einen gleichen jährlichen Prozentsatz bis auf 0 % am 1. Januar 2005 oder 1. Januar 2010 in unmittelbarer Nachbarschaft bestimmter punktueller Quellen, die der Kommission mitgeteilt werden müssen.	1. Januar 2005 oder 1. Januar 2010 in unmittelbarer Nachbarschaft bestimmter industrieller Quellen an Standorten, die durch jahrzehntelange industrielle Tätigkeit belastet worden sind. Diese Quellen sind der Kommission bis 19. Juli 2001 [2] mitzuteilen. In diesen Fällen beträgt der Grenzwert ab 1. Januar 2005 1,0 $\mu g/m^3$

(1) Bei der Überprüfung dieser Richtlinie gemäß Artikel 10 wird geprüft, ob der Grenzwert durch einen Niederschlagsgrenzwert für die unmittelbare Nachbarschaft von punktuellen Quellen ergänzt oder ersetzt werden soll.

(2) Dieser Mitteilung ist eine angemessene Begründung beizufügen. Das Gebiet, in dem höhere Grenzwerte gelten, darf sich nicht über mehr als 1 000 m von derartigen Quellen entfernt erstrecken.

Anhang V
Ermittlung der Anforderungen für die Beurteilung der Konzentration von Schwefeldioxid, Stickstoffdioxid (No$_2$), und Stickstoffoxiden (No$_x$), Partikeln (PM$_{10}$) und Blei in der Luft innerhalb eines Gebiets oder Ballungsraums

I. Obere und untere Beurteilungsschwellen

Es gelten die folgenden oberen und unteren Beurteilungsschwellen:

a) SCHWEFELDIOXID

	Gesundheitsschutz	Ökosystemschutz
Obere Beurteilungsschwelle	60 % des 24-Stunden-Grenzwerts (75 µg/m^3 dürfen nicht öfter als dreimal im Kalenderjahr überschritten werden)	40 % des Wintergrenzwerts (8 µg/m^3)
Untere Beurteilungsschwelle	40 % des 24-Stunden-Grenzwerts (50 µg/m^3 dürfen nicht öfter als dreimal im Kalenderjahr überschritten werden)	40 % des Wintergrenzwerts (8 µg/m^3)

b) STICKSTOFFDIOXID UND STICKSTOFFOXIDE

	1-Stunden-Grenzwert für den Schutz der menschlichen Gesundheit (NO$_2$)	Jahresgrenzwert für den Schutz der menschlichen Gesundheit (NO$_2$)	Jahresgrenzwert für den Schutz der Vegetation (NOx)
Obere Beurteilungsschwelle	70 % des Grenzwerts (140 µg/m^3 dürfen nicht öfter als 18mal im Kalenderjahr überschritten werden)	80 % des Grenzwerts (32 µg/m^3)	80 % des Grenzwerts (24 µg/m^3)
Untere Beurteilungsschwelle	50 % des Grenzwerts (100 µg/m^3 dürfen nicht öfter als 18mal im Kalenderjahr überschritten werden)	65 % des Grenzwerts (26 µg/m^3)	65 % des Grenzwerts (19,5 µg/m^3)

c) PARTIKEL

Die oberen und unteren PM_{10}-Beurteilungsschwellen beruhen auf den Richtgrenzwerten für den 1. Januar 2010.

	24-Stunden-Mittelwert	Jahresmittelwert
Obere Beurteilungsschwelle	60 % des Grenzwerts (30 $\mu g/m^3$ dürfen nicht öfter als 7mal im Kalenderjahr überschritten werden)	70 % des Grenzwerts (14 $\mu g/m^3$)
Untere Beurteilungsschwelle	40 % des Grenzwerts (20 $\mu g/m^3$ dürfen nicht öfter als 7mal im Kalenderjahr überschritten werden)	50 % des Grenzwerts (10 $\mu g/m^3$)

d) BLEI

	Jahresmittelwert
Obere Beurteilungsschwelle	70 % des Grenzwerts (0,35 $\mu g/m^3$)
Untere Beurteilungsschwelle	50 % des Grenzwerts (0,25 $\mu g/m^3$)

II. Ermittlung der Überschreitung der oberen und unteren Beurteilungsschwellen[1]

Die Überschreitung der oberen und unteren Beurteilungsschwellen ist aufgrund der Konzentration während der vorhergehenden fünf Jahre zu ermitteln, sofern entsprechende Daten vorliegen. Eine Beurteilungsschwelle gilt als überschritten, falls sie in mindestens drei dieser fünf vorhergehenden Jahre überschritten wurde.

Liegen lediglich Daten für weniger als fünf vorhergehende Jahre vor, können die Mitgliedstaaten die Ergebnisse von kurzzeitigen Messkampagnen während derjenigen Jahreszeit und an denjenigen Stellen, die für die höchsten Schadstoffwerte typisch sein dürften, mit Informationen aus Emissionskatastern und Modellen verbinden, um die Überschreitungen der oberen und unteren Beurteilungsschwellen zu ermitteln.

---

1 Geändert durch Entscheidung der Kommission vom 17. Oktober 2001 – 2001/744/EG.

Anhang VI
Lage der Probenahmestellen für Messungen von Schwefeldioxid, Stickstoffdioxid und Stickstoffoxiden, Partikeln und Blei in der Luft

Die folgenden Kriterien gelten für ortsfeste Messungen.

I. Großräumige Standortkriterien

a) Schutz der menschlichen Gesundheit

Die Probenahmestellen, an denen Messungen zum Schutz der menschlichen Gesundheit vorgenommen werden, sollten so gelegt werden, daß

i) Daten zu den Bereichen innerhalb von Gebieten und Ballungsräumen gewonnen werden, in denen die höchsten Konzentrationen auftreten, denen die Bevölkerung wahrscheinlich direkt oder indirekt über einen im Verhältnis zur Mittelungszeit der betreffenden Grenzwerte signifikanten Zeitraum ausgesetzt sein wird;

ii) Daten zu Konzentrationen in anderen Bereichen innerhalb von Gebieten und Ballungsräumen gewonnen werden, die für die Exposition der Bevölkerung im allgemeinen repräsentativ sind.

Die Probenahmestellen sollten im allgemeinen so gelegt werden, daß die Messung sehr begrenzter und kleinräumiger Umweltbedingungen in ihrer unmittelbaren Nähe vermieden wird. Als Anhaltspunkt gilt, daß eine Probenahmestelle so gelegen sein sollte, daß sie für die Luftqualität in einem umgebenden Bereich von mindestens 200 m^2 bei Probenahmestellen für den Verkehr und mehreren Quadratkilometern bei Probenahmestellen für städtische Hintergrundquellen repräsentativ ist.

Die Probenahmestellen sollten soweit wie möglich auch für ähnliche Standorte repräsentativ sein, die nicht in ihrer unmittelbaren Nähe gelegen sind.

Es ist zu berücksichtigen, daß Probenahmestellen auf Inseln angelegt werden müssen, falls dies für den Schutz der menschlichen Gesundheit erforderlich ist.

b) Schutz von Ökosystemen und Schutz der Vegetation

Die Probenahmestellen, an denen Messungen zum Schutz von Ökosystemen oder zum Schutz der Vegetation vorgenommen werden, sollten so gelegt werden, daß sie mehr als 20 km von Ballungsräumen oder 5 km von anderen bebauten Gebieten, Industrieanlagen oder Straßen entfernt sind. Als Anhaltspunkt gilt, daß eine Probenahmestelle so gelegen sein sollte, daß sie für die Luftqualität in einem umgebenden Bereich von mindestens 1 000 km^2 repräsentativ ist. Die Mitgliedstaaten können unter Berücksichtigung der geographischen Gegebenheiten vorsehen, daß eine Probenahmestelle in geringerer Entfernung gelegen oder für die Luftqualität in einem kleineren umgebenden Bereich repräsentativ ist.

Es ist zu berücksichtigen, daß die Luftqualität auf Inseln bewertet werden muß.

II. Lokale Standortkriterien

Die folgenden Leitlinien sollten berücksichtigt werden, soweit dies praktisch möglich ist:

– Der Luftstrom um den Meßeinlaß darf nicht beeinträchtigt werden, und es dürfen keine den Luftstrom beeinflussenden Hindernisse in der Nähe des Meßeinlasses vorhanden sein (die Meßsonde muß in der Regel einige Meter von Gebäuden, Balkonen, Bäumen und anderen Hindernissen sowie im Fall von Probenahmestellen für die Luftqualität an der Baufluchtlinie mindestens 0,5 m vom nächsten Gebäude entfernt sein).

– Im allgemeinen sollte der Meßeinlaß in einer Höhe zwischen 1,5 m (Atemzone) und 4 m über dem Boden angeordnet sein. Eine höhere Lage des Einlasses (bis zu 8 m) kann unter Umständen angezeigt sein. Ein höhergelegener Einlaß kann auch angezeigt sein, wenn die Meßstation für ein größeres Gebiet repräsentativ ist.

– Der Meßeinlaß darf nicht in nächster Nähe von Quellen plaziert werden, um die unmittelbare Einleitung von Emissionen, die nicht mit der Umgebungsluft vermischt sind, zu vermeiden.

– Die Abluftleitung der Meßstation ist so zu legen, daß ein Wiedereintritt der Abluft in den Meßeinlaß vermieden wird.

– Meßstationen für den Verkehr sollten

– in bezug auf alle Schadstoffe mindestens 25 m von großen Kreuzungen und mindestens 4 m von der Mitte der nächstgelegenen Fahrspur entfernt sein;

– für Stickstoffdioxid-Messungen höchstens 5 m vom Fahrbahnrand entfernt sein;

– zur Messung von Partikeln und Blei so gelegen sein, daß sie für die Luftqualität nahe der Baufluchtlinie repräsentativ sind.

Die folgenden Faktoren sind unter Umständen ebenfalls zu berücksichtigen:

– Störquellen;

– Sicherheit gegen äußeren Eingriff;

– Zugänglichkeit;

– vorhandene elektrische Versorgung und Telekommunikationsleitungen;

– Sichtbarkeit der Meßstation in der Umgebung;

– Sicherheit der Öffentlichkeit und des Betriebspersonals

– Zusammenlegung der Meßstellen für verschiedene Schadstoffe;

– bebauungsplanerische Anforderungen.

III. Dokumentation und Überprüfung der Standortwahl

Die Verfahren für die Standortwahl sind in der Einstufungsphase vollständig zu dokumentieren, z. B. mit Fotografien der Umgebung in den Haupthimmelsrichtungen und einer detaillierten Karte. Die Standorte sollten regelmäßig überprüft und wiederholt dokumentiert werden, damit sichergestellt ist, daß die Kriterien für die Standortwahl weiterhin erfüllt sind.

Anhang VII
Kriterien für die Festlegung der Mindestzahl der Probenahmestellen für ortsfeste Messungen von Schwefeldioxid (SO₂), Stickstoffdioxid (NO₂) und Stickstoffoxiden (NOₓ), Partikeln und Blei in der Luft

I. **Mindestzahl der Probenahmestellen für ortsfeste Messungen zur Beurteilung der Einhaltung von Grenzwerten für den Schutz der menschlichen Gesundheit und von Alarmschwellen in Gebieten und Ballungsräumen, in denen ortsfeste Messungen die einzige Informationsquelle darstellen**

a) Diffuse Quellen

Bevölkerung des Ballungsraums oder Gebiets (Tausend)	Falls die Konzentration die obere Beurteilungsschwelle überschreitet	Falls die maximale Konzentration zwischen der oberen und der unteren Beurteilungsschwelle liegt	Für SO₂ und NO₂ in Ballungsräumen, in denen die maximale Konzentration unter der unteren Beurteilungsschwelle liegt
0–250	1	1	nicht anwendbar
250–499	2	1	1
500–749	2	1	1
750–999	3	1	1
1 000–1 499	4	2	1
1 500–1 999	5	2	1
2 000–2 749	6	3	2
2 750–3 749	7	3	2
3 750–4 749	8	4	2
4 750–5 999	9	4	2
> 6 000	10	5	3
	Für NO₂ und Partikel: einschließlich mindestens einer Meßstation für städtische Hintergrundquellen und einer Meßstation für den Verkehr		

b) Punktquellen

Zur Beurteilung der Luftverschmutzung in der Nähe von Punktquellen sollte die Zahl der Probenahmestellen für ortsfeste Messungen unter Berücksichtigung der Emissionsdichte, der wahrscheinlichen Verteilung der Luftschadstoffe und der möglichen Exposition der Bevölkerung berechnet werden.

II. Mindestzahl der Probenahmestellen für ortsfeste Messungen zur Beurteilung der Einhaltung von Grenzwerten für den Schutz von Ökosystemen oder der Vegetation in anderen Gebieten als Ballungsräumen

Falls die maximale Konzentration die obere Beurteilungsschwelle überschreitet	Falls die maximale Konzentration zwischen der oberen und der unteren Beurteilungsschwelle liegt
1 Station je 20 000 km^2	1 Station je 40 000 km^2

Im Falle von Inselgebieten sollte die Zahl der Probenahmestellen unter Berücksichtigung der wahrscheinlichen Verteilung der Luftschadstoffe und der möglichen Exposition der Ökosysteme oder der Vegetation berechnet werden.

Anhang VIII
Datenqualitätsziele und Zusammenstellung der Ergebnisse der Luftqualitätsbeurteilung

I. Datenqualitätsziele

Die folgenden Ziele für die Datenqualität hinsichtlich der erforderlichen Genauigkeit der Beurteilungsmethoden sowie der Mindestzeitdauer und der Meßdatenerfassung dienen als Richtschnur für Qualitätssicherungsprogramme.

	Schwefeldioxid, Stickstoffdioxid und Stickstoffoxide	Partikel und Blei
Kontinuierliche Messung		
Genauigkeit	15 %	25 %
Mindestdatenerfassung	90 %	90 %
Orientierende Messung		
Genauigkeit	25 %	50 %
Mindestdatenerfassung	90 %	90 %
Mindestzeitdauer	14 % (eine Messung wöchentlich nach dem Zufallsprinzip gleichmäßig über das Jahr verteilt oder acht Wochen gleichmäßig über das Jahr verteilt)	14 % (eine Messung wöchentlich nach dem Zufallsprinzip gleichmäßig über das Jahr verteilt oder acht Wochen gleichmäßig über das Jahr verteilt)
Modellberechnung		
Genauigkeit	50–60 %50 %30 %	Noch nicht festgelegt[1] 50 %
Stundenmittelwerte		
Tagesmittelwerte		
Jahresmittelwerte		
Objektive Schätzung		
Genauigkeit	75 %	100 %

(1) Änderungen zur Anpassung dieses Punkts an den wissenschaftlichen und technischen Fortschritt werden nach dem Verfahren des Artikels 12 Absatz 2 der Richtlinie 96/62/EG erlassen.

Die Meßgenauigkeit ist definiert im „Leitfaden zur Angabe der Unsicherheit beim Messen" (ISO 1993) oder in ISO 5725–1 „Genauigkeit (Richtigkeit und Präzision) von Meßverfahren und Meßergebnissen" (1994). Die Prozentangaben in der Tabelle gelten für Einzelmessungen, gemittelt über den betreffenden Zeitraum in bezug auf den Grenzwert bei einem Vertrauensbereich von 95 % (systematische Abweichung + zweimalige Standardabweichung). Die Genauigkeit von kontinuierlichen Messungen sollte so interpretiert werden, daß sie in der Nähe des jeweiligen Grenzwertes gilt.

Die Genauigkeit von Modellberechnungen und objektiven Schätzungen ist definiert als die größte Abweichung der gemessenen und berechneten Konzentrationswerte über den betreffenden Zeitraum in bezug auf den Grenzwert, ohne daß die zeitliche Abfolge der Ereignisse berücksichtigt wird.

Die Anforderungen für die Mindestdatenerfassung und die Mindestzeitdauer erstrecken sich nicht auf Datenverlust aufgrund der regelmäßigen Kalibrierung oder der üblichen Wartung der Meßgeräte.

Bei Partikeln und Blei können die Mitgliedstaaten jedoch Stichprobenmessungen anstelle von kontinuierlichen Messungen durchführen, wenn sie der Kommission gegenüber nachweisen können, daß die Genauigkeit mit einem Vertrauensbereich von 95 % in bezug auf kontinuierliche Messungen bei 10 % liegt. Stichprobenmessungen sind gleichmäßig über das Jahr zu verteilen.

II. Ergebnisse der Luftqualitätsbeurteilung

Die folgenden Informationen sollten für Gebiete oder Ballungsräume zusammengestellt werden, in denen anstelle von Messungen andere Datenquellen als ergänzende Information zu Meßdaten oder als alleiniges Mittel zur Luftqualitätsbeurteilung genutzt werden:

– Beschreibung der durchgeführten Beurteilungstätigkeit;

– eingesetzte spezifische Methoden, mit Verweisen auf Beschreibungen der Methode;

– Quellen von Daten und Informationen;

– Beschreibung der Ergebnisse, einschließlich der Unsicherheiten; insbesondere die Ausdehnung von Flächen oder gegebenenfalls die Länge von Straßen innerhalb des Gebiets oder Ballungsraums, in denen die Schadstoffkonzentrationen die Grenzwerte zuzüglich etwaiger Toleranzmargen übersteigen, sowie alle geographischen Bereiche, in denen die Konzentration die obere oder die untere Beurteilungsschwelle überschreitet;

– bei Grenzwerten zum Schutz der menschlichen Gesundheit Angabe der Bevölkerung, die potentiell einer Konzentration oberhalb des Grenzwertes ausgesetzt ist.

Wo dies möglich ist, sollten die Mitgliedstaaten kartografische Darstellungen der Konzentrationsverteilung innerhalb jedes Gebiets und Ballungsraums erstellen.

III. Normzustand

Bei Schwefeldioxid und Stickstoffoxiden bezieht sich das Volumen auf den Normzustand bei einer Temperatur von 293 °K und einem Druck von 101,3 kPa.

Anhang IX
Referenzmethoden für die Beurteilung der Konzentration von Schwefeldioxid, Stickstoffdioxid und Stickstoffoxiden, Partikeln (PM$_{10}$ und PM$_{2,5}$) und Blei

I. Referenzmethode zur Bestimmung von Schwefeldioxid

ISO/FDIS 10498 (Normentwurf) Luft – Bestimmung von Schwefeldioxid – UV-Fluoreszenz-Verfahren.

Die Mitgliedstaaten können ein anderes Verfahren verwenden, wenn der betreffende Mitgliedstaat nachweisen kann, daß damit gleichwertige Ergebnisse wie mit dem obigen Verfahren erzielt werden.

II. Referenzmethode zur Bestimmung von Stickstoffdioxid und Stickstoffoxiden

ISO 7996: 1985 Luft – Bestimmung der Massenkonzentration von Stickstoffoxiden – Chemilumineszenz-Verfahren.

Die Mitgliedstaaten können ein anderes Verfahren verwenden, wenn der betreffende Mitgliedstaat nachweisen kann, daß damit gleichwertige Ergebnisse wie mit dem obigen Verfahren erzielt werden.

III.A Referenzmethode für die Probenahme von Blei

Das im Anhang der Richtlinie 82/884/EWG des Rates vorgesehene Verfahren ist als Referenzverfahren für die Probenahme von Blei bis zu dem Zeitpunkt zu verwenden, zu dem der Grenzwert nach Anhang IV der vorliegenden Richtlinie erreicht werden muß, wenn gemäß Abschnitt IV des vorliegenden Anhangs das PM$_{10}$-Verfahren als Referenzverfahren vorgesehen ist.

Die Mitgliedstaaten können ein anderes Verfahren verwenden, wenn der betreffende Mitgliedstaat nachweisen kann, daß damit gleichwertige Ergebnisse wie mit dem obigen Verfahren erzielt werden.

III.B Referenzmethode für die Analyse von Blei

ISO 9855: 1993 Luft – Bestimmung des partikelgebundenen Bleianteils in Schwebstaub mittels Filterprobenahme – Atomabsorptionsspektrometrisches Verfahren

Die Mitgliedstaaten können ein anderes Verfahren verwenden, wenn der betreffende Mitgliedstaat nachweisen kann, daß damit gleichwertige Ergebnisse wie mit dem obigen Verfahren erzielt werden.

IV. Referenzmethode für die Probenahme und Messung der PM$_{10}$-Konzentration

Als Referenzmethode ist die in der folgenden Norm beschriebene Methode zu verwenden: EN 12341 „Luftqualität – Felduntersuchung zum Nachweis der Gleichwertigkeit von Probenahmeverfahren für die PM_{10}-Fraktion von Partikeln". Das Meß-prinzip stützt sich auf die Abschneidung der PM10-Fraktion von Partikeln in der Luft auf einem Filter und die gravimetrische Massenbestimmung.

Die Mitgliedstaaten können auch andere Verfahren verwenden, wenn der betreffende Mitgliedstaat nachweisen kann, daß damit gleichwertige Ergebnisse wie mit den obigen Verfahren erzielt werden, oder ein anderes Verfahren, wenn der betreffende Mitgliedstaat nachweisen kann, daß dieses eine feste Beziehung zur Referenzmethode aufweist. In diesem Fall müssen die mit diesem Verfahren erzielten Ergebnisse um einen geeigneten Faktor korrigiert werden, damit gleichwertige Ergebnisse wie bei Verwendung der Referenzmethode erzielt werden.

Die Mitgliedstaaten teilen der Kommission mit, welche Methode für die Probenahme und Messung der PM_{10}-Konzentration verwendet wird. Die Kommission führt so bald wie möglich eine vergleichende Untersuchung der Probenahme- und Meßmethoden für PM_{10}-Konzentrationen durch, um Anhaltspunkte für die Überprüfung der Bestimmungen dieser Richtlinie gemäß Artikel 10 zu erhalten.

V. Vorläufige Referenzmethode für die Probenahme und Messung der $PM_{2,5}$-Konzentration

Die Kommission wird im Benehmen mit dem Ausschuß des Artikels 12 der Richtlinie 96/92/EG bis 19. Juli 2001 Leitlinien für eine geeignete vorläufige Referenzmethode für die Probenahme und Messung der $PM_{2,5}$-Konzentration erstellen.

Die Mitgliedstaaten können ein anderes Verfahren verwenden, das sie für angemessen halten.

Die Mitgliedstaaten teilen der Kommission mit, welche Methode für die Probenahme und Messung der $PM_{2,5}$-Konzentration verwendet wird. Die Kommission führt so bald wie möglich eine vergleichende Untersuchung der Probenahme- und Meßmethoden für $PM_{2,5}$-Konzentrationen durch, um Anhaltspunkte für die Überprüfung der Bestimmungen dieser Richtlinie gemäß Artikel 10 zu erhalten.

VI. Referenz-Modellberechnungstechniken

Derzeit können noch keine Referenz-Modellberechnungstechniken angegeben werden. Änderungen zur Anpassung dieses Punkts an den wissenschaftlichen und technischen Fortschritt werden nach dem Verfahren des Artikels 12 Absatz 2 der Richtlinie 86/62/EG erlassen.

Richtlinie 2000/69/EG des Europäischen Parlaments und des Rates vom 16. November 2000 über Grenzwerte für Benzol und Kohlenmonoxid in der Luft[*]

ABl. Nr. L 313 vom 13.12.2000, S. 12–21

DAS EUROPÄISCHE PARLAMENT UND DER RAT DER EUROPÄISCHEN UNION –

gestützt auf den Vertrag zur Gründung der Europäischen Gemeinschaft, insbesondere auf Artikel 175 Absatz 1,

auf Vorschlag der Kommission[1],

nach Stellungnahme des Wirtschafts- und Sozialausschusses[2],

nach Anhörung des Ausschusses der Regionen,

gemäß dem Verfahren des Artikels 251 des Vertrags[3],

in Erwägung nachstehender Gründe:

(1) Auf der Grundlage der in Artikel 174 des Vertrags niedergelegten Grundsätze sieht das Gemeinschaftsprogramm für Politik und Maßnahmen im Hinblick auf die Umwelt und eine dauerhafte und umweltgerechte Entwicklung (Fünftes Umweltaktionsprogramm)[4], ergänzt durch den Beschluss Nr. 2179/98/EG[5] zu dessen Überprüfung, insbesondere Änderungen der bestehenden Rechtsvorschriften für Luftschadstoffe vor. Das genannte Programm empfiehlt die Aufstellung langfristiger Luftqualitätsziele. Nach Artikel 174 des Vertrags ist im Hinblick auf den Schutz der menschlichen Gesundheit und der Umwelt das Vorsorgeprinzip anzuwenden.

(2) Nach Artikel 152 des Vertrags sind Anforderungen an den Gesundheitsschutz Bestandteil der anderen Politiken der Gemeinschaft. Nach Artikel 3 Absatz 1 Buchstabe p) des Vertrags umfasst die Tätigkeit der Gemeinschaft einen Beitrag zur Erreichung eines hohen Gesundheitsschutzniveaus.

(3) Nach Artikel 4 Absatz 5 der Richtlinie 96/62/EG des Rates vom 27. September 1996 über die Beurteilung und die Kontrolle der Luftqualität[6] erlässt der Rat die in Absatz 1 dieses Artikels vorgesehenen Rechtsvorschriften und die in dessen Absätzen 3 und 4 vorgesehenen Bestimmungen.

---

[*] Berichtigung – ABl. L 111 vom 20.4.2001, S. 31 (2000/69/EG).
1 ABl. C 53 vom 24.2.1999, S. 8.
2 ABl. C 138 vom 18.5.1999, S. 42.
3 Stellungnahme des Europäischen Parlaments vom 2. Dezember 1999 (ABl. C 194 vom 11.7.2000, S. 56), Gemeinsamer Standpunkt des Rates vom 10. April 2000 (ABl. C 195 vom 11.7.2000, S. 1) und Beschluss des Europäischen Parlaments vom 6. Juli 2000 (noch nicht im Amtsblatt veröffentlicht). Beschluss des Rates vom 24. Oktober 2000.
4 ABl. C 138 vom 17.5.1993, S. 5.
5 ABl. L 275 vom 10.10.1998, S. 1.
6 ABl. L 296 vom 21.11.1996, S. 55.

(4) Um die Einhaltung der Grenzwerte ab den festgelegten Zeitpunkten zu gewährleisten, ist in der Richtlinie 96/62/EG die Erstellung von Maßnahmenplänen für Gebiete vorgeschrieben, in denen die Schadstoffkonzentrationen in der Luft die Grenzwerte, zuzüglich zeitlich befristeter Toleranzmargen, überschreiten.

(5) Die Richtlinie 96/62/EG bestimmt, dass die quantifizierten Grenzwerte auf den Arbeitsergebnissen von auf diesem Gebiet tätigen internationalen wissenschaftlichen Gremien beruhen sollen. Die Kommission soll bei der Überprüfung der Grundlagen für die Festlegung der Grenzwerte den jüngsten wissenschaftlichen Forschungsergebnissen in den betreffenden Bereichen der Epidemiologie und Umweltforschung sowie den jüngsten Fortschritten bei den Messverfahren Rechnung tragen.

(6) Die zur Durchführung dieser Richtlinie erforderlichen Maßnahmen sollten gemäß dem Beschluss 1999/468/EG des Rates vom 28. Juni 1999 zur Festlegung der Modalitäten für die Ausübung der der Kommission übertragenen Durchführungsbefugnisse[7] erlassen werden.

(7) Die zur Anpassung an den wissenschaftlichen und technischen Fortschritt erforderlichen Änderungen dürfen sich allein auf die Kriterien und Techniken zur Beurteilung der Konzentration von Benzol und Kohlenmonoxid oder auf die Einzelheiten für die Übermittlung der Informationen an die Kommission beziehen und dürfen keine direkte oder indirekte Änderung der Grenzwerte zur Folge haben.

(8) Bei den in dieser Richtlinie festgesetzten Grenzwerten handelt es sich um Mindestanforderungen. Nach Artikel 176 des Vertrags können die Mitgliedstaaten verstärkte Schutzmaßnahmen beibehalten oder ergreifen. Strengere Grenzwerte können insbesondere zum Schutz der Gesundheit besonders anfälliger Personengruppen wie Kinder und Krankenhauspatienten festgelegt werden. Die Mitgliedstaaten können vorsehen, dass die Grenzwerte zu einem früheren Zeitpunkt eingehalten werden müssen, als dies in dieser Richtlinie vorgesehen ist.

(9) Benzol ist ein genotoxisches Humankarzinogen, und es gibt keine feststellbare Schwelle, unterhalb deren keine Gefahr für die menschliche Gesundheit besteht.

(10) Ist die Einhaltung der in dieser Richtlinie festgelegten Grenzwerte für Benzol aufgrund standortspezifischer Ausbreitungsbedingungen oder maßgebender klimatischer Bedingungen schwierig und würde die Anwendung der Maßnahmen zu schwerwiegenden sozioökonomischen Problemen führen, so können die Mitgliedstaaten die Kommission jedoch um eine einmalige, zeitlich begrenzte und mit bestimmten Bedingungen versehene Verlängerung der Einhaltungsfrist ersuchen.

(11) Um die Revision dieser Richtlinie im Jahr 2004 zu erleichtern, sollten die Kommission und die Mitgliedstaaten eine Förderung der Forschung über die Auswirkungen von Benzol und Kohlenmonoxid erwägen. Neben der Außenluft sollte hierbei auch der Luftverschmutzung in Innenräumen Rechnung getragen werden.

---

7 ABl. L 184 vom 17.7.1999, S. 23.

(12) Eine standardisierte, genaue Messtechnik und gemeinsame Kriterien für die Wahl des Standortes der Messstationen sind von Bedeutung für die Beurteilung der Luftqualität im Hinblick auf gemeinschaftsweit vergleichbare Daten.

(13) Als Grundlage für regelmäßige Berichte sollten der Kommission Informationen über die Benzol- und Kohlenmonoxidkonzentrationen übermittelt werden.

(14) Aktuelle Informationen über die Konzentrationen von Benzol und Kohlenmonoxid in der Luft sollten der Öffentlichkeit ohne weiteres zugänglich sein –

HABEN FOLGENDE RICHTLINIE ERLASSEN:

Artikel 1
Ziele

Ziele dieser Richtlinie sind:

a) Festlegung von Grenzwerten für die Konzentration von Benzol und Kohlenmonoxid in der Luft zur Vermeidung, Verhütung oder Verringerung schädlicher Auswirkungen auf die menschliche Gesundheit und die Umwelt insgesamt;

b) Beurteilung der Konzentration von Benzol und Kohlenmonoxid in der Luft anhand einheitlicher Methoden und Kriterien;

c) Beschaffung sachdienlicher Informationen über die Konzentration von Benzol und Kohlenmonoxid in der Luft und Unterrichtung der Öffentlichkeit hierüber;

d) Erhaltung der Luftqualität, sofern sie gut ist, und andernfalls Verbesserung der Luftqualität hinsichtlich der Belastung mit Benzol und Kohlenmonoxid.

Artikel 2
Begriffsbestimmungen

Es gelten die Begriffsbestimmungen von Artikel 2 der Richtlinie 96/62/EG.

Im Sinne dieser Richtlinie bezeichnet der Ausdruck

a) „obere Beurteilungsschwelle" den in Anhang III genannten Wert, bei dessen Unterschreitung zur Beurteilung der Luftqualität gemäß Artikel 6 Absatz 3 der Richtlinie 96/62/EG eine Kombination von Messungen und Modellrechnungen angewandt werden kann;

b) „untere Beurteilungsschwelle" den in Anhang III genannten Wert, bei dessen Unterschreitung zur Beurteilung der Luftqualität gemäß Artikel 6 Absatz 4 der Richtlinie 96/62/EG nur die Modellrechnungen oder Techniken der objektiven Schätzung angewandt zu werden brauchen;

c) „ortsfeste Messungen" Messungen im Sinne von Artikel 6 Absatz 5 der Richtlinie 96/62/EG.

Artikel 3

Benzol

(1) Die Mitgliedstaaten treffen die erforderlichen Maßnahmen, um sicherzustellen, dass die Benzolkonzentration in der Luft, die nach Artikel 5 beurteilt wird, den in Anhang I genannten Grenzwert entsprechend den dort angegebenen Zeitpunkten nicht überschreitet.

Die in Anhang I festgelegte Toleranzmarge ist gemäß Artikel 8 der Richtlinie 96/62/EG anzuwenden.

(2) Ist die Einhaltung des in Anhang I festgelegten Grenzwertes aufgrund standortspezifischer Ausbreitungsbedingungen oder maßgebender klimatischer Bedingungen, wie geringe Windgeschwindigkeit und/oder verdunstungsfördernde Bedingungen, schwierig und würde die Anwendung der Maßnahmen zu schwerwiegenden sozioökonomischen Problemen führen, so kann ein Mitgliedstaat die Kommission um eine zeitlich begrenzte Verlängerung der Frist ersuchen. Unbeschadet des Artikels 8 Absatz 3 dieser Richtlinie kann die Kommission nach dem Verfahren des Artikels 12 Absatz 2 der Richtlinie 96/62/EG auf Antrag eines Mitgliedstaats eine einmalige Verlängerung um bis zu fünf Jahre genehmigen, wenn der betreffende Mitgliedstaat

– die betreffenden Gebiete und/oder Ballungsräume benennt,

– den erforderlichen Nachweis erbringt, dass die Verlängerung gerechtfertigt ist,

– nachweist, dass alle zumutbaren Maßnahmen zur Senkung der Konzentration der betreffenden Schadstoffe und zur weitestmöglichen Eingrenzung des Gebiets, in dem der Grenzwert überschritten ist, ergriffen wurden, und

– die künftigen Entwicklungen im Hinblick auf die Maßnahmen, die er gemäß Artikel 8 Absatz 3 der Richtlinie 96/62/EG ergreifen wird, skizziert.

Der während dieser zeitlich begrenzten Verlängerung genehmigte Grenzwert für Benzol darf jedoch 10 µg/m^3 nicht überschreiten.

Artikel 4

Kohlenmonoxid

Die Mitgliedstaaten treffen die erforderlichen Maßnahmen, um sicherzustellen, dass die Kohlenmonoxidkonzentration in der Luft, die nach Artikel 5 beurteilt wird, den in Anhang II genannten Grenzwert entsprechend den dort angegebenen Zeitpunkten nicht überschreitet.

Die in Anhang II festgelegte Toleranzmarge ist gemäß Artikel 8 der Richtlinie 96/62/EG anzuwenden.

Artikel 5

Beurteilung der Konzentration

(1) Untere und obere Beurteilungsschwellen sind für Benzol und Kohlenmonoxid in Anhang III Abschnitt I festgelegt.

Die Einstufung jedes Gebiets oder Ballungsraums im Hinblick auf Artikel 6 der Richtlinie 96/62/EWG ist spätestens alle fünf Jahre nach dem in Anhang III Abschnitt II dieser Richtlinie festgelegten Verfahren zu überprüfen. Die Einstufung ist bei signifikanten Änderungen der für die Konzentration von Benzol oder Kohlenmonoxid in der Luft relevanten Aktivitäten früher zu überprüfen.

(2) In Anhang IV sind Kriterien für die Festlegung der Lage von Probenahmestellen zur Messung der Konzentration von Benzol und Kohlenmonoxid in der Luft enthalten. In Anhang V ist die Mindestzahl von Probenahmestellen für ortsfeste Messungen für jeden relevanten Schadstoff festgelegt; sie sind in jedem Gebiet oder Ballungsraum zu errichten, in dem Messungen vorzunehmen sind, sofern Daten über Konzentrationen in dem Gebiet oder Ballungsraum ausschließlich durch ortsfeste Messungen gewonnen werden.

(3) In Gebieten und Ballungsräumen, in denen Informationen von ortsfesten Messstationen durch Informationen aus anderen Quellen, zum Beispiel Emissionskataster, orientierende Messmethoden und Modellierung der Luftqualität, ergänzt werden, muss die Zahl ortsfester Messstationen und die räumliche Auflösung anderer Techniken ausreichen, um die Konzentration von Luftschadstoffen gemäß Anhang IV Abschnitt I und Anhang VI Abschnitt I zu ermitteln.

(4) In Gebieten und Ballungsräumen, für die keine Messungen vorgeschrieben sind, können Methoden der Modellrechnung und objektiven Schätzung angewandt werden.

(5) Referenzmethoden für die Analyse und Probenahme von Benzol und Kohlenmonoxid sind in Anhang VII Abschnitte I und II festgelegt. Anhang VII Abschnitt III wird Referenztechniken für die Modellierung der Luftqualität enthalten, sobald diese Techniken zur Verfügung stehen.

(6) Die Mitgliedstaaten informieren die Kommission spätestens an dem in Artikel 10 dieser Richtlinie genannten Zeitpunkt über die Methoden für die Ausgangsbeurteilung der Luftqualität gemäß Artikel 11 Absatz 1 Buchstabe d) der Richtlinie 96/62/EG.

(7) Die zur Anpassung dieses Artikels und der Anhänge III bis VII an den wissenschaftlichen und technischen Fortschritt erforderlichen Änderungen werden nach dem Verfahren des Artikels 6 Absatz 2 angenommen, dürfen aber keine direkte oder indirekte Änderung der Grenzwerte zur Folge haben.

Artikel 6
Ausschuss

(1) Die Kommission wird von dem in Artikel 12 Absatz 2 der Richtlinie 96/62/EG genannten Ausschuss (nachstehend „Ausschuss" genannt) unterstützt.

(2) Wird auf diesen Absatz Bezug genommen, so gelten die Artikel 5 und 7 des Beschlusses 1999/468/EG unter Beachtung von dessen Artikel 8.

Der Zeitraum nach Artikel 5 Absatz 6 des Beschlusses 1999/468/EG wird auf drei Monate festgesetzt.

(3) Der Ausschuss gibt sich eine Geschäftsordnung.

Artikel 7
Information der Öffentlichkeit

(1) Die Mitgliedstaaten stellen sicher, dass der Öffentlichkeit sowie relevanten Organisationen wie Umweltschutzorganisationen, Verbraucherverbänden, Interessenvertretungen empfindlicher Bevölkerungsgruppen und anderen mit dem Gesundheitsschutz befassten relevanten Stellen zum Beispiel durch Rundfunk und Fernsehen, Presse, Anzeigetafeln oder Computernetzdienste, Teletext, Telefon oder Telefax routinemäßig aktuelle Informationen über die Konzentrationen von Benzol und Kohlenmonoxid in der Luft zur Verfügung gestellt werden.

Die Informationen über die Konzentrationen von Benzol in der Luft, ausgedrückt als Mittelwert der letzten zwölf Monate, werden mindestens dreimonatlich und, soweit dies praktisch möglich ist, monatlich aktualisiert. Die Informationen über die Konzentrationen von Kohlenmonoxid in der Luft, ausgedrückt als höchster gleitender 8-Stunden-Mittelwert, werden mindestens täglich und, soweit dies praktisch möglich ist, stündlich aktualisiert.

Die Informationen nach Unterabsatz 2 müssen mindestens jede Überschreitung der in den in den Anhängen I und II genannten Grenzwerte in den dort vorgesehenen Mitelungszeiträumen angeben. Die Informationen müssen ferner eine kurze Bewertung in Bezug auf die Grenzwerte und geeignete Angaben über die gesundheitlichen Auswirkungen umfassen.

(2) Werden Pläne oder Programme nach Artikel 8 Absatz 3 der Richtlinie 96/62/EG der Öffentlichkeit zugänglich gemacht, so macht der Mitgliedstaat sie auch den in Absatz 1 genannten Organisationen zugänglich. Dies gilt auch für die nach Anhang VI Abschnitt II dieser Richtlinie erforderlichen Unterlagen.

(3) Die der Öffentlichkeit und den in den Absätzen 1 und 2 genannten Organisationen zur Verfügung gestellten Informationen müssen klar, verständlich und leicht zugänglich sein.

Artikel 8
Bericht und Überprüfung

(1) Die Kommission legt dem Europäischen Parlament und dem Rat spätestens am 31. Dezember 2004 einen Bericht über die Erfahrungen bei der Anwendung dieser Richtlinie vor, insbesondere über die neuesten wissenschaftlichen Forschungsergebnisse hinsichtlich der Auswirkung einer Benzol- und Kohlenmonoxidexposition auf die menschliche Gesundheit – wobei empfindliche Bevölkerungsgruppen besonders zu berücksichtigen sind – und für die Ökosysteme sowie über technologische Entwicklungen, einschließlich der Fortschritte bei den Methoden zur Messung oder anderweitigen Beurteilung der Benzol- und Kohlenmonoxidkonzentrationen in der Luft.

(2) In dem Bericht nach Absatz 1 ist im Hinblick auf Benzol und Kohlenmonoxid insbesondere Folgendes zu berücksichtigen:

a) die derzeitige Luftqualität und Tendenzen bis zum Jahr 2010 und danach;

b) die Möglichkeit einer weiteren Verminderung der Schadstoffemissionen sämtlicher relevanten Quellen unter Berücksichtigung der technischen Durchführbarkeit und der Kostenwirksamkeit;

c) die Wechselwirkungen zwischen Schadstoffen und die Möglichkeiten für kombinierte Strategien zur Erreichung der Luftqualitätsziele und damit verbundenen Ziele der Gemeinschaft;

d) derzeitige und künftige Anforderungen an die Unterrichtung der Öffentlichkeit und an den Informationsaustausch zwischen den Mitgliedstaaten und der Kommission;

e) die bei der Anwendung dieser Richtlinie in den Mitgliedstaaten gemachten Erfahrungen, insbesondere mit den Bedingungen des Anhangs IV für die Durchführung von Messungen.

(3) Zur Gewährleistung eines hohen Gesundheits- und Umweltschutzniveaus werden mit dem Bericht nach Absatz 1 gegebenenfalls auch Vorschläge zur Änderung dieser Richtlinie unterbreitet, die eventuell weitere Verlängerungen der Frist für die Einhaltung des in Anhang I genannten Grenzwertes für Benzol einschließen, die nach Artikel 3 Absatz 2 gewährt werden können.

Artikel 9
Sanktionen

Die Mitgliedstaaten legen Sanktionen für Verstöße gegen die im Rahmen dieser Richtlinie erlassenen innerstaatlichen Rechtsvorschriften fest. Die Sanktionen müssen wirksam, verhältnismäßig und abschreckend sein.

Artikel 10
Umsetzung

(1) Die Mitgliedstaaten setzen die Rechts- und Verwaltungsvorschriften in Kraft, die erforderlich sind, um dieser Richtlinie spätestens am 13. Dezember 2002 nachzukommen. Sie setzen die Kommission unverzüglich davon in Kenntnis.

Wenn die Mitgliedstaaten derartige Vorschriften erlassen, nehmen sie in den Vorschriften selbst oder durch einen Hinweis bei der amtlichen Veröffentlichung auf diese Richtlinie Bezug. Die Mitgliedstaaten regeln die Einzelheiten der Bezugnahme.

(2) Die Mitgliedstaaten teilen der Kommission den Wortlaut der wichtigsten innerstaatlichen Rechtsvorschriften mit, die sie auf dem unter diese Richtlinie fallenden Gebiet erlassen.

Artikel 11
Inkrafttreten

Diese Richtlinie tritt am Tag ihrer Veröffentlichung im Amtsblatt der Europäischen Gemeinschaften in Kraft.

Artikel 12
Adressaten

Diese Richtlinie ist an die Mitgliedstaaten gerichtet.

Geschehen zu Brüssel am 16. November 2000.

Im Namen des Europäischen Parlaments

Die Präsidentin

N. Fontaine

Im Namen des Rates

Der Präsident

R. Schwartzenberg

Anhang I
Grenzwert für Benzol

Grenzwerte werden in $\mu g/m^3$ angegeben, bezogen auf die Standardbedingungen bei einer Temperatur von 293 K und einem Druck von 101,3 kPa.

	Mittelungszeit-raum	Grenzwert	Toleranzmarge	Datum, bis zu dem der Grenzwert zu erreichen ist
Grenzwert für den Schutz der menschlichen Gesundheit	Kalenderjahr	5 $\mu g/m^3$	5 $\mu g/m^3$ (100 %) am 13. Dezember 2000, Reduzierung am 1. Januar 2006 und alle 12 Monate danach um 1 $\mu g/m^3$, bis auf 0 % am 1. Januar 2010	1. Januar 2010 [1]

(1) Außer innerhalb von Gebieten und Ballungsräumen, für die nach Artikel 3 Absatz 2 eine zeitlich begrenzte Verlängerung der Frist gewährt wurde.

Anhang II
Grenzwert für Kohlenmonoxid

Grenzwerte werden in mg/m^3 angegeben. Das Volumen bezieht sich auf die Standardbedingungen bei einer Temperatur von 293 K und einem Druck von 101,3 kPa.

	Mittelungs-zeitraum	Grenzwert	Toleranzmarge	Datum, bis zu dem der Grenzwert zu erreichen ist
Grenzwert für den Schutz der menschlichen Gesundheit	höchster 8-Stunden-Mittelwert eines Tages	10 mg/m^3	6 mg/m^3 am 13. Dezember 2000, Reduzierung am 1. Januar 2003 und alle 12 Monate danach um 2 mg/m^3, bis auf 0 % am 1. Januar 2005	1. Januar 2005

Der höchste 8-Stunden-Mittelwert der Konzentration eines Tages wird ermittelt, indem die gleitenden 8-Stunden-Mittelwerte geprüft werden, die aus Einstundenmittelwerten berechnet und stündlich aktualisiert werden. Jeder auf diese Weise errechnete 8-Stunden-Mittelwert gilt für den Tag, an dem dieser Zeitraum endet, das heißt, dass der erste Berechnungszeitraum für jeden einzelnen Tag die Zeitspanne von 17.00 Uhr des vorangegangenen Tages bis 1.00 Uhr des betreffenden Tages umfasst, während für den letzten Berechnungszeitraum jeweils die Stunden von 16.00 Uhr bis 24.00 Uhr des betreffenden Tages zugrunde gelegt werden.

Anhang III
Festlegung der Anforderungen zur Beurteilung
der Konzentration von Benzol und Kohlenmonoxid in der Luft
innerhalb eines Gebietes oder Ballungsraums

I. Obere und untere Beurteilungsschwellen

Es gelten die folgenden oberen und unteren Beurteilungsschwellen:

a) Benzol

	Jahresmittelwert
Obere Beurteilungsschwelle	70 % des Grenzwertes (3,5 µg/m^3)
Untere Beurteilungsschwelle	40 % des Grenzwertes (2 µg/m^3)

b) Kohlenmonoxid

	8-Stunden-Mittelwert
Obere Beurteilungsschwelle	70 % des Grenzwertes (7 mg/m^3)
Untere Beurteilungsschwelle	50 % des Grenzwertes (5 mg/m^3)

II. Überschreitung der oberen und unteren Beurteilungsschwellen

Die Überschreitung der oberen und unteren Beurteilungsschwellen ist auf der Grundlage der Konzentrationen während der vorangegangenen fünf Jahre zu ermitteln, sofern entsprechende Daten vorliegen. Eine Beurteilungsschwelle gilt als überschritten, wenn sie in den vorangegangenen fünf Jahren in mindestens drei einzelnen Jahren überschritten worden ist.

Stehen Daten für weniger als fünf der vorangegangenen Jahre zur Verfügung, so können die Mitgliedstaaten die Ergebnisse von Messkampagnen kurzer Dauer während der Jahreszeit und an den Stellen, die für die höchsten Schadstoffwerte typisch sind, mit Informationen aus Emissionskatastern und Modellierungen kombinieren, um die Überschreitungen der oberen und unteren Beurteilungsschwellen zu ermitteln.

Anhang IV
Lage von Probenahmestellen zur Messung der Konzentration von Benzol und Kohlenmonoxid in der Luft

Folgende Bestimmungen gelten für die ortsfeste Messung.

I. Standortwahl auf Makroebene

Probenahmestellen, an denen Messungen zum Schutz der menschlichen Gesundheit vorgenommen werden, sind so auszuwählen, dass

i) Daten über Bereiche innerhalb von Gebieten und Ballungsräumen gewonnen werden, in denen die höchsten Konzentrationen auftreten, denen die Bevölkerung wahrscheinlich direkt oder indirekt über einen Zeitraum ausgesetzt sein wird, der im Vergleich zum Mittelungszeitraum der betreffenden Grenzwerte signifikant ist;

ii) Daten zu Konzentrationen in anderen Bereichen innerhalb von Gebieten und Ballungsräumen gewonnen werden, die für die Exposition der Bevölkerung allgemein repräsentativ sind.

Der Standort von Probenahmestellen sollte im Allgemeinen so gewählt werden, dass die Messung sehr kleinräumiger Umweltzustände in ihrer unmittelbaren Nähe vermieden wird. In der Regel sollten die Probenahmestellen so gewählt werden, dass sie in verkehrsnahen Zonen für die Luftqualität eines Gebiets von nicht weniger als 200 m^2 und in Gebieten mit typischen städtischen Hintergrundwerten für die Luftqualität eines Gebiets von mehreren Quadratkilometern repräsentativ sind.

Probenahmestellen sollten möglichst auch für ähnliche Standorte repräsentativ sein, die nicht in ihrer unmittelbaren Nähe gelegen sind.

Der Notwendigkeit, Probenahmestellen – wenn zum Gesundheitsschutz nötig – auf Inseln einzurichten, sollte Rechnung getragen werden.

II. Standortwahl auf Mikroebene

Folgende Leitlinien sollten soweit wie möglich beachtet werden:

– Der Luftstrom um den Messeinlass sollte nicht beeinträchtigt werden, und es sollten keine den Luftstrom beeinflussenden Hindernisse in der Nähe des Messeinlasses vorhanden sein (in der Regel einige Meter von Gebäuden, Balkonen, Bäumen und anderen Hindernissen sowie im Fall von Probenahmestellen für die Luftqualität an der Baufluchtlinie mindestens 0,5 m vom nächsten Gebäude entfernt).

– Im Allgemeinen sollte sich der Messeinlass in einer Höhe zwischen 1,5 m (Atemzone) und 4 m über dem Boden befinden. Eine höhere Lage des Einlasses (bis zu 8 m) kann unter Umständen angezeigt sein. Ein höhergelegener Einlass kann auch angezeigt sein, wenn die Messstation für ein größeres Gebiet repräsentativ ist.

- Der Messeinlass sollte nicht in unmittelbarer Nähe von Quellen platziert werden, um den unmittelbaren Einlass von Emissionen, die nicht mit der Umgebungsluft vermischt sind, zu vermeiden.

- Die Abluftleitung des Messprobensammlers sollte so gelegt werden, dass ein Wiedereintritt der Abluft in den Messeinlass vermieden wird.

- Probenahmestellen in verkehrsnahen Zonen:

- für alle Schadstoffe sollten die Probenahmestellen mindestens 25 m vom Rand verkehrsreicherer Kreuzungen und nicht weniger als 4 m von der Mitte der nächstgelegenen Fahrspur entfernt sein;

- für Kohlenmonoxid sollte der Messeinlass weniger als 5 m vom Fahrbahnrand entfernt sein;

- für Benzol sollte der Messeinlass repräsentativ für die Luftqualität nahe der Baufluchtlinie sein.

Die folgenden Faktoren können ebenfalls berücksichtigt werden:

- Störquellen

- Sicherheit

- Zugänglichkeit

- Stromversorgung und Telekommunikationsleitungen

- Sichtbarkeit der Messstation in der Umgebung

- Sicherheit der Öffentlichkeit und des Betriebspersonals

- Zusammenlegung der Probenahmestellen für verschiedene Schadstoffe

- bebauungsplanerische Anforderungen.

III. Dokumentation und Überprüfung der Standortwahl

Die Verfahren für die Standortwahl sollten in der Einstufungsphase vollständig dokumentiert werden, z. B. mit Fotografien der Umgebung in den Haupthimmelsrichtungen und einer detaillierten Karte. Die Standorte sollten regelmäßig überprüft und wiederholt dokumentiert werden, damit sichergestellt ist, dass die Kriterien für die Standortwahl weiterhin erfüllt sind.

Anhang V
Kriterien zur Festlegung der Zahl von Probenahmestellen für ortsfeste Messungen von Benzol und Kohlenmonoxid in der Luft

Mindestzahl von Probenahmestellen für ortsfeste Messungen zur Beurteilung der Einhaltung von Grenzwerten zum Schutz der menschlichen Gesundheit in Gebieten und Ballungsräumen, in denen ortsfeste Messungen die einzige Informationsquelle darstellen

a) Diffuse Quellen

Bevölkerung des Ballungsraums oder Gebiets (Tausend)	wenn die Konzentrationen die obere Beurteilungsschwelle überschreiten[1]	wenn die maximale Konzentrationen zwischen der oberen und der unteren Beurteilungsschwelle liegen
0–249	1	1
250–499	2	1
500–749	2	1
750–999	3	1
1 000–1 499	4	2
1 500–1 999	5	2
2 000–2 749	6	3
2 750–3 749	7	3
3 750–4 749	8	4
4 750–5 999	9	4
5 6 000	10	5

(1) Es ist mindestens eine Messstation für typische städtische Hintergrundwerte und eine verkehrsnahe Messstation einzubeziehen, vorausgesetzt, die Anzahl der Probenahmestellen erhöht sich dadurch nicht.

b) Punktquellen

Zur Beurteilung der Luftverschmutzung in der Nähe von Punktquellen sollte die Zahl der Probenahmestellen für ortsfeste Messungen unter Berücksichtigung der Emissionsdichte, der wahrscheinlichen Verteilung der Luftschadstoffe und der möglichen Exposition der Bevölkerung berechnet werden.

Anhang VI
Datenqualitätsziele und Zusammenstellung der Ergebnisse der Luftqualitätsbeurteilung

I. Datenqualitätsziele

Qualitätssicherungsprogramme sollten auf folgende Ziele für die Datenqualität hinsichtlich der zulässigen Unsicherheit der Beurteilungsmethoden und der Mindestzeitdauer und Messdatenerfassung ausgerichtet sein:

	Benzol	Kohlenmonoxid
Ortsfeste Messungen[(1)]		
Unsicherheit	25 %	15 %
Mindestdatenerfassung	90 %	90 %
Mindestzeitdauer	35 % städtische und verkehrsnahe Gebiete (verteilt über das Jahr, damit die Werte repräsentativ für verschiedene Klima und Verkehrsbedingungen sind) 90 % Industriegebiete	
Orientierende Messungen:		
Unsicherheit	30 %	25 %
Mindestdatenerfassung	90 %	90 %
Mindestzeitdauer	14 % (eine Zufallsmessung eines Tages pro Woche, gleichmäßig verteilt über das Jahr oder 8 Wochen gleichmäßig verteilt über das Jahr)	14 % (eine Zufallsmessung pro Woche, gleichmäßig verteilt über das Jahr oder 8 Wochen gleichmäßig verteilt über das Jahr)
Modellierung		
Unsicherheit:	–	50 %
8-Stunden-Mittelwerte	50 %	
Jahresmittelwerte		–
Objektive Schätzung	100 %	75 %

(1) Die Mitgliedstaaten können jedoch Stichprobenmessungen anstelle von kontinuierlichen Messungen durchführen, wenn sie der Kommission gegenüber nachweisen können, dass die Unsicherheit, einschließlich der Unsicherheit aufgrund der Zufallsproben, das Qualitätsziel von 25 % erreicht. Stichprobenmessungen sind gleichmäßig über das Jahr zu verteilen, um Verzerrungen der Ergebnisse zu vermeiden.

Die Unsicherheit (bei einem Vertrauensbereich von 95 %) der Beurteilungsmethoden wird in Einklang mit den Grundsätzen des ISO-Leitfadens des Zuverlässigkeitsmanagements (1993) oder der Methodik nach ISO 5725:1994 oder einer gleichwertigen Methodik beurteilt. Die in der obigen Tabelle angegebenen Prozentsätze für die Unsicherheit gelten für Einzelmessungen gemittelt über den betreffenden Zeitraum in Bezug auf den Grenzwert bei einem Vertrauensbereich von 95 %. Die Unsicherheit für ortsfeste Messungen sollte so interpretiert werden, dass sie in der Nähe des jeweiligen Grenzwertes gilt. Bis zur vollständigen Annahme der CEN-Normen mit detaillierten Testprotokollen wird die Kommission vor der Annahme dieser Richtlinie die vom CEN entwickelten Anwendungsrichtlinien herausgegeben.

Die Unsicherheit von Modellrechnungen und objektiven Schätzungen ist als die maximale Abweichung der gemessenen und berechneten Konzentrationen im jeweiligen Zeitraum für den Grenzwert ohne Berücksichtigung des Zeitpunkts der Abweichungen definiert.

Die Anforderungen für die Mindestdatenerfassung und den Zeitraum der Messungen umfassen nicht den Verlust von Daten aufgrund einer regelmäßigen Kalibrierung oder der normalen Wartung der Instrumente.

II. Ergebnisse der Luftqualitätsbeurteilung

Die folgenden Informationen sollten für Gebiete oder Ballungsräume zusammengestellt werden, in denen zusätzlich oder anstelle von Messungen andere Datenquellen zur Ergänzung der Messdaten zur Luftqualitätsbeurteilung genutzt werden:

– Beschreibung der vorgenommenen Beurteilung;

– eingesetzte spezifische Methoden mit Verweisen auf Beschreibungen der Methode;

– Quellen von Daten und Informationen;

– Beschreibung der Ergebnisse, einschließlich der Unsicherheiten, insbesondere die Ausdehnung von Flächen oder gegebenenfalls die Länge des Straßenabschnitts innerhalb des Gebiets oder Ballungsraums, in dem die Schadstoffkonzentrationen die Grenzwerte zuzüglich etwaiger Toleranzmargen übersteigen, sowie alle geografischen Bereiche, in denen die Konzentration die obere oder die untere Beurteilungsschwelle überschreitet;

– bei Grenzwerten zum Schutz der menschlichen Gesundheit die potentiell einer Konzentration oberhalb des Grenzwertes ausgesetzte Bevölkerung.

Wo möglich, sollten die Mitgliedstaaten kartografische Darstellungen der Konzentrationsverteilung innerhalb jedes Gebiets und Ballungsraums erstellen.

III. Standardbedingungen

Für Benzol und Kohlenmonoxid bezieht sich das Messergebnis auf die Standardbedingungen einer Temperatur von 293 K und einem Druck von 101,3 kPa.

Anhang VII
Referenzmethoden für die Beurteilung der Konzentration von Benzol und Kohlenmonoxid

I. Referenzmethode für die Probenahme/Analyse von Benzol

Die Referenzmethode für die Messung von Benzol ist die aktive Probenahme auf eine Absorptionskartusche gefolgt von einer gaschromatografischen Bestimmung. Diese Methode wird derzeit von CEN genormt. Solange keine genormte CEN-Methode vorliegt, können die Mitgliedstaaten ihre nationalen Standardmethoden auf der Grundlage der gleichen Messmethode verwenden.

Ein Mitgliedstaat kann auch eine andere Methode verwenden, wenn er nachweisen kann, dass diese gleichwertige Ergebnisse erbringt wie obige Methode.

II. Referenzmethode für die Analyse von Kohlenmonoxid

Referenzmethode für die Messung von Kohlenmonoxid ist die Methode der nichtdispersiven Infrarotspektrometrie (NDIR), die derzeit von CEN genormt wird. Solange keine genormte CEN-Methode vorliegt, können die Mitgliedstaaten ihre nationalen Standardmethoden auf der Grundlage der gleichen Messmethode verwenden.

Ein Mitgliedstaat kann auch eine andere Methode verwenden, wenn er nachweisen kann, dass diese gleichwertige Ergebnisse erbringt wie obige Methode.

III. Referenztechniken für die Modellierung

Referenztechniken für die Modellierung können derzeit nicht spezifiziert werden. Änderungen zur Anpassung dieses Punkts an den wissenschaftlichen und technischen Fortschritt werden nach dem Verfahren des Artikels 6 Absatz 2 erlassen.

Richtlinie 2002/3/EG des Europäischen Parlaments und des Rates vom 12. Februar 2002 über den Ozongehalt der Luft

ABl. Nr. L 67 vom 9.3.2002, S. 14–30

DAS EUROPÄISCHE PARLAMENT UND DER RAT DER EUROPÄISCHEN UNION –

gestützt auf den Vertrag zur Gründung der Europäischen Gemeinschaft, insbesondere auf Artikel 175 Absatz 1,

auf Vorschlag der Kommission[1],

nach Stellungnahme des Wirtschafts- und Sozialausschusses[2],

nach Stellungnahme des Ausschusses der Regionen[3],

gemäß dem Verfahren des Artikels 251 des Vertrags[4], aufgrund des vom Vermittlungsausschuss am 10. Dezember 2001 gebilligten gemeinsamen Entwurfs,

in Erwägung nachstehender Gründe:

(1) Auf der Grundlage der in Artikel 174 des Vertrags niedergelegten Grundsätze sieht das Fünfte Aktionsprogramm für den Umweltschutz, das vom Rat und den im Rat vereinigten Vertretern der Mitgliedstaaten mit der Entschließung vom 1. Februar 1993 über ein Programm der Europäischen Gemeinschaft für Umweltpolitik und Maßnahmen im Hinblick auf eine dauerhafte und umweltgerechte Entwicklung[5] angenommen wurde und durch den Beschluss Nr. 2179/98/EG[6] ergänzt wurde, insbesondere Änderungen der bestehenden Rechtsvorschriften über Luftschadstoffe vor. In diesem Programm wird die Festlegung langfristiger Luftqualitätsziele empfohlen.

(2) Gemäß Artikel 4 Absatz 5 der Richtlinie 96/62/EG des Rates vom 27. September 1996 über die Beurteilung und die Kontrolle der Luftqualität[7] erlässt der Rat die in Absatz 1 jenes Artikels vorgesehenen Rechtsvorschriften und die in den Absätzen 3 und 4 jenes Artikels vorgesehenen Bestimmungen.

(3) Die menschliche Gesundheit sollte gegen schädliche Auswirkungen der Ozonexposition wirksam geschützt werden. Die negativen Auswirkungen des Ozons auf

1 ABl. C 56 E vom 29.2.2000, S. 40, und ABl. C 29 E vom 30.1.2001, S. 291.
2 ABl. C 51 vom 23.2.2000, S. 11.
3 ABl. C 317 vom 6.11.2000, S. 35.
4 Stellungnahme des Europäischen Parlaments vom 15. März 2000 (ABl. C 377 vom 29.12.2000, S. 154), Gemeinsamer Standpunkt des Rates vom 8. März 2001 (ABl. C 126 vom 26.4.2001, S. 1) und Beschluss des Europäischen Parlaments vom 13. Juni 2001 (noch nicht im Amtsblatt veröffentlicht). Beschluss des Europäischen Parlaments vom 17. Januar 2002 und Beschluss des Rates vom 19. Dezember 2001.
5 ABl. C 138 vom 17.5.1993, S. 1.
6 ABl. L 275 vom 10.10.1998, S. 1.
7 ABl. L 296 vom 21.11.1996, S. 55.

die Vegetation, die Ökosysteme und die Umwelt insgesamt sollten so weit wie möglich vermindert werden. Wegen des grenzüberschreitenden Charakters der Ozonbelastung sind Maßnahmen auf der Ebene der Gemeinschaft erforderlich.

(4) Nach der Richtlinie 96/62/EG sind bei der quantitativen Festlegung von Schwellenwerten die Forschungsergebnisse der auf diesem Gebiet tätigen internationalen wissenschaftlichen Gremien zugrunde zu legen. Die Kommission sollte bei der Überprüfung der Grundlagen für die Festlegung von Schwellenwerten den neuesten wissenschaftlichen Forschungsergebnissen in den betreffenden Bereichen der Epidemiologie und Umweltforschung sowie den neuesten Fortschritten auf dem Gebiet der Messtechnik Rechnung tragen.

(5) Nach der Richtlinie 96/62/EG sind Grenzwerte und/oder Zielwerte für Ozon festzulegen. Wegen des grenzüberschreitenden Charakters der Ozonbelastung sollten auf Gemeinschaftsebene Zielwerte für den Schutz der menschlichen Gesundheit und der Vegetation festgelegt werden. Diese Zielwerte sollten den Zwischenzielen entsprechen, die aus der integrierten Gemeinschaftsstrategie zur Bekämpfung der Versauerung und des bodennahen Ozons abgeleitet werden und auch die Grundlage für die Richtlinie 2001/81/EG des Europäischen Parlaments und des Rates vom 23. Oktober 2001 über nationale Emissionshöchstmengen für bestimmte Luftschadstoffe[8] bilden.

(6) Nach der Richtlinie 96/62/EG sollten in Bezug auf Gebiete und Ballungsräume, in denen die Ozonkonzentrationen die Zielwerte überschreiten, Pläne und Programme durchgeführt werden, um zu gewährleisten, dass die Zielwerte zum festgesetzten Zeitpunkt möglichst weitgehend eingehalten werden. Diese Pläne und Programme sollten weitgehend auf Reduktionsmaßnahmen ausgerichtet werden, die gemäß den einschlägigen Rechtsvorschriften der Gemeinschaft durchzuführen sind.

(7) Im Hinblick auf einen wirksamen Schutz der menschlichen Gesundheit und der Umwelt sollten langfristige Ziele festgelegt werden. Diese langfristigen Ziele sollten der Strategie zur Bekämpfung der Versauerung und des Ozons und deren Ziel entsprechen, die Lücke zwischen den derzeitigen Ozonkonzentrationen und den langfristigen Zielen zu schließen.

(8) In Gebieten, in denen langfristige Ziele überschritten werden, sollten Messungen der Schadstoffkonzentration obligatorisch sein. Die Anwendung zusätzlicher Verfahren zur Beurteilung könnten eine Verringerung der erforderlichen Zahl ortsfester Probenahmestellen ermöglichen.

(9) Im Hinblick auf den Schutz der Gesundheit der Gesamtbevölkerung sollte eine Alarmschwelle für Ozon festgelegt werden. Eine Informationsschwelle sollte zum Schutz empfindlicher Bevölkerungsgruppen festgelegt werden. Aktuelle Informationen über Ozonkonzentrationen in der Luft sollten der Öffentlichkeit routinemäßig zugänglich gemacht werden.

---

8 ABl. L 309 vom 27.11.2001, S. 22.

(10) Pläne für kurzfristige Maßnahmen sollten dort aufgestellt werden, wo das Risiko von Überschreitungen der Alarmschwellen nennenswert vermindert werden kann. Die Möglichkeiten zur Minderung des Risikos, der Dauer und des Ausmaßes von Überschreitungen sollten untersucht und bewertet werden. Lokale Maßnahmen sollten nicht gefordert werden, wenn Aufwand und Nutzen nachweislich in keinem vernünftigen Verhältnis zueinander stehen.

(11) Wegen des grenzüberschreitenden Charakters der Ozonbelastung könnte bei der Ausarbeitung und Durchführung von Plänen, Programmen und Plänen für kurzfristige Maßnahmen sowie bei der Unterrichtung der Öffentlichkeit eine Koordinierung zwischen benachbarten Mitgliedstaaten notwendig sein. Gegebenenfalls sollten die Mitgliedstaaten weiterhin mit Drittländern zusammenarbeiten, wobei besonderer Wert auf eine frühzeitige Einbeziehung der Beitrittsländer zu legen ist.

(12) Als Grundlage für die regelmäßige Berichterstattung sollten der Kommission Informationen über die ermittelten Konzentrationen übermittelt werden.

(13) Die Kommission sollte die Vorschriften dieser Richtlinie unter Berücksichtigung der Ergebnisse der jüngsten wissenschaftlichen Forschung, insbesondere der Forschung über die Auswirkung von Ozon auf die menschliche Gesundheit und die Umwelt, überprüfen. Der Bericht der Kommission sollte als Bestandteil einer Strategie zur Verbesserung der Luftqualität vorgelegt werden, deren Zweck in der Überprüfung und dem Vorschlagen von Luftqualitätszielen für die Gemeinschaft sowie der Entwicklung von Umsetzungsstrategien besteht, um die Verwirklichung dieser Ziele sicherzustellen. In diesem Zusammenhang sollte der Bericht das Potential zur Erreichung der langfristigen Ziele innerhalb eines bestimmten Zeitraums berücksichtigen.

(14) Die zur Durchführung dieser Richtlinie erforderlichen Maßnahmen sollten gemäß dem Beschluss 1999/468/EG des Rates vom 28. Juni 1999 zur Festlegung der Modalitäten für die Ausübung der der Kommission übertragenen Durchführungsbefugnisse[9] erlassen werden.

(15) Da die Ziele dieser Richtlinie, einen wirksamen Schutz gegen die Auswirkungen von Ozon auf die menschliche Gesundheit zu gewährleisten und die schädlichen Auswirkungen von Ozon auf die Vegetation, die Ökosysteme und die Umwelt insgesamt zu vermindern, wegen des grenzüberschreitenden Charakters der Ozonbelastung auf der Ebene der Mitgliedstaaten nicht ausreichend erreicht werden können und daher besser auf Gemeinschaftsebene erreicht werden können, kann die Gemeinschaft im Einklang mit dem Subsidiaritätsprinzip nach Artikel 5 des Vertrags Maßnahmen erlassen. Im Einklang mit dem Grundsatz der Verhältnismäßigkeit nach jenem Artikel geht diese Richtlinie nicht über das für die Erreichung dieser Ziele erforderliche Maß hinaus.

(16) Die Richtlinie 92/72/EWG des Rates vom 21. September 1992 über die Luftverschmutzung durch Ozon[10] sollte aufgehoben werden –

---

9 ABl. L 184 vom 17.7.1999, S. 23.
10 ABl. L 297 vom 13.10.1992, S. 1.

HABEN FOLGENDE RICHTLINIE ERLASSEN:

Artikel 1
Ziele

Diese Richtlinie hat folgende Ziele:

a) Festlegung von langfristigen Zielen, Zielwerten, einer Alarmschwelle und einer Informationsschwelle für Ozonkonzentrationen in der Luft in der Gemeinschaft, um schädliche Auswirkungen auf die menschliche Gesundheit und die Umwelt insgesamt zu vermeiden, ihnen vorzubeugen oder sie zu vermindern;

b) Sicherstellung der Anwendung einheitlicher Methoden und Kriterien zur Beurteilung der Konzentrationen von Ozon und gegebenenfalls von Ozonvorläuferstoffen (Stickstoffoxide und flüchtige organische Verbindungen) in der Luft in den Mitgliedstaaten;

c) Sicherstellung der Erlangung ausreichender Informationen über die Ozonwerte in der Luft und ihrer Bereitstellung für die Öffentlichkeit;

d) Sicherstellung in Bezug auf Ozon, dass die Luftqualität aufrechterhalten wird, wenn sie gut ist, und dass sie anderenfalls verbessert wird;

e) Förderung einer verstärkten Zusammenarbeit der Mitgliedstaaten bei der Verringerung der Ozonwerte sowie Förderung der Nutzung des Potentials grenzüberschreitender Maßnahmen und einer Einigung über solche Maßnahmen.

Artikel 2
Begriffsbestimmungen

Im Sinne dieser Richtlinie bezeichnet der Ausdruck:

1. „Luft" die Außenluft in der Troposphäre mit Ausnahme der Luft am Arbeitsplatz;

2. „Schadstoff" jeden vom Menschen direkt oder indirekt in die Luft emittierten Stoff, der schädliche Auswirkungen auf die menschliche Gesundheit und/oder die Umwelt insgesamt haben kann;

3. „Ozonvorläuferstoffe" Stoffe, die zur Bildung von bodennahem Ozon beitragen; einige dieser Stoffe sind in Anhang VI aufgeführt;

4. „Wert" die Konzentration eines Schadstoffes in der Luft oder die Ablagerung eines Schadstoffes auf bestimmten Flächen in einem bestimmten Zeitraum;

5. „Beurteilung" alle Verfahren zur Messung, Berechnung, Vorhersage oder Schätzung eines Schadstoffwertes in der Luft;

6. „ortsfeste Messungen" Messungen, die nach Artikel 6 Absatz 5 der Richtlinie 96/62/EG vorgenommen werden;

7. „Gebiet" einen von den Mitgliedstaaten abgegrenzten Teil ihres Hoheitsgebiets;

8. „Ballungsraum" ein Gebiet mit mehr als 250 000 Einwohnern oder, falls 250 000 oder weniger Einwohner in dem Gebiet wohnen, einer Bevölkerungsdichte pro km²,

die nach Auffassung des Mitgliedstaates die Beurteilung und Kontrolle der Luftqualität rechtfertigt;

9. „Zielwert" einen Wert, der mit dem Ziel festgelegt wird, schädliche Auswirkungen auf die menschliche Gesundheit und/oder die Umwelt insgesamt langfristig zu vermeiden, und der – so weit wie möglich – in einem bestimmten Zeitraum erreicht werden muss;

10. „langfristiges Ziel" eine Ozonkonzentration in der Luft, unterhalb deren direkte schädliche Auswirkungen auf die menschliche Gesundheit und/oder die Umwelt insgesamt nach den derzeitigen wissenschaftlichen Erkenntnissen unwahrscheinlich sind. Dieses Ziel ist langfristig zu erreichen, um die menschliche Gesundheit und die Umwelt wirksam zu schützen, es sei denn, dies ist mit Maßnahmen, die in einem angemessenen Verhältnis zum angestrebten Erfolg stehen, nicht erreichbar;

11. „Alarmschwelle" einen Wert, bei dessen Überschreitung bei kurzfristiger Exposition ein Risiko für die menschliche Gesundheit für die Gesamtbevölkerung besteht und bei dem die Mitgliedstaaten umgehend Maßnahmen gemäß Artikel 6 und 7 ergreifen müssen;

12. „Informationsschwelle" einen Wert, bei dessen Überschreitung bei kurzfristiger Exposition ein Risiko für die menschliche Gesundheit für besonders empfindliche Bevölkerungsgruppen besteht und bei dem aktuelle Informationen erforderlich sind;

13. „flüchtige organische Verbindungen" (VOC) alle organischen Verbindungen, anthropogenen oder biogenen Ursprungs mit Ausnahme von Methan, die durch Reaktion mit Stickstoffoxiden in Gegenwart von Sonnenlicht photochemische Oxidantien erzeugen können.

Artikel 3
Zielwerte

(1) Die Zielwerte für das Jahr 2010 für die Ozonkonzentrationen in der Luft sind in Anhang I Abschnitt II festgelegt.

(2) Die Mitgliedstaaten erstellen eine Liste der Gebiete und Ballungsräume, in denen die Ozonwerte in der Luft bei Beurteilung nach Artikel 9 die in Absatz 1 genannten Zielwerte überschreiten.

(3) Für die Gebiete und Ballungsräume nach Absatz 2 ergreifen die Mitgliedstaaten Maßnahmen, um im Einklang mit der Richtlinie 2001/81/EG zu gewährleisten, dass ein Plan oder Programm ausgearbeitet und durchgeführt wird, um den Zielwert ab dem in Anhang I Abschnitt II angegebenen Zeitpunkt zu erreichen, es sei denn, dies ist mit Maßnahmen, die in einem angemessenen Verhältnis zum angestrebten Erfolg stehen, nicht erreichbar.

Müssen gemäß Artikel 8 Absatz 3 der Richtlinie 96/62/EG auch für andere Schadstoffe als Ozon Pläne oder Programme ausgearbeitet oder durchgeführt werden, so arbeiten die Mitgliedstaaten gegebenenfalls für alle betreffenden Schadstoffe integrierte Pläne oder Programme aus und führen sie durch.

(4) Die in Absatz 3 genannten Pläne oder Programme müssen zumindest alle in Anhang IV der Richtlinie 96/62/EG erwähnten Informationen enthalten und der Öffentlichkeit sowie relevanten Organisationen wie Umweltschutzorganisationen, Verbraucherverbänden, Interessenvertretungen empfindlicher Bevölkerungsgruppen und anderen mit dem Gesundheitsschutz befassten relevanten Stellen zugänglich gemacht werden.

Artikel 4
Langfristige Ziele

(1) Die langfristigen Ziele für die Ozonkonzentration in der Luft sind in Anhang I Abschnitt III festgelegt.

(2) Die Mitgliedstaaten erstellen eine Liste der Gebiete und Ballungsräume, in denen die Ozonwerte in der Luft bei Beurteilung nach Artikel 9 die in Absatz 1 genannten langfristigen Ziele, nicht jedoch die in Anhang I Abschnitt II festgelegten Zielwerte überschreiten. Für solche Gebiete und Ballungsräume werden von den Mitgliedstaaten kosteneffiziente Maßnahmen erarbeitet und durchgeführt, um die langfristigen Ziele zu erreichen. Diese Maßnahmen müssen zumindest mit allen in Artikel 3 Absatz 3 genannten Plänen oder Programmen im Einklang stehen. Darüber hinaus müssen sie sich auf Maßnahmen stützen, die gemäß der Richtlinie 2001/81/EG und anderen relevanten geltenden und künftigen Rechtsvorschriften der Gemeinschaft ergriffen werden.

(3) Die von der Gemeinschaft beim Erreichen der langfristigen Ziele erreichten Fortschritte werden immer wieder überprüft; diese Überprüfungen sind Teil des in Artikel 11 beschriebenen Prozesses und erfolgen im Zusammenhang mit der Richtlinie 2000/81/EG, wobei das Jahr 2020 als Zieldatum herangezogen wird und die Fortschritte beim Erreichen der in jener Richtlinie festgelegten nationalen Emissionshöchstmengen zu berücksichtigen sind.

Artikel 5
Anforderungen in Gebieten und Ballungsräumen,
in denen die Ozonwerte die langfristigen Ziele einhalten

Die Mitgliedstaaten erstellen eine Liste der Gebiete und Ballungsräume, in denen die Ozonwerte die langfristigen Ziele einhalten. Soweit Faktoren wie der grenzüberschreitende Charakter der Ozonbelastung und die meteorologischen Gegebenheiten dies zulassen, halten die Mitgliedstaaten in diesen Gebieten und Ballungsräumen die Ozonwerte unter den langfristigen Zielen und erhalten durch Maßnahmen, die in einem angemessenen Verhältnis zum angestrebten Erfolg stehen, die bestmögliche Luftqualität im Einklang mit einer dauerhaften und umweltgerechten Entwicklung und ein hohes Schutzniveau für die Umwelt und die menschliche Gesundheit.

Artikel 6
Unterrichtung der Öffentlichkeit

(1) Die Mitgliedstaaten unternehmen die geeigneten Schritte,

a) um sicherzustellen, dass aktuelle Informationen über die Ozonkonzentrationen in der Luft der Öffentlichkeit sowie relevanten Organisationen wie Umweltschutzorganisationen, Verbraucherverbänden, Interessenvertretungen empfindlicher Bevölkerungsgruppen und anderen mit dem Gesundheitsschutz befassten relevanten Stellen routinemäßig zugänglich gemacht werden.

Diese Informationen werden mindestens einmal täglich und, soweit dies zweckmäßig und praktisch möglich ist, stündlich aktualisiert.

Im Rahmen dieser Informationen sind zumindest alle Überschreitungen der im langfristigen Ziel festgelegten Konzentrationen für den Gesundheitsschutz, die Informationsschwelle und die Alarmschwelle für den betreffenden Mittelungszeitraum anzugeben. Ferner sollte eine Kurzbewertung in Bezug auf die gesundheitlichen Auswirkungen gegeben werden.

Die Informationsschwelle und die Alarmschwelle für Ozonkonzentrationen in der Luft sind in Anhang II Abschnitt I festgelegt.

b) um der Öffentlichkeit und relevanten Organisationen wie Umweltschutzorganisationen, Verbraucherverbänden, Interessenvertretungen empfindlicher Bevölkerungsgruppen und anderen mit dem Gesundheitsschutz befassten relevanten Stellen umfassende Jahresberichte zugänglich zu machen, in denen zumindest, was die menschliche Gesundheit anbelangt, alle Überschreitungen der im Zielwert und im langfristigen Ziel festgelegten Konzentrationen, die Informationsschwelle und die Alarmschwelle für den betreffenden Mittelungszeitraum und, was die Vegetation anbelangt, alle Überschreitungen des Zielwerts und des langfristigen Ziels gegebenenfalls mit einer Kurzbewertung der Auswirkungen dieser Überschreitungen anzugeben sind. Sie können gegebenenfalls weitere Informationen und Bewertungen betreffend den Schutz von Wäldern im Sinne von Anhang III Abschnitt I enthalten. Sie können ferner Informationen zu relevanten Vorläuferstoffen enthalten, soweit diese nicht vom geltenden Gemeinschaftsrecht erfasst werden.

c) um sicherzustellen, dass Gesundheitseinrichtungen und die Bevölkerung rechtzeitig über festgestellte oder vorhergesagte Überschreitungen der Alarmschwelle unterrichtet werden.

Die oben genannten Informationen und Berichte werden über geeignete Mittel veröffentlicht, zu denen je nach Fall beispielsweise Rundfunk, Presse oder Veröffentlichungen, Anzeigetafeln oder Computernetzdienste wie das Internet gehören können.

(2) Die der Öffentlichkeit nach Artikel 10 der Richtlinie 96/62/EG bei Überschreitung einer dieser Schwellen bekannt zu gebenden Einzelheiten umfassen die in Anhang II Abschnitt II festgelegten Einzelheiten. Die Mitgliedstaaten ergreifen, soweit dies praktisch möglich ist, auch Maßnahmen, um diese Informationen bekannt

zu geben, wenn eine Überschreitung der Informationsschwelle oder der Alarmschwelle vorhergesagt wird.

(3) Gemäß den Absätzen 1 und 2 verbreitete Informationen müssen klar, verständlich und zugänglich sein.

Artikel 7
Pläne für kurzfristige Maßnahmen

(1) Unter Berücksichtigung der besonderen örtlichen Gegebenheiten erstellen die Mitgliedstaaten auf geeigneter Verwaltungsebene gemäß Artikel 7 Absatz 3 der Richtlinie 96/62/EG Aktionspläne für bestimmte Maßnahmen, die kurzfristig für die Gebiete, in denen das Risiko einer Überschreitung der Alarmschwelle gegeben ist, zu ergreifen sind, wenn ein nennenswertes Potential zur Verringerung dieses Risikos oder zur Reduzierung der Dauer oder des Ausmaßes einer Überschreitung der Alarmschwelle besteht. Wird festgestellt, dass kein nennenswertes Potential zur Minderung des Risikos, der Dauer oder des Ausmaßes einer Überschreitung in den betreffenden Gebieten besteht, so sind die Mitgliedstaaten nicht an Artikel 7 Absatz 3 der Richtlinie 96/62/EG gebunden. Es ist Sache der Mitgliedstaaten, unter Berücksichtigung der einzelstaatlichen geographischen, meteorologischen und wirtschaftlichen Gegebenheiten festzustellen, ob ein nennenswertes Potential zur Minderung des Risikos, der Dauer oder des Ausmaßes einer Überschreitung besteht.

(2) Die Ausarbeitung der Pläne für kurzfristige Maßnahmen, einschließlich der Auslöseschwelle für bestimmte Maßnahmen, liegt in der Zuständigkeit der Mitgliedstaaten. Je nach Fall können die Pläne abgestufte kosteneffiziente Maßnahmen zur Kontrolle und, soweit erforderlich, zur Einschränkung oder Aussetzung bestimmter Tätigkeiten, einschließlich des Kraftfahrzeugverkehrs, vorsehen, die zu Emissionen beitragen, die zur Überschreitung der Alarmschwelle führen. Dazu könnten auch wirksame Maßnahmen gehören, die den Betrieb von Industrieanlagen oder die Verwendung von Erzeugnissen betreffen.

(3) Bei der Ausarbeitung und Durchführung der Pläne für kurzfristige Maßnahmen berücksichtigen die Mitgliedstaaten Beispiele von Maßnahmen (deren Wirksamkeit beurteilt worden ist), die in die Leitlinien nach Artikel 12 aufgenommen werden sollten.

(4) Die Mitgliedstaaten machen der Öffentlichkeit sowie relevanten Organisationen wie Umweltschutzorganisationen, Verbraucherverbänden, Interessenvertretungen empfindlicher Bevölkerungsgruppen und anderen mit dem Gesundheitsschutz befassten relevanten Stellen die Ergebnisse ihrer Untersuchungen und den Inhalt der spezifischen Pläne für kurzfristige Maßnahmen sowie Informationen über die Durchführung dieser Pläne zugänglich.

Artikel 8
Grenzüberschreitende Luftverschmutzung

(1) Sind Ozonkonzentrationen, welche die Zielwerte oder langfristigen Ziele überschreiten, weitgehend auf Emissionen von Vorläuferstoffen in anderen Mitglied-

staaten zurückzuführen, so arbeiten die betreffenden Mitgliedstaaten gegebenen-falls zusammen, um gemeinsame Pläne und Programme aufzustellen und damit die Zielwerte oder langfristigen Ziele zu erreichen, es sei denn, dies ist mit Maß-nahmen, die in einem angemessenen Verhältnis zum angestrebten Erfolg stehen, nicht erreichbar. Die Kommission unterstützt diese Bemühungen. Bei der Erfül-lung der ihr aus Artikel 11 erwachsenden Verpflichtungen erwägt die Kommission unter Berücksichtigung der Richtlinie 2001/81/EG und insbesondere ihres Artikels 9, ob weitere Maßnahmen auf der Ebene der Gemeinschaft getroffen werden sollten, um die Emissionen von für die grenzüberschreitende Ozonbelastung verantwortli-chen Vorläuferstoffen zu mindern.

(2) Die Mitgliedstaaten arbeiten, gegebenenfalls nach Artikel 7, gemeinsame Plä-ne für kurzfristige Maßnahmen aus, die sich auf benachbarte Gebiete verschie-dener Mitgliedstaaten erstrecken, und setzen sie um. Die Mitgliedstaaten gewähr-leisten, dass die benachbarten Gebiete der Mitgliedstaaten, die Pläne für kurzfris-tige Maßnahmen entwickelt haben, alle zweckdienlichen Informationen erhalten.

(3) Bei Überschreitung der Informationsschwelle oder der Alarmschwelle in Ge-bieten nahe den Landesgrenzen sollten den zuständigen Behörden der benach-barten Mitgliedstaaten so bald wie möglich die entsprechenden Informationen übermittelt werden, um die Unterrichtung der Öffentlichkeit in diesen Staaten zu erleichtern.

(4) Bei der Ausarbeitung der Pläne und Programme gemäß den Absätzen 1 und 2 sowie bei der Information der Öffentlichkeit gemäß Absatz 3 arbeiten die Mitglied-staaten gegebenenfalls weiterhin mit Drittländern zusammen, wobei der Schwer-punkt auf den Beitrittsländern liegt.

Artikel 9
Beurteilung der Konzentrationen von Ozon und Vorläuferstoffen in der Luft

(1) In Gebieten und Ballungsräumen, in denen in irgendeinem Jahr während der vorangehenden fünfjährigen Messperiode die Ozonkonzentration ein langfristiges Ziel überschritten hat, müssen ortsfeste kontinuierliche Messungen vorgenommen werden.

Sollten Daten für weniger als fünf Jahre verfügbar sein, können die Mitgliedstaa-ten zur Ermittlung von Überschreitungen Messkampagnen von kurzer Dauer, die zu Zeitpunkten und an Orten durchgeführt werden, bei denen davon ausgegangen wird, dass sie für die höchsten Schadstoffwerte typisch sind, mit Ergebnissen aus Emissionsinventaren/Emissionsinventuren[11] und Modellrechnungen kombinieren.

In Anhang IV sind Kriterien zur Bestimmung der Probenahmestellen für die Ozon-messung festgelegt.

In Anhang V Abschnitt I ist die Mindestzahl ortsfester Probenahmestellen für die kontinuierliche Messung von Ozon in jedem Gebiet oder Ballungsraum festgelegt,

---

11 „Emissionsinventuren" entspricht dem österreichischen Sprachgebrauch.

in dem Informationen zur Beurteilung der Luftqualität ausschließlich durch Messungen gewonnen werden.

Die Konzentration an Stickstoffdioxid ist an mindestens 50 % der Ozonprobenahmestellen gemäß Anhang V Abschnitt I zu messen. Die Konzentration von Stickstoffdioxid ist kontinuierlich zu messen; dies gilt nicht für Messstationen im ländlichen Hintergrund, wie sie in Anhang IV Abschnitt I beschrieben sind, wo andere Messverfahren angewendet werden können.

Für Gebiete und Ballungsräume, in denen die Informationen aus Probenahmestellen für ortsfeste Messungen durch solche aus Modellrechnungen und/oder orientierenden Messungen ergänzt werden, kann die in Anhang V Abschnitt I festgelegte Gesamtzahl der Probenahmestellen verringert werden, sofern

a) die zusätzlichen Methoden ein angemessenes Informationsniveau für die Beurteilung der Luftqualität in Bezug auf die Zielwerte sowie die Informations- und Alarmschwellen zur Verfügung stellen;

b) die Zahl der einzurichtenden Probenahmestellen und die räumliche Auflösung anderer Techniken ausreicht, um die Ozonkonzentration im Einklang mit den in Anhang VII Abschnitt I festgelegten Datenqualitätszielen zu ermitteln, und zu den Beurteilungsergebnissen nach Anhang VII Abschnitt II führt;

c) die Zahl der Probenahmestellen in jedem Gebiet oder Ballungsraum mindestens eine Probenahmestelle pro zwei Millionen Einwohner oder eine Probenahmestelle pro 50 000 km² beträgt, je nachdem, was zur größeren Zahl von Probenahmestellen führt;

d) es in jedem Gebiet oder Ballungsraum mindestens eine Probenahmestelle gibt, und

e) Stickstoffdioxid an allen verbleibenden Probenahmestellen mit Ausnahme von Stationen im ländlichen Hintergrund gemessen wird.

In diesem Fall werden die Ergebnisse von Modellrechnungen und/oder orientierenden Messungen bei der Beurteilung der Luftqualität in Bezug auf die Zielwerte berücksichtigt.

(2) In Gebieten und Ballungsräumen, in denen in jedem Jahr während der vorangehenden fünfjährigen Messperiode die Konzentrationen unter den langfristigen Zielen liegen, ist die Zahl der kontinuierlich arbeitenden Messstationen gemäß Anhang V Abschnitt II zu bestimmen.

(3) Jeder Mitgliedstaat stellt sicher, dass in seinem Hoheitsgebiet mindestens eine Messstation zur Erfassung der Konzentrationen der in Anhang VI aufgelisteten Ozonvorläuferstoffe errichtet und betrieben wird. Jeder Mitgliedstaat wählt die Zahl und die Standorte der Stationen aus, in denen Ozonvorläuferstoffe zu messen sind, wobei er den in dem genannten Anhang festgelegten Zielen, Methoden und Empfehlungen Rechnung trägt.

Im Rahmen der gemäß Artikel 12 auszuarbeitenden Leitlinien sind auch Leitlinien für eine angemessene Strategie zur Messung der Ozonvorläuferstoffe festzulegen, wobei auch vorhandenen Anforderungen des Gemeinschaftsrechts und des Programms über die Zusammenarbeit bei der Messung und Bewertung der weiträumigen Übertragung von luftverunreinigenden Stoffen in Europa („EMEP") Rechnung zu tragen ist.

(4) Referenzmethoden zur Analyse von Ozon sind in Anhang VIII Abschnitt I festgelegt. Anhang VIII Abschnitt II betrifft Referenzverfahren für Ozon-Modellrechnungen.

(5) Die zur Anpassung dieses Artikels und der Anhänge IV bis VIII an den wissenschaftlichen und technischen Fortschritt erforderlichen Änderungen werden nach dem Verfahren des Artikels 13 Absatz 2 erlassen.

Artikel 10
Übermittlung von Informationen und Berichten

(1) Bei der Übermittlung von Informationen an die Kommission nach Artikel 11 der Richtlinie 96/62/EG übermitteln die Mitgliedstaaten der Kommission ferner, und zwar erstmalig für das Kalenderjahr, das auf den in Artikel 15 Absatz 1 genannten Zeitpunkt folgt:

a) für jedes Kalenderjahr bis zum 30. September des Folgejahrs die Listen der Gebiete und Ballungsräume gemäß Artikel 3 Absatz 2, Artikel 4 Absatz 2 und Artikel 5;

b) einen Bericht, der einen Überblick über die Lage in Bezug auf Überschreitungen der in Anhang I Abschnitt II festgelegten Zielwerte gibt. Dieser Bericht enthält eine Erklärung im Falle jährlicher Überschreitungen des Zielwerts für den Schutz der menschlichen Gesundheit. Der Bericht enthält auch die Pläne und Programme gemäß Artikel 3 Absatz 3. Der Bericht wird der Kommission spätestens zwei Jahre nach Ablauf des Zeitraums übermittelt, in dem die Zielwerte für Ozon überschritten wurden;

c) alle drei Jahre Informationen über die bei der Durchführung der Pläne oder Programme erzielten Fortschritte.

(2) Die Mitgliedstaaten übermitteln der Kommission außerdem erstmalig für das Kalenderjahr, das auf den in Artikel 15 Absatz 1 genannten Zeitpunkt folgt:

a) für jeden Monat von April bis September jeden Jahres auf vorläufiger Basis:

i) bis spätestens Ende des nachfolgenden Monats für jeden Tag, an dem die Informations- und/oder Alarmschwelle überschritten wurde, folgende Informationen: Datum, Dauer der Überschreitung(en) in Stunden, höchster 1-Stunden-Mittelwert der Ozonkonzentration,

ii) bis 31. Oktober jeden Jahres alle anderen Informationen gemäß Anhang III;

b) für jedes Kalenderjahr bis zum 30. September des Folgejahrs die validierten Informationen gemäß Anhang III und den Jahresmittelwert der Konzentrationen der in Anhang VI aufgeführten Ozonvorläuferstoffe für das betreffende Jahr;

c) alle drei Jahre im Rahmen des sektoralen Berichts gemäß Artikel 4 der Richtlinie 91/692/EWG des Rates[12] und bis zum 30. September nach Ablauf jedes Dreijahreszeitraumes:

i) Informationen mit einer Übersicht über die je nach Fall gemessenen oder beurteilten Ozonwerte in den Gebieten und Ballungsräumen, die in Artikel 3 Absatz 2, Artikel 4 Absatz 2 und Artikel 5 erwähnt sind,

ii) Informationen über gemäß Artikel 4 Absatz 2 ergriffene oder vorgesehene Maßnahmen, und

iii) Informationen über Beschlüsse zu Plänen für kurzfristige Maßnahmen und über ihre Konzeption und ihren Inhalt sowie eine Bewertung der Auswirkungen solcher nach Artikel 7 aufgestellten Pläne.

(3) Die Kommission

a) stellt sicher, dass die gemäß Absatz 2 Buchstabe a) übermittelten Informationen unverzüglich durch geeignete Mittel zugänglich gemacht und an die Europäische Umweltagentur weitergeleitet werden;

b) veröffentlicht jedes Jahr eine Liste der gemäß Absatz 1 Buchstabe a) gemeldeten Gebiete und Ballungsräume und bis 30. November jeden Jahres einen Bericht über die Ozonsituation des vorangegangenen Sommers und des vorigen Kalenderjahres mit dem Ziel, einen Überblick in vergleichbarem Format über die Lage in jedem einzelnen Mitgliedstaat unter Berücksichtigung der jeweiligen meteorologischen Gegebenheiten und der grenzüberschreitenden Verschmutzung sowie einen Überblick über sämtliche Überschreitungen des langfristigen Ziels in den Mitgliedstaaten zu geben;

c) kontrolliert regelmäßig die Durchführung der nach Absatz 1 Buchstabe b) übermittelten Pläne oder Programme, indem sie die erzielten Fortschritte und den hinsichtlich der Luftverschmutzung festzustellenden Trend überprüft und dabei die meteorologischen Gegebenheiten und den Ursprung der Ozonvorläuferstoffe (biogen oder anthropogen) berücksichtigt;

d) berücksichtigt die gemäß den Absätzen 1 und 2 übermittelten Informationen bei der Ausarbeitung der Dreijahresberichte über die Luftqualität gemäß Artikel 11 Nummer 2 der Richtlinie 96/62/EG;

e) gewährleistet einen angemessenen Austausch der gemäß Absatz 2 Buchstabe c) Ziffer iii) übermittelten Informationen und Erfahrungen betreffend die Konzeption und Durchführung der Pläne für kurzfristige Maßnahmen.

(4) Die Kommission greift bei der Erfüllung ihrer Aufgaben nach Absatz 3 erforderlichenfalls auf die fachliche Kompetenz der Europäischen Umweltagentur zurück.

(5) Der Zeitpunkt, bis zu dem die Mitgliedstaaten der Kommission mitteilen, welche Methoden zur Ausgangsbeurteilung der Luftqualität nach Artikel 11 Nummer 1

---

12 ABl. L 377 vom 31.12.1991, S. 48.

Buchstabe d) der Richtlinie 96/62/EG verwendet wurden, ist spätestens der 9. September 2003.

Artikel 11
Überprüfung und Berichterstattung

(1) Die Kommission legt dem Europäischen Parlament und dem Rat bis spätestens 31. Dezember 2004 einen Bericht über die bei der Anwendung dieser Richtlinie gemachten Erfahrungen vor. Insbesondere berichtet sie über:

a) die Ergebnisse der neuesten wissenschaftlichen Forschungen – im Lichte der Leitlinien der Weltgesundheitsorganisation – über die Auswirkungen einer Ozonexposition auf die Umwelt und die menschliche Gesundheit, unter besonderer Berücksichtigung empfindlicher Bevölkerungsgruppen; der Entwicklung exakterer Modelle wird Rechnung getragen;

b) technologische Entwicklungen einschließlich des Fortschritts bei den Methoden zur Messung oder anderweitigen Beurteilung der Ozonkonzentrationen und ihrer Entwicklung in ganz Europa;

c) Vergleiche der Modellprognosen mit tatsächlichen Messungen;

d) die Festlegung und das Niveau von langfristigen Zielen, Zielwerten, Informations- und Alarmschwellen;

e) die Ergebnisse des im Rahmen des Übereinkommens der Wirtschaftskommission der Vereinten Nationen für Europa (UN-ECE) über weiträumige grenzüberschreitende Luftverunreinigung durchgeführten Internationalen Kooperationsprogramms in Bezug auf die Auswirkungen von Ozon auf Nutzpflanzen und die natürliche Vegetation.

(2) Der Bericht wird vorgelegt als Bestandteil einer Strategie zur Verbesserung der Luftqualität, deren Zweck in der Überprüfung und dem Vorschlagen von Luftqualitätszielen für die Gemeinschaft sowie der Entwicklung von Umsetzungsstrategien besteht, um die Verwirklichung dieser Ziele sicherzustellen. In diesem Zusammenhang wird in dem Bericht Folgendes berücksichtigt:

a) die Rahmenbedingungen für eine weitere Verminderung der Schadstoffemissionen aus allen relevanten Quellen unter Berücksichtigung der technischen Durchführbarkeit und Kosteneffizienz;

b) die Beziehungen zwischen einzelnen Schadstoffen und die Möglichkeiten für kombinierte Strategien zur Erreichung von Luftqualitätszielen und damit zusammenhängenden Zielsetzungen in der Gemeinschaft;

c) das Potential für weitere Maßnahmen, die auf Gemeinschaftsebene zur Verminderung der Emissionen von Vorläuferstoffen zu ergreifen sind;

d) die Fortschritte bei der Umsetzung der Zielwerte gemäß Anhang I – einschließlich der gemäß den Artikeln 3 und 4 ausgearbeiteten und durchgeführten Pläne und Programme –, die Erfahrungen bei der Durchführung der Pläne für kurzfristige Maßnahmen gemäß Artikel 7 und die in Anhang IV festgelegten Bedingungen, unter denen die Messungen der Luftqualität vorgenommen wurden;

e) die Möglichkeiten, um innerhalb einer bestimmten Zeitspanne die in Anhang I Abschnitt III festgelegten langfristigen Ziele zu erreichen;

f) derzeitige und künftige Anforderungen hinsichtlich der Information der Öffentlichkeit und des Informationsaustausches zwischen den Mitgliedstaaten und der Kommission;

g) die Beziehung zwischen dieser Richtlinie und den erwarteten Veränderungen infolge der Maßnahmen, die die Gemeinschaft und die Mitgliedstaaten zur Erfüllung ihrer Verpflichtungen im Zusammenhang mit der Klimaänderung zu ergreifen haben;

h) die grenzüberschreitende Verschmutzung unter Berücksichtigung der Maßnahmen in den Beitrittsländern.

(3) In dem Bericht werden ferner die Vorschriften dieser Richtlinie unter Berücksichtigung der Feststellungen des Berichts überprüft, und ihm werden gegebenenfalls Vorschläge zur Änderung dieser Richtlinie beigefügt, wobei den Auswirkungen des Ozons auf die Umwelt und die menschliche Gesundheit unter besonderer Berücksichtigung empfindlicher Bevölkerungsgruppen besondere Aufmerksamkeit zu widmen ist.

Artikel 12
Leitlinien

(1) Die Kommission arbeitet bis zum 9. September 2002 Leitlinien zur Umsetzung dieser Richtlinie aus. Sie stützt sich dabei je nach Fall auf die in den Mitgliedstaaten, bei der Europäischen Umweltagentur oder anderen kompetenten Stellen verfügbare fachliche Kompetenz und trägt bestehenden Anforderungen des Gemeinschaftsrechts und des EMEP Rechnung.

(2) Die Leitlinien werden nach dem Verfahren des Artikels 13 Absatz 2 erlassen. Sie dürfen weder unmittelbar noch mittelbar eine Änderung der Zielwerte, der langfristigen Ziele, der Alarmschwelle oder der Informationsschwelle bewirken.

Artikel 13
Ausschussverfahren

(1) Die Kommission wird von dem durch Artikel 12 Absatz 2 der Richtlinie 96/62/EG eingesetzten Ausschuss unterstützt.

(2) Wird auf diesen Absatz Bezug genommen, so gelten die Artikel 5 und 7 des Beschlusses 1999/468/EG unter Beachtung von dessen Artikel 8.

Der Zeitraum nach Artikel 5 Absatz 6 des Beschlusses 1999/468/EG wird auf drei Monate festgesetzt.

(3) Der Ausschuss gibt sich eine Geschäftsordnung.

Artikel 14
Sanktionen

Die Mitgliedstaaten legen die Sanktionen fest, die bei einem Verstoß gegen die einzelstaatlichen Vorschriften zur Durchführung dieser Richtlinie zu verhängen sind. Die Sanktionen müssen wirksam, verhältnismäßig und abschreckend sein.

Artikel 15
Umsetzung

(1) Die Mitgliedstaaten setzen die Rechts- und Verwaltungsvorschriften in Kraft, die erforderlich sind, um dieser Richtlinie bis zum 9. September 2003 nachzukommen. Sie setzen die Kommission unverzüglich davon in Kenntnis.

Wenn die Mitgliedstaaten derartige Vorschriften erlassen, nehmen sie in den Vorschriften selbst oder durch einen Hinweis bei der amtlichen Veröffentlichung auf diese Richtlinie Bezug. Die Mitgliedstaaten regeln die Einzelheiten der Bezugnahme.

(2) Die Mitgliedstaaten teilen der Kommission den Wortlaut der wichtigsten innerstaatlichen Rechtsvorschriften mit, die sie auf dem unter diese Richtlinie fallenden Gebiet erlassen.

Artikel 16
Aufhebung

Die Richtlinie 92/72/EWG wird hiermit zum 9. September 2003 aufgehoben.

Artikel 17
Inkrafttreten

Diese Richtlinie tritt am Tag ihrer Veröffentlichung im Amtsblatt der Europäischen Gemeinschaften in Kraft.

Artikel 18
Adressaten

Diese Richtlinie ist an alle Mitgliedstaaten gerichtet.

Geschehen zu Brüssel am 12. Februar 2002.

Im Namen des Europäischen Parlaments

Der Präsident

P. Cox

Im Namen des Rates

Der Präsident

J. Piqué i Camps

Anhang I
Begriffsbestimmungen, Zielwerte und langfristige Ziele für Ozon

I. Begriffsbestimmungen

Alle Werte werden in µg/m³ angegeben. Das Volumen ist zu normieren auf eine Temperatur von 293 K und einen Druck von 101,3 kPa. Zeitangaben erfolgen in mitteleuropäischer Zeit (MEZ).

AOT40 (ausgedrückt in (µg/m³)·Stunden) bedeutet die Summe der Differenz zwischen Konzentrationen über 80 µg/m³ (= 40 ppb) als 1-Stunden-Mittelwert und 80 µg/m³ während einer gegebenen Zeitspanne unter ausschließlicher Verwendung der 1-Stunden-Mittelwerte zwischen 8 Uhr morgens und 20 Uhr abends MEZ an jedem Tag[1].

Die jährlichen Überschreitungsdaten, die zur Prüfung der Einhaltung der nachstehenden Zielwerte und langfristigen Ziele verwendet werden, sind nur dann als gültig zu betrachten, wenn Sie den Kriterien von Anhang III Abschnitt II entsprechen.

II. Zielwerte für Ozon

	Parameter	Zielwert für 2010[a] [1]
1. Zielwert für den Schutz der menschlichen Gesundheit	Höchster 8-Stunden-Mittelwert eines Tages[b]	120 µg/m³; darf an höchstens 25 Tagen pro Kalenderjahr überschritten werden, gemittelt über 3 Jahre[c]
2. Zielwert für den Schutz der Vegetation	AOT40, berechnet aus 1-Stunden-Mittelwerten von Mai bis Juli	18 000 µg/m³ h gemittelt über 5 Jahre[c]

(a) Die Einhaltung der Zielwerte wird ab diesem Datum beurteilt, d. h. 2010 wird das erste Jahr sein, dessen Daten zur Berechnung der Einhaltung während der folgenden 3 oder 5 Jahre herangezogen werden.

(b) Der höchste 8-Stunden-Mittelwert der Konzentration eines Tages wird ermittelt, indem die gleitenden 8-Stunden-Mittelwerte geprüft werden, welche aus 1-Stunden-Mittelwerten berechnet und stündlich aktualisiert werden. Jeder auf diese Weise errechnete 8-Stunden-Mittelwert gilt für den Tag, an dem dieser Zeitraum endete, d. h. der erste Berechnungszeitraum für jeden einzelnen Tag umfasst die Zeitspanne von 17.00 Uhr des vorangegangenen Tages bis 1.00 Uhr des betreffenden Tages, während für den letzten Berechnungszeitraum jeweils die Stunden von 16.00 Uhr bis 24.00 Uhr des betreffenden Tages zugrunde gelegt werden.

(c) Falls die Durchschnittswerte über 3 oder 5 Jahre nicht auf der Grundlage einer vollständigen und kontinuierlichen Serie gültiger Jahresdaten berechnet werden können, sind folgende Mindestjahresdaten zur Prüfung der Einhaltung der Zielwerte erforderlich:

– für den Zielwert „Schutz der menschlichen Gesundheit": gültige Daten für ein Jahr;

– für den Zielwert „Schutz der Vegetation": gültige Daten für 3 Jahre.

(1) Diese Zielwerte und zulässigen Überschreitungen werden unbeschadet der Ergebnisse der in Artikel 11 vorgesehenen Untersuchungen und Überprüfung, bei denen die verschiedenen geographischen und klimatischen Gegebenheiten in der Europäischen Gemeinschaft berücksichtigt werden, festgelegt.

---

1 Bzw. entsprechende Uhrzeit in Regionen in äußerster Randlage.

III. Langfristige Ziele für Ozon

	Parameter	langfristiges Ziel (a)
1. langfristiges Ziel für den Schutz der menschlichen Gesundheit	Höchster 8-Stunden-Mittelwert eines Tages während eines Kalenderjahres	120 µg/m^3
2. langfristiges Ziel für den Schutz der Vegetation	AOT40, berechnet aus 1-Stunden-Mittelwerten von Mai bis Juli	6 000 µg/m^3 h

(a) Die Fortschritte der Gemeinschaft beim Erreichen der langfristigen Ziele, wobei das Jahr 2020 als Zieldatum herangezogen wird, werden als Teil des in Artikel 11 beschriebenen Prozesses überprüft.

Anhang II
Informationsschwelle und Alarmschwelle

I. Informationsschwelle und Alarmschwelle für Ozon

	Parameter	Schwelle
Informationsschwelle	1-Stunden-Mittelwert	180 µg/m^3
Alarmschwelle	1-Stunden-Mittelwert (a)	240 µg/m^3

(a) Zum Zwecke der Anwendung des Artikels 7 ist die Überschreitung der Alarmschwelle während drei aufeinander folgender Stunden zu messen oder vorherzusagen.

II. Mindestinformationen für die Öffentlichkeit bei festgestellter oder vorhergesagter Überschreitung der Informationsschwelle oder der Alarmschwelle

Der Öffentlichkeit sind folgende Einzelheiten möglichst rasch und über einen hinreichend großen Adressatenkreis mitzuteilen:

1. Informationen über eine oder mehrere festgestellte Überschreitungen:

– Ort oder Gebiet der Überschreitung;

– Art der überschrittenen Schwelle (Informationsschwelle oder Alarmschwelle);

– Beginn und Dauer der Überschreitung;

– höchste 1-Stunden- und 8-Stunden-Mittelwerte der Konzentration.

2. Vorhersage für den kommenden Nachmittag/Tag (die kommenden Nachmittage/Tage):

– geographisches Gebiet der erwarteten Überschreitung der Informationsschwelle und/oder Alarmschwelle;

– erwartete Änderung der Belastung (Verbesserung, Stabilisierung, Verschlechterung);

3. Informationen über die betroffene Bevölkerungsgruppe, mögliche gesundheitliche Auswirkungen und empfohlenes Verhalten:

– Informationen über gefährdete Bevölkerungsgruppen;

– Beschreibung möglicher Symptome;

– der betroffenen Bevölkerung empfohlene Vorsichtsmaßnahmen;

– weitere Informationsquellen.

4. Informationen über vorbeugende Maßnahmen zur Verminderung der Belastung und/oder der Exposition:

Angabe der wichtigsten Verursachergruppen; Empfehlungen für Maßnahmen zur Verminderung der Emissionen.

Anhang III
Von den Mitgliedstaaten der Kommission zu übermittelnde Informationen, Kriterien für die Aggregation der Daten und die Berechnung statistischer Parameter

I. Der Kommission zu übermittelnde Informationen:

Die von den Mitgliedstaaten der Kommission zu übermittelnden Daten (Typ und Umfang) sind in der nachstehenden Tabelle zusammengefasst:

	Art der Mess-station	Wert	Mitte-lungs-/ Akkumu-lations-zeitraum	Vorläufige Daten für jeden Monat für den Zeitraum April-September	Jahresbericht
Informa-tions-schwelle	Alle Typen	180 µg/m³	1 Stunde	– Für jeden Tag mit Überschrei-tung(en): Datum, Dauer der Über-schreitung(en) in Stunden, höchs-ter 1-Stunden-Mittelwert für Ozon und ggf. für NO_2 – höchster 1-Stun-den-Mittelwert des Monats für Ozon	Für jeden Tag mit Überschreitung(en): Datum, Dauer der Überschreitung(en) in Stunden, höchs-ter 1-Stunden-Mittelwert für Ozon und ggf. für NO_2
Alarm-schwelle	Alle Typen	240 µg/m³			
Gesund-heits-schutz	Alle Typen	120 µg/m³	8 Stunden	– Für jeden Tag mit Überschrei-tung(en): Datum und höchster 8-Stunden-Mittel-wert (b)	Für jeden Tag mit Überschreitung(en): Datum und höchster 8-Stunden-Mittel-wert (b)
Schutz der Vege-tation	Vorstäd-tisch, ländlich, ländlicher Hinter-grund	AOT40 (a) = 6 000 µg/m³ h	1 Stunde, akkumu-liert von Mai bis Juli	–	Wert
Schutz der Wälder	Vorstäd-tisch, ländlich, ländlicher Hinter-grund	AOT40 (a) = 20 000 µg/m³ h	1 Stunde, akkumu-liert über den Zeit-raum April – Sep-tember	–	Wert

Art der Mess- station	Wert	Mitte- lungs-/ Akkumu- lations- zeitraum	Vorläufige Daten für jeden Monat für den Zeitraum April-September	Jahresbericht
Werk- stoffe	Alle Typen	40 µg/m³ (c)	1 Jahr	–	Wert

(a) Siehe die AOT40-Definition in Anhang I Abschnitt I.

(b) Höchster 8-Stunden-Mittelwert des Tages (siehe Anhang I Abschnitt II Anmerkung b).

(c) Dieser Wert wird gemäß Artikel 11 Absatz 3 unter Berücksichtigung neuer wissenschaftlicher Erkenntnisse überprüft.

Im Rahmen der jährlichen Berichterstattung ist Folgendes mitzuteilen, sofern die verfügbaren Stundenwerte für Ozon, Stickstoffdioxid und Stickstoffoxide des betreffenden Jahres nicht bereits im Rahmen der Entscheidung 97/101/EG des Rates[1] übermittelt worden sind:

– für Ozon, Stickstoffdioxid, Stickstoffoxide und die Summe von Ozon und Stickstoffdioxid (ermittelt durch die Addition als ppb und ausgedrückt in µg/m³ Ozon): Hoechstwert, 99,9, 98 und 50 Perzentil sowie Jahresmittelwert und Anzahl gültiger 1-Stunden-Mittelwerte;

– für Ozon: Hoechstwert, 98 und 50 Perzentil sowie Jahresmittelwert aus den höchsten 8-Stunden-Mittelwerten eines jeden Tages.

Die im Rahmen der monatlichen Berichterstattung übermittelten Daten werden als vorläufig betrachtet und sind gegebenenfalls im Rahmen nachfolgender Übermittlungen zu aktualisieren.

II. Kriterien für die Aggregation der Daten und die Berechnung statistischer Parameter

Perzentile sind nach der in der Entscheidung 97/101/EG des Rates festgelegten Methode zu berechnen.

Bei der Aggregation der Daten und der Berechnung der statistischen Parameter sind zur Prüfung der Gültigkeit folgende Kriterien anzuwenden:

Parameter	Erforderlicher Prozentsatz gültiger Daten
1-Stunden-Mittelwerte	75 % (d. h. 45 Minuten)
8-Stunden-Mittelwerte	75 % der Werte (d. h. 6 Stunden)
höchster 8-Stunden-Mittelwert pro Tag aus stündlich gleitenden 8-Stunden-Mittelwerten	75 % der stündlich gleitenden 8-Stunden-Mittelwerte (d. h. 18 8-Stunden-Mittelwerte pro Tag)
AOT40	90 % der 1-Stunden-Mittelwerte während des zur Berechnung des AOT40-Wertes festgelegten Zeitraumes (a)

---

1 ABl. L 35 vom 5.2.1997, S. 14.

Parameter	Erforderlicher Prozentsatz gültiger Daten
Jahresmittelwert	75 % der 1-Stunden-Mittelwerte jeweils getrennt während des Sommers (April-September) und des Winters (Januar-März, Oktober-Dezember)
Anzahl Überschreitungen und Höchstwerte je Monat	90 % der höchsten 8-Stunden-Mittelwerte der Tage (27 verfügbare Tageswerte je Monat) 90 % der 1-Stunden-Mittelwerte zwischen 8.00 und 20.00 Uhr MEZ
Anzahl Überschreitungen und Höchstwerte je Monat	5 von 6 Monaten während des Sommerhalbjahrs (April bis September)

(a) Liegen nicht alle möglichen Messdaten vor, so werden die AOT40-Werte nach folgendem Faktor berechnet:

$$\text{AOT40 [Schätzwert]} = \text{gemessener AOT40-Wert} \times \frac{\text{mögliche Gesamtstundenzahl*}}{\text{Zahl der gemessenen Stundenwerte}}$$

* Stundenzahl innerhalb der Zeitspanne der AOT40-Definition (d. h. 8.00 bis 20.00 Uhr MEZ vom 1. Mai bis 31. Juli jeden Jahres in Bezug auf den Schutz der Vegetation und vom 1. April bis 30. September jeden Jahres in Bezug auf den Schutz der Wälder.

Anhang IV
Kriterien zur Einstufung von Probenahmestellen für die Beurteilung der Ozonkonzentrationen und zur Bestimmung ihrer Standorte

Für ortsfeste Messstationen gelten folgende Kriterien:

I. Großräumige Standortbestimmung:

Art der Station	Ziel der Messungen	Repräsentativität (a)	Kriterien für die großräumige Standort-Bestimmung
Städtisch	**Schutz der menschlichen Gesundheit:** Beurteilung der Exposition der Stadtbevölkerung gegenüber Ozon, d. h. bei einer Bevölkerungsdichte und Ozonkonzentration, die relativ hoch und repräsentativ für die Exposition der allgemeinen Bevölkerung sind	Einige km²	Außerhalb des Einflussbereichs örtlicher Emissionsquellen wie Verkehr, Tankstellen usw.; Standorte mit guter Durchmischung der Umgebungsluft; Standorte wie Wohn- und Geschäftsviertel in Städten, Grünanlagen (nicht in unmittelbarer Nähe von Bäumen), große Straßen oder Plätze mit wenig oder keinem Verkehr, für Schulen, Sportanlagen oder Freizeiteinrichtungen charakteristische offene Flächen.
Vorstädtisch	**Schutz der menschlichen Gesundheit und der Vegetation:** Beurteilung der Exposition der Bevölkerung und Vegetation in vorstädtischen Gebieten von Ballungsräumen mit den höchsten Ozonwerten, denen Bevölkerung und Vegetation direkt oder indirekt ausgesetzt sein dürften	Größenordnung einige Dutzend km²	In gewissem Abstand von den Gebieten mit hohen Emissionen und auf deren Leeseite, bezogen auf jene Hauptwindrichtungen, welche bei für die Ozonbildung günstigen Bedingungen vorherrschen; wo sich die Wohnbevölkerung, empfindliche Nutzpflanzen oder natürlicher Ökosysteme in der Randzone eines Ballungsraumes befinden und hohen Ozonkonzentrationen ausgesetzt sind; gegebenenfalls auch einige Stationen in vorstädtischen Gebieten auch auf der Hauptwindrichtung zugewandten Seite, um das regionale Hintergrundniveau der Ozonkonzentrationen zu ermitteln.

Art der Station	Ziel der Messungen	Repräsenta-tivität (a)	Kriterien für die großräumi-ge Standort-Bestimmung
Ländlich	**Schutz der menschlichen Gesundheit und der Vegetation:** Beurteilung der Exposition der Bevölkerung, von Nutzpflanzen und natürlichen Ökosystemen gegenüber Ozonkonzentrationen von subregionaler Ausdehnung	Subregionale Ebene (ein paar 100 km^2)	Die Stationen können sich in kleinen Siedlungen und/oder Gebieten mit natürlichen Ökosystemen, Wäldern oder Nutzpflanzkulturen befinden; repräsentativ für Ozon außerhalb des Einflussbereichs örtlicher Emittenten wie Industrieanlagen und Straßen; in offenem Gelände, jedoch nicht auf Berggipfeln.
Ländlicher Hintergrund	**Schutz der Vegetation und der menschlichen Gesundheit:** Beurteilung der Exposition von Nutzpflanzen und natürlichen Ökosystemen gegenüber Ozonkonzentrationen von regionaler Ausdehnung sowie der Exposition der Bevölkerung	Regionale/nationale/kontinentale Ebene (1 000 bis 10 000 km^2)	Station in Gebieten mit niedrigerer Bevölkerungsdichte, z. B. mit natürlichen Ökosystemen, Wäldern, weit entfernt von Stadt- und Industriegebieten und entfernt von örtlichen Emissionsquellen; zu vermeiden sind Standorte mit örtlich verstärkter Bildung bodennaher Temperaturinversionen, sowie Gipfel höherer Berge; Küstengebiete mit ausgeprägten täglichen Windzyklen örtlichen Charakters werden nicht empfohlen.

(a) Probenahmestellen sollten möglichst auch repräsentativ für ähnliche Standorte sein, die nicht in ihrer unmittelbaren Nähe liegen.

Für ländliche Stationen und Stationen im ländlichen Hintergrund ist gegebenenfalls eine Koordinierung mit den Überwachungsanforderungen aufgrund der Verordnung (EG) Nr. 1091/94 der Kommission über den Schutz des Waldes in der Gemeinschaft gegen Luftverschmutzung[1] in Erwägung zu ziehen.

II. Kleinräumige Standortbestimmung

Die folgenden Leitlinien sollten berücksichtigt werden, soweit dies praktisch möglich ist.

1. Der Luftstrom um den Messeinlass (in einem Umkreis von mindestens 270° darf nicht beeinträchtigt werden, und es dürfen keine Hindernisse vorhanden sein, die den Luftstrom in der Nähe der Probenahmeeinrichtung beeinflussen, d. h. Gebäude, Balkone, Bäume und andere Hindernisse müssen um mindestens die doppelte Höhe, um die sie die Probenahmeeinrichtung überragen, entfernt sein.

2. Im Allgemeinen sollte sich der Messeinlass in einer Höhe zwischen 1,5 (Atemhöhe) und 4 m über dem Boden befinden. Eine höhere Anordnung ist bei Stationen in Städten unter besonderen Umständen und in bewaldeten Gebieten möglich.

---

1 ABl. L 125 vom 18.5.1994, S. 1.

3. Der Messeinlass sollte sich in beträchtlicher Entfernung von Emissionsquellen wie Öfen oder Schornsteinen von Verbrennungsanlagen und in mehr als 10 m Entfernung von der nächstgelegenen Straße befinden, wobei der einzuhaltende Abstand mit der Verkehrsdichte zunimmt.

4. Die Abluftleitung der Messstation sollte so angebracht sein, dass ein Wiedereintritt der Abluft in den Messeinlass vermieden wird.

Nachstehenden Faktoren ist unter Umständen ebenfalls Rechnung zu tragen:

1. Störquellen;

2. Sicherheit;

3. Zugänglichkeit;

4. vorhandene elektrische Versorgung und Telefonleitungen;

5. Sichtbarkeit der Messstation in der Umgebung;

6. Sicherheit der Öffentlichkeit und des Betriebspersonals;

7. mögliche Zusammenlegung der Messstationen für verschiedene Schadstoffe;

8. bauplanerische Anforderungen.

III. Dokumentation und Überprüfung der Standortbestimmung

Die Verfahren für die Standortwahl sind in der Einstufungsphase vollständig zu dokumentieren, z. B. mit Fotografien der Umgebung in den Haupthimmelsrichtungen und einer detaillierten Karte. Die Standorte sollten regelmäßig überprüft und wiederholt dokumentiert werden, damit sichergestellt ist, dass die Kriterien für die Standortwahl weiterhin erfüllt sind.

Hierzu ist eine gründliche Voruntersuchung und Auswertung der Messdaten unter Beachtung der meteorologischen und photochemischen Prozesse, die die an den einzelnen Standorten gemessenen Ozonkonzentrationen beeinflussen, notwendig.

Anhang V
Kriterien zur Bestimmung der Mindestzahl von Probenahmestellen für die ortsfesten Messungen von Ozonkonzentrationen

I. **Mindestzahl der Probenahmestellen für kontinuierliche ortsfeste Messungen zur Beurteilung der Qualität der Luft im Hinblick auf die Einhaltung der Zielwerte, der langfristigen Ziele und der Informations- und Alarmschwellen, soweit die kontinuierliche Messung die einzige Informationsquelle darstellt**

Bevölkerung (× 1000)	Ballungsräume (städtische und vorstädtische Gebiete) (a)	Sonstige Gebiete (vorstädtische und ländliche Gebiete) (a)	Ländlicher Hintergrund
< 250		1	1 Station/50 000 km² als mittlere Dichte über alle Gebiete pro Land (b)
< 500	1	2	
< 1000	2	2	
< 1500	3	3	
< 2 000	3	4	
< 2 750	4	5	
< 3 750	5	6	
> 3 750	1 zusätzliche Station je 2 Mio. Einwohner	1 zusätzliche Station je 2 Mio. Einwohner	

(a) Mindestens 1 Station in vorstädtischen Gebieten, in denen die Exposition der Bevölkerung am stärksten sein dürfte. In Ballungsräumen sollten mindestens 50 % der Stationen in Vorstadtgebieten liegen.

(b) 1 Station je 25 000 km² in orografisch stark gegliedertem Gelände wird empfohlen.

II. **Mindestzahl der Probenahmestellen für ortsfeste Messungen in Gebieten und Ballungsräumen, in denen die langfristigen Ziele eingehalten werden**

Die Zahl der Ozon-Probenahmestellen muss in Verbindung mit den zusätzlichen Beurteilungsmethoden wie Luftqualitätsmodellierung und am gleichen Standort durchgeführte Stickstoffdioxidmessungen zur Prüfung des Trends der Ozonbelastung und der Einhaltung der langfristigen Ziele ausreichen. Die Zahl der Stationen in Ballungsräumen und in anderen Gebieten kann auf ein Drittel der in Teil I angegebenen Zahl vermindert werden. Wenn die Informationen aus ortsfesten Stationen die einzige Informationsquellen darstellen, sollte zumindest eine Messstation beibehalten werden. Hat dies in Gebieten, in denen zusätzliche Beurteilungsmethoden eingesetzt werden, zur Folge, dass in einem Gebiet keine Station mehr vorhanden ist, so ist durch Koordinierung mit den Stationen der benachbarten Gebiete sicherzustellen, dass die Einhaltung der langfristigen Ziele hinsichtlich der Ozonkonzentrationen ausreichend beurteilt werden kann. Die Zahl der Stationen im ländlichen Hintergrund sollte 1/100 000 km² betragen.

Anhang VI
Messung von Ozonvorläuferstoffen

Ziele

Die Hauptzielsetzung dieser Messungen besteht in der Ermittlung von Trends der Ozonvorläuferstoffe, der Prüfung der Wirksamkeit der Emissionsminderungsstrategien, der Prüfung der Konsistenz von Emissionsinventaren/Emissionsinventuren[1] und in der Zuordnung von Emissionsquellen zu Schadstoffkonzentrationen.

Ein weiteres Ziel besteht im verbesserten Verständnis der Mechanismen der Ozonbildung und der Ausbreitung der Ozonvorläuferstoffe sowie in der Anwendung photochemischer Modelle.

Stoffe

Die Messung von Ozonvorläuferstoffen muss mindestens Stickstoffoxide und geeignete flüchtige organische Verbindungen (VOC) umfassen. Eine Liste der zur Messung empfohlenen flüchtigen organischen Verbindungen ist nachstehend wiedergegeben.

	1-Buten	Isopren	Ethylbenzol
Ethan	trans-2-Buten	n-Hexan	m+p-Xylol
Ethen	cis-2-Buten	i-Hexan	o-Xylol
Ethin	1,3-Butadien	n-Heptan	1,2,4-Trimethylbenzol
Propan	n-Pentan	n-Octan	1,2,3-Trimethylbenzol
Propen	i-Pentan	i-Octan	1,3,5-Trimethylbenzol
n-Butan	1-Penten	Benzol	Formaldehyd
i-Butan	2-Penten	Toluol	Summe der Kohlenwasserstoffe ohne Methan

Referenzmethoden

Die in der Richtlinie 1999/30/EG[2] oder späteren einschlägigen Rechtsvorschriften der Gemeinschaft angegebene Referenzmethode gilt für Stickstoffoxide.

Jeder Mitgliedstaat teilt der Kommission die Methoden mit, die er zur Probenahme und Messung von VOC anwendet. Die Kommission vergleicht die ihr mitgeteilten Methoden möglichst rasch und prüft die Möglichkeit der Festlegung von Referenzmethoden für die Probenahme und Messung von Ozonvorläuferstoffen, um die Vergleichbarkeit und Genauigkeit der Messungen im Rahmen der gemäß Artikel 11 vorgesehenen Überprüfung dieser Richtlinie zu verbessern.

---

1 „Emissionsinventur" entspricht dem österreichischen Sprachgebrauch.
2 ABl. L 163 vom 29.6.1999, S. 41.

Standortkriterien

Messungen sollten insbesondere in städtischen und vorstädtischen Gebieten in allen gemäß der Richtlinie 96/62/EG errichteten Messstationen durchgeführt werden, die für die oben erwähnten Überwachungsziele als geeignet betrachtet werden.

Anhang VII
Datenqualitätsziele und Zusammenstellung der Ergebnisse der Luftqualitätsbeurteilung

I. Datenqualitätsziele

Qualitätssicherungsprogramme sollten hinsichtlich der zulässigen Unsicherheit der Beurteilungsmethoden, der Mindestzeitdauer und der Messdatenerfassung auf folgende Datenqualitätsziele ausgerichtet sein.

	Für Ozon, NO und NO_2
Kontinuierliche ortsfeste Messung	
Unsicherheit der einzelnen Messungen	15 %
Mindestdatenerfassung	Sommer: 90 % – Winter: 75 %
Orientierende Messung	
Unsicherheit der einzelnen Messungen	30 %
Mindestdatenerfassung	90 %
Mindestzeitdauer	> 10 % im Sommer
Modellrechnung	
Unsicherheit:	50 %
1-Stunden-Mittelwerte (während des Tages)	50 %
höchster 8-Stunden-Mittelwert eines Tages	
Objektive Schätzverfahren	
Unsicherheit	75 %

Die Unsicherheit (bei einem Vertrauensbereich E> von 95 %) der Messmethoden wird in Einklang mit den Grundsätzen des ISO-Leitfadens des Zuverlässigkeitsmanagements („Guide to the Expression of Uncertainty in Measurement") (1993) oder der Methodik nach ISO 5725–1 („Accuracy (trueness and precision) of measurement methods and results") (1994) oder einer gleichwertigen Methodik beurteilt. Die in der obigen Tabelle angegebenen Prozentsätze für die Unsicherheit gelten für Einzelmessungen, gemittelt über den zur Berechnung der Zielwerte und Langfristziele erforderlichen Zeitraum, bei einem Vertrauensbereich von 95 %. Die Unsicherheit der kontinuierlichen ortsfesten Messungen sollte so interpretiert werden, dass sie in der Nähe des jeweiligen Schwellenwertes gilt.

Die Unsicherheit von Modellrechnungen und objektiven Schätzverfahren ist definiert als die größte Abweichung zwischen den gemessenen und den berechneten Konzentrationswerten während der für die Berechnung des jeweiligen Schwellenwertes festgelegten Zeitspanne, ohne dass die zeitliche Abfolge der Ereignisse berücksichtigt wird.

Die Mindestzeitdauer wird definiert als der Prozentsatz der zur Bestimmung des Schwellenwertes in Betracht gezogenen Zeit, während der der Schadstoff gemessen wird.

Die Mindestdatenerfassung wird definiert als das Verhältnis der Zeit, während der die Instrumente gültige Daten liefern, zu der Zeit, für die der statistische Parameter oder der aggregierte Wert berechnet werden muss.

Die Anforderungen für die Mindestdatenerfassung und Mindestzeitdauer erstrecken sich nicht auf Verluste von Daten infolge regelmäßiger Kalibrierung oder üblicher Wartung der Instrumente.

II. Ergebnisse der Luftqualitätsbeurteilung

Die folgenden Informationen sollten für Gebiete oder Ballungsräume zusammengestellt werden, in denen zusätzlich zu Messungen andere Datenquellen als ergänzende Informationen genutzt werden:

– Beschreibung der vorgenommenen Beurteilung;

– eingesetzte spezifische Methoden, mit Verweisen auf ihre Beschreibung;

– Daten- und Informationsquellen;

– Beschreibung der Ergebnisse, einschließlich der Unsicherheiten, und insbesondere die Ausdehnung eines jeden Teilgebiets innerhalb des Gebiets oder des Ballungsraumes, in dem die Konzentrationen die langfristigen Ziele oder Zielwerte überschreiten;

– bei langfristigen Zielen oder Zielwerten zum Schutz der menschlichen Gesundheit: Bevölkerung, die den die Schwellenwerte übersteigenden Konzentrationen potentiell ausgesetzt ist.

Soweit wie möglich sollten die Mitgliedstaaten kartographische Darstellungen der Konzentrationsverteilung innerhalb der einzelnen Gebiete und Ballungsräume erstellen.

III. Normierung

Für Ozon ist das Volumen nach folgenden Temperatur- und Druckbedingungen zu normieren: 293 K, 101,3 kPa. Für Stickstoffoxide gelten die Normierungsvorschriften der Richtlinie 1999/30/EG.

Anhang VIII
Referenzmethode zur Analyse von Ozon und zur Kalibrierung der Ozonmessinstrumente

I. **Referenzmethode zur Analyse von Ozon und zur Kalibrierung der Ozonmessgeräte:**

– Analysemethode: UV-Photometrie (ISO FDIS 13964)

– Kalibrierungsmethode: Referenz UV-Photometer (ISO FDIS 13964, VDI 2468, B1. 6)

Diese Methode wird zurzeit vom Europäischen Komitee für Normung (CEN) standardisiert. Nach Veröffentlichung der einschlägigen Norm durch CEN stellen die darin festgelegte Methode und Verfahren die Referenz- und Kalibriermethode für diese Richtlinie dar.

Ein Mitgliedstaat kann auch eine andere Methode verwenden, wenn er nachweisen kann, dass diese gleichwertige Ergebnisse erbringt wie obige Methode.

II. **Referenzverfahren für Ozon-Modellrechnungen**

Für Modellrechungen auf diesem Gebiet kann zurzeit kein Referenzverfahren angegeben werden. Änderungen zur Anpassung dieses Punktes an den wissenschaftlichen und technischen Fortschritt werden nach dem Verfahren des Artikels 13 Absatz 2 erlassen.

Richtlinie 2004/107/EG des Europäischen Parlaments und des Rates vom 15. Dezember 2004 über Arsen, Kadmium, Quecksilber, Nickel und polyzyklische aromatische Kohlenwasserstoffe in der Luft

ABl. Nr. L 23 vom 26.1.2005, S. 3–16

DAS EUROPÄISCHE PARLAMENT UND DER RAT DER EUROPÄISCHEN UNION –

gestützt auf den Vertrag zur Gründung der Europäischen Gemeinschaft, insbesondere auf Artikel 175 Absatz 1,

auf Vorschlag der Kommission,

nach Stellungnahme des Europäischen Wirtschafts- und Sozialausschusses[1],

nach Anhörung des Ausschusses der Regionen,

gemäß dem Verfahren des Artikels 251 des Vertrags[2],

in Erwägung nachstehender Gründe:

(1) Im Einklang mit den Grundsätzen des Artikels 175 Absatz 3 des Vertrags wurde im sechsten Umweltaktionsprogramm der Gemeinschaft, das mit dem Beschluss Nr. 1600/2002/EG des Europäischen Parlaments und des Rates[3] angenommen wurde, auf die Notwendigkeit verwiesen, die Umweltverschmutzung auf ein Niveau zu beschränken, welches die schädlichen Einflüsse für die menschliche Gesundheit – unter besonderer Rücksichtnahme auf empfindliche Bevölkerungsgruppen – und die Umwelt insgesamt verringert, die Überwachung und Beurteilung der Luftqualität, einschließlich der Ablagerung von Schadstoffen, zu verbessern und die Öffentlichkeit zu informieren.

(2) Gemäß Artikel 4 Absatz 1 der Richtlinie 96/62/EG des Rates vom 27. September 1996 über die Beurteilung und die Kontrolle der Luftqualität[4] legt die Kommission Vorschläge zur Regelung der in Anhang I jener Richtlinie genannten Schadstoffe vor und berücksichtigt dabei die Bestimmungen der Absätze 3 und 4 des genannten Artikels.

(3) Es wurde wissenschaftlich nachgewiesen, dass Arsen, Kadmium, Nickel und einige polyzyklische aromatische Kohlenwasserstoffe gentoxische Humankarzinogene sind und kein Schwellenwert festgelegt werden kann, unterhalb dessen

---

1 ABl. C 110 vom 30.4.2004, S. 16.
2 Stellungnahme des Europäischen Parlaments vom 20. April 2004 (noch nicht im Amtsblatt veröffentlicht), Beschluss des Rates vom 15. November 2004.
3 ABl. L 242 vom 10.9.2002, S. 1.
4 ABl. L 296 vom 21.11.1996, S. 55. Geändert durch die Verordnung (EG) Nr. 1882/2003 des Europäischen Parlaments und des Rates (ABl. L 284 vom 31.10.2003, S. 1).

diese Stoffe kein Risiko für die menschliche Gesundheit darstellen. Auswirkungen auf die menschliche Gesundheit und die Umwelt entstehen aufgrund der Immissionskonzentrationen und über die Ablagerung. Aus Gründen der Kostenwirksamkeit ist es in bestimmten Gebieten nicht möglich, Immissionskonzentrationen von Arsen, Kadmium, Nickel und polyzyklischen aromatischen Kohlenwasserstoffen zu erreichen, von denen kein signifikantes Risiko für die menschliche Gesundheit ausgeht.

(4) Zur Verringerung der schädlichen Auswirkungen von Arsen, Kadmium, Nickel und polyzyklischen aromatischen Kohlenwasserstoffen in der Luft auf die menschliche Gesundheit – unter besonderer Rücksichtnahme auf empfindliche Bevölkerungsgruppen – und auf die Umwelt insgesamt sollten Zielwerte festgelegt werden, die so weit wie möglich einzuhalten sind. Als Marker für das Krebserzeugungsrisiko polyzyklischer aromatischer Kohlenwasserstoffe in der Luft sollte Benzo(a)pyren dienen.

(5) Die Zielwerte würden keine Maßnahmen erfordern, die unverhältnismäßige Kosten mit sich bringen. Für Industrieanlagen würden die Zielwerte keine Maßnahmen erfordern, die über die Anwendung der besten verfügbaren Techniken gemäß der Richtlinie 96/61/EG des Rates vom 24. September 1996 über die integrierte Vermeidung und Verminderung der Umweltverschmutzung[5] hinausgehen, insbesondere würden keine Anlagen geschlossen werden müssen. Die Mitgliedstaaten müssten jedoch alle kosteneffizienten Maßnahmen zur Verringerung der Emissionen in den relevanten Sektoren ergreifen.

(6) Die Zielwerte der vorliegenden Richtlinie sind insbesondere nicht als Umweltqualitätsnormen im Sinne des Artikels 2 Nummer 7 der Richtlinie 96/61/EG zu betrachten, die gemäß Artikel 10 jener Richtlinie strengere Auflagen als die erfordern, die unter Einsatz der besten verfügbaren Techniken zu erfüllen sind.

(7) Nach Artikel 176 des Vertrags können die Mitgliedstaaten verstärkte Schutzmaßnahmen für Arsen, Kadmium, Quecksilber, Nickel und polyzyklische aromatische Kohlenwasserstoffe beibehalten oder ergreifen, sofern diese mit dem Vertrag vereinbar sind und der Kommission notifiziert werden.

(8) Sofern Konzentrationen bestimmte Beurteilungsschwellen überschreiten, sollte die Überwachung von Arsen, Kadmium, Nickel und Benzo(a)pyren zwingend vorgeschrieben sein. Die Anwendung zusätzlicher Verfahren zur Beurteilung kann eine Verringerung der für die ortsfeste Messung erforderlichen Anzahl der Probenahmestellen ermöglichen. Eine weitere Überwachung der Hintergrundkonzentrationen und der Ablagerung ist vorgesehen.

(9) Quecksilber ist ein für die menschliche Gesundheit und die Umwelt sehr gefährlicher Stoff. Er ist in der gesamten Umwelt vorhanden und kann sich in Form von Methylquecksilber in Organismen anreichern und sich insbesondere in Organismen, die weiter oben in der Nahrungskette stehen, konzentrieren. In die Atmosphäre gelangtes Quecksilber kann über weite Strecken transportiert werden.

---

5 ABl. L 257 vom 10.10.1996, S. 26. Zuletzt geändert durch die Verordnung (EG) Nr. 1882/2003.

(10) Die Kommission beabsichtigt, im Jahre 2005 eine umfassende Strategie mit Maßnahmen zum Schutz der menschlichen Gesundheit und der Umwelt vor Quecksilberemissionen auf der Grundlage eines Lebenszyklusansatzes und unter Berücksichtigung von Produktion, Verwendung, Abfallmanagement und Emissionen vorzulegen. Sie sollte in diesem Zusammenhang alle geeigneten Maßnahmen mit Blick auf die Reduzierung der Quecksilbermenge in terrestrischen und aquatischen Ökosystemen und damit der Aufnahme von Quecksilber über die Nahrung sowie auf die Vermeidung von Quecksilber in bestimmten Produkten prüfen.

(11) Die Auswirkungen von Arsen, Kadmium, Quecksilber, Nickel und polyzyklischen aromatischen Kohlenwasserstoffen auf die menschliche Gesundheit, auch über die Nahrungskette, und die Umwelt insgesamt entstehen aufgrund der Immissionskonzentrationen und über die Ablagerung; die Anreicherung dieser Stoffe im Boden und der Schutz des Grundwassers sollten beachtet werden. Um die im Jahr 2010 anstehende Überprüfung dieser Richtlinie zu vereinfachen, sollten die Kommission und die Mitgliedstaaten prüfen, inwiefern die Erforschung der Auswirkungen von Arsen, Kadmium, Quecksilber, Nickel und polyzyklischen aromatischen Kohlenwasserstoffen auf die menschliche Gesundheit und die Umwelt gefördert werden kann, wobei besondere Aufmerksamkeit der Ablagerung gilt.

(12) Genormte, genaue Messmethoden und gemeinsame Kriterien für die Wahl des Standortes von Messstationen sind bei der Beurteilung der Luftqualität besonders wichtig, um gemeinschaftsweit vergleichbare Informationen zu erhalten. Die Bereitstellung von Referenzmessmethoden wird als ein wichtiger Punkt angesehen. Die Kommission hat bereits die Ausarbeitung von CEN-Normen für die Messung jener Stoffe in der Luft in Auftrag gegeben, bei denen Zielwerte festgelegt sind (Arsen, Kadmium, Nickel und Benzo(a)pyren), sowie für die Ablagerung von Schwermetallen, um diese Normen kurzfristig zu entwickeln und zu beschließen. Solange genormte CEN-Verfahren nicht vorhanden sind, sollten internationale oder nationale genormte Referenzmessmethoden verwendet werden dürfen.

(13) Der Kommission sollten Informationen über die Konzentrationen und die Ablagerung der geregelten Schadstoffe übermittelt werden, damit sie über eine Grundlage für regelmäßige Berichte verfügt.

(14) Die Öffentlichkeit sollte einen einfachen Zugang zu aktuellen Informationen über Immissionskonzentrationen und die Ablagerung geregelter Schadstoffe haben.

(15) Die Mitgliedstaaten sollten Sanktionsbestimmungen für Verstöße gegen diese Richtlinie festlegen und sicherstellen, dass diese Sanktionen angewandt werden. Die Sanktionen sollten wirksam, verhältnismäßig und abschreckend sein.

(16) Die zur Durchführung dieser Richtlinie erforderlichen Maßnahmen sollten gemäß dem Beschluss 1999/468/EG des Rates vom 28. Juni 1999 zur Festlegung der Modalitäten für die Ausübung der der Kommission übertragenen Durchführungsbefugnisse[6] erlassen werden.

---

6 ABl. L 184 vom 17.7.1999, S. 23.

(17) Die zur Anpassung dieser Richtlinie an den wissenschaftlichen und technischen Fortschritt erforderlichen Änderungen sollten ausschließlich Kriterien und Techniken für die Beurteilung von Konzentrationen und der Ablagerung geregelter Schadstoffe oder die Modalitäten für die Weiterleitung von Informationen an die Kommission betreffen. Damit sollten jedoch keine direkten oder indirekten Änderungen der Zielwerte vorgenommen werden –

HABEN FOLGENDE RICHTLINIE ERLASSEN:

Artikel 1
Ziele

Diese Richtlinie dient folgenden Zielen:

a) Festlegung eines Zielwerts für die Immissionskonzentration von Arsen, Kadmium, Nickel und Benzo(a)pyren zur Vermeidung, Verhinderung oder Verringerung schädlicher Auswirkungen von Arsen, Kadmium, Nickel und polyzyklischen aromatischen Kohlenwasserstoffen auf die menschliche Gesundheit und die Umwelt insgesamt;

b) Sicherstellung, dass die Luftqualität dort, wo sie hinsichtlich der Belastung durch Arsen, Kadmium, Nickel und polyzyklische aromatische Kohlenwasserstoffe gut ist, erhalten bleibt und dort, wo dies nicht der Fall ist, verbessert wird;

c) Festlegung gemeinsamer Methoden und Kriterien für die Ermittlung der Immissionskonzentrationen von Arsen, Kadmium, Quecksilber, Nickel und polyzyklischen aromatischen Kohlenwasserstoffen sowie der Ablagerung von Arsen, Kadmium, Quecksilber, Nickel und polyzyklischen aromatischen Kohlenwasserstoffen;

d) Sicherstellung, dass sachdienliche Informationen über die Immissionskonzentrationen von Arsen, Kadmium, Quecksilber, Nickel und polyzyklischen aromatischen Kohlenwasserstoffen sowie die Ablagerung von Arsen, Kadmium, Quecksilber, Nickel und polyzyklischen aromatischen Kohlenwasserstoffen gewonnen und der Öffentlichkeit verfügbar gemacht werden.

Artikel 2
Begriffsbestimmungen

Für die Zwecke dieser Richtlinie gelten die Begriffsbestimmungen von Artikel 2 der Richtlinie 96/62/EG mit Ausnahme der Definition des Begriffs „Zielwert".

Ferner gelten folgende Begriffsbestimmungen:

a) „Zielwert" ist die nach Möglichkeit in einem bestimmten Zeitraum zu erreichende Immissionskonzentration, die mit dem Ziel festgelegt wird, die schädlichen Einflüsse auf die menschliche Gesundheit und die Umwelt insgesamt zu vermeiden, zu verhindern oder zu verringern;

b) „Gesamtablagerung oder bulk deposition" ist die Gesamtmenge der Schadstoffe, die auf einer bestimmten Fläche innerhalb eines bestimmten Zeitraums aus der Luft auf Oberflächen (z. B. Boden, Vegetation, Gewässer, Gebäude usw.) gelangt;

c) „obere Beurteilungsschwelle" ist der in Anhang II genannte Wert, bei dessen Unterschreitung eine Kombination von Messungen und Modellrechnungen zur Beurteilung der Luftqualität gemäß Artikel 6 Absatz 3 der Richtlinie 96/62/EG angewandt werden kann;

d) „untere Beurteilungsschwelle" ist der in Anhang II genannte Wert, bei dessen Unterschreitung nur Modellrechnungen oder Methoden der objektiven Schätzung zur Beurteilung der Luftqualität gemäß Artikel 6 Absatz 4 der Richtlinie 96/62/EG angewandt zu werden brauchen;

e) „ortsfeste Messungen" sind Messungen gemäß Artikel 6 Absatz 5 der Richtlinie 96/62/EG, die kontinuierlich oder stichprobenartig an festen Orten durchgeführt werden;

f) „Arsen", „Kadmium", „Nickel" und „Benzo(a)pyren" sind der Gesamtgehalt dieser Elemente und Verbindungen in der PM_{10}-Fraktion;

g) „PM_{10}" sind Partikel, die einen Größen selektierenden Lufteinlass gemäß der Norm EN 12341 passieren, der für einen aerodynamischen Durchmesser von 10 μm eine Abscheideeffizienz von 50 % aufweist;

h) „polyzyklische aromatische Kohlenwasserstoffe" sind organische Verbindungen, die sich aus mindestens zwei miteinander verbundenen aromatischen Ringen zusammensetzen, die ausschließlich aus Kohlenstoff und Wasserstoff bestehen;

i) „gesamtes gasförmiges Quecksilber" ist elementarer Quecksilberdampf (Hg^0) und reaktives gasförmiges Quecksilber, d. h. wasserlösliche Quecksilberverbindungen mit ausreichend hohem Dampfdruck, um in der Gasphase zu existieren.

Artikel 3
Zielwerte

(1) Die Mitgliedstaaten ergreifen alle erforderlichen und ohne unverhältnismäßige Kosten durchführbaren Maßnahmen, um sicherzustellen, dass die gemäß Artikel 4 ermittelten Immissionskonzentrationen von Arsen, Kadmium, Nickel und Benzo(a)pyren, das als Marker für das Krebserzeugungsrisiko von polyzyklischen aromatischen Kohlenwasserstoffen verwendet wird, ab dem 31. Dezember 2012 die Zielwerte des Anhangs I nicht überschreiten.

(2) Die Mitgliedstaaten erstellen eine Liste von Gebieten und Ballungsräumen, in denen die Werte von Arsen, Kadmium, Nickel und Benzo(a)pyren unter den jeweiligen Zielwerten liegen. Die Mitgliedstaaten halten in diesen Gebieten und Ballungsräumen die Werte dieser Schadstoffe unter den jeweiligen Zielwerten und bemühen sich, im Einklang mit der nachhaltigen Entwicklung die bestmögliche Luftqualität zu erhalten.

(3) Die Mitgliedstaaten erstellen eine Liste von Gebieten und Ballungsräumen, in denen die in Anhang I angegebenen Zielwerte überschritten werden.

Die Mitgliedstaaten geben für solche Gebiete und Ballungsräume an, in welchen Teilgebieten der Wert überschritten wird und welche Quellen hierzu beitragen. Die Mitgliedstaaten müssen für die betreffenden Teilgebiete nachweisen, dass, insbesondere abzielend auf die vorherrschenden Emissionsquellen, alle erforderlichen und ohne unverhältnismäßige Kosten durchführbaren Maßnahmen ergriffen wurden, um die Zielwerte zu erreichen. Im Fall von Industrieanlagen, die unter die Richtlinie 96/61/EG fallen, bedeutet dies, dass die besten verfügbaren Techniken im Sinne des Artikels 2 Nummer 11 jener Richtlinie angewandt wurden.

Artikel 4
Beurteilung der Immissionskonzentrationen und der Ablagerungsraten

(1) Die Luftqualität in Bezug auf Arsen, Kadmium, Nickel und Benzo(a)pyren wird im gesamten Hoheitsgebiet der Mitgliedstaaten beurteilt.

(2) Entsprechend den in Absatz 7 genannten Kriterien ist die Messung in folgenden Gebieten vorgeschrieben:

a) Gebiete und Ballungsräume, in denen die Werte zwischen der oberen und der unteren Beurteilungsschwelle liegen, sowie

b) sonstige Gebiete und Ballungsräume, in denen die Werte über der oberen Beurteilungsschwelle liegen.

Die vorgesehenen Messungen können durch Modellrechnungen ergänzt werden, damit in angemessenem Umfang Informationen über die Luftqualität gewonnen werden.

(3) Eine Kombination von Messungen, einschließlich orientierender Messungen nach Anhang IV Abschnitt I, und Modellrechnungen kann herangezogen werden, um die Luftqualität in Gebieten und Ballungsräumen zu beurteilen, in denen die Werte während eines repräsentativen Zeitraums zwischen der oberen und der unteren Beurteilungsschwelle gemäß Anhang II Abschnitt II liegen.

(4) In Gebieten und Ballungsräumen, in denen die Werte unter der unteren Beurteilungsschwelle gemäß Anhang II Abschnitt II liegen, brauchen nur Modellrechnungen oder Methoden der objektiven Schätzung für die Beurteilung der Werte angewandt zu werden.

(5) Wo Schadstoffe gemessen werden müssen, sind die Messungen kontinuierlich oder stichprobenartig an festen Orten durchzuführen. Die Messungen werden hinreichend häufig durchgeführt, damit die entsprechenden Werte bestimmt werden können.

(6) Die oberen und unteren Beurteilungsschwellen für Arsen, Kadmium, Nickel und Benzo(a)pyren in der Luft werden in Anhang II Abschnitt I festgelegt. Die Einstufung jedes Gebiets oder Ballungsraums für die Zwecke dieses Artikels ist spätestens alle fünf Jahre nach dem Verfahren des Anhangs II Abschnitt II zu überprüfen. Die Einstufung ist bei signifikanten Änderungen der Aktivitäten, die Auswirkungen auf die Immissionskonzentrationen von Arsen, Kadmium, Nickel und Benzo(a)pyren haben, früher zu überprüfen.

(7) Anhang III Abschnitte I und II enthält die Kriterien für die Wahl der Standorte der zur Messung von Arsen, Kadmium, Nickel und Benzo(a)pyren in der Luft zwecks Beurteilung der Einhaltung der Zielwerte bestimmten Probenahmestellen. Anhang III Abschnitt IV enthält die für die ortsfeste Messung der Konzentrationen jedes Schadstoffs festgelegte Mindestanzahl der Probenahmestellen, die in allen Gebieten und Ballungsräumen, in denen die Messung vorgeschrieben ist, aufzustellen sind, sofern Daten über Konzentrationen in dem Gebiet oder Ballungsraum ausschließlich durch ortsfeste Messungen gewonnen werden.

(8) Um den Beitrag von Benzo(a)pyren-Immissionen beurteilen zu können, überwacht jeder Mitgliedstaat an einer begrenzten Anzahl von Messstationen andere relevante polyzyklische aromatische Kohlenwasserstoffe. Diese Verbindungen umfassen mindestens: Benzo(a)anthracen, Benzo(b)fluoranthen, Benzo(j)fluoranthen, Benzo(k)fluoranthen, Indeno(1,2,3-cd)pyren und Dibenz(a,h)anthracen. Die Überwachungsstellen für diese polyzyklischen aromatischen Kohlenwasserstoffe werden mit Probenahmestellen für Benzo(a)pyren zusammengelegt und so gewählt, dass geografische Unterschiede und langfristige Trends bestimmt werden können. Es gelten die Bestimmungen des Anhangs III Abschnitte I, II und III.

(9) Ungeachtet der Konzentrationswerte wird für jedes Gebiet von $100\,000\ km^2$ jeweils eine Hintergrundprobenahmestelle installiert, die zur orientierenden Messung von Arsen, Kadmium, Nickel, dem gesamten gasförmigen Quecksilber, Benzo(a)pyren und den übrigen in Absatz 8 genannten polyzyklischen aromatischen Kohlenwasserstoffen in der Luft sowie der Gesamtablagerung von Arsen, Kadmium, Quecksilber, Nickel, Benzo(a)pyren und den übrigen in Absatz 8 genannten polyzyklischen aromatischen Kohlenwasserstoffen dient. Jeder Mitgliedstaat richtet mindestens eine Messstation ein; jedoch können die Mitgliedstaaten einvernehmlich und nach den Leitlinien, die gemäß dem in Artikel 6 genannten Verfahren aufzustellen sind, eine oder mehrere gemeinsame Messstationen einrichten, die benachbarte Gebiete in aneinander grenzenden Mitgliedstaaten erfassen, um die notwendige räumliche Auflösung zu erreichen. Zusätzlich wird die Messung von partikel- und gasförmigem zweiwertigem Quecksilber empfohlen. Sofern angebracht, ist die Überwachung mit der des Mess- und Bewertungsprogramms zur Messung und Bewertung der weiträumigen Verfrachtung von Luftschadstoffen in Europa (EMEP) zu koordinieren. Die Probenahmestellen für diese Schadstoffe werden so gewählt, dass geografische Unterschiede und langfristige Trends bestimmt werden können. Es gelten die Bestimmungen des Anhangs III Abschnitte I, II und III.

(10) Die Verwendung von Bioindikatoren kann erwogen werden, wo regionale Muster der Auswirkungen auf Ökosysteme beurteilt werden sollen.

(11) In Gebieten und Ballungsräumen, in denen Informationen von ortsfesten Messstationen durch Informationen aus anderen Quellen, zum Beispiel Emissionskataster, orientierende Messmethoden und Modellierung der Luftqualität ergänzt werden, muss die Zahl einzurichtender ortsfester Messstationen und die räumliche Auflösung anderer Techniken ausreichen, um die Konzentrationen von Luftschadstoffen gemäß Anhang III Abschnitt I und Anhang IV Abschnitt I zu ermitteln.

(12) Die Kriterien für die Datenqualität werden in Anhang IV Abschnitt I festgelegt. Werden Modelle zur Beurteilung der Luftqualität verwendet, so gilt Anhang IV Abschnitt II.

(13) Die Referenzmethoden für die Probenahmen und die Analyse von Arsen, Kadmium, Quecksilber, Nickel und polyzyklischen aromatischen Kohlenwasserstoffen in der Luft sind in Anhang V Abschnitte I, II und III festgelegt. Anhang V Abschnitt IV enthält Referenzmethoden zur Messung der Gesamtablagerung von Arsen, Kadmium, Quecksilber, Nickel und polyzyklischen aromatischen Kohlenwasserstoffen, und Anhang V Abschnitt V betrifft Referenzmethoden zur Erstellung von Luftqualitätsmodellen, soweit solche Methoden verfügbar sind.

(14) Die Mitgliedstaaten informieren die Kommission bis zu dem in Artikel 10 der vorliegenden Richtlinie genannten Datum über die Methoden für die Ausgangsbeurteilung der Luftqualität gemäß Artikel 11 Nummer 1 Buchstabe d) der Richtlinie 96/62/EG.

(15) Sämtliche zur Anpassung der Bestimmungen des vorliegenden Artikels und des Anhangs II Abschnitt II sowie der Anhänge III bis V an den wissenschaftlichen und technischen Fortschritt erforderlichen Änderungen werden gemäß dem in Artikel 6 genannten Verfahren angenommen; dabei dürfen jedoch keine direkten oder indirekten Änderungen der Zielwerte vorgenommen werden.

Artikel 5
Übermittlung von Informationen und Berichten

(1) Die Mitgliedstaaten übermitteln der Kommission in Bezug auf Gebiete und Ballungsräume, in denen einer der in Anhang I festgelegten Zielwerte überschritten wird, folgende Informationen:

a) die Listen der betreffenden Gebiete und Ballungsräume,

b) die Teilgebiete, in denen die Werte überschritten werden,

c) die beurteilten Konzentrationswerte,

d) die Gründe für die Überschreitung der Werte und insbesondere die Quellen, die dazu beitragen,

e) die Teile der Bevölkerung, die diesen überhöhten Werten ausgesetzt sind.

Die Mitgliedstaaten übermitteln ferner alle gemäß Artikel 4 beurteilten Daten, sofern diese nicht bereits aufgrund der Entscheidung 97/101/EG des Rates vom 27. Januar 1997 zur Schaffung eines Austausches von Informationen und Daten aus den Netzen und Einzelstationen zur Messung der Luftverschmutzung in den Mitgliedstaaten[7] gemeldet worden sind.

---

7 ABl. L 35 vom 5.2.1997, S. 14. Geändert durch die Entscheidung 2001/752/EG der Kommission (ABl. L 282 vom 26.10.2001, S. 69).

Diese Informationen werden für jedes Kalenderjahr bis spätestens zum 30. September des darauf folgenden Jahres und zum ersten Mal für das Kalenderjahr, das auf den 15. Februar 2007 folgt, übermittelt.

(2) Zusätzlich zu den in Absatz 1 geforderten Angaben melden die Mitgliedstaaten alle gemäß Artikel 3 ergriffenen Maßnahmen.

(3) Die Kommission sorgt dafür, dass alle gemäß Absatz 1 vorgelegten Informationen der Öffentlichkeit umgehend und auf angemessenem Wege, etwa über das Internet, die Presse und sonstige leicht zugängliche Medien, zur Verfügung gestellt werden.

(4) Die Kommission legt nach dem in Artikel 6 genannten Verfahren alle Modalitäten für die Weiterleitung der gemäß Absatz 1 des vorliegenden Artikels zur Verfügung zu stellenden Informationen fest.

Artikel 6
Ausschuss

(1) Die Kommission wird von dem durch Artikel 12 Absatz 2 der Richtlinie 96/62/EG eingesetzten Ausschuss unterstützt.

(2) Wird auf diesen Artikel Bezug genommen, so gelten die Artikel 5 und 7 des Beschlusses 1999/468/EG unter Beachtung von dessen Artikel 8.

Der Zeitraum nach Artikel 5 Absatz 6 des Beschlusses 1999/468/EG wird auf drei Monate festgesetzt.

(3) Der Ausschuss gibt sich eine Geschäftsordnung.

Artikel 7
Information der Öffentlichkeit

(1) Die Mitgliedstaaten sorgen dafür, dass die Öffentlichkeit sowie relevante Organisationen wie Umweltschutzorganisationen, Verbraucherorganisationen, Organisationen, die die Interessen empfindlicher Bevölkerungsgruppen vertreten, und andere relevante Gruppen im Gesundheitsbereich Zugang zu routinemäßig zur Verfügung gestellten, klaren und verständlichen Informationen über die Immissionskonzentrationen von Arsen, Kadmium, Quecksilber, Nickel und Benzo(a)pyren und den übrigen in Artikel 4 Absatz 8 genannten polyzyklischen aromatischen Kohlenwasserstoffen sowie über die Ablagerungsraten von Arsen, Kadmium, Quecksilber, Nickel und Benzo(a)pyren und den übrigen in Artikel 4 Absatz 8 genannten polyzyklischen aromatischen Kohlenwasserstoffen haben.

(2) Die Informationen müssen auch Angaben zu jeder jährlichen Überschreitung der in Anhang I festgelegten Zielwerte für Arsen, Kadmium, Nickel und Benzo(a)pyren umfassen. Dabei werden die Gründe für die Überschreitung und das Gebiet angegeben, in dem die Überschreitung festgestellt wurde. Hinzu kommen ferner eine kurze Beurteilung anhand des Zielwerts sowie einschlägige Angaben über gesundheitliche Auswirkungen und Umweltfolgen.

Informationen über gemäß Artikel 3 ergriffene Maßnahmen werden den in Absatz 1 des vorliegenden Artikels genannten Organisationen zur Verfügung gestellt.

(3) Die Informationen werden über Kanäle wie das Internet, die Presse und sonstige leicht zugängliche Medien zur Verfügung gestellt.

Artikel 8
Bericht und Überprüfung

(1) Die Kommission legt dem Europäischen Parlament und dem Rat spätestens bis zum 31. Dezember 2010 einen Bericht über Folgendes vor:

a) die Erfahrungen bei der Anwendung dieser Richtlinie,

b) insbesondere die neuesten wissenschaftlichen Forschungsergebnisse, die die Auswirkungen einer Exposition gegenüber Arsen, Kadmium, Quecksilber, Nickel und polyzyklischen aromatischen Kohlenwasserstoffen auf die menschliche Gesundheit unter besonderer Rücksichtnahme auf empfindliche Bevölkerungsgruppen und auf die Umwelt insgesamt betreffen, sowie

c) technologische Entwicklungen, einschließlich der Fortschritte bei den Methoden zur Messung oder sonstigen Beurteilung der Immissionskonzentrationen und der Ablagerung dieser Schadstoffe.

(2) Bei dem in Absatz 1 genannten Bericht sind folgende Aspekte zu berücksichtigen:

a) derzeitige Luftqualität, Trends und Projektionen bis zum Jahr 2015 und darüber hinaus;

b) Möglichkeiten zur weiteren Verringerung der Schadstoffemissionen aus allen relevanten Quellen und möglicher Nutzen der Einführung von Grenzwerten zur Verminderung des Risikos für die menschliche Gesundheit im Fall der in Anhang I genannten Schadstoffe unter Berücksichtigung der technischen Durchführbarkeit und der Kostenwirksamkeit sowie gegebenenfalls ein dadurch erzielter signifikanter zusätzlicher Schutz der Gesundheit und der Umwelt;

c) Wechselwirkungen zwischen Schadstoffen und Möglichkeiten für kombinierte Strategien zur Verbesserung der Luftqualität in der Gemeinschaft und zur Erreichung damit verbundener Ziele;

d) derzeitige und künftige Anforderungen an die Unterrichtung der Öffentlichkeit und den Informationsaustausch zwischen den Mitgliedstaaten und der Kommission;

e) Erfahrungen mit der Anwendung dieser Richtlinie in den Mitgliedstaaten unter besonderer Berücksichtigung der Bedingungen für die gemäß Anhang III durchgeführten Messungen;

f) ein sekundärer ökonomischer Nutzen für Umwelt und Gesundheit durch Verringerung der Emissionen von Arsen, Kadmium, Quecksilber, Nickel und polyzyklischen Kohlenwasserstoffen, soweit sich dieser Nutzen bewerten lässt;

g) die Angemessenheit der bei der Probenahme herangezogenen Partikelfraktion in Anbetracht der allgemeinen Anforderungen an die Partikelmessung;

h) die Eignung von Benzo(a)pyren als Marker für die gesamte krebserregende Wirkung polyzyklischer aromatischer Kohlenwasserstoffe unter Berücksichtigung des überwiegend gasförmigen Auftretens polyzyklischer aromatischer Kohlenwasserstoffe wie Fluoranthen.

Anhand der neuesten wissenschaftlichen und technologischen Entwicklungen untersucht die Kommission auch die Auswirkung von Arsen, Kadmium und Nickel auf die menschliche Gesundheit, um deren gentoxische Karzinogenität zu quantifizieren. Unter Berücksichtigung der im Rahmen der Quecksilber-Strategie getroffenen Maßnahmen prüft die Kommission außerdem den möglichen Nutzen weiterer Maßnahmen in Bezug auf Quecksilber, unter Berücksichtigung der technischen Durchführbarkeit und der Kostenwirksamkeit sowie eines dadurch erzielten signifikanten zusätzlichen Schutzes der Gesundheit und der Umwelt.

(3) Im Bestreben, Immissionskonzentrationen zu erreichen, die die schädlichen Auswirkungen auf die menschliche Gesundheit weiter verringern und die unter Berücksichtigung der technischen Durchführbarkeit und Kostenwirksamkeit zukünftiger Maßnahmen ein hohes Schutzniveau für die Umwelt insgesamt herbeiführen, können mit dem in Absatz 1 genannten Bericht gegebenenfalls auch Vorschläge zur Änderung dieser Richtlinie, besonders unter Berücksichtigung der nach Absatz 2 erzielten Ergebnisse, vorgelegt werden. Darüber hinaus prüft die Kommission Möglichkeiten zur Regelung der Ablagerung von Arsen, Kadmium, Quecksilber, Nickel und bestimmten polyzyklischen aromatischen Kohlenwasserstoffen.

Artikel 9
Sanktionen

Die Mitgliedstaaten legen die Sanktionen fest, die bei einem Verstoß gegen die einzelstaatlichen Vorschriften zur Umsetzung dieser Richtlinie zu verhängen sind, und treffen alle erforderlichen Maßnahmen, um deren Durchsetzung zu gewährleisten. Die vorgesehenen Sanktionen müssen wirksam, verhältnismäßig und abschreckend sein.

Artikel 10
Umsetzung

(1) Die Mitgliedstaaten setzen die Rechts- und Verwaltungsvorschriften in Kraft, die erforderlich sind, um dieser Richtlinie bis zum 15. Februar 2007 nachzukommen. Sie setzen die Kommission unverzüglich davon in Kenntnis.

Wenn die Mitgliedstaaten diese Vorschriften erlassen, nehmen sie in den Vorschriften selbst oder durch einen Hinweis bei der amtlichen Veröffentlichung auf diese Richtlinie Bezug. Die Mitgliedstaaten regeln die Einzelheiten der Bezugnahme.

(2) Die Mitgliedstaaten teilen der Kommission den Wortlaut der wichtigsten innerstaatlichen Rechtsvorschriften mit, die sie auf dem unter diese Richtlinie fallenden Gebiet erlassen.

Artikel 11
Inkrafttreten

Diese Richtlinie tritt am zwanzigsten Tag nach ihrer Veröffentlichung im Amtsblatt der Europäischen Union in Kraft.

Artikel 12
Adressaten

Diese Richtlinie ist an die Mitgliedstaaten gerichtet.

Geschehen zu Straßburg am 15. Dezember 2004.

Im Namen des Europäischen Parlaments

Der Präsident

J. P. Borrell Fontelles

Im Namen des Rates

Der Präsident

A. Nicolaï

Anhang I
Zielwerte für Arsen, Kadmium, Nickel und Benzo(a)pyren

Schadstoff	Zielwert[1]
Arsen	6 ng/m^3
Kadmium	5 ng/m^3
Nickel	20 ng/m^3
Benzo(a)pyren	1 ng/m^3

(1) Gesamtgehalt in der PM$_{10}$-Fraktion als Durchschnitt eines Kalenderjahres.

Anhang II
Festlegung der Anforderungen an die Beurteilung der Immissionskonzentrationen von Arsen, Kadmium, Nickel und Benzo(a)pyren innerhalb eines Gebiets oder Ballungsraums

I. Obere und untere Beurteilungsschwellen

Es gelten die folgenden oberen und unteren Beurteilungsschwellen:

	Arsen	Kadmium	Nickel	B(a)P
Obere Beurteilungsschwelle in Prozent des Zielwertes	60 % $(3,6 \text{ ng/m}^3)$	60 % (3 ng/m^3)	70 % (14 ng/m^3)	60 % $(0,6 \text{ ng/m}^3)$
Untere Beurteilungsschwelle in Prozent des Zielwertes	40 % $(2,4 \text{ ng/m}^3)$	40 % (2 ng/m^3)	50 % (10 ng/m^3)	40 % $(0,4 \text{ ng/m}^3)$

II. Ermittlung der Überschreitung der oberen und unteren Beurteilungsschwellen

Die Überschreitung der oberen und unteren Beurteilungsschwellen ist auf der Grundlage der Konzentrationen während der vorangegangenen fünf Jahre zu ermitteln, sofern entsprechende Daten vorliegen. Eine Beurteilungsschwelle gilt als überschritten, wenn sie in den vorangegangenen fünf Jahren während mindestens drei Kalenderjahren überschritten worden ist.

Wenn weniger Daten als für die letzten fünf Jahre vorliegen, können die Mitgliedstaaten eine Überschreitung der oberen und unteren Beurteilungsschwellen ermitteln, indem sie in der Jahreszeit und an den Standorten, während der bzw. an denen typischerweise die stärkste Verschmutzung auftritt, Messkampagnen kurzer Dauer durch Erkenntnisse ergänzen, die aus Daten von Emissionskatastern und aus Modellen abgeleitet werden.

Anhang III
Standort und Mindestanzahl der Probenahmestellen für die Messung der Immissionskonzentrationen und der Ablagerungsraten

I. Großräumige Standortkriterien

Die Standorte der Probenahmestellen sollten so gewählt werden, dass

- Daten über die Teile von Gebieten und Ballungsräumen erfasst werden können, in denen die Bevölkerung während eines Kalenderjahres auf direktem oder indirektem Wege im Durchschnitt wahrscheinlich den höchsten Konzentrationen ausgesetzt ist;

- Daten über Werte in anderen Teilen von Gebieten und Ballungsräumen erfasst werden können, die repräsentative Aussagen über die Exposition der Bevölkerung ermöglichen;

- Daten über die Ablagerungsraten erfasst werden können, die der indirekten Exposition der Bevölkerung über die Nahrungskette entsprechen.

Der Standort der Probenahmestellen sollte im Allgemeinen so gewählt werden, dass die Messung sehr kleinräumiger Umweltbedingungen in unmittelbarer Nähe vermieden wird. In der Regel sollte eine Probenahmestelle in verkehrsnahen Zonen für die Luftqualität einer Fläche von nicht weniger als 200 m², an Industriestandorten für die Luftqualität einer Fläche von mindestens 250 m × 250 m, sofern möglich, und in Gebieten mit typischen städtischen Hintergrundwerten für die Luftqualität einer Fläche von mehreren Quadratkilometern repräsentativ sein.

Besteht das Ziel in der Beurteilung von Hintergrundwerten, so sollten sich in der Nähe der Probenahmestelle befindliche Ballungsräume oder Industriestandorte, d. h. Standorte in einer Entfernung von weniger als einigen Kilometern, nicht auf die Messergebnisse auswirken.

Soll der Beitrag industrieller Quellen beurteilt werden, ist zumindest eine Probenahmestelle im Lee der Hauptwindrichtung von der Quelle im nächstgelegenen Wohngebiet aufzustellen. Ist die Hintergrundkonzentration nicht bekannt, so wird eine weitere Probenahmestelle im Luv der Hauptwindrichtung aufgestellt. Kommt Artikel 3 Absatz 3 zur Anwendung, so sollten die Probenahmestellen so aufgestellt werden, dass die Anwendung der besten verfügbaren Techniken überwacht werden kann.

Probenahmestellen sollten möglichst auch für ähnliche Standorte repräsentativ sein, die nicht in ihrer unmittelbaren Nähe gelegen sind. Sofern sinnvoll, sollten sie mit Probenahmestellen für die PM_{10}-Fraktion zusammengelegt werden.

II. Kleinräumige Standortkriterien

Folgende Leitlinien sollten so weit wie praktisch möglich eingehalten werden:

- Der Luftstrom um den Messeinlass sollte nicht beeinträchtigt werden, und es sollten keine den Luftstrom beeinflussenden Hindernisse in der Nähe des Probensammlers vorhanden sein (die Messsonde sollte in der Regel einige Meter von Gebäuden, Balkonen, Bäumen und anderen Hindernissen sowie im Fall von Probenahmestellen für die Luftqualität an der Baufluchtlinie mindestens 0,5 m vom nächsten Gebäude entfernt sein);

- im Allgemeinen sollte sich der Messeinlass in einer Höhe zwischen 1,5 m (Atemzone) und 4 m über dem Boden befinden. Unter bestimmten Umständen kann eine höhere Lage des Einlasses (bis zu 8 m) erforderlich sein. Ein höher gelegener Einlass kann auch angezeigt sein, wenn die Messstation für ein größeres Gebiet repräsentativ ist;

- der Messeinlass sollte nicht in unmittelbarer Nähe von Quellen platziert werden, um den unmittelbaren Einlass von Emissionen, die nicht mit der Umgebungsluft vermischt sind, zu vermeiden;

- die Abluftleitung des Probensammlers sollte so gelegt werden, dass ein Wiedereintritt der Abluft in den Messeinlass vermieden wird;

- Probenahmestellen an verkehrsnahen Messorten sollten mindestens 25 m vom Rand verkehrsreicher Kreuzungen und mindestens 4 m von der Mitte der nächstgelegenen Fahrspur entfernt sein; die Einlässe sollten so gelegen sein, dass sie für die Luftqualität in der Nähe der Baufluchtlinie repräsentativ sind;

- bei Ablagerungsmessungen in ländlichen Hintergrundgebieten sollten, sofern durchführbar und nicht in diesen Anhängen vorgesehen, die Leitlinien und Kriterien des EMEP-Mess- und Bewertungsprogramms angewandt werden.

Die folgenden Faktoren können ebenfalls berücksichtigt werden:

- Störquellen;
- Sicherheit;
- Zugänglichkeit;
- Stromversorgung und Telekommunikationsleitungen;
- Sichtbarkeit der Messstation in der Umgebung;
- Sicherheit der Öffentlichkeit und des Betriebspersonals;
- eventuelle Zusammenlegung der Probenahmestellen für verschiedene Schadstoffe;
- planerische Anforderungen.

III. Dokumentation und Überprüfung der Standortwahl

Die Verfahren für die Standortwahl sollten in der Einstufungsphase vollständig dokumentiert werden, z. B. mit Fotografien der Umgebung in den Haupthimmelsrichtungen und einer detaillierten Karte. Die Standorte sollten regelmäßig überprüft und wiederholt dokumentiert werden, um sicherzustellen, dass die Kriterien für die Standortwahl weiterhin erfüllt sind.

IV. Kriterien zur Festlegung der Zahl von Probenahmestellen für ortsfeste Messungen von Immissionskonzentrationen von Arsen, Kadmium, Nickel und Benzo(a)pyren

Mindestanzahl von Probenahmestellen für ortsfeste Messungen zur Beurteilung der Einhaltung von Zielwerten für den Schutz der menschlichen Gesundheit in Gebieten und Ballungsräumen, in denen ortsfeste Messungen die einzige Informationsquelle darstellen.

a) Diffuse Quellen

Bevölkerung des Ballungsraums oder Gebiets (Tausend)	Wenn die maximalen Konzentrationen die obere Beurteilungsschwelle überschreiten[1]		Wenn die maximalen Konzentrationen zwischen der oberen und unteren Beurteilungsschwelle liegen	
	As, Cd, Ni	B(a)P	As, Cd, Ni	B(a)P
0–749	1	1	1	1
750–1 999	2	2	1	1
2 000–3 749	2	3	1	1
3 750–4 749	3	4	2	2
4 750–5 999	4	5	2	2
≥ 6 000	5	5	2	2

(1) Es ist mindestens eine Messstation für typische städtische Hintergrundwerte, und für Benzo(a)pyren auch eine verkehrsnahe Messstation einzubeziehen, ohne dadurch die Zahl der Probenahmestellen zu erhöhen.

b) Punktquellen

Zur Beurteilung der Luftverschmutzung in der Nähe von Punktquellen sollte die Zahl der Probenahmestellen für ortsfeste Messungen unter Berücksichtigung der Emissionsdichte, der wahrscheinlichen Verteilung der Luftschadstoffe und der möglichen Exposition der Bevölkerung festgelegt werden.

Die Orte der Probenahmestellen sollten so gewählt werden, dass die Anwendung der besten verfügbaren Techniken gemäß Artikel 2 Nummer 11 der Richtlinie 96/61/EG kontrolliert werden kann.

Anhang IV
Datenqualitätsziele und Anforderungen an Modelle zur Bestimmung der Luftqualität

I. Datenqualitätsziele

Folgende Datenqualitätsziele können als Leitfaden für die Qualitätssicherung dienen.

	Benzo(a)pyren	Arsen, Kadmium und Nickel	Polyzyklische aromatische Kohlenwasserstoffe außer Benzo(a)pyren, gesamtes gasförmiges Quecksilber	Gesamtablagerung
– Unsicherheitsgrad Ortsfeste und orientierende Messungen	50 %	40 %	50 %	70 %
Modell	60 %	60 %	60 %	60 %
– Mindestdatenerfassung	90 %	90 %	90 %	90 %
– Mindestzeiterfassung:				
ortsfeste Messungen	33 %	50 %		
orientierende Messungen (*)	14 %	14 %	14 %	33 %

(*) Orientierende Messungen sind Messungen, die weniger häufig vorgenommen werden, jedoch die anderen Datenqualitätsziele erfüllen.

Die (auf der Grundlage eines Vertrauensbereichs von 95 % ausgedrückte) Unsicherheit der bei der Beurteilung der Immissionskonzentrationen verwendeten Methoden wird gemäß den Prinzipien des CEN-Leitfadens für die Messunsicherheit (ENV 13005–1999), den ISO 5725:1994-Verfahren und den Hinweisen des CEN-Berichts über Luftqualität – Ansatz für die Einschätzung des Unsicherheitsgrads bei Referenzmethoden zur Messung der Luftqualität (CR 14377: 2002 E) errechnet. Die Prozentsätze für die Unsicherheit werden für einzelne Messungen angegeben, die über typische Probenahmezeiten hinweg gemittelt werden, und zwar für einen Vertrauensbereich von 95 %. Die Unsicherheit der Messungen gilt für den Bereich des entsprechenden Zielwerts. Ortsfeste und orientierende Messungen müssen gleichmäßig über das Jahr verteilt werden, um verfälschte Ergebnisse zu vermeiden.

Die Anforderungen an Mindestdatenerfassung und Mindestzeiterfassung berücksichtigen nicht den Verlust von Daten aufgrund einer regelmäßigen Kalibrierung oder der normalen Wartung der Instrumente. Eine vierundzwanzigstündige Probenahme ist bei der Messung von Benzo(a)pyren und anderen polyzyklischen aromatischen Kohlenwasserstoffen erforderlich. Während eines Zeitraums von bis zu einem Monat genommene Einzelproben können mit der gebotenen Vorsicht als Sammelprobe zusammengefasst und analysiert werden, vorausgesetzt, die angewandte Methode gewährleistet stabile Proben für diesen Zeitraum. Die drei verwandten Stoffe Benzo(b)fluoranthen, Benzo(j)fluoranthen und Benzo(k)fluoranthen lassen sich nur schwer analytisch trennen. In diesen Fällen können sie als Summe gemeldet werden. Empfohlen wird eine vierundzwanzigstündige Probenahme auch für die Messung der Arsen-, Kadmium- und Nickelkonzentrationen. Die Probenahmen müssen gleichmäßig über die Wochentage und das Jahr verteilt sein. Für die Messung der Ablagerungsraten werden über das Jahr verteilte monatliche oder wöchentliche Proben empfohlen.

Die Mitgliedstaaten dürfen anstelle einer „bulk-Probenahme" nur dann eine „wet-only"-Probenahme verwenden, wenn sie nachweisen können, dass der Unterschied zwischen ihnen nicht mehr als 10 % ausmacht. Die Ablagerungsraten sollten generell in $\mu g/m^2$ pro Tag angegeben werden.

Die Mitgliedstaaten können eine Mindestzeiterfassung anwenden, die unter dem in der Tabelle angegebenen Wert liegt, jedoch nicht weniger als 14 % bei ortsfesten Messungen und 6 % bei orientierenden Messungen, sofern sie nachweisen können, dass die Unsicherheit bei einem Vertrauensbereich von 95 % für den Jahresdurchschnitt, berechnet auf der Grundlage der Datenqualitätsziele in der Tabelle gemäß ISO 11222:2002 – „Ermittlung der Unsicherheit von zeitlichen Mittelwerten von Luftbeschaffenheitsmessungen" eingehalten wird.

II. Anforderungen an Modelle zur Beurteilung der Luftqualität

Werden Modelle zur Beurteilung der Luftqualität verwendet, sind Hinweise auf Beschreibungen des Modells und Informationen über die Unsicherheit zusammenzustellen. Die Unsicherheit von Modellen wird als die maximale Abweichung der gemessenen und berechneten Konzentrationen über ein ganzes Jahr definiert, wobei der genaue Zeitpunkt des Auftretens keine Berücksichtigung findet.

III. Anforderungen an objektive Schätzungstechniken

Werden objektive Schätzungstechniken verwendet, so darf die Unsicherheit 100 % nicht überschreiten.

IV. Standardbedingungen

Für Stoffe, die in der PM_{10}-Fraktion zu analysieren sind, bezieht sich das Probenahmevolumen auf die Umgebungsbedingungen.

Anhang V
Referenzmethoden für die Beurteilung der Immissionskonzentrationen und der Ablagerungsraten

I. Referenzmethode für die Probenahme und Analyse von Arsen, Kadmium und Nickel in der Luft

CEN arbeitet derzeit an der Normung einer Referenzmethode für die Messung der Immissionskonzentrationen von Arsen, Kadmium und Nickel, die auf einer der EN 12341 gleichwertigen, manuellen PM_{10}-Probenahme beruhen wird und an die sich der Aufschluss der Proben und eine Analyse nach Atomabsorptionsspektrometrie oder ICP-Massenspektrometrie anschließt. Solange keine genormte CEN-Methode vorliegt, können die Mitgliedstaaten genormte nationale Methoden oder genormte ISO-Methoden anwenden.

Ein Mitgliedstaat kann auch jede andere Methode anwenden, die nachweislich gleichwertige Ergebnisse wie die vorstehend genannte Methode erbringt.

II. Referenzmethode für die Probenahme und Analyse polyzyklischer aromatischer Kohlenwasserstoffe in der Luft

CEN arbeitet derzeit an der Normung einer Referenzmethode für die Messung der Immissionskonzentrationen von Benzo(a)pyren, die auf einer der EN 12341 gleichwertigen, manuellen PM_{10}-Probenahme beruhen wird. Solange keine genormte CEN-Methode für die Messung von Benzo(a)pyren oder der anderen in Artikel 4 Absatz 8 genannten polyzyklischen aromatischen Kohlenwasserstoffe vorliegt, können die Mitgliedstaaten genormte nationale Methoden oder genormte ISO-Methoden wie die ISO-Norm 12884 anwenden.

Ein Mitgliedstaat kann auch jede andere Methode anwenden, die nachweislich gleichwertige Ergebnisse wie die vorstehend genannte Methode erbringt.

III. Referenzmethode für die Probenahme und Analyse von Quecksilber in der Luft

Die Referenzmethode für die Messung der Immissionskonzentrationen des gesamten gasförmigen Quecksilbers wird eine automatisierte Methode sein, die auf der Atomabsorptionsspektrometrie oder der Atomfluoreszenzspektrometrie beruht. Solange keine genormte CEN-Methode vorliegt, können die Mitgliedstaaten genormte nationale Methoden oder genormte ISO-Methoden anwenden.

Ein Mitgliedstaat kann auch jede andere Methode anwenden, die nachweislich gleichwertige Ergebnisse wie die vorstehend genannte Methode erbringt.

IV. Referenzmethode für die Probenahme und Analyse der Ablagerung von Arsen, Kadmium, Quecksilber, Nickel und polyzyklischen aromatischen Kohlenwasserstoffen

Die Referenzmethode für Probenahmen zur Bestimmung der Ablagerung von Arsen, Kadmium, Nickel, Quecksilber und polyzyklischen aromatischen Kohlenwasserstoffen wird auf der Verwendung zylinderförmiger Ablagerungssammler mit Standardabmessungen beruhen. Solange keine genormte CEN-Methode vorliegt, können die Mitgliedstaaten genormte nationale Methoden anwenden.

V. Referenzmethoden zur Erstellung von Luftqualitätsmodellen

Für die Erstellung von Luftqualitätsmodellen lassen sich zurzeit keine Referenzmethoden festlegen. Alle Änderungen zur Anpassung dieses Punkts an den wissenschaftlichen und technischen Fortschritt müssen gemäß dem in Artikel 6 genannten Verfahren beschlossen werden.

Richtlinie 2002/49/EG des Europäischen Parlaments und des Rates vom 25. Juni 2002 über die Bewertung und Bekämpfung von Umgebungslärm – Erklärung der Kommission im Vermittlungsausschuss zur Richtlinie über die Bewertung und Bekämpfung von Umgebungslärm

ABl. Nr. L 189 vom 18.7.2002, S. 12–26

DAS EUROPÄISCHE PARLAMENT UND DER RAT DER EUROPÄISCHEN UNION –

gestützt auf den Vertrag zur Gründung der Europäischen Gemeinschaft, insbesondere auf Artikel 175 Absatz 1,

auf Vorschlag der Kommission[1],

nach Stellungnahme des Wirtschafts- und Sozialausschusses[2],

nach Stellungnahme des Ausschusses der Regionen[3],

gemäß dem Verfahren des Artikels 251 des Vertrags[4], aufgrund des vom Vermittlungsausschuss am 8. April 2002 gebilligten gemeinsamen Entwurfs,

in Erwägung nachstehender Gründe:

(1) Die Gewährleistung eines hohen Gesundheits- und Umweltschutzniveaus ist Teil der Gemeinschaftspolitik, wobei eines der Ziele im Lärmschutz besteht. In dem Grünbuch über die künftige Lärmschutzpolitik hat die Kommission den Umgebungslärm als eines der größten Umweltprobleme in Europa bezeichnet.

(2) Das Europäische Parlament hat in seiner Entschließung vom 10. Juni 1997 zum Grünbuch der Kommission[5] seine Zustimmung zu diesem Grünbuch bekundet und nachdrücklich gefordert, spezifische Maßnahmen und Initiativen in einer Richtlinie zur Verringerung der Lärmbelastung festzulegen, und ferner festgestellt, dass zuverlässige und vergleichbare Daten über die Situation bei den einzelnen Lärmquellen fehlen.

(3) In der Mitteilung der Kommission vom 1. Dezember 1999 über Luftverkehr und Umwelt ist ein gemeinsamer Lärmindex sowie eine gemeinsame Methodik zur Lärmberechnung und -messung im Umfeld von Flughäfen vorgesehen. Dieser Mit-

---

1 ABl. C 337 E vom 28.11.2000, S. 251.
2 ABl. C 116 vom 20.4.2001, S. 48.
3 ABl. C 148 vom 18.5.2001, S. 7.
4 Stellungnahme des Europäischen Parlaments vom 14. Dezember 2000 (ABl. C 232 vom 17.8.2001, S. 305), Gemeinsamer Standpunkt des Rates vom 7. Juni 2001 (ABl. C 297 vom 23.10.2001, S. 49) und Beschluss des Europäischen Parlaments vom 3. Oktober 2001 (ABl. C 87 E vom 11.4.2002, S. 118). Beschluss des Europäischen Parlaments vom 15. Mai 2002 und Beschluss des Rates vom 21. Mai 2002.
5 ABl. C 200 vom 30.6.1997, S. 28.

teilung wurde bei den Bestimmungen der vorliegenden Richtlinie Rechnung getragen.

(4) Bestimmte Kategorien von Schallemissionen verschiedener Erzeugnisse sind bereits durch Gemeinschaftsvorschriften geregelt, beispielsweise durch die Richtlinie 70/157/EWG des Rates vom 6. Februar 1970 zur Angleichung der Rechtsvorschriften der Mitgliedstaaten über den zulässigen Geräuschpegel und die Auspuffvorrichtung von Kraftfahrzeugen[6], die Richtlinie 77/311/EWG des Rates vom 29. März 1977 zur Angleichung der Rechtsvorschriften der Mitgliedstaaten über den Geräuschpegel in Ohrenhöhe der Fahrer von land- oder forstwirtschaftlichen Zugmaschinen auf Rädern[7], die Richtlinie 80/51/EWG des Rates vom 20. Dezember 1979 zur Verringerung der Schallemissionen von Unterschallluftfahrzeugen[8] sowie deren Ergänzungsrichtlinien, die Richtlinie 92/61/EWG des Rates vom 30. Juni 1992 über die Betriebserlaubnis für zweirädrige oder dreirädrige Kraftfahrzeuge[9] sowie die Richtlinie 2000/14/EG des Europäischen Parlaments und des Rates vom 8. Mai 2000 zur Angleichung der Rechtsvorschriften der Mitgliedstaaten über umweltbelastende Geräuschemissionen von zur Verwendung im Freien vorgesehenen Geräten und Maschinen[10].

(5) Die vorliegende Richtlinie sollte unter anderem die Grundlage für die Weiterentwicklung und Ergänzung der bestehenden Gemeinschaftsmaßnahmen in Bezug auf die Lärmemissionen der wichtigsten Lärmquellen – dies sind insbesondere Straßen- und Schienenfahrzeuge sowie Infrastruktureinrichtungen, Flugzeuge, Geräte, die für die Verwendung im Freien vorgesehen sind, Ausrüstung für die Industrie sowie ortsbewegliche Maschinen – und für die Entwicklung zusätzlicher kurz-, mittel- und langfristig angelegter Maßnahmen bilden.

(6) Bestimmte Kategorien von Lärm, beispielsweise Lärm in Verkehrsmitteln oder Lärm durch Tätigkeiten innerhalb von Wohnungen, sollten nicht in den Geltungsbereich dieser Richtlinie fallen.

(7) Das Vertragsziel eines hohen Gesundheits- und Umweltschutzniveaus lässt sich im Einklang mit dem Subsidiaritätsprinzip nach Artikel 5 des Vertrags besser dadurch erreichen, dass die Maßnahmen der Mitgliedstaaten durch Gemeinschaftsmaßnahmen ergänzt werden, durch die sich ein gemeinsames Verständnis in Bezug auf die Lärmproblematik ergibt. Daher sollten Daten über Umgebungslärmpegel nach vergleichbaren Kriterien erfasst, zusammengestellt oder gemeldet werden. Hierfür sind harmonisierte Indizes und Bewertungsmethoden sowie Kriterien für die Angleichung der Erstellung von Lärmkarten erforderlich. Diese Kriterien und Methoden können am besten durch die Gemeinschaft festgelegt werden.

---

6 ABl. L 42 vom 23.2.1970, S. 16. Richtlinie zuletzt geändert durch die Richtlinie 1999/101/EG der Kommission (ABl. L 334 vom 28.12.1999, S. 41).

7 ABl. L 105 vom 28.4.1977, S. 1. Richtlinie zuletzt geändert durch die Richtlinie 97/54/EG (ABl. L 277 vom 10.10.1997, S. 24).

8 ABl. L 18 vom 24.1.1980, S. 26. Richtlinie zuletzt geändert durch die Richtlinie 83/206/EWG (ABl. L 117 vom 4.5.1983, S. 15).

9 ABl. L 225 vom 10.8.1992, S. 72. Richtlinie zuletzt geändert durch die Richtlinie 2000/7/EG (ABl. L 106 vom 3.5.2000, S. 1).

10 ABl. L 162 vom 3.7.2000, S. 1.

(8) Ebenso erforderlich sind gemeinsame Bewertungsmethoden für „Umgebungslärm" und eine Begriffsbestimmung für „Grenzwerte" unter Verwendung harmonisierter Indizes für die Bestimmung der Lärmpegel. Die konkreten Zahlen für die Grenzwerte sind von den Mitgliedstaaten festzulegen, wobei unter anderem nach dem Grundsatz der Vorbeugung ruhige Gebiete in Ballungsräumen zu schützen sind.

(9) Es wurden folgende gemeinsame Lärmindizes ausgewählt: L_{den} zur Bewertung der Lärmbelästigung und L_{night} zur Bewertung von Schlafstörungen. Ferner sollte den Mitgliedstaaten die Verwendung ergänzender Indizes zur Verfolgung oder Kontrolle spezieller Lärmsituationen gestattet werden.

(10) Für bestimmte Gebiete, die von besonderer Bedeutung sind, sollte die Ausarbeitung strategischer Lärmkarten vorgeschrieben werden, da sich hiermit die Daten gewinnen lassen, die für eine Darstellung der in den betreffenden Gebieten wahrgenommenen Lärmpegel erforderlich sind.

(11) In Aktionsplänen sollten für diese Gebiete, die von besonderer Bedeutung sind, Prioritäten gesetzt werden, wobei diese Aktionspläne von den zuständigen Behörden nach Anhörung der Öffentlichkeit ausgearbeitet werden sollten.

(12) Es sollten die am besten geeigneten Informationskanäle ausgewählt werden, um eine breite Information der Öffentlichkeit zu erzielen.

(13) Die Erfassung von Daten und die Ausarbeitung entsprechender zusammenfassender Berichte für die gesamte Gemeinschaft sind als Grundlage für die künftige Gemeinschaftspolitik und für die weiter gehende Information der Öffentlichkeit erforderlich.

(14) Die Kommission sollte die Durchführung dieser Richtlinie einer regelmäßigen Evaluierung unterziehen.

(15) Die technischen Bestimmungen über die Bewertungsmethoden sollten bei Bedarf ergänzt und an den technischen und wissenschaftlichen Fortschritt und an die Weiterentwicklung des europäischen Normenwerks angepasst werden.

(16) Die zur Durchführung dieser Richtlinie erforderlichen Maßnahmen sollten gemäß dem Beschluss 1999/468/EG des Rates vom 28. Juni 1999 zur Festlegung der Modalitäten für die Ausübung der der Kommission übertragenen Durchführungsbefugnisse[11] erlassen werden –

HABEN FOLGENDE RICHTLINIE ERLASSEN:

Artikel 1
Ziele

(1) Mit dieser Richtlinie soll ein gemeinsames Konzept festgelegt werden, um vorzugsweise schädliche Auswirkungen, einschließlich Belästigung, durch Umgebungslärm zu verhindern, ihnen vorzubeugen oder sie zu mindern. Hierzu werden schrittweise die folgenden Maßnahmen durchgeführt:

---

11 ABl. L 184 vom 17.7.1999, S. 23.

a) Ermittlung der Belastung durch Umgebungslärm anhand von Lärmkarten nach für die Mitgliedstaaten gemeinsamen Bewertungsmethoden;

b) Sicherstellung der Information der Öffentlichkeit über Umgebungslärm und seine Auswirkungen;

c) auf der Grundlage der Ergebnisse von Lärmkarten Annahme von Aktionsplänen durch die Mitgliedstaaten mit dem Ziel, den Umgebungslärm so weit erforderlich und insbesondere in Fällen, in denen das Ausmaß der Belastung gesundheitsschädliche Auswirkungen haben kann, zu verhindern und zu mindern und die Umweltqualität in den Fällen zu erhalten, in denen sie zufrieden stellend ist.

(2) Diese Richtlinie soll auch eine Grundlage für die Einführung von Gemeinschaftsmaßnahmen zur Lärmminderung bei den wichtigsten Lärmquellen darstellen; dies sind insbesondere Straßen- und Schienenfahrzeuge und -infrastruktureinrichtungen, Flugzeuge, Geräte, die für die Verwendung im Freien vorgesehen sind, Ausrüstung für die Industrie sowie ortsbewegliche Maschinen. Zu diesem Zweck legt die Kommission dem Europäischen Parlament und dem Rat spätestens zum 18. Juli 2006 geeignete Vorschläge für Rechtsvorschriften vor. Dabei sollten die Ergebnisse des in Artikel 10 Absatz 1 genannten Berichts Berücksichtigung finden.

Artikel 2
Geltungsbereich

(1) Diese Richtlinie betrifft den Umgebungslärm, dem Menschen insbesondere in bebauten Gebieten, in öffentlichen Parks oder anderen ruhigen Gebieten eines Ballungsraums, in ruhigen Gebieten auf dem Land, in der Umgebung von Schulgebäuden, Krankenhäusern und anderen lärmempfindlichen Gebäuden und Gebieten ausgesetzt sind.

(2) Diese Richtlinie gilt weder für Lärm, der von der davon betroffenen Person selbst verursacht wird, noch für Lärm durch Tätigkeiten innerhalb von Wohnungen, Nachbarschaftslärm, Lärm am Arbeitsplatz, in Verkehrsmitteln oder Lärm, der auf militärische Tätigkeiten in militärischen Gebieten zurückzuführen ist.

Artikel 3
Begriffsbestimmungen

Im Sinne dieser Richtlinie bezeichnet der Ausdruck

a) „Umgebungslärm" unerwünschte oder gesundheitsschädliche Geräusche im Freien, die durch Aktivitäten von Menschen verursacht werden, einschließlich des Lärms, der von Verkehrsmitteln, Straßenverkehr, Eisenbahnverkehr, Flugverkehr sowie Geländen für industrielle Tätigkeiten gemäß Anhang I der Richtlinie 96/61/EG des Rates vom 24. September 1996 über die integrierte Vermeidung und Verminderung der Umweltverschmutzung[12] ausgeht;

---

12 ABl. L 257 vom 10.10.1996, S. 26.

b) „gesundheitsschädliche Auswirkungen" negative Auswirkungen auf die Gesundheit des Menschen;

c) „Belästigung" den Grad der Lärmbelästigung in der Umgebung, der mit Hilfe von Feldstudien festgestellt wird;

d) „Lärmindex" eine physikalische Größe für die Beschreibung des Umgebungslärms, der mit gesundheitsschädlichen Auswirkungen in Verbindung steht;

e) „Bewertung" jede Methode zur Berechnung, Vorhersage, Einschätzung oder Messung des Wertes des Lärmindexes oder der damit verbundenen gesundheitsschädlichen Auswirkungen;

f) „L_{den}" (Tag-Abend-Nacht-Lärmindex) den Lärmindex für die allgemeine Belästigung, der in Anhang I näher erläutert ist;

g) „L_{day}" (Taglärmindex) den Lärmindex für die Belästigung während des Tages, der in Anhang I näher erläutert ist;

h) „$L_{evening}$" (Abendlärmindex) den Lärmindex für die Belästigung am Abend, der in Anhang I näher erläutert ist;

i) „L_{night}" (Nachtlärmindex) den Lärmindex für Schlafstörungen, der in Anhang I näher erläutert ist;

j) „Dosis-Wirkung-Relation" den Zusammenhang zwischen dem Wert eines Lärmindexes und einer gesundheitsschädlichen Auswirkung;

k) „Ballungsraum" einen durch den Mitgliedstaat festgelegten Teil seines Gebiets mit einer Einwohnerzahl von über 100 000 und einer solchen Bevölkerungsdichte, dass der Mitgliedstaat den Teil als Gebiet mit städtischem Charakter betrachtet;

l) „ruhiges Gebiet in einem Ballungsraum" ein von der zuständigen Behörde festgelegtes Gebiet, in dem beispielsweise der L_{den}-Index oder ein anderer geeigneter Lärmindex für sämtliche Schallquellen einen bestimmten, von dem Mitgliedstaat festgelegten Wert nicht übersteigt;

m) „ruhiges Gebiet auf dem Land" ein von der zuständigen Behörde festgelegtes Gebiet, das keinem Verkehrs-, Industrie- und Gewerbe- oder Freizeitlärm ausgesetzt ist;

n) „Hauptverkehrsstraße" eine vom Mitgliedstaat angegebene regionale, nationale oder grenzüberschreitende Straße mit einem Verkehrsaufkommen von über drei Millionen Kraftfahrzeugen pro Jahr;

o) „Haupteisenbahnstrecke" eine vom Mitgliedstaat angegebene Eisenbahnstrecke mit einem Verkehrsaufkommen von über 30 000 Zügen pro Jahr;

p) „Großflughafen" einen vom Mitgliedstaat angegebenen Verkehrsflughafen mit einem Verkehrsaufkommen von über 50 000 Bewegungen pro Jahr (wobei mit „Bewegung" der Start oder die Landung bezeichnet wird); hiervon sind ausschließlich der Ausbildung dienende Bewegungen mit Leichtflugzeugen ausgenommen;

q) „Ausarbeitung von Lärmkarten" die Darstellung von Informationen über die aktuelle oder voraussichtliche Lärmsituation anhand eines Lärmindexes mit Beschreibung der Überschreitung der relevanten geltenden Grenzwerte, der Anzahl der betroffenen Personen in einem bestimmten Gebiet und der Anzahl der Wohnungen, die in einem bestimmten Gebiet bestimmten Werten eines Lärmindexes ausgesetzt sind;

r) „strategische Lärmkarte" eine Karte zur Gesamtbewertung der auf verschiedene Lärmquellen zurückzuführenden Lärmbelastung in einem bestimmten Gebiet oder für die Gesamtprognosen für ein solches Gebiet;

s) „Grenzwert" einen von dem Mitgliedstaat festgelegten Wert für L_{den} oder L_{night} und gegebenenfalls L_{day} oder $L_{evening}$, bei dessen Überschreitung die zuständigen Behörden Lärmschutzmaßnahmen in Erwägung ziehen oder einführen. Grenzwerte können je nach Lärmquellen (Straßenverkehrs-, Eisenbahn-, Flug-, Industrie- und Gewerbelärm usw.), Umgebung, unterschiedlicher Lärmempfindlichkeit der Bevölkerungsgruppen sowie nach den bisherigen Gegebenheiten und neuen Gegebenheiten (Änderungen der Situation hinsichtlich der Lärmquelle oder der Nutzung der Umgebung) unterschiedlich sein;

t) „Aktionsplan" einen Plan zur Regelung von Lärmproblemen und von Lärmauswirkungen, erforderlichenfalls einschließlich der Lärmminderung;

u) „akustische Planung" den vorbeugenden Lärmschutz durch geplante Maßnahmen wie Raumordnung, Systemtechnik für die Verkehrssteuerung, Verkehrsplanung, Lärmschutz durch Schalldämpfungsmaßnahmen und Schallschutz an den Lärmquellen;

v) „Öffentlichkeit" eine oder mehrere natürliche oder juristische Personen sowie gemäß den nationalen Rechtsvorschriften oder Gepflogenheiten die Vereinigungen, Organisationen oder Gruppen dieser Personen.

Artikel 4
Anwendung und Zuständigkeit

(1) Die Mitgliedstaaten bestimmen auf der geeigneten Ebene die für die Anwendung dieser Richtlinie zuständigen Behörden und Stellen, insbesondere die zuständigen Behörden für

a) die Ausarbeitung und gegebenenfalls die Genehmigung von Lärmkarten und Aktionsplänen für Ballungsräume, Hauptverkehrsstraßen, Haupteisenbahnstrecken und Großflughäfen,

b) die Sammlung von Lärmkarten und Aktionsplänen.

(2) Die Mitgliedstaaten stellen der Kommission und der Öffentlichkeit die in Absatz 1 genannten Informationen bis zum 18. Juli 2005 zur Verfügung.

Artikel 5
Lärmindizes und ihre Anwendung

(1) Die Mitgliedstaaten verwenden die Lärmindizes L_{den} und L_{night} nach Anhang I zur Ausarbeitung und Überprüfung strategischer Lärmkarten gemäß Artikel 7.

Bis die Verwendung gemeinsamer Bewertungsmethoden für die Bestimmung von L_{den} und L_{night} verbindlich vorgeschrieben wird, können die bestehenden nationalen Lärmindizes und die zugehörigen Daten von den Mitgliedstaaten zu diesem Zweck verwendet werden, wobei sie in die oben genannten Indikatoren umgesetzt werden sollten. Diese Daten dürfen nicht älter als drei Jahre sein.

(2) Die Mitgliedstaaten können für Sonderfälle, wie beispielsweise die in Anhang I Abschnitt 3 genannten Fälle, zusätzliche Lärmindizes verwenden.

(3) Für die akustische Planung oder die Festlegung von Gebieten bestimmter akustischer Qualität können die Mitgliedstaaten andere Lärmindizes als L_{den} und L_{night} verwenden.

(4) Die Mitgliedstaaten übermitteln der Kommission bis zum 18. Juli 2005 Informationen über alle relevanten, in ihrem Hoheitsgebiet geltenden oder geplanten, in L_{den} und L_{night} und gegebenenfalls L_{day} und $L_{evening}$ ausgedrückten Grenzwerte für Straßenverkehrslärm, Eisenbahnlärm, Fluglärm im Umfeld von Flughäfen und Lärm in Industriegebieten sowie Erläuterungen zur Umsetzung der Grenzwerte.

Artikel 6
Bewertungsmethoden

(1) Die L_{den}- und L_{night}-Werte werden mit den in Anhang II beschriebenen Bewertungsmethoden bestimmt.

(2) Gemeinsame Bewertungsmethoden für die Bestimmung der L_{den}- und L_{night}-Werte werden von der Kommission nach dem Verfahren des Artikels 13 Absatz 2 im Wege einer Überprüfung des Anhangs II festgelegt. Bis zur Annahme dieser Methoden können die Mitgliedstaaten Bewertungsmethoden anwenden, die gemäß Anhang II angepasst wurden und auf den in ihren nationalen Rechtsvorschriften vorgesehenen Methoden basieren. In diesem Fall weisen sie nach, dass diese Methoden zu Ergebnissen führen, die denen gleichwertig sind, die mit den Methoden nach Abschnitt 2.2 des Anhangs II erzielt werden.

(3) Die gesundheitsschädlichen Auswirkungen können mit den Dosis-Wirkung-Relationen nach Anhang III bewertet werden.

Artikel 7
Ausarbeitung strategischer Lärmkarten

(1) Die Mitgliedstaaten sorgen dafür, dass spätestens bis zum 30. Juni 2007 für das vorangegangene Kalenderjahr strategische Lärmkarten für sämtliche Ballungsräume mit mehr als 250 000 Einwohnern sowie für sämtliche Hauptverkehrsstraßen mit einem Verkehrsaufkommen von über sechs Millionen Kraftfahrzeugen pro Jahr,

Haupteisenbahnstrecken mit einem Verkehrsaufkommen von über 60 000 Zügen pro Jahr und Großflughäfen in ihrem Hoheitsgebiet von den zuständigen Behörden ausgearbeitet und gegebenenfalls genehmigt sind.

Die Mitgliedstaaten teilen der Kommission bis zum 30. Juni 2005 und danach alle fünf Jahre die Hauptverkehrsstraßen mit einem Verkehrsaufkommen von über sechs Millionen Kraftfahrzeugen pro Jahr, die Haupteisenbahnstrecken mit einem Verkehrsaufkommen von über 60 000 Zügen pro Jahr, die Großflughäfen und die Ballungsräume mit mehr als 250 000 Einwohnern in ihrem Hoheitsgebiet mit.

(2) Die Mitgliedstaaten ergreifen die erforderlichen Maßnahmen, um sicherzustellen, dass bis zum 30. Juni 2012 und danach alle fünf Jahre für das vorangegangene Kalenderjahr strategische Lärmkarten für sämtliche Ballungsräume sowie für sämtliche Hauptverkehrsstraßen und Haupteisenbahnstrecken in ihrem Hoheitsgebiet von den zuständigen Behörden ausgearbeitet und gegebenenfalls genehmigt sind.

Die Mitgliedstaaten teilen der Kommission bis zum 31. Dezember 2008 sämtliche Ballungsräume sowie sämtliche Hauptverkehrsstraßen und Haupteisenbahnstrecken in ihrem Hoheitsgebiet mit.

(3) Die strategischen Lärmkarten müssen den Mindestanforderungen nach Anhang IV genügen.

(4) Benachbarte Mitgliedstaaten arbeiten bei der Ausarbeitung strategischer Lärmkarten für die Grenzgebiete zusammen.

(5) Die strategischen Lärmkarten werden mindestens alle fünf Jahre nach dem Zeitpunkt ihrer Ausarbeitung überprüft und bei Bedarf überarbeitet.

Artikel 8
Aktionspläne

(1) Die Mitgliedstaaten sorgen dafür, dass bis zum 18. Juli 2008 von den zuständigen Behörden Aktionspläne ausgearbeitet werden, mit denen in ihrem Hoheitsgebiet Lärmprobleme und Lärmauswirkungen, erforderlichenfalls einschließlich der Lärmminderung, geregelt werden für

a) Orte in der Nähe der Hauptverkehrsstraßen mit einem Verkehrsaufkommen von über sechs Millionen Kraftfahrzeugen pro Jahr, der Haupteisenbahnstrecken mit einem Verkehrsaufkommen von über 60 000 Zügen pro Jahr und der Großflughäfen;

b) Ballungsräume mit mehr als 250 000 Einwohnern. Ziel dieser Pläne soll es auch sein, ruhige Gebiete gegen eine Zunahme des Lärms zu schützen.

Die in den Plänen genannten Maßnahmen sind in das Ermessen der zuständigen Behörden gestellt, sollten aber insbesondere auf die Prioritäten eingehen, die sich gegebenenfalls aus der Überschreitung relevanter Grenzwerte oder aufgrund anderer von den Mitgliedstaaten festgelegter Kriterien ergeben, und insbesondere für die wichtigsten Bereiche gelten, wie sie in den strategischen Lärmkarten ausgewiesen wurden.

(2) Die Mitgliedstaaten sorgen dafür, dass die zuständigen Behörden bis zum 18. Juli 2013 Aktionspläne, insbesondere zur Durchführung der vorrangigen Maßnahmen, die gegebenenfalls wegen des Überschreitens relevanter Grenzwerte oder aufgrund anderer von den Mitgliedstaaten festgelegter Kriterien ermittelt wurden, für die Ballungsräume sowie für die Hauptverkehrsstraßen und Haupteisenbahnstrecken in ihrem Hoheitsgebiet ausgearbeitet haben.

(3) Die Mitgliedstaaten unterrichten die Kommission über die anderen relevanten Kriterien nach den Absätzen 1 und 2.

(4) Die Aktionspläne müssen den Mindestanforderungen nach Anhang V genügen.

(5) Die Aktionspläne werden im Fall einer bedeutsamen Entwicklung, die sich auf die bestehende Lärmsituation auswirkt, und mindestens alle fünf Jahre nach dem Zeitpunkt ihrer Genehmigung überprüft und erforderlichenfalls überarbeitet.

(6) Benachbarte Mitgliedstaaten arbeiten bei den Aktionsplänen für die Grenzgebiete zusammen.

(7) Die Mitgliedstaaten sorgen dafür, dass die Öffentlichkeit zu Vorschlägen für Aktionspläne gehört wird, dass sie rechtzeitig und effektiv die Möglichkeit erhält, an der Ausarbeitung und der Überprüfung der Aktionspläne mitzuwirken, dass die Ergebnisse dieser Mitwirkung berücksichtigt werden und dass die Öffentlichkeit über die getroffenen Entscheidungen unterrichtet wird. Es sind angemessene Fristen mit einer ausreichenden Zeitspanne für jede Phase der Mitwirkung der Öffentlichkeit vorzusehen.

Ergibt sich die Verpflichtung, ein Verfahren zur Mitwirkung der Öffentlichkeit durchzuführen, gleichzeitig aus dieser Richtlinie und aus anderen Rechtsvorschriften der Gemeinschaft, so können die Mitgliedstaaten zur Vermeidung von Überschneidungen gemeinsame Verfahren vorsehen.

Artikel 9
Information der Öffentlichkeit

(1) Die Mitgliedstaaten sorgen dafür, dass die von ihnen ausgearbeiteten und erforderlichenfalls genehmigten strategischen Lärmkarten sowie die von ihnen ausgearbeiteten Aktionspläne in Übereinstimmung mit den einschlägigen Rechtsvorschriften der Gemeinschaft, insbesondere der Richtlinie 90/313/EWG des Rates vom 7. Juni 1990 über den freien Zugang zu Informationen über die Umwelt[13], und gemäß den Anhängen IV und V der vorliegenden Richtlinie, auch durch Einsatz der verfügbaren Informationstechnologien, der Öffentlichkeit zugänglich gemacht und an sie verteilt werden.

---

13 ABl. L 158 vom 23.6.1990, S. 56.

(2) Diese Information muss deutlich, verständlich und zugänglich sein. Eine Zusammenfassung mit den wichtigsten Punkten wird zur Verfügung gestellt.

Artikel 10
Sammlung und Veröffentlichung von Daten
durch die Mitgliedstaaten und die Kommission

(1) Spätestens am 18. Januar 2004 legt die Kommission dem Europäischen Parlament und dem Rat einen Bericht vor, der eine Überprüfung der bestehenden Gemeinschaftsmaßnahmen enthält, die sich auf Quellen von Umgebungslärm beziehen.

(2) Die Mitgliedstaaten sorgen dafür, dass die in Anhang VI genannten Informationen aus den strategischen Lärmkarten und die dort genannten Zusammenfassungen der Aktionspläne binnen sechs Monaten nach den in Artikel 7 bzw. Artikel 8 genannten Zeitpunkten der Kommission übermittelt werden.

(3) Die Kommission richtet eine Datenbank für strategische Lärmkarten ein, um die Erarbeitung des Berichts nach Artikel 11 und die Durchführung sonstiger technischer oder informatorischer Arbeiten zu erleichtern.

(4) Die Kommission veröffentlicht alle fünf Jahre einen Kurzbericht über die Informationen aus den strategischen Lärmkarten und Aktionsplänen. Der erste Bericht wird bis zum 18. Juli 2009 vorgelegt.

Artikel 11
Überprüfung und Berichterstattung

(1) Die Kommission legt dem Europäischen Parlament und dem Rat bis zum 18. Juli 2009 einen Bericht über die Durchführung dieser Richtlinie vor.

(2) In dem Bericht wird insbesondere untersucht, ob weitere Maßnahmen der Gemeinschaft gegen Umgebungslärm erforderlich sind, und es werden gegebenenfalls Durchführungsstrategien für beispielsweise folgende Aspekte vorgeschlagen:

a) lang- und mittelfristige Ziele für die Verringerung der Anzahl der Personen, die unter Umgebungslärm leiden, wobei insbesondere die klimatischen und kulturellen Unterschiede zu berücksichtigen sind;

b) zusätzliche Maßnahmen für eine Minderung des Umgebungslärms aus spezifischen Quellen, insbesondere den für die Verwendung im Freien vorgesehenen Geräten und Maschinen, Verkehrsmitteln und Verkehrsinfrastruktur sowie bestimmten Kategorien von industriellen Tätigkeiten, und zwar auf der Grundlage derjenigen Maßnahmen, die bereits durchgeführt wurden bzw. im Hinblick auf ihre Annahme erörtert werden;

c) Schutz von ruhigen Gebieten auf dem Land.

(3) Der Bericht enthält eine Überprüfung der akustischen Umgebungsqualität in der Gemeinschaft auf der Grundlage der in Artikel 10 genannten Daten und trägt dem wissenschaftlichen und technischen Fortschritt sowie allen anderen einschlä-

gigen Informationen Rechnung. Die Verringerung der gesundheitsschädlichen Auswirkungen und die Kostenwirksamkeit sind die wichtigsten Kriterien für die Auswahl der vorgeschlagenen Strategien und Maßnahmen.

(4) Sobald die Kommission die erste Reihe strategischer Lärmkarten erhalten hat, prüft sie erneut

– die Möglichkeit, die Messhöhe von 1,5 m gemäß Anhang I Abschnitt 1 für Gebiete mit einstöckigen Gebäuden auf 1,5 m festzulegen;

– die Untergrenze der verschiedenen Bereiche von L_{den} und L_{night} nach Anhang VI zur Schätzung der Anzahl der belasteten Personen.

(5) Der Bericht wird alle fünf Jahre oder nach Bedarf häufiger überarbeitet. Er enthält eine Bewertung der Durchführung dieser Richtlinie.

(6) Dem Bericht werden gegebenenfalls Vorschläge zur Änderung dieser Richtlinie beigefügt.

Artikel 12
Anpassung

Die Kommission passt Anhang I Abschnitt 3, Anhang II und Anhang III dieser Richtlinie nach dem Verfahren des Artikels 13 Absatz 2 an den wissenschaftlichen und technischen Fortschritt an.

Artikel 13
Ausschuss

(1) Die Kommission wird von dem durch Artikel 18 der Richtlinie 2000/14/EG eingesetzten Ausschuss unterstützt.

(2) Wird auf diesen Absatz Bezug genommen, so gelten die Artikel 5 und 7 des Beschlusses 1999/468/EG unter Beachtung von dessen Artikel 8.

Der Zeitraum nach Artikel 5 Absatz 6 des Beschlusses 1999/468/EG wird auf drei Monate festgesetzt.

(3) Der Ausschuss gibt sich eine Geschäftsordnung.

Artikel 14
Umsetzung

(1) Die Mitgliedstaaten setzen die Rechts- und Verwaltungsvorschriften in Kraft, die erforderlich sind, um dieser Richtlinie bis zum 18. Juli 2004 nachzukommen. Sie setzen die Kommission davon in Kenntnis.

Wenn die Mitgliedstaaten diese Vorschriften erlassen, nehmen sie in den Vorschriften selbst oder durch einen Hinweis bei der amtlichen Veröffentlichung auf diese Richtlinie Bezug. Die Mitgliedstaaten regeln die Einzelheiten der Bezugnahmen.

(2) Die Mitgliedstaaten teilen der Kommission den Wortlaut der innerstaatlichen Rechtsvorschriften mit, die sie auf dem unter diese Richtlinie fallenden Gebiet erlassen.

Artikel 15
Inkrafttreten

Diese Richtlinie tritt am Tag ihrer Veröffentlichung im Amtsblatt der Europäischen Gemeinschaften in Kraft.

Artikel 16
Adressaten

Diese Richtlinie ist an alle Mitgliedstaaten gerichtet.

Geschehen zu Luxemburg am 25. Juni 2002.

Im Namen des Europäischen Parlaments

Der Präsident

P. Cox

Im Namen des Rates

Der Präsident

J. Matas I Palou

Anhang I
Lärmindizes nach Artikel 5

1. Definition des Tag-Abend-Nacht-Pegels L_{den}

Der Tag-Abend-Nacht-Pegel (day-evening-night) L_{den} in Dezibel (dB) ist mit folgender Gleichung definiert:

$$L_{den} = 10\lg\frac{1}{24}\left(12*10^{\frac{L_{day}}{10}} + 4*10^{\frac{L_{evening}+5}{10}} + 8*10^{\frac{L_{night}+10}{10}}\right)$$

Hierbei gilt:

- L_{day} ist der A-bewertete äquivalente Dauerschallpegel gemäß ISO 1996–2: 1987, wobei der Beurteilungszeitraum ein Jahr beträgt und die Bestimmungen an allen Kalendertagen am Tag erfolgen;

- $L_{evening}$ ist der A-bewertete äquivalente Dauerschallpegel gemäß ISO 1996–2: 1987, wobei der Beurteilungszeitraum ein Jahr beträgt und die Bestimmungen an allen Kalendertagen am Abend erfolgen;

- L_{night} ist der A-bewertete äquivalente Dauerschallpegel gemäß ISO 1996–2: 1987, wobei der Beurteilungszeitraum ein Jahr beträgt und die Bestimmungen an allen Kalendertagen in der Nacht erfolgen.

Ferner gilt:

- Der Tag entspricht einem Zeitraum von 12 Stunden, der Abend einem Zeitraum von 4 Stunden und die Nacht einem Zeitraum von 8 Stunden; die Mitgliedstaaten können den Abend um eine oder zwei Stunden kürzen und den Tag und/ oder den Nachtzeitraum entsprechend verlängern, sofern dies für sämtliche Lärmquellen einheitlich geregelt ist und sie der Kommission Informationen über jede systematische Abweichung von der Standardoption übermitteln;

- der Tagesanfang (und damit der Anfang des Abends und der Nacht) ist vom Mitgliedstaat festzulegen (dies ist für sämtliche Lärmquellen einheitlich zu regeln); werden die Zeiten nicht anders festgelegt, gelten die Standardzeiten 7.00–19.00 Uhr, 19.00–23.00 Uhr und 23.00–7.00 Uhr Ortszeit;

- ein Jahr ist das für die Lärmemission ausschlaggebende und ein hinsichtlich der Witterungsbedingungen durchschnittliches Jahr;

und:

- Der einfallende Schall wird berücksichtigt, was bedeutet, dass der von der Fassade von Wohngebäuden reflektierte Schall unberücksichtigt bleibt (in der Regel bedeutet dies im Fall einer Messung eine Korrektur um 3 dB).

Die Höhe des Messpunkts zur Ermittlung von L_{den} hängt vom Zweck der Messung ab:

- Im Fall von Berechnungen zur Ausarbeitung von strategischen Lärmkarten für die Lärmbelastung in Gebäuden und in der Nähe von Gebäuden liegen die Ermittlungspunkte in einer Höhe von 4,0 ± 0,2 m (3,8–4,2 m) über dem Boden und an der am stärksten lärmbelasteten Fassade; zu diesem Zweck ist die am stärksten lärmbelastete Fassade die der jeweiligen Lärmquelle zugewandte Außenwand, die dieser am nächsten ist; für andere Zwecke können andere Ermittlungspunkte festgelegt werden.

– Im Fall von Messungen zur Ausarbeitung strategischer Lärmkarten für die Lärmbelastung in Gebäuden und in der Nähe von Gebäuden kann eine andere Höhe gewählt werden, die jedoch nie weniger als 1,5 m über dem Boden betragen darf; die Ergebnisse sind folglich auf eine entsprechende Höhe von 4 m zu korrigieren.

– Für andere Zwecke wie akustische Planung und Ausweisung von Gebieten bestimmter akustischer Qualität kann eine andere Höhe gewählt werden, die jedoch nie weniger als 1,5 m über dem Boden betragen darf, z. B:

– ländliche Gebiete mit einstöckigen Häusern,

– Entwicklung lokaler Maßnahmen zur Reduzierung der Lärmeinwirkung auf bestimmte Wohnungen,

– Erstellung einer detaillierten Lärmkarte für ein begrenztes Gebiet, auf der die Lärmbelastung in den einzelnen Wohnungen verzeichnet ist.

2. Definition des Nachtlärmindexes (Night-time noise indicator)

Der Nachtlärmindex L_{night} ist der A-bewertete äquivalente Dauerschallpegel gemäß ISO 1996–2: 1987, der anhand der gesamten Nachtwerte eines Jahres ermittelt wird.

Ferner gilt:

– Die Nacht gemäß der Definition in Abschnitt 1 entspricht einem Zeitraum von 8 Stunden;

– ein Jahr gemäß der Definition in Abschnitt 1 ist das für die Lärmemission ausschlaggebende und ein hinsichtlich der Witterungsbedingungen durchschnittliches Jahr;

– der einfallende Schall wird gemäß Abschnitt 1 berücksichtigt;

– der Ermittlungspunkt ist der gleiche wie für L_{den}.

3. Zusätzliche Lärmindizes

In einigen Fällen kann zusätzlich zu L_{den} und L_{night} und gegebenenfalls Lday und $L_{evening}$ die Verwendung besonderer Lärmindizes und damit verbundener Grenzwerte angebracht sein. Einige Beispiele werden im Folgenden genannt:

– Die betreffende Lärmquelle ist nur über kurze Zeiträume in Betrieb (beispielsweise weniger als 20 % der gesamten Tageszeit im Jahr, der gesamten Abendzeit im Jahr oder der gesamten Nachtzeit im Jahr);

–   in einem oder mehreren der betrachteten Zeiträume treten im Durchschnitt sehr wenige Schallereignisse auf (beispielsweise weniger als ein Schallereignis pro Stunde, wobei ein Schallereignis definiert werden kann als Schall, der weniger als 5 Minuten anhält; Beispiele sind der Lärm eines vorbeifahrenden Zuges oder eines vorbeifliegenden Flugzeugs).

–   der Lärm hat eine starke Niedrigfrequenzkomponente;

– L_{amax} oder SEL (sound exposure level – Lärmexpositionspegel) für Lärmschutz in der Nacht bei Lärmspitzenwerten;

–   verstärkter Lärmschutz am Wochenende oder zu bestimmten Zeiten im Jahr;

–   verstärkter Lärmschutz am Tag;

–   verstärkter Lärmschutz am Abend;

–   Zusammenwirken von Lärm aus verschiedenen Quellen;

–   ruhige Gebiete auf dem Land;

–   der Lärm enthält besonders hervorstechende Töne;

–   der Lärm ist impulsartig.

Anhang II
Bewertungsmethoden für Lärmindizes nach Artikel 6

1. Einführung

Die L_{den}- und L_{night}-Werte können entweder durch Berechnung oder durch Messung (am Messpunkt) bestimmt werden. Bei Prognosen kommen nur Berechnungen infrage.

Vorläufige Berechnungs- und Messmethoden sind in den Abschnitten 2 und 3 dargelegt.

2. Vorläufige Berechnungsmethoden für L_{den} und L_{night}

2.1. Anpassung der bestehenden einzelstaatlichen Berechnungsmethoden

Sind in einem Mitgliedstaat einzelstaatliche Methoden zur Bestimmung von Langzeitschallindizes vorgesehen, so können diese Methoden angewandt werden, sofern sie an die in Anhang I definierten Indizes angepasst werden. Für die meisten einzelstaatlichen Methoden bedeutet dies die Einführung eines getrennten Abendzeitraums und eines für das Jahr berechneten Mittelwerts. Einige bestehende Methoden sind darüber hinaus so zu ändern, dass die Reflexion an Fassaden nicht mehr berücksichtigt und dafür der Nachtzeitraum und/oder der Ermittlungspunkt einbezogen wird.

Der Berechnung des Jahresmittelwerts gebührt besondere Aufmerksamkeit. Fluktuationen während des Jahres können auf Geräuschemissions- und -übertragungsschwankungen zurückzuführen sein.

2.2. Empfohlene vorläufige Berechnungsmethoden

Den Mitgliedstaaten, die bisher keine einzelstaatlichen Berechnungsmethoden festgelegt haben oder eine andere Berechnungsmethode einführen möchten, werden folgende Methoden empfohlen:

Für INDUSTRIE- UND GEWERBELÄRM: ISO 9613–2: „Akustik – Dämpfung des Schalls bei der Ausbreitung im Freien – Teil 2: Allgemeines Berechnungsverfahren".

Dafür lassen sich geeignete Geräuschemissionsdaten (Eingabedaten) mit einer der folgenden Messmethoden erfassen:

– ISO 8297: 1994 „Akustik – Bestimmung der Schallleistungspegel von Mehr-Quellen-Industrieanlagen für Zwecke der Berechnung von Schalldruckpegeln in der Umgebung – Verfahren der Genauigkeitsklasse 2";

– EN ISO 3744: 1995 „Akustik – Bestimmung der Schallleistungspegel von Geräuschquellen aus Schalldruckmessungen – Verfahren der Genauigkeitsklasse 2 für ein im Wesentlichen freies Schallfeld über einer reflektierenden Ebene";

– EN ISO 3746: 1995 „Akustik – Bestimmung der Schallleistungspegel von Geräuschquellen aus Schalldruckmessungen – Hüllflächenverfahren der Genauigkeitsklasse 3 über einer reflektierenden Ebene".

Für FLUGLÄRM: ECAC.CEAC Doc. 29 „Report on Standard Method of Computing
Noise Contours around Civil Airports" (Bericht über die Standardberechnungsme-
thode für Lärmkonturen um zivile Flughäfen), 1997. Von den verschiedenen Ansätzen zur Modellierung von Flugwegen ist die in Abschnitt 7.5 von ECAC.CEAC
Doc. 29 beschriebene Segmentierungstechnik zu verwenden.

Für STRASSENVERKEHRSLÄRM: die französische Berechnungsmethode „NMPB-
Routes-96 (SETRA-CERTU-LCPC-CSTB)", auf die in der Verordnung „Arrêté du
5 mai 1995 relatif au bruit des infrastructures routières, Journal officiel du 10 mai
1995, article 6" und in der französischen Norm „XPS 31–133" verwiesen wurde.
Hinsichtlich der Eingabedaten für Emissionsberechnungen verweisen diese Dokumente auf den „Guide du bruit des transports terrestres, fascicule prévision des
niveaux sonores, CETUR 1980".

Für EISENBAHNLÄRM: die niederländische Berechnungsmethode, veröffentlicht
in „Reken- en Meetvoorschrift Railverkeerslawaai '96, Ministerie Volkshuisvesting,
Ruimtelijke Ordening en Milieubeheer, 20 november 1996".

Diese Methoden sind an die Definition von L_{den} und L_{night} anzupassen. Spätestens
am 1. Juli 2003 wird die Kommission nach Artikel 13 Absatz 2 Leitlinien zu den
geänderten Methoden veröffentlichen und auf der Grundlage vorhandener Daten
Emissionsdaten für Fluglärm, Straßenverkehrslärm und Eisenbahnlärm zur Verfügung stellen.

3. Vorläufige Messmethoden für L_{den} und L_{night}

Möchte ein Mitgliedstaat seine eigene offizielle Messmethode anwenden, so wird
diese Methode an die in Anhang I definierten Indizes und gemäß den Grundsätzen
für die zeitlich gemittelten Messungen nach ISO 1996–2: 1987 und ISO 1996–1:
1982 angepasst.

Gibt es in einem Mitgliedstaat keine Messmethode oder zieht der Mitgliedstaat es
vor, eine andere Methode anzuwenden, so kann auf der Grundlage der Definition
des Indexes und der Grundsätze in ISO 1996–2: 1987 und ISO 1996–1: 1982 eine
Methode festgelegt werden.

Messwerte an einer Fassade oder einem anderen reflektierenden Objekt sind um
den Anteil des Wertes, der aufgrund der Reflexion durch diese Fassade oder dieses Objekt gemessen wird, zu korrigieren (in der Regel bedeutet dies im Fall einer
Messung eine Korrektur um 3 dB).

Anhang III
Methoden zur Bewertung der gesundheitsschädlichen Auswirkungen nach Artikel 6 Absatz 3

Für die Bewertung der Auswirkungen von Lärm auf die Bevölkerung sollten Dosis-Wirkung-Relationen verwendet werden. Die Dosis-Wirkung-Relationen, die durch künftige Änderungen dieses Anhangs nach Artikel 13 Absatz 2 eingeführt werden, betreffen insbesondere Folgendes:

- die Relation zwischen Belästigung und L_{den} für Straßenverkehrs-, Eisenbahn- und Fluglärm sowie für Industrie- und Gewerbelärm,

- die Relation zwischen Schlafstörung und L_{night} für Straßenverkehrs-, Eisenbahn- und Fluglärm sowie für Industrie- und Gewerbelärm.

Erforderlichenfalls könnten spezielle Dosis-Wirkung-Relationen für folgende Bereiche aufgezeigt werden:

- Wohngebäude mit besonderer Schalldämmung gemäß Anhang VI,

- Wohngebäude mit einer ruhigen Fassade gemäß Anhang VI,

- klimatische und kulturelle Unterschiede,

- schutzbedürftige Gruppen der Bevölkerung,

- hervorstechender Industrie- und Gewerbelärm,

- impulsartiger Industrie- und Gewerbelärm und andere Sonderfälle.

Anhang IV
Mindestanforderungen für die Ausarbeitung
strategischer Lärmkarten nach Artikel 7

1. Auf einer strategischen Lärmkarte werden Daten zu folgenden Aspekten dargestellt:

– aktuelle, frühere oder vorhersehbare Lärmsituation, ausgedrückt durch einen Lärmindex,

– Überschreitung eines Grenzwerts,

– geschätzte Anzahl an Wohnungen, Schulen und Krankenhäusern in einem bestimmten Gebiet, die bestimmten Werten eines Lärmindexes ausgesetzt sind,

– geschätzte Anzahl der Menschen in einem lärmbelasteten Gebiet.

2. Strategische Lärmkarten können der Öffentlichkeit in folgender Form vorgelegt werden:

– als Grafik,

– als Zahlenangaben in Tabellen,

– als Zahlenangaben in elektronischer Form.

3. Strategische Lärmkarten für Ballungsräume weisen besonders Lärm aus folgenden Quellen aus:

– Straßenverkehr,

– Eisenbahnverkehr,

– Flughäfen,

– Industriegelände, einschließlich Häfen.

4. Die Ausarbeitung strategischer Lärmkarten dient folgenden Zwecken:

– zur Aufbereitung der Daten, die der Kommission gemäß Artikel 10 Absatz 2 und Anhang VI zu übermitteln sind,

– als Informationsquelle für die Bürger gemäß Artikel 9,

– als Grundlage für Aktionspläne gemäß Artikel 8.

Für jeden dieser Zwecke bedarf es einer anderen Art von strategischer Lärmkarte.

5. Die Mindestanforderungen für die strategischen Lärmkarten mit den der Kommission zu übermittelnden Informationen sind in den Abschnitten 1.5, 1.6, 2.5, 2.6 und 2.7 des Anhangs VI enthalten.

6. Zur Information der Bürger gemäß Artikel 9 und für die Ausarbeitung von Aktionsplänen gemäß Artikel 8 sind zusätzliche und ausführlichere Informationen zu liefern wie:

- eine grafische Darstellung,

- Karten, auf denen die Überschreitung eines Grenzwertes dargestellt ist,

- Differenzkarten, auf denen die aktuelle Lage mit zukünftigen Situationen verglichen wird,

- Karten, auf denen der Wert eines Lärmindexes gegebenenfalls auf einer anderen Höhe als 4 m dargestellt ist.

Die Mitgliedstaaten können Regeln für die Art und das Format dieser Lärmkarten aufstellen.

7. Strategische Lärmkarten mit den Ergebnissen von Ermittlungen, die in einer Höhe von 4 m durchgeführt wurden, und mit einer in 5 dB-Bereiche unterteilten Skala für L_{den} und L_{night}, wie in Anhang VI festgelegt, werden zur lokalen oder landesweiten Verwendung erstellt.

8. Für Ballungsräume werden verschiedene strategische Lärmkarten jeweils für den Straßenverkehrslärm, Eisenbahnlärm, Fluglärm und Industrie- und Gewerbelärm getrennt erstellt. Zusätzlich können Karten für andere Lärmquellen erstellt werden.

9. Die Kommission kann nach dem Verfahren des Artikels 13 Absatz 2 Leitlinien mit weiteren Anleitungen zu Lärmkarten, zur Ausarbeitung von Lärmkarten und zu Lärmkartensoftware erstellen.

Anhang V
Mindestanforderungen für Aktionspläne nach Artikel 8

1. Die Aktionspläne müssen mindestens folgende Angaben und Unterlagen enthalten:

– eine Beschreibung des Ballungsraums, der Hauptverkehrsstraßen, der Haupteisenbahnstrecken oder der Großflughäfen und anderer Lärmquellen, die zu berücksichtigen sind,

– die zuständige Behörde,

– den rechtlichen Hintergrund,

– alle geltenden Grenzwerte gemäß Artikel 5,

– eine Zusammenfassung der Daten der Lärmkarten,

– eine Bewertung der geschätzten Anzahl von Personen, die Lärm ausgesetzt sind, sowie Angabe von Problemen und verbesserungsbedürftigen Situationen,

– das Protokoll der öffentlichen Anhörungen gemäß Artikel 8 Absatz 7,

– die bereits vorhandenen oder geplanten Maßnahmen zur Lärmminderung,

– die Maßnahmen, die die zuständigen Behörden für die nächsten fünf Jahre geplant haben, einschließlich der Maßnahmen zum Schutz ruhiger Gebiete,

– die langfristige Strategie,

– finanzielle Informationen (falls verfügbar): Finanzmittel, Kostenwirksamkeitsanalyse, Kosten-Nutzen-Analyse,

– die geplanten Bestimmungen für die Bewertung der Durchführung und der Ergebnisse des Aktionsplans.

2. Die zuständigen Behörden können jeweils für ihren Zuständigkeitsbereich zum Beispiel folgende Maßnahmen in Betracht ziehen:

– Verkehrsplanung,

– Raumordnung,

– auf die Geräuschquelle ausgerichtete technische Maßnahmen,

– Wahl von Quellen mit geringerer Lärmentwicklung,

– Verringerung der Schallübertragung,

– verordnungsrechtliche oder wirtschaftliche Maßnahmen oder Anreize.

3. In den Aktionsplänen sollten Schätzwerte für die Reduzierung der Zahl der betroffenen Personen (die sich belästigt fühlen, unter Schlafstörungen leiden oder anderweitig beeinträchtigt sind) enthalten sein.

4. Die Kommission kann gemäß Artikel 13 Absatz 2 Leitlinien mit weiteren Anleitungen zu den Aktionsplänen ausarbeiten.

Anhang VI
Der Kommission zu übermittelnde Angaben nach Artikel 10

Folgende Angaben sind der Kommission zu übermitteln:

1. Zu Ballungsräumen

1.1. Eine kurze Beschreibung des Ballungsraums: Lage, Größe, Einwohnerzahl.

1.2. Zuständige Behörde.

1.3. Lärmschutzprogramme, die bisher durchgeführt wurden, und laufende Lärmschutzmaßnahmen.

1.4. Verwendete Berechnungs- oder Messmethoden.

1.5. Die geschätzte Zahl der Menschen (auf die nächste Hunderterstelle gerundet), die in Gebäuden wohnen, an denen der in 4 m Höhe gemessene L_{den} in dB an der am stärksten lärmbelasteten Fassade in folgenden Bereichen liegt: 55–59, 60–64, 65–69, 70–74, > 75, wobei die Angaben für Straßenverkehrslärm, Eisenbahnlärm, Fluglärm und Industrie- und Gewerbelärm getrennt aufzuführen sind. Die Zahlenangaben sind auf die nächste Hunderterstelle auf- oder abzurunden (Beispiel: 5200 = zwischen 5150 und 5249; 100 = zwischen 50 und 149; 0 = weniger als 50).

Zusätzlich sollte – gegebenenfalls und soweit Daten verfügbar sind – angegeben werden, wie viele Personen innerhalb der oben angeführten Geräuschpegelkategorien in Gebäuden wohnen mit

— besonderer Schalldämmung für bestimmten Lärm, d. h. spezieller Schallisolierung gegen eine oder mehrere Arten von Umgebungslärm, kombiniert mit einer Belüftungs- oder Klimaanlage, so dass ein hoher Lärmschutz gegen Umgebungslärm beibehalten werden kann;

— einer ruhigen Fassade, d. h. einer Fassade eines Wohnhauses, an der der L_{den}-Wert in einem Abstand von 4 m über dem Boden und 2 m von der Fassade für den Lärm aus einer bestimmten Lärmquelle um mehr als 20 dB unter dem Wert liegt, der an der Fassade mit dem höchsten L_{den}-Wert gemessen wurde.

Daneben ist anzugeben, welchen Einfluss Hauptverkehrsstraßen, Haupteisenbahnstrecken und Großflughäfen gemäß den Definitionen in Artikel 3 auf den Lärmpegel haben.

1.6. Die geschätzte Gesamtzahl der Menschen (auf die nächste Hunderterstelle gerundet), die in Gebäuden wohnen, an denen der in 4 m Höhe gemessene L_{night} in dB an der am stärksten lärmbelasteten Fassade in folgenden Bereichen liegt: 50–54, 55–59, 60–64, 65–69, > 70, wobei die Angaben für Straßenverkehrslärm, Eisenbahnlärm, Fluglärm und Industrie- und Gewerbelärm getrennt aufzuführen sind. Diese Daten können vor dem in Artikel 11 Absatz 1 vorgesehenen Zeitpunkt auch für den Bereich 45–49 bewertet werden.

Zusätzlich sollte – gegebenenfalls und soweit Daten verfügbar sind – angegeben werden, wie viele Personen innerhalb der oben angeführten Geräuschpegelkategorien in Gebäuden wohnen mit

– besonderer Schalldämmung für bestimmten Lärm gemäß Abschnitt 1.5,

– einer ruhigen Fassade gemäß Abschnitt 1.5.

Daneben ist anzugeben, welchen Einfluss Hauptverkehrsstraßen, Haupteisenbahnstrecken und Großflughäfen auf den Lärmpegel haben.

1.7. Bei einer grafischen Darstellung sind zumindest die 60, 65, 70 und 75 dB-Linien zu zeigen.

1.8. Eine Zusammenfassung des Aktionsplans von nicht mehr als 10 Seiten mit den in Anhang V genannten relevanten Angaben.

2. Zu Hauptverkehrsstraßen, Haupteisenbahnstrecken und Großflughäfen

2.1. Eine allgemeine Beschreibung der Straßen, Eisenbahnstrecken oder Flughäfen: Lage, Größe und Angaben über das Verkehrsaufkommen.

2.2. Eine Beschreibung der Umgebung: Ballungsräume, Dörfer, ländliche Gegend oder nicht ländliche Gegend, Information über die Flächennutzung, andere Hauptlärmquellen.

2.3. Lärmschutzprogramme, die bisher durchgeführt wurden, und laufende Lärmschutzmaßnahmen.

2.4. Verwendete Berechnungs- oder Messmethoden.

2.5. Die geschätzte Gesamtzahl der Menschen (auf die nächste Hunderterstelle gerundet), die außerhalb von Ballungsräumen in Gebäuden wohnen, an denen der in 4 m Höhe an der am stärksten lärmbelasteten Fassade gemessene L_{den} in dB in folgenden Bereichen liegt: 55–59, 60–64, 65–69, 70–74, > 75.

Zusätzlich sollte – gegebenenfalls und soweit Daten verfügbar sind – angegeben werden, wie viele Personen innerhalb der oben angeführten Geräuschpegelkategorien in Gebäuden wohnen mit

– besonderer Schalldämmung für bestimmten Lärm gemäß Abschnitt 1.5,

– einer ruhigen Fassade gemäß Abschnitt 1.5.

2.6. Die geschätzte Gesamtzahl der Menschen (auf die nächste Hunderterstelle gerundet), die außerhalb von Ballungsräumen in Gebäuden wohnen, an denen L_{night} in dB in 4 m Höhe an der am stärksten lärmbelasteten Fassade in folgenden Bereichen liegt: 50–54, 55–59, 60–64, 65–69, > 70. Diese Daten können vor dem in Artikel 11 Absatz 1 vorgesehenen Zeitpunkt auch für den Bereich 45–49 bewertet werden.

Zusätzlich sollte – gegebenenfalls und soweit Daten verfügbar sind – angegeben werden, wie viele Personen innerhalb der oben angeführten Geräuschpegelkategorien in Gebäuden wohnen mit

- besonderer Schalldämmung für bestimmten Lärm gemäß Abschnitt 1.5,
- einer ruhigen Fassade gemäß Abschnitt 1.5.

2.7. Die Gesamtfläche (in km^2), mit L_{den}-Werten von über 55, 65 bzw. 75 dB. Außerdem ist die geschätzte Gesamtzahl der Wohnungen in jedem dieser Gebiete (auf die nächste Hunderterstelle gerundet) und die geschätzte Gesamtzahl der dort lebenden Menschen (auf die nächste Hunderterstelle gerundet) anzugeben. Dabei sind die Ballungsräume mit einzubeziehen.

Die 55 und 65 dB-Linien sind auch auf einer oder mehreren Karten einzuzeichnen, in denen der Standort von Dörfern, Städten und Ballungsräumen innerhalb der Linien angegeben ist.

2.8. Eine Zusammenfassung des Aktionsplans von nicht mehr als 10 Seiten mit den in Anhang V genannten relevanten Angaben.

3. Leitlinien

Die Kommission kann gemäß Artikel 13 Absatz 2 Leitlinien mit weiteren Anweisungen zur Vorlage der oben genannten Informationen ausarbeiten.

Erklärung der Kommission

im Vermittlungsausschuss zur Richtlinie über die Bewertung und Bekämpfung von Umgebungslärm

Die Kommission nimmt den Wortlaut des Artikels 1 Absatz 2 der Richtlinie über Umgebungslärm zur Kenntnis, auf den sich die Mitglieder des Vermittlungsausschusses des Europäischen Parlaments und des Rates geeinigt haben.

Die Kommission ist der Auffassung, dass Vorschläge für Rechtsvorschriften zur Verringerung des Lärms aus größeren Quellen auf der Grundlage solider, diese Vorschläge stützender Daten gemacht werden sollten. Dies entspricht dem „wissensgestützten Konzept" politischer Entscheidungen, das im 6. Umweltaktionsprogramm (KOM(2001) 31) vorgeschlagen und vom Europäischen Parlament und vom Rat befürwortet wurde.

In dieser Hinsicht stellen die Berichte, welche die Mitgliedstaaten nach der Richtlinie aufgrund harmonisierter Lärmindikatoren anzufertigen haben, ein wichtiges Element dar. Dank solcher Daten aus der gesamten EU wird es möglich sein, die Auswirkungen und Vorteile eventueller Maßnahmen gründlich zu prüfen, bevor Vorschläge für EU-Rechtsvorschriften vorgelegt werden.

Daher wird die Kommission entsprechend dem Vertrag zur Gründung der Europäischen Gemeinschaft prüfen, ob neue Rechtsvorschriften notwendig sind, und sich das Recht vorbehalten, darüber zu entscheiden, ob und wann solche Vorschläge zweckmäßig sind.

Dies steht im Einklang mit dem im EG-Vertrag verankerten Initiativrecht der Kommission, während die Vorschriften des Artikels 1 Absatz 2 bezüglich der Unterbreitung neuer Vorschläge innerhalb eines bestimmten Zeitraums dieses Recht offensichtlich beeinträchtigen.

Erläuterung zu den Richtlinien und deren Umsetzung

Halama

A. Umweltverträglichkeitsprüfung (UVP) – RL 85/337/EWG

I. Zielsetzungen und Inhalt der RL 85/337/EWG

1. Zielsetzungen der UVP-RL 85/337/EWG

(1) Die Richtlinie 85/337/EWG des Rates vom 27. Juni 1985 über die Umweltver- **1**
träglichkeitsprüfung bei bestimmten öffentlichen und privaten Projekten – UVP-RL
– findet ihre Rechtsgrundlage in den Art. 100 und 235 EWGV, die seinerzeit zur
Angleichung von Rechtsvorschriften, auch zur Erreichung des Gemeinschaftsziels
Umweltschutz, ermächtigten.[1] Die genannten Bestimmungen entsprechen heute
Art. 94, 308 EG. Die Richtlinie behandelt umweltbezogene Problembereiche, die
später Gegenstand der „Zweiten Säule" der Århus-Konvention 1998 wurden. Sie
warf alsbald inhaltliche, methodische, vor allem aber verfahrensbezogenen Fragen der Umweltverträglichkeitsprüfung auf. Grundgedanken der Richtlinie waren
dem US-amerikanischen National Environmental Policy Act entnommen.[2] Auch
dort ging es zunächst um eine Strukturierung der Entscheidungsvorbereitung.

(2) Der **Zweck der Richtlinie** besteht darin, den zuständigen Behörden bei der **2**
Zulassung (Genehmigung) insbesondere von Industrie- und Infrastrukturvorhaben
ein Verfahrensinstrument zur Verfügung zu stellen, das es ihnen im Dienste der
Vorsorge und Vorbeugung ermöglicht, sich an Hand einheitlicher Vorgaben die
für die Abschätzung der Umweltfolgen bestimmter Projekte relevanten Informationen so früh wie möglich zu verschaffen und auf diese Weise durch eine Verbesserung der Umweltbedingungen einen Beitrag zum Schutz der menschlichen Gesundheit und der Lebensqualität zu leisten.[3] Ebenso wie die Richtlinie 2001/42/EG
über die Prüfung der Umweltauswirkungen bestimmter Pläne und Programme
(Plan-UP-RL)[4], in der ausweislich der neunten Begründungserwägung ausdrücklich darauf hingewiesen wird, dass sie „den Verfahrensaspekt betrifft", versteht sich
die UVP-RL als Mittel der Verfahrensgestaltung. Einen materiell-rechtlichen Bezug weist sie lediglich insoweit auf, als sie die Mitgliedstaaten in ihrem Art. 8 verpflichtet, die Ergebnisse der Umweltverträglichkeitsprüfung bei der Zulassungsentscheidung „zu berücksichtigen".

Damit stellt die Richtlinie klar, dass die Prüfung der Umweltauswirkungen kein **3**
Selbstzweck ist, sondern bei der Sachentscheidung als rechtlich relevanter Posten zum Tragen kommen soll. Nach Art. 2 Abs. 1 UVP-RL haben die Mitgliedstaaten zu gewährleisten, dass vor Erteilung der Genehmigung die Projekte, bei denen
„mit erheblichen Auswirkungen auf die Umwelt" zu rechnen ist, einer Prüfung unterzogen werden. Der Erheblichkeitsbegriff hat im gemeinschaftsrechtlichen Um-

---

1 ABl. L 175 S. 40.
2 Stephan Tomerius, Der „National Environmental Policy Act" der USA – Impulse US-amerikanischer
Umweltpolitik für das deutsche Umweltrecht?, in: ZVglRWiss 91, 423–442 (1992).
3 Vgl. zum gemeinschaftsrechtlichen Prinzip der Vorsorge und der Vorbeugung u. a. Rainer Wahl/Ivo
Appel, Prävention und Vorsorge. Von der Staatsaufgabe zur rechtlichen Ausgestaltung, in: Rainer
Wahl (Hrsg.), Prävention und Vorsorge, Bonn 1995, S. 1–216; Hans-Werner Rengeling, Bedeutung
und Anwendung des Vorsorgeprinzips im europäischen Umweltrecht, in: DVBl. 2000, 1473–1483; Umweltrecht und Umweltwissenschaft. Festschrift für Eckard Rehbinder, Berlin 2007, S. 143–164.
4 ABl. L 197 S. 30.

weltschutz allerdings einen anderen Bedeutungsgehalt als im nationalen Rechtskreis. Im deutschen Recht wird „erheblich" gemeinhin als Synonym für „schädlich" oder „unzumutbar" verstanden (vgl. etwa § 3 Abs. 1 BImSchG). Das Erheblichkeitsmerkmal dient in Art. 2 Abs. 1 UVP-RL dagegen Abgrenzungszwecken auf einer Stufe, die der Erheblichkeitsschwelle nach herkömmlichem deutschen Verständnis weit vorgelagert ist. Es erfüllt eine ähnliche Funktion wie das dem deutschen Recht geläufige Geringfügigkeitskriterium. Es scheidet aus der Umweltverträglichkeitsprüfung diejenigen Umweltbeeinträchtigungen aus, die für die Entscheidung von vornherein bedeutungslos erscheinen und deshalb un„erheblich" sind. Die Umweltauswirkungen eines Projekts müssen dazu nach Maßgabe der einleitenden Erwägungen der Richtlinie nach folgenden Teilzielen beurteilt werden: die menschliche Gesundheit zu schützen, durch eine Verbesserung der Umweltbedingungen zur Lebensqualität beizutragen, für die Erhaltung der Artenvielfalt zu sorgen und die Reproduktionsfähigkeit des Ökosystems als Grundlage allen Lebens zu erhalten.

2. Verfahrensbezogene Umsetzung der Ziele

4 (1) Art. 2 Abs. 2 UVP-RL stellt es den Mitgliedstaaten anheim, die UVP im Rahmen der bestehenden oder in einem gesonderten Verfahren durchzuführen. Was Prüfungsgegenstand ist, regelt Art. 3 UVP-RL. Danach sind die unmittelbaren und mittelbaren Projektauswirkungen nach Maßgabe der in Art. 4 der Richtlinie in Verb. mit den Anhängen I und II aufgeführten Kriterien zu identifizieren, zu beschreiben und zu bewerten. Als relevante Schutzgüter werden in Art. 3 UVP-RL Mensch, Fauna und Flora, Boden, Wasser, Luft, Klima und Landschaft bezeichnet. Ein medienübergreifender Ansatz liegt der Vorschrift insofern zugrunde, als zusätzlich die „Wechselwirkung" zwischen den genannten Umweltmedien zu untersuchen ist. Mit dem Identifikationserfordernis macht der Richtliniengeber deutlich, dass Ermittlungen dazu angestellt werden müssen, welche Umweltgüter betroffen werden können.

5 Die in Art. 3 UVP-RL angesprochene Bewertung ist nicht mit irgendeiner Form von Abwägung gleichzusetzen. Ihre Funktion besteht nicht darin, die nach dieser Bestimmung maßgeblichen Umweltmedien im Verhältnis zu sonstigen entscheidungsrelevanten Belangen zu gewichten. Die UVP-RL enthält sich jeglicher Aussage dazu, welcher Stellenwert den Umweltbelangen im Entscheidungsprozess beizumessen ist. Die Bewertung im Sinne S. des Art. 3 UVP-RL ist ausschließlich ökologieintern an Hand fachlicher Kriterien vorzunehmen, die es ermöglichen, Feststellungen über den Grad der Betroffenheit des jeweiligen Schutzguts zu treffen. Die UVP wird dadurch, dass ihr Ergebnis im Entscheidungsverfahren zu berücksichtigen ist, materiell nicht aufgeladen. Die Zulassungsentscheidung wird durch das Berücksichtigungserfordernis in keiner Weise vorprogrammiert. Gleichwohl markiert das Gemeinschaftsrecht wichtige Gründe des Umweltschutzes, die eigentumsbezogene Eingriffe rechtfertigen können.[5]

---

5 Vgl. EuGH, Urteil vom 13.3.2001 – Rs. C-379/98 – EuGH 2001I-02099 = DVBl. 2001, 633 [636] = NVwZ 2001, 665 = EuZW 2001, 242 – Preussen Elektra AG vs. Schleswag AG (Stromeinspeisungsgesetz), vgl. dazu kritisch Jochen Gebauer/Ulrich Wollenteit, Der EuGH und das Stromeinspeisungsgesetz: Ein neues Paradigma zum Verhältnis von Grundfreiheiten und Umweltschutz?, in: ZNER 2001, 12–17.

(2) Die UVP-RL beschränkt sich auf die Ebene der **Projektzulassung**. Obligato-   6
risch ist die Umweltverträglichkeitsprüfung nach Art. 4 Abs. 1 UVP-RL grundsätzlich für die im Anhang I der Richtlinie aufgeführten Vorhaben. Für die im Anhang
II genannten Projekte entscheiden die Mitgliedstaaten nach Maßgabe des Art. 4
Abs. 2 und 3 UVP-RL im Wege der Einzelfalluntersuchung (sog. **Screening**) oder
durch Festlegung von Schwellenwerten bzw. Kriterien oder durch eine Kombination beider Verfahrensmöglichkeiten, ob eine Umweltverträglichkeitsprüfung durchzuführen ist oder nicht.

3. Umweltprüfung in vier Verfahrensschritten

(1) Nach der Konzeption der UVP-RL vollzieht sich die UVP in vier Verfahrens-   7
schritten: Der Projektträger hat ggf. nach vorgängiger behördlicher Beratung über
den Umfang des Untersuchungsprogramms (sog. **Scoping**), bereits seinem Zulassungsantrag eine Umweltverträglichkeitsstudie beizufügen, die nach Art. 5 Abs. 3
UVP-RL insbesondere Angaben dazu enthalten muss, welche Hauptauswirkungen
das Vorhaben voraussichtlich auf die Umwelt haben wird und mit welchen Maßnahmen sich diese Auswirkungen verringern oder ausgleichen lassen.[6] Art. 2
Abs. 1 Satz 1 der UVP-RL verpflichtet ohnedies nicht zur Durchführung einer Umweltverträglichkeitsprüfung in einem vorgelagerten Verfahren, wenn in diesem
Verfahren der Standort, etwa einer Abfallentsorgungsanlage, festgelegt wurde,
der später Gegenstand der nachfolgenden Zulassungsentscheidung ist.[7]

(2) In einem in den Art. 6 und 7 UVP-RL beschriebenen, für das Umweltrecht der   8
Gemeinschaft charakteristischen zweiten Schritt sind die in ihrem umweltbezogenen
Aufgabenbereich berührten Behörden und die Öffentlichkeit in das Verfahren einzubeziehen. Die Behörden erhalten Gelegenheit, Stellungnahmen zu den Angaben des
Projektträgers abzugeben. Die betroffene Öffentlichkeit ist in einem dritten Schritt
über das Vorhaben zu unterrichten und darauf hinzuweisen, dass es ihr freisteht,
sich hierzu zu äußern. Bei Vorliegen der in Art. 7 UVP-RL bezeichneten Voraussetzungen hat unter Beachtung der in dieser Vorschrift genannten Vorgaben eine
grenzüberschreitende Behörden- und Öffentlichkeitsbeteiligung stattzufinden.

(3) Nach Abschluss dieses Beteiligungsverfahrens hat die Zulassungsbehörde   9
gemäß Art. 8 UVP-RL die Angaben des Vorhabenträgers sowie die Ergebnisse
der Anhörungen und ggf. eigene weitere Erkenntnisse als Entscheidungsgrundla-
ge zu berücksichtigen. Schließlich hat sie nach Art. 9 UVP-RL die von ihr getroffene Sachentscheidung bekannt zu machen.

---

6 Vgl. Michael Barth/Christoph Demmke/Grit Ludwig, Die Europäisierung des nationalen Verwaltungs-
   verfahrens- und Verwaltungsorganisationsrechts im Bereich des Umweltrechts, in: NuR 2001, 133–
   142; Alexander Schink, Die Umweltverträglichkeitsprüfung – offene Konzeptfragen, in: DVBl. 2001,
   321–332.

7 So BVerwG, Beschluss vom 14.5.1996 – 7 NB 3.95 – BVerwGE 101, 166 = DVBl. 1997, 48 = NVwZ
   1997, 494 = DÖV 1996, 916 = UPR 1996, 444 = NuR 1996, 594.

4. Änderungen der UVP-RL 85/337/EWG durch novellierende Richtlinien

10 (1) Die Richtlinie vom 27. Juni 1985 wurde durch die nunmehr auf Art. 130r Abs. 2 EG gestützte **Richtlinie 97/11/EG** des Rates vom 3. März 1997 geändert.[8] Die Änderung verfolgte insbesondere zwei Zielrichtungen. Zum einen wurden die Vorschriften für das Prüfverfahren präzisiert, ergänzt und verbessert.[9] Für Anhang II-Projekte finden sich seither im Anhang III projekt-, standort- und wirkungsbezogene Auswahlkriterien unter Einschluss des Gesichtspunktes der Kumulierung, die erkennen lassen, dass die Mitgliedstaaten nicht befugt sind, bestimmte Projektarten pauschal von der UVP-Pflicht auszunehmen. Zum anderen wurde der Projektkatalog der Anhänge I und II erheblich erweitert. Beispielsweise taucht unter der Nummer 3 i des Anhangs II erstmals der Begriff der „Windfarm" auf[10].

11 (2) Eine weitere Änderung erfuhr die Richtlinie vom 27. Juni 1985 durch die **Richtlinie 2003/35/EG** vom 26. Mai 2003 über die Beteiligung der Öffentlichkeit bei der Ausarbeitung bestimmter umweltbezogener Pläne und Programme.[11] Durch diese Richtlinie wurde das Recht der Öffentlichkeitsbeteiligung modifiziert, indem eine neue Vorschrift, Art. 10 a, Eingang in die Richtlinie fand.

12 Die Änderungsrichtlinie trägt den Anforderungen Rechnung, die sich aus dem am 25. Juni 1998 von der Gemeinschaft unterzeichneten Århus-Übereinkommen ergeben, dessen Ratifikation inzwischen auch in Deutschland ansteht. Dieses UN-Übereinkommen enthält Regelungen über den Zugang zu Informationen (sog. erste Säule), die Öffentlichkeitsbeteiligung an Entscheidungsverfahren (sog. zweite Säule) und den Zugang zu Gerichten in Umweltangelegenheiten (sog. dritte Säule). Während insbesondere die geänderten Art. 6 und 7 UVP-RL die Öffentlichkeitsbeteiligung betreffen, dient der neu eingefügte Art. 10 a UVP-RL der Verwirklichung des mit der dritten Säule des Århus-Übereinkommens verfolgten Anliegens. Auf der Grundlage dieser Bestimmung haben die Mitgliedstaaten sicherzustellen, dass die betroffene Öffentlichkeit Zugang zu einem Überprüfungsverfahren erhält, in dem die getroffenen Entscheidungen auf ihre materiell- und ihre verfahrensrechtliche Rechtmäßigkeit überprüft werden.

---

8 ABl. L 73 S. 5. Vgl. Franz-Josef Feldmann, Die Umsetzung der UVP-Änderungsrichtlinie in das deutsche Recht, in: DVBl. 2001, 589–601.

9 Wilfried Erbguth, Entwicklungslinien im Recht der Umweltverträglichkeitsprüfung – UVP-RL – UVPÄndRL – UVPG – SUP, in: UPR 2003, 321–326; Ann-Katrin Wüstemann, Integrativer Umweltschutz -Anforderungen an Normsetzung und Vollzug – Unter besonderer Berücksichtigung der Umsetzung der IVU- und UVP-Änderungsrichtlinien, in: NVwZ 2002, 698–699; Bernd Becker, Überblick über die umfassende Änderung der Richtlinie über die Umweltverträglichkeitsprüfung, in: NVwZ 1997, 1167–1171.

10 Vgl. hierzu BVerwG. Urteil vom 30. Juni 2004 – 4 C 9.03 – BVerwGE 121, 182 = DVBl. 2004, 1304 = NVwZ 2004, 1235 = UPR 2004, 442 = NuR 2004, 665 = BayVBl 2005, 371 = ZfBR 2005, 73 = BauR 2004, 1745, mit Bespr. Oliver Kunert, in: NordÖR 2004, 421–425; Martin Gellermann, in: NVwZ 2004, 1199–1202; Guido Wustlich, in: NVwZ 2005, 996–1000; vgl. auch Hans-Joachim Koch/Christian Kahle, Aktuelle Rechtsprechung zum Immissionsschutzrecht, in: NVwZ 2006, 1124–1129.

11 ABl. L 156 S. 17.

Halama

II. Umsetzung der RL 85/337/EWG in deutsches Recht

1. Umsetzung in Bundesrecht (UVPG)

Die Umsetzung der UVP-RL 85/337/EWG vom 27. Juli 1985 und der Änderungs- **13** RL 91/11/EG vom 3. März 1997 in deutsches Recht waren jeweils nicht fristgerecht.[12] Sie gestaltete sich auch schwierig.[13] Diskutiert wurden u. a. die Verabschiedung eines umfassenden UVP-Gesetzes, die Änderung und Ergänzung der betroffenen Fachgesetze und die Integration der Umweltverträglichkeitsprüfung in ein vorhandenes Leitgesetz, etwa das Verwaltungsverfahrensgesetz.[14] Die Auswirkungen des EG-Rechts auf die Umweltverträglichkeitsprüfung nach deutschem Recht waren anfangs keineswegs hinreichend sicher.[15] Beklagenswert war auch hier die umweltpolitische und ministerielle Unentschlossenheit in der jeweiligen Umsetzungsphase. Der Vertrauens- und Ansehensverlust, den das Bundesministerium für Umwelt, Naturschutz und Reaktorsicherheit und teilweise auch die Umweltministerien der Länder bei den Vollzugsbehörden, den Gemeinden, den Bürgern, den Anlagenbetreiber und den Verbänden hatte, war beträchtlich.[16] Wohlgemeinte Beschlüsse des LAI oder der LAWA vermögen nun einmal keine bundesgesetzlich gebotenen Regelungen zu ersetzen. Investitionssicherheit für die Betreiber und Rechtssicherheit für die betroffenen Anwohner lassen sich so nicht substituieren.

Allerdings ist nicht zu verkennen, dass die Umsetzung von Richtlinien an die Mit- **14** gliedstaaten teilweise recht hohe Anforderungen stellt. Häufig müssen dem innerstaatlichem Recht und dessen tradierte Systematik unbekannte Instrumente des Gemeinschaftsrechts integriert werden. Auch der Aussagegehalt der Richtlinien selbst ist nicht immer eindeutig, da diese nicht selten ihrerseits das Ergebnis von Kompromissen zwischen den Mitgliedstaaten darstellen. Im besonderen Maße gilt dies für die beiden UVP-Richtlinien.

---

12 Vgl. Jürgen Staupe, Anwendung der UVP-Änderungsrichtlinie nach Ablauf der Umsetzungsfrist, in: NVwZ 2000, 508–515, unter Hinweis auf den Entwurf für ein Gesetz zur Umsetzung der UVP-Änderungsrichtlinie, der IVU-Richtlinie und weiterer EG-Richtlinien zum Umweltschutz" v. 31.1.2000 (BMU-Arbeitsgruppe G I 4 – 41011/0); Sandra Otto, Die UVP-Änderungsrichtlinie und IVU-Richtlinie der EU: Probleme aus der Nicht-Umsetzung nach Ablauf der Fristen, in: NVwZ 200, 531–534; Andreas Wasielewski, Stand der Umsetzung der UVP-Änderungs- und der IVU-Richtlinie, in: NVwZ 2000, 15–21.

13 Vgl. allg. Reinhard Coenen/Juliane. Joerissen, Umweltverträglichkeitsprüfung in der Europäischen Gemeinschaft: Derzeitiger Stand der Umsetzung der EG-Richtlinie in 10 Staaten der EG, Berlin 1989.

14 Zur Entstehungsgeschichte des UVPG vgl. u. a. Wilfried Erbguth, Der Entwurf eines Gesetzes über die Umweltverträglichkeitsprüfung: Musterfall querschnittsorientierter Gesetzgebung aufgrund EG-Rechts?, in: NVwZ 1988, 969–977; Jürgen Cupei, Umweltverträglichkeitsprüfung (UVP). Ein Beitrag zur Strukturierung der Diskussion; zugleich eine Erläuterung der EG-Richtlinie, Köln u. a. 1986; ders., Die Richtlinie des Rates über die Umweltverträglichkeitsprüfung (UVP) bei bestimmten öffentlichen und privaten Projekten, in: NuR 1985, 297–307.

15 Vgl. Alexander Schink, Auswirkungen des EG-Rechts auf die Umweltverträglichkeitsprüfung nach deutschem Recht, in: NVwZ 1999, 11–19; Hans-Joachim Peters, Die UVP-Richtlinie der EG und die Umsetzung in das Deutsche. Recht, Baden-Baden 1994, S. 17; Alexander Schink, Gemeinschaftsrechtliche Fortentwicklung der UVP, in: DVBl. 1995, 73–81.

16 Vgl. die resignierende Würdigung bei Bernd Becker, Überblick über die umfassende Änderung der Richtlinie über die Umweltverträglichkeitsprüfung – Mehrfach integrierte Vermeidung und Verminderung der Umweltbeeinträchtigung?, in: NVwZ 1997, 1167–1171; Andreas Wasielewski, Stand der Umsetzung der UVP-Änderungs- und der IVU-Richtlinie, in: NVwZ 2000, 15–21.

1.1 UVPG als Stammgesetz

15 Der Bundesgesetzgeber entschied sich dann letztlich dafür, die technischen Regelungen der UVP-RL 85/337/EWG in einem **Stammgesetz**, dem Gesetz über die Umweltverträglichkeitsprüfung – UVPG 1990 – zu verankern, in dem neben Begriffsbestimmungen die UVP-pflichtigen Vorhaben aufgeführt sowie die Mindeststandards des Prüfverfahrens festgelegt werden, in dem sich darüber hinaus in den §§ 15 bis 19 b aber auch besondere Verfahrensvorschriften u. a. für die Linienbestimmung nach dem Bundesfernstraßen- und dem Bundeswasserstraßengesetz, für die luftrechtliche Genehmigung, für Raumordnungsverfahren und für die Bauleitplanung finden. Dagegen bedurfte der Bedarfsplan für den Fernstraßenausbau wie auch die Aufnahme eines Fernstraßenausbauvorhabens in den Bedarfsplan nicht der Umweltverträglichkeitsprüfung nach Maßgabe des UVPG. Auch die Richtlinie 85/337/EWG verlangte dies nicht.[17] Entsprechend seiner Funktion enthält der Bedarfsplan ein globales und grobmaschiges Konzept, das für die nachfolgenden Verfahren der Linienbestimmung und der Planfeststellung noch weite planerische Spielräume belässt.[18] Die Rechtslage könnte sich durch die Plan-UP-RL 2001/42/EG geändert haben.

16 Aus § 2 Abs. 1 Satz 1 UVPG erhellt, dass die Umweltverträglichkeitsprüfung ein unselbständiger Teil des jeweiligen verwaltungsbehördlichen Verfahrens ist. § 4 UVPG stellt klar, dass die Bestimmungen des UVPG hinter speziellere fachgesetzliche Regelungen zurücktreten. Im Übrigen entspricht der Aufbau des Gesetzes dem Muster der UVP-RL. In § 2 Abs. 1 Satz 2 UVPG wird der Prüfungsgegenstand in Übereinstimmung mit Art. 3 UVP-RL umschrieben. § 3 UVPG grenzt zusammen mit den in der Anlage 1 aufgezählten Vorhaben den Anwendungsbereich des Gesetzes ab.

17 Aus der Anlage 1 ist zu ersehen, ob das Projekt generell UVP-pflichtig ist, nach dem Ergebnis einer allgemeinen oder einer standortbezogenen Vorprüfung einer Umweltverträglichkeitsprüfung unterliegt oder nach Maßgabe des Landesrechts eine UVP-Pflicht besteht. Die insoweit maßgeblichen intrikaten Verfahrensregelungen sind in den § 3b bis 3f UVPG zusammengefasst. Die einzelnen Verfahrensschritte sind in den §§ 5 bis 12 UVPG nachgezeichnet: § 5 UVPG ist der Unterrichtung über das Untersuchungsprogramm (sog. Scoping) gewidmet. § 6 UVPG zählt die Unterlagen auf, die der Projektträger seinem Zulassungsantrag beizufügen hat. Die §§ 7 und 8 UVPG regeln die (ggf. grenzüberschreitende) Behörden-, die §§ 9 und 9 a UVPG die (ggf. grenzüberschreitende) Öffentlichkeitsbeteiligung. Die zuständige Behörde hat sodann nach § 11 UVPG auf der Grundlage der Unterlagen nach § 6 UVPG, der behördlichen Stellungnahmen nach den §§ 7 und 8 UVPG sowie der Äußerungen der Öffentlichkeit nach den §§ 9 und 9 a UVPG eine zusammenfassende Darstellung der Umweltauswirkungen des Vorhabens zu er-

---

17 BVerwG, Beschluss vom 22.9.1997 – 4 B 147.97 – NVwZ-RR 1998, 300 = DÖV 1998, 160 = UPR 1998, 72 = NuR 1998, 94.
18 BVerwG, Urteil vom 21.3.1996 – 4 C 19.94 – BVerwGE 100, 370 = DVBl. 1996, 907 = NVwZ 1996, 1016 = UPR 1996, 339 = NuR 1996, 589 – Autobahnring München (West) A 99 [Eschenrieder Spange].

arbeiten und schließlich in Anwendung des § 12 UVPG die Bewertung dieser Auswirkungen bei der Entscheidung über die Zulässigkeit des Vorhabens zu berücksichtigen.

1.2 UVPG und Bauleitplanung

(1) Zu den Zulassungsentscheidungen im Sinne des § 2 Abs. 1 Satz 1 UVPG **18** zählen unter den in § 2 Abs. 3 Nr. 3 UVPG genannten Voraussetzungen auch Bebauungspläne. Damit trägt der Gesetzgeber der Erkenntnis Rechnung, dass Bebauungspläne der UVP-Pflicht jedenfalls dann unterliegen, wenn schon sie selbst einen konkreten Vorhabenbezug aufweisen.[19]

Hierzu gehören insbesondere Bebauungspläne, die – etwa auf der Grundlage des **19** § 17 Abs. 3 Satz 1 FStrG – einen Planfeststellungsbeschluss für ein Straßenbauvorhaben ersetzen (z. B. Nr. 14.3: Bau einer Bundesautobahn oder einer sonstigen Bundesstraße). Pläne dieser Art haben den Charakter einer Zulassungsentscheidung, da ihnen kein weiterer Zulassungsakt nachfolgt. Eine Umsetzung der UVP-RL in der Bauleitplanung erwies sich ferner dort als notwendig, wo durch einen Bebauungsplan die Voraussetzungen für die Verwirklichung eines UVP-relevanten Vorhabens geschaffen werden oder wo den Gegenstand der Planung beispielsweise Industriezonen, Städtebauprojekte oder Feriendörfer bilden, die nach Anhang II Nummer 10 a und b und 11 a der UVP-RL a. E. europarechtlich als Projekt gelten, nach deutschem Verständnis aber nicht die Merkmale eines Vorhabens im Sinne des § 29 Abs. 1 BauGB erfüllen.[20] Als „Industriezonen" im Sinne der Nr. 10 a des Anhangs II zu Art. 4 Abs. 2 UVP-RL a. E. können größere Bereiche verstanden werden, in denen mehrere Industrieanlagen zugelassen werden können.[21]

(2) Der Bundesgesetzgeber verknüpft das UVP-Recht mit dem Recht der Bauleit- **20** planung in **§ 17 UVPG.** Diese Vorschrift weist eine wechselvolle Geschichte auf. Bei der Umsetzung der Richtlinie vom 27. Juni 1985 wählte der Gesetzgeber den Weg, für die Durchführung der UVP die Vorschriften des Baugesetzbuchs für maßgeblich zu erklären. Auf eine veränderte Perspektive deutete die Fassung hin, die § 17 UVPG im Rahmen der BauGB-Novelle 1993 erhielt.[22] Der Gesetzgeber stellte jetzt klar, dass Bebauungspläne, die der UVP-Pflicht unterliegen, unabhängig von der Anwendung der Verfahrensvorschriften des BauGB an § 2 Abs. 1 Satz 1 bis 3 UVPG zu messen sind. Durch diese Änderung brachte er zum Aus-

---

19 Vgl. zur Entwicklung Rudolf Stich, Der gegenwärtige Stand der Anforderungen des Umweltschutzes an die gemeindliche Bauleitplanung, in: WiVerw 2002, 65–140.

20 Vgl. auch Christian Hamann, Die Umweltverträglichkeitsprüfung im Baugenehmigungsverfahren, in: ZfBR 2006, 537–545; Christiane Rühl, Das Verhältnis von Umweltverträglichkeitsprüfung bei Bauleitplänen und nachfolgender Umweltverträglichkeitsprüfung in Vorhabenzulassungsverfahren, in: UPR 2002, 129–133.

21 Vgl. OVG Magdeburg, Urteil vom 17.11.2005 – 2 K 229/02 – juris (Volltext); vgl. auch Alexander Schink, Umweltverträglichkeitsprüfung in der Bauleitplanung, in: UPR 2004, 81–94 [88 f.]; Christian Kläne/Henning, Uhlenbrock, Neues UVP-Recht für Bebauungspläne – Die bauplanungsrechtlichen Vorhaben nach Nr. 18 der Anlage 1 zum UVPG. in: Nds.VBl. 2002, 169–174 [172].

22 Gesetz zur Erleichterung von Investitionen und der Ausweisung und Bereitstellung von Wohnbauland vom 22.4.1993 (BGBl. I S. 446).

druck, dass § 2 Abs. 1 Satz 1 bis 3 UVPG, in dem umschrieben ist, was den spezifischen Gehalt der Umweltverträglichkeitsprüfung ausmacht, auch im Rahmen des Bebauungsplanaufstellungsverfahrens eigenständige Bedeutung zukommt. Zu § 17 UVPG 1990 war entschieden worden, dass die Vorschrift keine höheren Anforderungen an eine Umweltverträglichkeitsprüfung stellte, als das Fachplanungsrecht zum Bauleitplanverfahren. Selbst wenn dies eine unzureichende Umsetzung der UVP-RL 85/337 darstellte, führe dies im Einzelfall noch nicht zur Rechtswidrigkeit des betroffenen Bebauungsplans.[23]

21 Die im Zuge der Umsetzung der UVP-Änderungsrichtlinie vom 3. März 1997 gebotenen Anpassungen nahm der Gesetzgeber im Jahre 2001 zum Anlass, auch § 17 UVPG neu zu fassen.[24] Nach Satz 1 war in den Fällen, in denen Bebauungspläne im Sinne des § 2 Abs. 3 Nr. 3 aufgestellt, geändert oder ergänzt wurden, die Umweltverträglichkeitsprüfung einschließlich der Vorprüfung des Einzelfalls nach § 2 Abs. 1 Satz 1 bis 3 sowie den §§ 3 a bis 3 f im Aufstellungsverfahren nach den Vorschriften des Baugesetzbuchs durchzuführen. In Satz 2 beschränkte der Gesetzgeber für die in den Nrn. 18.1 bis 18.8 der Anlage 1 aufgeführten Vorhaben (z. B. Bau eines Feriendorfes, eines Hotelkomplexes, eines Campingplatzes, eines Freizeitparks, eines Parkplatzes oder eines Einkaufszentrums) die UVP einschließlich der Vorprüfung des Einzelfalls ausdrücklich auf das Aufstellungsverfahren.[25]

22 Die Erstreckung dieser Regelung auch auf Vorhaben, die – wie etwa ein Parkplatz oder ein Einkaufszentrum – dem **Vorhabenbegriff des § 29 Abs. 1 BauGB** unterfallen, begründete er damit, dass sich umweltrechtliche Fragen in erster Linie bei der Wahl des Standorts dieser Vorhaben stellen. Dieser Aspekt rechtfertigte aus gemeinschaftsrechtlicher Sicht indes wohl kaum einen generellen Ausschluss der UVP auf der Genehmigungsebene. Zwar schreibt die UVP-RL bei einem mehrstufigen Zulassungsverfahren nicht in jedem Fall eine UVP im Planungs- und im Vorhabenzulassungsverfahren vor. Eine UVP auf der Zulassungsebene ist aber dann nicht verzichtbar, wenn die im Planungsverfahren durchgeführte UVP ihren Aussagewert z. B. deshalb verloren hat, weil seit der Planungsentscheidung ein längerer Zeitraum verstrichen ist oder sich die Umweltbedingungen in der Zwischenzeit verändert haben.

---

23 So OVG Schleswig, Urteil vom 13.6.1995 – 1 K 5/94 – NVwZ-RR 1996, 11.
24 Gesetz vom 27.7.2001 (BGBl. I S. 1950) mit Wirkung vom 3.8.1997. Vgl. Günter Gaentzsch, Zur Umweltverträglichkeitsprüfung von Bebauungsplänen und zu Fehlerfolgen insbesondere bei unmittelbarer Anwendbarkeit der UVP-Richtlinie, in: UPR 2001, 287–294; Michael Krautzberger, Durchführung der Umweltverträglichkeitsprüfung in der Bauleitplanung, in: UPR 2001, 1–5; Stephan Mitschang, Umweltverträglichkeitsprüfung in der Bauleitplanung – neue Impulse durch die EG-Änderungsrichtlinie zur UVP-Richtlinie (Teil 1), in: ZfBR 2001, 239–247; Olaf Reidt, Die Umweltverträglichkeitsprüfung in der Bauleitplanung – Änderungen aufgrund des Gesetzes zur Umsetzung der UVP-Änderungsrichtlinie, der IVU-Richtlinie und weiterer EG-Richtlinien zum Umweltschutz, in: VA 2001, 212–216; Alexander Schink, Umweltverträglichkeitsprüfung in der Bauleitplanung, in: ZfBR 1998, 284–294; ders., Umweltverträglichkeitsprüfung in der Bauleitplanung, in: UPR 2004, 81–94.
25 Vgl. Christian Kläne, Screening von Bebauungsplänen, in: DVBl. 2001, 1031–1037; Gerd Schmidt-Eichstaedt, Die Umweltverträglichkeitsprüfung vor der Reform – die Folgen für das Bau- und Planungsrecht, in: UPR 2000, 401–409; Christian Kläne/Henning Uhlenbrock, Neues UVP-Recht für Bebauungspläne – Die bauplanungsrechtlichen Vorhaben nach Nr. 18 der Anlage 1 zum UVPG, in: NdsVBl 2002, 169–174.

(3) Der Gesetzgeber des EAG Bau 2004 hat den europarechtlichen Bedenken **23**
Rechnung getragen und § 17 Satz 2 UVPG 2001 gestrichen.[26] Dieser Schritt hat
Konsequenzen, denen man im Jahre 2001 noch ausweichen zu können glaubte:
Die Länder sind in der Pflicht, Regelungen auch für den Fall zu treffen, dass sich
bei der Zulassung von Bauvorhaben im Genehmigungsverfahren eine UVP als
notwendig erweist. Den vorläufig letzten Entwicklungsschritt markiert § 17 UVPG
im der Fassung vom 24. Juni 2004 (BGBl I S. 1359). In dieser Bestimmung spiegelt sich der Einzug der Plan-UP in das Bauleitplanverfahren wider. Abgesehen
von den in den §§ 13, 13 a, 34 Abs. 4 und 35 Abs. 6 BauGB 2004 geregelten Ausnahmen schreibt der Gesetzgeber in § 2 Abs. 4 BauGB 2004 für alle Bauleitpläne
eine Umweltprüfung vor, die sämtliche Elemente der für die Projektzulassungs-
ebene maßgeblichen UVP umfasst. Besteht für die Aufstellung, Änderung oder
Ergänzung eines Bauleitplans eine Verpflichtung zur Durchführung einer Strategischen Umweltprüfung, so wird hierfür eine Umweltprüfung nach den Vorschriften des Baugesetzbuchs durchgeführt (§ 17 Abs. 2 UVPG 2004). Bebauungspläne, die nach der UVP-RL der UVP unterliegen, machen insoweit keine Ausnahme.
Da der Gesetzgeber auch für sie regelhaft eine Umweltprüfung nach § 2 Abs. 4
BauGB 2004 vorsieht, entfällt bei ihnen nach § 17 Abs. 1 Satz 2 UVPG eine etwaige nach dem UVPG gebotene Vorprüfung des Einzelfalls. Die UVP auf der
Planungsebene geht in der umfassenderen Umweltprüfung auf. Eine UVP findet,
soweit nach dem UVPG erforderlich, im nachfolgenden Zulassungsverfahren statt,
in dem sie sich nach der in § 17 Abs. 3 UVPG 2004 getroffenen Abschichtungs-
regelung auf zusätzliche oder andere Umweltauswirkungen des Vorhabens beschränken kann.

1.3 Zulassung von Großvorhaben

Die umweltrechtliche Zulassung von Großvorhaben ist unverändert schwierig. Um- **24**
weltrelevanter Prüfstoff, Behördenzuständigkeiten und Verfahren einerseits und
deren Zusammenführung andererseits ist kompliziert. Der deutsche Gesetzgeber
hat sich in der Novelle des UVP-Gesetzes für die Beibehaltung von Parallelver-
fahren entschieden. Er hat dabei zugleich die Klammer der federführenden Behörde durch Ausweitung ihrer Kompetenzen stärken wollen.[27] Nach § 14 Abs. 2
UVPG haben die Zulassungsbehörden auf der Grundlage der zusammenfassen-

---

26 Vgl. Rudolf Stich, Der gegenwärtige Stand der Anforderungen des Umweltschutzes an die gemeindliche Bauleitplanung, in: WiVerw 2002, 65–140; Christiane Rühl, Das Verhältnis von Umweltverträglichkeitsprüfung bei Bauleitplänen und nachfolgender Umweltverträglichkeitsprüfung in Vorhabenzulassungsverfahren, in: UPR 2002, 129–133; Heinz-Joachim Peters, Die bauplanungsrechtliche Umweltverträglichkeitsprüfung nach neuem UVP-Recht, in: VBIBW 2002, 336–341; Reinhard Wulfhorst,
Auswirkungen der Umweltverträglichkeitsprüfung auf das Bebauungsplanverfahren, in: UPR 2001,
246–253; Stephan Mitschang, Umweltverträglichkeitsprüfung in der Bauleitplanung – neue Impulse
durch die EG-Änderungsrichtlinie zur UVP-Richtlinie (Teil 1), in: ZfBR 2001, 239–247; Gerd Schmidt-
Eichstaedt, Die Umweltverträglichkeitsprüfung vor der Reform – die Folgen für das Bau- und Planungsrecht, in: UPR 2000, 401–409; Hans Schlarmann/Burghard Hildebrandt, Die „integrierte" Umweltverträglichkeitsprüfung (UVP), in: NVwZ 1999, 350–355; Alexander Schink, Umweltverträglichkeitsprüfung in der Bauleitplanung, in: ZfBR 1998, 284–294.

27 Vgl. Guido Schmidt, Die Umweltverträglichkeitsprüfung im Zulassungsverfahren durch mehrere Behörden, in: NVwZ 2003, 292–297.

den Darstellung nach § 11 UVPG eine Gesamtbewertung der Umweltauswirkungen des Vorhabens vorzunehmen und diese nach § 12 UVPG bei den Entscheidungen zu berücksichtigen. Die „federführende" Behörde hat dazu das Zusammenwirken der Zulassungsbehörden sicherzustellen.

25 Die allgemeine Funktion der federführenden Behörde ist damit allerdings kaum hinreichend beschrieben. Diese Behörde hat recht unterschiedliche Aufgaben. Diese liegen in organisatorischen, verfahrensmäßigen, aber auch inhaltlichen Zielen. Die Beteiligungsintensität schwankt. § 14 UVPG selbst unterscheidet bereits nach der Beteiligungsintensität bei den Verfahrensschritten. Es sind hauptsächlich technische Aufgaben des Verfahrensmanagements, des Organisierens von Verfahrensabläufen, insbesondere auch mit den Zielen der Vereinfachung und der Beschleunigung der Vorgänge. Das Institut der „federführenden" Behörde steht – richtlinienkonform betrachtet – gleichwohl unter der Zielvorgabe, einen „verbesserten" Umweltschutz zu fördern. Sie soll im Ansatz systematischer erkennen und herausarbeiten, in welcher Hinsicht umweltrelevante Auswirkungen das Vorhaben haben kann, um dadurch die nur ressortgebundene Betrachtung zu überwinden. Dazu müssen sie insbesondere mediale Verdrängungen aufdecken, soweit dies fachbehördlich unterblieben ist.[28]

26 Die Praxis zeigt vielfach, vor welchen Komplexitätsproblemen ganzheitliche (integrative) Betrachtungen sich gestellt sehen und wie umstritten maßgebliche Parameter sein können. So wird dann das Gebot eines integrativen Umweltschutzes nicht eben selten nur in einer allgemeiner „Abwägung" aufgefangen und damit praktisch nur selektiv kritisierbar.[29] Die zeitliche Optimierung im Sinne einer möglichst frühzeitigen Berücksichtigung von Umweltbelangen, etwa in mehrstufigen Planungsprozessen, wird zwar als ein Kennzeichen integrativen Umweltschutzes verstanden. Tatsächlich kann die jeweils erreichte Frühzeitigkeit aber nicht den Mangel eines inhaltlich-integrativen Modells der Problembewältigung ersetzen. Die seinerzeitige Entscheidung des BVerwG zur Baugenehmigung für das Brennelement-Zwischenlager Ahaus hat deutlich gezeigt, dass selbst mit einer sorgfältig austarierten Bindung von Baugenehmigung, Aufbewahrungsgenehmigung und Errichtungsgenehmigung letztlich ein medial integrativer Ansatz kaum erreichbar ist.[30]

---

28 Vgl. auch Manfred Rebentisch, Die Neuerungen im Genehmigungsverfahren nach dem Bundes-Immissionsschutzgesetz, in: NVwZ 1992, 926–932, mit Hinweis zur 9. BImSchV; Rudolf Steinberg, Zulassung von Industrieanlagen im deutschen und europäischen Recht, in: NVwZ 1995, 209–219, Willi Vallendar, Die UVP-Novelle zur 9. BImSchV, in: UPR 1992, 212–218; Udo Di Fabio, Integratives Umweltrecht Bestand, Ziele, Möglichkeiten, in: NVwZ 1998, 329–337; vgl. auch bereits Rolf Dohle, Anwendungsprobleme eines Gesetzes zur Umweltverträglichkeitsprüfung (UVP-Gesetz), in: NVwZ 1989, 697–705.

29 Vgl. Ann-Katrin Wüstemann, Integrativer Umweltschutz -Anforderungen an Normsetzung und Vollzug – Unter besonderer Berücksichtigung der Umsetzung der IVU- und UVP-Änderungsrichtlinien, in: NVwZ 2002, 698–699; Josef Falke, Integrativer Umweltschutz – Anforderungen an Normsetzung und Vollzug, in: ZUR 2002, 113–117.

30 BVerwG, Urteil vom 11.5.1989 – 4 C 1.88 – BVerwGE 82, 61 = DVBl. 1989, 1055 = NVwZ 1989, 1163 = UPR 1989, 382 = NuR 1990, 116 = BRS 49 Nr. 184, mit Bespr. Matthias Schmidt-Preuß, Möglichkeiten und Grenzen reduzierter Regelungsgehalte von Parallelgenehmigungen, in: DVBl. 1991, 229–242.

2. Umsetzung in Landesrecht

(1) Im Anwendungsbereich der UVP-RL besteht nicht nur auf der Bundes-, son- **27** dern auch auf der Landesebene Umsetzungsbedarf.[31] Für Nachlässigkeiten hat gemeinschaftsrechtlich freilich die Bundesrepublik einzustehen. Dies macht ein Urteil des EuGH vom 10. März 2005 deutlich. In ihm wird festgestellt, dass die Bundesrepublik gegen ihre Verpflichtungen aus der UVP-RL verstoßen hat, weil die Richtlinie in der Fassung vom 3. März 1997 „in Bezug auf Straßenbauvorhaben in Rheinland-Pfalz nicht innerhalb der dafür gesetzten Frist umgesetzt" wurde und in Nordrhein-Westfalen „zum Zeitpunkt des Ablaufs dieser Frist die Möglichkeit bestand, Straßenbauvorhaben im Wege der Plangenehmigung ohne Umweltverträglichkeitsprüfung zuzulassen".[32] Soweit die Zulassung der von der UVP-RL erfassten Projekte in ihren Kompetenzbereich fällt, haben die Länder den Anforderungen zu genügen, die sich aus dem Europarecht ergeben (vgl. § 25 Abs. 5 und § 3d UVPG). Wie sich an Beispielen belegen lässt, sind sie dabei durchaus unterschiedliche Wege gegangen.

(2) Das schleswig-holsteinische UVP-Gesetz vom 13. Mai 2003[33] ähnelt in seiner **28** Struktur dem UVPG des Bundes. Aus einer Anlage ist zu ersehen, für welche Vorhaben, ggf. nach einer allgemeinen oder standortbezogenen Vorprüfung des Einzelfalls, eine Umweltverträglichkeitsprüfung durchzuführen ist. Die §§ 2 bis 18 enthalten in Anlehnung an die Vorschriften des UVPG neben Begriffsbestimmungen und der Umschreibung des Anwendungsbereichs ins einzelne gehende Verfahrensregelungen. Die meisten anderen Länder haben zwar ein Gesetz über die Umweltverträglichkeitsprüfung erlassen, beschränken dessen Regelungsgehalt aber im Wesentlichen darauf, dass sich das Verfahren nach den Vorschriften des UVPG des Bundes richtet. Diesem Muster folgen Baden-Württemberg[34], Berlin[35], Brandenburg[36], Bremen[37], Hamburg[38], Mecklenburg-Vorpommern[39], Niedersachsen[40], Nordrhein-Westfalen[41], Saarland[42], Sachsen[43], Sachsen-Anhalt[44] und Thüringen[45].

---

31 Franz-Josef Kunert/Gerhard Michael, Die Umsetzung der UVP-Änderungsrichtlinie im Landesrecht, in: UPR 2003, 326–335; Christian Haslach, Die Umsetzung von EG-Richtlinien durch die Länder, Frankfurt a. M 2001.
32 EuGH, Urteil vom 10.3.2005 – Rs. – C-531/03 – NVwZ 2005, 673 = NuR 2006, 29 = EuZW 2005, 351 = EurUP 2005, 103 – Kommission vs. Deutschland, mit Bespr. Jens Hamer, in: EurUP 2005, 144–145.
33 Gesetz- und Verordnungsblatt für Schleswig-Holstein Jahrg. 2003, GVOBl. S. 246. Vgl. ferner Reinhard Wilke, Die Umsetzung europäischer Umweltrichtlinien im Landesartikelgesetz Schleswig-Holstein, in: NordÖR 2003, 227–229.
34 GBl. Nr. 13 vom 22.11. 2002 S. 428, ber. S. 531.
35 Gesetz über die UVP i.d.F. des Gesetzes vom 16. September 2004 – GVBl. S. 391.
36 Gesetz über die UVP vom 10.7.2002 – GVBl. I S. 62.
37 Landesgesetz über die UVP vom 28.5.2002 – GBl. S. 103.
38 Gesetz über die UVP i.d.F. vom 17.12.2002 – GVBl. S. 347.
39 Gesetz über die UVP vom 9.8.2002 – GVOBl. S. 531.
40 Gesetz über die UVP vom 5.9.2002 – GVBl. S 378.
41 Gesetz über die UVP i.d.F. des Gesetzes vom 4.5.2004 – GV. NRW S. 259.
42 Gesetz über die UVP vom 30.10.2002 – Amtsbl. S. 2494.
43 Gesetz über die UVP vom 1.9.2003 – GVBl. S. 418.
44 Gesetz über die UVP vom 27.8.2002 – GVBl. S. 372.
45 Gesetz über die UVP vom 6.1.2003 – GVBl. S. 19.

29 Der Freistaat Bayern hat das „Verwaltungsverfahren mit UVP" in den Artikeln 78 a bis 78l LVwVfG in der Fassung vom 24. Dezember 2002 geregelt.[46] Im Übrigen integriert er das UVP-Recht in das jeweilige Fachrecht. In Artikel 37 des Straßen- und Wegegesetzes in der Fassung des Gesetzes vom 27. Dezember 1999[47] werden die Staats-, Kreis-, Gemeindeverbindungs- und Ortsstraßen aufgelistet, für die eine UVP durchzuführen ist. Das Wassergesetz in der Fassung des Gesetzes vom 25. Mai 2003[48] enthält in der Anlage II 1. Teil ein Verzeichnis der Vorhaben (wasserwirtschaftliche Vorhaben mit Benutzung oder Ausbau eines Gewässers; Leitungsanlagen), die generell UVP-pflichtig sind oder nach einer allgemeinen oder standortbezogenen Vorprüfung einer UVP bedürfen; die verfahrensrechtlichen Regelungen des 2. Teils beschränken sich auf die Wiedergabe der für die Feststellung der UVP-Pflicht im Einzelfall maßgeblichen Kriterien.

30 Das hessische UVP-Recht weist Parallelen zum bayerischen Modell der Umsetzung durch Integration ins Fachrecht auf. In der Anlage 4 zum Wassergesetz in der Fassung vom 18. Dezember 2002 werden wasserwirtschaftliche Vorhaben aufgeführt, die, je nachdem, generell UVP-pflichtig sind oder nach einer allgemeinen oder standortbezogenen Vorprüfung der UVP unterliegen.[49] Nach § 101 a des Gesetzes dürfen diese Vorhaben nur in einem Verfahren zugelassen werden, das den Anforderungen des UVPG des Bundes entspricht. In § 33 Abs. 3 des Straßengesetzes in der Fassung vom 13. Dezember 2002 werden die Straßenbauvorhaben genannt, die einer UVP-Prüfung bedürfen.[50] § 33 Abs. 4 dieses Gesetzes stellt klar, dass bei Maßnahmen, die der UVP unterliegen, zwingend ein Planfeststellungsverfahren durchzuführen ist.

31 (3) Den Folgerungen, die sich aus der Streichung des § 17 Satz 2 UVPG 2001 ergeben, sind bisher nur Niedersachsen und Mecklenburg-Vorpommern gerecht geworden. Beide Länder haben die rechtlichen Voraussetzungen dafür geschaffen, auch in Baugenehmigungsverfahren eine UVP durchzuführen. In der niedersächsischen Liste der UVP-pflichtigen Maßnahmen werden unter den Nrn. 26 bis 30 auch Bauvorhaben aufgeführt. Bedarf eine Baumaßnahme einer UVP im Baugenehmigungsverfahren, so darf die Baugenehmigung nach § 75 Abs. 1 Satz 2 der Bauordnung in der Fassung vom 10. Februar 2003[51] nur erteilt werden, wenn sichergestellt ist, dass keine erheblichen Auswirkungen auf die in § 2 Abs. 1 Satz 2 UVPG genannten Schutzgüter hervorgerufen werden können. Eine ähnliche Regelung, in der allerdings der Vorsorgeaspekt stärker noch als im Recht der anderen Bundesländer zum Ausdruck kommt, findet sich in § 72 Abs. 1a der Landesbauordnung Mecklenburg-Vorpommern in der Fassung des Gesetzes vom 9. August 2002.[52] Danach muss bei Bauvorhaben, für die nach dem Landes-UVP-Gesetz eine Umweltverträglichkeitsprüfung durchgeführt wird, sichergestellt sein,

---

46 GVBl. S. 975, vgl. auch Ulrich Hösch, Das bayerische Gesetz zur Umsetzung der UVP-Richtlinie, in: NVwZ 2001, 519–524.
47 GVBl. S. 532.
48 GVBl. S. 325.
49 GVBl. 2003 I S. 10.
50 GVBl. I S. 738.
51 GVBl. S. 89.
52 GVOBl. S. 531.

dass Gefahren für die in § 2 Abs. 1 Satz 2 Nummer 1 bis 4 des Landes-UVP-Gesetzes genannten Schutzgüter nicht hervorgerufen werden können und Vorsorge gegen erhebliche nachteilige Auswirkungen auf die Schutzgüter, insbesondere durch Maßnahmen entsprechend dem Stand der Technik, getroffen wird.

III. Rechtsprechung zur RL 85/337/EWG

Fragen des UVP-Rechts waren wiederholt Gegenstand der Rechtsprechung des **32** EuGH und des BVerwG. Die Richtlinie 85/337/EWG lässt die Anwender deutschen Umweltrechts auch nach ihrer mehr als mühsamen Verabschiedung im Rat der EG und nach ihrer nicht minder mühsamen Umsetzung in Form des (UVPG) nicht zur Ruhe kommen.[53]

1. Rechtsprechung des EuGH

(1) Der EuGH hat hier mittlerweile in einer reichhaltigen Judikatur gerade für den **33** Bereich des Umweltrechts die Anforderungen an eine korrekte Umsetzung des Richtlinienrechtes präzisiert. Dabei ist Grundtendenz der Rechtsprechung auf die die Effektivität des Gemeinschaftsrechts und auf ein Mindestmaß an Rechtsklarheit gerichtet.

(2) Der EuGH hat am 9. August 1994 entschieden, dass die Übergangsregelung **34** des § 22 UVPG jedenfalls insoweit europarechtswidrig ist, als mit ihr Vorhaben, die nach Ablauf der in Art. 12 Abs. 1 UVP-RL bestimmten dreijährigen Umsetzungsfrist, aber vor Inkrafttreten des verspätet umgesetzten UVPG eingeleitet wurden, von der UVP-Pflicht ausgenommen werden.[54] In der **Großkrotzenburg-Entscheidung** vom 11. August 1995 hat der Gerichtshof klargestellt, dass die Kernvorschriften der UVP-RL im Falle verspäteter oder nicht ordnungsgemäßer Umsetzung in nationales Recht unmittelbare Wirkung entfalten, da sie dem Erfordernis genügen, inhaltlich unbedingt und hinreichend bestimmt zu sein.[55] Das BVerwG ist dieser Rechtsprechung gefolgt.[56]

---

53 Vgl. treffend und weitsichtig Christian Calliess, Zur unmittelbaren Wirkung der EG-Richtlinie über die Umweltverträglichkeitsprüfung und ihrer Umsetzung im deutschen Immissionsschutzrecht, in: NVwZ 1996, 339–342.
54 EuGH, Urteil vom 9.8.1994 – Rs. C-396/92 – EuGHE 1994, I-3717 = DVBl. 1994, 1126 = NVwZ 1994, 1093 = BayVBl 1994, 655 = UPR 1995, 24 = NuR 1995, 53 = ZUR 1994, 262 = EuZW 1994, 660 – Bund Naturschutz in Bayern e. V. und Richard Stahnsdorf und andere vs. Freistaat Bayern, Stadt Vilsbiburg und Landkreis Landshut, mit Bespr. Siegfried Breier, Die Übergangsregelung des § 22 UVPG, in: BayVBl 1995, 459–462; Martin Gellermann, Auflösung von Normwidersprüchen zwischen europäischem und nationalem Recht, in: DÖV 1996, 433–443; Alexander Schink, Folgen der EG-Rechtswidrigkeit der Übergangsvorschriften zum UVP-Gesetz, in: NVwZ 1995, 953–959; Stefan Hertwig, EuGH – Übergangsvorschrift für Umweltverträglichkeitsprüfung, in: WiB 1995, 87–88; Alexander Schink, Zu den aus der EG-Rechtswidrigkeit des UVPG § 22 zu ziehenden Folgerungen, in: ZUR 1995, 150–152.
55 EuGH, Urteil vom 11.8.1995 – Rs. C-431/92 – EuGHE 1995 I-2211 = DVBl. 1996, 424 = NVwZ 1996, 369 = NuR 1996, 102 = EuZW 1995, 743 – Kommission vs. Deutschland – „Großkrotzenburg", mit Bespr. Martin Gellermann, Auflösung von Normwidersprüchen zwischen europäischem und nationalem Recht, in: DÖV 1996, 433–443; Astrid Epiney, Unmittelbare Anwendbarkeit und objektive Wirkung von Richtlinien, in: DVBl. 1996, 409–414; Matthias Pechstein, Die Anerkennung der rein objek-

35 (3) Der EuGH hat sich mehrfach mit der Frage auseinandergesetzt, innerhalb welcher Grenzen die Mitgliedstaaten von dem ihnen durch Art. 4 Abs. 2 UVP-RL für Anhang II-Projekte eingeräumten Ermessen Gebrauch machen dürfen.

36 Im Urteil vom 24. Oktober 1996 führte der EuGH aus, dass sich aus Art. 4 Abs. 2 UVP-RL nicht die Befugnis ableiten lässt, Schwellenwerte so festzulegen, dass praktisch alle Vorhaben einer Projektart von der UVP-Pflicht ausgenommen werden.[57] Überschritten ist der Gestaltungsspielraum der Mitgliedstaaten nach seiner Auffassung auch dann, wenn Schwellenwerte für Anhang II-Projekte nur nach der Größe, nicht aber nach der Art und dem Standort des Projektes festgelegt werden.[58] Im Urteil vom 22. Oktober 1998 stellte der EuGH eine Reihe von Umsetzungsmängeln fest:[59] Nicht nur, dass Deutschland die Umsetzungsfrist der Änderungsrichtlinie deutlich überschritten habe, es habe der Kommission auch nicht alle zur Umsetzung der Richtlinie getroffenen Maßnahmen mitgeteilt. Die im deutschen Umsetzungsgesetz (UVPG) vorgesehene Übergangsfrist – nach der die Projekte, die zwischen dem Ablauf der Umsetzungsfrist und dem Inkrafttreten des Umsetzungsgesetzes eingeleitet worden sind, keiner UVP unterworfen werden müssen – sei nicht mit der Unbedingtheit der Umsetzungspflicht vereinbar. Schließlich sei die im deutschen UVP-Gesetz gebilligte umfassende Freistellung ganzer Klassen der in Anhang II der Richtlinie 85/337 aufgeführten Projekte von der Pflicht zur Umweltverträglichkeitsprüfung gemeinschaftswidrig. Zwar müssen Projekte der in Anhang II aufgeführten Klassen nach Art. 4 II der Richtlinie 85/337 nur dann einer UVP unterzogen werden, wenn ihre Merkmale dies nach Auffassung der Mitgliedstaaten erfordern. Dies bedeutet aber nach Ansicht des Gerichtshofes nicht, dass es den Mitgliedstaaten freistehe, ganze Klassen der im Anhang II aufgeführten Projekte von der Pflicht zur Umweltverträglichkeitsprüfung auszuschließen. Der durch Art. 4 Abs. 2 UVP-RL 85/337 eingeräumte Ermessensspielraum werde durch Art. 2 Abs. 1 UVP-RL 85/337 begrenzt.

tiven unmittelbaren Richtlinienwirkung, in: EWS 1996, 261–265; Christian Calliess, Zur unmittelbaren Wirkung der EG-Richtlinie über die Umweltverträglichkeitsprüfung und ihrer Umsetzung im deutschen Immissionsschutzrecht, in: NVwZ 1996, 339–342; Matthias Ruffert, Subjektive Rechte und unmittelbare Wirkung von EG-Umweltschutzrichtlinien, in: ZUR 1996, 235–238; Silke Albin, Unmittelbare Anwendbarkeit von Richtlinien mit „Doppelwirkung" im Umweltbereich – Ein Scheinproblem?, in: NuR 1997, 29–33; Klaus Iven, in: NuR 1996, 105–106; Astrid Epiney, in: ZUR 1996, 229–234.

56 BVerwG, Urteil vom 25.1.1996 – 4 C 5. 95 – BVerwGE 100, 238 = DVBl. 1996, 677 = NVwZ 1996, 788 = DÖV 1996, 604 = ZfBR 1996, 271 = NuR 1996, 466 = ZUR 1996, 255 = BauR 1996, 511 = BRS 58 Nr. 7 (1996), mit Bespr. Matthias Ruffert, Subjektive Rechte und unmittelbare Wirkung von EG-Umweltschutzrichtlinien, in: ZUR 1996, 235–238; vgl. auch BVerwG, Beschluss vom 16.8.1995 – 4 B 92.95 – NVwZ-RR 1996, 68 = UPR 1995, 445 = BayVBl 1996, 182 = NuR 1996, 402; BVerwG, Urteil vom 8.6.1995 – 4 C 4.94 – BVerwGE 98, 339 = DVBl. 1995, 1012 = NVwZ 1996, 381 = DÖV 1995, 951 = UPR 1995, 391 = NuR 1995, 537 = ZUR 1996, 27.

57 EuGH, Urteil vom 24.10.1996 – Rs. C 72/95 – EuGHE 1996, I-5431 = NVwZ 1997, 473 = NJW 1997, 3300 = ZfZ 1997, 123 – Société sucrière agricole de Maizy und Société sucrière de Berneuil-sur-Aisne vs. Directeur régional des impôts.

58 EuGH, Urteil vom 16.9.1999 – Rs. C-435. 97 – EuGHE 1999 I-5637 – World Wildlife Fund (WWF) u. a. vs. Autonome Provinz Bozen u.a. Vgl. auch Bernhard W. Wegener, Die UVP-Pflichtigkeit sog Anhang II-Vorhaben, in: NVwZ 1997, 462–465.

59 EuGH, Urteil vom 22.10.1998 – Rs. C-301/95 – EuGHE 1998 I-6135 = DVBl. 1999, 232 = NVwZ 1998, 1281 = EuZW 1998, 763 = EWS 1999, 104 = NuR 1999, 95 = ZUR 1999, 44 – Kommission vs. Deutschland, mit Bespr. Kai Hasselbach, in: EWiR 1998, 999–1000; Norbert Reich, ZIP 1998, 1843–1844.

Halama

Einen anderen Aspekt beleuchtete der EuGH später in den Urteilen vom 4. Mai **37** 2006.[60] Er stellte fest, dass eine UVP durchgeführt werden muss, wenn sich bei einem mehrstufigen Genehmigungsverfahren während der zweiten Stufe herausstellt, dass das Projekt u. a. auf Grund seiner Art, seiner Größe oder seines Standorts erhebliche Auswirkungen auf die Umwelt haben kann. Sieht das nationale Recht ein mehrstufiges Genehmigungsverfahren vor, in dem zunächst eine Grundsatzentscheidung ergeht und dann eine Durchführungsentscheidung getroffen wird, die nicht über die in der Grundsatzentscheidung festgelegten Vorgaben hinausgehen darf, so sind die Auswirkungen, die ein Projekt möglicherweise auf die Umwelt hat, grundsätzlich im Verfahren des Erlasses der Grundsatzentscheidung zu ermitteln und zu prüfen. Können diese Auswirkungen jedoch erst im Verfahren des Erlasses der Durchführungsentscheidung ermittelt werden, so muss die Prüfung im Rahmen dieses Verfahrens vorgenommen werden. Daher sind die Art. 2 Abs. 1 und Art. 4 Abs. 2 UVP-RL dahin auszulegen, dass eine solche Prüfung durchgeführt werden muss, wenn sich bei einem **mehrstufigen Genehmigungsverfahren** während der zweiten Stufe herausstellt, dass das Projekt u. a. aufgrund seiner Art, seiner Größe oder seines Standortes erhebliche Auswirkungen auf die Umwelt haben kann.[61] Diese Entscheidung bestätigt im Nachhinein, dass der Bundesgesetzgeber gut beraten war, die in § 17 Satz 2 UVPG 2001 für Vorhaben nach den Nrn. 18.1 bis 18.8 der Anlage 1 enthaltene Ausschlussklausel zu streichen. Für Rechtsschutzfragen bedeutsam ist das Urteil des EuGH vom 7. Januar 2004.[62] Unterbleibt eine an sich gebotene UVP, so kann sich der durch das Vorhaben nachteilig Betroffene „ggf. auf Art. 2 Abs. 1 in Verb. mit den Art. 1 Abs. 2 und 4 Abs. 2 der Richtlinie 85/337 EWG" berufen, ohne dass es hierfür eines Rückgriffs auf den erst durch die Richtlinie 2003/35/EG vom 26. Mai 2003 eingefügten Art. 10 a UVP-RL bedarf. Die zuständigen Behörden sind gem. Art. 10 EG nach Maßgabe des gemeinschaftsrechtlichen Äquivalenz- und Effektivitätsprinzips verpflichtet, Maßnahmen zu ergreifen, die geeignet sind, die unterlassene UVP nachzuholen.

2. Rechtsprechung des BVerwG

2.1 Stand der Rechtsprechung des BVerwG

(1) Das BVerwG hat sich erstmals im Urteil vom 25. Januar 1996 anlässlich eines **38** Rechtsstreits um die Verwirklichung eines planfeststellungsbedürftigen Straßenbau-

---

60 EuGH, Urteil vom 4.5.2006 – Rs. C-290/03 – EuGHE 1999 I-3951 = NVwZ 2006, 806 = NuR 2006, 762 – Diane Barker vs. London Borough of Bromley; EuGH, Urteil vom 4.5.2006 – Rs. C-508/03 – EuGHE 1999 I-3969 [3972] = NVwZ 2006, 803 = NuR 2006, 699 – Kommission vs. Großbritannien.
61 Ebenso EuGH, Urteil vom 4.5.2006 – Rs. 508/03 – EuGHE I-3969 = NVwZ 2006, 803 = NuR 2006, 699 – Kommission vs. Großbritannien.
62 EuGH, Urteil vom 7.1.2004 – Rs. C-201/02 – EuGHE 2004 I-748 = DVBl. 2004, 370 = NVwZ 2004, 593 = EWS 2004, 232 = NuR 2004, 517 – Delena Wells vs. Secretary of State for Transport, Local Government and the Regions, mit Bespr. Jochen Kerkmann, Wiederaufnahme eines Bergbaubetriebes ohne UVP, in: DVBl. 2004, 1288–1289; Kristian Fischer/Thomas Fetzer, Unmittelbare Wirkung von Richtlinien im Dreiecksverhältnis, in: EWS 2004, 236–238; Christian Baldus, Ein weiterer Schritt zur horizontalen Direktwirkung? – Zu EuGH, C-201/02, 7.1.2004 (Delena Wells), in: GPR 2004, 124–126.

vorhabens ausgiebig mit dem gemeinschaftsrechtlichen UVP-Recht auseinandergesetzt[63]. Bei dieser Gelegenheit hat es den Verfahrenscharakter der Umweltverträglichkeitsprüfung hervorgehoben, gleichzeitig aber betont, dass dieses verfahrensrechtliche Instrument im Rahmen des Abwägungsvorgangs eine bedeutende Rolle spielt, da es sich im Vergleich mit dem herkömmlichen Verfahrensmodell durch **vier Besonderheiten** auszeichnet:

- **[1]** Die bisherige Rollenverteilung im Verwaltungsverfahren wird insofern modifiziert, als der Vorhabenträger durch die Begründung von Vorlage- und Unterrichtungspflichten dazu angehalten wird, sein Augenmerk nicht schwergewichtig oder gar ausschließlich auf Fragen der ökonomischen Rentierlichkeit sowie der technischen und der finanziellen Realisierbarkeit des Projektes zu richten, sondern sich auch aktiv an der **Klärung der ökologischen Folgen** zu beteiligen.

- **[2]** Das Recht der Umweltverträglichkeitsprüfung ist durch den **Grundsatz der Frühzeitigkeit** gekennzeichnet. Auf diese Weise wird der Gefahr vorgebeugt, dass Umweltbelange erst zu einem Zeitpunkt ins Blickfeld geraten, zu dem sich der Entscheidungsprozess bereits so weit zugunsten der Zulassung des Vorhabens verfestigt hat, dass er nicht mehr oder nur noch schwer umkehrbar ist.

- **[3]** Das Recht der Umweltverträglichkeitsprüfung gewährleistet eine auf die Umweltauswirkungen **zentrierte Vorabprüfung** unter Ausschluss der sonstigen Belange, die sich für oder gegen das Vorhaben ins Feld führen lassen. Sie ermöglicht es, die Umweltbelange in gebündelter Form herauszuarbeiten, und trägt dazu bei, eine solide Informationsbasis zu schaffen, da verhindert wird, dass diese Belange in einer atomistischen Betrachtungsweise nicht mit dem Gewicht zur Geltung kommen, das ihnen in Wahrheit bei einer Gesamtschau gebührt.

- **[4]** Dem Recht der Umweltverträglichkeitsprüfung liegt ein **integrativer Ansatz** zugrunde. Die die einzelnen Schutzgüter in den Blick nehmende herkömmliche Perspektive ist um die Betrachtung der **Wechselwirkungen** zwischen den Schutzgütern zu ergänzen, die eine umfassende mehrdimensionale und fachübergreifende Ermittlung, Beschreibung und Bewertung der Umweltauswirkungen erfordert.

39 (2) Diese Linie hat das BVerwG bis in die jüngste Vergangenheit hinein bestätigt. In einem Urteil vom 18. November 2004, das eine Straßenplanung im Gewande eines Bebauungsplans betraf, hat das Gericht bekräftigt, dass es sich nach dem für Abwägungsmängel maßgeblichen Fehlerfolgenregime richtet, ob Defizite im Bereich der Umweltverträglichkeitsprüfung auf den Abwägungsvorgang durch-

---

63 BVerwG, Urteil vom 25.1.1996 – 4 C 5.95 – BVerwGE 100, 238 = DVBl. 1996, 677 = NVwZ 1996, 788 = DÖV 1996, 604 = UPR 1996, 228 = NuR 1996, 466 = ZUR 1996, 255 = ZfBR 1996, 275 = BauR 1996, 511 = BRS 58 Nr. 7 (1996), vgl. dazu Matthias Ruffert, Subjektive Rechte und unmittelbare Wirkung von EG-Umweltschutzrichtlinien, in: ZUR 1996, 235–238; vgl. ferner BVerwG, Beschluss vom 16.8.1995 – 4 B 92.95 – NVwZ-RR 1996, 68 = UPR 1995, 445 = BayVBl 1996, 182 = NuR 1996, 402.

schlagen[64]. So unterwerfe § 17 UVPG 1993 die Aufstellung, Änderung oder Ergänzung von Bebauungsplänen auch unter dem Blickwinkel der Umweltverträglichkeitsprüfung nur den Anforderungen, die sich aus dem Abwägungsgebot ergeben würden. Das BVerwG wiederholt seine geradezu klassisch gewordene Auffassung: Die Umweltverträglichkeitsprüfung schaffe nur die methodischen Voraussetzungen dafür, die Umweltbelange vorab so herauszuarbeiten, dass sie in gebündelter Form in die Abwägung eingehen. Die Umweltverträglichkeitsprüfung stelle sich in diesem Regelungszusammenhang als ein der allgemeinen Abwägung vorgeschalteter Zwischenschritt dar.

In der Konsequenz dieser Auffassung liegt es, dass danach im Recht der Bauleit- **40** planung ebenso wie in der Fachplanung Mängel im Abwägungsvorgang nur erheblich sind, wenn sie offensichtlich und auf das Abwägungsergebnis von Einfluss gewesen sind (vgl. nunmehr § 214 Abs. 3 Satz 2 Halbs. 2 BauGB 2004). In diesem Zusammenhang weist das BVerwG allerdings mit größerem Nachdruck als im Urteil vom 25. Januar 1996 darauf hin, dass sich die Möglichkeit eines anderen Abwägungsergebnisses nicht leichthin von der Hand weisen lässt, wenn die Gemeinde es versäumt, im Rahmen einer Planung, die der UVP-Pflicht unterliegt, eine auf die Umweltauswirkungen bezogene Prüfung vorzunehmen und die Umweltbelange als Ergebnis dieser Prüfung in gebündelter Form den übrigen Belangen gegenüber zu stellen[65]. Je größeres Gewicht den Belangen des Umweltschutzes im Interessengeflecht der Abwägung zukommt, desto eher ist davon auszugehen, dass sich methodische Unzulänglichkeiten bei der Ermittlung, Beschreibung und Bewertung im Sinne des § 2 Abs. 1 Satz 2 UVPG auf das Planungsergebnis ausgewirkt haben können. Mit dieser Überlegung schickt sich das Gericht an, der vorhandenen Umweltrelevanz eine gesteigerte Begründungspflicht zur Seite zu stellen. Angestrebt wird damit für den Umweltschutz ein gesteigertes Kritikniveau. Das BVerwG hat auch für einige andere Bereiche kritischer Zielkonflikte **gesteigerte Begründungsanforderungen** entwickelt. Es hat, um eine abwägende Entscheidung auf „hohem Niveau" zu erreichen, gefordert, dass der Zielkonflikt deutlich beschrieben und differenzierte Erwägungen angegeben werden. Das ist u. a. für den Bereich des Naturschutzes geschehen. So kommt bei einer naturschutzrechtlich relevanten Eingriffslage eine Zurückstellung der Belange von Natur und Landschaft zugunsten entsprechend gewichtiger anderer Belange nur in Betracht, wenn die Gemeinde sie präzise benennt.[66]

Von erheblicher Bedeutung ist auch die Auffassung des **BVerwG** zur Frage der **41** **Alternativenprüfung**. Es sei der Planungsbehörde nicht verwehrt, die UVP auf diejenige Variante zu beschränken, die nach dem aktuellen Planungsstand noch

---

64 BVerwG, Urteil vom 18.11.2004 – 4 CN 11.03 – BVerwGE 122, 207 = DVBl. 2005, 386 = NVwZ 2005, 442 = UPR 2005, 193 = NuR 2005, 394 = ZUR 2005, 199 = ZfBR 2005, 270 = BauR 2005, 671; BVerwG, Beschluss vom 22.3.1999 – 4 BN 27.98 – NVwZ 1999, 989 = ZfBR 1999, 348 = BauR 2000, 239 = BRS 62 Nr. 5 (1999).
65 BVerwG, Urteil vom 25.1.1996 – 4 C 5.95 – BVerwGE 100, 238 = DVBl. 1996, 677 = NVwZ 1996, 788 = DÖV 1996, 604 = UPR 1996, 228 = NuR 1996, 466 = ZUR 1996, 255 = ZfBR 1996, 275 = BauR 1996, 511 = BRS 58 Nr. 7 (1996).
66 Vgl. BVerwG, Beschluss vom 31.1.1997 – 4 NB 27.96 – BVerwGE 104, 68 = DVBl. 1997, 1112 = NVwZ 1997, 1213 = UPR 1997, 403 = ZfBR 1997, 316 = BauR 1997, 794 = BRS 59 Nr. 8 (1997).

ernstlich in Betracht komme.[67] Kommen Alternativlösungen ernsthaft in Betracht, so hat die Planungsbehörde diese nach Ansicht des Gerichtes als Teil des Abwägungsmaterials mit der ihnen objektiv zukommenden Bedeutung in die vergleichende Prüfung der von den möglichen Varianten jeweils berührten öffentlichen und privaten Belange unter Einschluss des Gesichtspunkts der Umweltverträglichkeit einzubeziehen.[68] Die Behörde sei hingegen nicht verpflichtet, die Variantenprüfung bis zuletzt offen zu halten und alle von ihr zu einem bestimmten Zeitpunkt erwogenen Alternativen gleichermaßen detailliert und umfassend zu untersuchen.[69] Die UVP-RL hat – wie die Rechtsprechung hierzu wiederholt darlegt – allein verfahrensrechtliche Bedeutung und lasse daher die fachgesetzliche Entscheidungsstruktur unangetastet, sei also insoweit gleichsam ergebnisneutral.

42 (3) Das BVerwG hat sich im Urteil vom 25. Januar 1996 ferner auf den Standpunkt gestellt, dass sich aus der gemeinschaftsrechtlich begründeten Verpflichtung, eine UVP durchzuführen, keine selbständig durchsetzbare Verfahrensposition herleiten lässt.[70] Die verfahrensfehlerhafte Anwendung der UVP-Vorschriften bleibt nach § 46 VwVfG folgenlos, wenn offensichtlich ist, dass die Verletzung die Entscheidung in der Sache nicht beeinflusst hat. Das BVerwG geht davon aus, dass das Kausalitätserfordernis, das auch dem Europarecht nicht fremd ist[71], gemeinschaftsrechtskonform ist. Nach seiner Einschätzung schränkt die Praxis, einen Verfahrensfehler nur dann als erheblich anzuerkennen, wenn die Sachentscheidung ohne ihn anders hätte ausfallen können, den Rechtsschutz nicht so weitgehend ein, dass das gemeinschaftsrechtliche Effektivitätsgebot, das besagt, dass durch das nationale Prozessrecht nicht Hürden aufgerichtet werden dürfen, die so hoch sind, dass die Ausübung eines in der Gemeinschaftsrechtsordnung vorgesehenen Rechts hieran praktisch scheitert[72], nicht mehr angemessen zum Tragen kommt.

---

67 So bereits BVerwG, Beschluss vom 16.8.1995 – 4 B 92.95 – Buchholz 407.4 § 17 FStrG Nr. 104 = NVwZ-RR 1996, 68 = UPR 1995, 445 = BayVBl 1996, 182 = NuR 1996, 402, weitgehend anderer Auffassung das seinerzeitige Schrifttum, vgl. u. a. Hermann Soell/Franz Dirnberger, Wieviel Umweltverträglichkeit garantiert die UVP? – Bestandsaufnahme und Bewertung des Gesetzes zur Umsetzung der EG-Richtlinie über die Umweltverträglichkeitsprüfung, in: NVwZ 1990, 705–713 [710]; Lieselotte Schlarmann, Die Alternativenprüfung im Planungsrecht. Münster 1991, S. 124; Martin Beckmann, Der Rechtsschutz des Vorhabenträgers bei der Umweltverträglichkeitsprüfung, in: NVwZ 1991, 427–431 [430]; Erbguth/Schink, UVPG, 2. Aufl. 1996, § 2 Rdnr. 21.

68 So auch BVerwG, Beschluss vom 14.5.1996 – 7 NB 3.95 – BVerwGE 101, 166 = DVBl. 1997, 48 = NVwZ 1997, 494 = DÖV 1996, 916 = UPR 1996, 444 = NuR 1996, 594.

69 Ähnlich BVerwG, Beschluss vom 20.12.1988 – 7 B NB 2.88 – BVerwGE 81, 128 = DVBl. 1989, 512 = NVwZ 1989, 458; kritisch Thomas Groß, Die Alternativenprüfung in der Umweltverträglichkeitsprüfung, in: NVwZ 2001, 513–519, vgl. nunmehr Willy Spannowsky, Notwendigkeit und rechtliche Anforderungen an die Alternativenprüfung in der Bauleitplanung, in: UPR 2005, 401–409.

70 BVerwG, Urteil vom 25.1.1996 – 4 C 5.95 – BVerwGE 100, 238 = DVBl. 1996, 677 = NVwZ 1996, 788 = DÖV 1996, 604 = UPR 1996, 228 = NuR 1996, 466 = ZUR 1996, 255 = ZfBR 1996, 275 = BauR 1996, 511 = BRS 58 Nr. 7 (1996).

71 Vgl. EuGH, Urteil vom 11.8.1995 – Rs. C 431/92 – EuGHE 1995 I-2211 = DVBl. 1996, 424 = NVwZ 1996, 369 = NuR 1996, 102 = EuZW 1995, 743 – Kommission vs. Deutschland – „Großkrotzenburg", mit Bespr. Martin Gellermann, Auflösung von Normwidersprüchen zwischen europäischem und nationalem Recht, in: DÖV 1996, 433–443.

72 Vgl. EuGH, Urteil vom 24.3.1988 – Rs. 104/86 – EuGHE 1988, 1799 = NJW 1989, 1424 = RIW 1989, 231 – Kommission vs. Italien; EuGH, Urteil vom 19.11.1991 – Rs. C 6 und 9/90 – EuGHE 1991 I-5357

Halama

Haben UVP-rechtliche Verstöße Ermittlungs- oder Bewertungsdefizite zur Folge, **43** so kann sich hieraus jedenfalls unter den in § 17 e Abs. 6 FStrG oder vergleichbaren Vorschriften genannten Voraussetzungen wegen eines Abwägungsmangels ein Aufhebungsanspruch ergeben.[73] Bei dieser Sichtweise nötigt das Urteil des EuGH vom 7. Januar 2004 für sich genommen nicht zu einer Korrektur der Rechtsprechung des BVerwG.[74] Es verlangt zwar, dass der Mitgliedsstaat bei Unterlassung einer rechtlich gebotenen Umweltverträglichkeitsprüfung Abhilfemaßnahmen ergreift, es überlässt es jedoch der nationalen Rechtsordnung, unter Beachtung des Äquivalenz- und des Effektivitätsprinzips die Einzelheiten des in diesem Zusammenhang anwendbaren Verfahrens zu regeln. Wird eine an sich gebotene Umweltverträglichkeitsprüfung nicht oder nicht ordnungsgemäß durchgeführt, so ist dies nach Ansicht des BVerwG indes nicht ohne weiteres gleichbedeutend mit der Fehlerhaftigkeit der Abwägungsentscheidung. Mängel, die dem Abwägungsvorgang unter diesem Blickwinkel anhaften, sind nach § 17 Abs. 6 c Satz 1 FStrG (vergleichbare Unbeachtlichkeitsklauseln enthalten auch die übrigen Fachplanungsgesetze) nur dann beachtlich, wenn sie offensichtlich und auf das Abwägungsergebnis von Einfluss gewesen sind. Das hängt davon ab, ob nach den Umständen des jeweiligen Falles die konkrete Möglichkeit besteht, dass die Planungsbehörde ohne den Abwägungsfehler anders entschieden hätte.[75]

2.2 Perspektiven einer sich wandelnden Rechtsprechung des BVerwG

Gleichwohl lässt sich die Rechtsprechung, die in den erwähnten Urteilen vom 25. **44** Januar 1996 und vom 18. November 2004 ihren Niederschlag gefunden hat, für die Zukunft im Hinblick auf neues Gemeinschaftsrecht so nicht aufrechterhalten. Das gilt in mehrfacher Hinsicht:

(1) Zum einen hat sich im Bereich des Bauplanungsrechts jetzt als Konsequenz **45** der Einführung der **Plan-UP** das Fehlerfolgenregime geändert. Freilich ist nach § 214 Abs. 1 Satz 1 Nr. 1 BauGB 2004 ein Mangel bei der nach § 2 Abs. 3 BauGB 2004 gebotenen Ermittlung und Bewertung der von der Planung berührten Belange weiterhin nur unter der Voraussetzung beachtlich, dass er offensichtlich und auf das Ergebnis des Verfahrens von Einfluss gewesen ist.[76] Dies dürfte auch für Defizite im Rahmen der Umweltprüfung gelten, die zwar nicht in § 2 Abs. 3, son-

---

[5403] = DVBl. 1992, 1017 = NJW 1992, 165 = ZIP 1991, 1610 = EuGRZ 1992, 60 = EuR 1992,75 = EuZW 1991, 758 = JZ 1992, 305 – Andrea Francovich u. a. vs. Italienische Republik, mit Bespr. Martin Nettesheim, Gemeinschaftsrechtliche Vorgaben für das deutsche Staatshaftungsrecht, in: DÖV 1992, 999–1005; EuGH, Urteil vom 7.1.2004 – Rs. C-201/02 – EuGHE 2004 I-723 [748] = DVBl. 2004, 370 = NVwZ 2004, 593 = NuR 2004, 517 = EWS 2004, 232 – Delena Wells vs. Secretary of State for Transport, Local Government and the Regions.

73 § 17 e Abs. 6 FStrG in der Fassung des Art. 2 Nr. 3 des Gesetzes vom 9.12.2006 (BGBl. I S. 2833, ber. BGBl. 2007, S. 691) mit Wirkung vom 17.12.2006.

74 EuGH, Urteil vom 7.1.2004 – Rs. C-201/02 – EuGHE 2004 I-723 [748] = DVBl. 2004, 370 = NVwZ 2004, 593 = NuR 2004, 517 = EWS 2004, 232 – Delena Wells vs. Secretary of State for Transport, Local Government and the Regions.

75 BVerwG, Beschluss vom 14.5.1996 – 7 NB 3.95 – BVerwGE 101, 166 = DVBl. 1997, 48 = NVwZ 1997, 494 = DÖV 1996, 916 = UPR 1996, 444 = NuR 1996, 594.

76 Vgl. dazu Jörg Berkemann, in: ders./Günter Halama, Erstkommentierungen zum BauGB 2004, 1. Aufl. 2005, § 214 Rn. 36 ff.

---

dern in § 2 Abs. 4 BauGB 2004 geregelt ist, die aber, wenn auch als ein eigenständiger Verfahrensabschnitt, in den Abwägungsvorgang integriert ist. Als eine unter dem Blickwinkel der Wahrung von Umweltbelangen neuartige Sanktion stellt sich indes § 214 Abs. 1 Satz 1 Nr. 3 BauGB 2004 dar, wonach eine Verletzung von Vorschriften in Bezug auf den Umweltbericht nur unbeachtlich ist, wenn die Begründung hierzu in unwesentlichen Punkten unvollständig ist.

46 (2) Zum anderen könnte die Plan-UP-RL auch die Frage einer erforderlichen, betont umweltbezogenen Alternativenprüfung erneut aufwerfen. Anders als bei der UVP-RL besteht jedenfalls bei der Plan-UP-RL eine Rechtspflicht zur Alternativenprüfung.[77] Ist eine Umweltprüfung nach Art. 3 Abs. 1 Plan-UP-RL durchzuführen, so ist ein Umweltbericht zu erstellen. In ihm sind gemäß Art. 5 Abs. 1 Plan-UP-RL die voraussichtlichen erheblichen Auswirkungen, die die Durchführung des Plans oder Programms auf die Umwelt hat, sowie **vernünftige Alternativen**, die die Ziele und den geographischen Anwendungsbereich des Plans oder Programms berücksichtigen, zu ermitteln, zu beschreiben und zu bewerten. Welche Informationen zu diesem Zweck vorzulegen sind, ist in Anhang I angegeben. Nach Anhang I Buchst. h) zu Art. 5 Abs. 1 PLan-UP-RL hat der obligatorische Umweltbericht u. a. Angaben über die Gründe „für die Wahl der **geprüften Alternativen** und eine Beschreibung, wie die Umweltprüfung vorgenommen wurde", zu enthalten. Die interpretatorische Annahme liegt gewiss nicht fern, dass eine „geprüfte" Alternative gerade nach Maßgabe der vorzunehmenden Umweltprüfung beurteilt wurde. Das entspricht auch dem Ziel der Plan-UP-RL. Danach ist im Hinblick auf die Förderung einer nachhaltigen Entwicklung ein hohes Umweltschutzniveau sicherzustellen und dazu beizutragen, dass Umwelterwägungen bei der Ausarbeitung und Annahme von Plänen und Programmen einbezogen werden. Nach der bisherigen Rechtsprechung ist ein Abwägungsfehler im Rahmen einer gestuften Vorauswahl nicht schon dann gegeben, wenn sich herausstellt, dass eine ausgeschiedene Lösung ebenfalls mit guten Gründen vertretbar gewesen wäre, sondern erst, wenn sich diese Lösung der Behörde hätte aufdrängen müssen.

47 (3) Schließlich muss die Frage des Drittschutzes überdacht werden. Das BVerwG hat in der Vergangenheit eine drittschutzbezogene Auslegung der UVP-RL 85/337/ EWG stets verneint.[78] Für Rechtsschutzfragen eröffnet das bereits erwähnte Urteil des EuGH vom 7. Januar 2004 (Denela Wells) eine neue Sichtweise.[79] Diese legt

---

77 Wie hier Jost Pietzcker/Christoph Fiedler, Die Umsetzung der Plan-UP-Richtlinie im Bauplanungsrecht, in: DVBl. 2002, 929–940 [935]; Christian Callies, Verfahrensrechtliche Anforderungen der Richtlinie zur strategischen Umweltprüfung (SUP-RL), in: Reinhard Hendler/Peter Marburger/Michael Reinhardt/Meinhard Schröder (Hrsg.), Die strategische Umweltprüfung (UTR 76), Berlin 2001, S. 153 ff. [169]; Christian Evers, Die rechtlichen Anforderungen der EG-Richtlinie zur strategischen Umweltprüfung, Frankfurt a. M. 2003, S. 145.

78 Vgl. Thomas Siems, Das UVP-Verfahren – Drittschützende Wirkung oder doch „nur" reines Verfahrensrecht, in: NuR 2006, 359–362; Sabine Schlacke, Zum Drittschutz bei Nichtdurchführung einer gebotenen Umweltverträglichkeitsprüfung, in: ZUR 2006, 360–363; Gabriele Oestreich, Individualrechtsschutz im Umweltrecht nach dem Inkrafttreten der Aarhus-Konvention und dem Erlass der Aarhus-Richtlinie, in: Verw 39, 29–59 (2006).

79 EuGH, Urteil vom 7.1.2004 – Rs. C-201/02 – EuGHE 2004 I-748 = DVBl. 2004, 370 = NVwZ 2004, 593 = EWS 2004, 232 = NuR 2004, 517 – Delena Wells vs. Secretary of State for Transport, Local Government and the Regions, mit Bespr. Jochen Kerkmann, Wiederaufnahme eines Bergbaubetrie-

eine stärkere richtlinienkonform betonte Auslegung des innerstaatlichen UVPG nahe.

(4) Auch im Bereich des Fachplanungsrechts steht eine Modifikation der Recht- **48** sprechung des BVerwG ins Haus. Der durch die **Richtlinie 2003/35/EG** vom 26. Mai 2003 eingefügte Art. 10 a UVP-RL eröffnet den Zugang zu einem (gerichtlichen) Überprüfungsverfahren. Dieses hat die Gewähr dafür zu bieten, dass die Entscheidung über die Zulässigkeit eines UVP-pflichtigen Vorhabens auf ihre materiell- und ihre verfahrensrechtliche Rechtmäßigkeit hin überprüft wird. Nach § 4 Abs. 1 Satz 1 des Umwelt-Rechtsbehelfsgesetzes (URG) vom 7. Dezember 2006 kommt die Aufhebung einer Zulassungsentscheidung in Betracht, wenn eine erforderliche Umweltverträglichkeitsprüfung oder eine erforderliche Vorprüfung des Einzelfalls über die UVP-Pflichtigkeit nicht durchgeführt worden ist.[80] Nach § 4 Abs. 1 Satz 2 URG soll eine Heilung, etwa auf der Grundlage des § 45 VwVfG und anderer entsprechender Rechtsvorschriften, zwar weiterhin möglich sein; für eine Anwendung des vom BVerwG bisher herangezogenen § 46 VwVfG bleibt jedoch in den von dieser Vorschrift erfassten Fällen kein Raum mehr.

Die durch Art. 10 a UVP-RL begründete Verpflichtung, Zugang zu einem gerichtli- **49** chen Überprüfungsverfahren zu verschaffen, bedeutet nicht, dass die Möglichkeit gerichtlicher Kontrolle zeitlich unbegrenzt eingeräumt werden muss. Das Gemeinschaftsrecht steht dem in § 74 VwGO normierten Fristerfordernis nicht entgegen. Der Beteiligte wird vor nicht vorhersehbaren Rechtsverlusten dadurch bewahrt, dass er nach § 58 VwGO über das Rechtsmittel, das ihm zu Gebote steht, zu belehren ist.

B. Strategische Umweltprüfung (Plan-UP-RL) – RL 2001/42/EG

I. Zielsetzungen und Inhalt der Plan-UP-RL 2001/42/EG

(1) Mit der Richtlinie 2001/42/EG des Europäischen Parlaments und des Rates **50** vom 27. Juni 2001 über die Prüfung der Umweltauswirkungen bestimmter Pläne und Programme[81] entwickelt die Gemeinschaft das durch die UVP-RL vom 27. Juni 1985 geschaffene Instrumentarium fort. Sie tut dies in der Erkenntnis, dass die Umweltverträglichkeitsprüfung auf der Vorhabenzulassungsstufe die ihr zugedachten Wirkungen häufig nicht optimal entfalten kann, da für die Umweltbelange nachteilige Weichen vielfach bereits auf der vorgelagerten Planungsebene gestellt werden. Um solchen Vorfestlegungen vorzubeugen, ist zur Sicherung eines hohen Umweltschutzniveaus nach dem bewährten Muster der Projekt-UVP eine Umweltprüfung bereits bei der Ausarbeitung von Plänen und Programmen durchzuführen.[82]

---

bes ohne UVP, in: DVBl. 2004, 1288–1289; Kristian Fischer/Thomas Fetzer, Unmittelbare Wirkung von Richtlinien im Dreiecksverhältnis, in: EWS 2004, 236–238; Christian Baldus, Ein weiterer Schritt zur horizontalen Direktwirkung? – Zu EuGH, C-201/02, 7.1.2004 (Delena Wells), in: GPR 2004, 124–126.

80 BGBl. I S. 2816.

81 ABl. L 197 S. 30.

82 Reinhard Hendler, Zum Begriff der Pläne und Programme in der EG-Richtlinie zur strategischen Umweltprüfung, in: DVBl. 2003, 227–234; Michael Schmidt, Nicole Rütz/Sascha Bier, Umsetzungsfragen bei der strategischen Umweltprüfung (SUP) in nationales Recht, in: DVBl. 2002, 357–363.

51 (2) Die Richtlinie sieht davon ab, zur Erreichung des gesteckten Ziels materiell-rechtliche Standards zu formulieren. In der neunten Begründungserwägung der Richtlinie wird vielmehr klargestellt, dass diese nur den „Verfahrensaspekt" betrifft.[83] „Die Einbeziehung eines breiteren Spektrums von Faktoren bei der Entscheidungsfindung" wird ausweislich der fünften Begründungserwägung als ausreichend angesehen, um nachhaltigere und wirksamere Lösungen zu gewährleisten. In Aufbau und Struktur lehnt sich die Plan-UP-RL eng an die UVP-RL an. Ihr Geltungsbereich erstreckt sich auf umweltrelevante Pläne und Programme, die in den in Art. 3 Abs. 2 UVP-RL genannten Bereichen den Rahmen für die künftige Genehmigung der in den Anhängen I und II der UVP-RL aufgeführten Projekte bilden oder Auswirkungen auf ein nach der Vogelschutzrichtlinie oder der FFH-Richtlinie geschütztes Gebiet erwarten lassen. Art. 3 Abs. 3 Plan-UP-RL lässt unter den dort erwähnten Voraussetzungen Ausnahmen bei Plänen und Programmen zu, die die Nutzung kleiner Gebiete auf lokaler Ebene betreffen. Die Mitgliedstaaten befinden nach Art. 3 Abs. 4 Plan-UP-RL darüber, ob sie auch sonstige Pläne und Programme, die bei ihrer Verwirklichung erhebliche Umweltauswirkungen haben können, einer Umweltprüfung unterziehen.

52 Ebenso wie Art. 2 Abs. 2 UVP-RL überlässt es Art. 4 Abs. 2 Plan-UP-RL den Mitgliedstaaten, ob sie den Anforderungen der Richtlinie dadurch genügen, dass sie bestehende Verfahren nutzen oder neue Verfahren schaffen. An die Stelle der Angaben, die nach Art. 5 UVP-RL vom Vorhabenträger zu machen sind, tritt nach Art. 5 Abs. 1 Plan-UP-RL der **Umweltbericht**. Dieser hat insbesondere Auskunft darüber zu geben hat, welche erheblichen Auswirkungen die Durchführung des Plans oder Programms voraussichtlich auf die Umwelt haben wird und welche Planungsalternativen in Erwägung gezogen worden sind. Ebenfalls in Parallele zur UVP-RL sieht Art. 6 Plan-UP-RL eine – nach Art. 7 Plan-UP-RL ggf. grenzüberschreitende – Behörden- und Öffentlichkeitsbeteiligung vor, deren Einzelheiten festzulegen den Mitgliedstaaten vorbehalten bleibt.

53 Auch Art. 8 Plan-UP-RL knüpft an eine Regelung an, die sich schon in der UVP-RL findet. Der Umweltbericht und die Ergebnisse der Konsultationen sind bei der Annahme des Plans oder des Programms zu „berücksichtigen". Nach Art. 9 Plan-UP-RL ist die getroffene Planungsentscheidung unter Angabe der in dieser Bestimmung genannten Punkte bekannt zu machen. Ein aus anderen gemeinschaftsrechtlichen Regelungen (vgl. z. B. Art. 11 FFH-RL) bekanntes, im Vergleich mit der UVP-RL aber neues Element enthält Art. 10 Plan-UP-RL, wonach die Mitgliedstaaten für die Zeit nach Abschluss des Planungsverfahrens ein Überwachungssystem (sog. Monitoring) zu schaffen haben, das sie in die Lage versetzt, ggf. geeignete Abhilfemaßnahmen zu ergreifen.[84]

---

83 Alexander Schink, Umweltprüfung für Pläne und Programme – Verfahrensanforderungen, in: NuR 2005, 143–151; Christian Evers, Die strategische Umweltprüfung (sog Plan-UVP) als neues Instrument des Umweltrechts, in: NuR 2003, 535–536; Andrea Sander, Strategische Umweltprüfung für das Immissionsschutzrecht?, in: UPR 2003, 336–342; Jan Duikers, Die strategische Umweltprüfung als neues Instrument des Umweltrechts, in: ZUR 2003, 440–442.

84 Anke Sailer, Bauplanungsrecht und Monitoring [Medienkombination] – die Umsetzung der Plan-UP-Richtlinie in das deutsche Recht. Göttingen 2006; Christian Evers, Die rechtlichen Anforderungen der EG-Richtlinie zur strategischen Umweltprüfung, 2003, S. 187 ff.

Halama

II. Umsetzung der Plan-UP-RL im öffentlichen Bauplanungsrecht (BauGB)

1. Das Baugesetzbuch als „Trägergesetz"

(1) Der deutsche Bundesgesetzgeber ist seiner Umsetzungsverpflichtung in dem **54** Europarechtsanpassungsgesetz Bau vom 24. Juni 2004 nur für den Bereich des Städtebau- und des Raumordnungsrechts fristgemäß nachgekommen.[85] Insoweit hat er den Vorgaben der Plan-UP-RL durch Änderungen des Baugesetzbuchs und des Raumordnungsgesetzes Rechnung getragen. Für die übrigen in Art. 3 Abs. 2 Plan-UP-RL genannten Bereiche, etwa die Land-, Forst-, Abfall- und Wasserwirtschaft, ist die Implementierung ins deutsche Recht mit dem Gesetz zur Einführung einer Strategischen Umweltprüfung und zur Umsetzung der Richtlinie 2001/42/EG vom 25. Juni 2005 erst lange nach Ablauf der dreijährigen Umsetzungsfrist vollzogen worden.[86]

Der Bundesgesetzgeber hat sich im Anwendungsbereich des BauGB in Einklang **55** mit Art. 4 Abs. 2 Plan-UP-RL dafür entschieden, die Umweltprüfung sowohl auf der Flächennutzungsplan- als auch auf der Bebauungsplanebene in das Aufstellungsverfahren zu integrieren. Er hat im Europarechtsanpassungsgesetz davon abgesehen, in Anlehnung an Art. 3 Abs. 2 Plan-UP-RL einer Prüfpflicht nur Bauleitpläne zu unterwerfen, die als Rahmen für die künftige Genehmigung der in den Anhängen I und II der Richtlinie 85/337/EWG aufgeführten Projekte dienen oder nachteilige Auswirkungen auf ein Vogelschutz- oder FFH-Gebiet erwarten lassen. Stattdessen hat er in § 2 Abs. 4 BauGB 2004 regelhaft für alle Bauleitpläne die Durchführung einer Umweltprüfung angeordnet.

(2) Diese Regelungstechnik hat den Charme, dass sich die sonst nach Art. 3 **56** Abs. 5 Plan-UP-RL u. U. notwendige Vorprüfung im Einzelfall nach dem Vorbild der §§ 3a bis 3f UVPG erübrigt. Eine Umweltprüfung ist nach diesem Grundmuster allerdings nur unter den in den §§ 13 Abs. 1, 34 Abs. 5 und 35 Abs. 6 BauGB 2004 genannten Voraussetzungen entbehrlich. Dabei werden Innen- und Außenbereichssatzungen ohnehin nicht der „klassischen" Bauleitplanung zugerechnet, auch wenn angesichts der Bepackungsmöglichkeiten des § 34 Abs. 5 Satz 2 BauGB die Übergänge fließend sein können.[87] § 13 Abs. 1 BauGB 2004 macht die Anwendung des vereinfachten Verfahrens bei der Änderung oder Ergänzung eines Bauleitplans oder die Überplanung eines bisher nicht beplanten Innenbereichs u. a. davon abhängig, dass die Zulässigkeit von Vorhaben, die einer Pflicht zur Durchführung einer Umweltverträglichkeitsprüfung nach Anlage 1 zum Gesetz über die Umweltverträglichkeitsprüfung oder nach Landesrecht unterliegen, nicht

---

85 BGBl. I S. 1359, vgl. Dennis Graf, Die Umsetzung der Plan-UP-Richtlinie im Raumordnungsrecht des Bundes und der Länder – Rechtliche Rahmenbedingungen der effektiven Integration der Umweltprüfung in das Planungsverfahren, Baden-Baden 2006.
86 BGBl. I S. 2797. Vgl. auch Rudolf Stich, Die Rechtsentwicklung von der bebauungsbezogenen zur umweltschutzbestimmten städtebaulichen Planung, in: ZfBR 2003, 643–656; Frank Stollmann, Umweltverträglichkeitsprüfung im Bauplanungsrecht, NuR 2003, 586–592; Christian Kläne/Henning Uhlenbrock, Neues UVP-Recht für Bebauungspläne, in: NdsVBl 2002, 169–174.
87 Vgl. BVerwG, Beschluss vom 13.3.2003 – 4 BN 20.03 – juris (Volltext).

vorbereitet oder begründet wird und keine Anhaltspunkte dafür vorhanden sind, dass die Erhaltungsziele und die Schutzzwecke, die in Vogelschutz- oder in FFH-Gebieten zu wahren sind, beeinträchtigt werden könnten. Unter dem gleichen Vorbehalt ist die Aufstellung von Innen- oder Außenbereichssatzungen ohne Umweltprüfung zulässig. Für diese Ausnahmeregelungen lässt sich Art. 3 Abs. 3 Satz 1 Plan-UP-RL ins Feld führen, wonach Pläne, die die Nutzung kleiner Gebiete auf lokaler Ebene regeln ebenso wie geringfügige Planänderungen einer Umweltprüfung nur bedürfen, „wenn die Mitgliedstaaten bestimmen, dass sie voraussichtlich erhebliche Umweltauswirkungen haben". Freilich lässt sich insbesondere im Anwendungsbereich des § 13 Abs. 1 BauGB 2004 nicht von vornherein ausschließen, dass Pläne oder Planänderungen, die unter dem Blickwinkel des UVP-und des gemeinschaftsrechtlichen Gebietsschutzrechts unbedenklich erscheinen, nachteilige Umweltauswirkungen hervorrufen.

57 Ähnliches gilt für das „beschleunigte" Verfahren nach § 13 a BauGB 2007. Unter denselben Voraussetzungen, unter denen im Anwendungsbereich des § 13 Abs. 1 BauGB 2004 von einer Umweltprüfung abgesehen werden kann, ermöglicht § 13 a Abs. 1 Satz 2 Nr. 1 BauGB in der Fassung des Gesetzes zur Erleichterung von Planungsvorhaben für die Innenentwicklung der Städte vom 21. Dezember 2006 die Aufstellung eines Bebauungsplans der Innenentwicklung ohne Umweltprüfung, wenn die festgesetzte Fläche 20.000 m² unterschreitet.[88] Diese Regelung hat eigentlich nichts Spektakuläres an sich. Der Gesetzgeber ist bei ihr aber nicht stehen geblieben. Er weicht von dem Grundkonzept, für das er sich im Jahre 2004 entschieden hat, insofern wieder ab, als er der Gemeinde bei der Aufstellung eines Bebauungsplans der Innenentwicklung mit einer Grundfläche von 20.000 m² bis weniger als 70.000 m² nach § 13 a Abs. 1 Satz 2 Nr. 2 BauGB 2007 an Hand der Kriterien, die in der neu angefügten Anlage 2 genannt werden, die Prüfung abverlangt, ob der Plan erhebliche Umweltauswirkungen erwarten lässt, und er es vom Ergebnis dieser Prüfung abhängig macht, ob im beschleunigten Verfahren geplant werden kann. Damit hält das aus dem Bereich der UVP und der SUP bekannte – wenig geschätzte – Instrument der Vorprüfung des Einzelfalls Einzug auch ins Bauplanungsrecht. Für den mit dem Europarechtsanpassungsgesetz gelungenen großen Wurf hat der Atem hier also nicht sonderlich lange gereicht.

2. Das „integrative" Verfahren nach § 2 Abs. 4 BauGB 2004

58 Die neue Dimension, in die das EG-Recht mit der Plan-UP-RL hineingewachsen ist, schlägt sich im deutschen Recht nieder. Sie äußert sich zunächst in einem formalen Perspektivenwechsel. Dieser ist dadurch gekennzeichnet, dass sich der Anwendungsbefehl für die UP nicht länger im UVP-Recht befindet. Nicht § 17 UVPG bestimmt, wie bisher, ob eine UVP in einem Aufstellungsverfahren durchzuführen ist. Die Verpflichtung, im Bereich der Bauleitplanung eine UP durchzuführen, ergibt sich jetzt aus § 2 Abs. 4 S. 1 BauGB. § 17 UVPG behält seine Bedeutung nur mehr für die Ebene der Vorhabenzulassung. Das EAG Bau 2004 will in Umsetzung der Plan-UP-RL eine nachhaltige Entwicklung fördern und dazu

---

88 BGBl. I S. 3316.

gemäß Art. 1 Plan-UP-RL ein hohes Umweltschutzniveau sicherstellen. § 2 Abs. 4 S. 1 BauGB erfasst die UP als Ermittlung, als Beschreibung und als Bewertung.

(1) Nach § 2 Abs. 4 Satz 1 BauGB 2004 bezieht sich die Umweltprüfung gegen- **59** ständlich auf die in § 1 Abs. 6 Nr. 7 und § 1 a BauGB 2004 genannten Belange des Umweltschutzes. Die voraussichtlichen „erheblichen Umweltauswirkungen" sind in einem eigenständigen, der Abwägung mit sonstigen Belangen vorgelagerten Verfahrensabschnitt ökologieintern zu ermitteln und fachlich zu bewerten. § 2 Abs. 4 Satz 3 BauGB 2004 hebt hervor, dass sich die Umweltprüfung auf das bezieht, was nach gegenwärtigem Wissensstand und allgemein anerkannten Prüfmethoden sowie nach Inhalt und Detaillierungsgrad des Bauleitplans angemessener Weise verlangt werden kann. Damit stellt der Gesetzgeber klar, dass die Umweltprüfung nicht als Suchverfahren konzipiert ist, das dem Zweck dient, Umweltauswirkungen aufzudecken, die sich der Erfassung mit den herkömmlichen Erkenntnismitteln entziehen. Was die Wissenschaft (noch) nicht hergibt, vermag auch eine Umweltprüfung nicht zu leisten. Die Gemeinde schuldet dazu keine uferlose Überprüfung des zu beplanenden Areals gleichsam „ins Blaue hinein". Was ihre planende Stelle nicht „sieht" und was sie nach den ihr zur Verfügung stehenden Erkenntnisquellen auch nicht zu „sehen" braucht, kann und braucht von ihr nicht berücksichtigt werden.[89] Wenn damit überzogene Anforderungen an die Prüfungspflicht nicht gestellt werden dürfen, darf die Gemeinde es dennoch nicht an der gebotenen Professionalität der Ermittlung fehlen lassen. § 2 Abs. 4 S. 3 BauGB zielt nur darauf ab, die Intensität der Prüfung auf ein für die Gemeinde vertretbares Maß zu begrenzen. Daher ersetzt die Umweltprüfung keine fehlenden Umweltstandards. Gleichwohl will § 2 Abs. 4 S. 3 BauGB eine **„professionelle" Aufarbeitung** erreichen. Die Grenzen werden nicht bereits dadurch erreicht, dass der Gemeinde ein zusätzlicher **Verwaltungsaufwand** entsteht.[90] Die Gemeinde hat lediglich Sorge dafür zu tragen, dass die Erkenntnisquellen, die im konkreten Fall zur Erreichung des Untersuchungszwecks geeignet erscheinen, nicht ungenutzt bleiben.[91]

Soweit § 2 Abs. 4 Satz 4 BauGB 2004 eine **Berücksichtigungspflicht** begründet, **60** bedeutet dies nicht, dass die Umweltbelange stets bloß als Abwägungsposten eine Rolle spielen. Zu den Belangen des Umweltschutzes, die nach § 2 Abs. 4 Satz 1 BauGB 2004 Gegenstand der Umweltprüfung sind, gehört u. a. auch die Wahrung der für FFH- und für Vogelschutzgebiete maßgeblichen Erhaltungsziele und Schutzzwecke (§ 1 Abs. 6 Nr. 7 b BauGB 2004) sowie die Erhaltung der bestmöglichen Luftqualität (§ 1 Abs. 6 Nr. 7 h BauGB 2004).

---

89 So BGH, Urteil vom 9.7.1992 – III ZR 78/91 – UPR 1992, 438.

90 Die Annahme des Gesetzesentwurfs der BReg., ein zusätzlicher Verwaltungsaufwand entstehe nicht (vgl. BTag-Drs. 15/2250 S. 68), ist Motiv, nicht Gesetz gewordene Begrenzung. Die Annahme ist pauschal, voraussichtlich unzutreffend; insoweit, a. A. U. Kuschnerus, Der sachgerechte Bebauungsplan, 3. Aufl., 2004, Rn. 463.

91 Vgl. zur UVP: BVerwG, Urteil vom 25.1.1996 – 4 C 5.95 – BVerwGE 100, 238 = DVBl. 1996, 677 = NVwZ 1996, 788 = DÖV 1996, 604 = UPR 1996, 228 = NuR 1996, 466 = ZUR 1996, 255 = ZfBR 1996, 275 = BauR 1996, 511 = BRS 58 Nr. 7 (1996), vgl. dazu Matthias Ruffert, Subjektive Rechte und unmittelbare Wirkung von EG-Umweltschutzrichtlinien, in: ZUR 1996, 235–238.

61 Ebenso wie die UVP ist auch die Umweltprüfung durch einen integrativen Ansatz gekennzeichnet.[92] Dies kommt in § 2 Abs. 4 Satz 4 BauGB 2004 dadurch zum Ausdruck, dass in der Abwägung das Ergebnis der Umweltprüfung zu berücksichtigen ist. Hierdurch ändert sich zwar nichts an dem Grundsatz, dass es von dem jeweiligen objektiven Gewicht abhängt, ob sich ein Belang in der Konkurrenz mit anderen in der Abwägung durchsetzt oder nicht. Anders als nach dem früheren Recht gehen die Umweltbelange aber nicht mit dem Gewicht, das ihnen als solchen bei isolierter Betrachtung zukommt, in die Abwägung ein. Vielmehr sind sie in gebündelter Form in die Abwägung einzustellen. Im Verhältnis zu § 1 Abs. 7 BauGB 2004, wonach bei der Aufstellung der Bauleitpläne die öffentlichen und privaten Belange gegeneinander und untereinander gerecht abzuwägen sind, lässt § 2 Abs. 4 Satz 4 BauGB 2004 insofern eine besondere Nuance erkennen, als die Umweltbelange en bloc, so wie sie sich als Ergebnis der Umweltprüfung darstellen, als Abwägungsposten zu berücksichtigen sind. Dadurch wird gewährleistet, dass diese Belange mit dem Gewicht zur Geltung kommen, das ihnen bei einer Gesamtschau gebührt[93].

3. Zwingende Rechtsvorschriften des Umweltschutzrechtes

62 Teilweise enthält das Umweltschutzrecht Vorschriften zwingenden Rechts. Diese „überlagern" das Gebot der Berücksichtigung. Für den Fall, dass ein FFH- oder ein Vogelschutzgebiet in seinen für die Erhaltungsziele oder den Schutzzweck maßgeblichen Bestandteilen erheblich beeinträchtigt werden kann, bestimmt § 1 a Abs. 4 BauGB 2004, dass sich die Zulässigkeit planerischer Eingriffe nach den Vorschriften des Bundesnaturschutzgesetzes richtet. Kann ein Bauleitplan derartige Beeinträchtigungen hervorrufen, so ist er nach § 34 Abs. 2 bis 5 BNatSchG 2002 nur zulässig, wenn bestimmte Ausnahmevoraussetzungen gegeben sind. Fehlt auch nur eines der dort genannten Tatbestandsmerkmale, so ist die Planung unzulässig. Für eine Abwägung im Sinne des § 1 Abs. 7 BauGB ist kein Raum. Als Abwägungsposten im Sinne des § 1 Abs. 6 Nr. 7b BauGB 2004 kommen die Erhaltungsziele und der Schutzzweck nur bei Beeinträchtigungen unterhalb der Erheblichkeitsschwelle in Betracht, bei denen die gesetzlichen Verbotswirkungen nicht greifen.

63 Ähnlich ist die Situation im Bereich der Luftreinhaltung. Die in Umsetzung der Richtlinie 1999/30/EG über Grenzwerte für Schwefeldioxid, Stickstoffdioxid, Stickstoffoxide, Partikel und Blei in der Luft vom 22. April 1999[94] und der Richtlinie 2000/69/EG über Grenzwerte für Benzol und Kohlenmonoxid in der Luft vom 16.

---

92 Mathias Schubert, Die bauplanungsrechtliche Umweltprüfung im Spannungsfeld EG-rechtlicher Vorgaben und kommunaler Praktikabilitätsansprüche, in: NuR 2005, 369–375; Beate Jessel, Die Integration von Umweltbelangen in die Entscheidungsfindung in der Bauleitplanung, in: UPR 2004, 408–414.

93 Vgl. zur UVP: BVerwG, Urteil vom 25.1.1996 – 4 C 5.95 – BVerwGE 100, 238 = DVBl. 1996, 677 = NVwZ 1996, 788 = DÖV 1996, 604 = UPR 1996, 228 = NuR 1996, 466 = ZUR 1996, 255 = ZfBR 1996, 275 = BauR 1996, 511 = BRS 58 Nr. 7 (1996); BVerwG, Urteil vom 18.11.2004 – 4 CN 11.03 – BVerwGE 122, 207 = DVBl. 2005, 386 = NVwZ 2005, 442 = UPR 2005, 193 = NuR 2005, 394 = ZUR 2005, 199 = ZfBR 2005, 270 = BauR 2005, 671.

94 ABl. L 163 S. 41.

November 2000[95] erlassene 22. BImSchV vom 11. Februar 2002[96] enthält für verschiedene Luftschadstoffe Grenzwerte. Werden diese Werte nicht eingehalten, so werden die in der Verordnung näher bezeichneten Mechanismen ausgelöst, die sich für die Bauleitplanung ggf. als Sperre erweisen können. In Gebiete, in denen die Grenzwerte dauerhaft überschritten werden, ohne dass eine Reduzierung in überschaubarer Zeit gewährleistet erscheint, dürfen durch Bauleitplanung nicht zusätzliche Belastungen hineingetragen werden[97]. Im Wortlaut des § 1 Abs. 6 Nr. 7 h BauGB 2004 wird zutreffend zum Ausdruck gebracht, dass Luftqualitätserwägungen nur in dem Bereich unterhalb der maßgeblichen Immissionsgrenzwerte nach Abwägungsgesichtspunkten zum Tragen kommen.

4. Umweltbericht

(1) Das für die Umweltprüfung zentrale Dokument stellt der Umweltbericht dar. **64** Welchen inhaltlichen Anforderungen er genügen muss, ergibt sich aus der Anlage zu § 2 Abs. 4 BauGB 2004 und § 2 a BauGB 2004. Dem Umweltbericht kommt im Anwendungsbereich des BauGB eine Funktion zu, die weiter reicht, als sie die Plan-UP-RL vorsieht.[98]

Nach Art. 5 Plan-UP-RL dient der Umweltbericht als Einstieg in die Umweltprüfung. **65** Er bildet die Grundlage für die Behörden- und die Öffentlichkeitsbeteiligung und ist neben dem Ergebnis dieser Konsultationen so, wie er nach Artikel 5 Plan-UP-RL erstellt worden ist, bei der Entscheidung zu berücksichtigen. Er braucht im Laufe des Verfahrens nicht aktualisiert oder fortgeschrieben zu werden. Dem BauGB liegt eine hiervon abweichende Konzeption zu Grunde. Wie aus § 2 a BauGB 2004 verdeutlicht, ist schon dem Bauleitplanentwurf ein Umweltbericht beizufügen, der einen gesonderten Teil der Entwurfsbegründung bildet. Damit lässt es der Gesetzgeber indes nicht bewenden. Auch das Endprodukt der Planung ist zu begründen. § 5 Abs. 5 BauGB 2004 stellt für den Flächennutzungsplan ebenso wie § 9 Abs. 8 BauGB für den Bebauungsplan klar, dass diese auf den aktuellen Planungsstand abgestellte Begründung auch den Umweltbericht einschließen muss.

Als integraler Bestandteil der Planbegründung erfüllt der Umweltbericht eine Auf- **66** gabe, die nach Artikel 9 Abs. 1 b Plan-UP-RL eigentlich der zusammenfassenden Erklärung zukommt. Trotz dieser Rollenzuweisung trifft der deutsche Gesetzgeber in den §§ 6 Abs. 5 Satz 2 und 10 Abs. 4 BauGB 2004 die – redundante – Regelung, dass dem Bauleitplan außerdem noch eine zusammenfassende Erklärung beizufügen ist. Das Maß voll macht Nr. 3c der Anlage zu § 2 Abs. 4 und § 4 a BauGB, wonach auch der Umweltbericht selbst eine „allgemeinverständliche Zusammenfassung" enthalten muss, die nicht mit der Erklärung nach § 6 Abs. 5 Satz 2 oder § 10 Abs. 4 BauGB 2004 verwechselt werden darf.

---

95 ABl. L 313 S. 12.
96 BGBl. I S. 3628, nunmehr in der Fassung der Bekanntmachung vom 4.6.2007 (BGBl. I S. 1006).
97 Vgl. BVerwG, Urteil vom 18.11.2004 – 4 CN 11.03 – BVerwGE 122, 207 = DVBl. 2005, 386 = NVwZ 2005, 442 = UPR 2005, 193 = NuR 2005, 394 = ZUR 2005, 199 = ZfBR 2005, 270 = BauR 2005, 671.
98 Stefan Balla, Der Umweltbericht in der Strategischen Umweltprüfung nach dem neuen UVPG, in: NuR 2006, 485.

67   (2) Als eine Fortbildung im Verhältnis zur Projekt-UVP ist es zu werten, dass Angaben zu **Alternativlösungen** zum obligatorischen Inhalt des Umweltberichts gehören. Nach den in der Rechtsprechung zum Abwägungsgebot entwickelten Grundsätzen ist die Alternativenprüfung freilich seit jeher fester Bestandteil des Abwägungsprogramms. Insoweit lassen sich aus der Plan-UP-RL keine neuen Anforderungen ableiten. Gemeinschaftsrechtlich geboten ist lediglich eine **ökologieinterne Alternativenprüfung**. Das deutsche Recht bleibt hierbei nicht stehen. Ihm liegt ein umfassenderes, alle relevanten Gesichtspunkte einschließendes Verständnis der Alternativenproblematik zu Grunde. Art. 5 Abs. 1 Halbs. 2 PLan-UP-RL bestimmt als Inhalt des Umweltberichtes auch die Angabe „vernünftiger Alternativen", welche die Ziele und den geographischen Anwendungsbereich des Plans berücksichtigen. § 2 Abs. 4 BauGB nimmt diese Forderung zwar nicht ausdrücklich auf. Die Notwendigkeit der Angaben von Planungsalternativen ergibt sich jedoch zum einen aus dem Inhalt der „zusammenfassenden Erklärung" (vgl. § 6 Abs. 5 S. 3, § 10 Abs. 4 BauGB). Zum anderen legt dies Nr. 2 Buchst. d) der Anlage 1 zum BauGB in Verb. mit § 2a BauGB nahe. Die nunmehrige Pflicht zur Darstellung **anderweitiger Planungsmöglichkeiten** ist zwingend.[99] Die Regelung wirft für das deutsche Recht erhebliche inhaltliche Fragen auf.[100] Allerdings relativieren sowohl die Richtlinie als auch die deutsche Umsetzung in Nr. 2 Buchst. d) des Anhangs zum BauGB die Alternativbetrachtung auf Ziele und den räumlichen Geltungsbereich des Bauleitplans. Das gilt auch für Standortfragen, wenn in der Öffentlichkeits- oder Behördenbeteiligung alternative Standorte substantiell vorgeschlagen worden sind. Der Begriff der Alternative ist aus der Funktion des § 2 Abs. 4 BauGB zu entwickeln. Lässt sich das Planziel an einem nach dem Schutzkonzept der konkret berührten Umweltbelange günstigeren Standort oder mit geringerer Eingriffsintensität verwirklichen, so hat die Gemeinde dies „ernsthaft" zu berücksichtigen und im Umweltbericht darstellen. Die Gemeinde muss dazu nicht jede „theoretisch" denkbare Variante abhandeln. Vielmehr muss es sich um **plankonforme Alternativen** handeln.[101]

5. Öffentlichkeits- und Behördenbeteiligung

68   Die in Artikel 6 Plan-UP-RL nur in den Grundzügen geregelte, näherer nationaler Ausgestaltung zugängliche Öffentlichkeits- und Behördenbeteiligung ist ausweislich der §§ 3 und 4 BauGB ausnahmslos zweistufig angelegt.

69   Die erste Phase der Behördenbeteiligung lässt sich nach § 4 Abs. 1 BauGB 2004 insbesondere auch für Zwecke des **Scopings** nutzen, das der Gemeinde die Gelegenheit bietet, durch die Mobilisierung externen Sachverstands die Informationsbasis zu erweitern und der Gefahr vorzubeugen, dass der Planentwurf auf der

---

99   Vgl. bereits BVerwG, Beschluß vom 31.1.1997 – 4 NB 27.96 – BVerwGE 104, 68 = DVBl. 1997, 1112 = NVwZ 1997, 1213 = BauR 1997, 794 = BRS 59 Nr. 8 zu § 8a BNatSchG a.E. Vgl. Willy Spannowsky, Notwendigkeit und rechtliche Anforderungen an die Alternativenprüfung in der Bauleitplanung, in: UPR 2005, 401–409; Thomas Siems, Alternativprüfungen durch die neue Strategische UVP: Auf dem Weg zur UVP amerikanischen Maßstabes?, in: EurUP 2005, 27–32.

100 So auch W. Schrödter, Das Europarechtsanpassungsgesetz Bau – EAG Bau, in: NST-N 2004, 197–216 [202].

101 Vgl. U. Kuschnerus, Der sachgerechte Bebauungsplan, 3. Aufl., 2004, Rn. 491.

Halama

Grundlage etwaiger nach § 4 Abs. 2 BauGB 2004 abgegebener Stellungnahmen nach § 4 a Abs. 3 BauGB 2004 erneut ausgelegt werden muss. Wird der Entwurf des Bauleitplans nach Abschluss des zweistufigen Beteiligungsverfahrens geändert oder ergänzt, so ist er nach Maßgabe des § 4 a Abs. 3 BauGB 2004 erneut auszulegen.

Die bloße Änderung oder Ergänzung des Umweltberichts löst diese Rechtsfolge **70** nicht aus.[102] § 3 Abs. 3 BauGB 2001, der eine entsprechende Regelung enthielt, ist gestrichen worden. Welches Schicksal dem Umweltbericht beschieden ist, ist dennoch nicht stets belanglos. Wird der Umweltbericht in wesentlichen Punkten geändert, so ist dies jedenfalls nicht selten ein Indiz dafür, dass auch der Planentwurf entsprechend anzupassen ist. Für die grenzüberschreitende Öffentlichkeits- und Behördenbeteiligung verweist § 4 a Abs. 5 BauGB 2004 auf die insoweit einschlägigen Vorschriften des Gesetzes über die Umweltverträglichkeitsprüfung.

6. Monitoring

Ein völlig neuartiges Instrument gibt § 4 c BauGB 2004 den Gemeinden an die **71** Hand.[103] Die nach dieser Bestimmung vorgeschriebene Überwachung ist zwar, wie aus der Nr. 3b der Anlage 1 zu § 2 Abs. 4 und § 2 a BauGB 2004/2007 zu ersehen ist, als Konzept bereits im Umweltbericht darzustellen, sie ist aber nicht mit einer Aktualisierung der im Rahmen der Planaufstellung notwendigen Umweltprüfung gleichzusetzen. Ihr Ziel ist es vor allem, prognostisch nicht vorhergesehene nachteilige Auswirkungen zu erkennen. § 4c BauGB 2004 gibt keine Auskunft darüber, in welcher Form und von wem ggf. Abhilfemaßnahmen zu ergreifen sind. Dies richtet sich vielmehr nach dem jeweiligen materiellen Recht (z. B. § 1 Abs. 3 Satz 1 BauGB; §§ 17, 22 und 24 BImSchG).[104]

Die **„Nachsorge"-Überlegungen** der Gemeinde sollen dieser durch eine Informa- **72** tionspflicht zuständiger Behörden erleichtert werden. Nach Abschluss des Verfahrens zur Aufstellung des Bauleitplans haben die Behörden die Gemeinde gemäß § 4 Abs. 3 BauGB zu unterrichten, sofern nach den ihnen vorliegenden Erkenntnissen die Durchführung des Bauleitplans erhebliche, insbesondere unvorhergesehene nachteilige Auswirkungen auf die Umwelt hat. § 4 Abs. 3 BauGB bedarf

---

102 Differenzierend indes Jörg Berkemann, in: ders./Günter Halama, Erstkommentierungen zum BauGB 2004, 1. Aufl. 2005, § 4 a Rn. 18 f.

103 Thomas Bunge, Anforderungen an ein Monitoring und Ansätze hierzu auf der Ebene der Raumordnung und der Bauleitplanung, in: Willy Spannowski/Tim Krämer (Hrsg.), BauGB-Novelle 2004. Aktuelle Entwicklungen des Planungs- und Umweltrechts, Köln u. a., 2004, S. 143 ff.; Wolfgang Köck, Fachgesetzliche Verpflichtungen für eine Umweltberichterstattung in Kommunen im Überblick, in: Arno Bunzel/Franciska Fröhlich/Stephan Tomerius (Hrsg.), Monitoring und Bauleitplanung – neue Herausforderungen für Kommunen bei der Überwachung von Umweltauswirkungen, Berlin, 2004 (Difu-Materialien 3/2004); Bernhard Stüer/Anke Sailer, Monitoring in der Bauleitplanung, in: BauR 2004, 1392–1401; Arno Bunzel/Franziska Fröhlich/Stephan Tomerius, Monitoring und Bauleitplanung – Neue Herausforderungen für Kommunen bei der Überwachung von Umweltauswirkungen, hrsg. vom Deutschen Institut für Urbanistik, Berlin 2004; Thomas Rautenberg, Monitoring im Baugesetzbuch, in: NVwZ 2005, 1009–1013.

104 Ernst-Hasso Ritter, Planungscontrolling: Konsequenz aus der Pflicht zur Strategischen Umweltprüfung, in: DÖV 2005, 929–935.

aus der Sicht des Art. 10 Plan-UP-RL einer gemeinschaftskonformen Anwendung. Das nationale Recht muss die Wirksamkeit des gemeinschaftsrechtlich gebotenen Monitoring gewährleisten („effet utile"). Zwar gibt Art. 10 Plan-UP-RL nicht vor, wer die Überwachung durchzuführen hat. Dies zu bestimmen ist der Mitgliedstaat frei. Wird die aus der Überwachung resultierende Handlungspflicht und die Informationsaufbereitung verschiedenen Trägern öffentlicher Gewalt übertragen, darf es im Informationsfluss zu Lasten der Entscheidungsfähigkeit des Handlungspflichtigen, hier also der Gemeinde, keine Limitierungen geben. Demgemäß haben die Behörden keine inhaltliche Vorprüfung vorzunehmen, sondern der Gemeinde alles mitzuteilen, was für die Effektivität des Monitoring mutmaßlich relevant ist.

7. Planerhaltungsrecht

73 (1) Das BauGB enthält Fehlerfolgenregelungen für den Fall, dass die rechtlich gebotene Umweltprüfung unterbleibt oder nicht ordnungsgemäß durchgeführt wird. Nach § 214 Abs. 1 Satz 1 Nr. 1 BauGB 2004 ist eine Verletzung von Verfahrensvorschriften beachtlich, wenn entgegen § 2 Abs. 3 BauGB 2004 die von der Planung berührten Belange im Wesentlichen, d. h. in für die Abwägung relevanten Punkten nicht zutreffend ermittelt oder bewertet worden sind und wenn der Mangel offensichtlich und auf das Ergebnis des Verfahrens von Einfluss gewesen ist. Diese Vorschrift ist auch auf Fehler anwendbar, die der Gemeinde im Rahmen der auf die Belange des Umweltschutzes zentrierten Umweltprüfung unterlaufen sind. Die insoweit maßgeblichen Verfahrensregelungen finden sich freilich nicht in § 2 Abs. 3 BauGB, sondern in § 2 Abs. 4 BauGB 2004. Die Umweltprüfung ist jedoch, wenn auch als eigenständiger Verfahrensabschnitt, voll in das Aufstellungsverfahren integriert.

74 Obwohl der Abwägungsvorgang durch die Umweltprüfung eine Struktur erhält, die in Bezug auf die Umweltbelange zu einer erhöhten Richtigkeitsgewähr beitragen soll, rechtfertigt nach der Rechtsprechung des BVerwG nicht jeder Ermittlungs- oder Bewertungsfehler auf diesem Felde für sich genommen bereits den Schluss, dass die Planungsentscheidung fehlerhaft ist und keine Rechtswirkungen erzeugen kann.[105] Auch wenn die Gemeinde umweltrechtliche Vorgaben außer Acht lässt, ist der Verstoß nur dann erheblich, wenn die konkrete Möglichkeit besteht, dass sie ohne den Fehler eine andere Planungsentscheidung getroffen hätte. Das BVerwG hat im Urteil vom 18. November 2004 allerdings mit Nachdruck darauf hingewiesen, dass sich die Möglichkeit eines anderen Abwägungsergebnisses bei Versäumnissen im Rahmen der Umweltprüfung nicht leichthin von der Hand weisen lässt.[106] Je größeres Gewicht den Belangen des Umweltschutzes im Interessengeflecht der Abwägung zukommt, desto eher ist davon auszugehen, dass sich methodische Unzulänglichkeiten bei der Ermittlung, Beschreibung und Be-

---

105 Vgl. BVerwG, Urteil vom 18.11. 2004 – 4 CN 11.03 – BVerwGE 122, 207 = DVBl. 2005, 386 = NVwZ 2005, 442 = UPR 2005, 193 = NuR 2005, 394 = ZUR 2005, 199 = ZfBR 2005, 270 = BauR 2005, 671.

106 BVerwG, Urteil vom 18.11.2004 – 4 CN 11.03 – BVerwGE 122, 207 = DVBl. 2005, 386 = NVwZ 2005, 442 = UPR 2005, 193 = NuR 2005, 394 = ZUR 2005, 199 = ZfBR 2005, 270 = BauR 2005, 671.

Halama

wertung im Sinne des § 2 Abs. 4 Satz 1 BauGB 2004 auf das Planungsergebnis ausgewirkt haben können.

(2) Das BVerwG geht seit dem Urteil vom 25. Januar 1996[107] davon aus, dass es **75** zulässig ist, Mängel, die einer durch das Gemeinschaftsrecht vorgeschriebenen Umweltprüfung anhaften, nur dann durchschlagen zu lassen, wenn sie sich für die getroffene Entscheidung als kausal erweisen[108]. Die im erwähnten Urteil vom 18. November 2004 ausgesprochene Mahnung, bei der Umweltprüfung größte Sorgfalt walten zu lassen, kann nicht ernst genug genommen werden.[109] Zwar sind dem Gemeinschaftsrecht Kausalitätserwägungen nicht fremd[110], doch sind an die Kausalitätsprüfung strenge Maßstäbe anzulegen. Eine abschließende Klärung durch den EuGH steht noch aus.[111]

(3) Zu den Kernelementen der Umweltprüfung gehört die **Öffentlichkeits- und die** **76** **Behördenbeteiligung.** Fehler, (z. B. das Fehlen einer grenzüberschreitenden Beteiligung) die der Gemeinde bei diesen Verfahrensschritten unterlaufen, sind grundsätzlich beachtlich. Eine Ausnahme macht § 214 Abs. 1 Satz 1 Nr. 2 Halbs. 2 BauGB 2004 für den Fall, dass einzelne Personen, Behörden oder sonstige Träger öffentlicher Belange nicht beteiligt worden sind. Gemeinschaftsrechtliche Bedenken, denen diese Regelung, isoliert betrachtet, begegnen könnte, räumt der Gesetzgeber dadurch aus, dass die Unbeachtlichkeitsfolge nur dann eintritt, wenn die Einzelbelange, die mangels Beteiligung nicht haben artikuliert werden können, unerheblich waren oder in der Entscheidung berücksichtigt worden sind.

(4) Besonderes Augenmerk schenkt der Gesetzgeber auch im Rahmen des Feh- **77** lerfolgenrechts dem Umweltbericht, der bei der Umweltprüfung ebenfalls eine zentrale Rolle spielt. Die Regel, wonach es rechtlich bedeutungslos ist, wenn die Begründung des Flächennutzungsplans oder der Satzung oder ihr Entwurf unvollständig ist, modifiziert er in § 214 Abs. 1 Satz 1 Nr. 3 BauGB 2004 in der Weise, dass eine Verletzung von Vorschriften in Bezug auf den Umweltbericht unabhängig von Kausalitätserwägungen beachtlich ist, es sei denn, die Begründung hierzu ist in unwesentlichen Punkten unvollständig. Erst recht erweist es sich als beachtlicher Mangel, wenn überhaupt kein Umweltbericht vorliegt. Der fehlerhafter **„unvollständige" Umweltbericht** ist gemäß § 214 Abs. 1 Satz 1 Nr. 3 Halbs. 3 BauGB ein beachtlicher Rechtsfehler, soweit die Unvollständigkeit einen „wesentlichen Punkt" betrifft. Aus dem Regelungszusammenhang darf man entnehmen, dass der Gesetzgeber hinsichtlich des Umweltberichtes einen strengeren Maß-

---

107 BVerwG, BVerwG, Urteil vom 25.1.1996 – 4 C 5.95 – BVerwGE 100, 238 = DVBl. 1996, 677 = NVwZ 1996, 788 = DÖV 1996, 604 = UPR 1996, 228 = NuR 1996, 466 = ZUR 1996, 255 = ZfBR 1996, 275 = BauR 1996, 511 = BRS 58 Nr. 7 (1996).

108 Vgl. hierzu im Einzelnen die Ausführungen zur UVP-RL.

109 BVerwG, Urteil vom 18.11. 2004 – 4 CN 11.03 – BVerwGE 122, 207 = DVBl. 2005, 386 = NVwZ 2005, 442 = UPR 2005, 193 = NuR 2005, 394 = ZUR 2005, 199 = ZfBR 2005, 270 = BauR 2005, 671.

110 Vgl. EuGH, Urteil vom 11.8.1995 – Rs. C-431/92 – EuGHE 1995 I-2211 = DVBl. 1996, 424 = NVwZ 1996, 369 = NuR 1996, 102 = EuZW 1995, 743 – Kommission vs. Deutschland – „Großkrotzenburg", mit Bespr. Martin Gellermann, Auflösung von Normwidersprüchen zwischen europäischem und nationalem Recht, in: DÖV 1996, 433–443.

111 Vgl. auch zurückhaltend Kay Waechter, Subjektive Rechte im Baugesetzbuch (EAG-Bau) aufgrund von Gemeinschafts- und Völkerrecht?, in: NordÖR 2006, 140–146.

stab für angezeigt ansieht.[112] Als „wesentlich" wird man grundsätzlich zum einen solche Defizite anzusehen haben, die umweltbezogen abwägungsrelevant sind. Denn der Umweltbericht dient gerade dazu, dass die Gemeinde das Ergebnis der im Umweltbericht getroffenen Feststellungen berücksichtigt (vgl. § 2 Abs. 4 S. 4 BauGB). Zum anderen ergibt das Fehlen der in Anlage 1 zu § 2 a BauGB vorgesehenen Mindestangaben des Umweltberichtes ein recht deutliches Indiz für eine Unvollständigkeit in einem „wesentlichen Punkt".

78 (5) Nach § 214 Abs. 2 a Nr. 3 BauGB in der Fassung des Gesetzes vom 21. Dezember 2006 ist ein beachtlicher Verfahrensfehler ferner dann gegeben, wenn die nach § 13 a Abs. 1 Satz 2 Nr. 2 BauGB 2007 gebotene Vorprüfung nicht ordnungsgemäß durchgeführt worden ist, es sei denn, der Mangel erschöpft sich darin, dass einzelne Behörden oder sonstige Träger öffentlicher Belange nicht beteiligt worden sind. Als ordnungsgemäß durchgeführt gilt die Vorprüfung dann, wenn die Vorgaben des § 13 a Abs. 1 S. 2 Nr. 2 BauGB 2007 beachtet worden sind und das Ergebnis nachvollziehbar ist. Das **Merkmal der Nachvollziehbarkeit** hat im Rahmen des Fehlerfolgenrechts Neuheitswert. Eine Parallelregelung findet sich in § 3 a S. 4 UVPG in der Fassung des Öffentlichkeitsbeteiligungsgesetzes vom 9. Dezember 2006. Danach ist die Feststellung, dass eine Umweltverträglichkeitsprüfung unterbleiben soll, in einem gerichtlichen Verfahren betreffend die Entscheidung über die Zulässigkeit des Vorhabens nur darauf zu überprüfen, ob die Vorprüfung entsprechend den Vorgaben von § 3 c UVPG durchgeführt worden ist und ob das Ergebnis nachvollziehbar ist.[113] Mit dieser Formulierung bringt der Gesetzgeber, wie in § 214 Abs. 2 a Nr. 3 BauGB 2007, zum Ausdruck, dass bei Durchführung der Vorprüfung ein Beurteilungsspielraum besteht, der gerichtlich nur eingeschränkt überprüfbar ist[114]. Eine ähnliche Struktur wie die Nr. 3 weist auch die Nr. 4 des § 214 Abs. 2 a BauGB 2007 auf. Danach ist die Prüfung der Frage, ob ein Ausschlussgrund im Sinne des § 13 a Abs. 1 Satz 4 BauGB 2007 vorliegt, als zutreffend anzusehen, wenn das Prüfungsergebnis „nachvollziehbar" ist.

79 (6) Auch Mängel, die im Sinne des § 214 Abs. 1 Satz 1 Nr. 1 bis 3 BauGB 2004 sowie des § 214 Abs. 2 a Nrn. 3 und 4 BauGB 2007 beachtlich sind, können nicht zeitlich unbegrenzt gerichtlich geltend gemacht werden. Sie können durch Zeitablauf im Sinne einer materiellen Präklusion unbeachtlich werden. Diese Rechtsfolge tritt nach § 215 Abs. 1 BauGB in der Fassung des Gesetzes vom 21. Dezember 2006 ein, wenn sie nicht innerhalb eines Jahres seit Bekanntmachung des Flächennutzungsplans oder der Satzung schriftlich gegenüber der Gemeinde gerügt worden sind. Ob diese zeitliche Beschränkung europarechtskonform ist, steht

---

112 Vgl. M. Uechtritz, Die Änderung im Bereich der Fehlerfolgen und der Planerhaltung nach §§ 214 ff. BauGB, in: ZfBR 2005, 11–20 [13]; H. Janning, Die Novelle zum BauGB aus der Sicht der Gemeinden, in: W. Spannowsky/T. Krämer, (Hrsg.), BauGB-Novelle 2004. Aktuelle Entwicklungen des Planungs- und Umweltrechts, 2004, S. 11–37 [15].

113 Alexander Schink, Die Vorprüfung in der Umweltverträglichkeitsprüfung nach § 3c UVPG, in: NVwZ 2004, 1182–1188.

114 Vgl. zu § 3 a S. 4 UVPG: BVerwG, Urteil vom 7.12.2006 – 4 C 16.04 – NVwZ 2007, 576 = UPR 2007, 187.

nicht außer Zweifel.[115] Gewiss ist, dass sie dem gemeinschaftsrechtlichen Äquivalenzprinzip entspricht. Dieses besagt, dass die Durchsetzung des Gemeinschaftsrechts unter denselben Voraussetzungen möglich sein muss, die gelten, wenn es um die Beachtung des innerstaatlichen Rechts geht.[116] Fraglich ist, ob auch das europarechtliche Effektivitätsprinzip gewahrt ist, das es verbietet, innerstaatlich so hohe Hürden aufzurichten, dass die Ausübung eines durch die Gemeinschaftsrechtsordnung eingeräumten Rechts hieran praktisch scheitert.[117]

Die im Vergleich mit dem früheren Rechtszustand sehr knapp bemessene Frist **80** des § 215 Abs. 1 BauGB 2007 erschwert die Durchsetzung des europäischen Umweltrechts zwar merklich, von einer Vereitelung oder einer vergleichbaren restriktiven Wirkung kann aber wohl keine Rede sein. Ein etwaiger Rechtsverlust tritt für den Betroffenen nicht unvorhersehbarer Weise ein. Nach § 215 Abs. 2 BauGB 2004 ist bei Inkraftsetzung des Flächennutzungsplans oder der Satzung auf die Voraussetzungen für die Geltendmachung der Verletzung von Vorschriften sowie auf die Rechtsfolgen hinzuweisen. Gleichwohl könnte sich hier auf Dauer zwischen dem Gemeinschaftsrecht, vor allem soweit dieses Fragen des Umweltschutzes betrifft, und dem deutschen Planerhaltungsrecht eine Konfliktlage anbahnen. Das Gemeinschaftsrecht versucht die Beachtung des inhaltlichen Gehalts umweltschutzbezogener Belange durch zunehmend verfeinerte Verfahrensmodalitäten zu sichern und zu fördern. Ausdruck dieser gemeinschaftsrechtlichen Bemühungen sind u. a. die UVP-RL 85/337/EWG, die Änderungs-RL 97/11/EG, die IVU-RL, die Richtlinie 96/61/EG über die integrierte Vermeidung und Verminderung der Umweltverschmutzung, die FFH-RL 92/43/EWG, Århus-Konvention 1998, die Plan-UP-RL 2001/42/EG und die Öffentlichkeits-RL 2003/35/EG. Dieser Zielsetzung darf der nationale Gesetzgeber nicht entgegentreten. Das nationale Recht des Mitgliedstaates darf eine Verletzung europäischen Rechts nicht sanktionslos lassen. Das darf auch nicht dadurch geschehen, dass beachtliche Fehler innerstaatlich zwar als relevant angesehen werden, zugleich ihr Geltendmachen aber in nicht

---

115 Martin Kment, Nationale Unbeachtlichkeits-, Heilungs- und Präklusionsvorschriften und Europäisches Recht, Münster 2005, ders. Zur Europarechtskonformität der neuen baurechtlichen Planerhaltungsregeln, in: AöR 130 (2005), S. 570–617; ders., Die Stellung nationaler Unbeachtlichkeits-, Heilungs- und Präklusionsvorschriften im europäischen Recht, in: EuR 2006, 201–235; deutlich restriktiv Thomas von Danwitz, Umweltrechtliche Präklusionsnormen zwischen Verwaltungseffizienz und Rechtsschutzgarantie, in: UPR 1996, 323–328; Ulrich Karpenstein, Praxis des EG-Rechts, 2006, S. 128.

116 EuGH, Urteil vom 15.5.1986 – Rs. 222/84 – EuGHE 1986, 1651 = DVBl. 1987, 227 – Johnston vs. Chief Constable of the Royal Ulster – „Johnston"; EuGH, Urteil vom 15.10.1987 – Rs. 222/86 – EuGHE 1987, 4097 – Union Nationale des Entraineurs et Cardes Techniques Professionels du Football (Unectef) vs. Georges Heylens u. a.; EuGH, Urteil vom 3.12.1992 – Rs. C-97/91 – EuGHE 1992 I-6313 – Oleificio Borelli SpA vs. Kommission.

117 EuGH, Urteil vom 14.12.1995 – Rs. C 312/93 – EuGHE 1995 I-4599 = DVBl. 1996, 249 = NVwZ 1997, 372 (L) = EuZW 1996, 636 = NuR 1997, 344 – Peterbroeck u. a. vs. Belgien; EuGH, Urteil vom 16.5. 2000 – Rs. C-78/98 – EuGHE 2000 I-3201 = NZA 2000, 889 – Shirley Preston u. a. vs. Wolverhampton Healthcare NHS Trust u. a. und Dorothy Fletcher u. a. gegen Midland Bank plc; EuGH, Urteil vom 14.9.2006 – Rs. C-244/05 – DVBl. 2006, 1439 = NVwZ 2007, 61 = EuZW 2007, 61 = BayVBl 2007, 138 = ZUR 2006, 539 = NuR 2006, 763 – Bund Naturschutz in Bayern e. V. und andere vs. Freistaat Bayern, mit Bespr. Alexander Brigola, in: BayVBl 2007, 139–141; Jens Hamer, in: EurUP 2006, 263–264; Peter Schäfer, in: EuZW 2007, 63–64; Dietmar Hönig, in: NuR 2007, 249–252; Steffen Kautz, in: NVwZ 2007, 666–669.

mehr zumutbarer Weise erschwert wird.[118] Der EuGH hat sich mit der gemeinschaftsrechtlichen Zulässigkeit innerstaatlicher Präklusionen bislang noch nicht grundsätzlich befasst. Immerhin hat der Gerichtshof wiederholt die Zulässigkeit einer prozessualen oder materiell-rechtlichen Ausschlussfrist als eine auch gemeinschaftsrechtlich relevante Frage angesehen und sie fallbezogen für unbedenklich gehalten[119] Aus gemeinschaftsrechtlicher Sicht ist grundsätzlich sicher zu stellen, dass rechtswidrige Entscheidungen wirksam überprüft werden können.[120]

8. Rechtsschutz

81 Eine Neuerung im Recht der Normenkontrolle bedeutet neben § 47 Abs. 2 Satz 1 VwGO, durch den die Antragsfrist im Gleichlauf mit § 215 Abs. 1 BauGB 2007 auf ein Jahr verkürzt wird, § 47 Abs. 2 a VwGO in der Fassung des Gesetzes vom 21. Dezember 2006. Danach ist der Antrag einer natürlichen oder juristischen Person, der einen Bebauungsplan oder eine Satzung nach § 34 Abs. 4 Satz 1 Nr. 2 und 3 oder § 35 Abs. 6 BauGB 2004 zum Gegenstand hat, unzulässig, wenn die den Antrag stellende Person nur Einwendungen geltend macht, die sie im Rahmen der öffentlichen Auslegung (§ 3 Abs. 2 BauGB 2004/2007) oder im Rahmen der Beteiligung der betroffenen Öffentlichkeit (§ 13 Abs. 2 Satz 2 Nr. 2 und § 13 a Abs. 2 Nr. 1 BauGB 2004/2007) nicht oder verspätet geltend gemacht hat, aber hätte geltend machen können.

82 Diese Rechtsfolge tritt allerdings nur dann ein, wenn auf sie im Rahmen der Beteiligung unzweideutig hingewiesen worden ist. Das Gemeinschaftsrecht schließt Präklusionsregelungen – wie erörtert – grundsätzlich nicht aus, auch wenn dem Betroffenen dadurch die Möglichkeit abgeschnitten wird, europarechtlich begründete Rechtspositionen geltend zu machen. Auch in diesem Punkt kommt es maßgeblich darauf an, dass die Durchsetzung des Gemeinschaftsrechts nicht an praktisch unüberwindbaren Hindernissen des innerstaatlichen Rechts zu scheitern

---

118 Martin Kment, Zur Europarechtskonformität der neuen baurechtlichen Planerhaltungsregeln, in: AöR 130 (2005), S. 570–617.

119 Vgl. eher beiläufig EuGH, Urteil vom 24.9.1998 – Rs. C – 76/97 – EuGHE 1998 I-4951 = NVwZ 1999, 169 = EuZW 1998, 719 = EuR 1998, 767 = EWS 1998, 458 – Walter Tögel vs. Niederösterreichische Gebietskrankenkasse (zur Richtlinie 92/50/EWG – Vergaberichtlinie); EuGH, Urteil vom 9.2.1999 – Rs. C-343/96 – EuGHE 1999 I-579 = NVwZ 1999, 633 = EuZW 1999, 313 – Dilexport Srl vs. Amministrazione delle Finanze dello State (zu nationale Verfahrensfristen); EuGH, Urteil vom 14.12.1995 – Rs. C-312/93 – EuGHE 1995 I-4599 = DVBl. 1996, 249 = EuZW 1996, 636 = NuR 1997, 344 – Peterbroeck, Van Campenhout & Cie SCS vs. Belgien, mit Bespr. Thomas Müller, Einfluß des Gemeinschaftsrechts auf innerstaatliche Verfahrensvorschriften, in: FR 1996, 630–631; EuGH, Urteil vom 27.2.2003 – Rs. C-327/00 – EuGHE 2003 I-1877 = NVwZ 2003, 709 = ZfBR 2003, 499 = EuZW 2003, 250 – Santex SpA vs. Unità Socio Sanitaria Locale n. 42 di Pavia (Vergaberecht); EuGH, Urteil vom 12.12.2002 – Rs. C-470/99 EuGHE 2002 I-11617 = NVwZ 2003, 844 = EuZW 2002, 147 = ZfBR 2003, 176 = EuZW 2003, 147 – Universale-Bau u. a. (Vergaberecht); vgl. allgemein Jörg Gundel, Keine Durchbrechung nationaler Verfahrensfristen zugunsten von Rechten aus nicht umgesetzten EG-Richtlinien, in: NVwZ 1998, 910–916.

120 Vgl. zum öffentlichen Vergaberecht etwa EuGH, Urteil vom 27.2.2003 – Rs. C 327/00 – EuGHE 2003 I-1877 [1928] Rn. = NVwZ 2003, 709 = EuZW 2003, 249 = ZfBR 2003, 499 – Santex SpA vs. Unità Socio Sanitaria Locale n. 42 di Pavia (zur Richtlinie 89/665/EWG – Vergaberecht).

droht[121]. Vor dem Hintergrund dieser Rechtsprechung ist § 47 Abs. 2 a VwGO 2007 unbedenklich. Die Vorschrift führt nicht zu einem materiellen Einwendungsausschluss. Sie lässt lediglich die Zulässigkeit eines Normenkontrollantrags entfallen. Durch § 3 Abs. 2 Satz 2 BauGB in der Fassung des Gesetzes vom 21. Dezember 2006 wird überdies sichergestellt, dass dem Betroffenen bei der Auslegung vor Augen geführt wird, welche Folgen es – auch für ein etwaiges späteres Normenkontrollverfahren – hat, wenn er von seinem Äußerungsrecht keinen Gebrauch macht. Fehlt ein entsprechender Hinweis, tritt auch die Rechtsfolge der prozessualen Präklusion nicht ein.

9. Rückwirkende Fehlerheilung

Aus europarechtlicher Sicht nicht ganz unproblematisch mag § 214 Abs. 4 BauGB **83** 2004 erscheinen, der es ermöglicht, einen Flächennutzungsplan oder eine Satzung rückwirkend in Kraft zu setzen. Diese Vorschrift hat indes keine Perpetuierung gemeinschaftsrechtswidriger Zustände zur Folge. Widerspricht ein Flächennutzungsplan oder eine Satzung Vorgaben des Gemeinschaftsrechts, so darf er erst rückwirkend in Kraft gesetzt werden, nachdem der Mangel behoben und das Verfahren von dem Schritt an, bei dem der Fehler unterlaufen ist, wiederholt und zu Ende geführt worden ist[122]. Aus dem Urteil des EuGH vom 7. Januar 2004 lassen sich weitergehende Anforderungen wohl nicht herleiten.[123]

III. Umsetzung der Plan-UP-RL im Raumordnungsrecht (ROG)

1. Umweltbezogene Zielsetzung in der Raumordnung

(1) Nach Art. 3 Abs. 2 Plan-UP-RL sind auch Pläne und Programme, die auf der **84** Ebene der Raumordnung aufgestellt werden, einer Umweltprüfung zu unterziehen. Der Zweck dieser Regelung ist es, auf einer möglichst frühen Planungsstufe anzusetzen, um der Gefahr vorzubeugen, dass Umweltbelange erst zu einem Zeitpunkt ins Blickfeld geraten, zu dem sich der Entscheidungsprozess zu Lasten dieser Belange so weit verfestigt hat, dass er nicht mehr oder nur sehr schwer umkehrbar ist.[124]

---

121 Vgl. EuGH, Urteil vom 14.12.1995 – Rs. C-312/93 – EuGHE 1995 I-4599 = DVBl. 1996, 249 = NVwZ 1997, 372 (L) = EuZW 1996, 636 = NuR 1997, 344 – Peterbroeck u. a. vs. Belgien; EuGH, Urteil vom 11.7.2002 – Rs. C-62/00 – EuGHE 2002 I-6325 = DVBl. 2002, 1364 (L) = HFR 2002, 943 – Marks & Spencer plc vs. Commissioners of Customs & Excise; EuGH, Urteil vom 27.2.2003 – Rs. C-327/00 – EuGHE 2003 I-1877 = NVwZ 2003, 709 – Santex SpA vs. Unità Socio Sanitaria Locale n. 42 di Pavia.

122 Vgl. BVerwG, Beschluss vom 6.8.1992 – 4 N 1.92 – NVwZ 1993, 471 = UPR 1993, 21 = ZfBR 1992, 292 = BauR 1993, 59 = BRS 54 Nr. 77; BVerwG, Beschluss vom 7.11.1997 – 4 NB 48.96 – DVBl. 1998, 331 = NVwZ 1998, 956 = UPR 1998, 114 = NuR 1998, 256 = ZfBR 1998, 96 = BauR 1998, 200 = BRS 59 Nr. 32 (1997).

123 EuGH, Urteil vom 7.1.2004 – Rs. C-201/02 – EuGHE 2004 I-723 [748] = DVBl. 2004, 370 = NVwZ 2004, 593 = NuR 2004, 517 = EWS 2004, 232 – Delena Wells vs. Secretary of State for Transport, Local Government and the Regions.

124 Vgl. bereits Wolfgang Hopp, Das Raumordnungsverfahren im Spiegel geänderter bundesrechtlicher Vorgaben, NuR 2000, 301–307; Willy Spannowsky, Rechts- und Verfahrensfragen einer „Plan-UVP" im deutschen Raumplanungssystem, in: UPR 2000, 201–210; zuvor bereits Jörg Wagner, Umweltverträglichkeitsprüfung in der Bauleitplanung und im Raumordnungsverfahren, in: DVBl. 1993, 583–

85 Der Verpflichtung, die Plan-UP-RL auch für den Bereich der Raumordnung umzusetzen, ist der Bundesgesetzgeber in Wahrnehmung seiner durch Art. 75 Abs. 1 Satz 1 Nr. 4 GG a. E. begründeten Gesetzgebungskompetenz parallel zur Anpassung des BauGB durch Erlass des Gesetzes vom 24. Juni 2004 zur Anpassung des Baugesetzbuchs an EU-Richtlinien fristgemäß nachgekommen. Dabei hat er sich, ebenso wie im BauGB, für ein Modell entschieden, dessen Anforderungen weiter reichen als die Plan-UP-RL gebietet.

86 (2) Während Art. 3 Abs. 2 Plan-UP-RL eine Umweltprüfung nur für Pläne und Programme vorschreibt, die als Rahmen für die künftige Genehmigung der in den Anhängen I und II der UVP-RL aufgeführten Projekte dienen oder die eine Verträglichkeitsprüfung im Sinne der Art. 6 und 7 FFH-Richtlinie erfordern, sieht der Bundesgesetzgeber in § 7 Abs. 5 Satz 1 ROG 2004 eine **obligatorische Umweltprüfung** bei der Aufstellung oder der Änderung der in den §§ 8 und 9 ROG bezeichneten Raumordnungspläne als Regelverfahren vor.[125] Eine Ausnahme lässt er nach § 7 Abs. 5 Satz 5 ROG 2004 lediglich bei geringfügigen Änderungen zu, bei denen es einer Umweltprüfung nur bedarf, wenn eine Vorprüfung ergibt, dass sie voraussichtlich erhebliche Umweltauswirkungen haben werden. Welche Gesichtspunkte hierbei zu beachten sind, regelt der Gesetzgeber, anders als bei der Umweltverträglichkeitsprüfung, bei der er dazu in den §§ 3 a bis 3 f UVPG ins Einzelne gehende Bestimmungen trifft, im Raumordnungsgesetz nicht. Vielmehr verweist er insoweit pauschal auf den Anhang II der Plan-UP-RL, der hierfür einen Kriterienkatalog enthält. Diese Regelungstechnik steht im Einklang mit den Erfordernissen der Plan-UP-RL. Denn nach Art. 3 Abs. 3 Plan-UP-RL bedürfen geringfügige Änderungen der an sich nach Art. 3 Abs. 2 Plan-UP-RL UP-pflichtigen Pläne und Programme nur dann einer Umweltprüfung, wenn eine Vorprüfung im Sinne des Art. 3 Abs. 5 Plan-UP-RL an Hand der im Anhang II genannten Kriterien ergibt, dass erhebliche Umweltauswirkungen zu erwarten sind.

2. Durchführung der Umweltprüfung im Raumordnungsrecht

2.1 Ermittlung und Bewertung der Umweltbelange

87 (1) Durch die Einführung der Umweltprüfung wird das Raumordnungsrecht um verschiedene neue Elemente angereichert.[126] Wie aus § 1 Abs. 1 ROG zu ersehen ist, handelt es sich bei der Raumordnung um eine der gemeindlichen Planung

---

589; Jochen Hofmann-Hoeppel, Einordnung der Umweltverträglichkeitsprüfung in das Raumordnungs- und Zulassungsverfahren, in: ZUR 1993, 22–27; Rudolf Steinberg, Die gestufte Umweltverträglichkeitsprüfung im Raumordnungsverfahren, in: NuR 1992, 164–17; ders., Rechtsfragen der raumordnerischen Umweltverträglichkeitsprüfung, in: DÖV 1992, 321–330.

125 Vgl. Wilfried Erbguth, Auswirkungen des Umweltrechts auf eine nachhaltige Regionalentwicklung, in: NuR 2005, 211–215; Martin Kment, Das geänderte Raumordnungsgesetz nach Erlass des Europarechtsanpassungsgesetzes Bau, in: NVwZ 2005, 886–890; Robert Schreiber, Die Umsetzung der Plan-UP-Richtlinie im Raumordnungsrecht – eine Zwischenbilanz, in: UPR 2004, 50–55.

126 Vgl. Dennis Graf, Die Umsetzung der Plan-UP-Richtlinie im Raumordnungsrecht des Bundes und der Länder, Baden-Baden 2006; Michael Uechtritz, Die Umweltprüfung in der Raumordnung – zur Umsetzung der Plan-UP-Richtlinie, ZUR 2006, 9–14; Christiane Uebbing, Umweltprüfung bei Raumordnungsplänen. Eine Untersuchung zur Umsetzung der Plan-UP-Richtlinie in das Raumordnungsrecht. Münster 2004.

Halama

übergeordnete gesamträumliche Planung, die, wie jede sonstige Planung, nach § 7 Abs. 7 ROG dem Abwägungsgebot unterliegt, aus dem sich, je nach der konkreten Planungssituation, ableiten lässt, dass auch Umweltbelange zum Abwägungsmaterial gehören können. Dies wird durch die Plan-UP-RL nicht lediglich bestätigt. Durch die Umweltprüfung wird der raumplanerische Abwägungsvorgang vielmehr in einer Weise strukturiert, die ihm bisher fremd war.

Die Umweltbelange sind ausweislich des § 7 Abs. 5 Satz 2 ROG in einem selbst- **88** ständigen Zwischenschritt frühzeitig ökologieintern zu ermitteln, zu beschreiben und zu bewerten, bevor sie mit den übrigen abwägungsrelevanten Belangen in ein Verhältnis gesetzt werden. In die planerische Abwägung sind sie überdies nicht jeweils für sich genommen als isolierte Posten, sondern in gebündelter Form einzustellen. Dies folgt aus dem für das Gemeinschaftsrecht charakteristischen integrativen Ansatz, der im Anhang I f der Plan-UP-RL seinen Niederschlag findet. § 7 Abs. 7 Satz 2 ROG bringt dies dadurch zum Ausdruck, dass nicht die einzelnen Umweltbelange als solche, sondern das im Umweltbericht zusammengefasste Ergebnis der Umweltprüfung in der Abwägung zu berücksichtigen ist. Diese durch die Plan-UP-RL vorgegebene Methodik läuft nicht auf eine materiell-rechtliche Aufwertung der Umweltbelange hinaus. Wie aus der 9. Begründungserwägung erhellt, betrifft die Richtlinie lediglich „den Verfahrensaspekt". Sie liefert in keinem Falle einen Maßstab dafür, welcher Rang dem Umweltschutz im Rahmen der Planungsentscheidung zukommt. Eine Verstärkung erfahren die Umweltbelange allenfalls mittelbar insofern, als die Umweltprüfung einer atomistischen Betrachtungsweise vorbeugt und gewährleistet, dass diese Belange in der Abwägung mit dem Gewicht zur Geltung kommen, das ihnen bei einer Gesamtschau gebührt.

2.2 Umweltbericht – Öffentlichkeits- und Behördenbeteiligung

(1) Das zentrale Dokument der Umweltprüfung ist der **Umweltbericht**, in dem nicht **89** nur die Umweltauswirkungen, die der Raumordnungsplan, also zumeist der Regionalplan, erwarten lässt, zu beschreiben und zu bewerten sind, sondern in Übereinstimmung mit den Anforderungen des Art. 5 Abs. 1 Plan-UP-RL auch die Planungsalternativen darzustellen sind, die vernünftigerweise in Betracht kamen. Der Umweltbericht dient nach der Konzeption des Raumordnungsgesetzes 2004 nicht zwangsläufig bloß als Eingangsdokument, das zu Beginn des Planungsprozesses zu erstellen ist. Der Bundesgesetzgeber eröffnet die Möglichkeit, in diesem Punkt über die gemeinschaftsrechtlichen Anforderungen hinauszugehen.

Das Leitbild der Plan-UP-RL ist es, dass im Laufe des Verfahrens gewonnene zu- **90** sätzliche Erkenntnisse zwar bei der abschließenden Planungsentscheidung zu berücksichtigen sind, aber nicht in den Umweltbericht eingehen müssen. Der Umweltbericht wird in aller Regel anhand der Kriterien des Anhangs I der Richtlinie 2001/42/EG zu erstellen sein (so ausdrücklich § 15 LPIG NRW). Es können dazu alle verfügbaren relevanten Informationen über die Umweltauswirkungen des Plans herangezogen werden, die auf anderen Ebenen des Entscheidungsprozesses oder auf Grund anderer Vorschriften gesammelt wurden. Der Untersuchungsumfang der Umweltprüfung und der Detaillierungsgrad des Umweltberichts sind vor seiner Erarbeitung festzulegen.

91 Nach § 7 Abs. 8 Satz 2 ROG hat die Begründung, die dem Raumordnungsplan nach § 7 Abs. 8 Satz 1 ROG beizufügen ist, Angaben darüber zu enthalten, wie Umwelterwägungen, der Umweltbericht sowie die abgegebenen Stellungnahmen im Plan berücksichtigt wurden. Dazu stellt § 7 Abs. 5 Satz 3 ROG klar, dass der Umweltbericht als gesonderter Teil in die nach § 7 Abs. 8 ROG obligatorische Begründung aufgenommen werden kann. Der Bundesgesetzgeber sieht im Raumordnungsrecht davon ab, neben diesem umweltbezogenen Begründungsabschnitt nach dem Muster der §§ 6 Abs. 5 Satz 2 und 10 Abs. 4 BauGB 2004 noch eine zusammenfassende Erklärung zu verlangen. Verzichten die Länder, in denen der Umweltbericht als Begründungselement fungiert, in ihren Landesplanungsgesetzen auf eine solche Erklärung, so verhalten sie sich richtlinienkonform. Der Umweltbericht kann daher auch Teil der Begründung des Raumordnungsplans sein. Ergibt sich bereits aus dem nach § 7 Abs. 5 Satz 3 ROG 2004 in die Begründung integrierten oder in einem eigenständigen Dokument abgefassten Umweltbericht, wie die Umweltbelange und die Ergebnisse der Öffentlichkeits- und der Behördenbeteiligung berücksichtigt wurden, und aus welchen Gründen der Plan nach Abwägung mit den geprüften, in Betracht kommenden anderweitigen Planungsmöglichkeiten gewählt wurde, so erübrigt sich eine zusätzliche zusammenfassende Erklärung.[127] In diesem Falle erfüllt der Umweltbericht die Begründungsfunktion, die Art. 9 Abs. 1 d Plan-UP-RL der zusammenfassenden Erklärung zuschreibt. Auf die äußere Bezeichnung kommt es nicht an.

92 (2) Zu den Kennzeichen des gemeinschaftsrechtlichen Umweltschutzrechts gehört es, bei umweltrelevanten Entscheidungen verstärkt externen Sachverstand einzubeziehen und die **Öffentlichkeit** zu mobilisieren.[128] Die Art. 6 und 7 Plan-UP-RL folgen dieser Linie. Die in dieser Bestimmung niedergelegten Beteiligungsregelungen lösen im Raumordnungsrecht erheblichen Anpassungsbedarf aus. Nach § 7 Abs. 5 des Raumordnungsgesetzes in der Fassung vom 18. August 1997 (BGBl. I S. 2102) waren bei der Aufstellung von Zielen der Raumordnung die öffentlichen Stellen und der enge Kreis der Personen des Privatrechts zu beteiligen, für die eine Beachtenspflicht begründet wurde. Ansonsten stellte es der rahmenrechtliche § 7 Abs. 6 ROG 1998 den Ländern frei, die Öffentlichkeit bei der Aufstellung von Raumordnungsplänen einzubeziehen oder zu beteiligen.

93 Das neue Recht erweitert die Beteiligungsmöglichkeiten bzw. -pflichten beträchtlich. Nach § 7 Abs. 6 Satz 1 ROG 2004 ist vorzusehen, dass den öffentlichen Stellen und der Öffentlichkeit frühzeitig und effektiv Gelegenheit zur Stellungnahme zum Entwurf des Raumordnungsplans und seiner Begründung sowie zum Umweltbericht zu geben ist. Die Einzelheiten zu regeln, bleibt den Ländern unverändert überlassen. Ihnen steht es frei, ob sie sich an das ausgefeilte Modell anleh-

---

127 Michael Uechtritz, Die Umweltprüfung in der Raumordnung – zur Umsetzung der Plan-UP-Richtlinie, ZUR 2006, 9–14; Willy Spannowsky, Plan-UP-Richtlinie. Konsequenzen für Raumordnung und Stadtentwicklung. Köln 2004.

128 Susan Grotefels/Christiane Uebbing, Öffentlichkeitsbeteiligung in der Raumordnung – Anforderungen der Richtlinie über die Prüfung der Umweltauswirkungen bestimmter Pläne und Programme vom 27–6–2001 (Plan-UP-RL) an die Aufstellung von Raumordnungsplänen, in: NuR 2003, 460–468; Jan Ziekow, Perspektiven von Öffentlichkeitsbeteiligung und Verbandsbeteiligung in der Raumordnung, in: NuR 2002, 701–708.

Halama

nen, das der Bundesgesetzgeber in den §§ 3 bis 4 a BauGB 2004 verwirklicht hat, oder sich mit einfacheren Beteiligungsformen begnügen. Nach Art. 6 Abs. 1 und 2 Plan-UP-RL muss lediglich gewährleistet sein, dass die in ihrem Aufgabenbereich betroffenen Behörden und die Öffentlichkeit von dem Planentwurf und dem Umweltbericht Kenntnis erlangen und innerhalb ausreichend bemessener Fristen frühzeitig und effektiv Gelegenheit zur Stellungnahme erhalten. Um diesem Erfordernis zu genügen, bedarf es aus gemeinschaftsrechtlicher Sicht weder zwingend eines zweistufigen Beteiligungsverfahrens nach dem Muster der §§ 3 und 4 BauGB 2004 noch einer erneuten Auslegung unter den in § 4 a Abs. 3 BauGB genannten Voraussetzungen. Nach Art. 9 Abs. 1 b Plan-UP-RL genügt es, wenn der Planungsträger bei der Bekanntgabe der Entscheidung darlegt, wie er die zum Planentwurf und zum Umweltbericht eingegangenen Stellungnahmen berücksichtigt hat. Auf einem anderen Blatt steht, ob sich aus der Verfassung weitergehende Anforderungen ableiten lassen.

2.3 Monitoring

Mit dem sog. Monitoring, das dem Gemeinschaftsrecht auch in anderen Zusammenhängen geläufig ist (vgl. Art. 11 FFH-RL), hält ein völlig neuartiges Instrument auch Einzug ins Raumordnungsrecht.[129] Schon im umweltbezogenen Teil der dem Raumordnungsplan beizufügenden Begründung hat der Planungsträger nach § 7 Abs. 8 Satz 3 ROG ein Überwachungskonzept vorzulegen. **94**

Nach § 7 Abs. 10 ROG 2004 obliegt es den Ländern, das **Überwachungsregime** näher auszugestalten. Dazu gehört die Bestimmung, wer überwachungspflichtig ist. Auch wenn es in Parallele zu § 4 c BauGB nahe liegen mag, die Überwachungspflicht dem Planungsträger aufzuerlegen, schließt die Plan-UP-RL andere Zuständigkeitsregelungen nicht aus. Dem Überwachungspflichtigen bleibt es unbenommen, auf die Erkenntnisse zurückzugreifen, die andere Behörden, etwa im Bereich des Immissionsschutz-, des Bodenschutz- und des Wasserrechts im Rahmen ihrer Überwachungstätigkeit gewonnen haben. Das Monitoring ist nicht mit einer Aktualisierung der Umweltprüfung über den Abschluss des Planungsverfahrens hinaus gleichzusetzen. Ihr Zweck ist es, zu überprüfen, ob die Annahmen, die der Planungsentscheidung zugrunde gelegt worden sind, durch die nachträgliche Entwicklung bestätigt oder widerlegt werden. Der Planungsträger kann die Informationen, die er auf diese Weise sammelt, nutzen, um ggf., auch ohne hierzu rechtlich verpflichtet zu sein, geeignete Abhilfemaßnahmen, etwa in Gestalt einer Umplanung, zu ergreifen. **95**

3. Vermeidung von Mehrfachprüfung

Da die Ebene der Raumordnung der Vorhabenzulassung in einem mehrstufigen System weit vorgelagert ist, stellt sich bei der Umweltprüfung verstärkt die Frage **96**

---

129 Jana Bovet/Marie Hanusch, Monitoring in der Raumordnungsplanung – Die Überwachung der erheblichen Auswirkungen der Durchführung von Regionalplänen auf die Umwelt, in: DVBl. 2006, 1345–1356.

nach der in Art. 4 Abs. 3 Plan-UP-RL angesprochenen Vermeidung von Mehrfachprüfungen.

97 Der Bundesgesetzgeber trägt diesem Problem durch ein ebenenspezifisches **Abschichtungsmodell** Rechnung. Nach § 7 Abs. 5 Satz 8 ROG 2004 kann bei Regionalplänen die Umweltprüfung auf zusätzliche oder andere erhebliche Umweltauswirkungen beschränkt werden, wenn der Raumordnungsplan für das Landesgebiet, aus dem die Regionalpläne entwickelt werden, bereits eine Umweltprüfung im Sinne der Richtlinie 2001/42 EG enthält. Nach § 2 Abs. 4 Satz 5 BauGB 2004 soll dann, wenn eine Umweltprüfung für das Plangebiet oder für Teile davon in einem Raumordnungs-, Flächennutzungs- oder Bebauungsplanverfahren durchgeführt wird, die Umweltprüfung in einem zeitlich nachfolgend oder gleichzeitig durchgeführten Bauleitplanverfahren auf zusätzliche oder andere erhebliche Umweltauswirkungen beschränkt werden. Bei Regionalplänen kann die Umweltprüfung daher auf zusätzliche oder andere erhebliche Umweltauswirkungen beschränkt werden, wenn der Raumordnungsplan für das Landesgebiet, aus dem der Regionalplan zu entwickeln ist, bereits eine Umweltprüfung im Sinne der Richtlinie 2001/42/EG enthält (vgl. Art. 12 Abs. 2 BayLplG).

98 § 17 Abs. 3 UVPG schließlich bestimmt, dass in den Fällen, in denen die Umweltverträglichkeitsprüfung in einem Aufstellungsverfahren für einen Bebauungsplan und in einem nachfolgenden Zulassungsverfahren durchgeführt wird, die Umweltverträglichkeitsprüfung im nachfolgenden Zulassungsverfahren auf zusätzliche oder andere erhebliche Umweltauswirkungen des Vorhabens beschränkt werden soll. Das Mittel der Abschichtung versagt, auf welcher Stufe auch immer, freilich stets dann, wenn zwischen den einzelnen Verfahren lange Zeit verstrichen ist oder sich die für die Umweltprüfung maßgeblichen Verhältnisse geändert haben.

4. Zielabweichungsverfahren

99 § 11 ROG schweigt zu der Frage, ob auch im Zielabweichungsverfahren eine Umweltprüfung durchzuführen ist. Die Landesgesetze enthalten sich hierzu ebenfalls jeglicher Aussage. Ein gemeinschaftsrechtlicher Bezug lässt sich indes nicht in allen Fällen von vornherein ausschließen.

100 Die Zulassung einer Zielabweichung stellt zwar keine Planänderung im rechtstechnischen Sinne dar, sie läuft aber insofern auf ein ähnliches Ergebnis hinaus, als im Einzelfall von einer an sich verbindlichen Zielfestlegung suspendiert wird. Nach § 11 Satz 1 ROG ist die Abweichung u. a. an die Voraussetzung geknüpft, dass sie unter raumordnerischen Gesichtspunkten vertretbar ist. Das Tatbestandsmerkmal der Vertretbarkeit wird in der Rechtsprechung zum Städtebaurecht (z. B. § 31 Abs. 2 BauGB) so verstanden, dass eine Plandurchbrechung keinen Bedenken begegnet, wenn die betreffende Regelung zulässiger Gegenstand einer Planänderung sein könnte[130]. Dies lässt sich auf den Bereich der Raumordnung übertragen.

---

130 Vgl. BVerwG, Urteil vom 17.12.1998 – 4 C 16.97 – BVerwGE 108, 190 = DVBl. 1999, 782 = NVwZ 1999, 981 = DÖV 1999, 559 = NordÖR 1999, 351 = ZfBR 1999, 160 = BauR 1999, 603 = BRS 60 Nr. 71 (1998), vgl. dazu auch Hans-Joachim Koch, Rechtsfortbildung im hamburgischen Bauplanungsrecht – Rechtlicher Wandel durch richterliche Innovation –, in: NordÖR 1999, 343–347.

Auskunft darüber, wann ein Raumordnungsplan ohne Umweltprüfung geändert   **101** werden kann, gibt zunächst § 7 Abs. 5 Satz 5 ROG 2004. Danach bedürfen geringfügige Änderungen keiner Umweltprüfung, wenn im Rahmen einer Vorprüfung an Hand der im Anhang II zur Plan-UP-RL genannten Kriterien festgestellt wird, dass mit erheblichen Umweltauswirkungen voraussichtlich nicht zu rechnen sein wird. Endet die Vorprüfung, die unter Beteiligung der in § 7 Abs. 5 Satz 6 ROG 2004 genannten öffentlichen Stellen durchzuführen ist, mit dem gegenteiligen Ergebnis, so ist eine Umweltprüfung unabdingbar. Daraus ergeben sich für das Zielabweichungsverfahren folgende Konsequenzen: Die Zielabweichung kann wegen ihres Einzelfallcharakters bei gleichzeitiger Wahrung der Grundzüge der Planung einer geringfügigen Planänderung gleichgestellt werden. Werden an sie die insoweit einschlägigen Maßstäbe angelegt, so darf sie vor dem Hintergrund des § 7 Abs. 5 Satz 5 ROG 2004 nicht ohne vorgängige Vorprüfung gewährt werden. Zeichnen sich auf der Grundlage dieser Vorprüfung erhebliche Umweltauswirkungen ab, die im Rahmen einer Umweltprüfung gewürdigt werden müssen, scheidet das Mittel der Zielabweichung aus. Vielmehr bedarf es der Durchführung eines Planänderungsverfahrens. Sind nach dem Ergebnis der Vorprüfung keine negativen Umweltauswirkungen zu besorgen, kommt eine Zielabweichung in Betracht. Die insoweit maßgeblichen Erwägungen sind in entsprechender Anwendung des § 7 Abs. 5 Satz 6 ROG 2004 in die Entscheidung aufzunehmen.

5. Planerhaltungsrecht

Für den Fall, dass dem Planungsträger bei der Anwendung der Vorschriften über   **102** die Umweltprüfung Fehler unterlaufen sind, richtet der Bundesgesetzgeber in § 10 ROG 2004 ein der Konkretisierung auf Landesebene zugängliches **Fehlerfolgenregime** auf.[131] Gemeinschaftsrechtliche Vorgaben in der Plan-UP-RL bestehen hierzu nicht.

5.1 Beachtliche Rechtsfehler

(1) Mängel, die die Umweltprüfung betreffen, schlagen auf den Abwägungsvor-   **103** gang durch. Das bedeutet aber nicht, dass dadurch die Rechtmäßigkeit der Abwägungsentscheidung zwangsläufig in Frage gestellt wird. Die Länder können die Beachtlichkeit von Abwägungsmängeln, die weder offensichtlich noch auf das Abwägungsergebnis von Einfluss gewesen sind, ausschließen. Machen sie von dieser Möglichkeit Gebrauch, so gewährleisten sie einen Gleichlauf mit der Regelung, die der Bundesgesetzgeber in § 214 Abs. 1 Satz 1 Nr. 1 BauGB 2004 für den Bereich des Bauplanungsrechts getroffen hat. Nach § 10 Abs. 2 Nr. 1 ROG 2004 kann auch die Beachtlichkeit einer Verletzung von Verfahrens- und Formvorschriften ausgeschlossen werden. Dazu zählt nicht zuletzt die Unvollständigkeit der Begründung des Raumordnungsplans. Ist indes die die Umweltprüfung betreffende Begründung nach § 7 Abs. 8 Satz 2 und 3 ROG unvollständig, so gilt diese

---

131 Christian Wiggers, Planerhaltung im Recht der Raumordnung. Zur Auslegung und Umsetzung von § 10 ROG (2003); Martin Kment, Die raumordnungsrechtliche Planerhaltung im Lichte des europäischen Rechts – Eine Untersuchung des § 10 ROG, in: DÖV 2006, 462–469.

Regel nicht, sofern abwägungserhebliche Belange fehlen. In diesem Fall kommt es nicht darauf an, ob der Begründungsmangel offensichtlich und das Planungsergebnis zu beeinflussen geeignet ist. Mit der Unbeachtlichkeitsklausel des § 10 Abs. 2 Nr. 1 ROG 2004 weicht der Bundesgesetzgeber – jedenfalls verbal – von der in § 214 Abs. 1 Satz 1 Nr. 3 BauGB 2004 für das Städtebaurecht getroffenen Regelung ab.[132] Danach ist eine Verletzung von Vorschriften in Bezug auf den Umweltbericht nur unbeachtlich, wenn die Begründung hierzu in unwesentlichen Punkten unvollständig ist. Auf die Abwägungserheblichkeit der übergangenen Punkte hebt § 214 Abs. 1 Satz 1 Nr. 3 BauGB 2004 nicht ab.

104 (2) Im praktischen Ergebnis dürften sich die beiden Regelungen allerdings – selbst wenn die Unwesentlichkeit im Sinne des § 214 Abs. 1 Satz 1 Nr. 3 BauGB 2004 sich begrifflich nicht ohnehin mit der fehlenden Abwägungserheblichkeit im Sinne des § 10 Abs. 2 Nr. 1 ROG 2004 decken sollte – nicht merklich voneinander unterscheiden. Da die Umweltprüfung Belange zum Gegenstand hat, deren potenzielle Abwägungsrelevanz auf der Hand liegt, kommen Begründungsdefizite bei ihrer Durchführung häufig einer Fehlanzeige im Sinne des § 10 Abs. 2 Nr. 1 ROG 2004 gleich. Während § 214 Abs. 4 BauGB 2004 es auch bei Missachtung gemeinschaftsrechtlicher Vorgaben in nicht ganz unbedenklicher Weise allgemein zulässt, den Flächennutzungsplan oder die Satzung durch ein ergänzendes Verfahren zur Behebung von Fehlern rückwirkend in Kraft zu setzen, geht der Gesetzgeber in § 10 Abs. 3 ROG 2004 davon aus, dass ein ergänzendes Verfahren nur zur Behebung von Abwägungsmängeln im Sinne des § 10 Abs. 2 Nr. 2 ROG 2004 in Betracht kommt, nicht aber zur Heilung von Begründungsmängeln genutzt werden kann, die dem die Umweltprüfung betreffenden Teil anhaften.

5.2 Materielle Präklusion

105 Das Raumordnungsgesetz äußert sich nicht zu Fragen der Präklusion, soweit ein inhaltlicher Mangel geltend gemacht werden soll. Eine dem § 215 Abs. 1 BauGB 2004 nachgebildete Vorschrift fehlt. Dagegen finden sich, wie z. B. in § 23 des nordrhein-westfälischen Landesplanungsgesetzes vom 3. Mai 2005[133] und in § 8 des sächsischen Landesplanungsgesetzes in der Fassung vom 14. Dezember 2001[134], im Landesrecht Bestimmungen, aus denen hervorgeht, dass eine Verletzung von Verfahrens- und Formvorschriften unbeachtlich ist, wenn sie nicht innerhalb einer bestimmten Frist – überwiegend ist von einem Jahr die Rede – geltend gemacht wird. Diese Regelungen geben, gemessen an § 6 ROG, keinen Anlass zu Beanstandungen, da sie den §§ 7 bis 16 ROG 2004 nicht widersprechen. Auch aus gemeinschaftsrechtlicher Sicht dürften sie unbedenklich sein, da durch sie keine unzumutbaren Hürden aufgerichtet werden. Nachteilig Betroffene werden in

---

132 Nach Ansicht des OVG Berlin-Brandenburg, Urteil vom 10.2.2005 – 3 D 104/03.NE – LKV 2005, 306 (mit Bespr. Daniela Schuster, NuR 2005, 697–698) ist diese sprachliche Divergenz beachtlich. Danach lässt § 10 Abs. 2 Nr. 2 ROG keine andere Auslegung zu, als dass nur das kumulative Vorliegen der Merkmale nicht offensichtlich und auf das Abwägungsergebnis nicht von Einfluss gewesen zur Annahme der Unbeachtlichkeit von Abwägungsfehlern führen kann.

133 GVBl. NRW S. 430.

134 GVBl. S. 716.

Halama

ihren Verteidigungsmöglichkeiten nicht unvorhergesehener Weise beschnitten. Denn in der Bekanntmachung des Plans ist auf die Voraussetzungen für die Geltendmachung von Rechtsverstößen und auf die Rechtsfolgen hinzuweisen (vgl. etwa § 23 Satz 3 LPlG NRW, § 8 Abs. 4 LPlG SA).

6. Umsetzung im Landesrecht

(1) Nach § 22 Satz 2 ROG 2004 haben die Länder die Anpassungsverpflichtung, **106** die sich für sie aus § 7 Abs. 5 bis 10 ROG 2004 ergibt, bis zum 31. Dezember 2006 zu erfüllen. Erst durch das Zusammenspiel von Bundes- und Landesrecht kann der deutsche Staat der gemeinschaftsrechtlich begründeten Umsetzungspflicht vollständig nachkommen. Als das Raumordnungsgesetz in der durch das Gesetz vom 24. Juni 2004 geänderten Fassung in Kraft trat, war die dreijährige Umsetzungspflicht des Art. 13 Plan-UP-RL bereits praktisch abgelaufen. Zu diesem Zeitpunkt stand fest, dass die nach innerstaatlichem Recht notwendigen Landesregelungen nicht fristgemäß erlassen werden konnten. Um dem Gemeinschaftsrecht dennoch Genüge zu tun, bestimmte der Bundesgesetzgeber in § 22 Satz 3 ROG 2004, dass § 7 Abs. 5 bis 10 ROG 2004 und § 10 Abs. 2 Nr. 1 ROG 2004 bis zu einer Umsetzung der Plan-UP-RL durch die Länder unmittelbar anzuwenden ist.

(2) Bis zum 31. Dezember 2006 waren bei weitem nicht in allen Ländern die Lan- **107** desplanungsgesetze angepasst worden. Nur in Bayern, Brandenburg, Mecklenburg-Vorpommern, Nordrhein-Westfalen, Rheinland-Pfalz und Sachsen-Anhalt war der Gesetzgeber rechtzeitig tätig geworden.[135] Diese Länder haben die Umweltprüfung unter Einschluss des Umweltberichts in enger Anlehnung an die Mindesterfordernisse des § 7 Abs. 5 ROG 2004 geregelt.[136] Der Umweltbericht hat in der Mehrzahl dieser Länder die Funktion eines Eingangsdokuments, das einen gesonderten Bestandteil der Begründung des Planentwurfs bildet und bei der Planungsentscheidung neben dem Ergebnis der Behörden- und der Öffentlichkeitsbeteiligung zu berücksichtigen ist. Dagegen dient bei der Bekanntmachung des Raumordnungsplans eine zusammenfassende Erklärung, die die von Art. 6 Abs. 1 c Plan-UP-RL geforderten Angaben enthält, als Begründungselement. Sachsen-Anhalt weicht von dieser Linie ab. Nach § 3 a des Landesplanungsgesetzes ist der Umweltbericht fortzuschreiben und als gesonderter Bestandteil in die Begründung aufzunehmen, die dem Raumordnungsplan beizufügen ist.

---

135 Susan Grotefels, Umweltprüfung bei Raumordnungsplänen nach dem neuen Landesplanungsgesetz NRW, in: NWVBl 2007, 41–48.

136 Vgl. Art. 12 und 13 des bayerischen Landesplanungsgesetzes vom 27.12.2004 – GVBl. S. 521; §§ 2 a und 2 b des brandenburgischen Gesetzes zur Regionalplanung und zur Braunkohlen- und Sanierungsplanung i. d. F. vom 12.12.2002 – GVBl. I 2003 S. 2; §§ 7 bis 9 des Gesetzes über die Raumordnung und Landesplanung des Landes Mecklenburg-Vorpommern i. d. F. vom 5.5.1998 – GVOBl. S. 503 –, zuletzt geändert durch Gesetz vom 10.6.2006 – GVOBl. S. 539; §§ 15 und 18 des Landesplanungsgesetzes Nordrhein-Westfalen vom 3.5.2005 – GV. NRW S. 430; § 6 a des Landesplanungsgesetzes Rheinland-Pfalz vom 1.4.2003 – GVBl. S. 41, zuletzt geändert durch Gesetz vom 2.3.2006 – GVBl. S. 93; §§ 3 und 3 a des Landesplanungsgesetzes des Landes Sachsen-Anhalt vom 28.4.1998 – GVBl. S. 255, zuletzt geändert durch Gesetz vom 20.12.2005 – GVBl. S. 804.

108 Die Planerhaltungsvorschriften der Länder folgen überwiegend dem in § 10 Abs. 2 ROG 2004 vorgezeichneten Muster: Die Unvollständigkeit der Begründung des Raumordnungsplans ist nur beachtlich, wenn abwägungserhebliche Angaben zur Umweltprüfung fehlen (vgl. z. B. § 2 b der brandenburgischen, § 5 Abs. 4 der mecklenburg-vorpommerschen und § 6 Abs. 7 der rheinland-pfälzischen Regelung). Besonderheiten weisen unter diesem Blickwinkel die Landesplanungsgesetze von Nordrhein-Westfalen und Sachsen-Anhalt auf. Der Gesichtspunkt der Planerhaltung kommt nach § 23 LPlG NRW bei der Verletzung von Verfahrens- und Formvorschriften unter Einschluss von Begründungsmängeln nur zum Tragen, wenn der Verstoß nicht innerhalb eines Jahres nach Bekanntmachung der Genehmigung des Plans schriftlich geltend gemacht worden ist. Durch eine gegenteilige Tendenz ist § 9 LPlG LSA gekennzeichnet. Danach ist die Beachtlichkeit ausgeschlossen bei Verfahrensmängeln, die auf das Abwägungsergebnis ohne Einfluss gewesen sind sowie bei einer Unvollständigkeit der Begründung des Raumordnungsplans. Unter diesen Ausschluss fällt auch der Umweltbericht, der nach § 3 a LPlG LSA als gesonderter Bestandteil der Begründung dem Raumordnungsplan beizufügen ist.

109 (3) In den übrigen Ländern galten § 7 Abs. 5 bis 10 über den 31. Dezember 2006 hinaus fort.[137] Ob dies auch für die Regelung der Planerhaltung des § 10 Abs. 2 Nr. 1 ROG 2004 gilt, mag zweifelhaft sein. Insoweit fehlt es an einer gemeinschaftsrechtlichen Vorgabe, wie dies für den Regelungsbereich des § 7 Abs. 5 bis 10 ROG weitgehend der Fall ist. Da insbesondere das Verfahren der Öffentlichkeits- und der Behördenbeteiligung bundesrechtlich nur rudimentär geregelt ist, bleibt dort die Rechtsanwendung, solange eine Konkretisierung aussteht, mit Unwägbarkeiten belastet. Sollte § 22 Satz 3 ROG 2004 je verfassungswidrig sein, würde sich in den Ländern, die ihren Regelungsauftrag bis zum 31. Dezember 2006 nicht erfüllt haben, der Rückgriff auf die Plan-UP-RL anbieten, die den Mitgliedstaaten zwar in einzelnen Punkten Gestaltungsspielräume eröffnet, im Grundkonzept aber ein Anforderungsprofil aufweist, das hinreichend bestimmt und unbedingt ist, um unmittelbare Wirkungen zu entfalten. Mängel des Umweltberichtes werden in aller Regel nicht gesondert erwähnt (vgl. aber Art. 20 Abs. 1 BayLplG hinsichtlich der Umweltprüfung). Nach § 5 Abs. 4 LPlG MV ist eine Unvollständigkeit des Umweltberichts erheblich, wenn abwägungserhebliche Angaben fehlen.

IV. Weitere Umsetzungsakte der Plan-UP-RL – Strategische Umweltprüfung im UVPG

1. UVPG als weiteres „Trägergesetz"

110 Die Richtlinie 2001/42/EG vom 27. Juni 2001 ist in Deutschland auf der Bundesebene in Etappen umgesetzt worden. Der erste Schritt wurde durch das Gesetz zur Anpassung des BauGB an EU-Richtlinien vom 24. Juni 2004 fristgemäß für das Städtebau- und das Raumordnungsrecht vollzogen.[138]

---

137 Vgl. nunmehr Thüringisches Landesplanungsgesetz vom 15.5.2007 (ThürGVBl. S. 45).
138 BGBl. I S. 1359. Vgl. dazu Reinhard Hendler, Das Gesetz zur Einführung einer Strategischen Umweltprüfung, in: NVwZ 2005, 977–984.

Für hoheitliche Planungen außerhalb dieser Rechtsmaterien kam der Bundesge- **111** setzgeber seiner Umsetzungsverpflichtung erst knapp ein Jahr nach Fristablauf nach. Durch das Gesetz zur Einführung einer Strategischen Umweltprüfung und zur Umsetzung der Richtlinie 2001/42/EG vom 25. Juni 2005 erweiterte er das Gesetz über die Umweltverträglichkeitsprüfung um einen Teil 3, der in den §§ 14 a bis 14 o die für die „Strategische Umweltprüfung" – SUP – maßgeblichen Vorschriften enthält.[139] Das Umsetzungskonzept war Gegenstand lebhafter Diskussionen. Als Alternativen wurden der Erlass eines eigenständigen SUP-Gesetzes und die Integration der SUP-Vorschriften in das jeweilige Fachgesetz erörtert. Wegen der Sachnähe zur Umweltverträglichkeitsprüfung entschloss sich der Gesetzgeber – gut vertretbar – dazu, die SUP neben der UVP im UVPG zu regeln, das seitdem für beide Prüfverfahren als Stammgesetz dient, ohne dass dies im Titel zum Ausdruck kommt.

In Parallele zu der in § 2 Abs. 1 Satz 1 UVPG für die UVP getroffenen Regelung **112** ist die SUP nach § 2 Abs. 4 Satz 1 UVPG ein unselbständiger Teil behördlicher Verfahren zur Aufstellung oder Änderung von Plänen und Programmen. Ähnlich wie § 4 UVPG für die UVP stellt § 10 e Satz 2 UVPG für die SUP klar, dass Rechtsvorschriften mit strengeren Anforderungen der Vorrang gebührt. Ein weiterer Vorbehalt ergibt sich aus § 14 e Satz 1 UVPG, der von der Anwendung der nachfolgenden Bestimmungen die in § 14 o und § 19 a UVPG genannten Planungen ausnimmt. Die praktische Folge ist, dass die besonderen Verfahrensvorschriften für die Umweltprüfung nur für SUP-pflichtige Planungsverfahren gelten, für die der Bund die Gesetzgebungskompetenz besitzt. Dagegen regeln für die in § 14 o UVPG genannten wasser- und raumordnungsrechtlichen Planungen sowie für die in § 19 a UVPG aufgeführten Landschaftsplanungen die Länder das Verfahren für die Feststellung und die Durchführung der SUP.[140]

2. Gegenstände der „Strategischen Umweltprüfung"

(1) Welche Planungen der SUP kraft Bundesrechts unterliegen, bestimmt sich nach **113** den §§ 14 b und 14 c UVPG. Zu unterscheiden sind zwei Fallgruppen. Bei der ersten bedarf es zwingend einer SUP, bei der zweiten hängt die SUP-Pflicht vom Ergebnis einer Vorprüfung im Einzelfall ab. Eine obligatorische SUP sieht der Bundesgesetzgeber in § 14 b Abs. 1 Nr. 1 UVPG zum einen bei den Plänen und Programmen vor, die in der Anlage 3 Nr. 1 zum UVPG aufgeführt sind. Dazu gehören insbesondere Verkehrswegeplanungen auf der Bundesebene einschließlich der Bedarfspläne nach einem der Verkehrswegeausbaugesetze des Bundes sowie Ausbaupläne nach § 12 Abs. 1 LuftVG, wenn diese bei ihrer Aufstellung oder Änderung über den Umfang der Entscheidungen nach § 8 Abs. 1 und 2 LuftVG wesentlich hinausreichen. Ein gewisses Erstaunen ruft der Umstand hervor, dass der Ka-

---

139 BGBl. I S. 1746. Vgl. auch Wilfried Erbguth/Mathias Schubert, Das Gesetz zur Einführung einer Strategischen Umweltprüfung und zur Umsetzung der Richtlinie 2001/42/EG (SUPG), in: ZUR 2005, 524–530; Thomas Schomerus/Jan Busse, Zur Umsetzung der Richtlinie über die Strategische Umweltprüfung in das deutsche Recht, in: NordÖR 2005, 398–405.

140 Vgl. Hans Walter Louis, Die Strategische Umweltprüfung für Landschaftspläne, UPR 2006, 285–289.

talog zwingend SUP-pflichtiger Planvorhaben auch Raumordnungsplanungen (§§ 8, 9 ROG) und Bauleitplanungen (§§ 6, 10 BauGB) umfasst. Dass diese Planungen einer obligatorischen Umweltprüfung zu unterziehen sind, ergibt sich bereits aus § 7 Abs. 5 Satz 1 ROG 2004 bzw. § 2 Abs. 4 Satz 1 BauGB 2004. Anlage 3 Nr. 1 hat insoweit keine eigenständige Regelungsfunktion, sondern nachrichtlichen Charakter. Nach § 14 c UVPG ist eine SUP auch dann unumgänglich, wenn es nach § 35 Satz 1 Nr. 2 BNatSchG 2002 einer FFH-Verträglichkeitsuntersuchung bedarf.

114 (2) Nach § 14 b Abs. 1 Nr. 2 UVPG unterliegen einer SUP Pläne und Programme, die in der Anlage 3 Nr. 2 aufgeführt sind und einen Rahmen setzen für Entscheidungen über die Zulässigkeit von in der Anlage 1 aufgeführten Vorhaben oder von Vorhaben, die nach Landesrecht einer Umweltverträglichkeitsprüfung oder Vorprüfung des Einzelfalls bedürfen.[141] Zu dieser Kategorie von Planungen gehören u. a. Lärmaktionspläne (§ 47d BImSchG 2005),[142] Luftreinhaltepläne (§ 47 Abs. 1 BImSchG)[143] und Abfallwirtschaftspläne (§ 29 KrW-/AbfG).[144] Anders als bei den in der Anlage 3 Nr. 1 erfassten Planungen hängt die Rahmen setzende Wirkung dieser Pläne vom jeweiligen Inhalt ab. Pläne und Programme setzen gemäß § 14 b Abs. 3 UVPG einen Rahmen für die Entscheidung über die Zulässigkeit von Vorhaben nur dann, wenn sie Festlegungen mit Bedeutung für spätere Zulassungsentscheidungen, insbesondere zum Bedarf, zur Größe, zum Standort, zur Beschaffenheit, zu Betriebsbedingungen von Vorhaben oder zur Inanspruchnahme von Ressourcen, enthalten.

115 (3) In § 14 b Abs. 2 Satz 1 UVPG spricht der Gesetzgeber schließlich eine Gruppe von SUP-relevanten Planungen außerhalb der Liste der Anlage 3 an, die dadurch gekennzeichnet sind, dass sie einen Rahmen für Entscheidungen setzen, die nach dem Ergebnis einer Vorprüfung erhebliche Umweltauswirkungen erwarten lassen. Perfektionistisch mutet § 14 b Abs. 2 Satz 2 UVPG an, durch den klargestellt wird, dass Innen- und Außenbereichssatzungen, die unter den in § 34 Abs. 4 BauGB 2004 und in § 35 Abs. 6 BauGB 2004 genannten Voraussetzungen keiner Umweltprüfung im Sinne des § 2 Abs. 4 BauGB 2004 unterliegen, auch keiner SUP bedürfen. Ebenso wie § 14 b Abs. 2 UVPG macht es § 14d UVPG vom

---

141 Stefan Balla, Heinz-Joachim Peters, Die Vorprüfung des Einzelfalls zur Feststellung der SUP-Pflicht, in: ZUR 2006, 179–184.

142 Vgl. Ulrich Repkewitz, Probleme der Umsetzung der Umgebungslärmrichtlinie, in: VBIBW 2006, 409–417 [416]; Alfred Scheidler, Strategische Umweltprüfung für Lärmaktionspläne, in: NuR 2005, 628–634 [630]; Andrea Sander, Strategische Umweltprüfung für das Immissionsschutzrecht? – Luftreinhalteplanung und Lärmminderungsplanung als Gegenstand der Strategischen Umweltprüfung nach der Richtlinie 2001/42/EG über die Prüfung der Umweltauswirkungen bestimmter Pläne und Programme?, in: UPR 2003, 336–342.

143 Hans D. Jarass, Rechtsfragen des neuen Luftqualitätsrechts, in: VerwArch 2006, 429–449; Daniela Winkler, Der europäisch initiierte Anspruch auf Erlass eines Aktionsplans, in: EurUP 2006, 198–203; Hans D. Jarass, Luftqualitätsrichtlinien der EU und die Novellierung des Immissionsschutzrechts, in: NVwZ 2003, 257–266; Herbert Ludwig, Die Bedeutung der Luftqualitäts-Richtlinie für die Genehmigung von Industrieanlagen, in: Immissionsschutz 2000, 43–47; Klaus Hansmann, Die Luftqualitätsrahmenrichtlinie der EG und ihre Umsetzung in deutsches Recht, in: NuR 1999, 10–16.

144 Andreas Versmann, Strategische Umweltprüfung für Abfallwirtschaftspläne, in: ZUR 2006, 233–239; Wilfried Erbguth, Die strategische Umweltprüfung im Abfallrecht, in: LKV 2006, 1–5.

Ergebnis einer Vorprüfung abhängig, ob Pläne und Programme nach § 14 b Abs. 1 oder § 14 c UVPG, die nur geringfügig geändert werden oder die Nutzung kleiner Gebiete auf lokaler Ebene festlegen, SUP-pflichtig sind. Eine vergleichbare Regelung enthält § 7 Abs. 5 Satz 5 ROG 2004, während die §§ 13 und 13 a BauGB 2004/2007 unter den dort genannten Voraussetzungen von einer Umweltprüfung gänzlich absehen.

3. Durchführung der „Strategischen Umweltprüfung"

(1) Aus der Bezugnahme des § 2 Abs. 4 Satz 2 UVPG auf Abs. 1 Satz 2 und 3 ist **116** zu ersehen ist, dass die SUP, was die methodischen Erfordernisse angeht, der UVP im Vorhabenzulassungsrecht ebenso wie der Umweltprüfung im Bereich der Bauleitplanung und der Raumordnung entspricht. Sie schafft durch eine auf die Umweltbelange zentrierte medienübergreifende Vorabprüfung die Voraussetzungen dafür, dass diese Belange in gebündelter Form mit dem Gewicht in die Abwägung eingehen, das ihnen bei einer Gesamtschau gebührt[145].

(2) Um **Mehrfachprüfungen** in mehrstufigen Planungsprozessen zu vermeiden, **117** ergänzt § 14 f Abs. 3 UVPG die in § 2 Abs. 4 Satz 5 BauGB 2004, § 7 Abs. 5 Satz 8 ROG 2004 und § 17 Abs. 3 UVPG getroffenen Regelungen um einen SUP-spezifischen Abschichtungsmechanismus.[146] § 19 b UVPG enthält ergänzende Vorschriften zur Durchführung der SUP für Verkehrswegeplanungen auf Bundesebene im Sinne der Nr. 1.1 der Anlage 3 zum UVPG, die dazu dienen, Doppelprüfungen bei dem Bundesverkehrswegeplan und den Bedarfsplänen zu vermeiden.

(3) Das zentrale Dokument, in dem das Ergebnis der SUP seinen Niederschlag **118** findet, ist der **Umweltbericht**, der nach § 14 g UVPG frühzeitig zu erstellen ist und die in dieser Vorschrift genannten Angaben unter Einschluss vernünftiger Alternativen und der geplanten Überwachungsmaßnahmen enthalten muss. Der Umsetzungsvielfalt scheinen in diesem Punkt keine Grenzen gesetzt zu sein. § 14 g UVPG regelt die inhaltlichen Anforderungen an den Umweltbericht selbst, wenn auch in enger Anlehnung an den Anhang I der Plan-UP-RL. Im BauGB ist – ebenfalls in Rückbindung an den Anhang I der Plan-UP-RL – aus der Anlage zu § 2 Abs. 4 BauGB 2004 und § 2 a BauGB 2004 ersichtlich, welche Angaben unentbehrlich sind. In § 7 Abs. 5 Satz 2 ROG 2004 dagegen verzichtet der Gesetzgeber auf eine eigene Aufzählung. Stattdessen macht er kurzerhand den Anhang I der Plan-UP-RL als solchen zu seinem Regelungsinhalt. Im Rahmen der SUP erfüllt der Umweltbericht die Funktion, die ihm die Plan-UP-RL zuweist. Er ist in der Anfangsphase der Planung zu erstellen und bildet zusammen mit dem Planentwurf die Grundlage für die in den §§ 14h bis 14j UVPG näher geregelte Behörden- und Öffentlichkeitsbeteiligung. Nach Abschluss des Beteiligungsverfahrens überprüft die zuständige Behörde nach § 14k Abs. 1 UVPG die Darstellungen und Bewertungen des Umweltberichts unter Berücksichtigung der ihr nach den §§ 14h bis 14 j UVPG übermittelten Stellungnahmen und Äußerungen. Gegenstand der

---

145 Vgl. hierzu im Einzelnen die Erläuterungen zur Umweltprüfung in der Bauleitplanung.
146 Gernot Sydow, Horizontale und vertikale Verzahnung der Strategischen Umweltprüfung mit anderen umweltbezogenen Prüfverfahren, in: DVBl. 2006, 65–75.

öffentlichen Bekanntmachung nach Annahme des Plans muss nach § 14 I Abs. 2 UVPG u. a. eine zusammenfassende Erklärung sein, aus der sich ergibt, wie der Umweltbericht berücksichtigt worden ist. Eine Fortschreibung des Umweltberichts bis in die Endphase der Planung hinein, wie sie im BauGB vorgeschrieben und im Raumordnungsrecht möglich ist, ist den SUP-Vorschriften fremd.

119 (4) Kennzeichen des gemeinschaftsrechtlichen Umweltschutzrechts ist es, bei Entscheidungen mit umweltrechtlichem Bezug externen Sachverstand einzubeziehen und die **Öffentlichkeit** zu mobilisieren. Auch im Anwendungsbereich der Plan-UP-RL gehört die Behörden- und die Öffentlichkeitsbeteiligung zu den Kernstücken des Verfahrens. In den §§ 14 h bis 14 j UVPG trägt der Bundesgesetzgeber diesen Anforderungen Rechnung. Für die Öffentlichkeitsbeteiligung nach § 14 i Abs. 1 UVPG gilt grundsätzlich § 9 Abs. 1 UVPG entsprechend, der seinerseits auf § 73 Abs. 3, 4 bis 7 VwVfG verweist. Der für Planänderungen maßgebliche § 73 Abs. 8 VwVfG wird von dieser Verweisung nicht umfasst. Stattdessen bestimmt der entsprechend anwendbare § 9 Abs. 1 Satz 4 UVPG, dass in den Fällen, in denen der Vorhabenträger die nach § 6 UVPG erforderlichen Unterlagen im Laufe des Verfahrens ändert, von einer erneuten Anhörung der Öffentlichkeit abgesehen werden kann, soweit keine zusätzlichen oder anderen erheblichen Umweltauswirkungen zu besorgen sind.

120 Abweichend von § 73 Abs. 6 VwVfG ist nach § 14i Abs. 3 Satz 3 UVPG ein Erörterungstermin nur dann vonnöten, wenn Rechtsvorschriften des Bundes dies für bestimmte Pläne vorsehen. Während in § 2 Abs. 4 Satz 4 BauGB 2004 und in § 7 Abs. 7 Satz 2 ROG 2004 davon die Rede ist, dass der Umweltbericht neben dem Ergebnis des Beteiligungsverfahrens „in der Abwägung" zu berücksichtigen ist, ergibt sich aus § 14 k Abs. 2 UVPG, dass dieser Verarbeitungsschritt „im Verfahren" vorzunehmen ist. Dahinstehen kann, aus welchen Gründen diese abweichende Formulierung gewählt wurde. Sachliche Unterschiede zeigt sie nicht auf. Auch in § 14 k Abs. 2 UVPG bringt der Gesetzgeber nichts anderes zum Ausdruck, als dass das Ergebnis der SUP in den Abwägungsprozess einzustellen und als solches bei der Planungsentscheidung zu berücksichtigen ist.

121 (5) In § 14 m UVPG, der die **Überwachung** betrifft, wird ein Aspekt angesprochen, der auch für das Monitoring im Anwendungsbereich des BauGB und des ROG von Bedeutung ist, dort aber unerwähnt bleibt. Nach Art. 9 Plan-UP-RL ist der angenommene Plan bekannt zu machen. Für das Überwachungskonzept begründet Art. 10 Plan-UP-RL keine vergleichbare Verpflichtung. § 14 m Abs. 4 UVPG macht demgemäß – deklaratorisch – darauf aufmerksam, dass die Ergebnisse der Überwachung nicht amtlich bekannt gegeben werden müssen. Er stellt jedoch klar, dass sie der Öffentlichkeit nach den Vorschriften des Bundes und der Länder über den Zugang zu Informationen zugänglich zu machen sind. Insoweit einschlägig sind das Umweltinformationsgesetz in der Fassung vom 22. Dezember 2004, das für informationspflichtige Stellen des Bundes gilt, sowie die Umweltinformationsgesetze, die die Länder für die Verwaltungstätigkeit ihrer Behörden erlassen haben.[147]

---

147 BGBl I S. 3704.

Diese Regelungen bedeuten für das Umweltverwaltungsrecht eine Abkehr von dem in § 29 VwVfG verankerten Prinzip der beschränkten Aktenöffentlichkeit und eine Hinwendung zu einem System, das gewährleistet, dass die Behörden dem Einzelnen grundsätzlich auf Antrag ohne Nachweis eines Interesses Informationen über die Umwelt zur Verfügung stellen[148].

(6) Im Unterschied zu § 214 BauGB 2004/2007 und § 10 ROG 2004 enthalten die **122** §§ 14 a bis 14 o UVPG **keine Planerhaltungsvorschriften**. Ob etwaige bei der Durchführung der SUP unterlaufene Fehler beachtlich sind und auf welchem Wege sie ggf. behoben werden können, richtet sich nach den bundes- oder landesrechtlichen Bestimmungen des jeweiligen Fachrechts. In § 25 Abs. 7 Satz 1 UVPG bedient sich der Gesetzgeber eines gesetzestechnischen Mittels, das bereits von § 39 Abs. 1 BNatSchG 1998 und § 22 ROG 2004 her bekannt ist. Er setzt den Ländern eine Frist bis zum 31. Dezember 2006, um dem ihnen durch § 14 d Abs. 2 sowie den §§ 14 o und 19 a UVPG erteilten Regelungsauftrag nachzukommen. Wird diese Frist nicht eingehalten, so gelten die bundesrechtlichen Verfahrensvorschriften des UVPG auch in den der Regelung durch Landesgesetz vorbehaltenen Planungsverfahren so lange fort, bis die Länder ihr Landesrecht angepasst haben. Europarechtlich ist diese Vorgehensweise nicht beanstandungswürdig. Bedenken lassen sich, wenn überhaupt, allenfalls aus dem nationalen Verfassungsrecht herleiten.

C. Schutz vor Luftschadstoffen – RL 96/62/EG

I. Zielsetzungen und Inhalt der Mutterrichtlinie 96/62/EG

Das Luftqualitätsrecht der EG ist zweistufig angelegt. Die erste Stufe bildet die so **123** genannte Mutterrichtlinie 96/62/EG des Rates über die Beurteilung und die Kontrolle der Luftqualität vom 27. September 1996[149], die einen Rahmen für die nachfolgenden sog. Tochterrichtlinien, von den Richtlinien zumeist „Ergänzungsrichtlinien" genannt, setzt.

Die Richtlinie 96/62/EG regelt, für welche Schadstoffe Grenz- oder Zielwerte fest- **124** zulegen sind (Art. 4), wie die Luftqualität durch die Mitgliedstaaten zu ermitteln ist (Art. 6) und welche Maßnahmen zur Verbesserung der Luftqualität, ggf. unter Beteiligung der Öffentlichkeit, zu ergreifen sind (Art. 7 und 8). Mit ihr wird das Ziel verfolgt, durch die Aufstellung langfristiger Luftqualitätsziele ein hohes Gesundheitsschutzniveau zu erzielen.[150] Zu diesem Zweck soll u. a. ein Grenzwertsystem

---

148 Vgl. im Einzelnen die Ausführungen zum Themenkreis Umweltinformationen.
149 ABl. L 296 S. 55, jetzt gültig i. d. F. der Verordnung 1882/2003 des Europäischen Parlaments und des Rates vom 29. September 2003 – ABl. L 284, S. 1.
150 Vgl. weiterführend Adrienne Windhoff-Héritier, Regulative Politik in der Europäischen Gemeinschaft: Die Verflechtung nationalstaatlicher Rationalitäten in der Luftreinhaltepolitik – Ein Vergleich zwischen Großbritannien und der Bundesrepublik Deutschland, in: W. Seibel/A. Benz (Hrsg.), Regierungssystem und Verwaltungspolitik. Beiträge zu Ehren von Thomas Ellwein, Opladen 1996, S. 52–82; Cornelia Niklas, Implementationsprobleme des EG-Umweltrechts: Unter besonderer Berücksichtigung der Luftreinhalterichtlinien, Baden-Baden 1997.

geschaffen werden, dessen Einhaltung ab den festgelegten Zeitpunkten zu gewährleisten ist. Die Richtlinie gibt dazu gemeinsame Kriterien für das Beurteilungsverfahren bei der Erstellung von Aktionsplänen für Gebiete vor, in denen die Schadstoffkonzentration in der Luft die Grenzwerte zuzüglich zeitlich befristeter Toleranzmargen überschreitet.

125 Auf der Grundlage der Mutter-Richtlinie wurden vier **Tochter-Richtlinien** erlassen, nämlich die Richtlinie 1999/30/EG des Rates vom 22. April 1999 über Grenzwerte für Schwefeldioxid, Stickstoffdioxid und Stickstoffoxide, Partikel und Blei in der Luft[151], die Richtlinie 2000/69/EG des Europäischen Parlaments und des Rates vom 16. November 2000 über Grenzwerte für Benzol und Kohlenmonoxid in der Luft[152], die Richtlinie 2003/3/EG des Europäischen Parlaments und des Rates vom 12. Februar 2002 über den Ozongehalt der Luft[153] und die Richtlinie 2004/107/EG des Europäischen Parlaments und des Rates vom 15. Dezember 2004 über Arsen, Cadmium, Quecksilber, Nickel und polyzyklische aromatische Kohlenwasserstoffe in der Luft[154]. Alle Richtlinien weisen jeweils in ihrem Art. 1 im Rahmen der Zielbeschreibung darauf hin, dass sie u. a. der Vermeidung, Verhütung oder Verringerung schädlicher Auswirkungen auf die menschliche Gesundheit zu dienen bestimmt sind.

126 Wie schon aus den Überschriften zu ersehen ist, unterscheiden sich die beiden ersten Tochter-Richtlinien von den nachfolgenden dadurch, dass in ihnen nicht bloß **Zielwerte** benannt, sondern **Grenzwerte** für die Konzentrationen von Schwefeldioxid (Art. 3 der Richtlinie 1999/30/EG), Stickstoffdioxid und Stickstoffoxide (Art. 4 der Richtlinie 1999/30/EG), Partikeln (Art. 5 der Richtlinie 1999/30/EG), Blei (Art. 6 der Richtlinie 1999/30/EG) Benzol (Art. 3 der Richtlinie 2000/96/EG) und Kohlenmonoxid (Art. 4 der Richtlinie 2000/69/EG) festgelegt werden. Dabei handelt es sich, je nachdem, um über einen Stunden-, einen Tages- oder einen Jahreszeitraum gemittelte Werte. Die Grenzwerte sind ab dem 1. Januar 2005 bzw. ab dem 1. Januar 2010 einzuhalten. Die Einzelheiten des Beurteilungsverfahrens ergeben sich aus Art. 7 der Richtlinie 1999/30/EG bzw. Art. 5 der Richtlinie 2000/69/ EG in Verb. mit den Anhängen VI bis IX der Richtlinie 1999/30/EG bzw. IV bis VII der Richtlinie 2000/69/EG, die Angaben zur Lage und zur Zahl der Messstellen in dem jeweils maßgeblichen Ballungsraum oder sonstigen Gebiet sowie zu den Beurteilungsmethoden enthalten. Bei Schwefel- und bei Stickstoffdioxidbelastungen sind Alarmschwellen zu beachten, bei deren Überschreitung ausweislich der Begriffsbestimmung des Art. 2 Nr. 6 der Richtlinie 1999/30/EG umgehend Maßnahmen zu ergreifen sind. Bei den Zielwerten der Richtlinien 2002/3/EG und 2004/ 107/EG handelt es sich um Werte, die ab 2010 (Ozon) bzw. ab dem 31. Dezember 2012 (Arsen, Cadmium, Nickel und Benzo(a)pyren) nach Möglichkeit nicht überschritten werden sollen Das Beurteilungsverfahren ist in Art. 9 der Richtlinie 2002/ 3/EG in Verb. mit den Anhängen V bis VIII sowie Art. 4 der Richtlinie 2004/107/EG

---

151 ABl. L 163 S. 41, Anhang V geändert durch Entscheidung der Kommission vom 17.10.2001 (ABl. L 278/35).

152 ABl. L 313 S. 12, berichtigt ABl. L 111, S. 31 vom 20.4.2001.

153 ABl. L 67, S. 14.

154 ABl. 2005 L 23, S. 3.

in Verb. mit den Anhängen III bis V geregelt. Schon ab 2001 haben die Mitgliedstaaten innerhalb bestimmter Toleranzmargen schrittweise auf eine Reduzierung der Schadstoffbelastungen hinzuwirken.

Die Messungen zur Feststellung der Schadstoffkonzentration, die durch Modell- **127** rechnung ergänzt werden können, sind in den in Art. 6 Abs. 2 der Richtlinie 96/62/ EG bezeichneten Ballungsräumen oder sonstigen Gebieten vorzunehmen. Nach Maßgabe des Art. 8 der Richtlinie 96/62/EG sind unter Beteiligung der Öffentlichkeit für die Ballungsräume oder Gebiete, in denen der Grenzwert für einen oder mehrere Schadstoffe überschritten wird, Pläne oder Programme auszuarbeiten, mit deren Hilfe sich diesem Zustand binnen einer bestimmten Frist abhelfen lässt. Werden die Alarmschwellen überschritten, so haben die Mitgliedstaaten nach Art. 7 der Richtlinie 96/62/EG Aktionspläne zu erstellen, aus denen sich ergibt, welche Maßnahmen kurzfristig zu ergreifen sind. In den Luftqualitätsrichtlinien werden die Mitgliedstaaten verpflichtet, Sanktionen für Verstöße gegen das umgesetzte Recht festzulegen. Die Sanktionen müssen „wirksam, verhältnismäßig und abschreckend sein".[155]

II. Umsetzung der RL 96/62/EG in das Immissionsschutzrecht (§§ 44 ff. BImSchG)

1. Gesetzliche Umsetzung

(1) Die Umsetzung der gemeinschaftsrechtlichen Luftqualitätsbestimmungen in **128** deutsches Recht vollzog sich auf drei Ebenen. Durch das Siebte Gesetz zur Änderung des Bundes-Immissionsschutzgesetzes vom 11. September 2002 wurden die §§ 44 bis 47 vollständig neu gefasst.[156] Das Grenzwertsystem der beiden ersten Tochter-Richtlinien wurde durch die auf § 48 a Abs. 1 und 3 BImSchG gestützte Verordnung über Immissionswerte für Schadstoffe in der Luft – 22. BImSchV – vom 11. September 2002 in das deutsche Recht überführt.[157] Während die Richtlinie 2004/107/EG bislang noch nicht umgesetzt worden ist, wurden die Immissionswerte der Richtlinie 2002/3/EG über den Ozongehalt in die Verordnung zur Vermeidung von Sommersmog, Versäuerung aus Nährstoffeinträgen – 33. BImSchV – vom 13. Juli 2004 übernommen.[158] Außerdem wurde die Technische Anleitung zur Reinhaltung der Luft (TA Luft) angepasst. Nach der Nr. 4.2 in der Fassung vom 24. Juni 2002 (GMBl S. 511) darf eine immissionsschutzrechtliche Genehmigung grundsätzlich nur erteilt werden, wenn die gemeinschaftsrechtlich festgelegten Grenzwerte eingehalten werden und die genehmigungsbedürftige Anlage keinen relevanten Beitrag zu einer Grenzwertüberschreitung erbringt.

(2) Mit den §§ 44 bis 47 BImSchG knüpft der Gesetzgeber an die in den Art. 7 ff. **129** der Richtlinie 96/62/EG getroffenen Regelungen an. Für die Praxis sind insbesondere die §§ 45 und 47 BImSchG von Bedeutung. Nach der Aufgabennorm des § 45

---

155 Vgl. Art. 11 Satz 2 RL 1999/30/EG, Art. 9 Satz 2 RL 2000/69/EG, Art. 14 RL 2002/3/EG.
156 BGBl. I S. 3622.
157 BGBl. I S. 3626.
158 BGBl. I S. 1612.

Abs. 1 Satz 1 BImSchG ergreifen die zuständigen Behörden auf der Grundlage der jeweils einschlägigen Eingriffsermächtigungen die erforderlichen Maßnahmen, um die Einhaltung der durch eine Rechtsverordnung nach § 48 a BImSchG festgelegten Immissionswerte zu sichern. Zu den Verordnungen, die auf der Grundlage des § 48 a BImSchG erlassen worden sind, gehören u. a. die 22. BImSchV und die 33. BImSchV. § 45 Abs. 1 Satz 2 BImSchG stellt klar, dass als Maßnahmen auch Pläne im Sinne des § 47 BImSchG in Betracht kommen. Daneben können sich u. a. Anordnungen nach §§ 17, 24 oder 25 BImSchG, Auflagen zu einer Baugenehmigung zur Durchsetzung des § 22 BImSchG oder die Aufstellung eines Bebauungsplans als geeignete Instrumente zur Sicherung der in Art. 7 der Richtlinie 96/62/EG bezeichneten Luftqualitätsziele erweisen.

130 (3) Darüber hinaus eröffnet außerhalb des Bundes-Immissionsschutzgesetzes § 45 Abs. 1 Satz 2 Nr. 3 StVO für den Bereich des Straßenverkehrs die Möglichkeit, die Benutzung bestimmter Straßen oder Straßenstrecken zum Schutz der Wohnbevölkerung vor Abgasen zu beschränken oder zu verbieten und den Verkehr umzuleiten.[159]

131 Aus dem Nebeneinander der §§ 45 und 47 BImSchG lässt sich folgern, dass nicht bloß Pläne im Sinne der letzteren Vorschrift, sondern auch alle übrigen Instrumente, die das Recht bereithält, als taugliches Mittel zur Verbesserung der Luftqualität genutzt werden können. § 47 BImSchG begründet bei Überschreitung der durch Verordnung festgelegten Grenzwerte oder Alarmschwellen unter den in den Absätzen 1 und 2 genannten Voraussetzungen die Verpflichtung, einen Luftreinhalteplan oder einen Aktionsplan aufzustellen. Der zuständigen Behörde ist es indes nach § 47 Abs. 3 BImSchG nicht verwehrt, einen Luftreinhalteplan schon dann aufzustellen, wenn Anhaltspunkte dafür vorliegen, dass die Immissionswerte überschritten werden. Wie aus § 47 Abs. 5 Satz 2 BImSchG erhellt, ist bei der Planaufstellung die Öffentlichkeit zu beteiligen. Der Kreis, der zur Plandurchsetzung geeigneten Mittel schließt alle Maßnahmen ein, die den zuständigen Behörden zur Verbesserung der Luftqualität zu Gebote stehen, von ihnen planunabhängig aber, aus welchen Gründen immer nicht genutzt worden sind. Eine spezielle Befugnisnorm hat der Gesetzgeber in § 40 Abs. 1 Satz 1 BImSchG in der Fassung vom 11. September 2002 geschaffen. Diese Bestimmung ermächtigt die zuständige Straßenverkehrsbehörde, über die Ermessensbetätigung hinaus, die ihr § 45 Abs. 1 Satz 2 Nr. 3 StVO eröffnet, den Kraftfahrzeugverkehr zu beschränken oder zu verbieten, soweit ein Luftreinhalte- oder Aktionsplan nach § 47 Abs. 1 oder 2 BImSchG dies vorsieht.[160]

---

159 Vgl. bereits BVerwG, Urteil vom 4.6.1986 – 7 C 76.84 – BVerwGE 74, 234 = DVBl. 1987, 373 = NVwZ 1986, 918 = NJW 1986, 2655 = DÖV 1986, 926 = BayVBl 1986, 658 = NuR 1987, 75, BVerwG, Urteil vom 15.4.1999 – 3 C 25.98 – BVerwGE 109, 29 = DVBl. 1999, 1745 = NVwZ 1999, 1234 = DÖV 1999, 911 = NuR 1999, 691 = ZUR 1999, 332.

160 Vgl. BVerwG, Urteil vom 18.11.2004 – 4 CN 11.03 – BVerwGE 122, 207 = DVBl. 2005, 386 = NVwZ 2005, 442 = UPR 2005, 193 = ZfBR 2005, 270 = BauR 2005, 671 zu §§ 17, 2 Abs. 1 UVPG 1993 (Luftreinhaltepläne); BVerwG, Urteil vom 15.4.1999 – 3 C 25.98 – BVerwGE 109, 29 = DVBl. 1999, 1745 = NVwZ 1999, 1234 = DÖV 1999, 911 = NuR 1999, 691 = ZUR 1999, 332.

2. Verordnungsrechtliche Umsetzung

(1) Die **22. BImSchV** dient der Umsetzung der in den Tochter-Richtlinien 1999/ **132** 30/EG und 2000/69/EG getroffenen Regelungen. Sie enthält in den §§ 2 bis 7 als Stunden-, Tages- oder Jahresmittelwerte ausgewiesene Immissionsgrenzwerte sowie Toleranzmargen für Schwefeldioxid (§ 2), Stickstoffdioxid und Stickstoffoxide (§ 3), Partikel – PM_{10} – (§ 4), Blei (§ 5), Benzol (§ 6) und Kohlenmonoxid (§ 7). Für Schwefeldioxid und Stickstoffdioxid werden in den §§ 2 und 3 auch Alarmschwellen festgesetzt. § 9 behandelt die Festlegung der Ballungsräume und der sonstigen Gebiete, in denen Messungen stattfinden haben. § 10 regelt zusammen mit den Anlagen 1 bis 5 das Luftqualitätsbeurteilungsverfahren mit näheren Angaben zur Ermittlung der Anforderungen für die Beurteilung, zur Lage und zur Mindestzahl der Probenahmestellen, zu Datenqualitätszielen sowie zur Beurteilungsmethodik. § 11 legt in Ausfüllung der Grundnorm des § 47 BImSchG die Modalitäten der Aufstellung von Luftreinhalteplänen und Aktionsplänen fest. Die 33. BImSchV, durch welche die Tochter-Richtlinie 2002/3/EG ins deutsche Recht integriert wird, ähnelt in ihrer Struktur der 22. BImSchV. § 2 enthält u. a. zum Schutz der menschlichen Gesundheit vor bodennahem Ozon Zielwertfestlegungen. § 3 regelt in Verb. mit den Anlagen 4 bis 8 das Mess- und Beurteilungsverfahren.[161]

Für Stickstoffdioxid legt § 3 der Verordnung für die Zeit ab 1. Januar 2010 zum **133** Schutz der menschlichen Gesundheit einen über ein Jahr gemittelten Immissionsgrenzwert von 40 µg/cbm fest (§ 3 Abs. 4 der 22. BImSchV). Für Partikel ist seit 1. Januar 2005 ein über ein Kalenderjahr gemittelter Immissionsgrenzwert von 40 µg/cbm und ein über 24 Stunden gemittelter Immissionsgrenzwert von 50 µg/cbm bei 35 zugelassenen Überschreitungen im Kalenderjahr einzuhalten (§ 4 Abs. 2 und 4 der 22. BImSchV). Untersuchungen im Auftrag der Bundesanstalt für Straßenwesen haben ergeben, dass zwischen dem Jahresmittelwert der PM_{10}-Konzentration und der Anzahl der Überschreitungen des 24-Stunden-Grenzwertes ein enger statistischer Zusammenhang besteht.[162] Danach muss bei Überschreitung eines Jahresmittelwertes von etwa 28 µg/cbm mit einer Überschreitung des 24-Stunden-Grenzwertes an mehr als 35 Tagen gerechnet werden.[163]

(2) Die äußerst anspruchsvollen Partikelwerte der Stufe 2 in Anhang III zur RL **134** 1999/30/EG, die zum 1. Januar 2010 erreicht werden sollen, wurde mit der 22. BImSchV nicht umgesetzt. Die Amtliche Begründung des Regierungsentwurfs führt dazu aus, dass mit diesen Werten „keinerlei rechtliche Verpflichtung verbunden" sei.[164] So deutlich dürfte die Rechtslage jedoch nicht sein.[165]

---

161 Vgl. weiterführend Reinhard Sparwasser/Ina Stammann, Neue Anforderungen an die Planung durch die Luftqualitätsvorgaben der EU?, in: ZUR 2006, 169–178.
162 So BVerwG, Urteil vom 23.2.2005 – 4 A 5.04 – BVerwGE 123, 23 = DVBl. 2005, 908 = NVwZ 2005, 808 = UPR 2005, 274 = BayVBl 2006, 571 = BauR 2005, 1274 = BRS 69 Nr. 21 (2005).
163 Vgl. Forschungsgesellschaft für Straßen- und Verkehrswesen e. V., Merkblatt über Luftverunreinigungen an Straßen ohne oder mit lockerer Randbebauung, Ausgabe 2002 – MLuS 02 – S. 11, Bild 3.2.2; Senatsverwaltung für Stadtentwicklung, Luftreinhalte-/Aktionsplan Berlin 2005 – 2010 – Februar 2005, S. A 38, http://www.stadtentwicklung.berlin.de/umwelt/luftqualitaet/de/luftreinhalteplan/dokumentation.shtml.
164 BTags-Drs. 14/7831, S. 33.

135 Die Werte werden in einer Fußnote als „Richtgrenzwerte" gekennzeichnet. Die englische Fassung formuliert „Indicative limit values to be reviewed in the light of further information on health and environmental effects, technical feasibility and experience in the application of Stage 1 limit values in the Member States". Das wirkt durchaus verschärfend. Außerdem wird die Kommission in Art. 10 Abs. 2 Satz 2 der RL 199/30/EG verpflichtet, „insbesondere die PM_{10}-Grenzwerte für die zweite Stufe dahingehend überprüfen, ob sie verbindlich vorgeschrieben werden sollen, und prüfen, ob die Grenzwerte für die zweite Stufe und gegebenenfalls für die erste Stufe zu bestätigen oder zu ändern sind." Das kann wohl nur dahin verstanden werden, dass die Entscheidung der Richtlinie, diese Grenzwerte zum 1. Januar 2010 verbindlich werden zu lassen, überprüft werden soll. Die Grenzwerte der Stufe 2 werden also frühestens zum Jahre 2010 in Kraft treten. Die fachplanerische Abwägung hat dies jedoch beizeiten zu berücksichtigen.[166]

136 (3) Noch nicht abschließend geklärt ist die Frage, ob eine Pflicht zur Aufstellung eines Aktionsplans erst dann entsteht, wenn eine hinreichend oder gar überwiegende Wahrscheinlichkeit dafür spricht, dass es zu einer Überschreitung der maßgeblichen Immissionsgrenzwerte kommen wird.[167] Diese Auffassung begegnet erheblichen Bedenken.[168] Ziel der die Vorgaben insbesondere der Richtlinie 96/62/EG umsetzenden 22. BImSchV ist es zu erreichen, dass die festgelegten Immissionsgrenzwerte durchgängig eingehalten werden. Dem dient als die in § 47 Abs. 2 BImSchG in Verb. mit § 11 Abs. 4 22. BImSchV geregelte Aufstellung eines Aktionsplans.

3. Rechtsprechung des EuGH

137 Der EuGH hatte noch keine Gelegenheit, zu der Mutter-Richtlinie 96/62/EG und den vier Tochter-Richtlinien Stellung zu nehmen. Allerdings liegen von ihm zu früheren Regelungen des europäischen Luftqualitätsrechts Äußerungen vor, die Rückschlüsse auch auf die Auslegung dieser Regelwerke zulassen. Erklärtes Ziel der Richtlinie 96/62/EG und der vier Tochter-Richtlinien ist es, durch die Festlegung von Immissionswerten für bestimmte Luftschadstoffe schädliche Auswirkungen auf die menschliche Gesundheit zu vermeiden, zu verhüten oder zu verringern. Die Regelwerke sind u. a. an die Stelle der Richtlinie 80/779/EWG des Rates vom 15. Juli 1980 über Grenzwerte und Leitwerte der Luftqualität für Schwe-

---

165 Vgl. zum folgenden Hans D. Jarass, Luftqualitätsrichtlinien der EU und die Novellierung des Immissionsschutzrechts, in: NVwZ 2003, 257–266 [264].

166 BVerwG, Urteil vom 23.2.2005 – 4 A 4.04 – BVerwGE 123, 37 = DVBl. 2005, 914 = NVwZ 2005, 803 = UPR 2005, 276 = BauR 2005, 1280 = BRS 69 Nr. 20 (2005); BVerwG, Urteil vom 23.2.2005 – 4 A 5.04 – BVerwGE 123, 23 = DVBl. 2005, 908 = NVwZ 2005, 808 = UPR 2005, 274 = BayVBl 2006, 571 = BauR 2005, 1274 = BRS 69 Nr. 21 (2005); vgl. ferner BVerwG, Urteil vom 18.11.2004 – 4 CN 11.03 – BVerwGE 122, 207 = DVBl. 2005, 386 = NVwZ 2005, 442 = UPR 2005, 193 = NuR 2005, 394 = ZUR 2005, 199 = NuR 2005, 394; vgl. ferner BVerwG, Urteil vom 26.5.2004 – 9 A 6.03 – BVerwGE 121, 57 = DVBl. 2004, 1289 = NVwZ 2004, 1237 = NuR 2004, 729 = ZUR 2005, 96.

167 So etwa VGH München, Urteil vom 18.5.2006 – 22 BV 05.2462 – NVwZ 2007, 233 = UPR 2007, 107 = ZUR 2006, 421 = BayVBl 2006, 562; Klaus Hansmann, in: Robert von Landmann/Gustav Rohmer (Hrsg.), Umweltrecht, § 47 BImSchG Rn. 13; Hans D. Jarass, BImSchG, 6. Aufl. 2005, § 47 Rn. 19.

168 Ebenso OVG Münster, Beschluss vom 16.1.2007 – 8 B 2253/06 – NVwZ 2007, 608 = UPR 2007, 199 = ZUR 2007, 256 = GewArch 2007, 262 = NWVBl 2007, 234.

feldioxid und Schwebestaub[169] und der Richtlinie 82/884/EWG des Rates vom 3. Dezember 1982 betreffend einen Grenzwert für den Bleigehalt in der Luft[170] getreten, die sich ebenfalls als Beitrag zum Schutz der menschlichen Gesundheit verstanden.

Diese beiden Vorgängerrichtlinien waren Gegenstand der Urteile vom 30. Mai **138** 1991 in den Rechtssachen C 361/88[171] und C 59/89[172], in denen der Gerichtshof feststellte, dass durch Grenzwertüberschreitungen in ihrer Gesundheit gefährdete Betroffene „in der Lage sein müssen, sich auf zwingende Vorschriften zu berufen, um ihre Rechte geltend machen zu können". Eine im Wesentlichen gleichlautende Formulierung findet sich im Urteil vom 17. Oktober 1991 in der Rechtssache C 58/89, in dem es um den durch die Trinkwasserrichtlinie 75/440/EWG vermittelten Gesundheitsschutz ging.[173] Aus den Entscheidungen ist zu folgern, dass im Interesse des Gesundheitsschutzes getroffenen Grenzwertregelungen des Gemeinschaftsrechts **drittschützende Wirkung** zukommt. Diese Rechtsprechung lässt sich auf die neue Generation von Vorschriften zur Sicherung der Luftqualität übertragen. Das in Umsetzung des Gemeinschaftsrechts erlassene deutsche Recht macht sich diesen Ansatz zu Eigen. In den §§ 2 Abs. 2 und 4, 3 Abs. 2 und 4, 4 Abs. 2 und 4, 5 Abs. 2, 6 Abs. 1 und 7 Abs. 1 der 22. BImSchV wird klargestellt, dass der jeweils maßgebliche Grenzwert dem Schutz der menschlichen Gesundheit dient. § 2 Abs. 1 und 3 der 33. BImSchV folgt diesem Muster.

4. Problemstellungen der Umsetzung und der Anwendung

In Deutschland werden unter Rechtsschutzgesichtspunkten verschiedene Konstel- **139** lationen erörtert:

1. Kann ein Anspruch darauf bestehen, dass Maßnahmen, die in einem Luftreinhalte- oder in einem Aktionsplan festgelegt sind, ausgeführt werden?

---

169 ABl. L 229 S. 30.
170 ABl. L 378 S. 15.
171 EuGH, Urteil vom 30.5.1991 – Rs. C-361/88 – EuGHE 1991 I-2567 [2596] = DVBl. 1991, 869 = NVwZ 1991, 866 = UPR 1992, 24 = BayVBl 1992, 207 = EuZW 1991, 440 = NuR 1992, 197 = JZ 1991, 1031 – Kommission vs. Deutschland, mit Bespr. Ulrich Guttenberg, Unmittelbare Außenwirkung von Verwaltungsvorschriften? – EuGH, NVwZ 1991, 866 und 868, in: JuS 1993, 1006–1011; Jens Tiedemann, Bindungswirkung von Verwaltungsvorschriften, in: JuS 2000, 726–727; Hans Heinrich Rupp, Zur Frage der Außenwirkung von Verwaltungsvorschriften, in: JZ 1991, 1034–1035; Ronald Steiling, Mangelnde Umsetzung von EG-Richtlinien durch den Erlaß und die Anwendung der TA Luft, in: NVwZ 1992, 134–137; Stefan Hertwig, EuGH – Übergangsvorschrift für Umweltverträglichkeitsprüfung, in: WiB 1995, 87–88; Albrecht Weber, Zur Umsetzung von EG-Richtlinien im Umweltrecht, in: UPR 1992, 5–9; Ulrich Everling, Umsetzung von Umweltrichtlinien durch normkonkretisierende Verwaltungsanweisungen, in: RIW 1992, 379–385.
172 EuGH, Urteil vom 30.5.1991 – Rs. C-59/89 – EuGHE 1991 I-2607 = NVwZ 1991, 868 = EuZW 1991, 442 = JZ 1991, 1032 – Kommission vs. Deutschland.
173 EuGH, Urteil vom 17.10.1991 – Rs. C-58/89 – EuGHE 1991 I-5019 = NVwZ 1992, 459 = EuZW 1991, 761 = BayVBl 1992, 334 = DVBl 1992, 313 (L) – Kommission vs. Deutschland, mit Bespr. Bernhard Wegener, Die neuere Rechtsprechung des EuGH zu Defiziten bei der Umsetzung von Umweltschutzrichtlinien der Gemeinschaft, in: InfUR 1992, 35–38; Kurt Faßbender, Gemeinschaftsrechtliche Anforderungen an die normative Umsetzung der neuen EG-Wasserrahmenrichtlinie, in: NVwZ 2001, 241–249; Ulrich Everling, Umsetzung von Umweltrichtlinien durch normkonkretisierende Verwaltungsanweisungen, in: RIW 1992, 379–385.

2. Kann ein Anspruch darauf bestehen, dass ein Luftreinhalte- oder ein Aktions-plan aufgestellt wird?

3. Können Maßnahmen zur Verbesserung der Luftqualität auch ohne Luftreinhal-te- oder Aktionsplan erzwungen werden?

4. Kann die Zulassung eines schadstoffträchtigen Vorhabens unter Berufung auf die gemeinschaftsrechtlich vorgegebenen Luftqualitätsziele abgewehrt werden?

140 In der Rechtsprechung besteht weitgehend Einigkeit darüber, dass die zum Schutz der menschlichen Gesundheit erlassenen Grenzwertregelungen der 22. BImSchV drittschützenden Charakter haben[174]. Anspruchsberechtigt und somit im Sinne des § 42 Abs. 2 VwGO klage- bzw. antragsbefugt ist, wer durch die Grenzwert-überschreitung in seiner Gesundheit beeinträchtigt werden kann. Erfasst werden Personen, die auf Grund ihrer Lebensumstände am Wohnort, am Arbeitsplatz oder an der Ausbildungsstätte Einwirkungen durch Luftschadstoffe nicht bloß ge-legentlich ausgesetzt sind[175].

4.1 Anspruch auf Ausführung vorhandener Luftreinhalte- und Aktionspläne?

141 Luftreinhalte- und Aktionspläne stellen wegen ihres gesamthaften quellenunab-hängigen Ansatzes Instrumente dar, die sich zur Erreichung der durch Grenzwert-regelungen vorgegebenen Luftqualitätsziele besonders eignen. Die in ihnen fest-gelegten Maßnahmen sind dazu bestimmt, Schadstoffbelastungen jedenfalls auf das durch die verschiedenen Grenzwerte markierte Höchstmaß zurückzuführen. Haben die Grenzwertbestimmungen drittschützenden Charakter, so liegt es nahe, auch den Maßnahmen, die zur Erreichung des Schutzzwecks zu ergreifen sind, Drittschutzwirkungen zuzuerkennen.[176]

142 Die in Luftreinhalte- oder Aktionsplänen festgelegten Maßnahmen sind, wie aus § 47 Abs. 6 Satz 1 BImSchG zu ersehen ist, durch Anordnungen oder sonstige Entscheidungen der zuständigen Träger öffentlicher Verwaltung nach dem Bun-des-Immissionsschutzgesetz oder nach anderen Rechtsvorschriften durchzuset-zen. Der hierdurch begründeten Verpflichtung korrespondiert ein Anspruch Dritt-betroffener auf Planerfüllung. Dies gilt auch für Verkehrsverbote oder -beschrän-kungen auf der Grundlage des § 40 Abs. 1 BImSchG.[177] Sieht ein Luftreinhalte-

---

174 Vgl. BVerwG, Urteil vom 26.5.2004 – 9 A 6.03 – BVerwGE 121, 57 = DVBl. 2004, 1289 = NVwZ 2004, 1237 = NuR 2004, 729 = ZUR 2005, 96; VG München, Beschluss vom 27.4.2005 – M 1 E 05.1115 – NVwZ 2005, 839 = NuR 2005, 668 = ZUR 2005, 369, mit Bespr. Susanne Krohn, Keine subjektiven Ansprüche bei übermäßiger Feinstaubbelastung durch Diesel-Lkw, in: ZUR 2005, 371–374; VG Stutt-gart, Urteil vom 22.5.2005 – 16 K 1120/05 – NVwZ 2005, 972 = NuR 2005, 611 = ZUR 2005, 436.

175 BVerwG, Urteil vom 26.5.2004 – 9 A 6.03 – BVerwGE 121, 57 = DVBl. 2004, 1289 = NVwZ 2004, 1237 = NuR 2004, 729 = ZUR 2005, 96; VG München, Beschluss vom 26.7.2005 – M 1 K 05.1110 – NVwZ 2005, 1215; VG Stuttgart, Urteil vom 22.5.2005 – 16 K 1120/05 – NVwZ 2005, 972 = NuR 2005, 611 = ZUR 2005, 436; VGH München, Urteil vom 18.5.2006 – 22 BV 05.2462 NVwZ 2007, 233 = ZUR 2006, 421 = BayVBl 2006, 562.

176 Vgl. Wolfgang Kahl/Reiner Schmidt, Neuere höchstrichterliche Rechtsprechung zum Umweltrecht, in: JZ 2006, 125–140.

177 Vgl. hierzu BVerwG, Urteil vom 18.11.2004 – 4 CN 11. 03 – BVerwGE 122, 207 = DVBl. 2005, 386 = NVwZ 2005, 442 = UPR 2005, 193 = NuR 2005, 394 = ZUR 2005, 199 = ZfBR 2005, 270 = BauR 2005, 671.

Halama

oder Aktionsplan insoweit konkrete Maßnahmen vor, so kann die Umsetzung gerichtlich erzwungen werden. Eine Einschränkung ergibt sich aus § 47 Abs. 6 Satz 2 BImSchG. Sind in einem Luftreinhalte- oder einem Aktionsplan planungsrechtliche Festlegungen vorgesehen, so haben die zuständigen Planungsträger dies nämlich bei ihren Planungen lediglich zu berücksichtigen. Diese Regelung trägt den Besonderheiten des Planungsrechts Rechnung. Erteilt der Gesetzgeber eine Planungsermächtigung, so eröffnet er dem Planungsträger einen nur durch das Abwägungsgebot begrenzten Gestaltungsspielraum, der auch die Entscheidung mit einschließt, ob überhaupt geplant werden soll.

Für den Fall, dass der Planungsträger von seinem Planungsermessen Gebrauch **143** macht, erlegt § 47 Abs. 6 Satz 2 BImSchG ihm die Pflicht auf, die zur Wahrung der Luftqualitätsziele bestimmten Vorgaben der Luftreinhalteplanung als Abwägungsposten in die eigene Abwägung einzustellen. In Bezug auf diese – jedenfalls auch – für den Gesundheitsschutz relevanten Belange hat das Abwägungsgebot drittschützenden Charakter.[178] Zu der in der Literatur umstrittenen Frage, ob auch Planfeststellungsbeschlüsse Planungsentscheidungen im Sinne des § 47 Abs. 6 Satz 2 BImSchG sind, hat die Rechtsprechung bisher noch nicht Stellung genommen. Planfeststellungsbeschlüsse zeichnen sich durch ihre Doppelnatur aus. Einerseits haben sie den Charakter von Zulassungsentscheidungen. Andererseits spiegelt sich in ihnen das Ergebnis planerischen Ermessens wider. Das mag dafür sprechen, den Anwendungsbereich des § 47 Abs. 6 Satz 2 BImSchG auch auf sie zu erstrecken.

4.2 Anspruch auf Aufstellung eines Luftreinhalte- oder eines Aktionsplanes?

In der Rechtsprechung ist umstritten, ob Betroffene ggf. verlangen können, dass **144** ein Luftreinhalte- oder ein Aktionsplan aufgestellt oder ergänzt wird. Ein Anspruch wird zum Teil mit der Begründung verneint, die Pflicht zur Planaufstellung bestehe nicht im Interesse betroffener Dritter, sondern im Allgemeininteresse.[179] Gegen einen Anspruch wird ferner das Argument ins Feld geführt, Pläne im Sinne des § 47 Abs. 1 und 2 BImSchG seien zwar ein wesentliches, aber nicht das einzige Instrument, um die Einhaltung der Immissionsgrenzwerte sicherzustellen. Aus § 45 Abs. 1 BImSchG sei zu ersehen, dass die in dieser Vorschrift bloß beispielhaft genannten Pläne ein Mittel unter vielen seien. Die nach § 47 Abs. 1 und 2 BImSchG zuständige Behörde könne nicht gezwungen werden, sich gerade dieses Instruments zu bedienen.[180] Das BVerwG meint, ein Dritter, der von gesundheitsrele-

---

178 Vgl. hierzu allgemein BVerwG, Urteil vom 24.9.1998 – 4 CN 2. 98 – BVerwGE 107, 215 = DVBl. 1999, 100 = NJW 1999, 592 = DÖV 1999, 208 = UPR 1999, 27 = NuR 1999, 214 = BayVBl 1999, 249 = ZfBR 1999, 39 = BauR 1999, 134 = BRS 60 Nr. 46 (1998), vgl. auch Dirk Ehlers, Die Befugnis natürlicher und juristischer Personen zur Beantragung einer verwaltungsgerichtlichen Normenkontrolle, in: Festschrift für Werner Hoppe zum 70. Geburtstag 2000, S. 1041–1054; Peter Schütz, Das „Recht auf gerechte Abwägung" im Bauplanungsrecht, in: NVwZ 1999, 929–932; Stefan Muckel, Die fehlgeschlagene Einschränkung der Antragsbefugnis bei der Normenkontrolle von Bebauungsplänen, in: NVwZ 1999, 963–964.

179 VG München, Beschluss vom 26.7.2005 – M 1 K 05.1110 – NVwZ 2005, 1215.

180 VG München, Urteil vom 26.7.2005 – M 1 K 05.1110 – NVwZ 2005, 1219, einen Anspruch verneinend Nikolaus Herrmann, Koch/Scheuing/Pache, in: GK-BImSchG, § 47 Rn. 134; Jürgen Assmann/

Halama

vanten Überschreitungen des Immissionsgrenzwerts für Feinstaubpartikel PM_{10} betroffen werde, habe nach nationalem Recht keinen Anspruch auf Erstellung eines Aktionsplans. Sein Recht auf Abwehr gesundheitlicher Beeinträchtigungen durch Feinstaubpartikel PM_{10} könne er nur im Wege eines Anspruchs auf Durchführung planunabhängiger Maßnahmen durchsetzen.[181] Angesichts gemeinschaftsrechtlicher Auslegungsfrage hat das BVerwG den EuGH im Verfahren der Interpretationsvorlage gemäß Art. 234 EG angerufen. Das Gericht hält es immerhin für interpretatorisch möglich, die Richtlinie 1999/30/EG dahin auszulegen, dass sie auch subjektive Rechte begründet. In der Rechtsprechung des EuGH ist in der Tat bisher nicht geklärt, ob sich das dem Bürger durch Art. 7 Abs. 3 RL 1999/30/EG gewährte, dem Schutz seiner Gesundheit dienende Recht auf alle zur Einhaltung des Grenzwerts begründeten Verpflichtungen des Mitgliedstaats erstreckt. Angesichts der offenkundigen ursprünglichen Vollzugsverweigerung kommt dem Ergebnis der Vorlage hohe Bedeutung zu.

145 Die wohl besseren Gründe sprechen für die Gegenauffassung.[182] Das Europarecht verlangt die Einhaltung der Grenzwerte. Das Mittel, das es dafür ausdrücklich zur Verfügung stellt, ist die Luftqualitätsplanung. Der EuGH anerkennt, dass Betroffenen in allen Fällen, in denen eine Überschreitung des Grenzwerts ihre Gesundheit gefährden könnte, in der Lage sein müssen, sich auf zwingende Vorschriften zu berufen, um ihre Rechte geltend machen zu können.[183] Allerdings lassen sich

---

Katharina Knierim/Jörg Friedrich, Die Luftreinhalteplanung im Bundes-Immissionsschutzgesetz, in: NuR 2004, 695–701; Michael Steenbuck, Anspruch auf Verkehrsbeschränkung zum Schutz vor Feinstaub?, in: NVwZ 2005, 770–772; Michael Brenner, Der Feinstaub in der Luft und die untätigen Behörden, in: DAR 2005, 426–430; Achim Willand/Georg Buchholz, Feinstaub: Die ersten Gerichtsentscheidungen, in: NJW 2005, 2641–2645; zweifelnd Bernhard Stüer, Handbuch des Bau- und Fachplanungsrechts, München, 3. Aufl. 2005, Rn. 2916.

181 BVerwG, Beschluss vom 29.3.2007 – 7 C 9.06 – NVwZ 2007, 695 = DVBl. 2007, 763 = UPR 2007, 306 = NuR 2007, 490 = GewArch 2007, 296, Vorinstanz: VGH München, Urteil vom 18.5.2006 – 22 BV 05.2462 – NVwZ 2007, 233 = UPR 2007, 107 = ZUR 2006, 421 = BayVBl 2006, 562, vgl. dazu auch Achim Willand/Georg Buchholz, Feinstaub: Der VGH München, in: NVwZ 2007, 171–174; Reinhard Sparwasser, Rechtsschutz im Luftqualitätsrecht gegen Feinstaubbelastung, in: ZUR 2006, 424–426; Daniela Winkler, in: EurUP 2006, 152–153.

182 So etwa Christian Heitsch, in: Michael Kotulla (Hrsg.), BImSchG, § 47 Rn. 69 i.V.m. § 44 Rn. 22 ff.; Remo Klinger/Fabian Löwenberg, Rechtsanspruch auf saubere Luft? – Die rechtliche Durchsetzung der Luftqualitätsstandards der 22 Verordnung zum Bundes-Immissionsschutzgesetz am Beispiel der Grenzwerte für Feinstaub, in: ZUR 2005, 169–176; Susan Krohn, Keine subjektiven Ansprüche bei übermäßiger Feinstaubbelastung durch Diesel-Lkw, in: ZUR 2005, 371–374; Eckard Rehbinder, Zur Entwicklung des Luftqualitätsrechts, in: NuR 2005, 493–498; Christian Calliess, Feinstaub im Rechtsschutz deutscher Verwaltungsgerichte – Europarechtliche Vorgaben für die Klagebefugnis vor deutschen Gerichten und ihre dogmatische Verarbeitung, in: NVwZ 2006, 1–7; Reinhard Sparwasser, Luftqualitätsplanung zur Einhaltung der EU-Grenzwerte – Vollzugsdefizite und ihre Rechtsfolgen, in: NVwZ 2006, 369–377; Hans D. Jarass, Rechtsfragen des neuen Luftqualitätsrechts, VerwArch 97 (2006), S. 429–449 [449].

183 EuGH, Urteil vom 30.5.1991 – Rs. C-59/89 – EuGHE 1991 I-2607 = NVwZ 1991, 868 = EuZW 1991, 442 = JZ 1991, 1032 – Kommission vs. Deutschland (Mangelnde Umsetzung von EG-Richtlinien durch den Erlaß und die Anwendung der TA Luft); EuGH, Urteil vom 17.10.1991 – Rs. C-58/89 – EuGHE 1991 I-4983 = NVwZ 1992, 459 = EuZW 1991, 761 = BayVBl 1992, 334 – Kommission vs. Deutschland (Nichtumsetzung von EG-Richtlinien für die Trinkwassergewinnung aus Oberflächenwasser in innerstaatliches Recht); EuGH, Urteil vom 12.12.1996 – Rs. C-298/95 – EuGHE 1996 I-6747 = NVwZ 1997, 369 = ZUR 1997, 156 – Kommission vs. Deutschland (Nichtumsetzung der Süsswasser-Richtlinie 659/79/EWG.

aus einem Luftreinhalte- oder Aktionsplan unmittelbar keine subjektiven Rechte herleiten. Pläne im Sinne des § 47 Abs. 1 oder 2 BImSchG bilden aber die Grundlage für Schadstoffminderungsmaßnahmen, die wegen der Verbindlichkeitsanordnung des § 47 Abs. 6 Satz 1 BImSchG einen weiterreichenden Individualrechtsschutz gewährleisten als Maßnahmen, die den Behörden auf Grund des Immissionsschutzrechts oder sonstiger Rechtsvorschriften nach § 45 Abs. 1 BImSchG planunabhängig zulässigerweise zu Gebote stehen, um die Einhaltung der Immissionswerte zu gewährleisten. Luftreinhalte- oder Aktionspläne sind ein notwendiger Schritt auf dem Wege zu Vollzugsakten, die Schutzansprüche vermitteln. Sie sind deshalb geeignet, subjektive Rechtspositionen zu verbessern.[184]

Kommt die zuständige Behörde ihrer Pflicht, unter den in § 47 Abs. 1 oder 2 **146** BImSchG genannten Voraussetzungen einen Luftreinhalte- oder Aktionsplan aufzustellen, nicht nach, so werden Betroffenen Folgeansprüche abgeschnitten, die sich für sie aus § 47 Abs. 6 oder aus § 40 Abs. 1 Satz 1 BImSchG ergeben würden, von ihnen aber wegen der behördlichen Untätigkeit nicht geltend gemacht werden können.[185] Mit Rücksicht auf den weiten Gestaltungsspielraum, der die Luftreinhalteplanung ebenso wie sonstige Fachplanungen kennzeichnet, kann Rechtsschutz freilich nur in der Weise gewährt werden, dass die zuständige Behörde verurteilt wird, überhaupt planerisch tätig zu werden, nicht aber, dass sie darauf festgelegt wird, einen Plan zu beschließen, der bestimmte inhaltliche Anforderungen erfüllt[186].

4.3 Ansprüche außerhalb eines Luftreinhalte- oder Aktionsplanes?

Wie aus § 45 Abs. 1 BImSchG zu ersehen ist, schließt das Instrumentarium der **147** §§ 40 und 47 BImSchG Maßnahmen zur Verbesserung der Luftqualität auf der Grundlage sonstiger Rechtsvorschriften nicht aus.[187] Als Anspruchsgrundlage kommen im Wesentlichen Bestimmungen des Bundes-Immissionsschutzgesetzes

---

184 Vgl. Hans D. Jarass, Rechtsfragen des neuen Luftqualitätsrechts, in: VerwArch 2006, 429–449; Christopher Zeiss, Anwohnerklage wegen Feinstaub abgewiesen – Ist der Fall erledigt?, in: UPR 2005, 253–258; Jürgen Assmann/Katharina Knierim/Jörg Friedrich, Die Luftreinhalteplanung im Bundes-Immissionsschutzgesetz, in: NuR 2004, 695–701.

185 Vgl. auch Ulrich Storost, in: Carl Hermann Ule/Hans-Werner Laubinger (Hrsg.), BImSchG, § 40 Rn. C 10; Christian Heitsch, in: Michael Kotulla (Hrsg.), BImSchG, § 47 Rn. 69 in Verb. mit § 44 Rn. 22 ff.; Christian Calliess, Feinstaub im Rechtsschutz deutscher Verwaltungsgerichte, in: NVwZ 2006, 1–7; Reinhard Sparwasser, Luftqualitätsplanung zur Einhaltung der EU-Grenzwerte – Vollzugsdefizite und ihre Rechtsfolgen, in: NVwZ 2006, 369–377.

186 Vgl. VGH München, Urteil vom 18.5.2006 – 22 BV 05.2462 NVwZ 2007, 233 = ZUR 2006, 421 = BayVBl 2006, 562; VG Stuttgart, Urteil vom 31.5.2005 – 16 K 1120/05 – NVwZ 2005, 972 = NuR 2005, 611 = ZUR 2005, 436.

187 Vgl. BVerwG, Urteil vom 26.5.2004 – 9 A 6.03 – BVerwGE 121, 57 = DVBl. 2004, 1289 = NVwZ 2004, 1237 = NuR 2004, 729 = ZUR 2005, 96; BVerwG, Urteil vom 18.11.2004 – 4 CN 11. 03 – BVerwGE 122, 207 = DVBl. 2005, 386 = NVwZ 2005, 442 = UPR 2005, 193 = NuR 2005, 394 = ZUR 2005, 199 = ZfBR 2005, 270 = BauR 2005, 671; VGH München, Urteil vom 18.5.2006 – 22 BV 05.2461 – NVwZ 2007, 230 = BayVBl 2006, 566 = UPR 2007, 111; a.A. VG München, Beschluss vom 27.4.2005 – M 1 E 05.1115 – NVwZ 2005, 839 = NuR 2005, 668 = ZUR 2005, 369, mit Bespr. Susanne Krohn, Keine subjektiven Ansprüche bei übermäßiger Feinstaubbelastung durch Diesel-Lkw, in: ZUR 2005, 371–374; VG München, Beschluss vom 26.7.2005 – M 1 K 05.1110 – NVwZ 2005, 1215.

Halama

und der Straßenverkehrs-Ordnung in Betracht. Soweit ein Betroffener vom Schutzbereich der Luftqualitätsvorschriften erfasst wird, ist ein etwaiges Ermessen, das
der Behörde – etwa der Immissionsschutzbehörde bei nachträglichen Anordnungen nach § 17 Abs. 1 BImSchG oder der Straßenverkehrsbehörde zum Schutz
der Wohnbevölkerung vor Abgasen bei Verkehrsverboten- oder -beschränkungen
nach § 45 Abs. 1 Satz 2 Nr. 3 StVO – eingeräumt ist, auch unter Berücksichtigung
seines Schutzinteresses auszuüben. Das muss, selbst bei spürbaren Grenzwertüberschreitungen, aber nicht zwangsläufig zu einer Ermessensreduzierung auf
Null führen. Wie weit sich das Ermessen auf Grund der zwingenden Natur der
Immissionswerte im Einzelfall verdichtet, hängt von den konkreten Verhältnissen
ab. Dabei kann eine Rolle spielen, ob der Betroffene gute Gründe dafür ins Feld
führen kann, dass allein die von ihm begehrte Maßnahme seinem Schutzanliegen
gerecht wird, oder sich darauf verweisen lassen muss, dass andere Lösungsmöglichkeiten den Vorzug verdienen.

4.4 Maßgeblichkeit gemeinschaftsrechtlich vorgegebener Luftqualitätsziele?

148 Die Frage, ob die Zulassung eines Vorhabens unter Hinweis auf die Anforderungen des Luftqualitätsrechts abgewehrt werden kann, ist in der höchstrichterlichen
Rechtsprechung wiederholt erörtert worden. Das BVerwG hat klargestellt, dass
die 22. BImSchV auch im Vorhabenzulassungsverfahren anwendbar ist.[188] Es hat
darauf hingewiesen, dass es unter dem Blickwinkel der Wahrung der Luftqualitätsziele nicht darauf ankommt, ob der maßgebliche Grenzwert an allen Messstellen in dem jeweiligen Gebiet oder Ballungsraum überschritten ist. Auch die Durch-
schnittsbelastung spielt keine Rolle. Es reicht aus, wenn vorhabenbedingte Grenzwertüberschreitungen an einzelnen Stellen des maßgeblichen Gebiets auftreten.
Nach Ansicht des BVerwG ist die Planfeststellungsbehörde indes im Zulassungsverfahren – anders als die Immissionsschutzbehörde im immissionsschutzrechtlichen Genehmigungsverfahren[189] nicht verpflichtet, die Einhaltung der Grenzwerte
der 22. BImSchV vorhabenbezogen sicherzustellen.[190] Werden Grenzwerte überschritten, so ist nach dem durch das Gemeinschaftsrecht vorgezeichneten Regelungssystem des Bundes-Immissionsschutzgesetzes in erster Linie auf dem Wege
über die Luftreinhalteplanung Abhilfe zu schaffen.

149 Das bedeutet nicht, dass die Auswirkungen eines Vorhabens auf die Luftqualität
im Planfeststellungsverfahren unberücksichtigt bleiben dürfen. Der Planungsträger
braucht sie aber nicht zum Anlass für Schutzvorkehrungen zu nehmen, wenn sich
nach den zum Konflikttransfer entwickelten Grundsätzen eine Problemlösung in
einem anderen Verfahren abzeichnet. Als ein solches geeignetes Verfahren bietet
sich die Luftreinhalteplanung an. Dieses Planungsinstrument scheidet für eine
Verlagerung der Konfliktbewältigung nur dann von vornherein aus, wenn das Planvorhaben bereits für sich genommen Immissionen oberhalb der maßgeblichen

---

188 BVerwG, Urteil vom 23.2.2005 – 4 A 4.04 – BVerwGE 123, 37 = DVBl. 2005, 914 = NVwZ 2005,
   803 = UPR 2005, 276 = BauR 2005, 1280 = BRS 69 Nr. 20 (2005).
189 Vgl. Nr. 4.2 der TA Luft in der Fassung vom 24.6.2002 (GMBI. S. 511).
190 Vgl. auch Herbert Ludwig, Die Bedeutung der Luftqualitäts-Richtlinien der EG für die Genehmigung
   von Industrieanlagen, in: Immissionsschutz 2000, 43–47.

Grenzwerte hervorruft oder dazu führt, dass schon vorhandene Grenzwertüberschreitungen noch verstärkt werden. Soweit nicht besondere Umstände entgegenstehen, ist ansonsten in aller Regel davon auszugehen, dass sich die Einhaltung der Grenzwerte mit den Mitteln der Luftreinhalteplanung sichern lässt.[191]

D. Vogelschutzrichtlinie – RL 79/409/EWG

I. Zielsetzungen und Inhalt der Vogelschutzrichtlinie

(1) Die Richtlinie des Rates vom 2. April 1979 über die Erhaltung der wildlebenden **150** Vogelarten – VRL[192] – beruht ausweislich der 2. Begründungserwägung auf der Erkenntnis, dass „bei vielen im europäischen Gebiet der Mitgliedstaaten wild lebenden Vogelarten ein Rückgang der Bestände festzustellen" ist, „der eine ernsthafte Gefahr für die Erhaltung der natürlichen Umwelt (bildet), da durch diese Entwicklung insbesondere das biologische Gleichgewicht bedroht wird". Zu den Vorkehrungen, die dazu bestimmt sind, die Erhaltung der Vogelarten zu sichern, gehört es insbesondere, eine „ausreichende Flächengröße der Lebensräume" zu gewährleisten (7. Begründungserwägung).

(2) Nach Art. 1 Abs. 1 VRL betrifft die Richtlinie die Erhaltung sämtlicher lebenden **151** Vogelarten, die im europäischen Gebiet heimisch sind. Gemäß Art. 2 VRL haben die Mitgliedstaaten für alle diese Vogelarten die Maßnahmen zu treffen, die erforderlich sind, um die Bestände zu sichern. Der Erreichung dieses Schutzziels dienen neben allgemeinen artenschutzrechtlichen Regelungen insbesondere Bestimmungen über die Einrichtung und die Bewirtschaftung von Schutzgebieten. Besonderer Schutzmaßnahmen bedarf es für die in Anhang I aufgeführten Arten.

Nach Art. 4 Abs. 1 Satz 4 VRL erklären die Mitgliedstaaten insbesondere die für **152** die Erhaltung dieser Arten zahlen- und flächenmäßig geeignetsten Lebensräume zu **Schutzgebieten**. Ein ebensolcher Schutz soll nach Art. 4 Abs. 2 VRL den Vermehrungs-, Mauser- und Überwinterungsgebieten sowie den Rastplätzen der regelmäßig auftretenden Zugvogelarten zuteil werden. Die EG-Kommission wirkt bei der Auswahl der Schutzgebiete nicht mit. Sie ist aber nach Art. 4 Abs. 3 VRL von der Unterschutzstellung zu unterrichten.

(3) Nach Art. 4 Abs. 4 Satz 1 VRL haben die Mitgliedstaaten in den auf der Grund- **153** lage des Art. 4 Abs. 1 oder 2 VRL geschaffenen Schutzgebieten einen **Schutzstandard** zu gewährleisten, durch den einer Verschmutzung oder Beeinträchtigung der Lebensräume sowie einer erheblichen Belästigung der Vögel vorgebeugt wird.[193]

---

191 Vgl. BVerwG, Urteil vom 24.6.2004 – 9 A 6.03 – BVerwGE 121, 57 = DVBl. 2004, 1289 = NVwZ 2004, 1237 = NuR 2004, 729 = ZUR 2005, 96; BVerwG, Urteil vom 23.2.2005 – 4 A 5.04 – BVerwGE 123, 23 = DVBl. 2005, 908 = NVwZ 2005, 808 = UPR 2005, 274 = BayVBl 2006, 571 = BauR 2005, 1274 = BRS 69 Nr. 21 (2005); vgl. auch BVerwG, Urteil vom 18.11.2004 – 4 CN 11.03 – BVerwGE 122, 207 = DVBl. 2005, 386 = NVwZ 2005, 442 = UPR 2005, 193 = NuR 2005, 394 = ZUR 2005, 199 = ZfBR 2005, 270 = BauR 2005, 671.

192 ABl. L 103 S. 1.

193 Vgl. Jochen Schumacher, Der Schutz des europäischen Naturerbes durch die Vogelschutzrichtlinie und die Fauna-Flora-Habitat Richtlinie, in: EurUP 2005, 258–265.

Die Beachtung der Richtlinie durch die Mitgliedstaaten ist in hohem Maße der Rechtsprechung des EuGH zu verdanken.

II. Umsetzung der RL 79/409/EWG in das Bundesnaturschutzrecht (BNatSchG)

154 Die Umsetzung der Vogelschutzrichtlinie, die nach ihrem Art. 18 innerhalb von zwei Jahren in nationales Recht hätte transformiert werden müssen, ließ in Deutschland über ein Jahrzehnt auf sich warten. Erst in den §§ 19 a bis 19 f des Zweiten Gesetzes zur Änderung des Bundesnaturschutzgesetzes vom 30. April 1998[194] nahm der Bundesgesetzgeber als Reaktion auf das Urteil vom 11. Dezember 1997 – C 83/97 –, in dem der EuGH feststellte, dass die Bundesrepublik es versäumt habe, die Richtlinie 92/43/EWG des Rates vom 21. Mai 1992 zur Erhaltung der natürlichen Lebensräume sowie der wildlebenden Tiere und Pflanzen[195] fristgemäß umzusetzen[196], nicht bloß von der FFH-Richtlinie, sondern auch von der Vogelschutzrichtlinie überhaupt Notiz.

155 Der bei dieser Gelegenheit geschaffene Normenbestand wurde ohne wesentliche Änderungen in die §§ 32 bis 38 des Bundesnaturschutzgesetzes vom 25. März 2002 übernommen.[197] Auf der Kompetenzgrundlage des Art. 75 Abs. 1 Satz 1 Nr. 3 GG a. E. war der Bundesgesetzgeber auf dem Gebiet des Naturschutzrechts freilich darauf beschränkt, **Rahmenvorschriften** zu erlassen. Die übrigen Umsetzungsakte hatten die Länder zu vollziehen. Um den europarechtlichen Anforderungen zu genügen, entschloss sich der Bundesgesetzgeber in § 39 Abs. 1 BNatSchG 1998 gleichwohl, § 19 b Abs. 5, § 19 c und § 19 d Satz 1 Nr. 2 BNatSchG 1998 übergangsweise bis zum Inkrafttreten landesrechtlicher Bestimmungen, längstens bis zum 8. Mai 2003, unmittelbare Geltung beizulegen. An diesem Konzept hat er in § 69 Abs. 1 BNatSchG 2002 festgehalten. Inzwischen sind sämtliche Bundesländer ihren Umsetzungsverpflichtungen förmlich nachgekommen[198]. Sie haben zumeist das bundesrechtliche Rahmenrecht nahezu wortgleich in das jeweilige Landesnaturschutzrecht übernommen.[199]

---

194 BGBl. I S. 823.
195 ABl. L 206 S. 7.
196 EuGH, Urteil vom 11.12.1997 – Rs. C-83/97 – EuGHE 1997 I-7191 = NVwZ 1998, 721 = NuR 1998, 194 = BayVBl 1998, 718 = NordÖR 1998, 441 – Kommission vs. Deutschland (Verfahren der Vertragsverletzung).
197 BGBl. I S. 1193.
198 Vgl. hierzu die Ausführungen zur FFH-Richtlinie.
199 Vgl. weiterführend Hans-Peter Michler, Die Rechtsstellung der Gemeinden bei der Ausweisung Europäischer Vogelschutzgebiete, in: VBlBW 2006, 449–458; Kathrin Klooth/Hans Walter Louis, Der rechtliche Status der Europäischen Vogelschutzgebiete und der Gebiete von gemeinschaftlicher Bedeutung, in: NuR 2005, 438–442; vgl. auch Dirk Teßmer, Rahmenrechtliche Vorgaben des neuen BNatSchG für die Landesnaturschutzgesetze, in: NuR 2002, 714–719.

III. Rechtsprechung zur RL 79/409/EWG

1. Rechtsprechung des EuGH

1.1 Schutzgebiet (Schutzstatus)

(1) Die Vogelschutzrichtlinie war unter verschiedenen Aspekten Gegenstand der **156** Rechtsprechung des EuGH. Der Gerichtshof hat sich in mehreren Entscheidungen mit Fragen der Schutzgebietsfestsetzung befasst. Den **Status eines Vogelschutzgebiets** erlangt ein bestimmter Lebensraum nur durch eine Erklärung, die die Qualität eines „förmlichen Akts" hat[200]. Die Erklärung muss das Gebiet Dritten gegenüber rechtswirksam abgrenzen und nach nationalem Recht automatisch und unmittelbar „die Anwendung einer gemeinschaftsrechtskonformen Schutz- und Erhaltungsregelung nach sich ziehen"[201].

Nicht jedes Gebiet, das Vögeln als Lebensraum dient, muss zum Vogelschutzge- **157** biet erklärt werden. Eine Ausweisungspflicht besteht nach Art. 4 Abs. 1 Satz 4 VRL nur für die „zahlen- und flächenmäßig geeignetsten Gebiete".[202] Nach der Rechtsprechung des EuGH verfügen die Mitgliedstaaten dabei über einen gewissen Bewertungsspielraum. Die Entscheidung ist allerdings ausschließlich an Hand der in der Vogelschutzrichtlinie festgelegten ornithologischen Kriterien zu treffen. Die Aufnahme eines Gebiets in die sog. **IBA-Katalog** muss nicht zwangsläufig eine Unterschutzstellung zur Folge haben. Ihr ist aber erhebliche indizielle Bedeutung beizumessen. Wirtschaftliche oder sonstige ökologiefremde Erwägungen dürfen bei der Ausweisungsentscheidung jedoch keine Rolle spielen[203].

---

200 EuGH, Urteil vom 7.12.2000 – Rs. C-374/98 – EuGHE 2000 I-10799 = DVBl. 2001, 359 = NVwZ 2001, 549 = NuR 2001, 210 = ZUR 2001, 75 – Kommission vs. Frankreich, mit Bespr. Klaus Füßer, Faktische Vogelschutzgebiete und der Übergang auf die FFH-Verträglichkeitsprüfung gem. Art. 7 FFH, in: NVwZ 2005, 144–148; Christian A. Maaß, Zur Berücksichtigung wirtschaftlicher und sozialer Belange bei der Auswahl, der Ausweisung und dem Schutz von Habitaten, in: ZUR 2001, 80–83.

201 EuGH, Urteil vom 18.3.1999 – Rs. C-166/97 – EuGHE 1999 I-1719 = ZUR 1999, 14 = NuR 1999, 501 – Kommission vs. Frankreich, mit Bespr. Christian A. Maaß, Zur Ausweisung von Vogelschutzgebieten und zu den Anforderungen an die Schutzmaßnahmen, in: ZUR 1999, 150–153; EuGH, Urteil vom 27.2.2003 – Rs. C-415/01 – EuGHE 2003 I-2081 [2089] = NuR 2004, 516 – Kommission vs. Belgien.

202 Kerrin Schillhorn/Claus Albrecht/Thomas Esser, Giesen Tilman, Auswahl von Besonderen Vogelschutzgebieten – Welchen rechtlichen Kriterien muss ein Auswahlkonzept genügen? (Teil III), in: NordÖR 2005, 51–54; Klaus Füßer, Die „zahlen- und flächenmäßig geeignetsten Gebiete" i. S. des Art. 4 Abs. 1 S. 4 der Vogelschutzrichtlinie, in: NuR 2004, 701–709.

203 EuGH, Urteil vom 2.8.1993 – Rs. C-355/90 – EuGHE 1993 I-4221 = ZUR 1994, 305 = NuR 1994, 521 – Kommission vs. Spanien – „Marismas von Santoña", mit Bespr. Gerd Winter, Zur Nichteinhaltung von EWGRL 409/79 Art 4 durch das Königreich Spanien, in: ZUR 1994, 308–310: EuGH, Urteil vom 11.7.1996 – Rs. C-44/95 – EuGHE 1996 I-3805 = DVBl. 1997, 38 = ZUR 1996, 251 = EuZW 1996, 597 = NuR 1997, 36 – Regina vs. Secretary of State for the Environment, ex parte: Royal Society for the Protection of Birds – „Lappel Bank", mit Bespr. Gerd Winter, Zur Rechtsprechung des EuGH zur Vogelschutzrichtlinie, in: ZUR 1996, 254–255; EuGH, Urteil vom 19.5.1998 – Rs. C-3/96 – EuGHE 1998 I-3031 = DVBl. 1998, 888 = UPR 1998, 379 = ZUR 1998, 141 = NordÖR 1998, 441 = NuR 1998, 538 – Kommission vs. Niederlande, mit Bespr. Klaus Iven, Zur Praxis der Mitgliedstaaten bei der Ausweisung von Vogelschutzgebieten, in: NuR 1998, 528–531; EuGH, Urteil vom 6.3.2003 – Rs. C-240/00 – EuGHE 2003 I-2187 [2202] – Kommission vs. Finnland.

1.2 Schutzregime

158 Auch zu dem für Vogelschutzgebiete maßgeblichen Statut hat sich der EuGH wiederholt geäußert. Art. 4 Abs. 4 Satz 1 VRL richtet mit einem allgemeinen Beeinträchtigungs- und Störungsverbot ein **strenges Schutzregime** auf. Die Mitgliedstaaten dürfen bei der Auswahl und Abgrenzung eines solchen Gebietes wirtschaftliche Erfordernisse weder als Gründe des Gemeinwohls, die Vorrang vor den mit der Vogelrichtlinie verfolgten Umweltbelangen haben, noch als zwingende Gründe des überwiegenden öffentlichen Interesses, wie sie in Art. 6 Abs. 4 UAbs. 1 FFH-RL genannt sind, berücksichtigen.[204]

159 Ausnahmen hiervon lässt der EuGH nur unter äußerst engen Voraussetzungen zu. Ausschließlich überragende Gemeinwohlbelange, wie etwa der Schutz des Lebens und der Gesundheit oder der Schutz der öffentlichen Sicherheit, rechtfertige es, die Schranken des Art. 4 Abs. 4 Satz 1 VRL zu überwinden[205]. Nach der Rechtsprechung des EuGH ist die Schwelle zur Erheblichkeit der Auswirkungen nicht erst dann erreicht, wenn die Verwirklichung von Erhaltungszielen unmöglich oder unwahrscheinlich gemacht wird.[206]

1.3 Faktische Vogelschutzgebiete

160 (1) Nach der Rechtsprechung des EuGH unterliegen dem strengen Schutzregime des Art. 4 Abs. 4 Satz 1 VRL auch **faktische Vogelschutzgebiete**. Das sind Gebiete, die nicht förmlich unter Schutz gestellt worden sind, obwohl sie nach ihrem Ausstattungspotenzial eindeutig zu den zahlen- und flächenmäßig geeigneten Lebensräumen im Sinne des Art. 4 Abs. 1 Satz 4 VRL gehören[207].

161 Hinter dieser Rechtsprechung steht die Erwägung, dass das Niveau des gemeinschaftsrechtlich gebotenen Vogelschutzes nicht davon abhängen kann, ob der jeweilige Mitgliedstaat seinen Ausweisungsverpflichtungen nachkommt oder nicht. In faktischen Vogelschutzgebieten entfaltet Art. 4 Abs. 4 Satz 1 VRL unmittelbare Wirkungen. Andernfalls bestünde die Gefahr, dass selbst ornithologisch herausragende Gebiete keinen angemessenen Schutz genössen. Mitgliedstaaten, die ihren Ausweisungsverpflichtungen nicht nachkommen, sollen aus ihrer Saumseligkeit keinen Vorteil ziehen dürfen.

---

204 EuGH, Urteil vom 23.3.2006 – Rs. C-209/04 – EuGHE 2006 I-2756 = NuR 2006, 429 – Kommission vs. Österreich.

205 EuGH, Urteil vom 28.2.1991 – Rs. C-57/89 – EuGHE 1991 I-883 = NVwZ 1991, 559 = EuZW 1991, 317 = BayVBl 1992, 46 = NuR 1991, 249 – Kommission vs. Deutschland – „Leybucht", mit Bespr. Gerd Winter, Der Säbelschnäbler als Teil für Ganze – Bemerkungen zum Leybucht-Urteil des Europäischen Gerichtshofs vom 28–2–1991, NuR 1991, S 249 –, in: NuR 1992, 21–23; Hans Walter Louis, Die Vogelschutz-Richtlinie – und die Irrungen und Wirrungen des VGH München (Urteil vom 14–06–1996, 8 A 94–40125/40129) bei deren Anwendung, in: UPR 1997, 301–303.

206 EuGH, Urteil vom 2.8.1993 – Rs. C-355/90 – EuGHE 1993 I-4221 = ZUR 1994, 305 = NuR 1994, 521 – Kommission vs. Spanien von Santoña.

207 EuGH, Urteil vom 2.8.1993 – Rs. C-355/90 – EuGHE 1993 I-4221 = ZUR 1994, 305 = NuR 1994, 521 – Kommission vs. Spanien – „Marismas von Santoña"; EuGH, Urteil vom 18.3.1999 – Rs. C-166/97 – EuGHE 1999 I-1719 = ZUR 1999, 148 = NuR 1999, 501 – Kommission vs. Frankreich; EuGH, Urteil vom 25.11.1999 – Rs. C-96/98 – EuGHE 1999 I-8531 = ZUR 2000, 222 = NuR 2000, 206 – Kommission vs. Frankreich.

(2) Die Rechtsprechung des EuGH zu faktischen Vogelschutzgebieten hat insbe- **162** sondere im Anwendungsbereich des Art. 7 FFH-RL schwerwiegende Folgen.[208] Nach dieser Vorschrift treten an die Stelle der Pflichten, die sich aus Art. 4 Abs. 4 Satz 1 VRL ergeben, die weniger strengen Verpflichtungen, die durch Art. 6 Abs. 2 bis 4 FFH-RL begründet werden. Art. 7 FFH-RL macht den Übergang zu dem großzügigeren Schutzsystem der FFH-RL indes davon abhängig, dass es sich um ein im Sinn des Art. 4 Abs. 1 oder 2 VRL förmlich unter Schutz gestelltes Vogelschutzgebiet handelt. Er schafft einen Anreiz für die Mitgliedstaaten, besondere Schutzgebiete auszuweisen, wenn sie sich die Möglichkeit eröffnen wollen, Pläne oder Vorhaben, die mit Gebietsbeeinträchtigungen verbunden sind, gem. Art. 6 Abs. 4 FFH-RL aus zwingenden Gründen des überwiegenden öffentlichen Interesses einschließlich solcher sozialer oder wirtschaftlicher Art zuzulassen. Solange der formelle Ausweisungsakt aussteht, gilt das Schutzregime des Art. 4 Abs. 4 Satz 1 VRL fort[209].

2. Rechtsprechung des BVerwG

Auch das BVerwG hat sich wiederholt mit Fragen der Anwendung der Vogelschutz- **163** richtlinie auseinandergesetzt. Dabei hat es sich stets eng an die Rechtsprechung des EuGH angelehnt. Diese setzt mit seiner Rechtsprechung zum faktischen Vogelschutzgebiet 1993 ein. Das BVerwG folgt fünf Jahre später.

2.1 Schutzgebiet (Schutzstatus)

(1) Nach Ansicht des BVerwG rechtfertigt der Umstand allein, dass sich in einem **164** Gebiet bestimmte Vogelarten nachweisen lassen, noch nicht den Schluss, dass eine Schutzgebietsausweisung nach Art. 4 Abs. 1 Satz 4 VRL geboten ist. Nur Lebensräume und Habitate, die für sich betrachtet in signifikanter Weise zur Arterhaltung beitragen, gehören zum Kreis der im Sinne des Art. 4 VRL geeignetsten Gebiete. Die Gebietsauswahl hat sich ausschließlich an ornithologischen Kriterien zu orientieren. Dabei ist die sog. IBA-Liste als bedeutsames Erkenntnismittel zu berücksichtigen. Eine Abwägung mit gegenläufigen Belangen findet nicht statt. Die in Art. 2 VRL erwähnten Gründe wirtschaftlicher oder freizeitbedingter Art sind bei der Gebietsidentifizierung außer Acht zu lassen; denn Art. 4 Abs. 1 Satz 4 VRL ist das Ergebnis einer bereits vom europäischen Richtliniengeber getroffenen Abwägungsentscheidung, die keiner weiteren Relativierung zugänglich ist[210].

---

208 Vgl. Klaus Füßer, Faktische Vogelschutzgebiete und der Übergang auf die FFH-Verträglichkeitsprüfung gem. Art. 7 FFH, in: NVwZ 2005, 144–148.

209 EuGH, Urteil vom 7.12.2000 – Rs. C-374/98 – EuGHE 2000 I-10799 = NVwZ 2001, 549 – Kommission vs. Frankreich; vgl. auch BVerwG, Beschluss vom 21.11.2001 – 4 VR 13.00, 4 A 30.00 – NuR 2002, 153 = ZUR 2002, 225 = BRS 64 Nr. 217 (2001).

210 BVerwG, Urteil vom 19.5.1998 – 4 A 9. 97 – BVerwGE 107, 1 = DVBl. 1998, 900 = NVwZ 1998, 961 = UPR 1998, 384; BVerwG, Urteil vom 31.1.2002 – 4 A 15. 01 – DVBl. 2002, 990 = NVwZ 2002, 1103 = UPR 2002, 344 – BauR 2002, 1676 = BRS 65 Nr. 216 (2002); BVerwG, Urteil vom 14.11.2002 – 4 A 15. 02 – BVerwGE 117, 149 = DVBl. 2003, 534 = NVwZ 2003, 485 = UPR 2003, 183; BVerwG, Urteil vom 15.1.2004 – 4 A 11. 02 – BVerwGE 120, 1 = DVBl. 2004, 642 = NVwZ 2004, 732 = ZUR 2004, 222 = NuR 2004, 366, mit Bespr. Ulrich Hösch, in: NuR 2004, 572–576; BVerwG, Urteil vom 22.1.2004 – A 32. 02 – BVerwGE 120, 87 = DVBl. 2004, 649 = NVwZ 2004, 722 = NuR 2004, 373 = BauR 2004, 957.

Halama

165 (2) Das BVerwG folgt dem EuGH in der Auffassung, dass es zu einer Unterschutzstellung im Sinne des Art. 4 Abs. 1 und 2 VRL einer endgültigen rechtsverbindlichen Entscheidung mit Außenwirkung bedarf. Fehlt es hieran, ist für einen Schutzregimewechsel auf der Grundlage des Art. 7 FFH-RL kein Raum. Eine listenförmige Veröffentlichung der zahlen- und flächenmäßig geeignetsten Gebiete in einem Amtsblatt ersetzt die rechtsverbindliche Gebietserklärung ebenso wenig wie Maßnahmen der einstweiligen Sicherstellung, die das Gebiet vor nachteiligen Veränderungen während des Verfahrens zur Unterschutzstellung bewahren sollen[211].

166 (3) Im Anschluss an die Rechtsprechung des EuGH geht das BVerwG davon aus, dass die Vogelschutzrichtlinie auch in solchen Gebieten unmittelbare Anwendung findet, die der Mitgliedstaat nicht zum Schutzgebiet erklärt hat, die jedoch die besonderen Anforderungen des Art. 4 Abs. 1 Satz 4 VRL erfüllen. Ein Bundesland kann das Bestehen eines „faktischen" Vogelschutzgebiets in seinem Bereich nicht dadurch ausschließen, dass es sein Gebietsauswahlverfahren für das europäische Netz „Natura 2000" für beendet erklärt.[212] Ob die Ausweisungspflichten nach Art. 4 Abs. 1 Satz 4 VRL sowie die Meldepflichten nach Art. 4 Abs. 1 FFH-RL und § 33 Abs. 1 BNatSchG im Zuge der Errichtung des Gebietsnetzes „Natura 2000" erfüllt worden sind, unterliegt grundsätzlich der verwaltungsgerichtlichen Überprüfung.

2.2 Schutzregime

167 In Übereinstimmung mit dem EuGH misst das BVerwG Beeinträchtigungen faktischer Vogelschutzgebiete weiterhin an Art. 4 Abs. 4 Satz 1 VRL.[213] Art. 4 Abs. 4 Satz 1 VRL begründet seinem Wortlaut nach unabhängig von der Zulassung einzelner Bauvorhaben eine Dauerpflicht der Mitgliedstaaten, die Lebensräume der geschützten Populationen zu erhalten und Störungen der wildlebenden Vogelarten zu vermeiden bzw. zu unterlassen. Insoweit ist die Bestimmung dem Art. 6 Abs. 2 FFH-RL vergleichbar, der ebenfalls unabhängig von der Zulassung einzelner Pläne oder Projekte Dauerpflichten begründet. Art. 4 Abs. 4 Satz 1 VRL erschöpft sich aber nicht in der Normierung einer Dauerpflicht. Er bildet zugleich den Maßstab für die Zulässigkeit von Infrastrukturvorhaben im Einzelfall. So ist ein Straßenbauvorhaben in einem „faktischen" (nicht-erklärten) Vogelschutzgebiet gemäß Art. 4

---

211 BVerwG, Urteil vom 1.4.2004 – 4 C 2.03 – BVerwGE 120, 276 = DVBl. 2004, 1115 = NVwZ 2004, 1114 = UPR 2004, 426 = ZUR 2004, 289 = BauR 2004, 1588, mit Bespr. Andre Bönsel/Dietmar Hönig, Konsequenzen beim Schutzregimewechsel von der Vogelschutzrichtlinie zur Fauna-Flora-Habitat-Richtlinie, in: NuR 2004, 710–713; Marius Baum, Zur Unterschutzstellung von Europäischen Vogelschutzgebieten nach dem Urteil des BVerwG zur B 50/Hochmoosübergang, in: NuR 2005, 87–91.

212 BVerwG, Urteil vom 14.11.2002 – 4 A 15.02 – BVerwGE 117, 149 = DVBl. 2003, 534 = NVwZ 2003, 485 = UPR 2003, 183.

213 BVerwG, Urteil vom 19.5.1998 – 4 A 9.97 – BVerwGE 107, 1 = DVBl. 1998, 900 = NVwZ 1998, 961 = UPR 1998, 384, BVerwG, Urteil vom 31.1.2002 – 4 A 15.01 – DVBl. 2002, 990 = NVwZ 2002, 1103 = UPR 2002, 344 = BauR 2002, 1676 = BRS 65 Nr. 216 (2002); BVerwG, Urteil vom 14.11.2002 – 4 A 15.02 – BVerwGE 117, 149 = DVBl. 2003, 534 = NVwZ 2003, 485 = UPR 2003, 183; BVerwG, Urteil 15.1.2004 – 4 A 11.02 – BVerwG E 120, 1 = DVBl. 2004, 642 = NVwZ 2004, 732 = ZUR 2004, 222 = NuR 2004, 366; BVerwG, Urteil vom 1.4.2004 – 4 C 2.03 – BVerwGE 120, 276 = DVBl. 2004, 1115 = NVwZ 2004, 1114 = UPR 2004, 426 = ZUR 2004, 289 = BauR 2004, 1588 – Hochmoosübergang.

Halama

Abs. 4 Satz 1 VRL grundsätzlich unzulässig, wenn es durch die Verkleinerung des Gebiets zum Verlust mehrerer Brut- und Nahrungsreviere führen würde, die einem Hauptvorkommen einer der Vogelarten in Anhang I der Richtlinie dienen.[214] Nur überragende Gemeinwohlbelange wie etwa der Schutz des Lebens und der Gesundheit von Menschen oder der Schutz der öffentlichen Sicherheit sind geeignet, die Verbote des Art. 4 Abs. 4 Satz 1 VRL zu überwinden.

E. Fauna-Flora-Habitatrichtlinie (FFH-RL) – RL 92/43/EWG

I. Zielsetzungen und Inhalt der FFH-RL 92/43/EWG

Die Richtlinie 92/43/EWG des Rates vom 21. Mai 1992 zur Erhaltung der natürlichen Lebensräume sowie der wildlebenden Tiere und Pflanzen[215] ist ausweislich der 3. Begründungserwägung eine Reaktion darauf, dass sich der Zustand der natürlichen Lebensräume im europäischen Gebiet der Mitgliedstaaten unaufhörlich verschlechtert. **168**

(1) Um die biologische Vielfalt zu erhalten, soll durch die Ausweisung besonderer Schutzgebiete unter Einbeziehung der bereits vorhandenen oder noch auszuweisenden Vogelschutzgebiete ein zusammenhängendes (kohärentes) europäisches **ökologisches Netz geschaffen werden (Natura 2000).** Die Schutzgebiete, die grundsätzlich von den Mitgliedstaaten auszuwählen sind, werden einem **besonderen Schutzregime** unterworfen. Pläne und Projekte, die sich auf die mit der Gebietsausweisung verfolgten Schutzziele wesentlich auswirken könnten, sind einer Prüfung zu unterziehen, für die, je nachdem, ob ein prioritärer bzw. ein für das Überleben einer prioritären Art erforderlicher Lebensraum betroffen wird oder nicht, unterschiedliche Anforderungen gelten. Neben den Bestimmungen, die dem Lebensraum- und dem Habitatschutz dienen, enthält die FFH-Richtlinie in Ergänzung zur Vogelschutzrichtlinie auch spezifisch artenschutzrechtliche Regelungen (siehe dazu unten zum Abschnitt „Artenschutz"). Der Entstehungsprozess des kohärenten europäischen ökologischen Netzes besonderer Schutzgebiete, von dem in Art. 3 FFH-RL die Rede ist, unterscheidet sich erheblich von dem Modell, das der Vogelschutzrichtlinie aus dem Jahre 1979 zugrunde liegt. **169**

(2) Ein Vogelschutzgebiet entsteht, wenn es vom Mitgliedstaat im Sinne des Art. 4 Abs. 1 VRL zu einem solchen erklärt oder im Sinne des Art. 4 Abs. 2 VRL als solches anerkannt wird. An diesem Ausweisungsmodus hat sich durch das Inkrafttreten der FFH-RL nichts geändert. Gebiete, die natürliche Lebensraumtypen des Anhangs I oder Habitate der Arten des Anhangs II der FFH-RL beherbergen, erlangen ihren richtliniengemäßen Schutzstatus dagegen in einem Prozess, der drei Phasen umfasst. **170**

Nach Art. 4 Abs. 1 FFH-RL legt jeder Mitgliedstaat binnen drei Jahre nach Bekanntgabe der Richtlinie, d. h. bis zum **10. Juni 1995**, an Hand der im Anhang III **171**

---

214 BVerwG, Urteil vom 1.4.2004 – 4 C 2.03 – BVerwGE 120, 276 = DVBl. 2004, 1115 = NVwZ 2004, 1114 = UPR 2004, 426 = ZUR 2004, 289 = BauR 2004, 1588 – Hochmoselübergang.
215 ABl. L 206 S. 7.

festgelegten Kriterien und einschlägiger wissenschaftlicher Informationen eine Liste von Gebieten vor, in der die dort vorkommenden natürlichen Lebensraumtypen des Anhangs I und einheimischen Arten des Anhangs II aufgeführt sind (Phase 1). Auf der Grundlage der im Anhang III für die Phase 2 festgelegten Kriterien erstellt die Kommission nach Art. 4 Abs. 2 FFH-RL jeweils im Einvernehmen mit den Mitgliedstaaten aus den Listen der Mitgliedstaaten den Entwurf einer **Liste der Gebiete von gemeinschaftlicher Bedeutung**, in der insbesondere die Gebiete mit einem oder mehreren prioritären natürlichen Lebensraumtypen oder einer oder mehreren prioritären Arten ausgewiesen sind. Für die Erstellung dieser Liste räumt Art. 4 Abs. 3 FFH-RL der Kommission eine Frist von sechs Jahren nach Bekanntgabe der Richtlinie ein. Ist ein Gebiet in die Kommissionsliste aufgenommen worden, so weist der betreffende Mitgliedstaat es gem. Art. 4 Abs. 4 FFH-RL nach Maßgabe des nationalen Rechts unter Festlegung der Erhaltungsziele so schnell wie möglich, spätestens aber binnen sechs Jahren, als **besonderes Schutzgebiet** aus (Phase 3). Für den Fall, dass ein Gebiet mit einem prioritären natürlichen Lebensraum oder einer prioritären Art in einer nationalen Liste nach Art. 4 Abs. 1 FFH-RL nicht aufgeführt ist, das nach Einschätzung der Kommission für das Netz „Natura 2000" unerlässlich ist, sieht Art. 5 FFH-RL ein Konzertierungsverfahren vor.

172 (3) Welchem **Schutzregime** die Gebiete von gemeinschaftlicher Bedeutung unterliegen, regelt Art. 6 FFH-RL. Nach Art. 6 Abs. 1 legen die Mitgliedstaaten die nötigen Erhaltungsmaßnahmen fest. Art. 6 Abs. 2 enthält ein allgemeines Verschlechterungsverbot. In den Abs. 3 und 4 finden sich Sonderregelungen für Pläne oder Projekte, die geeignet sind, das jeweilige Schutzgebiet zu beeinträchtigen.

173 Nach Art. 6 Abs. 3 FFH-RL sind Pläne und Projekte daraufhin zu überprüfen, ob sie mit den für das Gebiet festgelegten Erhaltungszielen vereinbar sind. Fällt die Verträglichkeitsprüfung negativ aus, so darf das Vorhaben nur unter den in Art. 6 Abs. 4 FFH-RL genannten Voraussetzungen zugelassen werden. Erforderlich ist die Feststellung, dass zwingende Gründe des überwiegenden öffentlichen Interesses einschließlich solcher sozialer oder wirtschaftlicher Art die Durchführung des Plans oder des Projekts rechtfertigen, eine Alternativlösung nicht vorhanden ist und Ausgleichsmaßnehmen ergriffen werden, durch die die globale Kohärenz von „Natura 2000" gewahrt bleibt.

174 (4) Ein strengerer Maßstab ist anzulegen, wenn das betreffende Gebiet einen **prioritären natürlichen Lebensraumtyp** und/oder eine **prioritäre Art** einschließt. In diesem Falle können nur Erwägungen im Zusammenhang mit der Gesundheit des Menschen und der öffentlichen Sicherheit oder im Zusammenhang mit maßgeblichen günstigen Auswirkungen für die Umwelt oder, nach Stellungnahme der Kommission, andere zwingende Gründe des überwiegenden öffentlichen Interesses geltend gemacht werden. Wie aus Art. 4 Abs. 5 FFH-RL erhellt, unterliegen Schutzgebiete den Bestimmungen der Art. 6 Abs. 2 bis 4 FFH-RL, sobald sie nach Art. 4 Abs. 2 FFH-RL in die Kommissionsliste aufgenommen worden sind.

II. Umsetzung der FFH-RL in deutsches Recht (BNatSchG)

(1) Die FFH-RL hätte nach ihrem Art. 23 Abs. 1 binnen zwei Jahren nach Bekannt-   **175**
gabe in innerstaatliches Recht umgesetzt werden müssen. Dieser Verpflichtung
kam die Bundesrepublik nicht nach. Der Bundesgesetzgeber reagierte erst mit
mehrjähriger Verspätung auf das gerichtliche Verdikt der Vertragsverletzung hin.[216]
In den §§ 19 a bis 19 f des Zweiten Gesetzes zur Änderung des Bundesnaturschutzgesetzes vom 30. April 1998 regelte er Fragen der Gebietsmeldung und des
Schutzstatus.[217] Der bei dieser Gelegenheit geschaffene Normenbestand wurde
ohne wesentliche Änderungen in die §§ 32 bis 38 des Bundesnaturschutzgesetzes vom 25. März 2002 übernommen.[218]

(2) Auf der Kompetenzgrundlage des Art. 75 Abs. 1 Satz 1 Nr. 3 GG a. E. war der   **176**
Bundesgesetzgeber auf dem Gebiet des Naturschutzrechts freilich darauf beschränkt, Rahmenvorschriften zu erlassen. Die übrigen Umsetzungsakte hatten
die Länder zu vollziehen. Um den europarechtlichen Anforderungen zu genügen,
entschloss sich der Bundesgesetzgeber in § 39 Abs. 1 BNatSchG 1998 gleichwohl, § 19 b Abs. 5, § 19 c und § 19 d Satz 1 Nr. 2 BNatSchG 1998 übergangsweise
bis zum Inkrafttreten landesrechtlicher Bestimmungen, längstens bis zum 8. Mai
2003, unmittelbare Geltung beizulegen. An diesem Konzept hat er in § 69 Abs. 1
BNatSchG 2002 festgehalten. Inzwischen sind sämtliche Bundesländer ihren Umsetzungsverpflichtungen förmlich nachgekommen.[219]

(3) Nach Einschätzung des EuGH ist die Umsetzung der FFH-RL in deutsches   **177**
(innerstaatliches) Recht bislang nicht in vollem Umfang gelungen. Wie aus dem
Urteil vom 10. Januar 2006 – Rs. C 98/03 – zu ersehen ist, steht der in § 10 Abs. 1
Nr. 11 BNatSchG 2002 enthaltene Projektbegriff mit den Vorgaben des Art. 6
Abs. 3 und 4 FFH-RL insofern nicht in Einklang, als er nicht alle relevanten Vor-
haben außerhalb besonderer Schutzgebiete mit einschließt.[220] § 36 BNatSchG

---

216 EuGH, Urteil vom 11.12.1997 – Rs. C-83/97 – EuGHE. 1997 I-7197 = NVwZ 1998, 721 = NuR 1998,
194 = BayVBl 1998, 718 = NordÖR 1998, 441 – Kommission vs. Deutschland.
217 BGBl. I S. 823.
218 Gesetz zur Neuregelung des Rechts des Naturschutzes und der Landschaftspflege und zur Anpassung anderer Rechtsvorschriften (BNatSchGNeuregG) – BGBl. I S. 1193.
219 Vgl. §§ 36 bis 40 NatSchG Baden-Württemberg vom 13.12.2005 – GBl. S. 745, Art. 13 b und c
sowie Art. 49 a BayNatSchG i. d. F. vom 24.12.2002 – GVBl S. 975; § 22 b NatSchG Bln i. d. F. vom
28.10. 2003 – GVBl. S. 554; §§ 26 a bis 26 g BbgNatSchG i. d. F. vom 26.5.2004 – GVBl. I S. 350;
§§ 26 a bis 26 d BremNatSchG i. d. F. vom 22.6.2004 – GBl. S. 313; §§ 14 a und 21 a HmBNatSchG
i. d. F. vom 7.8.2001 – GVBl S. 281; §§ 20 a bis 20 d HENatG i. d. F. vom 18.6.2002 – GVBl. I S. 364;
§§ 18 und 28 LNatG M-V i. d. F. vom 22.10.2002 – GVOBl. 2003 S. 1; §§ 34 a bis 34 d NNatG i. d. F.
des Gesetzes vom 23.6.2005 – GVBl S. 210; §§ 48 a bis 48 e LGNW i. d. F. des Gesetzes vom
15.12.2005 – GV.NRW S. 35; §§ 25 bis 27 LNatSchG Rheinland-Pfalz vom 28.9.2005 – GVBl. S.
387; §§ 24 bis 26 NatG Saarland vom 5.4.2006 – Amtsbl. S. 726; §§ 22 a bis 22 c SächsNatSchG
i. d. F. des Gesetzes vom 11.12.2002 – GVBl S. 312; §§ 44 bis 46 NatSchG LSA vom 23.7.2004 –
GVBl S. 454; §§ 20 a bis 20 f LNatSchG S-H i. d. F. vom 18.7.2003 – GVOBl. S. 339; §§ 26 a bis 26 c
ThürNatG i. d. F. vom 15.7.2003 – GVBl S. 339.
220 EuGH, Urteil vom 10.1.2006 – Rs. C-98/03 – EuGHE 2006 I-75 = NVwZ 2006, 319 = DVBl. 2006, 429
= NuR 2006, 166 = EuZW 2006, 216 = ZUR 2006, 134 – Kommission vs. Deutschland, mit Bespr.
Michael Möller/Marcel Raschke/Andreas Fisahn, Naturschutz erst genommen – europarechtlich ge-
forderte Reformen des deutschen Naturschutzrechts, in: EurUP 2006, 203–210; Wolfram Günther, Die
Auswirkungen des EuGH-Urteils C-98/03 zur mangelhaften Umsetzung der Fauna-Flora-Habitat-
Richtlinie, in: EurUP 2006, 94–100; Christoph Palme, Neue Rechtsprechung von EuGH und EuG zum

---

2002 beanstandet der Gerichtshof, weil er Immissionen aus Quellen außerhalb eines besonderen Schutzgebiets unabhängig davon zulässt, ob das Gebiet erheblich beeinträchtigt werden kann.

III. Gemeinschaftsrechtliche Mängel in der Umsetzung (Gebietsschutz)

1. Mängel in der Beachtung der Meldefristen (Rechtsprechung des EuGH)

178 Die FFH-Richtlinie begründet Pflichten nicht allein auf der normativen Ebene. Zur Einrichtung des Gebietsnetzes „Natura 2000" bedarf es neben rechtlicher Vorgaben auch administrativer Maßnahmen. Die Liste, die der Kommission bei Ablauf der Meldefrist am 10. Juni 1995 von deutscher Seite vorlag, entsprach nicht den Anforderungen der FFH-Richtlinie. Der EuGH stellte mit Urteil vom 11. September 2001[221] fest, dass die Bundesrepublik gegen die ihr insoweit obliegenden Verpflichtungen verstoßen habe. Er teilte die Auffassung der Kommission, dass in die nationale deutsche Liste bei Weitem nicht alle Gebiete aufgenommen worden seien, die an Hand der im Anhang III (Phase 1) der Richtlinie festgelegten Kriterien hätten gemeldet werden müssen. Neben Deutschland wurden am 11. September 2001 auch Irland[222] und Frankreich[223] vom EuGH mit der Begründung verurteilt, ihren Meldepflichten nicht ausreichend nachgekommen zu sein.

179 Das Meldeverfahren kann immer noch nicht als endgültig abgeschlossen angesehen werden. Zwar hat die Kommission inzwischen am 22. Dezember 2003[224] für die alpine biogeographische Region, am 7. Dezember 2004[225] für die kontinentale biogeographische Region und ebenfalls am 7. Dezember 2004[226] für die atlantische biogeographische Region Entscheidungen auf der Grundlage des Art. 4 Abs. 2 FFH-RL getroffen. Bei dieser Gelegenheit hat sie jedoch ausdrücklich darauf hingewiesen, dass die veröffentlichten Listen Lücken aufweisen, die darauf zurückzuführen sind, dass die Situation in einzelnen Mitgliedstaaten, darunter auch in Deutschland, immer noch durch Meldedefizite gekennzeichnet ist.

2. Mängel in der Auswahl geeigneter Gebiete (Rechtsprechung des EuGH)

180 Nicht bloß Mängel im Umsetzungsprozess und im Meldeverfahren boten dem Gerichtshof Anlass, sich mit den Regelungen der FFH-Richtlinie auseinanderzusetzen. In den Urteilen vom 7. November 2000[227] und vom 11. September 2001[228]

Natur- und Artenschutzrecht, in: NuR 2007, 243–249; Andreas Fisahn, Vertragsverletzung durch die Bundesrepublik Deutschland wegen mangelhafter Umsetzung der FFH-Richtlinie, in: ZUR 2006, 137–139.

221 EuGH, Urteil vom 11.9.2001 – Rs. C-71/99 – EuGHE 2001 I-5811 = DVBl. 2001, 1826 = NVwZ 2002, 461 = NuR 2002, 151 – Kommission vs. Deutschland.

222 EuGH, Urteil vom 11.9.2001 – Rs. C-67/99 – EuGHE 2001 I-5757 – Kommission vs. Irland.

223 EuGH, Urteil vom 11.9.2001 – Rs. C-220/99 – EuGHE 2001 I-5831 – Kommission vs. Frankreich.

224 ABl. 2004 L 14 S. 21.

225 ABl. L 382 S. 1.

226 ABl. L 387 S. 1.

227 EuGH, Urteil vom 7.11.2000 – Rs. C-371/98 – EuGHE 2000 I-9249 = NuR 2001, 206 – The Queen vs. Secretary of State for the Environment, Transport and the Regions, ex parte First Corporate Shipping Ltd.

Halama

führt der EuGH aus, dass die Mitgliedstaaten bei der Auswahl geeigneter Gebiete nach Art. 4 Abs. 1 FFH-RL zwar über einen gewissen Ermessensspielraum verfügen, sich bei ihrer Entscheidung aber ausschließlich an den im Anhang III für die Phase 1 genannten ökologischen Kriterien zu orientieren haben. Andere Gesichtspunkte, etwa die in Art. 2 Abs. 3 FFH-RL aufgeführten Anforderungen von Wirtschaft, Gesellschaft und Kultur, haben auf dieser Verfahrensstufe außer Betracht zu bleiben.[229] Sie kommen erst dann zum Tragen, wenn es im Rahmen des Art. 6 Abs. 4 FFH-RL um die Frage geht, ob Pläne oder Projekte, die sich nachteilig auf die für das betreffende Gebiet festgelegten Erhaltungsziele auswirken, gleichwohl zugelassen werden können.

3. Schutzniveau vor endgültiger rechtlicher und tatsächlicher Umsetzung

3.1 Rechtsprechung des BVerwG

3.1.1 Schutzgebietausweisung

In der Rechtsprechung des BVerwG spielt die FFH-Richtlinie für den Zeitraum der unterlassenen oder auch nur fehlerhaften Umsetzung eine bedeutende Rolle.[230] Wiederholt ging es um Fragen der Anwendung des Art. 4 Abs. 1 FFH-RL. In Übereinstimmung mit der Rechtsprechung des EuGH weist das BVerwG darauf hin, dass die Mitgliedstaaten bei der Gebietsauswahl keine freie Hand haben. **181**

Welche Gebiete, in denen natürliche Lebensraumtypen im Sinne des Anhangs I oder einheimische Arten im Sinne des Anhangs II vorkommen, zu melden sind, ist an Hand des in Anhang III (Phase 1) festgelegten Kriterienkatalogs zu bestimmen, der ausschließlich auf ökologische Gesichtspunkte abstellt und politische, wirtschaftliche oder sonstige Zweckmäßigkeitserwägungen ausschließt. Erfüllt ein Gebiet aus fachwissenschaftlicher Sicht zweifelsfrei die von der FFH-Richtlinie vorausgesetzten Merkmale, so gehört es zum Kreis der potenziellen Schutzgebiete, auch wenn der Mitgliedstaat, aus welchen Gründen immer, von einer Meldung absieht.[231] **182**

---

228 EuGH, Urteil vom 11.9.2001 – Rs. C-71/99 – EuGHE 2001 I-5811 = DVBl. 2001, 1826 = NVwZ 2002, 461 = NuR 2002, 151 – Kommission vs. Deutschland.

229 Vgl. Christian A Maaß, Zur Berücksichtigung wirtschaftlicher und sozialer Belange bei der Auswahl, der Ausweisung und dem Schutz von Habitaten, in: ZUR 2001, 80–83.

230 Vgl. Ulrich Hösch, Die Rechtsprechung des Bundesverwaltungsgerichts zu Natura–2000-Gebieten, in: NuR 2004, 348–355; Ondolf Rojahn, Planfeststellung von Straßen und europäisches Naturschutzrecht in der neuesten Rechtsprechung des Bundesverwaltungsgerichts, in: NordÖR 2003, 1–6.

231 BVerwG, Urteil vom 19.5.1998 – 4 A 9.97 – BVerwGE 107, 1 = DVBl. 1998, 900 = NVwZ 1998, 961 = UPR 1998, 384 = ZfBR 1998, 318 = NuR 1998, 544 – Ostsee-Autobahn I; BVerwG, Urteil vom 27.1. 2000 – 4 C 2.99 – BVerwGE 110, 302 = DVBl. 2000, 814 = NVwZ 2000, 1171 = DÖV 2000, 687 = UPR 2000, 230 = BauR 2000, 1147 = BRS 63 Nr. 222 (2000); BVerwG, Urteil vom 27.10.2000 – 4 A 18.99 – BVerwGE 112, 140, BVerwG, Urteil vom 31.1.2002 – 4 A 15.01 – DVBl. 2002, 990 = NVwZ 2002, 1103 = UPR 2002, 344 = BauR 2002, 1676 = BRS 65 Nr. 216 (2002); BVerwG, Urteil vom 27.2.2003 – 4 A 59.01 – BVerwGE 118, 15 = DVBl. 2003, 1061 = NVwZ 2003, 1253 = UPR 2003, 353 = ZUR 2003, 416 = NuR 2003, 686 = BRS 66 Nr. 224 (2003), mit Bespr. Andre Bönsel, in: NuR 2003, 677–679; BVerwG, Urteil vom 15.1.2004 – 4 A 11. 02 – BVerwGE 120, 1 = DVBl. 2004, 642 = NVwZ 2004, 732 = UPR 2004, 185 = ZUR 2004, 222 = NuR 2004, 366, mit Bespr. Ulrich Hösch, in: NuR 2004, 572–576.

3.1.2 Schutzregime „potentieller FFH-Gebiete"?

183 (1) Mehrfach war das BVerwG mit der Fragestellung befasst, welchem Schutzregime potenzielle Schutzgebiete unterliegen. Dazu gehören Gebiete, die von der Bundesrepublik zwar gemeldet, aber im maßgebenden Zeitpunkt der behördlichen Entscheidung noch nicht in die Kommissionsliste aufgenommen worden sind, sowie Gebiete, die auf Grund ihrer ökologischen Ausstattung die im Anhang III (Phase 1) genannten Merkmale erfüllen, ohne gemeldet worden zu sein.

184 (2) Nach Auffassung des BVerwG entfaltet die FFH-RL schon vor der Aufnahme geeigneter Gebiete in die Kommissionsliste bestimmte **Vorwirkungen**. Dazu gehört insbesondere das aus dem Gemeinschaftsrecht folgende Verbot, die Ziele der Richtlinie zu unterlaufen und vollendete Tatsachen zu schaffen, die geeignet sind, die Erfüllung der vertraglichen Pflichten unmöglich zu machen. Nach Ansicht des BVerwG lösen die gemeinschaftsrechtlichen Vorwirkungen unterschiedliche Rechtspflichten aus. Besonderen Anforderungen unterliegen potenzielle FFH-Gebiete, bei denen sich nach ihrer Meldung eine Aufnahme in die Gemeinschaftsliste aufdrängt. Dazu zählen insbesondere Gebiete, die prioritäre natürliche Lebensraumtypen bzw. Arten beherbergen. Gebiete, die diese besonderen Qualitätsmerkmale aufweisen, hat die Kommission nach Anhang III (Phase 2 Nr. 2) in die von ihr zu erstellende Liste aufzunehmen.

185 Dies rechtfertigt es nach der Einschätzung des BVerwG, an die Zulässigkeit von Vorhaben in einem Gebiet mit **prioritären Biotopen oder Arten** die Maßstäbe des Art. 6 Abs. 3 und 4 FFH-RL anzulegen, obwohl diese Bestimmungen nach Art. 4 Abs. 5 FFH-RL unmittelbar anwendbar erst nach Aufnahme des Gebiets in die Gemeinschaftsliste werden. Kann dagegen die Aufnahme in die Liste nicht hinreichend sicher prognostiziert werden, hat es mit dem Verbot sein Bewenden, das Gebiet so nachhaltig zu beeinträchtigen, dass es für eine Meldung und eine Aufnahme in die Liste nicht mehr in Betracht kommt[232].

186 (3) An dieser Rechtsprechung hat das BVerwG auch nach Bekanntwerden der Entscheidung des EuGH vom 13. Januar 2005 festgehalten:[233] Es bestehen ge-

---

232 BVerwG, Urteil vom 19.5.1998 – 4 A 9.97 – BVerwGE 107, 1 = DVBl. 1998, 900 = NVwZ 1998, 961 = UPR 1998, 384 = ZfBR 1998, 318 = NuR 1998, 544 – Ostsee-Autobahn I; BVerwG, Urteil vom 27.1.2000 – 4 C 2.99 – BVerwGE 110, 302 = DVBl. 2000, 814 = NVwZ 2000, 1171 = DÖV 2000, 687 = UPR 2000, 230 = BauR 2000, 1147 = BRS 63 Nr. 222 (2000); BVerwG, Urteil vom 27.10. 2000 – 4 A 18.99 – BVerwGE 112, 140 = DVBl. 2001, 386 = NVwZ 2001, 673 = DÖV 2001, 687 = UPR 2001, 144 = ZUR 2001, 214 = NuR 2001, 216 = BauR 2001, 591 = BRS 63 Nr. 223 (2000), mit Bespr. Florian Kirchhof, Welches Schutzregime gilt in potenziellen FFH-Gebieten?, in: NuR 2001, 666–670; BVerwG, Urteil vom 17.5.2002 – 4 A 28.01 – BVerwGE 116, 254 = DVBl. 2002, 1486 = NVwZ 2002, 1243 = UPR 2002, 448 = NuR 2002, 739 = ZUR 2003, 22, mit Bespr. Andreas Fisahn, in: ZUR 2003, 26–28.

233 EuGH, Urteil vom 13.1.2005 – Rs. C-117/03 – EuGHE 2005 I-167 = NVwZ 2005, 311 = ZUR 2005, 194 = NuR 2005, 242 = BayVBl 2005, 656 = EuR 2005, 642 = EuZW 2005, 152 – Dragaggi vs. Ministero delle Infrastrutture e dei Transporti und Regiona e Autonomada Friuli-venezia Giula – „Dragaggi", mit Bespr. Jochen Schumacher/Christoph Palme, Das Dragaggi-Urteil des EuGH und seine Auswirkungen aus das deutsche Habitatschutzrecht, in: EurUP 2005, 175–179; Rüdiger Nebelsieck, Der Schutz potenzieller FFH-Gebiete nach der Dragaggi-Entscheidung des EuGH vom 13.1.2005, in: NordÖR 2005, 235–239; Martin Gellermann, Habitatschutz in der Perspektive des Europäischen Gerichtshofs, in: NuR 2005, 433–438; Hans Walter Louis/Jochen Schumacher, Das Dragaggi-Urteil

meinschaftsrechtlich begründeten Pflichten zur Bewahrung des ökologischen Status Quo im Zeitraum zwischen Notifizierung eines Schutzgebiets nach der FFH-RL und der Entscheidung über die Aufnahme in die Liste von Natura 2000. Die materiell-rechtlichen Maßstäbe des Art. 6 Abs. 3 und 4 FFH-RL gewährleisten einen angemessenen Schutz. Ein weitergehendes Verschlechterungsverbot, wie es z. T. in der Literatur diskutiert wird, ist – jedenfalls für gemeldete Gebiete – nicht geboten. Auch nach Aufnahme eines Gebiets in die Gemeinschaftsliste wird das allgemeine Verschlechterungsverbot des Art. 6 Abs. 2 FFH-RL für Pläne und Projekte durch den Ausnahmevorbehalt des Art. 6 Abs. 3 und 4 FFH-RL durchbrochen. Ein Grund, ein gemeldetes Gebiet stärker vor als nach der Aufnahme in die Kommissionsliste zu schützen, ist nicht ersichtlich. Sanktionsüberlegungen sind bei einem Mitgliedstaat, der seiner Meldeverpflichtung in Bezug auf ein bestimmtes Gebiet nachgekommen ist, fehl am Platz.[234]

3.1.3 Verträglichkeitsprüfung und Ausnahme

(1) Gegenstand einiger weiterer Entscheidungen des BVerwG war die Frage, welche Anforderungen sich aus Art. 6 Abs. 3 und 4 FFH-RL ergeben.[235] Grundsätzlich ist jede Beeinträchtigung von Erhaltungszielen erheblich und muss als „Beeinträchtigung des Gebiets als solchem" gewertet werden.[236] Ist der Planungsträger im Rahmen der **Verträglichkeitsprüfung** in der Lage, durch Schutzvorkehrungen sicherzustellen, dass der Grad der Beeinträchtigung, den die FFH-RL in Art. 6 Abs. 3 durch das Merkmal der Erheblichkeit kennzeichnet, nicht erreicht wird, so ist dem Schutzinteresse der Richtlinie Genüge getan. Wenn durch Schutz- und Kompensationsmaßnahmen gewährleistet ist, dass ein günstiger Erhaltungszustand der geschützten Lebensraumtypen und Arten stabil bleibt, bewegen sich die nachteiligen Wirkungen des Vorhabens unterhalb der Erheblichkeitsschwelle.[237] Das Schutzkonzept erlaubt dann die Zulassung des Vorhabens. Notwendi-

187

---

des EuGH in der Interpretation der Kommission als Hüterin der Europäischen Verträge, in: NuR 2005, 770–771; Klaus Füßer, Abschied von den potenziellen FFH-Gebieten?, in: NVwZ 2005, 628–632; Thomas Wagner/Marcus Emmer, Zum Schutz gemeldeter FFH-Gebiete vor Aufnahme in die Gemeinschaftsliste – Vorgaben der so genannten Dragaggi-Entscheidung des EuGH, in: NVwZ 2006, 422–424; Peter Schütz, Die Umsetzung der FFH-Richtlinie – Neues aus Europa, in: UPR 2005, 137–141; Kathrin Klooth/Hans Walter Louis, Zum Schutz gemeldeter Gebiete von gemeinschaftlicher Bedeutung, in: ZUR 2005, 197–19; Christoph Palme, § 26e Naturschutzgesetz im Kontext des Europäischen Umweltrechts, in: VBlBW 2005, 338–340; Klaus Füßer, Die Errichtung des Netzes NATURA 2000 und die FFH-Verträglichkeitsprüfung – Interpretationsspielräume, -probleme und Entwicklungstendenzen, in: ZUR 2005, 458–465; Martin Gellermann, Natura 2000 – Rechtsfragen eines im Aufbau befindlichen Schutzgebietsnetzes, in: ZUR 2005, 581–585; Dietmar Hönig Schutzstatus nicht gelisteter FFH-Gebiete, in: NuR 2007, 249–252.

234 BVerwG, Beschluss vom 7.9.2005 – 4 B 49.05 – BVerwGE 124, 201 = DVBl. 2005, 1594 = UPR 2006, 231 = NuR 2006, 38; BVerwG, Beschluss vom 31.1.2006 – 4 B 49.05 – Buchholz 451.91 Europ UmweltR Nr. 21 = DVBl. 2006, 579 = NVwZ 2006, 823.

235 Joachim Wrase, Ausnahmen vom FFH-Schutzregime, in: NuR 2004, 356–359.

236 Vgl. BVerwG, Urteil vom 17.1.2007 – 9 A 20.05 – BVerwGE 128, 1 = NVwZ 2007, 1054 = NuR 2007, 336 = ZUR 2007, 307.

237 Vgl. EuGH, Urteil vom 7.9.2004 – Rs. C-127/02 – EuGHE 2004 I-7405 Rn. 59 = EuZW 2004, 730 = NuR 2004, 788 – Landelijke Vereniging tot Behoud van de Waddenzee en Nederlandse Vereniging tot Bescherming van Vogels vs. Staatssecretaris van Landbouw, Natuurbeheer en Visserij (zur RL 92/43/EWG).

ger Bestandteil des Schutzkonzepts kann insbesondere bei wissenschaftlicher Unsicherheit über die Wirksamkeit von Schutz- und Kompensationsmaßnahmen die Anordnung von Beobachtungsmaßnahmen sein (sog. Monitoring). Um in diesem Fall ein wirksames Risikomanagement zu gewährleisten, müssen begleitend Korrektur- und Vorsorgemaßnahmen für den Fall angeordnet werden, dass die Beobachtung nachträglich einen Fehlschlag der positiven Prognose anzeigt. Derartige Korrektur- und Vorsorgemaßnahmen müssen geeignet sein, Risiken für die Erhaltungsziele wirksam auszuräumen.[238] Eine Legaldefinition des günstigen Erhaltungszustands findet sich in Art. 1 Buchst. e und i FFH-RL. Die dort aufgeführten Unterschiede zwischen dem Erhaltungszustand von Lebensräumen (Buchst. e) und Arten (Buchst. i) lassen die Schlussfolgerung zu, dass dementsprechend unterschiedliche naturschutzfachliche Kriterien eine Rolle spielen können.

188 Aus der Sicht des FFH-Rechts spielt es keine Rolle, ob Immissionen, die durch ein Vorhaben verursacht werden, von vornherein als unerheblich einzustufen sind, oder zwar, für sich betrachtet, erheblich zu Buche schlagen, trotzdem aber keine Beeinträchtigungen im Sinne des Art. 6 Abs. 3 FFH-RL erwarten lassen, weil sie durch Schutzmaßnahmen so weit vermindert werden können, dass sie bei der im FFH-Recht gebotenen schutzobjektbezogenen Betrachtungsweise als Gefährdungspotenzial nicht mehr in Betracht kommen[239]. Die Erhaltungsziele sind, solange ein FFH-Gebiet nicht nach dem einschlägigen Landesnaturschutzrecht rechtsverbindlich zu einem Schutzgebiet erklärt worden ist, dürften in aller Regel der Gebietsmeldung zu entnehmen sein. Neben Festlegungen zur Erhaltung oder Wiederherstellung eines günstigen Erhaltungszustands der dort vorkommenden Lebensräume und Arten nach den Anhängen I und II der FFH-RL können in der Gebietsmeldung die für einen geschützten Lebensraumtyp charakteristischen Brutvogelvorkommen als Erhaltungsziel definiert werden, und zwar auch außerhalb eines Vogelschutzgebietes Lebensraumtypen und Arten, die in der Gebietsmeldung nicht genannt sind, können dagegen kein Erhaltungsziel des Gebiets darstellen.[240] Denn in der Gebietsmeldung werden die Merkmale des Gebiets beschrieben, die aus nationaler Sicht erhebliche ökologische Bedeutung für das Ziel der Erhaltung der natürlichen Lebensräume und Arten haben.[241] Zu diesem Zweck sind im Rahmen der FFH-Verträglichkeitsprüfung die sog. Standard-Datenbögen auszuwerten.[242]

---

238 Vgl. BVerwG, Urteil vom 17.1.2007 – 9 A 20.05 – BVerwGE 128, 1 = NuR 2007, 336 = ZUR 2007, 307.

239 BVerwG, Urteil vom 27.2.2003 – 4 A 59.01 – BVerwGE 118, 15 = DVBl. 2003, 1061 = NVwZ 2003, 1253 = UPR 2003, 353 = ZUR 2003, 416 = NuR 2003, 686 = BRS 66 Nr. 224 (2003), mit Bespr. Andre Bönsel, in: NuR 2003, 677–679.

240 Vgl. BVerwG, Urteil vom 17.1.2007 – 9 A 20.05 – BVerwGE 128, 1 = NVwZ 2007, 1054 = NuR 2007, 336 = ZUR 2007, 307 – Westumfahrung Halle, vgl. aber auch BVerwG, Urteil vom 16.03.2006 – 4 A 1075.04 – BVerwGE 125, 116 [309 ff.] = NVwZ 2006, Beilage Nr. I 8, 1–56 = NuR 2006, 766 = NuR 2006, 766 – Flughafen Schönefeld.

241 Vgl. EuGH, Urteil vom 14.9.2006 – Rs. C-244/05 – DVBl. 2006, 1439 = NVwZ 2007, 61 Rn. 39, 45, 51 – Bund Naturschutz in Bayern e. V. und andere vs. Freistaat Bayern.

242 Der sog. Standard-Datenbögen (vgl. auch BMVBW-Leitfaden FFH VP, S. 30) ist ein von der EG-Kommission ausgearbeitetes Meldeformular (vgl. die Entscheidung der Kommission 97/266/EG vom 18.12.1996 – ABl. EG Nr. L 107, S. 1).

(2) Eine **Alternativlösung** im Sinne des Art. 6 Abs. 4 FFH-RL ist nur dann gege- **189** ben, wenn sich das Planungsziel trotz ggf. hinnehmbarer Abstriche auch mit ihr erreichen lässt.[243] Von einer zumutbaren Alternative kann dann nicht mehr die Rede sein, wenn eine Planungsvariante deswegen auf ein anderes Projekt hinausläuft, weil die vom Vorhabenträger in zulässiger Weise verfolgten Ziele nicht mehr verwirklicht werden könnten. Zumutbar ist es nur, Abstriche vom Zielerfüllungsgrad in Kauf.[244] Der Vorhabenträger braucht sich auch nicht auf eine technisch mögliche Alternativlösung verweisen zu lassen, wenn sich Art. 6 Abs. 4 FFH-RL am Alternativstandort als ebenso wirksame Zulassungssperre erweist wie an dem von ihm gewählten Standort. Der Vorhabenträger darf von einer Alternativlösung Abstand nehmen, die technisch an sich machbar und rechtlich zulässig ist, ihm aber Opfer abverlangt, die außer Verhältnis zu dem mit ihr erreichbaren Gewinn für Natur und Umwelt stehen. Eine Alternativlösung darf ggf. auch aus naturschutzexternen Gründen als unverhältnismäßiges Mittel verworfen werden[245].

(3) Auch „Erwägungen im Zusammenhang mit der Gesundheit des Menschen" im **190** Sinne des Art. 6 Abs. 4 FFH-RL können eine erhebliche Beeinträchtigung eines FFH-Gebiets nur rechtfertigen, wenn es sich bei ihnen um „zwingende Gründe des überwiegenden öffentlichen Interesses" im Sinne des Art. 6 Abs. 4 FFH-RL handelt. In der Abweichungsentscheidung muss das Gewicht der für das Vorhaben streitenden Gemeinwohlbelange auf der Grundlage der Gegebenheiten des Einzelfalls nachvollziehbar bewertet und mit den gegenläufigen Belangen des Habitatschutzes abgewogen worden sein.[246] Es genügt daher nicht, dass sich das Vorhaben in irgendeiner Weise als für die Gesundheit des Menschen förderlich erweist. Auf der anderen Seite erstreckt sich der Ausnahmevorbehalt des Art. 6 Abs. 4 FFH-RL nicht nur auf Maßnahmen, die unmittelbar dem Gesundheitsschutz und der Abwehr gesundheitlicher Gemeingefahren zu dienen bestimmt sind, wie beispielsweise Maßnahmen des Katastrophenschutzes, des Rettungsdienstes und des Hochwasserschutzes oder Maßnahmen zur Bekämpfung von Epidemien. Auch Vorkehrungen zur Abwehr individueller Gesundheitsgefahren im Zusammenhang mit der Verfolgung anderer Ziele können es rechtfertigen, ein Vorhaben zuzulassen, das ein besonders schützenswertes Gebiet erheblich beeinträchtigt. Voraussetzung ist jedoch, dass sich das insoweit wahrgenommene öffentliche Interesse als „zwingend" erweist[247].

243 Vgl. auch Ulrich Ramsauer, Die Ausnahmeregelungen des Art. 6 Abs. 4 der FFH-Richtlinie, in: NuR 2000, 601–611; Tilmann Cosack, Erheblichkeitsschwelle und Ausnahmeregelungen nach § 34 BNatSchG – Garanten für eine ausgewogene FFH-Verträglichkeitsprüfung?, in: UPR 2002, 250–258.

244 BVerwG, Urteil vom 15.01.2004 – 4 A 11.02 – BVerwGE 120, 1 [11] = 1 = DVBl. 2004, 642 = NVwZ 2004, 732 = ZUR 2004, 222 = NuR 2004, 366.

245 BVerwG, Urteil vom 175.2002 – 4 A 28.01 – BVerwGE 116, 254 = NVwZ 2002, 1243 = UPR 2002, 448 = NuR 2002, 739 = ZUR 2003, 22, mit Bespr. Andreas Fisahn, in: ZUR 2003, 26–28.

246 Vgl. BVerwG, Urteil vom 17.1.2007 – 9 A 20.05 – BVerwGE 128, 1 = NVwZ 2007, 1054 = NuR 2007, 336 = ZUR 2007, 307.

247 BVerwG, Urteil vom 27.1.2000 – 4 C 2.99 – BVerwGE 110, 302 = DVBl. 2000, 814 = NVwZ 2000, 1171 = DÖV 2000, 687 = UPR 2000, 230 = BauR 2000, 1147 = BRS 63 Nr. 222 (2000).

191 Die Auslegung und Anwendung des Art. 6 Abs. 4 UAbs. 2 FFH-RL in Verb. mit § 34 Abs. 4 BNatSchG 2002 ist schwierig, soweit als zwingende Gründe des überwiegenden öffentlichen Interesses solche „im Zusammenhang mit der Gesundheit des Menschen" geltend gemacht werden. Sollen beispielsweise mit dem Bau einer Ortsumgehungsstraße innerörtliche Unfallschwerpunkte entschärft werden und führt dies zwangsläufig zu einer erheblichen Beeinträchtigung eines FFH-Gebiets, das einen prioritären natürlichen Lebensraumtyp und/oder eine prioritäre Art einschließt, verlangt dies jedenfalls eine konkrete Ermittlung und Bewertung des bisherigen Unfallgeschehens im Vergleich zu dem Zustand nach Durchführung der Planung im Sinne einer Gesamtbilanzierung.[248] Das gilt auch, wenn Anwohner einer vom Verkehr stark belasteten Durchgangsstraße nach dem Bau einer Umgehungsstraße von der zu erwartenden Verkehrsentlastung profitieren. Das darf jedoch nicht missverstanden werden.

192 Der Ausnahmeregelung des Art. 6 Abs. 4 UAbs. 2 FFH- RL wird es also nicht gerecht, dass sich das zu beurteilende Vorhaben in irgendeiner Weise nur als für die Gesundheit des Menschen förderlich erweist. Bereits die Notwendigkeit, den Gesichtspunkt der Alternative zu bedenken zeigt auf, dass die Anwendung des Art. 6 Abs. 4 UAbs. 2 FFH-RL unter dem gemeinschaftsrechtlichen Gebot der Verhältnismäßigkeit steht. Erforderlich ist eine bewertende Betrachtung. Die Berufung auf Gesichtspunkte des Gesundheitsschutzes ist nach allem nur unter engen Voraussetzungen durchgreifend. Es ist nicht zulässig, gleichsam mit leichter Hand den Gesichtspunkt der menschlichen Gesundheit zu benutzen, um anderen, durchaus möglichen Maßnahmen aus dem Wege zu gehen. Es wäre also gemeinschaftsrechtlich verfehlt, jede vom Verkehr stark belastete Durchgangsstraße als Rechtfertigung anzusehen, um mit dem Bau einer Umgehungsstraße in ein prioritäres Gebiet vorzudringen. Ein derartiges Verständnis lässt sich weder der Rechtsprechung des EuGH noch der des BVerwG entnehmen. Die Planung einer Ortsrandstraße, die zur deutlichen und nachhaltigen Verkehrsentlastung der Innerortslage beiträgt und dafür sorgt, dass zu-, ab- und durchfließender Verkehr möglichst zügig aus der Ortschaft herausverlagert wird, kann allenfalls unter besonderen Umständen eine Abweichung von den grundsätzlichen Anforderungen des FFH-Rechts an den Lebensraumschutz rechtfertigen.[249]

193 Wenn sich in dem Gebiet prioritäre Lebensraumtypen oder Arten befinden, ist es nach Einholung einer Stellungnahme der EG-Kommission (Art. 6 Abs. 4 UAbs. 2 FFH-RL) nach Ansicht des BVerwG nicht für eine Abweichungsentscheidung gesperrt, die auf andere als die in Art. 6 Abs. 4 UAbs. 2 FFH-RL besonders benannten Abweichungsgründe gestützt wird.[250]

---

248 BVerwG, Urteil vom 27.1.2000 – 4 C 2.99 – BVerwGE 110, 302 = DVBl. 2000, 814 = NVwZ 2000, 1171 = DÖV 2000, 687 = UPR 2000, 230 = BauR 2000, 1147 = BRS 63 Nr. 222 (2000).
249 Vgl. die zu extensive Auslegung bei OVG Münster, Urteil vom 15.5.2007 – 8 C 10751/06 – juris (Volltext).
250 Vgl. BVerwG, Urteil vom 17.1.2007 – 9 A 20.05 – BVerwGE 128, 1 = NVwZ 2007, 1054 = NuR 2007, 336 = ZUR 2007, 307, mit Bespr. Peter Kremer, Erhöhte Anforderungen an die FFH-Verträglichkeitsprüfung und nachfolgende Abweichungsentscheidungen – das Urteil des BVerwG zur A 143, in: ZUR 2007, 299–304.

(4) Beurteilungszeitpunkt ist der Erlass einer für das Vorhaben positiven Entschei- **194** dung. Zu diesem Zeitpunkt darf aus wissenschaftlicher Sicht kein vernünftiger Zweifel daran bestehen, dass sich das Vorhaben nicht nachteilig auf das betreffende Gebiet auswirkt oder die Voraussetzungen für eine Ausnahme gegeben sind.[251] Dies ist auch der für die gerichtliche Überprüfung maßgebliche Zeitpunkt.[252] Späteres Vorbringen kann daher nur der Erläuterung dienen. Im Grundsatz ist vielmehr ein ergänzendes Verfahren, das mit einer erneuten, ggf. in ein noch laufendes Verwaltungsstreitverfahren einzubeziehenden Entscheidung der zuständigen Behörde abschließt. Der EuGH lässt auch eine „Aussetzung" zu, um den heilbaren Fehler zu beseitigen.[253]

3.2 Rechtsprechung des EuGH

(1) Der EuGH ist in zwei Entscheidungen der Frage nachgegangen, welchen **195** Schutz Gebiete in der Übergangszeit zwischen ihrer Meldung und der Aufnahme in die Kommissionsliste genießen[254]. Er steht auf dem Standpunkt, dass Art. 6 Abs. 2 bis 4 FFH-RL in dieser Phase auch bei Gebieten, die prioritäre natürliche Lebensraumtypen oder prioritäre Arten beherbergen, nicht als Zulassungsmaßstab herangezogen werden kann. Zur Begründung verweist er auf den Wortlaut des Art. 4 Abs. 5 FFH-RL, der die Anwendung der in Art. 6 Abs. 2 bis 4 FFH-RL getroffenen Regelungen ausdrücklich davon abhängig macht, dass das betreffende Gebiet nach Art. 4 Abs. 2 FFH-RL in die von der Kommission erstellte Liste aufgenommen worden ist.[255]

Daraus folgt freilich nicht, dass die Mitgliedstaaten bei der Zulassung von Plänen **196** und Projekten in gemeldeten Gebieten freie Hand haben. Zur Wahrung der u. a. in der 6. Begründungserwägung und in Art. 3 Abs. 1 FFH-RL genannten Ziele ist ein „angemessener" Schutz unabdingbar. Die Mitgliedstaaten sind verpflichtet, „geeignete Schutzmaßnahmen" zu ergreifen. Sie dürfen keine Eingriffe zulassen, die die ökologischen Merkmale eines nach den Kriterien des Anhangs III gemeldeten Gebiets ernsthaft beeinträchtigen könnten.

---

251 Vgl. EuGH, Urteil vom 26.10.2006 – Rs. C-239/04 – DVBl. 2007, 379 = ZUR 2007, 89 = NuR 2007, 30 Nr. 24 – Kommission vs. Portugal.
252 BVerwG, Urteil vom 1.4.2004 – 4 C 2.03 – BVerwGE 120, 276 [283] = DVBl. 2004, 1115 = NVwZ 2004, 1114 = UPR 2004, 426 = ZUR 2004, 289 = BauR 2004, 1588.
253 EuGH, Urteil vom 7.1.2004 – Rs. C-201/02 – EuGHE 2004 I-748 Rn. 65 = DVBl. 2004, 370 = NVwZ 2004, 593 = EWS 2004, 232 = NuR 2004, 517 – Delena Wells vs. Secretary of State for Transport, Local Government and the Regions, mit Bespr. Jochen Kerkmann, Wiederaufnahme eines Bergbaubetriebes ohne UVP, in: DVBl. 2004, 1288–1289 In der englischen bzw. französischen Fassung der Urteilsgründe heißt es „revocation or suspension" bzw. „le retrait ou la suspension".
254 EuGH, 13.1.2005 – Rs. C-117/03 – EuGHE 2005 I-167 = NVwZ 2005, 311 = ZUR 2005, 194 = NuR 2005, 242 – Dragaggi vs. Ministero delle Infrastrutture e dei Transporti und Regiona e Autonomada Friuli-venezia Giula – „Dragaggi"; EuGH, Urteil vom 14.9.2006 – Rs. C-244/05 – DVBl 2006, 1439 = NVwZ 2007, 61 = EuZW 2007, 61 = BayVBl 2007, 138 = ZUR 2006, 539 = NuR 2006, 763 – Bund Naturschutz in Bayern e. V. und andere vs. Freistaat Bayern, mit Bespr. Alexander Brigola, in: BayVBl 2007, 139–141; Jens Hamer, in: EurUP 2006, 263–264; Peter Schäfer, in: EuZW 2007, 63–64; Dietmar Hönig, in: NuR 2007, 249–252.
255 Christoph Sobotta, Die Rechtsprechung des EuGH zu Art 6 der Habitatrichtlinie, in: ZUR 2006, 353–360.

Halama

197 (2) Der EuGH geht in mehreren Urteilen auf die Anforderungen ein, die sich aus Art. 6 Abs. 3 und 4 FFH-RL ergeben. Als Grundsatz gilt, dass die Voraussetzungen für eine mögliche Genehmigung **„eng" auszulegen** und anzuwenden sind.[256] Eine Genehmigung darf daher nur unter der Voraussetzung erteilt werden, dass die Behörden zum Zeitpunkt der Erteilung der Genehmigung des Plans oder des Projekts Gewissheit darüber erlangt haben, dass sich dieser bzw. dieses nicht nachteilig auf das betreffende Gebiet als solches auswirkt. Dass das Projekt nach seiner Durchführung möglicherweise keine solchen Wirkungen hatte, hat auf diese Beurteilung keinen Einfluss. Denn zum Zeitpunkt des Erlasses der Entscheidung, mit der die Durchführung des Projekts genehmigt wird, darf aus wissenschaftlicher Sicht kein vernünftiger Zweifel daran bestehen, dass es sich nicht nachteilig auf das betreffende Gebiet auswirkt.[257] Eine Verträglichkeitsprüfung auf der Grundlage des Art. 6 Abs. 3 FFH-RL ist vorzunehmen, wenn sich nicht an Hand objektiver Umstände ausschließen lässt, dass ein Plan oder ein Projekt ein Schutzgebiet einzeln oder im Zusammenwirken mit anderen Plänen oder Projekten erheblich beeinträchtigen kann[258]. Dies gilt auch dann, wenn sich eine bloß mittelbare Beeinträchtigung nicht ausschließen lässt[259]. Pläne oder Projekte können im Sinne des Art. 6 Abs. 3 Satz 1 FFH-RL das Gebiet erheblich beeinträchtigen, „wenn sie drohen, die für dieses Gebiet festgelegten Erhaltungsziele zu gefährden".[260] Ob eine Beeinträchtigung im Sinne des Art. 6 Abs. 3 Satz 2 FFH-RL droht, ist also von den für das jeweilige Gebiet maßgeblichen Erhaltungszielen her zu beurteilen[261]. Ein Vorhaben ist zulassungsfähig, wenn sich die Beeinträchtigungen, die es an sich erwarten lässt, durch Schutzvorkehrungen wirksam verhindern lassen[262]. Dagegen kommt eine Zulassung nicht in Betracht, wenn Zweifel an der Unschädlichkeit des Projekts nicht ausräumbar sind[263].

---

256 EuGH, Urteil vom 26.10.2006 – Rs. C-239/04 – DVBl. 2007, 379 = NuR 2007, 30 = ZUR 2007, 89 – Kommission vs. Portugal.

257 EuGH, Urteil vom 26.10.2006 – Rs. C-239/04 – DVBl. 2007, 379 = NuR 2007, 30 = ZUR 2007, 89 – Kommission vs. Portugal.

258 EuGH, Urteil vom 7.9.2004 – Rs. C-127/02 – EuGHE 2004 I-7405 = EuZW 2004, 730 = NuR 2004, 788 – Landelijke Vereniging tot Behoud van de Waddenzee und Nederlandse Vereniging tot Bescherming van Vogels vs. Staatssecretaris van Landbouw, Natuurbeheer en Visserij (zur RL 92/43/EWG) – „Herzmuschelfischerei"; vgl. auch EuGH, Urteil vom 24.10.1996 – Rs. C-72/95 – EuGHE 1996 I-5403 = DVBl. 1997, 40 = ZUR 1997, 35 = NuR 1997, 536 – Aannemersbedrijf P.K. Kraaijeveld BV e.a. vs. Gedeputeerde Staten van Zuid-Holland (zu RL 85/337/EWG)- „Kraaijfeld".

259 EuGH, Urteil vom 20.10.2005 – Rs. C-6/04 – EuGHE 2005 I-9017 [9056] = NuR 2006, 494 – Kommission vs. Großbritannien; vgl. auch BVerwG, Urteil vom 17.1.2007 – 9 A 20.05 – BVerwGE 128, 1 = NuR 2007, 336 = ZUR 2007, 307 – Westumfahrung Halle.

260 EuGH, Urteil vom 7.9.2004 – Rs. C-127/02 – EuGHE 2004 I-7405 Rn. 49 = EuZW 2004, 730 = NuR 2004, 788 – Landelijke Vereniging tot Behoud van de Waddenzee und Nederlandse Vereniging tot Bescherming van Vogels vs. Staatssecretaris van Landbouw, Natuurbeheer en Visserij (zur RL 92/43/EWG) – „Herzmuschelfischerei".,

261 EuGH, Urteil vom 29.1.2004 – Rs. C-209/02 – EuGHE 2004 I-1211 = NVwZ 2004, 841 = EuZW 2004, 186 = NuR 2004, 656 – Kommission vs. Österreich.

262 EuGH, Urteil vom 29.1.2004 – Rs. C-209/02 – EuGHE 2004 I-1211 = NVwZ 2004, 841 = EuZW 2004, 186 = NuR 2004, 656 – Kommission vs. Österreich.

263 EuGH, Urteil vom 7.9.2004 – Rs. C-127/02 – EuGHE 2004 I-7405 = EuZW 2004, 730 = NuR 2004, 788 – Landelijke Vereniging tot Behoud van de Waddenzee und Nederlandse Vereniging tot Bescherming van Vogels vs. Staatssecretaris van Landbouw, Natuurbeheer en Visserij (zur RL 92/43/EWG) – „Herzmuschelfischerei".

Halama

(3) Eine **Alternativlösung** im Sinne des Art. 6 Abs. 4 FFH-RL kommt in Betracht, **198** wenn für das Vorhaben ohne signifikante technische Schwierigkeiten und ohne unangemessene zusätzliche Belastungen eine andere Trasse oder ein anderer Standort zur Wahl steht, die/der keine negativen Auswirkungen auf ein Schutzgebiet erwarten lässt[264]. Die Durchführung eines Plans oder Projekts nach Art. 6 Abs. 4 FFH-RLN erfordert, dass das Fehlen von Alternativlösungen nachgewiesen wird. Daraus folgt, dass ein Mitgliedstaat gegen seine Verpflichtungen aus Art. 6 Abs. 4 der Richtlinie verstößt, wenn er trotz negativer Ergebnisse der Umweltverträglichkeitsprüfung ein Projekt durchführt, ohne nachgewiesen zu haben, dass für dieses Projekt keine Alternativlösungen vorhanden waren.[265]

4. Rechtsschutzfragen

Von erheblicher praktischer Bedeutung ist, ob sich ein Eigentümer gerichtlich da- **199** gegen zur Wehr setzen kann, dass sein Grundstück auf der Grundlage des Art. 4 Abs. 1 FFH-RL gemeldet und auf der Grundlage des Art. 4 Abs. 2 FFH-RL in die Kommissionsliste aufgenommen wird.[266]

(1) **Auswahl oder Meldung.** Soweit sich Grundstückseigentümer gegen die Aus- **200** wahl oder die Meldung einer ihren gehörenden Fläche wendeten, hatten sie vor Obergerichten durchweg schon deshalb keinen Erfolg, weil ihnen aus folgenden Gründen die Antrags- bzw. Klagebefugnis oder das Rechtsschutzinteresse abgesprochen wurde: Die Meldung weist keinen selbständigen Regelungsgehalt auf. Sie hat in dem mehrstufigen Verfahren der Unterschutzstellung nur vorbereitenden Charakter, ohne unmittelbar belastende Rechtswirkungen zu erzeugen. Die Meldung vermittelt nur Wissen. Sie hat als solche keine Nutzungs- oder Bewirtschaftungsbeschränkungen zur Folge.

Werden dem Betroffenen unter Berufung auf den Schutz, den gemeldete Gebiete **201** kraft Gemeinschaftsrechts schon vor der Aufnahme in die Kommissionsliste genießen, später Beschränkungen auferlegt, so steht es ihm frei, hiergegen vorzugehen und bei dieser Gelegenheit klären zu lassen, ob sein Grundstück die für eine Meldung erforderlichen gemeinschaftsrechtlichen Voraussetzungen erfüllt. Hierdurch ist ein wirksamer Rechtsschutz gewährleistet[267].

---

264 EuGH, Urteil vom 26.10.2006 – Rs. C-239/04 – DVBl. 2007, 379 = UR 2007, 89 = NuR 2007, 30 – Kommission vs. Portugal.
265 EuGH, Urteil vom 26.10.2006 – Rs. C-239/04 – DVBl. 2007, 379 = NuR 2007, 30 = ZUR 2007, 89 – Kommission vs. Portugal.
266 Joachim Wrase, Rechtsschutz gegen die Schaffung von FFH- und Vogelschutzgebieten. Münster 2004; Bernhard Stüer/Holger Spreen, Rechtsschutz gegen FFH- und Vogelschutzgebiete, in: NdsVBl 2003, 44–52; Bernhard Stüer/Holger Spreen, Rechtsschutz der Gemeinden bei der Ausweisung von Habitaten und Vogelschutzgebieten, in: NordÖR 2003, 221–226; Jochen Kerkmann, Rechtsschutz gegen ausgewiesene FFH-Gebiete, in: BauR 2006, 794–801; Wolfgang Ewer, Rechtsschutz gegenüber der Auswahl und Festsetzung von FFH-Gebieten, in: NuR 2000, 361–367.
267 Vgl. VGH Kassel, Beschluss vom 20.3.2001 – 4 TZ 822/01 – NVwZ 2001, 1178; OVG Schleswig, Beschluss vom 26.2.2002 – 1 L 162/01- NordÖR 2002, 317; OVG Lüneburg, Beschluss vom 12.7. 2000 – 3 M 1605/00 – NuR 2000, 711; OVG Lüneburg, Beschluss vom 24.3.2000 – 3 M 439/00 – NuR 2000, 298; OVG Münster, Beschluss vom 19.3.2001 – 8 B 1893/00 – n. v.; OVG Münster, Urteil vom 14.5.2003 – 8 A 4229/01 – OVGE MüLü 49, 142 = NuR 2003, 706 = AUR 2004, 252; OVG Bremen,

---

202 Das BVerwG teilt diese Sichtweise. Es geht unter Hinweis darauf, dass durch die Meldung allein keine Bewirtschaftungshindernisse aufgerichtet werden, davon aus, dass in diesem Stadium des Verfahrens noch keine Rechtsschutzfragen aufgeworfen werden[268]. Es ist Sache des EuGH, die Entscheidungen der Kommission gerichtlich zu überprüfen, falls durch diese unmittelbare Auswirkungen auf die Rechtsstellung des Grundeigentümers entstehen sollten. In seinem Beschluss vom 5.7.2005 hat der Präsident des Gerichts den Erlass einer einstweiligen Anordnung wegen fehlender Dringlichkeit abgelehnt und in diesem Zusammenhang Zweifel an der unmittelbaren und individuellen Betroffenheit von Grundstückseigentümern geäußert.[269]

203 (2) **Aufnahme in die Gebietsliste.** Auch auf der nächsten Verfahrensstufe versprechen Klagen keinen Erfolg. Der Eigentümer eines Grundstücks, das von der Kommission auf Vorschlag des Mitgliedstaates gemäß Art. 4 Abs. 2 FFH-RL in die Liste der Gebiete von gemeinschaftlicher Bedeutung aufgenommen wurde, kann sich gegen diesen Rechtsakt eines Gemeinschaftsorgans nicht vor deutschen Gerichten wehren. Aber auch der gemeinschaftsrechtliche Rechtsschutz versagt. Eine Nichtigkeitsklage kommt nicht in Betracht. Sie ist unzulässig, denn der Eigentümer wird durch die Aufnahme in die Liste nicht im Sinne von Art. 230 Abs. 4 EG unmittelbar betroffen.[270]

204 Mit der Aufnahme einer Fläche in die Kommissionsliste wird nach Art. 4 Abs. 5 FFH-RL das Schutzsystem des Art. 6 Abs. 2 bis 4 FFH-RL wirksam. Adressaten der Schutzbestimmungen sind die Mitgliedstaaten, die entsprechende Vollzugsmaßnahmen zu treffen haben. Hiergegen kann sich der Einzelne ggf. vor den nationalen Gerichten zur Wehr setzen. Wird ein Gebiet nach Maßgabe des Art. 4 Abs. 4 FFH-RL unter Schutz gestellt (vgl. § 33 Abs. 2 und 3 BNatSchG), so steht in der Regel der Weg der Normenkontrolle offen. Gegen die ordnungsrechtliche Untersagung von Beeinträchtigungen (etwa das Verbot des Einsatzes bestimmter Düngemittel) oder die Versagung einer Genehmigung kann der Betroffene mit der Anfechtungs- bzw. der Verpflichtungsklage vorgehen. Dadurch wird seinem Rechtsschutzanspruch auch unter dem Blickwinkel des Gemeinschaftsrechts hinreichend Rechnung getragen. Denn in dem von ihm eingeleiteten Verfahren kann er prüfen lassen, ob die Maßnahme, durch die er sich beschwert fühlt, mit dem Gemeinschaftsrecht in Einklang steht. Das Gericht hat dies ggf. im Wege der Einholung einer Vorabentscheidung nach Art. 234 EG zu klären[271]. Hält es die Auf-

---

Urteil vom 31.5.2005 – 1 A 346/02 – NordÖR 2005, 317 = NuR 2005, 654; OVG Lüneburg, Beschluss vom 21.3.2006, NuR 2006, 391; vgl. auch Martin Gellermann, Natura 2000. Europäisches Habitatschutzrecht und seine Durchführung in der Bundesrepublik Deutschland, Berlin 2. Aufl. 2001, S. 242, m. w. N.

268 BVerwG, Beschluss vom 7.4.2006 – 4 B 58.05 – NVwZ 2006, 822 = UPR 2006, 351 = NuR 2006, 572.

269 EuGH, Beschluss vom 5.7.2005 – Rs. T-117/05 R – EuGHE 2005 II-2593 = ZUR 2005, 589 = NuR 2006, 169. mit Bespr. Sabine Schlacke, Zum Rechtsschutz bei mehrstufigen Rechtsschutz im europäischen Kontrollverbund, in: ZUR 2005, 592–594.

270 EuGH, Beschluss vom 22.6.2006 – Rs. T-136/04 – ZUR 2006, 535 – Rasso Freiherr von Cramer-Klett und Rechtlerverband Pfronten vs. Kommission, mit Bespr. Klaus Gärditz, in: ZUR 2006, 536–538.

271 EuGH, Urteil vom 17.11.1998 – Rs. C-70/97 P – EuGHE 1998 I-7183 = EuZW 1999, 181 = EWS 1999, 55 = GRUR Int 1999, 257 = NJWE-WettbR 1999, 114 (L) – BVBA Kruidvat vs. Kommission.

Halama

nahme der Fläche in die Gemeinschaftsliste für rechtswidrig, so muss es, auch wenn es nicht als letzte Instanz tätig wird, den EuGH einschalten, da nationale Gerichte nicht befugt sind, sekundäres Gemeinschaftsrecht ohne Anrufung des EuGH inzident zu verwerfen[272].

IV. Artenschutz der VRL 79/409/EWG und der FFH-RL 92/43/EWG

1. Zielsetzungen des Artenschutzes nach der FFH-RL

(1) Über die Bestimmungen hinaus, die dadurch zur Erhaltung der biologischen **205** Vielfalt beitragen sollen, dass Gebiete, die bedrohten Tier- und Pflanzenarten als Habitat bzw. Lebensraum dienen, einem besonderen Schutzregime unterstellt werden (Art. 4 VRL; Art. 4 bis 7 FFH-RL), richten die Vogelschutzlinie vom 2. April 1979 und die FFH-RL vom 21. Mai 1992 für bestimmte Arten ein **allgemeines Schutzsystem** auf.[273] Die insoweit getroffenen Regelungen sind in ihrer Grundstruktur durch eine Kombination von Verbots- und Ausnahmetatbeständen gekennzeichnet. Unterschiedliche Konzepte treten insofern zutage, als die Vogelschutzrichtlinie in ihren Schutzbereich sämtliche Vogelarten einbezieht, die im europäischen Gebiet heimisch sind, während sich der Schutz, den die FFH-RL gewährt, auf einzelne Tier- und Pflanzenarten beschränkt. Die **artenschutzrechtlichen Grundpfeiler** bilden die Verbotsvorschriften des Art. 5 VRL und des Art. 12 FFH-RL. Eingriffslagen können sich aus Einzelvorhaben (Projekte) oder aus Planungen ergeben.[274]

---

272 EuGH, Urteil vom 22.10.1987 – Rs. C-314/85 – EuGHE 1987 I-4199 = NJW 1988, 1451 = EuR 1990, 143 – Firma Foto-Frost vs. Hauptzollamt Lübeck Ost – „Foto Frost", mit Bespr. Christoph Herrmann, Die Reichweite der gemeinschaftsrechtlichen Vorlagepflicht in der neueren Rechtsprechung des EuGH, in: EuZW 2006, 231–235; Dirk Schroeder, Keine Feststellung der Unwirksamkeit von Handlungen der Gemeinschaftsorgane, in: EWiR 1988, 159–160; Robert Koch, Zur Vorlagepflicht nationaler Gerichte an den EuGH in Verfahren des vorläufigen Rechtsschutzes, in: NJW 1995, 2331–2332; EuGH, Urteil vom 21.2.1991 – Rs. C 143/88 und C 92/89 – EuGHE 1991 I-415 = DVBl. 1991, 480 = EuZW 1991, 313 = BayVBl 1991, 300 = JZ 1992, 36 – Zuckerfabrik Süddithmarschen AG und Zuckerfabrik Soest GmbH vs. Hauptzollamt Itzehoe und Hauptzollamt Paderborn, mit Bespr. Wolfgang Dänzer-Vanotti, Der Gerichtshof der Europäischen Gemeinschaften beschränkt vorläufigen Rechtsschutz – Hat er seine Kompetenzen überschritten?, in: BB 1991, 1015; Sabine Schlemmer-Schulte, Gemeinschaftsrechtlicher vorläufiger Rechtsschutz und Vorlagepflicht, in: EuZW 1991, 307–31; Theodor Schilling, Der EuGH, das Eigentum und das deutsche Recht, in: EuZW 1991, 310–312; Norbert Reich, EWGV 404/93 – Bananenmarktordnung – Einstweiliger Rechtsschutz durch deutsche Gerichte bei drohender erheblicher Verletzung von Grundrechten, in: EWiR 1995, 471–472; Gilbert Gornig, Zur Frage der Befugnis nationaler Gerichte zur Aussetzung der Vollziehung eines auf einer EG-Verordnung beruhenden nationalen Verwaltungsakts, in: JZ 1992, 39–41; Friedrich Schoch, Vorläufiger Rechtsschutz zwischen Vorrang des EG-Rechts, Letztentscheidungsbefugnis des EuGH und Rechtsschutzeffektivität, in: SGb 1992, 118–12; Ulrich Schrömbges, Erlaß einer einstweiligen Anordnung durch ein nationales Gericht bei Zweifeln an der Gültigkeit einer gemeinschaftsrechtlichen Regelung, in: ZfZ 1996, 210–211.

273 Frank Niederstadt/Ellen Krüsemann, Die europarechtlichen Regelungen zum Artenschutz im Licht des „Guidance document" der Europäischen Kommission, in: ZUR 2007, 347–354.

274 Klaus-Peter Dolde, Europarechtlicher Artenschutz in der Planung, in: NVwZ 2007, 7–11; Steffen Kautz, Artenschutz in der Fachplanung, in: NuR 2007, 234–243; Randi Thum, Ankunft des Artenschutzrechts in der Fachplanung, in: ZUR 2006, 301–303; Wolfgang Köck, Auswirkungen des europäischen Artenschutzrechts auf die kommunale Bauleitplanung, in: ZUR 2006, 518–523; Rainer Wolf, Artenschutz und Infrastrukturplanung, in: ZUR 2006, 505–513; Katrin Vogt, Die Anwendung

206 (2) **Artenschutz nach der VRL.** Nach Art. 5 VRL haben die Mitgliedstaaten u. a. zu verbieten, dass Vögel, ungeachtet der angewandten Methode, absichtlich getötet oder gefangen werden (a), Nester und Eier absichtlich zerstört oder beschädigt oder entfernt werden (b) oder Vögel, insbesondere während der Brut- und Aufzuchtzeit, absichtlich gestört werden, sofern sich diese Störung auf die Zielsetzung der VRL erheblich auswirkt (d). Artikel 6 VRL enthält insbesondere Vermarktungsverbote. Die Artikel 7 und 8 VRL regeln, unter welchen Voraussetzungen und mit welchen Methoden bestimmte Vogelarten bejagt werden dürfen. Aus Art. 9 Abs. 1 VRL ergibt sich, dass die Mitgliedstaaten, „sofern es keine andere zufriedenstellende Lösung gibt", von den Artikeln 5 bis 8 VRL insbesondere „im Interesse der Volksgesundheit und der öffentlichen Sicherheit sowie im Interesse der Sicherheit der Luftfahrt" (a) abweichen können. In Ergänzung hierzu bestimmt Art. 13 VRL, dass die Anwendung der auf Grund der Richtlinie getroffenen Maßnahmen in Bezug auf die Erhaltung aller unter Art. 1 VRL fallenden Vogelarten nicht zu einer Verschlechterung der jeweils aktuellen Lage führen darf.

207 (3) **Artenschutz nach der FFH-RL.** Die FFH-RL folgt in ihren Grundzügen dem Muster der Vogelschutzrichtlinie. Nach Art. 12 Abs. 1 FFH-RL haben die Mitgliedstaaten für die in Anhang IV a genannten Tierarten ein strenges Schutzregime einzuführen, in dessen Rahmen alle absichtlichen Formen des Fangens oder der Tötung von aus der Natur entnommenen Exemplaren dieser Arten (a), jede absichtliche Störung dieser Arten, insbesondere während der Fortpflanzungs-, Aufzucht-, Überwinterungs- und Wanderungszeiten (b), jede absichtliche Zerstörung oder Entnahme von Eiern aus der Natur (c) und jede Beschädigung oder Vernichtung der Fortpflanzungs- oder Ruhestätten (d) verboten sind. Eine entsprechende Regelung enthält Art. 13 FFH-RL für die in Anhang IV b aufgeführten Pflanzenarten. Ergänzende Bestimmungen finden sich in Art. 14 FFH-RL. Das Verbot bestimmter Fang- und Tötungsmethoden ist Gegenstand des Art. 15. Eine zentrale Rolle spielt Art. 16 Abs. 1 FFH-RL. Danach können die Mitgliedstaaten, „sofern es keine anderweitige zufriedenstellende Lösung gibt und unter der Bedingung, dass die Populationen der betroffenen Art in ihrem natürlichen Verbreitungsgebiet trotz der Ausnahmeregelung ohne Beeinträchtigung in einem günstigen Erhaltungszustand verweilen" von den Regelungen der Art. 12 bis 15 FFH-RL u. a. im Interesse der Volksgesundheit und der öffentlichen Sicherheit oder aus anderen zwingenden Gründen des überwiegenden öffentlichen Interesses, einschließlich solcher sozialer oder wirtschaftlicher Art oder positiver Folgen für die Umwelt" (c) abweichen.

208 Die Umsetzung von Art. 12 Abs. 1 FFH-RL, der die Mitgliedstaaten verpflichtet, die notwendigen Maßnahmen zu treffen, um ein strenges Schutzsystem für die in Anhang IV Buchst. a) dieser Richtlinie genannten Tierarten in deren natürlichen Verbreitungsgebieten einzuführen, erlegt den Mitgliedstaaten nach Auffassung des EuGH nicht nur die Schaffung eines vollständigen gesetzlichen Rahmens auf, sondern auch die Durchführung konkreter besonderer Schutzmaßnahmen. Des-

---

artenschutzrechtlicher Bestimmungen in der Fachplanung und der kommunalen Bauleitplanung, in: ZUR 2006, 21–27; Hans Walter Louis, Artenschutz in der Fachplanung, in: NuR 2004, 557- 559; Martin Gellermann, Artenschutz in der Fachplanung und der kommunalen Bauleitplanung, in: NuR 2003, 385–394.

Halama

gleichen setzt das strenge Schutzsystem den Erlass kohärenter und koordinierter vorbeugender Maßnahmen voraus.[275]

2. Umsetzung des Artenschutzes in deutsches Recht (BNatSchG)

Die Umsetzung der artenschutzrechtlichen Regelungen vollzog sich in Deutsch- **209** land in mehreren Etappen äußerst schleppend. Das Bundesnaturschutzgesetz in der Fassung vom 12. März 1987[276] enthielt in § 20 f Abs. 1 Schutzvorschriften für besonders geschützte Tier- und Pflanzenarten, die u. a. das Verbot umfassten, wildlebenden Tieren der besonders geschützten Arten nachzustellen, sie zu fangen, zu verletzen, zu töten oder ihre Entwicklungsformen, Nist-, Brut-, Wohn- oder Zufluchtstätten der Natur zu entnehmen, zu beschädigen oder zu zerstören (Nr. 1) sowie wildlebende Tiere der vom Aussterben bedrohten Arten an ihren Nist-, Brut-, Wohn- oder Zufluchtstätten durch Aufsuchen, Fotografieren, Filmen oder ähnliche Handlungen zu stören (Nr. 3).

Nach § 20 f Abs. 3 Satz 1 BNatSchG 1987 galten diese Verbote indes insbeson- **210** dere dann nicht, wenn die Handlungen bei der ordnungsgemäßen land-, forst- und fischereiwirtschaftlichen Bodennutzung oder bei der Ausführung eines im Rahmen der Eingriffsregelung nach § 8 BNatSchG 1987 zugelassenen Eingriffs oder einer bei einem gesetzlich geschützten Biotop nach § 20c BNatSchG 1987 zugelassenen Maßnahme vorgenommen wurden. § 31 Abs. 1 BNatSchG a. E. eröffnete die Möglichkeit einer Befreiung in Härtefällen und aus überwiegenden Gründen des Gemeinwohls. Der EuGH beanstandete den pauschalen Ausnahmevorbehalt des § 20f Abs. 3 Satz 1 BNatSchG 1987 mit der Begründung, die Vorschrift mache nicht hinreichend deutlich, dass auch bei der ordnungsgemäßen Bodennutzung absichtliche Beeinträchtigungen verboten seien.[277]

In dem Gesetz vom 6. August 1993 reagierte der Bundesgesetzgeber auf die Ver- **211** urteilung in der Weise, dass er § 20 f Abs. 3 Satz 1 BNatSchG 1987 um den Nachsatz ergänzte, „soweit hierbei Tiere oder Pflanzen der besonders geschützten Arten nicht absichtlich beeinträchtigt werden".[278] Was als „absichtlich" zu gelten hatte, war alsbald umstritten. Nach einer Auffassung wurden Tiere und Pflanzen der geschützten Art oder ihre Lebensräume bereits dann absichtlich beeinträchtigt, wenn der Eingriff zwangsläufig zur Beeinträchtigung führte. Ein gezieltes Vorgehen könnte nicht verlangt werden.[279] Demgegenüber vertrat das BVerwG die Ansicht, dass nur „gezielte Beeinträchtigungen" gemeint seien, nicht dagegen Beeinträchtigungen, die sich als unausweichliche Konsequenz rechtmäßigen Handelns er-

---

275 EuGH, Urteil vom 11.1.2007 – Rs. C-183/05 – EuGHE 2007 I-137 = ZUR 2007, 305 – Kommission vs. Irland.
276 BGBl. I S. 889.
277 EuGH, Urteil vom 17.9.1987 – Rs. 412/85 – EuGHE 1987, 3503 = NuR 1988, 53 – Kommission vs. Deutschland; vgl. auch Peter Fischer-Hüftle, Zur „absichtlichen" Beeinträchtigung europarechtlich geschützter Arten, in: NuR 2005, 768–770; Martin Gellermann, Die Ortsumgehung im Lichte des Arten- und Biotopschutzes, in: NuR 2005, 504–507; Erich Gassner, Aktuelles zum Verhältnis Eingriffsregelung/Artenschutz, in: UPR 2006, 20–21.
278 BGBl. I S. 1485.
279 So VGH Kassel, Urteil vom 25.2.2004 – 3 N 1699/03 – NVwZ-RR 2004, 732 = DÖV 2004, 671 = NuR 2004, 397.

geben würden.[280] Diese Auffassung dürfte aufgrund neuerer Rechtsprechung des EuGH, auf die noch einzugehen ist, wohl kaum noch aufrechterhalten werden können.

212 Durch das Bundesnaturschutzgesetz vom 25. März 2002[281] wurde – nicht zuletzt in dem Bestreben, den europarechtlichen Anforderungen gerecht zu werden – für das Artenschutzrecht insbesondere in den §§ 42, 43 und 62, die nach § 11 Satz 1 allesamt nicht bloß rahmenrechtlichen Charakter haben, sondern unmittelbar gelten, eine neue Grundlage geschaffen.[282] An die Stelle des § 20 f Abs. 1 BNatSchG 1993 ist § 42 Abs. 1 getreten. § 20 f Abs. 3 Satz 1 BNatSchG in der Fassung vom 6. August 1993 findet seine Entsprechung in dem etwas detaillierter gefassten § 43 Abs. 4 Satz 1 BNatSchG. Einen im Vergleich mit § 31 Abs. 1 BNatSchG a. E. deutlicheren Bezug zum Gemeinschaftsrecht stellt der Gesetzgeber in § 62 Abs. 1 BNatSchG 2002 dadurch her, dass er die Gewährung einer Befreiung zusätzlich davon abhängig macht, dass „die Artikel 12, 13 und 16 der Richtlinie 92/43/EWG oder die Artikel 5 bis 7 und 9 der Richtlinie 79/409/EWG nicht entgegenstehen". Damit soll ersichtlich eine im Befreiungsbereich als möglich angenommene Gemeinschaftswidrigkeit vermieden werden.

3. Rechtsprechung des EuGH zum gemeinschaftsrechtlichen Artenschutz

213 Der EuGH hat sich verschiedentlich mit Fragen des Artenschutzes auseinandergesetzt. Dabei ging es des Öfteren um Modalitäten der Jagdausübung und der Fangmethoden.[283]

214 (1) Für die deutsche Rechtsanwendung von besonderem Interesse sind drei neuere Entscheidungen, in denen der EuGH zum Absichtsmerkmal Stellung nimmt, das zu den in Art. 5 VRL, Art. 12 FFH-RL und § 43 Abs. 4 Satz 1 BNatSchG 2002 verwendeten Schlüsselbegriffen zählt[284] Im Urteil vom 30. Januar 2002 hat sich der

---

280 BVerwG, Urteil vom 11.1.2001 – 4 C 6.00 – BVerwGE 112, 321 = DVBl. 2001, 646 = NVwZ 2001, 1040 = DÖV 2001, 512 = UPR 2001, 190 = ZfBR 2001, 271 = SächsVBl 2001, 138 = AgrarR 2001, 345 = BauR 2001, 918 = NuR 2001, 385 = BRS 64 Nr. 85 (2001), mit Bespr. Hans Walter Louis, Zur Bedeutung des naturschutzrechtlichen Artenschutzes bei der Zulassung von Bauvorhaben im unbeplanten Innenbereich, in: NuR 2001, 388–390; Martin Gellermann, Artenschutz in der Fachplanung und der kommunalen Bauleitplanung, NuR 2003, 385–394 [388].

281 BGBl. I S. 1193.

282 Vgl. auch Stefan Lütkes, Anpassungserfordernisse des deutschen Artenschutzrechts, in: ZUR 2006, 513–517.

283 Vgl. z. B. EuGH, Urteil vom 27.4.1988 – Rs. 252/85 – EuGHE 1988, 2243 – Kommission vs. Frankreich; EuGH, Urteil vom 17.1.1991 – Rs. C-157/89 – EuGHE 1991 I-57 – WWF Italia u. a. vs. Regione Lombardia; EuGH, Urteil vom 19.5.1998 – Rs. C-3/96 – EuGHE 1998 I-3031 = DVBl. 1998, 888 = NuR 1998, 538 = UPR 1998, 379 = NordÖR 1998, 441 = ZUR 1998, 141 – Kommission vs. Griechenland, mit Bespr. Klaus Iven, Zur Praxis der Mitgliedstaaten bei der Ausweisung von Vogelschutzgebieten, in: NuR 1998, 528–531; EuGH, Urteil vom 9.12.2004 – Rs. C-79/03 – EuGHE 2004 I-11619 = NuR 2006, 95 – Kommission vs. Spanien; EuGH, Urteil vom 8.6.2006 – Rs. C-60/05 – NuR 2007, 196 = NVwZ 2006, 1039 (L) = ZUR 2006 548 (L) – WWF Italia u. a. vs. Regione Lombardia. Vgl. auch Christoph Palme, Neue Rechtsprechung von EuGH und EuG zum Natur- und Artenschutzrecht, in: NuR 2007, 243–249; Dietrich Kratsch, Neue Rechtsprechung zum Artenschutz, in: NuR 2007, 27–29.

284 Vgl. bereits EuGH, Urteil vom 27.4.1988 – Rs. 252/85 – EuGHE 1988, 2243 – Kommission vs. Frankreich; EuGH, Urteil vom 17.1.1991 – Rs. C 157/89 – EuGHE 1991 I-57 – WWF Italia u. a. vs. Regione

Gerichtshof in einem gegen die Hellenische Republik eingeleiteten Vertragsverletzungsverfahren u. a. mit der Frage auseinandergesetzt, unter welchen Voraussetzungen von einer absichtlichen Störung der Meeresschildkröte im Sinne des Art. 12 Abs. 1 b FFH-RL auszugehen ist.[285] Nach den Feststellungen der Kommission wurden Strände und Buchten der Insel Zakynthos, die der Meeresschildkröte als Fortpflanzungsstätte dienen, mit Mopeds bzw. Tretbooten und sonstigen Booten befahren, obwohl das Gebiet nach griechischem Recht den Status einer absoluten Schutzzone hatte und Schilder aufgestellt worden waren, die auf das Vorhandensein von Schildkrötennestern hinwiesen. Der Gerichtshof stufte diese Handlungen, die nicht zielgerichtet darauf angelegt waren, die Schildkröten zu beeinträchtigen, als „absichtliche Störungen der betroffenen Tierart während der Fortpflanzungszeit im Sinne des Art. 12 Abs. 1 b der Richtlinie" ein (Rn. 36).

Im Urteil vom 20. Oktober 2005 ist der Gerichtshof im Rahmen eines gegen das **215** Vereinigte Königreich gerichteten Vertragsverletzungsverfahrens erneut der Frage nach den Merkmalen des in Art. 12 Abs. 1 FFH-RL verwandten **Absichtsbegriffs** nachgegangen.[286] Die EG-Kommission erhob in dieser Rechtssache rechtliche Bedenken gegen eine Regelung, nach der die der Umsetzung der Artikel 12, 13 und 16 FFH-RL dienenden Verbotstatbestände nicht eingreifen, „wenn die in Frage stehende Handlung im Zusammenhang mit einer rechtmäßigen Tätigkeit vorgenommen" wird. In Anknüpfung an diesen Befund stellt der EuGH fest, dass sich im Recht des Vereinigten Königreichs eine Ausnahmeregelung findet, nach der „Handlungen, die den Tod von Tieren der geschützten Arten oder die Beschädigung oder Zerstörung ihrer Fortpflanzungs- und Ruhestätten verursachen, zulässig sind, wenn diese Handlungen als solche rechtmäßig sind". Unter Hinweis darauf, dass „die Artikel 12, 13 und 16 der Richtlinie gemeinsam ein geschlossenes Schutzsystem bilden", beanstandet er diese Regelung mit der Begründung, dass „eine solche Ausnahme, die auf der Rechtmäßigkeit der Handlung beruht, dem Geist und Zweck der Richtlinie und dem Buchstaben von Art. 16 der Richtlinie zuwider (läuft)". Diese Auffassung hat der Gerichtshof in seinem Urteil vom 18. Mai 2006 bestätigt.[287]

Lombardia, EuGH, Urteil vom 19.5.1998 – Rs. C-3/96 – EuGHE 1998 I-3031 = DVBl. 1998, 888 = NuR 1998, 538 = UPR 1998, 379 = NordÖR 1998, 441 = ZUR 1998, 141 – Kommission vs. Griechenland; EuGH, Urteil vom 9.12.2004 – Rs. C-79/03 – EuGHE 2004 I-11619 = NuR 2006, 95 – Kommission vs. Spanien; EuGH, Urteil vom 8.6.2006 – Rs. C-60/05 – NuR 2007, 196 0 = ZUR 2006 548 (L) – WWF Italia u. a. vs. Regione Lombardia.

285 EuGH, Urteil vom 30.1.2002 – Rs. C-103/00 – EuGHE 2002 I-1147 = NuR 2004, 596 – Kommission vs. Griechenland, mit Bespr. Nathalie Schneider, in: EurUP 2004, 215–216; Markus H. Müller, Das System des deutschen Artenschutzrechts und die Auswirkungen der Caretta-Entscheidung des EuGH auf den Absichtsbegriff des § 43 Abs. 4 BNatSchG, in: NuR 2005, 157–163.

286 EuGH, Urteil vom 20.10.2005 – Rs. C-6/04 – EuGHE 2005 I-9056 = NuR 2006, 494 – Kommission vs. Großbritannien, mit Bespr. Marius Baum, Der Gebiets- und der Artenschutz der FFH-Richtlinie im Lichte der Urteile des EuGH in den Vertragsverletzungsverfahren Rs. C-6/04 gegen das Vereinigte Königreich und Rs. C-98/03 gegen Deutschland, in: NuR 2006, 145–152; Klaus-Peter Dolde, Europarechtlicher Artenschutz in der Planung, in: NVwZ 2007, 7–11; Elisabeth M. Mayr/Lorenz Sanktjohanser, Die Reform des nationalen Artenschutzrechts mit Blick auf das Urteil des EuGH vom 10.1.2006 in der Rs. C-98/03 (NuR 2006, 166), in: NuR 2006, 412–420.

287 EuGH, Urteil vom 18.5.2006 – Rs. C-221/04 – EuGHE 2006 I-4536 = NuR 2007, 261 – Kommission vs. Spanien.

216 Noch weitergehende Bedeutung als diese Entscheidungen hat indes das Urteil vom 10. Januar 2006, das § 43 Abs. 4 Satz 1 BNatSchG 2002 weithin zu Makulatur hat werden lassen.[288] Diese Vorschrift verstößt nach Ansicht des EuGH schon deshalb gegen Gemeinschaftsrecht, weil sie bestimmte Zuwiderhandlungen gegen artenschutzrechtliche Verbote nur erfasst, soweit hierbei Tiere, einschließlich ihrer Nist-, Brut-, Wohn- oder Zufluchtstätten absichtlich beeinträchtigt werden. Art. 12 Abs. 1 d FFH-RL verbietet indes, wie der Gerichtshof bereits im Urteil vom 20. Oktober 2005[289] entschieden hatte, nicht nur absichtliche, sondern auch **unabsichtliche Handlungen**.

217 Darüber hinaus beanstandet der EuGH nunmehr, dass § 43 Abs. 4 BNatSchG 2002 die Zulassung von Ausnahmen nicht von der Erfüllung sämtlicher Voraussetzungen des Art. 16 FFH-RL abhängig macht. Der Gemeinschaftsgesetzgeber hat das Verbot anders als die Verbote der in Artikel 12 Abs. 1 Buchst. a) bis c) FFH-RL genannten Handlungen nicht auf absichtliche Handlungen beschränkt. Er verdeutlicht dadurch, dass er die Fortpflanzungs- und Ruhestätten verstärkt vor Handlungen schützen will, die zu ihrer Beschädigung oder Vernichtung führen. Angesichts der Bedeutung des Zieles des Schutzes der biologischen Vielfalt, dessen Verwirklichung die Richtlinie dient, ist es keineswegs unverhältnismäßig, dass das Verbot nach Art. 12 Abs. 1 Buchst. d) FFH-RL nicht auf absichtliche Handlungen beschränkt ist.[290] Die Art. 12 bis 14 sowie Art. 15 Buchst. a und b der Richtlinie 92/43/EG bilden ein kohärentes System von Regelungen, die die Mitgliedstaaten dazu verpflichten, für die betroffenen Tier- und Pflanzenarten ein strenges Schutzsystem einzuführen.

---

288 EuGH, Urteil vom 10.1.2006 – Rs. C-98/03 – EuGHE 2006 I-75 = NVwZ 2006, 319 = DVBl. 2006, 429 = NuR 2006, 166 = EuZW 2006, 216 = ZUR 2006, 134 – Kommission vs. Deutschland, mit Bespr. Michael Möller/Marcel Raschke/Andreas Fisahn, Naturschutz erst genommen – europarechtlich geforderte Reformen des deutschen Naturschutzrechts, in: EurUP 2006, 203–210; Wolfram Günther, Die Auswirkungen des EuGH-Urteils C-98/03 zur mangelhaften Umsetzung der Fauna-Flora-Habitat-Richtlinie, in: EurUP 2006, 94–100; Elisabeth M. Mayr/Lorenz Sanktjohanser, Die Reform des nationalen Artenschutzrechts mit Blick auf das Urteil des EuGH vom 10–1–2006 in der Rs. C-98/03 (NuR 2006, 166), in: NuR 2006, 412–420; Dietrich Kratsch, Europarechtlicher Artenschutz, Vorhabenszulassung und Bauleitplanung, in: NuR 2007, 100–106; Martin Gellermann, Artenschutzrecht im Wandel, in: NuR 2007, 165–172; Steffen Kautz, Artenschutz in der Fachplanung, in: NuR 2007, 234–243; Christoph Palme, Neue Rechtsprechung von EuGH und EuG zum Natur- und Artenschutzrecht, in: NuR 2007, 243–249; Ulrich Hösch, Die Behandlung des Artenschutzes in der Fachplanung, in: UPR 2006, 131–136; Andreas Fisahn, Vertragsverletzung durch die Bundesrepublik Deutschland wegen mangelhafter Umsetzung der FFH-Richtlinie, in: ZUR 2006, 137–139; Rainer Wolf, Artenschutz und Infrastrukturplanung, in: ZUR 2006, 505–513; Stefan Lütkes, Anpassungserfordernisse des deutschen Artenschutzrechts, in: ZUR 2006, 513–517; Wolfgang Köck, Auswirkungen des europäischen Artenschutzrechts auf die kommunale Bauleitplanung, in: ZUR 2006, 518–523.

289 EuGH, Urteil vom 20.10.2005 – Rs. C-6/04 – EuGHE 2005 I-9056 = NuR 2006, 494 – Kommission vs. Großbritannien, mit Bespr. Klaus-Peter Dolde, Europarechtlicher Artenschutz in der Planung, in: NVwZ 2007, 7–11.

290 Vgl. nunmehr auch BVerwG, Urteil vom 17.1.2007 – 9 A 20.05 – NuR 2007, 336 = ZUR 2007, 307, mit Anm. Peter Kremer, Erhöhte Anforderungen an die FFH-Verträglichkeitsprüfung und nachfolgende Abweichungsentscheidungen – das Urteil des BVerwG zur A 143, in: ZUR 2007, 299–304. Weiterführend Martin Gellermann, Artenschutzrecht im Wandel, in: NuR 2007, 165–172; Erich Gassner, Rechtsprechung zum gemeinschaftsrechtlich vorgegebenen Gebiets- und Artenschutz, in: UPR 2006, 430–432.

Halama

(2) Art. 16 der Richtlinie, der die Kriterien genau festlegt, auf deren Grundlage **218** die Mitgliedstaaten von den Verboten der Art. 12 bis 15 abweichen dürfen, stellt eine Ausnahmebestimmung vom Schutzsystem der Richtlinie dar. Er ist deshalb restriktiv auszulegen. Jede Maßnahme auf nationaler Ebene, durch die von den Verboten der Richtlinie 92/43 zur Erhaltung der natürlichen Lebensräume sowie der wildlebenden Tiere und Pflanzen abgewichen wird, ist nach Art. 16 Abs. 1 dieser Richtlinie davon abhängig zu machen, dass es keine anderweitige zufriedenstellende Lösung gibt. Daher können nationale Bestimmungen, die Abweichungen von den Verboten der Art. 12 bis 14 und 15 Buchst. a und b der Richtlinie nicht von allen in Art. 16 der Richtlinie vorgesehenen Kriterien und Voraussetzungen, sondern nur unvollständig von Teilen davon abhängig machen, keine mit diesem Artikel übereinstimmende Regelung darstellen.[291]

4. Rechtsprechung des BVerwG zum gemeinschaftsrechtlichen Artenschutz

(1) Auch das BVerwG wird zunehmend mit artenschutzrechtlichen Fragen kon- **219** frontiert. Im Urteil vom 11. Januar 2001 hat sich der 4. Senat zum Absichtsmerkmal geäußert.[292] Danach sind nur gezielte Beeinträchtigungen von Tieren mit dem Schutzzweck des artenschutzrechtlichen Verbotsregimes unvereinbar. Nicht absichtlich sind dagegen Beeinträchtigungen, die sich als unausweichliche Konsequenz rechtmäßigen Handelns ergeben. Der 9. Senat hat sich im Beschluss vom 12. April 2005[293] dieser Auffassung angeschlossen, jedoch bereits in seinem Urteil vom 21.6.2006 erhebliche Zweifel geäußert.[294]

In der Tat ist es mehr als fraglich, ob sich im Lichte der neueren Rechtsprechung **220** des EuGH an diesem bisherigen Verständnis des „Absichtsbegriffs" noch festhalten lässt. Jedenfalls kommt der deutsche Gesetzgeber nach dem erwähnten Urteil des Gerichtshofs vom 10. Januar 2006[295] nicht umhin, das Artenschutzrecht auf eine neue rechtliche Grundlage zu stellen. Die Zulassung von Vorhaben trotz Erfüllung von Verbotstatbeständen des § 42 Abs. 1 BNatSchG 2002 lässt sich nicht länger auf § 43 Abs. 4 Satz 1 BNatSchG 2002 stützen. Diese Bestimmung ist nach dem Urteil des EuGH unanwendbar, soweit sie gegen sekundäres Gemeinschafts-

---

291 EuGH, Urteil vom 10.5.2007 – Rs. C-508/04 – juris (Volltext) – Kommission vs. Österreich.

292 BVerwG, Urteil vom 11.1.2001 – 4 C 6.00 – BVerwGE 112, 321 = DVBl. 2001, 646 = NVwZ 2001, 1040 = DÖV 2001, 512 = UPR 2001, 190 = ZfBR 2001, 271 = SächsVBl 2001, 138 = AgrarR 2001, 345 = BauR 2001, 918 = NuR 2001, 385 = BRS 64 Nr. 85 (2001), mit Bespr. Hans Walter Louis, Zur Bedeutung des naturschutzrechtlichen Artenschutzes bei der Zulassung von Bauvorhaben im unbeplanten Innenbereich, in: NuR 2001, 388–390.

293 BVerwG, Beschluss vom 12.4.2005 – 9 VR 41.04 – DVBl. 2005, 916 = NVwZ 2005, 943 = UPR 2006, 26 = AUR 2006, 64, mit Bespr. Martin Gellermann, Die Ortsumgehung im Lichte des Arten- und Biotopschutzes, in: NuR 2005, 504–507; Peter Fischer-Hüftle, Zur „absichtlichen" Beeinträchtigung europarechtlich geschützter Arten, in: NuR 2005, 768–770.

294 BVerwG, Urteil vom 21.6.2006 – 9 A 28.05 – BVerwGE 126, 166 = NVwZ 2006, 1161 = UPR 2006, 446 = NuR 2006, 779.

295 EuGH, Urteil vom 10.1.2006 – Rs. C-98/03 – EuGHE 2006 I-75 = NVwZ 2006, 319 = DVBl. 2006, 429 = NuR 2006, 166 = EuZW 2006, 216 = ZUR 2006, 134 – Kommission vs. Deutschland, mit Bespr. Michael Möller/Marcel Raschke/Andreas Fisahn, Naturschutz erst genommen – europarechtlich geforderte Reformen des deutschen Naturschutzrechts, in: EurUP 2006, 203–210.

Halama

recht verstößt[296]. Auch nach neuerer Ansicht des 4. Senats des BVerwG lassen es die Regelungspaare der Artikel 12 und 16 FFH-RL bzw. der Artikel 5 und 9 VRL nicht zu, das Komplementärverhältnis, das zwischen den Verbotstatbeständen des § 42 Abs. 1 BNatSchG 2002 und der Befreiungsvorschrift des § 62 Abs. 1 BNatSchG 2002 besteht, in der Weise aufzulösen, wie dies in der deutschen Praxis unter Rückgriff auf § 43 Abs. 4 Satz 1 BNatSchG 2002 bisher durchweg geschehen ist[297].

221 (2) Die Eingriffsregelung nimmt den Artenschutz nicht vollumfänglich in sich auf. Ausgleichs- und Ersatzmaßnahmen im Sinne des § 19 Abs. 2 BNatSchG 2002 sind nicht geeignet, die Verwirklichung artenschutzrechtlicher Verbotstatbestände zu verhindern[298]. § 19 Abs. 3 BNatSchG 2002, auf den § 43 Abs. 4 Satz 1 BNatSchG 2002 Bezug nimmt, sieht zwar vor, dass in den Fällen, in denen als Folge eines Eingriffs Biotope zerstört werden, die für die dort wildlebenden Tiere der streng geschützten Arten nicht ersetzbar sind, der Eingriff nur zugelassen werden kann, wenn er aus zwingenden Gründen des überwiegenden Interesses gerechtfertigt ist. Der 4. Senat macht in seinem Urteil vom 16. März 2006 darauf aufmerksam, dass diese Regelung zwar den Anforderungen des Art. 16 Abs. 1 c FFH-RL Rechnung trägt, das europäische Artenschutzrecht es mit diesem Erfordernis aber nicht bewenden lässt.[299] Art. 16 Abs. 1 FFH-RL knüpft eine Abweichung von den in Art. 12 FFH-RL statuierten Verboten zusätzlich an die Voraussetzung, dass „es keine anderweitige zufriedenstellende Lösung gibt". Auch Art. 9 Abs. 1 VRL macht eine Abweichung von Art. 5 VRL davon abhängig, dass diesem Erfordernis Genüge geschieht. Dies läuft auf eine ausdrückliche Alternativenprüfung hinaus, die der naturschutzrechtlichen Eingriffsregelung an sich fremd ist[300]. Außerdem knüpft Art. 16 Abs. 1 FFH-RL die Ausnahmebewilligung an die Bedingung, dass die Populationen der betroffenen Art in ihrem natürlichen Verbreitungsgebiet in einem günstigen Erhaltungszustand verweilen. Auch diese Tatbestandsvoraussetzung findet sich so in der Eingriffsregelung nicht wieder. Sie unterscheidet sich von dem herkömmlichen deutschen Kompensationssystem nicht zuletzt dadurch, dass durch sie andere räumliche Bezüge hergestellt werden.

---

296 BVerwG, Urteil vom 21.6.2006 – 9 A 28.05 – BVerwGE 126, 166 = NVwZ 2006, 1161 = UPR 2006, 446 = NuR 2006, 779, mit Bespr. Dietrich Kratsch, Neue Rechtsprechung zum Artenschutz, in: NuR 2007, 27–29.

297 BVerwG, Urteil vom 16.3.2006 – 4 A 1075.04 – BVerwGE 125, 116 [314] = NVwZ 2006, Beilage Nr. I 8, 1 = NuR 2006, 766 = DVBl. 2006, 1373 (L) = UPR 2006, 362 (L), mit Bespr. Heiner Lambrecht/Jürgen Trautner, Die Berücksichtigung von Auswirkungen auf charakteristische Arten der Lebensräume nach Anhang I der FFH-Richtlinie in der FFH-Verträglichkeitsprüfung, in: NuR 2007, 181–186; Markus Deutsch, Aktuelle Rechtsfragen beim Flughafenausbau, in: NVwZ 2006, 878–883; Felix Ekardt/Jan Seidel, Fluglärm zwischen neuerer Rechtsprechung, aktueller Bundesgesetzgebung und dem Europarecht, in: NVwZ 2007, 421–424; Regine Barth, Zum aktuellen „Schönefeld-Urteil" des Bundesverwaltungsgerichts, in: ZUR 2006, 531–534; Siegfried de Witt, in: DVBl. 2006, 1376–1382; Frank Boermann, in: DVBl. 2007, 234–237.

298 BVerwG, Urteil vom 21.5.2006 – 9 A 28.05 – BVerwGE 126, 166 = NVwZ 2006, 1161 = UPR 2006, 446 = NuR 2006, 779.

299 BVerwG, Urteil vom 16.3.2006 – 4 A 1075.04 – BVerwGE 125, 116 [317] = NVwZ 2006, Beilage Nr. I 8, 1 = NuR 2006, 766 = DVBl. 2006, 1373 (L) = UPR 2006, 362 (L).

300 Vgl. BVerwG, Urteil vom 7.3.1997 – 4 C 10.96 – BVerwGE 104, 144 = DVBl. 1997, 838 = NVwZ 1997, 914 = UPR 1997, 329 = ZUR 1997, 206 = NuR 1997, 404 = ZfBR 1997, 262 = BauR 1997, 631 = BRS 59 Nr. 235 (1997), mit Bespr. Thorsten Garbe, Neue Entwicklungen der Rechtsprechung zur Eingriffsregelung, in: ZUR 1997, 309–311.

Halama

Im Urteil vom 16. März 2006[301] hat der 4. Senat des BVerwG auch der in der deut- **222** schen Verwaltungspraxis weithin vertretenen Auffassung widersprochen, dass jedenfalls den Verbotsvorschriften der VRL durchweg keine individuen-, sondern eine populationsbezogene Betrachtungsweise zugrunde liege, nach der nur Beeinträchtigungen untersagt seien, die sich negativ auf die Sicherung eines dauerhaft angemessenen Niveaus der Bestände der Vogelarten auswirkten. Richtig ist, dass es nach Art. 5 Buchst. d) VRL verboten ist, Vogelarten, die unter Art. 1 VRL fallen, insbesondere während der Brut- und Aufzuchtzeit absichtlich zu stören, sofern sich diese Störung auf die Zielsetzung der Richtlinie erheblich auswirkt. Im Unterschied zu dieser Bestimmung messen sich dagegen die Verbotstatbestände des Art. 5 Buchst. a) bis c) VRL Geltung bei, ohne darauf abzuheben, ob sich die Verletzungshandlung als solche auf die Zielsetzung der Richtlinie erheblich auswirkt. Die Verbotswirkungen, die sie erzeugen, lassen sich lediglich im Wege einer Abweichung unter den in Art. 9 VRL genannten strengen Voraussetzungen und unter Beachtung der in Art. 13 VRL normierten Anforderungen überwinden. Entsprechendes gilt für das Verbotsregime des Art. 12 FFH-RL, das Ausnahmemöglichkeiten nur nach Maßgabe des Art. 16 FFH-RL eröffnet.

Die Erfordernisse, die sich aus Art. 9 VRL und Art. 16 FFH-RL ergeben, lassen **223** sich beim derzeitigen deutschen Rechtszustand lediglich dadurch zum Tragen bringen, dass die Voraussetzungen für die Gewährung einer Befreiung geprüft werden. Nach § 62 Abs. 1 BNatSchG 2002 kommt eine Befreiung nur in Betracht, wenn den Anforderungen genügt ist, die aus nationaler Sicht geboten erscheinen und außerdem sichergestellt ist, dass Art. 9 VRL und Art. 16 FFH-RL nicht entgegenstehen. Soweit Art. 16 Abs. 1 c FFH-RL auf zwingende Gründe des überwiegenden öffentlichen Interesses abstellt, weist er Parallelen zu der im Rahmen des Gebietsschutzes maßgeblichen Regelung des Art. 6 Abs. 4 FFH-RL auf. Art. 9 Abs. 1 a VRL ist in diesem Punkt strenger. Er lässt eine Ausnahme nur zum Schutz der vom EuGH im Urteil vom 28. Februar 1991 für den Anwendungsbereich des Art. 4 Abs. 4 Satz 1 VRL genannten Rechtsgüter der Volksgesundheit und der öffentlichen Sicherheit sowie im Interesse der Sicherheit der Luftfahrt zu.[302] Soweit in Art. 9 Abs. 1 VRL und in Art. 16 Abs. 1 FFH-RL übereinstimmend darauf abgehoben wird, dass es keine andere zufriedenstellende Lösung gibt, geht das Bundesverwaltungsgericht in dem erwähnten Urteil vom 16. März 2006 davon aus, dass der Regelungsgehalt dieser beiden Bestimmungen sich nicht von Art. 6 Abs. 4 Satz 1 FFH-RL unterscheidet, der eine Ausnahmegewährung davon abhängig macht, dass eine Alternativlösung nicht vorhanden ist[303].

Abschließend weist das BVerwG in dem angeführten Urteil vom 16. März 2006 **224** darauf hin, dass das europäische Artenschutzrecht anders als der schutzgebiets-

301 BVerwG, Urteil vom 16.3.2006 – 4 A 1075.04 – BVerwGE 125, 116 [317] = NVwZ 2006, Beilage Nr. I 8, 1 = NuR 2006, 766 = DVBl. 2006, 1373 (L) = UPR 2006, 362 (L).
302 EuGH, Urteil vom 28.2.1991 Rs. C-57/89 – EuGHE 1991 I-2607 = NVwZ 1991, 868 = EuZW 1991, 442 = JZ 1991, 1032 – Kommission vs. Deutschland.
303 Vgl. hierzu BVerwG, Urteil vom 17.5.2002 – 4 A 28.01 – BVerwGE 116, 254 = DVBl. 2002, 1486 = NVwZ 2002, 1243 = UPR 2002, 448 = NuR 2002, 739 = ZUR 2003, 22, mit Bespr. Andreas Fisahn, Zur Alternativenprüfung nach EWGRL 43/92 Art 6, in: ZUR 2003, 26–28.

bezogene Art. 6 Abs. 4 Satz 1 FFH-RL, der unter den dort genannten Voraussetzungen verlangt, dass „der Mitgliedstaat alle notwendigen Ausgleichsmaßnahmen
(ergreift), um sicherzustellen, dass die globale Kohärenz von Natura 2000 geschützt ist", keine Kompensationspflichten begründet. Ist trotz Verwirklichung eines
Verbotstatbestandes im Sinne des Art. 5 VRL oder des Art. 12 Abs. 1 FFH-RL davon auszugehen, dass ein genügend großer Lebensraum verbleibt, um langfristig
ein Überleben der betroffenen Population zu sichern, so richten die VRL und die
FFH-RL außer den ausdrücklich normierten Anforderungen keine weiteren Schranken auf.

F. Umgebungslärm – RL 2002/49/EG

I. Zielsetzungen und Inhalt der Umgebungslärmrichtlinie

225 Die Richtlinie 2002/49/EG des Europäischen Parlaments und des Rates vom 25.
Juni 2002 über die Bewertung und Bekämpfung von Umgebungslärm stellt auf
europäischer Ebene einen Meilenstein dar, da sie im Bereich des Lärmschutzes
eine neue Perspektive eröffnet.[304] Für den Lärmschutz entspricht die Umgebungslärmrichtlinie konzeptionell der im Bereich des Luftqualitätsrechts sechs Jahre zuvor erlassenen sog. Mutterrichtlinie 96/62/EG. Sie stellt offenbar einen ersten
Schritt dar, dem auf der Grundlage der gesammelten Daten und Erfahrungen weitere Rechtsetzungsakte nach dem Muster der zur Abwehr von Luftverunreinigungen erlassenen Tochterrichtlinien folgen werden. Die Richtlinie trat mit dem Tag
ihrer Veröffentlichung am 18. Juli 2002 in Kraft. Sie war bis zum 18. Juli 2004 umzusetzen. Diese Frist wurde vom Bund und den Ländern nicht eingehalten.

1. Integriertes Konzept – Auf dem Wege zu einem allgemeinem Lärm-
schutzgesetz

226 (1) Die Lärmbekämpfung ist neben der Luftreinhaltung zu einem zentralen Gegenstand der europäischen Umweltpolitik geworden. Sie ist Ausdruck des 5. Aktionsprogramms der Kommission „Für eine dauerhafte und umweltgerechte Entwicklung" (1996). Dieses Programm enthält durchaus ehrgeizige Ziele.[305] Konzen-
trierte sich die Lärmschutzpolitik der Gemeinschaft vorher auf produktbezogene
Vorschriften als „Kampf an der Quelle" zur Begrenzung von Geräuschemissionen,
so bedeutet die Richtlinie vom 25. Juni 2002 einen ersten Schritt auf dem Wege
der Schaffung eines gemeinsamen Geräuschimmissionsschutzrechts. Der Verabschiedung der Richtlinie waren schwierige Verhandlungen vorausgegangen.[306] Die
Richtlinie kann ihren Kompromisscharakter auch kaum verbergen. In einem eher
funktionalen Sinne wird man sie als eine Mutter-Richtlinie zu verstehen haben,

---

304 ABl. L 189 S. 12. Der englisch Titel beschreibt die Zielsetzung der Richtlinie deutlicher, wenn dort
von „assessment and management of environmental noise" gesprochen wird.
305 KOM (95)-624 endg.; vgl. dazu BMU, Bericht über die Umsetzung des 5. Umweltaktionsprogramms
in Deutschland, Bonn 1996.
306 Vgl. Gerhard Steinebach/Martin Rumberg, Die Umgebungslärmrichtlinie der EU und ihre Umsetzung in deutsches Recht, in: ZfBR 2005, 344–348 [344 f.].

der konkretisierende „Töchter" (Ergänzungsrichtlinien) folgen werden. Eine Harmonisierung der Berechnungsverfahren für die Lärmbewertung konnte bislang nicht erreicht werden, obwohl dies letztlich eines der Kernanliegen der Richtlinie darstellt.

Nach Art. 1 Abs. 1 Satz 1 zielt die Richtlinie darauf ab, „schädliche" Auswirkungen **227** durch Umgebungslärm zu verhindern oder zu mindern. Diese Zielvorgabe wird in Art. 1 Abs. 1 Satz 2 c nach zwei Richtungen hin präzisiert: Schutzmaßnahmen sind zur Vermeidung oder Reduzierung von Umgebungslärm insbesondere in den Fällen zu ergreifen, in denen das Ausmaß der Belastung gesundheitsschädliche Auswirkungen haben kann. Außerdem ist die Umweltqualität in den Fällen zu erhalten, in denen sie zufriedenstellend ist. Die in der Zielbestimmung des Art. 1 verwendeten Begriffe werden in Art. 3 in nicht eben sonderlich erhellender Weise definiert. Als „Umgebungslärm" werden „unerwünschte oder gesundheitsschädliche Geräusche" qualifiziert (a). „Gesundheitsschädliche Auswirkungen" werden als „negative Auswirkungen auf die Gesundheit des Menschen" gekennzeichnet (b). Mit der Bemerkung, dass für die Bewertung „Dosis – Wirkung – Relationen verwendet werden (sollten)", gibt Anhang III der Richtlinie dem Rechtsanwender immerhin einen methodischen Fingerzeig. Die Dosis-Wirkung-Relationen, die durch künftige Änderungen des Anhangs III nach Art. 13 Abs. 2 der Richtlinie eingeführt werden sollen, sind bislang nicht bestimmt worden. Als ein „ruhiges Gebiet", in dem die Umweltqualität zu erhalten ist, wird „ein von der zuständigen Behörde festgelegtes Gebiet" bezeichnet, in dem die Lärmeinwirkung „einen bestimmten, von dem Mitgliedstaat festgelegten Wert nicht übersteigt" (l).

(2) Um dieses durchaus ehrgeizige Ziel zu erreichen, sieht Art. 1 Abs. 1 S. 2 **228** Umgebungslärm-RL folgende Maßnahmen vor, welche die Mitgliedstaaten umzusetzen haben:

- **Ermittlung** der Belastung durch Umgebungslärm anhand von Lärmkarten nach für die Mitgliedstaaten gemeinsamen Bewertungsmethoden;

- **Information** der Öffentlichkeit über Umgebungslärm und seine Auswirkungen;

- **Aktionspläne** durch die Mitgliedstaaten auf der Grundlage der Ergebnisse von Lärmkarten mit dem Ziel, den Umgebungslärm so weit erforderlich und insbesondere in Fällen, in denen das Ausmaß der Belastung gesundheitsschädliche Auswirkungen haben kann, zu verhindern und zu mindern und die Umweltqualität in den Fällen zu erhalten, in denen sie zufrieden stellend ist.

Die Richtlinie soll eine Grundlage für die Einführung von Gemeinschaftsmaßnah- **229** men zur Lärmminderung bei den wichtigsten Lärmquellen darstellen. Die Kommission veröffentlicht alle fünf Jahre einen Kurzbericht über die Informationen aus den strategischen Lärmkarten und Aktionsplänen. Der erste Bericht soll zum 18. Juli 2009 vorgelegt werden. Damit deutet sich eine weitere Lärmschutzpolitik der EG an. Sie zielt, wie Art. 8 Abs. 1 Buchst. b) der Richtlinie bereits ergibt, insgesamt auf ein durchgehendes Verschlechterungsverbot, dass dann in ein Verbesserungsgebot übergehen dürfte.

Halama

2. Verfahrensbezogener Regelungsgehalt der Richtlinie

2.1 Lärmkartierung (Ermittlungsphase)

230 (1) Die Umgebungslärmrichtlinie erweist sich insofern als modern, als sie in Art. 5 die Verwendung von Lärmindizes vorschreibt, die nicht nur, wie etwa die 16. BImSchV für den Straßen- und den Eisenbahnlärm, zwischen dem besonders schutzwürdigen Nacht- und dem Tageszeitraum unterscheiden, sondern auch für den Abendzeitraum einen im Verhältnis zum Tag erhöhten Schutz gewährleisten (L_{den} und L_{night}). Als Standardzeiten gelten 7:00 Uhr bis 19:00 Uhr, 19:00 Uhr bis 23:00 Uhr und 23:00 Uhr bis 7:00 Uhr. Wie sich aus dem Anhang I ergibt, steht es den Mitgliedstaaten indes frei, den Abend um eine oder zwei Stunden zu kürzen und den Tag und/oder den Nachtzeitraum entsprechend zu verlängern.

231 Von besonderer praktischer Bedeutung ist Art. 6 der Richtlinie. Hier gibt der Richtliniengeber in Verbindung mit Anhang II Auskunft darüber, welche Bewertungsmethoden er den Mitgliedstaaten vorgeben will. Die Umgebungslärmrichtlinie setzt bei den in den Mitgliedstaaten gebräuchlichen Bewertungsverfahren an, trifft aber Vorkehrungen, die darauf abzielen, vergleichbare Ergebnisse sicherzustellen. Die L_{den}- und L_{night}-Werte können wahlweise durch Berechnung oder durch Messung bestimmt werden. Die Mitgliedstaaten dürfen, solange gemeinsame Bewertungsmethoden noch nicht erarbeitet worden sind, weiterhin auf die in ihren nationalen Rechtsvorschriften vorgesehenen Methoden zurückgreifen, sie unterliegen indes insoweit einer Anpassungspflicht, als sie den Nachweis zu führen haben, dass sich mit diesen Methoden jedenfalls gleichwertige Ergebnisse wie mit den in Anhang II Abschn. 2.2 aufgeführten Referenzmethoden erzielen lassen. Das alles erfordert einen erheblichen lärmtechnischen Aufwand.

232 (2) Vor dem Hintergrund der rechtlichen Situation in Deutschland, die unter diesem Blickwinkel durch einen bunten Flickenteppich der allerverschiedensten Anforderungen in den jeweils sektoral ausgerichteten Regelwerken[307] gekennzeichnet ist, verdient dieser erste Schritt hin zu europaweit einheitlichen Bewertungsmethoden bereits innerstaatlich höchste Beachtung. Die im innerstaatlichen Recht geläufige Unterscheidungen zwischen Emissions- und Immissionswerte und zwischen Grenz-, Richt- oder Orientierungswerte sollen durch einheitliche Lärmindizes ersetzt werden, auch wenn die Umgebungslärm-RL selbst noch keine definitiven Angaben über Grenzwerte enthält.[308]

---

[307] Vgl. z. B. 16. Verordnung zur Durchführung des Bundes-Immissionsschutzgesetzes – Verkehrslärmschutzverordnung – 12.6.1990 (BGBl. I S. 1036), zuletzt geändert durch Art. 3 des Gesetzes vom 19.9.2006 (BGBl. I S. 2146); 18. Verordnung zur Durchführung des Bundes-Immissionsschutzgesetzes – Sportanlagenlärmschutzverordnung – vom 18.7.1991 (BGBl. I S. 1588), zuletzt geändert durch Art. 1 des Gesetzes vom 9.2.2006 (BGBl. I S. 324); Beiblatt 1 zur DIN 18005 (Schallschutz im Städtebau); Freizeitlärmrichtlinie, etwa Gemeinsamer Runderlass nds. Ministerien vom 24.9.1996 (Nds. MBl. 1996 S. 1652), VDI-Richtlinie 2058 (Beurteilung von Arbeitslärm in der Nachbarschaft vom 31.12.1971) und die Technische Anleitung zum Schutz gegen Lärm (TA Lärm) vom 26.8.1998 (GMBl S. 501).

[308] Lars R. Schade, Genauigkeit und Eindeutigkeit: Ein Vergleich des französischen Berechnungsverfahrens für Geräuschimmissionen durch Straßenverkehr mit seinem deutschen Pendant, in: Zeitschrift für Lärmbekämpfung 2003, 39–47, weist im Vergleich zwischen französischen Berechnungs-

---

Nach Art. 7 der Richtlinie sind, zeitlich gestaffelt bis zum 30. Juni 2007 bzw. bis **233** zum 30. Juni 2012, für Hauptverkehrsstraßen (vgl. Art. 3 n), für Haupteisenbahnstrecken (vgl. Art. 3 o), für Großflughäfen (vgl. Art. 3 t) und für Ballungsräume (vgl. Art. 3 k) strategische Lärmkarten auszuarbeiten, aus denen sich auf einer in 5 dB-Bereiche unterteilten Skala die L_{den}- und die L_{night}-Werte ablesen lassen. Die Karten dienen neben der Aufbereitung der Daten, die nach Art. 7 Abs. 1 Satz 2 und Abs. 2 Satz 2 der Richtlinie der EU-Kommission zu übermitteln sind, vor allem auch als Informationsquelle für die Bürger (Art. 9) und als Grundlage für Aktionspläne (Art. 8). Bedeutsam ist dies alles, weil hier verfahrensbezogene Ansätze vorhanden sind, um die dringende Frage nach einer Summation unterschiedlicher Lärmquellen einer Beantwortung im Sinne einer Gesamtlärmbelastung zumindest näher zu bringen. Bei einer Summierung verschiedener Lärmquellen über die normativ oder administrativ festgelegten Grenzen hinweg kann die Belastung den kritischen Bereich der Gesundheitsgefährdung durchaus erreichen.[309] Der Umgebungslärm bei Straßen mit lediglich örtlicher Bedeutung, die aber eine über den festgesetzten Schwellwert liegende Verkehrsmenge haben, werden übrigens von der gesetzlichen Definition der Hauptverkehrsstraße (§ 47 b Nr. 3 BImSchG) nicht erfasst.[310] § 4 Abs. 1 der 34. BImSchV (LärmkartV) sieht zu Recht auch insoweit eine Kartierung vor. Um Flughäfen einzubeziehen, wurde § 2 BImSchG insoweit redaktionell geändert.[311] Das wirft indes auch die Frage auf, was als Flughafenlärm zu verstehen ist.[312]

(3) Die Erwartung, dass Rechtsakte der Gemeinschaft im Bereich des Umwelt- **234** schutzes stets einen integrativen Geist atmen, wird bei einem Blick in den Anhang IV der Richtlinie allerdings zunächst enttäuscht. Wie aus der Nr. 3 dieses Anhangs zu ersehen ist, weisen die strategischen Lärmkarten getrennt für Ballungsräume insbesondere Straßenverkehrs-, Eisenbahnverkehrs-, Flughafen- sowie Industrie- und Gewerbelärm aus. In der Nr. 8 des Anhangs wird indes klargestellt, dass für den Lärm aus diesen Quellen jeweils getrennte Lärmkarten zu erstellen sind.

---

verfahren (NMPB´96) und deutschen Berechnungsverfahren (RSL–90) nach, dass die Komplexität der Ausbreitungsrechnung sehr unterschiedlich ist.

309 Vgl. BVerwG, Urteile vom 21.3.1996 – 4 C 9.95 – BVerwGE 101, 1 [9 f.] = DVBl. 1996, 916 = NVwZ 1996, 1003 = DÖV 1997, 72 = UPR 1996, 344 = NuR 1997, 432; BVerwG, Urteil vom 20.5.1998 – 11 C 3.97 – Buchholz 406.25 § 41 BImSchG Nr. 18 S. 51 = NVwZ 1999, 67; BVerwG, Urteil vom 23.2.2005 – 4 A 5.04 – BVerwGE 123, 23 [35] = DVBl. 2005, 908 = NVwZ 2005, 808 = UPR 2005, 274 = BauR 2005, 1274 = BRS 69 Nr. 21 (2005) – zur 22. BImSchV. Vgl. auch Günter Halama/ Bernhard Stüer, Lärmschutz in der Planung, in: NVwZ 2003, 137–144; Hans-Joachim Koch, Immissionsschutz in der Bauleitplanung, in: Wilfried Erbguth, Janberg Obbecke, Hans-Werner Rengeling, Martin Schulte (Hrsg.), Planung. Festschrift für Werner Hoppe zum 70. Geburtstag 2000, München 2000, S. 549–566; Hans-Joachim Koch, Die rechtliche Beurteilung der Lärmsummation nach BImSchG und TA Lärm 1998, in: Dieter Czajka/Klaus Hansmann/Manfred Rebentisch (Hrsg.), Immissionsschutzrecht in der Bewährung – 25 Jahre Bundes-Immissionsschutzgesetz. Festschrift für Gerhard Feldhaus zum 70. Geburtstag, Heidelberg 1999, S. 215 ff.

310 Vgl. Bernhard Holm, Die Bedeutung der EU-Umgebungslärmrichtlinie für die Bundesstraßen, in: NuR 2003, 145–149.

311 Wie hier nur klarstellend Ulrich Repkewitz, Probleme der Umsetzung der Umgebungsrichtlinie, in: VBlBW 2006, 409–417 [411], a. A. Klaus Hansmann, in: Landmann/Rohmer, Umweltrecht (Stand: Dez. 2005), Vor § 47 a BImSchG Rn. 3.

312 Für einen weiten Begriff Ulrich Repkewitz, Probleme der Umsetzung der Umgebungsrichtlinie, in: VBlBW 2006, 409–417 [413].

Halama

2.2 Lärmaktionspläne (Maßnahmephase)

235 (1) Während die Lärmkartierung vorwiegend den Charakter einer Bestandsaufnahme hat, gibt Art. 8 der Richtlinie den Mitgliedstaaten das Instrument an die Hand, das sie in die Lage versetzen soll, unerwünschten Umgebungslärm zu bekämpfen. Unter den in dieser Vorschrift genannten Voraussetzungen sind, zeitlich gestaffelt bis zum 18. Juli 2008 bzw. bis zum 18. Juli 2013, Aktionspläne auszuarbeiten. Dabei ist nach Maßgabe des Abs. 7 die Öffentlichkeit zu beteiligen.

236 (2) Die Aktionspläne, die für Orte in der Nähe von Hauptverkehrsträgern und für Ballungsräume aufzustellen sind, sind nach Art. 8 Abs. 1 der Richtlinie dazu bestimmt, Lärmprobleme zu regeln. Hierbei soll darauf Bedacht genommen werden, ruhige Gebiete gegen eine Zunahme des Lärms zu schützen. Das Regelungsinstrumentarium wird in Art. 8 Abs. 1 Satz 2 der Richtlinie u. a. wie folgt umschrieben: „Die in den Plänen genannten Maßnahmen sind in das Ermessen der zuständigen Behörden gestellt, sollten aber insbesondere auf die Prioritäten eingehen, die sich ggf. aus der Überschreitung relevanter Grenzwerte oder auf Grund anderer von den Mitgliedstaaten festgelegter Kriterien ergeben". Anders als auf dem Felde der Abwehr von Luftverunreinigungen verzichtet die Richtlinie – beim gegenwärtigen Stand der Rechtsentwicklung – darauf, eigene Umweltqualitätsziele in Form von Grenzwertfestlegungen mit Verbindlichkeitsanspruch zu normieren. Vielmehr stellt sie maßgeblich auf die Grenzwerte bzw. auf die sonstigen Kriterien ab, die derzeit das nationale Recht für Lärmschutzmaßnahmen vorschreibt.

237 (3) Eigene Maßstäbe für die Steuerung der Ermessensausübung enthält sie insofern, als Art. 8 Abs. 1 Satz 2 verlangt, dass die Mitgliedstaaten „insbesondere auf die Prioritäten eingehen". Nach den Zielvorgaben des Art. 1 Abs. 1 Satz 2 der Richtlinie sind die Aktionspläne insbesondere als Mittel dafür zu nutzen, den Umgebungslärm in den Fällen zu verhindern oder zu mindern, in denen sich das Ausmaß der Belastung als gesundheitsschädlich erweist. In diesem Punkt werden in der Umgebungslärmrichtlinie Werte genannt, die als Indikator dafür genommen werden können, wann kein Zweifel mehr besteht, dass die Schwelle zur Gesundheitsschädlichkeit überschritten ist. Das ist eine kompromissbezogene „Negativstrategie" der europäischen Gemeinsamkeit.

238 Nach Anhang VI sind der Kommission verschiedene Daten zu übermitteln, bei denen u. a. darauf abgehoben wird, ob sich die Lärmbelastung in Isophonenbändern von jeweils 5 dB in dem Pegelbereich zwischen 55 dB (L_{den}) bzw. 50 dB (L_{night}) und 75 dB (L_{den}) bzw. 70 dB (L_{night}) bewegt. Daraus lässt sich immerhin für den vorliegenden Zusammenhang zweierlei folgern: Zum einen ist davon auszugehen, dass Lärmwerte von 50 dB bzw. 55 dB „unerwünschte" Geräusche im Sinne des Art. 3 a der Richtlinie signalisieren. Zum anderen bringen die Richtliniengeber zum Ausdruck, dass es aus ihrer Sicht keinen Sinn hat, jenseits der Obergrenzen von 70 dB bzw. 75 dB weiter zu differenzieren. Jede Überschreitung, unabhängig davon, mit welchem Lärmwert in dB(A) sie zu Buche schlägt, wird offenbar als so gewichtig eingeschätzt, dass sich eine Handlungspflicht mit der Folge der Reduzierung des durch Art. 8 Abs. 1 Satz 2 eröffneten Ermessensspielraums auf Null von selbst versteht. Eine derartige Deutung des Richtlinieninhalts ist zumindest naheliegend. Eine – deutliche – Unterschreitung der Mindestwerte der im Anhang VI aufgeführten Skalen kann umgekehrt auf die Existenz von Gebieten hindeuten, in denen nach der zweiten Variante der Zielvorgaben des Art. 1 Abs. 1 Satz 2 die Umweltqualität zufriedenstellend ist.

2.3 Monitoring

Die Lärmkartierung und die Lärmminderungsplanung erschöpfen sich nicht in ein- **239** maligen Akten. Nach Art. 7 Abs. 5 der Richtlinie sind die strategischen Lärmkarten mindestens alle fünf Jahre nach dem Zeitpunkt ihrer Erstellung zu überprüfen und bei Bedarf zu überarbeiten. Eine vergleichbare Verpflichtung begründet Art. 8 Abs. 5 der Richtlinie für die Aktionspläne.

3. Umweltpolitische innerstaatliche Würdigung

Obwohl Art. 8 Abs. 1 der Richtlinie für Lärmschutzmaßnahmen keine strikten Vor- **240** gaben enthält, wird das deutsche Lärmschutzsystem um zwei Elemente angereichert, deren Bedeutung für die weitere innerstaatliche Entwicklung nicht unterschätzt werden sollte.

3.1 Richtlinienadäquate Abwägung

Bisher erwiesen sich Planungen, durch die Lärm in Gebiete hineingetragen wurde, **241** die keine oder nur geringe Lärmvorbelastungen aufwiesen, nur dann als unzulässig, wenn die nach dem einschlägigen Regelwerk maßgeblichen Grenz- oder Richtwerte überschritten wurden. Teilweise wurde dies rechtstechnisch durch das raumbezogene Trennungsprinzip des § 50 BImSchG als einer Abwägungsdirektive erreicht.[313] Diese Sichtweise einer äußersten Belastungsgrenze könnte sich ändern. Zwar lässt sich Art. 8 Abs. 1 der Richtlinie für ruhige Gebiete kein absolutes Verschlechterungsverbot entnehmen. Nachteilige Veränderungen der Lärmsituation werden in Zukunft aber allenfalls in engen Grenzen in Betracht kommen und einem deutlich gesteigerten Rechtfertigungszwang unterliegen. Man darf also durchaus in Erwägung ziehen, § 50 BImSchG nunmehr auf der Grundlage der Umgebungslärmrichtlinie gleichsam richtlinienkonform zu verstehen und auszulegen.

3.2 Richtliniengeforderte Sanierung

Auch unter dem Blickwinkel der Lärmsanierung sind die Wirkungen der Umge- **242** bungslärm-RL nicht gering zu achten. Änderungen stehen weniger im Anlagenrecht ins Haus. Hier bieten schon jetzt die §§ 17, 24 und 25 BImSchG die rechtliche Möglichkeit, nachträgliche Anordnungen zu erlassen. Anders ist die Situation auf dem Verkehrswegesektor. Die 16. BImSchV enthält zwar strikt verbindliche Grenzwerte. Sie gilt aber nur für den Bau oder die wesentliche Änderung von öf-

---

313 Vgl. BVerwG, Urteil vom 18.9.2003 – 4 CN 20.02 – BVerwGE 119, 54 = DVBl. 2004, 251 = NVwZ 2004, 226 = BauR 2004, 280; Urteil vom 19.9.2002 – 4 CN 1.02 – BVerwGE 117, 58 = DVBl. 2003, 204 = BauR 2003, 209 = BRS 65 Nr. 20; Urteil vom 11.1.2001 – 4 A 13.99 – NVwZ 2001, 1154 = BauR 2001, 900 = BRS 64 Nr. 19, jeweils zu § 50 BImSchG.

fentlichen Straßen und von Schienenwegen. Für nachträgliche Anordnungen nach dem Muster des Bundes-Immissionsschutzgesetzes bietet sie keine Grundlage.

243 § 41 Abs. 1 BImSchG in Verb. mit § 1 der 16. BImSchV begründet keine allgemeine Pflicht zur Lärmsanierung, sondern nur zum Lärmschutz aus Anlass baulicher Maßnahmen am Verkehrsweg. Demgemäß entstehen Ansprüche auf Lärmschutz nach diesen Vorschriften nur dort, wo eine Straßenbaumaßnahme stattfindet.[314] Sonstige Rechtsvorschriften fehlen. Eine Lärmsanierung kommt nur nach Maßgabe von Verwaltungsvorschriften in Betracht. Beispielhaft lassen sich hierfür die Richtlinien für den Verkehrslärmschutz an den Bundesstraßen in der Baulast des Bundes anführen.[315] Nach der Nr. 37.1 VLärmSchR 97 (VkBl 1997, 434) setzen Immissionsschutzmaßnahmen voraus, dass der Beurteilungspegel, je nach der Schutzwürdigkeit des betroffenen Baugebiets, Grenzwerte von 70 dB bis 75 dB (A) am Tag und 60 dB bis 65 dB (A) in der Nacht übersteigt. Diese Werte markieren nach der Rechtsprechung des Bundesverwaltungsgerichts und des Bundesgerichtshofs die Schwelle zur Gesundheitsgefährdung[316].

244 Die Nr. 37.1 VLärmSchR 97 hat allerdings nicht nur verwaltungsinterne Bedeutung. Sie entfaltet über den Gleichbehandlungsgrundsatz des Art. 3 GG Rechtswirkungen auch gegenüber Lärmbetroffenen[317]. Eine Einschränkung ergibt sich indes aus der Nr. 35 VLärmSchR 97. Danach wird Lärmschutz an bestehenden Straßen auf der Grundlage haushaltsrechtlicher Regelungen nach Maßgabe der vorhandenen Mittel gewährt. Auch wenn sich auf diesem Felde im praktischen Ergebnis nicht

---

314 Erneut BVerwG, Urteil vom 23.11.2005 – 9 A 28.04 – BVerwGE 124, 334 = DVBl. 2006, 442 = NVwZ 2006, 331 = DÖV 2006, 474 = UPR 2006, 148 = ZUR 2006, 251 = NuR 2006, 435 = BauR 2006, 575 (L).

315 GMBl. 1997, 434.

316 BVerwG, Urteil vom 29.1.1991 – 4 C 51.89 – BVerwGE 87, 332 [382] = DVBl. 1991, 1143 = NVwZ-RR 1991, 601 = BayVBl 1991, 666, mit Bespr. Stephan Hobe, Zur gerichtlichen Überprüfbarkeit behördlicher Planungsentscheidungen, dargestellt am Urteil BVerwGE 87, 332 zum Flughafen München II, in: ZLW 1992, 248–254; Paul Michael Krämer, Deutsche Gesellschaft für Luft- und Raumfahrt (DGLR) und Deutsche Vereinigung für Internationales Recht (DVIR) – Gemeinsame Sitzung der Ausschüsse für Luft- und Weltraumrecht – Köln, 19 Mai 1992, in: ZLW 1992, 283–287; Stephan Hobe, in: ZLW 1993, 248; BVerwG, Urteil vom 18.3.1998 – 11 A 55.96 – BVerwGE 106, 241 [249] = DVBl. 1998, 1181 = NuR 1999, 627; BVerwG, Urteil vom 12.4.2000 – 11 A 18.98 – BVerwGE 111, 108 [122] = DVBl. 2000, 1344 = NVwZ 2001, 82 = UPR 2000, 355; BVerwG, Urteil vom 16.3.2006 – 4 A 1075.04 – BVerwGE 125, 116 [249] = NVwZ 2006, Beilage Nr. I 8, 1 = NuR 2006, 766 = DVBl. 2006, 1373 (L) = UPR 2006, 362 (L); BGH, Urteil vom 25.3.1993 – III ZR 60/91 – BGHZ 122, 76 [81] = DVBl. 1993, 1089 = NJW 1993, 1700 = UPR 1993, 297 = NuR 1993, 499, mit Bespr. Fritz Ossenbühl, in: JZ 1994, 263–264; BGH, Urteil 16.3.1995 – III ZR 166/93 – BGHZ 129, 124 [127] = DVBl. 1995, 739 = NJW 1995, 1823 = DÖV 1995, 733 = UPR 1995, 260 = AgrarR 1995, 342 = ZfBR 1995, 207 = BauR 1995, 532, mit Bespr. Thomas Mann, Zur Frage des Entschädigungsanspruchs bei Fluglärmimmissionen, in: JR 1996, 332–333; vgl. auch BGH, Urteil vom 20.9.2001 – III ZR 210/00 – juris (Volltext); BGH, Urteil vom 10.7.2003 – III ZR 379/02 – NVwZ 2003, 1286 = UPR 2003, 385 = BayVBl 2004, 26 = ZfBR 2003, 774 = BauR 2003, 1706 BGH, Urteil vom 29.6.2006 – III ZR 253/05 – NVwZ-RR 2006, 669 = UPR 2006, 389 = BayVBl 2007, 377 = ZfBR 2006, 780 = BauR 2006, 1880.

317 Vgl. BVerwG Urteil vom 9.2.1995 – 4 C 26.93 – BVerwGE 97, 367 = DVBl. 1995, 750 = NVwZ 1995, 907 = DÖV 1995, 775 = UPR 1995, 265 = BayVBl 1995, 408 = NuR 1996, 508; BVerwG, Urteil vom 22.3.1985 – 4 C 63.80 – BVerwGE 71, 150 = DVBl. 1985, 896 = NJW 1985, 3034 = DÖV 1985, 786 = UPR 1985, 363 = BRS 44 Nr. 21; zurückhaltend auch BGH, Urteil vom 10.12.1987 – III ZR 204/86 – NJW 1988, 900 = BauR 1988, 204 BRS 53 Nr. 153 – Entschädigung wegen Verkehrslärm durch „Altstrasse".

viel ändern wird, trägt Art. 8 Abs. 1 Satz 2 Umgebungslärm-RL doch zu einer weiteren Verrechtlichung bei. Freilich können aus ihm auch in Zukunft keine unmittelbaren Lärmsanierungsansprüche abgeleitet werden, die sich an anderen als den in der Nr. 37.1 VLärmSchR 97 genannten Grenzwerten festmachen lassen. Jedoch dürfen solche Maßnahmen nicht länger schlicht mit der Begründung abgelehnt werden, es seien hierfür keine Haushaltsmittel vorgesehen. Jedenfalls in den Fällen, in denen die im Anhang VI aufgeführten Höchstwerte überschritten sind, darf von dem den Mitgliedstaaten eingeräumten Ermessen nicht in der Weise Gebrauch gemacht werden, dass Lärmschutzmaßnahmen unter Hinweis auf die Kassenlage unterbleiben. Diese Mittel muss der Haushaltsgesetzgeber nach rechtlich gebundenem Ermessen bereit stellen. Das ist eine durch den Richtliniengeber begründete gemeinschaftsrechtliche Pflicht, um im Sinne des „effet utile" als Mitgliedstaat für eine wirksame tatsächliche Umsetzung der Richtlinienziele zu sorgen.

II. Umsetzung in deutsches Recht (§§ 47a ff. BImSchG)

1. Umsetzung in innerstaatliches Recht

(1) Das Rechtsinstitut der Lärmminderungsplanung ist dem deutschen Recht bereits seit dem Jahre 1990 bekannt. Durch Gesetz vom 11. Mai 1990 wurde § 47 a in das Bundes-Immissionsschutzgesetz eingefügt.[318] Diese Regelung ermöglichte es Gemeinden seit 1990, Lärmminderungspläne aufzustellen, wenn in Wohngebieten oder in anderen schutzwürdigen Gebieten nicht nur vorübergehend schädliche Umwelteinwirkungen auftraten oder zu erwarten waren. § 47 a BImSchG a. E. erlangte indes zu keiner Zeit praktische Bedeutung.   **245**

Der umweltpolitisch gut gemeinte Reformansatz blieb weitgehend ineffektiv, obwohl an der rechtlichen Verpflichtung der Gemeinden oder der nach Landesrecht zuständigen Behörden, in Lärmminderungsplänen gemäß § 47 a Abs. 1 BImSchG 1990 alsbald die „einwirkenden Geräuschquellen zu erfassen und ihre Auswirkungen auf die Umwelt festzustellen" nicht zweifelhaft sein konnte.[319] Die Kommunen beklagten die zusätzliche Kostenbelastung zur Finanzierung der „eigenen" Lärmminderungsplanung sowie den Zeitaufwand für die Planaufstellung. Eine erfolgreiche Minderung der Lärmbelastung konnte – das war nicht zweifelhaft – letztlich nur erreicht werden, wenn die durch § 47 a BImSchG 1990 zwingende Lärmminderungsplanung auf verschiedenen Planungsebenen integriert wurde.[320] Das war   **246**

---

318 BGBl. I S. 870, mit Wirkung vom 1.9.1990. neugefasst durch Bekanntmachung vom 26.9.2002 (BGBl. I S. 3830). Vgl. Eckart Heinrichs, Lärmminderungsplanung in Deutschland, Dortmunder Beiträge zur Raumplanung, 2002; Alexander Schmidt, Weiterentwicklung der Lärmminderungsplanung, in: UPR 2002, 327–333.

319 Vgl. Stephan Mitschang, Lärmminderungsplanung als wichtige gemeindliche Aufgabe zum Schutz vor Lärm, in: ZfBR 2002, 438–448; Helmut Schulze-Fielitz/Albert Berger, Lärmminderungspläne als neue Form der Umweltplanung, in: DVBl. 1992, 389–398.

320 Vgl. dazu die Vorschläge bei Alexander Schmidt, Entwicklung der Lärmminderungsplanung, in: UPR 1995, 379–385; ferner Ralf Losert/Heinz Mazur/Walter Theine/Christian Weisner, Handbuch Lärmminderungspläne. Modellhafte Lärmvorsorge und -sanierung in ausgewählten Städten und Gemeinden, Berlin 1994; Eckhart Heinrichs, Lärmminderungspläne bleiben oft Theorie. Förderprogramme effizienter einsetzen, in: StädteT 2002 Nr. 10 S. 14–19.

und ist unverändert eine kritische Fragestellung. Die Gemeinden gingen zu dieser Zeit und später teilweise andere Wege, etwa auf der Grundlage des Straßenverkehrsrechts „verkehrsberuhigte Zonen" zu schaffen.[321] Im Rückblick fehlte es am politischen Willen, § 47 a BImSchG 1990 umzusetzen. Das allgemeine Vollzugsdefizit war nicht zu übersehen.[322] Man muss aber hinzusetzen, dass der rechtliche Status der Lärmminderungspläne, die rechtliche Verpflichtung zur Aufstellung und die rechtlichen Maßnahmen zur Umsetzung derartiger Pläne in hohem Maße unsicher waren.

247 (2) An die Stelle des § 47 a BImSchG 1990 traten – lange nach Ablauf der in Art. 14 Abs. 1 Umgebungslärm-RL auf den 18. Juli 2004 festgesetzten Umsetzungsfrist – auf Grund des Gesetzes zur Umsetzung der EG-Richtlinie über die Bewertung und Bekämpfung von Umgebungslärm vom 24. Juni 2005 (BGBl. I S. 1794) die §§ 47 a bis 47 f BImSchG 2005.[323] Die Vorschriften bilden nunmehr unter der Überschrift „Lärmminderungsplanung" den Sechsten Teil des Bundes-Immissionsschutzgesetzes. Außerdem wurde § 2 Abs. 2 Satz 1 BImSchG modifiziert.[324] Es ist damit klarstellt, dass der Sechste Teil, anders als die übrigen Vorschriften des Bundes-Immissionsschutzgesetzes, auch für Flugplätze gilt. § 2 Abs. 1 Nr. 4 BImSchG, nach dem das BImSchG für den Bau öffentlicher Straßen sowie von Eisenbahnen, Magnetschwebebahnen und Straßenbahnen nur nach Maßgabe der §§ 41 bis 43 gilt, blieb unverändert. § 47 a BImSchG n. F. verdeutlicht immerhin, dass sich der Sechste Teil des Gesetzes für Umgebungslärm Geltung beimisst, der nach der Begriffsbestimmung des § 47 b Nr. 1 BImSchG n. F. auch den durch Straßen- und Eisenbahnverkehr hervorgerufenen Lärm einschließt. Das ist ohne Frage ein integrativer Gewinn.

248 (3) Das Änderungsgesetz regelt nicht, welches rechtliche Schicksal die bisher nach § 47 a BImSchG 1990 erstellten Lärmminderungspläne noch haben. Diese genügen jedenfalls nicht den Voraussetzungen, welche die Umgebungslärm-RL

---

321 Vgl. Hansjochen Dürr, Rechtliche Aspekte der Verkehrsberuhigung von Innenstädten, in: VBlBW 1993, 361–370, Stefan Zeitler, Zwei-Klassen-System durch Tempo–30-Zone?, in: VBlBW 1994, 1–3; Michael Ronellenfitsch, Kfz-Halter als Störer – Eine beunruhigende Konzeption zur Verkehrsberuhigung, in: DAR 1994, 490–493; Hansjochen Dürr, Die rechtlichen Grundlagen zur Lärmminderung in Städten, in: UPR 1992, 241–251; Helmut Schulze-Fielitz, Rechtsfragen der Durchsetzung von Luftreinhalte- und Lärmminderungsplänen, in: UPR 1992, 41–47. Hans Heinrich Trute, Das Planungsinstrumentarium des Bundes-Immissionsschutzgesetzes, in: Hans-Joachim Koch/Rainer Lechelt (Hrsg.), 20 Jahre BImSchG, 1994, S. 155–184; Hans-Joachim Koch/Constanze Mengel, Örtliche Verkehrsregelungen und Verkehrsbeschränkungen, in: Hans-Joachim Koch, Rechtliche Instrumente einer dauerhaft umweltgerechten Verkehrspolitik, Baden-Baden 2000, S. 245–267.

322 Vgl. zu den Ursachen u. a. Helmut Wiesner, Kampf dem Lärm – EU-Umgebungslärmrichtlinie und ihre Folgen vor Ort, in StuG 2003, 100–102.

323 Das Gesetz dient gleichzeitig für den Bereich der Lärmminderungsplanung der Umsetzung der Richtlinie 2001/42/EG (Plan-UP-RL). Es wird durch eine Änderung des Gemeindefinanzierungsgesetzes vom 28.1.1988 (BGBl. I S. 100), mit späteren Änderungen ergänzt.

324 Zur langwierigen Entstehungsgeschichte des Gesetzes vgl. u. a. Ursula Philipp-Gerlach/Joy Hensel, Der Gesetzesentwurf der Bundesregierung zur Umsetzung der EG-Richtlinie über die Bewertung und Bekämpfung von Umgebungslärm, in: ZUR 2004, 329–334; Ulrich Repkewitz, Probleme der Umsetzung der Umgebungsrichtlinie, in: VBlBW 2006, 409–417; Hans Carl Fickert, Zum Einfluss der in Deutsches Recht umgesetzten Umgebungslärm-Richtlinie der EU auf die Lärmsituation in den Gemeinden und auf die Bürger – Zugleich ein kritischer Beitrag zur heutigen Lärmschutzproblematik, in: BauR 2006, 920–937.

nunmehr fordert. Nunmehr muss u. a. auch der Schutz vor Umgebungslärm in ruhigen Gebieten eines Ballungsraumes sowie in ruhigen Gebieten auf dem Lande ermittelt und bewertet werden. Damit führt die Richtlinie tendenziell ein Verschlechterungsverbot ein.[325] Daran lässt Art. 8 Abs. 1 Buchst. b) Satz 2 der Richtlinie keinen Zweifel aufkommen.

2. Zielsetzung des deutschen Rechts

(1) Die Umgebungslärm-RL fordert für Umgebungslärm vor allem eine Lärmminderungsplanung für Ballungsräume sowie für Orte in der Nähe stark belasteter Verkehrswege und Flughäfen. Während Art. 3 a Umgebungslärm-RL dem Umgebungslärm neben gesundheitsschädlichen auch „unerwünschte" Geräusche zurechnet, bezeichnet § 47 b Nr. 1 BImSchG n. F. als Umgebungslärm begrifflich gesundheitsschädliche oder „belästigende" Geräusche. Damit trägt der deutsche Gesetzgeber dem Anliegen der Richtlinie Rechnung.   **249**

Der Begriff der „unerwünschten" Geräusche wird in der Richtlinie allerdings nicht näher erläutert, aber offenbar recht weit verstanden.[326] Die englische Fassung lautet „unwanted or harmful", die französische „non désiré ou nuisible". Diese Zielrichtung wird durch § 47 b Nr. 1 BImSchG n. F. nicht verfehlt. Als Belästigung im Sinne dieser Definition ist nicht bloß Lärm oberhalb der nach den einzelnen Regelwerken maßgeblichen Erheblichkeitsmarken (vgl. z. B. § 2 Abs. 1 der 16. BImSchV, § 2 Abs. 2 der 18. BImSchV, Nr. 6.1 der TA Lärm) anzusehen. Alle Geräuscheinwirkungen, die mehr als geringfügig zu Buche schlagen, können im Anwendungsbereich des Sechsten Teils des Bundes-Immissionsschutzgesetzes als relevanter Posten zu berücksichtigen sein.[327] Dazu empfiehlt sich auch, richtlinienkonform Art. 3 Buchst. c) der Richtlinie zu berücksichtigen. Man wird leider abwarten müssen, welche Bewertung der Verordnungsgeber in Erfüllung der Ermächtigung des § 47 f Abs. 1 S. 1 Nr. 2 BImSchG hinsichtlich der gesundheitsschädlichen Auswirkungen treffen wird.   **250**

(2) Der Umsetzungsgesetzgeber normiert die beiden Hauptziele der Richtlinie 2002/49/EG als Aufgabe der Zustandsbeschreibung (Lärmkartierung) und als Handlungsziel ein auf Lärmminderung ausgerichtetes Maßnahmekonzept (Lärmaktionspläne). Deren genauer rechtlicher Status bleibt im Gesetz jeweils offen. Der Rechtscharakter dürfte sich weitgehend an der Frage einer externen Bindungswirkung der Lärmkartierung und der Lärmaktionspläne entscheiden. Geht man von einer internen Bindung aus, so nähern sich beide Handlungsformen dem Charakter einer Art „intersubjektiven" Verwaltungsvorschrift, der Technischen Anleitung im Sinne des § 48 BImSchG nicht unähnlich. An dieser rechtlichen Einordnung   **251**

---

325 So zutreffend Ursula Philipp-Gerlach/Joy Hensel, Der Gesetzentwurf der Bundesregierung zur Umsetzung der EG-Richtlinie über die Bewertung und Bekämpfung von Umgebungslärm, in: ZUR 2004, 332–334 [333]; Stefan Mitschang, Die Umgebungsrichtlinie und ihre Auswirkungen auf die Regional- und Bauleitplanung, in: ZfBR 2006, 430–442 [431].

326 Ähnlich Hans Carl Fickert, Worauf müssen sich die Gemeinden bei der Umsetzung der Umgebungsrichtlinie der EU in deutsches Recht einstellen?, in: BauR 2004, 1559–1567 [1560].

327 Wie hier Stefan Mitschang, Die Umgebungsrichtlinie und ihre Auswirkungen auf die Regional- und Bauleitplanung, in: ZfBR 2006, 430–442 [432].

Halama

dürfte auch die für Lärmaktionspläne in § 47 d Abs. 3 BImSchG vorgesehene Öffentlichkeitsbeteiligung nichts ändern.[328]

3. Lärmkartierung

252 (1) § 47 c Abs. 1 BImSchG legt für die erste Stufe des gemeinschaftsrechtlichen Lärmschutzkonzepts im Einklang mit der Umgebungslärmrichtlinie den Zeit- und Fristenplan für die Erstellung der strategischen Lärmkarten bis zum 30. Juni 2007 bzw. 30. Juni 2012 fest. Es sind gemäß Art. 7 der Umgebungslärm-RL „strategische Lärmkarten" auszuarbeiten. Nach § 47 e Abs. 1 BImSchG n. F. sind grundsätzlich die Gemeinden „oder die nach Landesrecht zuständigen Behörden" für die Erstellung der Lärmkarten zuständig.

253 § 47 c Abs. 1 BImSchG übernimmt damit die Zuständigkeitsregelung des § 47 a Abs. 1 BImSchG 1990. Die Formel wird man dahin zu verstehen haben, dass die jeweilige Gemeinde zuständig ist, es sei denn, das Landesrecht sieht etwas anderes vor.[329] Die Lärmkarten für Schienenwege von Eisenbahnen des Bundes sind nach § 47 e Abs. 3 BImSchG n. F. vom Eisenbahn-Bundesamt auszuarbeiten. Bei der Erstellung von Lärmkarten für Grenzgebiete haben die zuständigen Behörden nach § 47 c Abs. 3 BImSchG n. F. mit den zuständigen Behörden anderer Mitgliedstaaten der Europäischen Union zusammenzuarbeiten. Kann die Gemeinde oder die zuständige Behörde zur Lärmkartierung nicht auf eigene Bestände zurückgreifen, können sie „anordnen", dass ihr vorhandene Daten sowie vorhandene Ergebnisse für Lärmkarten unentgeltlich zur Verfügung gestellt werden. Adressaten dieser Verpflichtung sind gemäß § 3 der 33. BImSchV u. a. die Eisenbahnstrukturunternehmen, die Verkehrsunternehmen, die Verkehrsflughafenbetreiber, die Anlagenbetreiber, die Hafenbetreiber und die Träger der Straßenbaulast. Ob die gesetzliche Ermächtigungsgrundlage des § 47 f Abs. 2 BImSchG genügt, um Dritte zur unentgeltlichen „Hilfe" zu verpflichten, erscheint im Hinblick auf die Anforderungen des Art. 80 Abs. 1 Satz 2 GG sehr zweifelhaft. Man kann zweifeln, ob die bislang gesetzlich vorgesehenen Zuständigkeitsbefugnisse überhaupt ausreichen, um das Richtlinienkonzept innerstaatlich effektiv umzusetzen. Da der Gesetzgeber von der Regelzuständigkeit der Gemeinden ausgeht, bleibt derzeit offen, ob sich bereits aus diesem Grund die Grenzen der Ballungsräume an den Gemeindegrenzen auszurichten haben. Im Sinne der Umgebungslärm-RL ist dies schwerlich zielführend.

254 (2) Die Kartierung dient zur Gesamtbewertung der auf verschiedene Lärmquellen zurückzuführenden Lärmbelastung in einem bestimmten Gebiet oder für die Gesamtprognosen für ein solches Gebiet. Es soll ein weiträumiger Überblick geschaffen werden. Wegen der Anforderungen, denen die Lärmkarten insoweit genügen müssen, verweist § 47 c Abs. 2 BImSchG n. F. auf die Anhänge IV und VI der Um-

---

328 Vgl. Hans D. Jarass, Luftqualitätsrichtlinien der EU und die Novellierung des Immissionsschutzrechts, in: NVwZ 2003, 257–266.

329 Vgl. Hans D. Jarass, BImSchG, 6. Aufl. 2005, § 47 a [a. E.] Rn. 5; Stefan Mitschang, Die Umgebungsrichtlinie und ihre Auswirkungen auf die Regional- und Bauleitplanung, in: ZfBR 2006, 430–442 [433]; Ulrich Repkewitz, Probleme der Umsetzung der Umgebungsrichtlinie, in: VBlBW 2006, 409–417 [414].

gebungslärmrichtlinie. Diese Verweisungstechnik ist unter rechtsstaatlichen Gesichtspunkten nicht ganz unproblematisch.[330] Statische Verweisungen auf Richtlinieninhalte, wie hier, sind in demokratierechtlicher Hinsicht allerdings unbedenklich. Zweifel können eher darin liegen, ob der Rechtsadressat das Bezugsobjekt, die Anhänge IV und VI, ohne weiteres finden kann.[331] Immerhin gibt § 47 c BImSchG die genaue Fundstelle der Anhänge an, auch wenn das eher eine theoretische Sicherheit ist. Bedenken könnten auch in gemeinschaftsrechtlicher Hinsicht bestehen. Eine qualifizierte Umsetzung einer Richtlinie fehlt, wenn der innerstaatliche Gesetzgeber lediglich auf den Richtlinieninhalt mehr oder minder pauschal verweist, ohne damit den Umsetzungsgehalt tatsächlich in das innerstaatliche Recht zu übernehmen. Es fehlt dann vor allem an dem integrierenden innerstaatlichen Rechtsakt. Diese Staatspraxis, der § 47 c Abs. 2 BImSchG folgt, ist deshalb problematisch, weil sie über eine Art Verweisung auf EU-Recht hinausgeht, da die Richtlinie sich im vorliegenden Falle weitgehend nur rahmenartig versteht und insoweit einer subsumtiven Anwendung nur eingeschränkt zugänglich ist.[332] Der Gesetzgeber nimmt ersichtlich derartige juristische „Unschärferelationen" in Kauf.

(3) Einzelheiten sind in der Verordnung über die Lärmkartierung – 34. BImSchV **255** (LärmKartV) – vom 6. März 2006 geregelt, die auf Grund der Ermächtigung des § 47 f BImSchG n. F. erlassen worden ist.[333] § 2 dieser Verordnung enthält Angaben zu den Lärmindizes. § 4 gibt Auskunft über die Datengrundlage, auf die der Lärmkarten auszuarbeiten sind. § 5 bietet nähere Aufschlüsse über das Berechnungsverfahren. Die Information der Öffentlichkeit über Lärmkarten ist Regelungsgegenstand des § 7 der Verordnung. Soweit die Länder inzwischen Lärmkartierungen über „Ballungsräume" abgegrenzt und dem Bundesministerium für Umwelt, Naturschutz und Reaktorsicherheit gemäß § 47 d Abs. 6 BImSchG übermittelt haben, dürften diese offenbar ohne Beteiligung der Öffentlichkeit erstellt worden sein.[334] Deren Beteiligung sieht die Umgebungslärm-RL insoweit allerdings auch nicht vor. Lärmkartierung hat mit folgendem Umfang zu rechnen (Stand 2004/2005): Allerdings ist die Öffentlichkeit gemäß Art. 9 Abs. 1 der Umgebungslärm-RL über die vorgenommene Kartierung zu informieren, und zwar in „Übereinstimmung mit den einschlägigen Rechtsvorschriften der Gemeinschaft", also nunmehr der Umweltinformations-RL 2003/4/EG. Weder das Gesetz noch die 34. BImSchV kennt

---

330 Vgl. dazu Eike Michael Frenzel, Die Umsetzung von Rechtsakten als Gesetzeszweck – Willensbekundung oder dynamische Verweisung?, in: NVwZ 2006, 1141–1143.

331 Vgl. Thomas Klindt, Die Zulässigkeit dynamischer Verweisungen auf EG-Recht aus verfassungs- und europarechtlicher Sicht, in: DVBl. 1998, 373–380; Andreas Haratsch, Verweisungstechnik und gemeinschaftsgerichtete EG-Richtlinien, in: EuR 2000, 42–61.

332 Vgl. Eckard Rehbinder, Kompetenzprobleme bei der Umsetzung von europäischen Richtlinien, in: NVwZ 2002, 21–28 mit Fußn. 49; ähnlich Rolf Wägenbaur, Die Umsetzung von EG-Recht in deutsches Recht und ihre gesetzgeberische Problematik, in: ZG 1988, 303–318 [310], kritisch EuGH, Urteil vom 20.3.1997 – Rs. C. 96/95 – EuGHE 1997 I-1653 [1679] Rn. 36 = NVwZ 1998, 48 = EuZW 1998. 348 – Kommission vs. Deutschland (zu § 2 Abs. 2 des Ausländergesetzes vom 9.7.1990 – BGBl. I S. 1354).

333 BGBl. I S. 516. Vgl. zur Entstehungsgeschichte der Verordnung Hans-Werner Laubinger/Ulrich Repkewitz, in: Ule/Laubinger, BImSchG, (Stand. Okt. 2006), RvB A 34.0.

334 Vgl. Franz-Josef Feldmann, Wandel im Lärmschutz: Die Umgebungsrichtlinie und ihre Umsetzung in deutsches Recht, in: ZUR 2005, 355–358.

eine derartige Verpflichtung.[335] Eine entsprechende Verwaltungspraxis ist nach feststehender Rechtsprechung nicht ausreichend, um ein normatives Defizit zu substituieren.[336]

256 Um die volle Anwendung der Richtlinie in rechtlicher und nicht nur in tatsächlicher Hinsicht zu gewährleisten, müssen die Mitgliedstaaten einen eindeutigen gesetzlichen Rahmen für den dem jeweiligen Regelungsbereich bereitstellen.[337]

- etwa 82 Großstädte (Ballungsräume);
- etwa 40.000 km Hauptverkehrsstraßen;
- etwa 10.000 km Haupteisenbahnstrecken
- 11 Großflughäfen.[338]

257 Gemäß § 47 c Abs. 5 BImSchG hatten die „zuständigen Behörden" dem Bundesministerium für Umwelt, Naturschutz und Reaktorsicherheit die Ballungsräume mit mehr als 250.000 Einwohnern und bestimmte Hauptverkehrsstraßen bis zum 30. Juni 2005 mitzuteilen. Das war offensichtlich nicht möglich, da das hierzu verpflichtende Gesetz erst am selben Tage in Kraft trat. Man kann darüber rätseln, ob dies handwerkliche Schlamperei oder verschämte Absicht war, da das Datum durch Art. 7 Abs. 1 UAbs. 2 RL 2002/49/EG vorgegeben war. Eine Vertragsverletzung lag in jedem Fall vor. Übrigens genügt es nicht, dass die weiteren Mitteilungen gemäß § 47 c Abs. 5 S. 2 BImSchG dem Bundesministerium bis zum 31. Dezember 2008 zugehen. Denn an diesem Tage müssen diese Mitteilungen gemäß Art. 7 Abs. 2 UAbs. 2 RL 2002/49/EG bereits der Kommission vorliegen.

258 (4) Mit § 47 c Abs. 4 BImSchG n. F. trägt der Gesetzgeber dem gemeinschaftsrechtlichen Erfordernis Rechnung, die Lärmkarten mindestens alle fünf Jahre nach dem Zeitpunkt ihrer Erstellung zu überprüfen und bei Bedarf zu überarbeiten. Die Lärmkartierung ist nach § 47 c Abs. 1 S. 1 BImSchG für bestimmte Bereich bis zum 30. Juni 2007 abzuschließen. Nimmt man an, dass in die Lärmkartierung auch eine Bewertung über gesundheitliche Auswirkungen einzugehen hat, war die Rechtslage innerstaatlich insoweit defizitär, als die entsprechende Verordnung, wie sie § 47 f Abs. 1 S. 1 Nr. 2 BImSchG vorsieht, zu diesem Zeitpunkt nicht ergangen war. Es kann kein Zweifel sein, dass der Verordnungsgeber, d. h. die Bun-

---

335 Vgl. auch den ersten Verordnungsentwurf BRat-Dr. 95/05. Dieser beruht allerdings noch auf eine abweichenden Verordnungsermächtigung des § 47p in der Fassung des Regierungsentwurfes.

336 EuGH, Urteil vom 6.5.1980 – Rs. 102/79 – EuGHE 1980, 1473 [1486] Rn. 11 = DVBl. 1981, 137 = RIW 1980, 646 – Kommission vs. Belgien, EuGH, Urteil vom 2.8.1993 – Rs. C-366/89 – EuGHE 1993 I-4201 – Kommission vs. Italien; EuGH, Urteil vom 7.10.1996 – Rs. C-221/94 – EuGHE 1996 I-5669 = EWS 1997, 32 = RIW 1997, 253 – Kommission vs. Luxemburg.

337 EuGH, Urteil vom 1.10.1991 – verb. Rs. C-13/90, C-14/90, C-64/90 – EuGHE 1991 I-4327 = EWS 1993, 154 – Kommission vs. Frankreich; EuGH, Urteil vom 30.5.1991 – Rs. C-361/88 – EuGHE 1991 I-2567 = DVBl. 1991, 869 = NVwZ 1991, 866 = EuZW 1991, 440 = UPR 1992, 24 – Kommission vs. Deutschland (Nichtumsetzung einer EG-Richtlinie 80/779 gegen die Luftverschmutzung durch Schwefeldioxid und Schwebestaub in innerstaatliches Recht); EuGH, Urteil vom 10.5.2001 – Rs. C-144/90 – EuGHE 2001 I-3541 [3565] Nr. 19 = NJW 2001, 2244 = EuZW 2001, 437 = EWS 2001, 329 = ZIP 2001, 1373 – Kommission vs. Niederlande; zum Ganzen Christoph Hermann, Richtlinienumsetzung durch die Rechtsprechung, Berlin 2003, S. 212 ff.

338 Daten nach BRats-Drs. 610/04 vom 13.8.2004, S. 20 ff. = BTags-Drs. 15/3782.

desregierung, gesetzlich verpflichtet wurde, die entsprechende Verordnung zu erlassen.[339] Das nähert sich einem gesetzwidrigen Zustand. Denn die Lärmaktionspläne sind bis zum 18. Juli 2008 in einer ersten Tranche zu erstellen. Bereits wieder zeichnet sich eine rechtliche Ineffizienz ab. Dieses Mal wird indes zumindest die EU-Kommission darüber wachen, dass die Zielsetzungen nicht versanden. Man wird sich wohl derzeit damit helfen können, dass man sich auf das Interimsverfahren des Anhanges II der Richtlinie einlässt.[340]

4. Aufstellung der Lärmaktionspläne

(1) Die umweltpolitische Kernfrage der Umgebungslärm-RL ist die „Aktion". Aus **259** § 47 d BImSchG n. F. ist zu ersehen, welche Maßnahmen auf der Grundlage der strategischen Lärmkarten auf der zweiten Stufe des Regelungssystems des Sechsten Teils des Bundes-Immissionsschutzgesetzes zu ergreifen sind.[341]

Nach dem Zeitschema des Art. 8 Abs. 1 und 2 Umgebungslärm-RL sind nach **260** Abs. 1 bis zum 18. Juli 2008 bzw. 18. Juli 2013 Lärmaktionspläne aufzustellen. Nach § 47d Abs. 3 Satz 2 BImSchG erhält die Öffentlichkeit „rechtzeitig und effektiv" die Möglichkeit, an der Ausarbeitung und der Überprüfung „mitzuwirken".

Das klingt recht unbestimmt und ist es auch. Der Gesetzgeber greift insoweit auf **261** die Formulierung zurück, die in Art. 8 Abs. 7 Umgebungslärm-RL verwendet wird und die gemeinschaftsrechtlich nur einen Rahmen darstellen soll. Die innerstaatliche Regelung ist derzeit mithin offenkundig gemeinschaftsrechtlich defizitär.[342] Welche Merkmale die Mitwirkung aufweisen muss, um als „rechtzeitig" und „effektiv" qualifiziert werden zu können, zeigt der deutsche Gesetzgeber nicht auf. Er sagt nicht, wie er sich eine Mitwirkung der Öffentlichkeit vorstellt. Die Mitwirkung geht über eine Anhörung hinaus, sondern meint im Sinne gemeinschaftsrechtlicher Zielsetzungen Öffnung und Berücksichtigung. In § 47 d Abs. 3 Satz 5 BImSchG lässt er es mit dem Hinweis bewenden, dass „angemessene Fristen mit einer ausreichenden Zeitspanne für jede Phase der Beteiligung vorzusehen (sind)". Auch hier gibt er keinen gesetzlichen Rahmen an. Der deutsche Gesetzgeber steht hier in der Gefahr, dass die Kommission diesen Bereich der Umsetzung als misslungen ansieht und ein Verfahren der Vertragsverletzung einleitet.

---

339 Vgl. allg. zur Erlassverpflichtung eines ermächtigten Verordnungsgebers BVerfG, Beschluss vom 8.6.1988 – 2 BvL 9/85 – BVerfGE 78, 249 [272] = DVBl. 1988, 952 = NJW 1988, 2529 = JZ 1989, 387 = BayVBl 1988, 623.

340 So wohl auch Stefan Mitschang, Die Umgebungsrichtlinie und ihre Auswirkungen auf die Regional- und Bauleitplanung, in: ZfBR 2006, 430–442 [435]; vgl. ferner die Empfehlung der Kommission 2003/613/EG vom 6.8.2003 über Leitlinien für die geänderten vorläufigen Berechnungsmethoden für Industrie-, Flug-, Straßenverkehrs und Eisenbahnlärm und diesbezügliche Emissionsraten (K/2003/2807).

341 Kritisch wegen zusätzlicher Verfahrensbelastungen Klaus Hansmann, Straffung und Vereinfachung des Immissionsschutzrechts, in: NVwZ 2005, 625–628; Ursula Philipp-Gerlach/Joy Hensel, Der Gesetzentwurf der Bundesregierung zur Umsetzung der EG-Richtlinie über die Bewertung und Bekämpfung von Umgebungslärm, in: ZUR 2004, 329–334 [332]; vgl. auch die seinerzeitige Stellungnahme des Arbeitskreises für Umweltrecht (AKUR), in: NVwZ 2005, 64.

342 Eine andere Sicht bei Stefan Mitschang, Die Umgebungsrichtlinie und ihre Auswirkungen auf die Regional- und Bauleitplanung, in: ZfBR 2006, 430–442 [438], wie hier Ulrich Repkewitz, Probleme der Umsetzung der Umgebungsrichtlinie, in: VBlBW 2006, 409–417 [416].

262 Dem Geist der Århus-Konvention wird die deutsche Regelung schwerlich gerecht. Insoweit besteht mithin näherer Konkretisierungsbedarf. Er kann allerdings kaum durch Verordnungsrecht befriedigt werden. Dazu dürften die Ermächtigungsgrundlagen des § 47 f BlmSchG nicht ausreichend sein. § 47 f Abs. 1 Satz 1 Nr. 3 BlmSchG n. F. überlässt zwar die „Information der Öffentlichkeit über zuständige Behörden sowie Lärmkarten und Lärmaktionspläne" weiterer Regelung durch eine Rechtsverordnung, die übrigens in Bezug auf Aktionspläne noch aussteht. Eine Ermächtigung zur näheren Regelung der Mitwirkung der Öffentlichkeit enthält § 47 d BlmSchG jedoch nicht. Problematisch ist die Frage, ob die Beteiligung der Öffentlichkeit an der Aufstellung eines Lärmaktionsplanes im Hinblick auf Art. 8 Abs. 7 der Umgebungslärm-RL ein konstitutives Element für dessen Rechtswirksamkeit ist.[343] Nach § 47 d Abs. 4 in Verb. mit § 47 c Abs. 3 BlmSchG n. F. bedarf es bei der Aufstellung eines Lärmaktionsplans ggf. einer grenzüberschreitenden Zusammenarbeit mit den zuständigen Behörden anderer Mitgliedstaaten der Europäischen Union.

263 (2) Ein „Aktionsplan" ist gemäß Art. 3 Buchst. t) der Richtlinie einen Plan zur Regelung von Lärmproblemen und von Lärmauswirkungen, erforderlichenfalls einschließlich der Lärmminderung. Dieses Ziel der Verbesserung einer vorhandenen Lärmsituation entspricht mit klaren Worten der Zielvorgabe des Art. 1 Abs. 1 der Richtlinie. Art. 8 Abs. 1 der Richtlinie wiederholt diese Zielsetzung. Fast schamvoll verschweigt der deutsche Gesetzgeber das erwähnte dritte Ziel der Richtlinie, nämlich die potentielle Lärmminderung. Das Anforderungsprofil der Lärmaktionspläne ist in richtlinienkonformer Auslegung zu bestimmen. Sie werden ebenfalls von den Gemeinden oder von den zuständigen Behörden aufgestellt (vgl. § 47 e Abs. 1 BlmSchG).

264 Das Landesrecht muss dies jeweils entscheiden. Die Aktionspläne werden anders als die Lärmkarten allerdings nicht für einzelne Lärmquellen, sondern nach § 47 d Abs. 1 Satz 1 BlmSchG n. F. für Orte in der Nähe stark belasteter Verkehrsträger und für Ballungsräume „umfassend", eben umgebungsbezogen, aufgestellt. Während § 47 b Nr. 2 BlmSchG einen „Ballungsraum" sowohl nach einer Mindesteinwohnerzahl und einer Bevölkerungsdichte definiert, verweist § 47 d Abs. 1 S. 1 Nr. 2 BlmSchG nur auf die Einwohnerzahl, die allerdings erhöht ist. In der Tat verlangt Art. 3 k der Richtlinie keine Festlegung auf eine bestimmte Bevölkerungsdichte, sondern nur eine Entscheidung des Mitgliedstaates, bei welcher Bevölkerungsdichte er das Gebiet „mit städtischem Charakter" betrachtet.

265 (3) Gemäß § 47 d Abs. 1 Satz 3 BlmSchG 2005 ist „die Festlegung von Maßnahmen in den Plänen in das Ermessen der zuständigen Behörden gestellt, sollte aber auch unter Berücksichtigung der Belastung durch mehrere Lärmquellen insbesondere auf die Prioritäten eingehen, die sich ggf. aus der Überschreitung relevanter Grenzwerte oder auf Grund anderer Kriterien ergeben, und insbes. für

---

343 Vgl. dazu (jeweils verneinend) Bernhard Holm, Die Bedeutung der EU-Umgebungslärmrichtlinie für die Bundesstraßen, in: NuR 2003, 144–149, Alfred Scheidler, Neue Aufgaben für die Gemeinden durch die Neuregelung im BlmSchG zur Lärmminderungsplanung, in: DVBl. 2005, 1344–1351 [1350].

die wichtigsten Bereiche gelten, wie sie in den Lärmkarten ausgewiesen werden". Mit dieser Formulierung lehnt sich der Gesetzgeber eng an den Text der Umgebungslärm-RL an, ohne ihm wortwörtlich zu folgen. Art. 8 Abs. 1 Satz 2 weicht textlich insofern ab, als „die in den Plänen genannten Maßnahmen in das Ermessen der zuständigen Behörden gestellt (sind)". § 47 d Abs. 1 BImSchG läuft diesem Konzept nicht zuwider. Auch die Umgebungslärm-RL legt die Mitgliedstaaten nicht darauf fest, mittels Aktionsplänen genau definierte Ziele zu erreichen. Sie beschränkt sich in ihrem Anhang V darauf, Maßnahmen zu benennen, die als zwecktauglich in Betracht kommen (Verkehrsplanung, Raumordnung, auf die Geräuschquelle ausgerichtete technische Maßnahmen, Wahl von Quellen mit geringerer Lärmentwicklung, Verringerung der Schallübertragung, verwaltungsrechtliche oder wirtschaftliche Maßnahmen oder Anreize. Allerdings definiert Anhang V gemäß Art. 8 Abs. 4 der Richtlinie nur Mindestanforderungen. Ach hier ist der deutsche Gesetzgeber eher restriktiv. Während der Richtliniengeber mit Art. 8 Abs. 4 verlangt, dass die Aktionspläne den Mindestanforderungen nach Anhang V „genügen" müssen, heißt es in § 47 d Abs. 2 S. 1 BImSchG, dass sie ihnen „entsprechen" müssen. Das ist ein feiner sprachlicher Unterschied. In der englischen Fassung heißt es „shall meet the minimum requirements", in der französischen „satisfont aux presciptions".

(3) Die Wahl der Maßnahmen bleibt den Mitgliedstaaten überlassen. Sie hängt **266** von den jeweiligen konkreten Verhältnissen ab. Die Richtlinie macht lediglich deutlich, von welchen Erwägungen die Ermessensausübung getragen sein muss. Nur dort, wo es gilt, Gesundheitsschäden abzuwehren, engt sie unter Hinweis auf die in Art. 1 Abs. 1 der Richtlinie aufgezeigten Prioritäten den Ermessensspielraum ein. Diese Vorgaben greift der deutsche Gesetzgeber in § 47 d Abs. 1 Satz 3 BImSchG zutreffend auf. Die Bewertung gesundheitsschädlicher Auswirkungen überlässt er ausweislich des § 47 f Abs. 1 Satz 1 Nr. 2 BImSchG allerdings der Regelung durch Rechtsverordnung.

Das ist misslich, da gerade hier eine parlamentarische Entscheidung wünschens- **267** wert wäre. Mit der in § 47 d Abs. 2 Satz 2 BImSchG getroffenen Bestimmung, wonach die Aktionspläne auch darauf abzielen sollen, ruhige Gebiete, für die sich in § 47 d BImSchG keine Definition findet, gegen die Zunahme des Lärms zu schützen, knüpft der Gesetzgeber erneut an Art. 8 Abs. 1 Satz 2 in Verb. mit Art. 1 Abs. 1 Buchst. c) der Richtlinie an. Die Bezugnahme des § 47 d Abs. 6 BImSchG auf § 47 Abs. 3 Satz 2 BImSchG ergibt, dass bei der Aufstellung der Lärmaktionspläne die Ziele der Raumordnung zu beachten und die Grundsätze und sonstigen Erfordernisse der Raumordnung zu berücksichtigen sind. Das entspricht an sich § 4 Abs. 1 S. 1, Abs. 2 ROG. Diese Vorgabe ist indes nur dann im Sinne der progressiven Politik der Umgebungslärm-RL stimmig, wenn die Festlegung der Ziele und Grundsätze ihrerseits auf der Grundlage der Lärmaktionspläne erfolgt ist. Anderenfalls würde die in § 47 d Abs. 6 BImSchG angeordnete Bindung an die Ziele der Raumordnung eine Petrifizierung und damit eine verdeckte Rückwirkung auslösen. Das legt die Überlegung nahe, ggf. durch ein Zielabweichungsverfahren die Ziele der Umgebungslärm-RL richtlinienkonform zu fördern.

5. Umsetzung der Lärmaktionspläne

268 Für die Lärmaktionspläne ist ein gesamthafter Ansatz charakteristisch. In ihnen werden die Maßnahmen festgelegt, die von unterschiedlichen Planungs- und Maßnahmenträgern zur Lärmbekämpfung zu ergreifen sind. Eine hierauf bezogene ausführende Verordnung steht noch aus.

269 Allerdings stellen Lärmaktionspläne keine selbständige Rechtsgrundlage für die Anordnung bestimmter Maßnahmen dar. Wie aus dem in § 47d Abs. 6 BImSchG in Bezug genommenen § 47 Abs. 6 BImSchG zu ersehen ist, sind die in ihnen festgelegten Maßnahmen grundsätzlich durch Anordnungen oder sonstige Entscheidungen der zuständigen Träger öffentlicher Verwaltung nach dem Bundes-Immissionsschutzgesetz oder nach anderen Rechtsvorschriften durchzusetzen. Nur insoweit gehen von den Lärmaktionsplänen verbindliche Wirkungen aus. Eine Einschränkung ergibt sich überdies aus § 47 Abs. 6 Satz 2 BImSchG. Sind in den Plänen planungsrechtliche Festlegungen vorgesehen, so lässt diese Bestimmung es auf der nachfolgenden Planungsstufe mit einer bloßen Berücksichtigungspflicht bewenden. Dem Bürger gegenüber enthalten die Lärmaktionspläne keine unmittelbaren – positiven oder negativen – „Außenwirkungen". Eingriffsqualität haben erst solche Maßnahmen, die zu ihrer Durchsetzung ergriffen werden. Dafür bedarf es einer Ermächtigungsgrundlage im Bundes-Immissionsschutzgesetz oder in anderen Rechtsvorschriften (z. B. § 45 Abs. 1 Satz 2 Nr. 3 StVO).[344] § 47 d BImSchG lässt die Möglichkeiten unberührt, die den Behörden außerhalb der Lärmminderungsplanung kraft gesetzlicher Regelung zur Lärmbekämpfung zu Gebote stehen.

6. Rechtsschutzfragen

270 (1) Da ein Bürger durch die Aktionspläne nicht unmittelbar gebunden werden kann, ist ihm auch eine direkte gerichtliche Klage versagt.[345] Soweit der Inhalt eines Lärmaktionsplanes in einer Entscheidung mit Außenwirkung „verarbeitet" wird, kann der Plan inzident im Rahmen des allgemeinen Rechtsschutzes überprüft werden.[346] Die Frage ist davon abhängig, ob dem Lärmaktionsplan zumindest teilweise ein rechtsbindender Charakter zukommt. Rechtsschutz ist jedenfalls auf der der Lärmminderungsplanung nachfolgenden Entscheidungsebene zu gewähren. Erst auf dieser Stufe kommt nach deutschem Rechtsverständnis auch eine

---

344 § 45 Abs. 1 Satz 2 Nr. 3 StVO lautet: „Die Straßenverkehrsbehörden können die Benutzung bestimmter Straßen oder Straßenstrecken aus Gründen der Sicherheit oder Ordnung des Verkehrs beschränken oder verbieten und den Verkehr umleiten. Das gleiche Recht haben sie ... zum Schutz der Wohnbevölkerung vor Lärm und Abgasen."

345 So Helmut Schulze-Fielitz, in: Hans-Joachim Koch/Dieter Scheuing/Eckard Pache, GK-BImschG, § 47 (Stand. 2005), Rn. 187; Stefan Mitschang, Die Umgebungsrichtlinie und ihre Auswirkungen auf die Regional- und Bauleitplanung, in: ZfBR 2006, 430–442 [439]; Alfred Scheidler, Neue Aufgaben für die Gemeinden durch die Neuregelung im BImSchG zur Lärmminderungsplanung, in: DVBl. 2005, 1344–1351 [1349]. Ulrich Repkewitz, Probleme der Umsetzung der Umgebungsrichtlinie, in: VBlBW 2006, 409–417 [416].

346 Wie hier für Luftreinhaltepläne Jürgen Assmann/Katharina Knierim/Jörg Friedrich, Die Luftreinhalteplanung im Bundes-Immissionsschutzgesetz, in: NuR 2004, 695–701 [700]; a. A. Ulrich Repkewitz, Probleme der Umsetzung der Umgebungsrichtlinie, in: VBlBW 2006, 409–417 [417].

Halama

Verletzung subjektiver Rechte in Betracht. Das Europarecht gebietet keine abweichende Betrachtungsweise. Anders als das durch Grenzwertfestlegungen gekennzeichnete Luftqualitätsrecht der Gemeinschaft vermittelt die Umgebungslärmrichtlinie keinen Drittschutz. Aus ihr lässt sich kein Anspruch darauf ableiten, mit Hilfe der Lärmminderungsplanung die Einhaltung bestimmter Lärmwerte sicherzustellen. Die Richtlinie beschränkt den Bürger auf Beteiligungsrechte im Aufstellungsverfahren (Art. 8 Abs. 7) und auf Informationsrechte nach der Erstellung der Lärmkarten und der Ausarbeitung der Aktionspläne (Art. 9). Es wird noch zu klären sein, ob Entscheidungen, welche die interne Bindung eines Lärmaktionsplanes missachten, verfahrensfehlerhaft sind und ob jedenfalls dies im Sinne gemeinschaftskonformer Effektuierung der Richtlinie 2002/49/EG im gerichtlichen Verfahren geltend gemacht werden kann.

(2) Drittbetroffene können eine Lärmkartierung oder den Erlass eines Lärmakti- **271** onsplanes unmittelbar nicht erzwingen.[347] Das dürfte auch dann gelten, wenn dem Dritten ein Anspruch auf Lärmsanierung zustehen sollte. Eine weiterführende Frage ist es allerdings, ob ein Bürger erreichen kann, dass der Öffentlichkeit eine Mitwirkung „rechtzeitig und effektiv" eröffnet wird. Die Frage dürfte unmittelbar an der Umgebungslärm-RL zu messen sein, da § 47d Abs. 3 BImSchG – wie behandelt – defizitär ist.[348] „Öffentlichkeit" ist nach der Begriffsbestimmung des Art. 4 der Umgebungslärm-RL eine oder mehrere natürliche oder juristische Personen sowie gemäß den nationalen Rechtsvorschriften oder Gepflogenheiten die Vereinigungen, Organisationen oder Gruppen dieser Personen. Es ist nicht ohne Reiz zu bemerken, dass § 47 b BImSchG diese Begriffsbestimmung nicht übernommen hat.

7. Ausblick

Im Einklang mit Art. 8 Abs. 5 der Richtlinie bestimmt § 47 d Abs. 5 BImSchG, dass **272** die Lärmaktionspläne bei bedeutsamen Entwicklungen für die Lärmsituation, ansonsten jedoch alle fünf Jahre nach dem Zeitpunkt ihrer Aufstellung, überprüft und erforderlichenfalls überarbeitet werden. Da die ersten Aktionspläne bis zum 18.7. 2008 aufzustellen sind, beginnt die Frist zum Monitoring und zur Überarbeitung mit dem 18.7.2013. Das darf nicht dahin verstanden werden, dass in der Zwischenzeit eine Anpassung zulässig ist, auch wenn bedeutsame Entwicklungen nicht gegeben sind. Auch hier ist die deutsche Umsetzung sprachlich etwas ungenau. Art. 8 Abs. 5 der Richtlinie formuliert „ im Fall einer bedeutsamen Entwicklung" und meint damit ein besonderes Einzelereignis, das unvorgesehen war und den zugrunde gelegten gesamthaften Ansatz berührt.

Rechtsprechung des EuGH zur Umgebungslärmrichtlinie und des Bundesverwal- **273** tungsgerichts zu den §§ 47 a ff. BImSchG n. F. gibt es bisher noch nicht. Man darf

---

347 Zweifelnd Bernhard Stüer, Handbuch des Bau- und Fachplanungsrechtes, München, 3. Aufl. 2005, Rn. 2916 für die Frage eines Anspruches auf Aufstellung eines Lärmaktionsplanes. Allerdings schließen sich Gebietsschutz und Individualschutz nicht von vornherein aus.
348 So auch Ulrich Repkewitz, Probleme der Umsetzung der Umgebungsrichtlinie, in: VBlBW 2006, 409–417 [417].

aber annehmen, dass der EuGH die Umweltschutzpolitik, die der Richtlinie 2002/
49/EG zugrunde liegt, in seiner Rechtsprechung mit Nachdruck unterstützen wird.
Der Gerichtshof hat in zahlreichen Entscheidungen die Bedeutung einer effektiven
Umweltschutzpolitik betont.[349]

G. Umweltinformationen (UIRL 2003) – RL 2003/4/EG

I. Zielsetzungen und Inhalt der Umweltinformationsrichtlinie 2003/4/EG

274 (1) Die Richtlinie 2003/4/EG des Europäischen Parlaments und des Rates vom
28. Januar 2003 über den Zugang der Öffentlichkeit zu Umweltinformationen und
zur Aufhebung der Richtlinie 90/313/EWG des Rates[350] – UIRL – lehnt sich in Aufbau und Inhalt an die Vorgängerrichtlinie 90/313/EWG des Rates vom 7. Juni 1990
über den freien Zugang zu Informationen über die Umwelt[351] an. Sie trägt aber
den Erfahrungen der Anwendung dieser Richtlinie und insbesondere den Vorgaben der am 25. Juni 1998 u. a. auch von der Europäischen Gemeinschaft unterzeichneten **Århus-Konvention** Rechnung.

275 Dieses Übereinkommen, das nicht zuletzt dazu dient, durch eine stärkere Einbeziehung der Bürger und der Umweltschutzverbände den Belangen des Umweltschutzes erhöhte Geltung zu verschaffen und Vollzugsdefiziten entgegenzuwir-
ken, ist durch ein Regelungssystem gekennzeichnet, das auf **drei Säulen** ruht,
nämlich dem Zugang der Öffentlichkeit zu Informationen über die Umwelt (Art. 4
und 5), der Beteiligung der Öffentlichkeit bei bestimmten umweltbezogenen Entscheidungen (Art. 6 bis 8) sowie dem Zugang zu Gerichten in Umweltangelegenheiten (Art. 9). Auf Grund der stark unterschiedlichen Positionen der europäischen
Institutionen und der Mitgliedstaaten sowie der Verabschiedung im Mitentschei-
dungsverfahren gemäß Art. 251 EG konnte die neue Richtlinie erst nach Abschluss
eines Vermittlungsverfahrens zwischen Parlament und Rat am 14. 2. 2003 in Kraft
getreten. Der rechtlich möglichst ungehinderte und uneingeschränkte Zugang zu
Umweltinformationen soll zur Kontrolle der Verwaltung, zur Schärfung des Umwelt-

---

349 Vgl. etwa EuGH, Urteil vom 17 9.2002 – Rs. C-513/99 – EuGHE 2002, 7213 = DVBl. 2002, 1542 =
NVwZ 2002, 1356 = EuZW 2002, 628 = EuGRZ 2002, 528 = ZfBR 2002, 812 – Concordia Bus Fin-
land Oy Ab vs. Helsingin kaupunki u. HKL-Bussiliikenne (zu Umweltschutzkriterien wie die Höhe der
Stickoxidemissionen oder den Lärmpegel der Busse als zulässige Vergabekriterien nach der Richtlinie 92/50 über die Koordinierung der Verfahren zur Vergabe öffentlicher Dienstleistungsaufträge);
EuGH, Urteil vom 14.7.1998 – Rs. C-389/96 – EuGHE 1998 I-4473 = NVwZ 1998, 1057 = EuZW
1998, 698 = EWS 1998, 298 – Aher Waggon GmbH vs. Bundesrepublik Deutschland zur Vorlage
BVerwG, Beschluss vom 25.9.1996 – 11 C 11.95 – Buchholz 442.40 § 2 LuftVG Nr. 2 (zur Richtlinie
80/51/EWG zur Verringerung der Schallemissionen von Unterschallluftfahrzeugen in der Fassung
der Richtlinie 83/206/EWG).

350 ABl. L 41 S. 26; vgl. dazu u. a. Mark Butt, Erweiterter Zugang zu behördlichen Umweltinformationen
– Die neue EG-Umweltinformationsrichtlinie, in: NVwZ 2003, 1071–1075.

351 ABl. Nr. L 158, S. 56; vgl. dazu Arno Scherzberg, Der freie Zugang zu Informationen über die Umwelt, in: UPR 1992, 48–56; Ralf Röger, Zum Begriff des „Vorverfahrens" im Sinne der Umweltinformationsrichtlinie, in: UPR 1994, 216–219; Ralf Röger, Zur unmittelbaren Geltung der Umweltinformationsrichtlinie, in: NuR 1994, 125–128; Robert Haller, Unmittelbare Rechtswirkung der EG-Umweltinformationsrichtlinie im nationalen deutschen Recht, in: UPR 1994, 88–93.

bewusstseins und zur Effektuierung der von den Mitgliedstaaten umzusetzenden Umweltpolitik beitragen.[352]

(2) Die Umweltinformationsrichtlinie betrifft die **„erste Säule"** der Århus-Konvention. Wie aus den Begründungserwägungen zu ersehen ist, verfolgen die Richtliniengeber mit ihr verschiedene Zwecke. Der im Vergleich mit der Richtlinie 90/313/EWG erweiterte Zugang der Öffentlichkeit zu umweltbezogenen Informationen soll dazu beitragen, das Umweltbewusstsein zu schärfen (erster Erwägungsgrund). Der behördliche Umgang mit Umweltinformationen soll durch Offenheit und Transparenz gekennzeichnet sein (zweiter Erwägungsgrund). Einheitliche Zugangsvoraussetzungen sind ein weiterer Schritt zur Rechtsharmonisierung (siebter Erwägungsgrund). „Antragsteller", und damit Berechtigter, ist gemäß Art. 2 Nr. 5 UILR 2003 jede natürliche oder juristische Person, die Zugang zu Umweltinformationen beantragt.[353] Dass ein Interesse bestehen und dass dieses geltend gemacht werden muss, sieht die UIRL 2003 nicht vor.[354] **276**

(3) Die UIRL 2003 unterscheidet sich insbesondere in folgenden Punkten von der Vorgängerrichtlinie 90/313/EWG: Der Anwendungsbereich des Umweltinformationsrechts wird dadurch erweitert, dass in Art. 2 Nr. 1 und 2 UILR 2003 die Begriffe „Umweltinformation" und „Behörde" neu definiert werden. Mit dem Ausdruck „Umweltinformation" werden, aufgeschlüsselt unter den Buchstaben a bis f, sämtliche Informationen erfasst, die für den Umweltschutz relevant sein können. Während die Buchstaben a bis d frühere Regelungen konkretisieren, stellen die Buchstaben e und f, die der Århus-Konvention 1998 entstammen, echtes Neuland dar. **277**

Danach gehören zum Kreis der Umweltinformationen unter näher bezeichneten Voraussetzungen auch „Kosten/Nutzen-Analysen und sonstige wirtschaftliche Analysen und Annahmen" sowie der „Zustand der menschlichen Gesundheit und Sicherheit ggf. einschließlich der Kontamination der Lebensmittelkette". Von erheblicher Tragweite ist die Erweiterung des Behördenbegriffs. Während in Art. 2 Abs. 2 b der Richtlinie 90/313/EWG Behördenqualität nur Stellen der öffentlichen Verwaltung zuerkannt wird, die „Aufgaben im Bereich der Umweltpflege" wahrnahmen, sind nach Art. 2 Nr. 2 a und b UIRL 2003 Behörden alle natürlichen oder juristischen Personen, die „auf Grund innerstaatlichen Rechts Aufgaben der öffentlichen Verwaltung" wahrnehmen. Der Katalog wird in Buchstabe c u. a. auf natürliche und juristische Personen ausgedehnt, „die unter der Kontrolle einer unter Buchstabe a genannten Stelle oder einer unter Buchstabe b genannten Person im Zusammenhang mit der Umwelt öffentliche Zuständigkeiten haben". **278**

Art. 3 Abs. 2 a UIRL 2003 verkürzt die **Frist**, innerhalb der die Umweltinformationen zugänglich gemacht werden müssen, grundsätzlich auf einen **Monat**. Nach **279**

---

352 BVerwG, Urteil vom 25.03.1999 – 7 C 21.98 –, BVerwGE 108, 369 [373] = DVBl. 1999, 1134 = NVwZ 1999, 1220 = DÖV 1999, 778 = UPR 1999, 313 = BayVBl 1999, 598 = NuR 1999, 511 = ZUR 1999, 277 = GewArch 1999, 378 = JZ 1999, 1166.

353 Vgl. Noreen von Schwanenflug, Der Anspruch von Kommunen auf Zugang zu Umweltinformationen nach der EG-Umweltinformationsrichtlinie, in: KommJur 2007, 10–13; Alfred Scheidler, Der Anspruch auf Zugang zu Umweltinformationen, in: UPR 2006, 13–17.

354 Vgl. VGH München, Beschluss vom 22.11.2000 – 22 ZE 00.2779 – NVwZ 2001, 342 zum UIG.

Art. 3 Abs. 4 UIRL 2003 sind die Informationen vorbehaltlich der in dieser Vorschrift genannten Ausnahmen in der Form bereitzustellen, die der Antragsteller wünscht. Eine weitere praktische Erleichterung bringt Art. 4 Abs. 1a UIRL 2003 mit sich. Diese Bestimmung verpflichtet die Behörde, an die sich der Antragsteller gewandt hat, bei der die gewünschte Information aber nicht vorhanden ist, den Antrag entweder möglichst rasch weiterzuleiten oder dem Antragsteller mitzuteilen, bei welcher Behörde er diese Information ihres Erachtens beantragen kann. Ansonsten regelt Art. 4 UIRL 2003, unter welchen Voraussetzungen ein Antrag auf Zugang zu Umweltinformationen abgelehnt werden kann. Im Vergleich mit der Richtlinie 90/313/EWG zeichnet er sich durch eine stärkere Begrenzung der Ausnahmetatbestände aus. Von besonderer praktischer Bedeutung sind zum einen die in Abs. 1c und e genannten Fälle. Danach ist ein Ablehnungsgrund gegeben, wenn der Antrag zu allgemein formuliert ist oder interne Mitteilungen betrifft.

280 (4) Der **Ausnahmekatalog des Art. 4 Abs. 2 Satz 1 UIRL 2003** umfasst u. a. internationale Beziehungen, die öffentliche Sicherheit oder die Landesverteidigung (b), laufende Gerichtsverfahren (c), Geschäfts- oder Betriebsgeheimnisse (d), Rechte an geistigem Eigentum (e) und die Vertraulichkeit personenbezogener Daten (f). Art. 4 Abs. 2 Satz 2 UIRL 2003 streicht heraus, dass die in den Abs. 1 und 2 genannten Ablehnungsgründe eng auszulegen sind. Art. 4 Abs. 2 Satz 3 UIRL 2003 verlangt, dass das öffentliche Interesse an der Bekanntgabe in jedem Einzelfall, also z. B. auch beim Zugang zu Informationen über die Landesverteidigung oder Geschäfts- und Betriebsgeheimnisse, gegen das Interesse an der Verweigerung der Bekanntgabe abzuwägen ist. Der 16. Begründungserwägung zu der UIRL 2003 ist zu entnehmen, dass die Richtliniengeber eine enge Auslegung der Verweigerungsgründe gewollt haben. Demgemäß gibt ein laufendes Verwaltungsverfahren – insoweit abweichend von § 29 Abs. 2 VwVfG – keinen Grund, die begehrte Umweltinformation zu versagen.[355] Das Recht, im Planfeststellungsverfahren Einwendungen erheben und diese in einem Erörterungstermin substantiell erörtern zu können, wird durch die UIRL 2003 folglich mit der Konsequenz erweitert, dass Betroffene, die zur Erhebung von Einwendungen befugt sind, bei der Begründung und Erörterung dieser Einwendungen auf den bei der Planfeststellungsbehörde, der Anhörungsbehörde oder sonstigen Behörden vorhandenen Akteninhalt mit Umweltdaten zurückgreifen können.[356] Da Aktenteile mit persönlichen Daten nicht eingesehen werden können, sind diese von den sonstigen Verfahrensakten zu trennen.

281 Von ebenfalls erheblicher Tragweite ist Art. 4 Abs. 2 Satz 4 UIRL 2003, der es selbst in den Fällen, in denen Geschäfts- oder Betriebsgeheimnisse oder vertrauliche personenbezogene Daten Schutz genießen, nicht zulässt, dass der Antrag

---

355 Ulrich Battis/Albert Ingold, Der Umweltinformationsanspruch im Planfeststellungsverfahren – zugleich Anmerkungen zu VGH Kassel, Beschluss vom 4. Januar 2006 – 12 Q 2828/05, DVBl. 2006, 463, in: DVBl. 2006, 735–740; Monika Thürmer, Zur Rolle der Umweltinformationsrichtlinie in Planfeststellungsverfahren, in: EurUP 2006, 231–235.
356 So VGH Kassel, Beschluss vom 4.1.2006 – 12 Q 2828/05 – DVBl. 2006, 453 = NVwZ 2006, 1081 = NuR 2006, 239 = ZUR 2006, 259. Vgl. Andreas Große, Zur unmittelbaren Anwendung der Umweltinformationsrichtlinie, in: ZUR 2006, 585–588.

Halama

abgelehnt wird, wenn er sich auf Informationen über Emissionen in die Umwelt bezieht. Lassen sich beantragte Informationen von den Informationen trennen, die unter Ausnahmebestimmungen fallen, so sind sie nach Art. 4 Abs. 4 UIRL 2003 auszugsweise zugänglich zu machen. Nach Art. 5 Abs. 1 UIRL ist die Einsichtnahme in Informationen an Ort und Stelle gebührenfrei zu gewähren. Werden Umweltinformationen bereitgestellt, so können die Behörden nach Art. 5 Abs. 2 UIRL 2003 eine Gebühr erheben, die jedoch eine angemessene Höhe nicht überschreiten darf. Sofern Gebühren erhoben werden, ist gemäß Art. 5 Abs. 3 UIRL 2003 ein Gebührenverzeichnis aufzustellen.

(5) Nach Art. 6 UIRL 2003 haben die Mitgliedstaaten bei Streitigkeiten über den **282** Umfang des Informationsrechts den Zugang zu einem Überprüfungsverfahren sowie zu einem Kontrollverfahren vor einem Gericht oder einer anderen unabhängigen Stelle zu gewährleisten. Während Art. 7 der Richtlinie 90/313/EWG nur die allgemeine Bestimmung enthielt, dass die Mitgliedstaaten die erforderlichen Maßnahmen ergreifen, um der Öffentlichkeit auch ohne Antrag Informationen über die Umwelt zur Verfügung zu stellen, verpflichtet Art. 7 Abs. 1 UIRL 2003 die Behörden, die für ihre Aufgaben relevanten vorhandenen Daten insbesondere unter Einsatz von Informationstechnologie so aufzubereiten, dass sie für die Öffentlichkeit leicht zugänglich sind. Welche Informationen zu verbreiten sind, ergibt sich aus dem in Art. 7 Abs. 2 UIRL 2003 aufgeführten Katalog. In Abständen von nicht mehr als vier Jahren sind nach Art. 7 Abs. 3 UIRL 2003 nationale und ggf. regionale bzw. lokale Umweltzustandsberichte zu veröffentlichen.

II. Umsetzung der UIRL 2003/4/EG in deutsches Recht

1. Umsetzung in Bundesrecht (UIG 2004)

1.1 Vergleich UIG 2001 und UIG 2004

(1) Die Umweltinformationsrichtlinie 2003 ist durch Art. 1 des Gesetzes zur Neu- **283** gestaltung des Umweltinformationsgesetzes und zur Änderung der Rechtsgrundlagen zum Emissionshandel vom 22. Dezember 2004 in deutsches Recht umgesetzt worden.[357] Das Umweltinformationsgesetz n. F. ist an die Stelle des Umweltinformationsgesetzes (UIG) getreten, das am 8. Juli 1994 in Umsetzung der Richtlinie 90/313/EWG beschlossen[358] und am 23. August 2001[359] neu gefasst wurde.

Schon dieses alte Umweltinformationsgesetz bedeutete für das deutsche Recht **284** eine entscheidende Wende. Bis dahin beschränkte sich das Informationsrecht des Einzelnen darauf, nach Maßgabe des § 29 VwVfG Einsicht in die Akten eines lau-

---

357 BGBl. I S. 3704; vgl. Eric Mark Butt, Erweiterter Zugang zu behördlichen Umweltinformationen – Die neue EG-Umweltinformationsrichtlinie, in: NVwZ 2003, 1071–1075; ders., Die Ausweitung des Rechts auf Umweltinformation durch die Aarhius-Konvention, Stuttgart 2001; Thomas von Danwitz, Aarhus-Konvention, Umweltinformation, Öffentlichkeitsbeteiligung, Zugang zu den Gerichten, in: NVwZ 2004, 272–282; Antje Näckel/Andreas Wasielewski, Das neue Recht auf Zugang zu Umweltinformationen, in: DVBl. 2005, 1351–1359; Christian Schrader, Neue Umweltinformationsgesetze durch die Richtlinie 2003/4/EG, in: ZUR 2004, 130–135.
358 BGBl. I S. 1490.
359 BGBl. I S. 2218.

Halama

fenden Verwaltungsverfahrens zu nehmen. Das UIG 1994 eröffnete dem Bürger, wenn auch beschränkt auf Umweltdaten, unabhängig von einem konkreten Verfahren und ohne Darlegung eines besonderen rechtlichen Interesses den Zugang zu behördlichen Informationen.[360] Dadurch wurde eine Entwicklung eingeleitet, die in Abkehr vom herkömmlichen Prinzip grundsätzlicher Aktengeheimhaltung durch ein hohes Maß an Offenheit und Transparenz des behördlichen Handelns gekennzeichnet ist und ihren vorläufigen Abschluss in den Informationsfreiheitsgesetzen des Bundes vom 5. September 2005[361] und verschiedener Länder[362] gefunden hat, die, wenngleich mit ähnlichen Ausnahmeregelungen wie das Umweltinformationsgesetz, einen Anspruch auf Zugang zu amtlichen, nicht auf Umweltdaten beschränkten Informationen gewähren.

285 (2) Bei einem Vergleich des Umweltinformationsgesetzes vom 22. Dezember 2004 mit dem Umweltinformationsgesetz aus dem Jahre 1994 fällt auf Anhieb der unterschiedliche Anwendungsbereich ins Auge. Während das Umweltinformationsgesetz 1994 nach § 2 für Informationen über die Umwelt galt, die bei näher bestimmten Behörden des Bundes, der Länder, der Gemeinden und Gemeindeverbände sowie der sonstigen juristischen Personen des öffentlichen Rechts vorhanden waren oder die bei natürlichen oder juristischen Personen des privaten Rechts vorhanden waren, die öffentliche Aufgaben im Bereich des Umweltschutzes wahrnahmen und der Aufsicht von Behörden unterstellt waren, beschränkt § 1 Abs. 2 UIG 2004 den Geltungsbereich auf die in § 2 Abs. 1 näher bezeichneten informationspflichtigen Stellen des Bundes und der bundesunmittelbaren juristischen Personen des öffentlichen Rechts.

286 (3) Die Länder haben für den Bereich ihrer Landes- und Kommunalverwaltungen eigene Landesgesetze zu erlassen. Dabei sind sie unter erheblichen Zeitdruck geraten. Das UIG 2004 trat ausweislich des Art. 9 des Gesetzes vom 22. Dezember 2004 am 14. Februar 2005, dem Tag, an dem die Umsetzungsfrist des Art. 10 UIRL 2003 ablief, in Kraft. Zu diesem Zeitpunkt standen die Länder mit leeren Händen da. Denn nach Art. 9 des Gesetzes vom 22. Dezember 2004 trat das Umweltinformationsgesetz in der Fassung vom 23. August 2001 mit Wirkung ab 14. Februar 2005 außer Kraft. Mit dem Wegfall des § 2 UIG a. E. und der Begrenzung des Anwendungsbereichs des Umweltinformationsgesetzes vom 2. Dezember 2004 auf informationspflichtige Stellen des Bundes und der bundesunmittelbaren juristischen Personen des öffentlichen Rechts entstand in den Ländern ein Rechtsetzungsvakuum. Eine Überschreitung der Umsetzungsfrist auf Landesebene war damit vorprogrammiert.

---

360 Vgl. Alexander Kukk, Einsichtnahmerechte in Bebauungsplanverfahrensakten, in: UPR 2005, 19–21.

361 BGBl. I S. 2722.

362 Vgl. z. B. das Berliner Informationsfreiheitsgesetz vom 15.10.1999 – GVBl. S. 561, das brandenburgische Akteneinsichts- und Informationsgesetz vom 10.3.1998 – GVBl. I S. 46, das schleswig-holsteinische Informationsfreiheitsgesetz vom 9.2.2000 – GVBl. S. 166 und das Informationsfreiheitsgesetz Nordrhein-Westfalen vom 27.11.2001 – GV. NRW S. 806.

1.2 Inhalt des UIG 2004

(1) Im Umweltinformationsgesetz vom 22. Dezember 2004 werden die Neuerun- **287** gen der UIRL 2003 inhaltlich zum Teil wortgleich nachgezeichnet. In § 2 Abs. 1 wird in Anlehnung an Art. 2 Nr. 2 UIRL der Kreis der informationspflichtigen Stellen umschrieben, der erstmals auch private Unternehmen umfasst, die der Kontrolle des Bundes oder einer unter der Aufsicht des Bundes stehenden juristischen Person des öffentlichen Rechts unterliegen.

Vom Begriff der Umweltinformation sind nunmehr in Übereinstimmung mit Art. 2 **288** Nr. 1 UIRL 2003 nach § 2 Abs. 3 Nr. 1, 5 und 6 u. a. auch Daten über gentechnisch veränderte Organismen, Kosten-Nutzen-Analysen oder sonstige wirtschaftliche Analysen sowie Daten über den Zustand der menschlichen Gesundheit und Sicherheit und über den Verbraucherschutz mit umfasst. § 3 Abs. 2 Satz 2 UIG 2004 stellt klar, dass der Informationszugang nur aus gewichtigen Gründen auf andere Art als beantragt eröffnet werden darf[363]. § 3 Abs. 3 UIG 2004 verkürzt die Regelfrist für die Bearbeitung des Antrags auf einen Monat[364].

(2) Die Ablehnungsgründe zum Schutz von öffentlichen und privaten Belangen **289** werden im Anschluss an Art. 4 UIRL 2003 in den §§ 8 und 9 UIG 2004 abschließend aufgelistet. Eine Ablehnung kommt nur in Betracht, wenn das Schutzinteresse im Einzelfall das öffentliche Umweltinformationsinteresse überwiegt.

Als Konsequenz des Art. 4 Abs. 2 Satz 4 UIRL 2003 modifiziert der Gesetzgeber **290** dieses Abwägungsmodell in § 8 Abs. 1 Satz 2 UIG 2004. Danach kann der Zugang zu Umweltinformationen über Emissionen nicht unter Berufung auf die in den Nrn. 2 und 4 des Satz 1 genannten Gründe (z. B. Vertraulichkeit von Beratungen, Zustand der Umwelt, Kontamination der Lebensmittelkette) abgelehnt werden. Die von Art. 7 UIRL 2003 geforderte antragsunabhängige Verbreitung von Umweltinformationen wird durch die §§ 10 und 11 UIG 2004 sichergestellt. Nach § 10 UIG 2004 haben die informationspflichtigen Stellen die Öffentlichkeit in angemessenem Umfang aktiv und systematisch über die Umwelt zu unterrichten. Nach § 11 UIG 2004 veröffentlicht die Bundesregierung regelmäßig im Abstand von nicht mehr als vier Jahren einen Bericht über den Zustand der Umwelt im Bundesgebiet.

(3) Aus der Kostenregelung des § 12 UIG 2004 ist zu ersehen, dass für die Über- **291** mittlung von Informationen zwar grundsätzlich Kosten erhoben werden dürfen, die Erteilung mündlicher oder einfacher schriftlicher Auskünfte sowie die Einsichtnahme in Umweltinformationen vor Ort jedoch kostenfrei zu ermöglichen ist.

(4) Im Umweltinformationsgesetz n. F. werden erstmals Rechtsschutzfragen be- **292** handelt. Nach § 6 Abs. 1 UIG 2004 ist für Streitigkeiten in den bundesrechtlich geregelten Fällen der Verwaltungsrechtsweg gegeben. Dies gilt auch dann, wenn eine Person des privaten Rechts informationspflichtig ist. Mit Rücksicht auf Art. 6 Abs. 1 UIRL 2003 bedarf es eines Vorverfahrens nach § 68 VwGO auch dann,

---

363 Vgl. Art. 3 Abs. 4 UIRL 2003.
364 Vgl. Art. 3 Abs. 2 UIRL 2003.

Halama

wenn die Entscheidung von einer obersten Bundesbehörde getroffen worden ist. Für Streitigkeiten nach Maßgabe landesrechtlicher Umweltinformationsansprüche stellt es § 6 Abs. 5 UIG 2004 den Ländern frei, den Verwaltungsrechtsweg auch dann vorzusehen, wenn sich der Anspruch gegen eine private informationspflichtige Stelle richtet.

2. Umsetzung in Landesrecht

293 Die Richtlinie 2003/4/EG war nach Art. 10 Satz 1 bis zum 14. Februar 2005 in nationales Recht umzusetzen. Zu diesem Zeitpunkt gab es noch keine Landesumweltinformationsgesetze. In einigen Ländern steht die Integration in Landesrecht immer noch aus. Angesichts dieses Umsetzungsdefizits ist in der obergerichtlichen Rechtsprechung die Frage erörtert worden, ob bis zum Inkrafttreten des einschlägigen Landesgesetzes die UIRL 2003 unmittelbare Wirkungen erzeugt oder den Vorgaben der Richtlinie anderweitig Rechnung zu tragen ist.

294 Nach Ansicht des VGH Kassel[365] und des OVG Schleswig[366] lässt sich ein Anspruch auf Zugang zu Umweltinformationen auch ohne innerstaatliche gesetzliche Grundlage unmittelbar aus der Umweltinformationsrichtlinie herleiten. Ein solcher Anspruch besteht auch dann, wenn er sich gegen ein Privatrechtssubjekt richtet. Zwar gehen unmittelbare Wirkungen grundsätzlich nicht von Richtlinien aus, die Verpflichtungen einer Privatperson begründen.[367] Eine Ausnahme macht der EuGH aber bei Stellen, die unabhängig von ihrer Rechtsform kraft staatlichen Rechtsakts unter staatlicher Aufsicht Leistungen im öffentlichen Interesse erbringen und für diesen Zweck mit besonderen Befugnissen ausgestattet sind.[368] Auch der Umstand, dass durch die Anwendung der Richtlinie Private mittelbar belastet wer-

---

365 VGH Kassel, Urteil vom 4.1.2006 – 12 Q 2828/05 – ESVGH 56, 135 = NVwZ 2006, 1081 = NuR 2006, 239 = ZUR 2006, 259 = ZLW 2006, 289, mit Bespr. Andreas Große, Zur unmittelbaren Anwendung der Umweltinformationsrichtlinie, in: ZUR 2006, 585–588; Ulrich Battis, DVBl. 2006, 735–740, vgl. auch VGH Kassel, Beschluss vom 30.11.2006 – 10 TG 2531/06 – NVwZ 2007, 348; VGH Kassel, Beschluss vom 16.3.2006 – 12 Q 590/06 – NVwZ 2006, 390, teilweise abweichend früher BVerwG, Urteil vom 6.12.1996 – 7 C 64.95 – BVerwGE 102, 282 = DVBl. 1997, 438 = NJW 1997, 753 = DÖV 1997, 734 = UPR 1997, 109 = ZUR 1997, 87 = NuR 1997, 401 = BayVBl 1997, 698 = NWVBl 1997, 460 = GewArch 1997, 260 = JZ 1998, 243, mit Bespr. Ralf Röger, Das Rechts des Antragstellers auf Wahl des Informationszugangs im Rahmen der Ermessensentscheidung nach § 4 Abs. 1 S. 2 UIG, in: DVBl. 1997, 885–888; Johannes Niewerth, Informationsmittel bei Anspruch auf Umweltinformationen, in: DZWir 1997, 372–374; Reinhard Hendler, in: Zum Auswahlermessen der Behörde bei der Umweltinformation, in: JZ 1998, 245–246; Carola Vahldiek, Neue Entwicklungen in der Rechtsprechung zum Umweltinformationsrecht, ZUR 1997, 144–147; Joachim Heilmann, in: ArbuR 1997, 296–297; Jens M. Schmittmann, in: VR 1997, 286–287.
366 OVG Schleswig, Beschluss vom 4. April 2006, ZUR 2006, 318. vgl. auch VGH München, Beschluss vom 22.11.2000 – 22 ZE 00.2779 – NVwZ 2001, 342 = BayVBl 2001, 596.
367 Vgl. EuGH, Urteil vom 26.2.1986 – Rs. 152/84 – EuGHE. 1986, 723 = NJW 1986, 2178 = EuR 986, 265 – Marshall vs. Southampton und South-West Hampshire Area Health Authority – „Marshall"; mit Bespr. Gert Nicolaysen, Keine horizontale Wirkung von Richtlinien-Bestimmungen, in: EuR 1986, 370–371.
368 Vgl. EuGH, Urteil vom 12.7.1990 – Rs. C-188/89 – EuGHE 1990 I-3313 = NJW 1991, 3086 = NVwZ 1992, 51 = EuZW 1990, 424= RIW 1991, 601 = JZ 1992, 56 – A. Forster und andere vs. British Gas plc, mit Bespr. Ferry Bühring/Andrej Lang, Vorwirkung von EG-Richtlinien gegenüber staatlich kontrollierten Unternehmen des Privatrechts, in: ZEuP 2005, 88–104.

den, schließt den Rückgriff auf eine Richtlinie nicht aus.[369] Vor dem Hintergrund dieser Rechtsprechung tragen der VGH Kassel und das OVG Schleswig den schutzwürdigen Interessen von Drittbetroffenen (z. B. Geschäfts- oder Betriebsgeheimnisse, Rechte an geistigem Eigentum, Vertraulichkeit personenbezogener Daten) dadurch Rechnung, dass sie nicht nur den Vorschriften, die einen Anspruch auf Zugang zu Umweltinformationen vermitteln, sondern auch den optionalen Ausnahmetatbeständen des Art. 4 Abs. 2 UIRL 2003, die dem Schutz von gemeinschaftsrechtlich anerkannten Individualrechtsgütern dienen, Direktwirkung beimessen. Anders geht das OVG Nordrhein-Westfalen vor.[370] Es lässt offen, ob die UIRL 2003 in Nordrhein-Westfalen unmittelbar gilt. Stattdessen geht es der Frage nach, ob die Bestimmungen des nordrhein-westfälischen Informationsfreiheitsgesetzes vom 27. November 2001 zur Ausfüllung der Vorgaben aus der Richtlinie genügen oder jedenfalls im Wege einer richtlinienkonformen Auslegung herangezogen werden können.

Die meisten Länder haben allerdings inzwischen eigene Umweltinformationsgesetze erlassen.[371] Die Landesumweltinformationsgesetze der Länder Rheinland-Pfalz, Sachsen und Thüringen sind im Aufbau und inhaltlich dem Umweltinformationsgesetz des Bundes nachgebildet. Die übrigen Landesgesetzgeber verweisen weithin auf das Bundes-UIG. Sie eröffnen allesamt den Verwaltungsrechtsweg, auch wenn sich der Anspruch gegen eine private informationspflichtige Stelle richtet.[372] Einen Sonderweg hat das Land Berlin eingeschlagen. Hier hat der Anspruch auf Zugang zu Umweltinformationen durch Gesetz vom 19. Dezember 2005[373] als § 18 a Eingang in das Berliner Informationsfreiheitsgesetz gefunden. Die Vorschriften des Bundes-UIG werden durchweg für entsprechend anwendbar erklärt. Für einen Gleichklang sorgt der Berliner Landesgesetzgeber auch insoweit, als für Streitigkeiten um Ansprüche gegen private Informationspflichtige der Rechtsweg zu den Verwaltungsgerichten gegeben ist. **295**

3. Richtlinienkonforme Auslegung des deutschen Rechts

(1) Rechtsprechung des EuGH zur Richtlinie 2003/4/EG ist noch nicht vorhanden. Indes lassen sich einige Entscheidungen des Gerichtshofs anführen, die sich zwar **296**

---

369 Vgl. EuGH, Urteil vom 26.9.2000 – Rs. C-443/98 – EuGHE 2000 I-7535 = EuZW 2001, 153 = EWS 2000, 542 = EuR 2000, 968 – Unilever Italia SpA vs. Central Food SpA; mit Bespr. Hans-W. Micklitz, Die horizontale Direktwirkung von Richtlinien, in: EWiR 2001, 497–498; Roland Abele, Unmittelbare Auswirkungen einer Verletzung der Informations-Richtlinie im Zivilrechtsstreit, in: EWS 2000, 546–547; Rudolf Streinz, Auswirkung nicht umgesetzter Richtlinien auf Privatrechtsverhältnisse, in: JuS 2001, 809–811; Sebastian Heselhaus, in: JA 2001, 647–650.

370 OVG Münster, Urteil vom 5.9.2006 – 8 A 2190/04 – UPR 2007, 39 = ZUR 2006, 600 = GewArch 2006, 468 = AUR 2007, 134 = NWVBl 2007, 184, nachgehend BVerwG, Beschluss vom 31.1.2007 – 7 B 88.06 – juris (Volltext) – stattgebende Nichtzulassungsbeschwerde (Revisionsverfahren 7 C 4.01).

371 Vgl. Landes-UIG BW vom 7.3.2006 – GBl. S. 50; BremUIG vom 15.11.2005 – GBl. S. 573; HmbUIG vom 4.11.20045 – GVBl. S. 441; LUIG M-V vom 14.7.2006 – GVOBl. S. 568; LUIG R-P vom 19.10. 2005 – GVBl. S. 484; SächsUIG vom 1.6.2006 – GVBl. S. 146; UIG LSA vom 14.2.2006 – GVBl. S. 32; ThürUIG vom 10.10.2006 – GVBl. S. 513.

372 Vgl. auch Gernot Sydow/Georg Gebhardt, Auskunftsansprüche gegenüber kommunalen Unternehmen, in: NVwZ 2006, 986–991; Jan O. Merten, Umweltinformationsgesetz und privatrechtliches Handeln der Verwaltung, in: NVwZ 2005, 1157–1159.

373 GVBl. S. 791.

zur Vorgängerrichtlinie 90/313/EWG äußern, Rückschlüsse aber auch für die Auslegung der Richtlinie 2003/4/EG zulassen. Der EuGH hat klargestellt, dass ein Zugang zu Umweltinformationen gemeinschaftsrechtlich nur nach Maßgabe der einschlägigen Richtlinienbestimmungen gewährleistet ist. Für einen allgemeinen und unbegrenzten Zugriff auf alle Informationen, die einen Bezug zur Umwelt aufweisen, bietet das Gemeinschaftsrecht keine Grundlage[374].

297 (2) Soweit das Gemeinschaftsrecht tatbestandlich eingreift, unterliegen der Informationspflicht sämtliche Formen der Verwaltungstätigkeit. Erfasst werden auch behördliche Maßnahmen, die nicht mit der Erbringung öffentlicher Dienstleistungen zusammenhängen, sondern der Verwaltung privaten Grundbesitzes dienen.[375] Stellungnahmen von Trägern öffentlicher Belange in Genehmigungs-, Planfeststellungs- oder Bebauungsplanverfahren unterfallen dem Maßnahmenbegriff, sofern sie geeignet sind, die Behördenentscheidung hinsichtlich der Belange des Umweltschutzes zu beeinflussen.[376] Die in Art. 3 Abs. 2 Satz 1 UIRL genannte Zweimonatsfrist ist als äußerste Frist anzusehen.[377] Die Erhebung einer Gebühr muss nicht auf Ausnahmefälle beschränkt bleiben. Bei der Bestimmung der Höhe an den tatsächlichen Verwaltungsaufwand anzuknüpfen, ist für sich genommen unbedenklich. Dagegen ist es unzulässig, Kosten geltend zu machen, wenn der Antrag auf Informationszugang abgelehnt wird. Die Praxis, auch in diesem Falle eine Gebühr zu erheben, läuft dem Zweck der Richtlinie zuwider, den Informationszugang zu erleichtern, da sie geeignet sein kann, den Bürger von einer Antragstellung abzuhalten.[378]

---

374 Vgl. EuGH, Urteil vom 12.6.2003 – Rs. C-316/01 – EuGHE 2003 I-5995 = ZUR 2003, 363 = EWS 2003, 328 = LRE 46, 65 – Eva Glawischnig vs. Bundesminister für soziale Sicherheit und Generationen.

375 Vgl. EuGH, Urteil vom 17.6.1998 – Rs. C-321/96 – EuGHE 1998 I-3809 = DVBl. 1998, 1176 = NVwZ 1998, 945 = UPR 1998, 444 = SchlHA 1998, 243 = ZUR 1998, 198 = EuZW 1998, 470 = EuR 1998, 669 = NuR 1998, 645 – Wilhelm Mecklenburg vs. Kreis Pinneberg – Der Landrat, mit Bespr. Armin Hatje, Umweltinformationen/freier Zugang, in: NJ 1999, 99–100; Christian Schrader, Europäische Anstöße für einen erweiterten Zugang zu (Umwelt-)Informationen, in: NVwZ 1999, 40–42; Carola Vahldiek, Der Umweltinformationsanspruch bei Stellungnahmen und der Begriff des Vorverfahrens in EWGRL 313/90 Art 3 Abs. 2, in: ZUR 1998, 200–203; Rainer Pitschas, in: DVBl. 1999, 226; Andre Turiaux, in: EuZW 1998, 716–717; EuGH, Urteil vom 26.6.2003 – Rs. C-233/00 – EuGHE 2003 I-6625 = DVBl. 2003, 1078 (L) – Kommission vs. Frankreich.

376 Vgl. EuGH, Urteil vom 17.6.1998 – Rs. C-321/96 – EuGHE 1998 I-3809 = DVBl. 1998, 1176 = NVwZ 1998, 945 = UPR 1998, 444 = ZUR 1998, 198 = EuR 1998, 669 = NuR 1998, 645 = EuZW 1998, 470 – Wilhelm Mecklenburg vs. Kreis Pinneberg. Vgl. auch Monika Thürmer, Zur Rolle der Umweltinformationsrichtlinie in Planfeststellungsverfahren, in: EurUP 2006, 231–235.

377 Vgl. EuGH, Urteil vom 21.4.2005 – Rs. C-186/04 – EuGHE 2005 I-3316 = NVwZ 2005, 792 = EuZW 2005, 411 = NuR 2005, 449 – Pierre Housieaux vs. Délégués du conseil de la Région de Bruxelles-Capitale, mit Bespr. Jens Hamer, EurUP 2005, 143.

378 Vgl. EuGH, Urteil vom 9.9.1999 – Rs. C-217.97 – EuGHE 1999 I-5087 = DVBl. 1999, 1494 = NVwZ 1999, 1209 = NuR 2000, 26 = ZUR 2000, 16 = EuZW 1999, 763 = EuR 2000, 218 – Kommission vs. Deutschland, mit Bespr. Bernhard W. Wegener, in: EuR 2000, 227–236; Sebastian Heselhaus, in: EuZW 2000, 298–304; Florian Becker, in: NVwZ 1999, 1187–1190; Thomas Schomerus, Zur Vereinbarkeit des UIG mit der EWGRL 313/90, in: ZUR 2000, 19–22; Rainer Pitschas/Jan Lessner, Verankerung eines Umweltinformationsanspruchs im deutschen Verwaltungsrecht, in: DVBl. 2000, 332–335.

Halama

4. Rechtsprechung des BVerwG zum Umweltinformationsrecht

Das BVerwG geht im Urteil vom 18. Oktober 2005 auf das Umweltinformationsge- **298**
setz (UIG) vom 22. Dezember 2004 ein.[379] Es hebt hervor, dass eine Stelle öffentlicher Verwaltung im Sinne des § 2 Abs. 1 Nr. 1 dieses Gesetzes sowohl eine Stelle
sein kann, die öffentlich-rechtlich (hoheitlich oder schlichthoheitlich) handelt, als
auch eine Stelle, die privatrechtlich (fiskalisch oder verwaltungsprivatrechtlich) tätig wird.

Einige zum Umweltinformationsgesetz vom 8. Juli 1994 ergangene Entscheidun- **299**
gen haben auch unter der Geltung des Umweltinformationsgesetzes 2004 ihre Bedeutung nicht verloren. In den Urteilen vom 6. Dezember 1996[380] und vom 25. März
1999[381] zeichnet das Bundesverwaltungsgericht die Leitlinien nach, die das Recht
auf Zugang zu Umweltinformationen prägen. Danach verfolgt der deutsche Gesetzgeber mit dem Umweltinformationsgesetz den durch das Gemeinschaftsrecht
vorgezeichneten Zweck, jedem Antragsteller rechtlich möglichst uneingeschränkt
und faktisch möglichst ungehindert den Zugang zu Informationen über die Umwelt
zu gewährleisten. Damit soll ein Beitrag zur Kontrolle der Verwaltung, zur Schärfung des Umweltbewusstseins und zur Effektuierung der von den Mitgliedstaaten
umzusetzenden Umweltpolitik der Europäischen Gemeinschaft geleistet werden.

Wie aus dem Urteil vom 25. März 1999[382] erhellt, kann auch der Ortsverband einer **300**
politischen Partei den Anspruch auf freien Zugang zu Informationen über die Umwelt als Jedermanns-Recht geltend machen, obwohl er nicht die Merkmale einer
juristischen Person aufweist. Gegenstand eines solchen Anspruchs können auch
Informationen über die staatliche finanzielle Förderung eines umweltfreundlichen
Produktionsverfahrens sein.[383] Die Art und Weise, in der die Umweltinformationen
zu erteilen sind, richtet sich in erster Linie nach dem Begehren der Antragsteller.
Eine Verweisung auf die Überlassung von Kopien kommt daher nur in Betracht,

379 BVerwG, Urteil vom 18.10.2005 – 7 C 5.04 – DVBl. 2006, 182 = NVwZ 2006, 343 = DÖV 2006, 435
 = UPR 2006, 195 = BayVBl 2006, 158 = NuR 2006, 174 = ZUR 2006, 92 = GewArch 2006, 86 =
 KommJur 2006, 152, mit Bespr. Friedrich Schoch, Umweltinformationspflicht einer ausländischen Ver-
 waltungsbehörde, in: DVBl. 2006, 184–186; Jürgen Vahle, in: DVP 2006, 257, vgl. ferner OVG
 Schleswig, Beschluss vom 4.4.2006 – 4 LB 2/06 – NVwZ 2006, 847 = ZUR 2006, 318 = ZUR 2006,
 318.
380 BVerwG, Urteil vom 6.12.1996 – 7 C 64. 95 – BVerwGE 102, 282 = DVBl. 1997, 438 = NJW 1997,
 753 = DÖV 1997, 734 = UPR 1997, 109 = ZUR 1997, 87 = NuR 1997, 401 = BayVBl 1997, 698 =
 NWVBl 1997, 460 = GewArch 1997, 260 = JZ 1998, 243, mit Bespr. Ralf Röger, Das Rechts des
 Antragstellers auf Wahl des Informationszugangs im Rahmen der Ermessensentscheidung nach § 4
 Abs. 1 S. 2 UIG, in: DVBl. 1997, 885–888.
381 BVerwG, Urteil vom 25.3.1999 – 7 C 21. 98 – BVerwGE 108, 369 = DVBl. 1999, 1134 = NVwZ 1999,
 1220 = DÖV 1999, 778 = UPR 1999, 313 = BayVBl 1999, 598 = NuR 1999, 511 = ZUR 1999, 277 =
 GewArch 1999, 378 = JZ 1999, 1166, mit Bespr. Christoph Gusy, Zum Einsichtsrecht der selbständigen Untergliederung einer politischen Partei in die die staatliche Förderung eines Umweltprojekts
 betreffende Akte, in: JZ 1999, 1169–1170.
382 BVerwG, Urteil vom 25.3.1999 – 7 C 21.98 – BVerwGE 108, 369 = DVBl. 1999, 1134 = NVwZ 1999,
 1220 = DÖV 1999, 778 = UPR 1999, 313 = BayVBl 1999, 598 = NuR 1999, 511 = ZUR 1999, 277 =
 GewArch 1999, 378 = JZ 1999, 1166.
383 Elke Gurlit, Das neue Umweltinformationsrecht: Grenzverschiebungen im Verhältnis von Staat und
 Gesellschaft, in: EurUP 2006, 224–231; Markus Schmillen, Das Umweltinformationsrecht zwischen
 Anspruch und Wirklichkeit, Berlin 2003.

wenn die Einsicht in die Akten eine aufwendige oder praktisch gar nicht zu leistende Entfernung von Unterlagen voraussetzt, die zum Schutz öffentlicher oder privater Belange vom Informationsanspruch nicht erfasst werden.[384]

301 Im Urteil vom 6. Dezember 1996[385] stellt das BVerwG klar, dass die Behörde bei der Ausübung ihres Ermessens, in welcher Weise sie den Anspruch auf Information über die Umwelt erfüllt, nur zwischen Informationsmitteln wählen darf, die im Wesentlichen die gleiche Informationseignung besitzen. Beantragt ein Bürger ausdrücklich einen bestimmten Informationszugang, so darf dies nur dann zugunsten eines anderen Informationsmittels abgelehnt werden, wenn sich hierfür gewichtige, näher darzulegende Gründe ins Feld führen lassen. Im Urteil vom 28. Oktober 1999[386] stellt sich das BVerwG auf den Standpunkt, dass der Anspruch auf freien Zugang zu Umweltinformationen während eines Gerichts- oder eines strafrechtlichen Ermittlungsverfahrens mit Rücksicht auf den Schutz der Rechtspflege vor Beeinträchtigungen durch das Bekanntwerden verfahrensrelevanter Informationen ausgeschlossen ist, soweit er sich auf Daten bezieht, die Gegenstand des anhängigen Verfahrens sind. Auf die Frage, ob die Daten der Umweltbehörde auf Grund des Verfahrens zugegangen sind oder dort bereits vor dem Beginn des Verfahrens vorhanden waren, kommt es nicht an.

302 Laut Urteil vom 27. März 2000[387] begegnet es keinen Bedenken, für die Erteilung von Umweltinformationen, die der Antragsteller wirtschaftlich nutzen will, eine kostendeckende Gebühr zu erheben, die auch die Personalkosten für das Heraussuchen und die Zusammenstellung der erbetenen Unterlagen mit einschließt. Diese Rechtsprechung könnte sich unter der Geltung der UIRL 2003 als modifikationsbedürftig erweisen. Art. 5 Abs. 2 der Richtlinie lässt es zwar weiterhin mit der Bestimmung bewenden, dass die Gebühr eine angemessene Höhe nicht überschreiten darf. Aus der 18. Begründungserwägung ist jedoch zu ersehen, dass sich die Gebührenhöhe grundsätzlich an den tatsächlichen Kosten der Anfertigung des betreffenden Materials zu orientieren hat. Nur „in besonderen Fällen, in denen die Behörden Umweltinformationen zu kommerziellen Zwecken zugänglich machen und in denen dies notwendig ist, um die weitere Sammlung und Veröffentlichung solcher Informationen zu gewährleisten, wird eine marktübliche Gebühr als angemessen angesehen".

---

384 So BVerwG, Urteil vom 6.12.1996 – 7 C 64.95 – BVerwGE 102, 282 [285] = DVBl. 1997, 438 = NJW 1997, 753 = DÖV 1997, 734 = UPR 1997, 109 = ZUR 1997, 87 = NuR 1997, 401 = BayVBl 1997, 698 = NWVBl 1997, 460 = GewArch 1997, 260 = JZ 1998, 243.

385 BVerwG, Urteil vom 6.12.1996 – 7 C 64.95 – BVerwGE 102, 282 = DVBl. 1997, 438 = NJW 1997, 753 = DÖV 1997, 734 = UPR 1997, 109 = ZUR 1997, 87 = NuR 1997, 401 = BayVBl 1997, 698 = NWVBl 1997, 460 = GewArch 1997, 260 = JZ 1998, 243.

386 BVerwG, Urteil vom 28.10.1999 – 7 C 32.98 – BVerwGE 110, 17 = DVBl. 2000, 198 = NVwZ 2000, 436 = DÖV 2000, 247 = UPR 2000, 118 = BayVBl 2000, 473 = NuR 2000, 215 = ZUR 2000, 272, mit Bespr. Jan H. C. Schürmann, Erfordert der Schutz von Geheimnissen um ihrer selbst willen ein Staatsziel Geheimnisschutz? – Anmerkung, in: ZUR 2000, 273–276.

387 BVerwG, Urteil vom 27.3.2000 – 7 C 25.98 – NVwZ 2000, 913 = UPR 2000, 312 = GewArch 2000, 390 = NuR 2000, 509 = ZUR 2000, 405.

H. Öffentlichkeitsbeteiligung – Zugang zu Gerichten – RL 2003/35/EG – Århus-Konvention

I. Zielsetzungen und Inhalt der RL 2003/35/EG

(1) Das erklärte Ziel der Richtlinie 2003/35/EG des Europäischen Parlaments und **303** des Rates vom 26. Mai 2003 über die Beteiligung der Öffentlichkeit bei der Ausarbeitung bestimmter umweltbezogener Pläne und Programme und zur Änderung der Richtlinien 85/337/EWG und 96/61/EG des Rates in Bezug auf die Öffentlichkeitsbeteiligung und den Zugang zu Gerichten ist es, das Gemeinschaftsrecht an das Århus-Übereinkommen anzupassen, das am 25. Juni 1998 von der Gemeinschaft unterzeichnet worden ist.[388] Das Übereinkommen enthält Regelungen über den Zugang zu Informationen (sog. 1. Säule), die Öffentlichkeitsbeteiligung (public participation) an Entscheidungsverfahren (sog. 2. Säule) sowie den Zugang zu Gerichten in Umweltangelegenheiten (sog. **3. Säule**).

Die Verankerung der ersten Säule im europäischen Recht ist mit der Richtlinie **304** 2003/4/EG des Europäischen Parlaments und des Rates vom 28. Januar 2003 über den Zugang der Öffentlichkeit zu Umweltinformationen abgeschlossen worden.[389] Mit der Richtlinie 2003/35/EG trägt die Gemeinschaft den Anforderungen Rechnung, die sich aus der 2. und 3. Säule ergeben. Art. 6 der **Århus-Konvention** (AK) sieht die Beteiligung der Öffentlichkeit an Entscheidungen über bestimmte umweltrelevante Tätigkeiten vor. Art. 7 AK regelt die Beteiligung der Öffentlichkeit bei umweltbezogenen Plänen und Programmen. In die Beteiligung einbezogen werden auch Verbände, Organisationen und Gruppen, insbesondere Nichtregierungsorganisationen, die sich für den Umweltschutz einsetzen. Art. 9 Abs. 2 und 4 AK enthält Bestimmungen über den Zugang zu gerichtlichen oder anderen Verfahren zwecks Überprüfung der materiell- und der verfahrensrechtlichen Rechtmäßigkeit von Entscheidungen, Handlungen oder Unterlassungen in Fällen, in denen gemäß Art. 6 AK eine Öffentlichkeitsbeteiligung vorgesehen ist.[390]

Das Gemeinschaftsrecht sieht seit Langem eine Öffentlichkeitsbeteiligung bei be- **305** stimmten umweltbezogenen Entscheidungen, Plänen und Programmen vor. Die Richtlinie 2003/35/EG dient dazu, diese Rechtsvorschriften in Erfüllung der Pflich-

---

388 ABl. L 156 S. 17. Vgl. Jan Ziekow, Strategien zur Umsetzung der Århus-Konvention in Deutschland, in: EurUP 2005, 154–164; Sabine Schlacke, Aarhus-Konvention – Quo vadis?, in: ZUR 2004, 129–130; Andreas Fisahn, Effektive Beteiligung solange noch alle Optionen offen sind – Öffentlichkeitsbeteiligung nach der Aarhus-Konvention, in: ZUR 2004, 136–140; Astrid Epiney, Zu den Anforderungen der Aarhus-Konvention an das europäische Gemeinschaftsrecht, in: ZUR Sonderheft 2003, 176–184; Michael Zschiesche, Die Aarhus-Konvention – mehr Bürgerbeteiligung durch umweltrechtliche Standards?, in: ZUR 2001, 177–183; Martin Scheyli, Aarhus-Konvention über Informationszugang, Öffentlichkeitsbeteiligung und Rechtsschutz in Umweltbelangen, in: AVR 38, 217–252 (2000).
389 ABl. L 41 S. 26.
390 Felix Ekardt. Die nationale Klagebefugnis nach der Aarhus-Konvention, in: NVwZ 2006, 55–56; Gabriele Oestreich, Individualrechtsschutz im Umweltrecht nach dem Inkrafttreten der Aarhus-Konvention und dem Erlass der Aarhus-Richtlinie, in: Verw 39, 29–59 (2006); Christian Schrader, Neue Entwicklungen in der Verbandsmitwirkung und Verbandsklage, in: UPR 2006, 205–210; Thomas v Danwitz, Aarhus-Konvention: Umweltinformation, Öffentlichkeitsbeteiligung, Zugang zu den Gerichten, in: NVwZ 2004, 272–282.

---

ten aus dem Århus-Übereinkommen zu ergänzen und im Rahmen der Richtlinie 85/337/EWG des Rates vom 27. Juni 1985 über die Umweltverträglichkeitsprüfung bei bestimmten öffentlichen und privaten Projekten sowie der Richtlinie 96/61/EG des Rates vom 24. September 1996 über die integrierte Vermeidung und Verminderung der Umweltverschmutzung den Zugang zu einem gerichtlichen oder anderen Verfahren zu sichern.[391] Art. 2 erstreckt die Verpflichtung, die Öffentlichkeit zu beteiligen, über den Anwendungsbereich der Richtlinie 2001/42/EG des Europäischen Parlaments und des Rates vom 27. Juni 2001 über die Prüfung der Umweltauswirkungen bestimmter Pläne und Programme – Plan-UP-RL auf Pläne und Programme, die Abfälle, gefährliche Stoffe enthaltende Batterien und Akkumulatoren, den Schutz der Gewässer vor Verunreinigung durch Nitrat aus landwirtschaftlichen Quellen, Verpackungen und Verpackungsabfälle sowie die Beurteilung und die Kontrolle der Luftqualität betreffen.[392]

306 Durch Art. 3 RL 2003/35/EG werden die Beteiligungsregelungen der Richtlinie 85/337/EWG – UVP-RL geändert und Art. 10a eingefügt, der u. a. folgendes bestimmt: Gemäß Abs. 1 stellen die Mitgliedstaaten sicher, dass Mitglieder der betroffenen Öffentlichkeit, die ein ausreichendes Interesse oder eine Rechtsverletzung geltend machen, Zugang zu einem Überprüfungsverfahren vor einem Gericht oder einer anderen Stelle haben. Als „betroffene Öffentlichkeit" definiert Art. 1 Abs. 2 UVP-RL „die von umweltbezogenen Entscheidungsverfahren gemäß Art. 2 Abs. 2 (UVP-RL) betroffene oder wahrscheinlich betroffene Öffentlichkeit oder die Öffentlichkeit mit einem Interesse daran; im Sinne dieser Begriffsbestimmung haben Nichtregierungsorganisationen, die sich für den Umweltschutz einsetzen und alle nach innerstaatlichem Recht geltenden Voraussetzungen erfüllen, ein Interesse".[393]

307 (2) Der Zugang zu einem Überprüfungsverfahren (access to justice) soll nach Art. 10a Abs. 1 UVP-RL n. F. die Möglichkeit eröffnen, „die materiell-rechtliche und verfahrensrechtliche Rechtmäßigkeit von Entscheidungen, Handlungen oder Unterlassungen anzufechten, für die die Bestimmungen dieser Richtlinie über die Öffentlichkeitsbeteiligung gelten".[394] Was als ausreichendes Interesse oder als Rechtsverletzung gilt, bestimmen die Mitgliedstaaten nach Art. 10a Abs. 3 UVP-RL n. F. „im Einklang mit dem Ziel, der betroffenen Öffentlichkeit einen weiten Zugang zu Gerichten zu gewähren". Nichtregierungsorganisationen, die die in Art. 1 Abs. 2 UVP-RL genannten Voraussetzungen erfüllen, gelten als Träger von Rechten, die im Sinne des Art. 10a Abs. 1 UVP-RL n. F. verletzt werden können. Ein nahezu identisches Regelungsmuster findet sich in Art. 4 für die Richtlinie 96/61/EG, in der der Zugang zu Gerichten Gegenstand des neu eingefügten Art. 15a ist.

---

391 Lothar Knopp, Öffentlichkeitsbeteiligungsgesetz und Umwelt-Rechtsbehelfsgesetz, in: ZUR 2005, 281–284; Bettina Werres, Information und Partizipation der Öffentlichkeit in Umweltangelegenheiten nach den Richtlinien 2003/4/EG und 2003/35/EG, in: DVBl. 2005, 611–619.
392 ABl. L 1975 S. 30.
393 Vgl. auch Kay Waechter, Subjektive Rechte im Baugesetzbuch (EAG-Bau) aufgrund von Gemeinschafts- und Völkerrecht?, in: NordÖR 2006, 140–146.
394 Vgl. auch Thomas Bunge, Rechtsschutz bei der UVP nach der Richtlinie 2003/35/EG, in: ZUR 2004, 141–148.

II. Umsetzung der RL 2003/35/EG in deutsches Recht (Umwelt-Rechtsbehelfsgesetz)

1. Allgemeines

(1) Bei der Umsetzung der Richtlinie 2003/35/EG in innerstaatliches Recht ist der **308** deutsche Gesetzgeber zweispurig verfahren. Die Richtlinienbestimmungen, die der Öffentlichkeitsbeteiligung gewidmet sind, haben Eingang in das Gesetz über die Öffentlichkeitsbeteiligung in Umweltangelegenheiten nach der EG-Richtlinie 2003/35/EG vom 9. Dezember 2006 gefunden.[395] Die Änderungen schlagen sich in ergänzenden Regelungen zur Öffentlichkeitsbeteiligung bei Luftreinhalteplänen (Art. 2 Nr. 4) sowie in der Einführung einer Öffentlichkeitsbeteiligung für das „Batterieprogramm" der Bundesregierung (Art. 5), bei Programmen nach der Richtlinie 91/676/EWG im Düngemittelgesetz (Art. 6) und bei den Abfallwirtschaftsplänen nieder, die nicht bereits auf der Grundlage des Gesetzes über die Strategische Umweltprüfung vom 25. Juni 2005[396] einer strategischen Umweltprüfung unterliegen (Art. 7). Die Umsetzung der Vorgaben der Richtlinie 2003/35/EG für die Öffentlichkeitsbeteiligung bei UVP-pflichtigen Industrieanlagen und Infrastrukturmaßnahmen erfolgt im Wesentlichen dadurch, dass die Vorschriften des UVPG, insbesondere die §§ 8 bis 9 a UVPG, ergänzt und präzisiert werden (Art. 1). Diese Änderungen führen zu Folgeänderungen bei den speziellen UVP-Vorschriften in der 9. BImSchV (Art. 3), der Atomrechtlichen Verfahrensordnung (Art. 4) sowie der Verordnung über die Umweltverträglichkeitsprüfung bergbaulicher Vorhaben (Art. 8).

(2) Soweit die Mitgliedstaaten nach der Richtlinie 2003/35/EG bei Zulassungsent- **309** scheidungen für Industrieanlagen und Infrastrukturmaßnahmen nach der UVP-Richtlinie und der IVU-Richtlinie Rechtsschutzmöglichkeiten zu schaffen haben, ist der Bundesgesetzgeber seiner Umsetzungsverpflichtung – mit eineinhalbjähriger Verspätung – im Gesetz über ergänzende Vorschriften zu Rechtsbehelfen in Umweltangelegenheiten nach der EG-Richtlinie 2003/35/EG vom 7. Dezember 2006 – URG –[397] jedenfalls formal nachgekommen. Anders als das EAG Bau zeichnet sich das Umwelt-Rechtsbehelfsgesetz nicht durch eine europarechtsfreundliche Tendenz aus. Es ist im Gegenteil durch größtmögliche Restriktion gekennzeichnet. Wie bei keinem anderen Gesetz zuvor ist absehbar, dass das letzte Wort dem EuGH vorbehalten bleiben wird. Etliche der getroffenen Regelungen erscheinen aus gemeinschaftsrechtlicher Sicht „grenzwertig", wenn nicht gar europarechtswidrig.

(3) Ob es „europäisierte" Klagerechte für anerkannte Naturschutzverbände auf- **310** grund einer unmittelbaren Wirkung der nicht fristgerecht umgesetzten RL 2003/35/EG gab, war für den Zeitraum nach Ablauf der Umsetzungsfrist (25.6.2005) umstritten.[398]

---

395 BGBl. I S. 3819, vgl. Lothar Knopp, Öffentlichkeitsbeteiligungsgesetz und Umwelt-Rechtsbehelfsgesetz, in: ZUR 2005, 281–284.

396 BGBl. I S. 1746.

397 BGBl. I S. 2816.

398 Bejahend M. Gellermann, Europäisierte Klagerechte anerkannter Umweltverbände, in: NVwZ 2006, 7–14; verneinend W. Durner, Direktwirkung europäischer Verbandsklagerechte? – Überlegungen zum Ablauf der Umsetzungsfrist der Richtlinie 2003/35/EG am 25. Juni 2005 und zur unmittelbaren Anwendbarkeit ihrer Vorgaben über den Zugang zu Gerichten, in: ZUR 2005, 285–290.

2. Anwendungsbereich des URG

311 (1) Nach § 1 Abs. 1 Satz 1 URG findet das Gesetz insbesondere Anwendung für Rechtsbehelfe gegen Entscheidungen über die Zulässigkeit von Vorhaben, für die eine Pflicht zur Durchführung einer Umweltverträglichkeitsprüfung bestehen kann, sowie gegen Genehmigungen für Anlagen, die nach der Spalte 1 des Anhangs der 4. BImSchV einer Genehmigung bedürfen, sowie gegen wasserrechtliche Erlaubnisse und Planfeststellungsbeschlüsse für Deponien.

312 Wie aus § 1 Abs. 1 Satz 2 URG erhellt, ist das Gesetz auch anwendbar, wenn eine Entscheidung nach Satz 1 rechtlich geboten gewesen wäre, aber nicht getroffen worden ist. Nach § 1 Abs. 1 Satz 3 URG bleiben die §§ 15 Abs. 5 und 16 Abs. 3 UVPG, wonach die Linienbestimmung im Bereich der Bundesfernstraßen- und der Bundeswasserstraßenplanung nur im Rahmen des Rechtsbehelfsverfahrens gegen die nachfolgende Zulassungsentscheidung überprüft werden kann, ebenso unberührt wie § 44 a VwGO, wonach Rechtsbehelfe gegen behördliche Verfahrenshandlungen grundsätzlich nur gleichzeitig mit den gegen die Sachentscheidung zulässigen Rechtsbehelfen geltend gemacht werden können.

3. Zulässigkeitsfragen der Umweltverbandsklage – Klagebefugnis (§ 2 URG)

3.1 Klagebefugnis anerkannter Vereine

313 (1) § 2 Abs. 1 URG bestimmt als andere gesetzliche Regelung im Sinne des § 42 Abs. 2 VwGO und abweichend von § 47 Abs. 2 Satz 1 VwGO, dass eine nach § 3 URG anerkannte in- oder ausländische Vereinigung, ohne eine Verletzung in eigenen Rechten geltend machen zu müssen, Rechtsbehelfe einlegen kann, wenn sie geltend macht, dass eine Entscheidung nach § 1 Abs. 1 Satz 1 URG oder deren Unterlassung Rechtsvorschriften, die dem Umweltschutz dienen, Rechte Einzelner begründen und für die Entscheidung von Bedeutung sein können, widerspricht und sie hierdurch in ihrem satzungsgemäßen Aufgabenbereich berührt wird. Ferner setzt die Rügebefugnis voraus, dass die Vereinigung in dem der Entscheidung vorausgegangenen Verfahren von der Möglichkeit, sich in der Sache zu äußern, Gebrauch gemacht hat.

314 Es entspricht ständiger Rechtsprechung des BVerwG, dass Gemeinden, die sich gegen sie belastende Maßnahmen zur Wehr setzen, nicht unter Hinweis auf ihre Planungshoheit oder ihre sonstigen Belange eine umfassende Rechtmäßigkeitsprüfung fordern können. Ihnen ist es verwehrt, sich zum gesamtverantwortlichen Wächter des Natur- und des sonstigen Umweltschutzes aufzuschwingen und als solcher Belange der Allgemeinheit zu wahren, die nicht speziell ihrem Selbstverwaltungsrecht zugeordnet sind.[399] Um so bedeutsamer ist es, ob Verbände oder

---

[399] So BVerwG, Urteil vom 24.6.2004 – 4 C 11.03 – BVerwGE 121, 152 = DVBl. 2004, 1554 = NVwZ 2004, 1229 = UPR 2004, 431 = ZUR 2005, 27; BVerwG, Urteil vom 21.3.1996 – 4 C 26.94 – BVerwGE 100, 388 = DVBl. 1996, 914 = NVwZ 1997, 169 = UPR 1996, 337 = BayVBl 1996, 567 = NuR 1996, 520 = ZfBR 1996, 280 = BRS 58 Nr. 2 (1996); BVerwG, Urteil vom 26.2.1999 – 4 A 47.96 – NVwZ 2000, 560 = UPR 1999, 271 = NuR 2000, 627 = ZUR 1999, 274; BVerwG, Urteil vom 11.1.2001 – 4 A 12.99 – NVwZ 2001, 1160 – DÖV 2001, 692 = UPR 2001, 189 = BayVBl 2001, 350 = ZfBR 2001,

Vereine im Klagewege die Verletzung von Umweltschutzbelangen geltend machen können.

(2) Soweit Entscheidungen oder Genehmigungen, die vom Anwendungsbereich **315** des § 1 Abs. 1 Satz 1 URG erfasst werden, gegen materielles Recht verstoßen, sieht der Gesetzgeber Handlungsbedarf offenbar nur insoweit, als er für Vereinigungen, die sich für den Umweltschutz einsetzen, erweiterte Rechtsschutzmöglichkeiten schafft. § 2 URG regelt ausschließlich, unter welchen Voraussetzungen Rechtsbehelfe von Vereinigungen zulässig und begründet sind. Bei natürlichen Personen bestimmt sich unverändert nach § 42 Abs. 2 bzw. § 47 Abs. 2 Satz 1 VwGO, ob eine Klage oder ein Normenkontrollantrag zulässig ist sowie nach § 113 Abs. 1 Satz 1 und Abs. 5 Satz 1 bzw. § 47 Abs. 5 Satz 2 VwGO, ob eine Klage begründet ist oder ein Normenkontrollantrag Erfolg hat.

Um Rechtsschutz zu erlangen, muss der Kläger bzw. Antragsteller geltend machen, **316** „in seinen Rechten" verletzt zu sein. Eine solche Rechtsverletzung kommt nur bei einem Verstoß gegen Rechtsvorschriften in Betracht, die jedenfalls auch dem Schutz des Einzelnen zu dienen bestimmt sind. In diesem Punkt dürfte die Richtlinie 2003/35/EG eine Erweiterung der Klagemöglichkeiten nicht zwingend gebieten. Nach Art. 10 a Abs. 1 UVP-RL und Art. 15 a Abs. 1 IVU-RL haben die Mitgliedstaaten zwar sicherzustellen, dass Mitglieder der betroffenen Öffentlichkeit Zugang zu einem Verfahren erhalten, in dem Zulassungsentscheidungen für Industrieanlagen und Infrastrukturmaßnahmen nach der UVP-Richtlinie und der IVU-Richtlinie auf ihre „materiellrechtliche und verfahrensrechtliche Rechtmäßigkeit" hin überprüft werden. Den Mitgliedstaaten steht es jedoch frei, ein solches Überprüfungsverfahren an die Voraussetzung zu knüpfen, dass der Betroffene eine „Rechtsverletzung" geltend macht. Wie aus Art. 10 a Abs. 3 UVP-RL und Art. 15 a Abs. 3 IVU-RL zu ersehen ist, bestimmen die Mitgliedstaaten, was „als Rechtsverletzung gilt". Dieses Bestimmungsrecht haben sie freilich im Einklang mit dem Ziel auszuüben, „der betroffenen Öffentlichkeit einen weiten Zugang zu Gerichten zu gewähren". Wäre aus dieser Maßgabe zu folgern, dass jede durch eine Zulassungsentscheidung möglicherweise betroffene Person über die Verletzung eigener Rechte hinaus auch sonstige Rechtsverstöße sollte geltend machen können, so käme der gemeinschaftsrechtlich neben dem „ausreichenden Interesse" ausdrücklich anerkannten Tatbestandsalternative der „Rechtsverletzung" keine nennenswerte eigenständige Bedeutung zu. Dies mag es auch unter dem Blickwinkel des Europarechts rechtfertigen, in Deutschland an dem Grundkonzept des Individualrechtsschutzes festzuhalten.[400]

(3) Problematisch sind dagegen die in § 2 URG für Umweltverbände getroffenen **317** Regelungen. Der Kläger muss in der Lage sein, dass Gericht veranlassen zu können, die angegriffene Verwaltungsentscheidung auf ihre Rechtmäßigkeit zu kontrollieren. Das innerstaatliche Recht muss diesen effektiven Zugang ermöglichen.

---

279 = NuR 2002, 340. Vgl. jedoch Noreen v. Schwanenflug/Sebastian Strohmayr, Rechtsschutz von Kommunen gegen UVP-pflichtige Vorhaben, in: NVwZ 2006, 395–401.
400 Vgl. weiterführend Gabriele Oestreich, Individualrechtsschutz im Umweltrecht nach dem Inkrafttreten der Aarhus-Konvention und dem Erlass der Aarhus-Richtlinie, in: Verw 39, 29–59 (2006).

Nach Art. 10 a Abs. 3 UVP-RL und Art. 15 a Abs. 3 IVU-RL gelten Nichtregierungsorganisationen, die sich für den Umweltschutz einsetzen als Träger von Rechten, die verletzt werden können. Das bedeutet für das nationale Recht, dass Umweltschutzvereinen im Anwendungsbereich des Umwelt-Rechtsbehelfsgesetzes die Klagebefugnis nicht mit der Begründung abgesprochen werden darf, sie könnten nicht geltend machen, durch eine Zulassungsentscheidung im Sinne des § 1 Abs. 1 Satz 1 URG in eigenen Rechten verletzt zu sein.[401] Diesem Erfordernis trägt § 2 Abs. 1 URG Rechnung. Vereinigungen, die die in § 3 URG genannten Merkmale erfüllen, können einen Rechtsbehelf einlegen, „ohne eine Verletzung in eigenen Rechten geltend machen zu müssen".

318 Den Anforderungen der Richtlinie wird § 2 Abs. 1 URG auch insofern gerecht, als die Verbandsklage nicht bloß dafür genutzt werden kann, Beteiligungsrechte durchzusetzen. Die Vereinigungen werden in die Lage versetzt, auch die behördliche Zulassungsentscheidung als solche einer gerichtlichen Kontrolle zuzuführen. Bei dieser Regelung ist der Gesetzgeber indes nicht stehen geblieben. Vielmehr knüpft er das Klagerecht an eine Reihe weiterer Voraussetzungen, die sich mit dem Gemeinschaftsrecht nicht allesamt ohne weiteres in Einklang bringen lassen. Der Gesetzgeber lehnt sich erkennbar an § 61 BNatSchG an. Danach können Vereine, die sich für den Naturschutz und die Landschaftspflege einsetzen, Rechtsbehelfe insbesondere gegen Planfeststellungsbeschlüsse einlegen, die mit Eingriffen in Natur und Landschaft verbunden sind, wenn sie geltend machen, dass der Verwaltungsakt Rechtsvorschriften widerspricht, die zumindest auch den Belangen des Naturschutzes und der Landschaftspflege zu dienen bestimmt sind. Das Umwelt-Rechtsbehelfsgesetz holt in Erfüllung der Vorgaben des Gemeinschaftsrechts weiter aus. Es eröffnet allen Vereinigungen, die Umweltschutzziele verfolgen, eine Klagemöglichkeit, erweitert den Kreis der Klagegegenstände und erstreckt den Prüfungsumfang auf sämtliche Normen, die dem Umweltschutz dienen.

319 In einem – auch unter dem Blickwinkel des Gemeinschaftsrechts – relevanten Punkt bleibt es jedoch hinter der naturschutzrechtlichen Verbandsklage deutlich zurück. In Abweichung von dem Konzept, das § 61 BNatSchG 2002 zugrunde liegt, genügt es nach § 2 Abs. 1 URG gerade nicht, dass ein Verstoß gegen Rechtsvorschriften gerügt wird, die objektiv dem Umweltschutz dienen. Die Vereinigung muss vielmehr außerdem geltend machen, dass die angegriffene Entscheidung Rechtsvorschriften widerspricht, die „Rechte Einzelner begründen", also Individualrechte. Das bedeutet im Klartext, dass das Klagerecht des Verbandes zwar nicht von der Verletzung in eigenen Rechten abhängt, wohl aber von einem Verstoß gegen umweltschutzrechtliche Normen, die über ihren objektivrechtlichen Gehalt hinaus Drittschutz vermitteln. Dahinstehen kann, ob der Gesetzgeber mit dieser Begrenzung der Rügebefugnis auf Rechtsvorschriften, aus denen sich subjektiv-öffentliche Rechte ableiten lassen, dem Buchstaben der Richtlinie 2003/35/ EG Rechnung trägt.

---

401 Vgl. auch Klaus Gärditz, Natura 2000 und Individualklagen vor der Gemeinschaftsgerichtsbarkeit, in: ZUR 2006, 536–538. Christian Schrader, Neue Entwicklungen in der Verbandsmitwirkung und Verbandsklage, in: UPR 2006, 205–210.

Halama

Vom Geist der Richtlinie getragen ist § 2 Abs. 1 URG gewiss nicht. Diese Bestim- **320** mung wird schwerlich der Rolle gerecht, die die Richtlinie in Anknüpfung an die Verpflichtungen, die sich aus der Århus-Konvention ergeben, den Umweltverbänden zuweist. Durch die Einbeziehung der Verbände in den Kreis der Klageberechtigten werden keine Überprüfungsmöglichkeiten geschaffen, die es nicht ohnehin schon gibt. Rügefähig sind nämlich nur Verstöße, deren gerichtliche Sanktion auch ohne das Umwelt-Rechtsbehelfsgesetz sichergestellt ist. Eigenständige Bedeutung erlangt die Verbandsklage allenfalls dann, wenn alle natürlichen Personen die Rügemöglichkeiten, die ihnen zu Gebote stehen, ungenutzt lassen.

Die Verbandsklage des § 2 Abs. 1 URG in das enge Korsett des Individualklage- **321** modells zu zwängen, läuft den Intentionen des Gemeinschaftsrechts mithin zuwider. Auch wenn die RL 2003/35/EG nichts dafür hergibt, dass die Mitgliedstaaten ein Rechtsbehelfssystem zu schaffen haben, das es Umweltverbänden ermöglicht, überprüfen zu lassen, ob Zulassungsentscheidungen für Industrieanlagen und Infrastrukturmaßnahmen nach der UVP-Richtlinie und der IVU-Richtlinie in jeder Hinsicht den materiellrechtlichen Anforderungen genügen, hätte es dem in Art. 10 a Abs. 3 UVP-RL und dem Art. 15 a Abs. 3 IVU-RL postulierten Ziel, „einen weiten Zugang zu Gerichten zu gewähren" eher entsprochen, den in § 61 Abs. 2 BNatSchG eingeschlagenen Weg konsequent weiter zu verfolgen und jedenfalls alle Verstöße gegen Rechtsvorschriften, die den Belangen des Naturschutzes und der Landschaftspflege oder sonstigen Belangen des Umweltschutzes dienen, ohne subjektivrechtliche Aufladung einer gerichtlichen Kontrolle zugänglich zu machen, anstatt darauf bedacht zu sein, Verbandsklage und Individualklage weitgehend gleichzuschalten. Im Anwendungsbereich des Umwelt-Rechtsbehelfsgesetzes werden die Vereinigungen von Sachwaltern der Allgemeinheit bzw. der Umwelt zu Sachwaltern von Privatinteressen umfunktioniert. Hält man die erörterte Begrenzung der Klagebefugnis für gemeinschaftswidrig, hat der nationale Richter sie wegen des Vorranges des Gemeinschaftsrechts unbeachtet zu lassen. Eine Vorlage an den EuGH im Verfahren nach Art. 234 EG wäre nicht statthaft.

(4) Die weiteren in § 2 Abs. 1 URG genannten Zulässigkeitsvoraussetzungen dürf- **322** ten aus gemeinschaftsrechtlicher Perspektive geringeren Zündstoff in sich bergen. Mit dem Erfordernis, dass der Rechtsverstoß für die Entscheidung von Bedeutung sein kann, spricht der Gesetzgeber einen Punkt an, der in § 42 Abs. 2 und in § 47 Abs. 2 Satz 1 VwGO nicht ausdrücklich normiert ist, in abgewandelter Form aber auch im Anwendungsbereich dieser Bestimmungen insofern eine Rolle spielt, als die Klage – bzw. Antragsbefugnis nur gegeben ist, wenn eine Rechtsverletzung wenigstens möglich erscheint.

Soweit der Gesetzgeber die Rügebefugnis in § 2 Abs. 1 Nr. 2 URG daran knüpft, **323** dass die Vereinigung geltend macht, in ihrem satzungsgemäßen Aufgabenbereich der Förderung der Ziele des Umweltschutzes berührt zu sein, lehnt er sich an § 61 Abs. 2 Nr. 2 BNatSchG 2002 an. Die Regelung begegnet keinen gemeinschaftsrechtlichen Bedenken. Aus Art. 1 Abs. 2 UVP-RL und aus Art. 2 Nr. 14 IVU-RL ergibt sich, dass Nichtregierungsorganisationen, um als Teil der „betroffenen Öffentlichkeit" in einem umweltbezogenen Entscheidungsverfahren ein Beteiligungsrecht eingeräumt zu erhalten, „alle nach innerstaatlichem Recht geltenden Voraussetzungen erfüllen" müssen.[402] Die Art. 10 a Abs. 1 UVP-RL und 15 a Abs. 1 IVU-RL folgen dieser Linie. Einen Zugang zu gerichtlichen Verfahren haben die Mitgliedstaaten „im Rahmen ihrer innerstaatlichen Rechtsvorschriften" sicherzustellen. In § 2 Abs. 1 Nr. 2 URG wird dieser Regelungsspielraum zulässigerweise ausgeschöpft.

3.2 Klagebefugnis bislang nicht anerkannter Vereine

324 Die Möglichkeit, Rechtsbehelfe einzulegen, eröffnet § 2 Abs. 2 URG unter bestimmten Voraussetzungen auch nicht anerkannten, aber anerkennungsfähigen Vereinigungen. Diese Regelung hat zum Ergebnis, dass das Gericht im Rahmen der Prüfung der Klagebefugnis die Anerkennungsvoraussetzungen zu prüfen hat.

3.3 Prozessuale und materielle Präklusionen

325 (1) § 2 Abs. 1 Nr. 3 URG, wonach die Rügebefugnis davon abhängt, dass die Vereinigung im Zulassungsverfahren von ihrem Beteiligungsrecht Gebrauch gemacht oder entgegen den geltenden Rechtsvorschriften keine Gelegenheit zur Äußerung erhalten hat, ist einer Bestimmung nachgebildet, die in § 61 Abs. 2 Nr. 3 BNatSchG 2002 Bestandteil des geltenden Rechts ist.

326 (2) Ähnliches gilt für § 2 Abs. 3 URG. Die Vorschrift sieht vor, dass die Vereinigung im Verfahren über den Rechtsbehelf mit allen Einwendungen ausgeschlossen ist, die sie im Verwaltungsverfahren nicht geltend gemacht hat, aber hätte geltend machen können. Für den Fall, dass die Entscheidung weder öffentlich bekannt gemacht noch der Vereinigung bekanntgegeben worden ist, bestimmt § 2 Abs. 4 URG, dass der Rechtbehelf binnen eines Jahres erhoben werden kann. § 2 Abs. 3 URG nimmt die in § 61 Abs. 3 BNatSchG 2002 getroffene Regelung auf und modifiziert sie dahin, dass die Vereinigung im Verfahren über den Rechtsbehelf mit allen Einwendungen ausgeschlossen ist, die sie im Zulassungsverfahren nicht oder nach den geltenden Bestimmungen nicht rechtzeitig geltend gemacht hat, aber hätte geltend machen können.

327 (3) § 2 Abs. 1 Nr. 3 URG genügt ebenso wie § 2 Abs. 3 URG den Anforderungen des Gemeinschaftsrechts. Beide Vorschriften haben zwar zur Folge, dass ausgeschlossene Rügen einer gerichtlichen Überprüfung selbst dann nicht mehr unterliegen, wenn mit ihnen die Verletzung von Gemeinschaftsrecht geltend gemacht wird. Auch insoweit lassen die UVP- und die IVU-Richtlinie indes den Mitgliedstaaten, die den Gerichtszugang in ihren innerstaatlichen Rechtsvorschriften zu gewährleisten haben, einen Ausgestaltungsfreiraum, den der deutsche Gesetzgeber nicht überschritten hat. Die auf der Grundlage der RL 2003/35/EG erweiterten Beteiligungsrechte sollen die Gewähr dafür bieten, dass die Vereinigungen ihren Sachverstand möglichst frühzeitig einbringen. Machen sie von dieser Möglichkeit im Zulassungsverfahren keinen Gebrauch, obwohl sie hierzu Gelegenheit gehabt hät-

---

402 Felix Ekardt/Katharina Pöhlmann, Europäische Klagebefugnis: Öffentlichkeitsrichtlinie, Klagerechtsrichtlinie und ihre Folgen, in: NVwZ 2005, 532–534; Sabine Schlacke, Rechtsschutz durch Verbandsklage, in: NuR 2004, 629–635.

ten, so lässt es sich rechtlich nicht beanstanden, sie mit verspätetem Vorbringen zu präkludieren. Eine solche Regelung trägt zur Stärkung der Bestandskraft behördlicher Entscheidungen bei und dient damit auch dem gemeinschaftsrechtlich anerkannten Grundsatz der Rechtssicherheit.[403] Die Ausschlussklauseln des § 2 Abs. 1 Nr. 3 und Abs. 3 URG engen das Aktionsfeld der Vereinigungen nicht so weit ein, dass hierdurch eine Rechtsverfolgung praktisch unmöglich gemacht wird.[404]

4. Begründetheit der Umweltverbandsklage (§ 2 Abs. 5 URG)

(1) Rechtsbehelfe sind nach § 2 Abs. 5 Satz 1 Nr. 1 URG begründet, soweit die **328** Entscheidung nach § 1 Abs. 1 URG oder deren Unterlassen gegen Rechtsvorschriften, die dem Umweltschutz dienen, Rechte Einzelner begründen und für die Entscheidung von Bedeutung sind, verstößt und der Verstoß Belange des Umweltschutzes berührt, die zudem zu den von der Vereinigung nach ihrer Satzung zu fördernden Zielen gehören. Auch in Bezug auf Bebauungspläne stellt der Gesetzgeber in § 2 Abs. 5 Satz 1 Nr. 2 URG darauf ab, dass der Verstoß Rechtsvorschriften betrifft, die dem Umweltschutz dienen und Rechte Einzelner begründen, und überdies Belange des Umweltschutzes berührt, die zu fördern zu den satzungsgemäßen Zielen der Vereinigung gehört. Ob § 2 Abs. 5 UR mittelbar auch die umfassende Prüfungskompetenz des Normenkontrollgerichtes (§ 47 Abs. 5 VwGO) modifiziert, ist im Schrifttum bislang nicht erörtert worden.

(2) § 2 Abs. 5 URG gibt zu europarechtlichen Bedenken Anlass. In dieser Vor- **329** schrift taucht als Tatbestandsmerkmal eine Voraussetzung wieder auf, die schon im Zusammenhang mit der Regelung der Rügebefugnis in § 2 Abs. 1 Nr. 1 URG eine wichtige Rolle spielt. Erfolg hat der Rechtsbehelf einer Vereinigung – auch im Normenkontrollverfahren, dem ansonsten auf den zulässigen Antrag einer natürlichen oder juristischen Person hin eine objektive Rechtskontrolle stattfindet – in der Regel u. a. nur dann, wenn die Zulassungsentscheidung oder deren Unterlas-

---

403 Vgl. EuGH, Urteil vom 11.7.2002 – Rs. C-62/00 – EuGHE 2002 I-6325 = HFR 2002, 943 = DVBl 2002, 1864 (L) – Marks & Spencer plc vs. Commissioners of Customs & Excise – „Marks & Spencer"; EuGH, Urteil vom 12.12.2002 – Rs. C-470/99 – EuGHE 2002 I-11617 = NVwZ 2003, 844 = ZfBR 2003, 176 = EuZW 2003, 147 – Universale-Bau AG, Bietergemeinschaft: 1) Hinteregger & Söhne Bauges.m.b.H. Salzburg, 2) ÖSTÜ-STETTIN Hoch- und Tiefbau GmbH vs. Entsorgungsbetriebe Simmering GmbH; EuGH, Urteil vom 27.2.2003 – Rs. C-327/00 – EuGHE 2003 I-1877 = NVwZ 2003, 709 = EuZW 2003, 249 = ZfBR 2003, 499 – Santex SpA vs. Unità Socio Sanitaria Locale n. 42 di Pavia, mit Bespr. Marc Opitz, Ausnahmsweise Unanwendbarkeit der Präklusionsvorschriften beim Vergaberechtsschutz, in: VergabeR 2003, 312.
404 Vgl. hierzu EuGH, Urteil vom 14.12.2005 – Rs. C-312/93 – EuGHE 1995 I-4599 = DVBl. 1996, 249 = EuZW 1996, 636 = ZEuP 1998, 969 = NuR 1997, 344 – Peterbroeck, Van Campenhout & Cie SCS vs. Belgischen Staat, mit Bespr. Martin Kment, Die Stellung nationaler Unbeachtlichkeits-, Heilungs- und Präklusionsvorschriften im europäischen Recht, in: EuR 2006, 201–235; Thomas Müller, Einfluß des Gemeinschaftsrechts auf innerstaatliche Verfahrensvorschriften, in: FR 1996, 630–631; Rainer Weymüller, Verhältnis – Nationale Verfahrensvorschriften und Gemeinschaftsrecht, in: RIW 1996, 347–348; Andreas Cahn, Zwingendes EG-Recht und Verfahrensautonomie der Mitgliedstaaten, in: ZEuP 1998, 974–980; EuGH, Urteil vom 11.6.2002 – Rs. C-62/00 – EuGHE 2002 I-6325 = HFR 2002, 943 = DVBl 2002, 1864 (L) – Marks & Spencer plc vs. Commissioners of Customs & Excise – „Marks & Spencer"; EuGH, Urteil vom 27.2.2003 – Rs. C-327/00 – EuGHE 2003 I-1877 = NVwZ 2003, 709 = EuZW 2003, 249 = ZfBR 2003, 499 – Santex SpA vs. Unità Socio Sanitaria Locale n. 42 di Pavia.

sen gegen Rechtsvorschriften verstößt, die nicht bloß dem Umweltschutz dienen, sondern darüber hinaus geeignet sind, Rechte Einzelner zu begründen. Eine solche gemeinschaftsrechtlich schon unter dem Gesichtspunkt des Äquivalenzprinzips fragwürdige Reduzierung des Prüfbereichs allein auf Normen, die Drittschutzwirkungen im Sinne des Individualrechtsschutzes erzeugen, wirkt in der Sphäre der Verbandsklage wie ein Fremdkörper.[405]

330 (3) Der gerichtliche Zugang wird nach Art. 10 a Abs. 2 UVP-RL und nach Art. 15 a Abs. 2 RL 96/61/EG, jeweils in der Fassung der RL 2003/35/EG, eröffnet, um die **„materiellrechtliche und verfahrensrechtliche Rechtmäßigkeit"** von Entscheidungen, Handlungen oder Unterlassungen anzufechten. Das entspricht Art. 9 Abs. 2 und 4 des Århus-Übereinkommens. Der neunte Erwägungsgrund der Richtlinie nimmt darauf ausdrücklich Bezug. Der Wortlaut deutet an, dass die Klage zu einer umfassenden Prüfung aller verfahrensrechtlichen und materiell-rechtlichen Voraussetzungen für eine rechtmäßige Verwaltungsentscheidung führen muss. Das würde bedeuten, dass dem Gericht eine **Totalprüfung** obliegt. Die Frage war bereits vor Inkrafttreten des URG stark umstritten. Es wird die Meinung vertreten, das Gericht müsse sich auf die Prüfung beschränken, ob die Bestimmungen über die Richtlinie über die Öffentlichkeitsbeteiligung 2003/35/EG selbst oder die Bestimmungen der UVP-RL eingehalten wurden.[406] Diese restriktive Auslegung ist mit dem Wortlaut des Art. 10 a UVP-RL kaum verträglich. Dieser enthält keine Einschränkung. Gerade der Hinweis auf die materiell-rechtlichen Voraussetzungen sagt deutlich etwas anderes.[407] Denn weder die Öffentlichkeits-Richtlinie 2003/35/EG noch die UVP-RL selbst enthalten nach allgemeiner Auffassung materielles Recht, sondern sind lediglich verfahrensmäßig konzipiert.[408] Nach dieser Auffassung wäre die Verbandsklage nicht auf die Durchsetzung der Beteiligungsrechte beschränkt.

331 Art. 10 a UPVR-RL legt die Deutung nahe, dass eine behördliche Entscheidung auch dann rechtsfehlerhaft sein kann und der gerichtlichen Korrektur bedarf, wenn nur ein Verfahrensmangel besteht, also kein materiell-rechtlicher Mangel gegeben

---

405 Vgl. Felix Ekardt, Verwaltungsgerichtliche Kontrolldichte unter europäischem und internationalem Einfluss, in: NuR 2006, 221–228; Christoph Palme, Zum Klagerecht von Naturschutzverbänden, in: ZUR 2005, 487–490; Dietrich Murswiek, Ausgewählte Probleme des allgemeinen Umweltrechts – Vorsorgeprinzip, Subjektivierungstendenzen am Beispiel der UVP, Verbandsklage, in: VerwArch 38 (2005), S. 243–279; differenzierend Martin Gellermann, Europäisierte Klagerechte anerkannter Umweltverbände, in: NVwZ 2006, 7–14, siehe restriktiv Wolfgang Durner, Direktwirkung europäischer Verbandsklagerechte?, in: ZUR 2005, 285–290.

406 So u. a. Martin Gellermann, Europäisierte Klagerechte anerkannter Umweltverbände in: NVwZ 2006, 7–14 [9]; ebenso Wolfgang Durner, Direktwirkung europäischer Verbandsklagerechte?, in: ZUR 2005, 285–290 [290]; Hans Walter Louis, Die Übergangsregelungen für das Verbandsklagerecht nach den §§ 61, 69 Abs. 7 BNatSchG vor dem Hintergrund der europarechtlichen Klagerechte für Umweltverbände, in: NuR 2004, 287–292 [290], Hans Walter Louis, Alexandra Stück, Die Rechtsbehelfsbefugnis der anerkannten Naturschutzvereine im Niedersächsischen Naturschutzgesetz im Lichte der Umsetzung der Aarhus-Konvention durch die Richtlinie 2003/35/EG der Europäischen Union, in: NdsVBl 2005, 225–228 [226].

407 Dietrich Murswiek, Ausgewählte Probleme des allgemeinen Umweltrechts – Vorsorgeprinzip, Subjektivierungstendenzen am Beispiel der UVP, Verbandsklage, in: VerwArch 38 (2005), S. 243–279.

408 Vgl. auch Helmut Lecheler, Isolierte Anfechtung von Verfahrensfehlern ohne materielle Beschwer kraft Europarechts?, in: NVwZ 2005, 1156–1157; Thomas Bunge, Rechtsschutz bei der UVP nach der Richtlinie 2003/35/EG, in: ZUR 2004, 141–148.

Halama

ist. Folgt man dem, dann muss eine angegriffene Entscheidung auch dann aufgehoben werden, wenn sie „nur" verfahrensfehlerhaft" ist. Es wird sich zeigen, ob die Gerichte dem in Strenge folgen werden, wenn die Entscheidung erkennbar dem materiellen Recht entspricht. Das wirft übrigens auch die Frage auf, ob § 4 Abs. 2 URG richtlinienkonform ist.

5. Fehler bei der Anwendung von Verfahrensvorschriften (§ 4 URG)

Echtes Neuland betritt der Gesetzgeber in § 4 URG, der nicht nur für Vereinigungen, sondern auch für natürliche und juristische Personen im Sinne des § 61 VwGO gilt (§ 4 Abs. 3 URG).   **332**

Mit § 4 Abs. 1 URG reagiert der Gesetzgeber auf das Urteil des EuGH vom 7. Januar 2004.[409] Darin stellt der Gerichtshof fest, dass die UVP-Richtlinie Bestimmungen enthält, auf die sich der Einzelne berufen kann. Ist eine nach der Richtlinie gebotene Umweltverträglichkeitsprüfung unterblieben, so haben die zuständigen Behörden Maßnahmen zu ergreifen, die geeignet sind, dem Mangel abzuhelfen. Aus dieser Entscheidung Konsequenzen zu ziehen, erwies sich als unausweichlich, zumal die Art. 10 a UVP-RL und Art. 15 a IVU-RL nunmehr ausdrücklich verlangen, dass sich die gerichtliche Überprüfung auch auf die „verfahrensrechtliche Rechtmäßigkeit" der Zulassungsentscheidung für ein UVP-pflichtiges Vorhaben erstreckt. Soweit § 4 Abs. 1 URG einschlägig ist, verdrängt er als speziellere Vorschrift § 46 VwVfG und die entsprechenden landesrechtlichen Bestimmungen, auf die das Bundesverwaltungsgericht bisher abgestellt hat. Nach der Konzeption des Gesetzgebers kommt ein Aufhebungsanspruch freilich nur dann in Betracht, wenn ein Verstoß gegen die Verfahrensvorschriften vorliegt, die die Grundpflichten normieren und als solche den Wesenskern des UVP-Rechts überhaupt ausmachen.   **333**

5.1 (Formaler) Regelfall: Aufhebung

(1) Nach § 4 Abs. 1 URG unterliegt eine Zulassungsentscheidung für eine Industrieanlage oder eine Infrastrukturmaßnahme (§ 1 Abs. 1 Satz 1 Nr. 1 URG) der gerichtlichen Aufhebung, wenn eine rechtlich gebotene Umweltverträglichkeitsprüfung oder Vorprüfung des Einzelfalls über die UVP-Pflichtigkeit nicht durchgeführt worden ist, es sei denn, der Mangel ist durch Nachholung der erforderlichen Verfahrensschritte gemäß § 45 Abs. 2 VwVfG oder anderen Rechtsvorschriften oder auf einem sonstigen Wege, etwa in einem ergänzenden Verfahren nach den Mustern des § 17 e Abs. 6 Satz 2 FStrG 2006, des § 14 e Abs. 6 Satz 2 WaStrG oder des § 18 e Abs. 6 Satz 2 AEG, behoben worden.   **334**

Die Möglichkeit der Heilung auf der Grundlage des § 45 Abs. 2 VwVfG und anderer entsprechender Rechtsvorschriften bleibt nach § 4 Abs. 1 Satz 2 URG unberührt.   **335**

---

409 EuGH, Urteil vom – Rs. C-201/02 – EuGHE 2004 I-748 = DVBl. 2004, 370 = NVwZ 2004, 593 = EWS 2004, 232 = NuR 2004, 517 – Delena Wells vs. Secretary of State for Transport, Local Government and the Regions, mit Bespr. Jochen Kerkmann, Wiederaufnahme eines Bergbaubetriebes ohne UVP, in: DVBl. 2004, 1288–1289; Kristian Fischer/Thomas Fetzer, Unmittelbare Wirkung von Richtlinien im Dreiecksverhältnis, in: EWS 2004, 236–238; vgl. ferner Sabine Schlacke, Zum Drittschutz bei Nichtdurchführung einer gebotenen Umweltverträglichkeitsprüfung, in: ZUR 2006, 360–363.

Diese Regelung bedeutet eine Abkehr von der Judikatur des Bundesverwaltungsgerichts, das sich in der Vergangenheit mehrfach auf den Standpunkt gestellt hat, dass das Recht der Umweltverträglichkeitsprüfung als Verfahrensrecht, dem bloß eine dem materiellen Recht dienende Funktion zukommt, keine selbständig durchsetzbaren Rechtspositionen vermittelt. Nach der bisherigen Rechtsprechung begründen die UVP-Vorschriften Drittschutz nur dann, wenn die konkrete Möglichkeit besteht, dass die angegriffene Entscheidung ohne den Verfahrensmangel anders ausgefallen wäre.[410] Der EuGH hat in seinem Urteil vom 7. Januar 2004 zur Frage, welche Tragweite die Verpflichtung habe, dem Unterlassen einer UVP abzuhelfen, geantwortet, dass die Verfahrensautonomie der Mitgliedstaaten es zulasse, Maßnahmen der „Rücknahme oder der Aussetzung" der bereits erteilten Genehmigung zu dem Zwecke vorzusehen, nunmehr eine UVP durchzuführen.[411]

336 (2) Ist eine erforderliche Umweltverträglichkeitsprüfung oder Vorprüfung des Einzelfalls über die UVP-Pflichtigkeit durchgeführt worden, so greift § 4 Abs. 1 URG tatbestandlich nicht ein, ohne dass es darauf ankommt, ob das Verfahren unter UVP-rechtlichen Aspekten den gesetzlichen Anforderungen entsprochen hat oder nicht. Das bedeutet allerdings nicht, dass von dieser Vorschrift nicht erfasste, vom Gesetzgeber als weniger gravierend eingestufte Fehler rechtlich bedeutungslos sind. Für leichtere Verfahrensverstöße bleibt es wie bisher bei der Anwendung des § 46 VwVfG oder vergleichbarer Rechtsvorschriften. Für sie gilt weiterhin, dass eine Aufhebung nicht beansprucht werden kann, wenn offensichtlich ist, dass die Verletzung die Entscheidung in der Sache nicht beeinflusst hat. Dem Gemeinschaftsrecht ist es nicht fremd, bei der Frage nach der rechtlichen Relevanz zwischen wesentlichen und unwesentlichen Verfahrensvorschriften zu differenzieren (vgl. Art. 230 Abs. 2 EG). Das Wesentlichkeitsmerkmal ist erfüllt, wenn die Verletzung der Vorschrift geeignet ist, den Inhalt der Rechtshandlung zu beeinflussen[412]. Das lässt sich bei Vernachlässigung des im europäischen Umweltrecht gezielt eingesetzten Instruments der Öffentlichkeitsbeteiligung nicht von vornherein ausschließen. Auch insoweit rechtliche Mängel in Anwendung des § 46 VwVfG oder vergleichbarer Rechtsvorschriften nur dann durchschlagen zu lassen, wenn sie sich für die getroffene Entscheidung als kausal erweisen, erscheint gemessen an den Kriterien des Gemeinschaftsrechts nicht ganz unproblematisch.

---

410 Vgl. BVerwG, Urteil vom 8.6.1995 – 4 C 4.94 – BVerwGE 98, 339 = DVBl. 1995, 1012 = NVwZ 1996, 381 = DÖV 1995, 951 = UPR 1995, 391 = NuR 1995, 537 = ZUR 1996, 27; BVerwG, Urteil vom 25.1.1996 – 4 C 5.95 – BVerwGE 100, 238 = DVBl. 1996, 677 = NVwZ 1996, 788 = UPR 1996, 228 = DÖV 1996, 604 = ZfBR 1996, 275 = NuR 1996, 466 = ZUR 1996, 255 = BRS 58 Nr. 7 (1996), mit Bespr. Matthias Ruffert, Subjektive Rechte und unmittelbare Wirkung von EG-Umweltschutzrichtlinien; in: ZUR 1996, 235–238; vgl. auch BVerwG, Urteil vom 18.11.2004 – 4 CN 11.03 – BVerwGE 122, 207 = DVBl. 2005, 386 = NVwZ 2005, 442 = UPR 2005, 193 = NuR 2005, 394 = ZUR 2005, 199 = NuR 2005, 394; vgl. ferner BVerwG, Urteil vom 26.5.2004 – 9 A 6.03 – BVerwGE 121, 57 = DVBl. 2004, 1289 = NVwZ 2004, 1237 = NuR 2004, 729 = ZUR 2005, 96.

411 EuGH, Urteil vom 7.1.2004 – Rs. C-201/02 – EuGHE 2004 I-748 Rn. 65 = DVBl. 2004, 370 = NVwZ 2004, 593 = EWS 2004, 232 = NuR 2004, 517 – Delena Wells vs. Secretary of State for Transport, Local Government and the Regions, mit Bespr. Jochen Kerkmann, Wiederaufnahme eines Bergbaubetriebes ohne UVP, in: DVBl. 2004, 1288–1289 In der englischen bzw. französischen Fassung der Urteilsgründe heißt es „revocation or suspension" bzw. „le retrait ou la suspension".

412 Vgl. EuGH, Urteil vom 6.7.1983 – Rs. 117/81 – EuGHE 1983, 2191 – Jean-Jacques Geist vs. Kommission.

(3) Für Bebauungspläne belässt es § 4 Ab. 2 URG bei der Anwendung der §§ 214 **337**
und 215 BauGB (vgl. nachfolgend). Nach § 5 URG gilt das Gesetz für Verfahren
im Sinne des § 1 Abs. 1 Satz 1 URG, die nach dem 25. Juni 2005 eingeleitet worden sind, oder hätten eingeleitet werden müssen. Davon ausgenommen sind Entscheidungen, die vor dem 15. Dezember 2006 Bestandskraft erlangt haben.

5.2 Planerhaltungsrecht für Bebauungspläne (§ 4 Abs. 2 URG)

(1) Für Bebauungspläne im Sinne des § 2 Abs. 3 Nr. 3 UVPG verweist § 4 Abs. 2 **338**
URG auf das Fehlerfolgenregime der §§ 214 und 215 BauGB 2004/2007, das von
dem des § 4 Abs. 1 URG abweicht. Ist eine nach § 2 Abs. 4 Satz 1 BauGB 2004
gebotene Umweltprüfung oder eine nach § 13 a Abs. 1 Satz 2 Nr. 2 BauGB 2007
erforderliche Vorprüfung des Einzelfalls über die UVP-Pflichtigkeit nicht durchgeführt worden, so zählt diese Unterlassung nicht zu den in § 214 BauGB 2004 ausdrücklich aufgeführten beachtlichen Verfahrensfehlern. Etwaige Defizite bei der
Ermittlung und Bewertung von Umweltbelangen können sich allerdings im Rahmen
des § 214 Abs. 1 Satz 1 Nr. 1 BauGB 2004 als relevant erweisen, wenn der Mangel offensichtlich und auf das Ergebnis des Verfahrens von Einfluss gewesen ist.

Eine Kausalitätsprüfung erübrigt sich freilich, wenn § 214 Abs. 1 Satz 1 Nr. 3 BauGB **339**
2004 über seinen Wortlaut hinaus auf den Fall einer unterbliebenen Umweltprüfung angewandt wird. Nach dieser Bestimmung ist eine Verletzung von Vorschriften in Bezug auf den Umweltbericht nur dann unbeachtlich, wenn die Begründung
hierzu in „unwesentlichen Punkten" unvollständig ist. Daraus lässt sich folgern,
dass ein beachtlicher Fehler erst recht vorliegt, wenn die Begründung nicht bloß
unvollständig ist, sondern eine Begründung, die die in § 9 Abs. 8 und § 2 a Satz 1
Nr. 2 BauGB 2004 genannten Merkmale aufweist, mangels eines im Rahmen
einer Umweltprüfung erstellten Umweltberichts gänzlich fehlt.

(2) Für den Fall, dass eine nach § 13 a Abs. 1 Satz 2 Nr. 2 BauGB 2007 erforderli- **340**
che Vorprüfung des Einzelfalls nicht durchgeführt worden ist, enthält § 214 BauGB
keine vergleichbare Regelung. Der durch Gesetz vom 21. Dezember 2006 eingefügte § 214 Abs. 2 a BauGB 2007 setzt voraus, dass die Gemeinde in eine Prüfung eingetreten ist und das Prüfungsverfahren, wenn auch unter Verkennung der
maßgeblichen rechtlichen Voraussetzungen mit einem nachvollziehbaren Ergebnis abgeschlossen hat (vgl. auch § 3 a Satz 4 UVPG). Auch wenn sich dies nicht
unmittelbar aus dem Wortlaut des § 214 Abs. 2 a Nrn. 3 und 4 BauGB 2007 auf
Anhieb erschließt, wird man in einem Erst-Recht-Schluss folgern dürfen, dass ein
beachtlicher Fehler nicht bloß dann vorliegt, wenn die Vorprüfung oder die Prüfung
eines Ausschlussgrundes nicht entsprechend den Vorgaben des Gesetzes durchgeführt wird oder das Ergebnis nicht nachvollziehbar ist, sondern auch dann, wenn
eine Vorprüfung oder Prüfung im Sinne der Nr. 2 oder 3 gänzlich unterbleibt.

6. Überleitungsrecht (§ 5 URG)

Nach § 5 URG gilt das Gesetz für Zulassungsverfahren, die nach dem 25. Juni **341**
2005 eingeleitet worden sind oder hätten eingeleitet werden müssen. Bis zu diesem Datum hätte die Richtlinie 2003/35/EG nach deren Art. 6 Abs. 1 in Deutsch-

land umgesetzt sein müssen. Indem der Gesetzgeber für die Anwendung des Umwelt-Rechtsbehelfsgesetzes darauf abhebt, dass der Antrag auf Zulassung einer UVP-pflichtigen Industrieanlage oder Infrastrukturmaßnahme nach diesem Stichtag gestellt worden ist, orientiert er sich erkennbar an der Rechtsprechung des EuGH zu vergleichbaren Regelungsmaterien.

342 Der Gerichtshof hatte festgestellt, dass es für den zeitlichen Geltungsbereich der UVP- und der FFH-Richtlinie maßgeblich auf die förmliche Einleitung des Zulassungsverfahrens ankommt.[413] Die von ihm entwickelten Grundsätze lassen sich auf die Richtlinie 2003/35/EG übertragen. Einen Ausnahmetatbestand hat der Gesetzgeber allerdings für Zulassungsentscheidungen geschaffen, die nach dem 25. Juni 2005 beantragt worden sind, aber vor dem 15. Dezember 2006 Bestandskraft erlangt haben. Dieses Datum erklärt sich daraus, dass das Umwelt-Rechtsbehelfsgesetz im Bundesgesetzblatt vom 14. Dezember 2006 veröffentlicht worden ist. Die Ausnahmeregelung wird von der Erwägung getragen, dass der Betroffene es in der Hand gehabt hätte, durch Einlegung eines Rechtsbehelfs den Eintritt der Bestandskraft zu verhindern.

343 Dadurch, dass der Gesetzgeber Rechtswirkungen nicht allein an das Inkrafttreten des Umwelt-Rechtsbehelfsgesetzes knüpft, sondern die Geltung des Gesetzes auf alle Verfahren erstreckt, die nach dem Zeitpunkt eingeleitet worden sind oder einzuleiten gewesen wären, zu dem die Richtlinie 2003/35/EG in innerstaatliches Recht hätte umgesetzt sein müssen, hat er die Diskussion über die unmittelbare Anwendung dieser Richtlinie entschärft. Gänzlich aus der Welt geschafft hat er das Problem damit indes nicht. Denn es steht die Frage im Raum, ob er seiner Umsetzungsverpflichtung mit dem Umwelt-Rechtsbehelfsgesetz vollständig nachgekommen ist. Es spricht manches dafür, dass die Richtlinie 2003/35/EG jedenfalls Vereinigungen ein Klagerecht einräumt, das weiter reicht, als der deutsche Gesetzgeber es wahrhaben will.[414]

---

413 Vgl. EuGH, Urteil vom 11.8.1995 – Rs. C-431/92 – EuGHE 1995 I-2211 = DVBl. 1996, 424 = NVwZ 1996, 369 = NuR 1996, 102 = EuZW 1995, 743 – Kommission vs. Deutschland – „Großkrotzenburg", mit Bespr. Martin Gellermann, Auflösung von Normwidersprüchen zwischen europäischem und nationalem Recht, in: DÖV 1996, 433–443; EuGH, Urteil vom 18.6.1998 – Rs. C-81/96 – EuGHE 1998 I-3923 – Burgemeester en wethouders van Haarlemmerliede en Spaarnwoude u. a. vs. Gedeputeerde Staten van Noord-Holland; EuGH, Urteil vom 23.3.2006 – Rs. C-209/04 – EuGHE 2006 I-2756 [2781] = NuR 2006, 429 – Kommission vs. Österreich, mit Bespr. Jens Hamer, in: EurUP 2006, 102.

414 Vgl. Wolfgang Ewer, Ausgewählte Rechtsanwendungsfragen des Entwurfs für ein Umwelt-Rechtsbehelfsgesetz, in: NVwZ 2007, 267–274, Sabine Schlacke, Das neue Umwelt-Rechtsbehelfsgesetz, in: NuR 2007, 8–16; Martin Kment, Das neue Umwelt-Rechtsbehelfsgesetz und seine Bedeutung für das UVPG. Rechtsschutz des Vorhabenträgers, anerkannter Vereinigungen und Dritter, in: NVwZ 2007, 274–280; Jan Ziekow, Das Umwelt-Rechtsbehelfsgesetz im System des deutschen Rechtsschutzes, in: NVwZ 2007, 259–267; Alexander Schmidt/Peter Kremer, Klagemöglichkeiten von Umweltverbänden – Die Umsetzung der Öffentlichkeitsrichtlinie 2003/35/EG in Deutschland, in: ZEuS 2007, 93–116.

Halama

Auswahlbibliographie – Fachschrifttum

A. Umweltverträglichkeitsprüfung-Richtlinie – RL 85/337/EWG

a) Selbständige Literatur

Christian Haslach
Die Umsetzung von EG-Richtlinien durch die Länder, Diss. Münster. Frankfurt am Main 2001

b) Aufsätze

Karsten Loos
Einführung des Planfeststellungsverfahrens und weitere Änderungen des Hamburgischen Wegegesetzes (HWG), in: NordÖR 2007, 102–107

Die Ostseepipeline – Praxisbericht einer grenzüberschreitenden Verfahrensbeteiligung nach der Espoo-Konvention, in: ZUR 2007, 354–359

Christoph Knill, Daniela Winkler
Konvergenz oder Divergenz nationaler Rechts- und Verwaltungsstrukturen?, in: Verw-Arch 2007, 1–29

Rainer Wolf
Transnationale Vorhaben und nationalstaatliches Zulassungsregime – Rechtliche Rahmenbedingungen für die geplante Ostsee-Pipeline, in: ZUR 2007, 24–32

Felix Ekardt
Verwaltungsgerichtliche Kontrolldichte unter europäischem und internationalem Einfluss, in: NuR 2006, 221–228

Rüdiger Nebelsieck, Jan-Oliver Schrotz
Europäisch gestärkte Anwälte der Natur, in: ZUR 2006, 122–129

Thomas Siems
Das UVP-Verfahren – Drittschützende Wirkung oder doch „nur" reines Verfahrensrecht, in: NuR 2006, 359–362

Noreen von Schwanenflug, Sebastian Strohmayr
Rechtsschutz von Kommunen gegen UVP-pflichtige Vorhaben, in: NVwZ 2006, 395–401

Christian Schrader
Neue Entwicklungen in der Verbandsmitwirkung und Verbandsklage, in: UPR 2006, 205–210

Sabine Schlacke
Zum Drittschutz bei Nichtdurchführung einer gebotenen Umweltverträglichkeitsprüfung – zugleich Anmerkung zu OVG Münster, Urteil vom 3. Januar 2006, ZUR 2006, S. 375, in: ZUR 2006, 360–363 [OVG Münster 20 D 118/03.AK, 20 D 35/04.AK, 20 D 118/04.AK, 20 D 120/04.AK, 20 D 159/04.AK]

Gabriele Oestreich
Individualrechtsschutz im Umweltrecht nach dem Inkrafttreten der Aarhus-Konvention und dem Erlass der Aarhus-Richtlinie, in: Verw 39, 29–59 (2006)

Kay Waechter
Subjektive Rechte im Baugesetzbuch (EAG-Bau) aufgrund von Gemeinschafts- und Völkerrecht?, in: NordÖR 2006, 140–146

Willy Spannowsky
Notwendigkeit und rechtliche Anforderungen an die Alternativenprüfung in der Bauleit-planung, in: UPR 2005, 401–409

Helmut Lecheler
Europarechtliche Vorgaben für die Öffentlichkeitsbeteiligung und den Rechtsschutz im deutschen Wirtschaftsverwaltungs- und Umweltrecht, in: GewArch 2005, 305–312

Helmut Lecheler
Isolierte Anfechtung von Verfahrensfehlern ohne materielle Beschwer kraft Europarechts?, in: NVwZ 2005, 1156–1157 [Zugleich Besprechung von OVG Koblenz 7 E 12117/04 vom 25.1.2005]

Wolfgang Durner
Direktwirkung europäischer Verbandsklagerechte?, in: ZUR 2005, 285–290

Maxi Keller
Rechtsschutzdefizite Dritter gegen Genehmigungserteilungen für Windenergieanlagen in der AWZ?, in: ZUR 2005, 184–191 [Zugleich Besprechung von OVG Hamburg 1 Bf 128/04 vom 15.09.2004]

Wilfried Erbguth, Mathias Schubert
Strategische Umweltprüfung und Umweltverträglichkeitsprüfung: Neue Herausforderun-gen für die Kommunen?, in: DÖV 2005, 533–541

Hans Walter Louis, Alexandra Stück
Die Rechtsbehelfsbefugnis der anerkannten Naturschutzvereine im Niedersächsischen Naturschutzgesetz im Lichte der Umsetzung der Aarhus-Konvention durch die Richtlinie 2003/35/EG der Europäischen Union, in: NdsVBl 2005, 225–228

Kurt Faßbender
Grundfragen und Herausforderungen des europäischen Umweltplanungsrechts, in: NVwZ 2005, 1122–1133

Sabine Schlacke
Rechtsschutz durch Verbandsklage, in: NuR 2004, 629–635

Alfred Scheidler
Die Umweltverträglichkeitsprüfung bei Rodungen und Erstaufforstungen, in: NuR 2004, 434–438

Alexander Schink
Umweltverträglichkeitsprüfung in der Bauleitplanung, in: UPR 2004, 81–94

Kristian Fischer, Thomas Fetzer
Unmittelbare Wirkung von Richtlinien im Dreiecksverhältnis, in: EWS 2004, 236–238 [Zugleich Besprechung von EuGH Rs. C-201/02 vom 7.1.2004]

Hans Walter Louis
Die Übergangsregelungen für das Verbandsklagerecht nach den §§ 61, 69 Abs. 7 BNatSchG vor dem Hintergrund der europarechtlichen Klagerechte für Umweltverbän-de, in: NuR 2004, 287–292

Thomas Bunge
Rechtsschutz bei der UVP nach der Richtlinie 2003/35/EG, in: ZUR 2004, 141–148

Reinhard Hendler
Der Geltungsbereich der EG-Richtlinie zur strategischen Umweltprüfung, in: NuR 2003, 2–11

Dietmar Hönig
Umsetzung und Vollzug von EG-Richtlinien im Straßenrecht, in: UPR 2003, 431–432

Bearbeiterin: Siebert

Olaf Reidt
Novellierung des Baugesetzbuchs, in: NordÖR 2003, 177–184

Wilfried Erbguth
Entwicklungslinien im Recht der Umweltverträglichkeitsprüfung – UVP-RL – UVPÄndRL – UVPG – SUP, in: UPR 2003, 321–326

Christian Kläne, Henning Uhlenbrock
Neues UVP-Recht für Bebauungspläne – Die bauplanungsrechtlichen Vorhaben nach Nr. 18 der Anlage 1 zum UVPG, in: Nds.VBl. 2002, 169–174

Bernhard Stüer
Habitatschutz auch in der Bundesverkehrswegeplanung?, in: NVwZ 2002, 1164–1168

Silke Thulke
Abschnittsbildung im Fachplanungsrecht, in: BauR 2002, 1177–1189

Arno Bunzel
Die Umweltverträglichkeitsprüfung bei bauplanungsrechtlichen Vorhaben, in: ZfBR 2002, 124–133

Alexander Schink
Die Umweltverträglichkeitsprüfung – offene Konzeptfragen, in: DVBl. 2001, 321–332

Monika Weinl
Einheitliche Vorhabengenehmigung in den Verwaltungsverfahrensgesetzen?, in: UPR 2001, 46–50

Michaela Boll
Die Umweltverträglichkeitsprüfung in der Bauleitplanung, in: BWGZ 2001, 98–102

Michael Barth, Christoph Demmke, Grit Ludwig
Die Europäisierung des nationalen Verwaltungsverfahrens- und Verwaltungsorganisationsrechts im Bereich des Umweltrechts, in: NuR 2001, 133–142

Günter Gaentzsch
Zur Umweltverträglichkeitsprüfung von Bebauungsplänen und zu Fehlerfolgen insbesondere bei unmittelbarer Anwendbarkeit der UVP-Richtlinie, in: UPR 2001, 287–294

Stephan Mitschang
Umweltverträglichkeitsprüfung in der Bauleitplanung – neue Impulse durch die EG-Änderungsrichtlinie zur UVP-Richtlinie 239–247 (Teil 1); 380–391 (Teil 2), in: ZfBR 2001

Frank Stollmann
Die Verträglichkeitsprüfung von Projekten und Plänen mit Auswirkungen auf FFH-Gebiete, in: GewArch 2001, 318–327

Wolfgang Winkler
Landwirtschaft und Umwelt. Konflikte und Lösungsansätze, in: AgrarR 2001, 14–16

Martin Wickel, Henrik Müller
Plangenehmigung und Umweltverträglichkeitsprüfung in der Verkehrswegeplanung, in: NVwZ 2001, 1133–1135

Bernhard Stüer, Willi Probstfeld
Umweltverträglichkeitsprüfung bei Straßenbauvorhaben, in: UPR 2001, 361–365

Christof Sangenstedt
Die Bedeutung einer europäischen Richtlinie über die Prüfung der Umweltauswirkungen von Plänen und Programmen für das Fachplanungsrecht, in: Planung 2000. Herausforderungen für das Fachplanungsrecht. Berlin 2001, S. 27–43

Reiner Schmidt
Neuere höchstrichterliche Rechtsprechung zum Umweltrecht, in: JZ 2001, 1165–1177

Christian Kläne
Screening von Bebauungsplänen, in: DVBl. 2001, 1031–1037

Ulrich Hösch
Das bayerische Gesetz zur Umsetzung der UVP-Richtlinie, in: NVwZ 2001, 519–524

Franz-Josef Feldmann
Die Umsetzung der UVP-Änderungsrichtlinie in deutsches Recht, in: DVBl. 2001, 589–601

Michael Krautzberger
Durchführung der Umweltverträglichkeitsprüfung in der Bauleitplanung, in: UPR 2001, 1–5

Frank Petersen
Umsetzung der IVU- und weiterer EG-Richtlinien zum Umweltschutz, in: PHI 2001, 38–44

Stefan Kadelbach
Der Einfluss des Europarechts auf das deutsche Planungsrecht, in: Wilfried Erbguth, Janbernd Oebbecke, Hans-Werner Rengeling u. a. [Hrsg.], Planung. Festschrift für Werner Hoppe zum 70. Geburtstag. München 2000, S. 897–912

Iris Martin
Umweltverträglichkeitsprüfung und landwirtschaftliche Tierhaltung, in: AgrarR Beilage 2000, Nr. 1, 22–28

Rudolf Steinberg
Umweltverträglichkeitsprüfung von Programmen und Plänen, in: Wilfried Erbguth, Janbernd Oebbecke, Hans-Werner Rengeling u. a. [Hrsg.], Planung. Festschrift für Werner Hoppe zum 70. Geburtstag. München 2000, S. 493–510

Josef Falke
Stillstand und Aufbruch im Europäischen Umweltrecht, in: ZUR 2000, 144–149 [Gesetzgebungs- und Rechtsprechungsübersicht]

Gerd Schmidt-Eichstaedt
Die Umweltverträglichkeitsprüfung vor der Reform – die Folgen für das Bau- und Planungsrecht, in: UPR 2000, 401–409

Sabine Schlacke
Rostocker Umweltrechtstag 2000 – Europäisierung des nationalen Umweltrechts – Stand und Perspektiven, in: ZUR 2000, 352–354

Meinhard Schröder
Europarecht und integriertes Umweltrecht, in: NuR 2000, 481–486 [Vortrag auf dem Rostocker Umweltrechtstag, 2000, Rostock]

Astrid Epiney
Neuere Rechtsprechung des EuGH zum allgemeinen Verwaltungs-, Umwelt- und Gleichstellungsrecht, in: NVwZ 2000, 36–42

Ludwig Krämer
Die Rechtsprechung der EG-Gerichte zum Umweltrecht 1998 und 1999, in: EuGRZ 2000, 265–281

Wolfgang Sinner
Umweltverträglichkeitsprüfung – ein Hemmnis für den Wirtschaftsstandort?, in: WiVerw 2000, 95–125

Bearbeiterin: Siebert

Wilfried Erbguth
Verfassungs- und europarechtliche Aspekte der Deregulierung im Planfeststellungsverfahren, in: UPR 1999, 41–50

Klaus Hansmann
Gemeinschaftsrechtliche Anforderungen an die Umweltverträglichkeitsprüfung im immissionsschutzrechtlichen Genehmigungsverfahren, in: Immissionsschutz 1999, 116–120 [Vortrag auf dem Leipziger Umweltrechts-Symposium (4), 1999, Leipzig]

Harald Ginzky
Zur Durchführung einer Umweltverträglichkeitsprüfung bei der Planung einer Kreisstraße, in: ZUR 1999, 155–156 [Zugleich Besprechung von VGH München B CS 98.1428, B 1 S 97.1048 vom 9.10.1998]

Astrid Epiney
Gemeinschaftsrecht und Verbandsklage, in: NVwZ 1999, 485–495

Hans D. Jarass
Wirkungen des EG-Rechts in den Bereichen der Raumordnung und des Städtebaus, in: DÖV 1999, 661–669

Reiner Schmidt
Neuere höchstrichterliche Rechtsprechung zum Umweltrecht, in: JZ 1999, 1147–1156

Alexander Schink
Auswirkungen des EG-Rechts auf die Umweltverträglichkeitsprüfung nach deutschem Recht, in: NVwZ 1999, 11–19

Wilfried Erbguth, Frank Stollmann
Sport und Umwelt – Europarechtliche Vorgaben, in: NuR 1999, 426–430

Edeltraud Böhm-Amtmann
Perspektiven des EU-Umweltrechts, in: WiVerw 1999, 135–157

Heinz-Joachim Peters
Das Recht der Umweltverträglichkeitsprüfung im Übergang, in: UPR 1999, 294–298

Alexander Schink
Die Umweltverträglichkeitsprüfung – eine Bilanz, in: NuR 1998, 173–180

Norbert Reich
Zur Umsetzung von Gemeinschaftsrecht im föderalen System, speziell zur Umsetzung der EWGRL 337/85 über die Umweltverträglichkeitsprüfung durch die Bundesrepublik Deutschland, in: ZIP 1998, 1843–1844 [Zugleich Besprechung von EuGH Rs. C-301/95 vom 22.10.1998]

Sandra Timmermans
Planfeststellung und Plangenehmigung, in: VBlBW 1998, 285–291

Antje Schmidt
Rückzug des Ordnungsrechts im Umweltschutz, in: DVBl. 1998, 1271–1276

Christian Schrader
Die Vorhabengenehmigung im Kommissionsentwurf für ein Umweltgesetzbuch, in: NuR 1998, 285–290

Kai Hasselbach
Umweltverträglichkeitsprüfung – Zur nicht ordnungsgemäßen Umsetzung der EWGRL 337/85 durch das UVPG, in: EWiR 1998, 999–1000 [Zugleich Besprechung von EuGH Rs. C-301/95 vom 22.10.1998]

Uwe Volkmann
Umweltrechtliches Integrationsprinzip und Vorhabengenehmigung, in: VerwArch 1998, 363–399

Ludwig Krämer
Europäisches Umweltrecht. Chronik vom 1. April 1995 bis 31. Dezember 1997, in: ZUR 1998, 70–75 [Gesetzgebungsübersicht]

Udo DiFabio
Integratives Umweltrecht, in: NVwZ 1998, 329–337 [Vortrag vor der Gesellschaft für Umweltrecht (21), 1997, Berlin]

Alexander Schink
Bedeutung der UVP in der Bundesrepublik und Auswirkungen des EG-Rechts auf die Umweltverträglichkeitsprüfung nach Deutschem Recht, in: Janbernd Oebbecke, Joachim Bauer, Angela Faber [Hrsg.], Umweltrecht und Kommunalrecht. Kolloquium aus Anlass des Ausscheidens von Werner Hoppe als Geschäftsführender Direktor des Freiherr-vom-Stein-Instituts, Köln 1998, S. 39–85

Silke Albin
Unmittelbare Anwendbarkeit von Richtlinien mit „Doppelwirkung" im Umweltbereich – Ein Scheinproblem? Anmerkungen anläßlich des „Großkrotzenburg"-Urteils des EuGH, in: NuR 1997, 29–33 [Besprechung von EuGH Rs. C-431/92 vom 11.8.1995]

Thomas Groß
Zur Zulässigkeit von Bedarfsprüfungen bei der Entscheidung über umweltrelevante Vorhaben, in: VerwArch 88, 89–111 (1997)

Bernhard W. Wegener
Die UVP-Pflichtigkeit sog. Anhang II-Vorhaben, in: NVwZ 1997, 462–465 [Zugleich Besprechung von EuGH Rs. C-72/95 vom 24.10.1996

Johannes Zöttl
Die EG-Richtlinie über die integrierte Vermeidung und Verminderung der Umweltverschmutzung, in: NuR 1997, 157–166

Wilfried Erbguth
Der Transrapid – Planungsverfahren und Umweltverträglichkeitsprüfung, in: NVwZ 1997, 116–122

Michael Junker
Probleme der Umsetzung von EU-Richtlinien im Atomrecht, in: ET 1997, 171–174

Günther-Michael Knopp
Die neue Grundwasserverordnung – ein Zwischenschritt zur Ausgestaltung des flächendeckenden Grundwasserschutzes in der Europäischen Gemeinschaft, in: ZfW 1997, 205–219

Lucia Eckert
Europarechtliche Voraussetzungen des eisenbahnrechtlichen Zulassungsverfahrens, in: DVBl. 1997, 158–162

Wilhelm Mecklenburg
Linienbestimmung, UVP und Verkehrswegeplanungsbeschleunigungsgesetz, in: UPR 1997, 394–399

Bernd Becker
Überblick über die umfassende Änderung der Richtlinie über die Umweltverträglichkeitsprüfung, in: NVwZ 1997, 1167–1171

Bearbeiterin: Siebert

Rüdiger Breuer
Zunehmende Vielgestaltigkeit der Instrumente im deutschen und europäischen Umweltrecht – Probleme der Stimmigkeit und des Zusammenwirkens, in: NVwZ 1997, 833–845

Norbert Tüllmann
Europäische Umweltrechtstagung der Europäischen Rechtsakademie (ERA) Trier am 7./8.10.1996, in: NVwZ 1997, 774–775

Eckart Hien
Die Umweltverträglichkeitsprüfung in der gerichtlichen Praxis, in: NVwZ 1997, 422–428 [Vortrag vor der Gesellschaft für Umweltrecht, 1996, Berlin]

Jörg Schliepkorte, Johannes Stemmler
Novellierung des Städtebaurechts. Gesetzentwurf der Bundesregierung, in: BBauBl 1996, 827–832

Matthias Pechstein
Die Anerkennung der rein objektiven unmittelbaren Richtlinienwirkung. Anmerkung zum UVP-Urteil des EuGH, in: EWS 1996, 261–265 [Besprechung von EuGH Rs. C-431/92 vom 11.8.1995]

Hans-Jürgen Papier
Umweltverträglichkeitsprüfung und Gemeinschaftsrecht, in: Rudolf Wendt, Wolfram Höfling, Ulrich Karpen [Hrsg.], Staat Wirtschaft Steuern. Festschrift für Karl Heinrich Friauf zum 65. Geburtstag, Heidelberg 1996, S. 105–133

Martin Gellermann
Auflösung von Normwidersprüchen zwischen europäischem und nationalem Recht. Zu den Folgen der Gemeinschaftswidrigkeit der Übergangsvorschrift des § 22 UVPG, in: DÖV 1996, 433–443 [Zugleich Besprechung von EuGH Rs. C-396/92 vom 9.8.1994 und Rs. C-431/92 vom 11.8.1995]

Rudolf Steinberg
Chancen zur Effektuierung der Umweltverträglichkeitsprüfung durch die Gerichte?, in: DÖV 1996, 221–231 [Vortrag vor dem Deutschen Anwaltverein, Arbeitsgemeinschaft für Verwaltungsrecht NW, 1995, Bonn]

Moritz Reese
Der Transrapid, in: ZUR 1996, 277–279

Peter Schütte
„Der Transrapid", in: NuR 1996, 583–585

Erich Gassner
Zur Gleichstellung der Rechtswirkungen von Planfeststellung und Plangenehmigung, in: NuR 1996, 492–497

Katja Rodi, Henning Biermann
Entwicklungen und Probleme im Recht des Naturschutzes und der Landschaftsplanung mit Bezug auf Europa, in: NuR 1996, 504–506

Karl-Heinz Ladeur
Die Umsetzung der EG-Richtlinie zur Umweltverträglichkeitsprüfung in nationales Recht und ihre Koordination mit dem allgemeinen Verwaltungsrecht, in: UPR 1996, 419–428

Astrid Epiney
Unmittelbare Anwendbarkeit und objektive Wirkung von Richtlinien – Zur Entscheidung des EuGH vom 11.08.1995 – Rs. C-431/92 – Großkrotzenburg – DVBl. 1996, 424 –, in: DVBl. 1996, 409–414

Bearbeiterin: Siebert

Wolfgang Kahl

Europäisches und nationales Verwaltungsorganisationsrecht, in: Verw 29, 341–384 (1996)

Matthias Ruffert

Subjektive Rechte und unmittelbare Wirkung von EG-Umweltschutzrichtlinien, in: ZUR 1996, 235–238 [Zugleich Besprechung von EuGH Rs. C-431/92 vom 11.8.1995 und BVerwG, 4 C 5.95 vom 25.1.1996]

Christian Heitsch

Durchsetzung der materiellrechtlichen Anforderungen der UVP-Richtlinie im immissions-schutzrechtlichen Genehmigungsverfahren, in: NuR 1996, 453–461

Bernhard W. Wegener

Zur Bedeutung der Umweltverträglichkeitsprüfung, in: ZUR 1996, 324–326 [Zugleich Besprechung von BVerwG 4 C 19.94 vom 21.3.1996]

Heinz-Joachim Peters

Unterbleiben der Öffentlichkeitsbeteiligung. Anmerkungen zum Beschluß des BVerwG 11 VR 38.95 vom 28.11.1995 – (UPR 1996, S 109), in: UPR 1996, 216

Astrid Epiney

Dezentrale Durchsetzungsmechanismen im gemeinschaftlichen Umweltrecht, in: ZUR 1996, 229–234

Christian Calliess

Zur unmittelbaren Wirkung der EG-Richtlinie über die Umweltverträglichkeitsprüfung und ihrer Umsetzung im deutschen Immissionsschutzrecht, in: NVwZ 1996, 339–342 [Zugleich Besprechung von EuGH Rs. C-431/92 vom 11.8.1995]

Wolfgang Köck

Umweltschutzsichernde Betriebsorganisation als Gegenstand des Umweltrechts – Die EG-„Öko-Audit"-Verordnung, in: JZ 1995, 643–650

Stefan Hertwig

EuGH – Übergangsvorschrift für Umweltverträglichkeitsprüfung, in: WiB 1995, 87–88 [Besprechung von EuGH Rs. C-396/92 vom 9.8.1994, Rs. C-131/88 vom 28.2.1991 und EuGH Rs. C-361/88 vom 30.5.1991]

Christine Reichel

Dritte Osnabrücker Gespräche zum deutschen und europäischen Umweltrecht – Integrierter und betrieblicher Umweltschutz, in: RdE 1995, 212–213

Matthias Schmidt-Preuß

Der verfahrensrechtliche Charakter der Umweltverträglichkeitsprüfung, in: DVBl. 1995, 485–495

Frank Hennecke

Europäisches Umweltrecht in seinen Auswirkungen auf Rheinland-Pfalz, in: WiVerw 1995, 80–102 [Beitrag auf der von der Deutschen Richterakademie am 14.2.1995 in Trier veranstalteten Tagung]

Alexander Schink

Zu den aus der EG-Rechtswidrigkeit des UVPG § 22 zu ziehenden Folgerungen, in: ZUR 1995, 150–152 [Zugleich Besprechung von EuGH Rs. C-396/92 vom 9.8.1994]

Siegfried Breier

Die Übergangsregelung des § 22 UVPG. Konsequenzen des EuGH-Urteils vom 9.8.1994 – C-396/92 = BayVBl 1994, 655, in: BayVBl 1995, 459–462

Bearbeiterin: Siebert

Rudolf Steinberg
Probleme der Europäisierung des deutschen Umweltrechts, in: AöR 120, 549–594 (1995)

Alexander Schink
Folgen der EG-Rechtswidrigkeit der Übergangsvorschriften zum UVP-Gesetz, in: NVwZ 1995, 953–959 152 [Zugleich Besprechung von EuGH Rs. C-396/92 vom 9.8.1994]

Christoph Freytag, Klaus Iven
Gemeinschaftsrechtliche Vorgaben für den nationalen Habitatschutz, in: NuR 1995, 109–117

Christian Koenig
Die Zweiten Warschauer Gespräche zum Umweltrecht vom 26. bis 30. September 1994 über die Umweltverträglichkeitsprüfung sowie den Umweltschutz in der Landwirtschaft, in: DVBl. 1995, 228–232

Alexander Schink
Gemeinschaftsrechtliche Fortentwicklung der UVP, in: DVBl. 1995, 73–81

Rudolf Steinberg, Bernd Klößner
Zur unmittelbaren Wirkung von Umweltschutz-Richtlinien der Europäischen Gemeinschaften, in: BayVBl 1994, 33–39

Christian Heitsch
„Verfestigung" des vorläufigen positiven Gesamturteils trotz Aufhebung der 1. Teilgenehmigung nach Atomrecht?, in: UPR 1994, 250–253

Alexander Schink
Die Gebietsentwicklung in Nordrhein-Westfalen im Schwebezustand, in: VR 1993, 289–298

Philip Kunig
Die Umweltverträglichkeitsprüfung in der Bauleitplanung, in: Hans-Joachim Driehaus, Hans-Jörg Birk [Hrsg.], Baurecht – aktuell. Festschrift für Felix Weyreuther. Köln 1993, S. 157–177

Alexander Schmidt
Investitionserleichterung und UVP, in: ZUR 1993, 197–200

Jochen Hofmann-Hoeppel
Einordnung der UVP in das Raumordnungs- und Zulassungsverfahren, in: ZUR 1993, 22–27 [Teil 1], ZUR 1993, 68–74 [Teil 2]

Hans-Joachim Koch
Luftreinhalterecht in der Europäischen Gemeinschaft, in: DVBl. 1992, 124–131

Susan Wickrath
Die Öffentlichkeitsbeteiligung im Raumordnungsverfahren, in: DVBl. 1992, 998–1005

Klaus Lange
Rechtsfolgen der Umweltverträglichkeitsprüfung für die Genehmigung oder Zulassung eines Projekts, in: DÖV 1992, 780–789

Stephan Tomerius
Der „National Environmental Policy Act" der USA – Impulse US-amerikanischer Umweltpolitik für das deutsche Umweltrecht?, in: ZVglRWiss 91, 423–442 (1992)

Willi Vallendar
Die UVP-Novelle zur 9. BImSchV, in: UPR 1992, 212–218

Bearbeiterin: Siebert

Rudolf Steinberg
Rechtsfragen der raumordnerischen Umweltverträglichkeitsprüfung, in: DÖV 1992, 321–330

Wolfgang Sittel-Czypionka
Umsetzung der Umweltverträglichkeitsprüfung im Städtebau, in: DÖV 1992, 737–743

Werner Hoppe, Wolfgang Appold, Winfried Haneklaus
Rechtspflicht zur Standortalternativenprüfung im Raumordnungsverfahren?, in: DVBl. 1992, 1203–1210

Peter Nisipeanu
Die Abwasserbehandlungsanlage i. S. d. § 18c WHG, in: NuR 1992, 101–108

Axel Steffen
Umweltverträglichkeit in der Regional- und Bauleitplanung, in: InfUR 1992, 120–122

Jan Viebrock
Beschränkungen der UVP in der Verkehrswegeplanungsbeschleunigung, in: NVwZ 1992, 939–942

Jörg Schoeneberg
Umweltverträglichkeitsprüfung und Landschaftsplanung, in: UPR 1991, 210–214

Alexander Schink, Wilfried Erbguth
Die Umweltverträglichkeitsprüfung im immissionsschutzrechtlichen Zulassungsverfahren, in: DVBl. 1991, 413–420

Andreas Gallas
Die Umweltverträglichkeitsprüfung im immissionsschutzrechtlichen Genehmigungsverfahren, in: UPR 1991, 214–218

Matthias von Schwanenflügel
Das Öffentlichkeitsprinzip des EG-Umweltrechts, in: DVBl. 1991, 93–101

Carl Böhret, Michael Hofmann
Test der UVP-Durchführungsvorschriften im Planspiel, in: DÖV 1991, 901–910

Rudolf Büllesbach
Aktuelle Probleme der forstrechtlichen Rodungs- und Umwandlungsgenehmigung, in: NVwZ 1991, 22–26

Jörg Wagner
Verfahrensbeschleunigung durch Raumordnungsverfahren, in: DVBl. 1991, 1230–1237

Matthias Schmidt-Preuß
Möglichkeiten und Grenzen reduzierter Regelungsgehalte von Parallelgenehmigungen. Bemerkungen aus Anlaß des Ahaus-Urteils des BVerwG vom 11. Mai 1989, in: DVBl. 1991, 229–242 [Besprechung von BVerwG 4 C 1.88 vom 11.5.1989]

Ludwig Krämer
Zur innerstaatlichen Wirkung von Umwelt-Richtlinien der EWG, in: AnwBl 1991, 368–378

Werner Hoppe, Wolfgang Appold
Umweltverträglichkeitsprüfung – Bewertung und Standards aus rechtlicher Sicht, in: DVBl. 1991, 1221–1225

Martin Beckmann
Rechtsschutz Drittbetroffener bei der Umweltverträglichkeitsprüfung, in: DVBl. 1991, 358–365

Bearbeiterin: Siebert

Harald Ginzky, Jan Viebrock
Unanwendbarkeit von § 22 UVPG wegen Verstoßes gegen die UVP-Richtlinie der EG, in: UPR 1991, 428–431

Wilfried Erbguth
Das UVP-Gesetz des Bundes – Regelungsgehalt und Rechtsfragen, in: Verw 24, 283–324 (1991)

Wolfgang Habel
Wasserrecht und Umweltverträglichkeitsprüfung, in: BWVPr 1990, 97–101

Albrecht Weber, Ulrich Hellmann
Das Gesetz über die Umweltverträglichkeitsprüfung (UVP-Gesetz), in: NJW 1990, 1625–1633

Bernd Becker
Einführung in künftige Rechts- und Vollzugsprobleme des neuen Bundesgesetzes über die Umweltverträglichkeitsprüfung, in: BayVBl 1990, 353–359

Hermann Soell, Franz Dirnberger
Wieviel Umweltverträglichkeit garantiert die UVP?, in: NVwZ 1990, 705–713

Rudolf Stich
Probleme der Umsetzung der EG-Richtlinie 1985 über die Umweltverträglichkeitsprüfung in das Planungs-, Bau- und Umweltschutzrecht des Bundes und der Länder, in: UPR 1990, 121–125

Klaus P. Fiedler
Zur Umsetzung von EG-Richtlinien im Umweltbereich, in: StädteT 1990, 563–567

Owen Lomas
Anwendung der EG-Richtlinie über die Umweltverträglichkeitsprüfung in Großbritannien, in: DVBl. 1990, 1201–1207

Carsten Menking
Stellenwert der freiwilligen kommunalen Umweltverträglichkeitsprüfung, in: StGB 1990, 147–151

Gerhard Molkenbur
Umweltschutz in der Europäischen Gemeinschaft, in: DVBl. 1990, 677–684

Franz-Joseph Peine, Thomas Smollich
Bauleitplanung und Immissionsschutz, in: WiVerw 1990, 269–289

Rudolf Steinberg
Die Bewertung der Umweltauswirkungen eines Vorhabens nach dem Gesetz über die Umweltverträglichkeitsprüfung (UVPG), in: DVBl. 1990, 1369–1375

Rüdiger Zuck
Blick in die Zeit, in: MDR 1990, 784–785

Heinz Joachim Peters
Zum gesamthaften Prüfungsansatz der EG-Richtlinie über die Umweltverträglichkeitsprüfung, in: UPR 1990, 133–136

Jörg Wagner
Zweiter Kongreß Umweltverträglichkeitsprüfung (UVP) und kommunale Planung, in: DVBl. 1990, 566–569

Annette Strucken
Umweltverträglichkeitsprüfung und kommunale Planung, in: Städte- und Gemeinderat 1990, 50–55

Bearbeiterin: Siebert

Christian Tomuschat
VII. Deutsch-italienisches Verfassungsrechtskolloquium, in: NJW 1990, 2180–2

Wilfried Erbguth
Umweltverträglichkeitsprüfung – Bauleitplanung – Eingriffsregelung, in: VerwArch 81, 327–348 (1990)

Wilfried Erbguth
Rechtliche Grundlagen der Umweltverträglichkeitsprüfung und Verkehrswegplanung, in: VR 1990, 293–297

Hans-Peter Kulartz
Schwerpunkte zukünftiger kommunaler Umweltschutzpolitik, in: StGB 1990, 47–51

Wilm Tegethoff
Umweltverträglichkeitsprüfung, in: RdE 1989, 182–187

Wolfgang Lenz
Umweltverträglichkeitsprüfung in der Bauleitplanung, in: BauR 1989, 267–271

Rolf Dohle
Anwendungsprobleme eines Gesetzes zur Umweltverträglichkeitsprüfung (UVP-Gesetz), in: NVwZ 1989, 697–705 [Vortrag auf dem 45. Deutschen Anwaltstag in München 1989]

Rudolf Steinberg, Ulrike Müller
Zur Umsetzung der EG-Richtlinie über die Umweltverträglichkeitsprüfung unter besonderer Berücksichtigung der Umsetzungsverpflichtungen der Bundesländer, in: NuR 1989, 277–283

Heinz-Joachim Peters
Grundlagen der Umweltverträglichkeitsprüfung (UVP), in: VBlBW 1989, 325–3??

Michael Ronellenfitsch
Standortwahl bei Abfallentsorgungsanlagen – Planfeststellungsverfahren und Umweltverträglichkeitsprüfung, in: DÖV 1989, 737–750

Willi Blümel
Gesetzliche Regelung der Einwendungs- und Klagebefugnis ausländischer Grenznachbarn, in: Kay Hailbronner, Georg Ress, Torsten Stein [Hrsg.], Staat und Völkerrechtsordnung (Festschrift für Karl Doehring). Berlin 1989, S. 89–118

Dass. in: Klaus Grupp, Michael Ronellenfitsch [Hrsg.], Beiträge zum Planungsrecht 1959–2000. Berlin 2004

Volker Grabosch
Zur Aufnahme einer Umweltverträglichkeitsprüfung in das Verfahren nach § 4 des Energiewirtschaftsgesetzes, in: DVBl. 1989, 390–393

Michael Krautzberger
Umweltverträglichkeitsprüfung in der Stadt- und Dorfplanung – stadtökologische Aufgaben aus der Sicht des Bundes, in: UPR 1989, 161–165. [Überarbeitete Fassung eines Vortrags auf einer wissenschaftlichen Arbeitstagung der Universität Kaiserslautern im Oktober 1988 in Kaiserslautern]

Bernhard Stüer
45. Deutscher Anwaltstag in München, in: DVBl. 1989, 652–656

Bernhard Stüer
Öffentliches Recht auf dem 45. Deutschen Anwaltstag in München, in: NVwZ 1989, 734–738

Bearbeiterin: Siebert

Günther Kühne
Die Einführung der Umweltverträglichkeitsprüfung im Bergrecht, in: UPR 1989, 326–329. [Überarbeitete Fassung eines Vortrags im Bergrechtsseminar des Instituts für Energierecht an der Universität Köln am 5.6.1989]

Klaus P. Fiedler
Europäischer Binnenmarkt gleich Europäische Umweltgemeinschaft?, in: StädteT 1989, 637–643

Eberhard Schmidt-Assmann
Die Umsetzung der EG-Richtlinie über die Umweltverträglichkeitsprüfung (UVP-RL) vom 27. Juni 1985 in das nationale Recht, in: Kai Hailbronner, Georg Ress, Torsten Stein [Hrsg.], Staat und Völkerrechtsordnung (Festschrift für Karl Doehring).Berlin 1989, S. 889–902

Gerd Winter
Die Vereinbarkeit des Gesetzentwurfs der Bundesregierung über die Umweltverträglichkeitsprüfung vom 29.6.1988 mit der EG-Richtlinie 85/337 und die Direktwirkung dieser Richtlinie, in: NuR 1989, 197–205

Rudolf Stich
Notwendigkeit und Inhalt der Umweltverträglichkeitsprüfung (UVP) für die kommunale Bauleitplanung, in: UPR 1989, 166–170. [Vortrag auf einer wissenschaftlichen Arbeitstagung der Universität Kaiserslautern im Oktober 1988 in Kaiserslautern]

Jürgen-Johann Rupp
Bericht über den UNIPEDE/KEG-Workshop zur Umweltverträglichkeitsprüfung am 26. April 1989 in Brüssel, in: RdE 1989, 209–211

Wilfried Erbguth
Gemeinschaftsrechtliche Impulse zur Weiterentwicklung des nationalen Verwaltungsrechts, in: DÖV 1988, 481–488

David Baldock
Über die Vogelschutzrichtlinie hinaus. Eine europäische Kette von geschützten Lebensräumen für gefährdete Arten, in: EurUP 1988, 25–26

Klaus P. Fiedler
Zur Umweltverträglichkeitsprüfung (UVP) in Städten, in: StädteT 1988, 464–471. [Vortrag anläßlich des 13. Kompaktseminars Gemeinde-Stadt-Land im Mai 1988 in Hannover]

Karl Wendling
Die UVP-Richtlinie im deutschen Recht. Die Problematik ihrer Umsetzung im Bereich emittierender Anlagen, in: ET 1988, 291–298

Christoph Backes
Die Umweltverträglichkeitsprüfung in den Niederlanden, in: UPR 1988, 216–220

Norman Lee, Christopher Wood
Die Umsetzung der UVP-Richtlinie, in: EurUP 1988, 12–15

Albert von Mutius
Umweltverträglichkeitsprüfung im Raumordnungsverfahren, insbesondere zu den verfassungsrechtlichen Fragen der Einführung einer Öffentlichkeitsbeteiligung, in: BayVBl 1988, 641–648 [Rechtsgutachten, erstellt im Auftrag des Landes Schleswig-Holstein für das Bundesministerium für Raumordnung, Mai 1988]

T. Hoffjann
Konzeptionelle Entwicklung eines Verfahrens zur Umsetzung der UVP-Richtlinie des Rates der EG bei Vorhaben, in: UPR 1988, 54–55

Giuseppe Sapienza
UVP Umweltverträglichkeitsprüfung in der Europäischen Gemeinschaft, in: EurUP 1988, 8–11

Rainer Wahl
Thesen zur Umsetzung der Umweltverträglichkeitsprüfung nach EG-Recht in das deutsche öffentliche Recht, in: DVBl. 1988, 86–89

Wilfried Erbguth
Vorgaben der EG-Richtlinie für die Einführung einer Umweltverträglichkeitsprüfung (UVP) in das deutsche Recht, in: VR 1988, 5–9

Reinhard Coenen, Juliane Jörissen
Die UVP in den Mitgliedstaaten der EG, in: ET 1988, 894–900

Stellungnahme des Rates von Sachverständigen für Umweltfragen zur Umsetzung der EG-Richtlinie über die Umweltverträglichkeitsprüfung in das nationale Recht, in: DVBl. 1988, 21–27

Wilfried Erbguth
Der Entwurf eines Gesetzes über die Umweltverträglichkeitsprüfung – Musterfall querschnittsorientierter Gesetzgebung aufgrund EG-Rechts?, in: NVwZ 1988, 969–977

Karl Heinz Walper
Umweltverträglichkeitsprüfung im Rahmen der Straßenplanung, in: StGB 1988, 380–384

Albrecht Weber
Zur Umsetzung der Umweltverträglichkeitsrichtlinie im deutschen Recht, in: UPR 1988, 206–215

Walter Bückmann
Die Richtlinie des Rates der EG über die Umweltverträglichkeitsprüfung, in: UPR 1988, 361–367

Werner Hoppe, Gerald Püchel
Zur Anwendung der Art 3 und 8 EG-Richtlinie zur UVP bei der Genehmigung nach dem Bundes-Immissionsschutzgesetz, in: DVBl. 1988, 1–12 (Kongreßvortrag)

Vorschlag der Akademie für Raumforschung und Landesplanung (ARL) zur Novellierung des Raumordnungsgesetzes – Einführung des Raumordnungsverfahrens mit Umweltverträglichkeitsprüfung, in: DVBl. 1987, 1152–1154

Martin Beckmann
Die Umweltverträglichkeitsprüfung und das rechtssystematische Verhältnis von Planfeststellungsbeschlüssen und Genehmigungsentscheidungen, in: DÖV 1987, 944–953

Peter-Christoph Storm
EG-Richtlinie zur Umweltverträglichkeitsprüfung, in: ET 1987, 179–183

Wilfried Erbguth
Thesen zur Einbindung der Umweltverträglichkeitsprüfung nach EG-Recht in das Raumordnungsverfahren, in: DVBl. 1987, 827–829

Thomas Bunge
Die Umweltverträglichkeitsprüfung von Projekten – Verfahrensrechtliche Erfordernisse auf der Basis der EG-Richtlinie vom 27. Juni 1985, in: DVBl. 1987, 819–826

Eberhard Schmidt-Aßmann
Thesen zur Einbindung der Umweltverträglichkeitsprüfung nach EG-Recht in das Raumordnungsverfahren, in: DVBl. 1987, 826–827

Bearbeiterin: Siebert

Richard Bartlsperger
Leitlinien zur Regelung der gemeinschaftsrechtlichen Umweltverträglichkeitsprüfung unter Berücksichtigung der Straßenplanung, in: DVBl. 1987, 1–14

Ulrich Kuschnerus
Die Berücksichtigung von Umweltbelangen beim Straßenbau, in: DÖV 1987, 409–418

Erich Gassner
Zur Umsetzung der EG-Richtlinie über die Umweltverträglichkeit bestimmter Projekte im Naturschutz und in der Landwirtschaft, in: AgrarR 1986, 337–339

Thomas Bunge
Die Umweltverträglichkeitsprüfung im Verwaltungsverfahren, in: BAnz 1986, Beilage 145 a, 1–96

Jürgen Cupei
Die Richtlinie des Rates über die Umweltverträglichkeitsprüfung (UVP) bei bestimmten öffentlichen und privaten Projekten, in: NuR 1985, 297–307

B. Änderungs-RL zur UVP – RL 97/11/EG

a) Selbständige Literatur

Lars Friedrichsen
Umweltbelastende Vorhaben und Alternativen in der Planfeststellung – unter besonderer Berücksichtigung der Vorgaben aus der UVP-Richtlinie, dem UVPG sowie der FFH-Richtlinie bzw. den §§ 32 ff. BNatSchG. Frankfurt am Main 2005

b) Aufsätze

Meinhard Schröder
Postulate und Konzepte zur Durchsetzbarkeit und Durchsetzung der EG-Umweltpolitik. Vortrag, auf der Würzburger Tagung des Arbeitskreises Europäische Integration am 1.7. 2005, in: NVwZ 2006, 389–395

Thomas Siems
Das UVP-Verfahren – drittschützende Wirkung oder doch „nur" reines Verfahrensrecht, in: NuR 2006, 359 – 362

Werner Neumann
Keine UVP für Tagebaue, die vor In-Kraft-Treten der UVP-Richtlinie begonnen wurden, in: jurisPR-BVerwG 7/2006 Anm. 6. [Anmerkung zu BVerwG 7 B 26.05 vom 21.11.2005]

Stefan Siedentop
Vorsorge gegen die Entstehung kumulativer Umweltschadensformen, in: EurUP 2006, 85–93

Willy Spannowsky
Notwendigkeit und rechtliche Anforderungen an die Alternativenprüfung in der Bauleitplanung, in: UPR 2005, 401–409

Wilfried Erbguth, Mathias Schubert
Strategische Umweltprüfung und Umweltverträglichkeitsprüfung: Neue Herausforderungen für die Kommunen?, in: DÖV 2005, 533–541

Jörg Gantzer
Grenzüberschreitende Behörden- und Öffentlichkeitsbeteiligung bei umweltrelevanten Vorhaben am Oberrhein, in: VBlBW 2005, 464- 470

Helmut Lecheler
Isolierte Anfechtung von Verfahrensfehlern ohne materielle Beschwer kraft Europarechts?, in: NVwZ 2005, 1156–1157 [Besprechung von OVG Koblenz 7 E 12117/04 vom 2005–01–25]

Alexander Schink
Die Vorprüfung in der Umweltverträglichkeitsprüfung nach § 3 c UVPG, in: NVwZ 2004, 1182–1188

Kurt Faßbender
Grundfragen und Herausforderungen des europäischen Umweltplanungsrechts, in: NVwZ 2005, 1122–1133

Alfred Scheidler
Umweltverträglichkeitsprüfung bei Straßenbauvorhaben in Bayern, in: KommunalPraxis BY 2004, 164–168

Alfred Scheidler
Die Umweltverträglichkeitsprüfung bei Rodungen und Erstaufforstungen, in: NuR 2004, 434–438

Christian Keilich
Zulassungsfreie Änderungen fachplanungsrechtlicher Vorhaben und UVP-Pflicht, in: LKV 2004, 97–102

Christian Wefelmeier
Die Umsetzung der UVP-Richtlinie durch das Niedersächsische Gesetz über die Umweltverträglichkeitsprüfung, in: NdsVBl 2004, 169–176

Thomas Wilrich
Zulassung, Betrieb und Überwachung von Rohrleitungsanlagen und Energieleitungen, in: NVwZ 2003, 787–792

Andre Bönsel
Die Umweltverträglichkeitsprüfung – Neuregelungen, Entwicklungstendenzen, in: UPR 2003, 296–298

Mathias Schubert
Die Umweltverträglichkeitsprüfung – Neuregelungen, Entwicklungstendenzen, in: NuR 2003, 606–608

Heinz-Joachim Peters
Umweltverträglichkeitsprüfung im und am Meer, in: Detlef Czybulka [Hrsg.], Naturschutz und Rechtsregime im Küsten- und Offshore-Bereich. 4. Warnemünder Naturschutzrechtstag. Baden-Baden 2003. S. 123–136

Jana Kenzler
Bericht über den Rostocker Umweltrechtstag 2003, in: ZUR 2003, 379–380

Franz-Josef Kunert, Gerhard Michael
Die Umsetzung der UVP-Änderungsrichtlinie im Landesrecht, in: UPR 2003, 326–335

Wilfried Erbguth
Entwicklungslinien im Recht der Umweltverträglichkeitsprüfung – UVP-RL – UVPÄndRL – UVPG – SUP, in: UPR 2003, 321–326

Helene Groß
Die Gesetzgebungskompetenz des Bundes zur Umsetzung von EG-Umweltrecht, in: NWVBl 2002, 289–294

Bearbeiterin: Siebert

Ann-Katrin Wüstemann
Integrativer Umweltschutz – Anforderungen an Normsetzung und Vollzug – Unter besonderer Berücksichtigung der Umsetzung der IVU- und UVP-Änderungsrichtlinien, in: NVwZ 2002, 698–699

Jürgen Lindemann
Umsetzung der UVP-Richtlinie bis zum Inkrafttreten eines Umweltgesetzbuches. Perspektiven für ein Umweltgesetzbuch. Beiträge zum 1. Speyerer UGB-Forum vom 21. und 22. Oktober 1999 und zum 2. Speyerer UGB-Forum vom 19. und 20. März 2001 an der Deutschen Hochschule für Verwaltungswissenschaften Speyer. Berlin 2002, S. 37–56

Volkmar Nies
Neue Gesetzgebung und Rechtsprechung im Agrarumweltrecht, in: AgrarR 2002, 1–12

Rasso Ludwig
Integrativer Umweltschutz – Anforderungen an Normsetzung und Vollzug. Unter besonderer Berücksichtigung der Umsetzung der IVU- und UVP-Änderungsrichtlinien. Tagung in Bremen am 4./5.10.2001, in: NuR 2002, 144–146

Rüdiger Breuer
Konditionale und finale Rechtsetzung, in: AöR 127, 523–574 (2002)

G[otthold] Balensiefen
Genehmigungsplanung bei Windkraftanlagen nach In-Kraft-Treten des Gesetzes zur Umsetzung der UVP-Änderungsrichtlinie, der IVU-Richtlinie und weiterer EG-Richtlinien zum Umweltschutz, in: DVBl. 2002, 1501–1508

Stephan Tomerius, Franciska Frölich
UVP-Richtlinien und Städtebaurecht in den Mitgliedstaaten der Europäischen Union, in: ZfBR 2002, 332–340

Tilo Biesecke
Die verfahrensrechtliche Integration durch das novellierte Bundesimmissionsschutzgesetz, in: ZUR 2002, 325–330

Josef Falke
Integrativer Umweltschutz – Anforderungen an Normsetzung und Vollzug, in: ZUR 2002, 113–117

Gisela Günter
Das neue Recht der UVP nach dem Artikelgesetz, in: NuR 2002, 317–324

Arno Bunzel
Die Umweltverträglichkeitsprüfung bei bauplanungsrechtlichen Vorhaben, in: ZfBR 2002, 124–133

Michael Barth, Christoph Demmke, Grit Ludwig
Die Europäisierung des nationalen Verwaltungsverfahrens- und Verwaltungsorganisationsrechts im Bereich des Umweltrechts, in: NuR 2001, 133–142

Michael Krautzberger, Johannes Stemmler
Die Neuregelung der UVP in der Bebauungsplanung durch die UVPG-Novelle 2001, in: UPR 2001, 241–246

Alexander Schink
Die Umweltverträglichkeitsprüfung – offene Konzeptfragen, in: DVBl. 2001, 321–332

Frank Stollmann
Die Verträglichkeitsprüfung von Projekten und Plänen mit Auswirkungen auf FFH-Gebiete, in: GewArch 2001, 318–327

Bearbeiterin: Siebert

Günter Gaentzsch
Zur Umweltverträglichkeitsprüfung von Bebauungsplänen und zu Fehlerfolgen insbesondere bei unmittelbarer Anwendbarkeit der UVP-Richtlinie, in: UPR 2001, 287–294

Martin Wickel, Henrik Müller
Plangenehmigung und Umweltverträglichkeitsprüfung in der Verkehrswegeplanung, in: NVwZ 2001, 1133–1135

Hans-Joachim Koch, Heiko Siebel-Huffmann
Das Artikelgesetz zur Umsetzung der UVP-Änderungsrichtlinie, der IVU-Richtlinie und weiterer Umweltschutzrichtlinien, in: NVwZ 2001, 1081–1089

Michael Krautzberger
Durchführung der Umweltverträglichkeitsprüfung in der Bauleitplanung, in: UPR 2001, 1–5

Hans-Jürgen Müggenborg
Einführung in das Artikelgesetz zur Umsetzung der UVP-Änderungsrichtlinie, der IVU-Richtlinie und weiterer EG-Richtlinien zum Umweltschutz, in: SächsVBl 2001, 205–208

Wolfgang Winkler
Landwirtschaft und Umwelt Konflikte und Lösungsansätze, in: AgrarR 2001, 14–16

Martin J. Ohms
Behördliche Risikoabschätzung im Lichte von „Artikelgesetz" und Störfall-Verordnung, in: UPR 2001, 87–90

Ulrich Kuschnerus
„Keine wesentlichen zusätzlichen Belastungen", in: StG 2001, 139–140

Volkmar Nies
Entwicklungen in Gesetzgebung, Rechtsprechung und Verwaltungspraxis zum Umweltrecht im Agrarbereich, in: AgrarR 2001, 101-

Bernhard Stüer, Willi Probstfeld
Umweltverträglichkeitsprüfung bei Straßenbauvorhaben, in: UPR 2001, 361–365

Stephan Mitschang
Umweltverträglichkeitsprüfung in der Bauleitplanung – neue Impulse durch die EG-Änderungsrichtlinie zur UVP-Richtlinie, in: ZfBR 2001, 239–247 (Teil 1); ZfBR 2001, 380–391 (Teil 2)

Franz-Josef Feldmann
Die Umsetzung der UVP-Änderungsrichtlinie in deutsches Recht, in: DVBl. 2001, 589–601

Ulrich Hösch
Das bayerische Gesetz zur Umsetzung der UVP-Richtlinie, in: NVwZ 2001, 519–524

Rainald Enders, Michael Krings
Zur Änderung der Gesetzes über die Umweltverträglichkeitsprüfung durch das Artikelgesetz zur Umsetzung der UVP-Änderungsrichtlinie, in: DVBl. 2001, 1242–1252

Olaf Reidt
Die Umweltverträglichkeitsprüfung in der Bauleitplanung – Änderungen aufgrund des Gesetzes zur Umsetzung der UVP-Änderungsrichtlinie, der IVU-Richtlinie und weiterer EG-Richtlinien zum Umweltschutz, in: VA 2001, 212–216

Christian Kläne
Screening von Bebauungsplänen, in: DVBl. 2001, 1031–1037

Bearbeiterin: Siebert

Constanze Mengel
Die Umsetzung der IVU-Richtlinie sowie der UVP-Änderungsrichtlinie durch Artikelgesetz – Expertengespräch in Hamburg, in: NVwZ 2001, 53–54

Iris Martin
Umweltverträglichkeitsprüfung und landwirtschaftliche Tierhaltung, in: AgrarR Beilage 2000, Nr. 1, 22–28

Jürgen Staupe
Anwendung der UVP-Änderungsrichtlinie nach Ablauf der Umsetzungsfrist. Gesellschaft für Umweltrecht, 1999, Berlin, in: NVwZ 2000, 508–515 [Kongreßvortrag]

Peter Beyer
Die Umsetzung der materiellen Anforderungen der IVU-Richtlinie im Gesetzentwurf der Bundesregierung, in: UPR 2000, 434–438

Hans-Joachim Koch
Das Artikelgesetz, in: ZUR 2000, 359–360

Gerd Schmidt-Eichstaedt
Die Umweltverträglichkeitsprüfung vor der Reform – die Folgen für das Bau- und Planungsrecht, in: UPR 2000, 401–409

Wilfried Erbguth, Frank Stollmann
Die Verzahnung der integrativen Elemente von IVU- und UVP-Änderungs-Richtlinie, in: ZUR 2000, 379–383

Sandra Otto
Die UVP-Änderungsrichtlinie und IVU-Richtlinie der EU-Probleme aus der Nicht-Umsetzung nach Ablauf der Fristen, in: NVwZ 2000, 531–534

Ulrich M. Gassner
Das Bayerische UVP-Richtlinie-Umsetzungsgesetz, in: BayVBl 2000, 289–300

o. V.
Gesetz zur Umsetzung der UVP-Änderungsrichtlinie, der IVU-Richtlinie und weiterer EG-Richtlinien zum Umweltschutz, in: AbfallPrax 2000, 158–160

Andreas Wasielewski
Stand der Umsetzung der UVP-Änderungs- und der IVU-Richtlinie, in: NVwZ 2000, 15–21

Horst Sendler
Kodifizierung des Umweltrechts in einem Umweltgesetzbuch, in: ET 2000, 256–262

Wolfgang Köck
Die Vorhabenzulassung nach der UVP-Änderungs- und der IVU-Richtlinie, in: ZUR 2000, 49–51

Heinz-Joachim Peters
Zur Direktwirkung der geänderten UVP-Richtlinie der Europäischen Union, in: UPR 2000, 172–175

Horst Sendler
Deutsche Schwierigkeiten mit dem EG-Recht, in: NJW 2000, 2871–2872

Wolfgang Sinner
Umweltverträglichkeitsprüfung – ein Hemmnis für den Wirtschaftsstandort?, in: WiVerw 2000, 95–125

Christian Schrader
Informationsrechte in Planungsverfahren – Stand und Veränderungen. Hochschule für Verwaltungswissenschaften Speyer, Speyerer Planungsrechtstage (2), 2000, in: NuR 2000, 487–492 [Kongreßvortrag]

Bearbeiterin: Siebert

Klaus Hansmann
Gemeinschaftsrechtliche Anforderungen an die Umweltverträglichkeitsprüfung im immissionsschutzrechtlichen Genehmigungsverfahren. Leipziger Umweltrechts-Symposium (4), 1999, in: Immissionsschutz 1999, 116–120 [Kongreßvortrag]

Michael Krautzberger
Zur Entwicklung des Städtebaurechts in der 14. Legislaturperiode, in: UPR 1999, 401–408

Bernhard Stüer, Caspar David Hermanns
Immissionsschutz zwischen Integrationskonzept und Verfahrensbeschleunigung, in: DVBl. 1999, 972–975

Kerstin Engelhardt
Auf dem Weg zum „Umweltgesetzbuch I" – Sechste Osnabrücker Gespräche zum deutschen und europäischen Umweltrecht, in: NVwZ 1999, 51

Alexander Schink
Auswirkungen des EG-Rechts auf die Umweltverträglichkeitsprüfung nach deutschem Recht, in: NVwZ 1999, 11–19

Antje Schmidt
Rückzug des Ordnungsrechts im Umweltschutz, in: DVBl. 1998, 1271–1276

Vera-Maria Zanetti
Auf dem Weg zum „Umweltgesetzbuch I", in: ZUR 1998, 267–270

Franz-Josef Feldmann
Die Umsetzung der UVP-Änderungsrichtlinie im Ersten Buch zum UGB. Auf dem Weg zum Umweltgesetzbuch I. Zur Umsetzung der IVU- und der UVP-Änderungsrichtlinie. Sechste Osnabrücker Gespräche zum Deutschen und Europäischen Umweltrecht vom 17. bis 19. Juni 1998. Köln 1999, S. 193–212

Lieselotte Feldmann
Die Anforderungen der UVP-Änderungsrichtlinie 97/11/EG. Auf dem Weg zum Umweltgesetzbuch I. Zur Umsetzung der IVU- und der UVP-Änderungsrichtlinie. Sechste Osnabrücker Gespräche zum Deutschen und Europäischen Umweltrecht vom 17. bis 19. Juni 1998. Köln 1999, S. 7–15

Andreas Gallas
Innerstaatliche Umsetzung der IVU-Richtlinie und der UVP-Änderungsrichtlinie durch ein Erstes Buch zum Umweltgesetzbuch. Auf dem Weg zum Umweltgesetzbuch I. Zur Umsetzung der IVU- und der UVP-Änderungsrichtlinie. Sechste Osnabrücker Gespräche zum Deutschen und Europäischen Umweltrecht vom 17. bis 19. Juni 1998. Köln 1999, S. 17–29

Alexander Schink
Umweltverträglichkeitsprüfung in der Bauleitplanung, in: ZfBR 1998, 284–294

Christian Bickenbach
Auf dem Weg zum „Umweltgesetzbuch I". Zur Umsetzung der IVU- und der UVP-Änderungsrichtlinie – Bericht von den sechsten Osnabrücker Gesprächen zum deutschen und europäischen Umweltrecht vom 17. bis 19. Juni 1998, in: DÖV 1998, 921–923

Dietmar Hönig
Auf dem Weg zum „Umweltgesetzbuch" – Zur Umsetzung der IVU- und der UVP-Änderungsrichtlinie –, in: NuR 1998, 595–596

Bernhard Stüer, Katrin Müller
Auf dem Weg zum „Umweltgesetzbuch I", in: DVBl. 1998, 1011–1016

Bearbeiterin: Siebert

Bernd Becker
Überblick über die umfassende Änderung der Richtlinie über die Umweltverträglichkeitsprüfung, in: NVwZ 1997, 1167–1171

C. Plan-UP-Richtlinie 2001/42/EG

a) Selbständige Literatur

Dennis Graf
Die Umsetzung der Plan-UP-Richtlinie im Raumordnungsrecht des Bundes und der Länder. Rechtliche Rahmenbedingungen der effektiven Integration der Umweltprüfung in das Planungsverfahren. Baden-Baden 2006

Anke Sailer
Bauplanungsrecht und Monitoring [Medienkombination] – die Umsetzung der Plan-UP-Richtlinie in das deutsche Recht. Göttingen 2006

Willy Spannowsky
Plan-UP-Richtlinie. Konsequenzen für Raumordnung und Stadtentwicklung. Köln 2004

Christiane Uebbing
Umweltprüfung bei Raumordnungsplänen. Eine Untersuchung zur Umsetzung der Plan-UP-Richtlinie in das Raumordnungsrecht. Münster 2004

Die strategische Umweltprüfung (sog. Plan-UVP) als neues Instrument des Umweltrechts. Tagung des Instituts für Umwelt- und Technikrecht vom 17. bis 18. März 2003. Berlin 2004

b) Aufsätze

Susan Grotefels
Umweltprüfung bei Raumordnungsplänen nach dem neuen Landesplanungsgesetz NRW, in: NWVBl 2007, 41–48

Christoph Knill, Daniela Winkler
Konvergenz oder Divergenz nationaler Rechts- und Verwaltungsstrukturen?, in: VerwArch 2007, 1–29

Jana Bovet, Marie Hanusch
Monitoring in der Raumordnungsplanung, in: DVBl. 2006, 1345–1356

Stefan Balla
Der Umweltbericht in der Strategischen Umweltprüfung nach dem neuen UVPG, in: NuR 2006, 485

Michael Sauthoff
Die Strategische Umweltprüfung im Straßenrecht, in: ZUR 2006, 15–20

Rüdiger Nebelsieck, Jan-Oliver Schrotz
Europäisch gestärkte Anwälte der Natur, in: ZUR 2006, 122–129

Siegfried de Witt
Notwendige Reformen zum beschleunigten Ausbau des Hochspannungs- und Gasversorgungsleitungsnetzes, in: RdE 2006, 141–149

Andreas Versmann
Strategische Umweltprüfung für Abfallwirtschaftspläne, in: ZUR 2006, 233–239

Stefan Balla, Heinz-Joachim Peters
Die Vorprüfung des Einzelfalls zur Feststellung der SUP-Pflicht, in: ZUR 2006, 179–184

Hans Walter Louis
Die Strategische Umweltprüfung für Landschaftspläne, in: UPR 2006, 285–289

Gernot Sydow
Horizontale und vertikale Verzahnung der Strategischen Umweltprüfung mit anderen umweltbezogenen Prüfverfahren, in: DVBl. 2006, 65–75

Michael Uechtritz
Die Umweltprüfung in der Raumordnung – zur Umsetzung der Plan-UP-Richtlinie, in: ZUR 2006, 9–14

Heinz-Joachim Peters
Umweltplanungsrecht und strategische Umweltprüfung, in: VR 2006, 401–406

Wilfried Erbguth
Die strategische Umweltprüfung im Abfallrecht, in: LKV 2006, 1–5

Stephan Mitschang
Restriktionen europäischer Richtlinien für die kommunale Planungshoheit, in: ZfBR 2006, 642–654

Alfred Scheidler
Das immissionsschutzrechtliche Instrumentarium zur gebietsbezogenen Luftreinhaltung, in: UPR 2006, 216–2

Alfred Scheidler
Die Neufassung des § 33 BauGB durch das EAG-Bau, in: UPR 2006, 337–340

Alfred Scheidler
Bauplanungsrechtliche Zulässigkeit von Vorhaben während der Planaufstellung. Zur Neufassung des § 33 BauGB durch das EAG-Bau, in: BauR 2006, 310–317

Stefan Siedentop
Vorsorge gegen die Entstehung kumulativer Umweltschadensformen, in: EurUP 2006, 85–93

Kay Waechter
Subjektive Rechte im Baugesetzbuch (EAG-Bau) aufgrund von Gemeinschafts- und Völkerrecht?, in: NordÖR 2006, 140–146

Alfred Scheidler
Strategische Umweltprüfung für Luftreinhaltepläne, in: ZUR 2006, 239–243

Christian Calliess
Europarechtliche Vorgaben für ein Umweltgesetzbuch, in: NuR 2006, 601–614

Alexander Schink
Umweltprüfung für Pläne und Programme – Verfahrensanforderungen, in: NuR 2005, 143–151

Ernst-Hasso Ritter
Planungscontrolling: Konsequenz aus der Pflicht zur Strategischen Umweltprüfung, in: DÖV 2005, 929–935

Reinhard Hendler
Das Gesetz zur Einführung einer Strategischen Umweltprüfung, in: NVwZ 2005, 977–984

Wilfried Erbguth, Mathias Schubert
Strategische Umweltprüfung und Umweltverträglichkeitsprüfung: Neue Herausforderungen für die Kommunen?, in: DÖV 2005, 533–541

Bearbeiterin: Siebert

Alexander Schink
Umweltprüfung für Pläne und Programme, in: NVwZ 2005, 615–624

Willy Spannowsky
Notwendigkeit und rechtliche Anforderungen an die Alternativenprüfung in der Bauleitplanung, in: UPR 2005, 401–409

Wilfried Erbguth, Mathias Schubert
Das Gesetz zur Einführung einer Strategischen Umweltprüfung und zur Umsetzung der
Richtlinie 2001/42/EG (SUPG), in: ZUR 2005, 524–530

Harald Ginzky
Die nächste Elbvertiefung – insbesondere die Berücksichtigung von Alternativen nach
§ 25 a WHG | NuR 2005, 691–696

Thomas Schomerus, Jan Busse
Zur Umsetzung der Richtlinie über die Strategische Umweltprüfung in das deutsche
Recht, in: NordÖR 2005, 398–405

Mathias Schubert
Die bauplanungsrechtliche Umweltprüfung im Spannungsfeld EG-rechtlicher Vorgaben
und kommunaler Praktikabilitätsansprüche, in: NuR 2005, 369–375

Helmut Lecheler
Europarechtliche Vorgaben für die Öffentlichkeitsbeteiligung und den Rechtsschutz im
deutschen Wirtschaftsverwaltungs- und Umweltrecht, in: GewArch 2005, 305–312

Wilfried Erbguth
Auswirkungen des Umweltrechts auf eine nachhaltige Regionalentwicklung. Kongress
„Steuerungsimpulse für eine nachhaltige Regionalentwicklung", 2004, Greifswald, in:
NuR 2005, 211–215 [Kongreßvortrag]

Thomas Schomerus, Jan Busse
Strategische Umweltprüfung bei planerischen Ausweisungen für Offshore-Windparks in
der deutschen ausschließlichen Wirtschaftszone (AWZ), in: NordÖR 2005, 45–51

Heinz-Joachim Peters
Die Strategische Umweltprüfung und ihre Auswirkung auf die planungsrechtliche Systematik, in: KommJur 2005, 245–250

Michael Krautzberger
„EAG Bau" – Was hat die BauGB-Novelle 2004 für den Grundeigentümer gebracht?, in:
DWW 2005, 224–226

Alfred Scheidler
Die Neuregelungen im Bundes-Immissionsschutzgesetz zur Lärmminderungsplanung,
in: UPR 2005, 334–337

Caspar David Hermanns
Bericht über die 6. Speyerer Planungsrechtstage und den Luftverkehrsrechtstag, in:
NuR 2005, 239–241

Kurt Fassbender
Grundfragen und Herausforderungen des europäischen Umweltplanungsrechts, in:
NVwZ 2005, 1122–1133

Thomas Siems
Alternativprüfungen durch die neue Strategische UVP: Auf dem Weg zur UVP amerikanischen Maßstabes?, in: EurUP 2005, 27–32

Bearbeiterin: Siebert   795

Klaus Wagner, Thomas Engel
Neuerungen im Städtebaurecht durch das Europarechtsanpassungsgesetz Bau (EAG Bau), in: BayVBl 2005, 33–46

Michael Uechtritz
Die Umweltprüfung in der Bauleitplanung, in: BauR 2005, 1859–1878

Alfred Scheidler
Strategische Umweltprüfung für Lärmaktionspläne, in: NuR 2005, 628–634

Söfker, Wilhelm
Umsetzung der Plan-UP-Richtlinie im Baugesetzbuch, in: „Für Sicherheit, für Europa". Festschrift für Volkmar Götz zum 70. Geburtstag. Göttingen 2005, S. 143–156

Michael Reinhardt
Die „strategische" Umweltprüfung im Wasserrecht. Rostocker Umweltrechtstag 2005, in: NuR 2005, 499–504. [Kongreßvortrag]

Wilfried Erbguth
EAG BauE – Änderungen des Raumordnungsrechts. Wissenschaftszentrum, 2003, Bonn, in: NuR 2004, 91–97. [Kongreßvortrag]

Christian Heitsch
Raumordnungsziele und Außenbereichsvorhaben – Steuerungswirkungen und Rechtsschutz, in: NuR 2004, 20–27

Wilhelm Söfker
Anforderungen der Plan-UP-Richtlinie an ROG und BauGB und Stand des Gesetzgebungsverfahrens, in: Plan-UP-Richtlinie. Konsequenzen für Raumordnung und Stadtentwicklung. Köln 2004, S. 1–10

Michael Krautzberger
Zur Novellierung des Baugesetzbuchs 2004, in: UPR 2004, 41–50

Friederike Scholz
Europarechtsanpassungsgesetz Bau – EAG-Bau, in: EurUP 2004, 134–139

Dass. in: BTR 2004, 119–124

Jörg Schliepkorte
Regierungsentwurf für das Gesetz zur Anpassung des Baugesetzbuchs an EU-Richtlinien (Europarechtsanpassungsgesetz EAG Bau), in: ZfBR 2004, 124–127

Arno Bunzel
Novelle des BauGB 2004 im Planspiel-Test, in: ZfBR 2004, 328–337

Ulrich Battis
Novellierung des Baugesetzbuchs unter Berücksichtigung der Plan-UP-Richtlinie, in: AnwBl 2004, 42–45

Stephan Mitschang
Fachlich-methodische Anforderungen einer Umweltprüfung im Rahmen der Flächennutzungsplanung, in: ZfBR 2004, 653–664

Reinhard Hendler
Die Bedeutung der Richtlinie zur strategischen Umweltprüfung für die Planung der Bundesverkehrswege, in: EurUP 2004, 85–93

Andreas Versmann
Die strategische Umweltprüfung in der Abfallwirtschaftsplanung, in: AbfallR 2004, 212–218

Bearbeiterin: Siebert

Matthias Dombert
Was bringt das EAG Bau im Bereich der Landwirtschaft?, in: AUR 2004, 393–398

Ursula Steinkemper
Die Änderungen des BauGB durch das Europarechtsanpassungsgesetz Bau (EAG Bau 2004) im Überblick, in: NZBau 2004, 495–496

Gerd Schmidt-Eichstaedt
Die Richtlinie zur strategischen Umweltprüfung aus kommunaler Sicht. Die strategische Umweltprüfung (sog. Plan-UVP) als neues Instrument des Umweltrechts. Tagung des Instituts für Umwelt- und Technikrecht vom 17. bis 18. März 2003. Berlin 2004, S. 81–98

Ursula Platzer-Schneider
Entstehungsgeschichte, Funktion und wesentliche Inhalte der Richtlinie zur strategischen Umweltprüfung sowie die Koordination der mitgliedstaatlichen Umsetzung. Die strategische Umweltprüfung (sog. Plan-UVP) als neues Instrument des Umweltrechts. Tagung des Instituts für Umwelt- und Technikrecht vom 17. bis 18. März 2003. Berlin 2004, S. 15–26

Heinz-Joachim Peters, Ulf Surburg
Die Strategische Umweltprüfung bei Plänen und Programmen, in: VR 2004, 9–15

Jürgen Busse
Die Plan-UP-Richtlinie aus kommunaler Sicht, in: KommJur 2004, 245–251

Michael Krautzberger
Die Beteiligung der Öffentlichkeit und der Behörden an der Umweltprüfung, in: Willy Spannowsky [Hrsg.], Plan-UP-Richtlinie. Konsequenzen für Raumordnung und Stadtentwicklung. Köln 2004. S. 77–83

Herbert Grziwotz
Neuerungen des EAG Bau, städtebauliche Verträge und Grundstücksverkehr, in: DNotZ 2004, 674–693

Klaus Pfalzgraf
Die Umweltprüfung in der Bauleitplanung, in: HGZ 2004, 238–242

Robert Schreiber
Die Umsetzung der Plan-UP-Richtlinie im Raumordnungsrecht – eine Zwischenbilanz, in: UPR 2004, 50–55

Reinhard Hendler
Der Geltungsbereich der EG-Richtlinie zur strategischen Umweltprüfung, in: NuR 2003, 2–11

Christian Evers
Die strategische Umweltprüfung (sog. Plan-UVP) als neues Instrument des Umweltrechts, in: NuR 2003, 535–536

Andrea Sander
Strategische Umweltprüfung für das Immissionsschutzrecht?, in: UPR 2003, 336–342

Michael Krautzberg, Jörg Schliepkorte
Vorarbeiten für ein Gesetz zur Anpassung des Baugesetzbuchs an EU-Richtlinien (Europarechtsanpassungsgesetz Bau – EAG Bau), in: UPR 2003, 92–97

Jan Duikers
Die strategische Umweltprüfung (sog. Plan-UVP) als neues Instrument des Umweltrechts, in: AUR 2003, 141–142

Bearbeiterin: Siebert   797

Reinhard Hendler
Zum Begriff der Pläne und Programme in der EG-Richtlinie zur strategischen Umweltprüfung, in: DVBl. 2003, 227–234

Alexander Schink
Umweltverträglichkeitsprüfung – Verträglichkeitsprüfung – naturschutzrechtliche Eingriffsregelung – Umweltprüfung, in: NuR 2003, 647–654

Frank Stollmann
Umweltverträglichkeitsprüfung im Bauplanungsrecht. Rostocker Umweltrechtstag, 2003, in: NuR 2003, 586–592. [Kongreßvortrag]

Bernhard Stüer
Strategische Umweltprüfung in der Verkehrswege-, Landes- und Regionalplanung, in: UPR 2003, 97–103

Wilfried Erbguth
Entwicklungslinien im Recht der Umweltverträglichkeitsprüfung – UVP-RL – UVPÄndRL – UVPG – SUP, in: UPR 2003, 321–326

Rudolf Stich
Die Rechtsentwicklung von der bebauungsbezogenen zur umweltschutzbestimmten städtebaulichen Planung, in: ZfBR 2003, 643–656

Dietmar Hönig
Umsetzung und Vollzug von EG-Richtlinien im Straßenrecht, in: UPR 2003, 431–432

Olaf Reidt
Novellierung des Baugesetzbuchs. Zum Bericht der Unabhängigen Expertenkommission zur Vorbereitung von Gesetzänderungen im Baurecht, in: NordÖR 2003, 177–184

Jan Duikers
Die strategische Umweltprüfung als neues Instrument des Umweltrechts, in: ZUR 2003, 440–442

Michael Krautzberger
Baurechtsnovelle 2004 Stand des Gesetzgebungsverfahrens – wesentliche Inhalte der Novelle, in: DWW 2003, 318–321

Silke Jung
Novellierung des Baugesetzbuchs, in: BBB 2003, Nr. 11, 14–17

Bernhard Stüer, Christiane Upmeier
Städtebaurecht 2004 Vorschläge der Expertenkommission zur Änderung des BauGB, in: ZfBR 2003, 114–121

Susan Grotefels, Christiane Uebbing
Öffentlichkeitsbeteiligung in der Raumordnung. Anforderungen der Richtlinie über die Prüfung der Umweltauswirkungen bestimmter Pläne und Programme vom 27.6.2001 (Plan-UP-RL) an die Aufstellung von Raumordnungsplänen, in: NuR 2003, 460–468

Alexander Stuckert
Die strategische Umweltprüfung als neues Instrument des Umweltrechts, in: UPR 2003, 298–300

Michael Schmidt, Nicole Rütz, Sascha Bier
Umsetzungsfragen bei der strategischen Umweltprüfung (SUP) in nationales Recht, in: DVBl. 2002, 357–363

Christiane Rühl
Das Verhältnis von Umweltverträglichkeitsprüfung bei Bauleitplänen und nachfolgender Umweltverträglichkeitsprüfung in Vorhabenzulassungsverfahren, in: UPR 2002, 129–133

Bearbeiterin: Siebert

Jan Ziekow
Perspektiven von Öffentlichkeitsbeteiligung und Verbandsbeteiligung in der Raumordnung, in: NuR 2002, 701–708

Gunhild Berg
Die Verträglichkeitsprüfungen – UVP und FFH in der Bauleitplanung, in: NuR 2002, 87–89

Harald Ginzky
Die Richtlinie über die Prüfung der Umweltauswirkungen bestimmter Pläne und Programme, in: UPR 2002, 47–53

Jost Pietzcker, Christoph Fiedler
Die Umsetzung der Plan-UP-Richtlinie im Bauplanungsrecht, in: DVBl. 2002, 929–940

Josef Falke
Neueste Entwicklungen im Europäischen Umweltrecht, in: ZUR 2001, 390–392

D. Århus-Konvention

a) Selbständige Literatur

Charlotte Gaitanides, Stefan Kadelbach, Gil Carlos Rodriguez Iglesias
Europa und seine Verfassung. Festschrift für Manfred Zuleeg zum siebzigsten Geburtstag. Baden-Baden 2005

Felix Ekardt
Information, Partizipation, Rechtsschutz. Prozeduralisierung von Gerechtigkeit und Steuerung in der Europäischen Union. (Studien zu Gerechtigkeit, Verfassung und Steuerung. Bd. 1.) Münster 2004

b) Aufsätze

Alexander Schmidt, Peter Kremer
Klagemöglichkeiten von Umweltverbänden – Die Umsetzung der Öffentlichkeitsrichtlinie 2003/35/EG in Deutschland, in: ZEuS 2007, 93–116

Sabine Schlacke
Das neue Umwelt-Rechtsbehelfsgesetz, in: NuR 2007, 8–16

Noreen von Schwanenflug
Der Anspruch von Kommunen auf Zugang zu Umweltinformationen nach der EG-Umweltinformationsrichtlinie, in: KommJur 2007, 10–13

Felix Ekardt
Verwaltungsgerichtliche Kontrolldichte unter europäischem und internationalem Einfluss, in: NuR 2006, 221–228

Rüdiger Nebelsieck, Jan-Oliver Schrotz
Europäisch gestärkte Anwälte der Natur, in: ZUR 2006, 122–129

Klaus-Peter Dolde
Verwaltungsverfahren und Deregulierung, in: NVwZ 2006, 857–865

Julia Beer, Anke Wesseling
Die neue Umweltinformationsrichtlinie im Spannungsfeld von europäischer Eigentumsgewährleistung und privatem Informationsinteresse, in: DVBl. 2006, 133–140

Felix Ekardt
Die nationale Klagebefugnis nach der Aarhus-Konvention, in: NVwZ 2006, 55–56

Bearbeiterin: Siebert

Jürgen Fluck
Verwaltungstransparenz durch Informationsfreiheit, in: DVBl. 2006, 1406–1415

Silvia Schütte
Verbändebeteiligung – Status quo und Perspektiven. Verbände-Workshop über die Aarhus-Konvention und die neuen Rechte der Umweltverbände am 11. und 12.11.2005 in Kassel-Wilhelmshöhe, in: NVwZ 2006, 434–435

Kay Waechter
Subjektive Rechte im Baugesetzbuch (EAG-Bau) aufgrund von Gemeinschafts- und Völkerrecht?, in: NordÖR 2006, 140–146

Gabriele Oestreich
Individualrechtsschutz im Umweltrecht nach dem Inkrafttreten der Aarhus-Konvention und dem Erlass der Aarhus-Richtlinie, in: Verw 39, 29–59 (2006)

Christian Calliess
Europarechtliche Vorgaben für ein Umweltgesetzbuch, in: NuR 2006, 601–614

Christian Schrader
Neue Entwicklungen in der Verbandsmitwirkung und Verbandsklage, in: UPR 2006, 205–210

Ralf Alleweldt
Verbandsklage und gerichtliche Kontrolle von Verfahrensfehlern: Neue Entwicklungen im Umweltrecht, in: DÖV 2006, 621–631

Lothar Knopp
Öffentlichkeitsbeteiligungsgesetz und Umwelt-Rechtsbehelfsgesetz, in: ZUR 2005, 281–284

Helmut Lecheler
Europarechtliche Vorgaben für die Öffentlichkeitsbeteiligung und den Rechtsschutz im deutschen Wirtschaftsverwaltungs- und Umweltrecht, in: GewArch 2005, 305–312

Felix Ekardt, Katharina Pöhlmann
Europäische Klagebefugnis: Öffentlichkeitsrichtlinie, Klagerechtsrichtlinie und ihre Folgen, in: NVwZ 2005, 532–534

Matthias Schmidt-Preuß
Gegenwart und Zukunft des Verfahrensrechts, in: NVwZ 2005, 489–496

Jan Ziekow
Von der Reanimation des Verfahrensrechts, in: NVwZ 2005, 263–267

Hans Walter Louis, Alexandra Stück
Die Rechtsbehelfsbefugnis der anerkannten Naturschutzvereine im Niedersächsischen Naturschutzgesetz im Lichte der Umsetzung der Aarhus-Konvention durch die Richtlinie 2003/35/EG der Europäischen Union, in: NdsVBl 2005, 225–228

Jens Hamer
Praxishinweis, in: EurUP 2005, 14 [Besprechung von EuGH Rs. C-494/01 vom 26.04. 2005]

Jan Ziekow
Strategien zur Umsetzung der Arhus-Konvention in Deutschland, in: EurUP 2005, 154–164

Felix Ekhardt, Katharina Pöhlmann
Die neue EG-Öffentlichkeitsrichtlinie – mehr Partizipation für die Bürger?, in: ThürVBl 2005, 252–256

Bearbeiterin: Siebert

Christian Walter
Internationalisierung des deutschen und europäischen Verwaltungsverfahrens- und Verwaltungsprozessrechts – am Beispiel der Aarhus-Konvention, in: EuR 2005, 302–338

Wolfgang Durner
Direktwirkung europäischer Verbandsklagerechte?, in: ZUR 2005, 285–290

Christoph Palme, Jochen Schumacher
Zulässigkeit von Klagen gegen Offshore-Windparks in der Ausschließlichen Wirtschaftszone, in: NuR 2004, 773–777

Andreas Fisahn
Effektive Beteiligung solange noch alle Optionen offen sind – Öffentlichkeitsbeteiligung nach der Aarhus-Konvention, in: ZUR 2004, 136–140

Sabine Schlacke
Aarhus-Konvention – Quo vadis?, in: ZUR 2004, 129–130

Felix Ekardt, Katharina Pöhlmann
Die Kompetenz der Europäischen Gemeinschaft für den Rechtsschutz – am Beispiel der Aarhus-Konvention, in: EurUP 2004, 128–133

Thomas von Danwitz
Aarhus-Konvention: Umweltinformation, Öffentlichkeitsbeteiligung, Zugang zu den Gerichten, in: NVwZ 2004, 272–282

Astrid Epiney, Nathalie Schneider
Zu den Implikationen des gemeinschaftlichen Umweltrechts in der Schweiz, in: EurUP 2004, 252–263

Hans Walter Louis
Die Übergangsregelungen für das Verbandsklagerecht nach den §§ 61, 69 Abs. 7 BNatSchG vor dem Hintergrund der europarechtlichen Klagerechte für Umweltverbände, in: NuR 2004, 287–292

Christian Au, Björn Dietrich
27. Umweltrechtliche Fachtagung der Gesellschaft für Umweltrecht am 7./8. November 2003 in Leipzig, in: ZUR 2004, 120–122

Lothar Michael
Fordert § 61 Bundesnaturschutzgesetz eine neue Dogmatik der Verbandsklagen?, in: Verw 37, 35–49 (2004)

Dietmer Hönig
Aarhus-Konvention und Zulassung von Flugplätzen, in: NuR 2004, 105–106

Josef Falke
Neueste Entwicklungen im europäischen Umweltrecht, in: ZUR 2003, 118–122

Jana Kenzler
Neue Entwicklungen im Umwelt- und Verbraucherrecht. Information – Beteiligung – Rechtsschutz, in: NuR 2003, 536–538

Alexander Schmidt, Michael Zschiesche
Die Effizienz der naturschutzrechtlichen Verbands- oder Vereinsklage, in: NuR 2003, 16–23

Astrid Epiney
Zu den Anforderungen der Aarhus-Konvention an das europäische Gemeinschaftsrecht, in: ZUR Sonderheft 2003, 176–184

Bearbeiterin: Siebert

Dass. in: Josef Falke [Hrsg.], Neue Entwicklungen im Umwelt- und Verbraucherrecht. Information, Beteiligung, Rechtsschutz. Dokumentation der 8. Umweltrechtlichen Fachtagung des Vereins für Umweltrecht e. V. in Zusammenarbeit mit dem Zentrum für Europäische Rechtspolitik an der Universität Bremen, Bremen, am 27. und 28. Mai 2003. Berlin 2004. S. 9–33

Alexander Schink
Die Aarhus-Konvention und das deutsche Umweltrecht. Umweltinformationen, Öffentlichkeitsbeteiligung in umweltrelevanten Zulassungsverfahren, Rechtsschutz, in: EurUP 2003, 27–36

Franz-Joseph Peine, Anna Samsel
Die Europäisierung des Umweltrechts und seine deutsche Durchsetzung, in: EWS 2003, 297–308

Jan Ziekow
Perspektiven von Öffentlichkeitsbeteiligung und Verbandsbeteiligung in der Raumordnung, in: NuR 2002, 701–708

Robert Seelig, Benjamin Gündling
Die Verbandsklage im Umweltrecht, in: NVwZ 2002, 1033–1041

Michael Zschiesche
Die Aarhus-Konvention – mehr Bürgerbeteiligung durch umweltrechtliche Standards?, in: ZUR 2001, 177–183

Ulrich M. Gassner, Christian Pisani
Umweltinformationsanspruch und Geheimnisschutz – Zukunftsperspektiven, in: NuR 2001, 506–512

Martin Scheyli
Aarhus-Konvention über Informationszugang, Öffentlichkeitsbeteiligung und Rechtsschutz in Umweltbelangen, in: AVR 38, 217–252 (2000)

E. Umweltinformations-Richtlinie 2003/4/EG

Hans-Jürgen Müggenborg, Jan Duikers
Die Direktwirkung von Richtlinien der EU im Immissionsschutzrecht, in: NVwZ 2007, 623–631

Noreen von Schwanenflug
Der Anspruch von Kommunen auf Zugang zu Umweltinformationen nach der EG-Umweltinformationsrichtlinie, in: KommJur 2007, 10–13

Ulrike Tolkmitt
Verbandsrechte – Neue Herausforderungen für Verwaltung und Justiz? Die EU-Richtlinie zu Öffentlichkeitsbeteiligung und Gerichtszugang, in: NuR 2007, 189–192

Günter Hoibl
Bayerisches Umweltinformationsgesetz (BayUIG), in: KommunalPraxis BY 2007, 50–52

Alfred Scheidler
Der Anspruch auf Zugang zu Umweltinformationen, in: UPR 2006, 13–17

Ulrich Battis, Albert Ingold
Der Umweltinformationsanspruch im Planfeststellungsverfahren – zugleich Anmerkungen zu VGH Kassel, Beschl. v. 4. Januar 2006, AZ: 12 Q 2828/05, DVBl. 2006, 463, in: DVBl. 2006, 735–740

Bearbeiterin: Siebert

Monika Thürmer
Zur Rolle der Umweltinformationsrichtlinie in Planfeststellungsverfahren, in: EurUP 2006, 231–235

Gabriele Oestreich
Individualrechtsschutz im Umweltrecht nach dem Inkrafttreten der Aarhus-Konvention und dem Erlass der Aarhus-Richtlinie, in: Verw 39, 29–59 (2006)

Andreas Große
Zur unmittelbaren Anwendung der Umweltinformationsrichtlinie – zugleich Anmerkung zum Beschluss des Hessischen VGH vom 4.1.2006 – 12 Q 2828/05, in: ZUR 2006, 585–588

Stefan Pützenbacher, Anke Sailer
Der Zugang zu Umweltinformationen bei Kommunen und Landesbehörden nach der Neufassung des Umweltinformationsgesetzes (UIG), in: NVwZ 2006, 1257–1259 [Besprechung von VG Frankfurt 7 E 2109/05 vom 10.05.2006]

Christian Schrader
Neue Entwicklungen in der Verbandsmitwirkung und Verbandsklage, in: UPR 2006, 205–210

Gernot Sydow, Georg Gebhardt
Auskunftsansprüche gegenüber kommunalen Unternehmen, in: NVwZ 2006, 986–991

Julia Beer, Anke Wesseling
Die neue Umweltinformationsrichtlinie im Spannungsfeld von europäischer Eigentumsgewährleistung und privatem Informationsinteresse, in: DVBl. 2006, 133–140

Elke Gurlit
Das neue Umweltinformationsrecht: Grenzverschiebungen im Verhältnis von Staat und Gesellschaft, in: EurUP 2006, 224–231

Wilhelm Mecklenburg, Roda Verheyen
Informationen über Exportförderungen als Umweltinformationen, in: NVwZ 2006, 781–782

Wolfgang Schrödter
Aktuelle Fragen zur städtebaulichen Umweltprüfung nach dem Europaanpassungsgesetz-Bau, in: LKV 2006, 251–255

Jan O. Merten
Umweltinformationsgesetz und privatrechtliches Handeln der Verwaltung, in: NVwZ 2005, 1157–1159

Bettina Werres
Information und Partizipation der Öffentlichkeit in Umweltangelegenheiten nach den Richtlinien 2003/4/EG und 2003/35/EG, in: DVBl. 2005, 611–619

Christian Schrader
Neue Umweltinformationsgesetze durch die Richtlinie 2003/4/EG, in: ZUR 2004, 130–135

Sabine Schlacke
Aarhus-Konvention – Quo vadis?, in: ZUR 2004, 129–130

Mark Butt
Erweiterter Zugang zu behördlichen Umweltinformationen, in: NVwZ 2003, 1071–1075

Jürgen Fluck, Markus Wintterle
Zugang zu Umweltinformationen, in: VerwArch 2003, 437–458

Alexander Schink
Die Aarhus-Konvention und das deutsche Umweltrecht. Umweltinformationen, Öffentlichkeitsbeteiligung in umweltrelevanten Zulassungsverfahren, Rechtsschutz, in: EurUP 2003, 27–36

F. Öffentlichkeits-Richtlinie 2003/35/EG

Jochen Kerkmann
Das Umwelt-Rechtsbehelfsgesetz, in. BauR 2007, 1527–1536

Alexander Schmidt, Peter Kremer
Klagemöglichkeiten von Umweltverbänden – Die Umsetzung der Öffentlichkeitsrichtlinie 2003/35/EG in Deutschland, in: ZEuS 2007, 93–116

Hans-Jürgen Müggenborg, Jan Duikers
Die Direktwirkung von Richtlinien der EU im Immissionsschutzrecht, in: NVwZ 2007, 623–631

Helmut Lecheler
Planungsbeschleunigung bei verstärkter Öffentlichkeitsbeteiligung und Ausweitung des Rechtsschutzes?, in: DVBl. 2007, 713–719

Martin Kment
Das neue Umwelt-Rechtsbehelfsgesetz und seine Bedeutung für das UVPG. Rechtsschutz des Vorhabenträgers, anerkannter Vereinigungen und Dritter, in: NVwZ 2007, 274–280

Jan Ziekow
Das Umwelt-Rechtsbehelfsgesetz im System des deutschen Rechtsschutzes, in: NVwZ 2007, 259–267

Wolfgang Ewer
Aktuelle Neuregelungen im Verwaltungsprozessrecht, in: NJW 2007, 3171–3176

Alexander Schmidt, Peter Kremer
Das Umwelt-Rechtsbehelfsgesetz und der „weite Zugang zu Gerichten" – Zur Umsetzung der auf den Rechtsschutz in Umweltangelegenheiten bezogenen Vorgaben der sog Öffentlichkeitsrichtlinie 2003/35/EG, in: ZUR 2007, 57–63

Sabine Schlacke
Das neue Umwelt-Rechtsbehelfsgesetz, in: NuR 2007, 8–16

Hans-Joachim Koch
Die Verbandsklage im Umweltrecht, in: NVwZ 2007, 369–379

Wolfgang Ewer
Ausgewählte Rechtsanwendungsfragen des Entwurfs für ein Umwelt-Rechtsbehelfsgesetz, in NVwZ 2007, 267–274

Liane Radespiel
Entwicklungen des Rechtsschutzes im Umweltrecht aufgrund völker- und europarechtlicher Vorgaben – insbesondere das Umwelt-Rechtsbehelfsgesetz, in: EurUP 2007, 118–123

Inga Schwertner
Die Bedeutung des Umwelt-Rechtsbehelfsgesetzes für die rechtssichere Genehmigung unter besonderer Berücksichtigung der europarechtlichen Vorgaben, in: EurUP 2007, 124–128

Bearbeiterin: Siebert

Thomas Siems
Das UVP-Verfahren – Drittschützende Wirkung oder doch „nur" reines Verfahrensrecht, in: NuR 2006, 359–362

Rüdiger Nebelsieck, Jan-Oliver Schrotz
Europäisch gestärkte Anwälte der Natur, in: ZUR 2006, 122–129

Silvia Schütte
Verbändebeteiligung – Status quo und Perspektiven. Verbände-Workshop über die Aarhus-Konvention und die neuen Rechte der Umweltverbände am 11. und 12.11.2005 in Kassel-Wilhelmshöhe, in: NVwZ 2006, 434–435

Felix Ekardt
Verwaltungsgerichtliche Kontrolldichte unter europäischem und internationalem Einfluss, in: NuR 2006, 221–228

Martin Gellermann
Europäisierte Klagerechte anerkannter Umweltverbände, in: NVwZ 2006, 7–14

Annette Guckelberger
Bürokratieabbau durch Abschaffung des Erörterungstermins?, in: DÖV 2006, 97–105

Roman Paulus
Immissionsschutzrechtliche Öffentlichkeitsbeteiligung im Lichte aktueller gemeinschaftsrechtlicher Vorgaben, in: AUR 2006, 167–169

Andreas Fisahn, Regina Viotto
Formalisierung des informalen Rechtsstaats, in: KJ 2006, 12–25

Christian Schrader
Neue Entwicklungen in der Verbandsmitwirkung und Verbandsklage, in: UPR 2006, 205–210

Bernd Ochtendung
Neuere Entwicklungen des Anlagengenehmigungsrechts nach BImSchG, in: ZUR 2006, 184–189 [Vortrag vor dem Deutsches Anwaltsinstitut, Verwaltungsrechtliche Arbeitstagung (12), 2006, Leipzig]

Siegfried de Witt
Notwendige Reformen zum beschleunigten Ausbau des Hochspannungs- und Gasversorgungsleitungsnetzes, in: RdE 2006, 141–149

Christian Hamann
Die Umweltverträglichkeitsprüfung im Baugenehmigungsverfahren, in: ZfBR 2006, 537–545

Monika Thürmer
Zur Rolle der Umweltinformationsrichtlinie in Planfeststellungsverfahren, in: EurUP 2006, 231–235

Gabriele Oestreich
Individualrechtsschutz im Umweltrecht nach dem Inkrafttreten der Aarhus-Konvention und dem Erlass der Aarhus-Richtlinie, in: Verw 39, 29–59 (2006)

Kay Waechter
Subjektive Rechte im Baugesetzbuch (EAG-Bau) aufgrund von Gemeinschafts- und Völkerrecht?, in: NordÖR 2006, 140–146

Helmut Lecheler
Europarechtliche Vorgaben für die Öffentlichkeitsbeteiligung und den Rechtsschutz im deutschen Wirtschaftsverwaltungs- und Umweltrecht, in: GewArch 2005, 305–312

Bearbeiterin: Siebert

Dietrich Murswiek
Ausgewählte Probleme des allgemeinen Umweltrechts – Vorsorgeprinzip, Subjektivierungstendenzen am Beispiel der UVP, Verbandsklage, in: VerwArch 38 (2005), S. 243–279

Marion Albers
Reformimpulse des Konzepts integrierten Umweltschutzes, in: ZUR 2005, 400–406

Bettina Werres
Information und Partizipation der Öffentlichkeit in Umweltangelegenheiten nach den Richtlinien 2003/4/EG und 2003/35/EG, in: DVBl. 2005, 611–619

Lothar Knopp
Öffentlichkeitsbeteiligungsgesetz und Umwelt-Rechtsbehelfsgesetz, in: ZUR 2005, 281–284

Alexander Windoffer
7. Speyerer Planungsrechtstage und Speyerer Luftverkehrsrechtstag, in: ZUR 2005, 334–335

Christian Walter
Internationalisierung des deutschen und europäischen Verwaltungsverfahrens- und Verwaltungsprozessrechts – am Beispiel der Aarhus-Konvention, in: EuR 2005, 302–338

W. Heller
Neues Ungemach – Verbandsklagerechte für Umweltverbände, in: atw 2005, 268

Wolfgang Durner
Direktwirkung europäischer Verbandsklagerechte?, in: ZUR 2005, 285–290

Maxi Keller
Rechtsschutzdefizite Dritter gegen Genehmigungserteilungen für Windenergieanlagen in der AWZ?, in: ZUR 2005, 184–191 [Besprechung von OVG Hamburg, 1 Bf 128/04 vom 15.9.2004, 1 Bf 162/04 vom 30.9.2004, 1 Bf 113/04 vom 3.12.2004]

Christoph Palme
Zum Klagerecht von Naturschutzverbänden, in: ZUR 2005, 487–490 [Besprechung von OVG Lüneburg 7 LB 44/02 vom 1.12.2004]

Felix Ekardt, Katharina Pöhlmann
Die neue EG-Öffentlichkeitsrichtlinie – mehr Partizipation für die Bürger?, in: ThürVBl 2005, 252–256

Erwin Quambusch
Windkraftanlagen als Problem der öffentlichen Verwaltung, in: VBlBW 2005, 264–268

Felix Ekardt, Katharina Pöhlmann
Europäische Klagebefugnis: Öffentlichkeitsrichtlinie, Klagerechtsrichtlinie und ihre Folgen, in: NVwZ 2005, 532–534

Sabine Schlacke
Rechtsschutz durch Verbandsklage, in: NuR 2004, 629–635

Klaus Pfalzgraf
Die Umweltprüfung in der Bauleitplanung, in: HGZ 2004, 238–242

Andreas Fisahn
Effektive Beteiligung solange noch alle Optionen offen sind – Öffentlichkeitsbeteiligung nach der Aarhus-Konvention, in: ZUR 2004, 136–140

Sabine Schlacke
Aarhus-Konvention – Quo vadis?, in: ZUR 2004, 129–130

Bearbeiterin: Siebert

Thomas Bunge
  Rechtsschutz bei der UVP nach der Richtlinie 2003/35/EG, in: ZUR 2004, 141–148

Matthias Dombert
  Was bringt das EAG Bau im Bereich der Landwirtschaft?, in: AUR 2004, 393–398

Hans Walter Louis
  Die Übergangsregelungen für das Verbandsklagerecht nach den §§ 61, 69 Abs. 7
  BNatSchG vor dem Hintergrund der europarechtlichen Klagerechte für Umweltverbän-
  de, in: NuR 2004, 287–292

Alexander Schink
  Die Aarhus-Konvention und das deutsche Umweltrecht. Umweltinformationen, Öffentlichkeitsbeteiligung in umweltrelevanten Zulassungsverfahren, Rechtsschutz, in: EurUP 2003,
  27–36

G. Vogelschutz-Richtlinie 79/409/EWG

a) Selbständige Literatur

Joachim Wrase
  Rechtsschutz gegen die Schaffung von FFH- und Vogelschutzgebieten. Diss. Münster.
  Münster 2004

Till B. Steffen
  Habitatschutz in Deutschland und im Vereinigten Königreich. Eine rechtsvergleichende
  Untersuchung der Umsetzung des Habitatschutzes der FFH- und der Vogelschutzrichtli-
  nie. Frankfurt am Main 2004

Erich Gassner
  Bundesnaturschutzgesetz. Kommentar unter Berücksichtigung der Bundesartenschutzverordnung, des Washingtoner Artenschutzübereinkommens, der EG-Artenschutz-Verordnungen, der EG-Vogelschutz-Richtlinie und der EG-Richtlinie „Fauna, Flora, Habitate".
  München 2003

Martin Gellermann
  Natura 2000. Europäisches Habitatschutzrecht und seine Durchführung in der Bundesrepublik Deutschland. 2. Aufl. Berlin 2001

Hans D. Jarass [Hrsg.]
  EG-Naturschutzrecht und räumliche Gesamtplanung. Zum Verhältnis von FFH-Richtlinie
  und Vogelschutz-Richtlinie zur Raumordnungs- und Bauleitplanung. Kolloquium des Zentralinstituts für Raumplanung am 10. November 1999 in Münster. Münster 2000

Axel Ssymank
  Das europäische Schutzgebietssystem Natura 2000. BfN-Handbuch zur Umsetzung der
  Fauna-Flora-Habitat-Richtlinie (92/43/EWG) und der Vogelschutzrichtlinie (79/409/EWG).
  Bonn-Bad Godesberg 1998

Susann Freiburg
  Die Erhaltung der biologischen Vielfalt in der Bundesrepublik Deutschland auf der Basis
  europarechtlicher Vorgaben. Eine Studie zur Umsetzung lebensraumbezogener Regelungen der Fauna-Flora-Habitat und der Vogelschutzrichtlinie der Europäischen Gemeinschaft. Bayreuth 1998

Martin Gellermann
  Natura 2000. Europäisches Habitatschutzrecht und seine Durchführung in der Bundesrepublik Deutschland. Berlin 1998

Bearbeiterin: Siebert   807

Thorsten Leist
Lebensraumschutz nach europäischem Gemeinschaftsrecht und seine Verwirklichung im deutschen Rechtskreis. Hamburg 1998

b) Aufsätze

Hans Walter Louis, Verena A. Wolf
Die erforderlichen Abstände zwischen Betrieben nach der Störfall-Verordnung und Wohngebieten oder anderen schutzwürdigen Bereichen nach § 50 S. 1 BImSchG, in: NuR 2007, 1–8

Dietrich Kratsch
Neue Rechtsprechung zum Artenschutz. Entscheidungen des BVerwG (Flughafen Schönefeld und Umfahrung Stralsund) und des OVG Sachsen-Anhalt, in: NuR 2007, 27–29 [BVerwG 9 A 28.05 vom 21.6.2006, BVerwG 4 A 1001.04 vom 16.3.2006 und OVG Magdeburg 2 M 177/05 vom 10. Januar 2006]

Klaus-Peter Dolde
Europarechtlicher Artenschutz in der Planung, in: NVwZ 2007, 7–11

Rainer Wolf
Transnationale Vorhaben und nationalstaatliches Zulassungsregime – Rechtliche Rahmenbedingungen für die geplante Ostsee-Pipeline, in: ZUR 2007, 24–32

Erich Gassner
Rechtsprechung zum gemeinschaftsrechtlich vorgegebenen Gebiets- und Artenschutz, in: UPR 2006, 430–432

Dietrich Meyer-Ravenstein
Der Fang von Rabenkrähen und Elstern im „Norwegischen Krähenfang", in: AUR 2006, 269–274

Randi Thum
Ankunft des Artenschutzrechts in der Fachplanung, in: ZUR 2006, 301–303

Wolfgang Köck
Auswirkungen des europäischen Artenschutzrechts auf die kommunale Bauleitplanung, in: ZUR 2006, 518–523

Stephan Mitschang
Restriktionen europäischer Richtlinien für die kommunale Planungshoheit, in: ZfBR 2006, 642–654

Christoph Sobotta
Die Rechtsprechung des EuGH zu Art. 6 der Habitatrichtlinie, in: ZUR 2006, 353–360

Rainer Wolf
Artenschutz und Infrastrukturplanung, in: ZUR 2006, 505–513 [Zugleich Besprechung von EuGH Rs. C-98/03 vom 10.1.2006]

Katrin Vogt
Die Anwendung artenschutzrechtlicher Bestimmungen in der Fachplanung und der kommunalen Bauleitplanung, in: ZUR 2006, 21–27

Detlef Czybulka
Reformnotwendigkeiten des Jagdrechts aus Sicht einer Harmonisierung mit dem europäischen und internationalen Recht der Biodiversität und dem Artenschutzrecht, in: NuR 2006, 7–15

Bearbeiterin: Siebert

Elke Ditscherlein
  Zur Rechtmäßigkeit der Kormoranverordnungen, in: NuR 2006, 542–546

Stefan Lütkes
  Anpassungserfordernisse des deutschen Artenschutzrechts. Konsequenzen des EuGH-Urteils vom 10. Januar 2006, Rs. C-98/03, in: ZUR 2006, 513-

Hans-Peter Michler
  Die Rechtsstellung der Gemeinden bei der Ausweisung Europäischer Vogelschutzgebiete, in: VBlBW 2006, 449–458

Randi Thum
  Wirksame Unterschutzstellung von Natura–2000-Gebieten, in: NuR 2006, 687–693

Kathrin Klooth, Hans Walter Louis
  Der rechtliche Status der Europäischen Vogelschutzgebiete und der Gebiete von gemeinschaftlicher Bedeutung, in: NuR 2005, 438–442

Ulrich Stelkens
  Von der umweltgerechten zur umweltbestimmten Planung, in: NuR 2005, 362–369

Kerrin Schillhorn, Claus Albrecht, Thomas Esser, Giesen Tilman
  Auswahl von Besonderen Vogelschutzgebieten – Welchen rechtlichen Kriterien muss ein Auswahlkonzept genügen?, in: NordÖR 2005, 51–54 [Teil 3]

Kerrin Schillhorn, Claus Albrecht, Thomas Esser, Giesen Tilman
  Auswahl von Besonderen Vogelschutzgebieten – Wie gehen internationale Organisationen und die Bundesländer vor?, in: NordÖR 2005, 8–13 [Teil 2]

Franz-Joseph Peine
  Verknüpfung der Beihilfen der Erhaltung von Umweltstandards – Konsequenzen, in: AUR Beilage 2005, Nr. 1, 11–17 [Vortrag vor der Deutschen Gesellschaft für Agrarrecht, 2005, Frankfurt (Oder)]

Klaus Füßer
  Faktische Vogelschutzgebiete und der Übergang auf die FFH-Verträglichkeitsprüfung gem. Art. 7 FFH, in: NVwZ 2005, 144–148

Till Steffen
  Die Umsetzung der FFH-Richtlinie im Vereinigten Königreich: Der lernfähige Gesetzgeber, in: EurUP 2005, 272–275

Marius Baum
  Zur Unterschutzstellung von Europäischen Vogelschutzgebieten nach dem Urteil des BVerwG zur B 50/Hochmoselübergang. Anmerkung zum Urteil vom 1.4.2004 (NuR 2004, 524), in: NuR 2005, 87–91 [BVerwG 4 C 2.03]

Andreas Fisahn, Tobias Mushoff
  Vorwirkung und unmittelbare Wirkung Europäischer Richtlinien, in: EuR 2005, 222–230

Maxi Keller
  Rechtsschutzdefizite Dritter gegen Genehmigungserteilungen für Windenergieanlagen in der AWZ?, in: ZUR 2005, 184–191 [Zugleich Besprechung von OVG Hamburg 1 Bf 128/04 vom 15.09.2004, 1 Bf 162/04 vom 30.09.2004 und 1 Bf 113/04 vom 3.12.2004]

Randi Thum
  Zur Rechtmäßigkeit so genannter Kormoranverordnungen, in: AUR 2005, 148–152

Jochen Schumacher
  Der Schutz des europäischen Naturerbes durch die Vogelschutzrichtlinie und die Fauna-Flora-Habitat Richtlinie, in: EurUP 2005, 258–265

Klaus Hansmann
Entwicklung des Immissionsschutz- und Anlagensicherheitsrechts in den Jahren 2002 und 2003, in: Immissionsschutz 2004, 34–38

Kerrin Schillhorn, Claus Albrecht, Thomas Esser, Giesen Tilman
Rechtliche Anforderungen an die Auswahl besonderer Vogelschutzgebiete, in: NordÖR 2004, 465–468 [Teil 1]

Wilhelm Terfort, Rolf Winters
TA Luft 2002, in: Immissionsschutz 2004, 92–98

Josef Falke
Neueste Entwicklungen im Europäischen Umweltrecht, in: ZUR 2003, 435–437 [Gesetzgebungsübersicht]

Dietmar Hönig
Umsetzung und Vollzug von EG-Richtlinien im Straßenrecht, in: UPR 2003, 431–432

Eckehard Koch
Umsetzung von EG-Umweltstandards – zur Frage der Notwendigkeit einer Änderung oder Weiterentwicklung des deutschen Umweltrechts, in: Immissionsschutz 2001, 28–32

Hans Walter Louis
Artenschutz in der Fachplanung, in: NuR 2004, 557- 559

Peter Bußjäger
Naturschutz, Gemeinschaftsrecht und Landesverteidigung, in: NuR 2004, 141–145

Randi Thum
Rechtliche Instrumente zur Lösung von Konflikten zwischen Artenschutz und wirtschaftlicher Nutzung natürlicher Ressourcen durch den Menschen am Beispiel Kormoranschutz und Teichwirtschaft, in: NuR 2004, 580–587

Ulrich Hösch
Der „Mimram"-Beschluss des VGH Baden-Württemberg oder wann beginnt die Beeinträchtigung eines Europäischen Vogelschutzgebietes?, in: VBlBW 2004, 167–174 [Besprechung von VGH Mannheim 5 S 2312/02 vom 29.11.2002]

Klaus Füßer
Die „zahlen- und flächenmäßig geeignetsten Gebiete" i. S. des Art. 4 Abs. 1 S. 4 der Vogelschutzrichtlinie, in: NuR 2004, 701–709

Martin Gellermann
Artenschutz und Eingriffsregelung, in: ZUR 2004, 87–90

J[uliane] Kokott
Zum Begriff der Projekte und Pläne im Sinne des Art. 6 Abs. 3 FFH-Richtlinie, in: NuR 2004, 587–595

Ulrich Hösch
Die Rechtsprechung des Bundesverwaltungsgerichts zu Natura–2000-Gebieten, in: NuR 2004, 348–355

Joachim Wrase
Ausnahmen vom FFH-Schutzregime, in: NuR 2004, 356–359

Elke Ditscherlein, Helmut Brücher
Rechtliche Einordnung von Greifvogelhybriden, in: NuR 2004, 576–579

Martin Gellermann, Der Hochmoselübergang. Anmerkungen zum Urteil des BVerwG vom 1. April 2004, DVBl. 2004, 1115, in: DVBl. 2004, 1198–1203 [Besprechung von BVerwG 4 C 2.03]

Bearbeiterin: Siebert

Volkmar Nies
Neue Gesetzgebung und Rechtsprechung im Agrarumweltrecht, in: AUR 2004, 381–393

Andre Bönsel, Dietmar Hönig
Konsequenzen beim Schutzregimewechsel von der Vogelschutzrichtlinie zur Fauna-Flora-Habitat-Richtlinie. Zugleich Anmerkung zu BVerwG, Urt. vom 1.4.2004 – 4 C 2.03, NuR 2004, 524, vorgehend OVG Koblenz, Urt. vom 9.1.2003 – 1 C 10187/01, NuR 2003, 441, in: NuR 2004, 710–713

Ulrich Hösch
Vom generellen Vorrang des Straßenbaus vor dem Naturschutz in der Rechtsprechung. Anmerkungen zum Urteil des Bundesverwaltungsgerichts vom 15.1.2004 – 4 A 11.02 – A 73 (NuR 2004, 366), in: NuR 2004, 572–576

Ondolf Rojahn
Planfeststellung von Straßen und europäisches Naturschutzrecht in der neuesten Rechtsprechung des Bundesverwaltungsgerichts, in: NordÖR 2003, 1–6

Elke Ditscherlein
Norwegische Krähenmassenfallen und Nebelkrähenfallen, in: NuR 2003, 530–534

Martin Gellermann
Artenschutz in der Fachplanung und der kommunalen Bauleitplanung, in: NuR 2003, 385–394

Hans Walter Louis, Dietmar Weihrich
Das Verhältnis der naturschutzrechtlichen Eingriffsregelung zu den speziellen Artenschutzregelungen der FFH- und der Vogelschutzrichtlinie, in: ZUR 2003, 385–389

Bernhard Stüer, Holger Spreen
Rechtsschutz gegen FFH- und Vogelschutzgebiete, in: NdsVBl 2003, 44–52

Martin Gellermann, Matthias Schreiber
Zur „Erheblichkeit" der Beeinträchtigung von Natura–2000-Gebieten und solchen, die es werden wollen, in: NuR 2003, 205–213

Reinhard Wilke
Die Umsetzung europäischer Umweltrichtlinien im Landesartikelgesetz Schleswig-Holstein, in: NordÖR 2003, 227–229

Bernhard Stüer, Holger Spreen
Rechtsschutz der Gemeinden bei der Ausweisung von Habitaten und Vogelschutzgebieten, in: NordÖR 2003, 221–226

Franz-Joseph Peine
Neue Literatur über die Probleme der Umsetzung des europäischen Naturschutzrechts in nationales Recht, in: NuR 2003, 11–16

Bernhard Stüer
Habitat- und Vogelschutz, in: NdsVBl 2003, 177–180

Detlef Czybulka
Meeresschutzgebiete in der Ausschließlichen Wirtschaftszone (AWZ), in: ZUR 2003, 329–337

Rudolf Stich
Die Rechtsentwicklung von der bebauungsbezogenen zur umweltschutzbestimmten städtebaulichen Planung, in: ZfBR 2003, 643–656

Bearbeiterin: Siebert

Gerd Winter

Die Dogmatik der Direktwirkung von EG-Richtlinien und ihre Bedeutung für das EG-Naturschutzrecht, in: ZUR 2002, 313–318

Rainer Kulenkampff

Der Wachtelkönig (Crex crex), in: BRAK-Mitt 2002, 209–210

Dirk Teßmer

Rahmenrechtliche Vorgaben des neuen BNatSchG für die Landesnaturschutzgesetze, in: NuR 2002, 714–719

Christian A. Maaß

Zur Berücksichtigung wirtschaftlicher und sozialer Belange bei der Auswahl, der Ausweisung und dem Schutz von Habitaten, in: ZUR 2001, 80–83 [Zugl. Bespr. von EuGH Rs. C-374/98 vom 7.12.2000 u. Rs. C-371/98 vom 7.11.2000]

Wolfgang Schrödter

Bauleitplanung in FFH-Gebieten und Vogelschutzgebieten, in: NuR 2001, 8–19

Martin Gellermann

Das FFH-Regime und die sich daraus ergebenden Umsetzungsverpflichtungen, in: NVwZ 2001, 500–506

Hans Walter Louis

Zur Bedeutung des naturschutzrechtlichen Artenschutzes bei der Zulassung von Bauvorhaben im unbeplanten Innenbereich, in: NuR 2001, 388–390 [Zugl. Bespr. von BVerwG 4 C 6.00 vom 11.1.2001]

Alexander Schink

Umweltschutz im Bauplanungsrecht, in: Klaus-Peter Dolde [Hrsg.] Umweltrecht im Wandel. Bilanz und Perspektiven aus Anlass des 25jährigen Bestehens der Gesellschaft für Umweltrecht (GfU), Berlin 2001. S. 837–871

Günter Gaentzsch

Entwicklungslinien des Naturschutzrechts in der Rechtsprechung des Bundesverwaltungsgerichts, in: Klaus-Peter Dolde [Hrsg.], Umweltrecht im Wandel: Bilanz und Perspektiven aus Anlass des 25jährigen Bestehens der Gesellschaft für Umweltrecht (GfU), Berlin 2001. S. 473–492

Hans Walter Louis

Artenschutz durch die Ausweisung von geschützten Teilen von Natur und Landschaft, die artenschutzrechtlichen Störungs- und Zugriffsverbote und die Eingriffsregelung, in: Klaus-Peter Dolde [Hrsg.], Umweltrecht im Wandel. Bilanz und Perspektiven aus Anlass des 25jährigen Bestehens der Gesellschaft für Umweltrecht (GfU), Berlin 2001. S. 493–535

Günter Halama

Die FFH-Richtlinie – unmittelbare Auswirkungen auf das Planungs- und Zulassungsrecht, in: NVwZ 2001, 506–513 [Überarbeitete Fassung eines Vortrags, gehalten auf der 24. Fachtagung der Gesellschaft für Umweltrecht e. V. am 3.11.2000 in Berlin]

Hans Walter Louis

Artenschutz durch die Ausweisung von geschützten Teilen von Natur und Landschaft, die artenschutzrechtlichen Störungs- und Zugriffsverbote und die Eingriffsregelung, in: Klaus-Peter Dolde [Hrsg.], Umweltrecht im Wandel. Bilanz und Perspektiven aus Anlass des 25jährigen Bestehens der Gesellschaft für Umweltrecht(GfU), Berlin 2001, S. 493–535

Wolfgang Schrödter

Aktuelle Fragen der Bauleitplanung in FFH-Gebieten und in Vogelschutzgebieten, in: VA 2001, 133–138

Bearbeiterin: Siebert

Detlef Czybulka
Geltung der FFH-Richtlinie in der Ausschließlichen Wirtschaftszone – ein Urteil aus London und seine Folgen für das deutsche Naturschutzrecht, in: NuR 2001, 19–27 [Zugleich Besprechung von London High Court of Justice CO 1336/1999 vom 5.11.1999 und BVerfG 1 BvL 7/91 vom 2.3.1999]

Alexander Schink
Europäisches Naturschutzrecht und Raumplanung, in: NuR 2001, 251–256 [Vortrag auf dem Expertengespräch „Europäisches Naturschutzrecht und Raumplanung" der Akademie für Raumforschung und Landesplanung am 2.8.2000 in Kassel]

Dietrich Kratsch
Die Umsetzung der FFH- und Vogelschutzrichtlinie in Baden-Württemberg, in: VBlBW 2001, 341–346

Martin Beckmann, Heiner Lambrecht
Verträglichkeitsprüfung und Ausnahmeregelung nach § 19c BNatSchG, in: ZUR 2000, 1–8

Christian A. Maaß
Zum Schutz faktischer Vogelschutzgebiete, in: ZUR 2000, 162–165 [Zugl. Bespr. von OVG Münster 20 B 1464/98.AK vom 11.5.1999]

Stephan Stüber
Europarecht und nationale Rechtsordnung, in: NuR 2000, 623–625

Martin Gellermann
Mitgliedstaatliche Erhaltungspflichten zugunsten faktischer bzw. potentieller Natura 2000-Gebiete, in: NdsVBl 2000, 157–164

Stefan Kadelbach
Der Einfluss des Europarechts auf das deutsche Planungsrecht, in: Wilfried Erbguth, Janbernd Oebbecke, Hans-Werner Rengeling u. a. [Hrsg.], Planung. Festschrift für Werner Hoppe zum 70. Geburtstag. München 2000. S. 897–912

Hans D. Jarass
EG-rechtliche Folgen ausgewiesener und potentieller Vogelschutzgebiete. Zugleich ein Beitrag zum Rechtsregime für FFH-Gebiete, in: ZUR 2000, 183–190

Jan Busse, Natalie Hormann
Entwicklung und nationale Bedeutung des europäischen Naturschutzrechts, in: ZUR 2000, 236–23

Matthias Schmidt-Preuss
Fachplanung und subjektiv-rechtliche Konfliktschlichtung, in: Wilfried Erbguth, Janbernd Oebbecke, Hans-Werner Rengeling u. a. [Hrsg.], Planung. Festschrift für Werner Hoppe zum 70. Geburtstag. München 2000. S. 1071–1098

Thomas Möhlenbrock
„Natura 2000 – wie wirksam ist das europäische Naturschutzrecht?", in: NordÖR 2000, 287–289

Wilfried Erbguth
Ausgewiesene und potentielle Schutzgebiete nach FFH- bzw. Vogelschutz-Richtlinie – (Rechts-)Wirkungen auf die räumliche Gesamtplanung – am Beispiel der Raumordnung –, in: NuR 2000, 130–138

Stephan Stüber
Artenschutz und dessen Monitoring in der Vogelschutz- und der FFH-Richtlinie und die Umsetzung in Bundesrecht, in: NuR 2000, 245–251

Bearbeiterin: Siebert

Hans D. Jarass

EG-rechtliche Folgen ausgewiesener und potentieller Vogelschutzgebiete Zugleich ein Beitrag zum Rechtsregime für FFH-Gebiete, in: ZUR 2000, 183–190

Bernhard Stüer, Dietmar Hönig

Europäisches Naturschutzrecht und räumliche Gesamtplanung, in: NWVBl 2000, 116–118

Christian A. Maaß

Die Identifizierung faktischer Vogelschutzgebiete, in: NuR 2000, 121–130 [Rechtsprechungsübersicht]

Lars Brocker

Zur landesrechtlichen Bejagung geschützter Arten, in: NuR 2000, 307–310

Alexander Schink

Was erwartet das Städtebaurecht von einem Umweltgesetzbuch?, in: UPR 2000, 127–134

Matthias Schmidt-Preuß

Die Entwicklung des deutschen Umweltrechts als verfassungsgeleitete Umsetzung der Maßgaben supra- und internationaler Umweltpolitik, in: JZ 2000, 581–591 [Überarbeitete Fassung eines Vortrags, gehalten am 20.9.1999 auf dem von Prof. Dr. R. Pitschas geleiteten 7. Speyerer Forum zur Rechts- und Verwaltungszusammenarbeit über „50 Jahre Grundgesetz – Internationalisierung der Verfassung im Spiegel des deutschen und japanischen Staats- und Verwaltungsrechts]

Thorsten Koch

Die Regulierung des Zielkonflikts zwischen Belangen des Naturschutzes und anderen öffentlichen Interessen durch § 19 c BNatSchG in der gerichtlichen Praxis – zugleich eine Anmerkung zu VG Oldenburg, NuR 2000, 398 und VG Gera, NuR 2000, 393, in: NuR 2000, 374–378

Stephan Stüber

Europarecht und nationale Rechtsordnung, in: NordÖR 2000, 355–356

Alexander Schink

Der Einfluss der FFH-Richtlinie auf die Bauleitplanung, in: Wilfried Erbguth, Janbernd Oebbecke, Hans-Werner Rengeling u. a. [Hrsg.], Planung. Festschrift für Werner Hoppe zum 70. Geburtstag. München 2000. S. 597–609

Willy Spannowsky

Vorgaben der räumlichen Gesamtplanung für die Ausweisung besonderer Schutzgebiete, in: UPR 2000, 41–51

H. Schoen

EG-Naturschutzrecht und räumliche Gesamtplanung, in: NuR 2000, 145–147

Reinhard Wilke

Entwicklung und nationale Bedeutung des europäischen Naturschutzrechts, in: NordÖR 2000, 235–237

Birgit Malzburg

Entwicklung und nationale Bedeutung des europäischen Naturschutzrechts, in: NuR 2000, 381–382

Hans-Ulrich Schwarzmann

Kommunaler Protest gegen FFH-Alleingang, in: Städte- und Gemeinderat 2000, Nr. 4, 30–32

Bearbeiterin: Siebert

Heribert Johlen
Der Natur- und Landschaftsschutz in der Planfeststellung, in: WiVerw 2000, 35–63

Hans Walter Louis
Die Umsetzung der Fauna-Flora-Habitat-Richtlinie durch das Bundesnaturschutzgesetz und ihre Rechtsfolgen, in: DÖV 1999, 374–381

Dieter Apfelbacher, Ursula Adenauer, Klaus Iven
Das Zweite Gesetz zur Änderung des Bundesnaturschutzgesetzes, in: NuR 1999, 63–78

Stephan Mitschang
Berücksichtigung der Umweltbelange bei der Aufstellung städtebaulicher Planungen, in: WiVerw 1999, 54–69

Wolfgang Zeichner
FFH und Planung von Verkehrstrassen – Beispiel A 20 (Wakenitzniederung), in: NVwZ 1999, 32–35 [Überarbeitete Fassung eines Vortrags, gehalten im Rahmen einer Veranstaltung des Deutschen Industrie- und Handelstages am 1.10.1998 in Bonn; zugleich Besprechung von BVerwG 4 VR 3.97, 4 A 9.97 vom 21.1.1998 und 4 A 9.97 vom 19.5.1998]

Hans-Werner Rengeling
Umsetzungsdefizite der FFH-Richtlinie in Deutschland? – unter Berücksichtigung der Rechtsprechung des Bundesverwaltungsgerichts zum sog. „Ostseeautobahnurteil", in: UPR 1999, 281–287 [Besprechung von BVerwG 4 A 9.97, Urteil vom 19.5.1998]

Ute Kreienmeier
Strukturmittel wegen mangelnder FFH-Meldungen gefährdet?, in: StG 1999, 445–448

Hans D. Jarass
Wirkungen des EG-Rechts in den Bereichen der Raumordnung und des Städtebaus, in: DÖV 1999, 661–669

Ralf Müller-Terpitz
Aus eins mach zwei – Zur Novellierung des Bundesnaturschutzgesetzes, in: NVwZ 1999, 26–32

Christian A. Maaß
Zur Ausweisung von Vogelschutzgebieten und zu den Anforderungen an die Schutzmaßnahmen, in: ZUR 1999, 150–153 [Zugleich Besprechung von EuGH Rs. C-166/97 vom 18.3.1999]

Antje Düppenbecker, Stefan Greiving
Die Auswirkungen der Fauna-Flora-Habitat-Richtlinie und der Vogelschutzrichtlinie auf die Bauleitplanung, in: UPR 1999, 173–178

Andre Bönsel, Dietmar Hönig
Neuregelungen im Bundesnaturschutzgesetz – Rechtsfragen, in: NuR 1999, 570–571

Wilfried Erbguth, Frank Stollmann
Sport und Umwelt – Europarechtliche Vorgaben, in: NuR 1999, 426–430

Jörg Schliepkorte
Umweltschützende Belange in der Bauleitplanung – Auswirkungen des geänderten Bundesnaturschutzgesetzes –, in: ZfBR 1999, 66–76

Wolfgang Schrödter
Aktuelle Fragen der Fauna-Flora-Habitat-Richtlinie und der Vogelschutz-Richtlinie – dargestellt am Beispiel der Bauleitplanung, in: NdsVBl 1999, 201–206 [Teil 2]

Bearbeiterin: Siebert

Wolfgang Schrödter
Aktuelle Fragen der Fauna-Flora-Habitat-Richtlinie und der Vogelschutz-Richtlinie – dargestellt am Beispiel der Bauleitplanung, in: NdsVBl 1999, 173–183 [Teil 1]

Marcus Schladebach
Die Auswahl Europäischer Vogelschutzgebiete nach der Novelle des Bundesnaturschutzgesetzes, in: LKV 1999, 309–312

Rainer Wahl
Europäisches Planungsrecht – Europäisierung des deutschen Planungsrechts, in: Klaus Grupp, Michael Ronellenfitsch [Hrsg.], Planung – Recht – Rechtsschutz. Festschrift für Willi Blümel zum 70. Geburtstag am 6. Januar 1999. Berlin 1999. S. 617–646

Alexander Schink
Die Verträglichkeitsprüfung nach der FFH-Richtlinie, in: UPR 1999, 417–426

Reiner Schmidt
Neuere höchstrichterliche Rechtsprechung zum Umweltrecht, in: JZ 1999, 1147–1156

Hans D. Jarass
EG-rechtliche Vorgaben zur Ausweisung und Änderung von Vogelschutzgebieten, in: NuR 1999, 481–490

Andreas Fisahn
Zur Anwendung der Vogelschutzrichtlinie und FFH-Richtlinie im Planfeststellungsverfahren, in: ZUR 1998, 34–38 [Zugl. Bespr. von BVerwG 4 VR 3.97 vom 21.1.1998]

Christian-W. Otto
Weitergeltung der EWGRL 409/79 – Geltung der nicht fristgerecht umgesetzten EWGRL 43/92, in: NJ 1998, 163 [Zugl. Bespr. von BVerwG 4 VR 3.97 und 4 A 9.97 vom 21.1. 1998 sowie EuGH Rs. C-44/95 vom 11.7.1996]

Klaus Iven
Zur Praxis der Mitgliedstaaten bei der Ausweisung von Vogelschutzgebieten, in: NuR 1998, 528–531 [Zugl. Bespr. von EuGH Rs. C-3/96 vom 19.5.1998]

Bernd Thyssen
Europäischer Habitatschutz entsprechend der Flora-Fauna-Habitat-Richtlinie in der Planfeststellung, in: DVBl. 1998, 877–886

Stephan Stüber
Gibt es „potentielle Schutzgebiete" i. S. d. FFH-Richtlinie? Anmerkung zum Urteil des BVerwG vom 19.5.1998, 4 A 9.97, in: NuR 1998, 531–534

Johannes Stemmler
Novellierung des Naturschutzrechts, in: BBauBl 1998, Nr. 8, 13–17

Wilhelm Hammer
Die Unzulässigkeit der Bejagung von Rabenkrähe und Elster?, in: HGZ 1998, 314

Christian-W. Otto
Planfeststellung „Ostsee-Autobahn" – Naturschutzrechtlich verträgliche Lösung und finanzielle Realisierbarkeit, in: NJ 1998, 606–607 [Zugl. Bespr. von BVerwG 4 A 9.97 vom 19.5.1998]

Dieter Apfelbacher, Ursula Adenauer, Klaus Iven
Das Zweite Gesetz zur Änderung des Bundesnaturschutzgesetzes, in: NuR 1998, 509–515

Astrid Epiney
Vogel- und Habitatschutz in der EU, in: UPR 1997, 303–309

Bearbeiterin: Siebert

Ulrich Beyerlin, Markus Ehrmann
Fünf Jahre nach dem Erdgipfel von Rio, in: UPR 1997, 356–361

Stephan Emonds
Die neue EG-Artenschutzverordnung und das geltende nationale Artenschutzrecht, in: NuR 1997, 26–29

Hans Walter Louis
Zu EWGRL 409/79 und EWGRL 43/92, in: NuR 1997, 361–363 [Zugl. Bespr. von VGH München 8 A 94.40125, 8 A 94.40129 vom 14.6.1996]

Andreas Fisahn, Wolfram Cremer
Ausweisungspflicht und Schutzregime nach Fauna-Flora-Habitat- und der Vogelschutzrichtlinie, in: NuR 1997, 268–276

Jörg Wagner, Stephan Mitschang
Novelle des BauGB 1998 – Neue Aufgaben für die Bauleitplanung und die Landschaftsplanung, in: DVBl. 1997, 1137–1146

Hans Walter Louis
Die Vogelschutz-Richtlinie und die Irrungen und Wirrungen des VGH München (Urteil vom 14.6.1996, 8 A 94.40125/40129) bei deren Anwendung, in: UPR 1997, 301–303

Katja Rodi, Henning Biermann
Entwicklungen und Probleme im Recht des Naturschutzes und der Landschaftsplanung mit Bezug auf Europa, in: NuR 1996, 504–506

Jörg Schliepkorte, Johannes Stemmler
Der Gesetzentwurf der Bundesregierung zur Novellierung des Städtebaurechts, in: Städteund Gemeinderat 1996, 353–358

Gerd Winter
Zur Rechtsprechung des EuGH zur Vogelschutzrichtlinie, in: ZUR 1996, 254–255 [Zu EuGH Rs. C-44/95 vom 11.7.1996]

Klaus Iven
Schutz natürlicher Lebensräume und Gemeinschaftsrecht, in: NuR 1996, 373–380

Martin Gellermann
Rechtsfragen des europäischen Habitatschutzes, in: NuR 1996, 548–558

D. Meyer-Ravenstein
Rabenvögel als landesrechtliches Wild, in: AgrarR 1995, 197–198

Martin Stock
Störungen der Natur in der Sicht des Naturschutzrechts. Ein juristischer Beitrag zur Störungsbiologie, in: ZUR 1995, 289–298

Christoph Freytag, Klaus Iven
Gemeinschaftsrechtliche Vorgaben für den nationalen Habitatschutz, in: NuR 1995, 109–117

Gerd Winter
Zur Nichteinhaltung von EWGRL 409/79 Art 4 durch das Königreich Spanien, in: ZUR 1994, 308–310 [Bespr. von EuGH Rs. C-355/90 vom 2.8.1993]

Siegfried Breier
Ausgewählte Probleme des gemeinschaftlichen Umweltrechts, in: RIW 1994, 584–590

Bernhard Stüer
Siebzehnte Umweltrechtliche Fachtagung der Gesellschaft für Umweltrecht, in: DVBl. 1993, 1345–1349

Bearbeiterin: Siebert

Reiner Schmidt
Neue höchstrichterliche Rechtsprechung zum Umweltrecht, in: JZ 1993, 1086–1096

Hermann Soell
Schutzgebiete, in: NuR 1993, 301–311

Gerd Winter
Der Säbelschnäbler als Teil für Ganze – Bemerkungen zum Leybucht-Urteil des Europäischen Gerichtshofs vom 28.2.1991, NuR 1991, S 249 –, in: NuR 1992, 21–23 [EuGH Rs. C-57/89]

Hans-Walter Louis
Der Schutz der im Lebensbereich des Menschen lebenden Tiere der besonders geschützten Arten (z. B. Schwalben, Störche, Fledermäuse, Wespen), in: NuR 1992, 119–124

Ludwig Krämer
Zur innerstaatlichen Wirkung von Umwelt-Richtlinien der EWG, in: AnwBl 1991, 368–378

David Baldock
Über die Vogelschutzrichtlinie hinaus, in: EurUP 1988, 25–26

Siegfried Künkele
Der Rechtsschutz von Graureiher und Kormoran, in: NuR 1988, 334–339

D. Meyer-Ravenstein
„Bejagung" der Rabenvögel, in: AgrarR 1987, 342–343

H. Fauna-Flora-Habitat-Richtlinie 92/43/EWG

a) Selbständige Literatur

Ellen Koch
Die Verträglichkeitsprüfung der FFH-Richtlinie im deutschen und europäischen Umweltrecht. Diss. München 2005/2006. Hamburg 2006

Lars Friedrichsen
Umweltbelastende Vorhaben und Alternativen in der Planfeststellung – unter besonderer Berücksichtigung der Vorgaben aus der UVP-Richtlinie, dem UVPG sowie der FFH-Richtlinie bzw. den §§ 32 ff. BNatSchG. Frankfurt am Main 2005

Nina Koch
Die FFH-Richtlinie im Spannungsfeld ökologischer und nicht-ökologischer Belange – Schutzregime und Vorhabenszulassung – unter besonderer Berücksichtigung der DA-Erweiterung in Hamburg-Finkenwerder. Diss. Hamburg 2002/2003. Münster 2005

Joachim Wrase
Rechtsschutz gegen die Schaffung von FFH- und Vogelschutzgebieten. Diss. Münster. Münster 2004

Holger Spreen
Bundeskompetenzen bei fehlender Umsetzung des Europarechts durch die Bundesländer – das Beispiel der FFH-Richtlinie. Diss. Osnabrück 2003/2004. Göttingen 2004

Tobias Kador
FFH-Richtlinie. Ausweisungsverfahren, Schutzregime und ihre Auswirkungen auf die kommunale Bauleitplanung. Frankfurt am Main 2004

Till B. Steffen
Habitatschutz in Deutschland und im Vereinigten Königreich. Eine rechtsvergleichende Untersuchung der Umsetzung des Habitatschutzes der FFH- und der Vogelschutzrichtlinie. Frankfurt a. M. 2004

Bearbeiterin: Siebert

Jochen Kerkmann
Natura 2000: Verfahren und Rechtsschutz im Rahmen der FFH-Richtlinie – unter besonderer Berücksichtigung der Rechtsschutzmöglichkeiten gegen die Unterschutzstellung und der verfahrensrechtlichen Beteiligungsregelung. Diss. Gießen 2001. Berlin 2004

Erich Gassner
Bundesnaturschutzgesetz. Kommentar unter Berücksichtigung der Bundesartenschutzverordnung, des Washingtoner Artenschutzübereinkommens, der EG-Artenschutz-Verordnungen, der EG-Vogelschutz-Richtlinie und der EG-Richtlinie „Fauna, Flora, Habitate". München 2003

Martin Gellermann
Natura 2000. Europäisches Habitatschutzrecht und seine Durchführung in der Bundesrepublik Deutschland. (2. Aufl.). Berlin 2001

Selbstverpflichtungen der Industrie als Steuerungsinstrument im Umweltschutz. Die FFH-Richtlinie: Umsetzungsverpflichtungen, unmittelbare Auswirkungen auf das Planungs- und Zulassungsrecht. Dokumentation zur 24. wissenschaftlichen Fachtagung der Gesellschaft für Umweltrecht. Berlin 2001

Hans D. Jarass [Hrsg.]
EG-Naturschutzrecht und räumliche Gesamtplanung. Zum Verhältnis von FFH-Richtlinie und Vogelschutz-Richtlinie zur Raumordnungs- und Bauleitplanung. Kolloquium des Zentralinstituts für Raumplanung am 10. November 1999 in Münster. Münster 2000

Klaus Berner
Der Habitatschutz im europäischen und deutschen Recht. Die FFH-Richtlinie der EG und ihre Umsetzung in der Bundesrepublik Deutschland. Baden-Baden 2000

Axel Ssymank
Das europäische Schutzgebietssystem Natura 2000. BfN-Handbuch zur Umsetzung der Fauna-Flora-Habitat-Richtlinie (92/43/EWG) und der Vogelschutzrichtlinie (79/409/EWG). Bonn-Bad Godesberg 1998

Susann Freiburg
Die Erhaltung der biologischen Vielfalt in der Bundesrepublik Deutschland auf der Basis europarechtlicher Vorgaben. Eine Studie zur Umsetzung lebensraumbezogener Regelungen der Fauna-Flora-Habitat und der Vogelschutzrichtlinie der Europäischen Gemeinschaft. Bayreuth 1998

Martin Gellermann
Natura 2000. Europäisches Habitatschutzrecht und seine Durchführung in der Bundesrepublik Deutschland. Berlin 1998

Thorsten Leist
Lebensraumschutz nach europäischem Gemeinschaftsrecht und seine Verwirklichung im deutschen Rechtskreis. Hamburg 1998

b) Aufsätze

Dietmar Hönig
Schutzstatus nicht gelisteter FFH-Gebiete, in: NuR 2007, 249–252 [Zugleich Besprechung von EuGH Rs. C-244/05 vom 14.9.2006 und VGH München 8 A 02/40040 u. a. vom 19.4.2005]

Volkmar Nies
Neue Gesetzgebung und Rechtsprechung im Agrarumweltrecht, in: AUR 2007, 177–186

Bearbeiterin: Siebert

Frank Niederstadt, Ellen Krüsemann
Die europarechtlichen Regelungen zum Artenschutz im Licht des „Guidance document"
der Europäischen Kommission, in: ZUR 2007, 347–354

Heiner Lambrecht, Jürgen Trautner
Die Berücksichtigung von Auswirkungen auf charakteristische Arten der Lebensräume
nach Anhang I der FFH-Richtlinie in der FFH-Verträglichkeitsprüfung, in: NuR 2007,
181–186 [Zugleich Besprechung von BVerwG 4 A 1075.04 vom 16.3.2006]

Rainer Wolf
Transnationale Vorhaben und nationalstaatliches Zulassungsregime – Rechtliche Rahmenbedingungen für die geplante Ostsee-Pipeline, in: ZUR 2007, 24–32

Christoph Palme
Neue Rechtsprechung von EuGH und EuG zum Natur- und Artenschutzrecht, in: NuR
2007, 243–249

Steffen Kautz
Das Schutzregime nach der FFH-Richtlinie für Vorschlagsgebiete vor ihrer Aufnahme in
die Gemeinschaftsliste, in: NVwZ 2007, 666–669 [Zugleich Besprechung von EuGH Rs.
C-244/05 vom 14.9.2006]

Stefan Möckel, Wolfgang Köck
Chancen des europäischen Umweltplanungsrechts für die kommunale Umweltentwick-
lungsplanung, in: UPR 2007, 241–246

Steffen Kautz
Artenschutz in der Fachplanung, in: NuR 2007, 234–243

Hans Walter Louis
Die Entwicklung der Eingriffsregelung, in: NuR 2007, 94–99

Klaus-Peter Dolde
Europarechtlicher Artenschutz in der Planung, in: NVwZ 2007, 7–11

Franz-Joseph Peine
Bodenschutz außerhalb der Bodenschutzgesetze – der Beitrag des Naturschutzrechts,
in: NuR 2007, 138–143

Marcus Ell, Michael Heugel
Geschützte Meeresflächen im Bereich der deutschen ausschließlichen Wirtschaftszone
von Nord- und Ostsee, in: NuR 2007, 315–326

Ulrich Werner
Beteiligungsrechte der anerkannten Umweltverbände im Rahmen der Abweichungsentscheidung nach § 34 Abs. 3 BNatSchG, in: NuR 2007, 459–463 [Besprechung der Entscheidung des OVG Sachsen-Anhalt vom 8.1.2007 (2 M 358/06)]

Peter Schäfer
Pflicht zur Bewahrung des ökologischen Status Quo im Zeitraum zwischen Notifizierung
eines Schutzgebiets nach der FFH-Richtlinie und der Entscheidung über die Aufnahme
in die Liste von Natura 2000, in: EuZW 2007, 63–64 [Zugl. Besprechung von EuGH Rs.
C-244/05 vom 14.09.2006]

Peter Kremer
Erhöhte Anforderungen an die FFH-Verträglichkeitsprüfung und nachfolgende Abweichungsentscheidungen – das Urteil des BVerwG zur A 143, in: ZUR 2007, 299–304 [Be-
sprechung von BVerwG 9 A 20.05I vom 17.1.2007]

Christian Schrader
Die Rückholbarkeit von FFH-Gebieten, in: BWGZ 2007, 61–64

Bearbeiterin: Siebert

Dietrich Kratsch
Neue Rechtsprechung zum Artenschutz, in: NuR 2007, 27–29 [Besprechung von BVerwG 9 A 28.05 vom 21.6.2006, BVerwG 4 A 1001.04 vom 16.3.2006 und OVG Magdeburg 2 M 177/05 vom 10.1.2006]

Peter Kremer
Zu den Mitwirkungs- und Verbandsklagerechten von Umweltverbänden „im Rahmen" des § 33 Abs. 2 BNatSchG F: 2002, in: ZUR 2007, 248–249 [Zugl. Bespr. Von OVG Magdeburg 2 M 311/06 vom 6.11.2006 und 2 M 358/06 vom 8.1.2007]

Lothar Fischer
Biotop- und Artenschutz in der Bauleitplanung, in: NuR 2007, 307–315 (Kongressvortrag)

Irene L. Heuser
Überlegungen zur Gestaltung des EU-Bodenschutzrechts, in: ZUR 2007, 63–70

Peter Schäfer
Pflicht zur Bewahrung des ökologischen Status Quo im Zeitraum zwischen Notifizierung eines Schutzgebiets nach der FFH-Richtlinie und der Entscheidung über die Aufnahme in die Liste von Natura 2000, in: EuZW 2007, 63–64 [Bespr. von EuGH Rs. C 244/05 vom 14.9.2006]

Christoph Palme, Jochen Schumacher
Die Regelungen zur FFH-Verträglichkeitsprüfung bei Freisetzung oder Inverkehrbringen von gentechnisch veränderten Organismen in § 34 a BNatSchG, in: NuR 2007, 16–22

Randi Thum, Frank Wätzold
Artenschutz durch handelbare Zertifikate?, in: NuR 2007, 299–307

Martin Gellermann
Artenschutzrecht im Wandel, in: NuR 2007, 165–172

Hans Walter, Verena A. Wolf
Die erforderlichen Abstände zwischen Betrieben nach der Störfall-Verordnung und Wohngebieten oder anderen schutzwürdigen Bereichen nach § 50 S. 1 BImSchG, in: NuR 2007, 1–8

Erich Gassner
Zur Aktualisierung der UVP durch die Umwelthaftungsrichtlinie, in: UPR 2007, 292–295

Hans D. Jarass
Die Zulässigkeit von Projekten nach FFH-Recht, in: NuR 2007, 371–379

Rainer Wolf
Transnationale Vorhaben und nationalstaatliches Zulassungsregime – Rechtliche Rahmenbedingungen für die geplante Ostsee-Pipeline, in: ZUR 2007, 24–32

Christoph Sobotta
EuGH – Neue Verfahren im Umweltrecht, in: ZUR 2007, 331–333

Erich Gassner
Rechtsprechung zum gemeinschaftsrechtlich vorgegebenen Gebiets- und Artenschutz, in: UPR 2006, 430–432

Andreas Fisahn
Vertragsverletzung durch die Bundesrepublik Deutschland wegen mangelhafter Umsetzung der FFH-Richtlinie, in: ZUR 2006, 137–139 [Zugl. Bespr. von EuGH vom Rs. C-98/03 vom 10.1.2006]

Marius Baum
Der Gebiets- und der Artenschutz der FFH-Richtlinie im Lichte der Urteile des EuGH in den Vertragsverletzungsverfahren Rs. C-6/04 gegen das Vereinigte Königreich und Rs. C-98/03 gegen Deutschland, in: NuR 2006, 145–152

Bearbeiterin: Siebert

Elisabeth M. Mayr, Lorenz Sanktjohanser
Die Reform des nationalen Artenschutzrechts mit Blick auf das Urteil des EuGH vom 10.1.2006 in der Rs. C-98/03 (NuR 2006, 166), in: NuR 2006, 412–420

Klaus Gärditz
Natura 2000 und Individualklagen vor der Gemeinschaftsgerichtsbarkeit, in: ZUR 2006, 536–538 [Zugl. Bespr. von EuG Rs. T-136/04 vom 22.6.2006]

Felix Ekardt, Raphael Weyland
Föderalismusreform und europäisches Verwaltungsrecht, in: NVwZ 2006, 737–742

Christoph Sobotta
Die Rechtsprechung des EuGH zu Art. 6 der Habitatrichtlinie, in: ZUR 2006, 353–360

Jan Duikers
EG-Umwelthaftungsrichtlinie und deutsches Recht, in: NuR 2006, 623–631

Wolfgang Kahl, Klaus Ferdinand Gärditz
Das Grundrecht der Eigentumsfreiheit vor den Herausforderungen des europäischen Naturschutzrechts, in: ZUR 2006, 1–9

Wilfried Erbguth, Mathias Schubert
Zur Vereinbarkeit bestehender öffentlicher Anlagen in (potenziellen) FFH-Gebieten mit europäischem Habitatschutzrecht, in: DVBl. 2006, 591–598

Randi Thum
Ankunft des Artenschutzrechts in der Fachplanung, in: ZUR 2006, 301–303

Jochen Kerkmann
Rechtsschutz gegen ausgewiesene FFH-Gebiete, in: BauR 2006, 794–801

Wolfgang Köck
Auswirkungen des europäischen Artenschutzrechts auf die kommunale Bauleitplanung, in: ZUR 2006, 518–523 [Zugleich Besprechung von EuGH Rs. C-98/03 vom 10.1.2006]

Stephan Mitschang
Restriktionen europäischer Richtlinien für die kommunale Planungshoheit, in: ZfBR 2006, 642–654

Ellen Krüsemann
Der Biotopverbund nach § 3 BNatSchG, in: NuR 2006, 546–554

Ulrich Hösch
Die Behandlung des Artenschutzes in der Fachplanung, in: UPR 2006, 131–136

Wolfram Günther
Die Auswirkungen des EuGH-Urteils C-98/03 zur mangelhaften Umsetzung der Fauna-Flora-Habitat-Richtlinie, in: EurUP 2006, 94–100 [Besprechung von EuGH C-98/03 vom 10.1.2006]

Stefan Siedentop
Vorsorge gegen die Entstehung kumulativer Umweltschadensformen, in: EurUP 2006, 85–93

Thomas Wagner, Marcus Emmer
Zum Schutz gemeldeter FFH-Gebiete vor Aufnahme in die Gemeinschaftsliste – Vorgaben der so genannten Dragaggi-Entscheidung des EuGH, in: NVwZ 2006, 422–424 [EuGH Rs. C-117/03 vom 13.1.2005]

Katrin Vogt
Die Anwendung artenschutzrechtlicher Bestimmungen in der Fachplanung und der kommunalen Bauleitplanung, in: ZUR 2006, 21–27

Bearbeiterin: Siebert

Detlef Czybulka
Reformnotwendigkeiten des Jagdrechts aus Sicht einer Harmonisierung mit dem europäischen und internationalen Recht der Biodiversität und dem Artenschutzrecht, in: NuR 2006, 7–15

Rainer Wolf
Artenschutz und Infrastrukturplanung, in: ZUR 2006, 505–513 [Zugl. Bespr. von EuGH Rs. C-98/03 vom 10.1.2006]

Randi Thum
Wirksame Unterschutzstellung von Natura–2000-Gebieten, in: NuR 2006, 687–693

Stefan Lütkes
Anpassungserfordernisse des deutschen Artenschutzrechts. Konsequenzen des EuGH-Urteils vom 10. Januar 2006, Rs. C-98/03, in: ZUR 2006, 513–517

Christoph Palme
Der Schutz von Natura–2000-Gebieten vor Gen-Pflanzen, in: VBlBW 2006, 417–420

Klaus Füßer
Faktische Vogelschutzgebiete und der Übergang auf die FFH-Verträglichkeitsprüfung gem. Art. 7 FFH, in: NVwZ 2005, 144–148

Kathrin Klooth, Hans Walter Louis
Der rechtliche Status der Europäischen Vogelschutzgebiete und der Gebiete von gemeinschaftlicher Bedeutung, in: NuR 2005, 438–442

Holger Spreen
Folgeprobleme der nationalen Unterschutzstellung von FFH-Gebieten, in: UPR 2005, 8–11

Detlef Czybulka
Geltung der FFH-Richtlinie in der Ausschließlichen Wirtschaftszone, in: NuR 2001, 19–27 [Zugleich Besprechung von London High Court of Justice CO 1336/1999 vom 5.11.1999 und BVerfG 1 BvL 7/91 vom 2.3.1999]

Christian Ernstberger
Instrumente des Umweltrechts – Umsetzungsverpflichtungen und planungsrechtliche Auswirkungen der FFH-Richtlinie, in: NuR 2001, 79–82

Alexander Schink
Europäisches Naturschutzrecht und Raumplanung, in: NuR 2001, 251–256 (Kongreßvortrag)

Franz-Joseph Peine
Verknüpfung der Beihilfen der Erhaltung von Umweltstandards – Konsequenzen, in: AUR Beilage 2005, Nr. 1, 11–17 [Vortrag, gehalten vor der Deutschen Gesellschaft für Agrarrecht, 2005, Frankfurt (Oder)]

Willy Spannowsky
Notwendigkeit und rechtliche Anforderungen an die Alternativenprüfung in der Bauleitplanung, in: UPR 2005, 401–409

Harald Ginzky
Die nächste Elbvertiefung – insbesondere die Berücksichtigung von Alternativen nach § 25 a WHG, in: NuR 2005, 691–696

Till Steffen
Die Umsetzung der FFH-Richtlinie im Vereinigten Königreich: Der lernfähige Gesetzgeber, in: EurUP 2005, 272–275

Klaus Füßer
Die Errichtung des Netzes NATURA 2000 und die FFH-Verträglichkeitsprüfung – Interpretationsspielräume, -probleme und Entwicklungstendenzen, in: ZUR 2005, 458–465 [Zugl. Bespr. von EuGH Rs. C-117/03 vom 13.1.2005]

Christoph Palme
Verbandsbeteiligung und Verbandsklage bei der FFH-Verträglichkeitsprüfung, in: ZUR 2005, 349–352

Kathrin Klooth, Hans Walter Louis
Zum Schutz gemeldeter Gebiete von gemeinschaftlicher Bedeutung, in: ZUR 2005, 197–199 [Zugl. Bespr. von EuGH Rs. C-117/03 vom 13.1.2005]

Maxi Keller
Rechtsschutzdefizite Dritter gegen Genehmigungserteilungen für Windenergieanlagen in der AWZ?, in: ZUR 2005, 184–191 [Zugleich Besprechung von OVG Hamburg 1 Bf 128/04 vom 15.9.2004, 1 Bf 162/04 vom 30.9.2004 u. 1 Bf 113/04 vom 3.12.2004]

Holger Spreen
Zuständigkeit des Bundes für ein gesamtstaatliches Nationalparkprogramm?, in: ZUR 2005, 130–133

Sabine Schlacke
Zum Rechtsschutz bei mehrstufigen Rechtsschutz im europäischen Kontrollverbund, in: ZUR 2005, 592–594 [Zugl. Bespr. von EuG Rs. T-117/05 R vom 5.7.2005]

Chris W. Backes
Besondere Schutzgebiete in Europa – rechtsvergleichende Bemerkungen zur Umsetzung und Anwendung des Artikels 6 FFH-Richtlinie, in: EurUP 2005, 265–271

Martin Gellermann
Natura 2000 – Rechtsfragen eines im Aufbau befindlichen Schutzgebietsnetzes, in: ZUR 2005, 581–585

Christoph Palme
§ 26 e Naturschutzgesetz im Kontext des Europäischen Umweltrechts, in: VBlBW 2005, 338–340

Peter Schütz
Die Umsetzung der FFH-Richtlinie – Neues aus Europa, in: UPR 2005, 137–141

Kurt Faßbender
Grundfragen und Herausforderungen des europäischen Umweltplanungsrechts, in: NVwZ 2005, 1122–1133

Alexander Proelß
Arten- und Habitatschutz nach der FFH-Richtlinie: Welche Anforderungen gelten für potentielle Schutzgebiete?, in: EuR 2005, 649–657

Wolfgang Kahl, Klaus Ferdinand Gärditz
Rechtsschutz im europäischen Kontrollverbund am Beispiel der FFH-Gebietsfestsetzungen, in: NuR 2005, 555–565

Tomaz Petrovic, Florian Kirchhof
Die Umsetzung der FFH-RL in Slowenien, in: EurUP 2005, 282–285

Rainer Wolf
Die Berücksichtigung der wirtschaftlichen und sozialen Belange bei der Umsetzung des FFH-Rechts, in: ZUR 2005, 449–458

Bearbeiterin: Siebert

Klaus Füßer
Abschied von den potenziellen FFH-Gebieten?, in: NVwZ 2005, 628–632 [Besprechung von EuGH Rs. C-117/03 vom 13.1.2005]

Rüdiger Nebelsieck
Der Schutz potenzieller FFH-Gebiete nach der Dragaggi-Entscheidung des EuGH vom 13.1.2005, in: NordÖR 2005, 235–239 632 [Besprechung von EuGH Rs. C-117/03 vom 13.1.2005]

Wybe Th. Douma
Erhaltung der natürlichen Lebensräume, in: EurUP 2005, 49–50 (Rechtsprechungsübersicht)

Wolfgang Köck
Der Kohärenzausgleich für Eingriffe in FFH-Gebiete, in: ZUR 2005, 466–470

Jochen Kerkmann
Die Umsetzung der FFH-Richtlinie in Deutschland, in: EurUP 2005, 276–281

Hans Walter Louis, Jochen Schumacher
Das Dragaggi-Urteil des EuGH in der Interpretation der Kommission als Hüterin der Europäischen Verträge – eine Anmerkung zum Urteil des EuGH vom 13.1.2005 – Rs. C-117/03 (NuR 2005, 242), in: NuR 2005, 770–771

J[uliane] Kokott
Zum Begriff der Projekte und Pläne im Sinne des Art 6 Abs. 3 FFH-Richtlinie, in: NuR 2004, 587–595

Jochen Schumacher
Der Schutz des europäischen Naturerbes durch die Vogelschutzrichtlinie und die Fauna-Flora-Habitat Richtlinie, in: EurUP 2005, 258–265

Martin Gellermann
Habitatschutz in der Perspektive des Europäischen Gerichtshofs. Anmerkungen zu den Urteilen vom 13.1.2005 und 14.4.2005, in: NuR 2005, 433–438 [EuGH Rs. C-117/03 vom 13.1.2005 u. Rs. C-441/03 vom 14.4.2005]

Andre Bönsel, Dietmar Hönig
Konsequenzen beim Schutzregimewechsel von der Vogelschutzrichtlinie zur Fauna-Flora-Habitat-Richtlinie – zugleich Anmerkung zu BVerwG, Urt. vom 1.4.2004 – 4 C 2.03, NuR 2004, 524, vorgehend OVG Koblenz, Urt. vom 9.1.2003 – 1 C 10187/01, NuR 2003, 441, in: NuR 2004, 710–713

Hans Walter Louis
Artenschutz in der Fachplanung, in: NuR 2004, 557- 559

Joachim Wrase
Ausnahmen vom FFH-Schutzregime, in: NuR 2004, 356–359

Ulrich Hösch
Die FFH-Verträglichkeitsprüfung im System der Planfeststellung, in: NuR 2004, 210–219

Peter Fischer-Hüftle
Zur Beeinträchtigung von FFH- und Vogelschutzgebiete durch Einwirkungen von außerhalb – zu VGH Mannheim, Beschluss vom 29.11.2002 – 5 S 2312/02, NuR 2003, 228, in: NuR 2004, 157–158

Peter Bußjäger
Naturschutz, Gemeinschaftsrecht und Landesverteidigung, in: NuR 2004, 141–145

Friederike Scholz
Europarechtsanpassungsgesetz Bau – EAG Bau, in: BTR 2004, 119–124

Bearbeiterin: Siebert

Ulrich Hösch
Der „Mimram"-Beschluss des VGH Baden-Württemberg oder wann beginnt die Beeinträchtigung eines Europäischen Vogelschutzgebietes?, in: VBlBW 2004, 167–174 [Bespr. von VG Freiburg 2 K 1732/02 vom 4.10.2002 und VGH Mannheim 5 S 2312/02 vom 29.11.2002]

Siegfried Orf
Verkehrssicherungspflicht bei Waldbäumen und Artenschutz, in: AUR 2004, 349–351

Martin Gellermann
Artenschutz und Eingriffsregelung, in: ZUR 2004, 87–90

Martin Gellermann
Herzmuschelfischerei im Lichte des Art. 6 FFH-Richtlinie, in: NuR 2004, 769–773

Ulrich Hösch
Vom generellen Vorrang des Straßenbaus vor dem Naturschutz in der Rechtsprechung – Anmerkungen zum Urteil des Bundesverwaltungsgerichts vom 15.1.2004 – 4 A 11.02 – A 73 (NuR 2004, 366), in: NuR 2004, 572–576

Jürgen Busse
Die Plan-UP-Richtlinie aus kommunaler Sicht, in: KommJur 2004, 245–251

Ulrich Hösch
Die Rechtsprechung des Bundesverwaltungsgerichts zu Natura–2000-Gebieten, in: NuR 2004, 348–355

Joachim Burmeister
Zur Prüfung der Erheblichkeit von Beeinträchtigungen der Natura–2000-Gebiete gemäß § 34 BNatSchG im Rahmen einer FFH-Verträglichkeitsprüfung (LANA-Empfehlungen), in: NuR 2004, 296–303

Uwe Müller
Das Schutzregime nach Art. 6 Abs. 2 bis 4 FFH-RL und seine Umsetzung in der Republik Litauen, in: EurUP 2004, 150–157

Volkmar Nies, Jens Kendzia
Neue Gesetzgebung und Rechtsprechung im Agrarumweltrecht, in: AUR 2004, 101–107

Martin Wickel, Karin Bieback
Der Ausbau von Bundesverkehrswegen und das FFH-Schutzregime, in: BayVBl 2004, 353–364

Wilfried Erbguth
FFH-Gebietsmeldung und „Mannheimer Akte" (Revidierte Rheinschifffahrtsakte): Europarecht und Völkerrecht im Widerstreit?, in: NWVBl 2004, 137–141

Christian Scherer-Leydecker
Autobahn durch potenzielle FFH-Gebiete?, in: IBR 2004, 392 [Bespr. von BVerwG 4 A 11.02 vom 15.01.2004,]

Reinhard Wilke
Die Umsetzung europäischer Umweltrichtlinien im Landesartikelgesetz Schleswig-Holstein, in: NordÖR 2003, 227–229

Andre Bönsel, Dietmar Hönig
Kritische Analyse der Klagemöglichkeiten der Naturschutzvereine, in: NuR 2003, 677–679 [Zugl. Bespr. von BVerwG 4 A 59.01 vom 27.2.2003]

Martin Gellermann
Artenschutz in der Fachplanung und der kommunalen Bauleitplanung, in: NuR 2003, 385–394

Bearbeiterin: Siebert

Ondolf Rojahn
Planfeststellung von Straßen und europäisches Naturschutzrecht in der neuesten Rechtsprechung des Bundesverwaltungsgerichts, in: NordÖR 2003, 1–6

Peter Fischer-Hüftle
Zum Modellflugbetrieb in der Nähe eines Naturschutzgebiets, in: NuR 2003, 639 [Zugl. Bespr. von VG Augsburg Au 3 K 02.1242 vom 29.4.2003]

Hans Walter Louis, Dietmar Weihrich
Das Verhältnis der naturschutzrechtlichen Eingriffsregelung zu den speziellen Artenschutzregelungen der FFH- und der Vogelschutzrichtlinie, in: ZUR 2003, 385–389

Bernhard Stüer
Habitat- und Vogelschutz, in: NdsVBl 2003, 177–180

Reinhard Wilke
Die Umsetzung europäischer Umweltrichtlinien im Landesartikelgesetz Schleswig-Holstein, in: NordÖR 2003, 227–229

Alexander Schink
Umweltverträglichkeitsprüfung – Verträglichkeitsprüfung -naturschutzrechtliche Eingriffsregelung – Umweltprüfung, in: NuR 2003, 647–654

Bernhard Stüer, Holger Spreen
Rechtsschutz der Gemeinden bei der Ausweisung von Habitaten und Vogelschutzgebieten, in: NordÖR 2003, 221–226

Martin Gellermann, Matthias Schreiber
Zur „Erheblichkeit" der Beeinträchtigung von Natura–2000-Gebieten und solchen, die es werden wollen, in: NuR 2003, 205–213

Gunhild Berg
Die Stellungnahme der Europäischen Kommission nach Art. 6 Abs. 4 UAbs. 2 FFH-RL bzw. § 34 Abs. 4 S 2 BNatSchG, in: NuR 2003, 197–205

Volker Wirths
Defizite bei der Umsetzung der FFH-Verträglichkeitsprüfung im neuen BNatSchG und ihre Konsequenzen, in: NuR 2003, 150–154

Klaus Füßer
Die Mitwirkung der Länder nach Art. 23 GG bei komitologisierten Rechtsakten der EU – am Beispiel der FFH-RL, in: BayVBl 2003, 513–520

Bernhard Stüer, Holger Spreen
Rechtsschutz gegen FFH- und Vogelschutzgebiete, in: NdsVBl 2003, 44–52

Franz-Joseph Peine
Neue Literatur über die Probleme der Umsetzung des europäischen Naturschutzrechts in nationales Recht, in: NuR 2003, 11–16

Andreas Fisahn
Zur Alternativenprüfung nach EWGRL 43/92 Art. 6, in: ZUR 2003, 26–28

Herwig Unnerstall
Der Schutz von Auen nach der EU-Wasserrahmenrichtlinie und dem Bundesnaturschutzgesetz – ein Vergleich, in: NuR 2003, 667–677

Detlef Czybulka
Meeresschutzgebiete in der Ausschließlichen Wirtschaftszone (AWZ), in: ZUR 2003, 329–337

Bearbeiterin: Siebert

Rudolf Stich
Die Rechtsentwicklung von der bebauungsbezogenen zur umweltschutzbestimmten städtebaulichen Planung, in: ZfBR 2003, 643–656

Volkmar Nies, Bernhard Schröder
Rechtsschutz gegenüber der Auswahl, Meldung und Festsetzung von FFH-Gebieten nach deutschem und europäischem Recht, in: AgrarR 2002, 172–182 (Kongreßvortrag)

Tilmann Cosack
Erheblichkeitsschwelle und Ausnahmeregelungen nach § 34 BNatSchG – Garanten für eine ausgewogene FFH-Verträglichkeitsprüfung?, in: UPR 2002, 250–258

Dirk Teßmer
Rahmenrechtliche Vorgaben des neuen BNatSchG für die Landesnaturschutzgesetze, in: NuR 2002, 714–719

Gerd Winter
Die Dogmatik der Direktwirkung von EG-Richtlinien und ihre Bedeutung für das EG-Naturschutzrecht, in: ZUR 2002, 313–318

Hans Walter Louis, Verena Wolf
Naturschutz und Baurecht, in: NuR 2002, 455–467

Wilhelm Mecklenburg
Anmerkungen zur Rechtsfigur des potentiellen FFH-Gebietes, in: UPR 2002, 124–129

Hans Walter Louis
Die Planfeststellungen der Ersatzmaßnahmen für das „Mühlenberger Loch". Kompensationsmaßnahmen als Eingriff, die Belange von Natur und Landschaft in der Abwägung und die Anwendbarkeit der FFH-Verträglichkeitsprüfung; zu den Entscheidungen des OVG Lüneburg und des VG Schleswig, in: NuR 2002, 335–337 [Besprechung von OVG Lüneburg 7 MB 1546/01, 1 B 196/01 vom 1.6.2001 u. VG Schleswig 12 B 16/01 vom 16.10.2001]

Andreas Fisahn
Probleme der Umsetzung von EU-Richtlinien im Bundesstaat, in: DÖV 2002, 239–246

Martin Gellermann
Was sind faktische bzw. potenzielle Natura 2000-Gebiete?, in: NVwZ 2002, 1202–1205

Rudolf Stich
Der gegenwärtige Stand der Anforderungen des Umweltschutzes an die gemeindliche Bauleitplanung, in: WiVerw 2002, 65–1

Bernhard Stüer
Habitatschutz auch in der Bundesverkehrswegeplanung?, in: NVwZ 2002, 1164–1168

Hans-Peter Michler
Die Umsetzung der FFH-Richtlinie in das deutsche Straßenrecht, in: VBlBW 2004, 84–93

Robert Lange
Perspektiven des Naturschutzes, in: ZUR 2002, 368–372

Martin Beckmann, Georg Hünnekens
Zur Erforderlichkeit einer FFH-Verträglichkeitsprüfung bei der Bundesverkehrswegeplanung, in: DVBl. 2002, 1508–1517

Gunhild Berg
Die Verträglichkeitsprüfungen – UVP und FFH in der Bauleitplanung, in: NuR 2002, 87–89

Markus Möstl
Fauna-Flora-Habitat-Schutzgebiete in der kommunalen Bauleitplanung, in: DVBl. 2002, 726–734

Bearbeiterin: Siebert

Wolfgang Durner
Kompensation für Eingriffe in Natur und Landschaft nach deutschem und europäischem Recht, in: NuR 2001, 601–610

Florian Kirchhof
Welches Schutzregime gilt in potenziellen FFH-Gebieten? – zugleich eine Anmerkung zum Urteil des BVerwG vom 27.10.2000 (NuR 2001, 216 ff.), in: NuR 2001, 666–670 [BVerwG 4 A 18.99]

Christian A. Maaß
Zur Berücksichtigung wirtschaftlicher und sozialer Belange bei der Auswahl, der Ausweisung und dem Schutz von Habitaten, in: ZUR 2001, 80–83 [Zugl. Bespr. von EuGH Rs. C-374/98 vom 7.12.2000 und Rs. C-371/98 vom 7.11.2000]

Klaus Iven
Die Umsetzung der FFH-Richtlinie durch das Zweite Gesetz zur Änderung des Bundesnaturschutzgesetzes und die Auswirkungen auf Planungen, in: Planung 2000 – Herausforderung für das Fachplanungsrecht. Vorträge auf den 2. Speyerer Planungsrechtstagen vom 29. bis 31. März 2000 an der Deutschen Hochschule für Verwaltungswissenschaften Speyer. Berlin 2001, S. 45–58

Günter Gaentzsch
Zur Entwicklung des Bauplanungsrechts in der Rechtsprechung des BVerwG, in: NVwZ 2001, 990–997 (Rechtsprechungsübersicht)

Wolfgang Schrödter
Bauleitplanung in FFH-Gebieten und Vogelschutzgebieten, in: NuR 2001, 8–19

Günter Gaentzsch
Entwicklungslinien des Naturschutzrechts in der Rechtsprechung des Bundesverwaltungsgerichts, in: Klaus-Peter Dolde [Hrsg.], Umweltrecht im Wandel: Bilanz und Perspektiven aus Anlass des 25jährigen Bestehens der Gesellschaft für Umweltrecht (GfU). Berlin 2001, S. 473–492

Peter Kersandt
Wege zu einem wirksamen Naturschutz -Anforderungen an Gesetzgeber und Verwaltung, in: NuR 2001, 628–631

Volkmar Nies
Entwicklungen in Gesetzgebung, Rechtsprechung und Verwaltungspraxis zum Umweltrecht im Agrarbereich, in: AgrarR 2001, 101–111

Jana Lorenz
Möglichkeit einer Kombination von naturschutzrechtlicher Eingriffsregelung, Umweltverträglichkeitsprüfung und FFH-Verträglichkeitsprüfung in der Bauleitplanung, in: NuR 2001, 128–133 (Kongreßvortrag)

Dietmar Weihrich
Der Entwurf zur Novelle des BNatSchG vom Mai 2001, in: ZUR 2001, 387–390

Andreas Fisahn
Defizite bei der Umsetzung der FFH-RL durch das BNatSchG, in: ZUR 2001, 252–256

Detlef Czybulka
Geltung der FFH-Richtlinie in der Ausschließlichen Wirtschaftszone, in: NuR 2001, 19–27 [Zugleich Besprechung von London High Court of Justice CO 1336/1999 vom 5.11.1999 u. BVerfG 1 BvL 7/91 vom 2.3.1999]

Bearbeiterin: Siebert

Paul-Martin Schulz

Vorbeugender gerichtlicher Rechtsschutz gegen FFH-Gebiete, in: NVwZ 2001, 289–291 [Zugleich Besprechung von VG Schleswig 1 B 104/99 vom 13.1.2000 und VG Oldenburg 1 B 82/00 vom 2.2.2000]

Frank Stollmann

Die Verträglichkeitsprüfung von Projekten und Plänen mit Auswirkungen auf FFH-Gebiete, in: GewArch 2001, 318–327

Alexander Schink

Europäisches Naturschutzrecht und Raumplanung, in: NuR 2001, 251–256 [Vortrag, gehalten vor der Akademie für Raumforschung und Landesplanung, 2000, Kassel]

Christian Ernstberger

Instrumente des Umweltrechts – Umsetzungsverpflichtungen und planungsrechtliche Auswirkungen der FFH-Richtlinie, in: NuR 2001, 79–82

Martin Gellermann

Das FFH-Regime und die sich daraus ergebenden Umsetzungsverpflichtungen, in: NVwZ 2001, 500–506 [Vortrag, gehalten vor der Gesellschaft für Umweltrecht (24), 2000, Berlin]

Hans Walter Louis

Zur Bedeutung des naturschutzrechtlichen Artenschutzes bei der Zulassung von Bauvorhaben im unbeplanten Innenbereich, in: NuR 2001, 388–390 [Zugl. Bespr. von BVerwG, 4 C 6.00 vom 11.1.2001]

Reiner Schmidt

Neuere höchstrichterliche Rechtsprechung zum Umweltrecht, in: JZ 2001, 1165–1177

Andreas Fisahn

Defizite bei der Umsetzung der FFH-RL durch das BNatSchG, in: ZUR 2001, 252–256

Kai Schumacher

Europäisierung des nationalen Umweltrechts – Stand und Perspektive – Rostocker Umweltrechtstag 2000, in: NVwZ 2001, 1382–1384

Hans Walter Louis

Artenschutz durch die Ausweisung von geschützten Teilen von Natur und Landschaft, die artenschutzrechtlichen Störungs- und Zugriffsverbote und die Eingriffsregelung, in: Klaus-Peter Dolde [Hrsg.], Umweltrecht im Wandel: Bilanz und Perspektiven aus Anlass des 25jährigen Bestehens der Gesellschaft für Umweltrecht (GfU).S. 493–535

Günter Halama

Die FFH-Richtlinie – unmittelbare Auswirkungen auf das Planungs- und Zulassungsrecht, in: NVwZ 2001, 506–513 [Überarbeitete Fassung eines Vortrags, gehalten auf der 24. Fachtagung der Gesellschaft für Umweltrecht e. V. am 3.11.2000 in Berlin]

Wolfgang Schrödter

Aktuelle Fragen der Bauleitplanung in FFH-Gebieten und in Vogelschutzgebieten, in: VA 2001, 133–138

Josef Falke

Neueste Entwicklungen im Europäischen Umweltrecht, in: ZUR 2001, 73–74

Alexander Schink, Susanne Matthes-Bredelin

Die Belange des Naturschutzes in der Bauleitplanung, in: ZfBR 2001, 155–163

Dietrich Kratsch

Die Umsetzung der FFH- und Vogelschutzrichtlinie in Baden-Württemberg, in: VBlBW 2001, 341–346

Bearbeiterin: Siebert

Christoph Kochenburger, Kerstin Estler
Die Berücksichtigung von Vorbelastungen im Bereich der naturschutzrechtlichen Eingriffsregelung und der Verträglichkeitsprüfung nach der FFH-Richtlinie, in: UPR 2001, 50–57

Klaus Füßer
Durchsetzung der Vorlagepflicht zum EuGH gemäß Art. 234 III EG, in: DVBl. 2001, 1574–1577

Martin Beckmann, Heiner Lambrecht
Verträglichkeitsprüfung und Ausnahmeregelung nach § 19c BNatSchG, in: ZUR 2000, 1–8

Margot Wallström
Unzureichende Umsetzung der FFH-Richtlinie durch die 2 Novelle zum BNatSchG und das BauGB, in: NuR 2000, 625–627

Josef Falke
Stillstand und Aufbruch im Europäischen Umweltrecht, in: ZUR 2000, 144–149

Christian A. Maaß
Zum Schutz faktischer Vogelschutzgebiete, in: ZUR 2000, 162–165 [Zugl. Bespr. von OVG Münster 20 B 1464/98.AK vom 11.5.1999]

Wolfgang Ewer
Rechtsschutz gegenüber der Auswahl und Festsetzung von FFH-Gebieten, in: NuR 2000, 361–367

Stephan Stüber
Europarecht und nationale Rechtsordnung, in: NuR 2000, 623–625

Tilman Cosack
Bergrechtliches Zulassungsverfahren und Flora-Fauna-Habitat-Verträglichkeitsprüfung, in: NuR 2000, 311–317

Karsten Witt
Land- und forstwirtschaftliches Eigentum unter den Anforderungen des Planungsrechts. Frühjahrstagung der Deutschen Gesellschaft für Agrarrecht – Vereinigung für Agrar- und Umweltrecht e.V. – am 30. März 2000 in Amberg/Oberpfalz, in: AgrarR Beilage 2000, Nr. 1, 15–21

Rudolf Steinberg
Umweltverträglichkeitsprüfung von Programmen und Plänen, in: Wilfried Erbguth, Janbernd Oebbecke, Hans-Werner Rengeling u.a. [Hrsg.], Planung. Festschrift für Werner Hoppe zum 70. Geburtstag. München 2000, S. 493–510

Wolfgang Hopp
Das Raumordnungsverfahren im Spiegel geänderter bundesrechtlicher Vorgaben, in: NuR 2000, 301–307

Matthias Schmidt-Preuss
Fachplanung und subjektiv-rechtliche Konfliktschlichtung, in: Wilfried Erbguth, Janbernd Oebbecke, Hans-Werner Rengeling u.a. [Hrsg.], Planung. Festschrift für Werner Hoppe zum 70. Geburtstag. München 2000, S. 1071–1098

Jan Busse, Natalie Hormann
Entwicklung und nationale Bedeutung des europäischen Naturschutzrechts, in: ZUR 2000, 236–237

Martin Gellermann
Mitgliedstaatliche Erhaltungspflichten zugunsten faktischer bzw. potentieller Natura 2000-Gebiete, in: NdsVBl 2000, 157–164

Bearbeiterin: Siebert

Hans D. Jarass

EG-rechtliche Folgen ausgewiesener und potentieller Vogelschutzgebiete. Zugleich ein Beitrag zum Rechtsregime für FFH-Gebiete, in: ZUR 2000, 183–190

Stefan Kadelbach

Der Einfluss des Europarechts auf das deutsche Planungsrecht, in: Wilfried Erbguth, Janbernd Oebbecke, Hans-Werner Rengeling u. a. [Hrsg.], Planung. Festschrift für Werner Hoppe zum 70. Geburtstag. München 2000, S. 897–912

Thomas Möhlenbrock

„Natura 2000 – wie wirksam ist das europäische Naturschutzrecht?", in: NordÖR 2000, 287–289

Stephan Stüber

Artenschutz und dessen Monitoring in der Vogelschutz- und der FFH-Richtlinie und die Umsetzung in Bundesrecht, in: NuR 2000, 245–251

Bernhard Stüer, Dietmar Hönig

Europäisches Naturschutzrecht und räumliche Gesamtplanung, in: NWVBl 2000, 116–118

Alexander Schink

Die Bedeutung umweltschützender Belange für die Flächennutzungsplanung, in: ZfBR 2000, 154–167

Thorsten Koch

Die Regulierung des Zielkonflikts zwischen Belangen des Naturschutzes und anderen öffentlichen Interessen durch § 19 c BNatSchG in der gerichtlichen Praxis – zugleich eine Anmerkung zu VG Oldenburg, NuR 2000, 398 und VG Gera, NuR 2000, 393, in: NuR 2000, 374–378 [Besprechung von VG Oldenburg 1 B 3319/99 vom 26.10.1999 u. VG Gera 1 E 2355/98 vom 16.8.1999]

Alexander Schink

Was erwartet das Städtebaurecht von einem Umweltgesetzbuch?, in: UPR 2000, 127–134

Werner Schnappauf

Fauna-Flora-Habitat-Richtlinie, in: DNV 2000, Nr. 4, 25–26

Norbert Portz

Gemeinsames Interesse an praktikablen Lösungen, in: StG 2000, 405–407

Karl-Günther Kolodziejcok

„Natura 2000" und die Gewährung des rechtlichen Gehörs für die betroffenen privaten Grundeigentümer und -besitzer, in: NuR 2000, 674–678

Alexander Schink

Der Einfluss der FFH-Richtlinie auf die Bauleitplanung, in: Wilfried Erbguth, Janbernd Oebbecke, Hans-Werner Rengeling u. a. [Hrsg.], Planung. Festschrift für Werner Hoppe zum 70. Geburtstag 2000. München 2000, S. 589–609

Peter Badura

Vorhabenplanung im Rechtsstaat, in: Wilfried Erbguth, Janbernd Oebbecke, Hans-Werner Rengeling u. a. [Hrsg.], Planung. Festschrift für Werner Hoppe zum 70. Geburtstag 2000. München 2000, S. 167–182

Sabine Schlacke

Rostocker Umweltrechtstag 2000 – Europäisierung des nationalen Umweltrechts – Stand und Perspektiven, in: ZUR 2000, 352–354

Bearbeiterin: Siebert

Stephan Stüber
Europarecht und nationale Rechtsordnung, in: NordÖR 2000, 355–356

Andreas Fisahn
Zu potentiellen FFH-Gebieten, in: ZUR 2000, 335–338 [Zugl. Bespr. von BVerwG 4 C 2.99 vom 27.1.2000]

H. Schoen
EG-Naturschutzrecht und räumliche Gesamtplanung, in: NuR 2000, 145–147

Birgit Malzburg
Entwicklung und nationale Bedeutung des europäischen Naturschutzrechts, in: NuR 2000, 381–382

Hans-Ulrich Schwarzmann
Kommunaler Protest gegen FFH-Alleingang, in: Städte- und Gemeinderat 2000, Nr. 4, 30–32

Reinhard Wilke
Entwicklung und nationale Bedeutung des europäischen Naturschutzrechts, in: NordÖR 2000, 235–237

Matthias Schmidt-Preuß
Die Entwicklung des deutschen Umweltrechts als verfassungsgeleitete Umsetzung der Maßgaben supra- und internationaler Umweltpolitik, in: JZ 2000, 581–591

Heribert Johlen
Der Natur- und Landschaftsschutz in der Planfeststellung, in: WiVerw 2000, 35–63

Willy Spannowsky
Vorgaben der räumlichen Gesamtplanung für die Ausweisung besonderer Schutzgebiete, in: UPR 2000, 41–51

Manfred Edhofer
Die FFH-Verträglichkeitsprüfung in der straßenrechtlichen Planfeststellung, in: BayVBl 2000, 553–557

Volker Wirths
Gemeinschaftsrechtlicher Habitatschutz und deutsches Immissionsschutzrecht – Zu den Einwirkungen der FFH-Richtlinie auf das deutsche Recht, in: ZUR 2000, 190–197

Wilfried Erbguth
Ausgewiesene und potentielle Schutzgebiete nach FFH- bzw. Vogelschutz-Richtlinie – (Rechts-)Wirkungen auf die räumliche Gesamtplanung – am Beispiel der Raumordnung –, in: NuR 2000, 130–138

Hartmut Bauer, Marcus Pleyer
Europäisierung des Baurechts, in: Hartmut Bauer/Rüdiger Breuer/Christoph Degenhart/ Martin Oldiges, 100 Jahre Allgemeines Baugesetz Sachsen. Stuttgart 2000. S. 603–620

Ulrich Ramsauer
Die Ausnahmeregelungen des Art. 6 Abs. 4 der FFH-Richtlinie, in: NuR 2000, 601–611 [Vortrag, gehalten am 5.5.2000 auf dem Rostocker Umweltrechtstag des Ostseeinstituts für Seerecht und Umweltrecht zum Thema „Europäisierung des Naturschutzrechts"]

Andre Bönsel, Dietmar Hönig
Wovon Naturschützer träumen und womit Naturschutzgegner Politik machen, in: LKV 2000, 479–480

Hans Walter Louis
Die Umsetzung der Fauna-Flora-Habitat-Richtlinie durch das Bundesnaturschutzgesetz und ihre Rechtsfolgen, in: DÖV 1999, 374–381

Bearbeiterin: Siebert

Wilfried Erbguth
Grundfragen des neugefaßten Städtebaurechts im Verhältnis zum Umweltrecht, in: VR 1999, 119–126 [Vortrag, gehalten anläßlich des Rostocker Umweltrechtstags 1998]

Wolfgang Zeichner
FFH und Planung von Verkehrstrassen – Beispiel A 20 (Wakenitzniederung), in: NVwZ 1999, 32–35 [Überarbeitete Fassung eines Vortrags, gehalten im Rahmen einer Veranstaltung des Deutschen Industrie- und Handelstages am 1.10.1998 in Bonn; zugleich Besprechung von BVerwG 4 A 9.97 und 4 A 11.97]

Britta Erbguth
Naturschutz und Europarecht: Wie weit reicht die Pflicht zur Alternativprüfung gem. Art. 6 Abs. 4 der Habitatrichtlinie?, in: DVBl. 1999, 588–595

Dieter Apfelbacher, Ursula Adenauer, Klaus Iven
Das Zweite Gesetz zur Änderung des Bundesnaturschutzgesetzes, in: NuR 1999, 63–78

Peter Fischer-Hüftle
Zur Umsetzung der FFH-Richtlinie in das Bundes- und Landesnaturschutzrecht, in: ZUR 1999, 66–72

Stephan Mitschang
Berücksichtigung der Umweltbelange bei der Aufstellung städtebaulicher Planungen, in: WiVerw 1999, 54–69

Michael Krautzberger
Zur Entwicklung des Städtebaurechts in der 14 Legislaturperiode, in: UPR 1999, 401–408

Hans D. Jarass
Wirkungen des EG-Rechts in den Bereichen der Raumordnung und des Städtebaus, in: DÖV 1999, 661–669

Ute Kreienmeier
Strukturmittel wegen mangelnder FFH-Meldungen gefährdet?, in: StG 1999, 445–448

Volkmar Nies
Neue Entwicklungen in Gesetzgebung, Rechtsprechung und Verwaltungspraxis zum Umweltrecht im Agrarbereich, in: AgrarR 1999, 169–180

Erich Gassner
Aktuelle Fragen der naturschutzrechtlichen Eingriffsregelung, in: NuR 1999, 79–85

Hans-Werner Rengeling
Umsetzungsdefizite der FFH-Richtlinie in Deutschland? – unter Berücksichtigung der Rechtsprechung des Bundesverwaltungsgerichts zum sog. „Ostseeautobahnurteil, in: UPR 1999, 281–287 [Zugleich Besprechung von BVerwG 4 A 9.97 vom 19.5.1998]

Ralf Müller-Terpitz
Aus eins mach zwei – Zur Novellierung des Bundesnaturschutzgesetzes, in: NVwZ 1999, 26–32

Marcus Schladebach
Die Auswahl Europäischer Vogelschutzgebiete nach der Novelle des Bundesnaturschutzgesetzes, in: LKV 1999, 309–312

Margit Egner, Peter Fischer-Hüftle
Die Novelle 1998 des Bayerischen Naturschutzgesetzes, in: BayVBl 1999, 680–688

Hans D. Jarass
EG-rechtliche Vorgaben zur Ausweisung und Änderung von Vogelschutzgebieten, in: NuR 1999, 481–490

Bearbeiterin: Siebert

Wolfram Cremer
Neuregelungen im Naturschutzgesetz – Rechtsfragen Tagungsbericht über den 7 Rostocker Umweltrechtstag 1999, in: ZUR 1999, 237–239

Wolfgang Schrödter
Aktuelle Fragen der Fauna-Flora-Habitat-Richtlinie und der Vogelschutz-Richtlinie – dargestellt am Beispiel der Bauleitplanung – Teil II –, in: NdsVBl 1999, 201–206

Wolfgang Schrödter
Aktuelle Fragen der Fauna-Flora-Habitat-Richtlinie und der Vogelschutz-Richtlinie – dargestellt am Beispiel der Bauleitplanung – Teil I, in: NdsVBl 1999, 173–183

Alexander Schink
Auswirkungen des EG-Rechts auf die Umweltverträglichkeitsprüfung nach deutschem Recht, in: NVwZ 1999, 11–19

Hugo Gebhard
Auswahl und Management von FFH-Gebieten, in: NuR 1999, 361–370

Holger Franke
Die Verträglichkeitsprüfung bei Eingriffen in Flora-Fauna-Habitat-Gebiete und Europäische Vogelschutzgebiete gem. § 18 NatSchG MV, in: LKV 1999, 439–441

Jörg Schliepkorte
Umweltschützende Belange in der Bauleitplanung – Auswirkungen des geänderten Bundesnaturschutzgesetzes –, in: ZfBR 1999, 66–76

Wilfried Erbguth, Frank Stollmann
Sport und Umwelt – Europarechtliche Vorgaben, in: NuR 1999, 426–430

Andre Bönsel, Dietmar Hönig
Neuregelungen im Bundesnaturschutzgesetz – Rechtsfragen, in: NuR 1999, 570–571

Antje Düppenbecker, Stefan Greiving
Die Auswirkungen der Fauna-Flora-Habitat-Richtlinie und der Vogelschutzrichtlinie auf die Bauleitplanung, in: UPR 1999, 173–178

Rainer Wahl
Europäisches Planungsrecht – Europäisierung des deutschen Planungsrechts – das Planungsrecht in Europa, in: Klaus Grupp, Michael Ronellenfitsch [Hrsg.], Planung – Recht – Rechtsschutz. Festschrift für Willi Blümel zum 70. Geburtstag am 6. Januar 1999. Berlin 1999, S. 617–646

Gerdi Staiblin
Umsetzung von NATURA 2000 in Baden-Württemberg, in: BWGZ 1999, 836–837

Dietmar Weihrich
Rechtliche und naturschutzfachliche Anforderungen an die Verträglichkeitsprüfung nach § 19 c BNatSchG, in: DVBl. 1999, 1697–1704

Reiner Schmidt
Neuere höchstrichterliche Rechtsprechung zum Umweltrecht, in: JZ 1999, 1147–1156

Werner Hoppe
Rechtliche Überlegungen zur Alternativenprüfung nach Art. 6 Abs. 4 S 1 FFH-RL, § 19 c Abs. 3 Nr. 2 BNatSchG, in: UPR 1999, 426–429

Alexander Schink
Die Verträglichkeitsprüfung nach der FFH-Richtlinie, in: UPR 1999, 417–426

Klaus Iven
Aktuelle Fragen des Umgangs mit bestehenden oder potentiellen Schutzgebieten von gemeinschaftsrechtlicher Bedeutung, in: UPR 1998, 361–365

Bearbeiterin: Siebert

Alexander Schink
Auswirkungen der Fauna-Flora-Habitat-Richtlinie (EG) auf die Bauleitplanung, in: Gew-Arch 1998, 41–53

Willy Spannowsky
Die zunehmende Bedeutung des Rechts der Europäischen Gemeinschaft für die Regionalplanung, die Bauleitplanung und die Fachplanungen, in: UPR 1998, 161–170

Andreas Fisahn
Zur Anwendung der Vogelschutzrichtlinie und FFH-Richtlinie im Planfeststellungsverfahren, in: ZUR 1998, 34–38 [Zugl. Bespr. von BVerwG 4 VR 3.97 vom 21.1.1998]

Caspar David Hermanns, Dietmar Hönig
Seeschiffahrt im Binnenland – der Hamburger Hafen, in: UPR 1998, 135–136

Klaus Iven
Zur Praxis der Mitgliedstaaten bei der Ausweisung von Vogelschutzgebieten, in: NuR 1998, 528–531 [Zugl. Bespr. von EuGH Rs. C-3/96 vom 19.5.1998]

Christian-W. Otto, Jens Krakies
Umsetzung der Flora-Fauna-Habitat-Richtlinie in deutsches Recht, in: NJ 1998, 579–582

Annette Ballschmidt-Boog, Gerold Janssen
Erkennen, Bewerten, Abwägen und Entscheiden in Naturschutzrecht und Landschaftsplanung, in: NuR 1998, 362–364

Christian-W. Otto
Weitergeltung der EWGRL 409/79 – Geltung der nicht fristgerecht umgesetzten EWGRL 43/92, in: NJ 1998, 163 [Zugl. Bespr. von BVerwG 4 VR 3.97 vom 21.1.1998]

Wolfgang Polenz-von Hahn
Die Fauna-Flora-Habitat-Richtlinie der EU, in: VBlBW 1998, 210–212

Johannes Stemmler
Novellierung des Naturschutzrechts, in: BBauBl 1998, Nr. 8, 13–17

Christian-W. Otto
Planfeststellung „Ostsee-Autobahn" – Naturschutzrechtlich verträgliche Lösung und finanzielle Realisierbarkeit, in: NJ 1998, 606–607 [Zugl. Bespr. von BVerwG 4 A 9.97 vom 19.5.1998]

Bernd Thyssen
Europäischer Habitatschutz entsprechend der Flora-Fauna-Habitat-Richtlinie in der Planfeststellung, in: DVBl. 1998, 877–886

Willy Spannowsky, Tim Krämer
Die Neuregelungen im Recht der Bauleitplanung aufgrund der Änderungen des BauGB, in: UPR 1998, 44–52

Stephan Stüber
Gibt es „potentielle Schutzgebiete" i. S. d. FFH-Richtlinie? – Anmerkung zum Urteil des BVerwG vom 19.5.1998, 4 A 9/97, in: NuR 1998, 531–534

Johannes Stemmler
Novellierung des Naturschutzrechts, in: BBauBl 1998, Nr. 8, 13–17

Dieter Apfelbacher, Ursula Adenauer, Klaus Iven
Das Zweite Gesetz zur Änderung des Bundesnaturschutzgesetzes, in: NuR 1998, 509–515

Bearbeiterin: Siebert

Frank Niederstadt
Die Umsetzung der Flora-Fauna-Habitatrichtlinie durch das zweite Gesetz zur Änderung des Bundesnaturschutzgesetzes, in: NuR 1998, 515–526

Joachim Burmeister
Zur Rechtmäßigkeit einer Deichplanung bei Nichtberücksichtigung europäischen Umweltrechts, in: ZUR 1997, 92–94 [Zugl. Bespr. von VG Oldenburg 3 B 1858/96 vom 21.6. 1996]

Astrid Epiney
Vogel- und Habitatschutz in der EU, in: UPR 1997, 303–309

Wilfried Erbguth, Frank Stollmann
Die Bindung der Verwaltung an die FFH-Richtlinie, in: DVBl. 1997, 453–458

Jörg Wagner, Stephan Mitschang
Novelle des BauGB 1998 – Neue Aufgaben für die Bauleitplanung und die Landschaftsplanung, in: DVBl. 1997, 1137–1146

Stephan Emonds
Die neue EG-Artenschutzverordnung und das geltende nationale Artenschutzrecht, in: NuR 1997, 26–29

Ulrich Repkewitz
Aktuelle Probleme des Eisenbahnrechts II, in: DVBl. 1997, 33–36

Thomas Schweitzer
Neue Entwicklungen im Umweltrecht, in: UPR 1997, 19–21

Andreas Fisahn, Wolfram Cremer
Ausweisungspflicht und Schutzregime nach Fauna-Flora-Habitat- und der Vogelschutzrichtlinie, in: NuR 1997, 268–276

Hans Walter Louis
Zu EWGRL 409/79 und EWGRL 43/92, in: NuR 1997, 361–363 [Zugl. Bespr. von VGH München 8 A 94.40125, 8 A 94.40129 vom 14.6.1996]

Kurt Faßbender
Neue Entwicklungen im Umweltrecht, in: NuR 1997, 135–139

Uwe Martens
Warten auf Godot, in: ZRP 1996, 44–46

Katja Rodi, Henning Biermann
Entwicklungen und Probleme im Recht des Naturschutzes und der Landschaftsplanung mit Bezug auf Europa, in: NuR 1996, 504–506

Erich Gassner
Möglichkeiten und Grenzen einer rechtlichen Stärkung der Landschaftsplanung, in: UPR 1996, 380–384

Andreas Fisahn
Internationale Anforderungen an den deutschen Naturschutz, in: ZUR 1996, 3–11

Gerd Winter
Zur Rechtsprechung des EuGH zur Vogelschutzrichtlinie, in: ZUR 1996, 254–255 [Zugl. Bespr. von EuGH Rs. C-44/95 vom 11.7.1996]

Detlef Czybulka
Rechtliche Möglichkeiten der Mitwirkung des Bundes bei Ausweisung, Entwicklung und Management von Nationalparken in der Bundesrepublik Deutschland, in: NuR 1996, 565–570

Bearbeiterin: Siebert

Klaus Iven
Schutz natürlicher Lebensräume und Gemeinschaftsrecht, in: NuR 1996, 373–380

Martin Gellermann
Rechtsfragen des europäischen Habitatschutzes, in: NuR 1996, 548–558

Stefan Schmitz
Habitatschutz für Vögel?, in: ZUR 1996, 12–17

Frank Hennecke
Europäisches Umweltrecht in seinen Auswirkungen auf Rheinland-Pfalz, in: WiVerw 1995, 80–102

Christoph Freytag, Klaus Iven
Gemeinschaftsrechtliche Vorgaben für den nationalen Habitatschutz, in: NuR 1995, 109–117

Jörg Wagner
Integration umweltschützender Verfahren in das Baugesetzbuch, in: UPR 1995, 203–209

Gerd Winter
Zur Nichteinhaltung von EWGRL 409/79 Art 4 durch das Königreich Spanien, in: ZUR 1994, 308–310 [Zugl. Bespr. von EuGH Rs. C-355/90 vom 2.8.1993]

Siegfried Breier
Ausgewählte Probleme des gemeinschaftlichen Umweltrechts, in: RIW 1994, 584–590

Hermann Soell
Schutzgebiete, in: NuR 1993, 301–311

I. Luftreinhalte-Richtlinie 96/62/EG

Reinhard Sparwasser
Luftqualitätsplanung zur Einhaltung der EU-Grenzwerte – Vollzugsdefizite und ihre Rechtsfolgen, in: NVwZ 2006, 369–377. [Schriftliche Fassung eines Vortrags auf der Jahrestagung der Gesellschaft für Umweltrecht am 4.11.2005 in Berlin]

Alfred Scheidler
Verkehrsbeschränkungen aus Gründen der Luftreinhaltung, in: NVwZ 2007, 144–149

Hans D. Jarass
Rechtsfragen des neuen Luftqualitätsrechts, in: VerwArch 2006, 429–449

Christian Calliess
Feinstaub im Rechtsschutz deutscher Verwaltungsgerichte, in: NVwZ 2006, 1–7

Reinhard Sparwasser, Ina Stammann
Neue Anforderungen an die Planung durch die Luftqualitätsvorgaben der EU?, in: ZUR 2006, 169–178

Thomas P. Streppel
Rechtsschutzmöglichkeiten des Einzelnen im Luftqualitätsrecht, in: EurUP 2006, 191–197

Alfred Scheidler
Das immissionsschutzrechtliche Instrumentarium zur gebietsbezogenen Luftreinhaltung, in: UPR 2006, 216–222

Daniela Winkler
Der europäisch initiierte Anspruch auf Erlass eines Aktionsplans, in: EurUP 2006, 198–203

Alfred Scheidler
Fortentwicklung des europäischen Luftreinhalterechts. Kommissionsvorschlag einer Richtlinie über die Luftqualität und saubere Luft in Europa, in: NuR 2006, 354–359

Bearbeiterin: Siebert

Stephan Mitschang
  Restriktionen europäischer Richtlinien für die kommunale Planungshoheit, in: ZfBR 2006, 642–654

Hans D. Jarass
  Rechtsfragen des neuen Luftqualitätsrechts, in: VerwArch 2006, 429–449

Christopher Zeiss
  Anwohnerklage wegen Feinstaub abgewiesen – Ist der Fall erledigt?, in: UPR 2005, 253–258 [Zugleich Besprechung VG München M 1 E 05.1112, M 1 E 05.1115 vom 27.4.2005]

Ulrich Stelkens
  Von der umweltgerechten zur umweltbestimmten Planung, in: NuR 2005, 362–369

Norbert Meier
  Die Kostentragungspflicht für die Umsetzung der „EU-Feinstaubrichtlinie" auf kommunaler Ebene unter spezieller Berücksichtigung des Konnexitätsprinzips gem. Art. 78 III Landesverfassung Nordrhein-Westfalen, in: ZKF 2005, 199–203

Susan Krohn
  Keine subjektiven Ansprüche bei übermäßiger Feinstaubbelastung durch Diesel-Lkw, in: ZUR 2005, 371–374 [Zugleich Besprechung von VG München M 1 E 05.1112 und M 1 E 05.1115 vom 27.04.2005]

Wilhelm Terfort, Rolf Winters
  TA Luft 2002, in: Immissionsschutz 2004, 92–98

Klaus Hansmann
  Entwicklung des Immissionsschutz- und Anlagensicherheitsrechts in den Jahren 2002 und 2003, in: Immissionsschutz 2004, 34–38

Bernhard Stüer
  Luftqualität und Straßenplanung, in: EurUP 2004, 46–53

Jürgen Assmann, Katharina Knierim, Jörg Friedrich
  Die Luftreinhalteplanung im Bundes-Immissionsschutzgesetz, in: NuR 2004, 695–701

Hans D. Jarass
  Die Vorgaben des neuen Luftqualitätsrechts, in: Immissionsschutz 2004, 4–11

Josef Falke
  Neueste Entwicklungen im Europäischen Umweltrecht, in: ZUR 2003, 435–437

Hans D. Jarass
  Luftqualitätsrichtlinien der EU und die Novellierung des Immissionsschutzrechts, in: NVwZ 2003, 257–266

Dietmar Hönig
  Umsetzung und Vollzug von EG-Richtlinien im Straßenrecht, in: UPR 2003, 431–432

Franz-Joseph Peine, Anna Samsel
  Die Europäisierung des Umweltrechts und seine deutsche Durchsetzung, in: EWS 2003, 297–308

Christine Kramer
  Luftqualität und Straßenverkehr, in: VD 2001, 219–222

Eckehard Koch
  Umsetzung von EG-Umweltstandards – zur Frage der Notwendigkeit einer Änderung oder Weiterentwicklung des deutschen Umweltrechts, in: Immissionsschutz 2001, 28–32

Peter Oligmüller
  EU-Luftqualitätswerte in das Anlagenzulassungsrecht übernehmen?, in: VA 2001, 181–185

Bearbeiterin: Siebert

Hans D. Jarass
Europäisierung des Immissionsschutzrechts, in: UPR 2000, 241–247

Peter Herzner, Herbert Christ
23. BImSchV – ein Auslaufmodell?, in: Immissionsschutz 2001, 59–63

Herbert Ludwig
Die Bedeutung der Luftqualitäts-Richtlinien der EG für die Genehmigung von Industrie-anlagen, in: Immissionsschutz 2000, 43–47

Jürgen Assmann, Eckehard Koch, Bernd Vollmer
Pläne im Immissionsschutz – Luftreinhaltepläne, Maßnahmen- und Aktionspläne, in: Immissionsschutz 2000, 84–92

Klaus Hansmann
Die Luftqualitätsrahmenrichtlinie der EG und ihre Umsetzung in deutsches Recht, in: NuR 1999, 10–16

Peter Bruckmann
Die neuen Richtlinien der Europäischen Union zur Luftqualität, in: Immissionsschutz 1998, 100–108

J. Luftschadstoffe-Höchstmengen-Richtlinie 2001/81/EG

Alfred Scheidler
Fortentwicklung des europäischen Luftreinhalterechts, in: NuR 2006, 354–359

Josef Falke
Neueste Entwicklungen im Europäischen Umweltrecht, in: ZUR 2002, 100–102 [Gesetz-gebungs- und Rechtsprechungsübersicht]

K. Schwefeldioxid-Richtlinie 1999/30/EG

Reinhard Sparwasser
Luftqualitätsplanung zur Einhaltung der EU-Grenzwerte – Vollzugsdefizite und ihre Rechtsfolgen, in: NVwZ 2006, 369–377

Alfred Scheidler
Verkehrsbeschränkungen aus Gründen der Luftreinhaltung, in: NVwZ 2007, 144–149

Christian Calliess
Feinstaub im Rechtsschutz deutscher Verwaltungsgerichte, in: NVwZ 2006, 1–7

Reinhard Sparwasser, Ina Stammann
Neue Anforderungen an die Planung durch die Luftqualitätsvorgaben der EU? Technische Universität Berlin, Tagung für Planer, 2005, in: ZUR 2006, 169–178 [Kongreßvortrag]

Alfred Scheidler
Fortentwicklung des europäischen Luftreinhalterechts, in: NuR 2006, 354–359

Alfred Scheidler
Das immissionsschutzrechtliche Instrumentarium zur gebietsbezogenen Luftreinhaltung, in: UPR 2006, 216–222

Christopher Zeiss
Anwohnerklage wegen Feinstaub abgewiesen – Ist der Fall erledigt? Zu der Entschei-dung des VG München und dem EU-Recht, in: UPR 2005, 253–258 [Entscheidungsbe-sprechung VG München M 1 E 05.1112 vom 27.04.2005]

Bearbeiterin: Siebert

Norbert Meier
Die Kostentragungspflicht für die Umsetzung der „EU-Feinstaubrichtlinie" auf kommunaler Ebene unter spezieller Berücksichtigung des Konnexitätsprinzips gem. Art. 78 III Landesverfassung Nordrhein-Westfalen, in: ZKF 2005, 199–203

Susan Krohn
Keine subjektiven Ansprüche bei übermäßiger Feinstaubbelastung durch Diesel-Lkw, in: ZUR 2005, 371–374 [Zugleich Besprechung von VG München M 1 E 05.1112 und M 1 E 05.1115 vom 27.04.2005]

Hans D. Jarass
Die Vorgaben des neuen Luftqualitätsrechts, in: Immissionsschutz 2004, 4–11

Bernhard Stüer
Luftqualität und Straßenplanung, in: EurUP 2004, 46–53

Jürgen Assmann, Katharina Knierim, Jörg Friedrich
Die Luftreinhalteplanung im Bundes-Immissionsschutzgesetz, in: NuR 2004, 695–701

Hans D. Jarass
Luftqualitätsrichtlinien der EU und die Novellierung des Immissionsschutzrechts, in: NVwZ 2003, 257–266

Wolfgang Volkhausen, G-R. Weber
Vergleich von PM 10-Immissionen und Auswirkungen der neuen TA Luft auf die Genehmigungspraxis, in: Immissionsschutz 2002, 98–101

Christine Kramer
Luftqualität und Straßenverkehr, in: VD 2001, 219–222

Wolfram Bahlmann, Nicole Schmonsees
Simulation luftverkehrsbedingter Schadstoff-Emissionen und -Immissionen im Nahbereich von Flughäfen und ihre Bewertung anhand der Richtlinie 1999/30/EG, in: Immissionsschutz 2001, 9–16

Peter Oligmüller
EU-Luftqualitätswerte in das Anlagenzulassungsrecht übernehmen?, in: VA 2001, 181–185

Thomas Gerhold, Martin Weber
Verschärfung von Immissionswerten durch EG-Richtlinien und ihre Folgen, in: NVwZ 2000, 1138–1140

Christian A. Maaß
Schutz der natürlichen Lebensräume und Böden vor stofflichen Immissionen, in: ZUR 2000, 308–318

Hans D. Jarass
Europäisierung des Immissionsschutzrechts, in: UPR 2000, 241–247

Herbert Ludwig
Die Bedeutung der Luftqualitäts-Richtlinien der EG für die Genehmigung von Industrieanlagen, in: Immissionsschutz 2000, 43–47

L. Benzol-Richtlinie 2000/69/EG

Alfred Scheidler
Verkehrsbeschränkungen aus Gründen der Luftreinhaltung, in: NVwZ 2007, 144–14

Alfred Scheidler
Fortentwicklung des europäischen Luftreinhalterechts, in: NuR 2006, 354–359

Bearbeiterin: Siebert

Stephan Mitschang
Restriktionen europäischer Richtlinien für die kommunale Planungshoheit, in: ZfBR 2006, 642–654

David Linse
Neue Vorhaben der EU-Kommission in Sachen Umweltschutz, in: BWGZ 2006, 394–396

Norbert Meier
Die Kostentragungspflicht für die Umsetzung der „EU-Feinstaubrichtlinie" auf kommunaler Ebene unter spezieller Berücksichtigung des Konnexitätsprinzips gem. Art. 78 III Landesverfassung Nordrhein-Westfalen, in: ZKF 2005, 199–203

Hans D. Jarass
Die Vorgaben des neuen Luftqualitätsrechts, in: Immissionsschutz 2004, 4–11

Christine Kramer
Luftqualität und Straßenverkehr, in: VD 2001, 219–222

Josef Falke
Neueste Entwicklungen im Europäischen Umweltrecht, in: ZUR 2001, 73–74

M. Ozon-Richtlinie 2002/3/EG

Alfred Scheidler
Fortentwicklung des europäischen Luftreinhalterechts, in: NuR 2006, 354–359

Norbert Meier
Die Kostentragungspflicht für die Umsetzung der „EU-Feinstaubrichtlinie" auf kommunaler Ebene unter spezieller Berücksichtigung des Konnexitätsprinzips gem. Art. 78 III Landesverfassung Nordrhein-Westfalen, in: ZKF 2005, 199–203

Hans D. Jarass
Die Vorgaben des neuen Luftqualitätsrechts, in: Immissionsschutz 2004, 4–11

Josef Falke
Neueste Entwicklungen im Europäischen Umweltrecht, in: ZUR 2002, 302–304. [Zugl. Besprechung von EuGH Rs. C-6/00 vom 27.02.2002]

N. Arsen-Richtlinie 2004/107/EG

Scheidler, Alfred
Fortentwicklung des europäischen Luftreinhaltegesetzes. Kommissionsvorschlag einer Richtlinie über die Luftqualität und saubere Luft in Europa, in: NuR 2006, 354–359

Josef Falke
Neueste Entwicklungen im Europäischen Umweltrecht, in: ZUR 2003, 435–437 [Gesetzgebungs- und Rechtsprechungsübersicht]

O. Umgebungslärm-Richtlinie 2002/49/EG

Alfred Scheidler
Der Schutz ruhiger Gebiete gegen Zunahme von Lärm, in: NWVBl 2007, 245–249

Alfred Scheidler
Der Begriff des Umgebungslärms im neuen Sechsten Teil des Bundes-Immissionsschutzgesetzes, in: Immissionsschutz 2007, 31–35

Bearbeiterin: Siebert

Hans Carl Fickert
Zum Einfluss der in Deutsches Recht umgesetzten Umgebungslärm-Richtlinie der EU auf die Lärmsituation in den Gemeinden und auf die Bürger. Zugleich ein kritischer Beitrag zur heutigen Lärmschutzproblematik, in: BauR 2006, 920–937

Bernd Söhnlein
Die Umsetzung der Umgebungslärmrichtlinie in deutsches Recht, in: NuR 2006, 276–279

Ulrich Repkewitz
Probleme der Umsetzung der Umgebungslärmrichtlinie, in: VBlBW 2006, 409–417

Stephan Mitschang
Restriktionen europäischer Richtlinien für die kommunale Planungshoheit, in: ZfBR 2006, 642–654

Stephan Mitschang
Die Umgebungslärmrichtlinie und ihre Auswirkungen auf die Regional- und Bauleitplanung, in: ZfBR 2006, 430–442

Ulrich Stelkens
Von der umweltgerechten zur umweltbestimmten Planung, in: NuR 2005, 362–369

Alfred Scheidler
Strategische Umweltprüfung für Lärmaktionspläne, in: NuR 2005, 628–634

Gerhard Steinebach, Martin Rumberg
Die Umgebungslärmrichtlinie der EU und ihre Umsetzung in deutsches Recht, in: ZfBR 2005, 344–348

Alfred Scheidler
Die Neuregelungen im Bundes-Immissionsschutzgesetz zur Lärmminderungsplanung, in: UPR 2005, 334–337

Franz-Josef Feldmann
Wandel im Lärmschutz. die Umgebungslärmrichtlinie und ihre Umsetzung in deutsches Recht, in: ZUR. 2005, 352–358

Franz-Josef Feldmann
Die EG-Umgebungslärmrichtlinie und ihre Umsetzung in deutsches Recht, in: Aktuelle Probleme des Fachplanungs- und Raumordnungsrechts 2004. Berlin 2005. S. 177–194

Peter Queitsch
Planvoll gegen störendes Geräusch, in: Städte- und Gemeinderat 2005, Nr. 10, 20–22

Alfred Scheidler
Die Neuregelungen im Bundes-Immissionsschutzgesetz zur Lärmminderungsplanung, in: UPR 2005, 423–427

Alfred Scheidler
Die Lärmminderungsplanung im Gesetzentwurf zur Umsetzung der EU-Umgebungslärmrichtlinie, in: UPR 2005, 247–253

Klaus Hansmann
Entwicklung des Immissionsschutz- und Anlagensicherheitsrechts in den Jahren 2002 und 2003, in: Immissionsschutz 2004, 34–38

Hans Carl Fickert
Die Umgebungslärmrichtlinie der EU und ihre Umsetzung in deutsches Recht im Verhältnis zum Lärmschutz beim Bau von Verkehrswegen aus der Sicht eines kritischen Praktikers, in: DVBl. 2004, 1253–1264

Ursula Philipp-Gerlach, Joy Hensel
Der Gesetzentwurf der Bundesregierung zur Umsetzung der EG-Richtlinie über die Bewertung und Bekämpfung von Umgebungslärm, in: ZUR 2004, 329–334

Hans Carl Fickert
Worauf müssen sich die Gemeinden bei der Umsetzung der Umgebungsrichtlinie der EU in deutsches Recht einstellen?, in: BauR 2004, 1559–1567

Hans-Joachim Koch, Annette Wieneke
Flughafenplanung und Städtebau – Die Zukunft des Fluglärmgesetzes, in: NuR 2003, 72–80

Bernhard Stüer
Umsetzung und Vollzug von EG-Richtlinien im Straßenrecht. Straßenrechtstagung 2003 in Saarbrücken, in: DVBl. 2003, 1437–1441 [Kongreßvortrag]

Bernhard Holm
Die Bedeutung der EU-Umgebungslärmrichtlinie für die Bundesfernstraßen, in: NuR 2003, 144–149 HAMANN CONSULT, Verkehrslärmkonferenz (11), 2002, Dresden. [Kongreßvortrag]

Dass. in: NuR 2003, 144–149

Dietmar Hönig
Umsetzung und Vollzug von EG-Richtlinien im Straßenrecht, in: UPR 2003, 431–432

Helmut Wiesner
Kampf dem Lärm, in: StG 2003, 100–102

Alexander Schmidt
Weiterentwicklung der Lärmminderungsplanung – Die Rechtsgrundlagen in § 47 a BImSchG und die EG-Richtlinie 2002/49/EG über die Bewertung und Bekämpfung von Umgebungslärm, in: UPR 2002, 327–333

Christian Popp
Die EU-Umgebungslärmrichtlinie, in: StädteT 2002, Nr. 10, 26–29

Matthias Rothe, Christian Korndörfer
Dem Krach vorbeugen – Städtische Wohnqualität durch Lärmminderungspläne, in: StädteT 2002, Nr. 10, 9–13

Josef Falke
Neueste Entwicklungen im Europäischen Umweltrecht, in: ZUR 2002, 429–431

Axel Welge
Laut und immer lauter – Vom Umgang mit dem Lärm, in: StädteT 2002, Nr. 10, 6–8

Martin Schulte/Rainer Schröder,
Europäisches Lärmschutzrecht. Gegenwärtiger Stand und künftige Entwicklungsperspektiven im Lichte der Erweiterung der EU, in: DVBl. 2000, 1085–1093

Uwe Zimmermann
Viel Lärm um nichts? – Europäische Kommission schlägt Richtlinie zur Verminderung der Lärmbelastung vor, in: StG 2000, 286

V. Irmer
Bemerkungen zur europäischen Politik im Bereich Umweltlärm, in: Immissionsschutz 1998, 44–52

Bearbeiterin: Siebert

Stichwortverzeichnis*

---

* Die angegebenen Zahlen beziehen sich auf die Randnummern. Der Zusatz (I) verweist auf die „Einführung in das EG-Richtlinien-Umweltrecht und in das EG-Prozessrecht" (S. 21 bis S. 278, Berkemann), der Zusatz (II) verweist auf die „Erläuterung zu den Richtlinieninhalten und deren Umsetzung" (S. 637 bis S. 772, Halama).